Les 100 discours qui ont marqué le XXᵉ siècle

Conception graphique : Isabelle Dro

www.andreversailleediteur.com

Première édition en mars 2008

ISBN 978-2-87495-002-5
D/2008/11.448/3

Édition établie et présentée par
Hervé Broquet, Catherine Lanneau et Simon Petermann

Les 100 discours qui ont marqué le XXe siècle

Préface de Jean-François Lisée

Introduction de Geoffroy Matagne

André Versaille éditeur

« Le monde a-t-il jamais été transformé autrement
que par la pensée et son support magique : le mot ? »
Thomas Mann

« Cette Chambre est en grande majorité, de façon inquiétante, horriblement
silencieuse. On entendrait une mouche voler. Écoutez ! Il n'y a aucun débat. »
Sénateur Robert Byrd

Sommaire

Le pouvoir des mots 17

Avertissement 19

Le discours politique 21

1 – Jean Jaurès, le 29 juillet 1914
La volonté de paix de la France 29

2 – Pierre Brizon, le 24 juin 1916
Les soldats français sont des citoyens 35

3 – Appel du *Soviet* des députés ouvriers et soldats de Petrograd, le 14 mars 1917 ou le 27 mars 39

4 – Woodrow Wilson, le 8 janvier 1918
Les quatorze points 45

5 – Lénine, le 21 janvier 1918 ou le 3 février
Thèses. La paix de Brest-Litovsk 53

6 – Georges Clemenceau, le 5 novembre 1918
Vues d'ensemble sur la paix 64

7 – Rosa Luxemburg, le 31 décembre 1918
Notre programme et la situation politique.
Discours au congrès de fondation du parti communiste allemand 68

8 – Léon Blum, le 27 décembre 1920
Discours au congrès national de Tours 73

9 – Mahatma Gandhi, le 23 mars 1922
Sur la non-violence 80

10 – Benito Mussolini, le 20 septembre 1922
Le discours d'Udine 88

11 – Pierre de Coubertin, le 28 mai 1925
Testament sportif 103

12 – Mustafa Kemal, dit Atatürk, le 15 au 20 octobre 1927
Grand discours 111

13 – ARISTIDE BRIAND, le 27 août 1928
La renonciation à la guerre 122

14 & 15– ARISTIDE BRIAND & GUSTAV STRESEMANN 128
Le 5 septembre 1929 – *Une Europe fédérale*
Le 9 septembre 1929 – *Une grande idée*

16 – ADOLF HITLER, le 3 février 1933
Premier discours aux généraux 136

17 – FRANKLIN D. ROOSEVELT, le 4 mars 1933
Le New Deal 140

18 – ADOLF HITLER, le 21 mai 1935
L'Allemagne a besoin de paix 148

19 – BENITO MUSSOLINI, le 2 octobre 1935
Déclaration de guerre à l'Éthiopie 152

20 – LÉON BLUM, le 6 juin 1936
Le programme du Front populaire 157

21 – HAILÉ SÉLASSIÉ Ier, le 30 juin 1936
Appel à la Société des Nations 164

22 & 23 – GÉNÉRAL FRANCO & DOLORES IBÁRRURI 175
Le 18 juillet 1936 – *Appel au soulèvement national*
Le 18 juillet 1936 – *No pasarán !*

24 – ÉDOUARD DALADIER, le 4 octobre 1938
Nous avons sauvé la paix 184

25 & 26 – WINSTON CHURCHILL 191
Le 13 mai 1940 – *Du sang, de la peine, des larmes et de la sueur*
Le 18 juin 1940 – *Ce fut leur plus belle heure*

27 – CHARLES DE GAULLE, le 18 juin 1940
L'appel du 18 juin 197

28 & 29 – MARÉCHAL PÉTAIN 202
Le 11 octobre 1940 – *Message aux Français. L'ordre nouveau*
Le 30 octobre 1940 – *J'entre aujourd'hui dans la voie de la collaboration*

30 – STALINE, le 3 juillet 1941
En avant vers notre victoire 213

31 – FRANKLIN D. ROOSEVELT, le 8 décembre 1941
Les États-Unis d'Amérique ont été l'objet d'une attaque soudaine 223

32 – PIE XII, le 24 décembre 1942
Discours de Noël 1942 229

33 – EDVARD BENEŠ, le 19 mai 1943
Le futur de l'Europe 234

34 – MARÉCHAL JAN CHRISTIAAN SMUTS, le 25 novembre 1943
Pensées sur un nouveau monde 250

35 – GÉNÉRAL DWIGHT D. EISENHOWER, le 6 juin 1944
Déclaration aux peuples de l'Europe occidentale 261

36 – HENRY MORGENTHAU, le 22 juillet 1944
Adresse finale de la conférence de Bretton Woods 267

37 – HARRY S. TRUMAN, le 6 août 1945
Annonce du largage de la première bombe A sur Hiroshima 275

38 – HIROHITO, le 15 août 1945
Discours de capitulation du Japon 283

39 – HÔ CHI MINH, le 2 septembre 1945
Déclaration d'indépendance de la république démocratique du Vietnam 288

40 – WINSTON CHURCHILL, le 5 mars 1946
Un rideau de fer s'est abattu à travers le continent – Discours de Fulton 295

41 – WINSTON CHURCHILL, le 19 septembre 1946
Le discours de Zurich 302

42 – HARRY S. TRUMAN, le 12 mars 1947
La doctrine Truman 310

43 – GEORGE C. MARSHALL, le 5 juin 1947
Sur l'aide à l'Europe 316

44 – DAVID BEN GOURION, le 14 mai 1948
Proclamation de la création de l'État d'Israël 323

45 – JUAN DOMINGO PERÓN, le 20 août 1948
Le justicialisme 330

46 – PAUL-HENRI SPAAK, le 28 septembre 1948
La base de notre politique, c'est la peur 336

47 – JOSEPH MCCARTHY, le 9 février 1950
Des communistes au département d'État 345

48 – ROBERT SCHUMAN, le 9 mai 1950
La déclaration Schuman 354

49 – PIERRE MENDÈS FRANCE, le 19 octobre 1950
Premier discours sur la politique de la France en Indochine 361

50 – JEAN MONNET, le 30 avril 1952
Une Europe fédérée 373

51 – IMRE NAGY, le 4 juillet 1953
Discours devant l'Assemblée nationale hongroise 379

52 – NEHRU, le 24 avril 1955
Discours de la conférence de Bandoeng 391

53 – NIKITA KHROUCHTCHEV, le 25 février 1956
Nous devons abolir le culte de l'individu 399

54 & 55 – GAMAL A. NASSER & LESTER B. PEARSON 409
Le 26 juillet 1956 – *Annonce de la nationalisation du canal de Suez*

Les 2 et 3 novembre 1956 – *Discours à l'Assemblée générale des Nations unies*

56 – Mao Zedong, le 27 février 1957
De la juste manière de résoudre les contradictions au sein du peuple 423

57 – Général de Gaulle, le 4 juin 1958
Discours du Forum d'Alger 435

58 & 59 – Baudouin Ier & Patrice Lumumba 442
Le 30 juin 1960 – *L'indépendance du Congo*
Le 30 juin 1960 – *Adresse au peuple congolais*

60 – Ernesto Che Guevara, le 10 juillet 1960
Cuba sí, Yankee no 457

61 – John F. Kennedy, le 15 juillet 1960
La Nouvelle Frontière 464

62 – Dwight D. Eisenhower, le 17 janvier 1961
Discours de fin de mandat : le complexe militaro-industriel 470

63 – Jean XXIII, le 11 octobre 1962
Ouverture du concile Vatican II 479

64 – John F. Kennedy, le 22 octobre 1962
Une menace sournoise pour la paix du monde 493

65 – John F. Kennedy, le 26 juin 1963
Ich bin ein Berliner 500

66 – Martin Luther King, le 28 août 1963
I have a dream 506

67 – Léopold Sédar Senghor, le 30 mars 1966
Fonction et signification du premier festival mondial des arts nègres 515

68 – Hô Chi Minh, le 17 juillet 1966
Appel à la nation 520

69 – Charles de Gaulle, le 24 juillet 1967
Vive le Québec ! Vive le Québec libre ! 528

70 – René Cassin, le 10 décembre 1968
Discours d'acceptation du prix Nobel 536

71 – Willy Brandt, le 28 octobre 1969
L'Ostpolitik 544

72 – Richard Nixon, le 15 juillet 1971
Un voyage pour la paix 552

73 – Salvador Allende, le 11 septembre 1973
Mon sacrifice ne sera pas vain 558

74 – Richard Nixon, le 8 août 1974
Démission de la présidence 564

75 – Yasser Arafat, le 13 novembre 1974
Discours devant l'Assemblée générale de l'ONU 572

76 – Anouar el-Sadate, le 20 novembre 1977
Discours devant la Knesset 585

77 & 78 – Khomeiny 603
Le 9 octobre 1978 – *Discours à des étudiants iraniens*
Le 1er février 1979 – *La dynastie régnante est illégale ! Discours au cimetière des Martyrs*

79 – Jean-Paul II, le 2 juin 1979
Discours aux autorités civiles polonaises 617

80 – Lech Walesa, le 16 décembre 1980
Inauguration du Monument aux Martyrs de 1970 627

81 – Ronald Reagan, le 20 janvier 1981
Discours inaugural présidentiel 633

82 – Roi Juan Carlos, le 24 février 1981
Message durant la tentative de putsch 645

83 – Deng Xiaoping, le 1er septembre 1982
Allocution d'ouverture du XIIe Congrès 651

84 & 85 – Margaret Thatcher & Jacques Delors 657
Le 20 septembre 1988 – *Discours de rentrée au Collège d'Europe*
Le 17 octobre 1989 – *Réconcilier l'idéal et la nécessité*

86 – Yasser Arafat, le 15 novembre 1988
Proclamation d'un État palestinien 675

87 – Slobodan Milošević, le 28 juin 1989
600e anniversaire de la bataille de Kosovo 684

88 & 89 – Helmut Kohl 694
Le 16 novembre 1989 – *Le vent de la liberté*
Le 3 octobre 1990 – *Message adressé par le Chancelier fédéral aux gouvernements du monde*

90 – Vaclav Havel, le 15 mars 1990
La souffrance crée l'obligation d'être juste 708

91 & 92 – Saddam Hussein & George Bush 716
Le 17 janvier 1991 – *Appel au peuple irakien*
Le 28 février 1991 – *Adresse à la nation. La libération du Koweït*

93 – Mikhaïl Gorbatchev, le 25 décembre 1991
Je mets fin à mes fonctions de président 726

94 – Willy Claes, le 27 avril 1994
Le retrait des Casques bleus belges du Rwanda 734

95 – Nelson Mandela, le 10 mai 1994
Déclaration d'investiture 746

96 – FRANÇOIS MITTERRAND, le 17 janvier 1995
Présentation devant le Parlement européen du programme de la présidence française de l'Union européenne 753
97 – YITZHAK RABIN, le 4 novembre 1995
Le peuple israélien aspire à la paix 775
98 – BORIS ELTSINE, le 17 juillet 1998
Nous sommes tous coupables 780
99 – FIDEL CASTRO, le 1er janvier 1999
Quarantième anniversaire de la révolution 786
100 – JEAN-PAUL II, le 23 mars 2000
Construisons un avenir nouveau 802

BIBLIOGRAPHIE INDICATIVE 809

INDEX PAR PAYS 811

INDEX PAR LOCUTEUR 815

INDEX THÉMATIQUE 819

Pour Bénédicte et Loïc, voyageurs au long cours de ce siècle.
Que cette boussole les conduise à bâtir un monde où ils puissent,
plus et mieux, faire leur cette maxime de Térence :
Homo sum, humani nil a me alienum puto.
H. B.

En souvenir de David.
S. P.

Le pouvoir des mots

Des mots. Ce ne sont que des mots. Ils ne font que parler. C'est le sentiment qui m'animait lorsque j'écrivais mon premier livre sur l'évolution des relations entre les États-Unis et la montée du mouvement indépendantiste. Des conversations, des mots dans les mémos, les transmissions diplomatiques, les négociations, les discours. Les mots reflétaient des rapports de force, des promesses, des mensonges et exagérations, peut-être. Toutefois l'activité politique, lorsqu'elle ne s'exprime pas par les mouvements de troupes, est celle qui, avec l'activité religieuse, comporte la plus forte composante de mots, contrairement à l'activité industrielle, commerciale, scientifique et artistique, où l'empreinte humaine est physique, tangible, tridimensionnelle.

Le pouvoir des mots m'est d'abord apparu, adolescent, à travers le théâtre. La capacité qu'a eu Iago de convaincre, à partir de rien, Othello de la déloyauté de sa belle Desdémone et de le conduire au meurtre constitue le plus grand avertissement lancé par Shakespeare contre le pouvoir des mots. Orwell en a démontré le mécanisme dans son roman 1984, puis le sénateur McCarthy l'a appliqué en salissant une génération de créateurs et de diplomates par la pure accumulation d'insinuations. L'évocation de ce côté sombre de la force des mots permet de mesurer son pouvoir.

Une école historique veut que l'aventure humaine ne soit que l'implacable expression de l'évolution des intérêts et des rapports de force. Les vies et les discours d'individus, si remarquables soient-ils, ne seraient que la pointe des icebergs. Il est vrai qu'aucun chef de mouvement ou d'État n'a, à lui seul, la capacité d'enclencher un cours historique complètement absent de la trame du présent. Mais les discours réunis dans cet ouvrage illustrent la faculté qu'ont eue des hommes et des femmes hors du commun de conduire leurs sociétés dans un des chemins possibles, à l'exclusion de tous les autres. Sans Hitler, la volonté de revanche allemande aurait pu s'exprimer autrement. Sans son habileté à convaincre, sans son talent à trouver le ton, la cadence, qui allait rassembler les Allemands derrière son funeste projet, l'Europe n'aurait pas subi un sort aussi extrême. De même, les mots qu'a trouvés, devant l'immense foule rassemblée devant lui à Washington, Martin Luther King, mots d'affirmation des Noirs mais de rassemblement des races, ont-ils fait plus pour changer le cours de l'opinion américaine que s'ils en avaient utilisé d'autres, plus ancrés dans la colère que dans l'espoir.

Conseiller de deux Premiers ministres, j'ai écrit quelques centaines de discours, pratique qui permet de comprendre leur importance. Le discours peut lancer une réforme, négocier un passage difficile, mobiliser ou apaiser. Pour le chef de gouvernement, la préparation d'un discours est un moment pour mettre ses idées en forme. Souvent, cela lui permet de se dégager de ses obligations quotidiennes et de faire, pour lui-même, donc pour son gouvernement, la part de ce qui est principal et secondaire, stratégique et tactique. Le discours contribue à charpenter, non seulement la communication politique, mais la pensée politique du décideur.

Pour qui entend le discours, cet amas de mots est informatif à plus de niveaux qu'il n'y paraît. D'abord le discours permet de juger si le dirigeant a une compréhension réelle du sujet qu'il traite, s'il saisit la situation qui préoccupe l'auditeur. S'il la saisit, en a-t-il une lecture originale, qui permet de dégager une avancée ? S'il est informé et original, a-t-il le talent pour convaincre de la justesse de ses vues, de l'intérêt qu'ont les autres à l'appuyer, voire modifier leurs comportements pour permettre le succès de la voie qu'il propose ? De la première ligne au paragraphe final, réussit-il à maintenir l'attention, à remuer, éclairer, indigner ou faire sourire, conduire, convaincre, mobiliser et, ce faisant, réaffirmer sa légitimité comme chef ?

Lorsque le discours réunit plusieurs de ces qualités, lorsque vient le moment des applaudissements, ce n'est pas que le discours qui est ovationné, mais aussi le rapport qui s'est établi, à travers lui, entre celui ou celle qui a parlé et ceux qui ont écouté. Ils ont vécu une expérience commune, ne sont plus tout à fait les mêmes. (Si le discours est hué, l'impact est encore plus fort.)

En lisant les pages qui suivent, le lecteur sera diversement touché par les grands discours des uns et des autres. Certains nous semblent gauches, décalés, d'un autre âge. Comme en témoignent les mises en contexte historiques qui les introduisent, c'est que les discours doivent s'appuyer sur le temps, parfois sur l'air du temps, pour s'élever ensuite et prendre leur élan transformateur. Mais ceux qui ont traversé les décennies et les continents, le décès même de ceux qui les ont donnés et de ceux qui les ont reçus, et qui encore choquent, émeuvent et appellent à l'action, démontrent mieux que toute explication le pouvoir des mots.

Jean-François Lisée

Directeur exécutif du Centre d'études
et de recherches internationales de l'université de Montréal (CERIUM.ca)

Février 2008

Avertissement

Ce recueil présente des discours qui font désormais partie de l'histoire, tout en n'ayant pas la prétention à l'exhaustivité. Présenter les discours politiques qui ont marqué le vingtième siècle n'est pas une tâche aisée. Les responsables de cette édition se sont heurtés à un certain nombre d'obstacles. D'abord et avant tout s'est posé le dilemme du choix des discours. Quels discours politiques devait-on retenir ? Les discours, officiels ou non, prononcés au cours du XXe siècle sont innombrables. Certains sont tombés dans l'oubli. Beaucoup ont exercé une influence importante sur le cours des événements, d'autres moins. Les effets d'un discours sur l'opinion ont parfois été immédiats ou inattendus. Dans certains cas, ces effets sont difficiles à discerner.

Lorsque Winston Churchill appelle les Britanniques à résister en mai 1940, l'effet est immédiat. Il galvanise l'opinion anglaise. La bataille d'Angleterre sera gagnée. Par contre, un quart de siècle plus tôt, le discours de Jean Jaurès ne résiste pas à la vague nationaliste et revancharde qui submerge la France en juillet 1914. En 1950, la déclaration de Robert Schuman sera suivie par la création de la CECA mais l'effet immédiat sur les opinions reste limité. Deux décennies plus tôt, l'étincelant discours d'Aristide Briand sur la renonciation à la guerre n'empêchera pas l'emballement de la course aux armements dans une Europe en proie aux extrêmes.

D'autres discours, parfois flamboyants, n'ont sur l'opinion que des effets secondaires ou indirects. Le discours prononcé par le général de Gaulle le 18 juin 1940 ne prendra toute sa signification que progressivement et deviendra surtout emblématique après la Libération. En revanche, le discours prononcé par Churchill à Fulton le 5 mars 1946 aura un impact important à l'échelle mondiale. Il en va de même pour celui prononcé en pleine guerre froide par P.-H. Spaak devant les Nations unies le 28 septembre 1948.

Certains discours ne produisent leurs effets qu'à plus long terme. Le rapport de Khrouchtchev dénonçant le culte de la personnalité et les crimes de Staline, prononcé devant le XXe Congrès du PCUS en février 1956, provoqua un véritable séisme au sein du monde communiste. Mais ses effets ne se feront sentir que progressivement. Pendant longtemps, ce rapport secret (diffusé par les soins du département d'État américain) ne sera qu'« attribué » à son auteur par la plupart des partis communistes réfractaires à toute idée de réforme, ou tout simplement dénoncé comme un faux grossier.

Le choix de certains discours peut paraître arbitraire. Le testament politique d'Allende ou le discours du président Nixon, pour ne prendre que ces deux exemples, ont-ils leur place dans un tel recueil. Ne s'agit-il pas de discours principalement à usage interne ? Sans doute. Mais en les reproduisant, nous avons tenu compte à la fois de leur importance historique et de leurs prolongements internationaux.

Il se trouvera évidemment des historiens ou des politologues pour contester légitimement nos choix ou pour rappeler que tel ou tel discours important a été omis. Nous en sommes conscients et nous en assumons la responsabilité intellectuelle. Notre objectif est de présenter un recueil de discours politiques en vue d'aider l'étudiant, et plus généralement le lecteur curieux, à mieux comprendre ce siècle de fer que fut le vingtième siècle.

Un rappel historique précède chaque discours. Le lecteur pourra ainsi situer le discours dans son contexte et peu à peu, au gré de ses lectures, suivre le déroulement du vingtième siècle.

À cet égard, nous avons partiellement adopté la thèse de E.J. Hobsbawm qui fait débuter le siècle avec la Première Guerre mondiale qui a vu l'effacement du rôle de l'Europe au profit des États-Unis ainsi que l'avènement de l'URSS.

La majorité des discours reproduits dans cet ouvrage sont disponibles par des sources diverses et ont parfois été publiés à de nombreuses reprises. C'est la raison pour laquelle les responsables de l'édition n'ont pas cru utile de mentionner les sources.

Un tel travail ne pouvait se réaliser sans le concours de nombreux intervenants. Nous tenons à remercier toutes les personnes qui, dans les bibliothèques, les ambassades et les assemblées parlementaires, les centres d'études et les universités, ont apporté leur aide pour la collecte des textes. Leur apport nous a permis, malgré la grande diversité des législations existantes, d'accomplir toutes les démarches possibles afin d'obtenir les autorisations de reproduire les discours repris dans ce volume. Malgré nos efforts, certaines démarches sont restées sans réponses. Nous avons donc pris le parti de publier des discours accessibles par ailleurs, dans des publications ou sur des sites Internet.

Notre gratitude va spécialement à Geoffroy Matagne, jeune politologue à l'université de Liège, qui a bien voulu rédiger des remarques liminaires sur l'importance du discours dans la vie politique interne et externe, et à Pierre Delvenne, étudiant en science politique à l'université de Liège, qui s'est attelé avec obstination à la recherche des discours. Nos plus vifs remerciements également au professeur Jean-Marie Frissen, qui a relu les introductions historiques, de même qu'à Freddy Lovenberg, de l'université Mons-Hainaut, qui a supervisé le travail de traduction et à Véronique Michel dont la contribution mérite d'être mentionnée.

Enfin, ce livre a pu bénéficier de la correction attentive et méthodique de Sarah Ferauge, Françoise Quittelier, Sophie Wintgens et David Lecomte. Qu'ils trouvent toutes et tous ici l'expression de nos plus chaleureux remerciements.

Hervé Broquet,
directeur du CREP et chargé d'enseignement à l'école royale militaire

Catherine Lanneau,
docteur en Histoire et chargée de recherches du FRS-FNRS
(Histoire de l'Europe – ULg)

Simon Petermann,
professeur honoraire des universités de Liège (ULg) et de Bruxelles (ULB)

Le discours politique

« Les phénomènes observés dans le champ politique semblent, dans une proportion écrasante, relever des faits de langage. »
Frédéric Bon (1985, p. 537)

Les pratiques discursives constituent une part importante des pratiques politiques. Elles sont inhérentes à l'exercice du pouvoir. Les faits de langage sont au cœur de l'action politique. Elle se déploie par la parole (discours électoral, communication devant une assemblée, réponse à une interpellation parlementaire, etc.) et par l'écrit (programme d'un parti, proposition de loi, etc.), mais aussi par les signes et les symboles auxquels sont attachées des significations (les drapeaux, les manifestations, les décorations, les défilés, etc.) (Braud, 1998, p. 55).

Ainsi, le travail du chercheur en sciences sociales consiste souvent à analyser des discours, des signes ou des symboles. Bon (1985, p. 537) illustre parfaitement cette omniprésence des « matériaux » linguistiques :

Des textes de philosophie politique aux discours des hommes d'État, des auto-justifications des acteurs aux interviews sur les motivations de l'électeur, matière et langue semblent se confondre. L'événement est appréhendé par le récit qui en a été fait. Même lorsque la matérialité du fait peut être établie, la dérive naturelle du politiste le renvoie dans l'univers symbolique ; plus que de savoir ce qui s'est réellement passé, le politiste s'intéresse aux formes sous lesquelles l'événement a été représenté.

Le langage n'est pas seulement l'élément constitutif du débat politique. Il participe à la construction et à la mise en œuvre des « règles du jeu » ; à la dissimulation et à la révélation des enjeux. Il constitue à la fois un outil et une contrainte pour les acteurs. Les discours politiques sont des manifestations concrètes et centrales de cette réalité. Bon nombre d'entre eux ont un impact sur le cours des événements – variable voire potentiel, certes, mais réel. Ils sont, d'une part, des facteurs de changement et constituent, d'autre part, des balises utiles pour étudier le flux des faits historiques.

Cet ouvrage rassemble des discours qui ont acquis une importance historique majeure, pour le meilleur ou pour le pire. Ils ont été sélectionnés en fonction de différents critères au premier rang desquels figure leur portée historique. Celle-ci peut découler de leur impact immédiat, de leur influence à long terme sur le cours des événements, de leur portée symbolique actuelle et/ou de leur capacité à incarner a posteriori un moment charnière.

La période traitée s'étend de la Première Guerre mondiale à la chute de l'URSS (certains textes postérieurs ont été ajoutés lorsqu'ils s'inscrivaient dans la logique thématique de ces années qui apparaissent aujourd'hui comme une période historique cohérente) suivant en cela la thèse du « court XXe siècle » de Hobsbawm (1997).

Des contraintes plus prosaïques ont également dû être prises en compte, notamment les droits de reproduction. Certains discours qui auraient parfaitement trouvé leur place dans ce recueil sont donc absents.

En guise d'introduction aux discours politiques sélectionnés, ce texte vise à offrir au lecteur un court éclairage théorique sur la place du discours, du langage et de la communication au sein d'un système politique, qu'il soit national ou international. Il permet de souligner qu'au-delà des « grands » discours historiques qui sont l'objet de ce recueil, la scène politique est traversée par un flux discursif ininterrompu. Seules les grandes allées d'un champ de recherche dynamique seront empruntées ici. Le lecteur désireux d'approfondir les développements qui suivent est invité à se reporter aux ouvrages mentionnés en bibliographie.

Il convient tout d'abord d'attirer l'attention sur la « permanence historique » de la communication politique. Comme le rappelle Satineau (1991, p. 5), « on se montrait et on parlait sur l'antique agora ». Le discours[1], quant à lui, peut être présenté comme une forme très ancienne de communication politique.

Depuis le début du XXe siècle, celle-ci a connu – comme la communication humaine en général – des évolutions technologiques et stylistiques importantes (*idem*, p. 9-12). Les pratiques ont connu une croissance constante. Les méthodes se sont diversifiées. Par ailleurs, le style s'est assoupli. Il s'est développé dans des registres moins formels. La communication politique a également traversé des périodes troublées, caractérisées par une activité d'une rare intensité et de nombreuses ruptures (les événements de mai 1968 par exemple). Le contexte culturel, institutionnel, social et technologique a influencé la gestion de la communication politique au sein des différentes sociétés humaines. Les systèmes politiques autoritaires ou totalitaires ont, par exemple, développé des efforts considérables afin de contrôler les moyens de communication de masse. Dans les démocraties, de nombreux débats ont porté sur les liens entre médias et libertés fondamentales. Au-delà de ces conceptions très différentes des rôles et de la place de la communication et du discours sur la scène politique, un consensus relatif s'est établi autour de son utilité et de son efficacité.

Différentes fonctions ont été assignées à la communication politique. On lui attribue volontiers une pluralité d'objectifs, distincts ou complémentaires : la transmission d'informations, la modification de l'opinion publique voire des comportements (au premier rang desquels le comportement électoral). Plus généralement, on présente le discours politique comme un levier des gouvernants dans la relation « gouvernants-gouvernés » (Cotteret, 1991, p. 11). En réalité, la scène politique est constamment parcourue par des échanges inégaux d'informations entre ses acteurs (majorité, opposition, gouvernants, gouvernés, mouvements sociaux, etc.). La permanence du discours et de la communication est liée à la nature et à la place du langage dans un système politique. Le pouvoir

---

1 Compris ici comme « un développement oratoire fait devant une réunion de personnes » (*Le Robert*) et non comme « discours permanent » dans un sens proche de celui de « communication politique » comme cela sera le cas plus loin.

n'est jamais exclusivement fondé sur la force et sur la contrainte. Comme l'écrivait Rousseau (1762, p. 354) « le plus fort n'est jamais assez fort pour être toujours le maître, s'il ne transforme sa force en droit, et l'obéissance en devoir ». La quête de légitimité qui anime les gouvernants les oblige à convaincre les gouvernés – ou du moins à s'y efforcer. Élément clé de cet effort, la communication politique est donc nécessaire à l'exercice du pouvoir. En un sens, « est légitime le pouvoir qui communique avec succès les raisons de le croire tel » (Rangeon, 1991, p. 100). Les efforts continus déployés par les acteurs politiques contemporains dans le domaine constituent des indices de la permanence de cette importance, de ce pouvoir potentiel du discours – au moins aux yeux des acteurs (McArthur, 1999).

Parmi les principales fonctions du discours politique, on peut donc mentionner la construction d'une causalité politique (Braud, 2002, pp. 513-515). Dans un régime démocratique, il est indispensable pour les gouvernants de légitimer leur présence au pouvoir. L'attribution au politique d'un rôle moteur dans la vie sociale est au centre de cet effort de légitimation. À travers l'instauration d'un débat politique sur un problème donné, la publication d'analyses insistant sur les facteurs politiques, la mise en scène de rituels (inaugurations, etc.), les gouvernants tentent donc de s'approprier la paternité des évolutions sociales jugées positives.

On peut citer également la construction de repères identitaires. En effet, le langage politique se caractérise par une abondance de termes qui situent les acteurs dans le champ politique (*idem*, p. 508). Il existerait en ce sens un « discours socialiste », un « discours communiste », etc., caractérisés par l'usage de symboles, d'un vocabulaire, de références spécifiques.

L'imposition de grilles d'interprétation et d'analyse de la réalité est une autre fonction fondamentale du discours politique. Braud l'explique en ces termes (1998, p. 55) :

« Fondamentalement la communication politique a pour finalité de faire prévaloir des "représentations du réel". Les faits, les événements, a fortiori les situations complexes telles qu'une crise économique ou une tension diplomatique, ne sont accessibles qu'à travers un langage qui les nomme, des catégories d'analyse qui permettent de les penser dans un univers de références déjà construites culturellement. Le chômage est une réalité politique parce qu'il y a un mot pour l'exprimer (ce n'était pas le cas il y a quelque deux siècles) et que ce mot, au centre de tant de débats, s'est chargé de fortes connotations, différentes d'ailleurs selon l'appartenance sociale ou la famille politique. »

Cet ensemble de fonctions s'accompagne d'une entreprise de « réduction de la complexité » d'une situation sociale. Celle-ci est au cœur des stratégies de communication politique. Il convient de rendre les problèmes et phénomènes tout d'abord « politiques » et « maîtrisables » (cf. *supra*) mais également « intelligibles ». Le discours politique va par exemple s'efforcer de réduire des conflits complexes et multidimensionnels à des oppositions simples : gauche-droite, écologie-productivisme ou Église-État par exemple. Dans sa présentation du vote comme rituel, sous le double aspect d'une « manipulation du sacré » et d'un « langage », Bon (1991, pp. 181-182) a proposé une analyse originale de cette fonction « cognitive » du discours politique. Elle mérite d'être reproduite ici :

« L'objet du discours mythique est d'introduire une intelligibilité dans le chaos, c'est-à-dire de ramener les dimensions multiples de cette expérience à un petit nombre de notions et d'opérateurs simples [...]. La situation du citoyen est comparable à celle de l'indigène devant le cosmos. La vie politique lui apparaît comme un univers d'une extraordinaire complexité ; une multiplicité de groupes, de sous-groupes et de personnalités entrent en conflits qui s'organisent en un nombre considérable de dimensions. Le langage qui y est parlé est d'une nature particulière ; il suppose un long apprentissage avant de pouvoir être maîtrisé. L'intérêt général n'est souvent que la forme sous laquelle s'expriment les intérêts particuliers. La technicité croissante des problèmes qui entrent dans le champ politique avec l'extension de l'intervention de l'État, accroît encore la difficulté d'appréhension du débat politique par le simple citoyen. Or, la démocratie pluraliste somme le citoyen d'intervenir, à certains moments privilégiés, dans ce débat et d'arbitrer ces conflits. Le temps et l'investissement intellectuel qu'il peut consacrer à cette tâche sont extrêmement limités. Le seul moyen pour résoudre cette contradiction est d'opérer, à la manière du discours mythique, une réduction de cet univers complexe à un petit nombre d'oppositions. [...] »

Dans cette perspective, le discours politique – construit pour plaire et convaincre – utilise les ressources classiques de la rhétorique (Bon, 1985, p. 561). Cette caractéristique serait particulièrement nette dans les systèmes politiques dont l'existence dépend d'une mobilisation de masse ou dont le fonctionnement s'appuie sur des assemblées délibératives. Dans les démocraties qui réunissent les deux « attributs », rhétorique et discours seraient tout simplement indissolubles.

Une des particularités du discours politique est qu'il est orienté vers la « sensibilité populaire » et qu'il « exploite les analogies entre les formes de la "logique rhétorique" et celles de la pensée commune » (*ibidem*). Cette caractéristique s'explique aisément. Les discours politiques mobilisent de manière intensive voire systématique des idéologies particulières. Celles-ci construisent un certain nombre d'entités abstraites (la « nation », le « capital », etc.) qu'il convient d'incarner. Les ressources de la rhétorique sont donc mobilisées pour leur donner vie et les rendre accessibles au plus grand nombre. L'usage de la prosopopée, de la personnification et de la métaphore « rend sensible et intelligible le monde formel de la politique » (*idem*, p. 562). Ces figures ont un « effet simplificateur ». Elles abordent les problèmes politiques sur un mode familier (celui des relations interpersonnelles) et elles donnent « une dimension affective aux représentations collectives ». À l'inverse, certaines notions sont « trop bien et trop immédiatement comprises par les citoyens » ; elles sont « saturées dans toutes leurs dimensions émotives » (*idem*, p. 563). Lorsqu'elles évoquent des « expériences négatives », l'usage de l'Euphémisme permet alors de les rejeter dans l'« univers désincarné des abstractions ».

Néanmoins, si la notion classique de rhétorique est toujours utile pour étudier les discours politiques, il faut sans doute admettre que son importance a diminué. Les campagnes électorales ne sont plus centrées sur les discours prononcés lors de grands rassemblements populaires. De nouveaux médias « visuels » sont apparus. Par ailleurs, d'événementielle, la communication politique est devenue presque permanente. Dans ces conditions, ce ne sont plus les phrases et les mots qui permettent de « représenter », de véhiculer le message (Satineau, *idem*, p. 39). Néanmoins, quels qu'en soient les vecteurs (l'image ou le verbe), la diffusion de grilles simplifiées d'interprétation du réel reste au centre de l'activité discursive.

Si le discours politique remplit certaines fonctions, il ne les remplit pas n'importe comment et dans n'importe quelles conditions. Selon les termes de Braud (2002, p. 504), « le langage politique se situe dans un jeu de relations entre le locuteur, son ou ses publics, et les vecteurs de communication utilisés ». De nombreuses contraintes en découlent.

Dans les démocraties, les discours politiques sont soumis à des impératifs électoraux (*idem*, p. 505). Les hommes politiques candidats à une élection cherchent le soutien d'électeurs dont les attentes sont multiples, très diversifiées, voire contradictoires. En fonction de l'homogénéité de son public et de ses attentes, le locuteur pourra tenir un discours catégoriel parfaitement adapté aux exigences de son public ou devra se contenter de rester à un niveau de langage très général afin d'éviter de s'aliéner des soutiens éventuels.

La position du locuteur, son rôle ou son mandat électif influencent tant la forme que le contenu de son discours. Le statut politique du locuteur doit être pris en compte. Un mandat politique de premier plan fait surgir des attentes à la fois plus nombreuses, plus contradictoires et plus intenses. La « ritualisation » des discours prononcés par des personnalités de premier plan participe à la gestion de cette complexité.

Le récepteur est, quant à lui, un acteur à part entière du discours politique (Satineau, *idem*, pp. 18, 25). En effet, la réception du message dépendra de différents facteurs individuels (position sociale, etc.) et psychologiques. Les concepts mobilisés par le locuteur lors de l'élaboration de son discours politique peuvent ne pas être compris par le public ou être réinterprétés.

Sur le plan technologique, l'apparition de nouveaux médias (presse écrite au XIXe siècle, radio et télévision au XXe siècle, etc.) a eu des conséquences importantes sur les techniques propres à la communication politique, sur les modalités d'émission et de réception des discours. L'information peut désormais être diffusée rapidement (voire instantanément) et massivement, ce qui augmente le « caractère stratégique » de la communication politique (Gerstlé, 1992, p. 125). Dans le contexte désormais quotidien de l'urgence perpétuelle, les acteurs politiques sont amenés à réagir face à des problèmes qu'ils ne maîtrisent pas nécessairement et qu'ils n'ont pas le temps d'étudier en profondeur.

Cette nouvelle configuration a également modifié les relations entre locuteur(s) et récepteur(s). À côté de la communication « institutionnelle », qui a lieu à l'initiative des mandataires et des principaux acteurs politiques, les médias eux-mêmes suscitent l'émission de discours politiques. La communication n'est plus uniquement unidirectionnelle et ponctuelle: typiquement, de l'homme politique au citoyen au moyen d'une déclaration radiophonique ou par voie de presse. Les acteurs politiques réagissent aux discours énoncés par d'autres et répercutés dans les différents médias. Les discours tendent à se répondre.

Par ailleurs, de nouveaux lieux d'expression sont apparus: des débats radiophoniques avec intervention des auditeurs, des émissions politiques récurrentes à la télévision (autour d'un acteur politique ou d'une question d'actualité), des entretiens ou des interventions dans la presse (du quotidien généraliste à l'hebdomadaire féminin, etc.), sans oublier les effets d'écho des discours dans les différents médias (Satineau, *idem*, p. 16).

Les rapports entre les hommes politiques et les médias ont suscité de nombreuses analyses et commentaires. Les professionnels de la communication (journalistes, organismes de sondage, conseillers en communication, etc.) maîtrisent généralement bien mieux les logiques de fonctionnement des médias contemporains que les acteurs politiques traditionnels. Ces derniers n'ont pas ou peu de contrôle sur le sort qui sera réservé à leur message. Les journalistes qui décident d'en rendre compte vont le plus souvent n'en proposer qu'une synthèse plus ou moins fidèle. Ils sélectionnent l'information, la mettent ou non en exergue (à la une d'un quotidien par exemple).

Il convient donc de s'intéresser aux nouvelles interactions entre l'outil de diffusion et le message : quelle est l'influence des médias sur le discours politique ? Comment les médias modifient-ils les contraintes liées aux positions institutionnelles des hommes politiques ? Comment influencent-ils le « charisme » des orateurs ? Comment participent-ils à la légitimation d'un discours politique et à sa crédibilité ?

Enfin, au-delà des contraintes liées au statut du locuteur, des contraintes technologiques ou des contraintes économiques, l'efficacité de la communication politique dépend aussi de la « culture politique » de la société au sein de laquelle elle se déploie. Comme le souligne Gerstlé (*idem*, p. 125), « n'importe qui ne produit pas n'importe quoi sous prétexte qu'il parle à tout le monde à travers un média de masse. Les préconstruits culturels, les codes symboliques, les normes et les règles du jeu de la communauté concernée imposent lourdement leurs contraintes ».

Lorsqu'on parle de culture politique, on fait référence habituellement à un ensemble de croyances fondamentales et de valeurs largement partagées au sein d'une communauté politique (Paletz et Lipinski, 1994, p. 3). Ces croyances et ces valeurs constituent une contrainte importante pour tout orateur public. Elles influencent les (inter) actions politiques de différentes manières. Les acteurs politiques évitent de prendre des décisions ou des positions publiques qui violent de manière patente des éléments de la culture politique en vigueur. A contrario, elle fournit des opportunités et des justifications pour proposer et avancer des politiques (*idem*, p. 4-5). Il faut toutefois souligner le caractère relativement malléable et vague des référents culturels. Des mots et concepts identiques (« égalité » et « liberté », par exemple) peuvent servir à légitimer des politiques très différentes.

Par ailleurs, la culture est une construction sociale qui est apprise par les individus. Elle peut varier dans le temps et l'espace. Dans ce contexte, le rôle des médias est crucial (*idem*, p. 5-6). D'une part, ils contribuent à transmettre la culture politique d'une génération à l'autre. Ils diffusent des valeurs, des croyances, des attitudes dans la société de telle sorte que certaines sont largement partagées. D'autre part, les médias de masse fournissent la possibilité de propager de nouvelles idées dans la société et d'accélérer les changements que connaît une culture politique déterminée.

À côté de la culture politique qui s'inscrit dans la durée et ne se modifie que graduellement, le discours politique s'insère pour sa part dans l'actualité immédiate. Il subit les contraintes de la conjoncture politique, économique, sociale, internationale, etc. Quelle que soit la capacité des hommes politiques à l'influencer (révélations, déclarations, etc.), ils sont régulièrement amenés voire contraints à prendre la parole. Or, « parler », c'est « s'insérer dans un système sans fin de prises de positions et de réactions où ce qui s'est dit hier commande étroitement la façon de s'exprimer aujourd'hui, laquelle doit anticiper ce qui se dira demain » (Braud, 2002, p. 506).

On le voit, la communication politique est au cœur de la vie politique contemporaine. Avec la multiplication des activités discursives et le caractère massif et rapide de leur diffusion, le discours politique est devenu un phénomène presque « permanent » (Satineau). Néanmoins, en certaines circonstances, « un » discours peut prendre une dimension particulière, « marquer » au sens propre une époque, faire l'événement. Il se révèle capable d'« articuler les rêves, offrir de l'espoir, remuer les cœurs et les esprits et proposer à leurs publics des visions d'un avenir meilleur » (McArthur, 1999). Il permet de donner sens aux faits historiques, de mettre au jour les tensions, les craintes et les espoirs propres à une époque, de comprendre les mobiles des acteurs, le contexte d'une décision et de mobiliser pour l'action politique. Ce recueil rassemble de tels discours. Il propose ainsi au lecteur une porte d'entrée originale sur l'histoire du XXe siècle.

Geoffroy Matagne, Aspirant du FNRS, Université de Liège

BIBLIOGRAPHIE

BALLE (Francis), *Médias et politique*, *in* GRAWITZ Madeleine et LECA Jean (dir.), *Traité de science politique*, vol. 3 *L'action politique*, Paris, PUF, 1985, p. 574-601.
BON (Frédéric),
– *Communication et action politique*, *in* GRAWITZ Madeleine et LECA Jean (dir.), *Traité de science politique*, vol. 3 *L'action politique*, Paris, PUF, 1985, p. 537-573.
– « Qu'est-ce qu'un vote ? », *Histoire*, 2, p. 105-121, reproduit dans BON Frédéric, *Les discours de la politique*, Paris, Economica, coll. « Politique comparée », 1991, p. 175-188.
BOURDIEU (Pierre),
– *Ce que parler veut dire : l'économie des échanges linguistiques*, Paris, Fayard, 1982.
– *Langage et pouvoir symbolique*, Paris, Le Seuil, 2001.
BRAUD (Philippe),
– *Communication politique*, *in* Guy HERMET (*et al.*), *Dictionnaire de la science politique et des institutions publiques*, Paris, Armand Colin, coll. « Cursus », série « Science politique », 1998, 3e éd., p. 54-57.
– *Sociologie politique*, coll. « Manuels », Paris, LGDJ, 2002, 6e éd.
COTTERET (Jean-Marie), *Gouverner c'est paraître. Réflexions sur la communication politique*, Paris, PUF, coll. « Politique d'aujourd'hui », 1991.
EDELMAN (Murray),
– *Political Language. Words that Succeeds and Politics that Fail*, New York, Academic Press, 1977.
– *The Symbolic Uses of Politics*, Urbana, University of Illinois Press, 1985 (1967).
GERSTL (Jacques),
– *La communication politique*, Paris, PUF, coll. « Que sais-je ? », 1992.
– *La communication politique*, Paris, Armand Colin, coll. « Compact. Civis », 2004.
HOBSBAWM (Eric John), *L'Âge des extrêmes. Histoire du court XXe siècle, 1914-1991*, Bruxelles, Complexe, 2003.
LE BART (Christian), *Le discours politique*, Paris, PUF, coll. « Que sais-je ? », 1998.
MCARTHUR (Brian) [éd.], *The Penguin Book of Twentieth-Century Speeches*, London, Penguin Books, 1999.
PALETZ (David) et LIPINSKI (Daniel), *Political Culture and Political Communication, Working papers*, n° 92, Institut de Ciències Politiques i Socials, 1994.
RANGEON (François) [*et al.*], *La communication politique*, Paris, PUF, 1991.
ROUSSEAU (Jean-Jacques), *Du Contrat social – Écrits politiques*, Paris, Gallimard, coll. « Bibliothèque de la Pléiade », t. III, 1964 (1762), p. 354.
SATINEAU (Maurice), *Le discours permanent : introduction à la communication politique*, Lausanne, LEP, 1991.
THOVERON (Gabriel), *La communication politique aujourd'hui*, Bruxelles, De Boeck Université, 1990.

1 – Jean Jaurès
La volonté de paix de la France

29 juillet 1914

Alors que l'on semble s'acheminer vers le déclenchement d'un conflit, les partisans de la paix refusent encore de croire en sa fatalité, multipliant les appels à la conciliation et au règlement diplomatique. En France, c'est le député socialiste Jean Jaurès qui incarne sans doute le mieux ce combat, au grand dam du camp nationaliste qui lui voue une haine féroce. À l'avant-veille de sa fin tragique, le tribun prononce son dernier discours, entre dénonciation des horreurs de la guerre et confiance dans le désir de paix de son pays et du prolétariat allemand.

Les causes lointaines et immédiates de la guerre

Les raisons profondes de la Grande Guerre sont à trouver à la fin du XIXe siècle avec la montée des impérialismes et des nationalismes et avec le jeu d'alliances stratégiques sous-tendu par des intérêts économiques croissants et par certaines ambitions coloniales. À la Triple Alliance ou Triplice (1882) unissant formellement l'Autriche-Hongrie, l'Allemagne et l'Italie, répond une Triple Entente virtuelle (1907) entre la France, la Grande-Bretagne et la Russie. Des rivalités impériales opposent l'Autriche-Hongrie, en perte de vitesse dans les Balkans, à la Russie qui cherche un accès aux Détroits et se veut la protectrice des peuples slaves. De même, une concurrence navale existe entre la Grande-Bretagne, puissance maritime par excellence, et une Allemagne surarmée, cible d'un revanchisme français cristallisé sur la récupération de l'Alsace-Lorraine. L'étincelle sera l'assassinat à Sarajevo, le 28 juin 1914, du prince héritier austro-hongrois François-Ferdinand par le nationaliste serbe Princip. Vienne y voit l'occasion d'un conflit localisé avec Belgrade dont elle craint le nationalisme exacerbé et peut compter sur Berlin qui la pousse à la guerre malgré les risques réels d'une intervention russe en faveur des Serbes. Le Tsar semble, lui aussi, résolu au conflit et la France ne pèse pas autant qu'elle le devrait pour l'en dissuader. Londres, elle, tente plusieurs médiations mais sans réellement les assortir d'une menace suffisante pour faire reculer les puissances centrales.

Tout s'accélère le 23 juillet, lorsque Vienne pose un ultimatum à la Serbie en des termes volontairement inacceptables, comme la présence sur son sol d'agents austro-hongrois chargés d'enquêter sur l'assassinat de Sarajevo. Le 24, Berlin approuve les termes de cette note que Belgrade refuse partiellement le 25. Vienne déclare dès lors la guerre à la Serbie le 28, provoquant une mobilisation partielle de la Russie le 29, puis une mobilisation générale le 30. Le 1er août, après expiration d'un ultimatum, l'Allemagne déclare la guerre à la Russie, entraînant la mobilisation de la France. Le 3 août, c'est à Paris que Berlin déclare la guerre avant de violer, le lendemain, la neutralité belge et de pousser ainsi Londres, qui en était garante, à prendre part au conflit.

Les divisions du monde socialiste et la personnalité de Jaurès

Face à la menace de guerre, les socialistes européens ne parlent pas tous d'une même voix. Aux congrès et réunions de l'Internationale ouvrière, on se divise sur l'emploi de la grève générale pour empêcher la guerre. Les Allemands y sont opposés et veulent s'en tenir à des démonstrations pacifiques tandis qu'une partie des Français y voient un moyen d'action utile, quitte à ne pas l'appliquer si les conditions ne sont pas réunies. Faute d'accord, on s'en tient au mot d'ordre très vague voté à Stuttgart en 1907 : tout faire pour éviter la guerre et, si elle se déclare, pour l'interrompre. Mais les socialistes français eux-mêmes ne sont pas unanimes. Leur chef historique, Jules Guesde, est sur la même ligne que les Allemands tandis qu'une minorité extrémiste se déclare partisane, comme la plupart des leaders syndicaux de la Confédération générale du travail (CGT), d'une grève générale révolutionnaire en France, quoi que décident les autres peuples, au nom de l'antimilitarisme et de l'antipatriotisme développés par Marx. Entre ces deux tendances naviguent des modérés qui considèrent la guerre comme le produit du capitalisme et d'ambitions économiques concurrentes dont sont finalement victimes les masses laborieuses.

Jean Jaurès est l'un d'eux. Issu de la bourgeoisie, diplômé de l'École normale supérieure, élu du Tarn, il a d'abord siégé au centre gauche avant de rejoindre les rangs socialistes en 1893. Patriote, il croit en la nation et en la nécessité de la défendre. S'il prône la grève générale internationale et simultanée, c'est surtout dans l'espoir qu'elle parvienne à imposer l'arbitrage aux potentiels belligérants. En cas d'échec ou de lâchage des socialistes allemands, il appelle chaque Français à faire son devoir. C'est pourtant lui qui concentre sur son nom la haine exacerbée de la droite nationaliste. Intellectuel brillant, orateur inspiré, il est l'objet d'attaques incessantes et d'une virulence rarement égalée dès ses prises de position lors de l'affaire Dreyfus. Parce qu'il est séduit par la philosophie germanique à laquelle il a consacré sa thèse et parce qu'il est partisan d'une réconciliation franco-allemande, il est considéré par ses adversaires comme un agent de l'ennemi. Issu d'une famille qui compta deux amiraux, personnellement favorable à une armée de milices purement défensives à laquelle chaque homme concourrait de vingt à quarante-cinq ans, il est cependant régulièrement accusé d'antimilitarisme et de haute trahison. Chacun de ses meetings, chacun de ses discours à la Chambre suscite les huées et les injures du « camp d'en face ».

Une dernière harangue pour la paix

Le 29 juillet 1914, il est à Bruxelles pour une réunion du Bureau socialiste international. Le soir, il participe à un meeting au Cirque royal et parle trois quarts d'heure devant plus de huit mille personnes, sans compter les centaines d'autres qui n'ont pu entrer dans la salle. Le discours de Jaurès est connu par le compte rendu qu'en fit le lendemain le socialiste belge Louis Piérard dans *Le Peuple*. Si l'orateur sait que Vienne a déclaré la guerre à Belgrade, il ignore que la Russie a commencé à mobiliser et veut croire encore à un conflit local. Sous les acclamations incessantes de son auditoire, il en appelle à la raison humaine, appuyée à la fois sur l'héritage du christianisme et sur celui de la Révolution française, pour éviter une guerre dont il décrit crûment les inévitables ravages : destructions, maladies, misère. Épinglant les responsabilités, certes écrasantes, des puissances centrales, il loue la volonté de paix de la France, son pays, dont il croit sincèrement qu'il a tout fait et fera tout pour empêcher le conflit, avec plus de fougue encore qu'il ne salue la *volonté des prolétaires allemands*, manifestation d'une *diplomatie socialiste*. Une fois encore, il s'exprime tout autant en patriote qu'en militant mais les événements vont, très vite, rendre son discours caduc.

Deux jours plus tard en effet, la propagande nationaliste a raison de Jaurès. C'est en tant que traître à la patrie qu'il périt au café du Croissant, le soir du vendredi 31 juillet 1914, d'un coup de pistolet tiré par un jeune déséquilibré, Raoul Villain. Membre des Jeunes Amis de l'Alsace-Lorraine, celui-ci applique à la lettre, sans forcément l'avoir lue, l'injonction parue dans *L'Action française* du 23 juillet : *Tuer Jaurès*. La nouvelle se répand rapidement et l'on redoute en haut lieu une explosion de colère du monde ouvrier. Mais c'est plutôt la tristesse qui domine et, à l'annonce de la mobilisation, les Français, quelle que soit leur opinion ou leur classe sociale, obéissent à l'ordre de rejoindre. Le 4 août, les obsèques de Jaurès sont même l'occasion d'affirmer l'union sacrée face à l'ennemi, le disparu recevant l'hommage officiel du gouvernement. À l'heure du choix, le patriotisme l'a emporté, comme Jaurès l'avait toujours prédit. En 1919, Raoul Villain sera acquitté au nom de la Victoire et de la réconciliation nationale et, cinq ans plus tard, le cartel des gauches fera transférer les cendres de Jean Jaurès au Panthéon. Le monde était entré dans un nouvel avant-guerre, au cours duquel le « pacifisme patriotique » défini par Jaurès allait inspirer les théoriciens de la sécurité collective et de l'arbitrage mais également se heurter, en bien des cas, à ce pacifisme intégral qui conduisit l'Europe aux accords de Munich[1].

La volonté de paix de la France

En rentrant à Paris, je dirai à mes compatriotes avec quelle émotion, moi qui suis dénoncé comme un sans-patrie, j'ai entendu acclamer ici la France de la grande Révolution.

Nous ne sommes pas ici cependant pour nous abandonner à ces émotions, mais pour mettre en commun nos forces de raison et de sentiment et tâcher d'écarter la guerre. On dirait que les diplomaties ont juré d'affoler les peuples.

[1] Voir l'introduction au discours n° 24.

On négocie ; il paraît qu'on se contentera de prendre à la Serbie un peu de son sang (*rires*) ; nous avons donc un peu de répit pour assurer la paix. Mais à quelle épreuve on soumet l'Europe !

Quand vingt siècles de christianisme ont passé sur les peuples, quand depuis cent ans ont triomphé les principes des droits de l'homme, comment se fait-il qu'il soit possible que des milliers d'hommes puissent, sans savoir pourquoi, sans que les dirigeants le sachent, s'entre-tuer sans haine ?

Ce qui me navre le plus, c'est l'inintelligence de la diplomatie. Regardez les diplomates de l'Autriche-Hongrie ; ils viennent d'accomplir un chef-d'œuvre ; ils ont obscurci toutes les responsabilités autres que la leur. Quelles qu'aient été les folies des autres dirigeants, au Maroc*, en Tripolitaine*, aux Balkans*, par la brutalité de sa note*, avec son mélange de violence et de jésuitisme, la diplomatie d'Autriche-Hongrie semble avoir voulu passer au premier plan. (*Applaudissements*)

Et l'Allemagne ? Si elle a connu la note austro-hongroise, elle est inexcusable d'avoir permis une pareille démarche. Et si l'Allemagne officielle n'a pas connu la note autrichienne, quelle est cette sagesse gouvernementale et que signifie la Triple Alliance ? Quoi ! Vous avez un contrat qui vous lie et qui vous entraîne à la guerre et vous ne savez pas ce qui va vous y entraîner ! Je demande quel peuple a donné un exemple pareil d'anarchie.

Si l'on pouvait lire dans le cœur des gouvernants, on ne pourrait y voir si vraiment ils sont contents de ce qu'ils ont fait. Ils voudraient être grands ; ils mènent les peuples au bord de l'abîme ; mais, au dernier moment, ils hésitent ; le cheval d'Attila effarouche encore, mais il trébuche. Cette hésitation des dirigeants, il faut que nous la mettions à profit pour organiser la paix.

Nous, socialistes français, notre devoir est simple ; nous n'avons pas à imposer à notre gouvernement une politique de paix. Il la pratique. Moi qui n'ai jamais hésité à assumer sur ma tête la haine de nos chauvins, par ma volonté obstinée et qui ne faillira jamais de rapprochement franco-allemand, j'ai le droit de dire qu'à l'heure actuelle le gouvernement français veut la paix et travaille au maintien de la paix. (*Ovation*)

Le gouvernement français est le meilleur allié de paix de cet admirable gouvernement anglais qui a pris l'initiative de la conciliation. Et il donne à la Russie des conseils de prudence et de patience.

Quant à nous, c'est notre devoir d'insister pour qu'il parle avec force à la Russie de façon qu'elle s'abstienne. Mais si, par malheur, la Russie n'en tenait pas compte, notre devoir est de dire : « Nous ne connaissons pas de traités secrets. Nous ne connaissons qu'un traité : celui qui nous lie à la race humaine. » (*Ovations*)

Voilà notre devoir et, en l'exprimant, nous nous sommes trouvés d'accord avec les camarades d'Allemagne qui demandent à leur gouvernement de faire que l'Autriche modère ses actes. Et il se peut que la dépêche dont je vous parlais tantôt* provienne en partie de cette volonté des prolétaires allemands.

Fût-on le maître auguste, on ne peut aller contre la volonté de quatre millions de consciences éclairées.

Voilà ce qui nous permet de dire qu'il y a déjà une diplomatie socialiste qui s'avère au grand jour et qui n'agit pas pour déchirer les cœurs, ni troubler les consciences.

Nous les avons entendus, nos chauvins, dire maintes fois : « Ah ! comme nous serions tranquilles si nous avions en France des socialistes allemands modérés et calmes. » Eh bien ! hier, les socialistes à la mode française furent à Berlin, et au nombre de cent mille manifestèrent. Nous enverrons des socialistes français en Allemagne où on les réclame et les Allemands nous enverront les leurs, puisque les chauvins français les réclament. (*Rires*)

Si dans l'entraînement mécanique et dans l'ivresse des premiers combats nos maîtres réussissent à entraîner les masses, à mesure que le typhus achèverait l'œuvre des obus, à mesure que la mort et la misère frapperaient, les hommes dégrisés se tourneront vers les dirigeants allemands, français, russes, italiens, demanderont quelles raisons ils peuvent donner de tous ces cadavres. Et alors, la Révolution déchaînée leur dirait : « Va-t-en et demande pardon à Dieu et aux hommes ! »

Mais si nous évitons l'orage, alors j'espère que les peuples n'oublieront pas et qu'ils diront : « Il faut empêcher que le spectre ne sorte de son tombeau tous les six mois pour effrayer le monde. »

Hommes humains de tous les pays, voilà l'œuvre de paix et de justice que nous devons accomplir !

(*Cette péroraison de M. Jaurès est saluée par une longue ovation. Tous les auditeurs sont debout.*)

Compléments

Maroc : Enjeu pour la France qui commence à l'investir dès 1900, le Maroc est également convoité par l'Allemagne. Afin de tester l'Entente cordiale, celle-ci débarque à Tanger en 1905 sous prétexte d'y défendre ses intérêts et de protéger l'indépendance de la région. On frôle alors la guerre mais la conférence d'Algésiras (1906) place le pays sous contrôle international. Néanmoins, la France reprend rapidement sa conquête et s'entend même avec l'Allemagne (1909) pour une sorte de partage des retombées économiques. En 1911, une nouvelle crise a lieu lorsque la France, à la demande du Sultan, intervient à Fès et Meknès. C'est l'incident d'Agadir qui voit les Allemands dépêcher la canonnière Panther. Mais le ministre français Caillaux temporise, au grand dépit de certains cercles bellicistes du Quai d'Orsay, et s'entend avec Berlin: la France aura les mains libres au Maroc moyennant la cession à l'Allemagne d'une partie du Congo français.

Tripolitaine: Vilayet ottoman, la Tripolitaine attire, à la fin du XIXe siècle, de nombreux colons italiens. C'est officiellement pour protéger ceux-ci que Rome déclare la guerre aux Turcs en novembre 1911 et reçoit, par le traité de Lausanne d'octobre 1912, le droit d'occuper la région. En réalité, il existe aussi, en toile de fond, un donnant-donnant sur le Maroc avec Paris et un blanc-seing de la Russie.

Balkans: Les tensions dans cette région proviennent de l'opposition entre l'Autriche-Hongrie et la Russie. En 1878, le congrès de Berlin tente d'aplanir les choses et d'arrêter l'expansion russe vers la Méditerranée en créant une petite Bulgarie autonome, en assurant l'indépendance de la Serbie, du Monténégro et de la Roumanie et en confiant l'occupation temporaire de la Bosnie et de l'Herzégovine à l'Autriche-Hongrie qui les annexe néanmoins en 1908, en dépit de la suzeraineté turque théorique. C'est l'intervention de l'Allemagne qui, en 1909, évite la guerre à ce propos. En octobre 1912, poussés par la Russie qui espère toujours contrôler les Détroits, la Bulgarie, la Serbie, le Monténégro et la Grèce déclenchent la première guerre balkanique qui se solde, en mai 1913, par la fin de la « Turquie d'Europe » l'Empire ottoman ne conservant que la région d'Istanbul. Mais le partage des territoires conquis entraîne une deuxième guerre balkanique entre les vainqueurs (juin-juillet 1913). La Bulgarie, isolée, en sort grande perdante, les Roumains et les Turcs ayant aidé les Serbes et les Grecs à l'affronter.

... *la brutalité de sa note*: Il s'agit de l'ultimatum austro-hongrois à la Serbie (23 juillet 1914) que l'Allemagne connaissait avant son envoi et dont elle avait suivi la préparation sans rien faire pour en modérer les termes.

... *la dépêche dont je vous parlais tantôt*: Il s'agit d'une dépêche télégraphiée au journal *Le Temps* depuis Saint-Pétersbourg et selon laquelle l'Autriche a donné à la Russie l'assurance qu'elle ne porterait pas atteinte à l'intégrité de la Serbie. Jean Jaurès, toujours optimiste, écrit dans *L'Humanité* du 30 juillet que « cette assurance permettra à la Russie de ne pas se jeter, précipitée, dans le conflit ».

2 – Pierre Brizon
Les soldats français sont des citoyens

24 juin 1916

La Grande Guerre met le socialisme français et européen à rude épreuve, attisant ses oppositions internes: faut-il soutenir l'effort de guerre national et oublier toute solidarité de classe ou tenter de renouer les liens avec les camarades de l'autre camp pour obtenir la paix ? En 1916, Pierre Brizon choisit le second terme de l'alternative et défend ouvertement son désir d'une paix sans annexions, désir qui heurte la majorité des Français, de gauche comme de droite. Cependant, son discours annonce les grandes interrogations qui, sur fond de révolutions russes et de démoralisation, traverseront 1917, l'année clé du conflit.

La SFIO, de l'Union sacrée aux divisions internes

Août 1914: la France entre dans la guerre sous le signe de l'Union sacrée. À la Chambre, les socialistes votent unanimement les crédits de guerre, l'état de siège et la restriction des libertés puis, à la fin du mois, acceptent d'entrer au gouvernement, dérogeant à leur tactique de non participation au pouvoir. Au fil des mois cependant, le mouvement ouvrier réalise que la guerre s'installe dans la durée, que les pertes sont de plus en plus importantes et que rien n'indique qu'une issue au conflit soit proche. Un courant minoritaire naît progressivement au sein de la SFIO[1] à partir de la puissante fédération de la Haute-Vienne (Limoges) épaulée par le député de la Seine Jean Longuet, petit-fils de Karl Marx. En mai 1915, cette minorité rend public un texte qui rappelle le mot d'ordre voté par l'Internationale à Stuttgart en 1907 : œuvrer à faire cesser la guerre. Toutefois, elle se refuse à appeler les soldats français à briser leur fusil.

Les réels pacifistes se trouvent en fait à gauche des minoritaires. On les appelle les « zimmerwaldiens », en référence à une réunion socialiste internationale tenue dans le village suisse de Zimmerwald en septembre 1915, réunion au cours de laquelle s'opposent les partisans d'une simple reprise des relations internationales et les défenseurs d'une nouvelle Internationale, dont Lénine fait partie. Deux Français y sont présents : il s'agit de syndicalistes, même si l'un est aussi membre de la SFIO. Au cours de l'année 1916, le mouvement pacifiste acquiert davantage de visibilité car la conjoncture se modifie. Le secrétaire de l'Internationale, l'anversois Camille Huysmans, se rallie

---

1 Section française de l'Internationale ouvrière, nom du parti socialiste de 1905 à 1969.

au Comité pour la reprise des relations internationales né de Zimmerwald tandis que les socialistes allemands, hier très unis, possèdent désormais une aile pacifiste active[2]. Du 24 au 30 avril 1916, une nouvelle conférence socialiste se tient en Suisse, à Kienthal. Les participants français sont, cette fois, des députés : Alexandre Blanc, élu du Vaucluse, Jean Raffin-Dugens, élu de l'Isère, et Pierre Brizon, élu de l'Allier. Ceux-ci sont condamnés par les instances de leur parti, qui voudraient les exclure mais ne s'y résolvent pas pour éviter d'en faire des martyrs.

La voix des pacifistes

La division interne des socialistes éclate clairement à la Chambre des députés le 14 juin 1916, lorsque Pierre Brizon (1878-1923) lit à l'assemblée un manifeste des minoritaires allemands. Né dans une famille modeste, ancien élève de l'École normale supérieure de Saint-Cloud, Brizon a mené, durant une décennie, une carrière de professeur dans diverses écoles normales, professionnelles ou industrielles, en étant chaque année muté pour cause de propagande socialiste jugée intempestive. En 1906, il échoue à se faire élire député de l'Isère mais y parvient quatre ans plus tard dans son département natal de l'Allier. À la Chambre des députés, il se fait rapidement connaître pour ses talents d'orateur infatigable, dénonçant avant tout les pouvoirs du Sénat, le militarisme et les conquêtes coloniales. La guerre renforce ses convictions. Le 14 juin 1916, il explique à la Chambre pourquoi il ne votera pas les crédits militaires. S'appuyant sur les minoritaires allemands, il met en exergue le sacrifice inutile d'une génération et la ruine morale et matérielle des deux camps, prélude à une possible guerre de revanche en cas de victoire de l'un sur l'autre. Comme eux, il appelle dès lors son gouvernement à une *paix immédiate sans annexions*.

L'indignation est grande dans l'assemblée et Paul Deschanel, qui la préside, affirme qu'aucun Français n'acceptera une telle abdication. Alexandre Blanc rétorque que le discours « kienthalien » trouvera plus d'écho dans les tranchées que dans les travées de la Chambre et Pierre Brizon assène : *nous refusons de voir tomber nos soldats pour donner Constantinople à la Russie*. En décembre 1916, après un nouveau discours antigouvernemental, décision est prise d'appliquer la censure au député de l'Allier et de l'exclure temporairement de la Chambre des députés. Au sein même de la SFIO, les débats sont houleux. Fustigé par les majoritaires, Brizon dérange également les minoritaires qui qualifient son intervention de *courageuse mais inopportune*. Au Conseil national du parti, en août 1916, il persiste et lance à ses détracteurs : *vous nous traduirez devant le tribunal socialiste. Mais le parti socialiste n'est pas là. Il est dans les tranchées ; et son cœur est à Zimmerwald et à Kienthal*[3]. Toute cette agitation est contemporaine de la très meurtrière bataille de Verdun, au cours de laquelle les Allemands ont le dessus jusqu'en octobre 1916. C'est dire si le message des « Kienthaliens » passe mal au sein du monde politique français mais également au sein de l'opinion publique qui, de toute façon, n'en est que très partiellement informée.

---

2 Emmenée par Karl Liebknecht et Rosa Luxemburg. Voir l'introduction au discours n° 7.

3 Pour ces diverses citations : Georges Lefranc, *Le mouvement socialiste sous la IIIe République (1875-1940)*, Paris, Payot, 1963, p. 208-209.

Les minoritaires deviennent majoritaires

L'année 1917, celle de l'essoufflement, voit cependant les minoritaires et les « Kienthaliens » gagner en puissance au sein de la SFIO, sur fond de grèves en France et de mutineries dans plusieurs divisions. Dès septembre, il n'y a plus de ministre socialiste au gouvernement français ; en Allemagne, les opposants à la guerre sont en passe de devenir majoritaires et en Russie, la première puis la deuxième révolution laissent à penser qu'un armistice séparé pourrait être signé avec l'Allemagne. Une nouvelle conférence socialiste censée cette fois réunir des représentants de tous les partis est prévue à Stockholm, sous l'égide de Huysmans. Vingt-cinq partis répondent présents mais pas ceux des pays alliés, dont la France, car les autorités ont refusé de délivrer des passeports aux délégués. C'est l'échec. Plusieurs réunions ont lieu mais non une conférence générale qui aurait pu renouer le contact entre les divers mouvements socialistes et empêcher la future scission de l'Internationale.

La révolution d'Octobre puis la signature par Lénine de la Paix de Brest-Litovsk bouleversent la donne et amènent en France une recomposition au sein de la SFIO. Les partisans de l'Union sacrée deviennent minoritaires tandis qu'un vaste regroupement s'opère au centre autour de thèses pacifistes mais antibolchevistes. Les « Zimmerwaldiens / Kienthaliens », pour leur part, se partagent entre une aile droite qui rejoint le centre, une aile gauche révolutionnaire et bolcheviste et un entre-deux dans lequel navigue Pierre Brizon. Partisan d'un bouleversement social, séduit par le bolchevisme mais de façon plus sentimentale que raisonnée, celui-ci lance un hebdomadaire « défaitiste » et féministe, *La Vague* qui, tiré à 300 000 exemplaires, rencontre un succès certain sans pour autant ébranler une opinion publique majoritairement favorable à une paix victorieuse. Après le congrès de Tours de 1920, Brizon rejoint le parti communiste, dont il sera exclu deux ans plus tard pour *déviationnisme de droite*. Il co-fondera alors une union socialiste-communiste visant à reconstituer l'unité ouvrière, mais décédera quelques mois plus tard. Depuis 1919, il n'était plus député, n'ayant pas réussi à se faire réélire dans l'atmosphère d'exaltation patriotique qui régnait en France depuis la Victoire.

Les soldats français sont des citoyens

Messieurs,

Après deux ans d'une guerre qui dévaste l'Europe, la ruine, la saigne, la menace d'épuisement, les gouvernements des pays belligérants demandent encore des milliards et encore des hommes, pour prolonger cette guerre d'extermination.

Au moment d'un vote si grave, notre pensée se tourne vers la paix dans la liberté, vers ceux qui y travaillent avec la conscience d'accomplir le plus beau devoir qui soit au monde, vers les courageux socialistes de la minorité allemande... [...] Et voici ce qu'ils disent : « Dans cette guerre monstrueuse entre deux coalitions formidables, dans cette guerre désormais immobilisée malgré le flux et le reflux des batailles, il n'y a et il n'y aura ni vainqueurs, ni vaincus. Ou plutôt tous seront saignés, ruinés, épuisés.

Avec la jeunesse dans la tombe, les meilleures générations sacrifiées, la civilisation en partie détruite, la fortune perdue, la désolation partout, une victoire serait-elle une victoire ?

Et s'il y avait, par malheur, des vainqueurs exaspérés et des vaincus irrités, la guerre recommencerait pour la vengeance, pour la revanche.

Car la guerre n'a jamais tué la guerre. [...]

La prolongation de la guerre n'est plus, depuis longtemps déjà, qu'une barbarie militairement inutile.

Il faut arrêter la guerre. Assez de morts ! Assez de ruines ! Assez de souffrances !

Il faut obliger notre Gouvernement à déclarer ses conditions précises de paix. Il faut lui imposer la paix immédiate sans annexions. Si nous faisons cela, nous savons qu'il y aura dans les autres pays des socialistes et des hommes de bonne volonté pour exercer la même pression contre la guerre, pour la paix, pour la liberté des peuples. » [...]

Annales de la Chambre des Députés, 24 juin 1916

3 – Appel du *Soviet* des députés ouvriers et soldats de Petrograd

14 mars 1917
ou 27 mars[1]

La révolution russe de Février 1917 est un événement capital dans l'histoire de la Grande Guerre même si la mémoire collective a surtout retenu celle d'Octobre. C'est pourtant dès le printemps que le camp allié est placé devant l'incertitude : quelle va être l'attitude du nouveau régime face à la guerre ? Va-t-il la poursuivre ou, au contraire, négocier la paix avec l'ennemi et lui donner ainsi l'avantage en lui permettant de se concentrer sur un seul front ? Quel sera, par ailleurs, l'impact des événements russes sur les mouvements socialistes européens ? C'est dans ce contexte qu'intervient l'appel au cessez-le-feu du *Soviet* de Petrograd qui, sans être le gouvernement officiel de la nouvelle Russie, n'en dispose pas moins d'un poids politique et moral évident.

Les origines de la révolution de Février 1917

La Première Guerre mondiale, que le tsar Nicolas II n'a rien fait pour éviter, précipite la chute du régime tsariste. Différents éléments expliquent la révolution russe de 1917, initiée le 8 mars du calendrier grégorien. Il y a tout d'abord la désorganisation des transports, mobilisés avant tout dans un but militaire, qui paralyse l'économie russe, causant la ruine progressive de la classe paysanne mais aussi la famine et la hausse des prix dans les villes. Il y a également la durée d'un conflit qui semble s'enliser : l'armée russe subit d'importantes pertes et un million de ses soldats désertent début 1917. Il y a ensuite la poussée des nationalismes dans l'Ouest, stimulés par les occupants allemands. Il y a aussi l'existence d'une opposition multiforme qui a déjà mené une tentative de révolution en 1905[2]. On citera :

---

1 Selon le calendrier orthodoxe en vigueur jusqu'au 14 février 1918.

2 Dès 1901, une crise économique grave touche la Russie et la famine accable une population dont les conditions de vie sont déjà déplorables. Par ailleurs, la guerre russo-japonaise déclenchée en 1904 est en passe de tourner à l'avantage du Japon. Le 22 janvier 1905, une foule de 100 000 personnes, dirigée par le pope Gapone, vient apporter pacifiquement une pétition au Tsar dont on brandit le portrait, pour réclamer des réformes rapides. Mais les cosaques chargent devant le Palais d'Hiver, faisant de nombreuses victimes. C'est le « dimanche rouge de Saint-Pétersbourg » qui va lancer la révolution russe de 1905, faite de grèves ouvrières, de soulèvements paysans, de manifestations libérales mais aussi de mutineries, telle celle survenue en juin-juillet sur le cuirassé *Potemkine* à Odessa ou à Kronstadt, sur la Baltique. Nicolas II réagit en divisant ses opposants. Par le manifeste du 30 octobre 1905, il accorde aux libéraux

* le parti constitutionnel-démocrate (KD[3]) issu de la bourgeoisie et partisan de l'établissement d'une démocratie parlementaire à l'occidentale et du libéralisme économique ;
* les socialistes-révolutionnaires surtout actifs en milieu paysan ;
* les sociaux-démocrates divisés entre bolcheviks[4] auxquels Lénine appartient et qui plaident la prise de pouvoir immédiate via l'insurrection armée et mencheviks qui, doutant de voir s'imposer la dictature du prolétariat, plaident pour la constitution d'un puissant parti d'opposition au sein de la démocratie bourgeoise comme préalable indispensable à la réalisation du socialisme.

Il y a enfin l'impopularité croissante du Tsar, de sa famille et de ses ministres : les origines allemandes de la Tsarine[5] jouent en sa défaveur, d'autant que l'on soupçonne son éminence grise, l'inquiétant et influent moine guérisseur Raspoutine, d'être un agent du Reich, ce qui lui vaut d'être assassiné en 1916 au terme d'un complot ourdi notamment dans l'aristocratie.

Face à face entre deux pouvoirs

Le 8 mars 1917, les premières grèves et manifestations ont lieu à Petrograd, nouveau nom de Saint-Pétersbourg. Quatre jours plus tard, la garnison rejoint le camp des insurgés tandis que se crée, dans la capitale, un *Soviet* ou conseil directement inspiré de 1905. On avait alors vu naître partout dans le pays des organismes politiques de classe élus par les prolétaires. Il s'agissait au départ de comités de grève mais ils sont rapidement devenus des instruments de lutte politique et révolutionnaire. Actif durant un mois et demi à l'automne 1905, le premier *Soviet* de Saint-Pétersbourg, essentiellement menchevik, vit ses responsables déportés en Sibérie. Qu'importe, il a formé les cadres de la révolution de 1917. Dans le second *Soviet* de Petrograd, les bolcheviks sont de nouveau en retrait par rapport aux mencheviks, alliés aux socialistes-révolutionnaires.

En parallèle, la *Douma*, c'est-à-dire l'assemblée d'Empire, désigne un gouvernement provisoire, sous la présidence du prince Lvov, député KD. Les Affaires étrangères et la Guerre y sont aux mains des KD et du centre-droit. Au sein de l'équipe, le seul socialiste est Alexandre Kerenski, par ailleurs vice-président du *Soviet* et qui fait le lien entre les deux instances. Le 15 mars 1917, le Tsar est poussé à l'abdication et placé en résidence surveillée dans son palais d'été de Tsarkoïe Selo. Son frère, le grand-duc Michel, refuse le trône, signant la fin des Romanov.

---

républicains, en fait conservateurs et monarchistes, une *Douma* élue et les libertés de conscience, de presse, d'opinion et d'association qu'ils réclament. Satisfaits – d'où leur surnom d'« octobristes » –, ceux-ci laisseront réprimer l'insurrection populaire de Moscou en janvier 1906.

3 Également désigné, phonétiquement, par le vocable Cadets.

4 Le terme « bolchevik » signifie « majoritaire », par opposition à « menchevik » ou « minoritaire », car les « bolcheviks » ont temporairement été les plus nombreux au sein du parti lors du IIe Congrès de l'été 1903.

5 Alexandra Fedorovna, née Alice de Hesse-Darmstadt.

Poursuite de la guerre ou cessez-le-feu ? L'Europe face à l'inconnue russe

Très vite, le gouvernement provisoire et le *Soviet* vont s'affronter sur la question cruciale de la poursuite de la guerre. Le premier est bien décidé à garder le cap et à défendre les intérêts de la Russie : prise de Constantinople et des Détroits via le démantèlement de l'Empire ottoman et « libération » des Slaves via le démantèlement de l'Empire austro-hongrois. En revanche, le « *Soviet* des députés ouvriers et soldats de Petrograd » réclame, lui, un cessez-le-feu et une paix sans annexions ni indemnités. C'est notamment ce qu'il exprime le 27 mars dans l'appel reproduit ci-dessous aux *prolétaires* et *travailleurs de tous les pays*. Après avoir annoncé l'élection prochaine d'une assemblée constituante au suffrage universel, le *Soviet* qui a la confiance du peuple s'adresse plus particulièrement aux prolétariats allemand et austro-hongrois, en lutte contre la Russie tsariste depuis 1914. Il les exhorte à renverser, eux aussi, leurs *gouvernement[s] semi-autocratique[s]*, d'autant que le dernier argument de guerre éventuellement valable à leurs yeux vient de s'effacer : il n'y a plus de *despotisme asiatique* depuis la chute des Romanov.

Face à ce message du *Soviet*, les puissances centrales sont partagées entre deux sentiments : un potentiel retrait de la Russie est une bonne nouvelle puisqu'il pourrait permettre de ramener toutes les forces sur le front occidental. Néanmoins, on continue à penser que la Russie tsariste était moins dévouée aux Alliés que ne risque de l'être une Russie démocratique et l'on appuie dès lors l'extrême-gauche pacifiste plutôt que les modérés. C'est l'Allemagne qui fournira à Lénine les moyens logistiques pour rentrer en Russie[6]. Pour autant, on n'en redoute pas moins que l'appel au peuple du *Soviet* ne soit entendu et n'incite les soldats allemands et austro-hongrois à mettre « la crosse en l'air ».

Au sein du camp allié, Français et Britanniques affichent une satisfaction de façade : mieux vaut un État démocratique qu'absolutiste comme allié. En réalité, ils sont doublement inquiets : comme leurs ennemis, ils craignent l'influence de l'exemple russe sur leurs propres prolétariats et, par ailleurs, ils voient comme une trahison la possibilité d'une paix séparée entre Petrograd et les Centraux. Ce n'est pas un hasard si des chefs socialistes favorables à la poursuite de la guerre, comme le Belge Vandervelde, le Français Thomas et l'Anglais Henderson sont envoyés en Russie pour tenter de plaider la cause des Alliés. Dans la presse alors censurée, l'appel du *Soviet* est escamoté, sinon passé sous silence. Une seule phrase, d'ailleurs détournée de son sens réel, est censée le résumer : *Nous défendrons fermement notre liberté contre toutes les tentatives de la réaction, à l'intérieur comme à l'extérieur.* Dans les sphères bien informées toutefois, personne n'est dupe et l'inquiétude va croissant chez les Alliés. Il ne faut d'ailleurs pas négliger l'impact de l'incertitude russe sur la décision d'entrée en guerre des États-Unis[7].

À la base, c'est-à-dire chez les militants et les soldats des deux camps, l'appel du *Soviet* de Petrograd n'a pas eu une influence déterminante, même si le message délivré ne pouvait que renforcer, au sein des partis socialistes, les tendances minoritaires et

---

6 Voir l'introduction au discours n° 5.

7 Voir l'introduction au discours n° 4.

pacifistes. Les mutineries de l'armée française, concomitantes de la première révolution de 1917, n'étaient pas un mouvement politique à proprement parler, même s'il arrivait que l'on chante *L'Internationale*. On ne peut pas non plus parler de mouvement d'ensemble structuré. Elles n'ont été imitées ni du côté anglais, ni du côté austro-allemand. En réalité, contrairement aux Russes, les autres peuples en guerre, quel que soit leur camp, restent, en 1917, persuadés qu'une paix victorieuse est possible et souhaitable.

La ligne du Soviet *l'emporte*

En avril 1917, le ministre des Affaires étrangères russe, le KD Milioukov, s'emploie à rassurer les Alliés en rendant publique une note annonçant la continuation des combats. Mais des émeutes de protestation éclatent à Petrograd et le gouvernement provisoire du prince Lvov doit être remanié : Milioukov mais aussi Goutchkov, le ministre de la Guerre, sont écartés tandis que plusieurs socialistes-révolutionnaires et mencheviks font leur entrée. Kerenski, hier seul socialiste, est promu ministre de la Guerre et de la Marine. Fidèle à la tactique du *Soviet*, il pense pouvoir obtenir la paix en utilisant les divers partis socialistes des pays belligérants comme moyens de pression. C'est dans ce but que la IIe Internationale tente de se réunir à Stockholm. Mais les socialistes alliés ne sont pas réellement demandeurs d'une conférence avec leurs homologues allemands et austro-hongrois. Leurs gouvernements, de toute façon, ne leur délivreront pas l'autorisation nécessaire à leur déplacement[8].

APPEL DU SOVIET *DES DÉPUTÉS OUVRIERS ET SOLDATS DE* PETROGRAD

Camarades prolétaires, travailleurs de tous les pays !

Nous, soldats et ouvriers russes, unis au sein du *Soviet* des députés ouvriers et soldats, vous envoyons nos salutations chaleureuses et vous informons d'un grand événement. La démocratie russe a renversé le despotisme des tsars et entre à part entière dans la famille des nations comme membre égal aux autres et comme une force puissante dans le combat pour notre libération à tous. Notre victoire est une grande victoire pour la liberté et la démocratie. Le pilier de la réaction dans le monde, le « gendarme de l'Europe » n'est plus.

---

8 Voir l'introduction au discours n° 2.

Puisse-t-il être enterré pour toujours. Vive la liberté. Vive la solidarité internationale du prolétariat et vive son combat pour la victoire finale.

Notre œuvre n'est pas achevée : les ombres de l'Ancien Régime n'ont pas été toutes dissipées et nombreux sont les ennemis qui préparent leurs forces pour réduire la révolution russe. Néanmoins nos succès sont déjà considérables. Les peuples de Russie exprimeront leur volonté dans une assemblée constituante qui sera bientôt convoquée sur la base du suffrage universel, direct, égal et secret. On peut déjà prédire avec confiance qu'une république démocratique s'instaurera en Russie. Le peuple russe possède maintenant une liberté politique totale. Il peut affirmer sa toute-puissance aussi bien dans les affaires intérieures que dans les affaires extérieures.

Ainsi, en appelant à tous les peuples détruits et ruinés par cette guerre monstrueuse, nous disons que l'heure est venue de mener un combat décisif contre les ambitions annexionnistes des gouvernements de tous les pays ; le temps est venu pour les peuples de prendre entre leurs mains les décisions, en ce qui concerne les questions de paix et de guerre.

Consciente de sa puissance révolutionnaire, la démocratie russe annonce qu'elle s'opposera à la politique de conquête de ses classes dirigeantes par tous les moyens et elle invite les peuples d'Europe à une action commune et décisive en faveur de la paix.

Nous faisons également appel à nos frères, les prolétaires de la coalition austro-allemande et, par-dessus tout, au prolétariat allemand. Depuis les premiers jours de la guerre, ils donnent l'assurance qu'ils prennent les armes, qu'ils assument la défense de la civilisation européenne menacée par le despotisme asiatique. Beaucoup d'entre vous y ont vu une justification dans le soutien qu'ils ont donné à la guerre. Mais maintenant cette justification ne vaut plus : la Russie démocratique ne peut pas être une menace pour la liberté et la civilisation.

Nous défendrons fermement notre liberté contre toutes les tentatives de la réaction, à l'intérieur comme à l'extérieur. La révolution russe ne reculera pas devant les baïonnettes des conquérants, et ne se laissera pas écraser par les armées étrangères.

Mais nous faisons appel à vous : débarrassez-vous du joug de votre gouvernement semi-autocratique, comme le peuple russe a balayé l'autocratie tsariste ; refusez d'être les instruments de la conquête et de la violence entre les mains des monarques, des propriétaires, des banquiers ; alors, unissant nos efforts, nous arrêterons l'horrible boucherie qui est la honte de l'humanité et assombrit les grandes heures de la naissance de la Liberté russe.

Travailleurs de tous les pays : tendant nos mains comme des frères par-dessus les montagnes des corps de nos morts, par-dessus les ruines encore fumantes des villes et des villages, par-dessus les trésors détruits, nous faisons appel à vous pour restaurer l'unité internationale. Telle est la garantie de nos victoires futures et de la libération complète de l'humanité.

Prolétaires de tous les pays, unissez-vous !

Le *Soviet* des députés ouvriers et soldats de Petrograd.

4 – Woodrow Wilson
Les quatorze points

8 janvier 1918

Rompant avec leur isolationnisme traditionnel, les États-Unis ont rejoint, en 1917, le camp des Alliés et leur ont fourni l'aide indispensable pour remporter la Première Guerre mondiale. Le président Wilson se sent donc le droit d'indiquer, dès le début de l'année 1918, de nouvelles voies diplomatiques à suivre pour apaiser l'Europe et prévenir le retour d'un conflit. Basés sur l'abolition de la diplomatie secrète, le respect des nationalités et du droit des peuples à disposer d'eux-mêmes, ses « quatorze points » susciteront nombre de réticences chez les vainqueurs désireux d'obtenir des réparations financières et territoriales, et ne seront finalement que très partiellement mis en application. Par ailleurs, nul n'étant prophète en son pays, Wilson essuiera également un important échec aux États-Unis, revenus dès 1920 à leur politique de neutralité.

Wilson, un président entre continuité et rupture

Fils d'un ministre du culte presbytérien d'origine irlandaise, Thomas Woodrow Wilson (1856-1924) est avocat de formation mais exerce rapidement comme professeur d'économie politique dans diverses universités. Après avoir présidé l'Université de Princeton de 1902 à 1910, il devient gouverneur démocrate du New Jersey en 1911 et l'année suivante, est désigné par son parti pour affronter des républicains très divisés entre le président sortant William Taft et son prédécesseur Théodore Roosevelt. Très largement élu, Wilson entend mener, sur le plan de la politique intérieure, un certain nombre de réformes rassemblées sous le vocable de *New Freedom*, qui conduisent à accorder davantage de pouvoir à l'échelon fédéral : droit de vote des femmes imposé à l'ensemble des États (19e amendement à la Constitution adopté après son départ), levée d'un impôt fédéral sur le revenu, création d'une organisation fédérale du crédit, etc.

Mais en politique étrangère, il reste d'abord dans la droite ligne des présidents républicains qui l'ont précédé et de la « doctrine Monroe »[1]. En 1914, lorsque la guerre

---

[1] Par cette doctrine, élaborée en 1823 par le secrétaire d'État John Quincy Adams au nom du président James Monroe, les États-Unis font savoir que toute incursion européenne sur le continent américain sera considérée comme une menace. Dans le même temps, Washington annonce qu'elle n'interférera ni dans les conflits intra-européens, ni dans les colonies européennes

éclate en Europe, il se réjouit, comme l'immense majorité du peuple américain, de la neutralité adoptée de longue date par son pays et, en 1916, se fait réélire sur le slogan *He kept us out of war!*, c'est-à-dire *Il nous a préservés de la guerre!* Sur le continent américain en revanche, Wilson est l'un des présidents les plus interventionnistes, suivant en cela le « corollaire Roosevelt » à la « doctrine Monroe » qui, sous couvert de préserver les intérêts stratégiques et commerciaux des États-Unis, autorise ceux-ci à exercer une sorte de pouvoir de police en Amérique latine et dans les Caraïbes. Wilson intervient ainsi en Haïti, à Saint-Domingue, à Cuba mais surtout au Mexique où le général Pershing débarque officiellement pour mater le général justicialiste Pancho Villa mais surtout pour impressionner un gouvernement démocratique qui a le tort de vouloir nationaliser ses ressources naturelles.

L'entrée en guerre des États-Unis

Toutefois, à partir de 1916, la politique étrangère de Wilson évolue. Dès ce moment, il réfléchit à la possibilité de créer une « Ligue internationale », organisme de maintien de la paix et de coopération entre les diverses nations du monde. L'entrée des États-Unis dans la guerre va insérer cette proposition dans un ensemble plus vaste. Le fait qui soudain conduit Washington à s'écarter de la « doctrine Monroe » est la décision allemande de mener, dès le 1er février 1917, une guerre sous-marine à outrance. Pour Wilson qui souhaitait encore au Sénat, le 22 janvier, une *paix sans victoire*, c'en est trop. Ne pas réagir alors que l'Allemagne va entraver la liberté des mers et du commerce ne revient-il pas à sortir de la neutralité et à apporter un soutien passif aux Centraux ? Les États-Unis sont, d'autre part, conscients que, si les Alliés perdent, il leur sera impossible de rembourser les sommes prêtées. Mais cet argument matérialiste n'est pas la raison principale de l'entrée en guerre. C'est bien l'attitude provocatrice de Berlin qui joue le rôle de déclencheur.

Début février 1917, Wilson rompt les relations diplomatiques avec le Reich en gage d'avertissement, puis trois éléments précipitent les choses. Il y a d'abord le « télégramme Zimmermann » par lequel le secrétaire d'État allemand aux Affaires étrangères annonce à ses diplomates une future alliance avec le Mexique qui, contre une aide aux Centraux, pourrait récupérer certains territoires au détriment des États-Unis. Il y a ensuite, mi-mars, la chute du régime tsariste et le risque de voir la Russie signer une paix séparée. Il y a enfin la perte de trois navires américains, coulés par les Allemands le 18 mars. Le 2 avril, Wilson demande au Congrès de voter la déclaration de guerre, ce qu'il fait le 6. L'intervention des États-Unis amène aux Alliés un renfort psychologique capital, de nouvelles possibilités d'emprunt et de ravitaillement et le soutien d'une flotte imposante. Dès le printemps 1918, elle permet de plus l'arrivée de dizaines de milliers de soldats sur le sol européen. Toutefois, les Américains ne sont pas juridiquement « alliés » mais bien « associés » à l'Entente, c'est-à-dire qu'ils restent libres de conclure une paix séparée et ne sont pas tenus par les pactes entre Alliés.

---

moyennant *statu quo*. Cette politique de neutralité fixe les bases de ce que l'on a appelé l'isolationnisme américain.

Des idées généreuses mais controversées

Parmi les idées que Wilson souhaiterait imposer figure au premier plan la définition d'une nouvelle donne et de nouvelles pratiques diplomatiques, appuyées sur un idéal démocratique et humaniste et sur le droit des peuples à disposer d'eux-mêmes. Persuadé que les États-Unis ont un rôle presque messianique à jouer en vue de la propagation du droit et de la justice à travers le monde, Wilson développe devant le Congrès, le 8 janvier 1918, un discours en quatorze points qui fixe les grandes lignes de ce que devrait être, à ses yeux, le monde d'après-guerre. Six de ces points sont généraux : fin de la diplomatie secrète, liberté de la navigation et des échanges commerciaux, désarmement général, redistribution et gestion des territoires non-turcs et non-allemands hier occupés par Berlin et Istanbul en tenant compte de l'intérêt des populations colonisées et création d'une association générale des nations. Les huit autres points concernent toutes les régions au sein desquelles subsistent des différends territoriaux que les négociations de paix devront régler. Wilson se fait, dans chaque cas, le défenseur des principes de nationalité, d'autodétermination mais aussi d'égalité, cette égalité qu'il promet d'ailleurs à l'Allemagne.

Les « quatorze points » suscitent nombre de réticences chez les Alliés qui souhaiteraient profiter de la victoire pour obtenir certains avantages aux dépens de leurs ennemis vaincus. Toutefois, forts de leur liberté d'action, les États-Unis font accepter les « quatorze points » comme base de l'armistice. En revanche, ils doivent concéder aux Européens l'absence de l'Allemagne à la table des négociations de Versailles, ce qui heurte l'opinion américaine. Très vite, le déroulement des discussions va faire naître des tensions entre les vainqueurs. La France voudrait annexer la rive gauche du Rhin mais n'en obtient finalement que l'occupation temporaire par les Alliés ; les Italiens auxquels on avait promis beaucoup contre leur entrée en guerre voient leurs prétentions territoriales revues à la baisse[2] et quittent un temps Versailles pour marquer leur mécontentement. D'autre part, tant en ce qui concerne la Russie que l'ex-Empire ottoman, les armes vont souvent l'emporter sur le droit dans le règlement des problèmes territoriaux et de nationalités. Enfin, qu'il s'agisse de désarmement, de diplomatie ouverte ou de liberté de commerce, l'entre-deux-guerres occultera largement les principes wilsoniens. Et si la Société des Nations (SDN) voit bien le jour, si le système des mandats[3] qu'elle crée s'inspire du cinquième des « quatorze points », on est encore bien loin d'une sécurité collective efficace et d'une progression sincère vers l'indépendance des peuples mis sous tutelle.

L'échec final de Wilson

Mais c'est aux États-Unis que va définitivement se briser le rêve de Wilson. Le traité de Versailles, auquel est incorporé le pacte de la SDN, y rencontre une vive opposition. Au Sénat, une majorité des deux-tiers est requise mais Wilson n'avait choisi aucun

---

[2] Pour plus de précisions, voir les notes du discours n° 19.

[3] Prévus par l'article 22 du Pacte, ces mandats, classés A, B ou C selon l'état d'« évolution » du peuple concerné au regard de la SDN, sont théoriquement contrôlés par une commission permanente mais les puissances mandataires, impliquées de manière plus ou moins forte dans la gestion du territoire et à plus ou moins long terme selon les catégories, y exercent en pratique leur pouvoir sans rendre de comptes à la Société.

sénateur et un seul représentant républicain au sein de sa délégation à Versailles. Le Président part dès lors en campagne dans l'Ouest mais, frappé par une thrombose, doit interrompre sa tournée. Malade et mal informé sur les rapports de force au sein du Congrès, il refuse toute idée d'amendement au texte. Le traité est repoussé par deux fois, en novembre 1919 et en mars 1920. Wilson entend alors faire de la présidentielle de 1920 un plébiscite en faveur du texte mais son candidat, le démocrate Cox, est battu par le républicain Harding, partisan du *back to normalcy*, c'est-à-dire, en pratique, du retour à l'isolationnisme. Sans les États-Unis, la SDN donne, dès sa naissance, des signes de faiblesse et il faudra attendre une autre guerre pour voir de nouveau Washington intervenir dans les affaires européennes. Pour Wilson, infirme, la seule consolation viendra du prix Nobel de la Paix.

LES QUATORZE POINTS

Messieurs,

Nous aurons pour souhait et objectif que les processus de paix, lorsqu'ils seront entamés, soient absolument ouverts et qu'ils n'impliquent et ne permettent dorénavant aucun arrangement secret quelconque. Le temps des conquêtes et des agrandissements est révolu. Est également révolu le temps des alliances secrètes conclues dans l'intérêt des gouvernements particuliers et probablement à des moments inattendus, dans le but de bouleverser la paix dans le monde. C'est cet événement heureux, maintenant évident aux yeux de tout homme public dont les pensées ne s'attardent pas dans une ère qui est morte et révolue, qui permet à chaque nation, dont les objectifs sont en accord avec la justice et la paix dans le monde, d'avouer maintenant ou à tout autre moment les objectifs qu'elle a en vue.

Nous sommes entrés dans la guerre parce que des violations du droit avaient été commises, violations qui nous concernaient profondément et rendaient impossible la vie de nos propres concitoyens tant qu'elles n'étaient pas réprimandées et que le monde n'était pas protégé définitivement de leur réapparition. Ce que nous demandons dans cette guerre, dès lors, n'est rien qui nous soit propre. Ce que nous voulons, c'est que le monde devienne un lieu où tous puissent vivre en sécurité, [un lieu sûr] pour toute nation qui désire vivre sa propre vie en toute liberté, décider de ses propres institutions, et être assurée que les autres nations la traitent en toute justice et loyauté, au lieu de se voir exposée à la violence et aux agressions égoïstes de jadis. Tous les peuples du monde sont en fait partenaires dans cet intérêt et en ce qui nous concerne, nous voyons très clairement que tant que justice n'est pas faite aux autres, elle ne nous sera pas faite. Le programme pour la paix mondiale, dès lors, est notre programme : et ce programme, le seul programme possible, tel que nous le voyons, est le suivant :

I. Alliances pour la paix ouvertes à tous, réalisées publiquement, qui ne seront suivies d'aucun arrangement international privé quelconque mais la diplomatie procédera toujours franchement et dans le respect de l'opinion publique.

II. Absolue liberté de navigation sur les mers, hors des eaux territoriales, en temps de paix comme en temps de guerre, sauf si les mers sont fermées, complètement ou en partie, par une action internationale pour la mise en application d'alliances internationales.

III. Suppression, dans la mesure du possible, de toutes les barrières économiques et établissement d'une égalité des conditions commerciales entre toutes les nations consentant à la paix et s'associant pour son maintien.

IV. Échanges de garanties convenables selon lesquelles les armements nationaux seront réduits jusqu'au niveau le plus bas en accord avec la sécurité nationale.

V. Ajustement libre, sans préjugés et absolument impartial de toutes les revendications coloniales, basé sur une observation stricte du principe selon lequel, en déterminant toutes ces questions de souveraineté, les intérêts des populations concernées doivent peser autant que les revendications justes du gouvernement dont les compétences sont à déterminer.

VI. Évacuation de tous les territoires russes et règlement de toutes questions concernant la Russie en vue d'assurer la meilleure et la plus libre coopération de toutes les autres nations pour accorder à la Russie toute latitude, sans entrave ni obstacle, de décider en toute indépendance de son développement politique et de son organisation nationale, et pour lui assurer un accueil sincère dans la société des nations libres, sous les institutions qu'elle aura elle-même choisies et, plus qu'un simple accueil, toute aide dont elle aurait besoin et qu'elle désirerait recevoir. Le traitement accordé à la Russie par ses nations sœurs dans les mois à venir constituera l'épreuve décisive de leur bonne volonté, de leur aptitude à comprendre ses besoins, indépendamment de leurs propres intérêts, et de leur sympathie intelligente et désintéressée.

VII. La Belgique, tout le monde en conviendra, doit être évacuée et rétablie, sans aucune tentative de limiter la souveraineté dont elle jouit en même temps que toutes les autres nations libres. Aucun acte, plus que celui-ci, ne sera en mesure de rétablir la confiance au sein des nations sous les lois qu'elles ont établies elles-mêmes et déterminées pour gérer leurs relations avec les autres nations. Sans cet acte salvateur, l'entière structure et la validité du droit international seront pour toujours incomplètes.

VIII. Tout le territoire français devrait être libéré et les parties envahies restituées, et l'injustice faite à la France par la Prusse en 1871 en ce qui concerne l'Alsace-Lorraine, qui a déstabilisé la paix mondiale pendant près de cinquante ans, devrait être réparée afin que la paix puisse encore une fois être assurée dans l'intérêt de tous.

IX. Un réajustement des frontières de l'Italie devrait être effectué selon des lignes clairement reconnaissables de nationalité.

X. Les peuples d'Autriche-Hongrie, dont nous souhaitons que la place parmi les nations soit sauvegardée et assurée, devraient se voir accorder l'occasion la plus libre d'un développement autonome.

XI. La Roumanie, la Serbie et le Monténégro devraient être évacués ; les territoires occupés restitués ; la Serbie se voir accorder un accès libre et sûr à la mer ; et les relations mutuelles entre les différents États des Balkans déterminées par une consultation amicale le long des lignes d'allégeance et de nationalité établies par l'Histoire ; et des garanties internationales de l'indépendance politique et économique et de l'intégrité territoriale des différents États des Balkans devraient être recherchées.

XII. Les parties turques de l'actuel Empire ottoman devraient avoir la garantie d'une souveraineté sûre, mais les autres nationalités qui sont maintenant sous l'autorité turque devraient se voir garantir de manière incontestable la sécurité de leur existence et l'entière possibilité d'un développement autonome ; et les Dardanelles devraient être ouvertes en permanence, en tant que couloir libre pour les bateaux et le commerce de toutes les nations, sous des garanties internationales.

XIII. Un État polonais indépendant devrait être établi, lequel devrait inclure les territoires habités par des populations incontestablement polonaises, qui devrait avoir la garantie d'un accès libre et sûr à la mer, et dont l'indépendance politique et économique et l'intégrité territoriale devraient être garanties par une convention internationale.

XIV. Une association générale des nations doit être formée sous des conventions spécifiques en vue de créer les garanties mutuelles de l'indépendance politique et de l'intégrité territoriale des États grands et petits.

En ce qui concerne les rectifications essentielles des injustices et des revendications de droit, nous nous considérons comme partenaires intimes de tous les gouvernements et des peuples associés contre les Impérialistes. Nous ne pouvons pas avoir un intérêt séparé et un but différent. Nous sommes ensemble jusqu'à la fin.

Pour de tels arrangements et alliances, nous voulons nous battre et continuer à nous battre jusqu'à ce qu'ils soient accomplis ; mais uniquement parce que nous souhaitons que le droit prévale et parce que nous désirons une paix juste et stable, laquelle ne peut être garantie que par la suppression des principales provocations à la guerre, ce que ce programme enlève effectivement. Nous ne sommes pas jaloux de la grandeur allemande, et il n'y a rien dans ce programme qui y porte atteinte. Nous ne lui contestons aucun accomplissement, aucun mérite du savoir ni aucune entreprise pacifique tels que ceux qui lui ont donné un bilan brillant et enviable. Nous ne souhaitons pas l'offenser ou gêner en aucune façon son influence ou sa puissance légitimes. Nous ne désirons pas nous battre contre elle avec des armes ou des arrangements commerciaux hostiles, si elle veut s'associer à nous et aux autres nations pacifiques du monde au sein d'alliances de justice, de droit et de traitement équitable. Nous voulons juste qu'elle accepte une place d'égalité parmi les peuples du monde – le nouveau monde dans lequel nous vivons maintenant – plutôt qu'une place de domination.

Nous ne nous permettons pas non plus de lui suggérer toute altération ou modification de ses institutions. Mais il est nécessaire, disons-le franchement, et nécessaire en tant que préliminaire à toute négociation intelligente avec elle de notre part, que nous sachions au nom de qui les porte-parole s'adressent, lorsqu'ils nous parlent, soit pour la majorité du *Reichstag*, soit pour le parti militaire* et les hommes dont le credo est la domination impériale.

Nous avons parlé maintenant, certainement, en termes trop concrets pour laisser encore la place au doute. Un principe évident est présent dans l'ensemble du programme que j'ai exposé dans les grandes lignes. C'est le principe de justice pour tous les peuples et nationalités, et leurs droits à vivre ensemble sur un pied d'égalité, de liberté et de sécurité, qu'ils soient puissants ou faibles. Tant que ce principe n'en est pas la base, aucune partie de la structure de la justice internationale ne peut tenir. Les citoyens des États-Unis ne pourront agir selon aucun autre principe ; et pour défendre ce principe, ils sont prêts à donner leur vie, leur honneur et tout ce qu'ils possèdent. La bataille finale pour la liberté de l'humanité a atteint son apogée moral et ils sont prêts à mettre leur propre force, leur propre objectif suprême, leur propre intégrité et leur dévouement à l'épreuve.

COMPLÉMENTS

Soit pour la majorité du Reichstag, soit pour le parti militaire: En 1917, la réalité du pouvoir en Allemagne est passée aux mains des chefs de l'armée, Paul von Hindenburg, chef d'état-major général, et Erich Ludendorff, premier quartier-maître général, titre créé pour lui. C'est ce que l'on a appelé la « dictature de l'état-major ». Ces officiers supérieurs matent les révoltes au sein de la flotte, placent les usines sous le contrôle de l'armée et font remplacer le chancelier Bethmann-Hollweg en juillet, sous prétexte qu'il n'a pu empêcher la mise au vote puis l'adoption d'une motion de paix par la majorité du *Reichstag*.

5 – Lénine
Thèses. La paix de Brest-Litovsk

21 janvier 1918
ou 3 février[1]

Dans l'atmosphère trouble qui suit la révolution de Février 1917[2], le *Soviet* de Petrograd et le gouvernement provisoire se partagent, non sans frictions, le pouvoir réel. Un homme tente d'assurer la synthèse : le socialiste modéré Kerenski, membre des deux instances. Les divergences sont fortes sur la question de la poursuite de la guerre : dominé par les centristes, le gouvernement souhaite continuer le combat au côté des Alliés alors que le *Soviet* en appelle au cessez-le-feu. En avril, c'est le second qui prend le dessus avec la promotion de Kerenski comme ministre de la Guerre et la mise à l'écart des ministres « bellicistes ». Mais la Russie poursuit son évolution vers l'extrême-gauche avec la montée en puissance des bolcheviks, jusque-là minoritaires au sein du *Soviet*.

L'ascension bolchevik

Vladimir Ilitch Oulianov, dit Lénine (1870-1924), le principal leader bolchevik, est avocat de formation et issu de la bourgeoisie. Il est alors réfugié en Suisse mais les événements de février et mars 1917 précipitent son retour en Russie. L'Allemagne, qui attend de lui le déclenchement d'une véritable révolution susceptible de démobiliser l'ennemi oriental, lui procure les moyens logistiques pour gagner Petrograd avec quelques partisans. C'est la fameuse équipée du « wagon plombé ». Le 17 avril[3], Lénine délivre au *Soviet* deux discours aujourd'hui connus sous le nom de « thèses d'avril » : il y réclame, à la grande stupeur de certains bolcheviks plus modérés, la prise des usines par les ouvriers, la redistribution des terres aux paysans, la nationalisation des banques, l'attribution de tous les pouvoirs aux *Soviets*, au détriment d'un gouvernement provisoire qu'il ne reconnaît pas, et, enfin, la paix immédiate. Sur ce point, il compte d'ailleurs sur le refus de combattre des soldats russes. Depuis fin mars en effet, ceux-ci ont reçu du *Soviet* de Petrograd l'ordre de placer chaque unité sous la direction de *Soviets* élus et donc de ne plus obéir aux officiers. En juin 1917, l'offensive bien engagée du général Broussilov en Galicie est ainsi refoulée par les Allemands du général Hoffmann car les soldats russes ont subitement refusé d'avancer.

---

1 Selon le calendrier grégorien.
2 Voir l'introduction au discours n° 3.
3 4 avril du calendrier orthodoxe, donc 17 avril du calendrier grégorien.

Cette propagation de la sédition effraie le gouvernement provisoire qui s'emploie à dénoncer le « complot bolchevik » de Lénine, présenté comme un agent allemand. Une nouvelle insurrection, essentiellement militaire, est durement réprimée par Kerenski qui, devenu chef du gouvernement en juillet, expulse Lénine en Finlande, arrête de nombreux autres dignitaires bolcheviks et dissout leurs milices. Mais début septembre, un putsch militaire tenté par Kornilov, le chef de l'armée, pousse Kerenski à libérer les bolcheviks et à s'allier temporairement à leurs Gardes rouges reconstituées pour écarter le danger. Aux yeux de la population, les hommes de Lénine sont de plus en plus perçus comme les garants de la révolution. Peu à peu, ils deviennent majoritaires au *Soviet* de Petrograd, dont Trotski prend la direction, au *Soviet* de Moscou et dans d'autres conseils encore. Depuis la Finlande, Lénine donne à Trotski l'ordre de prendre le pouvoir dans la nuit du 6 au 7 novembre 1917 (du 24 au 25 octobre pour le calendrier orthodoxe).

La révolution d'Octobre et le décret sur la paix

La révolution d'Octobre se déroule dans une relative indifférence, si l'on excepte les huit jours de combats à Moscou. À Petrograd, trente obus tirés par le croiseur *Aurora* en direction du palais d'Hiver amènent sa reddition. En fait, la population russe est lasse des rebondissements sans fin et persuadée que le régime bolchevik sera de courte durée. Mais c'est mal connaître Lénine qui, rentré au pays, prend la présidence d'un Conseil des commissaires du peuple exclusivement bolchevik, avec Trotski aux Affaires étrangères, et entreprend d'appliquer immédiatement ses « thèses d'avril » tout en posant les jalons d'une dictature efficace.

Sur le plan extérieur, la révolution d'Octobre va surtout amener la signature d'une paix séparée entre la Russie et les Centraux. Dès le 21 novembre 1917, fidèle à ses « thèses d'avril », Lénine édicte son « décret sur la paix » qui prévoit de négocier en vue d'une *juste paix démocratique sans annexions ni indemnités.* Très vite, il réclame l'armistice et, mi-décembre, une délégation russe part le signer à Brest-Litovsk, en Biélorussie, siège du Quartier général allemand. Une sorte de trêve ayant été conclue, les négociations de paix commencent. Les Russes s'emploient d'abord à gagner du temps car ils espèrent que leur stratégie de retrait du conflit va hâter des révolutions à Berlin et à Vienne. Face à eux, les délégués civils des puissances centrales se montrent patients tandis que les militaires voudraient accélérer le processus et placer les Russes devant un ultimatum : la paix annexionniste, c'est-à-dire l'abandon de toute prétention sur les territoires russes occupés par les Allemands, ou la poursuite de la guerre que l'armée russe semble incapable d'assumer. Selon les généraux du Reich, il faut faire vite si l'on veut éviter que le moral des soldats allemands ne pâtisse de l'inaction et que la fraternisation ne se développe avec les soldats russes.

Lénine face aux négociations de Brest-Litovsk

Face à l'alternative proposée par les Centraux, les bolcheviks sont divisés. Un courant dominé par Boukharine est partisan d'une guerre révolutionnaire, c'est-à-dire de la poursuite de la guerre suivant l'exemple des levées en masse pratiquées naguère par la France de la Révolution. Au centre, Trotski propose une tactique « ni paix ni guerre » qui revient à se retirer du conflit et à démobiliser sans signer de paix annexionniste en espérant que les soldats allemands refuseront, dès lors, de marcher contre la Russie. Lénine, quant à lui, est convaincu qu'il faut accepter la paix à n'importe quel prix parce que la Russie n'est plus en état de résister. Mais lors d'une réunion du Comité central bolchevik en janvier 1918 la guerre révolutionnaire de Boukharine remporte autant de suffrages à elle seule que ses propositions et celles de Trotski réunies. C'est la dernière fois que Lénine sera mis en minorité au sein de cette instance.

Le discours proposé ci-dessous explicite sa position. Il est prononcé à Moscou devant un groupe de bolcheviks réunis pour le congrès des *Soviets* et ne sera rendu public que fin février. Lénine y repousse la guerre révolutionnaire, matériellement impossible et qui, dit-il, permettrait simplement l'autodétermination des régions occidentales de la Russie. Or, selon lui, *les intérêts du socialisme sont bien supérieurs aux droits des nations à disposer d'elles-mêmes*. Il entend également se tenir à égale distance des *impérialismes* allemand et franco-britannique et n'envisage une position différente qu'au cas où elle pourrait épauler l'extension de la révolution socialiste en Europe. En attendant, tout doit être considéré pour assurer le maintien de la révolution russe, encore fragile.

Conscient d'être minoritaire, Lénine décide de laisser Trotski tenter une manœuvre à Brest-Litovsk avec sa proposition « ni paix ni guerre ». Mais c'est l'échec et, alors que l'Ukraine nationaliste signe d'initiative la paix séparée, les Allemands repartent à l'offensive le 18 février[4] sans respecter les délais prévus. L'Armée rouge semble d'abord tenir avant d'être vite débordée. Lénine essaie en vain de renouer avec les Alliés qui ne lui font plus confiance. Les jeux sont faits : le 3 mars, la Russie doit signer à Brest-Litovsk une paix encore plus dure que celle proposée un mois plus tôt. Outre une lourde indemnité de guerre, elle doit reconnaître la perte de la Pologne, de la Finlande, des Pays baltes, de la Biélorussie et de l'Ukraine et restituer aux Ottomans Kars, Ardahan et Batoum. Elle perd une bonne partie de ses richesses économiques et s'apprête à vivre trois ans de guerre civile. L'Allemagne, elle, peut se concentrer sur le front ouest mais il lui faut néanmoins maintenir soixante divisions, soit un million d'hommes environ, dans les territoires ainsi annexés.

THÈSES. LA PAIX DE BREST-LITOVSK

[…]

1° Telle est actuellement la situation de la révolution russe : presque tous les ouvriers et une majorité énorme de paysans sont incontestablement pour le pouvoir Soviétique et la révolution sociale qu'il a commencée. De ce côté, le triomphe de la révolution socialiste est assuré en Russie.

4 Désormais, les deux calendriers coïncident.

2° D'autre part, la guerre civile – provoquée par la résistance effrénée des classes dirigeantes, parfaitement conscientes du fait qu'il s'agit de la lutte finale décisive pour le maintien de la propriété privée sur les terres et les moyens de production – n'a pas encore atteint son point culminant. La victoire du pouvoir soviétique dans cette lutte est assurée, mais inévitablement, il s'écoulera un certain temps jusqu'à ce que la résistance de la bourgeoisie soit brisée, inévitablement cela nécessitera des efforts considérables ; on ne pourra éviter une certaine période de crise aiguë, de chaos, comme en engendrent toutes les guerres, et la guerre civile plus que toute autre.

3° De plus, cette résistance, dans ses formes moins actives et non militaires – le sabotage, l'activité des agents soudoyés de la bourgeoisie qui s'infiltrent dans les rangs socialistes pour nuire à notre cause, etc. – cette résistance s'est avérée tellement tenace, elle prend des formes à ce point multiples, qu'on devra encore lutter contre cela un certain temps ; on n'en finira vraisemblablement pour l'essentiel que dans le courant de quelques mois. Le succès de la révolution socialiste est impossible sans victoire décisive sur cette résistance passive et latente de la bourgeoisie et de ses acolytes.

4° Enfin, les problèmes d'organisation de la transformation socialiste de la Russie sont si vastes et si ardus, que leur résolution prendra une période de temps assez considérable, étant donné l'abondance des compagnons de route petits-bourgeois du prolétariat socialiste et le niveau intellectuel peu élevé de ce dernier. De toutes ces circonstances prises ensemble, il découle sans contestation possible que le triomphe du socialisme en Russie réclame un certain laps de temps – au moins plusieurs mois – pendant lequel le gouvernement socialiste doit avoir les mains déliées pour vaincre en premier lieu la bourgeoisie de son propre pays et pour mettre sur pied le travail d'organisation.

6° La situation de la révolution socialiste en Russie doit servir de base à toute la politique internationale du nouveau pouvoir Soviétique, car la situation internationale dans la quatrième année de la guerre ne permet pas de prévoir à quel moment éclatera la révolution qui renversera l'un ou l'autre des gouvernements impérialistes, par exemple celui de l'Allemagne. Nul doute que la révolution socialiste doit venir en Europe et qu'elle surviendra. Tous nos espoirs d'un triomphe définitif du socialisme sont fondés sur cette certitude, cette prévision scientifique. On doit renforcer et développer notre propagande en général et, surtout, la fraternisation au front. Mais ce serait une lourde faute que de baser la tactique du gouvernement socialiste en Russie sur des tentatives de calculer si la révolution socialiste en Europe et surtout en Allemagne interviendra dans le courant de six mois. Un calcul pareil est impossible ; toutes ces tentatives ne seraient donc qu'un jeu de hasard, à l'aveugle.

7° Les pourparlers de Brest-Litovsk ont établi sans conteste qu'à cette date, le 20 janvier 1918, le parti militaire a pris le dessus* dans le gouvernement allemand qui mène à sa remorque tous les autres gouvernements de la Quadruple Alliance[5] ; un ultimatum est virtuellement présenté à la Russie (d'un jour à l'autre, il faut s'attendre à ce qu'il soit présenté en toute forme). Cet ultimatum nous pose le dilemme : ou bien poursuivez la guerre, ou bien signez une paix annexionniste, c'est-à-dire une paix selon laquelle nous devrions rendre tous les territoires que nous occupons, tandis que les Allemands garderaient toutes les terres qu'ils occupent et qu'ils nous imposeraient une contribution (masquée sous la forme d'un remboursement du coût d'entretien des prisonniers) de trois milliards de roubles environ, le payement étant échelonné sur plusieurs années.

8° Cette question urgente, réclamant une solution immédiate, se pose devant le gouvernement révolutionnaire de la Russie : doit-il subir cette paix annexionniste ou recourir au moyen d'une guerre révolutionnaire ? Toute solution moyenne est exclue, vu la nature du problème. Nul atermoiement n'est plus possible ; sous ce rapport nous avons déjà fait tout le possible et même l'impossible.

9° Parmi les arguments en faveur d'une guerre révolutionnaire immédiate nous rencontrons en premier lieu l'argument qu'une paix séparée serait un compromis avec les impérialistes allemands, qu'elle serait « un marché impérialiste », etc…, et que partant une paix pareille serait la rupture complète avec les principes de l'internationalisme prolétarien. Mais cet argument est d'une fausseté évidente. Les ouvriers qui signent, après une grève perdue, des contrats de travail avantageux pour le capitaliste, ne trahissent point le socialisme. Ceux-là seulement trahissent le socialisme qui acceptent des avantages pour une partie de la classe ouvrière en échange de bénéfices pour les capitalistes – seuls des compromis de ce genre sont inadmissibles.

Celui qui déclare que la lutte contre l'impérialisme allemand est une lutte défensive et juste, qui accepte l'appui des impérialistes anglo-français et veut soustraire au peuple les traités secrets qu'on a conclus avec eux – celui-là est un traître envers le socialisme. Mais celui qui ne cache rien au peuple, celui qui ne signe aucun traité secret avec les impérialistes, qui souscrit, au nom d'une nation faible, à des conditions de paix, favorables

---

5 Quadruple Alliance : Allemagne, Autriche-Hongrie, Empire ottoman et Bulgarie.

à l'un des groupements impérialistes – celui-ci ne trahit nullement le socialisme.

10° Un autre argument pour la guerre immédiate, c'est l'assertion qu'en signant la paix nous devenons de fait les agents de l'impérialisme allemand, parce que nous lui donnons la possibilité de prélever des troupes sur notre front, nous lui rendons des millions de prisonniers, etc. Mais cet argument est incontestablement faux, parce qu'une guerre révolutionnaire à ce moment nous réduirait au rôle d'agents de l'impérialisme anglo-français, en lui donnant des forces auxiliaires. Les Anglais ont déjà proposé ouvertement à notre généralissime Krylenko* cent roubles par mois pour tout soldat russe qui continuerait la guerre. Si même nous n'acceptions pas un kopeck de la part des Anglo-Français, nous les aiderions néanmoins, en retenant une partie des troupes allemandes sur notre front.

Dans aucun de ces deux cas nous ne pourrions nous arracher à tout contact avec les impérialistes d'une part ou de l'autre ; il est d'ailleurs impossible de s'en arracher sans renverser l'impérialisme mondial. On peut en déduire que, du moment qu'un gouvernement socialiste a triomphé dans un pays, toutes les questions doivent être résolues sous le point de vue de la création des meilleures conditions pour le développement de cette révolution socialiste qui a déjà commencé, et non pas sous le point de vue d'une préférence quelconque accordée à l'un des impérialismes aux dépens de l'autre.

En d'autres termes, nous devons nous demander non pas auquel des deux impérialismes il nous faut porter secours, mais plutôt : comment peut-on procurer à la révolution socialiste la possibilité de se fortifier et de se maintenir dans un pays, en attendant que d'autres suivent son exemple ?

11° On nous dit que les adversaires de la guerre parmi les SD[6] allemands sont devenus « défaitistes » et nous adjurent de ne pas céder à l'impérialisme allemand. Mais nous n'avons admis le défaitisme que par rapport à la bourgeoisie impérialiste du pays même, et nous avons toujours repoussé la victoire sur l'impérialisme d'autrui, victoire conquise de concert avec un impérialisme "ami", considérant que c'est un moyen qui est inadmissible par principe et, de plus, inopérant.

Cet argument n'est donc qu'une variation du précédent. Si les socialistes de gauche en Allemagne nous proposaient de retarder la paix séparée pour une période de temps définie, garantissant pendant ce laps de temps un soulèvement révolutionnaire en Allemagne – alors la question

6 SD = sociaux-démocrates.

pourrait se poser pour nous autrement qu'elle ne se pose actuellement. Mais non seulement les gauches allemandes ne nous disent point cela, elles déclarent formellement : « Tenez autant que possible ; mais décidez la question selon la situation de la révolution socialiste russe parce que nous ne pouvons rien promettre de positif en ce qui concerne la révolution allemande ».

12° On dit que nous avons directement « promis » dans plusieurs déclarations du parti la guerre révolutionnaire, et que l'acceptation d'une paix séparée serait le manquement à notre parole.

C'est inexact. Nous parlions de la *nécessité de préparer et mener* la guerre révolutionnaire, nécessité qui s'impose à tout gouvernement socialiste à l'époque de l'impérialisme, nous le disions pour lutter contre le pacifisme abstrait, la théorie de négation complète de la défense nationale dans une époque impérialiste, enfin, contre les instincts égoïstes d'une partie des soldats, mais nous n'avons jamais assumé l'engagement de nous lancer dans une guerre révolutionnaire sans nous rendre compte de nos possibilités et de nos chances de succès. Certes nous devons actuellement préparer la guerre révolutionnaire. Nous exécutons cette promesses, comme nous avons rempli toutes les promesses qui se laissaient remplir immédiatement : nous avons dénoncé les traités secrets, nous avons offert une paix équitable à tous les peuples, nous avons laissé traîner en longueur à plusieurs reprises les pourparlers de paix, laissant à d'autres peuples le temps de nous rejoindre. Mais la question : « doit-on maintenant, immédiatement, mener une guerre révolutionnaire ? » doit être tranchée en tenant compte uniquement des conditions matérielles existantes et des intérêts de la révolution socialiste engagée.

13° En résumant les arguments en faveur d'une guerre révolutionnaire immédiate, on peut conclure qu'une politique pareille serait sans doute conforme au désir très humain de voir quelque chose de beau, de remarquable, de « voyant », mais qu'elle ne tiendrait aucun compte ni des rapports réels entre les forces des classes, ni des facteurs matériels de ce moment initial d'une révolution socialiste.

14° Il n'y a nul doute que notre armée à ce moment aussi bien qu'au courant des semaines (et très probablement des mois) à venir, est absolument hors d'état de repousser une offensive allemande : 1) pour cause de la lassitude extrême de la majorité des soldats, de la désorganisation complète du ravitaillement, de la nécessité de relever les surmenés, etc. ; 2) du mauvais état de notre matériel de réserve, ce qui signifie la perte de toute notre artillerie ; 3) de l'impossibilité de défendre le littoral entre Riga et Réval, ce qui donne à l'adversaire les meilleures chances de conquérir le reste de la Lettonie, ensuite l'Estonie, pour porter un coup dans le dos à une grande partie de nos troupes et finalement pour prendre Pétersbourg.

15° De plus il ne peut y avoir ombre de doute que la majorité paysanne de notre armée se prononcerait actuellement pour une paix annexionniste et non pour une guerre révolutionnaire immédiate. La création d'une armée socialiste révolutionnaire qui doit réunir les détachements de la garde rouge ne fait que commencer. Ce serait une aventure que de mener une guerre contre la volonté de la plupart des soldats, vu la démocratisation complète de notre armée. Il faut, pour le moins, des mois et des mois pour former une armée solide de socialistes conscients.

16° Les paysans pauvres en Russie peuvent appuyer la révolution socialiste, conduite par la classe ouvrière. Ils ne sont pas capables d'entreprendre en ce moment une guerre révolutionnaire sérieuse. Ce serait une grande erreur que de garder le silence sur cet aspect des rapports entre les classes.

17° Telle est donc à ce moment la situation en ce qui concerne la guerre révolutionnaire.

Si la révolution en Allemagne éclate dans les trois-quatre mois prochains, alors peut-être la tactique de la guerre révolutionnaire immédiate ne perdra pas notre révolution socialiste.

Par contre, si la révolution allemande ne survient pas au courant des mois prochains, la marche des événements amènera inévitablement la Russie à signer, après quelques défaites foudroyantes, une paix séparée encore moins avantageuse ; mais cette paix, ce ne sera plus le gouvernement socialiste qui la signera mais un autre quelconque (un bloc de la *Rada** bourgeoise avec les Tchernoviens*, par exemple) car l'armée paysanne, éprouvée terriblement par la guerre, jettera à bas le gouvernement socialiste ouvrier dès les premières défaites, elle le fera plutôt en huit jours qu'en un mois !

18° Dans ces circonstances, il est inadmissible de jouer le sort de la révolution socialiste qui a déjà commencé en Russie sur la carte d'une révolution allemande survenant dans le courant de quelques semaines. Une telle tactique serait de l'aventure. Nous n'avons pas le droit de courir ce risque.

19° La révolution allemande ne serait point compromise, quant à ses causes profondes, du fait que nous signerions une paix séparée. Les utopies chauvinistes l'affaibliraient pour un temps, mais la situation de l'Allemagne resterait des plus difficiles. La guerre contre l'Angleterre et l'Amérique traînera en longueur, l'impérialisme agressif des deux côtés sera dévoilé jusqu'au bout.

La république socialiste des *Soviets* en Russie restera un exemple vivant aux yeux de tous les peuples et la force de propagande révolutionnaire de cet exemple sera gigantesque. Là le régime bourgeois et la lutte cynique spoliatrice de deux brigands ; ici la paix et la république socialiste des *Soviets*.

20° En signant une paix séparée, nous nous libérons dans la mesure maxima, pour le moment donné, de l'emprise des deux groupes belligérants ; nous mettons à profit leur haine mutuelle, leur lutte qui rend plus difficile une entente dirigée contre nous ; cette période de mains libres, nous l'utiliserons pour continuer et affermir la révolution socialiste. La réorganisation de la Russie sur la base de la dictature du prolétariat, sur la base de la nationalisation des banques et de la grande industrie, de l'échange des produits de la ville avec les unions coopératives des petits paysans, tout cela devient possible au point de vue économique si quelques mois de travail pacifique nous sont garantis. Pareille réorganisation rendrait le socialisme invincible en Russie et dans le monde entier, en constituant en même temps une base économique solide pour une puissante Armée rouge d'ouvriers et de paysans.

21° Une vraie guerre révolutionnaire, ce serait au moment actuel uniquement la guerre d'une république socialiste contre les pays bourgeois avec le but – bien défini et clairement approuvé par une armée socialiste – de jeter à bas la bourgeoisie dans les autres pays. Mais il est manifeste que pour le moment nous ne pouvons nous proposer un but pareil. Nous ferions actuellement la guerre, en fait, pour la libération de la Pologne*, de la Lithuanie* et de la Courlande*. Mais nul marxiste ne peut nier, sans rompre avec les fondements mêmes du marxisme et du socialisme, que les intérêts du socialisme sont bien supérieurs aux droits des nations à disposer d'elles-mêmes. Notre république socialiste a fait ce qu'elle a pu et poursuit encore son œuvre en ce qui concerne les droits de la Finlande, de l'Ukraine, etc.*, à disposer d'elles-mêmes. Mais si la situation se présente telle que l'existence de la république socialiste peut être mise en péril à cause de la violation du droit de quelques nations (Pologne, Lithuanie, Courlande, etc.) à disposer d'elles-mêmes, alors l'intérêt de conservation de la république socialiste doit primer tous les autres intérêts.

Et celui qui dit : « Nous ne pouvons signer la paix honteuse, infâme, etc., abandonner la Pologne, etc. », ne se rend point compte du fait qu'en concluant la paix à la condition que la Pologne soit libérée, il ne ferait que renforcer l'impérialisme allemand contre l'Angleterre, la Belgique, la Serbie et d'autres pays. Une paix à condition de la libération de la Pologne, de la Lithuanie, de la Courlande, serait une paix « patriotique », *du point de vue de la Russie*, mais n'en serait pas moins une paix avec les *annexionnistes*, avec les impérialistes allemands. [...]

COMPLÉMENTS

Le parti militaire a pris le dessus... : À la mi-janvier, les négociateurs allemands ont ordre de conclure au plus tôt les pourparlers de Brest-Litovsk. Si les civils sont encore enclins à discuter, les militaires en ont assez d'attendre et d'en passer par les hésitations de bolcheviks qu'ils méprisent. Ils sont prêts à reprendre l'offensive. Le général Hoffmann fait ainsi ouvertement savoir qu'en tant que représentant de l'Armée impériale, il considère que le temps de la diplomatie et de la courtoisie est révolu, ce qui permet à Trotski de gagner du temps en demandant au ministre von Kühlmann, embarrassé, si l'armée allemande est indépendante du gouvernement.

Généralissime Krylenko : Devenu bolcheviste à l'issue de la révolution de 1905 à laquelle il participa, Krylenko s'engagea dans l'armée sous un faux nom en 1914. Le 20 novembre 1917, il succéda au commandant en chef Doukhonine, massacré par la troupe au Grand Quartier général pour avoir refusé de prêter allégeance à Lénine. Krylenko entra par la suite dans l'appareil judiciaire soviétique, atteignant en 1936 le poste de commissaire du peuple à la Justice. Il disparut vers 1937 dans les purges staliniennes.

Rada : Assemblée centrale faisant office de gouvernement de l'Ukraine, qui a proclamé la République autonome à Kiev en juillet 1917 puis l'indépendance en novembre. Elle a envoyé des délégués à Brest-Litovsk, avec, au départ, la bénédiction officielle des bolcheviks qui ne pouvaient bafouer leur principe de promotion du droit des peuples à disposer d'eux-mêmes. Mais en décembre 1917, des Gardes rouges envahissent l'Ukraine et imposent à Kharkov un gouvernement qui, dévoué aux bolcheviks, proclame la République soviétique ukrainienne. Désormais les Russes ne reconnaissent plus comme légitimes les négociateurs de la *Rada* qui signent néanmoins, début février, une paix séparée avec les puissances centrales. Cette paix permet aux troupes allemandes d'occuper toute l'Ukraine.

Tchernoviens : partisans de Viktor Tchernov, le co-fondateur du parti socialiste-révolutionnaire. ministre de l'Agriculture dans le gouvernement provisoire de mars 1917, celui-ci est partisan de la poursuite de la guerre. En janvier 1918, il a présidé l'éphémère Assemblée constituante dissoute par les bolcheviks et combattra ceux-ci jusqu'en 1920 avant de partir en exil.

Libération de la Pologne... : La Pologne a été partagée, à la fin du XVIIIe siècle, entre la Russie, l'Autriche et la Prusse. Dès l'été 1915, la partie russe passe sous le contrôle des Centraux. C'est en son sein que se développe le mouvement nationaliste qui fera renaître une Pologne indépendante. Son chef est Pilsudski, volontaire contre les Russes en 1914 mais peu disposé à laisser intégrer ses hommes au sein de l'armée austro-hongroise. Il est arrêté par les Allemands en juillet 1917. La rupture est totale entre la

Pologne et les Centraux lorsque ceux-ci prélèvent certains territoires polonais pour les offrir à l'Ukraine lors de la paix séparée de février 1918. Après la défaite allemande de novembre 1918, Pilsudski devient chef d'État. Les frontières de son pays seront fixées par le traité de Versailles et la Commission interalliée mais aussi par une guerre victorieuse contre la Russie qui permit la signature du traité de Riga en 1921.

... de la Lithuanie... : Très proche, dès le XIVe siècle, de la Pologne, avec laquelle elle partage la même crainte face au danger germanique, la Lithuanie y est incorporée en 1569 puis annexée par la Russie à la fin du XVIIIe siècle. Occupée par les Allemands dès 1915, elle acquiert son indépendance en 1918 mais Vilnius est occupée de force par la Pologne.

... et de la Courlande: Région de Lettonie conquise par l'Ordre teutonique au XIIIe siècle puis devenue duché vassal de la Pologne au XVIe, la Courlande est russe à partir de 1795 et occupée dès 1915 par les Allemands.

Droits de la Finlande, de l'Ukraine, etc. : Tout comme l'Ukraine, la Finlande, russe depuis 1809, a proclamé son autonomie interne (mars 1917) puis son indépendance (décembre 1917). Tout comme pour l'Ukraine également, les bolcheviks l'ont reconnue puis ont tenté d'y imposer un gouvernement à leur solde via des Gardes rouges. Avec l'aide de l'Allemagne, les Gardes Blancs, nationalistes finlandais, les combattent et les chassent fin avril 1918, à l'issue de la victoire de Vyborg.

6 – Georges Clemenceau
Vues d'ensemble sur la paix

5 novembre 1918

De l'extrême-gauche au Bloc national et du « Tigre » au « Père la Victoire », Georges Clemenceau a accompagné, au fil de sa longue carrière, la destinée d'une France meurtrie par les séquelles de 1870. Conseiller municipal, député, ministre puis président du Conseil, il s'avère l'un des hommes politiques les plus influents et les plus redoutés durant les premières années de la IIIe République. La Grande Guerre, au cours de laquelle il sut galvaniser le pays dans l'opposition puis au gouvernement, le porte au faîte de sa popularité. Cependant, comme pour Churchill ou de Gaulle après le second conflit, le retour à la paix signera rapidement sa mise à l'écart.

De l'extrême-gauche au centre

Né dans une famille bourgeoise et républicaine de Vendée, Georges Clemenceau (1841-1929), médecin de formation, travaille d'abord comme journaliste puis, à l'issue d'un séjour de quatre ans aux États-Unis, revient en France durant la guerre de 1870 et se lance en politique. Conseiller municipal puis député de Montmartre, il fonde le groupe radical-socialiste, alors à l'extrême-gauche, et le journal *La Justice* qui sera sa tribune. Orateur brillant et vigoureux, il est considéré, vers 1881-1885, comme un redoutable « tombeur de ministères ». En 1885, il pense devenir président du Conseil après avoir fait chuter Jules Ferry mais échoue et doit se contenter d'être réélu député, cette fois dans le Var, département « rouge ». S'ensuivent plusieurs années difficiles où son nom est mêlé aux débuts du boulangisme puis, sans preuve, au scandale de Panama. Battu aux législatives de 1893, Clemenceau est relancé par l'affaire Dreyfus au cours de laquelle il prend tardivement mais efficacement la défense de l'accusé dans *L'Aurore*. C'est lui qui trouvera le fameux titre *J'accuse… !* pour l'article de Zola.

Dès lors, il revient au premier plan. En 1902, il est élu sénateur du Var. En mars 1906, il est ministre de l'Intérieur et, en octobre, il est enfin nommé président du Conseil, poste qu'il occupera durant près de trois ans tout en conservant l'Intérieur. C'est à ce moment que le journaliste Émile Buré lui donne son surnom de « Tigre ». Avec la montée en puissance du socialisme, Clemenceau a cessé de faire figure d'extrémiste et peut désormais être considéré comme un radical, c'est-à-dire un homme de centre-gauche. Sur le plan international, il entend renforcer les alliances de la France et, sur le plan interne, réformer la police[1]. Pour le reste, il se montre bien plus modéré qu'avant : il défend l'idée d'impôt sur le revenu mais réprime durement divers mouvements sociaux, notamment celui des viticulteurs. Son gouvernement est renversé accidentellement en 1909.

De L'Homme enchaîné *au « Père la Victoire »*

Rentré dans l'opposition, Clemenceau fonde en 1913, à l'approche de la guerre, le journal *L'Homme libre*, surtout soucieux de politique extérieure. Mais peu après le déclenchement du conflit, il rebaptise sa feuille *L'Homme enchaîné*, pour protester contre la censure. De 1914 à 1917, alors qu'il est sénateur, membre puis président des commissions sénatoriales des Affaires étrangères et de l'Armée, il tonne et tempête sans relâche contre les gouvernements en place, réclamant toujours plus d'efforts et de ténacité et se faisant le chantre du jusqu'au-boutisme, le pourfendeur du pacifisme et de la mollesse. En novembre 1917, alors que la France connaît une agitation sociale croissante et une démoralisation au sein de ses troupes, le président Raymond Poincaré, conscient de la popularité de Clemenceau mais aussi du danger qu'il représente en restant un opposant, fait violence à ses propres sentiments et le nomme président du Conseil et ministre de la Guerre à l'âge de soixante-seize ans. Avec force voire autoritarisme, celui que l'on appellera bientôt « le Père la Victoire » prend des mesures draconiennes contre les défaitistes et les partisans d'une paix négociée, à commencer par son ancien ministre Caillaux, galvanise soldats et civils, fait de nombreuses visites au front et obtient que Ferdinand Foch, chef d'état-major général et conseiller militaire du gouvernement, soit désigné comme généralissime de l'ensemble des troupes alliées.

C'est donc en vainqueur et en héros qu'il s'adresse aux parlementaires français le 5 novembre 1918, une semaine avant la signature de l'Armistice et trois semaines avant son élection à l'Académie française, leur laissant ce qui ressemble, *a posteriori*, à un testament politique mais qui, à ce moment, était surtout un programme pour l'avenir. Georges Clemenceau donne deux conseils à son auditoire : d'une part, préserver à tout prix dans la paix, l'alliance qui s'est nouée en temps de guerre, c'est-à-dire dépasser le nationalisme, et, d'autre part, œuvrer au maintien d'une semblable unité sur le plan français, c'est-à-dire conserver la dynamique de l'Union sacrée. L'orateur insiste sur l'idée de fraternité, comprise au sens le plus large, sur le plan national comme international.

Un discours difficile à mettre en œuvre

Durant les négociations de Versailles, du 18 janvier au 28 juin 1919, il va tenter d'appliquer ces principes mais connaît certaines désillusions. Déterminé à *gagner la paix* après avoir gagné la guerre, il cherche d'abord à assurer la sécurité de la France par l'annexion de la rive gauche du Rhin et le contrôle de la Ruhr mais, contrairement à

---

[1] L'intérêt de Clemenceau pour la police sera mis en évidence par la série télévisée puis le film *Les brigades du Tigre*. En réalité les réformes sont soutenues par Clemenceau mais mises en œuvre par Célestin Hennion, directeur de la Sûreté générale.

l'intransigeant Poincaré, il sait qu'un seul vainqueur ne dictera pas ses volontés à tous les autres. Soucieux de préserver l'entente des Quatre – France, Grande-Bretagne, États-Unis et Italie –, il accepte de faire des concessions aux Anglo-Saxons qui redoutent l'hégémonisme français et l'anarchisme d'une Allemagne anéantie. Ainsi, la rive gauche du Rhin ne sera pas annexée mais occupée temporairement par les Alliés. Finalement, le traité de Versailles ne satisfait personne : l'Allemagne, qui se le voit imposer, parle de *Diktat* tandis que Londres et Washington déplorent, plus modérément, sa dureté. En France, lassitude et morosité s'installent, comme en témoignent les débats de ratification. Une minorité de gauche accuse Clemenceau d'avoir enterré les généreux principes de Wilson tandis qu'à droite, une majorité lui reproche d'avoir été trop conciliant. On est déjà loin de l'unanimité.

Dans le domaine de la politique intérieure, le souhait de fraternité s'exprime par la constitution, en vue des élections de novembre 1919, d'un bloc national qui entend perpétuer l'Union sacrée. Un nouveau mode de scrutin, la représentation proportionnelle avec clause de la majorité, favorise d'ailleurs les larges regroupements puisqu'une liste qui obtient la majorité absolue est assurée de remporter tous les sièges en jeu. Dans l'idéal, on espère que le bloc n'exclura que les socialistes de gauche et l'Action française antirépublicaine mais la SFIO refuse toute alliance avec des *partis bourgeois* et les radicaux, tout comme les autres partis de centre-gauche, se présentent seuls également. La coalition, rassemblée autour du nom de Clemenceau, pourtant radical, va donc être axée à droite, avec de forts relents anticommunistes[2]. La conjonction du système électoral, du vote anticommuniste et du vote en faveur des candidats anciens combattants – ce sera la « chambre bleu horizon », en référence à leur uniforme – explique la majorité absolue recueillie par un Bloc national en réalité hétérogène. Sur ce plan également, les espoirs de Clemenceau ont été déçus : le clivage gauche-droite reste d'actualité.

Le 18 janvier 1920, « le Tigre » qui, un an plus tôt, a échappé à un attentat anarchiste, démissionne de la présidence du Conseil après avoir échoué à se faire élire président de la République. Confronté à l'hostilité de Foch et de Poincaré, des socialistes, des catholiques qui lui reprochent son anticléricalisme et d'une partie des radicaux qui n'oublient pas qu'il a traîné certains d'entre eux en Haute Cour pour trahison, il se voit préférer Paul Deschanel, bientôt démissionnaire pour maladie mentale[3]. Georges Clemenceau se retire alors pour voyager et se consacrer à l'écriture jusqu'à sa mort, survenue à Paris en 1929. Il repose dans sa Vendée natale.

---

2 C'est l'époque où apparaît l'affiche célèbre représentant le moujik au couteau entre les dents.

3 Il faut noter dans cet échec le rôle joué en sous-main par le socialiste indépendant Aristide Briand, irrité de voir Clemenceau monopoliser la reconnaissance du pays pour la Victoire et convaincu qu'une élection du « Tigre » le priverait pour sept ans de la présidence du Conseil. Clemenceau, en effet, était persuadé que Briand avait tenté d'aboutir à une paix négociée avec les Allemands durant l'été 1917.

Vues d'ensemble sur la paix

[…] Maintenant encore, si vous voulez me le permettre, je voudrais dire une parole que je crois utile.

Elle est déjà dans vos esprits, j'en suis sûr ; mais l'heure viendra pour nous, à mesure que les problèmes de la guerre disparaîtront – le plus tôt possible, je l'espère – de comprendre que de nouveaux devoirs s'imposeront à nous. […]

Cette guerre est la plus formidable que le monde ait jamais vue.

Avec les progrès des armements, les progrès scientifiques, il faut bien dire le mot, et l'intérêt que les peuples tout entiers ont maintenant à se jeter dans la bataille pour assurer leurs droits, je me demande ce qu'ils deviendraient, ce que toute l'humanité deviendrait, si nous étions exposés plus tard à de nouvelles guerres dépassant toutes celles que nous avons vues.

Ceci, je ne le veux pas, et je n'ai pas besoin de le dire ; il n'y a pas un homme qui le veuille. Seulement, les paroles sont belles, les actes sont difficiles, pénibles, cruels et douloureux parfois.

Je demande aux Assemblées de la République française de préparer déjà dans leurs pensées le travail qui bientôt s'imposera à elles et qui ne sera pas moins redoutable que celui de la guerre. […]

Il faut que l'alliance dans la guerre soit suivie de l'indéfectible alliance dans la paix.

Les peuples sont arrivés à comprendre qu'ils étaient tous solidaires.

Les égoïsmes nationaux pourront s'atténuer, ils demeureront toujours le fond de l'humanité que ni moi, ni aucun parlement, ni aucun régime, ni personne ne pourra jamais changer. […]

Mais l'homme n'est pas infaillible et les partis, d'un côté ou de l'autre, qui s'arrogent le droit d'infaillibilité, conduiront les peuples qui les auront trop écoutés à reconnaître un jour le danger d'avoir suivi aveuglément les pasteurs dont la connaissance universelle n'était pas à la hauteur de ce qu'ils ont pu croire. […]

Laissez-moi dire ici : vraiment il faut être humanitaire. […]

En cette grande croisade humanitaire, vous ne serez pas seuls, car tous, nous avons supporté notre part de combat. Aussi, à la fin de cette croisade, je voudrais que, modifiant un peu la formule de nos aïeux, nous nous promettions d'être frères, au sens véritable du mot, et que, si l'on nous demande qui nous a inspiré cette pensée, nous répondions : « La France le veut ! la France le veut ! »

7 – Rosa Luxemburg
Notre programme et la situation politique. Discours au congrès de fondation du parti communiste allemand

31 décembre 1918

Parce qu'elle était femme, pacifiste et que son destin fut tragique, Rosa Luxemburg est devenue, au fil des ans, une icône mythifiée de l'extrême-gauche. On évoque rarement le début de son parcours, son errance à travers l'Europe et ses ouvrages doctrinaux, pour ne retenir souvent que ses combats de guerre sous le signe de « Spartakus » et son rôle dans l'insurrection communiste de Berlin, violemment réprimée. Mais le discours choisi permet d'appréhender ces deux facettes, la théoricienne marxiste étant inséparable de la révolutionnaire fauchée au cœur de l'action.

La militante marxiste

Née en Pologne sous domination russe dans une famille de commerçants juifs, Rosa Luxemburg (1870-1919) voit le jour avec le IIe Reich et mourra avec lui. Très jeune, en 1886, elle rejoint le parti socialiste révolutionnaire mais, poursuivie, doit fuir à Zurich où elle mène des études d'économie politique tout en fréquentant les marxistes russes exilés en Suisse. Internationaliste convaincue, antitsariste décidée, partisane de la grève générale, elle milite dans les rangs de la social-démocratie et s'installe en Allemagne avant d'y obtenir sa naturalisation grâce à un mariage blanc. Au sein du parti social-démocrate allemand SPD, elle s'oppose au « révisionnisme » ou « réformisme » qui veut dépasser les principes marxistes de lutte des classes et de dictature du prolétariat pour privilégier l'amélioration des conditions de vie des travailleurs au sein du système existant. En 1905, la première révolution russe enflamme la militante qui, passée en Pologne russe pour y soutenir les velléités d'indépendance, y est arrêtée et un temps emprisonnée.

À la veille de la Première Guerre, alors que le SPD devenu « réformiste » est le premier parti allemand, Rosa Luxemburg fait paraître ce qui restera son principal ouvrage doctrinal : *L'Accumulation du capital.* Loin de souscrire au souhait de voir se généraliser la condition bourgeoise dans une société qui resterait capitaliste, elle entend prévenir ses lecteurs contre une aggravation probable de la situation en Europe. Sous la pression capitaliste, dit-elle, les marchés non capitalistes vont progressivement disparaître, ce qui suscitera en retour une pression croissante sur les salaires en Europe pour faire baisser les prix de revient et entraînera un renforcement des conflits de classe. La guerre qui se prépare et contre laquelle elle lutte n'est à ses yeux qu'un instrument d'oppression capitaliste et impérialiste. Cependant, le 4 août 1914, alors que l'Allemagne envahit la Belgique, la minorité d'extrême-gauche au sein du SPD est étouffée et, au *Reichstag*, même ceux qui s'en réclament n'osent pas refuser de voter les crédits de guerre.

Du pacifisme au spartakisme

Pourtant, dès le mois de décembre 1914, une évolution se fait jour. Le député Karl Liebknecht, fils de l'un des pionniers du socialisme allemand, vote seul contre de nouveaux crédits. L'année suivante, il est imité par dix-neuf autres élus. Lui et Rosa Luxemburg vont dès lors devenir les deux figures emblématiques d'un activisme pacifiste et révolutionnaire grandissant qu'ils paieront de leur liberté : Liebknecht sera emprisonné de mai 1916 à novembre 1918 tandis que Rosa Luxemburg restera derrière les barreaux presque sans discontinuer à partir de février 1915. Mais cela ne les empêche pas de poursuivre la lutte clandestine, d'abord par le biais de brochures signées *Junius*, à la base du mouvement spartakiste dont le nom évoque le fameux chef des esclaves révoltés contre Rome en 73 avant Jésus-Christ. C'est en janvier 1916 que sont diffusés les premiers tracts, dits *Lettres à Spartakus*, dont l'influence restera toutefois relativement limitée même s'ils ne seront pas étrangers aux grandes grèves menées dans les centres industriels allemands. Alors que Karl Liebknecht et Rosa Luxemburg sont sous les verrous, leurs idées se propagent au sein du SPD et, en avril 1917, au congrès de Gotha, leurs partisans font scission et créent le parti social-démocrate indépendant d'Allemagne ou USPD qui rallie la majorité des militants. La situation européenne est alors trouble, avec les mutineries et les grèves en France et la première phase de la révolution russe de 1917.

Tout s'accélère un an plus tard, en novembre 1918, à l'approche de l'armistice. Au début du mois, la révolte des marins de Kiel donne le signal de la révolution allemande. À l'instar de ce qui s'est passé en Russie, des conseils d'ouvriers et de soldats naissent un peu partout pour diriger l'Allemagne tandis que les socialistes modérés du SPD acceptent d'entrer dans le dernier gouvernement impérial. Le 8 novembre, Karl Liebknecht et Rosa Luxemburg sont libérés et, le lendemain, lancent le journal *Die Rote Fahne*, c'est-à-dire *Le Drapeau rouge*. Le même jour, l'empereur Guillaume II abdique et la république est proclamée par le SPD Scheidemann. Un Conseil des commissaires du peuple est mis sur pied, avec trois socialistes modérés et trois indépendants. Mais au sein même de ces indépendants de l'USPD, les spartakistes se sentent peu écoutés, eux qui souhaitent donner à la révolution allemande une coloration bolcheviste suivant l'exemple russe. Le 8 décembre, une grande manifestation est organisée pour démontrer leur force, assise sur des éléments très radicaux et peu organisés, essentiellement de jeunes chômeurs.

Du parti communiste à l'insurrection de Berlin

Les spartakistes quittent alors l'USPD pour se rapprocher du petit groupe IKD[1] et former avec lui, entre le 29 décembre 1918 et le 1er janvier 1919, le parti communiste

---

1 *Internationalen Kommunisten Deutschlands.*

allemand. Pour l'essentiel, c'est Rosa Luxemburg qui en fixe le programme, ainsi que le montre le discours ci-dessous. Son leitmotiv est d'en revenir aux sources du marxisme, aux caps fixés en 1848 par Marx et Engels dans leur *Manifeste du parti communiste*, c'est-à-dire la prise du pouvoir immédiate par la révolution prolétarienne afin d'abattre la société capitaliste et d'instaurer le socialisme. Ce faisant, l'oratrice renie comme traître la social-démocratie allemande. Au moment où elle s'exprime, les trois commissaires du peuple indépendants viennent d'ailleurs de quitter le Conseil pour protester contre les pressions de plus en plus fortes exercées sur eux par les modérés, alliés à l'armée. Néanmoins, au sein de l'assemblée constitutive du parti communiste, Rosa Luxemburg est loin d'être la plus radicale. Depuis longtemps, elle a fait connaître ses critiques à l'égard de certaines dérives bolchevistes, soulignant qu'à ses yeux, la liberté de la presse et la liberté d'opinion doivent être assurées. Par ailleurs, au congrès, elle aurait voulu conserver le terme de « socialisme », de préférence à « communisme », pour ne pas rompre tous les liens avec les camarades de l'Ouest, tout comme elle aurait désiré que le nouveau mouvement participe à l'assemblée constituante. Mais sur ces deux points, elle est mise en minorité.

Quoi qu'il en soit, fidèles à leur programme, les spartakistes se lancent à la conquête du pouvoir par tous les moyens, y compris la lutte armée. Pour les contrer, les sociaux-démocrates modérés sont décidés, eux aussi, à tout mettre en œuvre. Dès le début du mois de novembre 1918, soit avant la création du parti communiste, Friedrich Ebert, principal commissaire du peuple et futur premier président de la république de Weimar, a conclu un accord secret avec le grand état-major pour réprimer toute tentative révolutionnaire. Par ailleurs, une campagne antispartakiste est lancée, noircissant l'image du mouvement. Des placards dans Berlin affirment : *Tuez Liebknecht et Rosa Luxemburg si vous voulez avoir la paix, du travail et du pain*. Le dénouement est proche. Il intervient au terme de ce qu'on appellera la « semaine sanglante » de Berlin, du 11 au 15 janvier 1919. La guerre civile fait rage et la répression s'abat sur les spartakistes. Elle est menée par des corps francs, sous la direction du gouverneur social-démocrate de Berlin, Gustav Noske, ancien gouverneur de Kiel ayant maté la rébellion des marins en novembre 1918. Le 15 janvier, Liebknecht et Luxemburg sont arrêtés et conduits au capitaine Pabst qui ordonne leur transfert en prison. Mais sur le chemin, tous deux sont exécutés dans le Tiergarten par des officiers convaincus, avec raison, de ne pas être inquiétés. L'enquête dira que Liebknecht a été abattu en tentant de fuir et que Rosa Luxemburg a été assassinée par un inconnu. Le corps de la militante spartakiste, qui avait été jeté dans le Landwehrkanal, ne sera retrouvé que le 31 mai. Bien plus tard, un procès sera intenté aux simples exécutants. En février 1919, Noske deviendra ministre de l'Armée et, en mai, commandera la répression de la République des conseils en Bavière. En août, la république de Weimar verra le jour, misant sur la collaboration entre les sociaux-démocrates et plusieurs partis bourgeois, dont le *Zentrum* catholique.

Le mythe de Rosa Luxemburg

La personnalité et les idées de Rosa Luxemburg n'ont pas disparu avec elle. Au fil des décennies et particulièrement à partir des années soixante, la révolutionnaire allemande est devenue une figure mythique de l'extrême-gauche, dont se revendique notamment la Ligue internationale communiste révolutionnaire, d'obédience trotskiste. Un groupe de rock progressif qui lui a dédié une chanson a par ailleurs choisi de porter son nom et, récemment, la comédienne Anouk Grinberg l'a incarnée dans *Rosa, la vie*, un spectacle au cours duquel étaient lues des lettres de la militante spartakiste.

Notre programme et la situation politique. Discours au congrès de fondation du Parti communiste allemand

Camarades ! La raison pour laquelle nous entreprenons aujourd'hui de discuter et d'adopter notre programme, ne se limite pas au fait purement formel que nous nous sommes constitués hier en un nouveau parti autonome et qu'un nouveau parti se doit d'adopter officiellement un programme ; la discussion d'aujourd'hui sur le programme est motivée par de grands événements historiques et notamment par le fait que nous avons atteint un point où le programme social-démocrate et plus généralement le programme socialiste du prolétariat doit être érigé sur de nouvelles bases. Camarades, nous reprenons ainsi la trame qu'avaient tissée Marx et Engels dans le *Manifeste Communiste* il y a tout juste soixante-dix ans. Comme vous le savez, le *Manifeste Communiste* considère le socialisme, la réalisation des objectifs socialistes comme la tâche immédiate de la révolution prolétarienne. Ce fut la conception que Marx et Engels défendirent lors de la révolution de 1848 et qu'ils considéraient également comme le fondement de l'action prolétarienne au sens international. Tous deux croyaient alors – et toutes les têtes du mouvement prolétarien le croyaient aussi – qu'on allait avoir pour tâche immédiate d'introduire le socialisme ; qu'il suffisait d'accomplir la révolution politique, de s'emparer du pouvoir dans l'État pour qu'immédiatement le socialisme prît corps. [...]

Comme vous le voyez, ce sont, à quelques détails près, les mêmes tâches que celles qui nous attendent aujourd'hui : la mise en pratique, la réalisation du socialisme. Soixante-dix ans de développement capitaliste séparent l'époque actuelle du temps où ce programme fut établi ; la dialectique de l'histoire a voulu que nous reprenions maintenant les conceptions que Marx et Engels avaient abandonnées par la suite, considérant qu'elles étaient erronées. Ils avaient alors raison de considérer qu'elles étaient erronées et de les rejeter. Le développement du capitalisme qui s'est produit entre-temps, a fait que ce qui était alors une erreur est devenu aujourd'hui vérité, et aujourd'hui, la tâche immédiate consiste à accomplir ce que Marx et Engels comptaient faire en 1848. Cependant, entre ce stade de développement, le début, et notre conception et nos tâches actuelles, s'intercale tout le développement, non seulement du capitalisme mais aussi du mouvement ouvrier et surtout du mouvement ouvrier en Allemagne, pays guide du prolétariat moderne. Ce développement a pris une forme singulière. [...]

[...] Nous avons atteint aujourd'hui le point où nous pouvons dire: nous sommes revenus à Marx, nous sommes revenus sous sa bannière. Aujourd'hui, nous déclarons dans notre programme: le prolétariat n'a pas d'autre tâche immédiate – en peu de mots – que de faire du socialisme une vérité et un fait et de détruire le capitalisme de fond en comble; nous nous replaçons ainsi sur le terrain qu'occupaient Marx et Engels en 1848 et qu'ils n'ont fondamentalement jamais quitté. On voit maintenant ce qu'est le vrai marxisme et ce qu'était ce succédané de marxisme officiel dans la social-démocratie allemande. [...]

Ce qu'il faut faire maintenant, c'est diriger, en pleine conscience, toute la force du prolétariat contre les fondements de la société capitaliste. C'est à la base, là où chaque employeur fait face à ses esclaves salariés, c'est à la base, là où les organes exécutifs de la domination politique de classe font face aux objets de cette domination, c'est à la base que nous devons arracher, bribe par bribe, aux gouvernants les instruments de leur puissance pour les prendre en main. Telle que je vous la dépeins, la marche de l'opération a l'air plus lente qu'on ne serait porté à le croire au premier instant. Je crois qu'il est bon que nous envisagions en pleine clarté toutes les difficultés et toutes les complications de cette révolution. Car j'espère que comme moi, aucun de vous ne laissera la description des grandes difficultés, des tâches qui s'accumulent paralyser son ardeur ou son énergie; au contraire, plus la tâche sera grande, plus nous rassemblerons toutes nos forces; et nous n'oublions pas que la révolution sait faire son œuvre avec une extraordinaire rapidité. Je n'entreprendrai pas de prédire la durée nécessaire à ce processus. Qui de nous fait le compte, qui se soucie de ce que notre seule vie suffise pour en venir à bout! Il importe seulement de savoir avec clarté et précision ce que nous avons à faire; et ce que nous avons à faire, j'espère vous l'avoir, avec mes faibles forces, exposé à peu près dans les grandes lignes.

8 – Léon Blum
Discours au congrès national de Tours

27 décembre 1920

Capital dans l'histoire de la gauche française comme dans le parcours de Léon Blum, le discours prononcé au congrès de Tours met en évidence les points de rupture entre deux courants qui, se revendiquant du marxisme, s'engagent sur des chemins différents au lendemain de la Grande Guerre et de la révolution d'Octobre. Minoritaire au sein de son propre parti, Blum y annonce qu'il gardera *la vieille maison* socialiste en attendant le retour des égarés communistes. Si celui-ci n'a toujours pas eu lieu, communistes et socialistes ont néanmoins su trouver d'éphémères terrains d'entente, du Front populaire à la gauche plurielle en passant par le programme commun.

La SFIO face à l'Internationale communiste

Comme tous les partis socialistes, la SFIO est profondément troublée et divisée sur l'attitude à adopter à l'égard de la Première Guerre puis de la révolution russe[1]. Certains Français présents à Moscou participent, en mars 1919, au premier congrès de l'Internationale communiste (IC). Les partisans d'une adhésion de la SFIO à cette Internationale sont d'abord très minoritaires mais, en 1919-1920, un basculement progressif s'opère pour trois raisons principales. Il y a d'abord l'afflux dans le parti de jeunes anciens combattants radicalisés et déçus du long soutien à l'Union sacrée. Il y a ensuite les mouvements sociaux menés sans succès contre la vie chère et la pénurie et qui ont été durement réprimés par les autorités. La CGT y a été dépassée par des groupes révolutionnaires et y a perdu la moitié de ses adhérents. Il y a enfin la défaite de la gauche aux élections de novembre 1919 : le mode de scrutin conduit la SFIO à perdre près de quarante sièges par rapport à 1914 alors qu'elle gagne 300000 voix. Nombreux sont les militants amers et persuadés qu'il faut rompre avec l'action politique classique dans le cadre du régime capitaliste.

En février 1920, le congrès de Strasbourg rejette encore l'adhésion à l'IC mais adopte la proposition des « reconstructeurs » comme Jean Longuet ou Paul Faure, qui souhaitent la naissance d'une nouvelle Internationale, fusion de la IIe et de la IIIe, et la prise de contact avec Moscou, où Marcel Cachin et Louis-Oscar[2] Frossard sont envoyés pour négocier.

---

1 Voir l'introduction au discours n° 2.

2 Devenu, sans doute par ironie, Ludovic-Oscar après le congrès de Tours. C'est ce faux prénom qui est ensuite passé à la postérité.

Ils s'y font dicter neuf conditions qui deviendront ensuite vingt et une, parmi lesquelles l'adoption de l'étiquette « communiste », la mise sur pied du centralisme démocratique, l'épuration du parti, la rupture avec tout réformisme, la récusation du concept de défense nationale ou encore l'acceptation de mener une action au besoin illégale. Le contrat est léonin mais accepté par les deux délégués, soucieux de rester dans *le vent de l'Histoire*. Au cours du second semestre 1920, le débat est intense au sein de la SFIO. Trois tendances principales s'affrontent. À gauche, on trouve les partisans de l'IC désormais majoritaires qui récoltent d'importants soutiens au sein du monde paysan et des classes les plus jeunes. Au centre, il y a les « reconstructeurs », c'est-à-dire les anciens « minoritaires » du temps de guerre qui ont pris la direction du parti en 1918 avec l'aide de « zimmerwaldiens » et qui prônent l'adhésion sous réserve parce qu'ils sont opposés à la bolchevisation de la France. À droite, enfin, de plus en plus minorisés, les membres du Comité de résistance socialiste s'opposent à l'IC et restent fidèles à l'esprit de la IIe Internationale.

Léon Blum, la vieille maison *et le bolchevisme*

La scène finale du drame se déroule du 25 au 30 décembre 1920, à l'occasion du XVIIIe Congrès national de la SFIO, en la salle du Manège, à Tours. Chacun sait grâce au vote des fédérations que l'adhésion à l'IC va l'emporter largement mais les diverses tendances vont, une dernière fois, tenter d'éviter une rupture irrémédiable et faire entendre leurs arguments. On ignore, en outre, quel chemin vont prendre les centristes ou reconstructeurs. Le 27 décembre, épuisé et bouleversé, Léon Blum (1872-1950) prend la parole au nom du Comité de résistance socialiste, endossant, de ce fait et pour trente ans, le rôle de chef puis de conscience morale de la SFIO.

Fils de commerçants juifs alsaciens établis à Paris dans une certaine aisance, Léon Blum entame d'abord des études de lettres à l'École normale supérieure mais, après un échec, s'oriente vers le droit et devient auditeur au Conseil d'État. Parallèlement, il mène une vie mondaine, fréquentant les milieux littéraires et artistiques, se révélant poète et écrivain et collaborant à diverses revues réputées. Issu d'une famille républicaine, il s'affirme très tôt de sensibilité socialiste, sous l'influence de Lucien Herr, le bibliothécaire de l'École normale supérieure, qui restera son maître à penser jusqu'à sa disparition en 1926. C'est l'affaire Dreyfus qui conduit Blum à s'engager politiquement au côté de Jean Jaurès. En 1899, il assiste à son premier congrès socialiste. Cinq ans plus tard, il contribue au lancement de *L'Humanité* et, en 1905, intervient lors du congrès fondateur de la SFIO. Néanmoins, il reste un homme de l'ombre, se consacrant surtout à sa carrière juridique et à ses écrits. La mort de Jaurès et la Première Guerre vont le pousser à l'avant-plan. De 1914 à 1916, Blum est le chef de cabinet du ministre socialiste Sembat et, peu à peu, s'impose au sein d'un parti très divisé. Chroniqueur incontournable de *L'Humanité*, il rédige le projet socialiste pour l'après-guerre et plusieurs autres textes marquants. En novembre 1919, il est élu député de la Seine et est vite considéré comme le leader du groupe socialiste. Cependant, esthète et dandy, orateur brillant mais souvent abstrait, Léon Blum sait qu'une bonne partie de la base militante socialiste, faite d'ouvriers et de paysans, a du mal à se reconnaître en lui.

Le discours qu'il prononce à Tours va rester l'une de ses harangues les plus célèbres et les plus prophétiques. Préparé avec le fidèle Lucien Herr, il sera rapidement publié par la

Librairie populaire, sous le titre *Pour la vieille maison*, et plusieurs fois réédité entre 1921 et 1939. S'adressant aux futurs vainqueurs, partisans d'une adhésion à l'Internationale communiste, il oppose le *système de Moscou*, socialisme *neuf* reposant, selon lui, sur des *idées erronées*, au socialisme véritable, héritier de Marx et de Jaurès, qu'il dit incarner. Ce faisant, il annonce avec lucidité les dérives présentes et à venir du régime soviétique. La dernière partie de son discours, bien plus sentimentale que théorique, est presque désespérée. Léon Blum y implore les partisans de l'IC de ne pas se transformer en *ennemis* de ceux qui ne les suivront pas et annonce son intention de *garder la vieille maison*, c'est-à-dire la SFIO, pendant que les communistes iront *courir l'aventure*.

La naissance de deux frères ennemis

Ovationné dans son camp, Blum est pris à partie par la gauche qui le traite de provocateur ou de scissionniste et le renvoie à ses origines bourgeoises. De toute façon, les jeux sont faits : dans la nuit du 29 au 30 décembre, alors que Blum a retiré sa motion, tout au plus créditée de 7 %, et a demandé l'abstention, l'adhésion à l'IC l'emporte par 68 % des voix. Les partisans de Blum mais aussi ceux de Longuet et de Faure, qui ont été traités de vendus par un télégramme insultant de l'IC, quittent alors la séance et, le 30, tiennent la première réunion de la *vieille maison* SFIO désertée, en la salle Démophile, à Tours. La scission est consommée : la France possède désormais un parti socialiste et un parti communiste.

Alors que le second a conservé *L'Humanité* et peut compter sur 150000 des 180000 adhérents, principalement des ouvriers et des instituteurs, le premier doit se contenter du *Populaire*[3] comme tribune mais a gardé les militants intellectuels, journalistes ou professions libérales, ainsi que l'immense majorité des élus locaux et nationaux. En quatre ans, il va, en outre, remonter de 30000 à 110000 adhérents. En face, le parti communiste, né d'une réaction plus sentimentale que raisonnée, est très hétérogène et connaît, de ce fait, des débuts difficiles. Nombre de ses partisans, rétifs au bolchevisme, vont déserter ou être exclus. Adeptes de la tactique « classe contre classe », les communistes vont s'isoler en refusant toute alliance électorale avec la SFIO, attaquée avec virulence par leur propagande, mais vont, dans le même temps, prôner la réalisation d'un « front unique » à la base, c'est-à-dire au niveau des militants et par-delà les instances des partis. C'est ce qu'Albert Treint, secrétaire général de la SFIC, appellera la volonté de *plumer la volaille socialiste*. Cette stratégie conduira la SFIO à se tourner, dès les élections de 1924, vers le parti radical pour constituer le cartel des gauches. Elle obtiendra ainsi plus de cent sièges, contre vingt-six pour les communistes. La tactique « classe contre classe », voulue par Moscou, sera d'application jusqu'en 1934-1935 lorsque, sur fond de menace fasciste, le communisme va évoluer vers l'idée de Front populaire. Comme en 1920, Léon Blum jouera alors un rôle majeur[4].

---

[3] Journal fondé, en 1916, par Jean Longuet et Paul Faure, « minoritaires » et devenu quotidien du soir en avril 1918.

[4] Voir l'introduction au discours n° 20.

Discours au congrès national de Tours

[...] Vous êtes en présence d'un tout, d'un ensemble doctrinal. Dès lors, la question qui se pose à tous est la suivante: Acceptez-vous ou n'acceptez-vous pas cet ensemble de doctrines qui ont été formulées par le congrès de l'Internationale communiste? Et accepter, [...] cela veut dire accepter dans son intelligence, dans son cœur et dans sa volonté; cela veut dire accepter avec la résolution de se conformer désormais d'une façon stricte, dans sa pensée et dans son action, à la nouvelle doctrine qui a été formulée. [...]

Vous êtes en présence d'un ensemble. Il n'y a même pas lieu d'ergoter sur tel ou tel point de détail.

C'est un socialisme neuf. À notre avis, il repose sur des idées erronées en elles-mêmes, contraires aux principes essentiels et invariables du socialisme marxiste. Il repose, d'autre part, sur une espèce de vaste erreur de fait qui a consisté à généraliser pour l'ensemble du socialisme international, un certain nombre de notions tirées d'une expérience particulière et locale, l'expérience de la révolution russe elle-même, et à poser comme règle d'action nécessaire et universelle, pour le socialisme international ce qui était l'expérience contestable peut-être, mais lentement dégagée des faits eux-mêmes, par ceux qui avaient accompli et fait vivre la révolution russe. [...]

J'ajoute, en ce qui me concerne personnellement, que je ne connais pas deux espèces de socialisme, dont l'un serait révolutionnaire et dont l'autre ne le serait pas. Je ne connais qu'un socialisme, le socialisme révolutionnaire, puisque le socialisme est un mouvement d'idée et d'action qui mène à une transformation totale du régime de la propriété, et que la révolution, c'est, par définition, cette transformation même. Où donc est le point de désaccord, le point de conflit entre vous et nous? Je vais essayer de le préciser. C'est bien entendu le désaccord capital. [...]

Ce que pense Lénine, c'est que tant que la domination de la classe capitaliste sur la classe ouvrière ne sera pas brisée par la violence, tout effort pour rassembler, éduquer et organiser cette classe ouvrière demeurera nécessairement vain. De là cette sommation impérative d'avoir à prendre le pouvoir tout de suite, le plus vite possible, puisque c'est de cette conquête que vont dépendre, non pas seulement vos efforts terminaux, mais vos efforts initiaux, puisque même les premiers éléments de votre tâche socialiste ne commenceront que quand vous aurez pris le pouvoir. (*Applaudissements.*)

Mais cela [...] je le conçois quand on est en présence d'un prolétariat tel que le prolétariat russe et d'un pays tel que la Russie. [...] Mais dans nos pays occidentaux, est-ce que la situation est la même ? Je me refuse à concéder que, jusqu'à cette conquête des pouvoirs publics, [...] il n'y aura pas eu dans ce pays une propagande socialiste. Je me refuse à dire que tout travail passé n'a servi de rien, et que tout est à faire. Non, beaucoup a été fait. [...]

Cette idée de la conquête des pouvoirs publics chez vous, où vous mène-t-elle encore ? [...]

Vous pensez, profitant d'une circonstance favorable, entraîner derrière vos avant-gardes les masses populaires non communistes, non averties de l'objet exact du mouvement, mais entretenues par votre propagande dans un état de tension passionnelle suffisamment intense. C'est bien là votre conception. [...]

Cette tactique des masses inconscientes, entraînées à leur insu par des avant-gardes, cette tactique de la conquête des pouvoirs publics par un coup de surprise en même temps que par un coup de force, mes amis et moi, nous ne l'admettons pas, nous ne pouvons pas l'admettre. Nous croyons qu'elle conduirait le prolétariat aux plus tragiques désillusions. [...]

Nous avons toujours pensé en France que demain, après la prise du pouvoir, la dictature du prolétariat serait exercée par les groupes du parti socialiste lui-même devenant, en vertu d'une fiction à laquelle nous acquiesçons tous, le représentant du prolétariat tout entier. La différence tient [...] à nos divergences sur l'organisation et sur la conception révolutionnaire. [...]

Dictature exercée par un parti reposant sur la volonté et sur la liberté populaire, sur la volonté des masses, par conséquent dictature impersonnelle du prolétariat. Mais non pas une dictature exercée par un parti centralisé, où toute l'autorité remonte d'étage en étage et finit par se concentrer entre les mains d'un Comité patent ou occulte. Dictature d'un parti, oui, dictature d'une classe, oui, dictature de quelques individus, connus ou inconnus, cela, non. (*Applaudissements sur divers bancs.*)

De même que la dictature doit être impersonnelle, elle doit être, selon nous, temporaire, provisoire. [...] Mais si l'on voit, au contraire, dans la conquête du pouvoir, un but immédiat, si l'on imagine, contrairement à toute la conception marxiste dans l'Histoire, qu'elle est l'unique procédé pour préparer cette transformation sur laquelle ni l'évolution capitaliste, ni notre propre travail de propagande n'auraient d'effet, si par conséquent un décalage trop long et un intervalle de temps presque infini devaient s'interposer entre la prise du pouvoir, condition, et la transformation révolutionnaire, but, alors nous ne sommes plus d'accord. Alors, nous vous disons que votre dictature n'est plus la dictature temporaire qui vous permettra d'aménager les derniers travaux d'édification de votre société. Elle est un système de gouvernement stable, presque régulier dans votre esprit, et à l'abri duquel vous voulez faire tout le travail.

C'est cela le système de Moscou. [...]

Avant d'arriver à ma conclusion, je veux vous présenter une dernière observation, bien qu'elle ne paraisse pas essentielle au point de vue de la doctrine. Je veux dire deux mots d'une question que nous avons traitée volontairement dans notre motion : la question de défense nationale. [...]

Nous ne disconvenons pas que l'installation du socialisme international dans le monde soit le seul moyen d'empêcher la guerre. Nous ne disconvenons pas davantage [...] que le socialisme international, instruit par la plus sanglante des leçons, doive aujourd'hui considérer comme son œuvre première, comme son œuvre de vie ou de mort, le choix et la préparation de tous les moyens, quels qu'ils soient, qui pourront, par mesure internationale, par effet international, empêcher toute guerre nouvelle. Mais cela dit, nous affirmons que, même en régime capitaliste, le devoir international et le devoir national peuvent coexister dans une conscience socialiste. [...]

Il y a opposition et contradiction formelle entre ce qui a été jusqu'à présent le socialisme et ce qui sera demain le communisme.

Il ne s'agit plus, comme on l'a dit inexactement, d'une question de discipline. Chacun de nous est mis en face d'un cas de conscience individuel et collectif à la fois. [...]

Croyez-vous qu'un vote de majorité va changer l'état de ma conscience ? [...]

Il n'y a qu'une chose qui pourrait changer notre décision ; c'est que l'Internationale communiste elle-même changeât. [...]

Je sais très bien que certains d'entre vous, qui sont de cœur avec nous, n'entrent dans l'Internationale communiste qu'avec l'arrière-pensée de la modifier du dedans, de la transformer une fois qu'ils y auront pénétré. Mais je crois que c'est là une illusion pure. Vous êtes en face de quelque chose de trop puissant, de trop cohérent, de trop stable pour que vous puissiez songer à le modifier. (*Applaudissements.*)

[...] Nous sommes convaincus, jusqu'au fond de nous-mêmes que, pendant que vous irez courir l'aventure, il faut que quelqu'un reste garder la vieille maison. (*Très bien.*)

Nous sommes convaincus qu'en ce moment, il y a une question plus pressante que de savoir si le socialisme sera uni ou ne le sera pas. C'est la question de savoir si le socialisme sera, ou s'il ne sera pas. (*Applaudissements.*)

C'est la vie même du socialisme que nous avons la conscience profonde de préserver en ce moment dans la mesure de toutes nos forces.

Et, puisque c'est peut-être pour moi la dernière occasion de vous le dire, je voudrais vous demander quelque chose qui est grave à mes yeux. Pouvons-nous vraiment, les uns et les autres, prendre là-dessus une sorte d'engagement suprême ? Demain, nous serons peut-être divisés comme des hommes qui comprennent différemment l'intérêt du socialisme, le devoir socialiste ? Ou serons-nous divisés comme des ennemis ?

Allons-nous passer notre temps devant la bourgeoisie à nous traiter les uns de traîtres et de renégats, les autres de fous et de criminels ? Ne nous ferons-nous pas, les uns les autres, crédit de notre bonne foi ? Je le demande : y a-t-il quelqu'un ici qui croie que je ne suis pas socialiste ?

Dans cette heure qui, pour nous tous, est une heure d'anxiété tragique, n'ajoutons pas encore cela à notre douleur et à nos craintes. Sachons nous abstenir des mots qui blessent, qui déchirent, des actes qui lèsent, de tout ce qui serait déchirement fratricide.

Je vous dis cela parce que c'est sans doute la dernière fois que je m'adresse à beaucoup d'entre vous et parce qu'il faut pourtant que cela soit dit. Les uns et les autres, même séparés, restons des socialistes ; malgré tout, restons des frères, des frères qu'aura séparés une querelle cruelle, mais une querelle de famille, et qu'un foyer commun pourra encore réunir. (*Applaudissements prolongés sur les bancs de droite – Tumulte à gauche.*)

[...]

9 – Mahatma Gandhi
Sur la non-violence

23 mars 1922

Près de soixante ans après sa mort, Gandhi reste l'un des héros du XXe siècle. Une foisonnante littérature hagiographique et un film plaidoyer de Richard Attenborough ont grandement contribué à faire de lui une icône, une sorte de saint moderne[1] dont chacun retient ce qui lui convient, en choisissant les écrits qui corroborent sa thèse. Si en Inde il reste avant tout perçu comme un leader nationaliste, « père de la nation », il est davantage considéré en Occident comme l'apôtre de la non-violence et comme un précurseur des mouvements alternatifs et écologistes. Cette double vision le rapproche, à bien des égards, du Dalaï-Lama.

De Londres à Ahmedabad via l'Afrique du Sud

Issu d'une famille aisée, fils d'un Premier ministre d'un État princier, Mohandas Karamchand Gandhi (1869-1948) suit des études de droit à Londres de 1888 à 1891. Deux ans plus tard, il s'installe en Afrique du Sud, où il est profondément choqué par le racisme dont sont victimes les immigrants indiens. En 1894, il fonde au Natal une section du Congrès, mouvement censé représenter les diverses tendances de la société indienne mais qui, au début du XXe siècle, devient simplement nationaliste hindou lorsque les musulmans fondent la Ligue musulmane. Dans un premier temps, Gandhi est fidèle à la Grande-Bretagne et vient en aide aux Anglais contre les Afrikaners durant la guerre des Boers (1899-1902) puis contre les rebelles zoulous (1906-1907) par la création de services sanitaires. Mais la persistance et même le renforcement de la ségrégation le conduisent à pratiquer la résistance passive et non violente, la *satyâgraha*. Il refuse par exemple de s'enregistrer auprès des autorités comme les Indiens sont désormais tenus de le faire, ce qui lui vaut deux mois de prison en 1908. Actif sur le plan politique, Gandhi l'est aussi sur le plan spirituel. Profondément hindou, il pratique l'ascèse, censée libérer son âme – d'où son surnom de *Mahatma* ou « grande âme » –, et choisit de devenir artisan pour connaître la pauvreté volontaire. Revenu en Inde en 1915, il y crée l'ashram d'Ahmedabad dont les résidents sont tenus aux vœux de vérité, de non-violence et de chasteté.

Nationaliste soucieux d'obtenir des avancées politiques et, à terme, l'indépendance, Gandhi se refuse pourtant à gêner l'effort de guerre anglais durant le premier conflit

[1] Voir l'excellent ouvrage de Claude Markovits, *Gandhi*, Paris, Presses de Sciences Po, 2000.

mondial car il est personnellement convaincu que Londres saura remercier ceux qui lui auront été fidèles. Il mène cependant certaines actions de résistance passive au côté des ouvriers du textile en grève ou des paysans pressurés par l'impôt foncier. Dans le même temps, désireux d'assurer la bonne entente entre les communautés religieuses indiennes et de prévenir ainsi toute velléité de partition du pays en cas d'autonomie, il soutient fermement les revendications des musulmans. Comme eux, il demande à Londres de respecter, après la victoire, l'intégrité de la Turquie et le caractère religieux particulier du Sultan, Calife de tous les musulmans.

La rupture avec la Grande-Bretagne

À l'issue de la guerre, deux déceptions conduisent Gandhi à changer de tactique à l'égard des Britanniques. D'une part, ceux-ci ne respectent pas les promesses faites aux musulmans, favorisant le démembrement de l'Empire ottoman et lui imposant le très sévère traité de Sèvres. D'autre part, ils ne proposent aux Indiens que des réformes politiques limitées qui ne leur accordent guère de prise sur la gestion réelle du pays. Si Gandhi soutient encore ces timides avancées, dites « réformes Montagu-Chelmsford », il ne peut admettre les lois Rowlatt qui renforcent vigoureusement la répression de toute opposition politique, pas plus qu'il ne peut tolérer la non-application des lois d'amnistie en faveur des prisonniers politiques. Le 6 avril 1919, il décide d'une journée de *hartal*, c'est-à-dire de grève et de jeûne dans toute l'Inde, mais l'exigence de non-violence n'est pas toujours respectée et Gandhi est arrêté. Le 13 avril, à Amritsar au Pendjab, le général anglais Dyer, persuadé de l'existence d'un complot unissant hindous, musulmans et sikhs, fait tirer sur une foule pacifique, tuant près de quatre cents Indiens. Pour Gandhi, c'est le signe d'une rupture grave, d'autant qu'une commission d'enquête blanchira pratiquement Dyer.

Dès juin 1920, le *Mahatma* renonce à toute possibilité de coopération avec Londres. C'est désormais le *swaraj*, la non-coopération non violente, qui va prévaloir, assortie d'un boycott des produits anglais, des écoles, des tribunaux et des assemblées. Le but est de paralyser le fonctionnement du pays, ce qui ne va pas sans susciter une division parmi les Indiens, certains étant hostiles à un tel radicalisme. Par ailleurs, au sein des masses, la non-violence est de moins en moins respectée et il semble que Gandhi soit partiellement dépassé par sa base. Les autorités, elles, hésitent à l'arrêter car elles redoutent une explosion de violence. Début février 1922, à Chauri-Chaura, la tension monte entre des manifestants indiens et la police qui les provoque. Forcés de se replier dans un bâtiment, les policiers sont pris au piège lorsque le feu y est bouté. Vingt-deux d'entre eux périssent dans l'incendie. Bouleversé, Gandhi décide de mettre fin à sa campagne de non-coopération. Le 10 mars, il est finalement arrêté sur base de trois articles parus dans le journal *Young India*.

Le discours présenté ci-dessous est la déclaration lue par Gandhi lors de son procès à Ahmedabad. Il y plaide coupable et demande au juge de le condamner puisque, effectivement, il n'a pas respecté les lois en vigueur qui condamnent la simple expression d'une *désaffection* pour le gouvernement britannique de l'Inde. Au préalable, il a retracé son parcours depuis 1893 et énuméré les raisons pour lesquelles la Grande-Bretagne, qu'il a servie, a perdu sa confiance. Il en conclut que l'Inde est plus impuissante et plus ruinée que jamais. Chargé de juger Gandhi, le juge Broomfield lui rend hommage pour son patriotisme, son idéal et sa non-violence mais le condamne, pour avoir transgressé la loi, à six ans de réclusion à la prison de Yeravda, dans un faubourg de Poona. Ce jugement et le discours qui l'a précédé font de lui un martyr au-delà des frontières indiennes.

La route tragique de l'indépendance

Libéré dès 1924, Gandhi lance une campagne censée raffermir la moralité des Indiens – lutte contre l'alcoolisme, promotion du célibat, maîtrise de soi... – puis, dès 1928-1929, milite surtout pour l'indépendance de l'Inde en appelant à la désobéissance civile et en essayant toujours de maintenir le dialogue avec les musulmans, gage de l'unité future d'une Inde indépendante. Plusieurs fois arrêté et emprisonné, il reste néanmoins incontournable dès lors qu'il s'agit de négocier des réformes politiques. En 1937, le Congrès remporte les élections dans de nombreuses provinces et détient la majorité dans six d'entre elles. Gandhi le pousse alors à y constituer des gouvernements mais ceux-ci démissionnent en octobre 1939 pour protester contre l'entrée en guerre de l'Inde contre l'Allemagne.

Car, cette fois, ni les Indiens ni Gandhi ne souhaitent intervenir dans une guerre qu'ils ne perçoivent pas comme la leur. En 1940, le *Mahatma*, constatant que Londres ne se prononce toujours pas sur l'indépendance de l'Inde, lance même un nouvel appel à la désobéissance civile et, en août 1942, il soutient la campagne *Quit India* qui entend empêcher la participation indienne à la guerre alors que l'avance japonaise représente une menace sérieuse pour le pays. Le 9 août, Gandhi et plusieurs autres nationalistes comme Nehru sont arrêtés, ce qui déclenche des troubles importants. Ils resteront en prison jusqu'en mai 1944. Les dernières années de la vie de Gandhi voient se réaliser son rêve mais aussi son cauchemar. Certes, le 15 août 1947, l'Inde devient indépendante par décision du gouvernement travailliste mais les conflits communautaires et religieux l'assaillent et la partition tant redoutée a bien lieu puisque les musulmans obtiennent la création du Pakistan. Très abattu par le règne de la violence qui marque les débuts de l'indépendance, entre massacres et déplacements massifs de populations, Gandhi se réfugie dans la prière et le jeûne. Le 30 janvier 1948, il est abattu de trois coups de revolver par Nathuram Godse, un extrémiste hindou qui le jugeait trop tiède.

SUR LA NON-VIOLENCE

Déclaration écrite lue par Gandhi lors de son jugement :

« Je dois peut-être au public de l'Inde et au public de l'Angleterre que ce procès a principalement pour but d'amadouer, de leur faire connaître pourquoi, de loyaliste et de coopérateur fervent, je suis devenu désaffectionné et non-coopérateur intransigeant. Je devrais dire également à la Cour pourquoi je me reconnais coupable d'avoir encouragé la désaffection envers un Gouvernement établi en Inde par la loi.

Mon activité publique commença en 1893 en Afrique du Sud, à un moment critique. Les premiers rapports que j'eus avec les autorités britanniques de ce pays ne furent point agréables. Je découvris que je n'avais comme homme et comme Indien aucun droit ; ou plus exactement je découvris que je n'avais aucun droit, parce que j'étais Indien.

Cela ne me dérouta point. Je me dis que cette façon de traiter les Indiens était une excroissance d'un système de gouvernement bon en soi. Je lui donnai donc ma coopération loyale et volontaire, le critiquant sans me gêner lorsque je considérais qu'il se trompait, mais sans jamais souhaiter sa destruction.

Aussi, lorsqu'en 1899 l'existence de l'Empire fut menacée par la guerre des Boers, je lui offris mes services, je formai un corps de brancardiers volontaires et pris part à divers engagements qui eurent lieu pour sauver Ladysmith[2]. En 1906, à l'époque de la révolte des Zoulous, je formai un corps d'infirmiers et servis jusqu'à la fin de la révolte. Je reçus chaque fois la croix et fus cité à l'ordre du jour. Pour mes services en Afrique du Sud, Lord Hardinge[3] me remit la médaille d'or Kaiser-i-Hind*. Lorsqu'en 1914 la guerre éclata entre l'Angleterre et l'Allemagne, je formai un corps d'ambulanciers volontaires composé des Indiens qui se trouvaient à Londres, étudiants pour la plupart. Son utilité fut reconnue par les autorités. Enfin, lorsqu'en 1918 à la Conférence de la guerre qui eut lieu à Delhi, Lord Chelmsford[4] fit un pressant appel pour l'enrôlement de la jeunesse, je me donnai tant de mal pour former un corps sanitaire à Khedda que je compromis sérieusement ma santé. Ce corps allait être formé lorsque les hostilités prirent fin. Dans tous ces efforts, j'étais poussé par la conviction que des services de ce genre me permettraient d'obtenir pour mes compatriotes un rang égal à celui des autres parties de l'Empire.

Le premier choc me vint sous forme des lois Rowlatt*, qui furent prises pour voler au peuple sa véritable liberté. Je compris qu'il me fallait mener contre ces lois une agitation vigoureuse. Puis, ce furent les horreurs du Pendjab, qui commencèrent par le massacre du Jallianwala Bagh* et arrivèrent à leur point culminant, lorsqu'on donna l'ordre de faire ramper les gens sur le ventre, de les fouetter publiquement, et autres humiliations indescriptibles* ; je découvris que la promesse faite par le

---

2 Ville d'Afrique du Sud dont les Anglais, assiégés par les Boers, furent dégagés le 1er mars 1900, par l'arrivée d'une colonne de secours après plus de cent jours de siège.

3 Charles Hardinge (1858-1944) fut Gouverneur général et vice-Roi des Indes de 1910 à 1916.

4 Frederic John Napier Thesiger, 1er Vicomte Chelmsford (1868-1933), fut vice-Roi des Indes de 1916 à 1921.

Premier ministre aux musulmans de l'Inde, au sujet de l'intégrité de la Turquie et des lieux saints de l'islam ne serait point tenue. Et malgré ces présages, malgré les conseils de mes amis qui m'avaient mis en garde au congrès d'Amritsar en 1919, je soutins la coopération et l'application des réformes Montagu-Chelmsford*, parce que j'espérais que le Premier ministre tiendrait sa promesse aux musulmans, que l'on panserait la blessure faite au Pendjab, et que les réformes, si peu adéquates et satisfaisantes qu'elles fussent, seraient le début d'une ère d'espérance pour l'Inde.

Mais tout l'espoir que j'avais nourri s'effondra; la promesse faite au Califat* ne fut pas tenue, le crime commis au Pendjab* fut blanchi, et la plupart des coupables non seulement ne furent pas punis, mais restèrent au service du Gouvernement et continuèrent à émarger au Budget de l'Inde, certains même obtenant de l'avancement. Je me rendis compte également que les réformes n'indiquaient pas le début d'une transformation dans les sentiments du Gouvernement à notre égard, mais une méthode pour épuiser l'Inde et lui prendre toutes ses richesses et pour prolonger sa servitude.

J'en arrivai à contrecœur à la conclusion que notre association avec la Grande-Bretagne avait, au point de vue politique et économique, rendu l'Inde plus impuissante que jamais. Une Inde désarmée est incapable de pouvoir se défendre contre un agresseur si elle voulait se battre avec lui. C'est au point que certains de nos hommes les plus capables considèrent qu'il faudra à l'Inde plusieurs générations, avant de pouvoir devenir un Dominion*. Elle est si pauvre qu'elle ne peut guère résister aux famines. Avant la venue des Anglais, l'Inde tissait et filait suffisamment dans ses millions de chaumières, pour ajouter aux maigres ressources de l'agriculture ce qui lui était nécessaire. Cette industrie villageoise si vitale pour l'existence de l'Inde fut ruinée par des procédés inhumains et cruels décrits par les Anglais qui en ont été témoins. Les habitants des villes ne savent guère comment les masses de l'Inde à demi mourantes de faim tombent dans l'épuisement, ils ne savent guère que leur méprisable confort provient du courtage qu'ils reçoivent de l'exploiteur étranger et que ce courtage et ces bénéfices, on les a arrachés aux masses. Ils ne se rendent pas compte que le Gouvernement établi par la loi en Inde n'existe que pour cette exploitation de masse. Nul sophisme, nul arrangement de chiffres, ne peut faire disparaître le témoignage évident des squelettes que l'on voit dans un grand nombre de villages. En tout cas, je suis certain que l'Angleterre et les habitants des villes de l'Inde, s'il y a un Dieu au-dessus de nous, auront à répondre devant lui de ce crime envers l'humanité et envers l'histoire. Même la Loi, dans ce pays, est mise au service de l'exploiteur étranger. Mon étude impartiale des procès jugés par la Loi martiale du Pendjab m'a convaincu que 95 %

des condamnations n'auraient pas dû avoir lieu ; l'expérience que j'ai des procès politiques m'a amené à cette conclusion que neuf sur dix des hommes condamnés étaient absolument innocents. Leur crime, c'était d'aimer leur pays. Dans 99 cas sur 100 dans les tribunaux de l'Inde, justice n'est pas rendue aux Indiens, alors qu'elle l'est aux Anglais. Je n'exagère pas. C'est l'expérience de tout Indien ayant eu quelques rapports avec ce genre de cause. Selon moi, l'administration de la loi, consciemment ou inconsciemment, s'est prostituée au service de l'exploiteur.

Le plus grand malheur, c'est que les Anglais et leurs associés indiens qui administrent le pays ignorent qu'ils commettent le crime dont je viens de parler. J'en ai la conviction, nombre de fonctionnaires anglais en Inde croient de bonne foi que le Gouvernement qu'ils représentent est un des meilleurs qui existent et que l'Inde progresse sûrement, si elle progresse lentement. Ils ignorent qu'un système subtil, mais efficace, de terrorisme et un déploiement organisé de forces d'une part, et la privation de tout moyen de défense d'autre part ont émasculé le peuple et l'ont conduit à la dissimulation. Cette habitude épouvantable a contribué à l'ignorance et à l'illusion des administrateurs. Le paragraphe 124* du Code pénal d'après lequel j'ai le bonheur d'être accusé est au premier rang de ceux qui tendent à supprimer la liberté du citoyen. La loi ne peut donner ou régler l'affection. Si l'on n'a pas d'affection pour un homme ou pour un système, on doit être libre d'exprimer sa désaffection dans toute sa force, du moment qu'on n'a pas l'intention de se montrer violent ou d'inciter à la violence. Mais d'après le paragraphe sur lequel vous vous appuyez pour nous poursuivre, M. Banker[5] et moi, le seul fait d'exprimer de la désaffection est un crime. J'ai étudié certaines causes qui ont été jugées d'après ce même paragraphe, et je sais qu'il a fait condamner quelques-uns des Indiens les plus populaires de l'Inde. Je considère par conséquent comme un privilège d'être accusé de même. J'ai essayé d'exprimer le plus brièvement possible les raisons de ma désaffection. Je n'ai aucun grief personnel contre un seul administrateur, j'ai donc encore moins de désaffection envers la personne du Roi. Mais je considère que c'est une vertu d'avoir de la désaffection pour un Gouvernement qui a fait plus de mal à l'Inde dans l'ensemble que n'importe quel autre système antérieur. L'Inde n'a jamais été aussi peu virile que depuis qu'elle est gouvernée par l'Angleterre. Avec de tels sentiments [...], je considère comme un privilège précieux d'avoir pu écrire ce que j'ai écrit dans les divers articles qui me sont reprochés.

Je suis d'ailleurs convaincu d'avoir rendu service à l'Inde et à l'Angleterre,

---

[5] Il s'agit du second accusé du procès, Shankarlal Banker, l'éditeur de *Young India*, jugé responsable des articles que Gandhi y a publiés.

en leur montrant comment la non-coopération pouvait les faire sortir de l'existence contre nature menée par toutes deux. À mon humble avis, la non-coopération avec le mal est un devoir tout autant que la coopération avec le bien. Seulement, autrefois, la non-coopération consistait délibérément à user de violence envers celui qui faisait le mal. J'ai voulu montrer à mes compatriotes que la non-coopération violente ne faisait qu'augmenter le mal et, le mal ne se maintenant que par la violence, qu'il fallait, si nous ne voulions pas encourager le mal, nous abstenir de toute violence. La non-violence demande qu'on se soumette volontairement à la peine encourue pour ne pas avoir coopéré avec le mal. Je suis donc ici prêt à me soumettre d'un cœur joyeux au châtiment le plus sévère qui puisse m'être infligé pour ce qui est selon la loi un crime délibéré et qui me paraît à moi le premier devoir du citoyen. Juge, vous n'avez pas le droit, il vous faut démissionner et cesser ainsi de vous associer au mal si vous considérez que la loi que vous êtes chargé d'administrer est mauvaise et qu'en réalité je suis innocent, ou m'infliger la peine la plus sévère si vous croyez que le système et la loi que vous devez appliquer sont bons pour le peuple et que mon activité par conséquent est pernicieuse pour le bien public.

COMPLÉMENTS

Médaille d'or Kaiser-i-Hind: La médaille Kaiser-i-Hind (argent ou or) est une décoration de l'Empire des Indes créée par la reine Victoria en 1900 pour services rendus. Gandhi la reçoit à son retour pour son action en Afrique du Sud.

Lois Rowlatt: Ces lois, rapidement adoptées en mars 1919 par le Conseil législatif impérial malgré l'opposition de tous les délégués indiens, permettent d'emprisonner un suspect sans jugement et sur un simple soupçon, de juger sans appel et à huis clos les personnes présumées capables d'infractions ou encore de condamner à deux ans de prison les simples détenteurs de documents jugés séditieux.

Massacre de Jallianwala Bagh: Il s'agit du massacre d'Amritsar, au Pendjab, le 13 avril 1919. Alors que la population est très agitée depuis la récente arrestation de Gandhi, incendiant l'hôtel de ville et molestant des Européens, le général Dyer et ses hommes tirent sur une foule réunie sans violence pour une fête dans les jardins de Jallianwala Bagh, faisant près de quatre cents morts.

Autres humiliations...: Sur ordre du général Dyer, les Indiens étaient ainsi obligés de ramper dans la rue où une Européenne avait été agressée. Ailleurs, il leur était demandé de descendre de voiture et de saluer à chaque passage d'un Européen tandis qu'à Lahore, les étudiants étaient contraints à quatre marches forcées par jour pour répondre à un appel nominal.

Réformes Montagu-Chelmsford: En août 1917, Samuel Montagu, secrétaire d'État britannique pour l'Inde, avait promis une participation accrue des Indiens au pouvoir à l'issue de la guerre de manière à en arriver rapidement à un gouvernement indien autonome au sein de l'Empire. En fait, le *Government of India Act* de 1919 permet l'arrivée de ministres indiens dans les gouvernements provinciaux et la représentation des communautés indiennes au sein des assemblées centrale et provinciales, mais c'est bien la Grande-Bretagne qui conserve le pouvoir réel sur le plan des finances et de l'exécutif.

Promesse faite au Califat: Durant la Première Guerre, Londres avait fait une série de promesses aux musulmans indiens concernant le devenir de la Turquie ralliée aux puissances centrales et le rôle du Sultan, par ailleurs Calife du monde islamique, c'est-à-dire chef spirituel et temporel de l'islam et successeur légitime du Prophète. Le mouvement du Califat, auquel Gandhi, bien qu'hindou, va apporter son ferme soutien, défend la pérennité de ce titre. Mais en 1920, le traité de Sèvres imposé aux Ottomans par les Alliés est très dur. La Turquie y perd notamment ses provinces arabes. En ce qui concerne le Califat, il semble qu'il devrait passer à Hussein ibn Ali, chérif de La Mecque, protégé de Lawrence d'Arabie et chef de la révolte arabe contre les Turcs en 1916. En réalité, le Califat sera aboli non par les Anglais mais bien par Mustafa Kemal en mars 1924. Hussein voulut effectivement récupérer le titre mais il fut vite renversé par les Wahhabites de ibn Séoud et le Califat ne fut plus revendiqué. Quoi qu'il en soit, la question a permis à Gandhi et aux musulmans de conclure, face aux Britanniques, un programme commun de non-coopération.

Crime commis au Pendjab fut blanchi…: Le rapport de la commission Hunter, désignée suite au massacre d'Amritsar, a été interprété par les Indiens comme blanchissant le général Dyer. Le Congrès qui avait refusé d'y participer avait créé sa propre commission, dont Gandhi était membre.

Dominion: État politiquement indépendant au sein du Commonwealth. En 1922, il existe six dominions: le Canada, l'Australie, la Nouvelle-Zélande, l'Union sud-africaine, Terre-Neuve et l'État libre d'Irlande. En 1947, le terme de dominion disparaîtra car il impliquait une idée de subordination devenue intolérable dans le contexte de la décolonisation.

Article 124 du Code pénal: Appliqué depuis les années 1860, le Code pénal est un élément d'unification et de centralisation en Inde. L'article 124 concerne la sédition et réprime tout acte, tout écrit, toute parole tendant à susciter la haine, le mépris ou la désaffection envers les autorités légales, le terme désaffection englobant la déloyauté comme tout sentiment d'hostilité.

10 – Benito Mussolini
Le discours d'Udine

20 septembre 1922

Prononcé cinq semaines avant la « Marche sur Rome » qui devait mener au pouvoir son parti national fasciste, le discours de Mussolini à Udine peut être considéré comme un texte précurseur de la révolution fasciste mais également comme l'aboutissement d'un long processus qui a mené un modeste militant socialiste romagnol à prendre la direction d'une Italie meurtrie et instable avec le soutien de la droite et de milices d'autodéfense.

Un itinéraire atypique

Nourri du culte des héros de l'unification italienne et élevé en milieu populaire au sein d'une famille socialiste, Benito Mussolini (1883-1945) adhère lui-même au parti dès l'âge de dix-sept ans. De 1901 à 1912, il mène une vie chaotique : il occupe plusieurs postes d'instituteur ou de professeur, vit un temps de petits boulots en Suisse, d'où il est expulsé à vie pour activité syndicale, fait son service militaire puis se spécialise dans l'agitation politique via le journalisme, la grève ou les manifestations contre les guerres coloniales, ce qui lui vaudra d'ailleurs un bref séjour en prison. Il est alors bien davantage un socialiste révolutionnaire qu'un marxiste mais est choisi pour diriger, de 1912 à 1914, le principal journal socialiste italien, *Avanti !*. Début 1914, il devient même le numéro deux du Parti socialiste italien (PSI).

Mais la Grande Guerre va profondément influencer son parcours. Alors que le PSI reste attaché à la neutralité, il devient interventionniste car il est séduit par les promesses franco-britanniques concernant les terres irrédentes et le partage de l'Empire ottoman[1]. Il quitte alors *Avanti !* pour fonder un autre quotidien, *Il Popolo d'Italia*, et, en novembre 1914, se retrouve exclu de son parti. Il fonde alors les « Faisceaux interventionnistes et d'action révolutionnaire ». Mobilisé en août 1915, il reste au front jusqu'en février 1917, lorsqu'il est blessé pendant un entraînement. Son expérience de guerre le convertit aux valeurs viriles et unanimistes de la nation en armes. Un autre tournant s'opère après la tragique déroute italienne de Caporetto en octobre 1917. Mussolini est

---

1 D'après le traité secret de Londres du 26 avril 1915, l'Italie devait recevoir le Trentin, le Tyrol du Sud, l'Istrie, Gorizia, Gradisca, Trieste, les îles et une partie du littoral dalmates, la région albanaise de Valona, la souveraineté sur le Dodécanèse et la province turque d'Adalia. Par ailleurs, un blanc-seing lui est donné pour son expansion coloniale en Afrique. Par la suite, le traité de Saint-Jean-de-Maurienne ajoutera à la liste la ville et la région de Smyrne.

persuadé que le PSI, par son défaitisme, porte une part de responsabilité. Dès lors, il ne se définit plus comme socialiste mais reste révolutionnaire.

À l'issue du conflit, il est extrêmement déçu par les dispositions des traités de paix qui n'accordent à Rome que peu de satisfactions[2]. En mars 1919, Mussolini fonde à Milan les Faisceaux italiens de combat. Le terme de « faisceau », surtout utilisé jusque-là par la gauche, est synonyme de « ligue » et fait référence à une symbolique issue de la Rome antique. Les *Fasci* se présentent aux élections de 1919, avec un programme alliant nationalisme et socialisme républicain, mais subissent une cuisante défaite. L'aventure de Mussolini aurait pu s'arrêter là mais l'atmosphère de troubles et d'anarchie qui s'empare de l'Italie remet le chef fasciste en selle.

La montée en puissance du fascisme

Au cours de l'année 1920, Mussolini opère un virage à droite. Un peu partout en Italie, la gauche et l'extrême-gauche organisent ou soutiennent des soulèvements dans les villes, des grèves dans les usines et des occupations de terres dans les campagnes. On redoute alors une possible bolchevisation de l'Italie, d'autant qu'une « république des *Soviets* » s'instaure durant trois jours à Florence. Face à cette violence et au risque révolutionnaire, le régime parlementaire semble dépassé et donne l'image d'une grande instabilité. Les petits bourgeois ruinés, les industriels et les propriétaires terriens vont alors se rapprocher des *Fasci*. Ceux-ci s'organisent en *Squadre*, sortes de milices contre-révolutionnaires qui recrutent leurs « chemises noires » parmi les chômeurs, les étudiants mais surtout les anciens combattants déçus. Agissant en briseurs de grèves dans les villes, ils sont également très actifs dans les campagnes où certains, mal contrôlés par Mussolini, se transforment en potentats locaux. Leur tactique de violence dérape régulièrement en combats de rue qui les opposent à la gauche mais aussi parfois aux « populistes » catholiques et aux « chemises bleues » nationalistes monarchistes. Un « pacte de pacification » entre gauche et fascistes échoue.

En 1921, Mussolini, vainquant les réticences des hiérarques locaux et des fascistes agraires, transforme son mouvement en parti structuré. Aux élections de mai 1921, il est élu à Milan et entre au Parlement avec trente-quatre autres députés fascistes. En novembre, le congrès de Rome donne naissance au *Partito Nazionale Fascista* (PNF) qui compte alors 300 000 membres et en aura 700 000 quelques mois plus tard. Pas question cependant pour le PNF d'intégrer le simple jeu parlementaire. La vitesse supérieure est enclenchée à l'été 1922. La gauche et l'extrême-gauche annoncent alors une grève générale « légalitaire » pour s'opposer aux fascistes et évaluer les forces respectives des deux bords. Mais cette grève, commencée le 31 juillet, effraie les partis traditionnels du centre et de droite et permet au PNF d'investir paramilitairement les grands centres industriels italiens, sous couvert de défendre l'ordre public. Les *Squadre* incendient les bourses du travail et les sièges des syndicats, contraignant les travailleurs à cesser la grève. Le 3 août, c'est chose faite partout et l'on voit mal comment Mussolini pourrait, désormais, ne pas accéder au pouvoir.

---

2 Elle n'obtient que le Trentin, le Haut-Adige, Trieste et une partie de l'Istrie et est oubliée dans le partage des colonies allemandes et des territoires de l'ex-Empire ottoman.

Udine, prélude à la « Marche sur Rome »

Depuis longtemps, le chef fasciste rêve de rééditer l'épopée de 1870, la « Marche sur Rome » enfin victorieuse des Italiens après plusieurs tentatives manquées de Garibaldi. Il y a là un élément mythique et symbolique essentiel, que l'on peut aussi rapprocher de l'Antiquité et de César franchissant le Rubicon. Mais Mussolini n'est pas pressé de réaliser un coup d'État et préfère consulter largement pour voir quelle part de responsabilité politique pourrait lui être accordée. À la mi-août 1922 toutefois, il prévient les militants fascistes que le grand jour approche. Le 22 septembre, à Udine, dans le Frioul, c'est à une foule enthousiaste qu'il s'adresse, dans un théâtre social trop petit pour accueillir tous ses sympathisants. Ce sera son dernier grand discours avant le congrès de Naples et la « Marche sur Rome ».

Il y développe son interprétation du passé récent de l'Italie, fait d'amertume face aux traités de Paix et d'inquiétudes quant à la stabilité intérieure. Il se lance aussi dans une vibrante exaltation de l'histoire et de cette ville de Rome à la conquête de laquelle il est déjà lancé, en s'en référant à Mazzini et bien sûr à Garibaldi, auteur de la formule *O Roma, o morte !*, *Rome ou la mort !*. Il livre ensuite les principes sur lesquels s'appuie le fascisme : la discipline, pivot suprême, la violence qu'il légitime lorsqu'elle permet d'atteindre plus vite les objectifs fixés, et le souhait d'accueillir les masses sans se laisser dominer par elles. La fin du discours est un avertissement clair : *nous voulons gouverner l'Italie*. Dans ce but, Mussolini se dit prêt à sortir de la *normalité quotidienne* et à prendre des risques. En d'autres termes, il annonce son futur coup de force, tout en rassurant la droite traditionnelle : la monarchie, gage de stabilité, sera maintenue et le rôle de l'État, profondément restreint. L'ancien militant socialiste et républicain donne ainsi à voir l'étendue de son évolution idéologique. Le discours d'Udine est donc tout à la fois un discours-test, un discours-programme et un discours-menace.

Mussolini prend le pouvoir

Cependant, Mussolini hésite encore à s'emparer du pouvoir par la force. Il préférerait être appelé par le Roi à diriger le gouvernement mais il sait que sa chance risque de passer. Dès lors, et même si certains de ses lieutenants assurent qu'un affrontement avec l'armée tournerait au désavantage des « chemises noires », il donne ses directives. Le 24 octobre, lors du congrès fasciste de Naples, il lance : *Ou bien on nous donne le pouvoir, ou bien nous descendons sur Rome*, à la grande joie de quarante mille fidèles qui hurlent : *À Rome ! À Rome !*. Partout en Italie, les chefs fascistes ont l'ordre de lancer leurs troupes à l'assaut dans la nuit du 27 au 28 octobre à minuit. Mais dès la journée du 27, les fascistes contrôlent de nombreuses villes du pays, sans rencontrer de réelle résistance. La « Marche sur Rome » a bien lieu mais elle n'est finalement que très symbolique : vingt-six mille hommes entrent dans la capitale sous une pluie battante. Le roi Victor-Emmanuel III, qui craint de perdre son trône en s'opposant aux fascistes, a refusé de décréter l'état de siège et a demandé à Mussolini de former un cabinet de coalition. Le faux coup d'État a réussi.

Le 30 octobre 1922, Mussolini est officiellement investi chef de gouvernement mais la majorité de son équipe n'est pas fasciste et son groupe parlementaire ne compte toujours que trente-cinq députés. Toutefois, la révolution fasciste est en marche. Le 25 novembre 1922, Mussolini obtient les pleins pouvoirs et, en avril 1924, de nouvelles élections législatives créditent son parti de 65 % des suffrages. Jusque-là, les formes légales semblent encore respectées. Mais en juin 1924, l'assassinat du député socialiste Matteotti par des miliciens fascistes que Mussolini couvrira puis, en 1925-1926, l'établissement du parti unique et la concentration des pouvoirs législatif et exécutif entre les mains du seul Duce mettront fin aux dernières illusions des démocrates italiens. La dictature fasciste allait durer près de vingt ans.

Le discours d'Udine

Dans ce discours, que je veux prononcer devant vous, je fais une exception à la règle que je m'étais imposée: c'est-à-dire à celle de limiter le plus possible les manifestations de mon éloquence. Oh ! s'il était possible de l'étrangler, comme le conseille un poète[3], cette éloquence verbeuse, prolixe, qui ne conclut rien, ce verbiage démocratique, qui nous a déroutés si longtemps ! Je suis presque sûr, ou du moins je me flatte de cet espoir, que vous n'attendez pas de moi un discours qui ne soit parfaitement fasciste, c'est-à-dire squelettique, âpre, franc, dur.

N'attendez pas que je parle de la commémoration du 20 septembre[4]. Certes, le sujet serait tentant et flatteur. Il y aurait là un ample sujet de méditation, en examinant par quel prodige des forces impondérables, par combien et par quels sacrifices de peuples et d'hommes, l'Italie a pu regagner son unité complète, pas encore tout à fait réalisée, cependant, parce que d'unité complète, on ne pourra encore parler tant que Fiume et la Dalmatie ainsi que les autres terres irrédentes ne seront pas revenues à nous, en réalisant ainsi le rêve orgueilleux qui fermente dans nos âmes.

Je vous prie de considérer que, même au cours du Risorgimento, qui va de la première tentative insurrectionnelle d'une section de chevau-légers[5] à Nola à la Brèche de la Porta Pia* en 1870, deux forces sont entrées en jeu: l'une est la force traditionnelle, la force conservatrice, la force nécessairement un peu statique, tardigrade, la force de la tradition savoisienne et piémontaise; l'autre, la force insurrectionnelle et révolutionnaire qui montait de la partie la meilleure du peuple et de la

---

3 Référence à un vers de Verlaine: *Prends l'éloquence et tords-lui son cou.*

4 Référence au 20 septembre 1870, date d'entrée à Rome des soldats italiens. La ville allait très vite voter son rattachement à l'Italie et devenir, en 1871, la capitale du pays.

5 Allusion aux *Cavalleggeri*, cavaliers d'avant-garde de l'armée italienne.

bourgeoisie ; et c'est seulement grâce à l'union, grâce à l'équilibre de ces deux forces, que nous avons pu réaliser l'unité de la patrie. Quelque chose d'analogue peut-être se produit aujourd'hui, je me promets de vous en parler plus tard.

Mais pourquoi (vous l'êtes-vous jamais demandé ?), pourquoi l'unité de la patrie se résume-t-elle dans le symbole et dans le nom de Rome ? Il faut que les fascistes oublient absolument – s'ils ne le faisaient pas, ce serait mesquin – l'accueil plus ou moins cordial que nous reçûmes à Rome, en octobre de l'année dernière* ; il faut avoir le courage de le dire, une partie de la responsabilité de tout ce qui advint incombe à certains d'entre nous qui ne furent pas à la hauteur de la situation. Il ne faut pas confondre Rome avec les Romains, avec ces centaines de soi-disant réfugiés du fascisme qui sont à Rome, à Milan et dans quelques autres centres de l'Italie, et qui font naturellement de l'antifascisme pratique et criminel. Mais si Mazzini, si Garibaldi tentèrent par trois fois d'arriver à Rome, et si Garibaldi a posé à ses chemises rouges le dilemme tragique, inexorable de « Rome ou la mort », cela signifiait que, pour les hommes du Risorgimento, Rome désormais avait une fonction essentielle, une fonction de premier ordre à accomplir dans la nouvelle histoire de la nation. Élevons donc, d'une âme pure et sans rancœur, notre pensée vers Rome, qui est une des rares capitales de l'intelligence humaine qui soient au monde, parce qu'à Rome, entre les sept collines chargées des souvenirs de l'histoire, s'est opéré un des plus grands prodiges intellectuels dont l'histoire ait gardé le souvenir, c'est-à-dire qu'une religion orientale que nous ne comprenions pas s'est transformée en une religion universelle qui a reconquis sous une autre forme cet Empire que les légions de Rome avaient porté jusqu'aux dernières limites de l'univers. Et nous voulons faire de Rome la ville de notre âme, une ville épurée, désinfectée de tous les éléments qui la corrompent et la salissent, nous voulons faire de Rome le cœur palpitant, l'esprit subtil et fort de cette Italie impériale dont nous rêvons.

Quelqu'un pourrait m'objecter : « Vous qui parlez si bien, êtes-vous digne de Rome, possédez-vous des jarrets, des muscles, des poumons suffisamment forts pour accepter cet héritage et transmettre à ceux qui vous suivront la gloire et l'idéal d'un tel empire ? » Et alors les critiques acerbes s'ingénient à voir dans notre jeune et exubérant organisme des signes d'incertitude.

On nous parle du phénomène de l'autonomisme fasciste ; je dis aux fascistes et aux autres citoyens que cet autonomisme n'a aucune importance. Ce n'est pas un autonomisme d'idées ou de tendances. Le fascisme ne connaît pas les tendances. Les tendances sont le triste privilège des vieux partis qui sont des associations électorales répandues dans tous les pays et qui, n'ayant rien à faire ni à dire, finissent par imiter ces théologiens sordides de l'Orient qui discutaient sur toutes les questions casuistiques pendant que Byzance périssait. Les rares, sporadiques tentatives d'autonomisme fasciste ont été liquidées ou sont sur le point de l'être, parce qu'elles ne représentent que des revendications d'ordre personnel.

Venons à notre sujet : la discipline. Je suis partisan d'une discipline rigide. Nous devons nous imposer à nous-mêmes une discipline de fer, autrement nous n'aurions pas le droit de l'imposer à la nation. Ce n'est que grâce à la discipline de la nation que l'Italie pourra se faire entendre des autres pays.

La discipline doit être acceptée par tous. Lorsqu'elle n'est pas acceptée, elle doit être imposée. Nous repoussons ce dogme démocratique qu'il faut toujours procéder par des sermons, par des prônes, de nature plus ou moins libérale. Il faut à un certain moment que la discipline se manifeste par un acte de force et de domination. J'exige donc, et je ne parle pas aux miliciens de la région du Frioul qui sont, laissez-moi le dire, parfaits de sobriété et de tenue, d'austérité et de sérieux, je parle pour les fascistes de toute l'Italie dont le dogme, s'ils doivent en avoir un, ne peut porter que ce nom bien clair : discipline. On n'acquiert le droit de commander qu'en obéissant, qu'en ayant l'orgueil humble et sacré d'obéir. Lorsque ce travail s'est fait dans votre esprit, vous pouvez l'imposer aux autres. Auparavant, non. Les fascistes de toute l'Italie doivent s'en rendre compte. Ils ne doivent pas interpréter la discipline comme un rappel d'ordre administratif ou comme une crainte de la part de chefs qui pourraient avoir peur de la mutinerie d'un troupeau. Cela, non, car nous ne sommes pas des chefs comme les autres, et le nom de troupeau ne nous convient aucunement. Nous sommes une milice, mais justement parce que nous nous sommes donné cette constitution particulière, nous devons faire de la discipline le pivot suprême de notre vie et de nos actes.

J'en arrive à la violence. La violence n'est pas une morale. Elle est parfois morale. Nous refusons à nos adversaires le droit de se plaindre de notre violence, car elle n'est qu'un jeu d'enfants, en comparaison de celle qui se déchaîna dans les tristes années 1919-1920 et de celle des bolchevistes en Russie, où deux millions de personnes ont été exécutées et deux autres millions incarcérées. D'autre part, la violence est résolutive, car à la fin de juillet et au début d'août en 48 heures de violences systématiques[6] et guerrières, nous avons eu ce que nous n'aurions pas obtenu par 48 années de sermons et de propagande. Lorsque notre violence résout une situation gangrenée, elle est très morale, elle est sacrée, nécessaire.

---

6 Répression de la grève « légalitaire » de l'été 1922.

Je parle ici aux fascistes d'Italie, et je dis que notre violence doit avoir des caractères spécifiques, fascistes. La violence de dix contre un est à repousser, à condamner. Il faut écarter de notre programme la violence injustifiée. Il y a une violence qui délivre et une autre qui enchaîne ; il y a une violence morale et une autre qui est à la fois sotte et immorale. Il faut adapter la violence aux nécessités du moment, et ne pas en faire une école, une doctrine, un sport. Les fascistes doivent éviter avec soin de gâcher par des gestes de violence sporadique, individuelle, non justifiée, les brillantes et splendides victoires des premiers jours d'août. C'est ce que nos adversaires attendent : à la suite de certains épisodes, disons-le franchement, de certains épisodes fâcheux comme celui de Tarente*, ils sont portés à croire, à espérer – ils se leurrent – que, la violence étant devenue chez nous une sorte de seconde nature, lorsque nous n'aurons plus de cible pour l'exercer, nous l'exercerons sur nous-mêmes ou contre nous-mêmes ou contre les nationalistes. Or, les nationalistes se séparent de nous sur certaines questions, mais il faut dire la vérité : dans toutes les batailles que nous avons livrées, ils ont été à nos côtés.

Peut-être y a-t-il parmi eux des chefs qui ne voient pas le fascisme sous le même angle que nous, mais il faut reconnaître, dire et proclamer, que les chemises bleues, à Gênes, à Bologne, à Milan et en d'autres localités innombrables ont été à côté des chemises noires. L'épisode de Tarente est donc très regrettable et j'espère que les dirigeants du fascisme agiront de façon à ce qu'il reste un épisode isolé qu'il faut oublier dans une réconciliation locale et dans une affirmation et de solidarité nationale.

Un autre sujet peut donner quelque espoir à nos adversaires : celui des masses. Vous savez que je n'adore pas la nouvelle divinité : la masse. C'est une création de la démocratie et du socialisme. On doit avoir raison seulement parce qu'on est nombreux. Pas du tout. Le contraire se vérifie souvent : le nombre s'oppose à la raison. En tout cas, l'histoire démontre que souvent des minorités, infimes au début, ont produit de profonds bouleversements dans les sociétés humaines. Nous n'adorons pas la foule, même si elle est nantie de toutes les callosités sacrées aux mains et au cerveau. Nous portons au contraire dans l'examen des faits sociaux, des conceptions, des éléments nouveaux, pour le moins dans les milieux italiens. Nous ne pouvions pas repousser la masse. Elle venait à nous. Fallait-il l'accueillir à coups de pied dans les jambes ? Les masses sont-elles sincères ? Ne le sont-elles pas ? Viennent-elles à nous par conviction ou par crainte ? Ou parce qu'elles espèrent obtenir de nous ce qu'elles n'ont pas obtenu des pussistes[7] ? Ces demandes sont presque vaines car on n'a pas encore trouvé le moyen de pénétrer dans le tréfonds

---

7 Membres du parti d'unité socialiste.

des âmes. Nous avons dû faire du syndicalisme. Nous en faisons. On dit : « Votre syndicalisme finira par être tout à fait semblable au syndicalisme socialiste : vous en arriverez par la force des choses à faire de la lutte de classes » [...].

Notre syndicalisme se différencie de celui des autres, car nous n'admettons la grève dans les services publics sous aucun prétexte. Nous sommes pour la collaboration des classes, surtout dans une période de crise économique aussi aiguë que celle d'aujourd'hui. Nous essayons d'enfoncer cette vérité, cette conception dans le cerveau de nos syndicalistes. Toutefois, il faut dire, avec la même franchise, que les industriels et les employeurs ne doivent pas non plus nous faire chanter, car il y a une limite au-delà de laquelle il n'est pas possible d'aller : les industriels même, les employeurs, la bourgeoisie en un mot, doivent se rendre compte que la nation comprend aussi le peuple, c'est-à-dire une foule d'hommes qui travaillent. On ne peut pas songer à la grandeur du pays si la foule des travailleurs est inquiète, en chômage ; la tâche du fascisme est d'en faire un ensemble organique avec la nation pour l'avoir demain à sa disposition, lorsque la nation aura besoin de cette masse, comme, l'artiste a besoin d'une matière pour forger ses chefs-d'œuvre.

Nous ne pourrons faire de bonne politique étrangère que si le peuple est lié à la vie et à l'histoire de la nation.

J'en arrive à un sujet qui est en ce moment d'une très grande actualité. Il est évident qu'à la fin de la guerre on n'a pas su organiser la paix. Il y avait alors deux routes à suivre : ou la paix du sabre, ou la paix de la justice approximative. Au contraire, sous l'influence d'une mentalité démocratique néfaste, on n'a pas fait la paix du sabre en occupant Berlin, Vienne, Budapest, et on n'a pas fait non plus la paix approximative de la justice.

Des hommes, dont beaucoup ignoraient l'Histoire et la Géographie (il paraît que les fameux experts n'en savaient pas beaucoup plus long que leurs chefs quand ils ont bouleversé la carte de l'Europe), ont dit : « Du moment que les Turcs gênent l'Angleterre, supprimons la Turquie. Du moment que l'Italie, pour devenir une puissance méditerranéenne, doit posséder l'Adriatique comme un golfe intérieur, repoussons ses justes revendications au sujet de l'Adriatique ».

Qu'arrive-t-il ? C'est que le traité le plus périphérique se déchire naturellement avant les autres. Mais comme tout dépend de ces traités qui sont liés les uns aux autres, l'effondrement du traité de Sèvres* fait craindre que tous les autres n'aient le même sort.

L'Angleterre, à mon avis, montre qu'elle n'a plus une élite politique à la hauteur de la situation. En effet, vous voyez que, depuis quinze ans, un seul homme personnifie la politique anglaise. Il n'a pas encore été possible de le remplacer. Lloyd George[8], qui, à entendre ceux qui le connaissent intimement, n'est qu'un médiocre avocat, représente la politique de l'Empire depuis une quinzaine d'années. L'Angleterre, même dans cette occasion, révèle la mentalité mercantile d'un empire qui vit de ses rentes et qui est réfractaire à tout effort direct qui lui coûterait du sang. Il fait appel aux « Dominions », à la Yougoslavie, à la Roumanie. D'autre part, si les affaires se compliquent en ce sens, vous voyez poindre l'éternel, l'indestructible cosaque qui change de nom, mais qui ne change pas de mentalité. Par qui la Turquie de Kemal Pacha a-t-elle été armée ? Par la France et par la Russie. Qui pourrait armer l'Allemagne de demain ? La Russie. C'est une grande chance pour notre politique étrangère qu'à côté de l'armée nationale qui a des traditions très glorieuses, il y ait aussi l'armée fasciste.

Nos ministres des Affaires étrangères devraient être en mesure de jouer aussi cette carte et de la jeter sur le tapis vert de la diplomatie en disant : « Faites bien attention qu'aujourd'hui la politique italienne n'est plus une politique de renonciation et de lâcheté, quoi qu'il doive nous en coûter ».

Je disais donc que, si, dans les autres pays, on commence à avoir une notion exacte de la puissance que représente le fascisme italien, même dans le domaine de la politique étrangère, nos ministres ont toujours une attitude servile. Ils nous demandent quel est notre programme. J'ai déjà répondu à cette demande qui voudrait être insidieuse, dans une petite réunion tenue à Levanto*, en présence de trente ou quarante fascistes, et je ne supposais pas que mon discours familier pût avoir un aussi vaste retentissement.

Notre programme est simple : nous voulons gouverner l'Italie. On nous dit : « et les programmes ? » Mais des programmes, il n'y en a que trop. Ce ne sont pas les programmes qui manquent à l'Italie, ce sont les hommes et la volonté ! Tout Italien croit posséder une méthode sûre pour résoudre quelques-uns des problèmes les plus pressants de la vie nationale. Mais vous êtes tous convaincus, je crois, que nos hommes politiques sont insuffisants. La crise de l'État libéral a été déterminée par cette insuffisance trop prouvée.

Nous avons fait une guerre splendide au point de vue de l'héroïsme individuel et collectif. Après avoir été des soldats, les Italiens de 1918 étaient devenus des guerriers. Je vous prie de remarquer la différence

---

[8] David Lloyd George (1863-1945), radical anti-impérialiste puis libéral, fut nommé ministre de l'Armement du gouvernement britannique en 1915. Allié aux conservateurs, il devint Premier ministre en décembre 1916, suivant un parcours proche de celui de Clemenceau. Il fut renversé en 1922 et redevint chef de l'opposition libérale, prônant même, à la fin des années trente, des accommodements avec Hitler.

essentielle qui existe entre ces deux termes. Mais nos politiciens ont dirigé la guerre comme si c'était une affaire d'administration ordinaire. Ces hommes que nous connaissons tous, et dont nous portons l'image dans notre mémoire, nous apparaissent comme des hommes arriérés, usés, fatigués, des vaincus. Impartialement, j'admets que la bourgeoisie, qu'on pourrait appeler d'un seul mot giolitienne*, a ses mérites. Elle en a certainement. Mais aujourd'hui, l'Italie est toute frémissante encore du souvenir de Vittorio Veneto*, toute exubérante de vie, d'élan, de passion, et ces hommes, habitués surtout aux fallacieuses habitudes parlementaires, nous apparaissent d'une taille qui n'est plus à la hauteur des événements. Il faut donc affronter les problèmes : « Comment remplacer cette bande qui, dans ces derniers temps, a toujours fait une politique d'abdication devant cette baudruche gonflée au vent qui s'appelle le social-pussisme italien ? »

Ce remplacement s'impose et je crois qu'il vaudra d'autant mieux qu'il sera plus radical. Certes, le fascisme qui assumera la charge de la nation (quarante millions, même quarante-sept millions d'Italiens) va encourir une terrible responsabilité. Il est à prévoir que les déceptions seront nombreuses, car il y a toujours une déception avant ou après ; qu'on agisse ou qu'on n'agisse pas, elle se produit toujours.

O amis ! comme la vie de l'individu, celle d'un peuple comporte une certaine part de risques. On ne peut pas avoir la prétention de marcher toujours sur la voie Decauville[9] de la normalité quotidienne. On ne peut pas toujours s'orienter vers la vie laborieuse et modeste d'un employé du loto, que ceci soit dit sans offenser le moins du monde les employés des soi-disant « tripots d'État ». Il faut à un certain moment que les hommes et les partis aient le courage d'assumer la haute responsabilité d'une grande politique, d'essayer leurs muscles. Ils peuvent aller au-devant d'un échec. Mais il y a des tentatives même malheureuses qui suffisent à ennoblir, à exalter pour toute la vie la conscience d'un mouvement politique, comme le fascisme.

Je me proposais de prononcer ce discours à Naples, mais je crois qu'à Naples j'aurai d'autres sujets à traiter. N'attendons pas plus longtemps pour nous placer sur le terrain délicat et brûlant du régime. De nombreuses polémiques suscitées par mes projets ont été oubliées, et chacun est convaincu que mes projets n'ont pas surgi à l'improviste. Ils représentaient au contraire une pensée déterminée. Il en est toujours ainsi. Certaines attitudes paraissent soudainement improvisées au grand public, qui n'est pas obligé de suivre les transformations lentes, souterraines d'un esprit inquiet, désireux d'approfondir certains problèmes, de

---

9 Chemin de fer à écartement étroit.

les considérer sous un nouveau jour. Mais ce travail existe, il est intime, parfois tragique. Vous ne devez pas penser que le chef du fascisme n'a pas le sentiment de cette tragédie personnelle, qui est aussi, et surtout, une tragédie nationale. Cette fameuse tendance républicaine devait être une satisfaction donnée à de nombreux groupes qui étaient venus à nous, seulement parce que nous étions vainqueurs. Ces éléments nous déplaisent. Ceux qui suivent toujours le char du triomphateur et qui sont disposés à changer de drapeau si la fortune change, sont des gens que le fascisme doit tenir en suspicion et sous la surveillance la plus sévère.

Voilà la question : une profonde transformation de notre régime politique est-elle possible sans qu'on touche à l'institution monarchique ? Peut-on rajeunir l'Italie sans mettre en question la monarchie ? Quelle est l'attitude de principe du fascisme vis-à-vis des institutions politiques ?

Notre attitude ne nous engage dans aucun sens. Au fond, il n'y a de régime parfait que dans les livres des philosophes. Je pense que si les théories de Platon avaient été appliquées dans la ville grecque, à la lettre, point par point, c'eût été un désastre. Un peuple qui se trouve très bien en république ne songe pas à se donner un roi. Un peuple qui n'est pas habitué à la république souhaitera le retour de la monarchie. On a bien voulu coiffer la tête carrée des Allemands du bonnet phrygien ; mais les Allemands haïssent la république, et du fait qu'elle leur a été imposée par l'Entente et qu'elle constitue une sorte d'ersatz, ils ne la haïssent que davantage. Donc la forme d'un gouvernement ne peut être approuvée ou désapprouvée en la considérant comme une chose éternelle, mais elle doit être examinée en fonction de ses rapports directs avec la mentalité, l'économie, les forces intellectuelles et morales d'un peuple déterminé. Cela comme principe. Quant à moi, je pense qu'il est possible de renouveler profondément le régime sans s'occuper de la monarchie. Au fond, et je m'en réfère au cri de notre ami, Mazzini lui-même, républicain, leader des doctrines républicaines, n'a pas cru ses doctrines incompatibles avec le pacte monarchique de l'unité italienne. Il l'a subi, il l'a accepté. Ce n'était pas son idéal, mais on ne peut pas toujours trouver son idéal.

Nous laisserons donc de côté, en dehors de notre lutte, qui aura d'autres cibles très visibles et formidables, l'institution monarchique, et cela parce que nous pensons qu'une grande partie de l'Italie verrait avec inquiétude et avec suspicion une transformation de régime allant jusque-là. Il se produirait peut-être à ce sujet quelques cas de séparatisme régional, car cela se produit toujours en pareil cas. Des gens qui n'ont aujourd'hui qu'indifférence vis-à-vis de la monarchie, lui seraient demain, au contraire, sympathiques, favorables, et on trouverait de très respectables raisons de sentiment pour attaquer le fascisme coupable d'avoir visé cette cible.

Au fond, je pense que la monarchie n'a aucun intérêt à contrarier ce qu'il faut appeler désormais la révolution fasciste. Ce n'est pas dans son intérêt ; si elle le faisait, elle deviendrait notre cible et, dans ce cas, il est certain que nous ne pourrions pas l'épargner, car ce serait pour nous une question de vie ou de mort. Ceux qui peuvent sympathiser avec nous ne peuvent pas se cacher dans l'ombre. Ils doivent rester en pleine lumière. Il faut avoir le courage d'être monarchistes. Pourquoi serions-nous républicains ? En un certain sens, parce que nous voyons un souverain qui n'est pas suffisamment souverain. Mais la monarchie représente la continuité historique de la nation. Tâche magnifique, d'une importance historique incalculable.

Il faut éviter, d'autre part, que la révolution fasciste mette tout en jeu. Il faut garder quelques points fixes et stables pour ne pas donner au pays l'impression que tout s'écroule, que tout est à recommencer, parce que, dans ce cas, à la vague d'enthousiasme du premier moment succéderaient bientôt des vagues de panique et peut-être d'autres vagues qui couvriraient la première. Les choses sont maintenant assez claires. Il faut démolir tout l'échafaudage socialistoïde-démocratique.

Nous aurons un État, dont voici simplement la formule : « L'État ne représente pas un parti, l'État représente la collectivité nationale, il contient tous les citoyens, il les dépasse tous, il les protège tous, et se déclare l'ennemi de quiconque veut attenter à sa souveraineté imprescriptible ».

Voilà l'État qui doit sortir de l'Italie de Vittorio Veneto. Un État ne donnant pas raison localement au plus fort ; un État qui ne soit pas comme l'État libéral qui n'a pas, en cinquante ans, su installer une imprimerie à lui, lui permettant de faire paraître un journal en cas de grève générale des typographes. Un État qui ne soit pas à la merci de l'omnipotence, de la feue omnipotence socialiste ; un État persuadé que les problèmes ne peuvent être résolus qu'au point de vue politique, car les mitrailleuses ne servent à rien sans l'idée qui les met en action. Tout l'arsenal de l'État s'effondre comme un vieux décor d'opérette, lorsque l'intime conscience d'accomplir un devoir, ou même d'accomplir une mission, lui fait défaut.

Voilà pourquoi nous voulons dépouiller l'État de toutes ses prérogatives économiques. Assez de l'État cheminot, de l'État postier, de l'État assureur. Assez de l'État faisant du commerce aux frais de tous les contribuables et pesant de tout son poids sur les finances épuisées. Reste la police, qui assure la protection des honnêtes gens contre les voleurs et les criminels ; reste le maître d'école, éducateur des nouvelles générations ; reste l'armée qui doit garantir l'inviolabilité de la patrie, et reste aussi la politique étrangère.

Qu'on ne dise pas que l'État ainsi vidé est petit. Non ! C'est toujours une très grande chose, car il garde pour lui le domaine des intelligences, en abdiquant tout le domaine de la matière.

Je crois avoir assez parlé, mes amis, et vous êtes certainement du même avis. Citoyens, je vous ai exposé synthétiquement mes idées. Ce que j'ai dit, suffit, je crois, à les préciser. On demande toujours à connaître la caractéristique de notre mouvement : ce que j'ai dit me paraît assez clair...

Si notre doctrine ne suffisait pas, il y a notre méthode, il y a cette activité de chaque jour que nous n'avons nulle intention de renier, tout en veillant à ce qu'elle ne nuise pas au fascisme par des exagérations et par des excès. Je dis cela avec intention, car si le fascisme était un mouvement comme les autres, les gestes d'un individu ou d'un groupe n'auraient qu'une importance relative. Notre mouvement a laissé sur sa route le plus beau sang vermeil. Il faut se souvenir de cela lorsqu'on veut faire de l'autonomisme ou de l'indiscipline. Il faut songer surtout aux morts d'hier. Il faut songer que l'autonomisme, le manque de discipline peuvent flatter aussi les misérables, les bas instincts du fauve social-pussiste, vaincu, meurtri, mais ruminant encore secrètement des projets de revanche. Nous l'en empêcherons par une action collective et en gardant toujours notre épée bien aiguisée. Au fond, les Romains avaient raison : « Si tu veux la paix, prouve que tu es préparé à la guerre ». Ceux qui ne montrent pas qu'ils sont prêts à la guerre, n'ont pas la paix et vont au-devant de la défaite, de la déroute.

Nous disons donc à tous nos adversaires : « Il ne suffit pas de planter trop de drapeaux tricolores sur vos cabanes et sur vos cabarets. Nous voulons vous voir à l'œuvre. Il vous faudra demeurer dans une sorte de quarantaine politique et intellectuelle. Vos chefs, qui pourraient vous infecter à nouveau de leurs idées, seront mis dans l'impossibilité de nuire ».

Ce n'est qu'ainsi, en évitant de tomber dans le préjugé de la quantité, que nous pourrons sauvegarder la qualité, sauvegarder l'âme de notre mouvement qui n'est ni éphémère, ni transitoire, car il existe depuis quatre ans ; dans ce siècle de tempêtes, quatre ans en valent quarante. Notre mouvement est encore dans la préhistoire, il en est encore à ses débuts : son histoire commence demain. Ce que le fascisme a fait jusqu'ici est une œuvre négative. Il lui faut maintenant reconstruire. C'est là qu'il montrera sa noblesse, sa force, son âme.

Je suis sûr, ô amis, que les chefs du fascisme feront leur devoir. Je suis sûr que les troupes le feront aussi. Avant de nous atteler aux grandes tâches, commençons par effectuer une sélection inexorable dans nos rangs. Nous ne pouvons pas porter de poids morts avec nous : nous sommes une armée de chevau-légers, avec une arrière-garde de braves et solides territoriaux. Mais nous ne voulons pas garder parmi nous les éléments dont nous ne sommes pas sûrs.

Je salue Udine, cette vieille chère cité d'Udine, à laquelle tant de souvenirs me lient*. Des générations et des générations d'Italiens, fleurs de pourpre de notre race, ont passé dans ces grandes rues. Beaucoup de ces jeunes gens dorment maintenant du sommeil qui n'a plus de réveil, dans les petits cimetières isolés des Alpes ou dans ceux des rives de l'Isonzo*, redevenu un des fleuves sacrés de l'Italie. Udinais, fascistes italiens, recueillez l'esprit de ces morts que nous n'oublierons jamais et faites-en l'âme ardente de la patrie immortelle.

Compléments

De la première tentative insurrectionnelle d'une section de chevau-légers à Nola à la Brèche de la Porta Pia: Traditionnellement, on considère que le Risorgimento s'étend sur cinquante années, de l'été 1820 au 20 septembre 1870. C'est à Nola en Campanie, alors Royaume des Deux-Siciles, qu'une insurrection carbonariste prit naissance en juillet 1820 par la révolte du régiment de Lanciers de la Garde royale. Le roi Ferdinand Ier dut alors accorder une Constitution. La Brèche de la Porta Pia, elle, fait référence à l'entrée des troupes italiennes à Rome.

L'accueil plus ou moins cordial que nous reçûmes à Rome, en octobre de l'année dernière: allusion au congrès fasciste de Rome qui se déroula en fait début novembre 1921 dans la grande salle de l'Augusteo. L'accueil des Romains aux 5000 délégués, dont beaucoup en « chemises noires », fut glacial et des heurts eurent lieu avec des jeunes et des militants opposés au fascisme, faisant plusieurs morts. Mussolini dut demander à ses fidèles de loger dans la salle du congrès.

Tarente: ville des Pouilles dans laquelle des heurts opposèrent « chemises noires » fascistes et « chemises bleues » nationalistes. Par la suite, les « chemises bleues » seront intégrées dans le mouvement fasciste.

Effondrement du traité de Sèvres: Ce traité du 10 août 1920 démembrant et démilitarisant l'Empire ottoman se contentait de confirmer à l'Italie la possession de Rhodes et du Dodécanèse, acquis lors de la guerre italo-turque de 1911-1912. Il fut rendu caduc par les victoires de Mustafa Kemal qui, en 1923, obtint un autre traité, celui de Lausanne, bien plus favorable à la Turquie[10].

Petite réunion tenue à Levanto: Le 24 août 1922, Mussolini, en vacances à Levanto, petite station balnéaire proche de La Spezzia, s'adresse aux fascistes locaux et leur annonce que la « Marche sur Rome » est proche : « Le moment pour nous est propice ; je dirai même qu'il est inespéré. Si le gouvernement est intelligent, il nous donnera le pouvoir

---

[10] Voir l'introduction au discours n° 12.

pacifiquement. S'il n'est pas intelligent, nous le prendrons par la force. Nous devons marcher sur Rome pour l'arracher des mains des politicards pusillanimes et ineptes. Quand la cloche sonnera, nous marcherons comme un seul homme. »[11]

Bourgeoisie [...] giolitienne : référence à Giovanni Giolitti (1842-1928), l'homme qui domina la politique italienne de 1900 à 1914, défendant la neutralité du pays et gouvernant par le biais de diverses combinaisons parlementaires et d'appuis locaux et personnels. Il fut de nouveau président du Conseil de juin 1920 à juin 1921 et Mussolini le considère, à la veille de la « Marche sur Rome », comme le seul capable, en s'alliant au poète nationaliste D'Annunzio, d'arrêter la vague fasciste. Il n'en fera cependant rien et soutiendra le gouvernement de Mussolini. Cependant, en 1924, après le meurtre de Matteotti, il refusera de figurer sur les listes électorales de la majorité et, en 1928, peu avant sa mort, sera l'un des quinze opposants à la disparition du régime parlementaire classique au profit d'un Parlement corporatif.

Vittorio Veneto : ville de Vénétie devant laquelle le général Diaz lança une offensive décisive le 24 octobre 1918, permettant aux Italiens de mettre les Austro-Hongrois en déroute et d'occuper Trente et Trieste dès le 3 novembre. Grâce à cette victoire triomphale, Vittorio Veneto symbolise, dans l'imaginaire transalpin, l'héroïsme national.

Chère cité d'Udine à laquelle tant de souvenirs me lient : Siège du Grand Quartier général italien pendant la Grande Guerre, de 1915 à 1917, Udine a été occupée par les Allemands après Caporetto et reprise par les Italiens de Diaz à la fin du conflit. Soldat, Mussolini a combattu dans la région. Dans ses souvenirs, Margherita Sarfatti, sa maîtresse, raconte qu'après le discours d'Udine, le chef fasciste a voulu retourner sur le champ de bataille pour se recueillir. Par ailleurs, durant l'été 1917, Mussolini a plusieurs fois séjourné à Udine. Il faisait alors partie d'un petit groupe, le Comité d'action intérieure, qui souhaitait pousser le commandant des troupes italiennes, le général Cadorna, à un coup d'État militaire suivi d'une dictature temporaire. Cadorna avait finalement décliné la proposition, officiellement pour raisons de santé mais en fait par fidélité au Roi. Après la défaite de Caporetto, il allait être remplacé par Diaz.

Isonzo : fleuve de Vénétie sur lequel combattirent Italiens et Austro-Allemands. L'Italie en occupa les rives en 1915 et prit la ville de Gorizia (Görz) en août 1916 mais, en octobre 1917, le désastre de Caporetto, ville austro-hongroise sur l'Isonzo que les Italiens avaient prise en 1915, contraignit Rome à reculer et à abandonner le fleuve.

---

11 Cité par Pierre Milza, *Mussolini*, Paris, Fayard, 1999, p. 299.

11 – Pierre de Coubertin Testament sportif

28 mai 1925

Père des Jeux olympiques modernes, le baron Pierre de Coubertin fut d'abord un passionné de pédagogie. Dans ses nombreux projets liés à l'éducation et à la formation de la jeunesse, le sport joue un rôle majeur. Toutefois, Coubertin a une conception très précise du cadre sociétal dans lequel doit s'épanouir cet esprit sportif, comme le prouve le testament oral qu'il délivre, à son retrait du Comité international olympique.

Un artiste pédagogue

Né à Paris d'un père peintre et d'une mère musicienne, Pierre Fredy de Coubertin (1863-1937) est d'abord élevé en Normandie, dans le château familial. Il poursuit ensuite sa scolarité dans la capitale, au collège des Jésuites de Saint-Ignace, et obtient les baccalauréats ès lettres et ès sciences. Peu désireux d'entamer la carrière militaire dont rêvait son père, il s'inscrit un temps à l'École des Sciences politiques mais décide rapidement de se consacrer à la réforme du système éducatif français qu'il considère comme obsolète et mal adapté aux nécessités du monde industriel moderne. Issu d'un milieu aristocratique, royaliste et ultramondain, Pierre de Coubertin se rallie néanmoins à la IIIe République, de plus en plus laïque mais surtout revancharde. En effet, il appartient à une génération profondément marquée par la défaite de 1870, défaite dans laquelle certains croient déceler les effets d'une décadence morale : la France du Second Empire aurait cédé à l'hédonisme alors que la Prusse aurait su cultiver l'énergie nationale indispensable à toute victoire militaire.

Pour Coubertin, le redressement de la France dépend d'une meilleure formation de la jeunesse sur base des valeurs traditionnelles que sont le courage, la discipline et l'effort. Persuadé qu'aucune stabilité socio-politique ne pourra être assurée sans une réforme pédagogique, il effectuera plusieurs séjours d'étude en Grande-Bretagne et aux États-Unis, deux puissances politiques et économiques affirmées dont les systèmes éducatifs lui semblent particulièrement performants car ils allient rigueur et liberté d'auto-construction. Il produira ensuite force plans et projets, de la fin des années 1880 à sa mort, sous la forme d'ouvrages ou de conférences, mais s'impliquera également au travers de diverses structures : fondateur et président de l'Association pour la réforme de l'enseignement et de la Ligue d'éducation nationale peu avant la Première Guerre, il animera, après 1925 et sa retraite olympique, l'Union pédagogique universelle et le

Bureau international de pédagogie moderne. En 1911, il fondera également l'organisation scoute des Éclaireurs français dont l'emblème sera un Gaulois casqué et la devise, *Sans peur.*

Les Jeux olympiques modernes au service de l'éducation par le sport

Au cœur des projets éducatifs du baron de Coubertin figure le sport, perçu comme une véritable école de formation du caractère et de la personnalité. En plein essor dans le monde anglo-saxon depuis le milieu du XIXe siècle, le sport moderne se développe également en Europe continentale où il est en train de s'institutionnaliser et de se codifier, avec la multiplication des clubs et des rencontres mais aussi la fixation de toute une série de règles. Pour Pierre de Coubertin, lui-même sportif accompli puisqu'il pratiqua la culture physique, la boxe, l'escrime, l'équitation et l'aviron, le sport doit faire partie intégrante de la pédagogie nouvelle. Il doit être un moyen au service de l'école républicaine, un instrument permettant de diffuser et d'inculquer une série de valeurs censées renforcer la cohésion sociale et nationale tout en servant l'hygiène et la morale publiques. Il existe une évidente dimension patriotique dans cette exaltation du sport, préparation à la caserne, mais également une dimension conservatrice : respecter les règles d'un sport conduit à mieux accepter la hiérarchie, la discipline et l'ordre social existant, tant en métropole que dans les territoires colonisés. Ces conceptions sont bien présentes dans l'esprit de Coubertin qui, comme beaucoup d'hommes de son temps, était persuadé d'une mission voire d'une supériorité de la race blanche mais aussi d'une différence de vocation entre l'homme et la femme, ce qui explique sa farouche mais vaine opposition à la présence d'athlètes féminines aux Jeux olympiques. Cet attachement de Coubertin à l'ordre établi s'accompagne d'une volonté d'intégrer l'ensemble des catégories sociales dans la bataille éducative. Le testament sportif présenté ci-dessous insiste sur la nécessité de recruter les futurs athlètes au sein du peuple et de développer les notions d'entraide et de coopération, dans la mesure même où elles apaisent les tensions sociales. Non sans un certain paternalisme, le baron de Coubertin appelle ainsi *jeunesse bourgeoise* et *jeunesse prolétarienne* à s'abreuver *à la même source de joie musculaire* sans nécessairement se rapprocher ou se côtoyer davantage dans l'immédiat.

Mais si le rapprochement peut être indirect en ce qui concerne les classes sociales, il doit être concret et effectif entre les nations pour mieux se comprendre et se respecter dans le cadre d'une compétition solennelle, codifiée et ritualisée. Tel est l'objectif que poursuit Pierre de Coubertin en s'employant, dans les années 1890, à ressusciter les Jeux olympiques. Il n'est pas le seul à tenter l'aventure puisqu'en plusieurs endroits d'Europe, des projets plus ou moins ambitieux ont fleuri au fil du XIXe siècle mais seul le Français parviendra à concrétiser son rêve. L'actualité archéologique n'est pas étrangère à ce regain d'intérêt pour les jeux antiques. En effet, entre 1874 et 1881, l'Allemand Ernst Curtius a mené des fouilles d'envergure sur le site d'Olympie. Coubertin, fasciné, utilise ces découvertes au bénéfice de son grand projet sportif international. Le 25 novembre 1892, à la Sorbonne, il prononce un discours à l'occasion du cinquième anniversaire de l'Union des sociétés françaises des sports athlétiques (USFSA), dont il est le secrétaire général. Plaidant le *libre-échange* des athlètes au sein de la *vieille Europe*, il en appelle au rétablissement des Jeux olympiques[1]. Cependant, sa proposition reste sans suite. Qu'importe : il persévère en usant de moyens détournés. L'été suivant, il propose à l'USFSA d'organiser un congrès international sur le thème crucial de l'amateurisme sportif. Le but serait d'unifier les règles imposées dans chaque pays pour contrer une dérive du sport vers le spectacle ou la seule recherche d'un exploit rémunéré. Mais dans un second temps, Coubertin propose que soit également discutée l'organisation de Jeux olympiques modernes, concrétisation de l'entente internationale préalablement acquise. Après quelques mois de flottement, l'idée fait son chemin, soutenue par de nombreux hommes d'État dont le roi des Belges, Léopold II, à tel point que le congrès de Paris devient Congrès pour le rétablissement des Jeux olympiques. Le 16 juin 1894, à la Sorbonne, plus d'un millier de personnes viennent assister à ce congrès qui rassemble près de quatre-vingts délégués issus des États-Unis et de onze pays d'Europe, dont la Russie. Coubertin y fait voter le principe de Jeux organisés tous les quatre ans en un lieu différent et gérés par un Comité international olympique (CIO) permanent. Son premier président, de 1894 à 1896, est le Grec Demetrios Bikelas (ou Demetrius Vikelas), délégué de la Société panhellénique de gymnastique, qui obtient également que les premiers Jeux olympiques de l'ère moderne soient organisés à Athènes.

L'évolution de l'olympisme moderne

C'est le 6 avril 1896 que le roi de Grèce, Georges Ier, proclame l'ouverture de ces JO. Ils réunissent 230 athlètes grecs et 81 athlètes étrangers, essentiellement des Européens et des Américains même si un Australien et un Chilien ont fait le voyage. Une quarantaine d'épreuves sont organisées pour neuf sports différents. Au-delà de l'aspect sportif, les JO d'Athènes sont l'occasion d'une véritable célébration mystique, avec retraites aux flambeaux, illuminations, feux d'artifices et musiques militaires. Comme le dit Pierre de Coubertin lui-même : « La première caractéristique de l'olympisme moderne, c'est d'être une religion. »[2] À l'issue de ces Jeux, il prend la présidence du CIO, qu'il quittera en 1925, un an après les septièmes Jeux d'été et les premiers Jeux d'hiver. Son but est alors de prendre du champ et de se consacrer exclusivement à son œuvre pédagogique mais il publiera ses *Mémoires olympiques* en 1931 et continuera à suivre l'évolution des Jeux jusqu'à son décès en 1937 à Genève. Beaucoup lui reprocheront d'ailleurs d'avoir cautionné l'organisation très politique des JO de Berlin 1936 par les autorités nazies. Enterré à Lausanne, où fut déplacé le siège du CIO en 1915, durant la Première Guerre mondiale, le baron de Coubertin a obtenu que son cœur repose à Olympie, dans une stèle dédiée à sa mémoire. En quarante ans, les JO se sont développés – ceux de 1936 réunissent quatre mille athlètes, issus de quarante-neuf pays pour cent quarante épreuves et dix-neuf sports différents –, ils ont leur devise – *Citius, altius, fortius* –, leur drapeau aux cinq anneaux entrelacés et leur relais de la flamme depuis Olympie. La généralisation de la pratique sportive et l'essor des médias modernes ont joué un rôle certain dans la popularisation de l'olympisme.

---

1 Ronald Hubscher, Jean Durry et Bernard Jeu (dir.), *L'histoire en mouvements. Le sport dans la société française (XIXe-XXe siècles)*, Paris, Colin, 1992, p. 161.

2 Cité par Georges Vigarello, *Passion sport : histoire d'une culture*, Paris, Textuel, 2000, p. 132.

Cependant, cet engouement pour les JO a un prix et il induit une série d'évolutions qui suscitent la controverse. Dès les premières années, le baron de Coubertin entre en lutte contre la transformation de l'esprit olympique, un esprit qu'il aurait voulu exclusivement viril et chevaleresque. S'il ne fut jamais pacifiste et si son œuvre fut d'ailleurs amplement récupérée par la propagande patriotique durant la Grande Guerre, il aurait voulu protéger les JO, instrument d'entente mutuelle, de toute récupération nationaliste ou politique. Sur ce plan, il a échoué puisque les Jeux seront, de son vivant déjà et jusqu'à nos jours, un formidable vecteur de diffusion des messages politico-idéologiques les plus divers – que l'on songe à Berlin 1936, à l'exclusion de l'Afrique du Sud pour cause d'apartheid, aux boycotts croisés de Moscou 1980 et Los Angeles 1984, sur fond de guerre froide, à l'attentat palestinien de Munich 1972, au poing tendu des athlètes noirs américains à Mexico 1968 ou encore au choix controversé de Pékin pour les JO de 2008. Très vite, dès l'organisation des Jeux de Paris 1900, le baron de Coubertin voit son objectif initial mis à mal : il se heurte à l'emprise croissante des diverses fédérations sportives nationales et internationales, s'insurge contre l'arrivée d'athlètes féminines et déplore le désintérêt du monde intellectuel pour le sport, dès lors abandonné, pense-t-il, aux pires bonimenteurs.

Mais le premier sujet de réflexion et d'inquiétude du baron de Coubertin, celui auquel il consacre la plus large part du *Testament sportif* reproduit ci-dessous est la question de la professionnalisation du sport. Les Jeux, on l'a dit, sont nés à la faveur d'une réflexion sur la définition de l'amateurisme, réflexion que Coubertin voudrait voir reprise en cette année 1925. L'idée cruciale est d'écarter toute tentation de faire du corps entraîné un gagne-pain ou un spectacle, ce qui ouvrirait nécessairement la voie à la tricherie et à la corruption. On constate, en effet, un relâchement depuis l'époque où Jim Thorpe, champion olympique du pentathlon et du décathlon en 1912, avait été sommé de rendre ses médailles pour avoir, avant les Jeux, joué au baseball en tant que professionnel[3]. Coubertin dénonce l'intrusion du professionnalisme dans le football et le rugby britanniques comme une source de *décadence* et y voit la conséquence d'une définition trop lâche et trop imprécise du statut de l'amateur. Sa véritable attaque porte en fait sur ce que l'on appelle l'« amateurisme marron », c'est-à-dire l'amateurisme de façade, qui ferme les yeux sur les rémunérations indirectes provenant de clubs, de sponsors ou de paris. D'où ce cri du cœur : *le professionnalisme, voilà l'ennemi.* Quatre-vingts ans plus tard, force est de constater que les craintes du baron de Coubertin n'étaient pas sans fondement. Le sport amateur de haut niveau est désormais réduit à la portion congrue et, si les JO ont longtemps résisté à la vague, ils ont considérablement assoupli leur position depuis la fin des années 1980. Cette professionnalisation, couplée à l'hyper-médiatisation des Jeux et à la soif de records, a enclenché une spirale difficilement maîtrisable : entre multiplication des épreuves truquées, dopage, surenchère aux droits de retransmission et corruption, réelle ou supposée, de membres du CIO pour la désignation des villes organisatrices, on est bien loin de l'idéal prôné par le père de l'olympisme moderne. Mais sans doute est-ce là le lot de toutes les utopies…

---

3 Les médailles lui seront rendues en 1982, à titre posthume.

Testament sportif

Voici, en quelque sorte, mon testament sportif :

Quoique président nominal du Comité Olympique International, je me retire. Je prétends recouvrer dès maintenant la liberté de mon effort au service de l'enseignement populaire, car je suis persuadé que la société actuelle ne se relèvera pas des ruines accumulées par ses ambitions et ses injustices et que des formes sociales différentes s'imposeront avant peu ; j'aperçois, dans la diffusion préalable de la culture, et principalement des études historiques, l'unique garantie du progrès général.

Je me retire donc, mais avant de le faire, je voudrais, vous qui dirigez en quelque sorte les destinées des sports et surtout de l'amateurisme en sport, vous mettre un peu en garde contre le mouvement actuel qui semble accuser une renaissance de ces sports.

Pendant trente-trois ans, j'ai combattu pour le sport. J'ai trouvé des appuis, j'ai noué des amitiés, j'ai rencontré des résistances hostiles, j'ai dû aussi lutter contre la haine. Mais je suis cependant arrivé à ce résultat que le Comité International Olympique compte actuellement cinquante-deux membres répartis entre quarante et un États d'Europe, d'Afrique, d'Amérique et d'Asie, qu'il est véritablement mondial et que son autorité n'a jamais été ni mieux assise, ni plus justifiée.

J'ai combattu avec moins de mérite peut-être qu'on ne le suppose, parce que les défenseurs des sports formaient une élite intellectuelle qui a maintenant disparu.

Pourquoi les intellectuels ne se groupent-ils plus en une sorte d'oligarchie qui aurait pris en mains les destinées des sports ? Par suite d'une réaction peut-être, ou bien parce que les sports sont devenus plus populaires. Je ne sais pas si les sports conserveront longtemps encore cet engouement que marque notre époque actuelle. Je crains qu'ils ne soient en ce moment à leur apogée et qu'une réaction profonde survenant balaye l'édifice que nous avons péniblement construit.

C'est à vous, messieurs, à bien comprendre votre rôle et à soutenir le sport dans ce qu'il a de noble et de sain. Rappelez-vous bien que le sport n'est pas naturel à l'homme, qu'il est en contradiction formelle avec la loi animale du « moindre effort ». Il ne suffit donc pas de lui fournir des facilités matérielles pour qu'il se développe ou se maintienne ; des incitants, basés sur la passion ou sur le calcul, lui sont nécessaires. Il convient donc d'interroger l'Histoire afin de recueillir, sur ce point les données de l'expérience.

Il y a eu trois époques seulement où, dans le cours des siècles, le sport a joué un rôle considérable dans l'ensemble de la civilisation : dans l'Antiquité par le gymnase grec, au Moyen Âge par la chevalerie et dans les Temps Modernes par la rénovation, vieille déjà de soixante à quatre-vingts ans.

L'époque grecque fut la plus féconde. Elle brilla par les jeux pythiques, isthmiques, néméens et surtout par les Jeux olympiques.

La première Olympiade date de l'an 776 avant Jésus-Christ. Pendant mille deux cents ans, les Olympiades furent célébrées avec une régularité que ne troublèrent guère les événements les plus graves.

Les Jeux Olympiques furent supprimés par un édit de l'empereur Théodose en 394. Le christianisme vainqueur voyait en eux une institution païenne. Mais il faut convenir que mille ans ne se passent pas sans apporter des modifications profondes dans les mœurs et les coutumes. Le succès des Jeux avait développé la complication et le spécialisme d'où étaient sortis le professionnalisme et la corruption. Le sport renaît au Moyen Âge et c'est le moment des jeux populaires : la paume, la soule, la lutte. Cette époque dura deux siècles. La passion populaire franche et saine, alimentait les sports. Mais le peuple fut écarté et détaché et ceux-ci tombèrent en déclin. Professionnalisme d'une part, indifférence de la masse de l'autre, telles ont été les causes des débâcles sportives dans l'Antiquité et dans le Moyen Âge.

Et, messieurs, à l'heure actuelle, je vous mets en garde contre le professionnalisme sportif. II faut à tout prix le combattre. La durée d'un courant puissant, tel celui qui existe de nos jours, ne peut être assurée que par l'à-propos avec lequel il sera alimenté et entretenu, et surtout par la sagesse avec laquelle on saura parfois le retenir et le restreindre.

Les mêmes périls menacent toujours les sports ; d'une part, l'opinion, dont la faveur leur est indispensable, risque de se lasser, de les soutenir et de finir par se détourner d'eux ; d'autre part, l'organisateur de spectacles tend à corrompre l'athlète pour mieux satisfaire le spectateur. J'en ai un exemple frappant. Il y a quelques années, je croyais encore à l'activité anglaise. À présent, je n'y crois plus et je n'hésite pas à dire que la Grande-Bretagne est en pleine décadence sportive. Elle a laissé s'introduire chez elle le professionnalisme en football et en rugby et elle commence à en éprouver les conséquences. Et, opérant ainsi, elle a adopté une définition de l'amateur peu raisonnable et dont les conséquences ont été empirant avec la diffusion des sports.

La source unique du professionnalisme que la définition dénonce « avoir touché des prix en espèces », laisse de côté tous ceux qui reçoivent les indemnités du club dont ils ont fait triompher les couleurs ou de la localité à laquelle leur victoire fait de la réclame, qui sont fournis gratuitement d'instruments ou d'habillements sportifs par les maisons dont ils consentent à patronner les produits, reçoivent une part inavouée de bénéfices d'entrées sur les terrains (*gate money*) ou de l'argent provenant des paris. La liste est nombreuse des déguisements sous lesquels le faux amateur, parfois beaucoup moins sportif que tel professionnel, force l'entrée des concours qui devraient lui être interdits.

Le professionnalisme, voilà l'ennemi.

Lorsqu'on aura refait de fond en comble cette législation de l'amateurisme, un très grand nombre de problèmes, sans lien apparent avec cette question, perdront de leur complexité.

Les règlements sportifs s'accorderont facilement d'un joug trop dur, les tendances tyranniques de certaines fédérations s'atténueront et il ne sera plus possible à des dirigeants étrangers au sport de se servir du groupement sportif comme d'un tremplin propre à assurer la satisfaction de leurs ambitions personnelles.

Je vous dirai également, messieurs, qu'il est indispensable de lier le sport au mouvement social. C'est dans la masse, c'est dans le peuple que vous puiserez les plus grandes ressources sportives. Faute d'avoir poussé le peuple à la pratique des exercices physiques, les nobles du Moyen Âge ont vu les sports disparaître. Le recrutement doit se faire dans le peuple, qui joue toujours franc jeu et se soucie peu des combinaisons professionnelles. C'est parce que l'on a fait appel au peuple que le football, partout, le rugby dans le Midi, l'athlétisme, ont recueilli des millions d'adhérents.

N'oubliez pas que le premier des rouages sociaux sur lesquels le sport agit est la coopération. Vous la retrouverez jusqu'à l'équipe de football qui constitue probablement le prototype le plus parfait de la coopération humaine. La coopération sportive possède des caractères qui font d'elle une sorte d'école préparatoire à la démocratie.

L'État démocratique ne peut vivre et prospérer sans le mélange d'entraide et de concurrence qui est le fondement même de la société sportive et la condition première de sa prospérité. Toute l'histoire des démocraties est faite de la recherche et de la perte de cet équilibre essentiel et aussi instable qu'essentiel.

D'autre part, la coopération sportive fait bon marché des distinctions sociales. Ni ces titres de noblesse, ni les titres de rente qu'il possède n'ajoutent quoi que ce soit à la valeur sportive de l'individu.

Un point par lequel le sport touche à la question sociale, c'est le caractère apaisant qui le distingue. Le sport détend chez l'homme les ressorts tendus par la colère.

Or, qu'est la question sociale, à bien des égards, sinon le produit d'une agglomération de ressorts tendus par la colère ? C'est pourquoi il n'y a pas lieu de s'émouvoir parce que des sociétés sportives, uniquement composées de travailleurs manuels, refusent de laisser leurs membres se mesurer avec des « bourgeois ».

Ce qui importe, ce n'est pas, comme on le répète à tort, un contact matériel dont ne saurait résulter aucun rapprochement mental à l'heure actuelle, c'est bien plutôt l'identité du plaisir goûté.

Que la jeunesse bourgeoise et la jeunesse prolétarienne s'abreuvent à la même source de joie musculaire, voilà l'essentiel ; qu'elles s'y rencontrent, ce n'est présentement que l'accessoire.

De cette source découlera, pour l'une comme pour l'autre, la bonne humeur sociale, à condition qu'elle ne soit pas entachée de professionnalisme. J'insiste sur ces paroles. Ce sera un seul état d'âme qui puisse autoriser pour l'avenir l'espoir de collaborations efficaces.

Malgré certaines désillusions qui ont ruiné en un instant mes plus belles espérances, je crois encore aux vertus pacifiques et moralisatrices du sport. Sur le terrain de jeu, il n'y a plus ni amis ni ennemis politiques ou sociaux, seuls des hommes qui pratiquent un sport restent en présence.

12 – Mustafa Kemal, dit Atatürk
Grand discours

15 au 20 octobre 1927

C'est en 1934, quatre ans seulement avant la mort de son fondateur, que la République turque adopta une loi obligeant tout citoyen à joindre un nom de famille à son prénom. À cette occasion, le président Mustafa Kemal (1880/1881 ?-1938) se choisit symboliquement le patronyme d'Atatürk, ou « Père des Turcs ». Bâtisseur de la Turquie moderne, défenseur acharné de la laïcité et de la diffusion des valeurs et du mode de vie occidentaux, il a réussi, en quelques années de pouvoir absolu et souvent implacable, à transformer les restes de l'Empire ottoman, décrit comme « l'homme malade de l'Europe », en un pays résolument tourné vers l'avenir. Mais depuis sa disparition, la Turquie a largement usé de son droit d'inventaire sur l'héritage kémalien.

Un chef militaire

Issu d'une famille modeste, Kemal intègre pourtant, en 1902, la prestigieuse École d'état-major, où il s'investit dans le mouvement d'opposition à l'absolutisme du Sultan Abd-ül-Hamid. Il entre ensuite dans le Comité Union et Progrès (CUP) qui, dès 1907, rassemble tous les réformateurs, dont les nationalistes Jeunes-Turcs. En 1908-1909, ceux-ci renversent le Sultan et rétablissent la Constitution de 1876, garantissant un Parlement bicaméral. Dans ce nouveau régime, Kemal n'est pas au premier plan. Il est l'un des chefs de l'Armée du Mouvement, mise sur pied par les Jeunes-Turcs, mais ses relations avec certains leaders du CUP sont mauvaises. En 1911, il participe à la guerre turco-italienne en Libye et, en 1912-1913, aux guerres turco-balkaniques. Progressivement, il s'éloigne des Jeunes-Turcs qu'il juge trop germanophiles et panislamistes.

Durant la Première Guerre, Kemal mène victorieusement la campagne des Dardanelles contre les Français et les Britanniques (1915-1916) puis combat en Anatolie contre les Russes (1916-1917) et, en juillet 1917, est nommé commandant de la 7e Armée en Syrie. Mais la Première Guerre marque la fin de l'Empire ottoman qui, vaincu, signe l'armistice de Moudros le 30 octobre 1918. En vertu d'accords secrets passés entre eux durant le conflit, Français, Britanniques et Italiens débarquent dans divers territoires ottomans dès novembre. Le 15 mai 1919, les Grecs, belligérants tardifs, obtiennent des Alliés l'autorisation de prendre pied à Smyrne. Mustafa Kemal l'apprend alors qu'il débarque à Samsoun, sur la mer Noire, en tant qu'inspecteur général des armées du

Nord et du Nord-Est. C'est là que son destin bascule, comme il l'explique dans son grand discours-récit de 1927, incompréhensible sans quelques brefs développements préalables.

De l'armistice de Moudros au traité de Lausanne

Contournant l'ordre de mission du sultan Mehmed VI Vahideddin et de son grand vizir Damad Ferid Pacha, Kemal pousse l'Anatolie à la résistance. Alors que les dirigeants turcs semblent prêts à placer le pays sous protectorat anglais, l'inspecteur des armées est décidé à lutter pour l'indépendance en renversant, s'il le faut, le régime en place. Fin juin, par la circulaire d'Amasya, il annonce la tenue d'un congrès national à Sivas en septembre. Rappelé à Istanbul, il refuse d'y rentrer, quitte l'armée et devient président de l'Association pour la défense des droits des provinces orientales, qui tient congrès à Erzeroum au cœur de l'été 1919. On y proclame l'intangibilité des frontières et de la souveraineté nationales, le refus de toute immixtion étrangère et la possibilité, en cas de défaillance du gouvernement d'Istanbul, de constituer un gouvernement de salut public. Quelques semaines plus tard, à Sivas, les nationalistes se font de nouveau entendre, même si les Alliés voient surtout en eux des ennemis de l'armistice, donc des germanophiles et des opposants à la naissance d'un État arménien[1]. Fin décembre 1919, alors qu'ils ont remporté les élections législatives, les nationalistes installent leur comité représentatif à Ankara où ils invitent bientôt une nouvelle Assemblée législative turque à siéger, la Chambre d'Istanbul s'étant dissoute pour protester contre l'occupation anglaise de la ville. Le 23 avril 1920, une Grande Assemblée nationale de Turquie (GANT) est ainsi élue et crée un Conseil des ministres dont le président est Kemal. Il y a désormais deux gouvernements, l'un à Istanbul, avec le Sultan, et l'autre à Ankara.

Le 10 août 1920, l'Empire ottoman est démembré et pratiquement démilitarisé par le traité de Sèvres qui, en ce qui concerne la Turquie, offre la région de Smyrne et la Thrace orientale aux Grecs, la Cilicie aux Français et la région d'Adalia aux Italiens, internationalise et démilitarise les Détroits et prévoit la création d'une Arménie indépendante et d'un Kurdistan autonome. Immédiatement, Kemal part à la reconquête du terrain perdu, s'opposant avant tout aux Grecs et au Sultan, soutenus par les Britanniques. Les premières victoires sont grecques mais, en janvier et mars 1921, les Turcs remportent les deux batailles d'Inönü et, en septembre, celle de Sakarya. Kemal devient *Ghazi* ou « Victorieux ». En mars 1921, par le traité de Moscou, la Turquie récupère Kars et Ardahan, deux districts arméniens ; en juin, l'Italie évacue Adalia ; en octobre,

---

1 À la fin du XIXe siècle, les Arméniens sont, en partie, sous domination ottomane et, en partie, sous domination russe. Chrétiens et fidèles au Tsar, les Arméniens de l'Empire ottoman constituent une minorité peu appréciée des sultans. Des massacres ont lieu vers 1894-1896 mais surtout durant la Première Guerre mondiale, à tel point que l'on peut parler de véritable génocide (deux millions de disparus), terme que conteste toujours la Turquie. Par la paix de Brest-Litovsk, en mars 1918, Moscou restitue Kars et Ardahan aux Ottomans tandis que le reste de l'Arménie sous domination russe doit devenir un État indépendant. En 1920, le traité de Sèvres veut élargir celui-ci à Kars et Ardahan mais les kémalistes récupèrent rapidement les deux districts, entre-temps repassés sous contrôle russe.

la France renonce à presque toute la Cilicie et reconnaît *de facto* le gouvernement d'Ankara. L'année 1922 est cruciale : Français et Italiens évacuent les Dardanelles, au grand dam des Anglais qui soutiennent toujours les Grecs. Ceux-ci sont violemment expulsés de Smyrne par les Turcs qui se livrent à des massacres et incendient la ville. L'armistice est signé à Moudania le 11 octobre. Par le traité de Lausanne du 24 juillet 1923, la Turquie récupère l'Asie Mineure et la Thrace orientale, ce qui implique le déplacement de près d'un million et demi de personnes, Turcs de Grèce et Grecs de Turquie. De plus, les Détroits repassent sous la souveraineté turque[2] et les capitulations[3] sont abolies.

Laïcisation et occidentalisation

Héros militaire et national, Kemal est devenu, à ce moment, le seul chef de la Turquie. Dès le 2 novembre 1922 en effet, la GANT a aboli le sultanat de Constantinople, provoquant la fuite de Mehmed VI, remplacé comme Calife, c'est-à-dire chef spirituel et temporel de tous les musulmans, par Abdülmecid. Un an plus tard, le 29 octobre 1923, la république est proclamée et Kemal, désormais chef du Parti du peuple, en est élu président. Le pas est symbolique mais c'est un processus bien plus vaste, celui d'une laïcisation et d'une modernisation totales de la Turquie, qui est en marche. Le 3 mars 1924, le Califat, symbole de l'interférence entre la religion et l'État, est aboli tandis que d'autres lois suppriment les ministères des Affaires religieuses et des Fondations pieuses et unifient l'enseignement sous un ministère laïque.

En 1925-1926, Kemal fait fermer les couvents et les mausolées, supprime toute une série de titres religieux et interdit le port du *fez*. Il s'agit d'une politique anticléricale mais non antireligieuse : l'islam reste un élément essentiel de culture et de spiritualité mais on le veut modernisé, « turquifié » et compatible avec la république, trois éléments qui expliquent l'intérêt porté au kémalisme par la France d'hier et d'aujourd'hui. Soucieux de se rapprocher de l'Occident, Kemal impose le Code civil suisse, un nouveau Code pénal ainsi que le système horaire et le calendrier internationaux. Dans le même temps, il prend diverses mesures censées réduire l'influence des capitaux étrangers dans l'économie turque et, en 1927, fait adopter une importante loi d'encouragement de l'industrie.

L'opposition à Kemal

Ces bouleversements ne vont pas sans susciter d'opposition dans le pays, tant dans les milieux religieux que chez certains ex-partisans de Kemal qui supportent difficilement le caractère autoritaire de son gouvernement. Fin novembre 1924, certains d'entre eux, dont Kiazim Karabekir, autre héros militaire, quittent le Parti du peuple, qui devient parti républicain populaire, pour fonder le parti républicain progressiste. Par un certain opportunisme, celui-ci semble apporter son appui aux ennemis d'un laïcisme

---

2 Ils restent démilitarisés mais la Turquie peut les remilitariser dans le cas où elle participe à une guerre.

3 Statut fiscal et juridique favorable réservé aux étrangers dans l'Empire ottoman dès le XVIe siècle.

intransigeant et aux Kurdes, floués par le traité de Lausanne. Mi-février 1925 débute l'insurrection de l'Est, menée par le cheik kurde Said en vue de restaurer le Califat. La répression sera dure : pendaisons, meurtres pour l'exemple et villages rasés. À Ankara même, le pouvoir kémaliste durcit son emprise : vote d'une « loi pour le maintien de l'ordre » qui donne des pouvoirs accrus au gouvernement, création de tribunaux spéciaux dits d'« indépendance », interdiction de plusieurs journaux, emprisonnement de militants communistes et dissolution du parti républicain progressiste. En juin 1926, nouvelle alerte : un complot visant à assassiner Kemal est déjoué à Smyrne (Izmir). Les responsables sont exécutés mais le Président en profite pour procéder à deux cents arrestations et emprisonner quinze députés de l'opposition. Aux élections de 1927, le parti de Mustafa Kemal reste seul en lice et remporte 429 sièges sur 433.

Le Nutuk

Ce sont tous ces événements et toutes ces réformes, depuis le débarquement à Samsoun en mai 1919, qui constituent la trame du « grand discours » prononcé par Kemal en octobre 1927 au deuxième congrès du parti républicain populaire et dont de courts extraits sont reproduits ci-dessous. Ce discours ou *Nutuk*, préparé dès la mi-mai, est à la fois un bilan, une auto-justification, une prise de position pour l'avenir et une sorte de testament. S'il n'a pas manqué de susciter, durant sa phase de rédaction, une certaine tension entre modérés et ultra-nationalistes au sein du parti, c'est Kemal qui, sur base de la documentation rassemblée par ses proches, le modèle et en prend la responsabilité. Il commence à le prononcer le 15 octobre 1927 et va parler pendant six jours car le texte dure plus de trente-six heures et demie. À ce discours-fleuve qui, transcrit, couvre 543 pages en turc et 724 en anglais, sont annexées des dizaines de documents que Kemal veut faire considérer comme autant de preuves. Car, comme l'écrit Alexandre Jevakhoff, le *Nutuk* est « une extraordinaire appropriation de l'Histoire par un homme fier de son patriotisme et convaincu de sa force, au point d'offrir à son pays plus qu'un récit historique ou un discours politique : un symbole »[4]. En bref, le *Nutuk*, c'est Kemal vu et raconté par Kemal.

Au fil d'un récit foisonnant, l'orateur revisite la décennie écoulée en éclairant les pans d'histoire qui mettent son propre rôle en valeur et en réglant ses comptes avec certains de ses adversaires. La dernière partie du texte est un appel à la jeunesse turque, à laquelle il a voulu montrer comment il a ramené un peuple que l'on pensait fini sur le devant de la scène internationale. Kemal adjure la jeunesse de défendre la république et l'indépendance par tous les moyens et en toutes circonstances.

La fin du règne de Kemal et son héritage

La destinée de Mustafa Kemal ne s'arrête pas en 1927. Au lendemain du *Nutuk* a lieu le premier grand recensement national en Turquie et, le 1er novembre, Kemal est réélu président. Durant onze ans, les réformes vont continuer à se succéder : suppression

---

4 Alexandre Jevakhoff, *Kemal Atatürk. Les chemins de l'Occident*, Paris, Tallandier, 2004 (1989), p. 379.

de l'article constitutionnel faisant de l'islam la religion d'État, adoption des caractères latins et du système métrique, campagne d'alphabétisation, droit de vote et d'éligibilité aux femmes pour les élections municipales (1930) puis nationales (1934), « turquification » du culte, obligation de porter un patronyme, interdiction des vêtements religieux hors des lieux de culte. Ces bouleversements, la Turquie les vit toujours en régime de parti unique, malgré une tentative avortée de multipartisme en 1930. Le 10 novembre 1938, c'est donc un dictateur qui disparaît avec Kemal Atatürk mais un dictateur pleuré par la majorité de son peuple qu'il laisse comme orphelin.

Le successeur d'Atatürk, son bras droit Ismet Inönü, va poursuivre l'œuvre engagée. Dirigeant le pays jusqu'en 1950, il y établit un fragile multipartisme. Mais s'éloigne-t-il ou non de Kemal lorsque, poussé par la logique des blocs, il s'allie aux États-Unis puis intègre fermement la Turquie à l'OTAN ? Certes, il s'agit d'une perte de souveraineté mais l'ancrage occidental était bien un fer de lance du « kémalisme ». En revanche, sur la question de la laïcité, Inönü pose les premiers jalons d'une évolution certaine en réintroduisant, de manière facultative, la religion à l'école et à l'armée. Ses successeurs directs s'engouffreront dans la brèche, bien avant que des partis ouvertement islamistes n'apparaissent au premier plan et n'accèdent finalement au pouvoir[5]. Entre-temps, la Turquie a surtout connu la loi des coups d'État militaires à répétition, l'armée étant la gardienne proclamée de l'héritage kémalien.

À cheval sur l'Europe et l'Asie, la Turquie reste une énigme pour le monde occidental, comme le prouvent les multiples débats autour de son adhésion à l'Union européenne. Quelle peut y être sa place ? Risque-t-elle, une fois admise, de se radicaliser et d'introduire l'islam politique au cœur de l'Europe ou le danger ne viendrait-il pas plutôt d'un rejet européen, qui renverrait la Turquie à l'Asie et affaiblirait les partis laïques ? Mais avant une réponse définitive de Bruxelles, Ankara doit encore répondre à plusieurs critères européens en termes de démocratisation, de progrès économiques, de respect des minorités et de réflexion sur son passé.

Grand discours

Le 19 mai 1919, je débarquai à Samsoun. Voici quel était l'aspect général de la situation à cette date :

Le groupe de Puissances dont a fait partie l'Empire Ottoman a été vaincu dans la guerre générale. L'armée ottomane est partout désemparée. Un armistice a été signé à de dures conditions. Les longues années de la Grande Guerre ont laissé la nation épuisée, appauvrie. Ceux qui ont entraîné le peuple dans la guerre générale, ne se souciant que de leur

---

5 1991 : 17 % pour le *Refah*, Parti de la prospérité créé en 1970 ; 1996 : premier chef de gouvernement islamiste.

propre salut, se sont enfuis. Vahideddin, cet homme dégénéré, occupe le Trône et le Khalifat, et sa seule préoccupation est de sauver par des moyens méprisables sa vie et le trône. Le cabinet présidé par Damad Férid Pacha n'a ni force, ni dignité, ni courage ; il est soumis entièrement à la volonté du Sultan et se résigne à toute situation garantissant la sécurité de ses membres et celle du Souverain.

L'armée a été dépouillée de ses armes et munitions et l'on continue à la dépouiller.

Les Puissances de l'Entente ne se soucient nullement de respecter les stipulations de l'armistice. Sous divers prétextes, leurs flottes, leurs armées sont à Constantinople. Le Vilayet d'Adana est occupé par les Français ; Ourfa, Marache, Aïntab par les Anglais. À Adalia et à Konia, il y a des troupes italiennes. À Merzifoun et à Stamboul, des troupes anglaises. Les officiers, les fonctionnaires étrangers, ainsi que leurs agents particuliers déploient partout leur activité. Enfin, le 15 mai 1919, c'est-à-dire quatre jours avant la date que nous avons adoptée pour point de départ du présent exposé, l'armée hellène débarque à Smyrne, avec l'assentiment des Puissances de l'Entente. De plus, partout dans le pays, les éléments chrétiens travaillent ouvertement ou clandestinement pour leur propre intérêt hâtant ainsi l'effondrement de l'État. [...]

– Mustafa Kemal évoque ensuite les événements survenus de 1919 à 1925 –

En cherchant et en étudiant les causes de l'insurrection de l'Est [*février 1925*], due à un mouvement concerté, d'un caractère général et réactionnaire, on découvrira, parmi les causes efficientes et principales, les promesses religieuses du parti républicain progressiste, ainsi que les organisations et les agissements des secrétaires-délégués envoyés par le même parti, dans les provinces orientales. [...]

Messieurs,

Pouvait-on supposer que les gens qui, se servant des mots de « progressistes » et de « république », jugeaient prudent de dissimuler le drapeau de la religion à nos regards et à ceux des éléments cultivés du pays, pussent ignorer l'existence de ceux qui se livraient à toutes sortes de préparatifs à l'intérieur et à l'étranger, tramaient des complots, pour provoquer dans le pays une réaction et un soulèvement général ?

On ne peut admettre que, sinon tous les membres affiliés à ce nouveau parti, mais ceux qui prônaient les promesses religieuses comme moyens de succès, fussent des gens bienveillants envers le pays, envers nous-mêmes, et qu'ils fussent dans l'ignorance des complots qui se tramaient.

Supposons qu'ils ignoraient les réunions secrètes qui avaient lieu dans différentes parties du pays, des mois avant l'insurrection ; les organisations de « la Société secrète islamique » ; les promesses faites au cours d'une réunion des Cheikhs Nakchibendis[6] à Stamboul[7], en vue de soutenir l'insurrection à préparer ; et enfin les termes pleins d'espoir dans lesquels il était parlé du Parti de Kiazim Karabekir Pacha dans les proclamations de ceux qui d'au-delà de nos frontières, se livraient à des excitations subversives. Mais quand, à l'époque du gouvernement de Féthi Bey, on leur fit savoir précisément par l'intermédiaire de Féthi Bey[8] lui-même, que l'attitude de leur parti était nuisible et de nature à pousser à la révolte et à la réaction, n'était-il pas nécessaire pour eux d'examiner la situation sous son vrai jour ? Ne fût-ce qu'après les avertissements du gouvernement et les miens qui étaient inspirés par les sentiments les plus sincères, n'auraient-ils pas dû voir la vérité et agir en conséquence ? Mais au contraire, cette fois encore, ils s'évertuèrent à interpréter dans un sens tout à fait opposé le cliché du « respect aux idées et aux croyances religieuses », comme s'ils voulaient ainsi faire entendre qu'en étant respectueux des idées et des croyances de n'importe quelle religion et de ses adeptes, ils faisaient preuve du plus large libéralisme.

Messieurs, on ne peut qualifier cette attitude de correcte et de sincère.

On assiste à bien des manœuvres sur le terrain politique.

Mais quand l'ignorance, le fanatisme et toutes sortes d'animosités se dressent contre l'administration républicaine qui est l'incarnation d'un idéal sacré, et contre le mouvement moderne, la place des progressistes et des républicains est à côté des vrais progressistes et des vrais républicains et non dans les rangs, où les réactionnaires puisent leur espoir et leur activité.

Qu'advint-il, messieurs ? Le gouvernement et l'Assemblée se virent obligés de prendre des mesures extraordinaires. Ils firent promulguer la loi sur le raffermissement de l'ordre et entrer en fonctions les tribunaux d'indépendance. Ils affectèrent pendant un espace de temps assez long huit à neuf divisions de l'armée sur pied de guerre à la répression des troubles et mirent fin à l'activité de l'organisation nuisible qui portait le nom de « Parti progressiste républicain ».

Le résultat fut naturellement le succès de la République. Les rebelles furent anéantis. Mais les ennemis de la République ne considérèrent pas cette défaite comme la phase finale du complot. Ils tentèrent indignement

---

6 Confrérie religieuse d'Erzincan, opposée aux réformes de Kemal.

7 Istanbul.

8 Ali Fethi, plusieurs fois Premier ministre et notamment de novembre 1924 à mars 1925. Il est alors accusé de faiblesse face à l'insurrection de l'Est et est remplacé par Ismet (plus tard Ismet Inönü) auquel il avait précédemment succédé.

leur dernière entreprise qui se manifesta sous la forme du complot de Smyrne[9]. La main vengeresse de la justice républicaine eut une fois de plus raison des conspirateurs et délivra la République.

Honorables messieurs, lorsqu'à la suite de nécessités sérieuses, nous fûmes convaincus pour la première fois de l'utilité de faire prendre des mesures extraordinaires par le gouvernement, il y en eut qui n'approuvèrent pas notre initiative.

Il y eut des personnes qui lancèrent l'idée et cherchèrent à faire croire que nous nous servirions de la loi sur le raffermissement de l'ordre et des tribunaux d'indépendance comme d'instruments de dictature ou de despotisme.

Il n'y a pas de doute que le temps et les événements se chargèrent de démentir et de confondre ceux qui voulurent propager cette opinion.

Nous n'avons jamais utilisé les mesures d'exception, mais quand même légales, pour nous élever de quelque façon que ce soit au-dessus de la loi.

Au contraire, nous les avons appliquées pour établir la paix et la tranquillité dans le pays. Nous les avons employées pour assurer l'existence et l'indépendance de l'État. Nous en avons profité dans le sens du développement social de la nation.

Messieurs, aussitôt que cessait le besoin d'appliquer les mesures extraordinaires auxquelles nous avons eu recours, nous n'éprouvions aucune hésitation à y renoncer. Ainsi, par exemple, les tribunaux d'indépendance cessèrent de fonctionner le moment venu[10], comme la loi sur le raffermissement de l'ordre fut derechef soumise à l'examen de l'Assemblée Nationale, à l'expiration de son terme. Si l'Assemblée a jugé nécessaire de proroger, pour quelque temps encore, l'application de cette loi, c'est assurément qu'elle y a vu un intérêt supérieur de la nation et de la République.

Peut-on concevoir que cette décision de la Haute Assemblée vise à nous conférer les moyens d'exercer le despotisme ?

Messieurs, il était nécessaire de rejeter le fez qui était sur nos têtes comme l'emblème de l'ignorance, du fanatisme, de la haine du progrès et de la civilisation, pour adopter à sa place le chapeau utilisé comme coiffure par tout le monde civilisé, et de montrer, entre autres, de cette manière, qu'il n'y avait aucune différence entre la nation turque et la grande famille de la civilisation au point de vue de la mentalité. Nous avons fait cela pendant que la loi sur le raffermissement de l'ordre était encore en vigueur. Si cette loi n'avait pas été en vigueur, nous l'aurions fait quand même ; mais on peut dire, à juste titre, que l'existence de cette loi nous assura de grandes facilités. En effet, l'application de la loi sur le raffermissement de l'ordre

9 Tentative manquée d'assassinat sur Kemal, en juin 1926.

10 Ils furent supprimés en mars 1927, après avoir condamné 640 personnes à la peine de mort.

prévint que le moral de la nation fût empoisonné dans une large mesure par les réactionnaires.

Il est vrai qu'un député de Brousse qui durant toute sa carrière législative n'était pas monté une seule fois à la tribune et n'avait jamais prononcé une seule parole à la Chambre pour défendre les intérêts de la nation de la République, le député de Brousse, Noureddine Pacha, dis-je, présenta une longue motion contre le port du chapeau et monta à la tribune pour la défendre.

Il prétendit que le port du chapeau « était contraire aux droits fondamentaux, à la souveraineté nationale et au principe de l'inviolabilité de la liberté personnelle », et s'efforça de « ne pas faire appliquer cette mesure à la population ». Mais l'explosion de fanatisme et de réaction que Noureddine Pacha réussit à provoquer du haut de la tribune nationale, n'aboutit qu'à la condamnation de quelques réactionnaires par les tribunaux d'indépendance.

Messieurs, la fermeture des Tekkés[11], des cloîtres, des mausolées, ainsi que la suppression de toutes les sectes et de toutes sortes de titres tels que ceux de Cheïkh, Derviche, Disciple, Tchélébi, Occultiste, Magicien, gardien de mausolée et autres, eurent lieu pendant que la loi sur le raffermissement de l'ordre était en vigueur.

On appréciera combien l'application de ces mesures était nécessaire pour démontrer que notre entité sociale ne représentait pas une nation primitive, vouée aux préjugés et aux superstitions.

Pouvait-on considérer comme une nation civilisée, une agglomération d'hommes traînée à la remorque d'un tas de Cheïkhs, de Dédés, de Saïds, de Tchélébis, de Babas et d'Emirs ; confiant leur sort et leur vie aux chiromanciens, aux faiseurs de sortilèges, aux jeteurs de sort, aux vendeurs d'amulettes ? Devait-on maintenir dans le nouvel État turc, dans la République turque des éléments et des institutions comme ceux-là qui, depuis des siècles, avaient pu donner à la nation un aspect différent de celui qu'elle avait en réalité ? Est-ce que ce n'aurait pas été commettre la faute la plus grande et la plus irréparable pour la cause du progrès et de la régénérescence ?

Ainsi, si nous mîmes à profit l'existence de la loi sur le raffermissement de l'ordre, ce fut pour ne pas commettre cette erreur historique ; pour montrer le front pur et serein de la nation tel qu'il est ; pour prouver que notre peuple n'est pas d'une mentalité fanatique et réactionnaire.

Messieurs, c'est au cours de la même période dont nous parlons, que furent élaborées et éditées les lois nouvelles qui promettent de fructueux résultats pour la nation dans les domaines social et économique et, en

---

11 Couvents.

somme, dans toutes les manifestations de l'activité humaine [...] le code civil qui assure la liberté de la femme[12] et consolide l'existence de la famille.

Par conséquent, nous profitons de toutes les circonstances, uniquement à un seul point de vue, qui consiste à élever la nation au degré auquel elle a droit d'aspirer dans le monde civilisé, à consolider toujours davantage la République turque sur des bases inébranlables [...] et pour cela détruire à jamais l'esprit de despotisme.

Cet exposé détaillé qui vous a retenu tant de jours, n'est en définitive que le récit d'une époque relevant désormais du passé.

Je m'estimerai très heureux si, au cours de ce récit, j'ai pu faire ressortir quelques vérités susceptibles de fixer l'attention et l'intérêt de ma nation et des générations futures.

Messieurs, par cet exposé, je me suis efforcé d'expliquer comment un grand peuple, dont on considérait la carrière nationale comme achevée, reconquit son indépendance ; comment il créa un État national et moderne fondé sur les plus récentes données de la science.

Le résultat auquel nous sommes arrivés aujourd'hui, est le fruit des enseignements qui se dégagent des malheurs éprouvés pendant des siècles, et le prix des torrents de sang qui arrosèrent chaque coin de notre chère patrie.

Je remets ce dépôt sacré entre les mains de la Jeunesse turque.

Jeunesse turque ! Ton premier devoir est de sauvegarder et de défendre éternellement l'indépendance nationale, la République turque. C'est là le seul fondement de ton existence et de ton avenir. Ce fondement recèle ton trésor les plus précieux. Il y aura, aussi dans l'avenir, des malveillants à l'intérieur du pays comme à l'étranger, qui voudront arracher ce trésor. Un jour, si tu es acculé à la nécessité de défendre l'indépendance et la République, tu feras abstraction, pour accomplir ton devoir, des possibilités et des conditions de la situation dans laquelle tu pourrais te trouver. Il peut se faire que ces conditions et ces possibilités soient nettement défavorables. Il est possible que les ennemis qui attenteront à ton indépendance et à ta République, représentent la force la plus victorieuse qui ait été vue sur terre ; que l'on se soit emparé par ruse ou par violence de toutes les citadelles et de tous les arsenaux de la patrie ; que toutes ses armées soient dispersées et le pays entièrement et effectivement occupé.

Envisageant une éventualité plus sinistre encore, suppose que ceux qui détiennent le pouvoir dans le pays soient tombés dans l'erreur, puissent être des ignorants ou des traîtres, et même que ces dirigeants confondent

---

12 L'application du Code civil suisse conduit théoriquement à la fin de la polygamie et de la répudiation.

leurs intérêts personnels avec les ambitions politiques des envahisseurs. Il pourrait advenir que la nation se trouve réduite au dénuement le plus complet, à l'indigence la plus extrême ; qu'elle se trouve dans un état de ruine et d'épuisement complets.

Même dans ces circonstances et dans ces conditions, ô enfant turc des siècles futurs, ton devoir est de sauver l'indépendance, la République turques.

La force qui t'est nécessaire pour cela existe, en puissance, dans le noble sang qui coule dans tes veines.

13 – Aristide Briand
La renonciation à la guerre

27 août 1928

Ce texte est éminemment symbolique de la courte période de l'entre-deux-guerres au cours de laquelle l'Europe et le monde ont paru renoncer à la menace et à la force pour privilégier un règlement négocié et pacifique des différends internationaux. Les années 1925 à 1929 peuvent en effet être considérées comme l'âge d'or de la sécurité collective incarnée par la Société des Nations ou, pour reprendre la formule de ses opposants, l'âge d'or de la « pactomanie ». Le Pacte de renonciation générale à la guerre en est le point d'orgue.

Garantir la paix et la sécurité européennes

Orateur inspiré, Aristide Briand (1862-1932), avocat devenu journaliste et homme politique, est issu d'un milieu modeste et milite d'abord à l'extrême-gauche. Secrétaire du Parti socialiste français, il n'adhère pas à la SFIO, née en 1905, et se classe alors comme socialiste indépendant. Député de la Loire de 1902 à sa mort, il se fait remarquer par sa modération et son souci d'apaisement comme rapporteur de la loi sur la séparation de l'Église et de l'État, ce qui lui ouvre, l'année suivante, les portes d'une longue carrière ministérielle : vingt-deux fois ministre, quinze fois en charge des Affaires étrangères, Briand sera dix fois président du Conseil. Sa première expérience comme chef de gouvernement l'éloigne de ses origines puisqu'il n'hésite pas à réprimer la grève des cheminots de 1910. De nouveau en poste d'octobre 1915 à mars 1917, il prend sous sa responsabilité politique la bataille de Verdun et l'ouverture d'un nouveau front dans les Balkans. Mais ministre des Affaires étrangères à l'été 1917, il envisage d'ouvrir des négociations de paix avec les Centraux. Clemenceau, qui fait éclater l'affaire, lui en gardera une haine féroce.

Tenu à l'écart des négociations de paix de 1919, Briand revient au devant de la scène comme président du Conseil de janvier 1921 à janvier 1922. Dans un premier temps, il se montre intraitable avec l'Allemagne sur l'exécution du traité de Versailles, faisant notamment occuper plusieurs villes allemandes sur la rive droite du Rhin. Puis, durant l'été, son opinion évolue : l'Allemagne se montrant plus coopérative, Briand juge possible une conciliation voire une coopération économique avec elle pour assurer une paix durable mais la droite estime qu'il mène une politique d'abandon ou, selon l'expression d'André Tardieu, une « politique du chien crevé au fil de l'eau ». En acceptant l'idée de concessions à l'Allemagne, Aristide Briand espère, en réalité, satisfaire Londres et obtenir d'elle un traité de garantie franco-britannique, précieux pour la sécurité française[1]. C'est le but de la conférence de Cannes, ouverte en janvier 1922 mais dont Briand ne verra pas la fin : renversé à la Chambre des députés, il doit céder la place à Poincaré et Barthou, plus intransigeants, et les discussions achoppent.

En 1924, Briand assiste, pour la première fois, à une session de la SDN à Genève. Il est dès lors convaincu de la supériorité de la sécurité collective et de l'arbitrage sur les négociations bilatérales pour assurer la paix. Ministre des Affaires étrangères presque sans discontinuer d'avril 1925 à janvier 1932, il mène à bien le projet de Pacte rhénan inclus dans les accords de Locarno du 16 octobre 1925, qui prévoit une garantie mutuelle des frontières belgo-allemande et franco-allemande sous la garantie de l'Angleterre et de l'Italie. Concernant ses frontières orientales, Berlin, en revanche, n'a rien promis. En septembre 1926, l'Allemagne fait son entrée à la SDN et y obtient un siège permanent au Conseil. C'est alors que Briand lance son célèbre : « Arrière les canons, les mitrailleuses, les voiles de deuil ; place à l'arbitrage, à la conciliation, à la Paix ! » En marge de cet événement, il rencontre discrètement Stresemann à Thoiry. Il pense alors pouvoir aboutir à un accord historique : une aide financière allemande à la France en difficulté contre l'évacuation de la Rhénanie, le retour immédiat de la Sarre à l'Allemagne[2] et la fin de la commission de contrôle des armements. Mais les négociations échouent parce que Stresemann se lance, *ad usum Germanorum*, dans des discours matamoresques qui hérissent Paris[3] mais aussi parce que Poincaré, qui a repris le pouvoir en France après l'échec du cartel des gauches, a réussi à stabiliser le franc et à rendre ainsi moins pressantes les nécessités financières françaises. Briand, qui connaît néanmoins la satisfaction d'obtenir, avec Stresemann, le prix Nobel de la Paix 1926, repart dès lors en quête d'autres garanties.

Le pacte Briand-Kellogg

Le ministre français se tourne vers les États-Unis qu'il souhaite intégrer, ainsi que l'URSS, à la sécurité collective malgré leur non-adhésion à la SDN. L'idée de Briand est à la fois de retrouver la promesse de garantie franco-américaine qui n'avait pu se

---

1 Durant les négociations de paix, Londres et Washington avaient promis leur garantie à Paris en cas d'agression non provoquée moyennant l'abandon par Clemenceau de ses revendications d'annexion de la rive gauche du Rhin. Mais les deux garanties étaient indissociables et annexées au traité de Versailles. Elles étaient donc devenues caduques dès lors que les États-Unis avaient refusé de ratifier le traité.

2 Lors de la négociation du traité de Versailles, Clemenceau avait réclamé l'annexion de la Sarre à la France pour des raisons à la fois stratégiques et économiques. La région est, en effet, riche en mines et en industries. Se heurtant à l'opposition des Alliés, et surtout du président Wilson, il dut accepter que le territoire soit placé pour quinze ans sous administration de la SDN mais la France reçut néanmoins, à titre de dommages de guerre, la propriété des mines de charbon. À l'issue des quinze ans, un plébiscite devrait décider du *statu quo* ou du rattachement de la Sarre à l'Allemagne ou à la France. À Thoiry, Stresemann aurait voulu anticiper le verdict de neuf ans. En janvier 1935 en effet, 90 % des Sarrois choisirent l'Allemagne hitlérienne qui s'empressa de racheter les mines de charbon à la France.

3 Il affirme que l'Allemagne n'est pas responsable de la Première Guerre, qu'elle a droit, elle aussi, à sa part de colonies et qu'elle n'entend plus accepter l'occupation de la Rhénanie et l'internationalisation de la Sarre.

concrétiser en 1919-1920, de pallier, par un élargissement de la sécurité collective, l'impossibilité d'obtenir un accord franco-allemand direct et, enfin, d'amadouer les États-Unis très irrités des lenteurs françaises dans le remboursement des dettes de guerre. Après une conversation avec le Professeur Shotwell de l'Université de Columbia, membre de la Dotation Carnegie pour la paix internationale, Briand lance un message au peuple américain le 6 avril 1927, pour le dixième anniversaire de l'entrée en guerre des États-Unis, et y propose un engagement franco-américain mutuel de renonciation à la guerre comme moyen politique. Cette volonté de prohiber la guerre est dans l'air du temps : au même moment, des propositions comparables sont faites à la SDN par la Pologne et à la Conférence panaméricaine par le Mexique. En juin, Briand transmet officiellement la demande française au secrétaire d'État Frank Billings Kellogg (1856-1937), ancien sénateur républicain et ancien ambassadeur à Londres.

Fortement influencé par les milieux pacifistes, celui-ci répond, le 28 décembre 1927, par une proposition de texte qui modifie sensiblement l'esprit et la portée des desiderata français. Il suggère un engagement non pas bilatéral mais mondial et parle de renonciation absolue à la guerre. Outre qu'une extension à toutes les nations risque de déforcer considérablement le texte, davantage assimilable dès lors à une simple position de principe, elle pose à la France et aux autres membres de la SDN un problème de compatibilité avec leurs engagements antérieurs. Le pacte de la Société des Nations prévoit en effet la possibilité de sanctions et d'interventions militaires. Briand fait connaître ses conditions à Kellogg le 26 mars 1928 : il faut que la renonciation à la guerre soit réellement universelle, qu'elle permette la légitime défense, qu'elle devienne caduque au cas où l'un des signataires y contreviendrait et, enfin, qu'elle ne porte pas atteinte aux obligations nées du pacte de la SDN et des accords de Locarno. Washington accepte ces conditions et, en avril, le projet de pacte est soumis à divers gouvernements qui l'approuvent.

La signature officielle du pacte de Paris, dit pacte Briand-Kellogg, a lieu au Quai d'Orsay, dans le grand salon « de l'Horloge », le 27 août 1928. Ce Pacte de renonciation générale à la guerre comporte un préambule et deux articles principaux dans lesquels les contractants condamnent la guerre comme instrument politique et comme moyen de régler les différends qui surviendraient entre eux. Dans un premier temps, quinze puissances[4] signent le texte et c'est devant leurs délégués qu'Aristide Briand prononce non sans lyrisme le discours reproduit ci-dessous, qui fera forte impression. Il y parle d'*une date nouvelle dans l'histoire de l'humanité* car elle destitue juridiquement la guerre de sa *légitimité* et conduira, selon lui, à *ne plus associer la notion de prestige national, d'intérêt national, avec celle de force*. Insistant sur l'universalité de la démarche, *éveil d'une grande espérance*, il note qu'il s'agit désormais de mettre au point les solutions juridiques appelées à remplacer le recours aux armes. Dix ans après l'Armistice et la signature du traité de Versailles, Briand conclut en dédiant l'événement à *tous les morts de la Grande Guerre*, quelle que soit leur nation d'origine. Au total, ce seront cinquante-neuf États qui adhéreront au pacte Briand-Kellogg. Parmi eux, neuf ne sont pas membres de la SDN, comme les États-Unis, l'URSS, la Turquie ou encore le Mexique.

---

4 Outre la France et les États-Unis, on trouve la Grande-Bretagne, l'Allemagne, l'Italie, le Japon, la Belgique, la Pologne, la Tchécoslovaquie et les six dominions britanniques : le Canada, l'Australie, la Nouvelle-Zélande, l'Union sud-africaine, Terre-Neuve et l'État libre d'Irlande.

Pour autant, le ministre français n'est ni dupe ni inconscient. Il sait parfaitement que, sous cette forme, le Pacte n'aura qu'une portée morale et qu'il est loin d'avoir obtenu ce qu'il attendait de Washington, arc-boutée sur son isolationnisme. Il a néanmoins accepté de conclure ce texte de plus parce qu'il en escompte tout de même un réchauffement des relations franco-américaines et la relance d'une dynamique tendant à asseoir une paix durable. À la Chambre et au Sénat français, les débats de ratification sont longs car certains élus sont peu convaincus de son efficacité. Reconnaissant les faiblesses du Pacte, Briand obtient néanmoins un vote à la quasi-unanimité en insistant sur l'influence croissante des forces morales et des engagements pris en politique étrangère. Mais cet impact était surestimé, comme le prouveront l'invasion de la Mandchourie chinoise par le Japon (1932) et celle de l'Éthiopie par l'Italie (1935).

La renonciation à la guerre

[…] Je ne crois, messieurs, dépasser la pensée d'aucun de vous en affirmant que l'événement de ce jour marque une date nouvelle dans l'histoire de l'humanité. Pour la première fois, sur un plan général, accessible à toutes les nations du monde, un congrès de la Paix fait autre chose que de régler politiquement les conditions immédiates d'une paix particulière telles qu'elles résultent, en fait, des décisions de la guerre. Pour la première fois, sur un plan général et absolu, un traité véritablement consacré à l'institution même de la Paix, inaugurant un droit nouveau, dégagé de toutes contingences politiques, pose des prémisses au lieu de conclusions. […]

Quelle est donc, en définitive, la conception nouvelle qui constitue la caractéristique du pacte contre la guerre ?

Pour la première fois, à la face du monde, dans un acte solennel engageant l'honneur de grandes nations, ayant toutes derrière elles un lourd passé de luttes politiques, la guerre est répudiée sans réserve en tant qu'instrument de politique nationale, c'est-à-dire dans sa forme la plus spécifique et la plus redoutable : la guerre égoïste et volontaire.

Considérée jadis comme de droit divin et demeurée dans l'éthique internationale comme une prérogative de la souveraineté, une pareille guerre est enfin destituée juridiquement de ce qui constituait son plus grave danger : sa légitimité. Frappée désormais d'illégalité, elle est soumise au régime conventionnel d'une véritable mise hors la loi, qui expose le délinquant au désaveu certain, à l'inimitié probable de tous ses cocontractants. C'est l'institution même de la guerre qui se trouve ainsi attaquée directement, dans son essence propre. Il ne s'agit plus seulement d'organisation défensive contre le fléau, mais d'une attaque du mal à sa racine même.

Ainsi la légitimité du recours à la guerre comme moyen d'action arbitraire et égoïste cessera de faire peser sa menace latente sur la vie économique, politique et sociale des peuples et de rendre illusoire, pour les petites nations, toute indépendance réelle dans les discussions internationales. Libérés d'une telle servitude, les peuples signataires du nouveau contrat s'accoutumeront peu à peu à ne plus associer la notion de prestige national, d'intérêt national, avec celle de la force. Et ce seul fait psychique ne constituera pas le moindre gain dans l'évolution nécessaire à une stabilisation réelle de la paix. Ce pacte n'est pas réaliste ? Il y manque des sanctions ? Mais est-ce bien du réalisme, celui qui consiste à exclure du domaine des faits les forces morales, dont celle de l'opinion publique ? En fait, l'État qui affronterait la réprobation de tous ses cocontractants s'exposerait au risque positif de voir se former, peu à peu, et librement, contre lui une sorte de solidarité générale dont il ne tarderait pas à sentir les redoutables effets. Et quel est le pays, signataire du pacte, que ses dirigeants prendraient la responsabilité d'exposer à un tel danger ? La loi moderne d'interdépendance des nations impose à tout homme d'État de prendre à son compte cette parole mémorable du président Coolidge[5] : « Une action de guerre en tout lieu du monde est une action qui porte préjudice aux intérêts de mon pays. » [...]

Cette universalité, que réalise déjà la conception du pacte, on peut dire que, dans l'application aussi, elle existe virtuellement. Car les dispositions manifestées par de nombreux gouvernements nous autorisent, dès maintenant, à considérer comme beaucoup plus large qu'elle n'apparaît ici la communauté spirituelle des États représentés, moralement, à cette première signature. Et il faut que tous ceux-là dont les délégués n'ont pu prendre rang aujourd'hui parmi nous, sentent bien, à cette heure de complète union, notre unanime regret des nécessités purement pratiques qui limitaient une procédure destinée à assurer et à hâter, au bénéfice de tous, le succès de la grande œuvre entreprise. Ainsi s'élargit, dans notre pensée, l'assemblée solennelle des premiers signataires du pacte général de renonciation à la guerre, et par-delà les murs de cette salle, par-delà toutes frontières, maritimes ou terrestres, cette vaste communion humaine se fait assez sensible pour que nous ayons, sincèrement, le droit de nous compter plus de quatorze à cette table. Aussi bien, avez-vous pu remarquer que, sur l'édifice qui nous

---

5 Calvin Coolidge (1872-1933) : ancien gouverneur républicain du Massachusetts, président en exercice des États-Unis (1923-1928), alors en fin de mandat.

abrite, le gouvernement de la République a tenu à faire flotter aujourd'hui les pavillons de toutes les nations.

Messieurs, dans un instant, le télégraphe annoncera au monde l'éveil d'une grande espérance. Ce sera pour nous un devoir sacré de faire désormais tout ce qui sera possible et nécessaire pour que cette espérance ne soit pas déçue. La paix proclamée, c'est bien, c'est beaucoup. Mais il faudra l'organiser. Aux solutions de force, il faudra substituer des solutions juridiques. C'est l'œuvre de demain.

À cette heure mémorable, la conscience des peuples, épurée de tout égoïsme national, s'efforce sincèrement vers des régions sereines où la fraternité humaine puisse s'exprimer dans le battement d'un même cœur. Cherchons une commune pensée où recueillir notre ferveur et notre abnégation. Il n'est pas une des nations ici représentées qui n'ait versé son sang sur les champs de bataille de la dernière guerre ; je vous propose de dédier aux morts, à tous les morts de la Grande Guerre, l'événement que nous allons consacrer de notre signature.

14 – Aristide Briand
Une Europe fédérale
&
15 – Gustav Stresemann
Une grande idée

Le discours prononcé le 9 mai 1950 par Robert Schuman, son accueil positif par le chancelier Adenauer et sa concrétisation dans la Communauté européenne du charbon et de l'acier (CECA)[1] ont plongé dans l'oubli la tentative avortée de rapprochement européen proposée, vingt ans plus tôt, par un autre Français, Aristide Briand (1862-1932)[2], confiant lui aussi et malgré une autre guerre récente, en la bonne volonté de son homologue allemand Gustav Stresemann. Contrairement à l'image que la propagande nationaliste a voulu donner de lui, Briand n'était pas un pacifiste béat mais bien un idéaliste ayant évolué d'une germanophobie classique à la conviction que l'avenir de l'Europe passerait par la réconciliation franco-allemande et l'union fédérale. De la même manière, Stresemann ne peut être réduit ni au traître francophile dénoncé par les nationalistes allemands, ni au politicien roué expliquant, en septembre 1925, dans une lettre privée au Kronprinz, qu'il fallait *finassieren*[3] avec les Français pour mieux assurer à leurs dépens la grandeur de l'Allemagne. Chacun à leur manière, Briand et Stresemann se sont en fait employés à servir au mieux ce qu'ils pensaient être les intérêts primordiaux de leur pays. Tous deux voulaient construire l'Europe, même si l'un, Briand, entendait privilégier l'axe politique, et l'autre, Stresemann, l'axe économique.

L'idée européenne vue par Briand

En 1929, les questions nées de la Première Guerre ne sont pas encore résolues[4]. La France reste soucieuse d'obtenir de l'Allemagne le paiement des réparations encore dues. Un nouveau plan, le plan Young, du nom d'un banquier américain, prévoit la liquidation par annuités variables jusqu'en 1988, moyennant la suppression

---

1 Voir l'introduction au discours n° 48.

2 Pour des indications biographiques, voir l'introduction au discours n° 13.

3 Aujourd'hui encore, les historiens s'interrogent sur le sens à donner au terme : s'agit-il réellement, de « finasser » terme qui, en français, introduit une connotation de ruse et de tromperie, ou simplement d'« agir en finesse ».

4 L'introduction à ce discours est indissociable de la précédente.

de la « Commission des réparations » qui prive l'Allemagne d'une réelle autonomie financière. Berlin, elle, souhaite que les Alliés anticipent l'évacuation définitive de la Rhénanie. Ces différents sujets sont discutés lors de la conférence de La Haye, en août 1929. Briand, redevenu président du Conseil, renâcle et, soucieux des intérêts et de la sécurité de la France, voudrait lier le vote du plan Young et l'évacuation, mais les Belges et les Britanniques souhaitent quitter le plus rapidement possible la Rhénanie. Briand doit donc céder mais il se prépare à faire à Genève, début septembre 1929, une nouvelle proposition novatrice visant à canaliser le nationalisme allemand renaissant tant que Stresemann est encore au pouvoir.

Cette proposition concerne l'organisation du continent européen dans un cadre inter-étatique. L'idée d'Europe, il est vrai, n'est pas neuve au tournant des années trente. Depuis le XVIIIe siècle, divers penseurs l'ont évoquée et, au lendemain de la Première Guerre, certains, surtout en France, ont tenté de la concrétiser. On peut citer le Comité fédéral de coopération européenne d'Émile Borel, le projet d'Union douanière européenne du sénateur Yves Le Trocquer ou le serment de fidélité à l'Europe de dix mille jeunes Européens réunis à Bierville par le chrétien de gauche Marc Sangnier en 1926, mais l'initiative la plus remarquée est l'Union paneuropéenne ou mouvement Paneuropa du comte Coudenhove-Kalergi, citoyen tchécoslovaque, qui rassemble des intellectuels, comme Valéry, Claudel ou Rilke, et des politiques, comme le Tchécoslovaque Beneš, l'Allemand Adenauer, l'Italien Sforza et les Français Blum, Herriot et, bien sûr, Briand. Ce dernier est converti à l'idée européenne au moins depuis Locarno et peut-être depuis les conférences manquées de Washington en 1921[5] et Cannes en 1922. En juillet 1929, il a lancé à ce sujet une sorte de « ballon d'essai » devant la presse et les députés français. Le 5 septembre, il plaide longuement en ce sens dans le discours qu'il prononce à la Xe session de l'Assemblée de la SDN à Genève.

Soulignant que le rapprochement européen est presque toujours évoqué sous l'angle d'une union économique et que le sujet est, de ce fait, laissé aux spécialistes, aux techniciens et au règne des intérêts particuliers, il suggère une approche différente qui ferait la part belle aux gouvernements et à l'intérêt supérieur et général. *Je pense*, dit-il, *qu'entre des peuples qui sont géographiquement groupés comme les peuples d'Europe, il doit exister une sorte de lien fédéral.* Le mot est lancé mais, pour le reste, Briand reste assez vague et restreint même la portée de ses paroles en précisant qu'il n'est pas question de toucher à la *souveraineté* des États membres. Il conclut en demandant aux divers délégués de faire part de sa proposition à leurs gouvernements respectifs afin qu'elle puisse être discutée lors d'une réunion ultérieure.

Ce discours, qui fut presque improvisé puisque préparé dans le train entre Paris et Genève, vaut à l'orateur l'ovation du public présent dans les tribunes mais récolte moins de succès dans l'Assemblée. La Grande-Bretagne, qui conserve des ambitions impériales bien plus qu'européennes, est d'emblée très réservée et l'Allemagne de Stresemann se sent prise au dépourvu. Les autres ministres des Affaires étrangères européens se gardent bien, quant à eux, de prendre position en faveur de ce que

---

5 Briand était venu y renégocier une garantie anglo-américaine pour la France mais avait trouvé des Anglo-Saxons unis face à toutes les propositions françaises.

Briand appellera, même devant la presse, les « États-Unis d'Europe ». Le 9 septembre, lors d'un déjeuner auquel il a convié les chefs d'État et les ministres des Affaires étrangères présents à Genève, le président du Conseil français reformule sa proposition mais se voit simplement chargé de préparer un mémorandum qui sera discuté à la prochaine session de la SDN. Il est clair que le projet Briand est, dès ce moment, placé sur une voie de garage.

L'idée européenne vue par Stresemann

Le matin de ce même 9 septembre, le ministre des Affaires étrangères allemand Gustav Stresemann (1878-1929) a développé, à son tour, sa vision de l'Europe devant l'Assemblée de la SDN. Jeune encore, l'homme est pourtant au crépuscule de sa vie. Il aurait dû parler le 6 mais deux attaques cardiaques l'ont poussé à reporter son intervention. Député national-libéral avant la Première Guerre et favorable, durant le conflit, à une paix de conquête, il a fondé, en 1918, la *Deutsche Volkspartei*, parti nationaliste modéré qui assura à la république de Weimar le ralliement des anciens monarchistes. Chancelier en 1923 avec le soutien de la moyenne et de la grande industrie, il est ministre des Affaires étrangères de 1923 à 1929 et obtient, à ce poste, le retour de l'Allemagne au premier plan de la scène mondiale par le dialogue franco-allemand et l'adhésion aux règles sinon aux idéaux de la sécurité collective. Personnalité ambiguë, réaliste et pragmatique, Stresemann restera toute sa vie un nationaliste allemand mais saura adapter ses méthodes à l'air du temps en se faisant sincèrement le promoteur d'une politique pacifique.

Le 6 août 1929, lors de la conférence de La Haye, il avait plaidé, à long terme, pour une union économique, douanière et monétaire de l'Europe, ce qui, à en croire la journaliste française Geneviève Tabouis, avait amené Aristide Briand à se lever et à lui tendre les deux mains avec effusion. Un mois plus tard, à Genève, il récidive, tentant de faire comprendre à son homologue français qu'une intégration économique européenne est plus urgente et plus aisément réalisable qu'une intégration politique. Pâle et amaigri pour ce qui sera son dernier grand discours, Stresemann lit un texte bien préparé puis improvise à partir de quelques notes. Après avoir évoqué la conférence de La Haye, le pacte Briand-Kellogg et la question du désarmement général, il en arrive à l'Europe et aux récentes propositions de Briand. Réfutant le terme d'*utopie* qu'emploient les *pessimistes par anticipation*, il cite en exemple les unifications italienne et allemande et regrette que le traité de Versailles, qu'il honnit par ailleurs, ait créé tant de nouveaux États sans penser à les intégrer au sein de la structure économique européenne. Stresemann juge superflus et dépassés les *particularismes* que sont l'existence de monnaies, de poids et de mesures différents en Europe tout comme il souhaite que l'on simplifie les formalités douanières aux frontières internes du continent. Se prononçant pour une monnaie et un timbre-poste européens, il estime le moment venu de dépasser les questions de *prestige national* et de rationaliser également la production et le commerce en Europe.

Contrairement à Briand, qui ne se fait pas faute de le regretter dans son discours de l'après-midi, mais sans balayer le projet français, Stresemann se positionne donc sur un terrain éminemment concret, celui de l'économie, où il sait que l'Allemagne a toutes les chances d'être prépondérante. Or, c'est bien dans cette voie et par cette approche fonctionnelle que l'Europe se construira après la Seconde Guerre mondiale. Que l'on pense à la Communauté européenne du charbon et de l'acier (CECA), à l'Euratom ou au Marché commun, chacune de ces avancées aura été obtenue sur le terrain de l'intégration sectorielle. La Communauté européenne de défense (CED) connaîtra, en revanche, l'échec, principalement en raison de son caractère politique et supranational. Par ailleurs, n'est-ce pas au même type de difficultés que se heurte aujourd'hui la Constitution européenne ?

L'échec temporaire d'un projet ambitieux

Pour ce qui concerne l'entre-deux-guerres, ni le projet Briand ni le projet Stresemann ne verront le jour. Peut-être est-il trop tôt pour ces plans visionnaires, dix ans après le déferlement nationaliste de la Grande Guerre ou, au contraire, peut-être est-il trop tard. En effet, l'ère du rapprochement universel et de la conciliation se meurt. Affaibli depuis Noël 1927, Gustav Stresemann décède dans la nuit du 2 au 3 octobre 1929 d'une double attaque cérébrale. Trois semaines plus tard, le krach boursier de Wall Street déclenche la grande crise et un repli sur soi protectionniste des nations européennes. Dès 1930, plus de cent députés nazis font leur entrée au *Reichstag*, indiquant que l'Allemagne en revient à ses vieux démons.

Briand, qui a fait rédiger son mémorandum sur l'Europe par Alexis Léger, alias Saint-John Perse, son directeur de cabinet, le rend public le 1er mai 1930. Le texte prévoit l'extension de Locarno aux vingt-sept États concernés. Une organisation européenne indépendante verrait le jour, dans le cadre de la SDN, avec la conférence européenne des États européens, un Comité politique permanent faisant office d'Exécutif et un secrétariat. Le rapprochement économique est, comme en 1929, négligé au profit du rapprochement politique. Les réponses des États tombent du 25 juin au 4 août 1930 et sont souvent critiques. Ni l'Italie ni la Grande-Bretagne ne veulent intégrer une organisation européenne alors que l'Allemagne n'entend pas signer un texte qui rendrait intangibles ses frontières orientales. Le 8 septembre, pour la XIe session de l'Assemblée de la SDN, Briand fait publier un *Livre Blanc* reprenant son mémorandum et les réponses qui y ont été apportées. Mais la seule décision prise est la mise sur pied d'une Commission d'études pour l'Union européenne, qui enterre définitivement le projet.

La même année, Briand échoue à se faire élire président de la République, ce qui aurait été le couronnement de sa carrière. En janvier 1932, il quitte le gouvernement alors que sa santé devient défaillante. Il décède le 7 mars d'une crise d'urémie. Encensé par les pacifistes comme le « pèlerin de la paix », brocardé par les nationalistes, Aristide Briand était devenu, malgré lui, un symbole. La Seconde Guerre, perçue comme la matérialisation de l'échec du « briandisme », le plongera dans un oubli mémoriel dont il ne sortira partiellement, vingt ans plus tard, qu'à la faveur d'une nouvelle entreprise de construction européenne.

UNE EUROPE FÉDÉRALE

5 septembre 1929

[...] Mon collègue et ami M. Hymans[6], dans son très beau discours, a abordé un autre problème délicat dont la Société des Nations s'est saisie et à propos duquel elle a réuni une excellente et fort intéressante documentation. C'est le problème du désarmement économique ; car il n'y a pas seulement à faire régner parmi les peuples la paix du point de vue politique, il faut aussi faire régner la paix économique. [...]

Je ne crois pas à la solution d'un tel problème – j'entends une solution véritable, c'est-à-dire de nature à assurer la paix économique – par des moyens de pure technicité. Certes, il faut avoir recours aux conseils techniques ; il faut s'en entourer et les respecter ; il faut accepter de travailler sur la base d'une documentation sérieuse et solide. Mais si nous nous en remettions aux seuls techniciens du soin de régler ces problèmes, nous devrions tous les ans, à chaque Assemblée, nous résigner à faire de très beaux discours et à enregistrer avec amertume bon nombre de déceptions.

C'est à la condition de se saisir eux-mêmes du problème et de l'envisager d'un point de vue politique que les gouvernements parviendront à le résoudre. S'il demeure sur le plan technique, on verra tous les intérêts particuliers se dresser, se coaliser, s'opposer : il n'y aura pas de solution générale.

Ici, avec quelque préoccupation, je pourrais dire avec quelque inquiétude, qui fait naître en moi une timidité dont vous voudrez bien m'excuser, j'aborde un autre problème. Je me suis associé pendant ces dernières années à une propagande active en faveur d'une idée qu'on a bien voulu qualifier de généreuse, peut-être pour se dispenser de la qualifier d'imprudente. Cette idée, qui est née il y a bien des années, qui a hanté l'imagination des philosophes et des poètes, qui leur a valu ce qu'on peut appeler des succès d'estime, cette idée a progressé dans les esprits par sa valeur propre. Elle a fini par apparaître comme répondant à une nécessité. Des propagandistes se sont réunis pour la répandre, la faire entrer plus avant dans l'esprit des nations, et j'avoue que je me suis trouvé parmi ces propagandistes.

---

6 Ministre d'État depuis 1914, plusieurs fois ministre, surtout des Affaires étrangères (1918-1920, 1924-1925, 1927-1934 et 1934-1935), le libéral bruxellois Paul Hymans (1865-1941) fut le premier plénipotentaire belge à la conférence de Paix et présida, en 1920, la première Assemblée de la SDN. Il mourut à Nice durant la Seconde Guerre, laissant une importante œuvre écrite.

Je n'ai cependant pas été sans me dissimuler les difficultés d'une pareille entreprise, ni sans percevoir l'inconvénient qu'il peut y avoir pour un homme d'État à se lancer dans ce qu'on appellerait volontiers une pareille aventure. Mais je pense que, dans tous les actes de l'homme, voire les plus importants et les plus sages, il y a toujours quelque grain de folie ou de témérité. Alors, je me suis donné d'avance l'absolution et j'ai fait un pas en avant. Je l'ai fait avec prudence. Je me rends compte que l'improvisation serait redoutable et je ne me dissimule pas que le problème est peut-être un peu en dehors du programme de la Société des Nations ; il s'y rattache cependant, car depuis le pacte, la Société n'a jamais cessé de préconiser le rapprochement des peuples et les unions régionales, même les plus étendues.

Je pense qu'entre des peuples qui sont géographiquement groupés comme les peuples d'Europe, il doit exister une sorte de lien fédéral ; ces peuples doivent avoir à tout instant la possibilité d'entrer en contact, de discuter leurs intérêts, de prendre des résolutions communes, d'établir entre eux un lien de solidarité, qui leur permette de faire face, au moment voulu, à des circonstances graves, si elles venaient à naître.

C'est ce lien que je voudrais m'efforcer d'établir.

Évidemment, l'Association agira surtout dans le domaine économique : c'est la question la plus pressante. Je crois que l'on peut y obtenir des succès. Mais je suis sûr aussi qu'au point de vue politique, au point de vue social, le lien fédéral, sans toucher à la souveraineté d'aucune des nations qui pourraient faire partie d'une telle association, peut être bienfaisant, et je me propose, pendant la durée de cette session, de prier ceux de mes collègues qui représentent ici des nations européennes de bien vouloir envisager officieusement cette suggestion et la proposer à l'étude de leurs gouvernements, pour dégager plus tard, pendant la prochaine session de l'Assemblée peut-être, les possibilités de réalisation que je crois discerner.

Une grande idée

9 septembre 1929

[…] Je passe maintenant à la question de la nouvelle forme à donner aux relations entre les États européens. Il est vrai que c'est là une question qui n'intéresse pas directement la Société des Nations, parce que celle-ci a un caractère d'universalité, et ce n'est pas vers elle que nous devons tourner nos regards pour la solution de cette question. Mais la question dont je parle intéresse indirectement le monde entier, parce qu'elle affecte la situation économique mondiale. Il y a beaucoup de gens qui se refusent de prime abord à discuter cette question. Ce sont les pessimistes de parti pris qui déclarent irréalisable toute idée qui sort des sentiers battus et rebattus. Ils parlent de « conception romanesque », d'utopie. Je ne peux, quant à moi, m'associer à ce pessimisme de principe, car, ainsi que l'a dit un écrivain allemand : *Ein grosser Einfall scheine in Anfang toll*[7].

Pourquoi l'idée de réunir les États européens dans ce qu'ils ont de commun serait-elle a priori impossible à réaliser ?

Mais si je ne partage pas le pessimisme dont je viens de parler, je dois néanmoins demander que l'on se rende bien compte du but que l'on poursuit en cherchant à établir ce nouvel état de choses. Je me déclare nettement opposé à toute idée politique impliquant une tendance quelconque dirigée contre d'autres continents. Je ne suis pas partisan non plus d'une autarcie économique de l'Europe. Mais il y a, à mon avis, beaucoup de tâches qu'une telle concentration pourrait mener à bien.

Combien y a-t-il de choses, dans l'Europe actuelle, dans sa structure économique, qui paraissent extraordinairement grotesques ! Il me paraît grotesque que l'évolution de l'Europe ait l'air de se faire, non en avant, mais en arrière. Et pourtant, regardez l'Italie. Qui de nous pourrait se représenter une Italie qui ne serait pas une, où des régions économiques indépendantes s'opposeraient l'une à l'autre et se combattraient mutuellement ? De même peut-on songer sans sourire à la situation de l'Allemagne avant le « Zollverein » à un régime économique et à des échanges commerciaux qui, partant de Berlin, devaient s'arrêter à l'Elbe, parce qu'aux poteaux frontières d'Anhalt un nouveau système douanier commençait ? Si cela nous paraît étrange, médiéval et désuet, il existe cependant de nos jours, dans notre nouvelle Europe, bien des choses qui font une impression entièrement semblable.

Le traité de Versailles a créé un grand nombre d'États nouveaux. Je ne veux pas discuter cette question du point de vue politique, car mes vues politiques sur le traité de Versailles sont connues. Mais en me plaçant au point de vue économique, je tiens à souligner que, si l'on a créé un grand nombre d'États nouveaux, on a entièrement négligé de les intégrer dans la structure économique de l'Europe.

Quelle est la conséquence de ce péché d'omission ? Vous le voyez : de nouvelles frontières, de nouvelles monnaies, de nouvelles mesures, de nouveaux poids, de nouvelles usances, un arrêt constant du trafic et

---

7 Une grande idée paraît tout d'abord folle.

des échanges. Il est grotesque de constater que l'on s'attache à réduire la durée du voyage entre l'Allemagne du Sud et Tokyo, mais que, par contre, lorsqu'on traverse l'Europe en chemin de fer, on se trouve arrêté en un endroit quelconque pendant une heure, parce qu'il y a là une nouvelle frontière et des formalités de douane à remplir. Dans l'économie mondiale, l'Europe donne l'impression de ne savoir pratiquer que le petit commerce de détail. Pour augmenter leur prestige, les nouveaux États s'efforcent de créer de nouvelles industries à l'intérieur de leurs frontières. Ces industries doivent être protégées, elles doivent se chercher de nouveaux débouchés et il leur arrive souvent de ne pas pouvoir écouler leurs produits sur leur propre territoire à des prix rémunérateurs.

Où sont la monnaie européenne, le timbre-poste européen qu'il nous faudrait ?

Tous ces particularismes dont l'existence est due à des raisons de prestige national, ne sont-ils pas périmés et ne font-ils pas le plus grand tort à notre continent, non seulement dans les rapports entre pays européens, mais dans les rapports de l'Europe avec les autres continents, qui éprouvent plus de peine à s'adapter à cet état de choses que les Européens, bien que petit à petit ces derniers se trouvent eux-mêmes dans un grand embarras. La rationalisation de la production et du commerce en Europe profiterait non seulement aux concurrents européens, mais encore aux exportateurs des autres continents.

16 – Adolf Hitler
Premier discours aux généraux

3 février 1933

Le 30 janvier 1933, jour de l'accession du chef nazi Adolf Hitler (1889-1945) à la Chancellerie à l'appel du président Hindenburg, est une date clé *a posteriori*. Sur le moment, on pouvait n'y voir qu'un fait de politique intérieure, d'autant que le nouveau gouvernement ne comptait, en plus de Hitler, que deux membres du parti nazi, première formation du pays depuis les élections de juillet 1932. On connaissait mal encore cet Autrichien de naissance, partisan fraîchement naturalisé de la « Grande Allemagne », co-fondateur du *Nationalsozialistische Deutsche Arbeiter-Partei* (NSDAP) en 1920, et putschiste malheureux à Munich en 1923. Rares étaient ceux qui avaient lu son manifeste, *Mein Kampf*, rédigé en prison durant l'année 1924 et posant les bases de son idéologie raciste et antisémite. On voyait en lui un ambitieux tribun populiste qui avait su s'attirer les votes des victimes de la « grande crise » tout en séduisant les industriels allemands, effrayés par le communisme. Immédiatement pourtant, Hitler va révéler ses ambitions démesurées et ses rêves dictatoriaux.

Un système dictatorial pensé de longue date

La meilleure preuve est son premier discours aux commandants de la Marine et de l'Armée, prononcé à Berlin le 3 février 1933, soit quatre jours à peine après sa prise de fonction comme chancelier et deux jours après la dissolution du *Reichstag*. Ce texte n'a longtemps été connu que de ses auditeurs directs et sera rendu public bien plus tard, via les notes manuscrites d'un général de division. Hitler profite en fait d'une visite au domicile du général d'infanterie von Hammerstein-Equord, plus tard victime des nazis, pour exprimer sans ambiguïté des vues qui, d'emblée, ouvrent la porte au pire : tout doit être subordonné à la *reconquête du pouvoir politique*. Dans ce but, il annonce son intention de détruire *ce cancer qu'est la démocratie* et de supprimer toute opposition politique, particulièrement marxiste. Il donne également des indications sur la politique économique et sociale à mener : surproduction généralisée et résorption du chômage par des embauches publiques massives. Il souligne aussi son envie d'élever la lutte au rang de valeur suprême et d'éduquer la jeunesse en ce sens. Sur le plan international, le jeu de balance qu'il pratiquera longtemps est annoncé : obtenir l'égalité des droits, donc détricoter le traité de Versailles tout en recherchant des alliances, ce qui implique d'agir avec ruse, en alternant coups de force et apaisements. Hitler garde une hésitation : faut-il se satisfaire d'une expansion économique ou augmenter *l'espace vital à l'Est* ? La Seconde Guerre est déjà en germe. On notera néanmoins l'absence de toute référence, dans ce discours, au « problème juif » que l'on sait pourtant déjà obsessionnel chez Hitler. Ne l'a-t-il pas évoqué ou a-t-il paru mineur aux yeux de son auditoire ? En d'autres termes, le général preneur de notes a-t-il retranscrit tout ce qu'il a entendu ?

Le volet politique intérieure

Avec méthode et détermination, Hitler met immédiatement son discours en pratique. Dès le 4 février, il prend les premières mesures restreignant la liberté d'expression et, le 6, assure la mainmise de son parti sur la Prusse, le plus important des *Länder*. Le 27 février, sans que l'on sache encore exactement s'il s'agit de l'acte d'un déséquilibré ou d'une provocation politique nazie, le *Reichstag* est incendié. Hitler accuse le parti communiste et tire prétexte du risque de déstabilisation pour faire adopter, le 28, le décret « pour la protection du peuple et de l'État » qui sera l'une des bases légales de la dictature. Celui-ci permet de suspendre les libertés individuelles et d'arrêter massivement, sans garanties d'assistance juridique ou d'appel, les suspects de trahison ou d'atteinte à l'ordre public. Cependant, les élections du 5 mars 1933 ne donnent pas la majorité absolue au NSDAP, ce qui contraint Hitler à ménager encore quelque temps le *Zentrum* catholique en se présentant comme l'homme du redressement national et le garant de la grandeur historique allemande. Le 23 mars, le pas décisif est franchi : le *Reichstag* vote l'Acte d'habilitation qui accorde au Chancelier les pleins pouvoirs pour quatre ans. Le *cancer* démocratique évoqué dans le discours aux généraux a, dès lors, disparu. Les libertés fondamentales sont abolies, les partis politiques, de droite comme de gauche, sont dissous et les premiers camps pour opposants apparaissent. Dès juillet 1933, l'Allemagne vit en régime de parti unique. L'été suivant, à la mort de von Hindenburg, Hitler cumule la Chancellerie avec la présidence du Reich et fait ratifier ce coup d'État par plébiscite le 19 août 1934, obtenant l'appui de 90 % des Allemands.

Le volet socio-économique et culturel

Sur le plan économique et social comme sur celui des arts et de l'éducation, le chef nazi est tout aussi actif. Dès septembre 1933, il crée le Groupe des producteurs du Reich qui institue une centralisation rurale. De même, les divers syndicats existants sont dissous au profit d'un syndicat unique, le Front allemand du travail ou *Deutsche Arbeitsfront*. Cet encadrement s'accompagne d'une politique volontariste payante basée sur l'autarcie : grands travaux, promotion des produits de remplacement pour diminuer les importations, crédits aux entrepreneurs. La production nationale est relancée tandis que le chômage se résorbe. L'Allemagne, hier misérable, vit mieux, ce qui explique la popularité de la dictature nazie. La culture, elle, est prise en main via la Chambre nationale de la Culture, créée en septembre 1933. Il est nécessaire de s'y inscrire pour pouvoir exercer un métier artistique, ce qui permet au régime de contrôler les artistes et d'éliminer ceux qu'il juge « dégénérés ». En 1933 encore, l'Allemagne lance

« la Force par la Joie » ou *Kraft durch Freude*, qui vise à encadrer les loisirs populaires, sportifs ou culturels, au service de la propagande nazie. Les mouvements de jeunesse allemands passent, peu à peu, sous domination nazie et, en 1936, la *Hitlerjugend* en détient le monopole, réalisant le rêve hitlérien d'un enrégimentement de la jeunesse. Dans le même temps, l'enseignement allemand traditionnel est réformé tandis que l'on crée, en parallèle, une filière réservée à la future élite du régime, éduquée dans des valeurs militaristes. Le personnel enseignant des écoles et des universités est épuré, de manière à s'assurer de sa compatibilité avec les vues hitlériennes. En ce qui concerne les Juifs, ils sont d'abord l'objet d'attaques isolées mais, dès avril 1933, les nazis décident du boycott généralisé de leurs commerces et de leur exclusion de la fonction publique. Il en ira de même pour les professions libérales, l'enseignement et les arts. En 1935, les lois raciales de Nuremberg priveront les Juifs de leur citoyenneté et interdiront les unions mixtes.

Le volet international

En politique extérieure, l'obsession de Hitler est d'abattre le *Diktat* de Versailles et d'obtenir, pour l'Allemagne, l'égalité puis la prééminence en Europe. Son discours de février 1933 est clair sur ce point. Pour ce faire, il se montre d'abord modéré, acceptant de souscrire, avec la France, la Grande-Bretagne et l'Italie, au projet mussolinien de pacte à Quatre en 1933. Comme le Duce, il en escompte une révision du traité de Versailles mais la France, tenue par ses alliances orientales et soucieuse de ménager aussi les Belges, se refuse à tout règlement en dehors de la Société des Nations. Se pose, par ailleurs, la question du désarmement général, objectif fixé à Versailles. Hitler veut officiellement pouvoir réarmer l'Allemagne tout en obtenant le désarmement progressif des autres puissances, officiellement pour trouver un équilibre. Mais officieusement, il prépare sa domination militaire. Conférences et plans se succèdent pour parvenir à un compromis mais tous échouent. Hitler choisit alors de passer en force : en octobre 1933, l'Allemagne quitte la conférence du Désarmement puis la SDN et, le 17 avril 1934, la France entérine la rupture totale en affirmant son refus de tout réarmement allemand. Hitler, quant à lui, poursuit sur sa lancée. Le 25 juillet 1934, les nazis autrichiens, aidés par l'Allemagne, tentent un coup d'État à Vienne mais l'assassinat du chancelier Dollfuss ne sera pas suivi d'un *Anschluss*, notamment parce que Mussolini a, seul, réagi militairement en mobilisant sur le Brenner. La tension est forte mais Hitler parvient à la faire retomber au second semestre 1934. Une nouvelle étape est franchie le 16 mars 1935 : prétextant le vote du service de deux ans par Paris, Hitler fait connaître sa décision unilatérale de rétablir le service obligatoire et de réarmer l'Allemagne à concurrence de trente-six divisions. En moins de vingt-quatre mois, il a presque réalisé les divers objectifs fixés dans son discours de février 1933. Soufflant avec habileté le chaud et le froid, il avance vers son but sans susciter de forte réaction en Europe. L'introduction au discours n° 18 reviendra sur cette tactique hitlérienne visant à diviser les puissances alliées et à miser sur leur crainte d'une escalade fatale.

Premier discours aux généraux

[...] Seul but de la politique d'ensemble: reconquête du pouvoir politique. Tout le gouvernement, et dans tous les secteurs, doit s'orienter dans ce sens.

1) À l'intérieur. Revirement complet des conditions actuelles de politique intérieure en Allemagne. Ne plus tolérer d'opinion opposée à ce but. Celui qui ne veut pas se laisser convertir doit être dompté. Extirpation radicale et définitive du marxisme. Éducation de la jeunesse et du peuple dans l'idée que seule la lutte peut nous sauver, et lui donner le pas sur tout le reste. Entraînement de la jeunesse à l'endurance, affermissement de sa combativité par tous les moyens. Peine capitale pour la trahison et la haute trahison. Direction de l'État stricte et autoritaire. Destruction de ce cancer qu'est la démocratie !

2) À l'extérieur. Lutte contre Versailles. Égalité des droits à Genève ; mais inutile si la nation n'est pas prête à combattre. Rechercher des alliances.

3) Économie ! Le cultivateur doit être sauvé ! Politique des agglomérations ! Augmentation future de l'exportation inutile. Pouvoir d'absorption du monde limité ; surproduction partout. Établir des agglomérations, seul moyen d'occuper une partie de l'armée des chômeurs. Mais il faut du temps, ne pas s'attendre à un changement radical, l'espace vital du peuple allemand étant trop restreint.

4) Redressement de la puissance militaire, condition essentielle pour atteindre le but : le rétablissement de la puissance politique. Service militaire obligatoire doit être rétabli. Mais les autorités doivent veiller à ce que les conscrits n'arrivent pas à l'armée déjà pourris de pacifisme, marxisme ou bolchevisme, ou que ces poisons ne les frappent après leur service.

Une fois acquise, comment la puissance politique doit-elle être employée ? On ne peut pas encore se prononcer. Peut-être conquête de nouveaux marchés d'exportations ou peut-être – et mieux – conquête d'un nouvel espace vital à l'Est et sa germanisation implacable. Il est certain que la situation économique actuelle ne peut être changée qu'avec la puissance politique et le combat. [...]

17 – Franklin D. Roosevelt
Le *New Deal*

4 mars 1933

Au printemps 1933, à l'heure où un nouveau président s'apprête à entrer en fonction, les États-Unis sont plongés depuis trois ans et demi dans une crise économique sans précédent. Les républicains ayant manifestement échoué à la résorber, les Américains décident d'accorder leur confiance aux démocrates et au changement promis par leur candidat, Franklin Roosevelt. Sous le nom de *New Deal*, celui-ci leur propose une manière différente d'appréhender et de gérer les questions socio-économiques, en alliant libéralisme et intervention mesurée de l'État.

L'impuissance républicaine face à la crise de 1929

À la veille du fameux « jeudi noir », c'est-à-dire du krach boursier du 24 octobre 1929, les Américains étaient persuadés que la prospérité était un bien acquis. En quelques semaines pourtant, tout va basculer : en éclatant, la bulle spéculative fait subitement chuter l'indice des valeurs boursières de moitié, provoquant la faillite de centaines de banques, incapables de rembourser leurs clients. Touchés de plein fouet, les épargnants ruinés perdent un pouvoir d'achat considérable, tandis que les institutions de crédit s'avèrent désormais incapables d'assurer des prêts. La baisse des prix mais aussi de la production industrielle est vertigineuse. Sur le plan social, la situation est très vite catastrophique : il y a 6 millions de chômeurs en 1930 et de 12 à 14 en 1932, ce qui représente 40 % de la population active à Chicago et jusqu'à 80 % à Toledo. Ceux qui n'ont pas perdu leur emploi voient leur salaire chuter de 40 à 60 %. La crise touche également de plein fouet le monde rural, qui sombre dans la même misère que les ouvriers et les classes moyennes.

Face à ce phénomène sans précédent, l'administration républicaine du président Herbert Hoover reste relativement apathique et impuissante. Intimement persuadé que les États-Unis vivent une période difficile mais passagère et qu'il faut rester fidèle aux pratiques politiques et économiques qui ont permis la prospérité, Hoover s'accroche à l'équilibre budgétaire et au *Gold Standard* tout en conservant sa confiance aux financiers et aux hommes d'affaires, dont la crise a pourtant démontré les maladresses, pour ne pas dire la malhonnêteté. C'est eux que le gouvernement aide afin de relancer la machine, mais tous ces efforts sont vains. En revanche, l'État fédéral se refuse à prendre des mesures sociales d'envergure pour venir en aide aux millions d'Américains déclassés. Quelques marches de la faim ont lieu dans les villes ainsi que des protestations de vétérans et certaines manifestations parfois violentes dans les campagnes mais, dans l'ensemble, la population réagit plutôt par le désarroi voire le désespoir. Son rejet s'exprime lors de l'élection présidentielle de 1932, qui voit la victoire du démocrate Franklin Roosevelt.

La promesse d'un New Deal

Cousin de l'ancien président républicain Théodore Roosevelt, Franklin Delano Roosevelt (1882-1945), avocat de formation, est sénateur démocrate de New York puis secrétaire adjoint à la Marine sous Wilson de 1913 à 1920. L'année suivante, il est victime d'une attaque de poliomyélite mais la maladie ne met pas fin à sa carrière. Gouverneur de New York de 1929 à 1933, alors que la ville compte un million de chômeurs, il reçoit l'investiture du parti en juillet 1932 sur la formule, vague encore, de *New Deal*, soit « nouvelle donne », comme au jeu de cartes. L'idée d'annoncer une rupture forte vient du groupe de jeunes intellectuels dont il s'est entouré, le *Brain Trust*. Il s'agit de rompre avec la passivité et le style de Hoover, de reconquérir la confiance des Américains en leur proposant une gestion dynamique, efficace mais empirique de la crise. En effet, le *New Deal* n'est pas une théorie mais le nom générique sous lequel seront initiées un certain nombre de réformes censées redresser le pays en mettant fin aux excès du libéralisme sauvage.

En novembre 1932, Roosevelt est élu avec 57,5 % des suffrages, 42 des 48 États lui ayant accordé la majorité. Toutefois, la tradition politique américaine fixe la transmission des pouvoirs au 4 mars 1933, un samedi de grisaille. Dans l'intervalle, la crise s'est encore aggravée, surtout dans le domaine bancaire. Le jour même où Roosevelt prononce son discours d'investiture, de nombreuses banques ont encore été contraintes de fermer.

Un discours d'investiture énergique

D'emblée, l'allocution du nouveau président met en exergue une double exigence : la vérité et la confiance. Il s'agit de ne pas cacher au peuple la profondeur de la crise mais aussi de restaurer le crédit des dirigeants et du pays lui-même. Roosevelt insiste sur les richesses mal ou peu exploitées des États-Unis, dénonce le rôle nuisible des *marchands du temple* et les ravages d'une *génération d'égoïstes* mue uniquement par l'attrait du profit. En réaction, il en appelle à davantage de morale et au retour des *valeurs sociales* que sont l'exploit, l'effort et le travail. Dans un deuxième temps, il annonce une politique d'action immédiate, critiquant ainsi indirectement l'inaction de son prédécesseur. Roosevelt entend travailler d'abord au plan national pour restaurer une économie saine, avant d'envisager des remèdes à la crise au niveau international. En politique extérieure, il se contente d'ailleurs d'évoquer son souhait de maintenir des relations de *bon voisinage* mais ne semble envisager aucune révision notable de la stratégie américaine.

Tout au long du discours, le choix des termes employés par le Président est significatif : s'en référant au *vieil esprit pionnier américain*, il exhorte ses compatriotes à former *une armée bien exercée et loyale, prête à se sacrifier pour le bien d'une discipline commune*. Il rend ensuite hommage à la souplesse et à la stabilité de la Constitution américaine qui permet de mettre en œuvre d'importants plans d'action mais, dans le même temps, prévient ses opposants éventuels : si le Congrès fait obstruction, il demandera le *pouvoir exécutif élargi*, comme s'il se trouvait face à un ennemi extérieur. Tant dans le style que dans les ambitions, les Américains entrent, avec Roosevelt, dans une ère nouvelle. Le discours du 4 mars 1933 leur en donne un clair aperçu.

Réussites et impasses du New Deal

Les cent premiers jours de la présidence de Roosevelt, de mars à juin 1933, sont effectivement, une véritable marche forcée. Le gouvernement réforme la structure du système bancaire pour un meilleur contrôle, lutte contre la spéculation boursière, vote l'*Agricultural Adjustement Act* (AAA) combattant la surproduction par des indemnités en cas de jachère volontaire et prend le *National Industrial Recovery Act* (NIRA), qui établit un code de loyale concurrence entre les entreprises et fixe certaines lignes en termes de liberté syndicale, de salaire minimal ou de durée du temps de travail. Pour lutter contre le chômage, un fonds d'urgence et un plan de grands travaux sont mis sur pied. Enfin, sur le plan économique, les États-Unis suivent une politique d'inflation contrôlée qui favorise les exportations. Dès avril 1933, le lien à l'étalon-or est rompu et le dollar, dévalué de 40 %. Cependant, Roosevelt hésite encore à heurter de front le « laisser-faire » libéral et à creuser trop profondément le déficit budgétaire par un soutien massif au pouvoir d'achat. Dès 1935, le *New Deal* montre donc ses limites. Certes les prix industriels et agricoles remontent tandis que l'indice de la production industrielle s'accroît mais on est encore loin d'avoir retrouvé les chiffres de 1929 et le chômage concerne encore neuf millions de personnes. Par ailleurs, nombre d'entreprises, comme Ford, sont persuadées que Roosevelt veut instaurer un dirigisme économique et refusent de jouer le jeu. Mais c'est sur le plan juridique que le *New Deal* connaît ses pires échecs : en 1935-1936, le NIRA et l'AAA sont déclarés inconstitutionnels par la Cour suprême.

Cependant, dès 1935, Roosevelt est passé à un second *New Deal* qui, cette fois, accorde la priorité à la résorption du chômage ainsi qu'à l'amélioration des conditions de travail. En juillet 1935, les lois Wagner renforcent le principe des négociations collectives et le rôle des syndicats. Le 14 août, la Sécurité sociale est instaurée, garantissant l'assurance-chômage et l'assurance-vieillesse. Par ailleurs, une nouvelle loi fiscale augmente le taux d'imposition des plus fortunés. On craint un nouveau bras de fer avec la Cour suprême mais celle-ci s'incline, notamment parce que Roosevelt a menacé de faire remplacer plusieurs juges par un vote du Congrès. Accusé de tendances dictatoriales par ses adversaires, le Président sait qu'il peut compter sur le soutien du peuple qui, en 1936, l'a très largement réélu.

Cependant, ce second *New Deal* n'entraîne pas plus de résultats fulgurants que le premier. En 1937-1938, le pays traverse une nouvelle période de dépression et, en 1939, les États-Unis comptent encore près de dix millions de chômeurs. Aux élections de 1938, les républicains ont, pour la première fois depuis 1932, augmenté leur nombre de sièges. Néanmoins, la montée de la tension internationale permet à Roosevelt de garder le pays fermement uni autour de son nom et de rester au pouvoir jusqu'à sa mort, en 1945, au travers du second conflit mondial. Au total, le *New Deal* aura donc été une ère novatrice et ambitieuse mais aux retombées concrètes nuancées. Son principal mérite aura été de démontrer la possibilité d'un certain interventionnisme de l'État à l'intérieur du système capitaliste. C'est l'origine de l'« État-Providence » à l'américaine.

Le New Deal

Monsieur le président Hoover, Monsieur le président de la Cour suprême, mes Amis,

Je suis certain que mes concitoyens attendent de moi que, pour mon investiture à la présidence, je m'adresse à eux avec une franchise et une décision telles que la situation actuelle de la nation les réclame.

C'est avant tout le moment de dire la vérité, toute la vérité, avec sincérité et sans ambages. De plus, il ne nous faut pas craindre de faire face honnêtement à la situation actuelle dans notre pays. Cette grande nation supportera les moments difficiles comme elle les a toujours supportés, cette nation revivra et prospérera.

Permettez-moi tout d'abord d'affirmer ma conviction déterminée que nous n'avons à craindre que la crainte elle-même, cette peur irraisonnée, injustifiée qui ne porte pas de nom et qui anéantit les efforts nécessaires pour transformer une retraite en progression.

À chaque fois que notre nation traversait un moment sombre, une main franche et vigoureuse a trouvé auprès du peuple lui-même cette entente et ce soutien indispensables à la victoire. Je reste persuadé que vous accorderez à nouveau ce soutien à vos dirigeants en ces journées difficiles.

Unis dans un même esprit, de mon côté ainsi que du vôtre, nous surmonterons ces difficultés. Il ne s'agit, Dieu en soit loué, que de questions matérielles. Les valeurs se sont effondrées dans des proportions incroyables, les taxes se sont envolées, notre capacité de payement a chuté, toute forme de gouvernement doit affronter une grave réduction de ses revenus, les moyens d'échange sont gelés dans les courants du commerce, les feuilles mortes de l'entreprise industrielle se ramassent partout, les paysans ne trouvent pas de marché pour leurs produits, des milliers de familles voient leurs économies de plusieurs années s'envoler.

Ce qui est encore plus important c'est qu'une foule de citoyens sans emploi doit faire face à la dure réalité de l'existence et qu'un nombre tout aussi important peine sans grand profit. Seuls les optimistes, simples d'esprit, peuvent nier la dure réalité des choses actuelles.

Pourtant notre détresse ne provient pas d'un manque de substance. Nous ne sommes pas envahis par une armée de sauterelles. En comparaison avec les périls que nos aïeux ont dû braver parce qu'ils avaient la foi et n'avaient aucune crainte, nous devons être reconnaissants pour plus d'une raison. La nature nous prodigue sa générosité et les efforts de l'homme la font fructifier. L'abondance se trouve à portée de main, mais la perspective d'une utilisation généreuse de celle-ci s'évanouit à la seule vue des provisions.

Cela s'explique premièrement par le fait que les dirigeants qui président aux échanges des biens de l'humanité ont échoué par leur propre obstination et leur propre incompétence, pour ensuite admettre leur échec et abdiquer. Les pratiques de cambistes sans scrupules restent l'objet de l'accusation publique. Les hommes les ont rejetés du fond de leur cœur et de leur esprit. Il est vrai qu'ils ont essayé d'agir, mais leurs efforts sont moulés sur une coutume obsolète. Face au manque de crédit, ils n'ont rien trouvé de mieux que de prêter davantage.

Privés de l'attrait du profit grâce auquel ils incitaient la population à les suivre, ils n'ont eu d'autre recours que d'exhorter, larmoyants, les citoyens à leur rendre la confiance perdue. Ils ne connaissent que les lois d'une génération d'égoïstes. Il leur manque une vision d'avenir et sans celle-ci, les gens vont à leur perte. Les marchands du temple se sont enfuis de leurs postes élevés. À nous maintenant de rétablir le temple de notre civilisation dans sa vérité ancienne.

L'étendue de cette remise en état dépend de l'intensité avec laquelle nous ferons valoir des valeurs sociales plus précieuses que le seul profit matériel. Le bonheur ne réside pas dans la seule possession de biens, il est dans la joie de l'exploit, dans la sensation de l'effort créateur.

Le plaisir et l'encouragement moral que procure le travail ne doivent plus succomber à la recherche effrénée de profits fugitifs. Ces jours sombres nous récompenseront de tous les efforts qu'ils nous auront coûtés, s'ils nous apprennent que notre destinée n'est pas d'être assistés, mais bien de nous assister nous-mêmes et nos concitoyens.

Reconnaître la fausseté des biens matériels comme critère du succès va de pair avec la remise en question de la croyance selon laquelle les fonctions officielles et les plus hautes charges politiques se mesurent seulement à l'aune de la fierté d'occuper un poste et en fonction du bénéfice personnel. Il faut mettre fin à ce comportement dans le monde bancaire et des affaires qui trop souvent a conféré au rapport de confiance l'apparence du méfait égoïste et sans cœur.

Il ne faut dès lors pas s'étonner que la confiance se dégrade, car elle ne prospère que sur l'honnêteté et sur l'honneur, sur le respect des obligations, sur la protection fidèle, sur la réalisation altruiste. Sans cela, il n'y a point de confiance.

Une remise en état n'appelle pas uniquement des changements éthiques. Cette nation a besoin d'action, d'action tout de suite.

La première de nos grandes tâches est de mettre les gens au travail. Il ne s'agit pas là d'un problème insurmontable si nous nous y prenons avec sagesse et courage.

Nous pouvons y arriver en partie en engageant directement les gens dans les services publics, en abordant le problème comme nous le ferions pour faire face à l'urgence en cas de guerre, mais en même temps ces emplois peuvent servir à réaliser des projets indispensables en vue de stimuler et de réorganiser l'utilisation de nos ressources naturelles.

En même temps, nous devons être conscients de la surpopulation dans nos centres industriels et tenter, en entreprenant une redistribution à l'échelle nationale, d'améliorer l'utilisation des terres pour ceux qui sont adaptés à la vie agricole.

Il est possible d'atteindre ce but en menant des efforts délibérés d'augmenter la valeur des produits agricoles et par là augmenter le pouvoir d'achat qui absorbera le produit de nos villes.

Il est possible d'y arriver en empêchant, de façon concrète, la disparition tragique, par la forclusion, de nos humbles demeures et de nos fermes.

Il est possible d'y arriver en insistant pour que le gouvernement fédéral, les États et les autorités locales veillent à réduire radicalement leurs frais.

Il est possible d'y arriver en unifiant les mesures d'aide qui actuellement sont souvent dispersées, peu rentables et inéquitables. Il est possible d'y arriver en planifiant et en gérant à l'échelle nationale toutes les formes de transports, de communications et de services à caractère éminemment public.

Il y a de nombreuses manières d'atteindre ce but, mais il n'est pas possible d'y arriver en ne faisant que parler. Il nous faut agir et agir rapidement.

Enfin, dans nos efforts pour une reprise de l'emploi, nous devrons nous assurer de deux garanties contre les maux du passé. Il faut un contrôle strict des activités bancaires, de crédit et d'investissement. Il faut mettre fin à la spéculation qui se sert de l'argent d'autrui et il faut prendre des dispositions pour une monnaie solide et disponible en quantité suffisante.

Telles sont les lignes d'attaque. Je vais recommander à un congrès nouveau en session extraordinaire d'adopter les mesures nécessaires à leur réalisation et je demanderai l'assistance immédiate des différents États.

Par ce programme d'action, nous nous attaquons à la remise en ordre de notre maison nationale et à l'équilibre de nos revenus.

Nos relations commerciales internationales, toutes importantes qu'elles soient, viennent, pour ce qui est de leur urgence et de leur nécessité, après l'établissement d'une économie nationale saine.

Je privilégie, comme pratique politique, de réaliser les choses importantes d'abord. Je n'épargnerai aucun effort pour rétablir le commerce mondial par des réajustements internationaux, mais l'urgence dans mon pays ne peut pas attendre.

L'idée maîtresse qui guide les moyens spécifiques de cette reprise nationale n'est pas strictement nationaliste. C'est l'insistance, comme première préoccupation, sur l'interdépendance des différentes composantes qui constituent les États-Unis – une reconnaissance du vieil esprit pionnier américain, éternellement valable.

C'est le chemin de la reprise, le chemin direct. C'est la plus forte assurance de la pérennité de la reprise.

Dans le domaine de la politique internationale, je recommanderais à ce pays une politique de bon voisinage, avec chaque voisin se respectant résolument et par là, respectant les droits de l'autre, avec chaque voisin respectant ses obligations et respectant la dignité des engagements qui constituent – et qui le lient à – un monde de bons voisins.

Si j'interprète correctement l'état d'esprit de nos concitoyens, nous nous rendons compte, comme jamais auparavant, de notre dépendance mutuelle. Nous comprenons que nous ne pouvons pas simplement prendre, mais que nous devons donner aussi, et que, si nous voulons aller de l'avant, nous devons marcher comme une armée bien exercée et loyale, prête à se sacrifier pour le bien d'une discipline commune, car sans une telle discipline, il n'est pas possible d'aller de l'avant et aucun commandement ne peut être efficace.

Je suis sûr que nous sommes disposés à donner nos vies et nos biens pour une telle discipline, car elle rend possible un commandement qui vise de plus grandes réalisations.

C'est le sacrifice que je propose, et je vous promets que les plus larges desseins nous réuniront comme une obligation sacrée, avec une unité de devoir, évoquée jusqu'ici seulement en temps de conflit armé.

Cet engagement pris, j'assume sans hésiter le commandement de cette grande armée de nos citoyens prêts à s'attaquer, dans la discipline, à nos problèmes communs.

L'action, dans cette optique et dans ce but, est possible dans la forme de gouvernement que nous avons héritée de nos ancêtres.

Notre Constitution est à ce point simple et pratique qu'il est toujours possible de répondre aux besoins les plus extraordinaires par un changement des priorités et un arrangement n'affectant en rien sa forme essentielle.

C'est la raison pour laquelle notre Constitution s'est avérée être le mécanisme politique le plus stable que le monde moderne ait produit. Elle a su faire face aux extensions de territoire, comme aux conflits à l'étranger, à la lutte interne, comme aux rapports internationaux.

Il faut espérer que l'équilibre normal entre les pouvoirs exécutif et législatif soit tout à fait apte à braver la tâche qui nous attend. Mais il se peut qu'une exigence sans précédent, un besoin d'action immédiate, requière que l'on s'écarte temporairement de cet équilibre caractéristique de la procédure normale.

Je suis prêt à recommander, de par ma mission constitutionnelle, les mesures qu'une nation éprouvée peut requérir dans un monde éprouvé. De telles mesures, et d'autres que le Congrès mettra au point sur la base de son expérience et de sa sagesse, je les ferai, dans les limites de mon pouvoir constitutionnel, adopter rapidement.

Mais au cas où le Congrès n'emprunterait pas une de ces voies, et que la situation du pays serait toujours critique, je ne me déroberai pas au devoir qui s'imposera alors à moi.

Je demanderai au Congrès de pouvoir disposer du seul instrument subsistant qui soit à la hauteur de la crise – le pouvoir exécutif élargi afin d'engager un combat contre l'urgence, qui serait de la même ampleur que le pouvoir qui me serait octroyé si nous étions envahis par un ennemi extérieur.

À la confiance qui repose sur moi, je répondrai par le courage et le dévouement qui s'imposent, c'est le moins que je puisse faire.

Nous faisons face aux jours difficiles qui nous attendent dans le courage de l'unité nationale, en pleine conscience de notre recherche de valeurs morales anciennes et précieuses ; avec la pure satisfaction que confère l'accomplissement strict du devoir partagé par les jeunes et les anciens à la fois.

Nous visons la garantie d'une vie harmonieuse de notre nation.

Nous ne manquons pas de confiance dans l'avenir du principe démocratique. Le peuple des États-Unis n'a pas démérité. Dans le besoin, il a souscrit à un mandat qui réclame une action directe et vigoureuse.

Il a opté pour la discipline et un commandement fort. Il m'a fait l'instrument de sa volonté. Je l'accepte dans l'esprit du don.

Dans ce dévouement à la nation, nous demandons humblement la bénédiction de Dieu. Puisse-t-il tous nous préserver, et chacun de nous ! Puisse-t-il guider mes pas dans les jours à venir !

18 – Adolf Hitler
L'Allemagne a besoin de paix

21 mai 1935

S'il est des discours fondateurs, des discours de rupture qui prennent leur sens dès l'instant où ils sont prononcés, il en est d'autres qui, *a posteriori*, permettent une relecture différente. Les paroles d'Adolf Hitler (1889-1945)[1] reproduites ci-dessous ont pu être sincèrement perçues, en mai 1935, comme l'assurance du pacifisme de l'Allemagne nazie, tendue vers des objectifs de développement économique et social, bien que plusieurs événements aient déjà conduit certains esprits pessimistes ou lucides à douter de la probité de l'orateur, si talentueux fût-il sur le plan de la rhétorique.

La politique du coup de force et du fait accompli

Ce que l'on sait aujourd'hui des intentions et des plans de Hitler, décidé dès l'origine à assurer par tous les moyens la prédominance de la race aryenne et de l'Allemagne, son réservoir le plus pur, ne laisse aucun doute sur le caractère mensonger du discours prononcé cinq ans avant l'invasion de la France et de la Belgique et dix ans avant la chute de son auteur. Par ailleurs, l'insistance avec laquelle est évoqué l'accroissement nécessaire de la natalité allemande prend une tout autre dimension à la lumière de ce qu'a entraîné la recherche d'un *Lebensraum*, d'un espace vital toujours plus vaste. Dans la gradation des faits survenus entre 1933 et 1940, ce discours s'apparente à une pause que s'accorderait Hitler pour reprendre son souffle avant de poursuivre la réalisation de ses projets. Il est totalement indissociable du discours n° 16 prononcé, lui, à l'usage des généraux allemands et annonçant clairement les projets réels du chef nazi.

L'introduction historique à ce discours a permis d'envisager l'évolution intérieure et diplomatique de l'Allemagne, de janvier 1933 à l'année 1935 : établissement d'un système dictatorial et coups de canif successifs au traité de Versailles et à l'œuvre de sécurité collective élaborée dans les années vingt. En ce mois de mai 1935 au cours duquel il va affirmer au monde que *L'Allemagne a besoin de paix*, Hitler a déjà quitté la conférence du Désarmement puis la SDN et vient d'annoncer qu'en dépit des stipulations du traité de paix, son pays allait rétablir le service militaire obligatoire et réarmer. Cette nouvelle provoque un raidissement international : les autres puissances réagissent en renforçant le système des alliances et des accords. Le 11 avril 1935, Paris, Londres

---

[1] Éléments biographiques : voir l'introduction au discours n° 16.

et Rome concluent le front de Stresa ; le 2 mai, Paris signe avec Moscou un pacte d'assistance mutuelle ; le 16 mai, un accord du même type est pris entre Moscou et Prague, déjà alliée de Paris. Pour d'évidentes raisons stratégiques, le rapprochement entre la France et l'URSS provoque la colère de l'Allemagne. Pour autant, Hitler décide, dans un premier temps, de se contenter de mots et de garder l'argument en réserve. Il faut, pour l'heure, rassurer les voisins immédiats et surtout montrer un visage pacifique à la Grande-Bretagne partisane d'une politique d'*appeasement* et encore encline à voir un risque d'hégémonie continentale venir davantage de Paris que de Berlin.

Hitler joue l'apaisement

C'est ce choix de temporisation que reflète le discours prononcé au *Reichstag* le 21 mai 1935. Durant deux heures, Hitler y développe en treize points ses vues sur la politique extérieure de l'Allemagne et les relations entre les diverses puissances mondiales. Il indique notamment que le Reich pourrait réintégrer la SDN à condition qu'il y ait une réelle égalité de statut entre tous les membres. Il souligne également avoir rompu avec le traité de Versailles dans la stricte mesure où ses articles étaient discriminatoires et où les autres puissances n'avaient pas respecté leurs engagements de désarmement mais il affirme que, pour les révisions futures, il favorisera la négociation.

Dans l'extrait du discours reproduit ci-dessous, Hitler explique que le Pacte franco-soviétique est incompatible avec les accords de Locarno[2] mais que Berlin continuera à respecter ces derniers tant que ses co-signataires feront de même. Il y affirme également, avec une certaine grandiloquence, le désir de paix de son pays et de son peuple. Il souligne que la guerre n'a jamais rien apporté aux pays d'Europe mais qu'elle les a, au contraire, affaiblis voire détruits en les contraignant à de vaines dépenses d'énergie. Facteur aggravant, ajoute-t-il, c'est l'élite qui est la première victime de ces combats. L'orateur se veut ensuite plus rassurant encore : il affirme que le peuple allemand se rappelle trop la Première Guerre pour vouloir un nouveau conflit et que lui-même a initié trop de projets à long terme pour risquer de les voir réduits à néant.

Les réactions des milieux dirigeants français et britanniques sont prudentes mais pas négatives, comme si l'on voulait laisser à Hitler le bénéfice du doute. L'opinion publique, à Paris comme à Londres, est plus partagée. Certains éditorialistes ont compris la tactique du chef nazi. En effet, c'est la seconde fois en quelques mois que Hitler emploie la stratégie de l'apaisement verbal, destinée à endormir des voisins qui font mine de s'en contenter pour ne pas risquer l'escalade. Au mois de janvier 1935 en effet, il en avait été de même après le plébiscite en Sarre. Appelés à choisir, selon le traité de Versailles, entre le maintien de l'administration par la SDN, le rattachement à la France ou le rattachement à l'Allemagne, les Sarrois plébiscitent le Reich à 90 %, signe de l'attractivité allemande mais aussi conséquence de l'intense propagande nazie. Ce triomphe du nationalisme allemand a effrayé l'opinion publique française mais Hitler a

---

2 L'un des accords signés à Locarno en 1925 est un pacte de non-agression entre la France et l'Allemagne. Celui-ci comporte deux exceptions : la France peut attaquer l'Allemagne si celle-ci a préalablement attaqué la Pologne ou la Tchécoslovaquie, alliées de Paris. Hitler juge que le Pacte franco-soviétique établit *de facto* le même type d'exception pour Moscou sans que cela soit stipulé par Locarno.

alors solennellement déclaré son désir de paix franco-allemande et assuré ne plus avoir la moindre revendication territoriale à l'égard de la France.

Le Reich repart à l'offensive

Ce discours et celui du 21 mai peuvent rapidement être considérés comme caducs car l'Allemagne continue inlassablement à placer ses pions et à rechercher des avantages en misant sur la division de ses voisins. Le compte à rebours est bien lancé. Le 18 juin 1935, la Grande-Bretagne signe un accord naval avec Hitler et lui accorde le droit de posséder une flotte équivalant à 35 % de la flotte anglaise et le même nombre de sous-marins qu'elle. Paris et Rome n'ont pas été consultées : le front de Stresa est rompu. À l'automne, le déclenchement de la guerre italo-éthiopienne et le vote de sanctions économiques contre l'Italie par la SDN préludent au rapprochement entre Hitler et Mussolini[3]. Le 7 mars 1936, peu après la ratification du Pacte franco-soviétique par la Chambre française, Hitler fait un pas de plus en réoccupant la Rhénanie au mépris des accords de Locarno garantissant, depuis 1925, les frontières fixées à Versailles. Comme la France et la Grande-Bretagne décident de ne pas agir, il se sent conforté dans sa tactique du fait accompli. En 1938, l'*Anschluss* puis l'annexion de la région des Sudètes en seront une nouvelle manifestation[4].

L'Allemagne a besoin de paix

[...] Le sang versé depuis 300 ans sur le continent européen est hors de proportion avec ce à quoi ont abouti, sur le plan national, les événements. En fin de compte, la France est restée la France ; l'Allemagne, l'Allemagne ; l'Italie, l'Italie, etc. Ce que l'égoïsme dynastique, la passion politique et l'aveuglement patriotique ont obtenu en changements politiques apparemment décisifs, après que des fleuves de sang eurent été répandus, cela n'a fait que gratter superficiellement les caractères nationaux des peuples, sans pratiquement rien changer à leurs caractéristiques essentielles. Si ces États avaient voué une part seulement minime de leurs holocaustes à des buts plus intelligents, le succès en aurait certes été plus grand et plus durable.

Si, en tant que national-socialiste, je défends ouvertement cette opinion, c'est que j'y suis également poussé par la constatation suivante : toute guerre dévore d'abord l'élite. Étant donné qu'il n'existe plus d'espace

---

3 Voir l'introduction aux discours n° 19 et 21.

4 Voir l'introduction au discours n° 24.

libre en Europe, une victoire ne pourrait tout au plus entraîner qu'une augmentation du nombre des habitants d'un État, sans rien changer au danger pressant qui menace l'Europe. Si les nations tiennent tellement à atteindre ce résultat, elles peuvent l'obtenir sans larmes, d'une façon plus simple et surtout plus naturelle. Grâce à l'accroissement de la natalité, en peu d'années, une politique sociale saine peut donner à une nation plus d'enfants issus de son propre peuple que d'étrangers conquis et soumis par la guerre.

Non ! C'est par la plus profonde des convictions idéologiques que l'Allemagne national-socialiste veut la paix. Elle veut la paix à cause de cette simple constatation : aucune guerre ne pourrait apporter de remède aux malheurs de l'Europe, mais tout au plus les augmenter. L'Allemagne d'aujourd'hui est en plein labeur, elle soigne ses maux antérieurs. Aucun de nos projets matériels ne sera réalisé avant dix ou vingt ans. Aucune de nos tâches spirituelles ne verra son couronnement avant cinquante ou peut-être cent ans. J'ai donné le départ à la révolution national-socialiste en créant le mouvement ; je l'ai ensuite dirigée comme un combat. Je sais que nous tous nous ne vivrons que les débuts de cette profonde évolution. Que pourrais-je souhaiter d'autre que le calme et la paix ? Mais si quelqu'un prétendait que cela n'est que le désir des dirigeants, je me devrais de lui donner la réponse suivante : « Si seulement les dirigeants et les gouvernements voulaient la paix ! Les peuples eux-mêmes n'ont encore jamais souhaité la guerre ! »

L'Allemagne a besoin de paix, et veut la paix ! [...]

19 – Benito Mussolini
Déclaration de guerre à l'Éthiopie

2 octobre 1935

Les causes lointaines de la guerre

Les racines de la guerre italo-éthiopienne de 1935-1936 remontent à la fin du XIXe siècle, période d'expansion coloniale pour les nations européennes. De 1889 à 1909, l'Éthiopie est dirigée par le ras Ménélik, monté sur le trône avec l'aide des colons italiens, de plus en plus nombreux dans la région. Rome obtient en échange un traité qu'elle interprète comme l'acceptation d'un protectorat de la part de Ménélik. Mais il n'en est rien et le Ras se lance, dès 1895, dans une guerre contre les Italiens. Le 21 janvier 1896, ceux-ci sont écrasés à Adoua et Rome doit reconnaître l'indépendance de l'Éthiopie. Dans l'imaginaire collectif italien, Adoua devient le symbole d'une double humiliation : il s'agit non seulement d'une grave défaite mais elle a, de surcroît, été infligée à un peuple européen au passé glorieux par des Africains perçus alors comme inférieurs. L'Italie n'aura de cesse de vouloir laver l'affront même si, durant près de quarante ans, elle va sembler jouer la carte des bonnes relations bilatérales, surtout avec Hailé Sélassié qui, *de facto*, dirige le pays dès 1916. Il est vrai que celui-ci donne de nombreux gages à l'Europe : chef chrétien, il s'engage à lutter contre l'esclavage, entre à la Société des Nations en 1923, adhère au pacte Briand-Kellogg de renonciation à la guerre en 1928 et établit un régime semi-parlementaire en 1931. Avec l'Italie fasciste aussi, le temps paraît au beau fixe : Rome aide l'Éthiopie à intégrer la SDN et, en 1928, signe avec elle un traité d'amitié prévoyant de soumettre tout différend bilatéral à une procédure d'arbitrage.

Les origines directes du conflit et les tentatives de désamorçage

Pourtant, dès le début des années trente, Mussolini (1883-1945)[1] évolue. Il souhaite venger les morts d'Adoua, obtenir, comme ses voisins, des territoires à coloniser, relier la Tripolitaine et la Cyrénaïque, près d'être enfin pacifiées, à l'Érythrée et à la Somalie, mais aussi protéger les intérêts économiques italiens, mis à mal par une politique éthiopienne qui cherche de nouveaux partenaires, comme les États-Unis ou le Japon. Dès 1932 ou 1933, le Duce est décidé à envahir l'Éthiopie et s'y prépare. Le prétexte

---

1 Éléments biographiques : voir l'introduction au discours n° 10.

sera l'incident de Oual-Oual survenu le 5 décembre 1934 à la frontière entre l'Éthiopie et l'Érythrée, occupée par Rome. Trente soldats indigènes de l'armée italienne sont tués lors d'une attaque éthiopienne. Les deux pays s'accusent mais l'Italie refuse d'en passer par la procédure d'arbitrage de 1928. L'affaire est portée devant la Société des Nations.

Celle-ci est profondément embarrassée par un différend qui oppose un petit État africain à une puissance européenne de première importance. La France et la Grande-Bretagne se trouvent plus particulièrement face à un dilemme. La situation internationale exige en effet un resserrement des liens avec Rome à l'heure où Hitler annonce unilatéralement son intention de réarmer l'Allemagne. Ce resserrement se matérialise, le 11 avril 1935, par la conclusion du front de Stresa entre les trois nations. Trois mois plus tôt, en visite chez Mussolini, il semble même que le ministre français des Affaires étrangères Pierre Laval ait plus ou moins ouvertement laissé les mains libres à l'Italie dans l'affaire abyssine. En juin, c'est son homologue anglais Anthony Eden qui propose une sortie de crise très favorable à Rome sur le plan territorial. Mais Mussolini refuse, tout comme il refusera une autre suggestion internationale tendant à faire de l'Éthiopie un nouveau territoire sous mandat de la SDN. Le Négus, lui aussi, s'était insurgé contre ce plan qui privait son pays d'une souveraineté théoriquement protégée par les dispositions du Pacte. En réalité, rien n'aurait pu faire fléchir Mussolini qui voulait à tout prix la guerre et la victoire, symboles de grandeur et catalyseurs de l'unité nationale. Le 3 octobre 1935, sans déclaration de guerre, l'Italie envahit l'Éthiopie.

Un discours pour galvaniser le peuple italien et impressionner le monde

La veille, Mussolini a mis en scène pour son peuple mais surtout pour l'opinion internationale une démonstration de force et d'unité. Partout en Italie, les foules sont rassemblées pour entendre son discours, prononcé au balcon du palais de Venise et relayé par la radio. Le Duce saisit toutes les occasions de galvaniser le patriotisme italien en exaltant l'histoire du pays : l'Empire romain, la victoire de Vittorio Veneto en 1918, la trahison des Alliés en 1919, la révolution fasciste de 1922[2]. Il évoque la conquête de l'Éthiopie, État indépendant membre de la SDN, comme un *but naturel*, un moyen de rompre légitimement *le cercle qui veut étouffer* [l']*impétueuse vitalité* italienne depuis 1922 et, plus encore, depuis *la paix odieuse* de 1919 au terme de laquelle Rome a été exclue du partage des dépouilles des empires allemand et ottoman. Car la justification essentielle est là : l'Italie s'est battue vaillamment et elle a la sensation d'avoir été flouée par les Alliés à l'issue du conflit. Elle n'oublie pas non plus qu'en 1906, elle a signé avec Londres et Paris un traité qui, en quelque sorte, partageait les zones d'influence en Éthiopie et lui permettait théoriquement de continuer à s'y étendre. Elle rappelle enfin indirectement qu'au début des années vingt, les Anglais avaient beaucoup protesté avant d'admettre à la SDN une Éthiopie qu'ils jugeaient trop peu évoluée. De là découle la seconde justification, morale et humanitaire, qui sera surtout développée par la propagande fasciste au cours du conflit : le régime éthiopien est, selon Mussolini, *universellement reconnu comme barbare et indigne de figurer parmi les peuples civilisés* ou,

---

2 Voir l'introduction au discours n° 10.

en d'autres termes, esclavagiste et féodal. Ces accusations sont partiellement fondées même si des progrès étaient en cours. D'après le Duce, il ne peut être question d'agir avec lui en respectant les règles du droit international puisque, malgré les engagements pris en 1923, Hailé Sélassié ne s'y conforme pas lui-même.

Ayant énoncé les raisons qui le poussent à la guerre, Mussolini affirme que rien ne pourra le faire reculer, l'Italie étant avide de *justice* et de *victoire*. Plus qu'un défi à l'Éthiopie, faiblement armée, c'est un défi à la SDN et aux autres puissances européennes qui est lancé : oseront-elles prendre des mesures militaires et économiques contre l'Italie éternelle et son glorieux peuple, au risque d'une guerre, pour défendre un pays africain ? Oseront-elles faire prévaloir les principes et les idéaux de Genève sur leurs intérêts immédiats ? Oseront-elles, de nouveau, priver l'Italie de sa part du gâteau colonial ?[3]

Déclaration de guerre à l'Éthiopie

Chemises noires de la révolution ! Hommes et femmes de toute l'Italie ! Italiens, habitants dans toutes les régions du monde, au-delà des montagnes et des océans ! Écoutez !

Une heure solennelle dans l'histoire de la patrie est sur le point de sonner.

Vingt millions d'Italiens sont en ce moment même rassemblés sur les places d'Italie. C'est la plus gigantesque démonstration de toute l'histoire du genre humain. Vingt millions d'Italiens mais un seul cœur, une seule volonté, une seule décision. Cette manifestation démontre que l'identité entre l'Italie et le fascisme est parfaite, absolue, inaltérable. Il n'y a que des cerveaux ramollis dans des illusions puériles ou étourdis par la plus profonde des ignorances pour penser le contraire, puisqu'ils ignorent ce qu'est cette Italie fasciste de 1935.

Depuis de nombreux mois, la roue du destin tourne, sous l'impulsion de notre calme et de notre détermination, vers son but naturel. Au cours de ces dernières heures, son rythme est devenu plus rapide : il est désormais irrépressible.

Ce n'est pas seulement une armée qui marche vers ses objectifs, ce sont quarante-quatre millions d'Italiens qui marchent avec cette armée, tous unis, puisque l'on essaye de commettre contre eux la plus noire des injustices : celle de nous enlever un peu de place au soleil.

---

3 Le déroulement de la guerre et ses conséquences sont évoqués dans l'introduction au discours n° 21.

Quand, en 1915, l'Italie décida d'unir son sort à celui des Alliés, que de cris d'admiration et que de promesses ! Mais après la victoire commune, à laquelle l'Italie avait apporté sa contribution suprême de 600 000 morts, 400 000 mutilés, un million de blessés, quand l'on s'assit autour de la table d'une paix odieuse, il ne resta, pour nous, que les miettes du festin colonial des autres. Pendant quinze années, nous avons patienté, tandis qu'autour de nous se serrait, toujours plus rigide, le cercle qui veut étouffer notre impétueuse vitalité.

Ô Éthiopie ! Nous patientons depuis quarante ans[4], maintenant ça suffit !

À la Ligue des Nations, plutôt que de reconnaître le juste droit de l'Italie, l'on ose parler de sanctions. Aujourd'hui (et je refuse de croire, jusqu'à preuve du contraire, que le vrai peuple de France puisse s'associer aux sanctions contre l'Italie) les 6 000 tués de Bligny*, morts dans un si héroïque assaut qui arracha l'admiration au commandant ennemi lui-même, aujourd'hui, ces 6 000 morts sursauteraient, sous la terre qui les recouvre. Et, jusqu'à preuve du contraire, je me refuse à croire que le peuple de Grande-Bretagne, le vrai, veuille verser son sang et pousser l'Europe dans la voie de la catastrophe, pour défendre un pays africain, universellement reconnu comme barbare et indigne de figurer parmi les peuples civilisés.

Cependant, nous ne pouvons feindre d'ignorer les éventualités de demain. À des sanctions économiques, nous répondrons avec notre discipline, avec notre sobriété, avec notre esprit de sacrifice.

À des mesures d'ordre militaire, nous répondrons avec des mesures d'ordre militaire. À des actes de guerre, nous répondrons avec des actes de guerre.

Que personne n'entretienne l'illusion de nous plier, sans avoir auparavant durement combattu. Un peuple jaloux de son honneur ne peut avoir et n'aura jamais d'autre attitude.

Mais que cela soit dit encore une fois de la manière la plus catégorique (comme un engagement sacré que je prends, en ce moment, devant tous les Italiens qui m'écoutent), nous ferons tout notre possible pour éviter qu'un conflit colonial devienne un conflit européen. Cela peut plaire aux esprits troubles, qui pensent, à travers une nouvelle catastrophe, trouver vengeance pour leurs temples écroulés. Mais nous ne sommes pas de ceux-là. Jamais, comme à cette époque historique, le peuple italien n'a autant montré toute la force de son esprit et la puissance de son caractère. Et c'est contre ce peuple, auquel l'humanité doit les plus importantes de ses conquêtes, et c'est contre ce peuple de héros, de saints, de poètes, d'artistes, de navigateurs, de colonisateurs, d'émigrants, que l'on ose parler de sanctions.

---

4 Référence à la bataille d'Adoua en 1896.

Italie ! Italie prolétaire et fasciste ! Italie de Vittorio Veneto[5] et de la révolution : debout ! debout !

Fais en sorte que ton cri, fais en sorte que le cri de ta décision ferme et irréductible remplisse le ciel et arrive à nos soldats en Afrique orientale et qu'il soit de réconfort à ceux qui vont combattre et qu'il incite les amis et mette en garde les ennemis. C'est la parole de l'Italie qui va au-delà des monts et des mers, dans le monde entier.

Le cri de l'Italie d'aujourd'hui, c'est un cri de justice et c'est un cri de victoire !

Compléments

6 000 tués de Bligny : D'avril à novembre 1918, lors de la deuxième bataille de la Marne, 41 000 Italiens du 2e Corps d'Armée, sous la direction du général de division Alberico Albricci, furent envoyés combattre, à la demande du haut commandement interallié, en Champagne et sur le Chemin des Dames, dans les secteurs de Reims, des Argonnes et de l'Aisne, insérés dans des armées françaises. Plus de 9 000 d'entre eux perdirent la vie. La plupart des victimes tombèrent en défendant la montagne de Bligny. C'est là que se situe aujourd'hui, sur la commune de Chambrecy à quinze kilomètres de Reims, la nécropole militaire italienne où sont inhumés près de 3 500 soldats.

[5] Voir complément au discours n° 10.

20 – Léon Blum
Le programme du Front populaire

6 juin 1936

Alors que Léon Blum figure aujourd'hui, entre Jaurès et Mitterrand, au sommet du panthéon socialiste français, le Front populaire, auquel son nom reste indissociablement lié, demeure, de manière souvent idéalisée, un moment mythique de l'histoire de la gauche, comme en témoignent les innombrables livres, films et téléfilms qui lui sont consacrés. Dans l'imaginaire collectif, son souvenir semble limité au « bel été 1936 », aux joies des premiers congés payés et aux acquis sociaux nés des grandes grèves. Pourtant, son histoire est bien plus complexe et plus dramatique.

Le 6 février et la naissance du Front populaire

La rupture avec les communistes, survenue en 1920 au congrès de Tours[1], a poussé les socialistes à rechercher un rapprochement avec le parti radical, situé au centre-gauche. Il se concrétise, en 1924, avec le cartel des gauches et, en 1932, avec le « néo-cartel » mais il s'agit de simples ententes électorales, sans participation de la SFIO au gouvernement. En effet, selon une tactique théorisée par Léon Blum (1872-1950)[2], l'*exercice du pouvoir* par les socialistes ne peut se concevoir que dans le cadre d'une coalition au sein de laquelle ils seraient majoritaires. Telle est la situation en 1934 lorsque les périls intérieurs et extérieurs croissants vont conduire à la naissance, en France comme ailleurs en Europe, d'un nouveau type de coalition de gauche.

À Paris sévit une vague d'antiparlementarisme nourrie par une instabilité gouvernementale chronique et une succession de scandales politico-financiers, dont le dernier en date est l'affaire Stavisky[3]. Le 6 février 1934, une grande manifestation d'anciens combattants et de ligues d'extrême-droite dégénère. Les forces de l'ordre, décidées à protéger l'Assemblée nationale, tirent dans la foule, faisant quatorze morts. À droite, le 6 février

---

1 Voir l'introduction au discours n° 8.

2 Éléments biographiques : voir l'introduction au discours n° 8.

3 Juif ukrainien naturalisé, escroc, plusieurs fois condamné pour fraude, Alexandre Stavisky fonde à Paris, en 1928, un établissement spécialisé en bijoux et objets d'art qui couvre en fait une entreprise de prêt sur gages. Il va nouer des liens avec de nombreux hommes politiques, surtout radicaux. En 1931, le maire de Bayonne se laisse ainsi abuser en lui confiant la création d'un crédit municipal. Stavisky s'en sert pour une nouvelle escroquerie sur base de falsification de bons de caisse et d'estimation fallacieuse de bijoux. Fin 1933, il est démasqué et s'enfuit. Selon la version officielle, la police le retrouvera « suicidé » dans un chalet de Chamonix. Le gouvernement, accusé de vouloir étouffer l'affaire, est poussé à la démission par la droite.

est perçu comme le massacre d'honnêtes citoyens manifestant contre un pouvoir corrompu. Pour la gauche, en revanche, il s'agit d'une tentative de coup de force voire de coup d'État fasciste qui a échoué par chance. Cette conviction est d'autant plus forte qu'au même moment, le nazisme fête le premier anniversaire de son accession au pouvoir et qu'en Autriche, on assiste à la répression violente de l'insurrection socialiste de Vienne par le chancelier Dollfuss. Bref, le 6 février va s'avérer un formidable accélérateur de l'union de la gauche autour d'un plus petit commun dénominateur : la lutte antifasciste.

Le 12 février, pour la première fois, socialistes et communistes défilent ensemble dans Paris et, en mars, naît le Comité de vigilance des intellectuels antifascistes (CVIA) qui rassemble radicaux, socialistes et communistes. Mais le réel tournant vient d'un changement de tactique de l'URSS. Jusque-là, sa stratégie, appliquée par le PCF, était de refuser tout accord avec d'autres partis de gauche. Désormais, elle prend conscience du danger nazi susceptible de la menacer et appelle donc les divers partis de l'Internationale communiste à collaborer pour fonder partout des Fronts populaires antifascistes. Le mot d'ordre est officiellement donné par Dimitrov au VIIe Congrès de l'IC en juillet 1935. En France, un mois plus tôt, on avait créé le Rassemblement populaire, matérialisé le 14 juillet par des manifestations de masse à Paris et dans toute la France. En janvier 1936, un programme commun aux communistes, socialistes et radicaux est présenté en vue des élections des 26 avril et 3 mai. Le premier tour n'est pas un raz-de-marée Front populaire, la gauche ne gagnant que 2,5 % des voix. Tout se joue sur les reports de voix du second tour car, pour la première fois, les communistes acceptent les désistements et en bénéficient en retour. Par ailleurs, le rapport de force au sein de la gauche évolue : si les socialistes et dissidents restent stables, les communistes passent de dix à soixante-douze élus tandis que les radicaux en perdent quarante-trois. Pour la première fois de son histoire, la SFIO est le parti le plus puissant à gauche.

De la victoire à l'investiture du gouvernement Blum

Le moment est venu pour Léon Blum de mettre en pratique sa théorie sur l'exercice du pouvoir. Mais soucieux de respecter à la lettre les règles établies et la pleine durée de la législature en cours, il décide de ne former son gouvernement que le 4 juin 1936. Contrairement à un mythe répandu, le PCF, suivant une directive de Moscou, n'entre pas au gouvernement, alors que les autres partis auraient voulu l'allier au pouvoir pour le contrôler. Comme l'a longtemps fait la SFIO, il apportera un simple soutien parlementaire. Du 3 mai au 4 juin, le flou règne donc en France. Ce sera le fameux mois des grèves sur le tas avec occupations d'usines, grèves qui, aujourd'hui encore, restent perçues très différemment à gauche et à droite. La gauche garde le souvenir d'un formidable mouvement populaire, de ces ouvriers qui, dans le calme et la bonne humeur, presque dans une atmosphère de fête, ont pris un temps possession de leur outil de travail et obtenu des avantages sociaux essentiels. Pour la droite au contraire, c'est un mois de grande peur, la peur d'une nouvelle révolution, d'une nouvelle « nuit du 4 août », en référence à l'abolition des privilèges, et, au-delà, la peur d'une bolchevisation de la France.

C'est dans ce contexte que, le samedi 6 juin, Léon Blum se présente à la Chambre des députés pour obtenir l'investiture de son équipe. D'emblée il annonce que, confiant dans sa majorité, il va déposer rapidement une série de projets de loi essentiels, en application du programme commun, puis une seconde série, elle-même suivie d'une réforme fiscale. Sur le plan international, il annonce son intention de promouvoir la paix indivisible, c'est-à-dire la sécurité collective et le désarmement généralisé. Néanmoins, l'un des premiers gestes diplomatiques du Front populaire sera de voter à la SDN la levée des sanctions contre l'Italie et d'entériner ainsi la conquête de l'Éthiopie. Mais le discours de Blum ne se contente pas d'énumérer les projets de réforme. Répondant indirectement à la propagande de la droite, qui dénonce le risque d'anarchie inhérent au Front populaire, l'orateur précise que *l'ordre républicain* sera assuré mais souligne également qu'il est prêt à défendre les institutions démocratiques *avec une vigueur proportionnée aux menaces ou aux résistances*, ce qui se matérialisera, dès le 19 juin, par la dissolution des ligues paramilitaires d'extrême-droite. À l'adresse des députés mais aussi des grévistes, Blum rappelle enfin que son gouvernement a besoin de la *double confiance du Parlement et du pays* mais que la *responsabilité* et la *libre direction* doivent lui revenir. Brocardé par la droite qui ne répugne pas à l'antisémitisme, mais applaudi par sa majorité et souvent aussi par certains élus du centre, Blum est largement investi par 384 voix contre 220.

Un départ fulgurant avant une pause

Il lui faut maintenant concrétiser les engagements pris dans son discours et régler la question des grèves. Dès le lendemain, dimanche 7 juin, il convoque des représentants du patronat et des travailleurs qui vont signer le 8 les accords de Matignon. Ceux-ci accèdent aux principales revendications des ouvriers qui ne se verront infliger aucune sanction pour faits de grève et obtiendront des augmentations de salaire de 7 à 15 %. Le principe des conventions collectives est adopté et le droit syndical reconnu. Les patrons, jusque-là tout puissants, ont cédé sur presque tous les points. Dans la foulée, du 11 au 18 juin 1936, Blum fait adopter son premier train de mesures : amnistie, conventions collectives, semaine de quarante heures sans réduction de salaire, congés payés, abaissement de l'âge de la retraite et extension de l'obligation scolaire jusqu'à quatorze ans. Le 12 juillet, le nouveau statut de la Banque de France est adopté. Tous les propriétaires d'actions auront le droit de vote et non plus seulement les deux cents plus gros actionnaires. Les quinze régents sont remplacés par vingt conseillers sur lesquels l'État jouit d'un contrôle certain. Le 11 août, la Chambre adopte la loi sur la nationalisation des usines d'armement et, le 15, celle créant l'Office national interprofessionnel du blé. Face au problème de l'effondrement des cours céréaliers, le gouvernement veut ainsi régulariser le marché en achetant les récoltes à un prix fixé par l'État et en les commercialisant ensuite. Le 18 août, le gouvernement de Front populaire lance un plan de grands travaux mais celui-ci sera moins ambitieux qu'espéré. Le 19, il fait voter la loi sur l'aménagement des dettes agricoles. L'équipe se distingue enfin par l'attention portée à l'organisation des loisirs et des sports : naissance d'associations laïques pour encadrer les jeunes, auberges de jeunesse, politique d'équipements sportifs…

Par la suite, le rythme des réformes se ralentit. En effet, les nuages se sont vite amoncelés dans le ciel du Front populaire français. Dès la mi-juillet, le déclenchement de la guerre d'Espagne divise la coalition. En accord avec Londres et pour éviter une guerre civile en France, la droite étant ouvertement pro-franquiste, Blum propose, la mort dans l'âme, une non-intervention qui dessert un gouvernement légal ami et suscite la colère des communistes et de l'aile gauche de la SFIO. Fin septembre, la fuite des capitaux et l'échec de l'emprunt à long terme poussent à une dévaluation d'environ 30 %, contrairement aux promesses de campagne. Alors que les fonctionnaires protestent contre une révision insuffisante des décrets-lois de déflation pris en 1935, des grèves sporadiques mais incessantes, auxquelles les communistes apportent leur appui, créent une tension sociale permanente. Les patrons, eux, relèvent la tête et se montrent beaucoup plus décidés à la fermeté. Ils sont soutenus par les conservateurs mais aussi par les radicaux de droite, qui font pourtant partie de la majorité. Le 24 janvier 1937, Léon Blum annonce de nouvelles réformes : l'assurance nationale contre les calamités agricoles, le fonds de protection nationale contre le chômage et l'assistance aux vieux travailleurs mais, quinze jours plus tard, il doit y renoncer et, à la radio, parle officiellement d'observer une « pause ». Fin juin, il ne réussit pas à obtenir du Sénat, resté conservateur, les pleins pouvoirs financiers et décide de démissionner.

La mort du Front populaire et le destin de Léon Blum

Suit une lente agonie du Front populaire. Le radical Camille Chautemps qui succède à Blum, conserve dans son premier gouvernement un grand nombre de socialistes, mais ceux-ci sont absents de son second cabinet, formé en janvier 1938. Après une dernière tentative infructueuse menée par Blum, le gouvernement Daladier enterre définitivement le Front populaire en avril 1938. Le 10 juillet 1940, Léon Blum est l'un des quatre-vingts parlementaires qui refuseront d'accorder les pleins pouvoirs au maréchal Pétain. Interné, le chef socialiste sera traîné par Vichy au procès de Riom, censé démontrer la responsabilité de la IIIe République dans la défaite de 1940. Il s'y défendra si bien que le procès sera suspendu. Déporté en Allemagne fin mars 1943, il en reviendra très affaibli mais auréolé de gloire. Perçu désormais comme un sage même en dehors de la SFIO, il continuera à écrire, sera l'envoyé de la France aux États-Unis pour y décrocher une aide financière en 1946 – les fameux accords Blum-Byrnes – et dirigera, de décembre 1946 à janvier 1947, un gouvernement socialiste homogène de transition avant de décéder, en mars 1950.

LE PROGRAMME DU FRONT POPULAIRE

Messieurs,

Le Gouvernement se présente devant vous au lendemain d'élections générales où la sentence du suffrage universel, notre juge et notre maître à tous, s'est traduite avec plus de puissance et de clarté qu'à aucun moment de l'histoire républicaine.

Le peuple français a manifesté sa décision inébranlable de préserver contre toutes les tentatives de la violence ou de la ruse les libertés démocratiques qui ont été son œuvre et qui demeurent son bien. (*Vifs applaudissements à l'extrême gauche et à gauche.*)

Il a affirmé sa résolution de rechercher dans des voies nouvelles les remèdes de la crise qui l'accable, le soulagement de souffrances et d'angoisses que leur durée rend sans cesse plus cruelles, le retour à une vie active, saine et confiante.

Enfin, il a proclamé la volonté de paix qui l'anime tout entier.

La tâche du Gouvernement qui se présente devant vous se trouve donc définie dès la première heure de son existence.

Il n'a pas à chercher sa majorité, ou à appeler à lui une majorité. Sa majorité est faite. (*Vifs applaudissements à l'extrême gauche, à gauche et sur divers bancs.*) Sa majorité est celle que le pays a voulue. Il est l'expression de cette majorité rassemblée sous le signe du Front populaire. (*Nouveaux applaudissements sur les mêmes bancs.*) Il possède d'avance sa confiance et l'unique problème qui se pose pour lui sera de la mériter et de la conserver. (*Applaudissements.*)

Il n'a pas à formuler son programme. Son programme est le programme commun souscrit par tous les partis qui composent la majorité, et l'unique problème qui se pose pour lui sera de le résoudre en actes. (*Nouveaux applaudissements.*)

Ces actes se succéderont à une cadence rapide, car c'est de la convergence de leurs effets que le gouvernement attend le changement moral et matériel réclamé par le pays.

Dès le début de la semaine prochaine, nous déposerons sur le bureau de la Chambre un ensemble de projets de loi dont nous demanderons aux deux Assemblées d'assurer le vote avant leur séparation. (*Très bien ! très bien !*)

Ces projets de loi concerneront :

– L'amnistie,

– La semaine de quarante heures,

– Les contrats collectifs,

– Les congés payés,

– Un plan de grands travaux (*applaudissements à l'extrême gauche et à gauche*), c'est-à-dire d'outillage économique, d'équipement sanitaire, scientifique, sportif et touristique. (*Très bien ! très bien !*)

– La nationalisation de la fabrication des armes de guerre. (*Vifs applaudissements à l'extrême gauche, à gauche et sur plusieurs bancs au centre.*)

– L'office du blé qui servira d'exemple pour la revalorisation des autres denrées agricoles, comme le vin, la viande et le lait. (*Nouveaux applaudissements sur les mêmes bancs.*)

– La prolongation de la scolarité. (*Très bien ! très bien !*)

– Une réforme du statut de la Banque de France (*applaudissements à l'extrême gauche et à gauche*), garantissant dans sa gestion la prépondérance des intérêts nationaux.

– Une première révision des décrets-lois en faveur des catégories les plus sévèrement atteintes des agents des services publics et des services concédés, ainsi que des anciens combattants. (*Nouveaux applaudissements sur les mêmes bancs.*)

Sitôt ces mesures votées, nous présenterons au Parlement une seconde série de projets visant notamment le fonds national de chômage, l'assurance contre les calamités agricoles, l'aménagement des dettes agricoles (*applaudissements*), un régime de retraites garantissant contre la misère les vieux travailleurs des villes et des campagnes. (*Vifs applaudissements à l'extrême gauche, à gauche et sur divers bancs au centre.*)

À bref délai, nous vous saisirons ensuite d'un large système de simplification et de détente fiscale, soulageant la production et le commerce, ne demandant de nouvelles ressources qu'à la contribution de la richesse acquise, à la répression de la fraude, et surtout à la reprise de l'activité générale. (*Applaudissements à l'extrême gauche et à gauche.*)

Tandis que nous nous efforcerons ainsi, en pleine collaboration avec vous, de ranimer l'économie française, de résorber le chômage, d'accroître la masse des revenus consommables, de fournir un peu de bien-être et de sécurité à tous ceux qui créent, par leur travail, la véritable richesse (*applaudissements à l'extrême gauche, à gauche et sur divers bancs au centre*), nous aurons à gouverner le pays. Nous assurerons l'ordre républicain. (*Applaudissements.*) Nous appliquerons avec une tranquille fermeté les lois de défense républicaine. (*Applaudissements à l'extrême gauche et à gauche.*) Nous montrerons que nous entendons animer toutes les administrations et tous les services publics de l'esprit républicain. (*Vifs applaudissements à l'extrême gauche, à gauche et sur divers bancs au centre.*) Si les institutions démocratiques étaient attaquées, nous en assurerions le respect inviolable avec une vigueur proportionnée aux menaces ou aux résistances. (*Nouveaux applaudissements sur les mêmes bancs. Interruptions à droite.*)

Le Gouvernement ne se méprend ni sur la nature ni sur la gravité des difficultés qui l'attendent. Pas plus qu'il ne se les dissimule à lui-même, il n'entend les dissimuler au pays. (*Très bien ! très bien !*) Avant peu de jours, il dressera publiquement un premier bilan de la situation économique et financière (*applaudissements*) tel qu'on peut l'établir au départ de la présente législature. Il sait qu'à un pays comme la France, mûri par un long usage de la liberté politique, on peut parler sans crainte le langage de la vérité et que la franchise des gouvernants rassure – bien loin de l'altérer – la confiance nécessaire de la nation en elle-même. (*Applaudissements.*)

[…]

La fidélité à nos engagements, telle sera notre règle. Le bien public, tel sera notre but. (*Vifs applaudissements à l'extrême gauche, à gauche et sur divers bancs au centre. – MM. les députés siégeant sur bancs se lèvent et applaudissent longuement.*)

21 – Hailé Sélassié Ier
Appel à la Société des Nations

30 juin 1936

Hailé Sélassié face à Mussolini ou le pot de terre contre le pot de fer

Né ras Tafari Makonnen, Hailé Sélassié Ier (1892-1975), qui se veut le descendant de Salomon et de la Reine de Saba, est un ancien élève des missions françaises. Gouverneur du Harrar, sa région natale, il devient régent au nom de sa tante et héritier du trône d'Éthiopie en 1916, avec le soutien de la Grande-Bretagne, après l'excommunication et la déposition de Lidj Yassou, jugé trop favorable aux Turcs et aux Allemands. Il se fait ensuite proclamer Négus en 1928 et Empereur en 1930. Cinq ans plus tard, le 3 octobre 1935, il voit son pays, pourtant membre de la SDN, envahi sans déclaration de guerre par l'Italie à laquelle il était lié par un traité d'amitié, dans des circonstances qui ont été développées en introduction au discours n° 19.

Rome emploie immédiatement les grands moyens: 200000 hommes et bientôt 500000, 6000 mitrailleuses, 700 canons et 200 chars d'assaut entrent en action tandis qu'au total, ce sont 800000 Italiens qui sont mobilisés. Comme Hailé Sélassié l'exposera à la tribune de la SDN, tous les moyens sont impitoyablement employés pour remporter la victoire face à un adversaire qui ne dispose que d'armements réduits et peu sophistiqués mais qui, cependant, ne se prive pas de mutiler les soldats ennemis qu'il parvient à capturer. Le chef d'état-major Badoglio utilise massivement les bombardements aériens, déversant bombes incendiaires et gaz de combat sur l'armée éthiopienne comme sur la population civile. L'hiver ralentit l'avancée italienne mais, dès février 1936, celle-ci reprend avec vigueur et s'accompagne de massacres sans nom.

Impuissance et atermoiements de la SDN

Dès la première quinzaine d'octobre 1935, la SDN réagit. Sa crédibilité, déjà écornée par son apathie face à la création du Mandchoukouo, protectorat japonais érigé aux dépens de la Chine[1], lui impose, cette fois, de faire plier l'État contrevenant au Pacte.

---

[1] En 1932, les Japonais profitèrent de leur domination informelle sur la région chinoise de Mandchourie pour transformer celle-ci en État indépendant du Mandchoukouo avec, à sa tête, le dernier empereur de Chine P'ou-yi. L'Assemblée de la SDN condamna unanimement ce procédé mais ne déclara pas le Japon agresseur et ne prit donc aucune sanction. En mars 1933, le Japon quitta la SDN.

À la quasi-unanimité, le Conseil puis l'Assemblée déclarent l'Italie coupable d'agression et discutent des sanctions à prendre. Très vite, sous la pression de la Grande-Bretagne mais aussi de la France, qui veulent ménager l'allié italien et savent que leurs opinions publiques sont plutôt favorables à Rome, on écarte toute sanction militaire, on refuse toute fermeture du canal de Suez et on vote des sanctions économiques excluant plusieurs produits utiles à la guerre. Par ailleurs, la levée de l'embargo sur les armes frappant l'Éthiopie sera pratiquement sans effet.

Plus encore, en décembre 1935, la France et la Grande-Bretagne proposent un compromis, le plan Laval-Hoare, du nom du président du Conseil français et du chef du *Foreign Office*. Ce plan offre à l'Italie deux tiers du territoire éthiopien et la possibilité de coloniser le troisième en échange de la cession au Négus d'une bande de territoire érythréen et du port d'Assab. Mais la presse française évente cette proposition et l'opinion publique anglaise, consciente que ses intérêts et la réputation de son pays sont en jeu, s'enflamme et fait échouer le projet.

Le Négus ne reçoit donc aucun soutien réel alors même que Mussolini, mis en cause mais en fin de compte très épargné, se pose en victime, rassemble son peuple autour de lui, y compris un certain nombre d'opposants, et, déçu des démocraties, commence à se tourner vers Hitler.

Le discours prophétique d'un homme au destin contrasté

Début mai 1936, les jeux sont faits pour l'Éthiopie, vaincue par Rome. Hailé Sélassié doit quitter son pays pour Djibouti puis Londres tandis que les soldats italiens pénètrent dans Addis-Abeba. Le 9 mai, un décret italien consacre l'annexion de l'Éthiopie et le roi Victor-Emmanuel III est proclamé Empereur par quelques chefs féodaux. C'est donc un baroud d'honneur que le Négus vient livrer à la tribune de la SDN le 30 juin. Chef d'État déchu, il pointe un doigt accusateur sur une organisation internationale qui, plus que jamais, a montré ses limites et son impuissance. C'est avec force détails qu'il relate les malheurs de son peuple, plongé dans la tourmente d'une guerre totale par un autre pays membre auquel le liait, de plus, un traité en bonne et due forme. Son discours est à la fois un réquisitoire et une plaidoirie : le Négus dénonce la trahison de l'Italie et, dans le même temps, insiste sur sa propre bonne foi en tant que chef d'État et sur les progrès récemment accomplis par l'Éthiopie. Mais au-delà, il épingle une question cruciale et ses paroles prendront, *a posteriori*, tout leur sens : fustigeant le lâchage de l'Assemblée, il accuse la SDN de renier son pacte fondateur et ses principes, à savoir le respect de chaque pays membre quel que soit son poids stratégique, la défense des plus faibles contre la loi du plus fort et la primauté du droit et de la sécurité collective sur la préservation d'intérêts individuels ou conjoncturels. *Dieu et l'histoire se souviendront de votre jugement*, lance-t-il à son auditoire.

Mais son discours est sans effet sur l'Assemblée de la SDN. Cinq jours plus tard, le 4 juillet 1936, celle-ci vote une résolution qui lève les sanctions contre l'Italie, ce qui revient à entériner la conquête de l'Éthiopie et sa disparition comme État souverain. À la faveur de la Seconde Guerre mondiale et grâce aux troupes franco-britanniques, le Négus pourra retrouver son trône impérial en mai 1941. Cependant, loin des bonnes intentions affirmées en 1936, il exercera un pouvoir sans partage jusqu'au coup d'État militaire de septembre 1974, mené pour plus de liberté et de démocratie mais vite récupéré par un socialisme révolutionnaire de type maoïste. Mort en prison, Hailé Sélassié reste néanmoins vénéré, aujourd'hui encore, par un courant mystique, le *rastafarisme* qui, prônant le retour en Afrique, traverse la Jamaïque et les Antilles anglophones au son du reggae de Bob Marley.

Appel à la Société des Nations

Moi, Hailé Sélassié Ier, empereur d'Éthiopie, suis ici devant vous aujourd'hui pour réclamer qu'il soit rendu justice à mon peuple et que lui soit accordée l'aide promise il y a huit mois lorsque cinquante nations ont reconnu l'agression commise à son encontre en violation des traités internationaux.

Jamais auparavant un chef d'État n'est venu s'adresser à cette Assemblée. Jamais auparavant non plus un peuple ne fut victime d'une telle injustice pour se retrouver à présent totalement livré à son agresseur. Jamais auparavant on n'a vu un gouvernement procédant à l'extermination systématique d'une nation par des moyens barbares, en violation des plus solennelles promesses de paix exprimées par les nations du monde interdisant solennellement que ce poison mortel que sont les gaz d'extermination ne soit utilisé contre d'innocents êtres humains. Je m'adresse à vous pour prendre la cause d'un peuple qui se bat pour défendre son indépendance ancestrale et c'est pour cette raison que le chef de l'Empire éthiopien est venu aujourd'hui à Genève pour remplir sa tâche suprême après avoir combattu l'ennemi à la tête de ses armées.

Je prie Dieu tout-puissant pour qu'il épargne aux nations de la Terre les horribles souffrances qui ont été celles de mon peuple, et dont les chefs qui m'accompagnent ici ont été les témoins horrifiés.

Il est de mon devoir d'informer les gouvernements rassemblés à Genève qui sont responsables des vies de millions d'hommes, de femmes et d'enfants du danger qui les menace, en décrivant le destin qu'a enduré l'Éthiopie.

Ce ne sont pas uniquement les guerriers qui ont été la cible du gouvernement italien. Celui-ci s'en est pris avant tout aux populations éloignées des hostilités dans le but de les terroriser et de les exterminer.

Au commencement, vers la fin de 1935, les avions italiens ont déversé sur mes armées des bombes de gaz lacrymogènes. Leur effet ne fut que modéré. Les soldats ont appris à se déployer en attendant que le vent ait dispersé rapidement les gaz toxiques.

L'aviation italienne a eu recours ensuite au gaz moutarde. Elle a déversé des tonneaux de ce liquide sur les groupes armés. Mais cette méthode eut également peu d'effets. Le liquide ne toucha que peu de soldats et les tonneaux tombés sur le sol avertissaient les soldats et la population de la présence du danger.

C'est à l'époque où se déroulaient les opérations d'encerclement de Makallé que le commandement italien, craignant une déroute, a employé le procédé que je me dois de dénoncer maintenant au monde entier. Des pulvérisateurs spéciaux furent installés à bord des avions pour leur permettre de répandre sur de larges espaces du territoire une fine pluie mortelle. Par groupes de neuf, quinze, dix-huit, les avions se succédèrent pour créer un brouillard qui ressemblait à une nappe ininterrompue. Comme à la fin du mois de janvier 1936, les soldats, les femmes, les enfants, le bétail, les lacs, les rivières et les prairies furent continuellement arrosés de cette pluie mortelle. C'est dans le but de tuer systématiquement toute créature humaine, dans le but d'empoisonner systématiquement les eaux et les prairies, que le commandement italien fit passer et repasser son aviation sur notre pays. Telle était sa principale tactique de guerre.

Le raffinement de la barbarie était poussé à ce point que la dévastation et la terreur frappèrent les régions les plus densément peuplées du territoire, les endroits les plus éloignés du théâtre des hostilités. L'objectif était de répandre la peur et la mort sur de larges régions du territoire éthiopien.

Cette tactique de la terreur fut couronnée de succès. Les êtres humains et les animaux succombèrent. La pluie mortelle qui tombait des avions mettait en fuite tous ceux qui avaient le malheur d'entrer en contact avec elle. Tous ceux qui ont bu de l'eau empoisonnée ou mangé des nourritures infectées succombèrent dans d'atroces souffrances. Par dizaines de milliers, les victimes du gaz moutarde italien succombèrent. C'est dans le but de dénoncer au monde civilisé les tortures qui ont été imposées au peuple éthiopien que j'ai décidé de venir à Genève.

Nul autre que moi et mes courageux compagnons d'armes ne pouvait rapporter ce témoignage indéniable à la Société des Nations. Les appels lancés par mes délégués à la Société des Nations étaient restés sans réponse ; mes délégués n'avaient pas été témoins. C'est la raison pour laquelle j'ai décidé de témoigner moi-même contre le crime perpétré à l'encontre de mon peuple et de mettre en garde l'Europe contre le destin qui l'attend si elle devait s'incliner devant le fait accompli.

Faut-il encore rappeler à l'Assemblée les différentes étapes du drame éthiopien ? Il y a vingt ans qu'en ma qualité de successeur au trône, régent de l'Empire, puis empereur, je n'ai ménagé aucun effort pour apporter à mon peuple les bénéfices de la civilisation et en particulier mettre en place des relations de bon voisinage avec les puissances limitrophes. En particulier, je parvins à conclure avec l'Italie le traité d'amitié de 1928, qui interdisait de manière absolue tout recours, sous quelque prétexte que ce soit, à la force des armes, substituant ainsi à la violence la conciliation et l'arbitrage sur lesquels les nations civilisées ont fondé l'ordre international.

Dans son rapport du 5 octobre 1935, le Comité des Treize* reconnaissait mes efforts et les résultats que j'avais obtenus. Les gouvernements étaient d'avis que l'entrée de l'Éthiopie dans la Société des Nations, tout en garantissant à ce pays le maintien de l'intégrité territoriale et l'indépendance, lui permettrait également d'atteindre un plus haut niveau de civilisation. Il ne semble pas que dans l'Éthiopie actuelle il y ait plus de désordre et d'insécurité qu'en 1923. Au contraire, le pays est plus uni et le pouvoir central est mieux respecté.

J'aurais obtenu de plus grands résultats encore pour mon peuple si le gouvernement italien n'avait pas interposé des obstacles de toute nature, fomenté la révolte et armé les rebelles. En effet, le gouvernement de Rome, comme il le proclame maintenant ouvertement, n'a jamais cessé de préparer la conquête de l'Éthiopie. Les traités d'amitié qu'il a signés avec moi n'étaient pas sincères, leur seul objectif était de dissimuler sa réelle intention à mon égard. Le gouvernement italien reconnaît que, durant les quatorze dernières années, il a préparé la conquête qui s'exécute actuellement. Il reconnaît dès lors qu'en encourageant l'admission de l'Éthiopie au sein de la Société des Nations en 1923, en signant le traité d'amitié en 1928, et en signant le pacte de Paris qui mettait hors la loi toute forme de guerre*, il trompait le monde entier.

Le gouvernement éthiopien recevait dans ces traités solennels des garanties supplémentaires de sécurité qui l'auraient mis en mesure d'effectuer de plus grands progrès sur le chemin pacifique des réformes sur lequel il s'était engagé et auquel il accordait tous ses efforts et tout son cœur.

L'incident de Oual-Oual en décembre 1934 m'a surpris comme un coup de tonnerre. La provocation de la part de l'Italie était évidente. Je n'eus aucune hésitation à m'adresser à la Société des Nations. J'invoquai les clauses du traité de 1928, les principes du pacte. Je demandai l'ouverture d'une procédure de conciliation et d'arbitrage.

Au grand dam de l'Éthiopie, ce fut l'époque où un certain gouvernement[2] estimait que la situation en Europe exigeait de lui qu'il obtienne à tout prix l'amitié de l'Italie. L'abandon de l'indépendance de l'Éthiopie à la gourmandise du gouvernement italien fut le prix à payer. Cet accord secret, en contradiction avec les dispositions du pacte, a exercé une influence notoire sur le cours des événements. Ses conséquences néfastes sont ressenties depuis lors par l'Éthiopie et le monde entier.

Ce premier cas de violation du pacte fut suivi par de nombreux autres. Se sentant soutenu dans sa politique à l'égard de l'Éthiopie, le gouvernement italien s'empressa de faire des préparatifs de guerre, car il estimait que la pression concertée exercée sur le gouvernement éthiopien pourrait échouer face à la résistance de mon peuple à une domination italienne.

Entre-temps, de nombreux obstacles venaient barrer la route à la procédure de conciliation et d'arbitrage. Les gouvernements étrangers empêchèrent le gouvernement éthiopien de désigner des arbitres parmi les représentants de ces derniers. Et une fois le tribunal d'arbitrage désigné, des pressions furent exercées afin que la décision rendue soit favorable à l'Italie.

En vain, car les arbitres, parmi lesquels deux représentants italiens, furent obligés de reconnaître unanimement que dans l'incident de Oual-Oual, tout comme dans les incidents ultérieurs, l'Éthiopie n'avait pas de responsabilité internationale.

Le gouvernement éthiopien, se basant sur cette décision, estima sincèrement qu'une ère de relations amicales avec l'Italie allait voir le jour. C'est en toute loyauté que je tendis la main au gouvernement de Rome.

L'Assemblée fut informée par le rapport du Comité des Treize, le 5 octobre 1935, des événements qui se déroulèrent après le mois de décembre 1934 et ce, jusqu'au 3 octobre 1935.

Il me suffira de citer quelques-unes des conclusions de ce rapport (numéros 24, 25 et 26). [...] Le mémorandum italien (renfermant les plaintes déposées par l'Italie) a été remis au Conseil le 4 septembre 1935, alors que l'Éthiopie adressa sa première demande au Conseil le 14 décembre 1934. Dans l'intervalle, le gouvernement italien s'opposa à ce que le Conseil se penche sur la question en arguant du fait que la seule procédure appropriée était celle établie par le traité italo-éthiopien de 1928. En outre, tout au long de cette période, le déploiement de troupes italiennes en Afrique orientale fut poursuivi. Le gouvernement italien

---

2 Il est fait référence ici au voyage à Rome du ministre français des Affaires étrangères Pierre Laval.

présenta cet envoi de troupes au Conseil comme une mesure nécessaire à la défense de ses colonies menacées par les préparatifs de l'Éthiopie. L'Éthiopie, de son côté, attira l'attention du Conseil sur les déclarations officielles faites en Italie qui, à son avis, ne laissaient aucun doute quant aux intentions hostiles du gouvernement italien.

Dès le début de ce conflit, le gouvernement éthiopien s'efforça de trouver une solution pacifique. Il a fait appel aux procédures du pacte. Le gouvernement italien désirant s'en tenir strictement aux procédures du traité italo-éthiopien de 1928, le gouvernement éthiopien y consentit. Il continua à déclarer qu'il accepterait loyalement la décision d'arbitrage, même si la décision était en sa défaveur. Il marqua son accord à ce que la question de la propriété de Oual-Oual ne soit pas réglée par décision d'arbitrage, étant donné que le gouvernement italien n'approuverait pas une telle solution. Il demanda au Conseil l'envoi d'observateurs neutres et se déclara disposé à répondre à toutes les enquêtes que le Conseil pourrait décider.

Une fois le conflit concernant Oual-Oual résolu par arbitrage, le gouvernement italien, cependant, soumit son rapport détaillé au Conseil en vue d'obtenir une plus grande liberté d'action. Il protesta qu'un cas tel que celui de l'Éthiopie ne pouvait pas être résolu par les moyens prévus par le pacte.

Il déclara que, « *étant donné que la question concernait les intérêts vitaux de l'Italie et qu'elle était de première importance pour la sécurité et la civilisation italiennes, il faillirait à son devoir le plus élémentaire s'il ne retirait pas définitivement sa confiance à l'Éthiopie, se réservant l'entière liberté d'adopter toutes les mesures qui s'avéreraient nécessaires pour assurer la sécurité de ses colonies et la garantie de ses intérêts* ».

C'est en ces termes que le Comité fit son rapport. Le Conseil et l'Assemblée adoptèrent unanimement la conclusion que le gouvernement italien avait rompu le pacte et qu'il était en état d'agression.

Je n'hésitai aucun moment à déclarer que je ne désirais pas la guerre mais que celle-ci m'était imposée, que je me battrais uniquement pour l'indépendance et l'intégrité de mon peuple, et que, dans cette lutte, j'étais le défenseur de la cause de tous les petits États exposés à la gourmandise d'un puissant voisin.

En octobre 1935, les 52 nations qui me prêtent actuellement leur attention m'assurèrent que l'agresseur ne triompherait pas, et que les termes du pacte allaient être utilisés pour que la justice l'emporte sur la violence.

Je demande aux 52 nations de ne pas oublier aujourd'hui la politique qu'elles approuvaient encore huit mois auparavant, sur la foi de laquelle je basai la résistance de mon peuple contre l'agresseur qu'elles avaient alors dénoncé au monde. En dépit de l'infériorité de mon armement, de l'absence complète de force aérienne, d'artillerie, de munitions, de services de santé, ma confiance dans la Société des Nations fut absolue. J'estimais impossible que 52 nations, parmi lesquelles les plus grandes puissances du monde, ne puissent pas tenir tête à un agresseur isolé. Sur la foi des traités, je n'avais pris aucune mesure préparant à la guerre à d'autres petits États en Europe.

Lorsque le danger devint imminent, conscient des responsabilités que j'avais envers mon peuple, je m'efforçai, durant les six premiers mois de 1935 de me procurer des armes. De nombreux gouvernements m'imposèrent un embargo, alors que le gouvernement italien disposait, grâce au canal de Suez, de toutes les commodités pour transporter, sans interruption et sans protestation, soldats, armes et munitions.

Le 3 octobre 1935, les troupes italiennes envahirent mon territoire. Quelques heures à peine plus tard, je décrétai la mobilisation générale. Poussé par ma volonté de maintenir la paix, en suivant l'exemple d'une grande nation européenne à la veille de la Grande Guerre*, j'avais fait reculer mes troupes d'une trentaine de kilomètres afin d'éviter tout prétexte de provocation.

La guerre se déroula ensuite dans les conditions atroces dont j'ai fait état devant l'Assemblée. Dans cette lutte inégale entre un gouvernement à la tête de plus de 42 millions d'habitants, disposant de moyens financiers, industriels et techniques lui permettant de fabriquer en quantités illimitées les armes les plus meurtrières, et de l'autre côté un peuple ne comptant que 12 millions d'habitants, sans armes, sans aucune ressource, n'ayant pour lui que la justice de sa propre cause et une promesse de la Société des Nations. Quelle assistance fut accordée à l'Éthiopie par les 52 nations qui avaient déclaré le gouvernement de Rome responsable d'avoir rompu le pacte et qui avaient décidé d'empêcher l'agresseur de triompher ? Est ce que chacun des États membres a considéré, comme il est de son devoir en vertu de sa signature de l'article 15* du pacte, que l'agresseur avait commis un acte de guerre dirigé personnellement contre lui ? J'avais misé tous mes espoirs sur le respect de ces mesures. Ma confiance s'était trouvée renforcée par les déclarations répétées du Conseil qui assurait qu'aucune agression ne devait être récompensée et que toute violence finirait par devoir céder à la justice.

En décembre 1935, le Conseil affirma clairement que ses sentiments étaient en accord avec ceux de centaines de millions de gens qui partout dans le monde avaient protesté contre la proposition d'exclure l'Éthiopie. Il fut constamment répété qu'il n'était pas uniquement question d'un conflit entre le gouvernement italien et la Société des Nations, et c'est pour cette raison que je rejetai toute proposition faite à mon avantage par le gouvernement italien, si j'acceptais de trahir mon peuple et le pacte de la Société des Nations. Je défendais la cause de tous les petits peuples menacés d'être agressés.

Qu'en est-il des promesses qui m'ont été faites jusqu'en octobre 1935 ? Dès le mois d'octobre 1935, je constatai avec douleur mais sans étonnement que trois puissances* considéraient les engagements qu'elles avaient contractés en vertu du pacte comme absolument sans valeur. Leurs liens envers l'Italie les poussèrent à refuser d'adopter aucune mesure pour arrêter l'agression italienne. Par contre, ce fut, pour moi, une profonde désillusion que l'attitude de certain gouvernement[3] qui, tout en protestant en permanence de son attachement scrupuleux au pacte, employait inlassablement ses efforts à en empêcher l'observation. Dès qu'une mesure susceptible d'avoir une efficacité rapide était proposée, des prétextes divers étaient imaginés pour en ajourner même l'examen. Les accords secrets de janvier 1935 prévoyaient-ils cette obstruction systématique ?

[...] À plusieurs occasions, j'ai demandé une aide financière pour me permettre d'acheter des armes. Cette forme d'aide me fut constamment refusée. Quel est dès lors, en pratique, le sens de l'article 16* du pacte, quel est le sens de la sécurité collective ?

L'utilisation par l'Éthiopie des chemins de fer entre Djibouti et Addis-Abeba était en pratique empêchée pour tous les transports d'armes destinées aux armées éthiopiennes. À l'heure actuelle, il s'agit du principal sinon du seul moyen d'approvisionnement pour les armées italiennes d'occupation. Les règles de la neutralité auraient dû empêcher tout transport destiné aux forces italiennes, mais il n'existe même pas de neutralité, étant donné que l'article 16 impose à chaque État membre le devoir de ne pas rester neutre, mais de venir en aide, non pas à l'agresseur, mais à la victime d'une agression. Le pacte a-t-il été respecté ? Est-il respecté au moment où je vous parle ?

Enfin, certains gouvernements parmi les États membres les plus influents de la Société des Nations ont proposé à leur Parlement, étant donné que l'agresseur était parvenu à occuper une grande partie du territoire éthiopien, de surseoir à la mise en pratique des sanctions économiques et financières qui auraient été prises à l'égard du gouvernement italien.

[...] J'affirme que le problème soumis aujourd'hui à l'Assemblée est d'une portée bien plus large encore. Il ne s'agit pas seulement de régler l'agression italienne.

Il s'agit de la sécurité collective, c'est-à-dire de l'existence de la Société

---

[3] La France.

des Nations, de la confiance des États dans les traités internationaux. Il s'agit de la valeur de promesses faites aux petits États quant au respect et à l'assurance de leur intégrité et de leur indépendance. C'est, soit le principe de l'égalité des États, soit l'obligation imposée aux puissances mineures d'accepter le joug du servage. En un mot, c'est la moralité internationale qui est en cause. Les signatures au bas d'un traité n'ont-elles de valeur que dans la mesure où les puissances signataires y ont un intérêt personnel, direct et immédiat ?

[…] À l'exception du Royaume du Tout-Puissant, il n'y a sur cette Terre aucune nation qui soit supérieure aux autres. S'il s'avérait qu'un gouvernement puissant estime qu'il peut impunément détruire un peuple plus faible, alors l'heure a sonné pour ce peuple d'en appeler à la Société des Nations pour qu'elle donne son verdict en toute liberté. Dieu et l'Histoire se souviendront de votre jugement.

J'ai entendu dire que les sanctions inadéquates déjà mises en pratique n'ont pas atteint leur objectif. À aucun moment, et dans aucune circonstance, des sanctions intentionnellement mal choisies, intentionnellement mal appliquées, n'ont été en mesure d'arrêter un agresseur. On ne peut, dans ce cas, parler d'impossibilité d'arrêter un agresseur, mais du refus d'arrêter un agresseur. […]

Au nom du peuple éthiopien, membre de la Société des Nations, je demande à l'Assemblée de prendre toutes les mesures pour assurer le respect du pacte. Je réitère ma protestation à l'encontre des violations des traités dont le peuple éthiopien a été victime. Je déclare face au monde entier que l'empereur, le gouvernement et le peuple de l'Éthiopie ne s'inclineront pas devant la force ; qu'ils maintiendront leurs revendications et qu'ils utiliseront tous les moyens en leur pouvoir pour assurer le triomphe du droit et le respect du pacte.

Je demande aux 52 nations qui ont promis au peuple éthiopien de l'assister dans sa résistance à l'agresseur, ce qu'elles sont disposées à faire pour l'Éthiopie. Et aux grandes puissances qui se sont engagées à garantir la sécurité collective aux petits États sur lesquels pèse la menace de devoir un jour connaître le destin de l'Éthiopie, je leur demande : quelles mesures sont-elles disposées à prendre ?

Représentants du monde, je suis venu à Genève pour remplir auprès de vous le plus pénible des devoirs qui soit pour un chef d'État. Avec quelle réponse vais-je retourner devant mon peuple ?

COMPLÉMENTS

Comité des Treize: comité spécial de la SDN comprenant notamment des délégués de la Grande-Bretagne, de la France, du Portugal, du Danemark, de la Pologne et du Chili, qui déclara l'Italie agresseur et demanda que des sanctions lui fussent infligées.

Pacte de Paris qui mettait hors la loi toute forme de guerre: Il s'agit du pacte de renonciation générale à la guerre, dit aussi pacte Briand-Kellogg, élaboré par le ministre français des Affaires étrangères et le secrétaire d'État américain, et signé le 27 août 1928. Adopté par cinquante-sept pays, il s'est vite apparenté à un vœu pieux.

En suivant l'exemple d'une grande nation européenne à la veille de la Grande Guerre: Il s'agit de la France qui, pour prouver ses intentions pacifiques mais surtout satisfaire le gouvernement britannique, a décidé, le 30 juillet 1914, soit quatre jours avant que Berlin ne lui déclare la guerre, de maintenir ses troupes à dix kilomètres des frontières allemandes, afin de prévenir tout incident susceptible d'offrir un prétexte d'agression.

Article 15 du pacte: L'article 15 du pacte de la SDN établit la procédure à suivre en cas de différend entre deux membres. Si ce différend n'est pas soumis à l'arbitrage ou au règlement judiciaire prévu par un autre article, il faut le porter, pour enquête et rapport, devant le Conseil de la SDN qui peut, éventuellement, saisir l'Assemblée.

Trois puissances: Hailé Sélassié s'en prend sans doute ici aux trois États membres de la SDN, l'Autriche, la Hongrie et l'Albanie, qui ont refusé de considérer que Rome a eu recours à la guerre en violation du pacte. Ces trois États subissent fortement l'influence de l'Italie fasciste qui y soutient les régimes forts en place, ceux du chancelier Schuschnigg, de l'amiral Horthy et d'Ahmed Zogou, devenu le roi Zog Ier.

Article 16 du pacte: Cet article stipule qu'un membre de la SDN qui recourrait à la guerre contre un autre serait automatiquement considéré comme ayant posé un acte de guerre à l'égard de tous les membres et pourrait être exclu de la Société. Tous les rapports diplomatiques, commerciaux ou financiers doivent être rompus avec lui. Des sanctions économiques et financières ainsi qu'une intervention militaire peuvent être décidées par la SDN contre l'agresseur, chaque État membre étant tenu d'y contribuer et de faciliter le passage à travers son territoire aux forces de tout membre participant à une action commune.

22 – Général Franco
Appel au soulèvement national
&
23 – Dolores Ibárruri
No pasarán !

Ces deux discours se répondent pour l'histoire. Ils émanent des deux camps qui, au cœur du très symbolique été 1936, vont s'affronter sur le sol espagnol et se faire les acteurs d'une effroyable guerre civile dont les échos ébranleront l'Europe entière. Les Brigades internationales, les réfugiés parqués dans des camps ou accueillis dans des familles à l'étranger, le bombardement de Guernica par les avions allemands de la légion Condor, les incendies d'églises, telles sont quelques-unes des images qui, aujourd'hui encore, évoquent la guerre d'Espagne, combat fratricide et idéologique, annonciateur d'une autre tragédie.

Un contexte espagnol explosif

Nation phare durant l'époque moderne, l'Espagne a difficilement vécu l'« ère des révolutions ». Le XIXe siècle est pour elle une période d'instabilité, d'affrontements civils en coups d'État militaires, au cours de laquelle s'opposent traditionalistes et libéraux. En 1900, le pays a perdu presque toutes ses possessions coloniales et pris un retard considérable en termes d'industrialisation et d'équipement tandis que ses structures sociales sont restées archaïques. L'Église y exerce toujours un poids moral, politique et financier crucial, contrôlant tout un pan de la production et de la distribution mais parvenant à éviter les impôts et redevances ; l'armée est, elle aussi, une puissance incontournable ; sur le plan agraire, le système des *latifundia* reste très développé, 1 % de gros propriétaires détenant 40 % des terres ; les conditions de vie de la population, en milieu rural comme en milieu urbain, sont extrêmement précaires. En marge des puissances établies, des courants d'opposition ont néanmoins émergé : le mouvement ouvrier, né vers 1880, est à l'origine de grèves révolutionnaires et d'incendies d'églises, l'anarchisme gagne du terrain, notamment dans les milieux syndicaux, tout comme l'autonomisme basque et catalan.

À l'issue de la Première Guerre, au cours de laquelle l'Espagne d'Alphonse XIII est restée neutre, l'instabilité politique et l'insécurité sont le lot quotidien du pays. En 1923, Miguel Primo de Rivera, capitaine général de Catalogne, s'empare du pouvoir avec la bénédiction du Roi. S'inspirant du fascisme, il impose une dictature paternaliste et corporatiste. Le régime obtient d'abord certains résultats satisfaisants : l'État finance de grands travaux de modernisation et les conditions de vie du peuple s'améliorent. Mais les libertés sont inexistantes et rien n'est fait pour s'attaquer à la crise agraire. En définitive, ce ne seront pas les forces de gauche, dont certaines s'étaient d'ailleurs ralliées à lui, qui pousseront Primo de Rivera à l'exil en janvier 1930, mais bien les autonomistes déçus par la centralisation et les milieux économiques opposés à l'interventionnisme croissant de l'État.

De la proclamation de la république à la guerre civile

Dès 1931, la gauche tire profit de cet échec : elle remporte les élections municipales d'avril, conduisant Alphonse XIII à quitter l'Espagne sans abdiquer et amenant la proclamation de la Seconde République espagnole[1]. Celle-ci vote, en décembre 1931, une Constitution faisant de l'Espagne une *république démocratique des travailleurs de toutes les classes*, permet la première élection des *Cortes*, chambre désormais unique, au suffrage universel, décide de lois agraires expropriant les grands propriétaires et tente d'imposer un vaste système d'enseignement laïque. Mais elle s'avère impuissante à lutter contre le régionalisme – la Catalogne devient autonome – et contre la violence d'un anticléricalisme populaire qui se sent soutenu par des mesures gouvernementales elles-mêmes anticléricales. Aux grèves sauvages et assassinats de prêtres répondent les velléités de déstabilisation de la droite, telle la tentative de coup d'État du général Sanjurjo, en août 1932. Le gouvernement de gauche dirigé par Manuel Azaña est renversé à l'automne 1933 au profit d'équipes centristes qui reviennent sur les réformes entreprises et répriment très durement les mouvements ouvriers, comme la révolte des Asturies d'octobre 1934, au cours de laquelle les « *soviets* » de mineurs qui avaient, non sans violence, pris possession de la région, furent écrasés dans le sang.

À l'approche des élections de 1936, la gauche a donc une revanche à prendre. Le système électoral, qui donne l'avantage aux larges coalitions, ne la favorise pas *a priori* puisqu'elle est traditionnellement très divisée. Cependant, lors de son VIIe Congrès de l'été 1935, l'Internationale communiste a lancé le mot d'ordre de créer des fronts populaires antifascistes partout où cela s'avère possible et l'Espagne est, comme la France, un terrain propice. Les communistes y sortent de leur isolement et, à l'instar des séparatistes catalans, rallient les socialistes et le centre-gauche. Le 16 février 1936, la victoire est acquise pour le *Frente Popular* mais celui-ci ne parvient pas à contrôler la situation. Le parti socialiste ayant refusé d'entrer au gouvernement, celui-ci est aux mains des plus modérés de la coalition. Dans le pays, en revanche, ce sont les plus extrémistes, communistes et anarchistes, qui se font entendre. Par ailleurs, les milliers de prisonniers politiques issus de la révolte asturienne sont libérés et cherchent à venger les victimes de la répression. Grèves, confiscations de terres, pillages et incendies d'églises se multiplient, suscitant la riposte permanente des mouvements fascistes que sont les Juntes d'offensive nationale-syndicaliste et la Phalange. Il devient bientôt impossible, en Espagne, de ne pas choisir son camp. Effrayées par le spectre bolcheviste et les excès des « Rouges », la bourgeoisie et les

---

1 La Première République espagnole dura de février 1873 à janvier 1874, entre l'abdication d'Amédée d'Aoste et l'établissement d'une dictature militaire préparant la restauration des Bourbons.

catholiques de toutes conditions se rallient à l'extrême-droite. L'armée, elle, n'attend plus que l'occasion d'agir. C'est un assassinat de plus, celui du monarchiste José Calvo Sotelo, tué le 13 juillet par des policiers fidèles au gouvernement, qui sera l'étincelle.

Le soulèvement et la prise du pouvoir par Franco

Depuis de nombreux mois, un complot se prépare contre la République au sein de la droite et de l'armée. Cependant, il n'entre dans sa phase de préparation active qu'après la victoire du *Frente Popular*, sur fond d'opposition à la gauche, à l'anarchisme et à l'autonomisme catalan et basque. Le général Sanjurjo qui en est le chef désigné le surveille depuis son exil portugais et Calvo Sotelo y joue un rôle de courroie indispensable, ce qui explique sa fin tragique. En effet, les conjurés sont peu discrets et les autorités savent qu'un coup d'État est en germe mais elles sont dépassées et incapables de s'y opposer autrement qu'en couvrant le meurtre d'opposants ou l'éloignement d'officiers supérieurs.

Francisco Franco Bahamonde (1892-1975) en fait partie sans pour autant être, au départ, le principal acteur du soulèvement. Formé à l'école militaire de Tolède, il a longuement servi au Maroc, de 1912 à 1927, a organisé la Légion étrangère espagnole et a fait preuve, durant la guerre du Rif, d'une conduite qui lui vaut d'être général à trente-trois ans. Homme d'ordre, catholique fervent, conservateur et traditionaliste, il est écarté de son commandement à Saragosse pour les Baléares en 1933 mais, rappelé après la chute du gouvernement de gauche, il réprime la révolte des Asturies et, en 1935, accède au grade de chef d'état-major de l'armée. Conscient du danger qu'il représente pour le régime, le *Frente Popular* l'écarte à nouveau, cette fois pour les Canaries, où il se trouve le 17 juillet. Ce jour-là, au mot d'ordre convenu, *Sin novedad* soit « Rien de nouveau », l'insurrection commence à Melilla, au Maroc, et, très vite, s'étend à toutes les troupes espagnoles du pays. En Espagne même, dès le matin du 18 juillet, plusieurs généraux, comme Mola à Pampelune ou Queipo de Llano à Séville, tentent de soulever les diverses provinces et de préparer l'arrivée à Madrid du général Sanjurjo.

En termes de propagande et d'option sur le pouvoir, Franco a pris tout le monde de vitesse. À la veille du jour J, il était le moins décidé au soulèvement mais, à l'annonce du déclenchement du *pronunciamiento*, il se rend rapidement maître de Las Palmas avec le général Orgaz et décrète l'état de siège dans l'ensemble de l'archipel. À 5 h 15 du matin le 18 juillet, sur les ondes de radio Las Palmas relayées par tous les postes des Canaries et du Maroc espagnol, il lance l'appel au soulèvement national reproduit ci-dessous et fait ainsi figure de meneur aux yeux de l'opinion. Dénonçant le désordre qui règne dans le pays et l'intervention de l'étranger, c'est-à-dire de l'URSS, il se présente habilement comme le défenseur de la Constitution et de la loi face à ceux qui les violent et tient un discours censé rallier l'ensemble de la population au soulèvement puisqu'il promet du *travail pour tous*, la *justice sociale* et la *distribution équitable et progressive de la richesse nationale* tout en déclarant la guerre aux *profiteurs de la politique* qui *trompent l'ouvrier honnête*. Franco tente ainsi de casser l'image purement réactionnaire et autoritaire que le coup d'État ne manquera pas d'avoir dans les milieux populaires.

Alors qu'une copie de son message est immédiatement envoyée par téléphone et télégraphe à tous les chefs militaires espagnols, Franco quitte les Canaries par avion le

18 au matin pour rejoindre lentement le Maroc, dont il est, selon les plans, responsable de l'insurrection. Il arrive à Tétouan le 19 après deux escales. Le 20, le général Sanjurjo meurt carbonisé dans un accident d'avion au départ du Portugal. Les deux figures de proue du soulèvement sont alors Mola et Franco. Seul le premier fait partie de la junte de Burgos, gouvernement rebelle formé le 24 juillet, mais c'est surtout de Franco que parlent les nationalistes, désireux de le voir débarquer sur la péninsule. Ce transfert n'est possible qu'avec l'aide d'un pont aérien nazi: 1500 hommes sont transportés à Séville par des Junkers 52 entre le 29 juillet et le 5 août. Franco, lui, arrive le 6 et prend le commandement supérieur de l'armée d'Afrique, en route vers le Nord. Il remporte d'éclatantes victoires alors que, dans le Nord, Mola s'attelle à des batailles moins spectaculaires. Par ailleurs, Franco a la confiance de Mussolini et de Hitler, qu'il a contactés pour obtenir de l'aide. Le 12 septembre, après la jonction des insurgés du Nord et du Sud, il est désigné pour assumer le commandement unique des armées nationalistes et, le 1er octobre, devient chef d'État dans la zone que ceux-ci contrôlent. Depuis le manifeste radiodiffusé du 18 juillet, il s'est écoulé moins de deux mois et demi. En 1939, la guerre civile se conclut par la victoire du camp nationaliste. Franco allait continuer à diriger l'Espagne en dictateur jusqu'à sa mort, en 1975, tout en ayant pris le soin de prévoir le rétablissement de la monarchie[2].

La riposte radio du Frente Popular

Le 18 juillet 1936, à l'annonce du soulèvement, le gouvernement légal et, plus largement, le Front populaire, ne sont évidemment pas restés inactifs. Il était important qu'une contre-propagande réponde à la propagande des insurgés. Dans la matinée, radio Madrid annonce d'abord que la conjuration est limitée au Maroc et qu'elle sera vite maîtrisée mais, déjà, l'Andalousie se soulève. Le peuple de gauche réclame des armes que le gouvernement refuse de lui donner. À 19h20, radio Madrid annonce que le soulèvement a été écrasé partout, y compris à Séville, ce qui revient à admettre que l'insurrection s'est étendue en Espagne même, et déclare que les généraux impliqués ont été officiellement destitués. Puis, la musique reprend ses droits. À 22 heures, le *Frente Popular* ne peut plus cacher l'ampleur du danger qui le menace. Lui aussi va lancer un appel au peuple, par la voix de la communiste Dolores Ibárruri (1895-1989), dite *la Pasionaria* ou « Fleur de la passion », son pseudonyme dans la presse du parti. Le micro est placé au ministère de l'Intérieur.

Fille de mineur née en Biscaye, dans le Pays basque, celle-ci a d'abord milité dans les rangs socialistes puis communistes, intégrant le Comité central du parti communiste espagnol (PCE) dès 1930 et son Comité exécutif en 1932. En 1933, elle est déléguée à Moscou auprès du Komintern. L'année suivante, elle participe à la révolte des Asturies et est condamnée à quinze ans de réclusion, ce qui ne l'empêche pas d'être élue députée le 16 février 1936. Très populaire, la *Pasionaria* est donc déjà une figure emblématique avant la guerre civile. Oratrice exaltée et efficace, toujours vêtue de noir, elle domine le groupe communiste aux *Cortes* et dénonce, dès le 16 juin 1936, le futur coup de force d'une *Internationale fasciste* dirigée depuis Berlin et Rome.

---

2 Voir l'introduction au discours n° 82.

Son discours du 18 juillet, premier d'une longue série destinée à galvaniser le camp républicain durant la guerre civile, appelle le peuple entier – ouvriers, paysans et soldats, hommes et femmes de toutes régions – à résister au fascisme qui menace la République, la victoire du Front populaire, *les libertés populaires* et *les conquêtes démocratiques*. La mobilisation idéologique antifasciste est réellement au cœur de cet appel qui prône la résistance et la lutte. *Ils ne passeront pas !*, conclut-elle, ou, en espagnol, *No pasarán !*. Ironie de l'histoire, ces mots sont empruntés au vocabulaire mythique d'une autre guerre : ils furent, lors de la bataille de Verdun, le slogan des troupes françaises, alors dirigées par le général Pétain. Ce cri va être répercuté dans toute l'Espagne et devenir le signe de ralliement des républicains, puis, par la suite et jusqu'à nos jours, celui de tous les antifascistes, quel que soit le combat mené. En ce sens, on peut donc dire que le discours du 18 juillet 1936 a connu un retentissement mondial.

Dans les mois qui suivent, Dolores Ibárruri ne ménage pas sa peine pour plaider, en Espagne comme à l'étranger, la cause républicaine par le biais de tracts, de discours ou de conférences. Symbole vivant de la lutte des femmes antifascistes, auteur de la formule « Mieux vaut mourir debout que vivre à genoux », elle choisit l'exil après la victoire franquiste de 1939 et gagne Moscou où elle devient, en 1942, secrétaire générale du PCE puis, en 1960, présidente du parti. Rentrée en Espagne après la mort de Franco, elle est réélue députée des Asturies en 1977 et décédera d'une pneumonie à l'âge de quatre-vingt-treize ans.

Deux mémoires pour une guerre

Franco face à la Pasionaria, l'appel au soulèvement face à l'antifascisme, tels sont les deux visages d'un seul pays, l'Espagne, qui, de nos jours encore, doit gérer l'héritage d'une guerre civile et la mémoire d'une lutte fratricide qui a fait plus de cinq cent mille morts. Comment écrire l'histoire d'une période qui a si profondément divisé un peuple, alors que s'éteignent, peu à peu, ceux qui en ont été les témoins ? Comment réconcilier les Espagnols d'aujourd'hui, nourris du passé de leur famille ou de leur ville, hier rangées dans un camp ? Le gouvernement du socialiste José-Luis Zapatero a descellé la statue équestre madrilène de Franco, rendu hommage à la IIe République et déclaré 2006 « Année de la mémoire historique en Espagne ». Mais son projet de loi visant à reconnaître et à accroître les droits des Espagnols persécutés pendant la guerre civile et la dictature a suscité de nombreuses polémiques et ravivé les blessures d'une Espagne toujours coupée en deux. Voté par les députés socialistes le 31 octobre 2007, avec l'appui d'une partie des écolo-communistes et de certains nationalistes basques et catalans, ce texte condamne le régime franquiste comme totalitaire et frappe d'illégitimité les procès qui ont conduit à l'exécution ou à l'incarcération de dizaines de milliers d'opposants. Lui-même petit-fils d'un républicain fusillé, le Premier ministre souhaitait trouver un équilibre après le long oubli imposé aux victimes du franquisme par le « pacte du silence » qui a accompagné la transition démocratique. L'apaisement est-il au bout du chemin ? La question reste posée lorsqu'on sait que, trois jours avant le vote de la loi, le Vatican célébrait en grande pompe la béatification de 498 ecclésiastiques espagnols pro-franquistes victimes des républicains, suscitant, là encore, une virulente controverse en Espagne.

APPEL AU SOULÈVEMENT NATIONAL

18 juillet 1936

Espagnols !

Vous tous qu'étreint l'amour sacré de l'Espagne ; vous tous qui dans les rangs de l'Armée et de la Marine avez fait le serment de défendre la patrie jusqu'à la mort, la Nation aujourd'hui vous appelle !

La situation de l'Espagne se fait de jour en jour plus critique. L'anarchie règne dans la plupart des campagnes et des villes. Les autorités nommées par le gouvernement président aux troubles quand elles ne fomentent pas elles-mêmes les révoltes. C'est à coups de pistolets et de mitrailleuses que se règlent les querelles entre les factions de citoyens sans que les pouvoirs publics puissent imposer la paix et la justice. Des grèves révolutionnaires de toute sorte paralysent la vie de la nation, ruinant et détruisant ses sources de richesse ; elles entraîneront une véritable famine qui poussera au désespoir les honnêtes travailleurs [...]. Les plus graves délits se commettent, tandis que les forces de l'ordre demeurent inactives dans leurs casernes, elles aussi désespérées par l'obéissance qu'elles doivent à des gouvernants qui les déshonorent. L'Armée, la Marine et les forces de l'ordre sont la cible des attaques les plus basses et les plus calomnieuses de la part de ceux-là mêmes qui devraient avoir le plus grand souci de leur prestige [...]. La Constitution, violée par tous, souffre une éclipse totale. Plus d'égalité devant la loi ! Une liberté enchaînée par la tyrannie et la fraternité foulée aux pieds par la haine et le crime ! Plus d'unité de la patrie, mais la menace constante d'une désagrégation du territoire stimulée par les pouvoirs publics et qui n'a de régionalisme que le nom ! L'intégrité et la défense de nos frontières n'est même plus assurée, mais au cœur de l'Espagne résonne la voix de postes étrangers qui prêchent ouvertement la destruction et le partage de notre sol ! [...]

Rien n'a freiné l'appétit de pouvoir de nos dirigeants : suppression illégale du pouvoir modérateur du chef de l'État, glorification de la révolution asturienne et du séparatisme catalan, alors que l'un et l'autre mettaient en charpie notre Constitution, charte fondamentale de nos institutions. À l'inconscience révolutionnaire des masses trompées et exploitées par les agents soviétiques qui dissimulent la sanglante réalité du régime qu'ils servent – un régime dont l'instauration a coûté vingt-cinq millions de vies humaines – s'ajoutent la mauvaise foi et l'incurie des autorités de tout niveau, impuissantes à imposer l'ordre, la liberté et la justice, si faiblement soutenues par un pouvoir branlant !

Pouvons-nous accepter un jour de plus le spectacle honteux que nous donnons au monde ? Pouvons-nous abandonner l'Espagne aux ennemis de la Patrie, lâchement, perfidement, sans lutter ? Non ! Laissons cette attitude aux traîtres. Pas à nous qui avons juré de la défendre ! Nous vous offrons justice et égalité devant la loi. Paix et amour entre Espagnols. Liberté et fraternité. Une liberté exempte de libertinage et de tyrannie. Du travail pour tous ; la justice sociale réalisée sans haine ni violence, la promesse d'une distribution équitable et progressive de la richesse nationale sans pour autant détruire ni mettre en danger l'économie espagnole !

Mais nous déclarons aussi une guerre sans merci aux profiteurs de la politique, à tous ceux qui trompent l'ouvrier honnête, aux étrangers et « étrangérisants » qui, à visage découvert ou sous cape, visent à la destruction de l'Espagne !

En ce moment solennel, c'est l'Espagne tout entière qui se dresse pour réclamer la paix, la fraternité et la justice. Dans toutes les provinces, l'Armée, la Marine et les forces de l'ordre public sont debout pour défendre la Patrie. L'énergie qu'elles montreront dans le maintien de l'ordre sera à la mesure de la résistance qui leur sera opposée. Notre élan n'est pas inspiré par la défense d'intérêts sordides, ni par le désir de remonter le cours de l'Histoire. [...] La pureté de nos intentions nous interdit de faire table rase des conquêtes qui représentent un réel progrès politique et social. L'esprit de haine et de vengeance ne trouve pas place dans nos cœurs. Du naufrage inévitable où sombreront certaines expériences d'ordre législatif, nous saurons sauver tout ce qui peut être compatible avec la paix intérieure de l'Espagne et avec sa grandeur. Ainsi donnerons-nous pour la première fois dans ce pays un contenu réel à la trilogie que nous énumérons dans l'ordre suivant : FRATERNITÉ, LIBERTÉ, ÉGALITÉ ! Espagnols !... Vive l'Espagne !... Vive le noble peuple espagnol !

NO PASARÁN !

18 juillet 1936

Ouvriers, paysans, antifascistes, patriotes espagnols !... Faites front face au soulèvement militaro-fasciste ! Tous debout pour défendre la République, les libertés populaires et les conquêtes démocratiques du peuple !...

Le sérieux de la situation actuelle est connu de tous, par les bulletins du gouvernement et du Front populaire. Au Maroc et aux Canaries, les travailleurs luttent, unis aux forces loyales à la République, contre les militaires et les fascistes soulevés.

Au cri de « Le fascisme ne passera pas, les bourreaux[3] d'octobre ne passeront pas !... », les ouvriers et les paysans des diverses provinces d'Espagne s'engagent dans la lutte contre les ennemis de la République soulevés et en armes. Les communistes, les socialistes, les anarchistes, les républicains démocrates, les soldats et toutes les forces loyales à la République ont infligé leurs premières déroutes aux factieux qui ont traîné dans la boue de la trahison l'honneur militaire dont ils se sont si souvent targués.

Le pays entier vibre d'indignation à la vue de ces hommes sans cœur qui veulent plonger l'Espagne démocratique et populaire dans un enfer de terreur et de mort.

Mais ILS NE PASSERONT PAS ! [*NO PASARAN !*]

L'Espagne entière est sur le pied de guerre. À Madrid, les gens sont descendus dans la rue, soutenant le gouvernement et le stimulant avec leur détermination et leur esprit de combat pour que les militaires et les fascistes insurgés soient écrasés.

Jeunes, préparez-vous au combat !

Femmes, ô femmes héroïques du peuple ! souvenez-vous de l'héroïsme des femmes des Asturies en 1934. Battez-vous aussi aux côtés des hommes pour défendre votre vie et la liberté de vos enfants menacés par le fascisme.

Soldats, fils du peuple ! Restez fidèles au gouvernement, luttez aux côtés des travailleurs, aux côtés des forces du Front populaire, de vos pères, de vos frères, de vos camarades. Battez-vous pour l'Espagne du 16 février[4], battez-vous pour la République et conduisez-les au triomphe !

Travailleurs de toutes convictions, le gouvernement a mis dans vos mains les armes pour épargner à l'Espagne et au peuple l'horreur et la honte que signifierait le triomphe des bourreaux sanguinaires du soulèvement d'octobre.

Que personne n'hésite ! Soyons tous prêts à l'action. Chaque ouvrier, chaque antifasciste devrait se considérer comme un soldat en armes. Peuples de Catalogne, du Pays basque, de Galice, vous tous Espagnols : défendez la république démocratique, consolidez la victoire remportée pour le peuple le 16 février.

---

3 Allusion à la répression de la révolte des Asturies en octobre 1934.

4 Allusion à la victoire électorale du Front populaire, le 16 février 1936.

Le Parti communiste vous appelle à la lutte. Il vous appelle spécialement, ouvriers, paysans, intellectuels, à participer au combat pour anéantir définitivement les ennemis de la République et des libertés populaires. Longue vie au Front populaire ! Longue vie à l'union de tous les antifascistes ! Longue vie à la République du peuple ! Les fascistes ne passeront pas ! Ils ne passeront pas ! [*No pasaran !*]

24 – Édouard Daladier
Nous avons sauvé la paix

4 octobre 1938

Entérinant une nouvelle capitulation franco-britannique devant Hitler et l'abandon d'un petit pays démocratique à la voracité du IIIe Reich, les accords de Munich engendrèrent, en 1938, une paix en trompe-l'œil et, pour reprendre les termes de Léon Blum, un sentiment de *lâche soulagement* en Europe occidentale. Très vite, les événements vont démontrer la fragilité et la caducité de cette paix égoïste tandis que les termes de « Munich » et « munichois » vont devenir, particulièrement en France, une injure politique, synonyme d'abandon et de pleutrerie. L'image d'Édouard Daladier, héros éphémère à l'automne 1938, en pâtira définitivement.

Les vues de Hitler sur les Sudètes

Depuis son avènement à la Chancellerie en 1933, Hitler a toujours pratiqué la politique du coup de force et du fait accompli, sans jamais se heurter à une résistance sérieuse, particulièrement de la France et de la Grande-Bretagne[1]. En mars 1935, il a rétabli le service militaire obligatoire et décidé de réarmer; en mars 1936, il a réoccupé la Rhénanie; en mars 1938, il a envahi l'Autriche et réalisé l'*Anschluss*. Sur fond d'expansion de l'espace vital allemand à l'Est, Hitler veut d'abord rattacher au Reich les minorités allemandes intégrées au sein d'autres États. Parmi elles figurent les Sudètes, Allemands de Tchécoslovaquie. Ceux-ci représentent 23 % de la population, concentrés dans une région de Bohême très stratégique parce qu'industrielle et fortifiée. Durement frappés par la grande crise et séduits par l'Allemagne nazie, les Sudètes se sont peu à peu radicalisés sous l'égide du leader pro-nazi Conrad Henlein. Aux élections de 1935, son parti est devenu la première force tchécoslovaque. Au lendemain de l'*Anschluss*, les députés sudètes réclament l'autonomie et quelques semaines plus tard, alors qu'Henlein annonce un programme de revendications en huit points, Hitler révèle secrètement à ses collaborateurs son intention irrévocable d'attaquer la Tchécoslovaquie.

Or, ce pays est très symbolique. Devenu indépendant à l'issue de la Première Guerre, après l'effondrement de l'Empire austro-hongrois, peuplé de deux nationalités principales, les Tchèques, dominants, et les Slovaques, plus pauvres et plus ruraux, il compte des minorités allemande, hongroise, ruthène et polonaise. À la fin des années trente, il

1 Voir les introductions aux discours n° 16 et 18.

est le seul pays de la région à rester démocratique et, géographiquement, entrave l'expansion allemande à l'Est. Par ailleurs, Hitler considère la « ligne Maginot » tchèque comme une menace et sait que le pays dispose d'une bonne armée. Pour les démocraties occidentales, Prague est l'un des derniers symboles du système de Versailles et, pour la France, c'est une alliée. Depuis 1924 en effet, les deux pays sont unis par un traité d'alliance et d'amitié et, depuis Locarno, ils sont censés se prêter aide et assistance en cas d'attaque allemande contre l'un des deux. En mai 1935, France et Tchécoslovaquie ont, en outre, signé en parallèle des pactes bilatéraux avec l'URSS mais la France a obtenu que l'assistance de Moscou à Prague soit subordonnée à celle de Paris. Contrairement à Londres, qui n'a aucun accord avec la Tchécoslovaquie, la France a donc contracté envers elle d'importantes obligations.

La crise de septembre 1938

Dès mai 1938, tout s'emballe. Un bras de fer commence entre Henlein et les autorités tchécoslovaques, sur fond d'agitation en région sudète. Prudemment, Français et Britanniques conseillent au président Beneš de négocier. Divers plans proposés par Prague et allant jusqu'à l'autonomie interne des Sudètes sont refusés alors qu'un émissaire anglais, Lord Runciman, tente, lui aussi, d'obtenir une solution et propose que des concessions soient faites à Henlein. Alors que son alliée est mise en difficultés, la France reste en retrait. Le 12 septembre, la crise s'internationalise avec le discours prononcé par Hitler au congrès de Nuremberg : de manière habile, celui-ci réaffirme, une fois encore, son désir de paix mais, sans plus de précisions, déclare qu'il prend en main le sort des Sudètes prétendument opprimés. De nouveau, dans le camp des démocraties, c'est l'Angleterre qui se montre la plus active avec pour ambition de sauver le paix. L'*appeasement* est son credo et le Premier ministre Neville Chamberlain le développe en rencontrant Hitler à deux reprises. Même s'il lui faut compter avec l'opposition des travaillistes et d'une partie des conservateurs, menés par Churchill, le gouvernement de Londres veut ménager l'Allemagne qui n'est pas voisine géographiquement, qui est le quatrième meilleur client du pays et dans laquelle il voit un contrepoids au communisme. Hitler joue de cette situation et réclame d'importantes cessions de territoires. Le gouvernement français, lui, est plus divisé : une aile dure est décidée à ne plus rien céder à Hitler et plaide le ferme soutien à l'allié tchécoslovaque. Mais une autre ligne, qui va l'emporter, celle du ministre des Affaires étrangères Georges Bonnet, est, comme Londres, partisane de l'*appeasement*. Le président du Conseil radical, Édouard Daladier, parle plutôt de répit mais le résultat est le même. Comme il est persuadé que les Français ne sont pas prêts à la guerre, il va tout faire pour l'éviter. En effet, l'immense majorité de l'opinion qui ne s'est jamais remise de la Grande Guerre et de la terrible saignée qu'elle a constitué pour la France, est profondément pacifiste et décidée à tout pour éviter un conflit. Il s'agit d'un élément de poids pour comprendre ce qui se produira à Munich.

Cependant, les dernières exigences formulées par Hitler le 23 septembre 1938 – exigences qui démembrent la Tchécoslovaquie – ne peuvent être acceptées par Paris. La France commence à mobiliser tandis que Londres met sa flotte en alerte et que Hitler annonce la mobilisation pour le 28. On est alors à deux pas de la guerre et l'opinion française est en ébullition. Depuis Washington, le président Roosevelt suggère alors la tenue d'une conférence entre Européens. Londres demande à Mussolini, allié de Hitler au sein de l'Axe Rome-Berlin, de s'entremettre en ce sens. Paris, qui ne peut agir seule sur le plan militaire et ne le souhaite pas réellement, accepte une rencontre à quatre en Allemagne, à Munich, entre Daladier, Chamberlain, Mussolini et Hitler. Ni Staline, ni surtout Beneš, le principal intéressé, ne sont invités. C'est donc sans le président tchécoslovaque, qui démissionnera d'ailleurs le 5 octobre, que va se discuter le sort de la Tchécoslovaquie. La conférence de Munich débute dans l'après-midi du 29 septembre et s'achève dans la nuit du 30 septembre au 1er octobre sur un accord qui, pratiquement, satisfait toutes les demandes de Hitler : celui-ci annexera les territoires à majorité allemande et l'on organisera des plébiscites dans les zones mixtes ; seules Paris et Londres garantissent les nouvelles frontières tchécoslovaques, Rome et Berlin disant vouloir attendre que soit réglé le sort des minorités polonaise et hongroise. Cherchant à ne pas se démarquer de la Grande-Bretagne, Édouard Daladier n'a guère défendu âprement son alliée qu'il laisse amputée et offerte à toutes les ambitions de ses voisins.

Édouard Daladier face à l'opinion française

L'homme qui rentre en France par la voie des airs le 1er octobre 1938 a déjà une longue carrière politique derrière lui. Fils d'un artisan du Vaucluse, agrégé d'histoire, Édouard Daladier (1884-1970) a combattu à Verdun et connaît donc parfaitement la mentalité des anciens combattants français. Député radical du Vaucluse dès 1919, il appartient à l'aile gauche d'un parti qu'il préside à plusieurs reprises et, tonitruant et énergique, a acquis le surnom de « Taureau du Vaucluse ». Il a entamé sa carrière ministérielle en 1924, sous le cartel des gauches, et l'a poursuivie sous le « néo-cartel » dès 1932. Président du Conseil de janvier à octobre 1933, il a retrouvé ce poste le 30 janvier 1934 mais a dû démissionner au lendemain des émeutes du 6 février. Il s'est alors employé à intégrer le parti radical dans le Front populaire antifasciste. Dès la victoire de celui-ci, il a été désigné au ministère de la Défense nationale et de la Guerre, où il a lancé un plan de réarmement axé sur le renforcement de l'artillerie lourde. En avril 1938, prenant acte de la mort du Front populaire, il a formé un gouvernement sans les socialistes mais avec le centre-droit.

Conscient que Munich est un échec mais persuadé que la conjoncture empêchait d'obtenir mieux, Daladier rentre en France avec l'intention de se battre pour y faire ratifier les accords. Lorsqu'il débarque à l'aéroport du Bourget, il est persuadé d'être accueilli sous les huées pour avoir sacrifié un pays allié au Führer et affiche un visage fermé. Mais c'est sans compter sur le désir qu'ont les Français de conserver la paix quel qu'en soit le prix. Ceux qui se sont déplacés réservent un triomphe à Daladier et cinq cent mille personnes sont massées sur le parcours qui le conduit en voiture jusqu'au ministère de la Guerre. Un peu plus tard, un livre d'or rassemblera les témoignages de reconnaissance d'un million de Français tandis que deux journaux ouvriront une souscription pour offrir à Neville Chamberlain « une maison de la paix sur un coin de terre de France ». À tête reposée, dans le premier sondage politique réalisé en France, 57 % des personnes interrogées se diront favorables aux accords de Munich qui, croit-on, ont préservé l'essentiel.

Les « esprits de Munich »

À la Chambre, où le débat de ratification a lieu le 4 octobre, Daladier ne rencontre presque aucune opposition. Ceux que l'on appellera les « anti-Munichois » se résument, dans l'assemblée, aux élus communistes, à un socialiste rompant la discipline du parti et au nationaliste Henri de Kérillis, soit 75 députés sur 610. Le discours du président du Conseil, aujourd'hui cité comme un exemple flagrant d'aveuglement, est largement applaudi. *Nous avons sauvé la paix*, lance Daladier à son auditoire, qualifiant l'événement de *victoire effective*, *morale* et *humaine* tout en évoquant les *garanties et les avantages* qu'auraient obtenus Londres et Paris. Plus encore, et sans que l'on sache réellement dans quelle mesure il en est persuadé, il vante, sous les acclamations, l'*amour identique* pour la paix des peuples français, britannique, allemand et italien. Mais dans un second temps, et sous les mêmes applaudissements, Daladier annonce son intention de défendre activement cette paix en ne cautionnant ni l'abandon ni l'insouciance mais en suscitant un esprit d'énergie, de dynamisme et de redressement dans tout le pays.

Ce disant, Édouard Daladier se positionne en « Munichois d'attente », selon la classification de Jean-Pierre Azéma, pour lequel il n'existe pas un mais plusieurs « esprits de Munich »[2]. Les « munichois d'attente » sont ceux qui acceptent les accords comme un répit permettant à la France de rattraper le temps perdu par rapport à l'Allemagne et c'est bien ce qu'exprime le discours en deux volets du président du Conseil. On trouve, en outre, des « munichois d'occasion », c'est-à-dire des hommes qui traditionnellement sont partisans d'une politique de fermeté face à l'Allemagne mais qui, confrontés à l'imminence d'une guerre, ont reculé et souscrit à une paix peu reluisante. Léon Blum, qui dit se sentir partagé entre un *lâche soulagement et la honte*, est de ceux-là, comme nombre de démocrates-chrétiens et quelques conservateurs. Il existe également des « Munichois de conviction », partisans d'un *appeasement* à l'anglaise et désireux de conserver un équilibre entre Berlin et Moscou. Ceux-ci se recrutent au sein des radicaux de droite, des pacifistes socialistes et de la droite. Il y a enfin les « ultra-Munichois » qui, à l'extrême-droite, resteront persuadés jusqu'au bout qu'il ne faut en aucun cas risquer la guerre pour l'Europe centrale au risque de voir la civilisation occidentale disparaître au profit du bolchevisme. Un homme comme Charles Maurras, maître de l'Action française, est et restera germanophobe mais, à ses yeux, l'Allemagne de Hitler constitue le rempart contre Staline. Répondant à des convictions et à des motivations très différentes et parfois contradictoires, les divers « Munichois » vont se rejoindre pour voter la confiance à Daladier et ratifier les accords. Munich a fait éclater les clivages traditionnels de la IIIe République.

La fin des illusions

Le répit sera de courte durée. Au moment où Daladier s'exprime à la Chambre des députés, la Pologne a, depuis trois jours, pris sa part du gâteau tchécoslovaque en annexant la région de Teschen, essentiellement peuplée de Polonais. Les revendications

---

2 Jean-Pierre Azéma, *Nouvelle histoire de la France contemporaine. 14. De Munich à la Libération 1938-1944*, Paris, Le Seuil, 1979, p. 20-21.

territoriales hongroises seront, elles, satisfaites début novembre. Quelques mois plus tard, le 15 mars 1939, les troupes allemandes entrent à Prague, signant le démembrement total et la disparition de la Tchécoslovaquie. Alors que les plus pacifistes ne désarment pas, les gouvernements français et britannique, conscients que Munich a fait faillite, préparent désormais leurs opinions à la guerre.

Mais en « Munichois d'attente », Édouard Daladier a pris, dès octobre 1938, les mesures qu'il juge nécessaires pour renforcer les capacités de défense françaises : il mène, avec l'aide de son nouveau ministre des Finances Paul Reynaud, une politique économique plus libérale, notamment en assouplissant la semaine de quarante heures, porte toute son attention sur le secteur des industries d'armement, obtient le retour de capitaux exilés depuis le Front populaire et renforce l'entente avec Londres. Le 3 septembre 1939, deux jours après l'invasion de la Pologne, les deux pays déclarent la guerre à l'Allemagne. Daladier reste président du Conseil jusqu'en mars 1940, ministre de la Guerre jusqu'en mai et membre du gouvernement jusqu'au 6 juin. Il n'est plus au pouvoir lorsque la France demande l'armistice et tente de fuir sur le *Massilia* au moment où sont votés les pleins pouvoirs à Pétain. Arrêté par le régime de Vichy, traduit par lui au procès de Riom comme responsable de la défaite française, il s'y défend de façon aussi convaincante que Léon Blum et, au printemps 1943, est, comme lui, déporté en Allemagne. Mais aux yeux de l'opinion française, tout ceci importe peu : Daladier est et restera l'homme de Munich, celui qu'elle va détester autant qu'elle l'a naguère encensé. S'il est réélu député de 1946 à 1958, il n'obtiendra plus jamais de poste ministériel. Sa carrière d'homme d'État a symboliquement pris fin en Bavière, une nuit d'automne 1938.

NOUS AVONS SAUVÉ LA PAIX

[…]

Messieurs, au cours des semaines que nous venons de vivre, le monde a pu se demander avec angoisse s'il n'allait pas être précipité dans la guerre. Aujourd'hui, venant vous rendre compte de notre action, je peux vous dire que, dans cette crise, nous avons sauvé la paix. […]

Victoire effective de la paix, victoire morale de la paix, voilà le premier point que je tiens à mettre en évidence. Victoire humaine également. […]

Et maintenant, messieurs, pourquoi avons-nous réussi à arrêter la guerre, au moment même où elle semblait prête à se déchaîner ? Pourquoi, en regard des sacrifices réels que nous avons consentis, avons-nous pu mettre à notre actif un certain nombre de garanties et d'avantages non moins réels, que je viens d'exposer devant vous ?

Parce que, dans ces négociations difficiles, nous avons toujours manifesté notre volonté de justice et notre loyauté. Parce que nous avons négocié comme des hommes pour lesquels la négociation n'était pas seulement une phase inévitable de ce grand drame international, mais le véritable chemin de la paix.

Je dois ajouter tout de suite, avec la même certitude, que si notre négociation a réussi, nous le devons avant tout au fait que nous l'avons appuyée sur le témoignage de notre force. Que l'on m'entende bien : je ne veux pas dire que notre force a été un moyen d'intimidation ou de pression. On ne peut pas plus penser à intimider l'Allemagne que l'on ne peut penser à intimider la France. Mais faire la preuve de sa force, c'est se mettre en mesure de discuter d'égal à égal. [...]

Sans doute, messieurs, les conceptions que nous, Français, nous avons de la vie diffèrent-elles profondément des conceptions qui animent l'Allemagne et l'Italie d'aujourd'hui. Mais d'autres pays, dont les conceptions sont aussi différentes des nôtres, vivent avec nous en bonne intelligence.

Quelles que soient les formes du régime qu'ils se sont donné, les peuples ont pour la paix un amour identique (*Très bien ! très bien !*) et ce qui importe, à l'heure présente, c'est de réunir toutes les bonnes volontés pacifiques qui existent à travers le monde. [...]

Vous avouerai-je enfin, messieurs, que, l'autre jour, en arrivant au Bourget, au milieu de cette joie spontanée du peuple de Paris qui répondait, dans l'espace, à la joie des peuples de Berlin, de Rome et de Londres, je n'ai pu m'empêcher de ressentir une sorte d'inquiétude ? Je pensais que la paix n'est pas une conquête définitive, mais qu'elle doit être défendue chaque jour. (*Très bien ! très bien !*)

[...]

La paix sauvée ne saurait être le signal de l'abandon. (*Vifs applaudissements.*) Elle doit marquer, au contraire, un nouveau sursaut des énergies de la nation française.

Je vous le dis avec toute la force de conviction dont je suis capable : si le pays devait s'abandonner et si le maintien de la paix n'était pour lui qu'une raison d'insouciance, nous irions avec rapidité, avec plus de rapidité que vous ne pourriez le croire, à des lendemains redoutables. Je ne saurais, pour ma part – je vous le dis en toute cordialité et en toute franchise –, accepter de conduire la France vers ces lendemains.

Le bien le plus précieux, celui qui, en effet, permet toutes les espérances, nous a été conservé. Nous avons maintenu la paix ; sachons la garder et, surtout, sachons l'établir sur des bases inébranlables. (*Applaudissements.*)

Il est possible, comme certains l'ont écrit, qu'à Munich, le monde ait changé de face en l'espace de quelques heures.

Quoi qu'il en soit, il existe une certitude : c'est qu'il faut que la France réponde à une situation nouvelle en prenant un sentiment nouveau de ses devoirs. (*Vifs applaudissements.*)

[...]

25 – Winston Churchill
Du sang, de la peine, des larmes et de la sueur
&
26 – Winston Churchill
Ce fut leur plus belle heure

Le 30 janvier 1965, trois mille personnalités, dont six souverains, quinze chefs d'État et trente Premiers ministres, rendent un dernier hommage, en la cathédrale Saint-Paul de Londres, à un nonagénaire qui aura marqué de son empreinte l'histoire de son pays et du monde. Élu chef d'État du siècle par le magazine *Historia* et récemment promu « plus grand Britannique de tous les temps » par ses compatriotes, Winston Churchill doit sa célébrité tout autant à ses actes qu'à ses formules et à ses discours. Les deux textes retenus ci-dessous sont particulièrement évocateurs de la puissance et de l'influence que peuvent avoir les mots lorsqu'il s'agit d'affronter les heures les plus tragiques.

Rebelle et anticonformiste

Fils d'une Américaine et d'un futur député descendant du duc de Marlborough, Winston Leonard Spencer-Churchill (1874-1965) se fait d'abord remarquer par son indiscipline et son peu de goût pour les études : s'il sort – bien classé – officier de cavalerie de l'école militaire de Sandhurst, c'est après avoir échoué à deux reprises au concours d'entrée. Le début de sa carrière l'amène, comme officier ou correspondant de guerre, à Cuba, en Inde et au Soudan. En 1899, il échoue à se faire élire député conservateur et, parti couvrir comme journaliste la guerre des Boers, finit par y combattre héroïquement. Il rentre au pays auréolé d'une grande popularité militaire et littéraire. Il a déjà cinq livres à son actif et continuera à écrire toute sa vie, tant des romans que des témoignages ou des ouvrages d'histoire, ce qui lui vaudra, en 1953, le prix Nobel de Littérature.

Sa carrière parlementaire débute en 1900 : conservateur par tradition familiale, Churchill n'est pourtant pas homme à se laisser imposer des convictions. Très vite, il s'éloigne de la ligne du parti, notamment en s'opposant au protectionnisme économique, et, en 1904, il rejoint le camp libéral. En matière budgétaire comme en ce qui concerne l'autonomisme irlandais, il soutiendra souvent des propositions audacieuses voire radicales. D'abord pacifiste et peu méfiant vis-à-vis de l'Allemagne, il évolue en 1911, lors de la crise d'Agadir qui voit le Reich dépêcher une canonnière au Maroc, et lui qui fut vice-ministre des Colonies (1905-1908) puis ministre du Commerce (1908-1910) et de l'Intérieur (1910-1911) devient premier Lord de l'Amirauté. En 1915, alors que la guerre fait rage, il propose de lancer avec la France une expédition dans les Dardanelles pour dégager les Détroits, aux mains des Allemands et des Turcs, et assurer la liaison avec la Russie alliée. Mais l'expédition est mal préparée et menée avec des moyens trop faibles. Elle se solde par un désastre : trois cuirassés sont perdus et près de 250 000 soldats, dont 214 000 Britanniques, sont mis hors de combat. En décembre 1915-janvier 1916, la zone doit être évacuée. Jugé responsable du fiasco mais très largement exonéré par la suite, Churchill est poussé à la démission et part poursuivre la guerre comme officier de réserve sur le front français. Moins de deux ans plus tard, en juillet 1917, il revient au gouvernement comme ministre de l'Armement.

Durant l'entre-deux-guerres, il alterne les périodes de pouvoir et d'opposition. Ministre de la Guerre et de l'Air (1919-1921) puis des Colonies (1921-1922), il est ensuite battu lors de trois élections successives entre 1922 et 1924. Considérant comme une traîtrise le rapprochement des libéraux avec des travaillistes qu'il abhorre, Churchill retrouve les rangs du parti conservateur et, redevenu député, occupe le poste de chancelier de l'Échiquier de 1924 à 1929. Il y prend l'initiative d'un retour à l'étalon-or, provoquant la déflation, la hausse du chômage et un mouvement de grève inhabituellement long pour la Grande-Bretagne. Beaucoup, y compris au sein de son propre parti, le rendront responsable de la défaite électorale conservatrice de 1929. Durant les dix ans qui suivent, Winston Churchill sera simple député et fera entendre sa différence à la Chambre des Communes, en brocardant libéraux et travaillistes mais également en prenant fermement ses distances avec la ligne politique de son propre parti. Ses talents d'orateur font déjà merveille.

The right man in the right place

Au fil de sa carrière, Churchill a certes oscillé entre les partis libéral et conservateur mais il fut toujours un homme d'ordre. La montée en puissance du socialisme et du communisme l'effraie car ces idéologies sont profondément incompatibles avec ses propres convictions. Dans l'immédiat après-guerre, il s'est personnellement beaucoup investi dans une croisade antibolcheviste mais n'obtint pas le soutien de son Premier ministre pour un ferme engagement des troupes anglaises aux côtés des Russes blancs. Son rejet du marxisme et son goût pour l'autorité le poussent, par ailleurs, à soutenir un homme comme Mussolini jusqu'au milieu des années trente et à s'opposer ainsi aux sanctions votées contre lui par la SDN lors de la guerre d'Éthiopie. L'obsession de Churchill est de ne pas jeter l'Italie dans les bras d'une Allemagne nazie qu'il redoute presque autant que la Russie soviétique. En effet, Churchill a compris très tôt le danger que représente Hitler pour l'Europe. Par de nombreux discours enflammés et bien documentés, il se fait, aux Communes, le dénonciateur des faiblesses de l'armement britannique, le chantre de la fermeté face au Reich et l'adversaire décidé de la politique d'*appeasement* menée par le gouvernement. Il souhaiterait ainsi voir naître un « Conseil mondial antinazi ». En 1938, au lendemain des accords de Munich, il porte de rudes attaques : si le Premier ministre Chamberlain parle d'un gage de paix, Churchill, éternel Cassandre, dénonce un abandon de plus et accentue sa dissidence au sein du parti conservateur.

La menace de guerre devenant plus pressante, l'opinion publique anglaise qui jusque-là, avait plutôt condamné le « bellicisme » de Churchill, va désormais le considérer comme un recours possible. Le 15 mars 1939, au mépris des accords de Munich, l'Allemagne entre à Prague, transformant la Bohême et la Moravie en protectorats ; le 24 mars, elle annexe la ville de Memel sur la Baltique ; le 24 août, elle signe avec Moscou le pacte germano-soviétique et, le 1er septembre, pénètre en Pologne. Le 3, Londres et Paris déclarent la guerre à Berlin. Le même jour, répondant aux appels empressés de la population, Chamberlain nomme Churchill premier Lord de l'Amirauté, poste qu'il occupait au début de la Première Guerre. Mais les choses commencent plutôt mal : comme pour les Dardanelles en 1915, Churchill va échouer, en avril 1940, à investir la Norvège avant les Allemands pour « couper la route du fer ». Dans les deux cas, il a été trop optimiste et n'a pas pu compter sur le ferme appui de son chef de gouvernement. Désormais, Churchill en est persuadé : il lui faut devenir Premier ministre.

Le 10 mai 1940, alors que les troupes allemandes envahissent la Belgique, le Luxembourg et les Pays-Bas, il succède à Chamberlain, à la tête d'un cabinet d'union comprenant conservateurs « bellicistes » et d'*appeasement*, libéraux et travaillistes. Chef du gouvernement, Churchill est aussi ministre de la Défense nationale, un poste qu'il crée à sa mesure. Il s'agit pour lui d'insuffler à son équipe, à la Chambre des Communes et au pays tout entier la confiance et le courage nécessaires à la guerre sans leur cacher les difficultés à venir. C'est là tout le sens de son discours d'investiture, prononcé le 13 mai 1940 et passé à la postérité pour la célèbre phrase : *je n'ai rien d'autre à offrir que du sang, de la peine, des larmes et de la sueur*. Affirmant que la Grande-Bretagne doit être unie pour lutter jusqu'au bout contre la *monstrueuse tyrannie* nazie, il insiste déjà sur ce qui sera le cœur d'un autre discours : la simple *survie* est subordonnée à la victoire. Le peuple britannique est alors, comme tous les peuples européens, partagé entre l'envie de se battre, de vaincre et une forme de crainte, de défaitisme. Par sa force, son lyrisme et sa simplicité, le discours de Churchill contribue à le souder, à le dynamiser, à réveiller un courage présent jusque-là à l'état latent.

Un roc dans la tempête

Cinq semaines à peine séparent ce premier discours d'un autre morceau de bravoure oratoire resté célèbre. Durant ces cinq semaines vont se produire les capitulations des Pays-Bas et de la Belgique mais surtout la défaite de la France, après un effondrement aussi rapide qu'inattendu. Francophile, Churchill gardait confiance en l'armée française sans être réellement dupe de la propagande présentant celle-ci comme invincible. Or, dès la mi-mai, le haut-commandement français tout comme le président du Conseil Paul Reynaud lui font savoir qu'à leurs yeux, la « bataille de France » est perdue. Pendant près d'un mois, le Premier anglais va se dépenser sans compter pour soutenir le moral des Français et les maintenir à ses côtés dans la lutte : il traverse cinq fois la Manche, écrit plusieurs fois au président américain Roosevelt pour obtenir de lui un soutien, imagine divers plans comme une guerre de guérilla à Paris ou la création d'un réduit breton, plaide la poursuite de la guerre depuis l'Afrique du Nord et se dit personnellement prêt, si la France et la Grande-Bretagne sont envahies, à mener l'attaque depuis le Canada.

Mais les jours passant, le défaitisme gagne du terrain : le maréchal Pétain, vice-président du Conseil, et le général Weygand, chef d'état-major général, veulent conclure une paix séparée avec l'Allemagne, contrairement aux engagements pris par la France vis-à-vis de la Grande-Bretagne le 28 mars 1940. Le 13 juin, Reynaud lui-même semble décidé à baisser les bras. Mais Churchill refuse de délier la France de son serment et cherche désespérément sur quels Français s'appuyer : très vite, il ne trouve plus qu'un général encore méconnu, Charles de Gaulle, sous-secrétaire d'État à la Défense nationale. Sans se faire d'illusion, il accepte le projet d'Union franco-britannique proposé par Jean Monnet et le co-présente avec de Gaulle mais, ce même 16 juin, Pétain devient président du Conseil. Malgré un coup de téléphone très vif de Churchill, le vieux militaire demande l'armistice. Désormais, la Grande-Bretagne est seule à poursuivre la lutte.

L'honneur et l'avenir d'une civilisation

Déçu, amer, Churchill reste néanmoins décidé à combattre parce qu'il est persuadé qu'il y va du devenir de la Grande-Bretagne, du Commonwealth et de la *civilisation chrétienne* en général. Le 18 juin, alors que le général de Gaulle prononce un appel à la BBC avec son soutien, et cent vingt-cinq ans, jour pour jour, après la victoire britannique de Waterloo, le Premier anglais s'exprime à la Chambre des Communes et y livre un discours qui sera ensuite radiodiffusé. Il s'agit de combattre le défaitisme qui pourrait se répandre dans le pays après l'abandon français. Comme le 13 mai, les accents sont graves, dramatiques même. Churchill place son peuple devant une alternative : la victoire dans la douleur ou un retour aux ténèbres qui n'épargnera même pas les États-Unis. Il exhorte les Britanniques de 1940 à se comporter de telle sorte que l'on puisse dire d'eux, dans un millénaire : *This was their finest hour, Ce fut leur plus belle heure.*

Et, de fait, le plus dur était à venir. D'août 1940 à mai 1941, les Britanniques vont subir sans relâche les assauts de la *Luftwaffe*. Durant cinquante-sept jours, du 7 septembre au 3 novembre 1940, Londres va être pilonnée sans relâche, de même que de nombreuses villes industrielles comme Coventry, Birmingham, Liverpool ou Bristol. Hitler compte sur la supériorité numérique allemande – 1500 bombardiers et 1500 chasseurs contre 700 chasseurs britanniques – pour porter un coup fatal au moral des Anglais et susciter une pression populaire en faveur d'un armistice. Mais malgré les pertes en vies humaines et malgré les destructions, la volonté anglaise ne fléchira pas. Dès 1941, Hitler changera de tactique, délaissant la Grande-Bretagne pour préparer l'invasion de l'URSS. Les discours de Churchill auront joué un rôle évident dans l'abnégation montrée par son peuple.

DU SANG, DE LA PEINE, DES LARMES ET DE LA SUEUR

13 mai 1940

[...] Je voudrais dire à la Chambre comme je l'ai dit à ceux qui ont rejoint ce gouvernement : « je n'ai rien d'autre à offrir que du sang, de la peine, des larmes et de la sueur ». Nous avons devant nous une épreuve des plus douloureuses. Nous avons devant nous de très nombreux et longs mois de lutte et de souffrance. Vous me demandez quelle est notre politique ? Je vous dirai : c'est de faire la guerre, sur mer, sur terre et dans les airs, de toute notre puissance, et avec toute la force que Dieu pourra nous donner ; de faire la guerre contre une monstrueuse tyrannie, sans égale dans tout le sombre et lamentable registre des crimes de l'humanité. Telle est notre politique. Vous me demandez quel est notre but ? Je vous répondrai d'un mot : la Victoire ! la victoire à tout prix, la victoire en dépit de toutes les terreurs, la victoire, si long et difficile que puisse être le chemin ; car sans victoire, il n'est pas de survie. Réalisez bien cela : pas de survie pour l'Empire britannique, pas de survie pour tout ce que l'Empire britannique représente, pas de survie pour les efforts et les impulsions donnés au cours des siècles et selon lesquels l'humanité progresse vers son but. Mais j'assume cette tâche avec entrain et espoir. Je suis sûr qu'il ne sera pas infligé à notre cause d'échouer parmi les hommes. En cet instant, je me sens en droit de demander l'aide de tous, et je vous dis : « Venez donc, avançons tous ensemble avec la force de notre unité ! »

Ce fut leur plus belle heure

18 juin 1940

[…] Quoi qu'il puisse advenir en France, ou avec le gouvernement français, ou avec tout autre gouvernement français, nous, sur cette île et dans l'Empire britannique, nous ne perdrons jamais notre esprit de camaraderie avec le peuple français. S'il nous est maintenant demandé d'endurer ce qu'il a souffert, nous imiterons son courage, et si la victoire finale récompense nos efforts, il en partagera les fruits, oui, et la liberté sera restaurée pour tous. Nous ne retrancherons rien de nos justes demandes ; nous ne céderons rien, pas un iota. Les Tchèques, les Polonais, les Norvégiens, les Néerlandais, les Belges ont lié leur cause à la nôtre. Tous seront rétablis dans leurs droits.

Ce que le général Weygand a appelé la bataille de France est terminé. Je suppose que la bataille de Grande-Bretagne va commencer. De cette bataille dépend la survie de la civilisation chrétienne. Notre propre existence britannique en dépend, et la longue continuité de nos institutions et de notre Empire. Toute la violence, toute la puissance de l'ennemi va très bientôt se déchaîner contre nous. Hitler sait qu'il devra nous briser sur notre île ou qu'il perdra la guerre. Si nous parvenons à lui résister, toute l'Europe pourra être libre et la vie du monde pourra progresser vers de hautes terres, vastes, inondées de soleil. Mais si nous échouons, alors le monde entier, y compris les États-Unis, y compris tout ce que nous avons connu et aimé sombrera dans les abîmes d'un nouvel âge sombre rendu plus sinistre, et peut-être plus durable, par les lumières d'une science pervertie. Préparons-nous donc à faire notre devoir, et à nous conduire de telle sorte que si l'Empire britannique et son Commonwealth durent mille ans, les hommes diront encore : « Ce fut leur plus belle heure. »

27 – Charles de Gaulle
L'appel du 18 juin

18 juin 1940

Quoique leurs rapports aient souvent été tendus au fil de la Seconde Guerre, Charles de Gaulle et Winston Churchill ont, en juin 1940, bien des points communs. Tous deux incarnent l'espoir, le courage et le désir de poursuivre le combat loin de toute résignation. Le 18 juin, ils s'adressent tour à tour à leur peuple en ce sens. Mais si le message du Premier ministre Churchill a immédiatement produit ses effets et a été largement entendu par les Anglais, l'appel du général français n'a eu, sur le moment, qu'un écho limité, acquérant son rôle fondateur *a posteriori.*

Un militaire indépendant

Né à Lille dans une famille de la bourgeoisie intellectuelle catholique, formé à Paris puis en Belgique après l'expulsion des Jésuites consécutive à la loi de la séparation de l'Église et de l'État, Charles André Marie Joseph de Gaulle (1890-1970) entre à Saint-Cyr en 1909, en sort avec les honneurs trois ans plus tard et est d'abord affecté au 33e régiment d'infanterie d'Arras, sous les ordres du colonel Pétain. Durant la Première Guerre, il est blessé à trois reprises, la dernière lors de la bataille de Verdun en 1916. Il est ensuite fait prisonnier jusqu'au 11 novembre 1918 malgré cinq tentatives d'évasion. De 1919 à 1921, il contribue à former l'armée nationale polonaise puis devient chargé de cours à Saint-Cyr et ensuite à l'école supérieure de Guerre. Entre ses affectations à Trèves, à Mayence et au Liban, il est en poste à Paris : en 1925, il est détaché à l'état-major du maréchal Pétain, vice-président du Conseil supérieur de la Guerre et parrain de son fils, le futur amiral Philippe de Gaulle, et, en 1931, est affecté au secrétariat général de la Défense nationale.

Même s'il écrit et donne des conférences depuis les années vingt, c'est véritablement à partir de ce moment que ses articles et ouvrages, aux idées souvent novatrices, vont attirer l'attention des sphères politiques et militaires françaises sans pour autant les amener à en tenir compte. Dans *Le Fil de l'épée* (1932) et *Vers l'Armée de métier* (1934), de Gaulle insiste sur la nécessité de créer un corps de blindés susceptible de passer à l'offensive et souligne, dans ce cadre, l'importance d'une armée de professionnels à côté d'une armée de conscription. Mais il n'est pas compris : la plupart des hauts responsables civils et militaires restent fidèles aux schémas hérités de la Grande Guerre et certains, surtout à gauche, redoutent les potentielles dérives prétoriennes d'une armée de métier. Pourtant, quelques-uns sont convaincus, comme Paul Reynaud, qui sera président du Conseil au printemps 1940 et qui, dès 1934, fait de de Gaulle son conseiller militaire.

En 1937, Charles de Gaulle devient colonel et prend la tête d'un régiment de chars à Metz. Deux ans plus tard, lorsque la guerre éclate, il est nommé commandant des chars de la Ve Armée. Plus que jamais persuadé du bien-fondé de ses théories et des erreurs de l'état-major, il n'hésite pas, fin janvier 1940, à envoyer à quatre-vingts personnalités civiles et militaires un mémorandum très critique pour ses chefs, *L'Avènement de la force mécanique*, dans lequel il préconise d'allier chars et aviation. En vain. En mai 1940, il prend le commandement de l'une des divisions cuirassées finalement créées et remporte quelques succès face aux troupes allemandes. Le 5 juin, alors qu'il vient d'être nommé général de brigade à titre temporaire, il entre dans le cabinet Reynaud comme sous-secrétaire d'État à la Défense nationale et à la Guerre.

« Rien n'est perdu pour la France »

Au sein du gouvernement, de Gaulle est chargé d'une mission de coordination avec la Grande-Bretagne. Il s'y déplace à plusieurs reprises, rencontre Winston Churchill, sur lequel il fait forte impression, mais constate avec effarement la montée en puissance du parti de l'armistice, mené par le général Weygand, chef d'état-major général de l'armée, et par le vice-président du Conseil, le maréchal Pétain, dont il fut proche naguère mais avec lequel les liens se sont peu à peu distendus. Le dimanche 16 juin 1940, de Gaulle est à Londres pour y discuter d'un plan d'Union franco-britannique imaginé par Jean Monnet. En soirée, il est de retour à Bordeaux grâce à un biplan de la RAF et y apprend la démission de Reynaud et la désignation de Pétain comme président du Conseil. Il sait que dans quelques heures l'armistice sera demandé aux Allemands mais reste plus que jamais décidé, pour sa part, à continuer le combat. Paul Reynaud lui donne alors 100 000 francs prélevés sur les fonds secrets et lui assure qu'il fera préparer les passeports pour sa femme et ses deux filles. Avec son aide de camp Geoffroy de Courcel et escorté par le général britannique Spears, Charles de Gaulle décolle pour Londres le 17 juin à 9 heures et s'installe au 6, Seymour Place, près de Hyde Park, dans un appartement prêté par un Français. Dès l'après-midi, il rencontre Churchill qui aurait souhaité avoir à Londres un Français plus influent, comme Daladier ou Reynaud, mais se résigne et accepte de lui ouvrir la tribune de la BBC dès que Pétain aura effectivement demandé l'armistice, ce qui est chose faite en fin d'après-midi.

Toutefois, il va s'écouler plus de vingt-quatre heures avant que de Gaulle ne puisse prononcer son appel. Au sein du gouvernement anglais en effet, beaucoup souhaitent ne pas se couper définitivement de la France officielle incarnée par Pétain, d'autant que les Allemands n'ont pas encore accepté l'armistice qu'il leur a demandé. Mais Churchill tient bon : de Gaulle parlera et, dans le même temps, une mission anglaise sera envoyée à Bordeaux. L'appel est lancé le 18 en fin de journée : avant tout aux militaires français et aux ouvriers spécialisés des industries d'armement, il s'adresse en fait à l'ensemble du peuple français, soulignant que la lutte peut et doit continuer, que la guerre sera mondiale et que l'Empire peut être une base de reconquête. Comme Churchill, de Gaulle cherche à galvaniser son peuple mais, à la différence du Premier ministre anglais, il ne possède alors aucune légitimité réelle.

Des recherches récentes ont mis en évidence plusieurs variantes de l'appel, les Britanniques ayant obtenu certaines édulcorations durant la journée du mardi 18 juin. Le texte passé à la postérité et qui est reproduit ici commence par deux phrases accusatrices contre le nouveau gouvernement français. Or, celles-ci n'ont pas été prononcées par de Gaulle à la BBC, pas plus d'ailleurs que la dernière phrase : *demain, comme aujourd'hui, je parlerai à la radio de Londres.* L'enregistrement de l'appel n'a pas été conservé mais les notes prises sur le vif par les services secrets suisses et le texte publié le lendemain par *Le Petit Provençal*, quotidien français paraissant en zone libre, sont éclairants. Selon ces deux versions indépendantes, de Gaulle n'a pas accusé le gouvernement français de trahison et a au contraire souligné que celui-ci s'est engagé à poursuivre la lutte si les conditions d'armistice allemandes étaient *contraires à l'honneur, à la dignité et à l'indépendance de la France.* Sous la pression britannique, de Gaulle a donc rongé son frein. Cependant, il obtient que les journaux anglais du lendemain publient bien la mouture originelle et non adoucie. C'est elle qui, dès l'origine, figure dans les collections polycopiées des discours du Général.

Des répercussions à moyen terme

Célébré comme l'acte fondateur de la France libre dès 1941 et aujourd'hui mythique, l'« appel du 18 juin » a pourtant été peu entendu le soir même. Les Anglais étaient alors suspendus aux lèvres de Churchill[1] et très peu de Français écoutaient la BBC. Toutefois, le lendemain, mercredi 19 juin, quelques Français de Londres, militaires ou civils, se présentent à Seymour Place pour se mettre à la disposition du général de Gaulle et, bientôt, l'appel est placardé dans la ville sous forme d'affiche. En France, il est reproduit dans plusieurs journaux de la zone libre datés du 19 juin, tant à Lyon qu'à Marseille. Si certaines personnalités de premier plan comme l'ancien ministre Pierre Mendès France, le journaliste Maurice Schumann ou le gouverneur d'Afrique équatoriale française Félix Eboué ont bien entendu l'« appel du 18 juin », beaucoup de Français se persuaderont *a posteriori* d'avoir été dans le même cas, alors qu'en réalité ils l'ont simplement lu ou ont entendu des messages postérieurs. Le 22 puis le 24 juin, de Gaulle reprend, en effet, le micro de la radio anglaise pour de nouvelles invitations à la résistance. À ce moment, les Français sont très majoritairement convaincus de la défaite de leur pays et enclins à faire confiance au maréchal Pétain, l'homme de Verdun. Les premiers ralliements sont donc limités et sont freinés par l'amertume dès le 3 juillet, date à laquelle la flotte française mouillant à Mers el-Kébir est coulée par les Anglais : ceux qui rejoignent de Gaulle sont des rescapés de Dunkerque et des anciens combattants de Narvik harangués à Trentham Park, la 13e demi-brigade de la Légion étrangère, 133 marins de l'île de Sein et des jeunes gens arrivés clandestinement des ports français de l'Ouest sur des bateaux de pêche ou des barques, mais aucun « grand chef » de l'armée, alors que de Gaulle envisageait de s'effacer derrière un nom plus prestigieux. Dès le 19 juin, il est rappelé en France par Weygand mais refuse d'obtempérer.

---

[1] Voir l'introduction aux discours n° 25 et 26.

Il est alors rétrogradé et mis à la retraite. Le 26 juin, le tribunal militaire de Toulouse le condamnera à quatre ans d'emprisonnement et, en août 1940, celui de Clermont-Ferrand prononcera une sentence de mort.

Pour de Gaulle, à Londres puis à Alger, la guerre va s'avérer une longue lutte, contre les Allemands, contre Vichy mais aussi pour se faire reconnaître comme le représentant légitime de la France par les Alliés et préparer le retour de son pays parmi les grandes puissances. Si, dès le 28 juin 1940, Londres le reconnaît comme le chef de tous les Français qui se rallieront à la cause alliée et si, le 7 août, des accords avec Churchill donnent un statut à la France libre, celle-ci n'est en rien reconnue à l'égal des États alliés dont les gouvernements se sont réfugiés à Londres ; les Britanniques puis les Anglo-Saxons en général maintiendront longtemps des relations avec Vichy. En 1941, de Gaulle sera contraint à accepter, sous pression anglaise, l'indépendance future de la Syrie et du Liban ; en novembre 1942, il ne sera pas averti du débarquement en Afrique du Nord ; en 1944, il évitera de justesse à la France un AMGOT, gouvernement militaire allié des territoires occupés, et ne sera reconnu comme chef du gouvernement provisoire de la République française par Londres et Washington que le 23 octobre 1944. Jusqu'au bout, il aura pâti de sa réputation d'électron libre, de rebelle incontrôlable, dont l'« appel du 18 juin » fut sans doute l'une des manifestations les plus éclatantes.

L'appel du 18 juin

Les chefs qui, depuis de nombreuses années, sont à la tête des armées françaises, ont formé un gouvernement.

Ce gouvernement, alléguant la défaite de nos armées, s'est mis en rapport avec l'ennemi pour cesser le combat.

Certes, nous avons été, nous sommes submergés par la force mécanique, terrestre et aérienne de l'ennemi.

Infiniment plus que leur nombre, ce sont les chars, les avions, la tactique des Allemands qui nous font reculer. Ce sont les chars, les avions, la tactique des Allemands qui ont surpris nos chefs au point de les amener là où ils en sont aujourd'hui.

Mais le dernier mot est-il dit ? L'espérance doit-elle disparaître ? La défaite est-elle définitive ? Non !

Croyez-moi, moi qui vous parle en connaissance de cause et vous dis que rien n'est perdu pour la France. Les mêmes moyens qui nous ont vaincus peuvent faire venir un jour la victoire.

Car la France n'est pas seule. Elle n'est pas seule ! Elle n'est pas seule ! Elle a un vaste Empire derrière elle. Elle peut faire bloc avec l'Empire britannique qui tient la mer et continue la lutte. Elle peut, comme l'Angleterre, utiliser sans limite l'immense industrie des États-Unis.

Cette guerre n'est pas limitée au territoire malheureux de notre pays. Cette guerre n'est pas tranchée par la bataille de France. Cette guerre est une guerre mondiale. Toutes les fautes, tous les retards, toutes les souffrances n'empêchent pas qu'il y a, dans l'univers, tous les moyens pour écraser un jour nos ennemis. Foudroyés aujourd'hui par la force mécanique, nous pourrons vaincre dans l'avenir par une force mécanique supérieure. Le destin du monde est là.

Moi, général de Gaulle, actuellement à Londres, j'invite les officiers et les soldats français qui se trouvent en territoire britannique ou qui viendraient à s'y trouver, avec leurs armes ou sans leurs armes, j'invite les ingénieurs et les ouvriers spécialistes des industries d'armement qui se trouvent en territoire britannique ou qui viendraient à s'y trouver, à se mettre en rapport avec moi.

Quoi qu'il arrive, la flamme de la résistance française ne doit pas s'éteindre et ne s'éteindra pas.

Demain, comme aujourd'hui, je parlerai à la radio de Londres.

28 – Maréchal Pétain
Message aux Français. L'ordre nouveau
&
29 – Maréchal Pétain
J'entre aujourd'hui dans la voie de la collaboration

Célébré dès 1916 et non sans exagération comme « le vainqueur de Verdun », rappelé en 1940 comme un talisman puis, bientôt, vénéré comme le sauveur de la France, honni enfin en 1945 et déporté sur l'île d'Yeu où il mourra, Philippe Pétain (1856-1951) avait pourtant vécu les soixante premières années de sa vie dans un relatif anonymat. C'est à l'heure où d'autres songent à la retraite qu'il a réellement commencé sa carrière publique. Du sommet de l'armée au sommet de l'État, il a tenté de faire prévaloir ses idéaux d'ordre et de traditionalisme, même quand le prix à payer était la collaboration avec l'occupant. Incarnation d'une période noire de l'histoire de France, il conserve néanmoins ses fidèles : ceux pour lesquels il a su éviter le pire en 1940 et ceux qui ne voient en lui que l'homme de Verdun et attendent toujours le transfert de sa dépouille au fort de Douaumont.

De Verdun à Vichy

Né en Artois dans une famille paysanne aisée, formé par l'enseignement catholique, Philippe Pétain sort de Saint-Cyr en 1878 dans les profondeurs du classement. Sa carrière militaire est lente mais il est néanmoins appelé à enseigner un temps à l'école de Guerre. La Première Guerre mondiale lui permet de gravir rapidement les échelons grâce à ses talents de tacticien. Général de brigade en août 1914, il est, un an plus tard, à la tête de la IIe Armée. S'il ne défend réellement Verdun que durant une petite partie de la bataille, de février à mai 1916, son nom restera indissociablement associé à la victoire parce qu'il a su rendre le moral aux troupes, les diriger avec humanité et organiser la « voie sacrée » qui permit l'arrivée de renforts et de matériel. En mai 1917, il devient général en chef des armées françaises et prend en charge la répression des mutineries. Il autorise à fusiller pour l'exemple mais parvient néanmoins à calmer les troubles sans déroger à sa réputation de modération. À l'issue du conflit, il est fait maréchal, comme Joffre et Foch, mais, dès le début des années trente, il est le seul des trois encore en vie, ce qui renforce sa popularité.

De 1920 à 1931, il est vice-président du Conseil supérieur de la Guerre puis, dès 1922, inspecteur général de l'armée, ce qui signifie qu'il a la haute main sur elle, qu'il serait automatiquement généralissime en cas de guerre et qu'il peut modeler l'armée en fonction de ses options personnelles. Celles-ci sont essentiellement défensives et le poussent à privilégier un système de fortifications, qui sera la ligne Maginot, même s'il ne nie pas l'importance du char et de l'aviation, chers au cœur de son élève de Gaulle. Après avoir été, de 1931 à 1934, inspecteur de la Défense aérienne du territoire, Pétain est appelé par Gaston Doumergue, président du Conseil après les émeutes du 6 février, pour occuper durant quelques mois le ministère de la Guerre. De plus en plus, il fait figure de recours possible pour une certaine droite que séduisent ses projets de redressement moral. En mars 1939, il est considéré comme l'homme le plus apte à renouer les liens avec l'Espagne devenue nationaliste. Lui qui, comme Franco, avait été l'un des grands hommes de la guerre du Rif en 1925-1926, est nommé ambassadeur auprès du nouveau régime.

Un an plus tard, il est rappelé à Paris et, le 18 mai 1940, devient vice-président du Conseil. Alors que l'effondrement militaire français a commencé, pour avoir suivi une tactique dont Pétain avait jadis posé les bases, le président du Conseil Reynaud escompte du Maréchal qu'il rassure les Français et remonte le moral des troupes en les exhortant à se battre pied à pied. Mais très vite, Pétain est persuadé que la partie est perdue, que le Reich l'emportera sur la France comme sur la Grande-Bretagne et qu'il faut donc demander l'armistice pour ensuite mieux reconstruire et régénérer le pays. Aux yeux de Pétain, la France a failli moralement et politiquement et elle n'expiera ses fautes que dans le cadre d'une profonde remise en question. Il refuse, en outre, de continuer la guerre depuis l'Afrique du Nord et d'abandonner le sol national. Le 16 juin, sa ligne est majoritaire à Bordeaux, dans les allées du pouvoir, et le 17, il est désigné comme président du Conseil. L'armistice est demandé aux Allemands le jour même et signé le 22 juin. Comme il place Bordeaux dans la zone occupée, le gouvernement se déplace à Vichy, dans l'Allier, ville d'eaux aux nombreux grands hôtels fonctionnels.

La « révolution nationale »

Avec l'appui de Pierre Laval, qui est le grand maître d'œuvre du processus, Pétain obtient, le 10 juillet 1940, les moyens politiques nécessaires pour mener à bien sa refonte de la France. Ce jour-là, dans le Grand Casino de Vichy, les députés et les sénateurs lui accordent les pleins pouvoirs par 549 voix contre 80. La république est ainsi abrogée. Au sein de l'État français qui lui succède, le chef de l'État exerce les pouvoirs législatif et exécutif, le Conseil des ministres devient consultatif et ses membres ne sont plus responsables devant les Chambres, par ailleurs ajournées. La « révolution nationale », autoritaire, antidémocratique et antiparlementaire par essence, allait pouvoir se déployer. Bien que Pétain eût préféré les termes de redressement ou de rénovation, c'est bien celui de révolution qui s'est imposé, pour couronner une expression en vogue dans les milieux de droite depuis de nombreuses années.

Le message radiodiffusé du 11 octobre 1940 en explique les fondements et les objectifs. S'il a été corrigé et repris par Pétain, son auteur principal est Gaston Bergery, ancien député radical, fondateur, après 1934, du « frontisme », un mouvement visant à rassembler au-delà des partis sur un programme de socialisme national. C'est lui qui donne sa tonalité sociale au discours. À la radio, le discours est lu par Jean-Louis Tixier-Vignancour, en charge de l'Information. Le texte commence par faire le procès de la IIIe République, particulièrement depuis 1918 et, plus encore, depuis 1936, année symbolique de la victoire du Front populaire, sur lequel il prétend néanmoins ne pas vouloir prendre de revanche. Mais plus fondamentalement encore, il remet en cause les grands principes de 1789 et entend, par une sorte de contre-révolution, leur substituer de nouvelles valeurs. En politique étrangère, Pétain souhaite que la France se libère des *amitiés et inimitiés traditionnelles* et, notamment, qu'elle revoie ses rapports avec l'Allemagne dans le cadre de ce qu'il appelle une paix *de collaboration*. Toutefois, c'est surtout sur les questions intérieures que le discours s'étend. Le Maréchal entend promouvoir une *hiérarchie sociale* : il met en évidence la nécessité d'une harmonie entre autorité et liberté, fait du travail et du devoir les socles de l'édifice et plaide pour l'établissement du corporatisme et d'une économie organisée et contrôlée qui puisse réguler le libéralisme. Désormais, les droits individuels seront subordonnés aux devoirs envers la communauté naturelle, qu'il s'agisse de la patrie, de la famille ou du métier.

Le triptyque *Travail, Famille, Patrie* reste aujourd'hui très symbolique du régime de Vichy, même si, dans le discours du 11 octobre, le deuxième terme de la devise est négligé par rapport aux deux autres. En effet, le pan « moral » de la « révolution nationale » n'est pas à mettre à l'actif de Bergery et des dissidents de gauche mais d'autres inspirateurs, issus des milieux catholiques et conservateurs auxquels Pétain lui-même appartient. En cela, le régime n'est pas un, mais divers et parfois même contradictoire. Le programme développé le 11 octobre 1940 est indissociable d'autres priorités : la valorisation du travail manuel et du retour à la terre, l'exaltation du rôle traditionnel de la femme, épouse et mère avant tout, la promotion des familles nombreuses, soutenues financièrement, et, dès 1942, la peine de mort appliquée aux avorteurs, mais également la révision des naturalisations opérées depuis 1927, la mise à l'écart des « mauvais Français », comme les francs-maçons, et les deux statuts des Juifs, du 3 octobre 1940 et du 2 juillet 1941.

Montoire et la collaboration

Moins de vingt jours après le message du 11 octobre, Pétain s'adresse de nouveau aux Français pour leur rendre compte d'un entretien qu'il vient d'avoir avec Hitler et qui, comme il le reconnaît lui-même, a suscité un certain remous parmi les Français. Si beaucoup, en effet, se sont ralliés à la « révolution nationale » par conviction ou par résignation et vouent souvent un véritable culte à la personne du Maréchal, la germanophobie reste profonde dans le pays et l'on ne souhaite guère faire de l'occupant un partenaire. C'est la raison pour laquelle Pétain doit justifier avec force arguments l'épisode de Montoire, du nom de la petite ville du Vendômois qui a abrité la rencontre franco-allemande. Les vrais organisateurs de l'événement sont, en fait, Pierre Laval et l'ambassadeur allemand Otto Abetz mais c'est clairement la France qui est demandeuse d'un accord, Hitler n'ayant alors rien à espérer ni à réclamer puisqu'il contrôle totalement la situation même s'il est en passe de perdre la bataille d'Angleterre. Vichy, en revanche, voudrait obtenir un assouplissement des clauses de l'armistice. En effet, celles-ci ont été imposées sans discussion par le Reich et sont extrêmement sévères : si elles laissent à la France son Empire et sa flotte, elles lui imposent l'abandon de l'Alsace et de la Lorraine mosellane ainsi que l'occupation d'une large partie du territoire, la plus riche, en mettant les frais d'occupation à sa charge, et stipulent que les prisonniers de guerre français resteront détenus jusqu'à la paix.

Le 22 octobre 1940, Hitler rencontre Laval à Montoire et lui propose de voir Pétain le 24, au retour d'Hendaye où il doit s'entretenir avec Franco. Pour la France, la double entrevue de Montoire n'apporte rien de très concret : les Allemands ne cèdent pratiquement rien sur les conditions de l'armistice, si ce n'est la libération de quelques dizaines de milliers de prisonniers, et aucun statut concernant les relations franco-allemandes n'est élaboré. La France obtient en fait l'assurance verbale de participer à la « nouvelle Europe » sous domination allemande et accepte, selon les mots de Pétain, d'entrer *dans la voie de la collaboration*, ce terme ayant finalement été préféré à celui de *coopération*, voulu au départ par le Maréchal. Cette collaboration ne peut, à ce moment, être perçue comme un réel engagement idéologique de Vichy mais plutôt comme un choix politique pragmatique, guidé par la volonté d'avoir les mains libres pour pouvoir mener à bien la « révolution nationale ».

Dans son discours du 30 octobre, Pétain insiste sur le fait qu'il a librement décidé de se rendre à Montoire, indépendamment de tout *diktat*, terme volontairement choisi pour évoquer le traité de Versailles naguère imposé aux Allemands. Il présente la collaboration comme le *premier redressement* de la France, dans le cadre d'un profond remaniement de l'Europe et d'une reconstruction nationale. Il fait ensuite miroiter aux Français de sensibles améliorations de leurs conditions, alors que Hitler ne s'est engagé à rien. Le message s'achève sur deux phrases lourdes de sens : le Maréchal dit vouloir se présenter désormais comme un chef et non plus comme un père, ce qui annonce une sensible évolution, et ajoute qu'il sera le seul à être jugé par l'Histoire. Après 1944, la plupart des exécutants de Vichy se rappelleront cette phrase et prendront comme système de défense l'obéissance au chef et au régime jugés légitimes.

Montoire et son discours explicatif ont très vite fait office de symbole et de point d'ancrage pour le concept honni de collaboration avec, en toile de fond, l'image célèbre de la poignée de main entre Pétain et Hitler. S'ils ont pu, comme l'affirme le Maréchal, susciter chez certains des *espérances*, ils ont surtout perturbé et inquiété nombre de Français. Les plus pétainistes tenteront de présenter Montoire comme un « Verdun diplomatique », c'est-à-dire un triomphe du double jeu ayant permis de détourner l'Allemagne de l'Afrique du Nord, mais ils convaincront peu. L'épisode viendra surtout renforcer le camp des attentistes et ôtera leurs dernières illusions à ceux qui, auparavant, regardaient déjà Vichy comme une périlleuse expérience.

Message aux Français. L'ordre nouveau

11 octobre 1940

Français !

La France a connu, il y a quatre mois, l'une des plus grandes défaites de son Histoire.

Cette défaite a de nombreuses causes, mais toutes ne sont pas d'ordre technique. Le désastre n'est, en réalité, que le reflet, sur le plan militaire, des faiblesses et des tares de l'ancien régime politique.

Ce régime, pourtant, beaucoup d'entre vous l'aimaient.

Votant tous les quatre ans, vous vous donniez l'impression d'être les citoyens libres d'un État libre. Aussi vous étonnerais-je en vous disant que, jamais, dans l'histoire de la France, l'État n'a été plus asservi qu'au cours des vingt dernières années.

Asservi de diverses manières : successivement, et parfois simultanément, par des coalitions d'intérêts économiques et par des équipes politiques ou syndicales prétendant, fallacieusement, représenter la classe ouvrière.

Selon la prédominance de l'une ou de l'autre de ces deux servitudes, des majorités se succédaient au pouvoir, animées trop souvent du souci d'abattre la minorité rivale. Ces luttes provoquaient des désastres. L'on recourait, alors, à ces vastes formations dites « d'Union nationale » qui ne constituaient qu'une duperie supplémentaire. Ce n'est pas, en effet, en réunissant des divergences que l'on parvient à la cohérence. Ce n'est pas en totalisant des bonnes volontés que l'on obtient « une volonté ».

De ces oscillations et de ces vassalités, la marque s'imprimait profondément dans les mœurs, tout criait l'impuissance d'un régime qui ne se maintenait au travers des circonstances les plus graves qu'en se renonçant lui-même, par la pratique des pleins pouvoirs. Il s'acheminait ainsi, à grands pas, vers une révolution politique que la guerre et la défaite ont seulement hâtée.

Prisonnier d'une telle politique intérieure, ce régime ne pouvait, le plus souvent, pratiquer une politique extérieure digne de la France.

Inspirée, tour à tour, par un nationalisme ombrageux et par un pacifisme déréglé, faite d'incompréhension et de faiblesse – alors que notre victoire nous imposait la force et la générosité – notre politique étrangère ne pouvait nous mener qu'aux abîmes. Nous n'avons pas mis plus de quinze ans à descendre la pente qui y conduisait. Un jour de septembre 1939, sans même que l'on osât consulter les Chambres, la guerre, une guerre presque perdue d'avance, fut déclarée. Nous n'avions su ni l'éviter, ni la préparer.

C'est sur cet amas de ruines qu'il faut, aujourd'hui, reconstruire la France.

L'ordre nouveau ne peut, en aucune manière, impliquer un retour, même déguisé, aux erreurs qui nous ont coûté si cher, on ne saurait davantage y découvrir les traits d'une sorte « d'ordre moral » ou d'une revanche des événements de 1936.

L'ordre nouveau ne peut être une imitation servile d'expériences étrangères ; certaines de ces expériences ont leur sens et leur beauté, mais chaque peuple doit concevoir un régime adapté à son climat et à son génie. L'ordre nouveau est une nécessité française, nous devrons, tragiquement, réaliser dans la défaite la révolution que, dans la victoire, dans la paix, dans l'entente volontaire de peuples égaux, nous n'avons même pas su concevoir.

Indépendante du revers de ses armes, la tâche que la France doit accomplir l'est aussi et à plus forte raison des succès et des revers d'autres nations qui ont été, dans l'Histoire, ses amies ou ses ennemies.

Le régime nouveau, s'il entend être national, doit se libérer de ces amitiés ou de ces inimitiés, dites traditionnelles, qui n'ont, en fait, cessé de se modifier à travers l'Histoire pour le plus grand profit des émetteurs d'emprunts et des trafiquants d'armes.

Le régime nouveau défendra, tout d'abord, l'unité nationale, c'est-à-dire l'étroite union de la Métropole et de la France d'outre-mer.

Il maintiendra les héritages de sa culture grecque et latine et leur rayonnement dans le monde.

Il remettra en honneur le véritable nationalisme, celui qui, renonçant à se concentrer sur lui-même, se dépasse pour atteindre la collaboration internationale.

Cette collaboration, la France est prête à la rechercher dans tous les domaines, avec tous ses voisins. Elle sait d'ailleurs que, quelle que soit la carte politique de l'Europe et du monde, le problème des rapports franco-allemands, si criminellement traité dans le passé, continuera de déterminer son avenir.

Sans doute l'Allemagne peut-elle, au lendemain de sa victoire sur nos armes, choisir entre une paix traditionnelle d'oppression et une paix toute nouvelle de collaboration.

À la misère, aux troubles, aux répressions et sans doute aux conflits que susciterait une nouvelle paix faite « à la manière du passé », l'Allemagne peut préférer une paix vivante pour le vainqueur, une paix génératrice de bien-être pour tous.

Le choix appartient d'abord au vainqueur ; il dépend aussi du vaincu. Si toutes les voies nous sont fermées, nous saurons attendre et souffrir.

Si un espoir, au contraire, se lève sur le monde, nous saurons dominer notre humiliation, nos deuils, nos ruines, en présence d'un vainqueur qui aura su dominer sa victoire, nous saurons dominer notre défaite.

Le régime nouveau sera une hiérarchie sociale. Il ne reposera plus sur l'idée fausse de l'égalité naturelle des hommes, mais sur l'idée nécessaire de l'égalité des « chances » données à tous les Français de prouver leur aptitude à « servir ».

Seuls le travail et le talent deviendront le fondement de la hiérarchie française. Aucun préjugé défavorable n'atteindra un Français du fait de ses origines sociales, à la seule condition qu'il s'intègre dans la France nouvelle et qu'il lui apporte un concours sans réserve. On ne peut faire disparaître la lutte des classes, fatale à la nation, qu'en faisant disparaître les causes qui ont formé ces classes et les ont dressées les unes contre les autres.

Ainsi renaîtront les élites véritables que le régime passé a mis des années à détruire et qui constitueront les cadres nécessaires au développement du bien-être et de la dignité de tous.

Certains craindront peut-être que la hiérarchie nouvelle détruise une liberté à laquelle ils tiennent et que leurs pères ont conquise au prix de leur sang.

Qu'ils soient sans inquiétude. L'autorité est nécessaire pour sauvegarder la liberté de l'État, garantie des libertés individuelles, en face des coalitions d'intérêts particuliers. Un peuple n'est plus libre, en dépit de ses bulletins de vote, dès que le gouvernement qu'il a librement porté au pouvoir devient le prisonnier de ces coalitions. Que signifierait, d'ailleurs, en 1940, la liberté – l'abstraite liberté – pour un ouvrier chômeur ou pour un petit patron ruiné, sinon la liberté de souffrir sans recours, au milieu d'une nation vaincue ?

Nous ne perdrons, en réalité, certaines apparences trompeuses de la liberté que pour mieux en sauver la substance.

L'Histoire est faite d'alternances entre des périodes d'autorité dégénérant en tyrannie et des périodes de libertés engendrant la licence. L'heure est venue pour la France de substituer à ces alternances douloureuses une conjonction harmonieuse de l'autorité et des libertés.

Le caractère hiérarchique du nouveau régime est inséparable de son caractère social. Mais ce caractère social ne peut se fonder sur des déclarations théoriques. Il doit apparaître dans les faits. Il doit se traduire par des mesures immédiates et pratiques.

Tous les Français, ouvriers, cultivateurs, fonctionnaires, techniciens, patrons ont d'abord le devoir de travailler. Ceux qui méconnaîtraient ce devoir ne mériteraient plus leur qualité de citoyen. Mais tous les Français ont également droit au travail. On conçoit aisément que, pour assurer l'exercice de ce droit et la sanction de ce devoir, il faille introduire une révolution profonde dans tout notre vieil appareil économique.

Après une période transitoire, pendant laquelle les travaux d'équipement devront être multipliés et répartis sur tout le territoire, nous pourrons, dans une économie organisée, créer des centres durables d'activité où chacun trouvera la place et le salaire que ses aptitudes lui méritent.

Les solutions, pour être efficaces, devront être adaptées aux divers métiers. Telle solution qui s'impose pour l'industrie n'aurait aucune raison d'être pour l'agriculture familiale, qui constitue la principale base économique et sociale de la France.

Mais il est des principes généraux qui s'appliqueront à tous les métiers.

Ces métiers seront organisés et leur organisation s'imposera à tous.

Les organisations professionnelles traiteront de tout ce qui concerne le métier, mais se limiteront au seul domaine professionnel. Elles assureront, sous l'autorité de l'État, la rédaction et l'exécution des conventions de travail. Elles garantiront la dignité de la personne du travailleur, en améliorant ses conditions de vie, jusque dans sa vieillesse.

Elles éviteront enfin les conflits, par l'interdiction absolue des « lock-out » et des grèves, par l'arbitrage obligatoire des tribunaux de travail.

Le régime économique de ces dernières années faisait apparaître les mêmes imperfections et les mêmes contradictions que le régime politique.

Sur le plan parlementaire : apparence de liberté.

Sur le plan de la production et des échanges : apparence de libéralisme, mais en fait, asservissement aux puissances d'argent et recours de plus en plus large aux interventions de l'État.

Cette dégradation du libéralisme économique s'explique d'ailleurs aisément.

La libre concurrence était, à la fois, le ressort et le régulateur du régime libéral. Le jour où les coalitions et les trusts brisèrent ce mécanisme essentiel, la production et les prix furent livrés, sans défense, à l'esprit de lucre et de spéculation.

Ainsi se déroulait ce spectacle révoltant de millions d'hommes manquant du nécessaire, en face de stocks invendus et même détruits, dans le seul dessein de soutenir les cours des matières premières.

Ainsi s'annonçait la crise mondiale.

Devant la faillite universelle de l'économie libérale, presque tous les peuples se sont engagés dans la voie d'une économie nouvelle. Nous devons nous y engager à notre tour et, par notre énergie et notre foi, regagner le temps perdu.

Deux principes essentiels nous guideront : l'économie doit être organisée et contrôlée. La coordination par l'État des activités privées doit briser la puissance des trusts et leur pouvoir de corruption. Bien loin donc de brider l'initiative individuelle, l'économie doit la libérer de ses entraves actuelles, en la subordonnant à l'intérêt national.

La monnaie doit être au service de l'économie ; elle doit permettre le plein essor de la production, dans la stabilité des prix et des salaires.

Une monnaie saine est, avant tout, une monnaie qui permet de satisfaire aux besoins des hommes. Notre nouveau système monétaire ne devra donc affecter l'or qu'à la garantie des règlements extérieurs. Il mesurera la circulation intérieure aux nécessités de la production.

Un tel système implique un double contrôle :

- Sur le plan international, contrôle du commerce extérieur et des changes pour subordonner aux nécessités nationales l'emploi des signes monétaires sur les marchés étrangers ;

- Sur le plan intérieur, contrôle vigilant de la consommation et des prix, afin de maintenir le pouvoir d'achat de la monnaie, d'empêcher les dépenses excessives et d'apporter plus de justice dans la répartition des produits.

Ce système ne porte aucune atteinte à la liberté des hommes, si ce n'est à la liberté de ceux qui spéculent, soit par intérêt personnel, soit par intérêt politique.

Il n'est conçu qu'en fonction de l'intérêt national. Il devra, dans les dures épreuves que nous traversons, s'exercer avec une entière rigueur. Que la classe ouvrière et la bourgeoisie fassent, ensemble, un immense effort pour échapper aux routines de paresse et prennent conscience de leur intérêt commun de citoyen, dans une nation désormais unie.

Telle est, aujourd'hui, Français, la tâche à laquelle je vous convie.

Il faut reconstruire.

Cette reconstruction, c'est avec vous que je veux la faire.

La Constitution sera l'expression juridique de la Révolution déjà commencée dans les faits, car les institutions ne valent que par l'esprit qui les anime.

Une révolution ne se fait pas seulement à coups de lois et de décrets. Elle ne s'accomplit que si la Nation la comprend et l'appelle, que si le peuple accompagne le gouvernement dans la voie de la rénovation nécessaire.

Bientôt, je vous demanderai de vous grouper pour qu'ensemble, réunis autour de moi, en communion avec les anciens combattants déjà formés en légion*, vous meniez cette Révolution jusqu'à son terme, en ralliant les hésitants, en brisant les forces hostiles et les intérêts coalisés, en faisant régner, dans la France nouvelle, la véritable fraternité nationale.

J'entre aujourd'hui dans la voie de la collaboration

30 octobre 1940

Français !

J'ai rencontré, jeudi dernier, le Chancelier du Reich. Cette rencontre a suscité des espérances et provoqué des inquiétudes, je vous dois à ce sujet quelques explications. Une telle entrevue n'a été possible, quatre mois après la défaite de nos armes, que grâce à la dignité des Français devant l'épreuve, grâce à l'immense effort de régénération auquel ils se sont prêtés, grâce aussi à l'héroïsme de nos marins, à l'énergie de nos chefs coloniaux, au loyalisme de nos populations indigènes. La France s'est ressaisie. Cette première rencontre entre le vainqueur et le vaincu marque le premier redressement de notre pays.

C'est librement que je me suis rendu à l'invitation du Führer. Je n'ai subi, de sa part, aucun "diktat", aucune pression. Une collaboration a été envisagée entre nos deux pays. J'en ai accepté le principe. Les modalités en seront discutées ultérieurement.

À tous ceux qui attendent aujourd'hui le salut de la France, je tiens à dire que ce salut est d'abord entre nos mains. À tous ceux que de nobles scrupules tiendraient éloignés de notre pensée, je tiens à dire que le premier devoir de tout Français est d'avoir confiance. À ceux qui doutent comme à ceux qui s'obstinent, je rappellerai qu'en se raidissant à l'excès, les plus belles attitudes de réserve et de fierté risquent de perdre leur force.

Celui qui a pris en main les destinées de la France a le devoir de créer l'atmosphère la plus favorable à la sauvegarde des intérêts du pays. C'est dans l'honneur et pour maintenir l'unité française, une unité de dix siècles, dans le cadre d'une activité constructive du nouvel ordre européen, que j'entre aujourd'hui dans la voie de la collaboration. Ainsi, dans un avenir prochain, pourrait être allégé le poids des souffrances de notre pays, amélioré le sort de nos prisonniers, atténuée la charge des frais d'occupation. Ainsi pourrait être assouplie la ligne de démarcation et facilités l'administration et le ravitaillement du territoire.

Cette collaboration doit être sincère. Elle doit être exclusive de toute pensée d'agression, elle doit comporter un effort patient et confiant.

L'armistice, au demeurant, n'est pas la paix. La France est tenue par des obligations nombreuses vis-à-vis du vainqueur. Du moins reste-t-elle souveraine. Cette souveraineté lui impose de défendre son sol, d'éteindre les divergences de l'opinion, de réduire les dissidences de ses colonies.

Cette politique est la mienne. Les ministres ne sont responsables que devant moi. C'est moi seul que l'Histoire jugera. Je vous ai tenu jusqu'ici le langage d'un père ; je vous tiens aujourd'hui le langage du chef. Suivez-moi ! Gardez votre confiance en la France éternelle !

COMPLÉMENTS

Les anciens combattants déjà formés en légion : Il est fait référence ici à la Légion française des combattants dont la loi du 29 août 1940 fait un mouvement reconnu comme représentatif par l'État et, surtout après février 1941, associé à lui dans le but de relayer les idéaux de la « révolution nationale ». Elle a compté jusqu'à 900 000 membres en zone non occupée, ce qui correspond à l'effectif des diverses associations d'anciens combattants qu'elle a regroupées, mais la plupart de ses membres étaient peu actifs. C'est de la Légion que naîtront, en 1942, le Service d'ordre légionnaire (SOL) puis, en 1943, la Milice, mais la Légion elle-même rompra avec le gouvernement Laval fin 1943 pour ne rester qu'un mouvement à but social et doctrinaire.

30 – Staline
En avant vers notre victoire

3 juillet 1941

Honnie en 1939 pour les dérives de son régime, entre purges, procès truqués et déportations, mais aussi pour la signature d'un pacte de non-agression avec l'Allemagne nazie, l'URSS rejoint le camp allié fin juin 1941 lorsque Hitler décide de retourner contre elle ses armées. En décembre de la même année, les États-Unis entrent, eux aussi, en guerre. Comme le souligne Churchill, *les ennemis de mes ennemis sont mes amis* et c'est donc ensemble que les futurs protagonistes de la guerre froide vont mener le combat contre l'Axe. Au prix de pertes et de destructions massives, la Russie soviétique sortira vainqueur de la Seconde Guerre, présentée par Staline comme la « grande guerre patriotique ». Elle y aura gagné en prestige et posé les jalons de sa domination sur l'Europe centrale et orientale.

Des relations germano-russes ambiguës

Durant la majeure partie de la Première Guerre, la Russie a combattu les Centraux au côté des Alliés. Mais à l'issue de la révolution d'Octobre 1917, les bolcheviks deviennent maîtres du pays et Lénine entend concrétiser le mot d'ordre de *juste paix démocratique sans annexions ni indemnités*. Néanmoins, le 3 mars 1918, après plusieurs semaines de négociations, la paix séparée finalement signée à Brest-Litovsk est une paix annexionniste qui fait perdre aux Russes d'importants et riches territoires[1]. Les Centraux et plus particulièrement les Allemands ont dicté leur loi. C'est pourtant avec eux que l'URSS signe, à Rapallo, le 16 avril 1922, le premier grand traité qui la fait sortir de son isolement diplomatique et économique. Certes, l'Allemagne d'alors n'est plus le IIe Reich mais, en janvier 1919, elle n'en a pas moins réprimé dans le sang l'insurrection communiste de Berlin[2]. L'accord, qui inquiète la France et la Grande-Bretagne prévoit la renonciation réciproque aux réparations de guerre, la reprise des relations diplomatiques ainsi que des négociations et un système de consultations mutuelles sur le plan économique. Depuis 1919, des contacts militaires secrets ont, en outre, été noués entre les deux pays et ils vont s'intensifier, au point que l'on peut parler, jusqu'en 1933, d'une coopération militaire germano-russe. Moscou bénéficie ainsi de l'appui technique

---

1 Voir l'introduction au discours n° 5.

2 Voir l'introduction au discours n° 7.

allemand dans le domaine de l'armement tandis que les Allemands expérimentent en Russie des armes interdites, y établissent des camps d'entraînement et y construisent des usines de guerre, le tout au mépris du traité de Versailles.

En 1933, l'arrivée de Hitler au pouvoir va profondément modifier la situation. Staline, à la tête de l'URSS depuis 1924, comprend que l'Allemagne nazie est un réel danger pour l'URSS car elle est à la recherche d'un espace vital élargi vers l'Est et s'est lancée dans une croisade anticommuniste. Il change donc de tactique et, sur fond d'antifascisme, se rapproche des démocraties occidentales. En septembre 1934, l'URSS entre à la Société des Nations ; en 1935, elle signe des pactes d'assistance mutuelle avec la France et la Tchécoslovaquie et appelle les différents partis communistes membres du Komintern à promouvoir la tactique du Front populaire, c'est-à-dire à entrer dans des coalitions de gauche. Mais durant la guerre d'Espagne, Moscou qui vient en aide au camp républicain a tout le loisir de se rendre compte de la puissance militaire de l'Allemagne et de l'Italie, qui soutiennent l'autre camp. Elle constate aussi que la France et la Grande-Bretagne restent systématiquement sans réaction face aux provocations et aux coups de force hitlériens. En 1938, à Munich, c'est d'ailleurs sans inviter l'URSS que ces dernières règlent ou laissent régler le sort de la Tchécoslovaquie en cédant aux revendications allemandes[3]. Dès lors, Staline envisage de changer une nouvelle fois de stratégie. Idéologiquement, il ne se sent pas plus proche des démocraties que de l'« axe Rome-Berlin » et peut donc se déterminer en fonction des intérêts conjoncturels du pays.

*Du Pacte germano-soviétique à l'*Opération Barbarossa

Durant le premier semestre 1939, il semble d'abord que Moscou soit proche de raffermir ses liens avec les Franco-Britanniques mais Londres est réticente à s'engager car, contrairement à Paris, elle ne croit pas à une crise majeure durant l'été 1939. Mi-mars, l'invasion de Prague par les Allemands démontre une nouvelle fois à Staline que Hitler est le meneur de jeu. Désormais, il est convaincu que c'est avec le Reich qu'il faut s'entendre d'autant que, militairement, l'URSS n'a pas les moyens d'une guerre contre l'Allemagne. Début mai 1939, signe d'une évolution, Staline remplace son ministre des Affaires étrangères Litvinov, favorable aux démocraties et, en tant que Juif, antinazi déclaré, par le très fidèle Molotov. D'une entente avec l'Allemagne, l'URSS espère la récupération de territoires perdus depuis Brest-Litovsk. Le Reich, lui, cherche à s'assurer contre l'ouverture d'un deuxième front en cas de conflit à l'Ouest et escompte une aide russe en matières premières et en céréales. Le 21 août, Moscou suspend ses pourparlers avec Londres et Paris. Le 23, un Pacte germano-soviétique de non-agression, valable dix ans et assorti d'un mécanisme de consultations mutuelles, est signé à Moscou par Molotov et son homologue allemand von Ribbentrop. Il comporte également des clauses secrètes : la Finlande, l'Estonie, la Lettonie et le Sud de la Bessarabie y sont laissés à l'influence russe et la Lituanie à l'influence allemande tandis que le partage de la Pologne est programmé. À l'Ouest, l'annonce du Pacte germano-soviétique fait l'effet d'une douche froide. L'image de l'Union soviétique est alors au plus bas.

[3] Voir l'introduction au discours n° 24.

Le 1er septembre, Hitler envahit la Pologne ce qui lui vaut, le 3, une déclaration de guerre de Paris et Londres. Le 17, l'URSS entre en Pologne orientale et l'annexe. Aux yeux des Occidentaux, Staline devient alors la « hyène » à l'affût de sa proie. Le 30 novembre, il attaque la Finlande en juin 1940 prend la Bessarabie à la Roumanie et, en juillet, annexe les Pays baltes, y compris la Lituanie finalement versée dans la sphère d'influence soviétique par le traité d'amitié germano-russe du 28 septembre 1939. En apparence, Staline récolte donc le bénéfice de son entente avec Hitler. Pourtant, à son insu, ce dernier se prépare à l'attaquer. La décision de mener l'*Opération Barbarossa* contre l'URSS est prise le 18 décembre 1940 mais ne se concrétise que six mois plus tard. Jusqu'au dernier moment, Staline ne croira pas à l'attaque nazie et acceptera toutes les concessions pour éviter de donner un prétexte à Hitler. Le 6 mai 1941, il prendra personnellement la tête du Conseil des commissaires du peuple, le gouvernement soviétique. L'invasion du 22 juin, sans déclaration de guerre ni ultimatum, constituera, selon ses propres dires, le plus grand choc de sa vie. Il s'agit désormais pour l'URSS de se battre mais aussi de se justifier.

Staline chef de guerre

Le 3 juillet 1941, le dirigeant soviétique prononce un long discours à l'intention de son peuple mais aussi du camp allié. L'heure est importante pour Joseph Vissarionovitch Djougatchvili (1879-1953), dit Staline, c'est-à-dire « l'homme d'acier ». Né dans une famille pauvre et paysanne de Géorgie, il était destiné à la prêtrise mais, chassé du séminaire à vingt ans pour ses idées révolutionnaires, connut dix-huit ans d'errance et d'illégalité au cours desquels il fut plusieurs fois déporté. Entré au Comité central bolchevik en 1912, il ne joua qu'un rôle mineur lors de la révolution d'Octobre, occupa, de 1917 à 1922, le poste de commissaire aux nationalités et acquit son premier titre de gloire durant l'été 1918 en repoussant les Blancs devant Tsaritsyne, la future Stalingrad. Le 3 avril 1922, il fut nommé secrétaire général du parti communiste. Deux ans plus tard, la mort de Lénine faisait de lui l'homme fort du régime soviétique, un régime qu'il allait diriger d'une main de fer durant trois décennies.

Dans son allocution du 3 juillet 1941, Staline dénonce la *perfide agression* allemande, perpétrée au mépris du Pacte de non-agression et justifie celui-ci en disant qu'aucun État pacifique n'a le droit de refuser un accord de paix qui ne porte pas atteinte à son *intégrité* et à son *honneur*. Il souligne que le Pacte a donné à l'URSS un an et demi de préparation supplémentaire sur le plan militaire et que sa violation par l'Allemagne démasque un peu plus celle-ci aux yeux du monde. Mais la plus grande partie du discours s'emploie à galvaniser et à exalter le courage et la volonté de tous les Soviétiques, civils ou militaires, à l'heure où leur pays est menacé dans son existence même. Staline insiste sur le fait que l'armée du Reich n'est pas invincible, qu'elle a certes remporté en quelques jours d'importantes victoires mais que son avantage n'est que temporaire. Il demande donc à chaque Soviétique, sans exception, de contribuer sans faiblir à l'effort de guerre et de soutenir l'Armée rouge afin d'éviter une défaite qui rétablirait l'ancien régime, permettrait le pillage des ressources nationales et germaniserait les diverses populations soviétiques. Staline l'affirme : il ne s'agit pas d'une guerre ordinaire mais d'une *guerre du peuple pour le salut de la Patrie*, une guerre à mener au côté de tous les autres peuples en lutte contre le fascisme, à commencer par les Britanniques et les Américains. Le discours du 3 juillet 1941 sanctionne donc l'entrée de l'URSS dans le camp des Alliés.

Les fruits de la « grande guerre patriotique »

Chef du Comité d'État pour la Défense puis, dès octobre 1941, généralissime, Staline s'engage personnellement dans la « grande guerre patriotique » que son pays doit mener seul, au prix de pertes immenses. En effet, si une aide importante est fournie par les Alliés en termes de ravitaillement et de matériel de guerre, ceux-ci n'ont pas les moyens d'ouvrir un second front. L'URSS doit donc mener une guerre défensive incessante et, dès l'hiver 1941-1942, met l'Allemagne en difficulté en lui fermant les portes de Moscou. Alors que Hitler, loin de vouloir amadouer les populations soviétiques pour se les rallier, les affame et les terrorise, Staline met habilement sous le boisseau les combats idéologiques pour privilégier l'union nationale, s'appuyant aussi bien sur les traditions russes ancestrales que sur la religion orthodoxe. La bataille de Stalingrad, remportée par l'URSS en février 1943, constitue un tournant dans la guerre et donne le signal de la reconquête. La propagande soviétique présentera Staline comme un génial stratège, ce qui sera largement contesté lors de la déstalinisation[4], mais il est clair que la personnalité et les harangues du chef soviétique ont contribué à entretenir le moral de son peuple.

Cependant, bien que Soviétiques et Anglo-Saxons aient été alliés de fait dès 1941, ils n'ont jamais entretenu des relations de confiance, même si Roosevelt a davantage été enclin que Churchill à ménager Staline. Les germes de la guerre froide sont présents dès avant la Libération car, pour tous, il est évident que l'enjeu majeur, au-delà de la victoire militaire, est la répartition des zones d'influence en Europe. En termes d'occupation militaire, l'Armée rouge parvient à pousser, en 1944-1945, jusqu'à Budapest, Vienne et Berlin et à occuper les Balkans, ce qui prélude à la chute du rideau de fer. En termes d'annexion, elle retrouve, en Europe, les territoires cédés à Brest-Litovsk et, en Extrême-Orient, ceux perdus en 1905 à l'issue de la guerre russo-japonaise. L'URSS qui devient l'un des cinq membres permanents du Conseil de Sécurité de l'ONU est alors au zénith de sa puissance même si, paradoxalement, la Seconde Guerre qui lui a coûté 25 millions de morts, la laisse économiquement très affaiblie.

EN AVANT VERS NOTRE VICTOIRE

Camarades ! Citoyens !
Frères et Sœurs !
Combattants de notre armée et de notre flotte !

[4] Voir l'introduction au discours n° 53.

Je m'adresse à vous, mes amis !

La perfide agression militaire de l'Allemagne hitlérienne, commencée le 22 juin, se poursuit contre notre Patrie. Malgré la résistance héroïque de l'Armée rouge, et bien que les meilleures divisions de l'ennemi et les unités les meilleures de son aviation aient déjà été défaites et aient trouvé la mort sur les champs de bataille, l'ennemi continue à se ruer en avant, jetant sur le front des forces nouvelles. Les troupes hitlériennes ont pu s'emparer de la Lituanie, d'une grande partie de la Lettonie, de la partie ouest de la Biélorussie, d'une partie de l'Ukraine occidentale. L'aviation fasciste étend l'action de ses bombardiers, en soumettant au bombardement Mourmansk, Orcha, Moguilev, Smolensk, Kiev, Odessa, Sébastopol. Un grave danger pèse sur notre Patrie.

Comment a-t-il pu se faire que notre glorieuse Armée rouge ait abandonné aux troupes fascistes une série de nos villes et régions ? Les troupes fascistes allemandes sont-elles vraiment invincibles comme le proclament sans cesse à cor et à cri les propagandistes fascistes fanfarons ?

Non, bien sûr. L'histoire montre qu'il n'a jamais existé et qu'il n'existe pas d'armées invincibles. On estimait que l'armée de Napoléon était invincible. Mais elle a été battue successivement par les troupes russes, anglaises, allemandes. L'armée allemande de Guillaume, au cours de la Première Guerre impérialiste, était également considérée comme une armée invincible ; mais elle s'est vu infliger maintes défaites par les troupes russes et anglo-françaises. Il faut en dire autant de l'actuelle armée allemande fasciste d'Hitler. Elle n'avait pas encore rencontré de sérieuse résistance, sur le continent européen. C'est seulement sur notre territoire qu'elle a rencontré une résistance sérieuse. Et si, à la suite de cette résistance, les meilleures divisions de l'armée fasciste allemande ont été battues par notre Armée rouge, c'est que l'armée fasciste hitlérienne peut également être battue et le sera comme le furent les armées de Napoléon et de Guillaume.

Qu'une partie de notre territoire se soit néanmoins trouvée envahie par les troupes fascistes allemandes, cela s'explique surtout par le fait que la guerre de l'Allemagne fasciste contre l'URSS a été déclenchée dans des conditions avantageuses pour les troupes allemandes et désavantageuses pour les troupes soviétiques. En effet, les troupes de l'Allemagne, comme pays menant la guerre, avaient été entièrement mobilisées. 170 divisions lancées par l'Allemagne contre l'URSS et amenées aux frontières de ce pays se tenaient entièrement prêtes, n'attendant que le signal pour se mettre en marche. Tandis que pour les troupes soviétiques, il fallait encore les mobiliser et les amener aux frontières. Chose très importante encore, c'est que l'Allemagne fasciste a violé perfidement et inopinément le pacte de non-agression conclu, en 1939, entre elle et l'URSS, sans vouloir tenir compte qu'elle serait regardée par le monde entier comme l'agresseur. On conçoit que notre pays pacifique, qui ne voulait pas assumer l'initiative de la violation du pacte, ne pouvait s'engager sur ce chemin de la félonie.

On peut nous demander : comment a-t-il pu se faire que le Gouvernement soviétique ait accepté de conclure un pacte de non-agression avec des félons de cette espèce et des monstres tels que Hitler et Ribbentrop ? Le Gouvernement soviétique n'a-t-il pas en l'occurrence commis une erreur ? Non, bien sûr. Le pacte de non-agression est un pacte de paix entre deux États. Et c'est un pacte de ce genre que l'Allemagne nous avait proposé en 1939. Le Gouvernement soviétique pouvait-il repousser cette proposition ? Je pense qu'aucun État pacifique ne peut refuser un accord de paix avec une puissance voisine, même si à la tête de cette dernière se trouvent des monstres et des cannibales comme Hitler et Ribbentrop. Cela, bien entendu, à une condition expresse : que l'accord de paix ne porte atteinte, ni directement ni indirectement, à l'intégrité territoriale, à l'indépendance et à l'honneur de l'État pacifique. On sait que le pacte de non-agression entre l'Allemagne et l'URSS était justement un pacte de ce genre.

Qu'avons-nous gagné en concluant avec l'Allemagne un pacte de non-agression ? Nous avons assuré à notre pays la paix pendant un an et demi et la possibilité de préparer nos forces à la riposte au cas où l'Allemagne fasciste se serait hasardée à attaquer notre pays en dépit du pacte. C'est là un gain certain pour nous et une perte pour l'Allemagne fasciste.

Qu'est-ce que l'Allemagne fasciste a gagné et qu'est-ce qu'elle a perdu, en rompant perfidement le pacte et en attaquant l'URSS ? Elle a obtenu ainsi un certain avantage pour ses troupes pendant un court laps de temps, mais elle a perdu au point de vue politique, en se démasquant aux yeux du monde comme un agresseur sanglant. Il est hors de doute que cet avantage militaire de courte durée n'est pour l'Allemagne qu'un épisode, tandis que l'immense avantage politique de l'URSS est un facteur sérieux et durable, appelé à favoriser les succès militaires décisifs de l'Armée rouge dans la guerre contre l'Allemagne fasciste.

Voilà pourquoi toute notre vaillante armée, toute notre vaillante flotte navale, tous nos avions intrépides, tous les peuples de notre pays, tous les meilleurs hommes d'Europe, d'Amérique et d'Asie, enfin tous les meilleurs hommes de l'Allemagne flétrissent l'action perfide des fascistes allemands, et sympathisent avec le Gouvernement soviétique, et se rendent compte que notre cause est juste, que l'ennemi sera écrasé, et que nous vaincrons.

La guerre nous ayant été imposée, notre pays est entré dans un combat à mort avec son pire et perfide ennemi, le fascisme allemand. Nos troupes se battent héroïquement contre un ennemi abondamment pourvu de chars et d'aviation. L'Armée et la Flotte rouges, surmontant de nombreuses difficultés, se battent avec abnégation pour chaque pouce de terre soviétique. Les forces principales de l'Armée rouge, pourvues de milliers de chars et d'avions, entrent en action. La vaillance des guerriers de l'Armée rouge est sans exemple. La riposte que nous infligeons à l'ennemi s'accentue et se développe. Au côté de l'Armée rouge le peuple soviétique tout entier se dresse pour la défense de la Patrie.

Que faut-il pour supprimer le danger qui pèse sur notre Patrie et quelles mesures faut-il prendre pour écraser l'ennemi ?

Il faut tout d'abord que nos hommes, les hommes soviétiques, comprennent toute la gravité du danger qui menace notre pays et renoncent à la quiétude et à l'insouciance, à l'état d'esprit qui est celui du temps de la construction pacifique, état d'esprit parfaitement compréhensible avant la guerre, mais funeste aujourd'hui que la guerre a radicalement changé la situation. L'ennemi est cruel, inexorable. Il s'assigne pour but de s'emparer de nos terres arrosées de notre sueur, de s'emparer de notre blé et de notre pétrole, fruits de notre labeur. Il s'assigne pour but de rétablir le pouvoir des grands propriétaires fonciers, de restaurer le tsarisme, d'anéantir la culture et l'indépendance nationales des Russes, Ukrainiens, Biélorussiens, Lituaniens, Lettons, Estoniens, Ouzbeks, Tatars, Moldaves, Géorgiens, Arméniens, Azerbaïdjans et autres peuples libres de l'Union soviétique ; de les germaniser, d'en faire des esclaves des princes et des barons allemands. Il s'agit ainsi de la vie ou de la mort de l'État soviétique, de la vie ou de la mort des peuples de l'URSS ; il s'agit de la liberté ou de la servitude des peuples de l'Union soviétique. Il faut que les hommes soviétiques le comprennent et cessent d'être insouciants ; qu'ils se mobilisent et réorganisent tout leur travail selon un mode nouveau, le mode militaire, qui ne ferait pas de quartier à l'ennemi.

Il faut aussi qu'il n'y ait point de place dans nos rangs pour les pleurnicheurs et les poltrons, les semeurs de panique et les déserteurs ; que nos hommes soient exempts de peur dans la lutte et marchent avec abnégation dans notre guerre libératrice pour le salut de la Patrie, contre les asservisseurs fascistes. Le grand Lénine, qui a créé notre État, a dit que la qualité essentielle des hommes soviétiques doit être le courage, la vaillance, l'intrépidité dans la lutte, la volonté de se battre aux côtés du peuple contre les ennemis de notre Patrie. Il faut que cette excellente qualité bolchevik devienne celle des millions et des millions d'hommes de l'Armée rouge, de notre Flotte rouge et de tous les peuples de l'Union soviétique.

Il faut immédiatement réorganiser tout notre travail sur le pied de guerre, en subordonnant toutes choses aux intérêts du front et à l'organisation de l'écrasement de l'ennemi. Les peuples de l'Union soviétique voient maintenant que le fascisme allemand est inexorable dans sa rage furieuse et dans sa haine contre notre Patrie qui assure à tous les travailleurs le travail libre et le bien-être. Les peuples de l'Union soviétique doivent se dresser pour la défense de leurs droits, de leur terre, contre l'ennemi.

L'Armée et la Flotte rouges, ainsi que tous les citoyens de l'Union soviétique, doivent défendre chaque pouce de la terre soviétique, se battre jusqu'à la dernière goutte de leur sang pour nos villes et nos villages, faire preuve de courage, d'initiative et de présence d'esprit, – toutes qualités propres à notre peuple.

Il nous faut organiser une aide multiple à l'Armée rouge, pourvoir à son recrutement intense, lui assurer le ravitaillement nécessaire, organiser le transport rapide des troupes et des matériels de guerre, prêter un large secours aux blessés.

Il nous faut affermir l'arrière de l'Armée rouge, en subordonnant à cette œuvre tout notre travail ; assurer l'intense fonctionnement de toutes les entreprises ; fabriquer en plus grand nombre fusils, mitrailleuses, canons, cartouches, obus, avions ; organiser la protection des usines, des centrales électriques, des communications téléphoniques et télégraphiques ; organiser sur place la défense antiaérienne.

Il nous faut organiser une lutte implacable contre les désorganisateurs de l'arrière, les déserteurs, les semeurs de panique, les propagateurs de bruits de toutes sortes, anéantir les espions, les agents de diversion, les parachutistes ennemis, en apportant ainsi un concours rapide à nos bataillons de chasse. Il ne faut pas oublier que l'ennemi est perfide, rusé, expert en l'art de tromper et de répandre de faux bruits. De tout cela il faut tenir compte et ne pas se laisser prendre à la provocation. Il faut immédiatement traduire devant le Tribunal militaire, sans égard aux personnalités, tous ceux qui, semant la panique et faisant preuve de poltronnerie, entravent l'œuvre de la défense.

En cas de retraite forcée des unités de l'Armée rouge, il faut emmener tout le matériel roulant des chemins de fer, ne pas laisser à l'ennemi une seule locomotive, ni un seul wagon ; ne pas laisser à l'ennemi un seul kilogramme de blé, ni un litre de carburant. Les kolkhoziens doivent emmener tout leur bétail, verser leur blé en dépôt aux organismes d'État qui l'achemineront vers les régions de l'arrière. Toutes les matières de valeur, y compris les métaux non ferreux, le blé et le carburant qui ne peuvent être évacués, doivent être absolument détruites.

Dans les régions occupées par l'ennemi, il faut former des détachements de partisans à cheval et à pied, des groupes de destruction pour lutter contre les unités de l'armée ennemie, pour attiser la guérilla en tous lieux, pour faire sauter les ponts et les routes, détériorer les communications téléphoniques et télégraphiques, incendier les forêts, les dépôts, les convois. Dans les régions envahies, il faut créer des conditions insupportables pour l'ennemi et tous ses auxiliaires, les poursuivre et les détruire à chaque pas, faire échouer toutes les mesures prises par l'ennemi.

On ne peut considérer la guerre contre l'Allemagne fasciste comme une guerre ordinaire. Ce n'est pas seulement une guerre qui se livre entre deux armées. C'est aussi la grande guerre du peuple soviétique tout entier contre les troupes fascistes allemandes. Cette guerre du peuple pour le salut de la Patrie, contre les oppresseurs fascistes, n'a pas seulement pour objet de supprimer le danger qui pèse sur notre pays, mais encore d'aider tous les peuples d'Europe qui gémissent sous le joug du fascisme allemand. Nous ne serons pas seuls dans cette guerre libératrice. Nos fidèles alliés dans cette grande guerre, ce sont les peuples de l'Europe et de l'Amérique, y compris le peuple allemand qui est asservi par les meneurs hitlériens. Notre guerre pour la liberté de notre Patrie se confondra avec la lutte des peuples d'Europe et d'Amérique pour leur indépendance, pour les libertés démocratiques. Ce sera le front unique des peuples qui s'affirment pour la liberté contre l'asservissement et la menace d'asservissement de la part des armées fascistes d'Hitler. Ceci étant, le discours historique* prononcé par le Premier ministre de Grande-Bretagne, Monsieur Churchill, sur l'aide à prêter à l'Union soviétique, et la déclaration du gouvernement des États-Unis* se disant prêt à accorder toute assistance à notre pays, ne peuvent susciter qu'un sentiment de reconnaissance dans le cœur des peuples de l'Union soviétique ; ce discours et cette déclaration sont parfaitement compréhensibles et significatifs.

Camarades, nos forces sont incalculables. L'ennemi présomptueux s'en convaincra bientôt. Aux côtés de l'Armée rouge se lèvent des milliers d'ouvriers, de kolkhoziens et d'intellectuels pour la guerre contre l'agresseur. On verra se lever les masses innombrables de notre peuple. Déjà les travailleurs de Moscou et de Leningrad, pour appuyer l'Armée rouge, ont entrepris d'organiser une milice populaire forte de milliers et de milliers d'hommes. Cette milice populaire, il faut la créer dans chaque ville que menace le danger d'une invasion ennemie ; il faut dresser pour la lutte tous les travailleurs qui offriront leurs poitrines pour défendre la liberté, leur honneur, leur pays, dans notre guerre contre le fascisme allemand, pour le salut de la Patrie.

Afin de mobiliser rapidement toutes les forces des peuples de l'URSS, en vue d'organiser la riposte à l'ennemi qui a attaqué perfidement notre Patrie, il a été formé un Comité d'État pour la Défense, qui détient maintenant la plénitude du pouvoir dans le pays. Le Comité d'État pour la Défense a commencé son travail ; il appelle le peuple entier à se rallier autour du Parti de Lénine et de Staline, autour du Gouvernement soviétique, pour soutenir avec abnégation l'Armée et la Flotte rouges, pour écraser l'ennemi, pour remporter la victoire.

Toutes nos forces pour le soutien de notre héroïque Armée rouge, de notre glorieuse Flotte rouge !

Toutes les forces du peuple pour écraser l'ennemi !

En avant vers notre victoire !

COMPLÉMENTS

Discours de Churchill: Le soir du 22 juin 1941, dans un message radiodiffusé, Churchill promet l'aide la plus complète de la Grande-Bretagne à Moscou, tout en rappelant sa profonde aversion pour le communisme. Il déclare voir dans l'invasion de l'URSS le quatrième tournant de la guerre, après l'effondrement de la France, l'échec de la bataille d'Angleterre et la loi américaine de *prêt-bail* en faveur des Alliés, et souligne que tout homme ou tout État résolu à combattre Hitler devient, de ce fait, l'allié de Londres. Pour Churchill, le but du IIIe Reich est de l'emporter sur l'Union soviétique, pour tenter ensuite une invasion de la Grande-Bretagne, ce qui explique que la cause russe soit désormais indissociable de la cause britannique et, au-delà, de la cause américaine.

Déclaration des États-Unis: Le 23 juin 1941, les États-Unis condamnent fermement l'invasion de l'URSS et déclarent que, bien que la doctrine communiste leur semble aussi intolérable que la doctrine nazie, la priorité est de combattre le plan hitlérien de conquête systématique et universelle. Tous les ralliements, quels qu'ils soient, sont donc les bienvenus pour hâter la défaite allemande, dans la mesure même où ils servent ainsi la sécurité américaine, conclut Washington. Le 24, les avoirs russes gelés aux États-Unis sont libérés.

31 – Franklin D. Roosevelt
Les États-Unis d'Amérique ont été l'objet d'une attaque soudaine

8 décembre 1941

Si Franklin Delano Roosevelt (1882-1945) fut le président du *New Deal*[1], il fut aussi celui qui, au cours de son troisième mandat et au lendemain de l'attaque de Pearl Harbor, prit l'initiative d'engager les États-Unis dans la Seconde Guerre, donnant à celle-ci son caractère mondial et jetant les bases d'un « nouvel ordre » international dont les États-Unis allaient être l'un des deux acteurs majeurs. Ces deux axes de l'ère Roosevelt sont d'ailleurs indissociables car, comme le souligne l'historien militaire Henri Bernard, sans les réformes intérieures du *New Deal*, les États-Unis n'auraient pas été à même d'assumer leur gigantesque effort de guerre[2].

De la neutralité aux frontières de la co-belligérance

À l'issue de la Première Guerre mondiale dans laquelle ils s'étaient engagés en 1917, les États-Unis ont choisi le retour à la normale (*back to normalcy*), c'est-à-dire à leur politique d'isolationnisme et de non-interférence dans les affaires européennes[3]. Au cœur des années 1930, cette volonté de neutralité reste profondément ancrée dans la population américaine et chez une bonne partie de ses dirigeants, d'autant que l'attitude pusillanime de Londres et Paris face à l'Italie fasciste et à l'Allemagne nazie est jugée décevante et qu'un rapport de la commission Nye a conclu, non sans exagération, que l'entrée en guerre de 1917 s'était faite principalement pour permettre aux banquiers américains de recouvrer leurs créances auprès des Alliés. Les Américains ne sont donc nullement prêts à voir de nouveau leurs enfants mourir pour défendre l'Europe. Le président Roosevelt en est conscient mais il est également très inquiet face à la politique de plus en plus impérialiste de l'Allemagne. Cependant, il doit accepter le vote de trois *Neutrality Acts* entre 1935 et 1937. Ceux-ci interdisent le ravitaillement en armes et en munitions de même que l'octroi d'emprunts à un pays belligérant. Ils imposent par ailleurs la clause de *cash and carry*, c'est-à-dire que les

---

1 Pour le *New Deal* et les éléments biographiques, voir l'introduction au discours n° 17.

2 Henri Bernard, « États-Unis », *in Encyclopédie de la guerre 1939-1945*, Tournai, Casterman, 1977, p. 189.

3 Voir l'introduction au discours n° 4.

marchandises achetées aux États-Unis doivent être payées comptant et emportées sur des navires non américains.

Le climat évolue à partir de 1938 : l'agressivité croissante des pays totalitaires et les persécutions raciales et religieuses en Allemagne marquent les esprits outre-Atlantique. Début 1939, Washington ne reconnaît ni le protectorat allemand sur la Bohême-Moravie, ni l'annexion de l'Albanie par l'Italie et, en septembre, lorsque la Seconde Guerre est déclenchée, les Américains sont très majoritairement favorables aux Alliés. Au printemps 1940, une révision des *Neutrality Acts* permet aux États-Unis de fournir des avions et des moteurs aux Franco-Britanniques et, le 27 août, alors que la Grande-Bretagne se retrouve seule dans la lutte, le service militaire obligatoire est pour la première fois instauré aux États-Unis, signe d'une évolution claire. En mars 1941, la loi de prêt-bail ou *Lend lease Act*[4], qui vient à point pour sauver Londres de la catastrophe financière, conduit presque Washington à la co-belligérance. Au même moment, les Britanniques se voient accorder cinquante vieux destroyers ou navires de commerce américains alors que les navires italiens et allemands présents dans les ports américains sont confisqués. En juin, suite au torpillage de bâtiments américains, ce sont les capitaux italiens et allemands qui sont gelés. Washington a bel et bien abandonné sa neutralité et les Américains sont désormais conscients que leur propre sécurité est menacée par le conflit en cours sur le continent européen.

L'inquiétante politique japonaise

Cependant, un autre péril existe en Asie avec le Japon qui depuis plusieurs années mène, comme le Reich, une politique de plus en plus belliqueuse et expansionniste. Plusieurs raisons peuvent expliquer ce phénomène. Il y a d'abord le rôle croissant exercé sur la politique japonaise par les milieux économico-financiers et par l'armée, prêts à trouver débouchés et matières premières par tous les moyens, y compris la force. Il y a ensuite la pression démographique qui se résorbe moins facilement à mesure que les États-Unis prennent des lois restrictives en matière d'immigration. Il y a également la grande crise économique de 1929 dont les répercussions au Japon ont été importantes. Il y a enfin la montée en puissance de jeunes officiers de l'armée qui, à partir de 1931, vont s'employer à investir les allées du pouvoir et qui, en 1936, vont faire assassiner les hommes politiques opposés à leurs desseins et instaurer une forme de totalitarisme militaire. À l'été 1940, les divers partis japonais sont contraints de se fondre en un mouvement unique et d'accepter que la politique nationale soit déterminée par l'armée.

La première région qui eut à subir une attaque japonaise fut la Mandchourie chinoise. Tokyo y exerçait une influence majeure dès 1924 mais, en 1932, y établit par la force un État fantoche, le Mandchoukouo, dirigé par le dernier empereur de Chine, P'ou-yi. L'année suivante, les troupes japonaises envahirent le Jehol,

---

4 Cette loi, qui laisse de larges pouvoirs d'appréciation au président, permet de céder, prêter ou louer tout service ou information à un pays dont l'action est vitale pour la défense des États-Unis, moyennant une compensation à négocier sous forme de remboursement, d'aide en nature ou d'un autre type d'avantage.

région montagneuse située entre la Mandchourie et la Grande Muraille de Chine. Elles continuèrent ensuite à grignoter divers territoires et, en 1937, déclenchèrent la seconde guerre sino-japonaise au cours de laquelle elles accrurent encore leurs conquêtes territoriales. Dans le même temps, sur le plan diplomatique, le Japon se rapprocha de l'Allemagne nazie avec laquelle il signa en 1936 un pacte anti-Komintern dirigé contre l'URSS. En septembre 1940, il signa un pacte tripartite avec Rome et Berlin, pacte qui lui accordait une zone d'influence s'étendant sur tout le Sud-Est asiatique et jusqu'aux Indes.

Les États-Unis vont longtemps rester passifs devant des avancées japonaises pourtant inquiétantes. En effet, certains dirigeants américains considèrent qu'une bonne entente avec Tokyo permet de préserver au mieux la politique de la « porte ouverte »[5] en Chine, c'est-à-dire la totale liberté du commerce. Si, dès octobre 1937, le président Roosevelt prévient que l'impérialisme nippon est un danger pour la civilisation et qu'il faudrait idéalement trouver les moyens de le canaliser, le camp isolationniste est encore majoritaire dans le pays et l'empêche d'apporter son soutien au projet anglais de représailles militaires contre le Japon. Les relations américano-nippones vont réellement se dégrader à partir de septembre 1940, avec l'invasion du Nord de l'Indochine française et avec la menace que fait peser Tokyo sur les possessions et la zone d'influence britannique en Asie du Sud-Est. Washington, qui s'est engagée de longue date[6] à soutenir Londres dans ce cas de figure, prend alors une série de mesures à portée économique contre le Japon, notamment l'embargo sur les ferrailles. Durant l'été 1941, c'est le sud de l'Indochine qui est envahi. Les États-Unis gèlent les capitaux japonais et élargissent l'embargo aux produits pétroliers, prenant Tokyo à la gorge. Le « parti de la guerre » accentue dès lors sa domination sur le gouvernement japonais, qui se prépare à l'action contre les Américains.

L'attaque suprise de Pearl Harbor

Le plan japonais consiste à mener une guerre éclair en deux temps : d'abord, affaiblir la flotte américaine par une attaque surprise et ensuite conquérir en cent cinquante jours les Philippines sous protection américaine, la Malaisie britannique et les Indes néerlandaises (Indonésie). Le Japon pourrait ainsi recouvrer une plus grande liberté d'action et poursuivre sa politique d'expansion et sa guerre contre la Chine. Le projet d'attaque contre la flotte américaine à Pearl Harbor, base navale au sud de l'île d'Oahu dans les îles Hawaï, est mis au point par l'amiral Yamamoto qui en informe l'Empereur et le Premier ministre, mais pas l'état-major. Le 26 novembre 1941, alors que les États-Unis viennent logiquement de refuser des propositions conduisant à une hégémonie nippone en Asie du Sud-Est, une imposante escadre japonaise prend la direction de Pearl Harbor et se trouve en place le 6 décembre. Le lendemain, à 6 heures, heure de

---

5 Doctrine définie en 1899 par le secrétaire d'État John Hay et qui promeut le droit de chaque puissance à commercer sans entrave dans les zones d'influence des autres. Déjà dominants sur le plan économique, les États-Unis édictent ainsi une règle dont ils seront les principaux bénéficiaires.

6 Conférence de Washington de 1921-1922.

Hawaï, et sans déclaration de guerre préalable, l'attaque est lancée. En moins de quatre heures, elle va faire 2400 morts et 1300 blessés, anéantir cinq des huit bâtiments de ligne américains et endommager gravement les trois autres, couler trois destroyers et détuire totalement ou partiellement les 390 avions de la base. Pour les États-Unis, il s'agit d'une véritable catastrophe.

Selon certaines théories développées *a posteriori* mais jamais étayées sérieusement, Roosevelt, prévenu de l'attaque à venir, aurait volontairement laissé bombarder Pearl Harbor pour pouvoir entrer en guerre avec le soutien massif de son peuple. En réalité, il semble plutôt que, sur la foi d'analyses stratégiques mais aussi parce qu'ils avaient réussi à percer le code diplomatique japonais, les Américains pressentaient une attaque imminente mais n'avaient pu prévoir exactement le théâtre d'opérations visé. Dès le 27 novembre pourtant, un « avertissement de guerre » avait été délivré par Washington au commandant de la zone Hawaï mais celui-ci n'en tint pas suffisamment compte et il ne fut pas jugé utile de lui en envoyer un second au matin du 7 décembre, alors que l'on venait de déchiffrer, avant même l'ambassadeur du Japon, le message de rupture que celui-ci devait remettre au secrétaire d'État Cordell Hull. On peut donc parler d'une certaine légèreté américaine.

Au lendemain de l'attaque, le 8 décembre 1941, Franklin Roosevelt s'adresse solennellement au Congrès pour lui demander de déclarer la guerre au Japon. Dans un discours très sévère, le Président oppose l'attitude pacifique de son pays, *fort de son droit*, à la conduite injustifiable de Tokyo qui a sciemment trompé son interlocuteur américain et prémédité contre lui une agression qui restera une *honte éternelle*. Roosevelt annonce que les États-Unis lutteront jusqu'à la victoire et sauront ensuite prendre les mesures qui s'imposent pour empêcher un nouveau Pearl Harbor. Les paroles du Président mais aussi les images et les récits venus de Hawaï contribuent à souder le peuple américain et à le faire entrer en guerre avec détermination. Dès lors, tout s'enchaîne car, par le jeu du pacte tripartite de septembre 1940 entre l'Allemagne, l'Italie et le Japon, Hitler et Mussolini déclarent, eux aussi, la guerre aux États-Unis. Le conflit est désormais mondial et l'URSS et la Grande-Bretagne y gagnent un allié majeur[7].

Les États-Unis d'Amérique ont été l'objet d'une attaque soudaine

Hier, 7 décembre 1941 – date qui restera marquée d'une honte éternelle – les États-Unis d'Amérique ont été l'objet d'une attaque soudaine et préméditée de la part des forces aériennes et navales de l'empire du Japon.

---

7 Voir les introductions aux discours n° 37 et 38.

Les États-Unis étaient en paix avec cette nation et, à la demande du Japon, menaient encore avec son gouvernement et son empereur, des pourparlers en vue du maintien de la paix dans le Pacifique. En fait, une heure après que les escadrilles japonaises eurent commencé à bombarder Oahu, l'ambassadeur du Japon près les États-Unis, et son collègue, transmettaient au secrétaire d'État une réponse officielle à un récent message américain. Bien que cette réponse affirmât qu'il semblait inutile de poursuivre les négociations diplomatiques en cours, elle ne contenait ni menace, ni allusion à la guerre ou à une attaque armée.

On se souviendra que la distance entre Hawaï et le Japon montre clairement que cette attaque a été préméditée il y a bien des jours, voire des semaines. Pendant ce temps, le gouvernement japonais a délibérément cherché à tromper les États-Unis en faisant de fausses déclarations et en exprimant l'espoir que la paix serait maintenue.

L'attaque d'hier sur les îles Hawaï a infligé de graves dommages aux forces militaires et navales américaines. Un grand nombre d'Américains ont perdu la vie. En outre, on annonce que des bateaux américains ont été torpillés en haute mer entre San Francisco et Honolulu.

Hier, le gouvernement japonais a également déclenché une attaque contre la Malaisie.

La nuit dernière, les forces japonaises ont attaqué Hong-Kong. La nuit dernière, les forces japonaises ont attaqué Guam. La nuit dernière, les forces japonaises ont attaqué les îles Philippines. La nuit dernière, les forces japonaises ont attaqué l'île de Wake. Ce matin, les Japonais ont attaqué l'île de Midway. Le Japon a donc déclenché par surprise une offensive qui s'étend à toute la région du Pacifique. Après ce qui s'est passé hier, tout commentaire serait superflu. Le peuple américain s'est déjà fait une opinion et comprend bien la portée du danger qui menace la vie même et la sécurité de notre nation.

En ma qualité de commandant en chef de l'armée et de la marine, j'ai donné l'ordre de prendre toutes les mesures nécessaires à notre défense. Nous nous souviendrons toujours de la nature de l'agression qui a été commise contre nous.

Peu importe le temps qu'il nous faudra pour refouler cette invasion préméditée ; le peuple américain, fort de son droit, se fraiera un chemin jusqu'à la victoire totale.

Je crois être l'interprète de la volonté du Congrès et du peuple en déclarant que non seulement nous nous défendrons jusqu'à l'extrême limite de nos forces, mais que nous agirons de façon à être bien sûrs que la menace d'une attaque brusquée de ce genre ne pèsera plus jamais sur nous.

Les hostilités ont commencé. Il n'y a pas à se dissimuler que notre peuple, notre territoire et nos intérêts sont en péril.

Confiants en nos forces armées, nous remporterons l'inévitable triomphe grâce à la résolution inébranlable de notre peuple. Et que Dieu nous aide !

Je demande au Congrès de déclarer que, depuis l'attentat commis par le Japon le 7 décembre, attentat que rien ne justifie, les États-Unis se trouvent en guerre avec l'Empire du Japon.

32 – Pie XII
Discours de Noël 1942

24 décembre 1942

Parmi les questions toujours controversées de l'histoire du XXe siècle figure sans conteste l'attitude de l'Église et plus particulièrement du Vatican au cours de la Seconde Guerre mondiale. Qu'a réellement fait Pie XII face aux déportations des Juifs ? S'est-il ou non montré trop indulgent envers les régimes totalitaires et, plus précisément, envers l'Allemagne nazie ? Nombre d'ouvrages ont paru, paraissent et paraîtront sans doute encore sur cette période complexe, avec la volonté de comprendre, d'expliquer ou, au contraire, de polémiquer. Le discours proposé ici est l'une des pièces du dossier, l'un des textes indispensables à l'appréhension de la politique pontificale durant le second conflit mondial.

Quand Pie XII s'appelait Pacelli

Né à Rome dans une famille de la petite noblesse très liée au Vatican, Eugenio Pacelli (1876-1958) est fils et frère d'avocats consistoriaux. Après avoir fréquenté l'Université grégorienne, il obtient une licence de théologie à l'Apollinaire en 1902. Ordonné prêtre en 1899, il entre, dès 1901, à la Congrégation des affaires ecclésiastiques extraordinaires du Saint-Siège et gravit les échelons pour devenir en 1914, secrétaire de ladite Congrégation et occuper ainsi un poste important au sein de la diplomatie vaticane. Durant la Première Guerre, il collabore avec le pape Benoît XV pour définir la position du Saint-Siège face au conflit. Il tente vainement d'empêcher l'Italie d'y prendre part puis appuie toutes les actions de médiation d'un saint Père soucieux de demeurer neutre. En 1917, Pacelli est sacré évêque et envoyé comme nonce en Allemagne. Il y reste pendant douze ans, tissant des liens forts avec le clergé et les catholiques allemands et œuvrant au rétablissement des relations diplomatiques entre le Vatican et l'Allemagne. Cardinal en 1929, il est, la même année, nommé secrétaire d'État par Pie XI qui fait ainsi de lui son plus proche collaborateur. C'est donc sans réelle surprise que, le 2 mars 1939, il est élu pape au troisième tour. Six mois plus tard, la Seconde Guerre mondiale éclate.

Neutralité apparente et discrétion

En choisissant le nom de Pie XII, Pacelli se place dans une logique de continuité par rapport à son prédécesseur. S'il a joué un rôle important dans la signature d'un concordat avec l'Allemagne après l'arrivée au pouvoir de Hitler en 1933, il se montre d'abord, comme

Pie XI, très sévère pour le nazisme fustigé pour son racisme foncier et sa persécution des catholiques. À l'approche de la guerre, le pape va renouer avec sa conduite de 1914-1918 et tout tenter pour éviter le déclenchement d'un conflit : il s'emploie à opérer une médiation après les accords de Munich puis, tout aussi vainement, à empêcher l'Italie d'entrer en guerre. Il est plus heureux du côté de l'Espagne franquiste dont il plaide la neutralité.

Pour le reste, tout au long des hostilités, il s'abstient volontairement de poser un acte qui pourrait le contraindre à choisir son camp. Différentes raisons expliquent cette attitude controversée. Tout d'abord, Pie XII veut préserver ses chances d'apparaître comme un médiateur possible entre les belligérants. Ensuite, il lui semble que des paroles ou des gestes trop accusateurs à l'encontre de l'Axe pourraient mettre en danger les communautés catholiques dans les pays que celui-ci domine et pourraient empêcher le Saint-Siège de jouer pleinement son rôle d'aide et d'assistance aux victimes civiles, quelles qu'elles soient. Par ailleurs, s'il est très éloigné des idéologies fasciste et nazie, qu'il condamne de façon plus ou moins ouverte, il reste un homme d'Église conservateur et traditionaliste, peu séduit par la démocratie parlementaire à l'occidentale. Enfin, et peut-être surtout, il se montre soucieux de ne pas rompre les liens avec cette Allemagne qu'il connaît si bien et dont il apprécie le peuple à défaut de respecter ses dirigeants. Plus fondamentalement, guidé par un anticommunisme qui marquera tout son pontificat, il estime qu'un anéantissement total du Reich ferait tomber l'une des barrières essentielles contre une bolchevisation de l'Europe.

Mais c'est surtout la faiblesse supposée de sa réaction face à la solution finale qui, plus tard, fera l'objet de commentaires et de polémiques. Informé par de multiples sources et notamment par plusieurs évêques du processus implacable d'extermination, il choisit de ne pas le dénoncer vigoureusement de manière publique, même lorsque mille Juifs romains sont raflés le 16 octobre 1943, mais plutôt d'affirmer régulièrement, dans ses messages, sa compassion envers tous les persécutés pour leur origine ethnique. Cette tactique, que d'aucuns qualifieront de prudente et d'autres de lâche, lui permet de sauver discrètement mais effectivement plusieurs milliers de Juifs romains. Sur son intervention personnelle, la rafle de Rome n'est pas menée à terme et les rescapés sont cachés au Vatican, dans des couvents ou dans des familles italiennes. À l'échelle de l'Europe, on estime entre 750 000 et 1 000 000 les Israélites qui doivent leur salut à l'attitude ambivalente adoptée par l'Église.

Polémiques autour d'un message

Le message radio adressé par Pie XII aux fidèles pour la fête de Noël 1942 illustre cette ambivalence. Il s'agit d'un long discours – vingt-six pages dactylographiées – consacré à l'ordre intérieur des nations et au nouvel environnement international que réclame l'Église. Le Pape s'y refuse, apparemment, à prendre parti pour l'un ou l'autre camp mais, de façon détournée, le régime nazi est celui qui est le plus critiqué dans ses fondements. Constatant la chute de l'*ordre social* qui domina l'entre-deux-guerres, Pie XII souligne que *l'ordre nouveau, national et international*, quel qu'il soit, devra s'inspirer des règles et des principes dont l'Église est la gardienne puis les développe longuement[1] : la dignité et les

1 Texte non repris ici.

droits de la personne humaine, une société fondée sur la famille et la coopération de tous, le droit au travail, à l'éducation et à la propriété privée dans un esprit de solidarité sociale, un ordre juridique indépendant et impartial et, par conséquent, un État respectueux de ses citoyens et d'une éthique solide. Mais le message de Noël 1942, largement diffusé dans tous les diocèses, comprend aussi une série de considérations sur la Guerre mondiale et la rénovation de la société[2]. Le Pape qui a déjà, au début de son propos, affirmé *l'amour profond, impartial, indéfectible* qu'il éprouve pour *tous les peuples, sans aucune exception*, y insiste sur *les centaines de milliers de personnes qui, sans la moindre faute de leur part, mais simplement parce qu'elles appartiennent à telle race ou à telle nationalité, sont vouées à la mort ou à un dépérissement progressif*. C'est bien la solution finale qui est dénoncée et le message irritera d'ailleurs Berlin. Mais Pie XII, qui réitérera ce type de propos à plusieurs reprises, n'ira jamais plus loin en termes de condamnation officielle.

Après la Libération, le Congrès juif mondial et le grand rabbin de Jérusalem lui rendent publiquement hommage pour son action en faveur des Juifs. En 1958, à la mort du Pape, Golda Meir, alors ministre israélienne des Affaires étrangères, fera de même. Cependant, d'autres mettent le Saint-Siège en accusation pour n'avoir pas fermement condamné le IIIe Reich. Dès la disparition de Pie XII, certaines voix s'élèvent des États-Unis et d'Europe occidentale mais surtout d'Europe de l'Est. Au cœur du débat figure la pièce de théâtre *Le Vicaire* de l'Allemand Rolf Hochhuth, véritable pamphlet contre le « silence » pontifical joué à Berlin en 1963 et qui, en 2001, inspirera Costa-Gavras pour son film *Amen*. Le Vatican tente de répondre par l'ouverture de ses archives. De 1965 à 1981, quatre historiens jésuites publient onze volumes d'*Actes et documents du Saint-Siège relatifs à la Seconde Guerre mondiale*. Ceux-ci permettent de mieux comprendre la diplomatie vaticane mais la polémique ne s'éteint pas. Dans le monde de l'après-guerre froide, ce sont les descendants de déportés juifs qui demandent des comptes à l'Église. En 1999, Jean-Paul II ouvre de nouvelles archives à une commission d'historiens juifs et catholiques mais rien de définitif n'en résulte, notamment parce que certains fonds restent inaccessibles. À ce jour, le travail des spécialistes se concentre sur les rapports entre le Vatican et l'Allemagne de 1922 à 1939 mais il y a fort à parier que le doute subsistera tant que le Saint-Siège n'aura pas rendu publics tous les documents susceptibles d'éclairer son action durant la Seconde Guerre.

Discours de Noël 1942

[…] À moins de se renier elle-même et de renoncer à sa mission maternelle, l'Église doit prêter l'oreille au cri d'angoisse filiale qui monte vers elle de toutes les classes de l'humanité. Sans doute ne prétend-elle exprimer aucune préférence pour telle ou telle solution particulière et concrète

2 Reprises ici à partir de *Dieu veuille…*

qu'un peuple ou un État particulier cherche à apporter aux très graves problèmes de sa stabilité intérieure ou de sa politique internationale. Il lui suffit que la loi divine soit respectée. Mais d'autre part, l'Église est [...] la gardienne de l'ordre, naturel et surnaturel. À ce titre, elle est obligée de rappeler bien haut, devant ses fils et en présence de l'univers entier, les principes inébranlables dont doit s'inspirer la vie humaine, et maintenir ces principes à l'abri de toute interprétation fausse ou tendancieuse, de tout obscurcissement, de toute contamination, de toute erreur. C'est qu'en effet la seule observation de ces règles, et non pas les efforts individuels de volontés nobles et généreuses, assurera la solidité dernière de n'importe quel ordre nouveau, national et international, de cet ordre que tous les peuples réclament avec d'ardentes supplications. Nous savons quel courage et quel esprit de sacrifice animent aujourd'hui tant de nations. Nous connaissons aussi leurs angoisses et leurs souffrances. Et c'est pour tous les peuples sans aucune exception qu'en cette heure d'épreuves et de peine indicibles, Nous ressentons un amour profond, impartial, indéfectible. Nous désirons de toute Notre âme leur apporter tous les encouragements, leur procurer tous les secours qui seront en Notre pouvoir.

[...] Dieu veuille, très chers fils, que, tandis que Notre voix parvient à vos oreilles, votre cœur soit profondément ému et impressionné par la gravité sérieuse, l'ardente sollicitude, la pressante insistance avec lesquelles Nous cherchons à vous pénétrer de ces principes (la vie commune dans l'ordre et la vie en commun dans la tranquillité), Nous voulons que ce qui précède soit un appel à la conscience universelle, un cri de ralliement pour tous ceux qui savent généreusement évaluer la grandeur de leur mission et de leurs responsabilités d'après l'immensité du désastre universel. Une grande partie de l'humanité, et même, Nous n'hésitons pas à l'affirmer, un bon nombre de ceux qui se proclament chrétiens, partagent en un certain sens la responsabilité collective de la mauvaise orientation, des méfaits et du manque absolu d'élévation morale dont souffre la société d'aujourd'hui.

Cette guerre mondiale, et tout ce qui s'y rattache, qu'on envisage ses causes éloignées ou prochaines, ou ses conséquences matérielles, juridiques et morales, que représente-t-elle d'autre qu'un brusque écroulement ? Des esprits superficiels ont pu en être surpris ; mais la catastrophe avait été prévue et redoutée de tous ceux dont le regard avait scruté jusqu'en ses profondeurs un ordre social qui, sous des apparences trompeuses et par-delà le mensonge des formules conventionnelles, dissimulait une faiblesse fatale, un désir exaspéré de lucre et de domination.

Ce que l'on arrivait encore à réprimer en temps de paix éclata, lors de la déclaration de guerre, en une lamentable série de mesures en contradiction complète avec l'esprit d'humanité du christianisme. Les conventions internationales destinées à humaniser la guerre, en la limitant aux seuls combattants, en respectant les règles de l'occupation des territoires et de la capture des vaincus, sont restées lettre morte en maints endroits. Et qui peut prédire la fin d'un état de choses qui ne fait qu'empirer de jour en jour ?

Les peuples souhaitent-ils par hasard assister sans réagir à l'extension de ce désastre ? Ou bien, sur les ruines d'un ordre social qui a donné une preuve si tragique de son impuissance à procurer le bien-être des peuples, toutes les grandes âmes, toutes les bonnes volontés ne doivent-elles pas plutôt s'unir dans le serment solennel de ne s'accorder aucun repos avant que, dans tous les États et toutes les nations de la terre, ne se soient formées des légions d'hommes absolument décidés à reconstruire l'édifice social sur l'inébranlable centre de gravité de la loi au service de personnes et de la loi divine, entièrement dévoués au service de personnes et de communautés qui auraient retrouvé en Dieu leur vraie noblesse ? Ce souhait, l'humanité doit pouvoir le formuler à la multitude innombrable des morts qui reposent dans les champs de bataille. En sacrifiant leur vie pour accomplir leur devoir, ils ont offert un holocauste pour un ordre social nouveau et meilleur.

Ce vœu, l'humanité le reçoit encore de la foule immense des mères, des veuves et des orphelins, qui se sont vu arracher la lumière, la consolation et le soutien de leur vie.

Ce vœu, l'humanité l'entend formuler par ces exilés sans nombre que l'ouragan de la guerre a déracinés et transportés loin de leur patrie, puis dispersés sur la terre étrangère. Ceux-ci ne pourraient-ils pas s'approprier la plainte du prophète : « Notre héritage a été donné à d'autres, notre demeure abrite maintenant des étrangers » (Jérémie, *Lamentations*, V, 2) ?

Ce vœu est encore celui des centaines de milliers de personnes qui, sans la moindre faute de leur part, mais simplement parce qu'elles appartiennent à telle race ou à telle nationalité, sont vouées à la mort ou à un dépérissement progressif.

Il est également celui de la multitude des non-combattants, des femmes, enfants, malades et vieillards, victimes de la guerre aérienne. Celle-ci, dont Nous venons de dénoncer les horreurs, a anéanti sans aucun discernement ou du moins sans assez de prudence, les vies, les biens, les lieux de bienfaisance et de prière.

Ce vœu, enfin, est exprimé par des torrents de larmes et d'amertume, par d'innombrables douleurs et souffrances morales qu'entraîne le déroulement homicide de ce gigantesque conflit. Toutes ces voix supplient le ciel, par l'invocation de l'Esprit saint, de délivrer enfin le monde du cauchemar de la violence et de la terreur. […]

33 – Edvard Beneš
Le futur de l'Europe

19 mai 1943

Durant la Seconde Guerre et surtout à partir de 1943, le vent ayant clairement tourné en faveur des Alliés, de nombreux hommes politiques et chefs d'État ont aiguisé leurs réflexions sur le nouvel ordre mondial, l'avenir de l'Europe et de leur propre pays ou encore sur les prérogatives d'une Société des Nations renouvelée. Edvard Beneš, président en exil de la défunte Tchécoslovaquie, est l'un d'entre eux. Devant le *Council on Foreign Relations* de New York, il prône, avec espoir et optimisme, une paix de collaboration qui permettrait à une (con) fédération d'Europe centrale d'être aussi bien l'alliée des Occidentaux que de Moscou. Cinq ans plus tard, le « coup de Prague » anéantira ses illusions.

Un militant de la cause tchécoslovaque

Né dans une famille paysanne de Kožlany en Bohême, alors partie de l'Empire austro-hongrois, Edvard Beneš (1884-1948), socialiste et nationaliste tchèque, formé en droit et en sciences politiques à Prague, Paris et Dijon, devient assistant puis maître de conférences en sociologie à l'université tchèque de Prague, l'Université Charles. La Première Guerre va faire de lui l'une des figures dominantes du mouvement indépendantiste, avec Thomas Masaryk, son maître à l'université. Dès 1915, il fait partie du Comité tchèque à l'étranger, bientôt Conseil national des pays tchèques puis Conseil national tchéco-slovaque[1], qui siège à Paris et vise à promouvoir auprès des Alliés le droit des peuples à disposer d'eux-mêmes et, à terme, la naissance d'une Tchécoslovaquie indépendante. Beneš, qui en devient secrétaire général, se révèle un excellent propagandiste, surtout auprès des Français. La Tchécoslovaquie naît en octobre 1918 et, le 14 novembre, Thomas Masaryk devient président de la République. Beneš, lui, est ministre des Affaires étrangères presque sans discontinuer de 1918 à 1935 et un temps Premier ministre. C'est lui qui, à la conférence de Paix et à la SDN, est la voix de la Tchécoslovaquie. C'est lui aussi qui fixe les grandes lignes diplomatiques du pays : alliance avec la Yougoslavie et la Roumanie au sein de la Petite-Entente, bancale dès

1 Plus pauvres et plus ruraux, les Slovaques qui souhaitent alors leur rattachement aux Tchèques dépendaient, au sein de l'Empire austro-hongrois, du gouvernement de Budapest, alors que les Tchèques relevaient de celui de Vienne.

1936, traité de non-agression avec la Pologne, dénoncé par cette dernière en 1937, alliance avec la France dès 1924, confirmée lors des accords de Locarno en 1925, et pacte d'assistance mutuelle avec l'URSS en 1935.

Mais la faiblesse interne de la Tchécoslovaquie va démontrer, dans la seconde moitié des années trente, la fragilité de ces divers accords internationaux. Petit pays à la position centrale et stratégique, la Tchécoslovaquie compte 4000 kilomètres de frontières à défendre et sa population est des plus hétérogènes : aux 51 % de Tchèques et 14,5 % de Slovaques s'ajoutent 23,4 % d'Allemands, 5,4 % de Hongrois ainsi que des minorités ruthène, ukrainienne, juive et polonaise. Dans un premier temps, les diverses communautés cohabitent sans trop de heurts mais les effets de la crise économique de 1929 puis la montée du nazisme et du nationalisme en général changent la donne. Unitariste convaincu, Edvard Beneš, qui a succédé à Masaryk comme président en 1935, est accusé de rigidité et d'un centralisme excessif brimant les minorités. Les plus exigeants sont les Allemands de la région des Sudètes, soutenus par Hitler. Leurs revendications autonomistes insatisfaites conduisent, en 1938, à la crise de Munich, symbole de la faiblesse franco-britannique face au Reich[2]. Beneš, qui n'a pas été convié à la table des discussions, s'incline, lui aussi, devant des accords qui signent le démembrement de son pays. Une partie de ses compatriotes qui étaient prêts à la guerre pour éviter cette extrémité ne lui pardonneront pas ce geste.

L'exil et la reconstruction

Alors que Berlin, Varsovie et Budapest annexent les territoires tchécoslovaques majoritairement peuplés d'Allemands, de Polonais et de Hongrois, le Président choisit de démissionner le 5 octobre 1938 et de s'exiler aux États-Unis où il enseigne la philosophie à l'Université de Chicago. C'est dans ce cadre qu'il s'adresse une première fois au *Council on Foreign Relations* en février 1939. Lorsque la Seconde Guerre éclate, il part pour la France, l'alliée traditionnelle dont il espère encore beaucoup, malgré Munich. La défaite française le conduit à se réfugier outre-Manche et à s'y considérer comme le président légitime de la République tchécoslovaque. En Grande-Bretagne, il constitue de petites forces de terre et d'air et des aviateurs tchèques prennent ainsi part à la bataille d'Angleterre. Si, dans un premier temps, Beneš peine à se faire accepter par Londres qui reconnaît simplement son Conseil national comme représentatif des peuples tchèque et slovaque, il parvient, en juillet 1941, à imposer un véritable gouvernement en exil, reconnu par la Grande-Bretagne et l'URSS, grâce à ses liens avec la résistance tchèque, grande pourvoyeuse de renseignements précieux aux Alliés.

Sur place, la situation est complexe. Dès mars 1939, Hitler a poussé les Slovaques à proclamer leur indépendance et à se placer sous la protection allemande. Dans le même temps, les troupes allemandes ont investi Prague et placé la Bohême et la Moravie sous un régime de protectorat qui laisse formellement subsister un président et un gouvernement tchèques. D'avril 1939 à septembre 1941, le chef du cabinet est le général Alois Eliáš, plus ou moins adoubé par Beneš et informateur des Alliés, tandis que le *Reichsprotektor*, détenteur du pouvoir réel, est le baron von Neurath, un ancien

2 Voir l'introduction au discours n° 24.

ministre de Hitler qui n'est cependant pas un nazi fanatique. Mais par la suite, les Allemands imposent un homme de fer, Reinhardt Heydrich. À la fois pour éliminer celui-ci et pour réveiller une population tchèque qui semble s'accommoder du protectorat, le gouvernement en exil monte une opération au terme de laquelle un commando parachuté d'Angleterre assassine le *Reichsprotektor* le 27 mai 1942. Symboliquement, Beneš en sort grandi mais une répression féroce s'abat sur son peuple et décapite la résistance locale. Parallèlement, le Président en exil prépare déjà l'après-guerre. Déçu par les Franco-Britanniques, il estime que l'avenir réside d'abord dans des accords avec les pays d'Europe centrale et orientale, à commencer par la Pologne et l'URSS. Des négociations s'ouvrent donc avec les autorités polonaises en exil du général Sikorski. En janvier 1942, elles aboutissent à un accord de confédération. Avec Moscou, les discussions s'ouvrent à l'été 1941, lorsque l'URSS entre en guerre du côté des Alliés. Pour Beneš, les Soviétiques ont l'avantage de n'avoir pas participé aux accords de Munich et d'être partisans du rétablissement de la Tchécoslovaquie d'avant-guerre. L'idée est aussi de s'allier au parti communiste tchécoslovaque, déjà important avant 1938 et de nouveau en phase d'ascension.

Pour autant, il n'est pas question de négliger les Anglo-Saxons ou la France, chaque puissance ayant, aux yeux de Beneš, un rôle précis à jouer sur la scène mondiale. C'est cette vision du monde, de l'Europe et de la Tchécoslovaquie qu'il expose outre-Atlantique au printemps 1943. Parti pour Washington le 12 mai, il s'y adresse séparément le 13 au Sénat et à la Chambre des représentants, visite plusieurs autres villes américaines puis gagne le Canada pour s'exprimer devant le Parlement d'Ottawa avant de séjourner de nouveau à Washington puis de rentrer à Londres le 11 juin. Le discours présenté ci-dessous a été prononcé le 19 mai à New York devant le *Council on Foreign Relations*. Cet organisme, fondé en 1921, se veut indépendant et non partisan. Il ambitionne d'être un lieu de réflexion et de discussion entre spécialistes – diplomates, banquiers, avocats, hommes d'affaires ou universitaires – visant à mieux comprendre et faire comprendre les enjeux de la politique internationale et les options prises par les États-Unis. Il n'est pas rare que le *Council* soit amené à éclairer ou à conseiller de façon informelle les plus hauts dirigeants américains. Depuis 1939, il a lancé le projet *War and Peace Studies*, visant *in fine* à définir les principes qui devront guider la politique américaine d'après-guerre. En marge de cette activité, le *Council* invite à sa tribune des personnalités éminentes et représentatives, dont les interventions sont publiques et reproduites par la presse.

Edvard Beneš met d'abord en évidence la nécessité de pérenniser l'alliance des Nations unies, forgée par la guerre, et de fonder une nouvelle organisation internationale capable d'assurer une paix durable, de défendre certaines valeurs essentielles de liberté et de démocratie et de promouvoir un nouvel ordre social et économique. Il envisage ensuite et en premier – ce qui est significatif – le rôle de l'URSS, à laquelle il rend un hommage appuyé et dont il prédit la fin de l'isolement international. Puis vient la France dont il loue l'éternelle grandeur et dont il annonce et souhaite le retour au premier plan, gage de paix durable en Europe. Le message aux Anglo-Saxons est clair : ne négligez pas de Gaulle. Beneš déclare ensuite souhaiter que les États-Unis restent présents en Europe après la fin du conflit et ne rééditent pas l'erreur de 1918. Il en arrive alors au destin de l'Allemagne et indique que celle-ci devra être dénazifiée et rééduquée, que sa culpabilité dans le déclenchement de la guerre devra être clairement notifiée et qu'elle devra rendre tous les territoires conquis par la force mais aussi réparer, comme les autres puissances de l'Axe, le mal qu'elle a causé. Pour le reste, Beneš estime que l'avenir de l'Europe centrale et de l'Europe en général, de la Scandinavie à la Turquie, passe par l'application du principe de fédération ou de confédération et souligne que Polonais et Tchèques sont déjà en train de négocier en ce sens, tout en se rapprochant de l'URSS dans le cadre d'une entente des États slaves. Rendant hommage aux gouvernements britannique, soviétique et américain, Beneš conclut en annonçant la renaissance d'une Tchécoslovaquie unie et démocratique.

De la Libération à la satellisation

Optimisme ou naïveté, la vision géopolitique de Beneš repose sur une entente durable entre les Anglo-Saxons et les Soviétiques et sur la confiance en Staline, dont on suppose qu'il garantira le droit des peuples d'Europe centrale à s'autodéterminer. Très vite, cependant, des signaux négatifs sont lancés. Dès l'été 1943, les rapports polono-russes étant de plus en plus mauvais, l'URSS fait savoir au gouvernement tchèque en exil qu'elle désapprouve son rapprochement avec la Pologne. Beneš se retrouve donc en tête-à-tête avec les Soviétiques et, en décembre 1943, se rend à Moscou pour y signer un traité d'amitié et d'aide mutuelle. Staline et Molotov lui promettent alors que l'URSS n'interviendra pas dans les affaires intérieures de la Tchécoslovaquie et que celle-ci retrouvera ses frontières de 1937. Pourtant, dès l'automne 1944, l'Armée rouge, entrée en Ruthénie subcarpathique, y soutient le mouvement de pétition pour le rattachement à l'Ukraine, rattachement accepté par Prague le 29 juin 1945. Un mois et demi plus tôt, alors que Prague s'était insurgée, les Américains avaient laissé les Soviétiques libérer la ville en vertu d'un accord d'état-major, et s'attirer ainsi la reconnaissance de la population, ce qui allait profiter aux communistes locaux.

Pendant près de trois ans, de mai 1945 à février 1948, la Tchécoslovaquie va tenter d'être un pont, un point de contact entre l'Est et l'Ouest et de résister ainsi à la chute du rideau de fer. Edvard Beneš, président en exercice, dispose d'un gouvernement de Front national dont ont été exclus tous les partis qui se sont compromis avec l'occupant et au sein duquel les communistes de Klement Gottwald détiennent nombre de postes majeurs. Ils dominent déjà *de facto* la vie politique nationale comme le prouve le programme de gouvernement, dit programme de Košice : celui-ci fait de l'alliance avec l'URSS l'axe majeur de la diplomatie tchécoslovaque et prévoit une politique stricte de nationalisations et de confiscations, d'épuration et d'expulsion des minorités déloyales, ce qui conduira au déplacement de 2,25 millions d'Allemands et de 75 000 Hongrois[3]. Les mois passant, le parti communiste poursuit sa tactique de grignotage et d'infiltration dans tous les rouages de l'État, dans l'armée, la police ou le syndicat unique. Aux élections de mai 1946, il écrase, avec 38 % des voix, les socialistes de Beneš qui n'en récoltent que 18. En juillet 1947, alors que la Tchécoslovaquie est d'abord tentée de répondre positivement à l'offre du Plan Marshall, Moscou lui impose de la refuser.

[3] Voir l'introduction au discours n° 90. Il faut ajouter à ces chiffres les 500 000 Allemands expulsés « spontanément » par les Tchèques entre mai et août 1945.

La guerre froide se met en place et la Tchécoslovaquie sera le théâtre de son institutionnalisation symbolique. En février 1948, une crise politique est volontairement dramatisée par les ministres non communistes. Ceux-ci menacent de démissionner si l'un de leurs collègues communistes n'est pas désavoué pour avoir unilatéralement remplacé huit commissaires de police. Le bras de fer est lancé entre Beneš et Gottwald mais le premier, très malade, va, comme en 1938, céder devant la menace, cette fois incarnée par des manifestations de rue et des grèves massives. Le « coup de Prague » a réussi. Le 7 juin 1948, Beneš démissionnera pour ne pas cautionner la nouvelle Constitution qui fait de la Tchécoslovaquie une démocratie populaire. Il mourra le 3 septembre dans sa propriété de Sezimovo Ústí et ses obsèques seront la dernière occasion pour les Tchécoslovaques non communistes de manifester leur opposition au nouveau régime.

Le futur de l'Europe

Monsieur le Président,

Mesdames et messieurs,

Laissez-moi, tout d'abord, vous remercier pour les paroles amicales qui ont été un encouragement pour moi et pour mon pays. Je me suis souvent rappelé la dernière occasion où j'étais parmi vous. Il y a maintenant plus de quatre ans, en février 1939, que je me suis adressé au Conseil des Affaires étrangères[4] ici à New York. L'accord de Munich jetait son ombre sur mon pays, l'accord de Munich pesait lourdement sur mon pays, un mois avant que Hitler n'entre à Prague et n'occupe la Tchécoslovaquie. J'avais bien sûr beaucoup de choses à dire au sujet des erreurs de la politique européenne. J'ai parlé de la menace d'expansion des dictatures qui pesait sur nous, j'ai évoqué les conflits qui allaient frapper l'Europe. Et j'estime néanmoins que le pessimisme de mon tableau n'était pas injustifié. J'étais persuadé que dans la confrontation à venir, les forces obscures du mal seraient condamnées. Je ne doutais pas un seul instant qu'avant la fin de l'année, l'Europe allait s'engouffrer dans la guerre. Je n'ai cependant pas exprimé ceci ouvertement dans mon discours devant le Conseil des Affaires étrangères. J'étais votre invité. Je n'avais pas particulièrement l'intention de passer pour un belliciste européen.

À présent, nous avons vécu une période de quatre années de guerre et de crises. L'année prochaine, j'en suis convaincu, les Nations unies auront remporté une victoire sur le champ de bataille européen. La fin de la guerre en Europe pourrait venir subitement. Nous devons être

---

4 *Council on Foreign Relations.*

prêts, et la nécessité d'être prêts, m'inspire certaines de mes réflexions au sujet du futur de l'Europe. Bien que les quatre années et demie que nous avons connues aient été terribles pour mon pays, j'essaie de garder mon calme, mon objectivité et mon attitude pour ainsi dire scientifique à l'égard de ce problème.

Le président des États-Unis a exprimé de façon très convaincante les buts pour lesquels nous nous battons* : la liberté de pensée, la liberté de religion, vivre débarrassés de la peur et débarrassés du besoin. J'approuve complètement cette formule frappante et j'y ajoute que, depuis le début de cette guerre, j'ai considéré ce conflit comme une lutte :

– premièrement, une lutte pour certaines valeurs morales (celles qu'implique le mode de vie démocratique) ;

– deuxièmement, une lutte pour un nouvel ordre économique et social sur le continent européen ;

– troisièmement, un combat pour garantir une paix plus ou moins permanente, et

– quatrièmement, une lutte pour la réorganisation politique de l'Europe et du monde.

Nous sommes, en Europe, bien sûr, particulièrement concernés par la réorganisation politique de notre ancien continent et je vous prie de m'excuser si j'approfondis précisément ce sujet-là.

Notre premier problème est un problème de procédure. M. Sumner Welles[5] et d'autres hommes d'État américains ont clairement déclaré l'année dernière que nous ne pourrions pas continuer comme nous l'avons fait après la dernière guerre. Je suis entièrement d'accord avec leur manière de voir. Nous devons mettre en place les conditions de l'armistice avant la fin des hostilités. Ces conditions d'armistice doivent comporter les traits fondamentaux de la paix à venir. Celle-ci devrait régler, du moins de façon provisoire, les questions territoriales fondamentales, les questions de désarmement, les questions de matières premières, etc. Ces questions-là ne peuvent pas attendre, comme ce fut le cas malheureusement en 1919, que soit rassemblée une conférence de paix mondiale plusieurs années après l'armistice. Sur le continent européen régneront le chaos et le désordre, après l'effondrement de l'Allemagne. Nous ne pouvons pas perdre de temps, si nous voulons réellement reconstruire l'Europe avec une once d'espoir de rétablir l'ordre et la paix, et d'essayer de soulager rapidement les terribles souffrances des populations européennes.

---

5 (1892-1961) ; sous-secrétaire d'État de 1937 à août 1943, bénéficiant de toute la confiance de Franklin Roosevelt mais en perpétuelle mauvaise entente avec le secrétaire d'État Cordell Hull qui obtint finalement sa démission en l'accusant d'homosexualité.

La grande alliance que forment les Nations unies doit, à mes yeux, continuer de fonctionner. C'est ensemble qu'elles doivent remporter définitivement la guerre. Telle est la première tâche des Nations unies. Il leur faut ensuite occuper tous les territoires ennemis qui ont quelque importance politique ou stratégique. C'est là qu'elles doivent mettre en œuvre les conditions de l'armistice aussi rapidement que possible. C'est ensemble que les Nations unies doivent aussi mettre au point les procédures et méthodes de reconstruction de l'Europe. La conférence de paix en elle-même devrait être reportée jusqu'au moment où les conditions de l'armistice auront rétabli provisoirement la paix et l'ordre, et où la guerre avec le Japon sera terminée, marquant ainsi la fin du conflit mondial.

Il est essentiel, dans cet ordre d'idées, que les conditions de l'armistice en Europe renferment les caractéristiques essentielles du nouveau plan de réorganisation du continent européen. Il est du devoir des Nations unies de veiller à ce que les conditions de l'armistice assurent un système de sécurité, du moins provisoirement. La mise en application de ce système doit être un souci commun de toutes les Nations unies victorieuses. Les Nations unies instaureraient ensuite leur système permanent en mettant en place une nouvelle organisation internationale de Paix. Cette nouvelle organisation, déjà ébauchée dans la Charte Atlantique* et dans le Traité anglo-soviétique*, ne doit pas être une construction purement théorique, ni un instrument exclusivement juridique, inscrit dans les termes de l'armistice, ou dans les traités de paix. Elle doit être une organisation absolument concrète construite pas à pas sur les fondements solides de l'expérience et de la pratique politique, et se nourrir peu à peu de l'expérience de la collaboration d'après-guerre entre les membres des Nations unies. Cette organisation doit se fonder, bien sûr, sur l'expérience acquise à Genève[6] durant les deux dernières décennies.

Quelles doivent être maintenant les positions de l'Union soviétique ou de la France dans l'Europe d'après-guerre ? L'Union soviétique doit, il me semble, jouer pleinement son rôle légitime, dans le règlement d'après-guerre. Elle est entrée dans le précédent conflit européen comme une grande puissance. Ses soldats étaient, comme aujourd'hui, de vrais et valeureux patriotes. La guerre[7] a révélé toutes les faiblesses de l'État décadent du régime tsariste ce qui, inévitablement, a conduit le peuple à se soulever pour anéantir le pouvoir traditionnel et la classe dirigeante de la Russie. La Russie est alors devenue le théâtre d'une révolution d'une plus grande portée encore que la révolution française de 1789. Elle a reconstruit sa vie sociale et économique sur de nouveaux fondements.

---

6 Référence à la Société des Nations, qui y avait son siège.

7 La Première Guerre mondiale.

Certainement, le prix de l'attention intense portée à ses propres affaires économiques et sociales fut un traité de paix humiliant avec l'Allemagne et, par ce biais, débutait un tragique isolement des affaires de l'Europe. Elle ne rejoignit pas la SDN tant que l'Allemagne ne l'eut pas quittée, c'est-à-dire en 1934, et fit de son mieux pour collaborer au système de sécurité collective à Genève. Mais le pacte franco-soviétique de 1935, auquel assez curieusement Pierre Laval a attaché son nom, ne fut jamais ratifié. Au printemps de 1936, les puissances occidentales ont refusé d'intervenir en Rhénanie. Elles démontraient ainsi aux pays d'Europe centrale et orientale que les démocraties occidentales n'étaient pas préparées à s'opposer résolument à la politique expansionniste de Hitler. Elles n'étaient pas prêtes à sauver la paix ou à contrer l'ambition des puissances dictatoriales de détruire le système politique européen établi après la dernière guerre. En 1937 et 1938, la politique d'*appeasement* à l'égard des dictateurs a gagné du terrain, dans la question de l'Abyssinie, de l'Autriche et de la Tchécoslovaquie. L'exclusion de l'Union soviétique des affaires européennes continuait et apparaissait clairement au moment de l'accord de Munich en septembre 1938. L'accord de Munich a sacrifié la Tchécoslovaquie pour obtenir une paix européenne temporaire. Mais ce fut aussi un pacte entre quatre puissances européennes favorisant l'Allemagne, contre la Russie. Et, bien entendu, il marquait le véritable commencement de la guerre actuelle.

Depuis lors, nous avons retenu la leçon. La suspicion a laissé la place à la collaboration politique et militaire. Je ne doute pas que, lorsque les Japonais ont attaqué Pearl Harbor, ces derniers pensaient que Moscou allait tomber dans les jours suivants. Moscou n'est pas tombée. Les attaquants ont dû se replier et endurer des souffrances encore plus grandes que l'armée en retraite de Napoléon. Ils ont dû subir deux hivers de sévères privations et de pertes terribles.

Je crois que l'Union soviétique ne se retrouvera pas à nouveau isolée. Par la signature du Pacte anglo-soviétique à Londres le 26 mai de l'année dernière, un acte diplomatique de grande importance a été posé. Ce pacte garantit la collaboration future entre l'Europe de l'Ouest et l'Union soviétique et je suis certain que ce pacte bénéficiera à tous les pays européens, voire au monde entier. D'autres négociations et traités suivront, des négociations par exemple entre les États-Unis et la Grande-Bretagne, entre les États-Unis et l'Union soviétique et d'autres pays alliés. Les jours où la Russie soviétique se trouvait isolée sont révolus.

Mais si nous corrigeons notre politique à l'égard de l'Union soviétique, nous devons veiller à éviter une politique semblable à l'égard de la France. À l'instar de la Russie durant la dernière guerre [Première Guerre mondiale], la France a dû accepter un armistice humiliant.

Encore aujourd'hui, l'ennemi n'a pas fini de lui imposer son lot d'humiliations et de vengeance. L'Allemagne a bafoué les clauses de l'Armistice, a mis sa population masculine en captivité ou l'a réduite aux travaux forcés. La France n'a jamais cessé de faire preuve de grandeur. La France renaîtra d'une manière fondamentalement différente de celle envisagée par le maréchal Pétain. Une fois de plus, l'opinion française s'est avérée trop forte et trop intelligente pour être ignorée des nazis. Je crois que d'ici peu la France rejoindra ses alliés en tant que nation pleinement souveraine et belligérante. Elle prendra sa place à la table des négociations de l'Europe. L'Europe a besoin d'une France forte et régénérée. Sans une France forte, il n'y aura pas de paix durable sur le continent européen.

J'en arrive maintenant au rôle que joueront les États-Unis dans l'Europe d'après-guerre. Celui-ci vous est mieux connu qu'à moi-même. Il va sans dire que ce problème est d'une importance extrêmement cruciale pour l'ensemble de l'Europe. Si nous, Européens, désirons qu'ensemble les Nations unies remportent d'abord la guerre, et ensuite la paix, nous supposons que les États-Unis continueront à jouer, une fois la guerre terminée, leur rôle de garants de la paix dans le monde. C'est à cela que nous aspirons en Europe. Mais dans cette question, c'est aux États-Unis et non à l'Europe de prendre une décision. Vous conviendrez cependant que le refus des États-Unis de ratifier le traité de Versailles, ou encore d'intégrer la Société des Nations, a eu des conséquences non moins capitales que la longue période d'isolement de l'Union soviétique. Imaginez un seul instant que les conditions de paix aient permis, en 1936 ou en 1938, de mobiliser rapidement les ressources morales et matérielles des États-Unis ainsi que de l'Union soviétique, associées à celle de la Grande-Bretagne et de la France. N'est-il pas pratiquement avéré que, dans ce cas, il n'y aurait pas eu d'accord de Munich, ni d'invasion de la Pologne, ni en fait de Seconde Guerre Mondiale en 1939 ? M. Litvinov m'a ôté les mots de la bouche en déclarant à Genève que la paix était « une et indivisible ». La réalité du XXe siècle a prouvé à quel point cela était vrai.

Aucun étudiant européen en histoire n'oubliera jamais à quel point l'isolationnisme était enraciné aux États-Unis. Il était à ce point enraciné parce qu'il fut longtemps justifié. Mais l'étudiant européen en histoire n'oubliera pas non plus avec quel enthousiasme les États-Unis sont entrés en guerre en 1917 et à quel point la réplique à l'attaque surprise de Pearl Harbor fut rapide et décidée. Les soldats américains ont traversé les océans pour se rendre en Grande-Bretagne et en Irlande du Nord, en Afrique du Nord française, au Moyen-Orient, en Inde et en Australie. Bientôt, je l'espère, ils fouleront le sol du continent européen. Ils sont en tête de ligne de cette guerre et leur intérêt à garantir la paix en Europe est vital. Un grand débat démocratique traverse pour le moment les États-Unis sur la question de l'isolationnisme en temps de paix. Et je ne me permettrai pas d'anticiper les résultats de ce débat. Je suis persuadé que la politique américaine sera à la hauteur de sa grandeur et de son sacrifice matériel et moral.

Le problème majeur de l'Europe après la guerre sera le statut de l'Europe centrale et orientale, ainsi que son rapport avec le statut de l'Allemagne d'après-guerre. Aux yeux de bon nombre d'étudiants en histoire et en science politique, le grand nombre de petits États en Europe centrale et ailleurs a suscité les tentations des grandes puissances prédatrices. Ils furent également l'objet de la tentation d'autres puissances qui pensaient, à tort, que les petits États pourraient être sacrifiés à la paix en Europe. C'est, en fait, ce qui s'est passé en 1938. Les étudiants en histoire et en science politique qui sont de cet avis pensent que l'idée d'une fédération, ou du moins d'une confédération, doit être appliquée à l'Europe, une fois la guerre terminée.

Depuis l'époque de Frédéric II de Prusse, les États d'Europe centrale et orientale ont de tout temps été dans le point de mire des attaques prussiennes et allemandes. Il en fut de même sous Bismarck. Il en fut ainsi en 1914, et encore en 1938. Et à chaque occasion, le « Drang nach Osten » ou « Südosten » allemand a préludé à un « Drang nach Westen» . Dès que l'Allemagne dominait l'Europe centrale et orientale, elle a poursuivi sa marche pour la domination du continent. Mais ce n'était là qu'une étape vers la domination du monde. En empêchant les armées allemandes d'entrer en Europe centrale, il aurait été possible d'anéantir leur projet de domination européenne, voire mondiale. Je ne pourrai jamais insister assez sur ce fait.

Il nous est impossible de commencer à décider du statut de l'Europe centrale avant qu'une juste solution au problème allemand n'ait été trouvée et mise en œuvre. L'Allemagne doit céder tous les territoires dont elle s'est emparée injustement par l'agression, à commencer par l'Autriche. C'est là, à nos yeux, une condition *sine qua non* pour une paix durable en Europe. Nous ne pouvons pas, je pense, permettre à l'Allemagne de garder le moindre centimètre carré de territoire qu'elle a occupé par la force ou la menace et pour lequel elle est entrée en guerre. Toute la politique internationale des États-Unis se base sur ce principe entièrement dicté par le bon sens. Dans le cas contraire, la force et la violence paraîtraient justifiées. Une telle justification, même si Hitler et son régime appartenaient un jour complètement au passé, inciterait les successeurs à emprunter le même chemin de destruction. De nos jours, la violence grossière ne paye pas. Elle entraîne des sacrifices inutiles et un châtiment sévère. Cette leçon, les Allemands d'aujourd'hui et demain doivent l'apprendre plus que jamais.

Je ne suis pas un germanophobe intransigeant. Je ne prétends pas que les Allemands sont un peuple foncièrement mauvais ou que tous les Allemands sont mauvais. Mais il demeure certains faits que nous ne pouvons ignorer. Les chefs nazis, largement soutenus par les Allemands non nazis, avaient mis au point leur théorie d'une guerre totale pendant plus de 20 ans. Les Allemands étaient nombreux, à mon avis, à regretter sincèrement l'accession au pouvoir de Hitler en 1933. Néanmoins, le peuple allemand est autant responsable de Hitler et de Himmler que ne le sont les Américains pour Lincoln et Roosevelt, et que ne le sont les Britanniques pour Gladstone et Churchill, les Russes pour Lénine et Staline, les Italiens pour Mussolini, tout autant que les Japonais pour les seigneurs de la guerre actuels et les Tchèques pour Thomas Masaryk. Aucune personne sensée ne voudrait la destruction totale de la nation allemande. Mais il faut que l'on comprenne que l'agression par la guerre implique toujours un châtiment et que l'homme civilisé n'acceptera pas des théories racistes et antisémites qui sont grossières, cruelles et bestiales.

Dans le cas contraire, il ne peut y avoir d'espoir ni pour l'Europe ni pour l'humanité. En tout état de cause, il faut écarter toute menace d'une nouvelle guerre si nous voulons reconstruire l'Europe.

Il nous faudrait, à mon avis, trouver un accord au sujet de l'Allemagne, sur les six principes directeurs suivants :

1. Le nazisme doit être éradiqué entièrement.

2. Tout territoire enlevé par la force, la menace ou la violence doit être cédé.

3. L'Allemagne doit être reconnue coupable d'avoir provoqué la Seconde Guerre mondiale et, conformément aux termes de la Charte Atlantique, doit être maintenue en état de désarmement.

4. Sa culpabilité doit être clairement établie. Ceux qui seront reconnus coupables de crimes de guerre doivent être punis sans pitié et sans délai.

5. Dès que la période transitoire de conflits internes et de violence sera terminée, la Prusse de 1933 avec sa « Herrenvolk »[8], avec sa propension à marcher au pas de l'oie devrait être fondamentalement réorganisée, sa classe dirigeante de militaires et de Junkers devrait être remplacée une fois pour toutes par un régime démocratique, et l'ensemble de l'Allemagne placé sous une surveillance internationale stricte pour une période

8 Peuple des seigneurs.

déterminée. Son peuple devrait être rééduqué et entièrement démocratisé. Mais ne nous leurrons pas, personne d'autre que la nouvelle Allemagne elle-même ne pourra mener à bien cette rééducation. Je sais que le processus sera long. Cela demandera des changements radicaux dans la structure sociale et politique de l'Allemagne ainsi que dans les méthodes pour former une meilleure génération.

6. D'une façon ou d'une autre, l'Allemagne et le peuple allemand doivent réparer, du moins en partie, le tort presque inhumain qu'ils ont fait aux pays occupés et à leurs habitants. La principale charge de cette tâche incombe certainement à l'Allemagne. Il ne faut cependant pas oublier que les autres puissances de l'Axe sont, dans une certaine mesure, tout aussi coupables que l'Allemagne.

Permettez-moi à présent d'exposer les considérations sur l'Europe centrale qui, géographiquement, se situe entre l'Allemagne et l'Union soviétique. Comme je l'ai déjà exposé, la crise de 1936 en Rhénanie a mis au jour la faiblesse et le manque de préparation des démocraties d'Europe de l'Ouest. Elle a démontré que les intrigues et l'expansion impérialiste allemandes trouveraient le champ libre en Europe centrale. À cette époque, une grande tension existait entre la Pologne et l'Union soviétique. Et l'Allemagne a toujours su exploiter les désaccords entre Varsovie et Moscou. Par la suite, les événements se sont précipités. L'Autriche fut annexée, la Tchécoslovaquie menacée et les accords de Munich imposés par la force. L'Union soviétique, quant à elle, s'est retrouvée encore plus isolée. Après Munich, je ne pouvais plus douter que le conflit armé serait inévitable et j'avais la certitude que l'Allemagne détruirait tout d'abord la Pologne, et qu'en fin de compte l'Allemagne et l'Union soviétique, représentant deux modes de vie diamétralement opposés, se retrouveraient face-à-face. C'est effectivement ce qui s'est passé. Peu après, l'état de guerre entre la Pologne et l'Union soviétique a cédé le pas à la collaboration militaire.

Entre-temps, les gouvernements polonais et tchèque à Londres ont exploré pendant plusieurs mois les possibilités de conclure une union plus étroite entre leurs États, une fois la guerre terminée. Les deux États envisageaient cette collaboration ou alliance comme un acte d'assistance mutuelle. Leur déclaration de novembre 1940*, a mis en évidence le rôle joué par le principe de fédération, ou de confédération, dans l'avenir des petits États d'Europe centrale, et dans l'organisation générale de l'Europe d'après-guerre. En règle générale, je reconnais ce principe comme l'une des idées à appliquer dans certains cas, lorsqu'il faudra réorganiser l'Europe d'après-guerre.

Nous sommes conscients, bien sûr, qu'il s'agit là d'une question fondamentale et de portée générale. Les gouvernements établis à Londres n'ont pas le droit de décider pour leurs peuples, avant qu'ils ne soient sanctionnés directement par ceux-ci, et avant d'avoir obtenu la pleine approbation de leurs pouvoirs législatif et constitutionnel. De plus, le concept de confédération n'est pas réservé aux pays qui désirent entrer dans une confédération. L'idée apporte un nouveau vent dans la communauté européenne des nations et constitue un souci vital aux yeux de certaines grandes puissances. Ces grandes puissances sont nos alliées dans la guerre qui sévit actuellement. Nous ne voulons pas nous contenter de nous mettre d'accord sur ces sujets importants, pour ensuite placer les grandes puissances devant le fait accompli.

C'est pour cette raison que le gouvernement tchèque informe en toute loyauté ses principaux alliés au sujet de ces débats et négociations. Il informe l'Union soviétique, la Grande-Bretagne et les États-Unis. Il informe les États continentaux, en particulier la France et la Yougoslavie. Le voisin immédiat de l'Europe centrale et de la confédération tchèco-polonaise serait l'Union soviétique. Nous estimons, en conséquence, qu'il est absolument essentiel de tenir l'Union soviétique informée de l'évolution. Et je dirais même que la Tchécoslovaquie estime qu'il est essentiel, dans son intérêt ainsi que dans celui de la Pologne, de trouver un commun accord sur ces questions avec l'Union soviétique. Parfois, le débat a porté sur le statut des autres petites nations d'Europe centrale : l'Autriche, la Hongrie, la Roumanie, la Yougoslavie et la Grèce. Dans ce cas également, le principe de la confédération pourrait être appliqué. Mais vous conviendrez, il va de soi, que je ne suis pas autorisé à parler en leur nom, et mes réserves sont fondées sur ma conviction qu'il est absolument indispensable que j'entende tout d'abord leur propre point de vue.

Je crois que la guerre qui sévit actuellement nous donne la possibilité de mettre en pièces définitivement l'infâme politique pangermanique du « Drang nach Osten » poursuivie systématiquement par ce pays au cours des deux derniers siècles. La guerre actuelle a immanquablement mis en évidence la nécessité d'une collaboration réelle, amicale et loyale entre les trois nations slaves : la Pologne, la Tchécoslovaquie et l'Union soviétique. Les rapports entre la Tchécoslovaquie d'un côté et la Pologne et l'Union soviétique de l'autre sont des rapports d'alliance et d'amitié. Nous désirons les maintenir comme tels. Si, à trois, nous parvenons à un accord complet, le « Drang nach Osten » sanguinaire de l'Allemagne impérialiste peut être annihilé à jamais. Si nous y parvenons, nous ne garantirons pas seulement le futur de la Pologne et de la Tchécoslovaquie, mais nous apporterons une contribution fondamentale et substantielle à la sécurité de l'ensemble de l'Europe. Si nous échouons, au contraire, il y aura une autre catastrophe européenne. D'une manière ou d'une autre, l'Allemagne trouvera toujours le moyen de provoquer une troisième guerre mondiale. Sincèrement, je le déclare, telle est ma plus profonde conviction politique.

Pour que le tableau soit complet, il reste à exposer d'autres questions européennes de poids. L'Italie va sûrement se débarrasser de son régime actuel, retourner à ses traditions libérales et retrouver son ancienne place dans l'Europe de demain. Nous devons nous pencher sur le futur des pays d'Europe de l'Ouest, de Scandinavie et des Balkans, et ce y compris la Turquie. Ces pays trouveront tous leur propre place dans la structure à venir de la collaboration en Europe et dans le monde, ainsi que dans le système futur de sécurité d'après-guerre, et ce en fonction de leurs propres efforts et du rôle qu'ils ont joué ou joueront encore dans la Deuxième Guerre mondiale.

J'en arrive donc à cette dernière question que, je l'imagine, vous brûlez de me poser. Que fera la Tchécoslovaquie dans cette nouvelle Europe ?

Vous me pardonnerez si je rappelle ici devant vous qu'avant les accords de Munich, la Tchécoslovaquie était une des meilleures démocraties d'Europe. Dans tous les domaines de la vie publique, sociale et économique, la Tchécoslovaquie comptait parmi les pays les plus modernes du monde. L'État était développé et prospère, ce fut la dernière démocratie à résister à Hitler jusqu'à la signature de Munich. Le pays suivit en cela les orientations données par son grand leader démocratique, le président Masaryk. À partir de 1930, nous étions préparés à ce qui allait se passer après la guerre actuelle. À présent, nous sommes préparés à suivre le nouveau cap politique et social. Nous ne voyions pas la nécessité de changer ni notre politique, ni notre orientation politique de quelque façon que ce soit, ni avant la crise de Munich ni après, ni avant la guerre ni pendant celle-ci. Et actuellement mon pays reste uni dans l'attente de la débâcle allemande. Après la guerre, la Tchécoslovaquie s'inscrira dans la continuité de ses anciennes traditions. Elle s'adaptera facilement aux nouvelles conditions et aux grands bouleversements en Europe et dans le monde. Il est même envisageable que la reconstruction se fera plus rapidement en Tchécoslovaquie que dans tout autre pays, étant donné que cette nation est préparée, même à ce qui peut se faire ailleurs une fois la guerre terminée.

Nous sommes en contact permanent avec la population dans notre pays et, avec elle, nous préparons un plan détaillé en vue de la reconstruction interne après la guerre. Nous nous fixons maintenant le cap à prendre une fois que l'Allemagne sera anéantie. Comment nous réorganiserons nos partis politiques, comment nous décentraliserons notre administration, comment nous mettrons en œuvre d'importantes réformes sociales et économiques. Après la guerre, nous en sommes persuadés, notre pays retrouvera l'ordre et la prospérité. Les souffrances inouïes que la guerre nous a imposées, ont réveillé l'unité interne du peuple tchécoslovaque. Dans peu de temps, nous serons à nouveau une des meilleures démocraties d'Europe.

Certaines choses, nous ne les oublierons jamais. Londres a offert l'exil à notre nation, à son gouvernement et à ses institutions. L'Union soviétique, depuis qu'elle est entrée en guerre, nous a donné l'aide la plus importante qui soit. Votre grande démocratie n'a jamais accepté les accords de Munich et n'a jamais reconnu ce qu'il est advenu de notre pays et de notre État par la suite. Votre grand Président[9] a continué à prodiguer à la Tchécoslovaquie les bienfaits de sa traditionnelle politique d'amitié et d'encouragement. Il a maintenu en éveil cette amitié tout au long des phases successives du drame qui secoue actuellement le monde. Le peuple américain a compris que le sacrifice de la Tchécoslovaquie en 1938 constituait un grand drame, sans être un drame gratuit et inutile. Il a su apprécier notre politique avant et durant la crise de 1938 et a su apprécier la lutte courageuse et incessante de notre peuple contre l'agresseur nazi depuis 1939. Sa sympathie et son soutien sont pour nous un encouragement et un signe d'espoir face à nos souffrances et nos épreuves actuelles. Nous lui devons, pour toutes ces choses, une gratitude sans limite. Les liens d'amitié entre la Tchécoslovaquie et les États-Unis sont et resteront indestructibles.

COMPLÉMENTS

Le président des États-Unis a exprimé de façon très convaincante les buts pour lesquels nous nous battons… : référence au discours prononcé par le président Roosevelt devant le Congrès le 16 janvier 1941 et passé à la postérité sous le nom de *Discours des Quatre Libertés* :

« 1. la première est la liberté de parole et d'expression – partout dans le monde.
2. La deuxième est la liberté de chacun d'honorer Dieu comme il l'entend – partout dans le monde.
3. La troisième consiste à être libéré du besoin – ce qui, sur le plan mondial, suppose des accords économiques susceptibles d'assurer à chaque nation une vie saine en temps de paix pour ses habitants – partout dans le monde.
4. La quatrième consiste à être libéré de la peur – ce qui, sur le plan mondial, signifie une réduction des armements si poussée et si vaste, à l'échelle planétaire, qu'aucune nation ne se trouve en mesure de commettre un acte d'agression physique contre un voisin […]. Il ne s'agit pas là de vues concernant un millénaire éloigné. C'est la

9 Le président des États-Unis, Roosevelt.

base précise du genre de monde à la portée de notre temps et de notre génération. Ce monde est l'antithèse de même du prétendu nouvel ordre tyrannique que les dictateurs cherchent à instaurer en faisant exploser une bombe. »

Charte de l'Atlantique: Déclaration en huit points élaborée par Churchill et Roosevelt au large de Terre-Neuve et rendue publique le 14 août 1941, la Charte de l'Atlantique servit de base à la Déclaration des Nations unies, signée le 1er janvier 1942 par les vingt-six pays en guerre contre l'Allemagne, ainsi qu'à la Charte fondatrice de l'ONU. Les deux gouvernements s'accordaient sur les affirmations suivantes:

1. Leurs pays ne cherchent aucun agrandissement territorial ou autre.
2. Ils ne désirent voir aucune modification territoriale qui ne soit en accord avec les vœux librement exprimés des peuples intéressés.
3. Ils respectent le droit qu'a chaque peuple de choisir la forme de gouvernement sous laquelle il doit vivre; ils désirent que soient rendus les droits souverains et le libre exercice du gouvernement à ceux qui en ont été privés par la force.
4. Ils s'efforcent, tout en tenant compte des obligations qu'ils ont déjà assumées, d'ouvrir également à tous les États, grands ou petits, vainqueurs ou vaincus, l'accès aux matières premières du monde et aux transactions commerciales qui sont nécessaires à leur prospérité économique.
5. Ils désirent réaliser entre toutes les nations la collaboration la plus complète, dans le domaine de l'économie, afin de garantir à toutes l'amélioration de la condition ouvrière, le progrès économique et la sécurité sociale.
6. Après la destruction finale de la tyrannie nazie, ils espèrent voir s'établir une paix qui permettra à toutes les nations de demeurer en sécurité à l'intérieur de leurs propres frontières et garantira à tous les hommes de tous les pays une existence affranchie de la crainte et du besoin.
7. Une telle paix permettra à tous les hommes de naviguer sans entraves sur les mers.
8. Ils ont la conviction que toutes les nations du monde, tant pour des raisons d'ordre pratique que d'ordre spirituel, devront renoncer finalement à l'usage de la force. Et du moment qu'il est impossible de sauvegarder la paix future tant que certaines nations qui la menacent – ou pourraient la menacer – possèdent des armes sur mer, sur terre et dans les airs, ils considèrent que, en attendant de pouvoir établir un système étendu et permanent de sécurité générale, le désarmement de ces nations s'impose. De même, ils aideront et encourageront toutes les autres mesures pratiques susceptibles d'alléger le fardeau écrasant des armements qui accable les peuples pacifiques. [...]

Traité anglo-soviétique: traité d'aide mutuelle et d'assistance signé à Moscou le 13 juillet 1941 par Viatcheslav Molotov, ministre russe des Affaires étrangères, et Stafford Cripps, ambassadeur britannique à Moscou, en application de la promesse d'appui faite par Churchill à l'URSS envahie.

Déclaration de novembre 1940: Le 11 novembre 1940, un accord de collaboration pour l'après-guerre fut adopté entre les autorités polonaises et tchécoslovaques en exil, avec le soutien de Londres. Cette collaboration devait concerner les affaires étrangères, les questions militaires et l'économie, tout en maintenant l'indépendance et la souveraineté des deux pays. Il était toutefois précisé que des négociations devaient, à terme, s'ouvrir pour promouvoir une nouvelle structure, fédérative ou confédérative, en Europe.

34 – Maréchal Jan Christiaan Smuts
Pensées sur un nouveau monde

Londres, 25 novembre 1943

Après avoir combattu les Anglais dans sa jeunesse, le leader sud-africain Jan Christiaan Smuts est devenu l'un de leurs plus fidèles soutiens, participant au cabinet de guerre durant les deux conflits mondiaux et atteignant le grade honorifique de maréchal d'Empire. Dans son discours du 25 novembre 1943, il livre aux parlementaires britanniques sa vision du monde d'après-guerre et du rôle que le Royaume-Uni et le Commonwealth auront à y jouer.

Une figure majeure de l'Afrique du Sud et du Commonwealth

Afrikaner de la colonie anglaise du Cap, descendant de Néerlandais et de huguenots français, Jan Christiaan Smuts (1870-1950) est le fils d'un fermier aisé qui sera un temps député au Parlement de la colonie. Diplômé d'un collège afrikaner en littérature et en science, il parfait sa formation en allant étudier le droit à Cambridge. Revenu au Cap, il exerce comme avocat et journaliste et s'engage d'abord au côté du Premier ministre Cecil Rhodes, favorable à l'unité sud-africaine sous l'égide de la Grande-Bretagne. Mais vite déçu par les méthodes expéditives de Rhodes[1], il part s'établir au Transvaal pour y militer, cette fois, dans les rangs des nationalistes antibritanniques. En 1898, le président Kruger le nomme ministre de la Justice. De 1899 à 1902, durant la guerre des Boers qui oppose Anglais et Afrikaners, Smuts est l'un des chefs les plus décidés de la résistance à Londres, organisant des opérations commando qui affaiblissent l'ennemi sans toutefois hypothéquer sa victoire finale. Conscient que le combat est perdu, il participe aux négociations du traité de Vereeniging qui offre une souveraineté limitée aux diverses républiques sud-africaines. Dès lors, le but de Jan Smuts, ami et principal ministre du général Louis Botha, Premier ministre du Transvaal, est d'unir ces républiques afin d'obtenir rapidement un réel État sud-africain. Il joue un rôle majeur à la conférence de Durban, rassemblant des représentants du Transvaal, du Cap, de l'État libre d'Orange et du Natal. En décembre 1909, la Constitution de l'Union sud-africaine est promulguée par le Roi d'Angleterre, après adoption par les républiques et par

---

1 En 1895, Rhodes avait lancé le raid *Jameson* contre le Transvaal de Paul Kruger. Le but était de renverser le gouvernement de celui-ci au profit d'une équipe qui réclamerait l'intégration à l'Empire britannique.

le Parlement britannique. Elle fait du pays un dominion au sein du Commonwealth. Botha et Smuts en deviennent Premier ministre et vice-Premier ministre.

Durant la Première Guerre mondiale, Jan Smuts offre une aide précieuse à la Grande-Bretagne, en dépit de l'opposition des nationalistes afrikaners. Dès l'été 1915, il se lance à la conquête des possessions allemandes en Afrique de l'Est et du Sud-Ouest et atteint le grade de lieutenant-général dans l'armée britannique. Chef de la délégation sud-africaine à la conférence impériale de Londres en mars 1917, il est désigné membre du cabinet de guerre britannique et y contribue à la création de la *Royal Air Force*. Après l'armistice, il représente son pays à la conférence de Paix de Paris, où il plaide en vain pour un traité de Versailles mesuré, préservant les possibilités de redressement économique allemand tout en assurant aux vainqueurs les réparations auxquelles ils ont droit. Il œuvre également à faire naître la Société des Nations, qu'il veut ériger en instance responsable des anciennes colonies allemandes par le système des mandats. De 1919 à 1924, Smuts est Premier ministre après la mort de Botha, mais il subit ensuite une longue cure d'opposition au cours de laquelle il se plonge dans la botanique et la philosophie, élaborant la théorie « holiste » selon laquelle l'univers tend à créer des unités de complexité croissante. De retour au pouvoir, il est vice-Premier ministre d'un gouvernement d'union nationale de 1933 à 1939.

La Seconde Guerre et les vues explosives du maréchal Smuts

La Seconde Guerre met un terme au cabinet de coalition : alors que le Premier ministre Hertzog est opposé à l'entrée de l'Afrique du Sud dans le conflit, Jan Smuts y est favorable. Il veut, de nouveau, aider Londres mais aussi, en tant que pro-sioniste, combattre le nazisme antisémite. Il parvient à convaincre le Parlement sud-africain et prend la direction du nouveau gouvernement tout en occupant le poste de ministre de la Défense et, dès juin 1940, celui de commandant en chef des forces armées sud-africaines. En théorie, il est donc le leader démocratique cumulant le plus de pouvoirs mais il est beaucoup plus écouté, respecté et admiré à l'étranger qu'au sein de son propre pays, où il doit faire face à une puissante opposition nationaliste voire pro-nazie. En Grande-Bretagne au contraire, il est l'un des plus proches conseillers de Winston Churchill, avec lequel il s'est lié d'une profonde amitié dès la conférence impériale de 1907. Ironie du sort : huit ans plus tôt, durant la guerre des Boers, le futur Premier anglais avait été le prisonnier de Smuts. Très vite, ce dernier engage des unités sud-africaines terrestres et aériennes en Éthiopie, dans la campagne du désert occidental et à Madagascar. Elles subiront d'importantes pertes à Tobrouk en juin 1942.

Field marshal de l'armée britannique à titre honorifique depuis 1941 et membre du cabinet de guerre, Smuts effectue plusieurs séjours sur le sol anglais durant le conflit. C'est au cours de sa seconde visite qu'il s'adresse aux membres de la Chambre des Lords et de la Chambre des Communes, sous les auspices de la branche britannique de l'*Empire Parliamentary Association*. Le 25 novembre 1943, trois cents parlementaires sont réunis pour l'écouter dans la *Room 17* des *Houses of Parliament*. Durant une heure et en s'appuyant sur des notes sommaires, Smuts va livrer à son auditoire sa vision du monde d'après-guerre, prononçant un discours qu'il veut informel et dépourvu de tout dogmatisme. Bâtisseur de la SDN, le Premier ministre sud-africain a assisté au délitement de celle-ci. Désormais, il plaide pour une nouvelle organisation internationale qui, tenant mieux compte du facteur économique et du facteur « puissance », se donnerait de réelles possibilités d'action et de sanction en conférant un poids prééminent aux grandes nations. À ses yeux, celles-ci seront au nombre de trois : l'URSS, les États-Unis et la Grande-Bretagne car la France, l'Allemagne et l'Italie sont vouées à disparaître en tant que grandes puissances ou, du moins, à subir une éclipse durable. Toutefois, dans cette « trinité », deux colosses domineront un pays appauvri mais transcendé par la possession d'un Empire et d'un Commonwealth et, dès lors, capable de jouer un rôle médiateur. Jan Smuts donne deux conseils, deux lignes directrices à Londres : d'une part, se rapprocher des petites puissances européennes qui adhèrent à son mode de vie et de gouvernement et, de l'autre, promouvoir un nouveau mode de gestion des territoires qu'elle contrôle en confiant à ses dominions une sorte de mandat sur les colonies qui leur sont voisines. Ce faisant, Smuts défend, évidemment et avant tout, l'Afrique du Sud qui gérerait ainsi un vaste territoire s'étendant du Zambèze au Soudan. En somme, il faudrait que Londres se recentre sur l'Europe au lieu de se ruiner et de s'épuiser dans la recherche d'une union anglo-américaine ou dans le centralisme impérial.

À l'issue de son discours, Smuts est très applaudi par un auditoire qui semble impressionné. Nulle question n'est en effet posée durant le traditionnel *question time*, les parlementaires préférant apparemment méditer sur les réflexions personnelles du Premier ministre sud-africain que d'engager directement la discussion. Quant à la presse qui prend connaissance du texte le 2 décembre, elle le qualifie d'*explosif*. De fait, le débat va rebondir le lendemain sur un point bien précis du discours, celui concernant l'avenir de la France. La vision pessimiste de Smuts est perçue comme une marque de mépris par le général de Gaulle et son entourage qui, depuis Alger, réagissent vigoureusement. Le Comité français de libération nationale fait ainsi savoir que la France a toujours été et sera toujours une grande puissance. Elle fait, par ailleurs, entendre son opposition au « directoire à trois » qui l'exclurait. Le monde d'après-guerre, dit-elle, sera plus collectif et interdépendant que jamais. Le 7 décembre, à la Chambre des Communes, un député britannique relaie les inquiétudes françaises et demande au gouvernement s'il fait siennes les opinions de Jan Smuts, membre actif du cabinet de guerre, concernant le futur statut de la France mais aussi la paralysante pauvreté britannique. Le vice-Premier ministre Attlee lui répond en calmant le jeu : Smuts s'est exprimé de façon informelle dans une réunion privée et la position britannique officielle reste celle définie par le Roi selon laquelle la Grande-Bretagne attend et espère la restauration de la France et son retour parmi les grandes puissances. L'incident est officiellement clos mais, en France, Jan Smuts sera dorénavant considéré comme un dangereux francophobe.

Les réalités de l'après-guerre

La conjoncture politique internationale issue de la Seconde Guerre et le poids des habitudes et de la tradition vont se conjuguer pour contrer la réalisation des vœux de Jan Smuts. L'ONU, il est vrai, accordera un poids particulier à certaines grandes puissances, via le Conseil de Sécurité et plus particulièrement ses cinq membres permanents disposant du droit de veto, et elle fera preuve de plus d'efficacité que la SDN dans ses opérations de maintien de la paix. Néanmoins, en nombre d'occasions, elle montrera ses limites et son incapacité à faire voter puis appliquer ses résolutions. Énumérant les grandes puissances, Smuts avait, par ailleurs, éliminé un peu vite la France mais aussi la Chine qui, certes non sans peine, vont peser plus lourdement qu'il ne le pensait sur la scène mondiale. Il avait aussi mésestimé la rapidité du redressement allemand, directement lié à la guerre froide, difficilement prévisible en 1943. Les deux colosses désignés ayant choisi l'affrontement, il fallait bien que la Grande-Bretagne se range dans le camp américain. Dès lors et aujourd'hui encore, celle-ci privilégie clairement l'axe atlantique au rapprochement européen prôné par Smuts, même si elle a intégré la Communauté, devenue Union européenne, au début des années soixante-dix. De même, elle est restée très attachée à sa vocation impériale, pourtant vite précaire. La rapide décolonisation, que Smuts ne prévoyait guère, ne lui a pas laissé le temps d'envisager une délégation de tutelle aux dominions. Ainsi, bien davantage que l'Europe, c'est le Commonwealth et les États-Unis qui constituent, depuis soixante ans, les priorités de la diplomatie britannique.

Pour Jan Smuts, largement septuagénaire, l'après-Seconde Guerre est synonyme de fin de carrière. En 1945, il participe à la conférence de San Francisco, qui donne naissance à l'ONU, contribuant à mettre au point sa Charte fondatrice et en rédigeant le préambule. Il demeure Premier ministre jusqu'en 1948, avant de perdre les élections générales au profit de l'un de ses plus farouches opposants de guerre, l'ultranationaliste et raciste Dr Daniel Malan, promoteur acharné de l'*apartheid*. Smuts, qui est encore élu chancelier de l'Université de Cambridge, se retire alors dans sa résidence proche de Pretoria, où il décède le 11 septembre 1950.

Pensées sur un nouveau monde

J'aimerais avoir une discussion générale et informelle avec vous cette après-midi. Je n'ai pas d'opinions établies ; je ne crois en aucun dogme dont je pourrais vous parler ; je viens uniquement vous exposer certaines idées qui ont traversé mon esprit. Je pense que les temps dans lesquels nous vivons ne permettent pas vraiment d'avoir des opinions tranchées, ou des vues dogmatiques sur la vie et sur les problèmes que nous rencontrons. Nous faisons probablement face aujourd'hui à la situation humaine la plus étonnante et la plus complexe à laquelle le monde ait jamais été confronté depuis des générations, et la personne qui pense qu'elle a une solution miracle pour régler tous ces problèmes doit être soit un sous-homme soit un surhomme. [...]

Deux dangers nous font face dans une situation telle que celle d'aujourd'hui. Le premier est celui de la « sur-simplification ». Dans un monde où les problèmes sont si complexes, on pourrait être tenté de trop simplifier et, dès lors, de transformer les vraies caractéristiques des problèmes que nous rencontrons. On risquerait de passer à côté des bonnes solutions. L'autre danger est de suivre des slogans et, donc, de rater la vraie nature de ces problèmes.

Arrêtons-nous sur ces deux dangers qui, en réalité, sont les mêmes, même si je souhaite les garder séparés pour le moment. Laissez-moi vous parler brièvement du premier danger de la « sur-simplification ». Quand on est confronté à une situation et à des problèmes comme c'est le cas maintenant, on n'ose pas trop les simplifier. Dans de telles circonstances, on ne peut procéder que vers une solution pas à pas à la vieille manière empirique des Britanniques, car si on commence à théoriser, rationaliser et simplifier, on est perdu. [...]

Ce qui suit est une situation que je considère comme probable : on pourrait ne jamais arriver du tout à une conférence de paix, on devra peut-être se satisfaire d'un armistice complet sur la base d'une reddition inconditionnelle, un armistice qui ouvrira la porte à une longue série d'investigations et de recherches, qui pourrait prendre de nombreuses années avant d'atteindre sa finalité. [...]

Prenez ensuite l'autre danger, le danger de suivre des slogans. Aujourd'hui, on fait une grosse affaire de la démocratie. Nous sommes en train de nous battre pour la démocratie. On se bat pour la liberté. Bien sûr que nous le faisons. Mais ces mots deviennent des « clichés »[2], ils ne deviennent que de vagues slogans, qui finalement ne vous mènent pas très loin. [...] Ceci doit être assez clair pour tous ceux qui réfléchissent aux vrais problèmes rencontrés : des solutions pratiques ne seront finalement trouvées que moyennant un bon amalgame entre, d'un côté, la démocratie et la liberté et, de l'autre, le leadership. [...]

Cette guerre nous a appris que non seulement l'idéalisme n'est pas suffisant et que l'universalité n'est pas la solution à nos problèmes de sécurité, mais aussi que nous ne pouvons pas nous défaire du problème de la puissance.

C'est l'origine de cette guerre, la plus grande de l'histoire. Nous nous sommes rendu compte que tout notre idéalisme, toute notre aspiration à un monde meilleur et à une meilleure société humaine n'ont pas l'ombre d'une chance de se produire, à moins de reconnaître ce facteur fondamental et de bien garder la puissance à l'esprit lorsque nous cherchons une solution au problème de la sécurité. La question de la puissance reste fondamentale et c'est, je pense, la grande leçon de cette guerre. La paix non soutenue par la puissance demeure un rêve.

Pour cette raison, en examinant la situation que nous aurons face à nous très prochainement, je dirais qu'en nous mettant d'accord sur une

---

2 En français dans le texte.

nouvelle organisation mondiale pour la sécurité, comme nous devrons le faire, nous devrons assurer non seulement la liberté et la démocratie, qui sont essentielles, mais nous devrons aussi assurer le leadership et la puissance. Si nous laissons la sécurité future du monde à de simples arrangements et à de simples aspirations pour un monde en paix, nous serons perdus.

Nous devrons suivre la leçon que nous avons apprise, et faire en sorte que, dans la nouvelle organisation de maintien de la paix, une place effective soit donnée au leadership et à la puissance. Je pense que ceci peut être fait bien plus efficacement que dans le pacte de la Société des Nations, en donnant une place importante aux trois grandes puissances qui sont maintenant à la tête des Nations unies.

La Grande Bretagne, les États-Unis et la Russie forment à présent La Trinité à la tête des Nations unies combattant pour l'humanité. Et comme cela l'est en guerre, cela devra le rester en temps de paix. Nous devrons faire en sorte que, dans la nouvelle organisation internationale, le leadership reste dans les mains de cette grande trinité de puissances. [...]

Je pense que c'est largement en raison du fait qu'au sein de la Société des Nations formée après la dernière guerre nous n'avons pas reconnu l'importance du leadership et de la puissance, que tout s'est finalement mal terminé. Ce qui était l'affaire de tout le monde s'est trouvé n'être finalement l'affaire de personne. Chacun attendait qu'un autre prenne les commandes, et les agresseurs l'ont très bien compris. [...]

Je pense qu'une autre faiblesse de l'organisation de la Société des Nations après la dernière guerre est que nous avons accordé une attention insuffisante, voire aucune attention, à la question économique. Le pacte a beaucoup trop exclusivement suivi des lignes politiques. Nous avons trop cherché des solutions politiques. Nous avons aussi appris une leçon sur ce point. [...]

Nous sommes entrés dans un monde étrange, un monde comme on n'en a plus vu depuis des centaines d'années, voire depuis mille ans. L'Europe change complètement. La vieille Europe que nous avons connue, dans laquelle nous sommes nés, et au sein de laquelle nous avons un intérêt vital comme continent-mère, a disparu. La carte se transforme et une nouvelle carte se déroule devant nous. Nous devrons très sérieusement travailler à une réflexion fondamentale, et effacer les vieux points de vue avant de pouvoir trouver notre chemin dans ce nouveau continent qui s'ouvre devant nous.

Regardez juste un moment ce qui se passe, et ce qui sera l'état des affaires à la fin de la guerre. En Europe, trois des grandes puissances auront disparu. Ce sera un fait presque unique. Nous n'avons jamais vu une telle situation dans l'histoire moderne de ce continent. Trois des cinq grandes puissances en Europe auront disparu. La France s'en est allée, et il lui faudra beaucoup de temps et d'efforts avant de revenir au premier plan, si jamais elle y parvient. Une nation qui a été dépassée par une catastrophe comme celle qui s'est abattue sur elle, atteignant jusqu'aux fondations de la nation, ne reprendra pas facilement la place qui était la sienne. On pourrait parler d'elle comme d'une grande puissance, mais en parler seulement ne l'aidera pas beaucoup. Nous sommes en train de parler d'une des plus grosses et des plus conséquentes catastrophes de l'Histoire, comme je n'en ai jamais lu. La remontée sera longue et amère. La France s'est affaiblie, et restera affaiblie pour peut-être longtemps encore. L'Italie a complètement disparu et pourrait ne plus jamais être une grande puissance à l'avenir. L'Allemagne disparaîtra. L'Allemagne aura disparu d'ici la fin de la guerre, pour ne peut-être plus jamais réapparaître sous son ancienne forme. La vieille Allemagne bismarckienne pourrait ne jamais se relever. Personne ne saurait le dire. Les Allemands sont un grand peuple, avec de grandes qualités, et l'Allemagne est intrinsèquement un grand pays, mais après la gifle qu'elle recevra après cette guerre, l'Allemagne sera rayée de l'Europe pour longtemps, à la suite de quoi un monde nouveau apparaîtra sans doute.

Restent donc la Grande-Bretagne et la Russie. La Russie est le nouveau colosse de l'Europe, celui qui s'impose à ce continent. Lorsque l'on regarde tout ce qui s'est passé en Russie lors des 25 dernières années et qu'on regarde sa phénoménale et inexplicable montée en puissance, on ne peut que la considérer comme un des grands phénomènes de l'Histoire. C'est le genre de chose pour lequel il n'y a pas de point de comparaison, mais c'est pourtant arrivé. […]

Vous avez ensuite la Grande-Bretagne, jouissant d'une gloire, d'un honneur et d'un prestige comme peut-être aucune nation dans l'Histoire ; reconnue comme possédant une grandeur d'âme qui est ancrée dans l'Histoire mondiale. Mais d'un point de vue économique, elle sera un pays appauvri. Elle a tout donné sans rien conserver pour elle. Il n'y a plus rien dans la caisse. Elle s'est impliquée corps et âme pour gagner la bataille de l'humanité. Elle l'aura gagnée, mais elle en ressortira appauvrie.

L'Empire britannique et le Commonwealth britannique resteront une des plus grandes choses du monde et de l'Histoire, et rien ne pourra éclipser ce fait. Mais il faut garder à l'esprit que l'Empire et le Commonwealth sont en grande partie hors de l'Europe. Ce sont les prolongements de ce grand système britannique sur les autres continents. La position purement européenne de la Grande-Bretagne sera dotée d'un énorme prestige et respect, d'un poids réel, mais elle sera appauvrie.

Hors d'Europe, vous avez les États-Unis, l'autre grande puissance mondiale. On aura donc trois grandes puissances : la Russie, colosse de l'Europe, la Grande-Bretagne avec un pied sur tous les continents mais paralysée matériellement en Europe, et les États-Unis d'Amérique avec d'énormes biens, avec la richesse et les ressources, et un potentiel de puissance démesuré. La question est de savoir comment nous allons gérer cette situation mondiale. Je suis en train de vous dépeindre le monde nouveau auquel nous aurons à faire face, qui sera sensiblement différent de ce que nous avons connu au cours du dernier siècle, et même des derniers siècles.

Beaucoup de monde considère une union ou une plus grande union entre les États-Unis d'Amérique et la Grande-Bretagne, avec son Commonwealth et son Empire, comme le nouveau chemin à suivre à l'avenir, dans le monde que je viens de vous décrire. Personnellement, j'en doute. J'attache la plus grande importance à une collaboration anglo-américaine pour le futur. Pour moi, il est certain que c'est un des grands espoirs de l'humanité. Mais je ne pense pas que ce sera ce qu'on pourrait appeler un axe politique. Ce serait une affaire unipolaire. Si vous mettiez le Commonwealth britannique avec les États-Unis contre le reste du monde, ce serait un monde très divisé. Vous réveilleriez une opposition et feriez apparaître d'autres lions à la surface. Vous exciteriez un conflit international et des ennemis, et ça pourrait mener à des batailles encore plus féroces pour la domination du monde que ce que nous avons déjà connu. Je ne vois pas le bien-être de l'humanité, la sécurité et la paix en suivant ce chemin. [...]

Mais cette pensée me tracasse, et c'est le fait explosif auquel j'arrive. Dans cette trinité, vous aurez deux partenaires aux richesses et pouvoirs immenses, la Russie et l'Amérique. Et vous aurez cette île, le cœur de l'Empire et du Commonwealth, faible par ses ressources européennes en comparaison des deux autres. Un partenariat inéquitable, j'en ai bien peur. Cette idée s'est manifestée dans mon esprit, et je ne fais que la mentionner ici comme quelque chose à considérer et à soupeser. La Grande-Bretagne devrait peut-être renforcer sa position européenne, se dissocier de sa position de centre de ce grand Empire et du Commonwealth hors de l'Europe, en travaillant plus en coopération avec les petites démocraties d'Europe occidentale qui pensent comme nous, qui nous ressemblent dans leur façon de vivre et dans leurs perspectives, dans leurs idéaux, et qui sont en bien des points de la même substance politique et spirituelle que nous. Ne devrait-il pas y avoir une union plus forte entre nous ? Ne devrions-nous pas cesser, en tant que Britanniques, d'être une île ? Ne devrions-nous pas travailler intimement avec ces petites démocraties d'Europe occidentale qui pourraient disparaître si elles étaient livrées à elles-mêmes, comme elles sont perdues aujourd'hui et pourraient l'être encore ? Elles ont appris leur leçon, l'expérience seule de cette guerre le leur a appris, alors que des siècles d'argumentation ne les auraient pas convaincues. La neutralité est obsolète, elle est morte. Elles ont compris que, si elles restent seules sur leur continent, dominées par l'une ou l'autre des grandes puissances, comme ce sera bientôt le cas, elles seront perdues. Elles doivent clairement sentir que leur place est avec ce membre de la Trinité. Leur façon de vivre correspond à celui de la Grande-Bretagne, leurs perspectives d'avenir sont au côté de la Grande-Bretagne et du prochain système britannique mondial. [...]

Laissez-moi dire quelques mots sur le Commonwealth et l'Empire, car nous restons après tout une grande communauté mondiale. Il ne s'agit pas seulement du pouvoir spirituel que nous avons comme personne d'autre sur terre. Il ne s'agit pas seulement de cette force de l'esprit, cette liberté ancrée dans nos gènes qui est plus forte que toutes les libertés de la Charte Atlantique, mais nous sommes aussi un groupe très puissant, répandu à travers le monde. Nous devons examiner notre propre force, notre propre cohérence, notre système, nos propres caractéristiques, pour vérifier si nous sommes sur le bon chemin pour le futur.

Que sommes-nous pour l'instant ? Nous sommes un Empire et un Commonwealth. Nous sommes un système double. Dans ce système double, nous suivons deux principes différents. Dans le Commonwealth, nous suivons à l'extrême le principe de décentralisation. Dans le Commonwealth, notre groupe est devenu entièrement décentralisé en États souverains. Les membres du groupe maintiennent les liens spirituels inviolables, qui sont plus résistants que le fer, mais en ce qui concerne leurs affaires intérieures et extérieures, ils sont entièrement souverains.

Au sein de l'Empire colonial par contre, nous suivons un principe différent. Nous suivons le principe opposé, la centralisation. Et cette centralisation se concentre dans ce pays, à Londres. La question que je me pose en regardant la situation objectivement est : combien de temps une telle situation peut-elle durer ? Maintenir l'Empire centralisé et le Commonwealth décentralisé, maintenir les deux groupes développés sur deux axes différents, cela fait surgir des questions graves pour l'avenir. Cette tendance assure-t-elle la sécurité au sein de notre groupe ? Ne devrions-nous pas réfléchir sérieusement à ce dualisme dans notre système ? [...]

La question serait de savoir si nous ne devrions pas rapprocher ces deux systèmes pour éliminer progressivement ce dualisme. En suivant cette idée, il m'a semblé que notre système colonial est constitué de trop nombreuses entités. S'il devait y avoir une décentralisation, vous devriez décentraliser à partir du *Colonial Office*[3] de Londres, et donner des pouvoirs administratifs de toute sorte et de degré divers, parfois à de très petites entités ou parfois même à des entités dans une phase précoce de développement, et ceci pourrait être risqué.

Notre système colonial est constitué d'un très grand nombre d'entités d'un niveau de développement très varié, et s'il doit y avoir décentralisation et transfert du pouvoir et de l'autorité, il devient nécessaire, me semble-t-il, de simplifier le système, de le ranger, de regrouper de petites entités et de supprimer celles qui sont apparues comme un accident de l'Histoire. Elles n'auraient jamais dû exister en tant qu'entités séparées, et dans beaucoup de cas leurs frontières sont indéfendables. Vous savez comment ce phénomène s'est amplifié dans l'Histoire, par petites touches de-ci et de-là, sans aucune cohérence et, bien sûr, sans rien pouvoir y faire. Mais le temps est venu, ou il pourrait venir, où il est nécessaire de remettre de l'ordre, de réduire le nombre d'entités coloniales indépendantes, d'abolir un certain nombre de ces administrations dispersées pêle-mêle au sein de l'Empire colonial, et de réduire les dépenses consécutives qui sont un fardeau pour les populations locales, dont beaucoup sont très pauvres, sous-développées et disposant de peu de ressources. Ce lourd fardeau pesant sur eux et sur leurs faibles ressources pourrait servir à de meilleurs objectifs qu'à nourrir une lourde machine administrative. [...]

En résolvant ce problème de centralisation au sein de l'Empire colonial, vous résoudrez aussi un autre problème d'importance équivalente. Et ceci m'amène au Commonwealth. Dans beaucoup de ces cas de restructuration coloniale où apparaîtront de nouvelles et plus vastes entités coloniales sous l'autorité d'un Gouverneur Général, vous découvrirez qu'il serait assez facile de rassembler ces nouvelles entités autour d'un Dominion voisin et ainsi d'intéresser les Dominions au groupe colonial. De cette façon, au lieu d'avoir les Dominions exclus, et qui n'ont rien ou pas grand-chose à voir avec l'Empire, et qui s'y intéressent finalement très peu, ces Dominions régionaux deviendraient des partenaires au sein l'Empire. Vous resserreriez le tout ; vous créeriez de nouvelles connexions entre l'Empire et le Commonwealth ainsi qu'un nouvel intérêt et un nouvel élan au sein du système global. Il y aurait une meilleure coopération et vous pourriez vous appuyer, en ce qui concerne les problèmes de ces entités coloniales, sur l'expérience, les ressources et le leadership des Dominions locaux. Cela reformerait tout le système, et à la place de deux systèmes séparés, l'un décentralisé et cherchant à ne s'occuper que de ses propres affaires et l'autre centralisé et basé à Londres, il y aurait un système plus logique, coopératif et diplomatique. [...]

---

3 Ministère britannique des Colonies.

Je regarde cet Empire et ce Commonwealth comme la meilleure entreprise missionnaire lancée depuis 1000 ans. C'est une mission pour les hommes de bonne volonté, pour un bon gouvernement et une bonne coopération humaine, une mission de liberté et d'entraide contre les périls qui menacent notre communauté. […]

Je ne prononce aucune conclusion dogmatique, je n'ai aucune idée préconçue, je ne fais que vous donner les idées qui me traversent l'esprit quand j'analyse la nouvelle situation qui nous fait face dans le monde d'aujourd'hui. J'aimerais que nous ne pensions pas seulement aux pays qui traversent aujourd'hui des moments difficiles à travers le monde, mais que nous réfléchissions aussi à notre propre situation qui, je pense, mérite aussi un peu d'attention, spécialement au cours d'une période comme celle-ci, lorsqu'un monde nouveau est en train de se constituer.

35 – Général Dwight D. Eisenhower
Déclaration aux peuples de l'Europe occidentale

Londres, 6 juin 1944

Sans être le plus important débarquement de la Seconde Guerre mondiale, l'opération *Neptune*, phase d'assaut d'*Overlord*, menée en Normandie le matin du 6 juin 1944 reste sans doute l'épisode le plus symbolique de la reconquête de l'Europe par les Alliés. Ceux-ci sont placés sous la direction du général américain Eisenhower qui, s'adressant aux populations civiles concernées, et en premier lieu aux Français, leur demande de se conformer aux ordres et aux consignes qu'il leur donnera. La promesse d'une prochaine Libération s'accompagne dès lors d'une interrogation : le commandement anglo-américain va-t-il permettre au gouvernement provisoire du général de Gaulle de diriger le pays ou va-t-il imposer une administration alliée de type militaire ?

*De l'*US Army *à la Maison-Blanche*

Originaire d'une famille modeste, Dwight David Eisenhower (1890-1969), né au Texas mais élevé au Kansas, choisit la carrière des armes et suit sa formation à l'Académie militaire de West Point de 1911 à 1915. Sa carrière est longtemps très plane. Après avoir servi dans l'infanterie et avoir été instructeur du corps des blindés, il est un temps affecté dans la zone du canal de Panama puis à Paris, en 1928-1929, comme chef du bureau européen de l'*American Battle Monuments Commission*. Bras droit du général McArthur, le chef d'état-major de l'armée, de 1933 à 1935, il le suit aux Philippines de 1935 à 1939, en tant que conseiller militaire adjoint du gouvernement local. Mais son heure de gloire viendra de la Seconde Guerre. En décembre 1941, au lendemain de Pearl Harbor, il est appelé à Washington à la division des plans de guerre puis des opérations de l'état-major de l'armée. Bien qu'il n'ait jamais commandé sur le terrain, il est désigné, en novembre 1942, pour diriger le débarquement anglo-américain en Afrique du Nord. Il mène ensuite, en 1943, la conquête de la Tunisie et les débarquements en Italie et en Sicile, négociant avec le maréchal Badoglio la reddition de l'Italie et son entrée en guerre contre l'Allemagne.

Fin 1943, il gagne Londres où il est affecté comme commandant en chef des forces expéditionnaires alliées en Europe, ce qui le conduit à rassembler des soldats de nationalités diverses sous un commandement unifié. Il lui revient de diriger l'opération *Overlord* de libération de l'Europe occidentale. Ayant accepté le plan de débarquement à l'embouchure de la Seine mis au point par son chef d'état-major, il en prend la responsabilité, même s'il en délègue les détails. L'opération *Neptune* ayant réussi, il attend août pour installer son quartier général en France et, dès le 1er septembre, lance l'offensive décisive sur un large front. Elle devait mener, en mai 1945, à la reddition inconditionnelle du Reich. Devenu général d'armée, Eisenhower est, jusqu'en novembre 1945, gouverneur militaire de la zone d'occupation américaine en Allemagne puis chef d'état-major de l'armée américaine. En juin 1948, il quitte le service actif et prend la présidence de l'Université de Columbia. Deux ans et demi plus tard, il est rappelé par le président Truman comme commandant suprême des forces de l'OTAN, poste qu'il occupe jusqu'en mai 1952. Très populaire, connu pour son ouverture d'esprit et sa cordialité, il est alors désigné comme candidat à la présidence par le parti républicain. Victorieux, il effectuera deux mandats, jusqu'en 1961[1]. Il décédera le 2 avril 1969 et sera enterré au Centre Eisenhower, à Abilene, sa ville du Kansas.

6 juin 1944 : des sanglots longs *pour* Neptune

En 1944, dans la perspective d'un débarquement sur les côtes françaises, les Alliés ont le choix entre plusieurs options mais doivent en exclure certaines : le Pas-de-Calais est la région la plus proche des côtes britanniques mais elle est aussi la mieux défendue par les Allemands ; la Bretagne méridionale se situe hors du rayon d'action des avions basés au sud de l'Angleterre ; l'ouest du Cotentin est souvent battu par des vents violents. On se décide donc pour la Normandie et l'est de la presqu'île du Cotentin, soit cinq plages du Calvados, réparties sur quatre-vingts kilomètres entre les communes de Sainte-Marie-du-Mont et de Ouistreham. *Utah* et *Omaha Beach*, à l'ouest de Bayeux, verront débarquer les Américains tandis que *Gold*, *Juno* et *Sword*, à l'est, sont affectées aux Anglo-Canadiens. Cependant, on ne manque pas d'intoxiquer avec succès les Allemands, en leur faisant croire que le débarquement en Normandie est une feinte et que le véritable débarquement aura lieu à Boulogne, dans le Pas-de-Calais. C'est l'opération *Fortitude* qui réussira au-delà de toute espérance. Reste à savoir quand débarquer. Il s'agit de le faire de nuit ou à l'aube pour neutraliser les défenses côtières, de choisir une nuit de clair de lune pour mener à bien les parachutages et d'arriver à mi-marée ou à marée basse en raison des obstacles sur les plages. En tenant compte de tous ces paramètres, la fourchette idéale couvre les nuits du 4 au 7 juin 1944. Le général Eisenhower est décidé pour le 5 mais la tempête fait rage et l'opération est reportée au 6. De minuit à trois heures du matin, trois divisions aéroportées sont larguées. À l'aube, quatre mille embarcations approchent des côtes françaises, couvertes par d'intensifs bombardements maritimes et aériens. Au total, ce sont 57 500 Américains et 75 215 Anglo-Canadiens qui auront débarqué en Normandie. Le 11 juin, la jonction entre toutes les plages a été réalisée et toute la zone du débarquement constitue un seul front solide à partir duquel la progression des troupes alliées peut se poursuivre.

La Résistance intérieure française qui a déjà grandement contribué à libérer la Corse en septembre 1943, est un soutien indispensable pour la réussite d'*Overlord*. Elle est activée dans tout le pays, au cours de la nuit du 4 au 5 juin 1944, par des messa-

---

1 Voir l'introduction au discours n° 62.

ges radiodiffusés dont le plus connu reprend un vers de Verlaine : « Les sanglots longs des violons de l'automne bercent mon cœur d'une langueur monotone. » Partout, les Forces françaises de l'intérieur (FFI) qui attendent depuis longtemps ce jour J, mettent à exécution leurs plans de sabotage. Le plan vert concerne le réseau ferroviaire, le plan bleu vise le réseau électrique, le plan violet s'attaque aux lignes téléphoniques allemandes tandis que le plan Bibendum doit paralyser le réseau routier. Par ailleurs, différents groupes prennent le maquis et engagent des combats afin de fixer les forces ennemies.

C'est aux Résistants comme à l'ensemble de la population de France et d'Europe occidentale que le général Eisenhower s'adresse dans son discours du 6 juin 1944. Le message est lu à la BBC vers 9 h 30 du matin et largué au-dessus de la France à vingt millions d'exemplaires sous forme de tracts. Il provoque un vent d'espoir et de soulagement généralisé même si nul ne sait encore si l'opération va réussir et à quelle vitesse les armées alliées sont susceptibles de progresser. Loin de lancer un appel à l'insurrection, Eisenhower insiste plutôt sur les vertus d'ordre et de patience : il appelle tous les patriotes et, au premier chef, les membres des mouvements de Résistance, à attendre les instructions qu'il leur donnera. En ce qui concerne plus précisément la France, Eisenhower se veut élogieux pour ses soldats engagés au sein des troupes alliées et annonce que la bataille pour la liberté demandera encore à tous un certain nombre de sacrifices. De fait, le mois de juillet allait être incertain et nombre de régions françaises allaient subir la férocité d'occupants en déroute mais aussi les bombardements alliés. Pour le reste, le général américain demande à chacun de rester à son poste et promet que l'administration civile sera assurée par des Français. Il annonce aussi la tenue d'élections, une fois le territoire libéré. Mais aucune allusion n'est faite au général de Gaulle et à son gouvernement provisoire de la République française (GPRF).

Les Alliés face au général de Gaulle

Cette mise à l'écart délibérée se situe dans la droite ligne des rapports difficiles entretenus par Charles de Gaulle avec les Alliés, et plus particulièrement les Américains. Si le soutien de Churchill lui est vite acquis, malgré des périodes de tensions plus ou moins vives, il n'a pas la confiance de Roosevelt qui pense voir se profiler derrière lui le spectre communiste et redoute de sa part de potentielles ambitions dictatoriales. En dépit des premières actions victorieuses des Français libres de Leclerc et Koenig en Afrique, les Anglo-Américains tiennent de Gaulle à l'écart. En mai 1942, Churchill fait occuper Madagascar, possession française, sans le prévenir et c'est de nouveau à son insu que se déroule le débarquement en Afrique du Nord française, le 8 novembre 1942. Eisenhower qui dirige l'opération préfère s'entendre avec l'amiral vichyste Darlan qui passe aux Alliés en apprenant l'invasion de la zone sud. Lorsque Darlan est assassiné, les Américains jouent la carte du général Giraud contre le général de Gaulle qui, toutefois, parvient à évincer son rival de la vice-présidence du Comité français de libération nationale en novembre 1943. Le mois suivant, Eisenhower réclame le soutien de de Gaulle pour le futur débarquement : « J'avais [...] été prévenu à votre égard dans un sens défavorable. Aujourd'hui, je reconnais que ce jugement était erroné. Pour la future bataille, j'aurai besoin, non seulement du concours de vos forces, mais encore de l'aide de vos fonctionnaires et du soutien moral de la population française. Il me faut donc votre appui. Je viens vous le demander. »[2]

Si, désormais, de Gaulle est incontournable, il lui reste à s'imposer aux yeux des Alliés comme l'autorité française légitime sur le sol national au jour J. En effet, Franklin Roosevelt a longtemps pensé doter la France d'un AMGOT ou *Allied Military Government* qui, durant six mois ou un an, dirigerait le pays en s'appuyant sur les maires en place. Mais les Britanniques lui faisant connaître leur opposition, de même que l'armée et, singulièrement, Eisenhower, il évolue vers plus de souplesse. Le 20 octobre 1943, le CFLN crée une Mission militaire française de liaison administrative (MMLA), composée de 800 officiers spécialisés, tandis que les Anglo-Saxons disposent de 1500 administrateurs militaires prêts à gérer la France avec eux. Tout est donc flou d'autant que, dans les semaines qui précèdent le débarquement, Roosevelt semble vouloir confier tous les pouvoirs à Eisenhower. De Gaulle qui, le 3 juin 1944, a transformé son CFLN en GPRF, véritable gouvernement, n'est avisé par Churchill du débarquement que le 4 juin, à sa grande colère. Des Français y prendront part, mais en nombre très limité : 24 navires et 177 hommes.

Prenant connaissance du discours que va prononcer Eisenhower au matin du 6 juin, le général de Gaulle est furieux : d'une part, le texte lui semble trop attentiste, comme une prime aux fonctionnaires vichystes, et, de l'autre, il ne mentionne pas son gouvernement. Il propose une autre version qui demande aux Français de suivre non pas les ordres de commandement allié mais ceux de l'*autorité française qualifiée*, à savoir la sienne. Eisenhower élude et de Gaulle décide dès lors de jouer le tout pour le tout. Il refuse aux Alliés le soutien de sa MMLA, s'abstient de parler le matin à la BBC comme les autres dirigeants, pour marquer sa différence mais occupe le micro en fin d'après-midi pour appeler les Français à être acteurs de leur Libération en combattant. Les Anglo-Américains sont en rage, y compris Churchill qui, dans sa fureur, aurait demandé que l'on ramène de Gaulle à Alger, enchaîné s'il le fallait.

Mais huit jours plus tard, le 14 juin, de Gaulle pose le pied sur le sol de France, installe à Bayeux le premier commissaire de la République et affirme l'unité de la France, toujours résistante, autour de sa personne. Voyant un peu partout les vichystes s'effacer et la population comme les groupes de résistants faire corps avec le GPRF, les Alliés vont décider de l'adouber. Le gouvernement provisoire est reconnu *de facto* le 12 juillet, au retour d'un voyage de De Gaulle aux États-Unis. Il est mieux assis encore le 25 août, après l'insurrection et la libération de Paris, à laquelle les Français ont pris une large part. En effet, un accord diplomatique en bonne et due forme est alors signé avec Londres. Mais seul un échange de lettres a lieu entre le général français Koenig, gouverneur militaire de Paris, et le général Eisenhower, Washington ne reconnaissant la souveraineté française que le 23 octobre. Par ailleurs, 350 représentants des *Civil Affairs* resteront plusieurs mois sur le sol français.

La France a donc frôlé de peu la mise sous tutelle qui ne lui aurait sans doute pas permis de figurer parmi les cinq membres permanents du Conseil de Sécurité de l'ONU

---

2 Charles de Gaulle, *Mémoires de guerre. T.2 : L'Unité (1942-1944)*, Paris, Plon, 1969 (1956), p. 261, cité dans Philippe Buton, *La Joie douloureuse. La Libération de la France*, Bruxelles, Complexe, 2004, p. 52.

et d'être l'une des quatre puissances occupantes en Allemagne, bref de figurer, théoriquement au moins, parmi les Grands. Néanmoins, combien de Français ont-ils perçu, au matin du 6 juin 1944, le sens politique du message d'Eisenhower derrière l'annonce de leur future Libération ?

Déclaration aux peuples de l'Europe occidentale

Peuples de l'Europe occidentale,

Les troupes des Forces Expéditionnaires Alliées ont débarqué sur les côtes de France.

Ce débarquement fait partie du plan concerté par les Nations unies, conjointement avec nos grands alliés russes, pour la libération de l'Europe.

C'est à vous tous que j'adresse ce message. Même si le premier assaut n'a pas eu lieu sur votre territoire, l'heure de cette libération approche.

Tous les patriotes, hommes ou femmes, jeunes et vieux, ont un rôle à jouer dans notre marche vers la victoire finale. Aux membres des mouvements de Résistance dirigés de l'intérieur ou de l'extérieur, je dis : « Suivez les instructions que vous avez reçues ! ». Aux patriotes qui ne sont point membres de groupes de Résistance organisés, je dis : « Continuez votre résistance auxiliaire, mais n'exposez pas vos vies inutilement : attendez l'heure où je vous donnerai le signal de vous dresser et de frapper l'ennemi. Le jour viendra où j'aurai besoin de votre force unie ». Jusqu'à ce jour, je compte sur vous pour vous plier à la dure obligation d'une discipline impassible.

Citoyens Français :

Je suis fier de commander une fois de plus les vaillants soldats de France. Luttant côte à côte avec leurs Alliés, ils s'apprêtent à prendre leur pleine part dans la libération de leur Patrie natale.

Parce que le premier débarquement a eu lieu sur votre territoire, je répète pour vous, avec une insistance encore plus grande, mon message aux peuples des autres pays occupés de l'Europe occidentale. Suivez les instructions de vos chefs. Un soulèvement prématuré de tous les Français risque de vous empêcher, quand l'heure décisive aura sonné, de mieux servir encore votre pays. Ne vous énervez pas et restez en alerte.

Comme Commandant Suprême des Forces Expéditionnaires Alliées, j'ai le devoir et la responsabilité de prendre toutes les mesures nécessaires à la conduite de la guerre. Je sais que je puis compter sur vous pour obéir aux ordres que je serai appelé à promulguer.

L'administration civile de la France doit effectivement être assurée par des Français. Chacun doit demeurer à son poste, à moins qu'il ne reçoive des instructions contraires. Ceux qui ont fait cause commune avec l'ennemi et qui ont ainsi trahi leur patrie, seront révoqués. Quand la France sera libérée de ses oppresseurs, vous choisirez vous-mêmes vos représentants ainsi que le Gouvernement sous l'autorité duquel vous voudrez vivre.

Au cours de cette campagne qui a pour but l'écrasement définitif de l'ennemi, peut-être aurez-vous à subir encore des pertes et des destructions. Mais si tragiques que soient ces épreuves, elles font partie du prix qu'exige la victoire. Je vous garantis que je ferai tout en mon pouvoir pour atténuer vos épreuves. Je sais que je puis compter sur votre fermeté, qui n'est pas moins grande aujourd'hui que par le passé. Les héroïques exploits des Français qui ont continué la lutte contre les Nazis et contre leurs satellites de Vichy, en France, en Italie et dans l'Empire français, ont été pour nous tous un modèle et une inspiration.

Ce débarquement ne fait que commencer la campagne d'Europe occidentale. Nous sommes à la veille de grandes batailles. Je demande à tous les hommes qui aiment la liberté d'être des nôtres. Que rien n'ébranle votre foi. Rien non plus n'arrêtera nos coups. Ensemble, nous vaincrons.

36 – Henry Morgenthau
Adresse finale de la conférence de Bretton Woods

22 juillet 1944

À l'heure de dessiner le monde d'après-guerre et de prévenir tout retour aux dérives des années trente, les responsables alliés cherchent à définir, sur le plan politique, certains principes et certaines valeurs qui leur semblent primordiaux. Ils n'en négligent pas pour autant le volet économique, chacun se rappelant l'influence de la crise de 1929 et de ses conséquences sur la montée du nazisme et, plus généralement, sur l'aggravation des tensions internationales. Il s'agit donc d'assurer, pour l'avenir, une certaine stabilité monétaire au niveau mondial et une harmonisation du commerce international.

Liberté commerciale et stabilité monétaire

Parmi les « quatorze points » que le président américain Wilson développe devant le Congrès le 8 janvier 1918, au crépuscule de la Première Guerre, figure déjà la liberté de navigation et de commerce qui, à ses yeux, doit être garantie au même titre que le droit des peuples à l'autodétermination ou le désarmement[1]. L'objectif est d'abolir les barrières douanières et autres entraves artificielles au libre-échange. Cependant, durant les années vingt, son souhait ne reçoit qu'un timide début de réalisation, auquel la crise de 1929 porte un coup fatal. Partout, y compris aux États-Unis, l'heure est désormais au repli sur soi plus qu'à l'ouverture pour redresser une situation intérieure très périlleuse. La Grande-Bretagne mise sur le Commonwealth et établit un tarif préférentiel à l'intérieur de son Empire tandis que la France joue surtout le jeu d'un protectionnisme administratif, basé sur le contingentement, et que les pays totalitaires, Italie et Allemagne en tête, cherchent à vivre en autarcie. Au fil des années trente, la reprise se fait avec lenteur : en 1937, le commerce international se situe aux trois-quarts de son niveau de 1925.

Par ailleurs, l'entre-deux-guerres est également une période instable sur le plan monétaire. Au XIXe siècle, nombre de pays, imitant la Grande-Bretagne, avaient adhéré à l'étalon-or qui fixait la valeur de chaque monnaie et les taux de change par rapport à ce métal et garantissait la convertibilité des différentes monnaies en or. En réalité, c'était la livre sterling qui servait de monnaie internationale. La Première Guerre met fin à ce système et, au sortir du conflit, Londres doit partager avec New York son rôle de centre financier. Beaucoup, cependant, souhaitent que l'or reste la référence. En

---

1 Voir l'introduction au discours n° 4.

1922, la conférence de Gênes institue le *Gold Exchange Standard* qui réserve l'or aux transactions internationales, assure la convertibilité à taux fixe des monnaies entre elles mais diversifie la nature des réserves des banques centrales : l'or cohabite, en pratique, avec deux devises fortes, la livre et le dollar, ce qui illustre la montée en puissance des États-Unis. Toutefois, à partir de 1925 et sous l'impulsion de Churchill, on en revient progressivement à l'étalon-or. La Grande-Bretagne semble reprendre la main. Mais de nouveau, c'est la crise de 1929 qui bouleverse la donne. En septembre 1931, Londres annonce renoncer à la convertibilité de la livre en or. D'autres pays européens, dont la France, l'Italie et la Suisse, choisissent, eux, de s'accrocher au système mais doivent bientôt y renoncer. La crise a démontré l'inexistence d'une coopération internationale sur le plan monétaire et, permis aux États-Unis de poser des jalons pour l'avenir : tout en se déclarant adversaire d'un retour à l'étalon-or, le président Roosevelt, profitant de ce que son pays possède le plus gros stock d'or, a pris, en 1934, un *Gold Reserve Act* qui fixe unilatéralement le prix de l'or par rapport à un dollar volontairement sous-évalué.

De la Charte de l'Atlantique à Bretton Woods : la prépondérance américaine

Avant même l'entrée en guerre des États-Unis, Anglais et Américains envisagent ensemble les grandes lignes du monde nouveau appelé à naître de la victoire contre le nazisme. Du 9 au 12 août 1941, Winston Churchill rencontre le président Roosevelt au large de Terre-Neuve. Tous deux co-signent une déclaration en huit points connue sous le nom de Charte de l'Atlantique. Ses quatrième et cinquième points évoquent l'accès de tous aux matières premières et aux transactions commerciales nécessaires à la prospérité et en appellent à la collaboration la plus complète sur le plan économique. Dans le duo anglo-saxon, ce sont clairement les États-Unis qui mènent le jeu et qui, s'appuyant sur leur supériorité économique et commerciale, affichent leur intention de promouvoir au plan mondial un système néo-libéral. En effet, l'évocation du libre accès aux matières premières implique nécessairement la fin de l'ère coloniale et des privilèges dont disposent les nations impériales européennes. Churchill ne s'y trompe pas et lutte pied à pied, sans pouvoir toutefois empêcher les États-Unis de soutenir, en de nombreux endroits du globe, les mouvements nationalistes et anticolonialistes.

Dès 1942, des discussions se déroulent à Londres et à Washington afin de dégager une base commune d'action sur le plan monétaire et économique. Divers plans sont proposés et amendés mais deux s'imposent. Celui de l'économiste anglais John Maynard Keynes, adversaire, dans les années trente, du « fétichisme de l'or », prévoit une chambre de compensations, qui permet aux pays déficitaires d'utiliser les excédents des pays les plus riches, et une monnaie internationale nouvelle pour réaliser les transactions. Il estime aussi que les lois du marché doivent être tempérées pour préserver l'emploi. Beaucoup plus fidèle à l'orthodoxie libérale, le plan de l'Américain Harry D. White s'apparente, lui, à un nouveau *Gold Exchange Standard* et propose une Banque pour la reconstruction et le éveloppement. En juillet 1943, une seconde version du plan White, prenant en compte certaines propositions de Keynes, est publiée. À partir de juin 1943, des experts de dix-sept pays se rencontrent à Washington et en arrivent, le 21 avril 1944, à une déclaration commune sur l'établissement d'un Fonds monétaire international des Nations unies et associées.

Le deuxième plan White et cette déclaration sont les documents de base sur lesquels vont plancher, en juillet 1944, les quarante-quatre pays invités par les États-Unis à la conférence monétaire de Bretton Woods, dans le New Hampshire. Le terrain a préalablement été débroussaillé par les experts financiers à Atlantic City, en juin, alors que l'on se bat en Normandie mais la conférence elle-même va s'étendre du 1er au 22 juillet. Ses conclusions ouvrent la voie à une domination claire du dollar et, partant, des États-Unis : chaque pays doit assurer la convertibilité de sa monnaie avec le dollar et les autres monnaies ; le dollar, et lui seul, reste directement lié à l'or au taux fixe de trente-cinq dollars l'once fixé par le *Gold Reserve Act* de 1934 ; le taux de change sera fixe et la dévaluation, évitée autant que possible. La conférence de Bretton Woods crée deux institutions, qui seront liées à l'ONU : le Fonds monétaire international (FMI) et la Banque internationale de reconstruction et de développement économique (BIRD), dite aussi Banque mondiale. Constitué en mars 1946 et actif dès mars 1947, le FMI doit assurer la coopération monétaire internationale et peut, dans ce but, soutenir certaines monnaies, accorder des prêts ou autoriser, sous condition, des dévaluations. En place fin décembre 1945, la BIRD, quant à elle, doit aider les pays demandeurs à se procurer des capitaux pour financer des projets générateurs de productivité mais peut aussi garantir des prêts octroyés par d'autres.

Henry Morgenthau, le maître d'œuvre

Indice supplémentaire de l'impulsion américaine, c'est le secrétaire américain au Trésor, Henry Morgenthau (1891-1967), qui prononce l'adresse finale de la conférence. Né dans une famille juive new-yorkaise, fils de diplomate, celui-ci a suivi une formation dans les domaines de l'architecture et de l'agriculture à l'Université Cornell. Durant la Première Guerre, il a travaillé au service de l'*US Farm Administration*, cherchant notamment le moyen de fournir des tracteurs à la France, puis, de 1922 à 1933, a édité l'organe de presse *American Agriculturalist*. En 1929, Franklin Roosevelt, son ami de longue date qui était alors gouverneur de l'État de New York, l'a nommé à la tête de la Commission consultative locale de l'agriculture puis, l'année suivante, a fait de lui son commissaire à la Conservation, avec charge d'assurer un vaste programme de reforestation. Devenu président des États-Unis, Roosevelt l'a désigné comme responsable du *Federal Farm Board* et gouverneur de la *Farm Credit Administration* avant de le nommer sous-secrétaire puis secrétaire au Trésor. À ce dernier poste, qu'il occupe de 1934 à 1945, Morgenthau joue un rôle crucial dans la défense du dollar contre l'instabilité monétaire mondiale et dans la mise en application du *New Deal* même s'il en désapprouve certains aspects, contraires à son libéralisme orthodoxe.

Dès 1939, Morgenthau prend différentes mesures visant à faciliter l'aide matérielle aux Franco-Britanniques et prépare l'économie américaine à la guerre. En 1941, il joue un rôle important dans l'élaboration du prêt-bail qui donne à Londres une bouffée d'oxygène sur le plan financier. Il s'investit ensuite dans la mise sur pied du système monétaire international et dans la défense des Juifs persécutés en Europe. Sur ce dernier point, il n'obtient que très tard un soutien concret de la Maison-Blanche : c'est en janvier 1944 seulement que Roosevelt accepte la création d'un Office des réfugiés de guerre qui permet à 200 000 Juifs de gagner les États-Unis. Morgenthau a également laissé son nom à un plan non appliqué sur l'avenir de l'Allemagne, dont il préconisait le démembrement et le démantèlement industriel au profit d'une vocation strictement agricole. Churchill et Roosevelt ont vite abandonné l'idée en raison des réactions négatives qu'elle suscitait. Durant l'été 1945, après la mort de Roosevelt, Morgenthau démissionnera de son poste de secrétaire au Trésor. Il se consacrera alors à récolter des fonds pour favoriser la naissance d'Israël puis pour pérenniser l'État hébreu, dont il sera également l'un des conseillers financiers.

Mais on n'en est pas là lorsqu'il s'acquitte du discours de clôture de la conférence de Bretton Woods, le 22 juillet 1944. Non sans lyrisme, il annonce au monde que les pays alliés sont parvenus, en transcendant leurs divergences d'opinions et les égoïsmes générateurs de guerre, à un accord de coopération internationale qui, loin de sacrifier les intérêts de l'un ou l'autre, assure au contraire le progrès de tous vers davantage de liberté économique et commerciale et, ce faisant, vers davantage de prospérité. Développant les buts du FMI et de la BIRD, Morgenthau insiste sur leur valeur éthique et leur finalité sociale : il s'agit de promouvoir la plus grande liberté économique et commerciale dans le but d'éradiquer le chômage de masse et de parvenir à la reconstruction ou au développement harmonieux de l'ensemble des régions du monde et non dans le but d'accroître les profits des plus riches. Il conclut en insistant sur le fait que Bretton Woods est un début, non un aboutissement et que l'humanité se trouve en fait à un carrefour. Qu'elle choisisse d'approfondir le partenariat initié par la conférence et l'avenir lui appartiendra.

Cependant, des principes à leur application, il existe une marge évidente. L'opposition des blocs va constituer un premier obstacle. Présente à Bretton Woods, l'URSS va rapidement renier un Système monétaire international (SMI) verrouillé par les Américains puis refusera, pour elle et ses satellites, l'offre de Plan Marshall[2]. Celle-ci avait été rendue nécessaire comme préalable à la réelle mise en route des accords de Bretton Woods. En effet, l'Europe occidentale est bien trop faible, au sortir du conflit, pour en revenir à un régime de convertibilité. La Grande-Bretagne, très appauvrie, tente l'expérience sans succès tandis que la France recourt régulièrement à la dévaluation. Il faut attendre la fin des années cinquante pour voir l'Europe retrouver sa stabilité économique. Ensuite, sur fond de décolonisation, ce sont essentiellement les pays du Tiers Monde qui vont bénéficier des prêts de la BIRD. Cependant, les grands pays contributeurs, États-Unis en tête, vont poser certaines conditions à leur aide, notamment l'engagement du pays emprunteur à respecter un programme d'ajustement structurel (PAS) mis au point par le FMI, programme impliquant une adhésion aux principes du libéralisme économique et une austérité au coût social souvent important. Sur le plan commercial, les principes de Bretton Woods vont conduire, en 1947, au GATT (*General Agreement on Tariffs and Trade*), ancêtre de l'Organisation mondiale du commerce et premier pas vers la libéralisation totale des échanges commerciaux, dite mondialisation ou globalisation. Ironie de l'histoire, celle-ci rend plus aigu que jamais le débat né durant la Seconde Guerre sur la nécessité ou non de poser des limites aux lois du marché. Sur ce point comme sur celui des PAS, la même question s'impose : dans quelle mesure le système de Bretton Woods, présenté généreusement ici par Morgenthau, permet-il de s'écarter d'un modèle unique, celui des États-Unis ?

---

2 Voir l'introduction au discours n° 43.

Adresse finale de la conférence de Bretton Woods

Je suis heureux d'annoncer que la conférence de Bretton Woods a atteint avec succès l'objectif qu'elle s'était fixé.

Ce fut, comme nous le savions en commençant, une épreuve difficile, abordant des problèmes techniques complexes. Nous avons traité des méthodes qui empêcheront le retour aux difficultés économiques précédant la guerre actuelle : les dévaluations compétitives entre devises et les obstacles destructeurs au commerce. Nous avons réussi cet effort.

Les détails actuels d'un arrangement financier et monétaire pourraient paraître mystérieux au grand public. Bien qu'au centre de tout cela se cache les plus élémentaires réalités de la vie quotidienne. Ce que nous avons fait ici à Bretton Woods est d'établir un mécanisme permettant aux hommes et aux femmes de commercer partout, sans entrave, sur une base stable et équitable, les matières qu'ils produisent grâce à un labeur honnête. Nous avons accompli le premier pas grâce auquel les nations du monde auront la possibilité de s'entraider par un développement économique mutuel assurant l'enrichissement de tous.

Les représentants des 45 nations ont fait face franchement à leurs divergences d'opinion, et sont parvenus à un accord qui se fonde sur une compréhension mutuelle authentique. Aucune des nations représentées ici n'a poursuivi son propre chemin. Nous avons dû chacun faire des concessions, non des principes ou des éléments essentiels, mais pas pour ce qui concerne des méthodes et des détails de procédure. Le fait que nous ayons réalisé ceci dans un esprit de bonne volonté et de respect mutuel est, je le pense, une des preuves d'espoir et d'ouverture de notre temps. Ceci est un signe indubitable écrit pour le futur, un signe pour les hommes qui se battent, pour les hommes qui travaillent dans les mines, dans les usines et dans les champs, et un signe pour les femmes dont les cœurs ont été envahis par l'anxiété et par la peur de voir le cancer de la guerre assaillir une autre génération, un signe montrant que les peuples de la Terre apprennent à se serrer les mains et à travailler dans l'unité.

Il est curieux d'affirmer que la protection des intérêts nationaux et le développement de la coopération internationale sont des concepts contradictoires, que des hommes de nations différentes ne peuvent travailler ensemble sans sacrifier les intérêts de leur propre nation. Il y a eu des discussions à ce propos, entre experts, concernant la nature de la coopération internationale de l'entreprise qui vient de s'achever à Bretton Woods. J'ai la certitude qu'aucune délégation à cette conférence n'a, à aucun moment, perdu de vue les intérêts particuliers de la nation qu'elle représentait. La délégation américaine, que j'ai eu l'honneur de présider, a été à tout moment consciente de ses obligations premières, la protection des intérêts américains. Et les autres représentants présents n'ont pas été moins loyaux ou dévoués au bien-être de leur propre peuple.

Aucun de nous n'a trouvé d'incompatibilité entre la fidélité à son propre pays et l'action commune. En effet, bien au contraire, nous avons estimé que la seule sauvegarde authentique des intérêts nationaux tient dans la coopération internationale. Nous devons reconnaître que le moyen le plus sage et le plus efficace de protéger nos intérêts nationaux passe par la coopération internationale, c'est-à-dire par un effort conjoint pour atteindre des buts communs. Ceci a été la grande leçon de la guerre et est, je pense, la grande leçon de la vie contemporaine : les habitants de la Terre sont inséparablement liés les uns aux autres par une profonde communauté d'objectifs. Cet ensemble d'objectifs est tout aussi réel et vital en temps de paix qu'en temps de guerre, et la coopération n'en est pas moins importante pour son accomplissement.

Accomplir nos buts séparément à travers la rivalité inutile et insensée qui nous divisait dans le passé, ou à travers les agressions économiques illégales qui transformaient des voisins en ennemis, serait nous ruiner tous à nouveau. Pire, cela nous mènerait irrémédiablement une fois de plus sur le chemin désastreux et escarpé de la guerre. Cette sorte de nationalisme extrême appartient à une ère révolue. Aujourd'hui, la seule forme sensée de l'intérêt national tient dans un accord international. À Bretton Woods, nous avons pris des accords concrets pour mettre cette leçon en pratique dans les domaines monétaires et économiques.

Je considère le fait que la guerre soit terminée comme un axiome ; aucun peuple, et par conséquent aucun gouvernement, ne tolérera une fois de plus un taux de chômage prolongé et répandu. Une renaissance du commerce international est indispensable si on veut réaliser le plein-emploi dans un monde en paix, avec un niveau de vie qui permettra la réalisation des espoirs raisonnables de l'homme.

Quelles sont les conditions fondamentales pour voir de nouveau fleurir le commerce entre nations ?

Premièrement, il doit y avoir une norme d'échange internationale raisonnable et stable à laquelle tous les pays peuvent adhérer, sans sacrifier la liberté d'action nécessaire pour résoudre leurs problèmes économiques internes.

Ceci est l'alternative aux tactiques désespérées du passé (dépréciation concurrentielle de la devise, tarifs douaniers excessifs, trocs contournant les règles économiques, pratiques de devises multiples et restrictions d'échange non nécessaires) par lesquelles les gouvernements ont cherché vainement à maintenir un taux d'emploi et des niveaux de vie confortables. Dans l'analyse finale, ces tactiques n'ont réussi qu'à contribuer à une dépression à l'échelle mondiale et même à la guerre. Le Fonds monétaire international fondé à Bretton Woods aidera à remédier à cette situation.

Deuxièmement, les aides financières à long terme doivent être rendues accessibles à des taux raisonnables en faveur des pays dont l'industrie et l'agriculture ont été détruites, soit par des envahisseurs incendiaires, soit par l'héroïque politique de terre brûlée des défenseurs.

Des fonds à long terme doivent aussi être accessibles pour promouvoir une industrie saine et augmenter la production industrielle et agraire des nations dont les potentialités économiques n'ont pas encore été développées. Il est essentiel pour nous tous que ces nations jouent un rôle dans l'échange de biens à travers le monde. Elles doivent être capables de produire et de vendre si elles sont supposées être capables d'acheter et de consommer. La Banque Internationale pour la Reconstruction et le Développement a été conçue pour répondre à ce besoin.

Des objections à l'encontre de cette banque ont été élevées par des banquiers et quelques économistes. L'institution proposée par la conférence de Bretton Woods limiterait en effet le contrôle que certains banquiers privés ont exercé par le passé sur la finance internationale. En aucun cas, elle ne restreindrait la sphère d'investissement dans laquelle des banquiers pourraient s'engager. Au contraire, elle développerait fortement cette sphère en élargissant le volume de l'investissement international et agirait comme un énorme stabilisateur garant des prêts qu'ils pourraient faire. L'objectif principal de la Banque Internationale pour la Reconstruction et le Développement est de garantir des prêts privés contractés à travers des moyens d'investissement traditionnels. Elle ferait des prêts uniquement lorsque ceux-ci ne pourraient pas être contractés par des moyens normaux à des taux raisonnables. Il s'agirait d'octroyer un capital à ceux qui en ont besoin à des taux d'intérêts inférieurs à ceux du passé, et de chasser les seuls usuriers du temple de la finance internationale. Pour ma part, je considère ce résultat sans aucun regret. Le capital, comme toute autre commodité, devrait être libre de tout contrôle monopolistique et disponible à des conditions raisonnables pour ceux qui voudraient le mettre en œuvre au profit du bien-être général.

Les délégués et le staff technique de Bretton Woods ont accompli leur part du travail. Ils se sont assis ensemble, ont parlé entre amis, et ont établi des plans relatifs aux problèmes financiers et monétaires internationaux auxquels tous leurs pays font face en commun. Ces propositions doivent maintenant être soumises aux pouvoirs législatifs et aux peuples des nations participantes. Ils examineront ce qui a été accompli ici.

Les résultats seront d'une importance vitale pour le monde entier. En dernière analyse, ils aideront à déterminer si les gens auront ou non du travail et quelle somme d'argent ils recevront comme salaire. Un point encore plus important concerne la nature du monde dans lequel nos enfants seront amenés à grandir. Quelles opportunités attendront les millions de jeunes hommes lorsqu'ils pourront enfin retirer leurs uniformes et revenir à la maison avec un travail dans le civil ?

Cet accord monétaire n'est qu'un pas, bien sûr, dans le programme d'action internationale nécessaire pour façonner un avenir libre. Mais c'est aussi un pas indispensable, un test vital, à propos de nos intentions. Nous sommes à un carrefour, et nous devons choisir notre route. La conférence de Bretton Woods a érigé un point de repère, indiquant une autoroute assez large pour que tous les hommes y marchent côte à côte. S'ils travaillent ensemble, rien sur Terre ne pourra les arrêter.

37 – Harry S. Truman
Annonce du largage de la première bombe A sur Hiroshima

6 août 1945

La date du 6 août 1945 ouvre incontestablement une ère nouvelle dans le domaine militaire et diplomatique. Avec l'arme nucléaire, l'homme dispose désormais d'un moyen de destruction inégalé, conférant à qui le possède un instrument de puissance et de chantage. Si elle a hâté la fin de la Seconde Guerre en provoquant la capitulation du Japon, la bombe atomique a également ouvert le temps de la guerre froide et de la dissuasion. En effet, Hiroshima et Nagasaki furent également une démonstration de force à l'intention de Moscou. Mais dès 1949, l'URSS, elle aussi, possède la bombe, dont disposeront ensuite d'autres puissances. Tout l'enjeu sera alors de gérer la non-prolifération et de contrôler l'usage de l'arme nucléaire. Aujourd'hui plus que jamais, cette angoissante gageure reste d'actualité.

Premières découvertes et course contre la montre

C'est en 1896, que le Français Henri Becquerel découvre la radioactivité, terme créé par Pierre et Marie Curie quelques années plus tard. En 1905, Albert Einstein, par sa théorie de la relativité, établit que la masse et l'énergie sont deux aspects de la même réalité. Les bases de la recherche en physique nucléaire sont posées. Dès le début du XXe siècle, de nombreux savants de toutes nationalités œuvrent, seuls ou en collaboration, à débroussailler ce domaine nouveau. Pendant très longtemps, de bonnes relations existent entre les laboratoires et entre les chercheurs, conduisant à une large diffusion des résultats acquis. Nul, il est vrai, ne sait alors qu'un nouveau type d'arme pourrait naître à brève échéance. Tout s'accélère dans les années trente, alors même que le climat international se tend et que les progrès du nazisme font fuir, essentiellement vers les États-Unis, plusieurs savants d'Europe de l'Est, à commencer par Einstein. En 1932, l'Anglais James Chadwick découvre le neutron et, deux ans plus tard, les Français Frédéric et Irène Joliot-Curie mettent au jour la radioactivité artificielle. En 1938, les Allemands Otto Hahn et Fritz Strassman, s'appuyant sur des expériences de l'Italien Enrico Fermi, bientôt émigré aux États-Unis, découvrent le phénomène de la fission nucléaire, c'est-à-dire une gigantesque libération d'énergie via désintégration de l'uranium par des neutrons. Américains et Français confirment l'exactitude de cette découverte. Dès 1939, on est même convaincu de la possibilité d'une réaction en chaîne : l'énergie libérée par fission produirait de nouveaux neutrons qui relanceraient le processus.

En 1940, au début de la Seconde Guerre et après l'effondrement de la France, Anglais, Américains et Allemands sont donc à même de poursuivre des recherches aux implications potentielles gravissimes. Du côté anglo-saxon, les Britanniques aidés par les Français et d'autres émigrés prennent rapidement une avance théorique sur les Américains mais ils ne disposent pas de l'équipement technique et des moyens expérimentaux nécessaires et leur sol n'est pas à l'abri d'une attaque allemande. Les États-Unis, eux, réalisent avec un certain retard l'intérêt de jeter toutes leurs forces dans la bataille nucléaire. Dès août 1939, Einstein, qui bientôt va se retirer du jeu par pacifisme, écrit à Roosevelt pour l'assurer qu'un nouveau type de bombe est bien possible, ce qui conduit le Président à créer un comité consultatif et à débloquer les premiers fonds en février 1940, mais la réelle impulsion n'est donnée qu'à la fin de l'année 1941, après vérification expérimentale de l'hypothèse. C'est l'époque de Pearl Harbor et de l'entrée en guerre des États-Unis mais c'est aussi l'époque où divers renseignements laissent penser que le Reich hitlérien est déjà en marche vers la production de l'arme atomique. Une course contre la montre est alors lancée pour devancer Berlin. Cette peur panique explique l'ardeur mise par tous les chercheurs à créer, sans réel état d'âme, une arme de destruction massive. Très vite, une collaboration étroite est établie entre les centres de Columbia, Princeton, Chicago et Berkeley qui travaillaient jusque-là indépendamment. Par ailleurs, un partenariat est décidé avec Londres pour une mise en commun du savoir acquis. Conclue sur un pied d'égalité, la collaboration tournera rapidement à l'avantage des Américains qui prendront seuls la direction des opérations.

À l'été 1942, le projet Manhattan visant à l'élaboration d'une bombe atomique est lancé, sous la direction du général Leslie Richard Groves, à qui on adjoint un savant, Julius Robert Oppenheimer, directeur des laboratoires. À la fin de l'année, le groupe d'Enrico Fermi, basé à Chicago, met au point la première pile atomique et démontre le contrôle humain sur l'atome. Au même moment, l'Américain Glenn Seaborg crée le plutonium. Sur le sol américain, trois centres sont discrètement ouverts et la plupart des personnes qui y sont employées ignorent d'ailleurs ce qu'elles contribuent réellement à mettre au point. Il y a Oak Ridge, dans le Tennessee, où s'ouvre, durant l'été 1943, la première usine au monde de diffusion gazeuse, couplée à une énorme centrale électrique, et où l'on expérimente parallèlement une version agrandie de la pile de Fermi. Il y a les trois petites villes de Hanford, Richland et White Bluffs, dans l'État de Washington, où l'on trouve trois réacteurs nucléaires de taille industrielle ainsi qu'une usine de séparation du plutonium et de l'uranium. Il y a enfin Los Alamos, près de Santa Fe au Nouveau-Mexique, où Oppenheimer met au point l'architecture de la bombe elle-même. Au printemps 1945, Oak Ridge est à même de produire la charge d'une bombe à uranium alors que, déjà, Hanford peut fournir de quoi lancer deux bombes à plutonium et permettre ainsi la réalisation d'un essai.

Une nouvelle cible : le Japon

À l'heure où les États-Unis peuvent enfin tester les résultats de leurs efforts, l'Allemagne hitlérienne est déjà vaincue. Par ailleurs, depuis plusieurs mois, le contre-espionnage a apporté la preuve que les nazis ont cessé, dès 1942, de considérer comme une priorité la mise au point de l'arme nucléaire, presque jugée utopique, et ont préféré se concentrer sur la production de fusées de type V1-V2. De fait, le réacteur allemand découvert par les troupes alliées en avril 1945 est des plus rudimentaires. Pour de nombreux savants œuvrant aux États-Unis, la justification d'un engagement total pour la bombe devient donc caduque et un groupe emmené par Léo Szilard dit refuser que l'arme atomique soit utilisée contre le Japon. Car c'est bien la nouvelle option retenue par les Américains. En avril 1945, le président Roosevelt est mort, cédant la place à son vice-président Harry Truman (1884-1972) qui, jusque-là, n'avait pas été tenu au courant du projet Manhattan.

Fils d'agriculteur, Truman a longtemps vécu de petits boulots après avoir été refusé comme aspirant officier pour raison médicale. Volontaire durant la Première Guerre, il en est revenu capitaine d'artillerie mais n'a connu ses premiers succès professionnels qu'après 1922, avec son entrée dans l'appareil du parti démocrate. Juge à Kansas City puis, dès 1935, sénateur du Missouri, il a présidé, durant la Seconde Guerre, un Comité de recherche pour la défense nationale et a été élu vice-président en 1944. Personnellement très proche des milieux militaires, Truman partage leur opinion concernant l'opportunité de hâter, grâce à la bombe, la fin des hostilités dans le Pacifique et d'épargner ainsi nombre de vies américaines. En effet, bien que le Japon sache sa défaite inéluctable, il continue à se battre pied à pied, sacrifiant ses hommes sans compter et provoquant de lourdes pertes du côté adverse: l'invasion des petites îles d'Iwo Jima et Okinawa a ainsi coûté aux Américains 11400 morts et 31000 blessés alors qu'ils ont perdu au total 53000 hommes durant la Première Guerre et 200000 contre l'Allemagne en 1944-1945. On ose donc à peine imaginer les pertes engendrées par une conquête terrestre du Japon tout entier. Par ailleurs, Truman est, bien plus que Roosevelt, convaincu du danger que représente Staline. Voyant l'évolution de la situation en Europe, il veut éviter que l'URSS, en passe de déclarer la guerre au Japon, ne prenne une part majeure à la libération de l'Asie du Sud Est et ne s'y installe ensuite durablement. Derniers actes de la Seconde Guerre, les bombardements d'Hiroshima et Nagasaki seront aussi les premiers actes de la guerre froide.

Le 16 juillet 1945, en pleine conférence de Potsdam et alors que la tension monte avec Staline, Truman reçoit un message secret: *les bébés sont nés normalement*. Il sait désormais qu'à Alamogordo, au Nouveau-Mexique, une bombe atomique équivalant à 20000 tonnes de TNT, a explosé. Cette nouvelle lui permet de se montrer plus ferme face aux Russes qu'il prévient vaguement le 24 juillet en leur disant posséder une nouvelle arme mais en évitant les termes atomique et nucléaire. Cependant, bien informés par leurs espions, les Soviétiques étaient parfaitement au courant de la portée de l'information. Il est donc désormais possible de frapper le Japon et de provoquer sa capitulation rapide. Alors que le groupe Szilard, consulté sur les modalités de l'attaque, plaide pour le choix d'un lieu désertique et met en garde contre les conséquences politiques et sociales d'une option différente, d'autres savants et universitaires, rejoignant les stratèges de l'armée, préconisent de viser un centre de production industrielle et militaire en zone habitée parce qu'une simple explosion technique risquerait de ne pas impressionner suffisamment les Japonais. Plusieurs villes sont alors choisies, villes qui, dès lors, sont volontairement épargnées par les bombardements classiques pour que, le jour J, les dégâts provoqués par la bombe atomique soient bien visibles. Le 26 juillet, un ultimatum est lancé au Japon, qui le repousse le 28. Toutefois, il ne comportait aucune allusion à l'emploi d'une nouvelle arme et à ses immenses capacités destructrices. Il s'agit de surprendre et de provoquer l'électrochoc, quelles qu'en soient les conséquences au sol.

Le matin du 6 août 1945, le bombardier B29 Enola Gay, piloté par le commandant Paul W. Tibbets, largue la bombe à uranium *Little Boy* sur Hiroshima, première cible désignée. Sur les 350 000 habitants, dont une majorité de civils, on compte de 70 000 à 80 000 tués et plus de 70 000 blessés, dont beaucoup mourront ensuite irradiés. Tout ou presque est détruit sur un rayon de deux kilomètres. Trois jours plus tard, le 9 août, c'est une bombe à plutonium, *Fatman*, qui détruit la ville de Nagasaki. Ces deux explosions ont constitué un véritable traumatisme pour plusieurs générations de Japonais et ont eu d'importantes répercussions environnementales. Le président Truman est informé de la destruction d'Hiroshima alors qu'il a quitté Potsdam pour rentrer aux États-Unis. Le soir même, il s'adresse à son peuple et au monde pour les informer sur l'événement en lui-même mais aussi sur ses préparatifs et ses conséquences. Le discours met en évidence la victoire scientifique et militaire remportée par les États-Unis avec l'aide de la Grande-Bretagne. Truman évoque avec fierté les diverses installations américaines, les sommes dépensées pour le projet et le nombre de travailleurs impliqués, des travailleurs dont, précise-t-il, la santé et la sécurité ne sont pas menacées. Il parle de la bombe comme d'une *grande merveille* et se réjouit d'avoir pu, grâce à elle, intensifier la *puissance de destruction* de son armée. Toute cette rhétorique doit être replacée dans un contexte de menace et de propagande : c'est avant tout au Japon que le président américain s'adresse pour le faire plier, sans jamais parler d'ailleurs des conséquences humaines de la bombe atomique. Alors maîtres monopolistiques de l'atome les États-Unis dictent les règles du jeu. Truman évoque brièvement les futures applications civiles mais juge que l'on en est encore aux balbutiements. Il promet de rendre publics les travaux utiles dans ce domaine mais prévient qu'il n'en ira pas de même pour le volet militaire, que les États-Unis s'engagent à gérer au mieux pour le maintien de la paix. Avec un certain manque de lucidité, il affirme d'ailleurs qu'une entreprise semblable au projet Manhattan lui paraît difficilement réalisable ailleurs dans le monde. L'avenir allait rapidement le détromper.

Refermer la boîte de Pandore ?

En juillet 1946, au grand dam des militaires, la loi McMahon confie à des civils l'essentiel du contrôle sur le nucléaire et une Commission pour l'énergie atomique voit le jour. Elle interdit, par ailleurs, toute exportation de matières fissiles et de connaissances. Face aux enjeux éthiques et militaires du nucléaire, l'ambition est de créer, sous l'égide de l'ONU, une Haute Autorité qui aurait la propriété des matières fissiles et gérerait leur utilisation, ce qui implique un système d'inspections de sites partout dans le monde. La guerre froide va mettre un terme à ces illusions : dans le cadre d'une opposition entre deux blocs, aucune des deux superpuissances ne veut se passer du redoutable instrument de pression et de puissance qu'est l'arme atomique. Washington en reste temporairement seul maître et Moscou œuvre à partager le secret. Dès 1949, à la grande stupeur et à la grande surprise des Occidentaux, les Soviétiques parviennent à faire exploser leur première bombe au plutonium. En 1952, Washington surenchérit avec une bombe H pour « hydrogène », quatre à cinq fois plus puissante qu'une bombe A, mais Moscou la possède dès 1953. Du monopole, on est passé à l'équilibre des forces et de la terreur.

Dans l'opinion occidentale, les incroyables possibilités de la bombe suscitent d'abord l'admiration pour la prouesse scientifique américaine. Sur le vif, en effet, les explosions d'Hiroshima et de Nagasaki suscitent peu d'indignation : on mesure mal leurs conséquences à long terme et on apprécie leurs conséquences à court terme, à savoir la fin de la guerre avec le Japon. Le Pape est presque seul à protester et les mises en garde lucides d'un homme comme Albert Camus ne trouvent guère d'écho. Dans un deuxième temps, c'est l'angoisse face au nucléaire qui commence à prévaloir, au fur et à mesure des révélations sur la puissance de destruction des bombes. On perçoit qu'une frontière nouvelle a été franchie et l'on pressent que, tôt ou tard, cette nouvelle arme pourrait mettre le monde à la merci d'un fou. Si les premiers militants pacifistes et antinucléaires sont communistes ou, à tout le moins, neutralistes, leur appel de Stockholm est lancé l'année même où Moscou fait exploser sa première bombe. Dès lors, les antinucléaires dirigeront leurs attaques contre les deux Grands et seront bientôt rejoints par des écologistes soucieux également des risques du nucléaire sur l'environnement. Mais la majorité des Occidentaux ont finalement appris à vivre avec la menace nucléaire considérée comme un mal nécessaire de la guerre froide, et ce d'autant plus que les États-Unis ont déployé des missiles dans divers pays de l'OTAN. L'élargissement du cercle des puissances nucléaires à la Grande-Bretagne, à la France puis à la Chine et l'essai nucléaire indien de 1974 ont cependant rendu plus aiguë encore la question de la non-prolifération. Un premier traité a été signé en 1968 et des négociations entre blocs se sont poursuivies, malgré les périodes de tension, jusqu'à la fin de la guerre froide. Mais la chute de l'Empire soviétique n'a-t-elle pas ouvert la porte à une ère plus trouble encore ? Derrière la plupart des zones de tension actuelles – Corée du Nord, Inde et Pakistan, Irak, Iran –, se profile l'ombre de la menace nucléaire, réelle, supposée ou fantasmée.

Annonce du largage de la première bombe A sur Hiroshima

Il y a seize heures, un avion américain a largué une bombe sur Hiroshima, une base capitale de l'Armée japonaise. Cette bombe était plus puissante que 20 000 tonnes de TNT. Elle avait plus de 2 000 fois la puissance d'explosion de la bombe britannique « Grand Slam »*, la plus grande bombe jamais utilisée jusqu'ici dans l'histoire de la guerre.

Les Japonais sont entrés en guerre par l'attaque aérienne de Pearl Harbor. Nous leur avons rendu la monnaie de leur pièce à de nombreuses reprises. Et ce n'est pas encore terminé. Avec cette bombe, nous avons maintenant intensifié de manière nouvelle et révolutionnaire la puissance de destruction afin d'accroître le pouvoir grandissant de nos forces armées. Ces bombes, sous leur forme actuelle, sont en train d'être produites et même des formes encore plus puissantes sont en cours de développement.

C'est une bombe atomique. C'est la maîtrise de la puissance fondamentale de l'univers. La force d'où le soleil tire son énergie a été libérée pour s'en prendre à ceux qui ont amené la guerre en Extrême-Orient.

Avant 1939, les scientifiques étaient tous convaincus qu'il était théoriquement possible de libérer de l'énergie atomique. Mais personne ne connaissait de méthode pratique pour y parvenir. Dès 1942, nous savions toutefois que les Allemands travaillaient avec ardeur pour trouver une manière d'associer l'énergie atomique aux autres machines de guerre avec lesquelles ils espéraient asservir le monde. Mais ils ont échoué. Nous pouvons être reconnaissants envers la Providence du fait que les Allemands aient eu les V1 et V2 tard et en quantité limitée, et encore plus reconnaissants du fait qu'ils n'aient pas eu du tout de bombe atomique en leur possession.

La bataille des laboratoires a comporté des risques décisifs pour nous, tout comme les batailles dans les airs, sur terre et en mer, et nous avons maintenant gagné la bataille des laboratoires comme nous avons gagné les autres batailles.

À ses débuts en 1940, avant Pearl Harbor, le savoir scientifique utile à la guerre était partagé entre les États-Unis et la Grande-Bretagne, et bien des aides précieuses à nos victoires ont émané de cet arrangement. C'est sous cette politique générale que la recherche sur la bombe atomique fut entamée. Grâce aux scientifiques américains et britanniques travaillant ensemble, nous nous sommes engagés dans la course à la découverte contre les Allemands.

Les États-Unis avaient à leur disposition un grand nombre de scientifiques réputés dans les nombreux domaines indispensables de la science. Ils possédaient les énormes ressources industrielles et financières essentielles au projet et pouvaient s'y consacrer sans négliger outre mesure tout autre travail indispensable à la guerre. Aux États-Unis, les laboratoires et les usines de production que nous avions commencé à développer avec vigueur étaient hors d'atteinte des bombardements ennemis, alors qu'au même moment, la Grande-Bretagne, exposée aux raids aériens, était sous la menace d'une invasion éventuelle. C'est pour ces raisons que le Premier ministre Churchill et le président Roosevelt ont convenu qu'il était sage de poursuivre le projet ici.

Nous possédons maintenant deux grandes usines et beaucoup de petites entreprises consacrées à la production de la puissance atomique. L'emploi, pendant la grande période de construction, se chiffrait à 125 000 et plus de 65 000 personnes sont occupées encore maintenant à faire fonctionner ces usines. Beaucoup d'entre elles travaillent là depuis deux ans et demi. Peu d'entre elles savent ce qu'elles produisent. Elles voient de grandes quantités de matériel entrer dans ces usines et n'en voient rien sortir, la taille physique de la charge explosive étant infiniment petite. Nous avons dépensé deux milliards de dollars pour le plus grand pari scientifique de l'histoire – et nous l'avons gagné.

Mais la plus grande merveille n'est pas la taille de l'initiative, son secret ou son coût, mais le couronnement de l'intelligence scientifique grâce à l'assemblage de bouts de savoir infiniment complexes, détenus par une multitude d'hommes appartenant à différents domaines de la science, en un plan réalisable. Et encore plus merveilleuse a été la capacité de l'industrie à concevoir, et la main-d'œuvre à faire fonctionner, les machines et les méthodes adéquates pour faire des choses jamais réalisées auparavant, afin que l'idée enfantée par de nombreux esprits se matérialise et fonctionne comme elle était censée le faire. Tant la science que l'industrie ont travaillé sous la direction de l'armée des États-Unis qui a remporté un succès unique en gérant, en un temps étonnamment court, un problème si complexe dans le progrès du savoir. Nous doutons du fait qu'une entreprise semblable puisse être réalisée quelque part dans le monde. Ce qui a été fait constitue la plus grande réalisation de la science organisée de l'Histoire. Cela a été fait sous une grande pression et sans échec.

Nous sommes aujourd'hui prêts à détruire plus rapidement et plus radicalement tout lieu de production que les Japonais ont en surface dans n'importe quelle ville. Nous détruirons leurs docks, leurs usines et leurs moyens de communication. Comprenons-nous bien : nous détruirons totalement le pouvoir du Japon à faire la guerre.

C'était pour épargner au peuple japonais une destruction totale que l'ultimatum du 26 juillet a été lancé à Potsdam. Ses dirigeants ont immédiatement rejeté cet ultimatum. S'ils n'acceptent pas nos conditions maintenant, ils peuvent s'attendre à une pluie de détresse venant des airs, un type de pluie que personne n'a jamais vu sur cette terre. Après cette attaque aérienne suivront des forces maritimes et terrestres plus nombreuses et plus puissantes qu'ils n'en ont jamais vu jusqu'ici et avec une habileté à combattre dont ils sont déjà bien conscients.

Le secrétaire d'État à la Guerre*, qui s'est personnellement impliqué dans toutes les phases du projet, rendra immédiatement publique une déclaration donnant des détails supplémentaires.

Cette déclaration fera état des sites de Oak Ridge près de Knoxville, dans le Tennessee, et de Richland près de Pasco, dans l'État de Washington et une installation près de Santa Fe, au Nouveau-Mexique. Bien que les travailleurs de ces sites continuent à fabriquer des matériaux destinés à être utilisés dans la production de la plus grande force destructrice de l'Histoire, ils ne sont pas eux-mêmes exposés à un danger dépassant celui de nombreux autres emplois, car leur sécurité fut l'objet du plus grand soin.

Le fait que nous puissions libérer de l'énergie atomique nous permet d'entrer dans une nouvelle ère de la compréhension humaine des forces naturelles. L'énergie atomique pourra peut-être, à l'avenir, compléter celle qui provient maintenant du charbon, du pétrole et de l'eau, mais à l'heure actuelle, elle ne peut être produite de façon à les concurrencer commercialement. Avant que cela n'arrive, une longue période de recherche intensive doit être mise en œuvre.

Il n'a jamais été dans l'habitude des scientifiques de ce pays ou de la politique de ce gouvernement de cacher des informations au savoir scientifique mondial. Et donc, normalement, tout ce qui concerne les travaux utilisant l'énergie atomique devrait être rendu public.

Mais dans les circonstances actuelles, nous ne prévoyons pas de divulguer les processus techniques de production ou encore les applications militaires, en attendant un examen supplémentaire d'éventuels systèmes assurant notre protection et celle du reste du monde contre le danger d'une destruction instantanée.

Je me dois de recommander au Congrès des États-Unis d'envisager rapidement la création d'une commission *ad hoc* pour contrôler la production et l'utilisation de la puissance atomique aux États-Unis. J'accorderai ultérieurement toute mon attention et ferai des recommandations au Congrès en ce qui concerne le moyen par lequel la force atomique peut exercer une influence puissante et solide pour le maintien de la paix mondiale.

COMPLÉMENTS

Grand Slam: bombe *Earthquake* ou « Tremblement de terre », de dix tonnes, mise au point par les Britanniques, utilisée pour la première fois le 14 mars 1945 contre le viaduc ferroviaire de Bielefeld, en Rhénanie du Nord-Westphalie. Au total, 41 bombes Grand Slam seront larguées durant la Seconde Guerre.

Secrétaire d'État à la Guerre: Henry Lewis Stimson (1867-1950), déjà secrétaire à la Guerre sous Taft en 1911, fut secrétaire d'État sous Hoover de 1929 à 1933. Bien que républicain conservateur, il fût appelé par le président démocrate Roosevelt comme secrétaire à la Guerre en 1940. Il était alors l'un des principaux animateurs du courant d'opinion opposé à l'isolationnisme.

38 – Hirohito
Discours de capitulation du Japon

15 août 1945

Le Japon moderne, de l'ère Meiji à Pearl Harbor

Traditionnellement, l'historiographie fait remonter la naissance du Japon moderne à l'ère Meiji qui correspond au règne de l'empereur Mutsuhito (1868-1912). Soucieux d'industrialiser son pays et de le doter d'une armée puissante, celui-ci n'en reste pas moins attaché à la conception ancestrale de l'Empire, tombée en désuétude sous le *shogunat* ou règne des « seigneurs de la guerre », initié à la fin du XIIe siècle. Il établit sa capitale à Edo qui devient Tokyo et restaure la monarchie absolue. Le seul maître du pays est donc le *Mikado* qui tire sa légitimité héréditaire d'une ascendance prétendument divine. Sous l'ère Meiji, le Japon acquiert le statut de première puissance asiatique par son essor économique et démographique mais également par ses victoires militaires contre la Chine (1894-1895) et contre la Russie (1904-1905). Durant la Première Guerre mondiale, il se range au côté des Alliés et obtient ainsi certains territoires aux dépens de l'Allemagne.

Petit-fils de Mutsuhito et fils de son successeur Yoshihito, le prince Michi no Miya (1901-1989) devient le 124e empereur du Japon sous le nom de Hirohito en 1926, inaugurant l'ère Showa, celle de la « paix rayonnante ». Durant sa jeunesse, il accomplit plusieurs voyages en Europe et en Asie et, dès 1921, exerce *de facto* le pouvoir en tant que régent, son père étant malade. Sous son règne et sous l'influence de jeunes officiers de l'armée, le Japon va mener une politique impérialiste qui le conduit à déclencher une nouvelle guerre sino-japonaise en 1937 et à s'allier à Rome et Berlin. Dès septembre 1940, Tokyo profite de la faiblesse française pour prendre pied en Indochine et menace les intérêts britanniques en Asie du Sud-Est, ce qui provoque un raidissement des États-Unis : un embargo sur certaines matières premières est décidé et étendu, en juillet 1941, aux produits pétroliers tandis que les capitaux japonais aux États-Unis sont gelés. Le 7 décembre 1941, les Japonais attaquent par surprise la flotte américaine du Pacifique à Pearl Harbor, dans les îles Hawaï, et provoquent ainsi l'entrée en guerre des États-Unis[1].

---

[1] Voir l'introduction au discours n° 31.

De Pearl Harbor à Hiroshima

En quelques mois, le Japon va occuper tout le Sud-Est asiatique, constitué de pays indépendants mais aussi de territoires appartenant aux diverses puissances coloniales européennes, ce qui ne sera pas sans effet sur leur rapide décolonisation dans les années quarante et cinquante. Le Siam[2], la Malaisie, Singapour, Hong Kong, les Philippines, les Indes néerlandaises[3], l'Indochine[4], la Birmanie[5] et de nombreuses îles tombent ainsi aux mains du Japon qui, officiellement, dit vouloir créer dans la région une *sphère de co-prospérité*. Tokyo règne alors sur un riche empire de huit millions de km^2. Par ailleurs, l'Australie et l'Inde sont, elles aussi, menacées par les ambitions nippones. Mais déjà début mai 1942, les États-Unis résistent lors de la bataille de la mer de Corail et empêchent l'invasion des îles Salomon. Un mois plus tard, les Américains remportent l'importante bataille navale de Midway. La situation se stabilise alors jusqu'en novembre 1943. À ce moment, les soldats et marins de McArthur et Nimitz obtiennent du renfort, notamment plusieurs porte-avions neufs, et se lancent à la reconquête des territoires occupés par Tokyo.

Les Japonais, galvanisés par leurs chefs militaires et par l'Empereur, opposent une farouche résistance et acceptent les sacrifices humains, tels ceux des *kamikazes*, ces pilotes qui s'écrasent volontairement avec leurs bombes sur les ponts des navires ennemis. Néanmoins, plus le temps passe, plus il paraît évident que le Japon devra s'incliner : sa flotte, son aviation, ses industries sont à l'agonie. En août 1945, alors que la paix est signée depuis trois mois en Europe, deux éléments vont le conduire à capituler, non sans avoir encore rejeté un ultimatum lancé le 26 juillet à Potsdam par les États-Unis, la Grande-Bretagne et la Chine. Le premier élément est le lancement par Washington, les 6 et 9 août, de deux bombes atomiques sur Hiroshima et Nagasaki[6], faisant plus de 115 000 morts et plus de 130 000 blessés. Le second est l'entrée en guerre, le 8 août, de l'URSS contre le Japon. Le lendemain, les troupes russes se trouvent en Mandchourie, en Corée et dans le sud de l'île de Sakhaline.

Un nouveau Japon, sous influence américaine

Dès le 10 août 1945, le Japon se dit prêt à cesser les hostilités. Cependant, il faut une double intervention personnelle de l'empereur Hirohito, le 10 puis le 14 août, pour imposer aux cercles dirigeants l'acceptation d'une capitulation qui n'aurait jamais pu, sans cela, recueillir l'unanimité. Profondément respectueux d'une hiérarchie sociale très stricte et, au-delà, de l'Empereur considéré comme divin, les Japonais se sont inclinés devant sa volonté. Inconditionnelle en théorie, la capitulation fut en pratique conditionnelle : l'Empereur obtint en effet des Alliés la garantie de rester le Souverain mais il était réduit au rôle de monarque constitutionnel. Les spécialistes du

---

2 Aujourd'hui Thaïlande.
3 Aujourd'hui Indonésie.
4 Aujourd'hui Vietnam, Laos et Cambodge.
5 Aujourd'hui Myanmar.
6 Voir l'introduction au discours n° 37.

Japon soulignent qu'en intervenant personnellement et ouvertement dans une question politique, Hirohito s'était d'ailleurs déjà désacralisé lui-même. Ayant pris acte de l'incompatibilité entre les bases spirituelles et sociales de la civilisation japonaise et le modèle américano-occidental incarné par les vainqueurs de la guerre, l'Empereur a préféré renoncer à certaines traditions pour sauver ce qui pouvait encore l'être.

Le 14 août, il enregistre le message par lequel il annonce la capitulation du Japon à son peuple, message qui sera radiodiffusé le lendemain. Il s'y défend d'avoir jamais mené une politique expansionniste ou impérialiste et y stigmatise les Alliés, présentés comme adversaires de l'émancipation du Sud-Est asiatique. L'emploi de la bombe atomique par les États-Unis est l'élément clé qui, dit-il, l'a décidé à la reddition puisqu'il lui revenait de sauver non seulement son peuple mais aussi l'ensemble de la *civilisation humaine*, menacée *d'extinction totale* par cette nouvelle arme. Hirohito met enfin en évidence la préservation de la *structure de l'État impérial* et, assurant son peuple de son soutien, l'exhorte à l'union et au travail. Mais si l'Empereur a réussi à sauvegarder son trône, notamment parce qu'il a fait valoir son impuissance face aux chefs de l'armée, il ne précise pas d'emblée à ses sujets qu'il a dû accepter la renonciation au culte impérial et l'instauration d'un régime de type parlementaire.

Le Japon d'après 1945 est donc profondément différent de celui d'avant-guerre. Il connaît une véritable césure sociale et intellectuelle. Le 2 septembre 1945, l'acte de capitulation est signé en baie de Tokyo sur le *Missouri*, navire de guerre américain. Ramené à ses frontières du XIXe siècle, occupé par les États-Unis en la personne de McArthur qui y impose, en 1947, une Constitution directement inspirée du modèle américain, le pays devient rapidement un pion indispensable sur l'échiquier de la guerre froide. En 1951, sur fond de guerre de Corée, le traité de paix de San Francisco lui rend sa pleine souveraineté tandis que des troupes américaines continuent de stationner sur le sol nippon en vertu d'une alliance militaire entre les deux pays. Néanmoins, suivant l'article 9 de la Constitution, le Japon a officiellement renoncé à la guerre et à tout usage de la force. À ce titre, il ne peut avoir d'armée. Cette interdiction a, depuis lors, été contournée par la création de forces d'autodéfense mais le débat est actuellement très vif sur une possible révision constitutionnelle qui permettrait la renaissance d'une réelle armée japonaise, capable de défendre le pays contre la remuante Corée du Nord voire contre la Chine. Depuis 1992, les Japonais participent aux opérations de maintien de la paix de l'ONU. En 2004, ils ont envoyé des hommes en Irak, mais dans un cadre strictement humanitaire. En janvier 2007 enfin, le pays s'est doté d'un véritable ministère de la Défense. Cependant, le Japon d'après-guerre est surtout celui de l'expansion économique, obtenue grâce à l'aide américaine et au volontarisme du peuple japonais. À la fin des années soixante, Tokyo est devenue la troisième puissance économique mondiale. Toute cette évolution, Hirohito, empereur honorifique ayant officiellement renoncé à son ascendance divine, y assiste en spectateur. Il décédera en 1989, laissant la place à son fils Akihito.

Discours de capitulation du Japon

À Nos bons et loyaux sujets,

Après avoir mûrement réfléchi aux tendances générales prévalant dans le monde et aux conditions existant aujourd'hui dans Notre Empire, Nous avons décidé de régler la situation actuelle par une mesure d'exception.

Nous avons ordonné à Notre Gouvernement de faire savoir aux Gouvernements des États-Unis, de Grande-Bretagne, de Chine et d'Union soviétique que Notre Empire accepte les termes de leur Déclaration commune.

Nous efforcer d'établir la prospérité et le bonheur de toutes les nations, ainsi que la sécurité et le bien-être de Nos sujets, telle est l'obligation solennelle qui Nous a été transmise par Nos Ancêtres Impériaux et que Nous portons dans Notre cœur. C'est d'ailleurs en raison de Notre sincère désir d'assurer la sauvegarde du Japon et la stabilisation du Sud-Est asiatique que Nous avons déclaré la guerre à l'Amérique et à la Grande-Bretagne, car la pensée d'empiéter sur la souveraineté d'autres nations ou de chercher à agrandir notre territoire était bien loin de Nous. Mais voici désormais près de quatre années que la guerre se prolonge. Bien que tout le monde ait fait de son mieux – en dépit des vaillants combats livrés par Nos forces militaires et navales, de la diligence et de l'assiduité de Nos serviteurs et du dévouement de Nos cent millions de sujets – la guerre a évolué, mais pas nécessairement à l'avantage du Japon, tandis que les tendances générales prévalant dans le monde se sont toutes retournées contre ses intérêts. En outre, l'ennemi a mis en œuvre une bombe nouvelle d'une extrême cruauté, dont la capacité de destruction est incalculable et décime bien des vies innocentes. Si Nous continuions à nous battre, cela entraînerait non seulement l'effondrement et l'anéantissement de la nation japonaise, mais encore l'extinction totale de la civilisation humaine. Cela étant, comment pouvons-Nous sauver les multitudes de Nos sujets ? Comment expier Nous-même devant les esprits de Nos Ancêtres Impériaux ? C'est la raison pour laquelle Nous avons ordonné d'accepter les termes de la Déclaration commune des Puissances.

Nous ne pouvons qu'exprimer le sentiment de notre plus profond regret à Nos Alliés du Sud-Est asiatique qui ont sans faillir coopéré avec Notre Empire pour obtenir l'émancipation des contrées asiatiques. La pensée des officiers et des soldats, ainsi que de tous les autres, tombés au champ d'honneur, de ceux qui sont morts à leur poste, de ceux qui ont trépassé avant l'heure et de toutes leurs familles endeuillées, Nous serre le cœur nuit et jour. Le bien-être des blessés et des victimes de la guerre, et de tous ceux qui ont perdu leur foyer et leurs moyens d'existence, est l'objet de Notre plus vive sollicitude. Les maux et les souffrances auxquels Notre nation sera soumise à l'avenir vont certainement être immenses. Nous sommes pleinement conscient des sentiments les plus intimes de vous tous, Nos sujets. Cependant, c'est en conformité avec les décrets du temps et du sort que Nous avons résolu d'ouvrir la voie à une ère de paix grandiose pour toutes les générations à venir en endurant ce qu'on ne saurait endurer et en supportant l'insupportable.

Ayant pu sauvegarder et maintenir ainsi la structure de l'État impérial, Nous sommes toujours avec vous, Nos bons et loyaux sujets, Nous fiant à votre sincérité et à votre intégrité. Gardez-vous très rigoureusement de tout éclat d'émotion susceptible d'engendrer d'inutiles complications ; de toute querelle et lutte fratricides qui pourraient créer des désordres, vous entraîner hors du droit chemin et vous faire perdre la confiance du monde. Que la nation entière se perpétue comme une seule famille, de génération en génération, toujours ferme dans sa foi en l'impérissabilité de son sol divin, gardant toujours présents à l'esprit le lourd fardeau de ses responsabilités et la pensée du long chemin qu'il lui reste à parcourir. Unissez vos forces pour les consacrer à bâtir l'avenir. Cultivez les chemins de la droiture ; nourrissez la noblesse d'esprit ; et travaillez avec résolution, de façon à pouvoir rehausser la gloire inhérente de l'État impérial et vous maintenir à la pointe du progrès dans le monde.

39 – Hô Chi Minh
Déclaration d'indépendance de la République démocratique du Vietnam

2 septembre 1945

Nation coloniale, la France est, au lendemain de la Seconde Guerre, plus encline que jamais à considérer son Empire comme un facteur essentiel de puissance, sans lequel sa présence parmi les Grands serait rendue très précaire. C'est pourquoi elle s'apprête à lutter afin de se maintenir en Indochine sans imaginer à quel point cette lutte sera longue, coûteuse et vaine. Elle sera aussi psychologiquement très éprouvante car les nationalistes indochinois vont user des principes révolutionnaires français pour justifier leur volonté d'indépendance par rapport à la France.

La présence française en Indochine

La pénétration française en Indochine commence dès le Second Empire, sous le double prétexte de protéger les missions françaises et de trouver de nouveaux débouchés commerciaux. Une série d'expéditions conduisent, en 1887, à la création de l'Union indochinoise et, en 1897, à celle d'un gouvernement général d'Indochine s'étendant sur le Cambodge, le Laos et ce que l'on appellera les trois *Ky* vietnamiens, Tonkin, Annam et Cochinchine. Afin de réduire autant que possible le sentiment national dans cette région au riche passé très influencée par la civilisation et les techniques chinoises, Paris partage le territoire en plusieurs entités aux statuts différents. Première soumise, la Cochinchine, au sud du Vietnam, devient une véritable colonie, incorporée à la République. Au centre, l'Annam, comme le Cambodge, est un protectorat dans lequel le Souverain conserve les apparences de son pouvoir absolu mais doit, en fait, s'en remettre à une administration française omniprésente qui possède jusqu'au droit de le déposer. Enfin, le Tonkin, au nord du Vietnam, est, comme le Laos, un protectorat particulier : les grandes villes, telles Hanoï et Haïphong, sont territoires français, tandis que le résident supérieur a reçu délégation de l'Empereur d'Annam pour gérer le reste du *Ky* et y représenter, en fait, à la fois la République et l'Empereur.

Au-dessus d'une administration française qui exige nombre d'impôts et de taxes d'une population indigène par ailleurs écartée de tout poste à responsabilité et de tout pouvoir politique, on trouve le gouverneur général et, jusqu'en 1946, le ministère français des Colonies, ce qui peut sembler paradoxal pour des protectorats. Sur place, les

Français, au nombre de 36 000 sur 22 millions d'habitants en 1937, ont le sentiment de faire œuvre généreuse et civilisatrice au profit de peuples jugés incapables de se gouverner eux-mêmes. Sur le plan sanitaire comme sur celui des grands travaux, l'administration coloniale obtient des résultats prometteurs. Sur le plan scolaire, les autochtones les plus doués sont invités à venir parfaire leur formation en métropole, ce qui ne sera pas sans conséquence sur l'éveil de leur conscience nationale.

L'essor du nationalisme et la personnalité du futur Hô Chi Minh

Le nationalisme indochinois est d'abord le fait de bandes, dérangées dans leurs trafics par les fonctionnaires français, et de lettrés qui repoussent en bloc toute intrusion de la civilisation occidentale en Asie. Au fil des années 1920, il touche de nouveaux groupes sociaux : la bourgeoisie frustrée de ne pouvoir participer à la gestion politique de la région, certaines sectes religieuses, comme le caodaïsme[1], mais également les jeunes intellectuels formés en France où ils ont découvert le socialisme et le nationalisme. Voyant la montée en puissance du Japon et de la Chine, ils voudraient que l'Indochine puisse disposer, elle aussi, de son destin. L'année 1930 est cruciale. En février, des membres du parti national du Vietnam, le VNQDD, fondé trois ans plus tôt et allié au Kuomintang chinois, suscitent la mutinerie de la garnison tonkinoise de Yen Bay. Les tirailleurs annamites y massacrent leurs cadres français. Parallèlement, d'autres actions moins spectaculaires sont conduites en divers endroits. La répression sera féroce. La même année, des actes de piraterie sont organisés contre plusieurs gros propriétaires, des grèves éclatent et des marches de la faim sont menées dans le pays. De nouveau, la répression s'abat sur les autochtones, faisant près de 10 000 victimes. Il semble que le mouvement ait été attisé sinon provoqué par le Parti communiste indochinois (PCI), dont le principal chef se nomme Nguyên Tat Thanh.

Né au nord de l'Annam, fils d'un magistrat révoqué pour ses idées nationalistes, Nguyên Tat Thanh qui deviendra Nguyên Ai Quoc, c'est-à-dire « le patriote », puis, en 1941, Hô Chi Minh, « celui qui éclaire » (1890-1969), est un autodidacte qui, dès 1911, part en Europe et y vit de « petits boulots ». Membre du parti socialiste français SFIO dès 1917, il propose à la conférence de paix de Versailles un plan vite écarté d'émancipation progressive de l'Indochine, en vertu des « quatorze points » de Wilson. En 1920, au congrès socialiste de Tours, il prend le parti de la majorité et devient communiste. Formé à Moscou de 1923 à 1925, il est envoyé comme agent du Komintern auprès du parti communiste chinois de 1925 à 1927 puis séjourne au Siam. En 1930, il fonde le parti communiste indochinois à Hong Kong et tente de soulever l'Indochine par ce biais. Condamné à mort par l'administration française, il vit dix ans d'exil avant que la guerre sino-japonaise et la Seconde Guerre mondiale ne lui offrent l'occasion de se révéler comme le leader du mouvement indépendantiste vietnamien.

---

1 Secte reconnue par la France en 1926, le caodaïsme se caractérise par un syncrétisme entre les religions extrême-orientales, l'animisme, le christianisme, le spiritisme et la franc-maçonnerie.

De l'effondrement français à l'indépendance vietnamienne

En juin 1940, la France demande l'armistice à l'Allemagne nazie et, le 10 juillet, la Chambre des députés abdique ses prérogatives au bénéfice du maréchal Pétain. Le régime de Vichy est né. En Indochine, il nomme rapidement l'amiral Decoux comme gouverneur général, pour succéder au général Catroux, rallié à de Gaulle. Dès septembre 1940, l'administration vichyste doit accepter l'entrée de troupes japonaises en Indochine. Elles occupent une série de postes stratégiques au Tonkin. Un an plus tard, en juillet 1941, les accords Darlan-Kato permettent la présence japonaise sur tout le territoire afin, dit-on, d'assurer la « défense commune ». Comme partout en Asie du Sud-Est, Tokyo en profite pour favoriser les courants indépendantistes. Cependant, certains nationalistes indochinois ont, au contraire, rejoint l'autre camp. C'est le cas de Hô Chi Minh qui, soutenu par la Chine nationaliste et bientôt par les États-Unis, met une sourdine à son communisme et fonde, en mai 1941, la Ligue révolutionnaire pour l'indépendance du Vietnam, connue sous le nom de *Viet Minh*, qui rassemble aussi bien les communistes que les ex-VNQDD, les bouddhistes que les catholiques. À Washington, en janvier 1944, le président Roosevelt fait clairement connaître à son secrétaire d'État Cordell Hull sa détermination à assurer l'indépendance de l'Indochine française à l'issue du conflit: *il y a cent ans que la France saigne ce pays. Le peuple d'Indochine mérite un sort plus enviable*[2].

Le 9 mars 1945, alors que la guerre prend fin en Europe, le Japon décide de passer en force en Indochine, toujours gérée par les vichystes. Il s'y empare effectivement de tous les pouvoirs même si, nominalement, ils appartiennent à l'empereur d'Annam Bao Daï. Le 11 mars, celui-ci dénonce les accords de protectorat avec la France. Pour Hô Chi Minh aussi, le moment est venu de lancer le combat final pour l'indépendance. Le *Viet Minh*, fourni en hommes et en armes par l'OSS américaine, s'empare du Nord-Tonkin, qui sera, pour dix ans, son principal fief. Des contacts sont également noués avec les gaullistes auxquels on propose un accord fixant à un terme de cinq ans minimum et de dix ans maximum l'indépendance du Vietnam. Aucune réponse précise n'est cependant donnée. Début août, après Hiroshima, le général *Viet Minh* Giap, à la tête d'une armée de libération nationale de 5 000 hommes, entame la conquête du territoire. Le 14, alors que l'on apprend la capitulation japonaise, l'insurrection est déclenchée. Dès le 19, Hanoï est aux mains du Front populaire créé par Hô Chi Minh puis d'autres villes tombent. Le sud du pays, plutôt acquis aux nationalistes de droite, se rallie également, car le *Viet Minh* continue à se présenter comme exclusivement patriote. Pourtant, dans le gouvernement républicain révolutionnaire qui se forme au lendemain de l'abdication de Bao Daï, ce sont bien les communistes qui détiennent les postes clés. Au sein du peuple vietnamien, beaucoup ne s'en rendent pas compte et nombreux sont même ceux qui ignorent que Hô Chi Minh et l'agitateur Nguyên Ai Quoc ne font qu'un.

Le 2 septembre, alors que le Japon signe sa capitulation, Hô Chi Minh proclame solennellement l'indépendance de la république démocratique du Vietnam unissant

---

2 Note du 2 janvier 1944, reproduite dans Jacques Dalloz, *La Guerre d'Indochine 1945-1954*, Paris, Seuil, 1987, p. 285.

les trois *Ky*, Tonkin, Annam et Cochinchine. La cérémonie respecte le rite traditionnel confucéen de changement dynastique: l'ex-empereur Bao Daï transmet le « mandat du ciel » à Hô Chi Minh en lui remettant le grand sceau de l'État[3]. La Déclaration d'indépendance est lue sur la place Ba Dinh de Hanoï devant 500000 personnes. Elle aura un profond retentissement dans toute l'Asie mais aussi, plus largement, au sein de tous les mouvements nationalistes, alors en plein essor dans les divers territoires sous tutelle. Très habilement, Hô Chi Minh ne fait aucune référence à l'URSS ou à une quelconque révolution socialiste mais se place sous les auspices de la Déclaration d'indépendance des États-Unis, appel du pied direct à l'anticolonialisme américain, et de la Déclaration des droits de l'homme et du citoyen. Il renvoie ainsi les Occidentaux, et particulièrement les Français, à leurs contradictions. Peut-on prôner la liberté et l'égalité comme des valeurs universelles et, dans le même temps, accepter que l'on maintienne des peuples en état de sujétion ? La suite du discours est un violent réquisitoire contre la colonisation française à laquelle nul bienfait n'est reconnu. Les Français sont présentés comme des exploiteurs, des pillards et des barbares. Pour Hô Chi Minh, c'est dès 1940 qu'a cessé leur règne, au profit du joug japonais, et c'est dès lors sur le Japon, pays vaincu membre de l'Axe, et non sur la France que les Vietnamiens ont remporté la victoire. Comment les Alliés pourraient-ils, dans ces conditions, ne pas reconnaître le nouvel État ?

De la négociation à la guerre

À dire vrai, la Déclaration d'indépendance vietnamienne vient perturber les plans des Alliés. En effet, à Potsdam, les trois Grands ont prévu que la Chine nationaliste occuperait l'Indochine au nord du 16e parallèle tandis que les Anglais feraient de même au sud. Par ailleurs, Roosevelt est mort et son successeur Truman est beaucoup plus modéré sur les questions coloniales. Quant à la France de De Gaulle, exclue de Potsdam, elle a fixé, dès le 24 mars 1945, un nouveau statut pour l'Indochine, censée devenir une fédération de cinq pays autonomes (Laos, Cambodge et les trois *Ky*) au sein de la future Union française. Dès septembre 1945, en accord avec Londres, les Français font militairement leur retour dans le sud et entendent partir à la reconquête du nord. Mais au-delà, toute la question est de savoir quelle ligne ils veulent suivre celle, très conservatrice, de l'amiral Thierry d'Argenlieu, haut-commissaire, ou celle, plus souple, incarnée par le général Leclerc, commandant en chef du corps expéditionnaire. C'est la seconde qui semble s'imposer le 6 mars 1946, lorsque des accords sont signés entre Jean Sainteny, commissaire de la République, et Hô Chi Minh qui veut s'entendre avec Paris contre les Chinois. Ces accords mettent fin aux hostilités et prévoient la reconnaissance par la France, moyennant un référendum dans chaque *Ky*, de la république du Vietnam, État libre au sein de la Fédération indochinoise et de l'Union française.

Cependant, aucune des deux parties ne va respecter ses engagements. Le *Viet Minh*, de plus en plus dominé par les communistes, se prépare à une contre-attaque et, le 1er juin 1946, l'amiral d'Argenlieu constitue un gouvernement autonome en Cochinchine. Lors

[3] Devenu le citoyen Vinh Thuy, Bao Daï acceptera le poste de conseiller suprême du nouveau régime mais, dès mars 1946, choisira l'exil. En 1948, les Français en feront l'Empereur de l'État associé du Vietnam.

des conférences de Dalat et de Fontainebleau, il se montre intransigeant alors que Paris serait disposée à des concessions. En novembre 1946, tandis que les incidents se multiplient entre Français et Vietnamiens, le bombardement du port d'Haïphong par la marine française fait six mille morts. Dans la nuit du 19 au 20 décembre, une attaque surprise est décrétée à Hanoï par Hô Chi Minh : deux cents Français et Eurasiens sont pris en otage et quarante Français sont massacrés chez eux. La guerre d'Indochine venait de commencer. Elle allait durer près de huit ans[4].

Déclaration d'indépendance de la République démocratique du Vietnam

« Tous les hommes naissent égaux. Le Créateur nous a donné des droits inviolables, le droit de vivre, le droit d'être libres et le droit de réaliser notre bonheur. »

Cette parole immortelle est tirée de la Déclaration d'indépendance des États-Unis d'Amérique en 1776. Prise dans un sens plus large, cette phrase signifie : tous les peuples sur la Terre sont nés égaux ; tous les peuples ont le droit de vivre, d'être heureux, d'être libres.

La Déclaration des Droits de l'Homme et du Citoyen de la Révolution française de 1791[5] proclame également : « Les hommes naissent et demeurent libres et égaux en droits. »

Ce sont là des vérités indéniables.

Et pourtant, pendant plus de quatre-vingts années, les colonialistes français, abusant du drapeau de la liberté, de l'égalité, de la fraternité, ont violé notre terre et opprimé nos compatriotes. Leurs actes vont directement à l'encontre des idéaux d'humanité et de justice.

Dans le domaine politique, ils nous ont privés de toutes les libertés.

Ils nous ont imposé des lois inhumaines. Ils ont constitué trois régimes politiques différents dans le Nord, le Centre et le Sud du Vietnam pour détruire notre unité nationale et empêcher l'union de notre peuple.

Ils ont construit plus de prisons que d'écoles. Ils ont sévi sans merci contre nos patriotes. Ils ont noyé nos révolutions dans des fleuves de sang.

Ils ont jugulé l'opinion publique et pratiqué une politique d'obscurantisme. Ils nous ont imposé l'usage de l'opium et de l'alcool pour affaiblir notre race.

---

4 Voir l'introduction au discours n° 49.

5 Référence à la préface de la Constitution de septembre 1791 qui reproduit la Déclaration des Droits de l'Homme et du Citoyen adoptée le 26 août 1789.

Dans le domaine économique, ils nous ont exploités jusqu'à la moelle, ils ont réduit notre peuple à la plus noire misère et saccagé impitoyablement notre pays.

Ils ont spolié nos rizières, nos mines, nos forêts, nos matières premières. Ils ont détenu le privilège d'émission des billets de banque et le monopole du commerce extérieur.

Ils ont inventé des centaines d'impôts injustifiables, acculé nos compatriotes, surtout les paysans et les commerçants, à l'extrême pauvreté.

Ils ont empêché notre bourgeoisie nationale de prospérer. Ils ont exploité nos ouvriers de la manière la plus barbare.

En automne 1940, quand les fascistes japonais, en vue de combattre les Alliés, ont envahi l'Indochine pour organiser de nouvelles bases de guerre, les colonialistes français se sont rendus à genoux pour leur livrer notre pays.

Depuis notre peuple, sous le double joug japonais et français, a été saigné littéralement. Le résultat a été terrifiant. Dans les derniers mois de l'année passée et le début de cette année, du Quang Tri[6] au Nord Vietnam, plus de deux millions de nos compatriotes sont morts de faim.

Le 9 mars dernier, les Japonais désarmèrent les troupes françaises. Les colonialistes français se sont enfuis ou se sont rendus. Ainsi bien loin de nous « protéger », en l'espace de cinq ans, ils ont par deux fois vendu notre pays aux Japonais.

Avant le 9 mars, à plusieurs reprises, la Ligue *Viet Minh* a invité les Français à se joindre à elle pour lutter contre les Japonais. Les colonialistes français, au lieu de répondre à cet appel, ont sévi de plus belle contre les partisans du *Viet Minh*. Lors de leur débandade, ils sont allés jusqu'à assassiner un grand nombre de prisonniers politiques incarcérés à Yen Bay et à Cao Bang.

Malgré tout cela, nos compatriotes ont continué à garder à l'égard des Français une attitude clémente et humaine. Après les événements du 9 mars, la Ligue *Viet Minh* a aidé de nombreux Français à passer la frontière, en a sauvé d'autres des prisons nippones et a protégé la vie et les biens de tous les Français.

En fait, depuis l'automne de 1940, notre pays a cessé d'être une colonie française pour devenir une possession nippone. Après la reddition des Japonais, notre peuple tout entier s'est dressé pour reconquérir sa souveraineté nationale et a fondé la république démocratique du Vietnam.

La vérité est que notre peuple a repris son indépendance des mains des Japonais et non de celles des Français.

---

6 Région située au centre du Vietnam, dans le *Ky* d'Annam.

Les Français s'enfuient, les Japonais se rendent, l'empereur Bao Dai abdique. Notre peuple a brisé toutes les chaînes qui ont pesé sur nous durant près d'un siècle, pour faire de notre Vietnam un pays indépendant. Notre peuple a, du même coup, renversé le régime monarchique établi depuis des dizaines de siècles, pour fonder la république démocratique.

Pour ces raisons, nous, membres du gouvernement provisoire, déclarons, au nom du peuple du Vietnam tout entier, nous affranchir complètement de tout rapport colonial avec la France impérialiste, annuler tous les traités que la France a signés au sujet du Vietnam, abolir tous les privilèges que les Français se sont arrogés sur notre territoire.

Tout le peuple du Vietnam, animé d'une même volonté, est déterminé à lutter jusqu'au bout contre toute tentative d'agression de la part des colonialistes français.

Nous sommes convaincus que les Alliés, qui ont reconnu les principes de l'égalité des peuples aux conférences de Téhéran et de San Francisco[7], ne peuvent pas ne pas reconnaître l'indépendance du Vietnam.

Un peuple qui s'est obstinément opposé à la domination française pendant plus de quatre-vingts ans, un peuple qui durant ces dernières années, s'est résolument rangé du côté des Alliés pour lutter contre le fascisme, ce peuple a le droit d'être libre, ce peuple a le droit d'être indépendant.

Pour ces raisons, nous, membres du gouvernement provisoire de la république démocratique du Vietnam, proclamons solennellement au monde entier :

Le Vietnam a le droit d'être libre et indépendant et, en fait, est devenu un pays libre et indépendant. Tout le peuple du Vietnam est décidé à mobiliser toutes ses forces morales et matérielles, à sacrifier sa vie et ses biens pour garder son droit à la liberté et à l'indépendance.

---

7 Première conférence réunissant Churchill, Roosevelt et Staline, la conférence de Téhéran s'est tenue en novembre-décembre 1943. Il y fut discuté, entre autres, de la future Organisation des Nations unies, née de la seconde conférence citée, celle de San Francisco (avril-juin 1945).

40 – Winston Churchill
Un rideau de fer s'est abattu à travers le continent
Discours de Fulton

5 mars 1946

Si 1947 est l'année charnière, celle de l'avènement de la guerre froide, c'est bien plus tôt qu'une atmosphère de méfiance s'insinue entre les Anglo-Américains et les Soviétiques, alliés de pure circonstance face à l'Allemagne nazie. Chaque camp a ses ambitions et sa conception du monde, ce qui ne peut manquer de conduire à l'affrontement ou, du moins, à la menace d'un affrontement. À l'Ouest, Winston Churchill (1874-1965)[1] en est persuadé le premier et il ne va pas ménager sa peine pour en avertir les États-Unis, comme chef du gouvernement puis de l'opposition britanniques.

Churchill chef de gouvernement face à la menace communiste

Profondément anticommuniste, Churchill a su, en juin-juillet 1941, dépasser son aversion pour promettre à l'URSS de Staline, envahie par le Reich, le soutien de son pays et signer avec elle un traité d'aide et d'assistance mutuelles. L'urgence étant de vaincre le nazisme, premier danger pour la civilisation anglo-saxonne et chrétienne à laquelle Churchill est tant attaché, aucune alliance ne pouvait être négligée. Néanmoins, à l'inverse du président américain Roosevelt, peu soucieux du sort politique de l'Europe centrale et orientale du moment où, pense-t-il, la liberté commerciale subsiste, le Premier britannique ne croit guère à la sincérité de Staline, bien que ce dernier ait adhéré à la Charte de l'Atlantique proclamant l'autodétermination des peuples. Pour lui, il est clair que l'URSS va tenter de récupérer les territoires perdus en 1918-1920 et, au-delà, se constituer une vaste zone d'influence, un vaste glacis sur ses frontières occidentales. C'est la raison pour laquelle il tente d'imposer l'idée d'un débarquement allié dans les Balkans, afin de ne pas laisser les Soviétiques avancer seuls dans la région. En vain : ce sera la Normandie. À l'automne 1943, Churchill laisse également se créer un dangereux précédent : les Anglo-Américains, et eux seuls, vont administrer les territoires italiens libérés et l'URSS aura beau jeu de suivre leur exemple en Europe de l'Est. À Téhéran, en novembre-décembre 1943, a lieu la première grande conférence réunissant Staline, Churchill et Roosevelt. Demandeurs d'un accord soviétique sur le directorat quadripartite des Nations unies (États-Unis, Grande-Bretagne, URSS et Chine) et d'une aide future de Moscou contre le Japon, les Anglo-Saxons y admettent le principe de gouvernements pro-soviétiques dans les pays limitrophes de l'URSS, sous

---

[1] Éléments biographiques : voir l'introduction aux discours n° 25 et 26.

réserve d'élections libres.

La libération du continent européen, véritablement lancée avec le débarquement du 6 juin 1944, fait passer les Alliés de la théorie à la pratique. Les Anglo-Saxons progressent à partir de l'ouest tandis que l'Armée rouge fonce à leur rencontre, chacun tentant, sans clairement l'avouer, de maximiser sa zone d'influence. Dans plusieurs pays d'Europe de l'Est libérés par les Soviétiques, parfois avec l'aide précieuse de la population locale, le poids du parti communiste au sein des gouvernements de coalition et plus largement dans les rouages de l'État et de la société est surdimensionné. Par ailleurs, des traités d'amitié bilatéraux sont signés avec l'URSS. Les craintes de Churchill se confirment mais l'Allemagne et le Japon ne sont pas encore vaincus et rien ne doit donc désolidariser les Alliés. Le Premier ministre anglais s'inquiète avant tout de la situation en Grèce, succursale traditionnelle de Londres. Les résistants du Front de libération nationale, dirigés par des communistes, y refusent de se laisser désarmer et de se plier aux ordres du gouvernement royal revenu d'exil. Ils se sentent libérateurs de leur pays et considèrent illégitimes leurs anciens dirigeants, soutenus par Londres qui impose même un général britannique comme commandant suprême de l'armée grecque. Le risque est grand de voir l'URSS intervenir. À Moscou, en octobre 1944, Churchill et son ministre Eden vont négocier les mains libres en Grèce en acceptant un partage des zones d'influence avec Staline : à Londres 90 % de l'influence en Grèce et à Moscou de 80 à 90 % de l'influence en Roumanie, Hongrie et Bulgarie. La Yougoslavie, elle, fait l'objet d'un partage 50-50. Si les Britanniques considèrent que cela vaut pour la durée de la guerre et dans le seul domaine de la politique étrangère, les Soviétiques, eux, y voient un droit de prédominance généralisée et permanente. Malgré de nombreuses critiques venues d'Europe occidentale et des États-Unis, les Britanniques écraseront la résistance grecque rebelle et occuperont Athènes en promettant de futures élections. Staline n'interviendra pas directement mais les communistes yougoslaves, albanais et bulgares ne resteront pas inactifs.

À Yalta, en février 1945, les trois Grands maintiennent leur unité de façade. Staline signe la Déclaration sur l'Europe libérée qui prévoit, partout, la tenue d'élections libres tandis que Churchill, inquiet du retrait annoncé de toutes les troupes américaines d'Europe dans un délai de deux ans, obtient que la France reçoive, elle aussi, une zone d'occupation en Allemagne, afin que la Grande-Bretagne ne se retrouve pas en tête-à-tête avec l'URSS. Fin mars, la guerre touche à sa fin sur le front européen et les troupes libératrices soviétiques et anglo-américaines s'apprêtent à faire jonction. Mais à la grande colère de Churchill, le général Eisenhower, commandant suprême, décide, sans en avertir Londres, de s'arrêter sur l'Elbe et de laisser ainsi Berlin à l'Armée rouge. Jusqu'au bout, Roosevelt, diminué et qui meurt quelques jours plus tard, aura sous-estimé les intentions soviétiques. Pour Churchill toutefois, les quelques semaines qui suivent offrent certaines satisfactions. En juin, les troupes britanniques parviennent à déloger les Yougoslaves de Trieste[2]. Par ailleurs, le successeur de Roosevelt, Harry

---

2 Au traité de Paris du 10 février 1947, traité réglant le sort de l'Italie, un statut international sera imposé à la ville et au territoire environnant. Une zone A, comprenant Trieste, sera occupée par les Anglo-Américains tandis qu'une zone B sera occupée par les Yougoslaves. En 1954, un accord entre les Anglo-Américains et Tito, en rupture avec l'URSS, aboutira au retour de la zone A à l'Italie et l'annexion de la zone B à la Yougoslavie, Trieste restant port franc.

Truman, est beaucoup moins enclin à ménager Moscou. Si, par manque d'expérience et de connaissances, il marche d'abord dans les pas de Roosevelt, il se montre vite cassant vis-à-vis de Staline. C'est le cas lors de la conférence de Potsdam, à l'été 1945, au cours de laquelle il apprend la réussite du premier essai américain de bombe atomique[3] : il n'a désormais plus à ménager les Russes. Mais Potsdam est concomitant d'un événement crucial pour Churchill : les élections générales britanniques, dont les résultats tombent le 26 juillet. Son camp, celui des conservateurs, y est laminé. Vainqueur de la guerre, mythe incarné, le Premier britannique n'en est pas moins rejeté par l'électorat et c'est son adversaire travailliste Clement Attlee qui représente Londres durant la seconde partie de la conférence.

Un rideau de fer est descendu à travers le continent…

Déçu et très fatigué, Churchill, septuagénaire, va alors vivre plusieurs mois de repos, de réflexion, de voyages mais aussi d'action politique. Il discourt, consulte, conseille, se fait accueillir triomphalement à Paris ou Bruxelles, mène la charge contre la politique travailliste et se replonge dans ses travaux historiques. Plus que jamais, la marche du monde l'inquiète et il est convaincu que la menace soviétique est à son comble. De fait, la situation en Europe de l'Est est édifiante. En Roumanie, en Bulgarie et en Hongrie, pays traditionnellement peu sensibles au communisme, l'Armée rouge a imposé des leaders communistes immigrés au sein des coalitions gouvernementales. En Bulgarie, la coalition fut, dès janvier 1945, dominée par le parti communiste. Un lent grignotage transforme peu à peu la Roumanie en démocratie populaire. En Hongrie, des élections à peu près libres ont donné, en novembre 1945, une large victoire aux petits propriétaires, les communistes ne récoltant que 17 % des voix. Cependant, la Commission de contrôle alliée, présidée par un Soviétique, a imposé un partage des postes ministériels anormalement favorable au parti communiste. En Tchécoslovaquie, les communistes sont progressivement en train de s'infiltrer dans tous les rouages du pouvoir même si, formellement, le pays vit en démocratie. En Pologne, le comité de Lublin, gouvernement provisoire suscité par les Russes en juillet 1944 et élargi, à la demande des Anglo-Saxons, à des membres du gouvernement polonais exilé à Londres, est dominé par les communistes. Soutenue par Moscou, Varsovie a pratiquement annexé la Poméranie, la Silésie et une partie de la Prusse orientale, soit 78 000 km², fixant la frontière germano-polonaise sur la ligne Oder-Neisse et expulsant deux millions d'Allemands. En Yougoslavie, où le résistant communiste Tito a acquis une formidable popularité en libérant le pays, des élections à liste unique ont préludé, fin 1945, à l'établissement d'une république populaire fédérale. Enfin, en Autriche comme en Allemagne, l'URSS mène, dans sa zone d'occupation, une active politique d'infiltration et de socialisation.

Mais d'autres pays préoccupent Churchill. En Iran, les Soviétiques refusent de retirer leurs troupes à la date butoir du 2 mars 1946 et l'ONU est impuissante. De surcroît, Moscou favorise la sécession des parties iraniennes de l'Azerbaïdjan et du Kurdistan. En ce qui concerne la Turquie, l'URSS a dénoncé en mars 1945 le traité d'amitié liant les deux pays. Elle réclame les districts de Kars et d'Ardahan, perdus en 1918, et sou-

---

[3] Voir l'introduction au discours n° 37.

haite la négociation de nouvelles conventions concernant les Détroits. Enfin, en Europe occidentale, deux pays semblent susceptibles de basculer un jour dans le camp communiste : l'Italie, où la démocratie-chrétienne domine mais où le PCI approche les 20 %, et surtout la France, où le général de Gaulle vient de se retirer et où le PCF, premier parti en voix et en sièges à la Constituante, détient cinq ministères sur dix-sept, dont ceux de l'Armement, de la Reconstruction, du Travail et de la Production industrielle. Le 9 février 1946, au Bolchoï, Staline fait sa première grande apparition publique depuis la fin de la guerre. Dans son discours, il livre de celle-ci une appréciation inattendue : loin d'exalter, comme il le fait depuis 1941[4], la guerre patriotique et antifasciste et la « grande alliance » contre le nazisme, il en revient à des considérations très doctrinales, faisant du capitalisme, source d'inégalités, le principal responsable du conflit. Un tournant a bien été pris à Moscou.

Dès mai 1945, dans une note à Truman, Churchill écrivait : « Un rideau de fer est tombé sur le front russe. » Désormais, il pense que cette image frappante doit être publiquement évoquée afin d'ouvrir le débat mais aussi de placer les Américains devant leurs responsabilités. L'occasion va lui être fournie par le *Westminster College* de Fulton, dans le Missouri, qui, voulant l'élever au rang de docteur *honoris causa*, l'invite, par l'intermédiaire de Truman, à prononcer un discours le 5 mars 1946. Dès la mi-janvier, il est en Floride pour un séjour d'agrément et peaufine son texte qu'il fait régulièrement lire à Truman, à son secrétaire d'État Byrnes et à l'amiral Leahy. Le président américain découvre la version finale dans le train qui le conduit avec Churchill dans le Missouri et c'est lui qui introduit l'orateur le 5 mars. Au fil de son discours, Churchill dénonce ouvertement l'expansionnisme du régime soviétique, sa mainmise sur l'ensemble de l'Europe de l'Est ainsi que ses ambitions géographiquement illimitées. L'expression *rideau de fer* est prononcée et va, dès lors, entrer dans l'histoire. Mais passant du constat à la recherche d'un remède, Churchill affirme qu'une réaction décidée doit venir des seules régions encore épargnées par l'infiltration communiste, c'est-à-dire le Commonwealth britannique et les États-Unis. Rendant un vibrant hommage à ces derniers, impliqués dans les deux guerres mondiales *contre leur gré et leurs traditions*, il insiste sur la nécessaire et intime alliance à préserver entre Londres et Washington car, des deux côtés de l'Atlantique, c'est un même peuple, le peuple anglo-saxon, qui constitue le dernier rempart de la civilisation chrétienne. Churchill, persuadé que la Grande-Bretagne ne restera une grande puissance qu'en s'alignant strictement sur les États-Unis, vient ainsi de théoriser l'opposition entre monde communiste et « monde libre », promise à un long avenir.

Les réactions au discours de Fulton se déclinent en deux strates, l'une émergée et l'autre immergée. Sur le plan visible, les opinions publiques occidentales sont décontenancées. Depuis 1941, elles vivent sur l'illusion, certes de plus en plus écornée, d'une entente entre les Grands et elles acceptent mal que Churchill confirme tout haut ce que beaucoup, de plus en plus nombreux, pensent tout bas, tant les conséquences sont imprévisibles. De la même manière, la presse, des deux côtés de l'Atlantique, réagit de façon plutôt négative. À Moscou et dans sa zone d'influence, le discours provoque un véritable tollé. Staline donne deux interviews en dix jours, accusant

---

4 Voir l'introduction au discours n° 30.

Churchill de bellicisme et tentant de se montrer rassurant. Les dirigeants anglais et américains doivent, eux aussi, calmer le jeu car théoriquement ils sont toujours les alliés de l'URSS. Le Premier ministre anglais Clement Attlee, qui n'avait été que très sommairement prévenu du contenu du discours avant qu'il ne soit prononcé, se désolidarise de Churchill qui, dit-il, a parlé en son nom personnel. Au mépris de toute vérité, Harry Truman, lui aussi, affirme avoir découvert le texte à Fulton. Cependant, en coulisse, Churchill a décomplexé tous ceux qui, depuis des mois, dans les sphères politiques, diplomatiques ou médiatiques américaines et, plus largement, occidentales, n'osaient pas fustiger ouvertement l'URSS. On a même laissé entendre que, sans ce discours du chef de l'opposition britannique, Londres n'aurait jamais obtenu un indispensable prêt du Congrès américain. À Fulton, Churchill a véritablement préparé le terrain pour un autre discours majeur, celui par lequel le président américain Truman développera, en mars 1947, sa doctrine du *containment* ou endiguement du communisme[5].

Un rideau de fer s'est abattu à travers le continent

[...]

Une ombre s'est abattue sur les scènes si récemment éclairées par la victoire alliée. Nul ne sait ce que la Russie soviétique et son organisation internationale communiste projettent de faire dans un avenir immédiat ou quelles sont les limites, si elles existent, de leurs tendances expansives et de leur propension au prosélytisme. J'éprouve une estime et une forte admiration pour le courageux peuple russe et pour mon camarade de guerre, le maréchal Staline. Il existe une sympathie profonde et une bienveillance sincère en Grande-Bretagne – tout comme ici aussi, je n'en doute pas – envers les peuples de toutes les Russies et une détermination à persévérer, malgré les nombreuses différences et rebuffades, afin d'établir des amitiés durables. Nous comprenons qu'en supprimant toute possibilité d'agression allemande, les Russes manifestent le besoin de sécurité sur leurs frontières occidentales. Nous accueillons la Russie à sa place légitime parmi les grandes nations du monde. Nous accueillons son pavillon sur les mers. Et surtout, nous nous réjouissons des contacts constants, fréquents et croissants entre le peuple russe et notre propre peuple de chaque côté de l'Atlantique. Il est de mon devoir, cependant, car je suis sûr que vous voudriez que j'énonce les faits tels que je les vois pour vous, de vous exposer certains faits concernant la situation actuelle

[5] Voir l'introduction au discours n° 42.

en Europe.

Depuis Stettin [Szczecin] sur la Baltique jusqu'à Trieste sur l'Adriatique, un rideau de fer est descendu à travers le continent. Derrière ce rideau se trouvent toutes les capitales des anciens États d'Europe centrale et orientale. Varsovie, Berlin, Prague, Vienne, Budapest, Belgrade, Bucarest et Sofia, toutes ces célèbres villes et leurs populations résident dans ce que je dois appeler la sphère soviétique, et sont toutes sujettes, sous une forme ou une autre, non seulement à l'influence soviétique, mais à un contrôle intense qui, dans de nombreux cas, est croissant, émanant de Moscou. Seule Athènes – la Grèce et ses gloires immortelles – est libre de décider de son avenir par des élections sous la surveillance britannique, américaine et française. Le gouvernement polonais, sous domination russe, a été poussé à empiéter sur l'Allemagne, de manière inconsidérée et injustifiée, et des expulsions massives de millions d'Allemands dans des proportions qui dépassent l'entendement, ont lieu à l'heure actuelle. Les partis communistes, qui n'étaient pas très importants dans ces États de l'Est de l'Europe ont été hissés au plus haut niveau du pouvoir, bien au-delà de leur nombre, et cherchent partout à obtenir un contrôle totalitaire. Les gouvernements policiers prédominent dans presque chacun des cas et jusqu'ici, excepté en Tchécoslovaquie, on n'y trouve pas de vraie démocratie.

La Turquie et la Perse sont toutes deux profondément inquiètes et perturbées par les revendications faites à leur sujet et par la pression exercée par le gouvernement moscovite. Les Russes, à Berlin, tentent de former un parti quasi communiste dans leur zone d'occupation en Allemagne, en favorisant les groupements des dirigeants allemands de gauche. À la fin des combats en juin dernier, les armées américaine et britannique se sont retirées vers l'ouest, conformément à un accord antérieur, jusqu'à une distance de 150 miles à certains endroits, sur un front de près de 400 miles, afin de permettre à nos alliés russes d'occuper cette vaste étendue de territoire que les démocraties occidentales avaient conquise.

Si maintenant le gouvernement soviétique tente, par une action isolée, de former une Allemagne procommuniste dans sa zone d'occupation, cela va causer de nouvelles difficultés dans les zones britannique et américaine, et va donner aux Allemands, vaincus, le pouvoir de faire monter les enchères entre les Soviétiques et les démocraties occidentales. Quelles que soient les conclusions qui puissent être tirées de ces faits – car ce sont des faits – là n'est certainement pas l'Europe libérée pour la construction de laquelle nous nous sommes battus. Et ce n'est pas non plus celle qui renferme les rudiments essentiels d'une paix permanente.

La sécurité du monde nécessite une nouvelle unité en Europe, de laquelle aucune nation ne devrait être bannie à titre définitif. Ce sont des querelles entre les puissantes races ancestrales d'Europe qui sont à l'origine des guerres que nous avons vécues ou qui se sont déroulées dans le passé. À deux reprises, au cours de notre propre existence, nous avons vu les États-Unis, contre leur gré et leurs traditions, contre des arguments dont il est impossible de ne pas comprendre le poids, attirés par d'irrésistibles forces dans ces guerres, à temps pour assurer la victoire de la bonne cause, mais seulement après un massacre et une dévastation effroyables. À deux reprises, les États-Unis ont dû envoyer plusieurs millions de jeunes hommes de l'autre côté de l'Atlantique, pour aller à la guerre ; mais maintenant la guerre peut venir frapper n'importe quelle nation, où qu'elle demeure, entre chien et loup. Bien sûr, nous devrions travailler, avec la nette conscience de notre but, à une grande pacification de l'Europe, dans le cadre des Nations unies et conformément à leur Charte. Ceci, selon moi, est un enjeu politique de taille.

Face au rideau de fer qui divise l'Europe se trouvent d'autres causes d'appréhension. En Italie, le parti communiste est sérieusement gêné parce qu'il doit appuyer les revendications du maréchal Tito, d'obédience communiste, concernant les territoires italiens à l'extrémité de l'Adriatique. Pourtant, l'avenir de l'Italie est bancal. Une fois encore, nul ne peut imaginer une Europe reconstituée sans une France puissante. Tout au long de ma vie dans les affaires publiques, j'ai travaillé pour voir une France puissante et je n'ai jamais perdu la foi en sa destinée, même dans les heures les plus sombres. Je ne perdrai pas confiance maintenant. Pourtant, dans un grand nombre de pays, loin des frontières russes et dans le monde entier, les cinquièmes colonnes communistes sont établies et travaillent en complète harmonie avec la voie dictée par le Centre communiste et dans l'obéissance absolue à celle-ci. À part dans le Commonwealth et aux États-Unis où le communisme en est à ses débuts, les partis communistes ou leur cinquième colonne constituent un défi croissant et un danger pour la civilisation chrétienne. Ce sont de sombres faits à citer, pour n'importe qui, au lendemain d'une victoire remportée par tant de splendide fraternité entre compagnons d'armes pour la liberté et la démocratie ; mais nous serions les plus imprudents en ne nous y attaquant pas carrément tant qu'il nous en reste le temps.

[...]

41 – Winston Churchill Le discours de Zurich

19 septembre 1946

La construction d'une Europe unie est l'un des grands chantiers et des grands défis de l'après-Seconde Guerre mondiale. Dans l'entre-deux-guerres, des hommes comme le comte Coudenhove-Kalergi ou le ministre français Aristide Briand ont plaidé en ce sens mais sans être réellement suivis, notamment parce que la conjoncture internationale se prêtait peu à d'audacieuses avancées[1]. Durant le conflit, et dans les deux camps, l'objectif d'une collaboration renforcée entre les divers pays du continent a souvent été mis en exergue : Hitler invoque l'Europe, allemande bien sûr, comme rempart contre le bolchevisme et les Anglo-Saxons tandis que les milieux résistants ou ceux de l'exil élaborent des plans sur les modalités d'une intégration et les limites à poser au principe de souveraineté nationale[2]. La paix revenue, il faut passer du verbe aux actes et le déclic sera fourni par un discours de Winston Churchill reposant pourtant sur une réelle ambiguïté.

Dans la foulée de Fulton

Chef de l'opposition conservatrice aux Communes depuis son échec électoral de juillet 1945, Winston Churchill (1874-1965)[3], orateur de talent, parcourt la Grande-Bretagne, l'Europe et les États-Unis pour défendre les idées qui lui sont chères et alerter l'opinion sur les dangers que recèle, selon lui, la situation internationale. Extrêmement populaire et très écouté, il est l'homme des formules chocs et des « coups de pied dans la fourmilière ». En mars 1946, il prononce à Fulton, dans le Missouri, un discours qui marquera l'histoire du XXe siècle : il y affirme qu'un rideau de fer s'est abattu au centre de l'Europe et y présente l'alliance intime des peuples de langue anglaise comme le meilleur rempart de la civilisation chrétienne face à l'impérialisme soviétique[4]. Toutefois, l'ancien Premier britannique ne précise pas quel rôle les pays d'Europe occidentale sont censés jouer dans ce cadre. Il se contente d'exprimer ses craintes sur la puissance

---

1 Voir l'introduction au discours n° 14.

2 Le président tchécoslovaque en exil, Edvard Beneš, en fait partie (voir l'introduction au discours n° 33).

3 Éléments biographiques : voir l'introduction aux discours n° 25 et 26.

4 Voir l'introduction au discours n° 40.

de la « cinquième colonne » communiste en France et en Italie et de réaffirmer son attachement à la puissance française.

Six mois plus tard, il approfondit le sujet dans un discours prononcé en Suisse, à l'Université de Zurich. Rendant hommage à l'Europe comme source du christianisme et de la civilisation ainsi qu'aux précurseurs du mouvement européen, il met en évidence le contraste entre les richesses potentielles de l'Europe, tant sur le plan économique que culturel, et son état de pauvreté actuel. Il affirme que la voie de la prospérité et de la sécurité passe par la naissance d'une structure capable d'unifier le continent et d'amener la naissance des États-Unis d'Europe, terme qu'avait déjà employé Aristide Briand dans son discours de 1929. Comme Briand encore, Churchill évoque un *système fédératif* et il ajoute que chaque pays, quelle que soit sa superficie ou sa population, devrait y avoir les mêmes droits. Le moteur en serait un partenariat franco-allemand. Évidemment, si, à l'époque de Briand et Stresemann, il était possible d'envisager ce partenariat sous l'angle de l'égalité, la Seconde Guerre a disqualifié l'Allemagne et Churchill confie à la France la *conduite morale de l'Europe.* Le premier pas, dit-il, doit être l'avènement d'un *Conseil de l'Europe* susceptible de regrouper le maximum d'États.

En avant, l'Europe! C'est par ces mots d'encouragement que Winston Churchill achève son discours, donnant une impulsion décisive au projet d'intégration du continent, une intégration que la guerre froide limitera pour longtemps à la seule Europe occidentale. Un peu partout, les partisans de l'Europe unie, qui sont en train de se rassembler au sein d'associations, de clubs ou de groupes de pression, gagnent en assurance car ils se sentent soutenus par une personnalité de poids. Et pourtant, comme le souligne dans ses mémoires le ministre belge Paul-Henri Spaak, l'un des plus fervents artisans de l'union européenne, cette dynamique repose sur un « malentendu, une équivoque »[5]. On a voulu faire de Churchill un pionnier de l'Europe nouvelle sans voir ou sans vouloir voir qu'il en excluait la Grande-Bretagne. En effet, fidèle à son discours de Fulton, l'orateur considère que son pays fait partie d'une entité naturelle particulière, le Commonwealth, et n'a donc pas à s'intégrer aux futurs États-Unis d'Europe. Poussant les Européens à se fédérer et à renoncer ainsi à certains attributs de leur souveraineté, Churchill n'envisage absolument pas le même destin pour le peuple britannique dont la véritable vocation est, selon lui, atlantique[6]. Il est d'ailleurs très clair lorsque, à la fin de son discours de Zurich, il situe la Grande-Bretagne parmi les puissances amies et protectrices de la future Europe, avec les États-Unis et, espère-t-il – mais c'est une simple précaution oratoire –, l'URSS. Comme l'écrit Spaak, tout le monde œuvrera, dans les mois suivants, à maintenir le flou sur le cas de la Grande-Bretagne car tout le monde y a intérêt : les militants de la cause européenne peuvent faire de Churchill l'une de leurs cautions politiques, ce dont ils ont bien besoin, tandis que Churchill est prêt à laisser trafiquer sa pensée si cela peut aider à la concrétisation

---

5 Paul-Henri Spaak, *Combats inachevés*, t. 2: *De l'espoir aux déceptions*, Paris, Fayard / Bruxelles, Vokaer, 1969, p. 22.

6 Il se place ainsi en totale opposition avec les recommandations de son ami, le Premier ministre sud-africain Jan Christiaan Smuts, dans son discours de 1943, *Pensées sur un nouveau monde* (voir l'introduction au discours n° 34).

de son projet européen[7]. Ne crée-t-il pas lui-même, en janvier 1947, un *Provisional United Europe Committee* ?

Du congrès de La Haye au Conseil de l'Europe

En réalité, Churchill mais également le gouvernement travailliste britannique vont s'impliquer dans l'effort d'intégration européenne tant qu'on en restera au stade des échanges entre États et des institutions de type consultatif. Le premier temps fort est le congrès de La Haye qui, du 7 au 11 mai 1948, réunit plus de mille deux cents délégués de divers mouvements européens, en présence de plusieurs hommes d'État, parmi lesquels Winston Churchill est, sans conteste, le plus éminent. Le congrès aboutit au vote de trois résolutions : il préconise la création d'un Centre européen de la culture, fixe l'objectif d'un marché commun et réclame la création d'une Assemblée parlementaire européenne. En octobre 1948, on assiste à la naissance du Mouvement européen proprement dit, parrainé par quatre grandes figures : les socialistes Léon Blum, pour la France, et Paul-Henri Spaak, pour la Belgique, le démocrate-chrétien Alcide de Gasperi pour l'Italie et le conservateur Winston Churchill pour la Grande-Bretagne. Néanmoins, sous cette belle unité de façade, on voit s'affronter deux tendances dont l'opposition ne fera que croître au fil des ans : les fédéralistes, partisans d'une Europe supranationale, et les tenants de l'inter-étatisme, sous la bannière duquel se rangent presque tous les Britanniques.

Ce sont les Français qui, sur le mode fédéraliste, proposent, en août 1948, un mémorandum sur l'union européenne à leurs partenaires du pacte de Bruxelles[8] : la Grande-Bretagne et les trois pays déjà liés par l'union douanière Benelux (Pays-Bas, Belgique et Luxembourg). Il y est question d'une assemblée consultative mais également représentative et de transferts de souveraineté. Londres y oppose une fin de non-recevoir. Elle ne veut envisager qu'un Comité des ministres, assisté par une assemblée dont les membres seraient désignés par leurs gouvernements respectifs et voteraient en bloc. Le Conseil de l'Europe qui naît en mai 1949 sera le fruit d'un compromis : il comptera un Comité des ministres, qui se réunira en privé, et une Assemblée consultative qui débattra publiquement des seuls sujets fixés par le Comité des ministres mais dont les membres, désignés par chaque État selon ses traditions, voteront individuellement. Siégeant à Strasbourg, ville symbolique, le Conseil de l'Europe rassemblera d'emblée dix pays[9] et s'ouvrira progressivement aux autres membres de l'OECE[10]. On est bien loin, cependant, des États-Unis d'Europe.

En fait, ainsi que Churchill l'avait d'ailleurs souhaité et prédit, la véritable construction européenne va, dès 1950, s'appuyer sur le couple franco-allemand et prendre ancrage au cœur même de ce qui a nourri l'insécurité européenne dans la première

---

7 Paul-Henri Spaak, *Combats inachevés*, *op. cit.*, p. 22.

8 Traité politique et militaire valable pour cinquante ans et signé le 17 mars 1948, le pacte de Bruxelles prévoit l'assistance automatique en cas d'agression d'un signataire en Europe et des consultations en cas d'agression sur un autre continent ou de menace allemande.

9 Les cinq membres du pacte de Bruxelles (Grande-Bretagne, France, Belgique, Pays-Bas, Luxembourg), l'Italie, l'Irlande, le Danemark, la Suède et la Norvège.

10 Organisation européenne de coopération économique (OECE), créée pour appliquer le Plan Marshall.

moitié du siècle : la production de charbon et d'acier, dont le contrôle est crucial pour prévenir tout retour à une économie de guerre. Cette production sera mise en commun au sein de la Communauté européenne du charbon et de l'acier (CECA), née de la déclaration Schuman[11]. La Grande-Bretagne s'en tiendra à distance, comme elle refusera de participer au projet avorté de Communauté européenne de défense. Revenu au pouvoir d'octobre 1951 à avril 1955, Churchill avait pourtant plaidé en faveur d'une armée européenne à participation allemande mais, une fois encore, l'effort qu'il appelait de ses vœux ne pouvait concerner son propre pays, toujours tourné vers l'océan.

Le discours de Zurich

Monsieur le Président,

Mesdames et messieurs,

J'ai l'honneur aujourd'hui d'être reçu par votre vénérable université et je voudrais vous parler de la tragédie de l'Europe. Ce noble continent, qui comprend les contrées les plus belles et les plus civilisées de la Terre, qui jouit d'un climat tempéré et agréable, est le berceau de tous les grands peuples frères du monde occidental. L'Europe est aussi la source de la foi et de la morale chrétiennes. Elle est à l'origine de la plus grande partie des cultures, des arts, de la philosophie et de la science du passé et du présent. Si l'Europe pouvait un jour s'unir pour partager cet héritage commun, il n'y aurait pas de limite au bonheur, à la prospérité, à la gloire de ses 300 ou 400 millions d'habitants. En revanche, c'est aussi de l'Europe qu'est partie cette série de guerres nationalistes épouvantables déclenchées par les Teutons dans leur course à la puissance et dont nous avons été les témoins au XXe siècle. La paix a été ainsi troublée et les espérances de l'humanité entière réduites à néant.

Et qu'est-il advenu dans tout cela de l'Europe ? Quelques petits États ont atteint une certaine prospérité, mais de vastes régions de l'Europe offrent l'aspect d'une masse d'êtres humains torturés, affamés, sanglotants et malheureux, qui vivent dans les ruines de leurs villes et de leurs maisons et voient se former un nouvel amoncellement de nuages, de tyrannie et de terreur qui obscurcissent le ciel à l'approche de nouveaux dangers. Parmi les vainqueurs, c'est un brouhaha de voix ; chez les vaincus, silence et désespoir. Voilà tout ce que les Européens rassemblés

---

[11] Voir l'introduction au discours n° 48.

en d'anciens États et nations, voilà tout ce que les races germaniques ont obtenu en se déchirant l'une l'autre et en répandant autour d'elles l'anarchie. La grande république au-delà de l'Atlantique a compris avec le temps que la ruine ou l'esclavage de l'Europe mettraient en jeu son propre destin et elle a alors avancé une main secourable, faute de quoi les âges sombres seraient revenus avec toutes leurs horreurs. Ces horreurs, messieurs, peuvent encore se répéter.

Mais il y a un remède : s'il était accepté par la grande majorité de la population de plusieurs États, comme par miracle, toute la scène serait transformée, et en quelques années, l'Europe, ou pour le moins la majeure partie du continent, vivrait aussi libre et heureuse que les Suisses le sont aujourd'hui. En quoi consiste ce remède souverain ? Il consiste à reconstituer la famille européenne, ou tout au moins la plus grande partie possible de la famille européenne, de lui donner une structure de telle manière qu'elle puisse se développer dans la paix, la sécurité et la liberté. Nous devons ériger une sorte d'États-Unis d'Europe. C'est la voie pour que des centaines de millions d'êtres humains aient la possibilité de s'accorder ces petites joies et ces espoirs qui font que la vie vaut la peine d'être vécue. On peut y arriver d'une manière fort simple. Il suffit de la résolution des centaines de millions d'hommes et de femmes de faire le bien au lieu du mal, pour récolter alors la bénédiction au lieu de la malédiction.

Mesdames, messieurs, l'Union paneuropéenne a fait beaucoup pour arriver à ce but et ce mouvement doit beaucoup au comte Coudenhove-Kalergi et à ce grand patriote et homme d'État français que fut Aristide Briand. Il y a eu aussi cet immense corps de doctrines et de procédures, qui fut créé après la Première Guerre et auquel s'attachèrent tant d'espoirs, je veux parler de la Société des Nations. Si la Société des Nations n'a pas connu le succès, ce n'est pas parce que ses principes firent défaut, mais bien du fait que les États qui l'avaient fondée ont renoncé à ces principes. Elle a échoué parce que les gouvernements d'alors n'osèrent pas regarder les choses en face. Il ne faut pas que ce malheur se répète. Nous avons maintenant davantage d'expérience, acquise à un prix amer, pour continuer de bâtir.

C'est avec une profonde satisfaction que j'ai lu dans la presse, il y a deux jours, que mon ami le président Truman avait fait part de son intérêt et de sa sympathie pour ce plan grandiose. Il n'y a aucune raison pour que l'organisation de l'Europe entre en conflit d'une manière quelconque avec l'Organisation mondiale des Nations unies. Au contraire, je crois que l'organisation générale ne peut subsister que si elle s'appuie sur des groupements naturellement forgés. Il existe déjà un tel groupement d'États dans l'hémisphère occidental. Nous autres Britanniques, nous avons le Commonwealth. L'organisation du monde ne s'en trouve pas affaiblie, mais au contraire renforcée et elle y trouve en réalité ses piliers. Et pourquoi n'y aurait-il pas un groupement européen qui donnerait à des peuples éloignés l'un de l'autre le sentiment d'un patriotisme plus large et d'une sorte de nationalité commune ? Et pourquoi un groupement européen ne devrait-il pas occuper la place qui lui revient au milieu des autres grands groupements et contribuer à diriger la barque de l'humanité ? Afin de pouvoir atteindre ce but, il faut que les millions de familles collaborent sciemment et soient animées de la foi nécessaire, quelle que puisse être la langue de leurs pères.

Nous savons tous que les deux guerres mondiales que nous avons vécues sont nées des efforts vaniteux de l'Allemagne nouvellement unie de jouer un rôle dominateur dans le monde. La dernière guerre a été marquée par des crimes et des massacres tels qu'il faut remonter jusqu'à l'invasion des Mongols, au XIVe siècle, pour trouver quelque chose d'approchant, et tels aussi que l'histoire de l'humanité n'en avait encore jamais connu jusqu'alors. Le coupable doit être châtié. Il faut mettre l'Allemagne dans l'impossibilité de s'armer à nouveau et de déclencher une nouvelle guerre d'agression. Quand cela sera chose faite, et cela le sera, il faudra que se produise ce que Gladstone nommait jadis « l'acte béni de l'oubli ». Nous devons tous tourner le dos aux horreurs du passé et porter nos regards vers l'avenir. Nous ne pouvons pas continuer à maintenir dans les années à venir la haine et le désir de vengeance tels qu'ils sont nés des injustices passées. Si l'on veut préserver l'Europe d'une misère sans nom, il faut faire place à la foi en la famille européenne et oublier toutes les folies et tous les crimes du passé. Les peuples libres de l'Europe pourront-ils se hisser au niveau de cette décision ? S'ils en sont capables, les injustices causées seront partout lavées par la somme de misères endurées. L'agonie doit-elle se prolonger ? La seule leçon de l'Histoire est-elle que l'humanité est fermée à tout enseignement ? Faisons place à la justice et à la liberté. Les peuples n'ont qu'à le vouloir pour que leurs espoirs se réalisent.

J'en viens maintenant à une déclaration qui vous étonnera. La première étape vers une nouvelle formation de la famille européenne doit passer par un partenariat entre la France et l'Allemagne. Seul ce moyen permettra à la France de reprendre la conduite morale de l'Europe. Il n'y aura pas de renaissance de l'Europe sans une France spirituellement grande et sans une Allemagne spirituellement grande. Si l'on veut mener à bien sincèrement l'œuvre de construction des États-Unis d'Europe, leur structure devra être conçue de telle sorte que la puissance matérielle de chaque État sera sans importance. Les petits pays compteront autant que les grands et s'assureront le respect par leur contribution à la cause commune. Il se peut que les anciens États et les principautés de l'Allemagne, réunis dans un système fédératif avec leur accord réciproque, viennent occuper leur place au sein des États-Unis d'Europe. Je ne veux pas essayer d'élaborer dans le détail un programme pour les centaines de millions d'êtres humains qui veulent vivre heureux et libres, à l'abri du besoin et du danger, qui désirent jouir des quatre libertés* dont parlait le grand président Roosevelt et qui demandent à vivre conformément aux principes de la Charte de l'Atlantique. Si tel est leur désir, ils n'ont qu'à le dire et l'on trouvera certainement les moyens d'exaucer pleinement ce vœu.

Mais j'aimerais lancer un avertissement. Nous n'avons pas beaucoup de temps devant nous. Nous vivons aujourd'hui un moment de répit. Les canons ont cessé de cracher, la mitraille et le combat ont pris fin, mais les dangers n'ont pas disparu. Si nous voulons créer les États-Unis d'Europe, ou quelque nom qu'on leur donne, il nous faut commencer maintenant.

En ces jours présents, nous vivons curieusement sous le signe, on pourrait dire sous la protection, de la bombe atomique. La bombe atomique est toujours aux mains d'un État et d'une nation dont nous savons qu'ils ne l'utiliseront jamais autrement que pour la cause du droit et de la liberté. Mais il se peut aussi que d'ici quelques années, cette énorme puissance de destruction soit largement connue et répandue, et alors la catastrophe engendrée par l'emploi de la bombe atomique par des peuples en guerre signifierait non seulement la fin de tout ce que nous nous représentons sous le nom de civilisation, mais aussi peut-être la dislocation de notre globe.

Je veux maintenant formuler ces propositions devant vous. Il faut que notre but permanent soit d'accroître et de renforcer la puissance de l'Organisation des Nations unies. Il nous faut recréer la famille européenne en la dotant d'une structure régionale placée sous cette organisation mondiale, et cette famille pourra alors s'appeler les États-Unis d'Europe. Le premier pas pratique dans cette voie prendra la forme d'un Conseil de l'Europe. Si, au début, tous les États européens ne veulent ou ne peuvent pas adhérer à l'Union européenne, nous devrons néanmoins réunir les pays qui le désirent et le peuvent. Le salut de l'homme quelconque de toute race et de tout pays, ainsi que sa préservation de la guerre ou de l'esclavage, ont besoin de fondements solides et de la volonté de tous les hommes et de toutes les femmes de mourir plutôt que de se soumettre à la tyrannie. En vue de cette tâche impérieuse, la France et l'Allemagne doivent se réconcilier ; la Grande-Bretagne, le Commonwealth des nations britanniques, la puissante Amérique, et, je l'espère, la Russie soviétique – car tout serait alors résolu – doivent être les amis et les protecteurs de la nouvelle Europe et défendre son droit à la vie et à la prospérité.

Et c'est dans cet esprit que je vous dis :

En avant, l'Europe !

Compléments

Quatre libertés de Roosevelt : référence au discours prononcé par le président Roosevelt devant le Congrès le 16 janvier 1941 et passé à la postérité sous le nom de *Discours des Quatre Libertés* :

« 1. la première est la liberté de parole et d'expression – partout dans le monde.

2. La deuxième est la liberté de chacun d'honorer Dieu comme il l'entend – partout dans le monde.

3. La troisième consiste à être libéré du besoin – ce qui, sur le plan mondial, suppose des accords économiques susceptibles d'assurer à chaque nation une vie saine en temps de paix pour ses habitants – partout dans le monde.

4. La quatrième consiste à être libéré de la peur – ce qui, sur le plan mondial, signifie une réduction des armements si poussée et si vaste, à l'échelle planétaire, qu'aucune nation ne se trouve en mesure de commettre un acte d'agression physique contre un voisin [...]. Il ne s'agit pas là de vues concernant un millénaire éloigné. C'est la base précise du genre de monde à la portée de notre temps et de notre génération. Ce monde est l'antithèse de même du prétendu nouvel ordre tyrannique que les dictateurs cherchent à instaurer en faisant exploser une bombe. »

Gladstone : William Ewart Gladstone (1809-1898) fut l'un des grands hommes d'État britanniques du XIXe siècle, passé du parti conservateur au parti libéral et connu pour son profond attachement à l'éthique, à la morale humaniste et à la justice en politique.

42 – Harry S. Truman
La doctrine Truman

12 mars 1947

Un an après le discours de Fulton, dans lequel Winston Churchill constatait l'existence d'un rideau de fer au centre de l'Europe[1], les relations entre les Anglo-Saxons et les Soviétiques se sont encore dégradées. Le président américain Harry Truman (1884-1972)[2], désireux d'obtenir du Congrès une aide financière pour les pouvoirs en place en Grèce et en Turquie, va, à son tour, caractériser la situation mondiale en termes d'opposition entre deux sphères. Mais dépassant le simple constat, il va surtout promettre l'aide américaine à tout peuple en lutte contre la pression communiste. Un pas supplémentaire est franchi dans l'institutionnalisation de la guerre froide.

L'année de la dramatisation

De mars 1946 à mars 1947, la course des événements entraîne le développement, à Washington comme à Moscou, d'une dangereuse psychose: chacun est persuadé que l'autre s'est lancé dans une vaste campagne expansionniste et impérialiste visant à imposer au monde son modèle de développement et chacun en arrive à penser de manière purement dichotomique, que qui n'est pas avec lui est contre lui. Or, il semble bien que dans l'immédiat après-guerre l'URSS, régime bureaucratique appuyé sur la terreur mais pays profondément affaibli et appauvri, cherchait surtout à se reconstruire tout en préservant son système politique et non à déclencher la révolution mondiale. Elle redoutait tout autant une attaque occidentale que l'Ouest craignait une invasion de sa part. Pour partie, la guerre froide reposerait donc sur un malentendu réciproque[3]. Vu des États-Unis, cependant, tout était interprété comme un indice supplémentaire prouvant l'existence d'une vaste conspiration.

Si, début 1946, le président Truman et son secrétaire d'État Byrnes croient encore possible une entente avec Staline, le discours de Winston Churchill à Fulton et le « long télégramme Kennan » accentuent leurs doutes. Chargé de mission auprès de l'ambassadeur américain à Moscou, George Frost Kennan, soviétologue chevronné, livre en huit

---

1 Voir introduction au discours n° 40.

2 Éléments biographiques: voir l'introduction au discours n° 37.

3 C'est en tout cas la thèse convaincante que défend le politologue anversois Yvan Vanden Berghe, *Un grand malentendu ? Une histoire de la guerre froide (1917-1990)*, Louvain-la-Neuve, Academia-Erasme, 1993.

mille mots, une analyse détaillée de la situation en URSS et de la psychologie soviétique en février 1946 : les dirigeants russes y sont décrits comme assaillis par la peur, destructeurs par essence et incapables de la moindre concession. Kennan souligne que toute collaboration est impossible avec eux puisqu'ils ne comprennent que la force. Largement diffusé dans les hautes sphères politiques et militaires américaines, le contenu du télégramme ne sera toutefois rendu public qu'à l'été 1947, par le biais d'un article signé X dans la revue *Foreign Affairs*. Durant la conférence de Paix, qui rassemble à Paris, de juillet à octobre 1946, les vingt et un pays qui combattirent l'Axe, les Américains sont très inquiets de constater à quel point les pays d'Europe de l'Est s'alignent strictement sur les positions soviétiques. Par ailleurs, dans plusieurs de ces pays, la mainmise du parti communiste est encore en train de s'accroître : en Pologne, en Tchécoslovaquie, en Bulgarie ou encore en Roumanie, des élections plus ou moins truquées ou organisées dans un climat de violence, se soldent par d'impressionnantes victoires pour les coalitions gouvernementales à dominante communiste tandis qu'en Hongrie, le Parti des Propriétaires est déstabilisé par des accusations de conspiration et voit son secrétaire général arrêté. Enfin, il apparaît de plus en plus clairement que l'URSS est bien décidée, sur l'Allemagne comme sur la question de la bombe atomique, à pratiquer une politique indépendante et allant à l'encontre des plans américains. À Washington, l'administration Truman semble dès lors décidée à l'action et l'un des signes les plus clairs de l'évolution en cours est la démission, en septembre 1946, du secrétaire d'État au Commerce Henry Wallace. L'ancien vice-président de Roosevelt est persuadé, contrairement à Kennan, que l'entente est possible avec Moscou si l'on admet que son comportement est dicté par un sentiment d'insécurité et une situation économique très grave. Proposer aux Soviétiques une collaboration d'ensemble qui intégrerait les questions économiques et commerciales pourrait donc être payant. Le départ de Wallace montre bien que les États-Unis sont décidés à une stratégie différente[4]. L'occasion d'officialiser ce changement viendra de l'aggravation de la situation grecque.

« Monde libre » contre monde communiste

Depuis un accord passé à Moscou en octobre 1944, l'URSS reconnaît que la Grèce appartient à la zone d'influence britannique et s'abstient d'y soutenir la résistance communiste, rebelle au pouvoir en place appuyé par Londres. Cependant, la Yougoslavie, la Bulgarie et l'Albanie apportent, elles, un soutien croissant au Front national de libération[5]. Après une période de trêve, les élections de mars 1946, sous contrôle franco-anglo-américain, se soldent par une large victoire des monarchistes et, en septembre, un référendum restaure la monarchie. Les communistes, qui n'ont pas oublié la proximité d'avant-guerre entre la royauté et la dictature de Metaxas et qui estiment que les Alliés ont fait pression sur les Grecs, relancent alors la guerre civile, avec l'appui des partis communistes voisins. Le gouvernement légal reçoit, de son côté, un appui

4 Wallace fondera ensuite le parti progressiste, favorable à une entente avec l'URSS et à une réduction des armements. Aux élections présidentielles de 1948, il n'obtiendra toutefois que 2,4 % des voix.

5 Voir l'introduction au discours n° 40.

militaire britannique. Mais fin février 1947, Londres prévient Washington qu'elle n'a plus les moyens de poursuivre cette action et qu'elle devra, dès le 31 mars, laisser le camp monarchiste grec se débrouiller seul. Les États-Unis prennent l'information très au sérieux car Truman et ses proches conseillers redoutent une réaction en chaîne : si la Grèce tombe aux mains des communistes, la Turquie suivra puis sans doute le Moyen-Orient voire une partie de l'Afrique du Nord. Depuis la fin de la Seconde Guerre en effet, Ankara subit une forte pression diplomatique de Moscou qui souhaite récupérer les districts de Kars et Ardahan et obtenir la révision de la convention de Montreux (1936) par laquelle la Turquie peut contrôler les Détroits. En 1943, à la conférence de Téhéran, les Anglo-Saxons avaient accepté le principe d'une révision, étant donné, notamment, le comportement turc de neutralité favorable à l'Allemagne. Mais le contexte de tension entre Alliés modifie leur perception des choses : en août 1946, lorsque Moscou demande aux Turcs le libre passage dans les Détroits, les États-Unis y mettent leur veto et envoient une unité de leur flotte en Méditerranée orientale.

Turquie et Grèce : deux pays stratégiques, deux pays à soutenir, au moins financièrement. Or, si le démocrate Harry Truman veut obtenir du Congrès, à majorité républicaine, le vote de crédits en ce sens, ce qui *a priori* semble difficile, il lui faut absolument convaincre les élus américains de la gravité extrême de la situation et des risques qu'un basculement du sud-est de l'Europe ferait courir au monde et singulièrement aux États-Unis. C'est là le but de son discours du 12 mars 1947, discours par lequel il réclame quatre cents millions de dollars, dont cent pour Ankara et trois cents pour Athènes, soit un millième du coût de la Seconde Guerre pour les États-Unis. Le véritable auteur du texte est le sous-secrétaire d'État Dean Acheson (1893-1971). Fils d'un évêque épiscopalien, formé à Yale et Harvard, cet avocat fut sous-secrétaire au Trésor au début du premier mandat de Roosevelt puis, durant la Seconde Guerre, travailla au Département d'État. Fervent interventionniste en 1940-1941, il croit fermement en l'établissement d'une *Pax Americana* qui assurerait l'ordre et la prospérité sur le plan mondial. Le discours qu'il prépare pour Truman met en exergue le choix crucial que chaque peuple doit poser : soit la démocratie et la liberté sous-entendu le modèle occidental, application de la Charte des Nations unies, soit la terreur et l'oppression sous-entendu le modèle soviétique. Or, poursuit-il, ce choix est biaisé en de nombreuses régions par des *minorités armées ou des pressions extérieures*. Il revient donc aux États-Unis d'assurer, par une aide financière, l'effectivité du libre choix et d'arrêter la progression du communisme. La doctrine du Président est donc celle de l'endiguement ou *containment*. Et Truman d'annoncer que les priorités sont grecques et turques. De manière quelque peu inattendue et très significative de l'évolution rapide des mentalités dans l'immédiat après-guerre, Truman est vivement applaudi par la quasi-unanimité de l'auditoire. Il a déclenché l'offensive généralisée contre la subversion communiste avec le dollar pour arme principale et le Congrès a, de toute évidence, décidé de le suivre. Le Sénat, par 67 voix contre 23, et la Chambre, par 287 voix contre 107, votent les crédits demandés.

La fixation des blocs

Si, comme le discours de Fulton, celui de Truman au Congrès recueille encore une série de critiques dubitatives, angoissées voire négatives du côté occidental, chez les derniers partisans de la « Grande Alliance » de guerre, et si les communistes y voient une nouvelle preuve du bellicisme anglo-américain, la conférence de Moscou, tenue en mars-avril 1947, est bien celle de la rupture. Sur le devenir de l'Allemagne et de l'Autriche, les quatre Grands (États-Unis, Grande-Bretagne, France et URSS) ne parviennent pas à s'entendre et la France, qui comptait sur Moscou pour défendre certaines de ses requêtes face aux Anglo-Saxons, doit déchanter. Elle abandonne dès lors son ambition de jouer l'arbitre pour s'ancrer définitivement à l'Ouest. En mai, suivant l'exemple de l'Italie et de la Belgique, elle écarte le parti communiste de son gouvernement. Aux États-Unis, l'anticommunisme se répand désormais, ouvrant la voie au maccarthysme et à la « chasse aux sorcières »[6]. En juillet 1947, une loi sur la sécurité nationale crée la *Central Intelligence Agency* (CIA), le *National Military Establishment*, précurseur du grand département de la Défense qui, dès 1949, coiffera les trois armes, et le *National Security Council* (NSC), organe suprême de la politique étrangère américaine. Le mois précédent, le secrétaire d'État George Marshall avait lancé un plan d'ensemble pour soutenir le redressement de l'économie européenne et contrer ainsi toute tentation communiste[7]. Par la suite, l'aide américaine sera également de nature politique et militaire : en 1949 naît l'OTAN, Organisation du traité de l'Atlantique Nord[8]. Parmi les pays membres, on comptera, dès 1952, la Grèce et la Turquie, les deux bénéficiaires initiales de la doctrine Truman. La première est sortie, fin 1949, de trois ans d'une sanglante guerre civile au terme desquels les rebelles communistes, majoritairement staliniens et donc lâchés par la Yougoslavie de Tito, ont dû déposer les armes tandis que la seconde a pu, grâce à l'aide américaine, confirmer son ancrage dans le camp occidental.

Perçue par Moscou comme une déclaration de guerre, la doctrine Truman a accentué et accéléré le repli sur soi soviétique. L'échec de la conférence des Quatre et le refus, escompté et prévisible, de participer au Plan Marshall en sont deux manifestations évidentes. À l'automne 1947, l'URSS crée le Kominform ou Bureau d'information des partis communistes et ouvriers, un organisme hybride qui servira de courroie de transmission, souvent à sens unique, entre le Parti Communiste d'Union soviétique et les autres partis communistes d'Europe de l'Est et de l'Ouest. Ceux-ci sont fermement repris en main à la conférence de Szklarska Poreba, en Pologne. Andreï Jdanov (1896-1948), le grand responsable de la politique idéologique et culturelle soviétique, y rend public un rapport dans lequel il adhère, non sans agressivité, à la conception d'un monde divisé en deux blocs, le camp impérialiste sous l'égide des États-Unis et le camp anti-impérialiste ou démocratique sous l'égide de l'URSS et bénéficiant de l'appui de plusieurs pays fraîchement décolonisés ou en phase de décolonisation, l'Égypte, la Syrie, l'Inde, l'Indonésie et le Vietnam. La guerre froide est désormais une réalité et va structurer le monde durant quatre décennies.

---

[6] Voir l'introduction au discours n° 47.

[7] Voir l'introduction au discours n° 43.

[8] Voir l'introduction au discours n° 46.

La doctrine Truman

[…] Un des objectifs principaux de la politique étrangère des États-Unis est la création de conditions dans lesquelles les autres nations et nous-mêmes serons capables de mettre au point un mode de vie exempt de coercition. Ce fut un problème fondamental durant la guerre avec l'Allemagne et le Japon. Nous avons remporté la victoire sur des pays qui cherchaient à imposer leur volonté et leur mode de vie à d'autres nations.

Afin d'assurer le développement pacifique des nations, exempt de toute coercition, les États-Unis ont joué un rôle prépondérant dans l'établissement des Nations unies. L'Organisation des Nations unies est destinée à permettre une liberté durable et l'indépendance de tous ses membres. Toutefois, nous n'accomplirons pas nos objectifs, si nous ne sommes pas disposés à aider les peuples libres à maintenir leurs institutions libres et leur intégrité nationale contre les mouvements belliqueux qui cherchent à leur imposer des régimes totalitaires. Ceci n'est rien de plus qu'une reconnaissance franche du fait que les régimes totalitaires imposés aux peuples libres, par agression directe ou indirecte, ébranlent les fondations de la paix internationale et par là la sécurité des États-Unis.

Récemment, un certain nombre de pays du monde se sont vu imposer, contre leur volonté, des régimes totalitaires. Le gouvernement des États-Unis a fréquemment protesté contre la coercition et l'intimidation, violant les accords de Yalta, en Pologne, Roumanie et Bulgarie. Je dois également préciser que, dans un certain nombre d'États, on assiste à des développements similaires.

À ce moment précis de l'histoire mondiale, quasi chaque nation doit choisir entre des modes de vie différents. Bien souvent, ce choix n'est pas un choix libre.

Le premier mode de vie se base sur la volonté de la majorité et se distingue par des institutions libres, un gouvernement représentatif, des élections libres, des garanties de liberté individuelle, les libertés d'expression et de culte et l'exemption de toute oppression politique. Le second mode de vie est basé sur la volonté d'une minorité, imposée de force à la majorité. Il repose sur la terreur et l'oppression, le contrôle de la presse et de la radio, des élections arrêtées et la suppression des libertés personnelles.

Je crois que la politique des États-Unis doit être de soutenir les peuples libres qui résistent aux tentatives de conquête par des minorités armées ou par des pressions extérieures. Je crois que nous devons aider les peuples libres à élaborer leurs propres destinées, de la manière qui leur est propre. Je crois que notre aide devrait principalement prendre la forme d'une aide économique et financière, qui est essentielle à la stabilité économique et aux processus politiques disciplinés.

Le monde n'est pas statique et le *statu quo* n'est pas sacré. Mais nous ne pouvons pas permettre des changements du *statu quo* par violation de la Charte des Nations unies, par des méthodes telles que la coercition ou par des subterfuges tels que l'infiltration politique. En aidant les peuples libres et indépendants à maintenir leur liberté, les États-Unis donneront effet aux principes de la Charte des Nations unies.

Un seul coup d'œil sur la carte suffit pour réaliser que la survie et l'intégrité de la nation grecque sont d'une sérieuse importance dans un contexte encore plus large. Si la Grèce devait tomber sous le contrôle d'une minorité armée, l'effet sur son voisin, la Turquie, serait immédiat et grave. La confusion et les troubles pourraient alors se répandre sur l'ensemble du Moyen-Orient. En outre, la disparition de la Grèce en tant qu'État indépendant aurait un effet profond sur ces pays d'Europe dont les peuples luttent contre les grandes difficultés à maintenir leurs libertés et leur indépendance alors qu'ils réparent les dommages de la guerre.

Cela serait une tragédie indescriptible si ces pays, qui ont lutté si longtemps contre un destin implacable, devaient perdre cette victoire pour laquelle ils ont tant sacrifié. La chute des institutions libres et la perte de l'indépendance seraient désastreuses non seulement pour eux mais aussi pour le monde entier. Le découragement et l'échec possible deviendraient rapidement le sort des peuples voisins qui s'efforcent de maintenir leur liberté et leur indépendance.

[…]

43 – George C. Marshall
Sur l'aide à l'Europe

5 juin 1947

Le Plan Marshall fut-il une offre généreuse d'aide financière à un continent détruit et exsangue ou un instrument de guerre froide censé imposer à l'Europe une subordination aux États-Unis et à leur modèle de développement tout en servant leurs intérêts commerciaux ? Il a en tout cas suscité, selon les hommes et les époques, les deux types d'interprétation et les tenants de la seconde n'étaient pas nécessairement des communistes de stricte observance. Conséquence directe de la doctrine Truman[1], l'*European Recovery Program* (ERP) a eu d'incontestables retombées positives pour les pays qui en ont bénéficié, permettant ou hâtant leur redressement, mais il est indéniable qu'il a, en contrepartie, instauré un droit de regard ou de contrôle américain sur les choix et les méthodes économiques des États d'Europe occidentale. Il a également conduit ceux-ci à mieux coopérer et à s'harmoniser sur le plan économique et financier.

L'homme de guerre et l'homme du plan

Né en Pennsylvanie et formé à l'Institut militaire de Lexington en Virginie, George Catlett Marshall (1880-1959) est d'abord affecté aux Philippines puis combat sur le front français durant la Première Guerre. Adjoint du général Pershing de 1919 à 1924, il repart ensuite pour l'Asie et commande un régiment d'infanterie américain en Chine. Revenu aux États-Unis, il devient instructeur à l'école d'infanterie de Fort Benning et, en 1939, est nommé chef d'état-major de l'armée. Marshall est un partisan déclaré de Roosevelt et son influence est réelle depuis plusieurs années dans le milieu des officiers. En novembre 1945, il se voit confier une mission délicate en Chine : réaliser un compromis entre les nationalistes de Tchang Kaï-chek et les communistes de Mao en poussant le premier à démocratiser ses pratiques et à réaliser l'union nationale. Ce sera un échec, dû à l'intransigeance des deux camps. Nommé secrétaire d'État en janvier 1947, en remplacement de James Byrnes, démissionnaire, Marshall sera bien sûr l'homme du plan qui lui vaudra le prix Nobel de la Paix en 1953, mais également le premier négociateur des accords devant aboutir à l'OTAN. Démissionnaire en janvier 1949, il prendra la présidence de la Croix-Rouge américaine avant de revenir comme secrétaire à la Défense en 1950-1951.

---

[1] Voir l'introduction au discours n° 42.

Début 1947, George Marshall rentre de Chine amer et déçu. Cet homme austère et solitaire, peu doué pour la négociation, n'avait peut-être pas toutes les qualités requises pour réussir à pacifier l'Empire du Milieu. Il est, en tout cas, frustré, fatigué et persuadé que l'Asie du Sud-Est va échapper durablement à l'influence américaine, même si Washington domine le Japon[2]. Il est donc d'autant plus sensible au sort de l'Europe et persuadé que tout doit être tenté pour y faire triompher la doctrine de l'endiguement. L'administration Truman en est persuadée : c'est sur le plan économique que tout va se jouer. Un plan d'ensemble est donc mis au point afin d'aider financièrement l'Europe à se reconstruire, moyennant l'adhésion à quelques principes de « bonne conduite » libérale et démocratique. Un ballon d'essai est lancé le 8 mai 1947 à Cleveland dans le Mississippi par le sous-secrétaire d'État Dean Acheson qui, dans un discours, établit un lien entre le choix d'un peuple pour la liberté et l'assurance d'une aide matérielle et alimentaire américaine.

Un mois plus tard, le 5 juin 1947, George Marshall prend la parole lors de la remise des diplômes à l'Université de Harvard. Bien que sa proposition se situe dans la droite ligne de la doctrine Truman, le secrétaire d'État va volontairement s'éloigner du ton cassant et de la logique exclusive de son Président. Ici, il ne s'agit pas de menacer ou de paraître imposer une ligne de conduite à quiconque mais bien de présenter une image généreuse, solidaire et désintéressée de l'Amérique : puisque celle-ci est prospère, il est naturel qu'elle vienne en aide à l'Europe en difficulté. Le discours de Marshall prend pour point de départ la visible dislocation structurelle de l'économie européenne depuis la fin des années trente. La course aux armements, la guerre elle-même et ses destructions puis l'impossibilité d'aboutir rapidement à des traités de paix avec les ennemis d'hier ont conduit le continent à une situation proche de la ruine. C'est, affirme-t-il, tout le système moderne basé sur la division du travail et l'échange des produits qui est menacé. Et il évoque le *dollar gap* ou pénurie de dollars qui, pour trois ou quatre ans encore, empêchera l'Europe de financer ses indispensables importations de vivres et de matières premières à moins d'une aide massive et organisée qui ne peut venir que des États-Unis. Cette aide se justifie par le souci de vaincre la pauvreté et ses conséquences politiques néfastes mais également par intérêt national puisque l'Europe reste un débouché économique essentiel pour les États-Unis. George Marshall ajoute deux éléments : d'une part, il estime que les pays bénéficiaires de son plan devront s'entendre sur un programme commun de redressement et de répartition des aides et, de l'autre, il dit n'avoir aucune arrière-pensée politique et ne vouloir exclure aucune nation sur base idéologique.

Un plan catalyseur de la guerre froide et de l'unification européenne

Accueilli avec faveur en Europe, y compris dans certains pays de l'Est, le discours du secrétaire d'État Marshall suscite une attitude plus prudente et réservée aux États-Unis. L'opinion publique américaine y est, dans un premier temps, plutôt indifférente : l'homme de la rue ne se sent guère concerné et la presse ne réserve au Plan Marshall qu'un modeste écho. Pourtant, nombre de groupes de pression – des Églises, des milieux

2 Voir l'introduction au discours n° 38.

d'affaires, des mouvements féministes – vont lancer un vaste mouvement de pétition pour obtenir un vote rapide du Congrès. Celui-ci, en effet, est loin d'être acquis, les républicains étant majoritaires. Au sein même du gouvernement, le secrétaire au Trésor fait savoir, le 22 juin, que Marshall a parlé en son nom propre. En réalité, tout repose sur un pari : Marshall n'a, par avance, exclu personne de son plan, pas même l'URSS, mais il sait que, si celle-ci accepte, le plan ne sera pas voté par le Congrès. Cependant, il sait aussi que la perspective d'une aide et d'un certain contrôle de Washington est difficilement acceptable par Moscou et qu'en refusant une offre généreuse, celle-ci sera définitivement jugée responsable de la naissance des blocs.

La balle est donc dans le camp des Européens. Du 27 juin au 2 juillet 1947, la France, l'Angleterre et l'URSS se réunissent à Paris. Très vite, les Soviétiques s'opposent à la proposition française, acceptée par Londres, de faire bénéficier tous les pays européens, sauf l'Espagne franquiste, du Plan Marshall et de créer un comité directeur chargé d'évaluer régulièrement le bilan de chacun. Pour Moscou, un tel comité porterait atteinte à la souveraineté des États et l'intégration de l'Allemagne mettrait fin au paiement des réparations. L'URSS dit n'accepter l'aide américaine qu'aux victimes de l'Allemagne, sans coopération ni coordination des bénéficiaires. La rupture est consommée : Moscou n'acceptera pas le Plan Marshall et intimera l'ordre de le refuser aux divers pays de sa zone d'influence, confirmant la cassure du continent. En réalité, Staline redoutait que le Plan Marshall ne devienne, pour l'Amérique, un instrument de conquête de l'Europe centrale et orientale et un moyen de propagation du capitalisme visant, *in fine*, à détruire le système socialiste soviétique. Dès le 3 juillet, les États-Unis ont remporté la première manche.

Reste à unir les Européens demandeurs. Le 12 juillet, les délégués de seize pays se rencontrent à Paris : France, Grande-Bretagne, Belgique, Luxembourg, Pays-Bas, Italie, Irlande, Danemark, Suède, Norvège, Islande, Turquie, Grèce, Portugal et Suisse. Ni l'Espagne ni l'Allemagne ne sont présentes. Le 22 septembre, ceux-ci remettent un rapport au gouvernement américain dans lequel ils disent accepter l'offre des États-Unis et les conditions de celle-ci et chiffrent l'aide nécessaire à vingt-deux milliards de dollars pour la période 1948-1951. La réaction de Moscou est très vive et d'emblée les différents partis communistes européens se lancent dans une campagne parfois violente de dénonciation du Plan Marshall, présenté comme un simple moyen d'oppression impérialiste et de subordination. La création du Kominform, bureau de liaison des partis communistes, à l'automne 1947, est tout autant la conséquence de la doctrine Truman que du Plan Marshall. La réplique soviétique concrète à ce dernier sera le Comecon, organisme renforçant l'interdépendance économique entre l'URSS et les divers pays de sa zone d'influence.

Aux États-Unis aussi, il s'agit encore de convaincre le Congrès et l'opinion. En effet, vingt-deux milliards de dollars représentent 15 % du budget et 3 % du revenu national, ce qui est énorme. Cependant, la loi organisant l'aide Marshall est définitivement votée début avril 1948 sur fond d'aggravation à la fois réelle et dramatisée de la situation internationale : grèves semi-insurrectionnelles en France et en Italie, coup de Prague transformant la Tchécoslovaquie en satellite de Moscou et accentuation des divisions entre Soviétiques et Occidentaux sur le futur de l'Allemagne. Le programme d'aide à l'Europe ou *European Recovery Program* porte finalement sur seize à dix-sept milliards de dollars, dont 85 % à titre gratuit et 15 % en prêts à long terme, versés durant la période allant du 1er avril 1948 au 30 juin 1952, les pays européens étant censés s'être redressés à cette date. Les fonds doivent servir à la reconstruction ou au développement de l'économie nationale. La distribution sera assurée depuis Washington par l'Administration de coopération économique (ECA) qui disposera d'un bureau de coordination à Paris et de missions spéciales dans chaque pays. La répartition des crédits sera, elle, assurée par l'Organisation européenne de coopération économique (OECE), première institution assurant concrètement une union entre diverses nations européennes. Les Seize y seront rejoints par l'Allemagne de l'Ouest, représentée d'abord par les trois commandants en chef des zones d'occupation occidentales. Basée sur la coopération, c'est-à-dire la règle de l'unanimité dans le processus de décision, l'OECE pose les premiers jalons d'un futur marché européen. L'Europe est donc clairement sous assistance et sous contrôle américains. La loi établissant le Plan Marshall est d'ailleurs claire sur ce point puisqu'une clause précise qu'il pourra être mis fin à l'aide si elle n'est plus jugée compatible avec l'intérêt national des États-Unis, donc si le pays aidé s'écarte du modèle libéral.

Néanmoins, la réussite américaine et le rêve de l'*American way of life* font taire nombre de critiques potentiels. Par ailleurs, les conditions économiques désastreuses de l'Europe en 1947 ne lui permettent guère d'ergoter. Si certains pays, particulièrement la Belgique, peuvent faire figure d'oasis, la crise économique, monétaire et financière est telle, dans d'autres cas, que les États-Unis doivent même, par deux fois, anticiper le Plan Marshall en votant des aides d'urgence à la France, à l'Italie et à l'Autriche. La crainte d'un basculement vers le communisme joue un rôle majeur dans cette décision. Quoi qu'il en soit, puissamment soutenus par le Plan Marshall, les États membres de l'OECE vont voir leur produit national grimper de 25 %, leur production agricole de 10 et leur production industrielle de 35. Après 1952, l'Organisation va survivre au Plan Marshall puis s'élargir, dans les années soixante, aux États-Unis, au Canada, au Japon, à l'Australie et à la Nouvelle-Zélande sous le nom d'OCDE, Organisation de coopération et de développement économique, qui permet la concertation et l'échange d'informations sur une plus large échelle. À partir des années 1990, l'OCDE s'ouvrira à plusieurs pays d'Asie, d'Amérique du Sud ou d'Europe centrale et orientale, servant souvent pour eux de sas de transition vers l'économie de marché. Quant aux pays d'Europe occidentale, ils ont créé d'autres dynamiques pour s'unir plus étroitement[3].

Sur l'aide à l'Europe

[…] Je n'ai pas besoin de vous dire, messieurs, que la situation mondiale est très grave. Cela est bien évident pour tous les gens intelligents. Je crois que l'une des plus sérieuses difficultés, c'est que le problème est

[3] Voir l'introduction au discours n° 48.

d'une si grande complexité que la masse même des faits présentés au public par la presse et la radio rend extrêmement difficile, pour l'homme de la rue, une évaluation nette de la situation.

De plus, la population de ce pays se trouve très loin des régions troublées de la terre, et elle a beaucoup de peine à imaginer la misère, les réactions qui s'ensuivent chez les peuples qui ont longtemps souffert, et l'effet que ces réactions ont sur leurs gouvernements au cours de nos tentatives pour établir la paix dans le monde.

Lorsqu'on a étudié les besoins inhérents à la reconstruction de l'Europe, les pertes en vies humaines, les destructions de villages, d'usines, de mines et de voies ferrées ont été estimées de façon assez exacte mais il est devenu évident au cours des mois qui viennent de s'écouler que ces destructions visibles sont probablement moins graves que la dislocation de toute la structure de l'économie européenne.

Depuis dix ans, la situation est très anormale. Les fiévreux préparatifs de guerre et l'activité encore plus fiévreuse déployée pour soutenir l'effort de guerre ont détruit toutes les branches des économies nationales. L'outillage industriel n'a pas été entretenu, a été endommagé ou est tout à fait démodé. Sous la domination arbitraire et destructive des nazis, presque toutes les entreprises ont été attelées à la machine de guerre allemande.

Les relations commerciales anciennes, les institutions privées, les banques, les compagnies d'assurances et les compagnies de navigation ont disparu, soit faute de capitaux, soit par absorption lorsqu'elles ont été nationalisées, soit simplement parce qu'elles ont été détruites.

Dans beaucoup de pays, la confiance en la monnaie nationale a été rudement ébranlée. Durant la guerre, la structure commerciale de l'Europe s'est complètement effondrée. La reprise économique a été sérieusement retardée par le fait que, deux ans après la cessation des hostilités, l'accord n'a pas encore été réalisé sur les traités de paix avec l'Allemagne et l'Autriche. Mais même avec une solution plus rapide de ces problèmes difficiles, la reconstruction de la structure économique de l'Europe demandera évidemment beaucoup plus de temps et des efforts plus grands que nous ne l'avions prévu.

L'un des aspects de ce problème est à la fois intéressant et grave : le fermier a toujours produit des vivres qu'il peut échanger avec les citadins contre les autres choses nécessaires à la vie.

Cette division du travail est à la base de la civilisation moderne. À l'heure actuelle, elle est menacée de ruine. Les industries des villes ne produisent pas assez de marchandises à échanger avec les fermiers producteurs de vivres. Les matières premières et le combustible font défaut. L'outillage industriel manque, ou est trop usé. Le fermier ou le paysan ne peut trouver sur le marché les marchandises qu'il veut acheter. Si bien que la vente de ses produits fermiers en échange d'argent qu'il ne peut utiliser lui semble une transaction sans intérêt. Il a donc cessé de cultiver beaucoup de champs pour en faire des pâtures. Il nourrit davantage son bétail avec des céréales et trouve pour lui-même et sa famille une nourriture abondante, tandis qu'il reste mal loti en ce qui concerne les vêtements et autres gadgets ordinaires de la civilisation.

Pendant ce temps, les habitants des villes manquent de vivres et de combustible. Les gouvernements sont donc forcés de se servir de leurs ressources en devises étrangères et de leurs crédits pour acheter ces produits indispensables à l'étranger, épuisant ainsi les fonds dont ils ont un urgent besoin pour la reconstruction. Une situation très grave se crée donc rapidement, qui est de fort mauvais augure pour le monde. Le système moderne de division du travail qui repose sur l'échange des produits est en danger de s'effondrer. La vérité, c'est que les besoins de l'Europe, pendant les trois ou quatre prochaines années, en vivres et en autres produits essentiels, importés de l'étranger, principalement d'Amérique, sont tellement supérieurs à sa capacité actuelle de paiement qu'elle devra recevoir une aide supplémentaire très importante ou s'exposer à une dislocation économique, sociale et politique très grave.

Le remède consiste à briser le cercle vicieux et à restaurer la confiance des Européens dans le futur économique de leurs propres pays et de l'Europe tout entière. Le fabricant et le fermier, dans de très vastes régions, doivent pouvoir et vouloir échanger leurs produits contre des monnaies dont la valeur constante ne fasse pas de doute.

En dehors de l'effort démoralisant qu'a le désespoir des peuples en question sur le monde entier et des troubles qu'il peut provoquer, les conséquences de cette situation pour l'économie des États-Unis devraient être évidentes pour tous. Il est logique que les États-Unis fassent tout ce qu'ils peuvent pour aider à rétablir la santé économique du monde, sans laquelle la stabilité politique et la paix ne peuvent être assurées. Notre politique n'est dirigée contre aucun pays, aucune doctrine, mais contre la famine, la pauvreté, le désespoir et le chaos. Son but doit être la renaissance d'une économie active dans le monde, afin que soient créées les conditions politiques et sociales nécessaire à l'existence de libres institutions puissent exister.

Cette aide, j'en suis convaincu, ne doit pas être accordée chichement, chaque fois que surviennent les crises. Toute aide que ce gouvernement pourra apporter à l'avenir devrait être un remède plutôt qu'un simple palliatif. Tout gouvernement qui veut aider à la tâche de la reprise économique jouira, j'en suis sûr, de la plus entière coopération de la part du gouvernement des États-Unis. Tout gouvernement qui intrigue pour empêcher la reprise économique des autres pays ne peut espérer recevoir notre aide. De plus, les gouvernements, les partis et les groupes politiques qui cherchent à perpétuer la misère humaine pour en tirer un profit sur le plan politique ou sur les autres plans se heurteront à l'opposition des États-Unis.

Il est déjà évident qu'avant même que le gouvernement des États-Unis puisse poursuivre plus loin ses efforts pour remédier à la situation et aider à remettre l'Europe sur le chemin de la guérison, un accord devra être réalisé entre les pays de l'Europe sur leurs besoins actuels et le rôle qu'ils joueront eux-mêmes pour rendre efficaces toutes les mesures que ce gouvernement pourrait prendre. Il ne serait ni bon ni utile que ce gouvernement entreprenne d'établir unilatéralement un programme destiné à remettre l'économie de l'Europe sur pied.

C'est là l'affaire des Européens. L'initiative, à mon avis, doit venir de l'Europe. Le rôle de ce pays devrait consister à apporter une aide amicale à l'établissement d'un programme européen, et à aider ensuite à mettre en œuvre ce programme dans la mesure où il sera possible de le faire. Ce programme devrait être établi en commun par un grand nombre de nations européennes, sinon par toutes.

[...]

44 – David Ben Gourion
Proclamation de la création de l'État d'Israël

14 mai 1948

Au terme d'un exil séculaire et d'un combat militant de plusieurs décennies, le peuple juif obtient, au lendemain d'une Seconde Guerre qui le fit souffrir plus que tout autre, la naissance et la reconnaissance d'un État hébreu en Palestine. L'acharnement des sionistes, dont David Ben Gourion est l'une des figures de proue, a payé. Cependant, dès le lendemain de sa création, Israël est amené à livrer bataille contre ses voisins arabes qui considèrent le plan de partage de la région comme une injustice. Près de soixante ans plus tard, un défi de taille reste posé : comment concilier le droit d'Israël à l'existence et à la sécurité et les aspirations des Palestiniens à disposer, eux aussi, d'un État pleinement reconnu et viable économiquement ?

Fuir et revenir

Arrivés de Mésopotamie en Palestine à l'époque d'Abraham, descendus ensuite en Égypte, les Juifs en reviennent vers 1300 av. J.-C., sous la conduite de Moïse, et, selon la tradition, scellent alors une cruciale alliance avec Yahvé, source de leur identité et de la première grande religion monothéiste. En 586 av. J.-C., les Juifs sont déportés à Babylone, après la destruction du Temple de Jérusalem, et la majorité d'entre eux ne rentrera pas au pays. En 70 de notre ère, la seconde destruction du Temple transforme la Palestine en simple province romaine et relance la diaspora ou dispersion. Après 313 et la conversion de l'empereur Constantin au christianisme, le peuple juif, considéré comme déicide, devient l'objet de persécutions, ce qui accentue encore son exode en dehors des frontières de l'Empire. Les Juifs essaiment au Moyen-Orient, en Afrique du Nord, en Espagne et dans toute l'Europe continentale jusqu'en Russie. Selon les lieux et les époques, leurs droits et leur statut sont variables mais ils constituent partout des communautés profondément attachées à leur identité ethnico-religieuse.

L'idée d'un retour dans l'Eretz-Israël commence à se concrétiser à la fin du XIXe siècle, sur fond de pogroms en Russie et dans toute l'Europe orientale mais également en réaction à l'antisémitisme, tel qu'il put notamment s'exprimer durant l'affaire Dreyfus. Si, dès 1870, une première colonie agricole juive voit le jour en Palestine, avec l'appui d'un Rothschild, c'est en 1896, avec la publication du livre *L'État [des] Juifs* de l'écrivain et journaliste Theodor Herzl, que le sionisme, c'est-à-dire la volonté de créer un État-nation juif, va réellement émerger. L'immigration ou *alya* juive en Palestine, alors partie de l'Empire ottoman, ne va plus cesser de croître. Une banque et un fonds national juifs sont créés pour récolter une aide financière auprès de toutes les communautés israélites du monde. Lorsque la Première Guerre éclate, il y a quatre-vingt mille colons juifs en Palestine, représentant un septième de la population totale. Les années de guerre sont essentielles. Afin d'obtenir le soutien des peuples arabes et les inciter à se révolter contre l'Empire ottoman, les Britanniques leur font des promesses d'indépendance. La Palestine serait ainsi incluse dans un vaste royaume arabe regroupant également la Syrie, l'Arabie et l'Irak. Mais cette promesse n'est pas tenue. Après le conflit, la SDN place les territoires sous mandat français pour la Syrie et le Liban, anglais pour la Transjordanie et la Palestine. Par ailleurs, en 1917, à la demande de l'influent chimiste juif anglais Chaïm Weizmann, Londres avait offert un appui officiel aux sionistes, par la voix de son ministre des Affaires étrangères, Lord Balfour. Le 2 novembre, celui-ci avait évoqué la création d'un foyer national juif en Palestine. L'amertume arabe est donc double, alors que les Juifs sont, eux aussi, déçus d'être placés sous mandat anglais.

L'entre-deux-guerres se caractérise par une série de tensions mais aussi une accélération de l'*alya* et une augmentation constante des terres palestiniennes achetées par les immigrants. Ceux-ci les mettent en valeur selon un système de collectivisation: ce sont les *kibboutz* qui œuvrent au défrichement et à l'irrigation tout en fonctionnant en relative autarcie. Très vite, le niveau de vie moyen des Juifs dépasse celui des autres populations palestiniennes, ce qui attise l'acrimonie. Des heurts violents se produisent dès 1920-1921 entre Juifs et Arabes, tant musulmans que chrétiens. En 1929, ce sont de véritables batailles de rue qui se déclenchent suite à des incidents au Mur des Lamentations. Les années 1936 à 1939 correspondent à une révolte arabe généralisée contre la puissance mandataire et les Juifs. Ceux-ci répliquent en développant la *Haganah*, une milice d'autodéfense existant déjà sous les Ottomans et dont les éléments les plus extrémistes créeront l'*Irgoun*. À la veille de la Seconde Guerre, on compte environ quatre cent mille Juifs en Palestine, soit cinq fois plus qu'en 1914. Nombre d'entre eux sont des immigrés récents, chassés d'Europe par le nazisme. Londres sait que la cohabitation devient très difficile entre Juifs et Arabes et est de plus en plus décidée à un partage de la Palestine. Mais il est hors de question pour elle de défavoriser les Arabes et de les jeter ainsi dans les bras du nazisme. En 1937, la commission Peel envisage, pour la première fois, une partition du territoire et la création d'un État juif séparé. Cette proposition est acceptée du bout des lèvres par les sionistes, car l'État juif ne représenterait que 15 % du territoire, mais elle est condamnée par le Congrès panarabe et Londres l'abandonne. En 1939, les Britanniques publient un *Livre Blanc* qui, à l'horizon de 1949, prévoit un État palestinien souverain et mixte dans lequel l'immigration juive serait contrôlée: interdite dans certaines zones, limitée ou libre dans d'autres, elle ne pourrait pas dépasser, en tout cas, 75 000 personnes entre 1939 et 1944. Les Juifs sont outrés: ils développent l'immigration clandestine tandis que l'*Irgoun* se lance dans une campagne d'attentats contre les Britanniques et les civils arabes. Cependant, la lutte contre Hitler devient très vite la priorité.

Le tournant de la Seconde Guerre

La Palestine connaît un calme relatif de 1940 à 1944. La *Haganah* et l'*Irgoun* s'entendent pour suspendre leurs opérations antibritanniques tant que durera la guerre mais certains militants jusqu'auboutistes refusent la trêve et fondent le groupe Stern qui poursuit l'action directe. Cependant, l'immense majorité des Juifs de Palestine soutiennent par tous les moyens l'effort de guerre anglais : l'industrie et l'agriculture sont mises au service de la cause commune et nombre de Juifs souhaitent s'enrôler dans l'armée anglaise. Londres ne veut pas abuser de ces bonnes volontés et paraître mener une politique pro-sioniste. Elle n'accepte donc qu'un nombre limité de volontaires juifs et il n'y aura réellement de « brigade juive » qu'en septembre 1944. Par ailleurs, Londres peut compter sur le soutien actif de la *Haganah* et même de l'*Irgoun*. Lorsque la fin de la guerre arrive, les Juifs sont donc persuadés que leur conduite va leur valoir la gratitude de Londres et la satisfaction de leurs revendications. Ils en sont d'autant plus persuadés que l'horreur de la *Shoah* a rendu l'ensemble de la communauté internationale beaucoup plus sensible à leurs revendications.

Cependant, alors qu'un comité d'enquête anglo-américain publie un rapport très favorable aux Juifs, un nouveau plan britannique, celui de Morrison, s'attache surtout à défendre les intérêts de Londres tout en ménageant les Arabes, de plus en plus vindicatifs. L'*Irgoun* rejoint alors le groupe *Stern* dans le terrorisme. La tension atteint son comble à l'été 1947, lorsque Londres, qui refuse toujours l'arrivée massive de réfugiés de la *Shoah* en Palestine, repousse le très symbolique navire *Exodus*. Mais depuis février, les Britanniques ont renoncé à régler la question et ont confié le dossier à l'ONU. En mai, une commission d'enquête composée de délégués de onze pays, l'UNSCOP, est mise sur pied. Elle se rend en Palestine où la guerre civile fait rage. Alors que le Haut Comité arabe refuse la discussion, les Juifs mettent en avant leurs réalisations, comme la mise en valeur du désert du Néguev et le droit des peuples à l'autodétermination. Cela séduit particulièrement les Occidentaux tandis que Moscou et ses satellites voient dans les sionistes des socialistes convaincus, susceptibles de propager le communisme dans la région et de contrer les monarchies arabes, perçues comme réactionnaires. Le 29 novembre 1947, à la grande fureur des Arabes qui annoncent un recours prochain à la force, l'Assemblée générale vote la résolution 181 qui entérine le plan de partage de la Palestine en deux États, l'un juif et l'autre arabe, tout en faisant de Jérusalem une zone internationale. Ce plan accorde aux sionistes 55 % du territoire. Les Arabes doivent se contenter des 45 % restants pour une population deux fois plus nombreuse. Les deux États se caractérisent par leur hétérogénéité : l'État juif compte ainsi quatre cent mille habitants arabes. Cependant, des actions terroristes menées par des groupes juifs et les consignes des leaders arabes vont faire fuir la majorité d'entre eux dans les mois précédant la proclamation d'Israël. Celle-ci est censée intervenir au départ des troupes britanniques, le 15 mai 1948.

Un nouvel État né dans la violence

Même si le président du Conseil transitoire et futur premier président d'Israël est Chaïm Weizmann, ex-chef de l'Organisation sioniste mondiale, la naissance de l'État hébreu est proclamée par un autre grand militant, David Ben Gourion (1886-1973). Né dans une famille sioniste de Pologne russe, celui-ci a quitté sa région d'origine après les pogroms de 1905 et émigré en Palestine pour y vivre chichement de son travail dans l'agriculture et comme membre d'une des premières milices de défense juives. Il devient alors l'un des premiers membres du mouvement sioniste socialiste *Poale Zion*. Journaliste pour la feuille du parti dès 1910, il décide d'entamer, deux ans plus tard, des études de droit à Istanbul et de profiter de sa présence dans la capitale de l'Empire ottoman pour y promouvoir l'idéal sioniste. Cependant, il est expulsé au début de la Première Guerre en raison de son statut de citoyen russe. Il gagne alors les États-Unis, où il poursuit son œuvre de propagande. La déclaration Balfour de 1917 transforme le prudent Ben Gourion en fer de lance des Alliés : il s'engage dans l'une des unités juives créées par Londres pour mener la guerre contre les Ottomans en Palestine. Sur place, Ben Gourion contribue, après la guerre, à rapprocher les divers groupes sionistes socialistes, lui-même se situant sur l'aile droite. Il devient le secrétaire général du syndicat *Histadrouth* qui contrôle la *Haganah* jusqu'en 1931, puis il prend, après 1930, la direction du parti travailliste unifié *Mapaï*. Une longue tournée à travers l'Europe assure sa popularité au sein des diverses communautés juives et, en 1935, il devient président de l'Agence juive qui joue le rôle de gouvernement des Juifs de Palestine. C'est elle qui désormais dirige la *Haganah*, dont Ben Gourion récupère donc la responsabilité. Dans la décennie qui précède la naissance d'Israël, il est bien le leader incontesté du sionisme en Palestine.

Le vendredi 14 mai 1948 à 16 heures, au musée de Tel Aviv, lieu qui eût dû rester secret pour éviter tout attentat, il franchit le Rubicon, anticipant d'un jour la cérémonie pour cause de *shabbat*. Les pays arabes vont, il le sait, attaquer l'État hébreu dès sa proclamation mais reculer lui semble désormais impossible tant la bataille a été longue pour obtenir gain de cause. Alors que Ben Gourion prend la parole et que les Juifs s'apprêtent à fêter fièrement leur victoire dans les rues, la colonie de Gouch Etsion, entre Bethléem et Hébron, attaquée le 12 par la Légion arabe, doit rendre les armes. Dans sa proclamation éminemment symbolique, David Ben Gourion revient sur toute l'histoire du peuple juif, sa naissance, son exil, son retour progressif sur la terre ancestrale et les droits supplémentaires que lui confère la *Shoah*, avant d'annoncer la fondation de l'État d'Israël, au nom des Juifs de Palestine et du mouvement sioniste mondial. Le pays aura son gouvernement, son Parlement, sa Constitution, sera ouvert à l'immigration de tous les Juifs du monde et assurera, promet-il, l'égalité de droits à tous ses citoyens, Juifs et non-Juifs. Ben Gourion lance ensuite un appel direct aux habitants arabes pour qu'ils contribuent à la prospérité commune et, malgré leur *brutale agression*, dit souhaiter vivre en *paix* et en *bon voisinage* avec les pays arabes. En quarante minutes, la cérémonie est achevée et la proclamation est signée par les trente-sept membres de l'Assemblée provisoire. Dans les heures et les jours qui suivent, Israël est reconnu par l'immense majorité des pays du monde et l'État hébreu fait son entrée à l'ONU en mai 1949.

Comme annoncé, les États arabes voisins – Égypte, Transjordanie, Irak, Syrie et Liban –, soutenus par les Palestiniens arabes, réagissent en envahissant le territoire israélien dès le 15 mai 1948. Mais si leurs soldats sont plus nombreux, ils sont moins bien armés et entraînés que leurs adversaires. Après plusieurs mois de combats et deux trêves, la première guerre israélo-arabe se solde par une victoire israélienne incontestable et impressionnante : agrandissant son territoire au détriment des Arabes, l'État hébreu prend possession de la ville neuve de Jérusalem et en fait bientôt sa capitale, sans que l'ONU soit en mesure de maintenir l'internationalisation de la ville. Du côté arabe, seule la Transjordanie tire son épingle du jeu, en annexant le reste de l'ancienne

Palestine sous mandat et la vieille ville de Jérusalem et en devenant, de ce fait, le Royaume de Jordanie en avril 1950. Du fait de la guerre, des centaines de milliers d'Arabes palestiniens se retrouvent réfugiés. Seuls cent vingt mille restent en Israël où ils ne jouiront jamais réellement d'une égalité de droits, subissant un contrôle policier jusqu'à la fin des années soixante et se retrouvant exclus de l'armée et des hautes fonctions publiques. Leur poids démographique est, jusqu'à ce jour, en constant accroissement au sein de la société israélienne. En ce qui concerne la population juive, plus que le taux de fécondité, c'est le phénomène d'immigration qui doit être pris en compte, puisque tout Juif peut venir s'installer en Israël et en devenir citoyen. En juillet 1950, la « loi du retour » définit clairement les modalités de ce phénomène unique. Entre 1948 et 1967, la population d'Israël va plus que tripler. Sur le plan économique, le pays va symboliser la réussite d'un mode de développement socialiste en démocratie, triplant en vingt ans la surface cultivée et quintuplant les terres irriguées.

Quant à David Ben Gourion, il sera président du Conseil de 1948 à 1953 puis de 1955 à 1963, dirigeant le pays avec détermination et souvent avec autoritarisme tout en imposant ses vues au sein même de son parti contre la tendance majoritaire. En 1963, il mettra fin à cette situation périlleuse en quittant le *Mapaï*, parti travailliste dont il fut l'un des fondateurs et qui dominera la vie politique israélienne jusqu'en 1977. En 1965, Ben Gourion fondera son propre parti, le *Rafi*, terminant sa longue carrière politique en contestataire. Il mourra en décembre 1973, peu après la fin de la quatrième guerre israélo-arabe, celle du Kippour.

Proclamation de la création de l'État d'Israël

Eretz Israel [le pays d'Israël] est le lieu où naquit le peuple juif. C'est là que se modela sa forme spirituelle, religieuse et politique. C'est là qu'il vécut sa vie indépendante. C'est là qu'il créa ses valeurs tant nationales qu'universelles et qu'il donna au monde le Livre des Livres éternels.

Exilé de Terre sainte, le peuple juif lui demeura fidèle tout au long de sa dispersion et il n'a jamais cessé de prier pour son retour pour y restaurer son indépendance nationale.

Mus par ce lien historique et traditionnel, les Juifs s'efforcèrent au long des siècles de revenir dans le pays de leurs ancêtres. Au cours de ces dernières décennies ils rentrèrent en masse dans leur pays. Pionniers, réfugiés, combattants, ils ont défriché les déserts, ressuscité la langue hébraïque, construit des villes et des villages, créé une communauté évoluant sans cesse, maîtresse de son économie et de sa culture, recherchant la paix mais sachant se défendre, apportant à tous les habitants du pays les bienfaits du progrès et aspirant à l'indépendance nationale.

En l'an 5657 (1897) le premier Congrès sioniste convoqué par le père spirituel de l'État juif, Théodore Herzl, proclama le droit du peuple juif à sa renaissance nationale sur le sol de sa patrie.

Ce droit fut reconnu par la déclaration Balfour du 2 novembre 1917 et ratifié par un mandat de la Société des Nations, donnant ainsi une sanction internationale aux liens historiques entre le peuple juif et le pays d'Israël et reconnaissant le droit du peuple juif d'y réédifier son Foyer national.

La catastrophe nationale qui s'est abattue sur le peuple juif, le massacre de six millions de Juifs en Europe, a montré l'urgence d'une solution au problème de ce peuple sans patrie par le rétablissement d'un État juif qui ouvrirait ses portes à tous les Juifs et referait du peuple juif un membre à part entière de la famille des nations.

Les survivants des massacres nazis en Europe, ainsi que les Juifs d'autres pays, ont cherché, sans relâche, à immigrer en Palestine sans se laisser rebuter par les difficultés ou les dangers et n'ont cessé de proclamer leur droit à une vie de dignité, de liberté et de labeur dans la patrie nationale.

Au cours de la Seconde Guerre mondiale, la communauté juive de ce pays a pris sa part de la lutte pour la liberté aux côtés des nations éprises de paix, afin d'abattre le fléau nazi, et elle s'est acquis, par le sang de ses combattants comme par son effort de guerre, le droit de compter parmi les peuples qui fondèrent les Nations unies.

Le 29 novembre 1947, l'Assemblée générale des Nations unies a adopté une résolution demandant la création d'un État juif en Palestine et invité les habitants de la Palestine à prendre les mesures nécessaires pour l'exécution de cette résolution. Cette reconnaissance, par les Nations unies, du droit du peuple juif à créer son État est irrévocable.

C'est là le droit naturel du peuple juif d'être, comme toutes les autres nations, maître de son destin sur le sol de son propre État souverain.

En conséquence, nous, membres du conseil, représentant la communauté juive de Palestine et le mouvement sioniste, nous nous sommes rassemblés ici, en ce jour où prend fin le mandat britannique et en vertu du droit naturel et historique du peuple juif et conformément à la résolution de l'Assemblée générale des Nations unies, nous proclamons la création d'un État juif en terre d'Israël qui portera le nom d'État d'Israël.

Nous déclarons que, dès l'expiration du mandat, en cette veille de Sabbath, 6 Iyar 5708 (14 mai 1948) et jusqu'à l'installation des autorités régulières de l'État, dûment élues, conformément à la Constitution qui sera adoptée par l'Assemblée constituante convoquée avant le 1er octobre 1948, le Conseil national remplira les fonctions de Conseil provisoire de l'État et son organisme exécutif, le directoire national, fera fonction de gouvernement provisoire de l'État juif qui sera appelé « Israël ».

L'État d'Israël sera ouvert à l'immigration juive et aux Juifs venant de tous les pays de leur dispersion ; il veillera au développement du pays pour le bénéfice de tous ses habitants ; il sera fondé sur la liberté, la justice et la paix selon l'idéal des prophètes d'Israël ; il assurera la plus complète égalité sociale et politique à tous ses habitants sans distinction de religion, de race ou de sexe ; il garantira la liberté de culte, de conscience, de langue, d'éducation et de culture ; il assurera la protection des Lieux saints de toutes les religions et sera fidèle aux principes de la Charte des Nations unies.

L'État d'Israël se montrera prêt à coopérer avec les institutions et les représentants des Nations unies pour l'exécution de la résolution du 29 novembre 1947 et s'efforcera de réaliser l'union économique dans tout le pays d'Israël.

Nous demandons aux Nations unies d'aider le peuple juif à édifier son État et de recevoir l'État d'Israël dans la famille des nations.

Nous demandons – face à l'agression dont nous sommes l'objet depuis quelques mois – aux fils du peuple arabe de l'État d'Israël de préserver la paix et de prendre leur part dans l'édification de l'État sur la base d'une égalité complète des droits et devoirs et d'une juste représentation dans tous les organismes provisoires et permanents de l'État.

Nous tendons la main, en signe de paix et de bon voisinage, à tous les pays voisins et à leurs peuples. Nous les invitons à coopérer avec le peuple juif rétabli dans sa souveraineté nationale. L'État d'Israël est prêt à contribuer à l'effort commun de développement du Moyen-Orient tout entier.

Nous demandons au peuple juif dans sa dispersion de se rassembler autour des Juifs d'Israël, de les assister dans la tâche d'immigration et de reconstruction et d'être à leurs côtés dans la grande lutte pour la réalisation du rêve des générations passées : la rédemption d'Israël.

Confiants en l'Éternel Tout-Puissant, nous signons cette Déclaration en cette séance du Conseil provisoire de l'État, sur le sol de la patrie, dans la ville de Tel-Aviv, cette veille de Sabbath, 5 Iyar 5708, 14 mai 1948.

45 – Juan Domingo Perón
Le justicialisme

20 août 1948

Dictateur populiste soutenu par une coalition hétérogène et par une épouse déifiée, nationaliste antiaméricain séduit par le régime fasciste et les méthodes nazies, défenseur d'un idéal de justice sociale qui améliora les conditions de vie des Argentins défavorisés avant de conduire le pays au bord de la faillite, Juan Domingo Perón est l'homme de tous les paradoxes. Renversé en 1955, il sut revenir moins de vingt ans plus tard pour un nouveau mandat, cette fois éphémère, mais son insaisissable doctrine politique, le « péronisme » ou « justicialisme » lui a survécu.

Un militaire populiste et nationaliste

Né à Lobos dans la province de Buenos Aires, Juan Domingo Perón (1895-1974) est, comme nombre d'Argentins, le descendant d'immigrants italiens et espagnols. Sa famille appartient à la classe moyenne conservatrice des petits propriétaires terriens. Scolarisé dès l'âge de dix ans dans la capitale, Perón choisit d'intégrer l'Académie militaire à seize ans. Il en sort avec le grade de sous-lieutenant et profondément imprégné de sentiments germanophiles, la plupart de ses instructeurs étant allemands. Sa carrière politique débute réellement une quinzaine d'années plus tard, à l'occasion d'un coup d'État comme l'Argentine ne cessera d'en connaître au fil du XXe siècle. La crise de 1929 place alors l'économie nationale, très dépendante des capitaux britanniques et des exportations vers les États-Unis et l'Europe, dans une situation difficile. L'armée en profite pour renverser le président Irigoyen le 6 septembre 1930 et prendre les rênes du pouvoir. Perón aurait joué un rôle secondaire mais réel à cette occasion, assurant le contrôle du palais présidentiel et de ses environs. Promu lieutenant-colonel en 1936, il est nommé attaché militaire au Chili puis envoyé en 1939-1941, avec d'autres officiers, en voyage d'étude en Europe. Ce sont surtout l'Italie fasciste et l'Allemagne nazie qui l'impressionnent et Perón, désormais colonel, rentre au pays persuadé de la victoire de l'Axe.

Dans la guerre en cours, l'Argentine a choisi de conserver sa neutralité mais l'entrée des États-Unis dans le conflit rend cette position inconfortable. Les pressions de Washington et de Londres s'accentuent pour un engagement de Buenos Aires au côté des Alliés. Toutefois, nombre de gradés, hostiles à une trop grande influence anglo-saxonne et toujours séduits par les régimes forts, tentent d'empêcher une telle évolution. Perón est de ceux-là et se montre très actif au sein du GOU, le Groupe des officiers unis, sorte de confrérie militaire résolue à l'action directe. En juillet 1943, un coup d'État aiguillé par le GOU, porte au pouvoir des officiers neutralistes convaincus. Néanmoins, début 1944, la marche vers une probable victoire alliée et les pressions américaines de plus en plus fortes conduisent finalement l'Argentine à rompre ses relations diplomatiques avec les pays de l'Axe[1], ce qui entraîne un remaniement gouvernemental important. Paradoxalement, celui-ci permet à Perón de devenir, en quelques mois, le personnage clé du pays : il cumule progressivement la vice-présidence, la direction du Conseil de l'après-guerre, le ministère de la Guerre et celui du Travail et des Réformes sociales. À ce dernier poste, il prend une série de mesures spectaculaires qui lui attirent le soutien sans faille du prolétariat urbain déshérité, les *descamisados*, et des syndicats : augmentation des salaires et octroi de primes, généralisation des conventions collectives et incitation des travailleurs à se syndiquer. Il se présente également comme le défenseur de l'*argentinismo* contre la mainmise étrangère.

Cependant, la montée en puissance de ce que l'on appellera bientôt le péronisme suscite une division au sein de l'armée et du gouvernement qu'elle contrôle mais également au sein du pays, division qui ne recoupe pas le traditionnel clivage gauche-droite. D'autre part, les États-Unis redoutent un mouvement qu'ils considèrent comme pronazi et hostile à leur influence. Début octobre 1945, les adversaires de Perón, appuyés par l'ambassadeur américain Barden, contraignent le ministre à la démission et, après lui avoir permis des adieux radiodiffusés, le placent en détention sur l'île pénitencier de Martín García. Mais c'est sans compter avec les *descamisados* et le puissant syndicat CGT, tout dévoués à Perón. Exaltés par les chefs syndicalistes mais aussi par la maîtresse et future femme de Perón, l'actrice Eva ou Evita Duarte, des milliers d'Argentins organisent une gigantesque marche de protestation, le 17 octobre 1945, pour réclamer le retour au pouvoir de leur héros. Ils obtiennent gain de cause : Perón est relâché et se lance immédiatement dans la course à la présidence. Il remporte les élections du 24 février 1946, dont les résultats sont connus fin avril, avec près de 55 % des voix.

Les débuts de la décade péroniste et son assise idéologique

La coalition qui a porté Perón au pouvoir est un rassemblement de forces hétéroclites : une partie de l'armée, le clergé et des nationalistes d'extrême-droite y côtoient les masses populaires du 17 octobre. Perón séduit habilement les uns par son anti-impérialisme et son anticommunisme intransigeants et les autres par ses promesses sociales. Face à lui, l'Union démocratique, tout aussi hétérogène, unissait socialistes, communistes et radicaux aux conservateurs les plus stricts et à la majorité du patronat argentin. Elle avait pu compter sur le soutien actif de Washington, où l'ancien ambassadeur Barden, devenu secrétaire d'État adjoint, avait fait paraître, quinze jours avant le scrutin, un *Livre bleu* accusant Perón et le gouvernement auquel il appartint durant la guerre de collusion avec le nazisme.

---

[1] L'Argentine ne déclarera toutefois la guerre à l'Allemagne et au Japon qu'en mars 1945.

Les premières années du péronisme, de 1946 à 1949 environ, année où est proclamée la Constitution nationale réformée[2], sont marquées par un fort enthousiasme populaire à l'égard du régime. Celui-ci est d'abord entretenu par une adhésion au couple présidentiel. Juan Domingo Perón est séduisant et charismatique et sa seconde épouse, Evita, est élevée au rang d'idole : elle milite pour le droit de vote des femmes, soulage les misères des nécessiteux par le biais de sa fondation, œuvre dans les domaines de l'enseignement et de la santé publique et effectue des tournées de propagande de par le monde. L'adhésion au régime des Argentins, principalement des masses urbaines, se nourrit également des réformes sociales mises en place : nationalisation des banques et des principales industries, lancement d'un plan quinquennal d'industrialisation, rachat des concessions étrangères dans les transports, expropriation des grands domaines ruraux, monopole étatique du commerce extérieur, forte augmentation des salaires dans le secteur industriel, instauration des assurances sociales et d'un régime de retraites ou encore institutionnalisation du rôle des syndicats dans la vie sociale. La politique extérieure de Perón est, elle, souvent ambivalente : il renoue avec Moscou tout en combattant fermement le communisme sur plan national et en se rapprochant de Franco ; il confisque les biens allemands et japonais sur son sol puis, très vite, accepte d'accueillir les dignitaires nazis en cavale. La ligne principale, cependant, est le souci de s'émanciper de toute tutelle étrangère et d'abord anglo-saxonne.

Bref, si l'Argentine vit en régime « péroniste » ou « justicialiste », la définition de ces termes et le programme qu'ils sous-tendent restent parfois très flous aux yeux de la population et même de certains élus. C'est la raison pour laquelle Perón s'emploie, sans toujours convaincre, à théoriser sa politique et à la présenter comme l'application d'une doctrine cohérente. Son discours du 20 août 1948 est l'une de ces interventions justificatives. Le Président, qui dit vivre intimement la vie de son peuple, y décrit le justicialisme comme un *humanisme en action*, une *doctrine d'économie sociale* visant à la juste répartition des richesses entre tous les Argentins qui, en retour, doivent œuvrer à la prospérité nationale. Dans un second temps, il proclame son refus de toute discrimination et, en particulier, de l'antisémitisme, et défend l'idée d'une société basée sur une seule classe d'hommes. Cette mise au point concernant le statut des Juifs est une réponse à ses adversaires qui, brandissant le *Livre bleu* américain, associent péronisme et nazisme.

Pourtant, c'est bien davantage au fascisme que le justicialisme peut être comparé. Perón, on l'a dit, est d'ascendance partiellement italienne et son séjour romain de la fin des années trente lui a permis d'étudier les réalisations du Duce, qui le séduisent. C'est bien un corporatisme de type mussolinien qu'il entend promouvoir en Argentine, une société basée sur la collaboration des classes qui saurait trouver une troisième voie entre capitalisme et communisme en laissant subsister le secteur privé mais en accordant un rôle de contrôle, d'initiative et de régulation essentiel à l'État. En dehors du fascisme, Perón s'inspire aussi, mais de façon beaucoup plus limitée, du *New Deal* de Roosevelt et du *Welfare* britannique. Dès 1948, l'année où il prononce le discours ci-dessous, il ressent le besoin de systématiser, presque de codifier sa politique et il encourage les initiatives allant en ce sens : un congrès de philosophie se réunit ainsi en Argentine pour tenter la synthèse entre matérialisme et idéalisme, les cadres du parti « péroniste »

---

2 La première Constitution argentine datait de 1853.

reçoivent une formation à l'art de gouverner et les principes du péronisme sont largement diffusés dans le pays sous forme de commandements ou de vérités qui mettent en avant les thèmes les plus fédérateurs, c'est-à-dire la justice sociale, les droits des travailleurs et le refus de l'impérialisme américain.

Déclin, chute et survivances du péronisme

Ambigu et multiforme, le péronisme ou justicialisme se développe, en outre, dans un contexte qui peut rapidement être qualifié de dictatorial. Élu régulièrement et librement, Perón va, en effet, s'écarter d'emblée de la voie démocratique : il renouvelle unilatéralement les membres de la Cour suprême, transforme le Congrès en vulgaire Chambre d'entérinement, réduit l'opposition au silence, contrôle les journaux, la radio, l'enseignement et accentue lourdement le poids de la police sur la vie du pays. Cet autoritarisme semble d'abord bien toléré par la majorité des Argentins qui – les élections étant maintenues – soutiennent leur Président et son parti aux législatives de décembre 1948 et aux présidentielles de 1951. Cependant, l'entrée dans le nouveau demi-siècle est un tournant et la machine « péroniste » se grippe : la corruption, le coût des nationalisations, la mauvaise gestion des entreprises étatisées et les baisses de production dans l'agriculture, conséquences de l'étranglement du secteur au profit de l'industrie, plongent le pays dans une très grave crise économique et sociale. Perón doit faire marche arrière et réinvestir dans le secteur agricole au détriment du secteur industriel car les céréales et la viande sont les principales richesses du pays. Il lui faut également bloquer les prix et les salaires et assouplir sa politique de nationalisme économique. Par ailleurs, en 1952, il tombe en dépression à la suite du décès d'Evita qui, mourant d'un cancer à trente-trois ans, prive le régime de son principal talisman. Enfin, en 1954, le Président, jusque-là soutenu par la puissante Église catholique, se lance dans une vaste politique de laïcisation, mal comprise par le peuple et qui lui vaut l'excommunication par Pie XII.

En 1955, le premier acte du péronisme s'achève par un nouveau coup d'État. Après avoir déjoué un complot en août, Perón annonce son intention de poursuivre sévèrement tous les traîtres, c'est-à-dire tous les opposants à son régime, et décrète l'état de siège le 3 septembre. En vain. Quelques jours plus tard, il est destitué par une révolution militaire dite « libératrice » et part en exil pour dix-huit ans, au Paraguay, au Venezuela, en République dominicaine puis en Espagne. En Argentine, le parti « péroniste » est déclaré illégal tandis que la Constitution de 1949 est abolie. Cependant, le péronisme se survit : il appuie en sous-main certains candidats à la présidence et obtient le droit de se présenter à des élections locales (1962) puis nationales (1965) qu'il remporte, mais chaque victoire suscite la crainte d'une restauration et entraîne un nouveau coup d'État militaire. En 1973, le général-président Lanusse accepte l'organisation d'élections présidentielles libres mais interdit à Perón de se présenter. Cependant, le taux d'abstention est tel que le vainqueur désigné démissionne au bout de quelques mois pour permettre le retour au pays de l'ex-président exilé et la tenue d'un nouveau scrutin qu'il gagne avec 62 % des voix.

En octobre 1973, Juan Domingo Perón redevient chef d'État, avec sa troisième épouse Maria Estela dite Isabel Martinez de Perón comme vice-présidente. Mais sa victoire est de courte durée. En effet, il doit gérer une situation économique dramatique mais aussi une anarchie grandissante et ne peut compter, comme naguère, sur un parti uni, les péronistes d'extrême-gauche et d'extrême-droite s'affrontant à coup d'attentats. Lorsqu'il s'éteint, le 1er juillet 1974, sa femme lui succède avant d'être renversée, fin mars 1976, par la junte du général Videla. De nouveau, les péronistes sont écartés du pouvoir, qu'ils ne retrouveront qu'en 1989, avec l'élection à la présidence de Carlos Menem, en poste durant dix ans. Cette décennie prouvera à quel point le péronisme est devenu, pour l'essentiel, une simple étiquette : s'il se dit héritier de Perón, Menem n'en mène pas moins une politique totalement contraire à la sienne. Pro-américain et néo-libéral, il lance une vaste campagne de privatisations et lie le peso au dollar. Deux ans après son départ, en 2001, l'Argentine se retrouvera presque asphyxiée économiquement et près de basculer dans la guerre civile.

Aux élections de 2003, deux péronistes sortiront en tête du premier tour : Menem qui se retirera et Nestór Kirchner, un homme de centre-gauche qui, dès son élection, agira de manière plus conforme au justicialisme des origines et se rapprochera du Brésilien Lula mais également du Vénézuélien Chavez. Élue présidente en 2007, Cristina Fernandez Kirchner entend poursuivre l'action de son époux. Néanmoins, si l'Argentine semble désireuse de mener une politique non plus nationaliste mais « sud-américaniste », elle ne peut échapper à l'emprise économique nord-américaine, notamment dans le domaine agricole. C'est là le prix du rééchelonnement et de la réduction de sa gigantesque dette extérieure par le FMI.

LE JUSTICIALISME

[…] Il y a quelques années, devant le Congrès, quelques-uns de nos députés ont demandé ce qu'était le péronisme. Le péronisme, c'est l'humanisme en action. Le péronisme est une nouvelle doctrine politique qui rejette les défauts de la politique des temps révolus. Dans le domaine social, c'est une théorie instaurant une certaine égalité entre les hommes, qui leur accorde des possibilités égales et leur assure un futur tel que plus personne dans ce pays ne soit privé des ressources élémentaires, même s'il faut en arriver à empêcher tous ceux qui ont gaspillé ce qu'ils possèdent d'en faire autant, pour le bénéfice de ceux qui n'ont rien du tout. Dans le domaine économique, le péronisme vise à ce que chaque Argentin fournisse sa part de travail pour le bien des Argentins. Il vise dans le domaine économique à remplacer une politique économique prétendant qu'il y avait ici une école parfaite de l'exploitation capitaliste, par une doctrine d'économie sociale qui veille à ce que notre richesse, que nous retirons de notre sol pour la transformer soit distribuée équitablement parmi tous ceux qui ont contribué par leurs efforts à constituer cette richesse.

Voilà ce qu'est le péronisme. Et le péronisme n'est pas seulement un sujet de conversation pour intellectuels : soit on le ressent, soit on le rejette. Le péronisme est plus une question du cœur que de la tête. Heureusement, je ne suis pas un de ces présidents qui se maintiennent à l'écart de la vie, au contraire je vis au milieu de mon peuple, comme je l'ai toujours fait. Ce faisant, je partage les hauts et les bas, les succès et les déceptions de la classe ouvrière de mon peuple. Je ressens une satisfaction personnelle lorsque je vois un ouvrier bien habillé qui conduit sa famille au théâtre. Ma satisfaction est aussi grande que si j'étais cet ouvrier moi-même. Voilà ce qu'est le péronisme.

[...] Je n'ai jamais partagé l'opinion selon laquelle, dans ce monde, il devait y avoir des groupes de personnes qui s'opposent à d'autres groupes, des nations qui s'opposent à d'autres nations, et je puis encore moins accepter que les hommes soient des ennemis en raison de leurs différences d'appartenance religieuse. Comment peut-on accepter, comment se peut-il qu'il y ait de l'antisémitisme en Argentine ? L'Argentine ne devrait connaître qu'une seule classe d'hommes : des hommes qui œuvrent ensemble pour le bien-être de la nation, sans discrimination aucune. Ceux-là sont de bons Argentins, quelle que soit leur origine, leur race ou leur religion, s'ils œuvrent jour après jour à la grandeur de la nation, et ceux-là sont de mauvais Argentins, quels que soient leurs propos ou leurs revendications, s'ils n'apportent pas jour après jour leur pierre à l'édifice du bonheur et de la grandeur de notre nation.

L'Argentine ne devrait faire aucune autre discrimination parmi ses habitants : ceux qui fournissent un travail constructif et ceux qui n'en font rien. Ceux qui sont des bienfaiteurs de leur pays et ceux qui n'en sont pas. C'est pourquoi, dans le plus libre des pays du monde libre, aussi longtemps que je serai président de cette République, personne ne sera persécuté par aucun autre.

[...]

46 – Paul-Henri Spaak
La base de notre politique, c'est la peur

28 septembre 1948

La doctrine Jdanov répondant à la doctrine Truman[1], le Comecon répondant au Plan Marshall[2] : la guerre froide cristallise les oppositions en plaçant sur le devant de la scène deux super-puissances dont le discours peut parfois sembler stéréotypé ou de stricte propagande. Les accents de vérité ou les initiatives inattendues sont donc, paradoxalement, plus susceptibles d'émaner d'une petite ou moyenne puissance, surtout lorsque celle-ci dispose d'hommes d'État habiles et talentueux. En 1948, le Belge Paul-Henri Spaak osera ainsi apostropher les Soviétiques sur un ton inhabituel pour leur faire connaître les sentiments profonds des Occidentaux.

Rebelle assagi et neutre repenti

Issu de la bourgeoisie bruxelloise, avocat de formation, Paul-Henri Spaak (1899-1972) est le fils d'une des premières sénatrices socialistes belges, le petit-fils d'un député libéral de gauche et le neveu d'un autre leader libéral qui sera, un temps, Premier ministre. Lui-même s'engage très tôt dans les rangs du Parti ouvrier belge (POB) et, au Barreau comme en politique, se comporte d'abord en trublion voire en rebelle. Il défend les syndicalistes, les objecteurs de conscience mais aussi le jeune Italien qui, à Bruxelles en 1929, tire sur l'héritier du trône transalpin par antifascisme. Dès 1926, au sein du POB, il est l'un des principaux animateurs d'un courant radical et, en 1932, fait son entrée à la Chambre des Représentants. Opportunisme ou sens des responsabilités qui incombent à l'homme d'État, il rentre dans le rang dès 1935, lorsqu'il est nommé ministre des Transports et des PTT. Passé aux Affaires étrangères en 1936, poste qu'il occupera presque sans discontinuer jusqu'en 1949, et un temps Premier ministre (mai 1938-février 1939), il est l'artisan du retour de la Belgique à une politique d'indépendance puis de neutralité, qu'il estime la plus susceptible d'éviter une nouvelle guerre au pays. Mais l'invasion allemande du 10 mai 1940 puis la capitulation belge et l'effondrement de la France sont pour lui autant de coups de massue.

Paul-Henri Spaak gagne alors Londres où il restera jusqu'en septembre 1944, gérant les Affaires étrangères au sein du gouvernement belge en exil. De son propre

---

1 Voir l'introduction au discours n° 42.

2 Voir l'introduction au discours n° 43.

aveu, la rencontre avec la Grande-Bretagne et les Britanniques sera une révélation[3]. Elle transformera le neutraliste en partisan de la coopération et des grandes collaborations internationales. Elle fera aussi de lui un anglophile convaincu : selon Spaak, c'est avant tout sur l'Angleterre, protectrice naturelle de l'indépendance belge et modèle de démocratie, que la Belgique doit s'appuyer pour asseoir sa sécurité au sein d'une alliance régionale comptant aussi la France, le Luxembourg et les Pays-Bas. Les négociations de l'union douanière Benelux menée durant le conflit vont dans ce sens, de même que les discussions avec les Français libres, toutefois moins poussées car on redoute toujours des velléités annexionnistes. Mais avec Londres, les Belges signent déjà des accords de partenariat, d'abord secrets, qui prévoient notamment la reconstitution d'une armée belge sur le modèle anglais et la possibilité pour Londres de disposer de bases militaires sur le sol belge. Cette assise régionale, concrétisée en 1948 par le traité de Bruxelles sur lequel nous allons revenir, est le premier des trois étages de la politique spaakienne de sécurité. Le second est européen et, sur ce plan aussi, Spaak s'impliquera personnellement : co-parrain du Mouvement européen[4], il présidera l'Assemblée consultative du Conseil de l'Europe (1949-1951) puis celle de la CECA (1952-1954) et jouera un rôle certain dans la préparation des traités de Rome et dans la promotion du fédéralisme européen. Enfin, le troisième étage, l'étage supérieur, est celui de la sécurité collective et de l'ONU, dont Spaak préside en 1946 la première session.

Face à la guerre froide

En février 1946, quelques jours avant que Winston Churchill ne dénonce publiquement l'existence d'un rideau de fer au centre de l'Europe[5], Spaak a rencontré le délégué soviétique à l'ONU, Andreï Vichinsky, pour lui proposer la signature d'un traité d'amitié bilatéral entre Bruxelles et Moscou. La Belgique, lui explique-t-il, veut rester un pont entre l'Est et l'Ouest mais aussi se rapprocher de ses voisins occidentaux pour des raisons économiques et de sécurité. Le traité avec Moscou ferait ainsi pendant à un pacte régional à l'Ouest et indiquerait clairement que celui-ci n'est en rien dirigé contre l'Est. Vichinsky approuve mais n'en réfère pas à Moscou. Un an plus tard, alors que Paris et Londres viennent de signer, à Dunkerque, un pacte d'assistance mutuelle théoriquement dirigé contre l'Allemagne, et alors que Truman s'apprête à édicter sa doctrine, Spaak réitère sa proposition. Il n'obtient pas plus de réponses et se heurte, à l'Ouest, aux protestations des Néerlandais qui l'accusent d'agir unilatéralement. Cette volonté spaakienne de maintenir le dialogue avec Moscou s'explique par un attachement aux principes de la sécurité collective et à l'idéal de « Grande Alliance » forgé durant la guerre mais aussi par la conjoncture belge. Jusqu'en mars 1947 en effet, les communistes participent à tous les gouvernements et ils représentent un poids politique non négligeable : aux élections du 17 février 1946, ils ont récolté 12,7 % des voix

---

3 Paul-Henri Spaak, *Combats inachevés*, t.1 : *De l'Indépendance à l'Alliance*, Paris, Fayard / Bruxelles, Vokaer, 1969, p. 123-124.

4 Voir l'introduction au discours n° 41.

5 Voir l'introduction au discours n° 40.

et 23 sièges, devenant le troisième parti du pays derrière les sociaux-chrétiens et les socialistes mais devant les libéraux. Ils doublent ainsi leurs scores d'avant-guerre.

Mars 1947 est un tournant : le même jour, le 12, le président Truman entérine la rupture entre « monde libre » et monde communiste et le parti communiste belge trouve un prétexte pour quitter le gouvernement et se retrancher dans l'opposition. C'est Spaak lui-même qui forme le nouveau cabinet, cumulant les fonctions de Premier ministre et de ministre des Affaires étrangères, en concluant une coalition avec les catholiques. La guerre froide oblige chacun à choisir son camp et Spaak milite dès lors plus que jamais pour un renforcement des liens avec Londres et, au-delà, avec Washington, dans un but défensif. Il reste anglophile et européen mais, déjà, se veut atlantiste. Comme la Grande-Bretagne le déçoit par sa lenteur à conclure une réelle alliance régionale, il se tourne vers les États-Unis qu'il appelle à une action plus décidée en Europe. Mais ceux-ci sont prudents : aux Européens de s'entendre d'abord entre eux. Début 1948, le « coup de Prague »[6], basculement total de la Tchécoslovaquie dans le camp soviétique, fait ressentir l'urgence d'une union plus ferme à l'Ouest. Le 17 mars, par le traité de Bruxelles, la Grande-Bretagne, la France, la Belgique, le Luxembourg et les Pays-Bas signent une alliance politique et militaire valable cinquante ans. Elle prévoit l'assistance automatique en cas d'agression d'un signataire en Europe et des consultations en cas d'agression sur un autre continent ou de menace allemande. Pour Spaak, l'heure est importante : c'est la concrétisation de plusieurs années d'efforts en faveur d'un bloc régional sous l'égide de Londres. Très vite, des négociations discrètes sont initiées en vue d'un élargissement à d'autres pays, à commencer par les États-Unis, toujours rétifs à un engagement militaire durable en Europe. Elles aboutiront, en avril 1949, à la signature du pacte Atlantique.

Mais 1948 est aussi l'année où se met en place l'OECE organisation européenne destinée à répartir les aides du Plan Marshall et à favoriser l'harmonisation des politiques économiques européennes. Parce qu'il a la confiance de Washington et parce que le choix du représentant d'un petit pays évite les rivalités entre Grands, c'est Paul-Henri Spaak qui est désigné comme premier président du Conseil de l'OECE. 1948 est encore l'année où les Occidentaux décident du devenir de leurs zones d'occupation en Allemagne. Annonçant la naissance d'un État ouest-allemand unique mais fédéral intégré dans le Plan Marshall, ils provoquent une réplique cinglante des Soviétiques qui, décidés à rester seuls maîtres à Berlin située dans leur zone mettent en place un blocus pour empêcher, dès juillet, le ravitaillement des secteurs occidentaux de la ville. Un pont aérien efficace rendra toutefois ce blocus inopérationnel. 1948 est enfin l'année d'une faille importante dans le glacis soviétique : en juin, la Yougoslavie est condamnée par le Kominform comme traître au communisme. En fait, Tito entend se démarquer de Staline et mener sa propre politique, ce qui se traduit, dès fin juillet, par un premier accord avec Washington sur l'indemnisation des capitaux américains investis dans des industries nationalisées. Il existe donc, au cours du premier semestre 1948, un faisceau d'éléments qui, véritablement, exaspèrent et hérissent les dirigeants soviétiques.

---

[6] Voir l'introduction au discours n° 33.

Jamais personne aux Nations unies n'avait parlé aux Russes sur ce ton[7]

Cette exaspération se traduit, dans les discours de leurs représentants, par une certaine agressivité de forme et un contenu stéréotypé, chaque initiative occidentale étant présentée comme une action belliciste directement dirigée contre l'Union soviétique. Lors de la troisième session de l'ONU qui se tient à Paris au palais de Chaillot en septembre 1948, le délégué russe Vichinsky en apporte une nouvelle preuve. Son discours du 25 septembre est un réquisitoire violent et dogmatique contre les Occidentaux, accusés de préparer une guerre d'agression. L'orateur s'en prend à l'ONU qui, malgré l'opposition de Moscou, a créé des commissions de surveillance de la situation en Corée et dans les Balkans[8]. Il fustige également le traité de Bruxelles et le Plan Marshall. Il dénonce enfin et tour à tour chaque pays occidental comme foncièrement anticommuniste. Concernant la Belgique, Vichinsky stigmatise la collaboration des milieux réactionnaires à une campagne de haine dirigée contre le socialisme et la démocratie. Les réponses des premiers orateurs occidentaux sont fermes mais exprimées de manière classique et mesurée. Paul-Henri Spaak doit parler au nom de son pays le 28 septembre dans l'après-midi et il est bien décidé, pour sa part, à répliquer aux Soviétiques en employant d'autres armes rhétoriques.

Comme pour chacun de ses discours, il prépare un plan précis, articulé et argumenté ainsi que quelques phrases fortes et quelques images frappantes testées sur ses proches, le reste étant laissé à une improvisation contrôlée. *Mon discours n'était pas écrit, mais il était soigneusement préparé*, rapportera-t-il dans ses mémoires. *Pendant trois jours, j'avais vécu avec lui en me promenant, en marchant, en me rasant, dans mon bain, en dormant, en rêvant*[9]. Montant à la tribune, il sait qu'il va briser un tabou, comme seul sans doute peut se le permettre le représentant d'un petit pays, il sait aussi que son allocution fera date et suscitera nombre de réactions mais il ne sait pas encore que ce discours-là restera véritablement dans l'histoire, au point de figurer dans de nombreux recueils de textes et anthologies. Paul-Henri Spaak commence par réaffirmer les valeurs du monde libre, de manière peut-être ironique mais sincère. Il s'adresse ensuite directement et sans précautions oratoires à Andreï Vichinsky pour lui asséner que le moteur de toute la politique occidentale n'est pas l'agression antisoviétique, comme il le prétend, mais bien la peur, une peur froide et raisonnée, la peur de l'avenir au regard de la politique impérialiste et expansionniste menée depuis la fin de la guerre par l'URSS. Et Spaak d'énumérer les pays entrés, souvent de force, dans la zone d'influence soviétique, de dénoncer le blocage volontaire de l'ONU par Moscou et son refus du généreux Plan Marshall, de mettre en évidence le danger représenté par la « cinquième colonne » communiste partout en Europe puis d'en terminer sur une note d'espoir, sur une main tendue, sans pour autant croire réellement qu'elle sera saisie. Spaak lance en effet à l'URSS que rien n'est encore irrémédiable, que chacun, moyennant des concessions, peut permettre un meilleur fonctionnement des Nations unies. Si Moscou voulait respecter davantage la

---

7 Paul-Henri Spaak, *Combats inachevés*, *op.cit.*, p. 217.

8 La commission sur les Balkans fut désignée le 21 octobre 1947 et celle sur la Corée le 14 novembre.

9 Paul-Henri Spaak, *Combats inachevés*, *op.cit.*, p. 212-213.

Charte de l'ONU, les Occidentaux pourraient arrêter de réclamer la fin du principe du droit de veto. *Il n'est pas trop tard, mais il est temps*, conclut-il.

Le discours de Spaak, plusieurs fois interrompu par des applaudissements, s'achève dans un grand silence vite suivi d'une interminable ovation ; certains commentateurs parlent de cinq minutes d'acclamations. La franchise de l'orateur, la simplicité de son vocabulaire et le mélange de calme et de détermination avec lequel il s'est adressé à son principal interlocuteur ont impressionné les travées, les tribunes du public et les rangs de la presse. On a souvent dit que Spaak avait, ce 28 septembre 1948, exprimé tout haut l'opinion majoritaire dans le monde occidental et les répercussions dans les médias comme au sein de la population ont été nombreuses et positives. Des centaines d'anonymes ont ainsi fait parvenir au Premier ministre belge des télégrammes de félicitations ou de remerciements. Aux États-Unis, sa cote de confiance et de popularité s'en trouve encore accrue et nul doute que le discours de 1948 aura joué un rôle dans sa désignation comme secrétaire général de l'OTAN de 1957 à 1961. À l'inverse, pour l'URSS comme pour l'ensemble des communistes, Spaak est devenu l'ennemi, l'archétype même du « social-traître » vendu au grand capitalisme américain. En Belgique, le parti communiste va désormais l'appeler « Spaak-la-guerre » et le ton est donné, dès le 20 octobre, lorsque des militants communistes viennent chahuter bruyamment, devant le Cirque royal de Bruxelles, une manifestation au cours de laquelle le Premier ministre prononce, à l'usage de ses seuls compatriotes cette fois, un nouveau discours sur la situation internationale. L'évolution de celle-ci, avec l'annonce, en 1949, de l'explosion de la première bombe atomique soviétique, la victoire communiste en Chine et, en juin 1950, le début de la guerre de Corée, ne fera qu'accroître et justifier le sentiment de peur exprimé par Spaak à la tribune de l'ONU, une peur qui ne connaîtra de répit partiel qu'à partir de 1953, avec la mort de Staline.

LA BASE DE NOTRE POLITIQUE, C'EST LA PEUR

[...]

La délégation soviétique ne doit pas chercher d'explications compliquées à notre politique.

Je vais lui dire quelle est la base de notre politique. Je vais le lui dire, dans des termes qui sont un peu cruels peut-être et dans des termes que seul le représentant d'une petite Nation peut employer.

Savez-vous quelle est la base de notre politique ? C'est la peur. La peur de vous, la peur de votre Gouvernement, la peur de votre politique.

Et si j'ose employer ces mots, c'est parce que la peur que j'évoque, n'est pas la peur d'un lâche, n'est pas la peur d'un ministre qui représente un pays qui tremble, un pays qui est prêt à demander pitié ou à demander merci.

Non, c'est la peur que peut avoir, c'est la peur que doit avoir un homme quand il regarde vers l'avenir et qu'il considère tout ce qu'il y a peut-être encore d'horreur et de tragédie, et de terribles responsabilités dans cet avenir.

Savez-vous pourquoi nous avons peur ? Nous avons peur parce que vous parlez souvent d'impérialisme. Quelle est la définition de l'impérialisme ? Quelle est la notion courante de l'impérialisme ? C'est celle d'un peuple – généralement d'un grand pays – qui fait des conquêtes et qui augmente, à travers le monde, son influence.

Quelle est la réalité historique de ces dernières années ? Il n'y a qu'un seul grand pays qui soit sorti de la guerre ayant conquis d'autres territoires, et ce grand pays, c'est l'URSS. C'est pendant la guerre et à cause de la guerre que vous avez annexé les pays baltes. C'est pendant la guerre et à cause de la guerre que vous avez pris un morceau de Finlande. C'est pendant et à cause de la guerre que vous avez pris un morceau de la Pologne. C'est grâce à votre politique audacieuse et souple que vous êtes devenus tout-puissants à Varsovie, à Prague, à Belgrade, à Bucarest, à Sofia. C'est grâce à votre politique que vous occupez Vienne et que vous occupez Berlin, et que vous ne semblez pas disposés à les quitter. C'est grâce à votre politique que vous réclamez maintenant vos droits dans le contrôle de la Ruhr. Votre empire s'étend de la mer Noire à la Baltique et à la Méditerranée. Vous voulez être aux bords du Rhin et vous nous demandez pourquoi nous sommes inquiets…

La vérité, c'est que votre politique étrangère est aujourd'hui plus audacieuse et plus ambitieuse que la politique des tsars eux-mêmes.

Nous avons peur aussi à cause de la politique que vous suivez dans cette Assemblée. Nous avons peur à cause de l'usage et surtout à cause de l'abus que vous faites du droit qui vous a été reconnu à San Francisco : le droit de veto.

Nous avons peur parce que dans cette Assemblée, vous vous êtes faits les champions de la doctrine de la souveraineté nationale absolue. Et nous nous demandons comment une organisation internationale pourra fonctionner, comment une organisation internationale pourra remplir les buts qui lui sont dévolus, si cette doctrine périmée et, comme je l'ai dit déjà l'année dernière, si cette doctrine réactionnaire triomphe.

L'organisation internationale ne pourra fonctionner que le jour où les Nations, petites, moyennes et grandes auront reconnu, en pleine conscience, qu'au-dessus de leurs volontés personnelles, il y a la loi internationale. Aussi longtemps qu'un pays quelconque prétendra affirmer sa propre volonté par-dessus la volonté de la majorité des Nations, la présente organisation ne pourra pas donner tout ce que nous attendions d'elle.

Et il ne vous a pas suffi d'user et d'abuser du veto. Il ne vous a pas suffi de proclamer ce principe de la souveraineté nationale contre la loi internationale : vous avez systématiquement refusé de collaborer avec l'Organisation des Nations unies chaque fois que cette Assemblée, contre votre sentiment ou contre votre avis, a fait une recommandation.

Vous avez beau jeu aujourd'hui de soutenir que la Commission des Balkans ou que la Commission de Corée n'a pas donné de bons résultats. Comment pouvait-elle donner ces résultats alors qu'avant même qu'elle ait commencé son travail, une partie de cette Assemblée refusait d'y collaborer ?

Nous avons de l'inquiétude à cause de tout cela :

parce qu'à cause de votre façon de faire, vous avez rendu cette Organisation inefficace ;

parce que les questions qui se posent devant cette Organisation restent sans solution par votre propre volonté, même contre l'avis de l'ensemble des Nations unies.

Nous sommes dans l'inquiétude, parce que nous avions placé toute notre confiance dans une Organisation des Nations unies efficace et que, par la politique que vous avez suivie, vous nous forcez à rechercher maintenant notre sécurité, non pas dans le cadre international et universel de cette Assemblée, mais dans le cadre des accords régionaux auxquels nous aurions voulu renoncer pour toujours.

Enfin, vous nous inquiétez parce que dans chacun des pays ici représentés, vous entretenez une cinquième colonne auprès de laquelle la cinquième colonne hitlérienne n'était qu'une organisation de boy-scouts.

Il n'y a pas un endroit du monde où un Gouvernement, qu'il soit d'Europe, d'Afrique ou d'Asie, qui ne trouve une difficulté ou un obstacle, que vous ne soyez là pour l'envenimer.

C'est votre façon de collaborer avec les Gouvernements ici représentés, avec lesquels vous devriez travailler à assurer la paix. Et dans chacun de nos pays, à l'heure actuelle, il y a un groupe d'hommes qui, non seulement sont les représentants et les défenseurs de votre politique étrangère (ce qui après tout ne serait pas très grave) mais qui ne manquent pas une occasion d'affaiblir l'État dans lequel ils vivent, politiquement, moralement et socialement.

Et vous avez donné, et l'URSS et les pays de l'Est, et les partis communistes du monde entier, la mesure exacte de ce que vous pouvez faire dans votre opposition, dans votre attaque contre le plan Marshall.

Oh, je ne me fais pas beaucoup d'illusions.

Demain matin, dans une partie de la presse mondiale, je serai traité de valet de l'impérialisme américain ou de vendu à Wall Street.

Mais j'ose affirmer que la position prise par l'URSS et par les partis communistes du monde entier contre le plan Marshall est l'action la plus déprimante, la plus grave, la plus inquiétante qu'ils aient pu mener.

Car la vérité proclamée par seize pays européens, qui n'ont tout de même de leçon de dignité nationale à recevoir de personne, c'est que sans le plan Marshall, l'Europe est perdue.

Le plan Marshall ? Au lieu de chercher des explications compliquées, au lieu d'aller trouver des commentaires dans je ne sais quel journal de province américain, il est peut-être plus normal et plus logique d'en puiser le commentaire et d'en retrouver le haut idéal dans les paroles du général Marshall lui-même, quand il a parlé pour la première fois de ce qui devait devenir le plan Marshall.

Il a dit : « Il est logique que les États-Unis fassent tout ce qu'ils peuvent pour aider à rétablir la santé économique du monde, sans laquelle la stabilité politique et la paix ne peuvent être assurées. Notre politique n'est dirigée contre aucun pays, aucune doctrine, mais contre la famine, la pauvreté, le désespoir et le chaos.

Son but doit être la renaissance d'une économie active dans le monde, afin que soient créées les conditions politiques et sociales où de libres institutions puissent exister. »

Quoi qu'il arrive dans l'avenir et quel que soit l'avenir du plan Marshall, les paroles qui ont été prononcées ce jour-là sont des paroles qui honoreront le chef de la diplomatie américaine et qui sont dans la ligne d'une politique pour laquelle, malgré tout et toujours, nous garderons une énorme gratitude.

Car nous savons que c'est cette politique-là, qui, deux fois en vingt-cinq ans, a envoyé les soldats américains contribuer à la victoire, qui nous a rendu notre indépendance, que c'est cette politique-là, inspirée par Wilson, inspirée par Roosevelt, qui a fait l'effort de guerre américain, qui a fait l'UNRRA, qui a fait le lend-lease et qui, aujourd'hui, donne à l'Europe sa seule chance de se sauver.

Voilà pourquoi nous sommes inquiets. Voilà, je le répète, un peu crûment, pourquoi nous avons peur.

Au cours d'un grand discours qu'il a fait pendant la guerre, le président Roosevelt a un jour énuméré les quatre libertés[10] qui devaient, d'après lui, rendre la confiance et la prospérité au monde. Et l'une de ces libertés ou plutôt l'une de ces libérations, c'était la libération de la peur.

J'avoue qu'au moment où le discours a été prononcé, je n'en ai pas compris tout le sens, et je n'en ai pas compris toute la profondeur.

---

10 Voir compléments aux discours n° 33 et 41.

Aujourd'hui, au moment où s'ouvre cette troisième session de l'Assemblée des Nations unies, je sais quel service incommensurable serait rendu au monde si l'on parvenait à nous libérer de la peur. Eh bien, dans cette libération de la peur, que l'URSS me permette de le lui dire, elle a un grand rôle, un rôle décisif à jouer.

Nous ne demandons pas seulement qu'on nous affirme catégoriquement que l'on est pour la paix, que l'on est contre l'impérialisme, que l'on est pour la Charte des Nations unies. Nous voudrions voir ces paroles traduites en actes et commencer au sein de notre Assemblée une véritable collaboration, basée sur une compréhension et sur l'estime réciproque.

Est-ce que mon discours est un discours pessimiste ?

Est-ce que je considère que tout est perdu ?

Certainement non.

Car, dans tout ce qui a été dit à cette tribune, j'ai constaté que, tout de même, quel que soit, dans une certaine mesure, le sens différent que l'on donne aux mots, le même langage a toujours été tenu en général.

On se réclamait de tous les côtés des mêmes principes.

On affirmait de tous les côtés que l'on voulait assurer la paix.

On assurait de tous les côtés que l'on voulait collaborer.

Et je pense, quelle que soit peut-être la rudesse des paroles que j'ai prononcées, je pense, laissez-moi vous le dire sincèrement, que ces discours pacifiques sont vrais.

Je crois que nous sommes encore trop près de la guerre, trop près des souffrances communes que nous avons subies, trop près de nos ruines et trop près de nos morts. Je pense que nous sommes trop près de tout cela pour que, quand nous parlons de la paix et de la collaboration, ce ne soit pas dans un grand sentiment de sincérité et de vérité.

Ce qui m'épouvante, c'est que je me rends compte qu'à l'heure actuelle, l'humanité sait ce qu'elle devrait faire pour être sauvée, que l'humanité voudrait le faire, mais son destin – son destin tragique – est qu'il semble qu'elle soit incapable de le faire.

[...]

47 – Joseph McCarthy
Des communistes au département d'État

9 février 1950

En 1947, le président américain Harry Truman et le Soviétique Andreï Jdanov, l'un des seconds de Staline, ont, tour à tour, entériné la division du monde en deux blocs politiquement, économiquement et culturellement antagonistes[1]. Désormais, aucune neutralité ne peut plus être de mise : « qui n'est pas avec nous est contre nous » et « qui n'est pas avec nous nous menace ». C'est le règne de la peur de l'autre[2], du bloc d'en face, de l'idéologie concurrente, une peur exacerbée de chaque côté et ravivée en permanence par l'angoisse de la subversion et de l'espionnage. Dans l'Amérique du début des années cinquante, un homme va profiter de ce climat de psychose voire de paranoïa pour servir sa carrière politique et déclencher une grande ère de persécutions, source d'évidents dangers pour la démocratie et le respect des droits individuels.

Les États-Unis face à la « peur du Rouge »

Fondée par des émigrants européens fuyant la misère ou les persécutions religieuses, la société américaine repose sur le principe de liberté : liberté de l'individu primant sur l'intérêt de la collectivité, liberté de commercer et d'entreprendre, liberté de pensée, de religion et d'expression. Toutefois, cette liberté connaît certaines limites et la principale d'entre elles est la préservation du modèle américain, de la forme de gouvernement que se sont donnés les États-Unis. En d'autres termes, il s'agit de lutter contre celui ou ceux qui voudraient attenter à la sûreté de l'État et aux principes de la Constitution. Dès l'origine, le système soviétique, né de la révolution d'Octobre 1917, est apparu aux Américains comme un danger mortel pour leur mode de vie et la « peur du Rouge » fut un phénomène réel dans l'Amérique de l'immédiat après-Première Guerre, bien que les militants socialistes et communistes n'y représentent alors que 0,1 % de la population. Une vague d'attentats anarchistes menée en 1919-1920 conduit à une répression dans les milieux d'extrême-gauche et à l'expulsion de nombreux communistes vers la Russie mais l'affaire la plus célèbre est celle de Sacco et Vanzetti, deux immigrés

---

1 Voir l'introduction au discours n° 42.

2 Voir l'introduction au discours n° 46 et l'apostrophe du Belge Paul-Henri Spaak à l'URSS : « Savez-vous quelle est la base de notre politique ? C'est la peur. La peur de vous, la peur de votre Gouvernement, la peur de votre politique. »

italiens et militants anarchistes qui, en 1920, sont accusés d'un double meurtre avec vol dans le Massachusetts. Interpellés, ils refusent de coopérer avec la police et leurs premières déclarations sont ambiguës. Ils sont condamnés à mort sans preuve tangible en mai 1921 et seront finalement exécutés en août 1927, malgré des témoignages à décharge probants. L'émotion autour de leur cas a gagné le monde entier. Les premières manifestations de soutien viennent d'Italie en août 1921, manifestations très vite relayées par l'Internationale communiste qui décide de lancer une vaste campagne de manifestations, grèves et meetings à travers l'Europe. Sacco et Vanzetti sont ainsi devenus le symbole d'une certaine propension de la société américaine à tolérer l'arbitraire lorsqu'elle se sent menacée de l'intérieur.

Le climat s'améliore dans les années trente, celles du *New Deal* et d'une politique sociale plus soucieuse des classes défavorisées. Puis vient la Seconde Guerre et l'alliance de fait entre Washington et Moscou. La psychose renaît avec l'établissement de la guerre froide et la peur d'une « cinquième colonne », d'une subversion communiste sur le sol américain, va croissant. La liberté de pensée reste théoriquement garantie, c'est-à-dire que le parti communiste américain, simple groupuscule, ne sera jamais interdit, mais l'on va traquer tous azimuts les Américains susceptibles, par leurs idées, de pratiquer l'espionnage ou le prosélytisme pour le compte de l'URSS et, partant, de travailler à la déstabilisation des États-Unis. Le processus de dramatisation de la situation internationale, initié par l'administration Truman, va progressivement lui échapper parce que les républicains qui y voient un moyen de revenir au pouvoir vont dénoncer, à coup d'informations souvent inventées ou surévaluées, l'existence d'une vaste conspiration communiste au sein même des rouages de l'État.

Un climat propice à l'inquisition

Depuis 1940, l'*Alien Registration Act* ou *Smith Act* oblige toute personne désireuse d'entrer sur le territoire américain à affirmer n'avoir jamais été membre du parti communiste ou d'une organisation affiliée. La mesure reste en vigueur même lorsque les États-Unis et l'URSS font cause commune contre l'Axe. À partir de 1947, conséquence de la doctrine Truman, un décret présidentiel impose à tout fonctionnaire fédéral de se soumettre à une procédure évaluant son loyalisme, c'est-à-dire l'obligeant à attester sous serment sa non-affiliation à une organisation définie par le gouvernement comme étant communiste, fasciste, subversive ou visant à modifier la forme du gouvernement des États-Unis par des moyens anticonstitutionnels. Toujours en 1947, le *Taft-Hartley Act* impose le même type de serment à tout dirigeant syndical. Par ailleurs, on crée ou on réactive certaines commissions parlementaires vouées à la poursuite des activités non- ou antiaméricaines : ce sont le *House Un-American Activities Committee* (HUAC) et le *Senate Internal Security Subcomittee* (SISS) qui multiplient les enquêtes et les auditions de témoins.

L'année 1949 est particulièrement tendue sur le plan de l'équilibre des blocs. Elle voit la signature et l'entrée en vigueur du pacte Atlantique, qui donnera naissance à l'OTAN, et sanctionne l'avènement de deux Allemagnes, la RFA à l'Ouest et la RDA à l'Est. À l'automne, deux événements suscitent une vive inquiétude dans le camp occidental : l'URSS reconnaît posséder désormais la bombe atomique et, le 1er octobre,

Mao proclame la république populaire de Chine, parachevant ainsi la victoire des communistes sur les nationalistes. À la même période, aux États-Unis et en Grande-Bretagne, des espions réels ou supposés sont démasqués. Trois cas sont particulièrement évocateurs. Le premier est celui de Harry D. White, inspirateur du FMI et de la Banque mondiale, qui, en 1948, dut se défendre contre des accusations mensongères d'espionnage. Il fut blanchi mais mourut d'une attaque cardiaque après son audition par le HUAC. Le deuxième cas est celui d'Alger Hiss, directeur de la Dotation Carnegie pour la paix internationale et ancien haut fonctionnaire du *State Department.* Malgré ses dénégations, il est condamné, le 21 janvier 1950, à cinq ans d'emprisonnement pour parjure dans une affaire où il était accusé d'avoir transmis, avant guerre, des documents gouvernementaux à des agents soviétiques. Le troisième cas concerne Klaus Fuchs, un atomiste allemand naturalisé britannique, arrêté en Angleterre le 2 février 1950 pour avoir livré à l'URSS, de 1942 à 1949, des renseignements sur les recherches atomiques menées aux États-Unis et en Grande-Bretagne. Le 1er mars 1950, il est condamné à quatorze ans de prison. Beaucoup, dans le camp occidental, ne sont pas loin de penser que, sans des traîtres comme Fuchs, Moscou ne disposerait pas encore de la bombe.

L'heure de gloire d'un fanatique

Alors que la lutte contre la subversion communiste n'avait pas été un thème majeur de la campagne présidentielle en 1948, elle est devenue, en dix-huit mois, une sorte d'obsession. Comprenant le bénéfice électoral qu'il peut tirer de cette atmosphère obsidionale, un sénateur républicain va faire de l'épuration anticommuniste son cheval de bataille. Joseph Raymond McCarthy (1908-1957), fils de petits agriculteurs catholiques du Wisconsin et diplômé de droit d'une université jésuite de Milwaukee, a commencé sa carrière comme juge dans son État d'origine, se créant autant d'admirateurs que de détracteurs. En 1942, il s'est engagé dans les *Marines.* On ne lui confia que des missions sans risque mais il sut, au retour, se présenter comme un héros de guerre, ce qui lui permit, en 1946, de remporter la primaire républicaine du Wisconsin contre l'indéboulonnable Robert La Follette, Jr., puis de se faire élire sénateur en accusant son adversaire libéral d'avoir accepté l'appui communiste. Avant même que soit édictée la doctrine Truman, cet argument sut séduire les petits agriculteurs catholiques et conservateurs du Midwest. Au Sénat, il se fit d'abord remarquer en critiquant, avec agressivité mais sans arguments de fond, la manière dont l'armée américaine avait poursuivi les nazis responsables du massacre de prisonniers de guerre américains durant la bataille des Ardennes. L'origine germanique de nombreux habitants du Wisconsin n'y était sans doute pas étrangère. Ce coup d'éclat lui valut toutefois d'être mis sur une voie de garage par ses collègues sénateurs.

L'exacerbation de l'anticommunisme lui offre l'occasion de rebondir. Le 9 février 1950, à Wheeling, en Virginie, il prend la parole devant un groupe de femmes républicaines et prononce un discours choc sur l'infiltration communiste dans l'Administration Truman. Stigmatisant l'opposition fondamentale entre *le monde chrétien occidental* et *le monde communiste athée*, il reprend la doctrine Truman tout en déplaçant son centre de gravité. Là où le Président cite la liberté comme la valeur essentielle permettant de distinguer le bien du mal, les bons des mauvais, McCarthy met, lui, l'accent sur *l'immoralisme* de l'idéologie communiste, sur son irréligion et sur son ambition, presque réalisée, de conquérir le monde. Il argue que *la lutte finale, totale* est lancée et que, dans ce cadre, le principal danger vient des *ennemis du dedans*, de ces communistes embusqués aux États-Unis et qui, loin d'être les plus pauvres ou les plus marginaux, ont souvent su, au contraire, bénéficier des avantages matériels offerts par le pays et le système qu'ils veulent désormais détruire. Peu de choses, dans ce discours, sont neuves pour un auditoire républicain : McCarthy ne se prive pas, en effet, de paraphraser un autre élu de son parti, Richard Nixon. Mais il poursuit par un grand « bluff » en disant posséder les noms de 205 membres du parti communiste employés par le Département d'État, au su de Truman et de Marshall. En réalité, il ne dispose pas d'une telle liste mais se base sur un document du secrétaire d'État Byrnes datant de juillet 1946 et expliquant qu'au terme d'une enquête interne, 284 personnes ont été jugées inaptes à rester employées au *State Department* et que 79 d'entre elles ont effectivement été licenciées. Par un calcul simpliste et sans aucune vérification complémentaire, McCarthy en déduit que 205 communistes œuvrent encore au sommet de l'État en 1950. Très vite cependant, il révisera le nombre et la version « officielle » du discours et fera état de 57 communistes avérés.

Parce que ces accusations correspondent bien à l'état d'esprit qui prévaut alors aux États-Unis, le sénateur du Wisconsin va se retrouver projeté, du jour au lendemain et grâce à ce discours, sur le devant de la scène politique nationale. Il écrit au président Truman le 11 février, réitère ses accusations devant le Sénat le 20 et pousse ainsi l'Administration démocrate, accusée de laxisme, à réagir. Dès le 25 février, le Sénat nomme une commission d'enquête de cinq membres destinée à faire la lumière sur un réseau éventuel d'espionnage communiste au sein du Département d'État. En six mois d'enquête, aucun fait probant ne sera mis au jour mais la popularité de McCarthy, elle, aura atteint des sommets. L'Amérique est bien entrée dans l'ère de ce qu'un caricaturiste a appelé, dès le printemps 1950, le « maccarthysme ».

Vie, déclin et survivances du maccarthysme

Selon les sondages, le sénateur recueille l'appui de 40 à 50 % des Américains et les principaux magazines mettent son visage à la une. Élevé au rang de héros, il impose un climat de terreur. Tout lui semble permis : il insulte publiquement le président Truman, accuse l'ancien secrétaire d'État Marshall d'être lui-même un traître et lance en pâture à l'opinion plusieurs noms de supposés agents communistes, sur base, le plus souvent, de calomnies ou de preuves truquées. Même si la plupart d'entre eux parviennent à se dédouaner facilement, la mécanique est lancée, alimentée par le déclenchement de la guerre de Corée puis l'arrestation des époux Rosenberg, accusés d'avoir transmis aux Russes des secrets atomiques et finalement exécutés en 1953 sans que leur soit accordé le bénéfice du doute. N'importe qui peut être attrait à tout moment devant un comité appelé à vérifier sa « loyauté », c'est-à-dire son anticommunisme passé et actuel, et peut être démis ou condamné sur un simple soupçon. Robert Oppenheimer, le principal responsable du projet Manhattan ayant mis au point la bombe A américaine, est ainsi sanctionné pour avoir dit son opposition à une future bombe H et avoir soutenu, en 1936, les républicains espagnols.

Au fil des mois, le discours maccarthyste se teinte d'antilibéralisme et d'antiélitisme, dénonçant comme traîtres la bourgeoisie urbaine aisée et les milieux intellectuels ayant naguère soutenu le *New Deal*, ce qui fait profondément écho au sein des masses américaines rurales et peu instruites et ce qui explique que l'hystérie épuratrice touchera avant tout les administrations, les universités, les médias mais aussi, et c'en est peut-être l'aspect le plus célèbre, le cinéma. Tout le monde dénonce tout le monde, chacun se prête au jeu de l'autocritique et de la repentance pour conserver ou réintégrer sa place mais, surtout, chacun doit répondre aux convocations des comités et témoigner à leur demande, sous peine de voir son refus assimilé à un aveu de culpabilité. Car, désormais, les libertés et les droits individuels tout comme la liberté d'expression, pourtant garantis par la Constitution américaine, se sont effacés devant les exigences de la « chasse aux sorcières ». Dès 1950, l'*Internal Security Act* ou *McCarran Act* renforce le *Smith Act* en contrôlant beaucoup plus sévèrement l'octroi de visas d'entrée aux États-Unis et en punissant plus durement les faits d'espionnage. Dorénavant, le simple soupçon est suffisant pour poursuivre et condamner, comme le prouvera le cas Rosenberg. En 1952, l'*Immigration and Nationality Act* autorise à placer sous contrôle judiciaire les étrangers ayant des *activités subversives*, sans pour autant préciser ce que recouvre cette expression. Enfin, en 1953, une circulaire du secrétaire d'État Dulles interdira les ouvrages qualifiés de « communistes » dans les centres culturels américains.

Le maccarthysme n'a pas peu contribué au retour au pouvoir des républicains, écartés de la Maison-Blanche depuis 1933. Bien que conscient des excès de McCarthy, le parti républicain a su tirer le bénéfice politique de son action et, en novembre 1952, le général Eisenhower est élu président des États-Unis. Durant la campagne, le sénateur du Wisconsin n'avait évidemment manqué aucune occasion de présenter le candidat démocrate, Adlai Stevenson, comme un suppôt du communisme. Cependant, même sous une Administration républicaine, McCarthy va poursuivre sa croisade antisubversive et en arriver à irriter son propre camp. À la fin de l'année 1953, il commet l'erreur fatale de s'en prendre à l'*US Army* et de placer sur la sellette certains officiers qui furent des proches d'Eisenhower. C'en est trop. En avril 1954, le Sénat ouvre une commission d'enquête sur le conflit entre McCarthy et l'armée. À la demande d'Eisenhower, les sénateurs républicains acceptent que les audiences soient télévisées. Des millions d'Américains incrédules et désorientés constatent alors que l'homme auquel ils font aveuglément confiance depuis quatre ans est une sorte d'excité vulgaire et vociférant. Une procédure est engagée contre lui par un autre sénateur et, en décembre 1954, elle aboutit à un vote qui, par soixante-sept voix contre vingt-deux, censure McCarthy pour avoir jeté le déshonneur et le discrédit sur le Sénat. Seuls les républicains les plus conservateurs lui apportent encore leur soutien.

En effet, l'heure n'est plus à la panique irrationnelle mais au retour d'une certaine pondération et même d'un certain espoir : la mort de Staline, survenue début 1953, semble avoir ouvert une période nouvelle à Moscou et la fin des guerres de Corée et d'Indochine est accueillie comme un signe positif. La presse et l'opinion se détournent de Joseph McCarthy avec le même empressement qu'elles ont mis, en 1950, à le porter aux nues. L'homme finit ses jours seul et alcoolique, décédant d'une hépatite aiguë, le 2 mai 1957, à l'hôpital naval de Bethesda, dans le Maryland. Mais le maccarthysme a survécu à McCarthy et influencé durablement l'image des États-Unis à l'étranger.

C'est en 1957 seulement que la jurisprudence de la Cour suprême fera de nouveau prévaloir le respect des libertés individuelles sur toute autre considération. Par ailleurs, le mot maccarthysme s'est désormais imposé dans le vocabulaire pour désigner toute campagne de persécution déraisonnable. Quant au débat sur l'équilibre entre sécurité nationale et respect des droits individuels, il s'avère toujours d'une brûlante actualité dans l'Amérique de l'après-11 septembre.

Des communistes au Département d'État

Mesdames et messieurs,

Ce soir, alors que nous célébrons le cent quarante et unième anniversaire de l'un des plus grands hommes de l'histoire américaine[3], j'aimerais pouvoir dire combien ce jour est un jour glorieux dans l'histoire du monde. Alors que nous célébrons la naissance de cet homme qui haïssait la guerre au plus profond de son cœur et de toute son âme, j'aimerais pouvoir parler de la paix à notre époque, de proscription des guerres et du désarmement mondial. Ces thèmes constitueraient des points opportuns à pouvoir mentionner alors que nous célébrons l'anniversaire d'Abraham Lincoln.

Cinq ans après avoir gagné une guerre mondiale, le cœur des hommes devrait se réjouir à l'avance d'une longue période de paix et l'esprit des hommes devrait être libéré du lourd fardeau que sous-tend la guerre. Mais nous ne connaissons pas une telle période – car ceci n'est pas une période de paix. C'est une période de « guerre froide ». C'est une période qui voit le monde entier divisé en deux vastes camps armés de plus en plus hostiles – une période de course acérée à l'armement. Aujourd'hui, nous pouvons presque physiquement entendre les murmures et les grondements d'un dieu de la guerre ragaillardi. Vous pouvez le voir, le sentir et l'entendre tout au long du chemin allant des collines d'Indochine, des côtes de Formose jusqu'en plein cœur de l'Europe elle-même.

La seule chose encourageante est que le « moment fou » n'est pas encore venu pour la mise à feu de l'arme ou l'explosion de la bombe qui entraînera la civilisation à s'atteler à sa tâche finale, à savoir sa propre destruction. Il existe toujours un espoir de paix si nous décidons enfin que nous ne pouvons plus faire la sourde oreille et fermer les yeux sur ces faits qui s'enveniment de plus en plus. Et nous devons comprendre que

---

[3] Abraham Lincoln (1809-1865), 16e président des États-Unis de 1861 à 1865.

nous sommes maintenant engagés dans une épreuve de force – non pas une guerre normale entre deux nations pour des territoires ou d'autres profits matériels, mais une guerre entre deux idéologies diamétralement opposées.

La différence majeure entre notre monde chrétien occidental et le monde communiste athée n'est pas politique, mesdames et messieurs, elle est morale. D'autres différences nous séparent bien sûr, mais celles-là pourraient être conciliées. Par exemple, l'idée marxiste de confiscation des terres et des usines, et de gestion de la totalité de l'économie comme une seule entreprise est primordiale. De même, l'invention par Lénine de l'État policier à parti unique pour mettre en œuvre l'idée de Marx n'est guère moins capitale. La résolution de Staline de bien faire passer ces deux idées a bien entendu compté pour beaucoup dans le mouvement de division du monde. Si seules ces différences les séparaient cependant, l'Est et l'Ouest pourraient très certainement vivre en paix.

La différence fondamentale, cependant, réside dans le culte de l'immoralisme – inventé par Marx, prêché fiévreusement par Lénine et conduit à d'inimaginables extrêmes par Staline. Si la moitié rouge du monde triomphait – et elle le pourrait bien, mesdames et messieurs –, ce culte de l'immoralisme blessera et sera dommageable à l'humanité plus profondément que tout autre système économique ou politique imaginable.

Karl Marx a rejeté Dieu comme un canular, et Lénine et Staline ont ajouté dans un langage clair et indubitable leur résolution selon laquelle aucune nation, aucun peuple qui croit en Dieu ne peut exister côte à côte avec leur État communiste.

Karl Marx, par exemple, a exclu de son Parti communiste ceux qui avaient mentionné des termes tels que amour, justice, humanité ou moralité. Il appelait cela « délires sentimentaux » et « sensibleries à l'eau de rose ».

À l'époque où Lincoln était un homme relativement jeune, à la fin de la trentaine, Karl Marx se vantait du fait que le spectre communiste hantait l'Europe. Depuis lors, des centaines de millions de personnes et de vastes régions du monde sont tombées sous la domination communiste.

Aujourd'hui, moins de cent ans après la mort de Lincoln, Staline se vante du fait que ce spectre communiste ne hante pas seulement le monde, mais est sur le point de le conquérir.

Aujourd'hui, nous sommes engagés dans une lutte finale, totale, entre l'athéisme communiste et la chrétienté. Les champions modernes du communisme ont décidé que le moment était venu. Et mesdames et messieurs, le moment est crucial – je vous le dis, il est extrêmement crucial.

Si on doute encore du fait que le moment a été choisi, il suffit de se tourner vers le dirigeant du communisme actuel – Joseph Staline. Voici ce qu'il a dit – non pas en 1928, non pas avant la guerre, non pas durant la guerre – mais deux ans après la fin de la dernière guerre : « Penser que la révolution communiste peut être faite dans le calme, à l'intérieur de la structure d'une démocratie chrétienne signifie qu'on a soit perdu la tête et tout entendement normal, ou rejeté grossièrement et ouvertement l'idée d'une révolution communiste. »

Et voici ce qui a été dit par Lénine en 1919, ce qui a été également repris avec approbation par Staline en 1947 : « Nous vivons, dit Lénine, non seulement dans un État, mais dans un système d'États et l'existence de la République soviétique côte à côte avec les États chrétiens pendant longtemps est impensable. L'un ou l'autre doit triompher à la fin. Et avant que ce moment n'arrive, une série de conflits effroyables entre la République soviétique et les États bourgeois sera inévitable. »

Mesdames et messieurs, se peut-il qu'il y ait ce soir ici quelqu'un qui soit à ce point aveugle pour dire que la guerre n'est pas à notre porte ? Peut-il y avoir quelqu'un qui ne parvienne pas à réaliser que le monde communiste a dit : « Le moment est venu » – que ceci est le moment de l'épreuve de force entre le monde chrétien démocratique et le monde athée communiste ? Si nous n'admettons pas ce fait, nous payerons le prix pour avoir attendu trop longtemps.

Il y a six ans, au temps de la première conférence pour la paix – à Dumbarton Oaks – il y avait dans l'orbite soviétique 180 millions de personnes. Il y avait à cette période-là, dans le monde libre, environ 1 625 000 000 de personnes. Aujourd'hui, seulement six ans plus tard, 800 millions de personnes se trouvent sous la domination absolue de la Russie soviétique – une augmentation de plus de 400 pour cent. De notre côté, les chiffres ont chuté pour atteindre environ 500 millions. En d'autres termes, en moins de six ans, la cote est passée de neuf contre un pour nous à huit contre cinq contre nous. Ceci indique la rapidité du tempo des victoires communistes et des défaites américaines pendant la guerre froide. Comme une de nos grandes figures historiques l'a dit un jour : « Lorsqu'une grande démocratie est détruite, ce n'est pas à cause de ses ennemis du dehors, mais plutôt à cause de ses ennemis du dedans. » La véracité de cette déclaration saute aux yeux alors que nous voyons ce pays perdant chaque jour sur tous les fronts.

À la fin de la guerre, nous étions physiquement la nation la plus forte sur terre et au moins potentiellement la plus puissante intellectuellement et moralement. Nous aurions pu miser tout sur l'honneur d'être une balise dans le désert de la destruction, une preuve éclatante que la civilisation n'était pas encore prête à s'autodétruire.

Malheureusement nous n'avons misérablement et tragiquement pas réussi à saisir l'occasion.

La raison pour laquelle nous nous trouvons dans une position d'impuissance n'est pas que la seule grande puissance ennemie ait envoyé des hommes pour envahir nos côtes, mais plutôt les agissements déloyaux de ceux qui ont été si bien traités par cette nation. Ce ne sont pas les moins chanceux ou les membres de minorités qui ont vendu et continuent à vendre notre nation, mais plutôt ceux qui ont profité de tous les avantages que la nation la plus riche au monde avait à leur offrir – les plus belles maisons, le meilleur enseignement universitaire et les meilleures fonctions d'État que nous pouvions offrir.

Cela se vérifie de manière évidente au département d'État. Là ; les jeunes hommes brillants nés avec une cuillère d'argent dans la bouche, ont été les pires.

[...]

À mon sens, le département d'État, qui est l'un des départements gouvernementaux le plus importants, est complètement infesté de communistes. J'ai ici en main une liste de 205... une liste de noms qui ont été divulgués au secrétaire d'État comme étant des membres du Parti communiste et qui, néanmoins, sont toujours en poste et façonnent toujours la politique du département d'État[4].

[...]

---

[4] Dans la version officielle, la phrase est : *J'ai en main 57 cas d'individus qui seraient soit membres du Parti communiste, soit certainement fidèles à ce parti, mais qui, néanmoins, contribuent toujours à façonner notre politique étrangère.*

48 – Robert Schuman
La déclaration Schuman

9 mai 1950

Le 9 mai 1950, cinq ans à peine après la fin de la Seconde Guerre, la France tend la main à l'Allemagne, l'ennemie d'hier, et lui propose une gestion commune et internationalement contrôlée de la production de charbon et d'acier. Ce projet concret, pragmatique et clairement circonscrit est révolutionnaire à plus d'un titre. Il réussit à lancer le processus d'intégration européenne là où d'autres projets, sans doute trop ambitieux ou trop visionnaires, comme le plan Briand pour une Europe fédérale[1], n'avaient pu aboutir. En guise de reconnaissance, c'est la date du 9 mai qui a été choisie pour célébrer, chaque année, la fête de l'Europe.

Des rapports franco-allemands sous l'œil des Anglo-Saxons

La France est sortie de la Seconde Guerre dans le camp des vainqueurs, mais de justesse. Elle fait partie des quatre Grands, même si elle semble à la traîne, siège de façon permanente au Conseil de Sécurité de l'ONU et occupe une zone en Allemagne. Elle doit ce statut privilégié, que nul n'aurait osé prédire après l'effondrement de 1940, à la pugnacité du général de Gaulle mais également à l'insistance de Churchill qui tenait à avoir, en Europe, un contrepoids aux Russes. Cependant, la France de l'immédiat après-guerre est aussi exsangue, ruinée et donc économiquement dépendante de l'aide américaine. Résolue à une politique d'extrême fermeté face à l'Allemagne, en termes de réparations, de démembrement du pays et de contrôle sévère de sa production industrielle, elle se heurte rapidement à Londres et Washington qui n'entendent pas pressurer l'Allemagne mais la transformer, à brève échéance, en partenaire. Les Anglo-Saxons ne veulent pas rééditer les erreurs du traité de Versailles et risquer de jeter un pays humilié dans les bras d'un nouveau nazisme ou du communisme. Dès 1946, ils ont intégré le rideau de fer dans leurs schémas de pensée[2] alors que la France espère encore jouer l'arbitre entre Est et Ouest jusqu'à l'échec de la conférence de Moscou, au printemps 1947. Définitivement lâchée par l'URSS sur ses projets pour l'Allemagne, elle doit alors accepter la réalité de la guerre froide et s'ancrer résolument à l'Ouest. Un an plus tard, en juin 1948, les Anglo-Saxons lui imposent une série de recommandations à accepter en bloc : création d'une Assemblée

---

1 Voir l'introduction au discours n° 14.

2 Voir l'introduction au discours n° 40.

constituante allemande, fusion progressive des trois zones d'occupation, donc naissance d'un État occidental allemand, et création d'une Autorité internationale de la Ruhr qui se contentera de contrôler la distribution de la production et n'impliquera pas de détachement politique. Pour la France, c'est véritablement la fin des illusions. La donne change : il ne s'agit plus de trouver comment maintenir l'Allemagne dans une situation d'infériorité mais bien d'arriver à canaliser, à encadrer son redressement dans un rapport de presque égalité.

Par ailleurs, la guerre froide, et plus particulièrement la peur de voir l'Europe sombrer dans le communisme par désespoir et pauvreté, est à l'origine du Plan Marshall et de son corollaire, le rapprochement des économies européennes au sein de l'OECE, Organisation européenne de coopération économique. Créée en 1948, celle-ci rassemble les seize pays ayant accepté le Plan Marshall mais également les zones d'occupation occidentales en Allemagne. Pour Washington, aucune aide à l'Europe ne peut être conçue sans intégrer l'Allemagne non-communiste, bordant le rideau de fer. En outre, aucune construction européenne tangible et viable n'est possible sans une réconciliation puis un partenariat entre la France et l'Allemagne, étant entendu que la première doit, idéalement, garder la direction des opérations. Les pressions américaines sur Paris sont donc de plus en plus fortes pour l'inciter à agir et à prendre une initiative audacieuse. C'est d'ailleurs déjà un scénario de ce type que défendait Winston Churchill dans son discours de Zurich[3].

Certains, en France, sont sensibles aux arguments anglo-saxons ou, simplement, désireux de prendre les devants pour éviter que Washington ne leur force un jour la main. Néanmoins, ils savent que leur marge de manœuvre est étroite : la germanophobie reste intense au sein de la classe politique et du peuple français et nombreux sont ceux qui n'entendent rien céder à l'ennemi, en s'appuyant sur le droit du vainqueur. En août 1949, l'élargissement du Conseil de l'Europe à l'Allemagne montre, par ailleurs, qu'à peine réintégrée dans le concert des nations, celle-ci fait entendre haut et fort ses revendications. La question de la Sarre, territoire allemand rattaché économiquement à la France et doté d'un gouvernement autonome, suscite une vive tension. Les Allemands, qui souhaitent le retour de la Sarre à la mère-patrie, veulent que les délégués sarrois fassent partie, au sein du Conseil de l'Europe, de la délégation allemande. La France et le gouvernement sarrois, eux, veulent une délégation sarroise autonome. En l'absence d'un règlement à l'amiable, l'admission de l'Allemagne est ajournée. En mars 1950, on décidera finalement d'inviter Sarre et RFA séparément au Conseil et de faire de la Sarre un simple « membre associé ». Néanmoins, rien n'est réglé, d'autant qu'au-delà de questions politiques et d'amour-propre, la Sarre intéresse Français et Allemands pour ses richesses minières et industrielles.

L'élaboration du plan Schuman

Il existe donc, en 1948-1949, un contexte à la fois politique et économique particulier qui fait naître, chez le Français Jean Monnet, commissaire général au Plan, et dans son entourage, l'idée d'une union franco-allemande limitée à deux produits cruciaux : le charbon et l'acier, produits qui commandent toute la production industrielle. Homme

[3] Voir l'introduction au discours n° 41.

d'affaires devenu fonctionnaire, Monnet est l'une des personnalités les plus influentes du XXe siècle même si l'essentiel de sa carrière ne se déroule pas sur le devant de la scène[4]. Sa proximité affective et intellectuelle avec le monde anglo-saxon l'a longtemps fait pencher en faveur d'une union franco-britannique mais Londres s'y refuse. La conjoncture le pousse, dès lors, à envisager un rapprochement européen en s'appuyant sur l'Allemagne. Le premier chancelier de la RFA, le chrétien Konrad Adenauer, lui inspire d'ailleurs confiance. N'est-ce pas lui qui, de manière certes symbolique, va proposer, quelques semaines avant la déclaration Schuman, une « union franco-allemande » avec Parlement unique et nationalité commune ? De plus, en choisissant de mettre en commun les productions de charbon et d'acier, il défend également les intérêts français, très menacés par une possible crise de surproduction en Europe. Mais l'idée de Monnet va au-delà d'un simple « pool » franco-allemand. Il s'agit également de laisser la porte ouverte à d'autres pays européens et d'assurer un contrôle de la production par un organisme supranational. Si le projet est, au départ, économique, il est également très politique car il induit un recul des souverainetés nationales.

La déclaration est secrètement mise au point par Monnet et ses proches collaborateurs en avril 1950 et connaît pas moins de neuf moutures. Cependant, ses auteurs savent qu'elle n'a aucune chance d'être approuvée si elle n'est pas prononcée et portée par un homme politique crédible et de premier plan. Monnet pense au ministre des Affaires étrangères Robert Schuman (1886-1963) dont l'histoire personnelle est profondément marquée par la rivalité franco-allemande. Né après la défaite de 1870, d'une mère luxembourgeoise et d'un père issu de la Lorraine annexée, il fut allemand jusqu'en 1918 et poursuivit ses études de droit dans les universités allemandes et à Strasbourg. Député de Moselle de 1919 à 1940, siégeant au centre-droit et, un temps, sur les bancs démocrates-chrétiens, ce militant du catholicisme social, célibataire endurci, se fit, à la Chambre, l'ardent défenseur du particularisme de l'Alsace-Lorraine et de son statut spécial en matière d'enseignement et de religion. Dès 1925, tout en restant méfiant vis-à-vis de Berlin, il fut partisan de la politique de réconciliation franco-allemande menée par Aristide Briand mais ne s'engagea pas personnellement en ce sens, pas plus qu'il ne milita clairement au sein des premiers mouvements pro-européens. Sous-secrétaire d'État aux Réfugiés durant l'exode de 1940, il vota les pleins pouvoirs à Pétain, ce qui lui valut quelques mois d'inéligibilité à la Libération. Emprisonné par les Allemands dès septembre 1940, il fut placé en résidence surveillée dans le Palatinat en avril 1941, parvint à s'évader en zone libre en août 1942 et vécut le reste de la guerre dans la clandestinité mais sans participer à la Résistance. Dès octobre 1945, il est réélu député de Moselle et siège dans le groupe démocrate-chrétien du Mouvement républicain populaire (MRP). Entre 1946 et 1953, il appartient à presque tous les gouvernements et assure même la présidence du Conseil de novembre 1947 à juillet 1948. Il est ensuite, pendant quatre ans et demi, ministre des Affaires étrangères. Homme d'expérience, sérieux, modéré et respecté, le Lorrain Robert Schuman est, pour Jean Monnet, la personnalité la plus susceptible de concrétiser le rapprochement franco-allemand. Durant le dernier week-end d'avril 1950, Schuman prend connaissance du projet de déclaration et accepte de le faire sien.

---

4 Sur lui, voir l'introduction au discours n° 50.

Une « bombe » en guise de point de départ

Schuman et Monnet élaborent alors une stratégie de communication afin de donner à l'annonce le plus grand retentissement. Il s'agit avant tout de jouer sur l'effet de surprise afin d'éviter toute parade diplomatique. En France même, très peu d'hommes politiques et de hauts fonctionnaires sont informés avant le Conseil des ministres du 9 mai, où les grandes lignes de la déclaration sont exposées, non sans susciter quelques réticences. À l'étranger, Adenauer a été mis au courant et a donné son aval, les États-Unis ont eu droit à quelques précisions et le Benelux comme la Grande-Bretagne ont été avertis, la veille, que la France allait prendre une initiative importante. On ne peut donc réellement parler de « bombe » dans les sphères dirigeantes, même si Londres en voudra toujours à Paris de ne pas l'avoir mieux informée, mais le terme n'est pas galvaudé en ce qui concerne la presse et le grand public. Le 9 mai 1950, à la veille d'une réunion censée définir la politique atlantique face à l'URSS, deux cents journalistes français et étrangers ont été convoqués pour une conférence de presse qu'ils croient banale dans le Salon de l'Horloge du Quai d'Orsay. Ni les photographes ni la radio ne se sont déplacés, ce qui obligera Schuman à se prêter, par la suite, à une reconstitution pour la postérité. Lorsque le ministre entame, de sa voix sobre, la lecture de la déclaration, il est presque seul à savoir que l'heure est historique. Annonçant un *acte hardi* et *constructif*, il met en exergue la nécessité de construire l'Europe pour préserver la paix et de la construire progressivement, par des *réalisation concrètes créant d'abord une solidarité de fait* entre la France et l'Allemagne. De là, dit-il, l'idée de placer la production franco-allemande de charbon et d'acier sous une Haute Autorité supranationale et d'ouvrir cette communauté nouvelle à tout pays désireux de s'y associer. Il s'agirait là d'une première étape vers la naissance d'une fédération européenne.

Une fois cette déclaration prononcée, Schuman prend le train pour Londres où doit se tenir la réunion atlantique, laissant à Jean Monnet le soin d'expliciter davantage le projet à la presse. En effet, dans un premier temps, les journalistes ne semblent pas tous comprendre le caractère révolutionnaire du projet, et insistent bien plus sur ses aspects techniques et économiques que sur ses implications politiques. Sur le plan diplomatique, les réactions sont contrastées : l'Allemagne et les États-Unis réagissent très positivement, alors que Londres marque immédiatement ses réserves et son souci de ne pas s'intégrer économiquement à l'Europe occidentale. L'Italie et le Benelux posent leurs conditions mais adhèrent. En France comme ailleurs, les communistes perçoivent le plan Schuman comme une nouvelle manifestation de l'impérialisme américain tandis que des voix s'élèvent contre tout recul de la souveraineté nationale, particulièrement si l'Allemagne fait partie de l'aventure. Mais à force de volontarisme, les négociations aboutissent à la signature, le 18 avril 1951, du traité de Paris créant, pour cinquante ans, la Communauté européenne du charbon et de l'acier (CECA) entre la France, la RFA, le Benelux et l'Italie. Elle entre en vigueur le 25 juillet 1952 et engrange, en peu de temps, des résultats très positifs en termes de productivité. Sise à Luxembourg, la Haute Autorité est d'abord dirigée par Jean Monnet. Parfois contestée pour son fonctionnement technocratique, elle n'en est pas moins la première institution européenne supranationale habilitée à prendre des décisions contraignantes.

Cependant, en dépit du vœu exprimé par Schuman le 9 mai 1950, on ne peut pas dire que la CECA fut l'instigatrice d'une Europe fédérale, bien loin, d'ailleurs, d'exister aujourd'hui. Son grand mérite fut d'avoir donné une impulsion décisive à l'intégration économique du continent, prélude à son intégration politique. Les temps étaient mûrs, en effet, pour une approche fonctionnelle, pour une avancée vers le Marché commun, que créera, en 1957, le traité de Rome, mais pas encore pour des abandons de pouvoir dans des domaines sensibles, comme le prouvera, en 1954, le rejet de la Communauté européenne de défense (CED). Pour tous les Européens, le nom de Robert Schuman est aujourd'hui synonyme de précurseur. S'il fut l'un des « pères de l'Europe », suivant l'expression consacrée, il fut aussi, après 1950, un pèlerin, un propagandiste de l'Europe. De 1955 à 1961, il présida le Mouvement européen et, de 1958 à 1960, l'Assemblée parlementaire européenne, timide ancêtre du Parlement actuel, sans jamais cesser de donner des conférences à travers le continent. À l'automne 1959, la maladie le contraignit à une retraite presque complète. Il décéda quatre ans plus tard. Les nombreuses rues, avenues et places qui aujourd'hui portent son nom, tant en France qu'ailleurs en Europe, témoignent du rôle majeur qu'il a joué dans le processus d'unification européenne.

LA DÉCLARATION SCHUMAN

Messieurs ;

Il n'est plus question de vaines paroles, mais d'un acte, d'un acte hardi, d'un acte constructif. La France a agi et les conséquences de son action peuvent être immenses. Nous espérons qu'elles le seront. Elle a agi essentiellement pour la Paix. Pour que la Paix puisse vraiment courir sa chance il faut, d'abord, qu'il y ait une Europe. Cinq ans, presque jour pour jour, après la capitulation sans conditions de l'Allemagne, la France accomplit le premier acte décisif de la construction européenne et y associe l'Allemagne. Les conditions européennes doivent s'en trouver complètement transformées. Cette transformation rendra possible d'autres actions communes impossibles jusqu'à ce jour. L'Europe naîtra de tout cela, une Europe solidement unie et fortement charpentée. Une Europe où le niveau de vie s'élèvera grâce au groupement des productions et à l'extension des marchés qui provoqueront l'abaissement des prix. Une Europe où le Ruhr, la Sarre et les bassins français travailleront de concert et feront profiter de leur travail pacifique, suivi par des observateurs des Nations unies, tous les Européens sans distinction, qu'ils soient de l'Est ou de l'Ouest, et tous les territoires, notamment l'Afrique, qui attendent du vieux continent leur développement et leur prospérité.

Voici cette décision avec les conditions qui l'ont inspirée :

La paix mondiale ne saurait être sauvegardée sans des efforts créateurs à la mesure des dangers qui la menacent.

La contribution qu'une Europe organisée et vivante peut apporter à la civilisation est indispensable au maintien des relations pacifiques. En se faisant depuis plus de vingt ans le champion d'une Europe unie, la France a toujours eu pour objet essentiel de servir la paix. L'Europe n'a pas été faite, nous avons eu la guerre.

L'Europe ne se fera pas d'un coup, ni dans une construction d'ensemble : elle se fera par des réalisations concrètes créant d'abord une solidarité de fait. Le rassemblement des nations européennes exige que l'opposition séculaire de la France et de l'Allemagne soit éliminée : l'action entreprise doit toucher au premier chef la France et l'Allemagne.

Dans ce but, le Gouvernement français propose de porter immédiatement l'action sur un point limité mais décisif.

Le Gouvernement français propose de placer l'ensemble de la production franco-allemande de charbon et d'acier, sous une Haute Autorité commune, dans une organisation ouverte à la participation des autres pays d'Europe.

La mise en commun des productions de charbon et d'acier assurera immédiatement l'établissement de bases communes de développement économique, première étape de la fédération européenne, et changera le destin de ces régions longtemps vouées à la fabrication des armes de guerre dont elles ont été les plus constantes victimes.

La solidarité de production qui sera ainsi nouée manifestera que toute guerre entre la France et l'Allemagne devient non seulement impensable, mais matériellement impossible. L'établissement de cette unité puissante de production ouverte à tous les pays qui voudront y participer, aboutissant à fournir à tous les pays qu'elle rassemblera les éléments fondamentaux de la production industrielle aux mêmes conditions, jettera les fondements réels de leur unification économique.

Cette production sera offerte à l'ensemble du monde sans distinction ni exclusion, pour participer au relèvement du niveau de vie et au développement des œuvres de paix.

Ainsi sera réalisée simplement et rapidement la fusion d'intérêts indispensable à l'établissement d'une communauté économique et introduit le ferment d'une communauté plus large et plus profonde entre des pays longtemps opposés par des divisions sanglantes.

[...] À l'opposé d'un cartel international tendant à la répartition et à l'exploitation des marchés internationaux par des pratiques restrictives et le maintien de profils élevés, l'organisation projetée assurera la fusion des marchés et l'expansion de la production.

[…] L'institution de la Haute Autorité ne préjuge en rien du régime de propriété des entreprises. Dans l'exercice de sa mission, la Haute Autorité commune tiendra compte des pouvoirs conférés à l'autorité internationale de la Ruhr et des obligations de toute nature imposées à l'Allemagne, tant que celles-ci subsisteront.

49 – Pierre Mendès France
Premier discours sur la politique de la France en Indochine

19 octobre 1950

Guerre de Corée, déclaration Schuman, réflexions autour d'une future armée européenne et du réarmement de l'Allemagne, tels sont quelques faits internationaux marquants de l'année 1950. Dans ce contexte en permanente évolution, la France a du mal à imposer sa marque en raison de son instabilité politique, de ses difficultés économiques mais aussi des moyens matériels et humains qu'elle engloutit dans une guerre d'Indochine dont elle ne voit pas l'issue. Un député radical connu pour son franc-parler va tenter de lui ouvrir les yeux sur les enjeux de l'heure et lui demander de définir clairement ses priorités politiques.

Guerre coloniale…

La guerre d'Indochine, dont les origines et les antécédents ont été développés en introduction au discours n° 39, se déclenche à la fin de l'année 1946, une année marquée par l'échec de plusieurs conférences franco-vietnamiennes. En novembre, Paris fait bombarder le port de Haïphong, au Tonkin. Dans la nuit du 19 au 20 décembre, Hô Chi Minh, chef de la république démocratique du Vietnam autoproclamée, décrète une attaque surprise à Hanoï, l'autre ville principale de la région. Le gouvernement français, un cabinet socialiste homogène de transition dirigé par Léon Blum, fait savoir que le but ultime de la France reste un Vietnam libre au sein d'une Union indochinoise associée à l'Union française mais que, dans l'immédiat, l'ordre doit être rétabli. La France est donc décidée à employer la force et à refuser désormais toute négociation avec Hô Chi Minh dont les partisans vont commencer à entretenir, depuis la jungle, une guérilla permanente.

Toutefois, dans la France des années 1946-1950, on ne parle pas de guerre mais d'opérations de pacification et l'opinion publique se montre peu intéressée par des événements lointains qui ne concernent que des professionnels, militaires de carrière ou légionnaires, dont beaucoup viennent d'ailleurs d'autres territoires d'outre-mer. Au fil des mois, la France s'épuise et se ruine face à un ennemi qui connaît parfaitement le terrain et qui bénéficie du soutien d'une bonne partie de la population locale. Paris cherche à sortir de l'impasse en démontrant aux Indochinois qu'elle n'entend plus se comporter en nation coloniale : en 1948-1949, des négociations aboutissent à la création de trois États associés à la France mais indépendants, le Cambodge, le Laos et, enfin, le Vietnam que dirigerait un revenant, Bao Daï[1], pourtant très impopulaire auprès de son propre peuple. Les Français ont ainsi été contraints de céder bien plus que ce qui leur était demandé en 1946 et de s'entendre avec un homme qui, naguère, les a trahis au profit du Japon.

… ou guerre idéologique ?

L'année 1950 marque un réel tournant. D'une part, le *Viet Minh*, mouvement dirigé par Hô Chi Minh, va se radicaliser idéologiquement : si, depuis sa création en 1941, il a voulu se présenter comme nationaliste avant tout, il met désormais en avant son adhésion au communisme et va commencer à recevoir une aide importante de la Chine, où les communistes ont pris le pouvoir et instauré à l'automne 1949 une république populaire. D'autre part, la guerre de Corée se déclenche, premier véritable conflit de la guerre froide. La position des États-Unis va alors évoluer : jusque-là, ils avaient plutôt témoigné de la sympathie pour le nationalisme vietnamien, par anticolonialisme ; désormais, ils réalisent que la guerre d'Indochine n'est pas seulement un conflit de libération et que l'affrontement des blocs se poursuit sur ce terrain aussi. Enfin, pour la France elle-même, 1950 est une année clé. Plus que jamais, sa situation économique et financière est critique. Le budget national est véritablement plombé par une guerre asiatique interminable qui maintient plus de cent mille hommes loin de l'Europe à l'heure où l'OTAN réclame un effort militaire accru à ses membres et où l'Allemagne est en passe d'obtenir le droit de réarmer.

Au début du mois d'octobre 1950, les Français subissent un rude assaut du *Viet Minh* et doivent évacuer leurs positions du Haut-Tonkin, permettant aux hommes d'Hô Chi Minh de souder les territoires tonkinois et annamite qu'ils contrôlent et de libérer totalement la frontière avec la Chine. Mais l'événement le plus marquant est, sans conteste, lié à l'évacuation de Cao Bang. Les Français sont contraints à faire retraite par la RC4, route sous contrôle *Viet Minh*, et une autre colonne arrive pour leur porter secours. Le 8 octobre, près de Dong-Khé, les deux colonnes sont attaquées par l'ennemi, ce qui provoque la mort de plus de trois mille soldats français et la capture de deux colonels.

La voix de Cassandre

À Paris, l'Indochine fait enfin les gros titres des journaux et, à l'Assemblée nationale, certains députés vont décider de muscler leurs discours. C'est le cas du député radical de l'Eure, Pierre Mendès France (1907-1982), qui appartient à la majorité gouvernementale. L'homme, il est vrai, est une personnalité atypique qui a déjà, à plusieurs reprises, prouvé son indépendance, sa clairvoyance et son courage. Né à Paris

---

1 Empereur d'Annam de 1932 à 1945, Bao Daï a dénoncé les accords de protectorat avec la France au lendemain de l'invasion japonaise de mars 1945 et a abdiqué en septembre 1945, acceptant de devenir le conseiller suprême de la république démocratique du Vietnam. Dès mars 1946 cependant, il a pris le chemin de l'exil.

de parents juifs laïques, il obtient son baccalauréat à quinze ans et est avocat à moins de vingt ans. En 1932, il est le plus jeune député de France et, en 1938, se retrouve brièvement sous-secrétaire d'État au Trésor dans le second cabinet Blum. Il y défend une politique de type keynésien dans laquelle l'État aurait un rôle d'intervention, créant des emplois et ponctionnant le capital, ce qui le distingue de la plupart des radicaux. En 1940, il tente de gagner le Maroc sur *Le Massilia* mais, arrêté par Vichy, doit attendre 1942 pour s'évader et gagner Londres afin d'y combattre dans les Forces aériennes françaises libres. À Alger, en 1943, il est nommé commissaire aux Finances par le général de Gaulle qui le confirme comme ministre de l'Économie en septembre 1944. Sept mois plus tard, il démissionne pour cause de désaccord avec son collègue des Finances René Pleven sur la manière de restaurer en France une économie saine : Pleven se refusant aux mesures fortes mais impopulaires, Pierre Mendès France, bientôt dit « PMF », claque la porte et se contente d'un poste de parlementaire qui lui permet, régulièrement, de faire entendre ses idées à défaut de les faire adopter.

C'est ce qui se produit sur l'Indochine le 19 octobre 1950, à l'occasion d'un simple débat budgétaire. Depuis des mois, Mendès est de plus en plus agacé par la politique économique des divers gouvernements français qui semblent se satisfaire de vivre en assistés des États-Unis et qui ne paraissent pas prendre la mesure du redressement de l'Allemagne. Il décide alors de placer le président du Conseil René Pleven devant ses responsabilités, quitte à se démarquer de la ligne définie par le parti radical et bien que ce dernier participe au gouvernement. Présentant les éléments qui militent, d'une part, en faveur de la poursuite de la guerre et, de l'autre, en faveur de la négociation de paix avec le *Viet Minh*, il pose le dilemme : soit renforcer massivement, c'est-à-dire tripler, les sommes et les effectifs militaires consacrés au conflit pour y mettre fin en vainqueurs, soit accepter de traiter avec l'ennemi. Mais il ajoute immédiatement que, selon lui, la France est exsangue et n'a pas les moyens matériels d'appliquer la première solution. C'est donc mentir aux Français que de leur cacher la réalité de la situation.

Le débat est ouvert

Ce discours, rude mais honnête, fait l'effet d'une douche froide. Dans l'hémicycle, un silence tendu s'est installé, entrecoupé de réactions d'impatience, d'incrédulité ou de colère. René Pleven dit refuser de répondre à une attaque improvisée et s'en tire par une pirouette : applaudi par bon nombre de députés, il affirme que le pays connaît la vérité et n'aspire qu'à rester uni autour de son armée. L'ordre du jour voté accorde la confiance au gouvernement. Pourtant, d'autres élus demandent à Pierre Mendès France de préciser sa pensée et la presse a désormais le regard tourné vers cet homme qui a su dépasser la langue de bois. Le 22 novembre 1950, un débat parlementaire est consacré à l'Indochine. Les députés sont présents en nombre, de même que la presse et le public, et Mendès prononce un discours mûrement préparé avec son adjoint Georges Boris. Cette fois, il livre un réel plan d'action : reconnaissance inconditionnelle de l'indépendance du Vietnam, élections libres suivies d'un retrait des troupes françaises, proclamation de la neutralité de la république démocratique du Vietnam qui signera des accords de coopération économique et culturelle avec la France. Il s'agit là d'un pari risqué qui va totalement à l'encontre de la politique menée depuis 1946 par tous les gouvernements français mais qui, proposé par un homme respecté et internationalement reconnu, ne peut être balayé d'un revers de main.

Comme le discours d'octobre, celui de novembre n'entraîne guère de réaction concrète. Cependant, PMF, assimilé par certains à la Cassandre antique, fait désormais figure d'alternative possible et un courant se dessine en sa faveur, courant qui s'exprimera, dès 1953, dans l'hebdomadaire *L'Express*. Même en Indochine, le gouvernement persiste à suivre la ligne dure. L'arrivée d'officiers supérieurs français décidés, les généraux de Lattre, Salan puis Navarre, permettent à la France et aux forces vietnamiennes de Bao Daï de donner l'illusion d'une meilleure résistance, d'autant qu'elles bénéficient désormais d'une aide américaine. Mais sur le fond, le conflit s'enlise et s'internationalise. Fin avril 1954, une conférence s'ouvre à Genève sur les questions coréenne et indochinoise. Mais le 7 mai, la cuvette de Diên Biên Phu, dans laquelle s'étaient rassemblés plus de dix mille soldats français, tombe aux mains du *Viet Minh* qui l'assiégeait depuis mars. Sur le plan militaire, les conséquences ne sont pas irrémédiables mais, sur le plan psychologique, la France ne résiste pas. Le 9 juin 1954, Mendès France prononce un nouveau réquisitoire contre le gouvernement, alors dirigé par Joseph Laniel, et prône la négociation. Cette fois, il est entendu et devient président du Conseil. Il se donne alors un mois pour mettre fin à la guerre d'Indochine. Le 21 juillet 1954, la promesse est tenue : les accords de Genève, qui prévoient le cessez-le-feu, la partition du Vietnam au 17e parallèle (*Viet Minh* au Nord, Bao Daï au Sud) et la tenue d'élections libres dans les deux ans, sont signés. Temporairement, la situation paraît stabilisée mais le rôle joué par PMF restera longtemps un sujet de polémiques : fut-il un homme de paix ou un liquidateur ?

Premier discours sur la politique de la France en Indochine

Mesdames, messieurs, dans un débat comme celui-ci, il est plus facile de ne pas parler. Mais longtemps, j'en conviens, j'ai cru que le silence était non seulement l'attitude la plus aisée mais aussi la plus raisonnable, celle qui pourrait le mieux servir l'intérêt national.

Alors même que je disais sans ambages mon sentiment profond à presque tous les chefs de gouvernement qui se sont succédé au cours de ces dernières années, je pensais de mon devoir de ne pas les gêner publiquement par des questions indiscrètes ou embarrassantes et de ne pas les contraindre ainsi à affirmer de plus en plus des positions que les événements ne pouvaient que décevoir cruellement. Je pensais aussi que mon devoir était de ne pas saboter une expérience, même si, en conscience, je ne croyais pas à son succès.

Seulement, la situation a évolué ; non seulement en Extrême-Orient, pas même principalement en Extrême-Orient. Aujourd'hui, parlant ici en mon nom personnel, je veux affirmer qu'à mon avis il est devenu plus dangereux de taire la vérité au pays, de le leurrer encore et de le laisser juger sur ses nerfs ou sur ses passions ce qui doit être jugé à la lumière d'une situation générale, intérieure et internationale, de plus en plus préoccupante.

Avouons-le franchement, les yeux dans les yeux : il y a des raisons pressantes et angoissantes aussi bien pour nous recommander de persévérer en Indochine que pour nous inciter à nous dégager de cette terrible charge politique, militaire, économique et financière. Aucun homme de bonne foi, lorsque, tout à l'heure, il déposera dans l'urne un bulletin bleu ou un bulletin blanc, ne méconnaîtra en conscience qu'il existe aussi des motifs respectables qui militent contre son opinion.

En faveur de la continuation de la lutte en Indochine, on fait valoir des arguments dont personne ne peut contester la valeur et le poids. On évoque les sacrifices consentis par la France, depuis cinq ans, dans une période où, cependant, tant de ressources lui faisaient défaut pour sa reconstruction, pour son rééquipement, pour le niveau de vie d'un peuple qui avait tant souffert pendant la guerre. On évoque nos intérêts matériels investis en Indochine et que nous désirons sauvegarder. On évoque – et cet argument nous émeut tous profondément – l'obligation implicite mais réelle que nous avons contractée à l'égard des Vietnamiens qui nous ont manifesté leur fidélité dans ces années d'épreuve. Enfin, on souligne que la guerre du Viêt-Nam n'est qu'un aspect d'un conflit autrement plus vaste et qui se pose, celui-là, à l'échelon mondial.

Mesdames, messieurs, nous ne répondons utilement à aucune de ces raisons si nous nous contentons de poursuivre en Indochine ce que nous y avons fait jusqu'à présent. Si, demain, après les revers des dernières semaines, nous nous contentons d'envoyer là-bas dix mille ou vingt mille hommes de plus, des généraux plus capables, des administrateurs plus énergiques et plus compétents, n'ayons pas d'illusions, nous n'aurons encore rien résolu.

Sans doute des erreurs techniques ont été commises et on a eu raison de les condamner à cette tribune ; mais c'est la conception globale de notre action en Indochine qui est fausse car elle repose à la fois sur un effort militaire qui est insuffisant et impuissant pour assurer une solution de force et sur une politique qui est insuffisante et impuissante pour nous assurer l'adhésion de la population.

C'est un fait que nos forces, même appuyées sur des éléments locaux, ne peuvent obtenir un règlement militaire, surtout depuis que la situation a évolué en Chine* ; et c'est un fait que notre politique de concessions insuffisantes, constamment reprises ou révoquées, n'a pas réalisé et pourra, hélas ! réaliser de moins en moins maintenant le ralliement de la masse du peuple vietnamien.

Dès lors, il est un point sur lequel nous devrions tous être d'accord : cela ne peut pas continuer ainsi. Il faut en finir avec des méthodes qui ne relèvent ni de la puissance, ni de l'habileté, ni de la force, ni de la politique, avec une action constamment velléitaire, équivoque, hésitante, et dont la faillite était éclatante longtemps déjà avant les difficultés militaires de ces derniers jours.

En vérité – et sur ce point je crois que personne ne peut contester ce que M. Pierre Cot* disait ce matin – en vérité, il faut choisir entre deux solutions, également difficiles, mais qui sont les seules, vraiment, que l'on puisse défendre à cette tribune sans mentir.

Je regrette que, dans ses explications, M. le président du Conseil[2] ne nous ait pas fixés sur les intentions du gouvernement à cet égard. Sans doute, il nous a annoncé un prochain débat ; sans doute nous apportera-t-il ce jour-là les explications qui nous ont manqué aujourd'hui. Mais mes chers collègues, et quel que soit le caractère dramatique des incidents de ces quinze derniers jours[3], ils sont secondaires en face du drame immense qui se développe là-bas depuis des années. L'essentiel pour nous, qui ne sommes pas des techniciens militaires, mais des hommes politiques, ce n'est pas de déterminer si, dans la stratégie, si dans le combat, telle ou telle erreur a été commise, qu'il faut sanctionner et dont il importe d'éviter le renouvellement. Non, notre mission, notre responsabilité, c'est de fixer la politique du peuple français en face de cet immense point d'interrogation qui se pose là-bas, à l'horizon extrême-oriental.

Or, il n'y a, pour répondre à ce point d'interrogation, que deux solutions.

La première consiste à réaliser nos objectifs en Indochine par le moyen de la force militaire. Si nous la choisissons, évitons enfin les illusions et les mensonges pieux. Il nous faut, pour obtenir rapidement des succès militaires décisifs, trois fois plus d'effectifs sur place et trois fois plus de crédits et il nous les faut très vite.

Ne biaisons pas avec la vérité. Ne disons pas, comme je l'ai entendu dire ou comme je l'ai lu dans certains journaux, qu'en Indochine nous pouvons arracher une victoire militaire avec nos seuls effectifs actuels, avec nos seuls moyens actuels, grâce à quelques réformes, à quelques changements de méthodes ou d'hommes. Cela n'est pas vrai.

---

2 René Pleven (1901-1993), membre de l'Union démocratique et socialiste de la résistance (UDSR), petite formation de centre-gauche adhérant, comme le parti radical, au Rassemblement des gauches républicaines (RGR).

3 L'évacuation du Haut-Tonkin et le désastre de Cao Bang.

Sans aucun doute, y a-t-il eu en Indochine – sans doute y a-t-il encore – des gaspillages, des crédits mal employés, des trafics coûteux qui devraient être réprimés. Qu'on y mette fin, il le faut; qu'on nettoie les écuries d'Augias ! Mais sachons bien que ce n'est pas avec ces seuls moyens que nous trouverons la solution du problème qui se pose.

Mesdames, messieurs, lorsqu'on évoque à cette tribune le déficit budgétaire, qui est, paraît-il, de 800 ou 1000 milliards de francs, certains prétendent qu'on peut le combler uniquement en faisant des économies. Je suis pour les économies. Je crois même avoir été l'un des premiers à en réclamer dès 1944. Mais je sais bien – et vous savez bien – qu'on n'équilibrera pas le budget uniquement par des économies.

De même, on ne tiendra pas l'Indochine, ses vingt-cinq millions d'hommes, ses huit cents kilomètres de frontières – pour ne parler que de celles du nord – avec les seules troupes, avec les seules ressources dont nous disposons actuellement là-bas, même si l'on opère les réformes administratives, militaires ou financières les plus souhaitables par ailleurs.

Donc, voyons-le en face: la solution militaire, c'est un effort massif nouveau; suffisamment massif, suffisamment rapide pour devancer le développement déjà considérable des forces qui nous sont opposées.

L'autre solution consiste à rechercher un accord politique; un accord, évidemment, avec ceux qui nous combattent. Sans doute ne sera-ce pas facile, puisque nous ne parvenons même pas, si j'en juge par les péripéties de la conférence de Pau*, à réaliser un accord avec ceux qui ne nous combattent pas !

Un accord, cela signifie des concessions, de larges concessions, sans aucun doute plus importantes que celles qui auraient été suffisantes naguère. Et l'écart qui séparera les pertes maintenant inéluctables et celles qui auraient suffi voici trois ou quatre ans mesurera le prix que nous payerons pour nos erreurs impardonnables.

De même que notre monnaie aurait pu être sauvegardée, au lendemain de la Libération*, moyennant des rigueurs relativement légères par rapport aux souffrances que le pays a endurées depuis; et que l'écart entre ces souffrances endurées et les sacrifices qui nous seront imposés encore, d'une part, et les mesures que nous avons malheureusement écartées à la Libération, d'autre part, représente le prix que nous payons pour la faiblesse persistante de notre politique économique et financière. Mesdames, messieurs, on peut refuser la solution que j'ai évoquée. Elle est d'application difficile, j'en conviens. Elle consacrera des renoncements pénibles et d'amères déceptions, après tant de sang répandu en vain.

On peut refuser cette solution. Mais alors, il faut dire la vérité au pays; il faut l'informer du prix qu'il faudra payer pour faire aboutir l'autre solution.

Tripler les effectifs ! C'est l'évaluation de militaires bien informés. Trouverez-vous des volontaires ? Déjà, vous ne pouvez pas assurer la relève. Vous recruterez des unités sur place ? Vous l'avez essayé ; mais vous ne trouvez sur place aucun élément d'encadrement. Dès lors – y avez-vous songé ? – il ne reste que le contingent, les jeunes hommes du contingent. Voilà à quoi une solution militaire vous conduit inéluctablement, si vous voulez que l'effort soit enfin efficace, si vous voulez arracher une solution par la force. Sans quoi, vous continuerez à avoir là-bas des forces inférieures aux missions dont elles sont chargées et, en face, d'un ennemi de mieux en mieux armé, vous enregistrerez chaque jour de nouvelles défaites et de nouveaux désastres.

Il n'y a pas que les hommes. Tripler les effectifs, ai-je dit ; et aussi tripler les crédits. M. Frédéric-Dupont*, ce matin, a bien confirmé la nécessité d'augmenter massivement le volume des sommes dépensées si nous voulons obtenir, coûte que coûte, une solution par les moyens militaires. Tripler les crédits, cela implique des impôts nouveaux, des sacrifices nouveaux, surtout si l'on se souvient que le budget, déjà en déficit, va être grevé, par ailleurs, de nombreuses charges supplémentaires, notamment de celles qui résultent du réarmement dont nous parlerons dans un prochain débat.

Qu'on ne s'étonne pas, mesdames, messieurs, de ces perspectives affligeantes. Ce sont les perspectives ordinaires de la guerre ; car les opérations qui se déroulent en Indochine sont une guerre. Il ne s'agit pas d'une de ces petites expéditions coloniales comme nous en avons vu au cours du XIXe siècle. C'est la guerre.

Jamais, au cours de l'histoire des peuples colonisateurs, nous n'avons assisté à une expédition lointaine de cette importance. Nous avons cent cinquante mille hommes, depuis cinq ans, à douze mille kilomètres de la métropole. Ni les Anglais, ni nous-mêmes – ni aucun autre peuple – n'avons jamais eu une pareille armée opérant si longtemps et si loin.

De plus, nous avons aujourd'hui à notre charge la reconstruction, les nécessités d'une politique sociale moderne, un niveau de vie à sauvegarder et une situation européenne à laquelle il faut veiller aussi et que je vais maintenant évoquer d'un mot. Car l'effort militaire que nous faisons là-bas, celui, accru, que nous ferons peut-être demain, c'est autant de moins que nous pourrons faire ici.

N'ayons pas l'illusion – que nous avons tant eue dans ces dernières années et qui a provoqué tant de déboires – que nous pouvons tout faire à la fois. Tout faire à la fois, assurer le réarmement en Europe et faire la guerre en Orient. Une fois de plus, il faut choisir.

J'entends dire qu'à travers le monde il n'y a aujourd'hui qu'un combat, que, sur le front d'Indochine, l'Occident défend encore sa sécurité contre le péril communiste. À ceux qui parlent ainsi, je demande s'il est de l'intérêt européen, s'il est de l'intérêt français que nos forces soient fragmentées, dispersées, s'il n'est pas, au contraire, nécessaire qu'elles soient rassemblées sur notre sol, pour sa défense. Je leur demande, en tout cas, si c'est à la France que doit incomber cette tâche lointaine et épuisante, alors qu'elle est déjà si faible, après tant d'épreuves, sur son propre sol métropolitain.

Ce n'est pas tout. Ces jours-ci, on discute avec beaucoup d'émotion du réarmement allemand. À mon sens, c'est une émotion un peu tardive, et je considère ce débat – je m'excuse de le dire – comme assez secondaire, somme toute, alors que nous avons toléré que l'Allemagne retrouve un potentiel d'industrie lourde supérieur au nôtre.

On a, paraît-il, procédé à trop d'investissements en France, pendant ces dernières années. Eh bien, mes chers collègues, les Allemands, dont la production d'acier était inférieure à la nôtre en 1946, en 1947 et en 1948, ont dépassé notre production en 1949 et la dépasseront plus largement encore en 1950. Cela est infiniment plus grave que la question de savoir s'ils disposeront, demain, de quelques centaines de milliers de soldats ; car ceux-ci n'inquiéteraient personne s'ils n'avaient derrière eux l'arsenal qui les a rendus si redoutables pour la paix dans le passé.

Mais ceux-là mêmes parmi nous qui sont déterminés ou résignés au réarmement allemand entendent, sans aucun doute, que la France dispose demain, en tout cas, d'une armée supérieure à l'armée allemande. Je pense que nous sommes tous d'accord pour dire que, si l'Allemagne doit réarmer, la puissance de l'armée allemande, en tout état de cause, ne devra pas dépasser celle de la nôtre. Eh bien, croyez-vous que nous puissions avoir, en même temps, une armée puissante en Europe et une autre en Extrême-Orient ?

Déjà, dans son exposé de cet après-midi, M. le président du Conseil, évoquant l'affaire des relèves, a montré qu'en raison des nouveaux besoins européens on avait dû ordonner certaines compressions, qui furent ensuite révoquées. Ainsi, vous avez dû choisir déjà, et certainement plus d'une fois : plus d'hommes ici ou bien plus d'hommes là-bas ? Donc, la preuve est faite que vous ne pouvez pas satisfaire deux besoins immenses en même temps.

Si nous ne pouvons avoir les deux armées, où – je le demande encore une fois – devons-nous concentrer nos ressources principales ? Dans la métropole, qui peut être en danger quelque jour prochain et dont le vide même constitue une tentation évidente pour un agresseur éventuel ? Oui, dans la métropole, ou bien là-bas, à douze mille kilomètres, au-delà des océans ?

Si, demain, ce qu'à Dieu ne plaise, le pire devait se produire, si la guerre devait nous menacer de nouveau, quelle responsabilité aurions-nous encourue vis-à-vis du pays en éloignant la moitié de ses forces ! C'est alors que retentirait aux oreilles des gouvernants passés l'interpellation accusatrice : « Varus, qu'as-tu fait de mes légions ? Varus, rends-moi mes légions ![4] ».

D'autres pays, avant nous, ont dû faire face à une alternative semblable. On a invoqué l'exemple de l'Angleterre ; il y a aussi celui des Pays-Bas. L'Angleterre et les Pays-Bas ont transigé aux Indes comme en Indonésie.

Il y a trois jours, un avis nous est venu, sur lequel je vous demande de méditer. M. Churchill, parlant devant le congrès de son parti, le vieux parti de l'Empire et des mers lointaines, mettait l'Europe et l'Amérique en garde et leur recommandait de ne pas se laisser enliser, de ne pas se laisser engager trop avant dans les affaires d'Extrême-Orient. Méditons cette leçon d'un homme d'État qui s'est montré clairvoyant dans le passé.

Je le répète en terminant, une chose, en tout cas, est sûre : ce serait un crime impardonnable que de poursuivre en Indochine une politique dont l'incertitude, l'équivoque et la médiocrité viennent de nous coûter si cher. Et, en dehors de cette politique, deux voies sont possibles, et rien que deux. Vous devez choisir ; vous n'avez pas le droit de ne pas choisir.

Pour ma part, j'ai réfléchi – douloureusement – à ce problème ; j'ai pensé à nos soldats qui se battent, à ceux qui sont tombés, à leurs familles endeuillées. Je me suis demandé – douloureusement – si le devoir, aujourd'hui, à cette tribune, est de dire enfin ou de taire encore la vérité, toute la vérité.

La vérité, dans un moment où tant d'autres soucis nous accablent, c'est que nous n'avons pas les moyens matériels d'imposer en Indochine la solution militaire que nous y avons poursuivie si longtemps, alors qu'elle était cependant plus facile à obtenir qu'aujourd'hui.

En tout cas, nous n'avons pas le droit de dissimuler plus longtemps au pays une alternative dramatique, parce qu'elle intéresse, tout à la fois, sa sécurité, son équilibre social et peut-être même la paix du monde.

Compléments

Depuis que la situation a évolué en Chine : Après vingt ans de guerre larvée et trois ans et demi de réelle guerre civile avec les nationalistes du Kuomintang, emmenés par Tchang Kaï-chek, les communistes de Mao Tsé-toung remportent la victoire

[4] En 9 apr. J.-C., un soulèvement des Germains de la région rhénane conduit à l'anéantissement de trois légions romaines, dirigées par Varus, dans la forêt de Teutoburg. Auguste a beau se lamenter, il lui faut se replier sur le Rhin qui restera la frontière naturelle de l'Empire.

et proclament, le 1er octobre 1949, la république populaire de Chine. Très vite, ils commencent à intervenir dans les conflits qui se déroulent à leur frontière : la guerre de Corée et la guerre d'Indochine.

Pierre Cot : Ancien ministre de l'Air du Front populaire, Pierre Cot (1895-1977) a été exclu du parti radical en 1946 pour sa trop grande proximité avec le parti communiste. Il a alors fondé une Union progressiste rassemblant les dissidents de gauche favorables à une entente avec le PCF, ce qui explique sa conception de la politique indochinoise à mener par la France. Dans son discours du matin, Pierre Cot a demandé au gouvernement français de préciser clairement s'il entendait employer la force ou la négociation en Indochine. Évoquant le coût matériel et humain de la guerre, il en a conclu qu'une négociation était désormais indispensable, puis a ajouté : « Quand on est la France, quand on a encore pour soi le prestige de la France, on doit négocier. Et si vous négociez, vous donnerez la preuve que vous avez compris tout ce qui est changé dans le monde et que l'ère du colonialisme est terminée. » (*Le Monde*, 20 octobre 1950, p. 12)

Conférence de Pau : Il s'agit d'une conférence inter-États qui, ouverte le 29 juin 1950 au château de Pau, doit permettre de résoudre les problèmes techniques et économiques qui se posent entre la France et les trois États associés issus de la défunte Fédération indochinoise : le Laos, le Cambodge et le Vietnam de l'Empereur Bao Daï. On pense d'abord qu'elle durera trois ou quatre semaines mais, très vite, les discussions achoppent sur différents points et s'éternisent. Des voix de plus en plus nombreuses s'élèvent pour déplorer que Bao Daï et son président du Conseil aient l'air si peu pressés de rentrer en Indochine, où la situation s'aggrave de jour en jour. Après Cao Bang, la tension monte entre la France qui s'impatiente et la délégation indochinoise, qui voudrait réduire les prétentions de Paris. Finalement, la conférence est close le 27 novembre. On est parvenu à des accords sur les points essentiels, les litiges restants étant soumis à un comité mixte d'arbitrage.

De même que notre monnaie aurait pu être sauvegardée au lendemain de la Libération : Dès les temps de guerre, il apparaît qu'une crise monétaire grave et une inflation galopante, dues à la fois à la dérégulation monétaire et aux bénéfices de guerre, seront parmi les pires ennemis dans l'œuvre de reconstruction des pays occupés. Le gouvernement belge de Londres prévoit ainsi des mesures drastiques de contraction de la masse monétaire par le blocage des comptes et l'échange très limité des billets de banque en cours pour de nouvelles coupures : c'est l'opération Gutt, du nom du ministre des Finances, impopulaire à vif mais salutaire. Du côté français, Pierre Mendès France, futur ministre de l'Économie, élabore un projet très similaire depuis Alger et le général de Gaulle, bien que prudent, admet, en juillet 1944, la nécessité d'une large ponction monétaire. Mais à la Libération, notamment en raison du refus communiste, le gouvernement provisoire de la République française (GPRF) se rallie au plan du ministre des Finances René Pleven qui se refuse à toute contraction, arguant que le pays ne la supporterait pas et que l'augmentation rapide de la production donnera les mêmes résultats. Dépité, Mendès France démissionne le 5 avril 1945 et a tout le loisir de constater bientôt l'échec de la politique économique et monétaire du GPRF, contraint, fin décembre 1945, à la dévaluation. Si, cinq ans plus tard, « PMF » revient sur cet événement, c'est que, de nouveau, il se retrouve confronté à Pleven dans un débat majeur et que, de nouveau, il estime être visionnaire.

Frédéric-Dupont : Édouard Frédéric-Dupont (1902-1995) fut député de la Seine puis de Paris presque sans discontinuer de 1936 à 1993. Il se situa toujours nettement à droite, passant de la fédération républicaine d'avant-guerre au parti républicain de la liberté (1946-1951) avant de rejoindre les rangs gaullistes voire, un temps, ceux du Front national (1986-1988). Partisan d'une politique de fermeté en Indochine, il s'opposera à toutes les tentatives de cessez-le-feu et de négociation et, après les accords de Genève, polémiquera vivement avec Pierre Mendès France sur les concessions, trop importantes à son goût, que celui-ci avait consenties.

50 – Jean Monnet
Une Europe fédérée

30 avril 1952

Véritable auteur de la déclaration Schuman[1] et, plus largement, « inspirateur » de l'unification européenne, selon une expression que le général de Gaulle voulait blessante, Jean Monnet, personnage atypique et encore méconnu, malgré ses mémoires et plusieurs biographies, entendait faire du « pool charbon-acier » le prélude aux États-Unis d'Europe. Rares cependant étaient ceux, même parmi les pro-européens, qui partageaient son optimisme et son enthousiasme. L'échec de la Communauté européenne de défense et de la Communauté politique européenne, le décevra un temps mais rien, durant sa longue vie, n'arrêtera son combat pour une Europe fédérale.

Un destin hors du commun

Fils d'un négociant en cognac, Jean Monnet (1888-1979) arrête ses études avant même le baccalauréat et commence, à dix-huit ans, une carrière dans le commerce international, voyageant à travers le monde et découvrant avec fascination les pays anglosaxons. Réformé, il veut néanmoins s'engager en 1914 et est envoyé à Londres, dans les services du ministère français du Commerce. Il y œuvre à assurer le ravitaillement de la France, par le biais du comité interallié pour les transports maritimes, avant de devenir le représentant officiel du ministre Clémentel. En 1919, son expérience lui permet d'être nommé secrétaire général-adjoint de la SDN mais, dès 1923, il délaisse une institution jugée trop passive pour rentrer en France et redresser l'entreprise familiale. Il se reconvertit ensuite dans la finance internationale, tant en France qu'aux États-Unis ou en Chine. En 1938, soutenu par le président du Conseil Daladier, il décide de se lancer dans une opération de « lobbying » outre-Atlantique pour obtenir la livraison d'avions américains à la France mais les isolationnistes américains résistent. Alors que la Seconde Guerre éclate, Monnet prend la présidence du comité de coordination franco-britannique à Londres et rédige le plan d'Union franco-britannique proposé comme un baroud d'honneur en juin 1940[2]. Après avoir vainement pressé Pétain de gagner l'Afrique du Nord, il part pour les États-Unis, persuadé que Londres, sans Washington, ne pourra rien et que les Américains détiennent la clé de la victoire.

---

[1] Voir l'introduction au discours n° 48.

[2] Voir les introductions aux discours n° 25, 26 et 27.

Le Français devient un temps fonctionnaire et diplomate au service des Britanniques, assumant la vice-présidence du *British Supply Council* à Washington et se dépensant sans compter pour le *Victory Program*, c'est-à-dire le renforcement du programme d'armement américain. En 1943, c'est à lui que le président Roosevelt confie la difficile mission de concilier le général Giraud qui a les faveurs de l'Amérique et le général de Gaulle, prestigieux mais imprévisible. Américanophile, pragmatique et homme d'affaires roué, Monnet ne séduit pas d'emblée de Gaulle mais celui-ci lui accorde finalement sa confiance et l'envoyé de Roosevelt, constatant l'inexpérience politique de Giraud, se rallie à l'homme du 18 juin. Devenu membre du Comité français de libération nationale, Monnet est commissaire à l'Armement et, de 1943 à 1945, négocie les accords de prêt-bail avec Washington. Fin décembre 1945, à l'heure de lancer un vaste plan de modernisation et d'industrialisation de la France, Charles de Gaulle estime que Monnet est le seul homme capable de relever ce défi de taille : retrouver, en 1949, le niveau de production de 1929 et le dépasser de 25 % l'année suivante. Le commissaire général au Plan réussira cette mission difficile, tout comme il jouera un rôle majeur, en 1946, dans la négociation des accords Blum-Byrnes qui annuleront une bonne partie de la dette française et permettront à Paris d'obtenir une aide d'un milliard et demi de dollars.

L'imagination au service de l'Europe

En août 1943, Monnet rédigeait une note soulignant qu'une fédération européenne ne naîtrait pas sans unité économique préalable. L'année suivante, il proposait de placer la gestion du charbon et de l'acier de la Ruhr sous autorité européenne. Néanmoins, c'est à partir de 1948-1949 seulement qu'il va dépasser les simples suggestions pour s'intéresser concrètement à la question de l'unification européenne. Le contexte de guerre froide l'effraie, surtout depuis que les Soviétiques possèdent, eux aussi, l'arme atomique, et il pense qu'une Europe unie pourrait contribuer à détendre le climat international. Il est donc bien décidé à user de son influence, de son imagination et de ses relations sur ce nouveau terrain, à partir d'une idée clé : agir dans un cadre supranational ou fédéral pour intégrer durablement et fructueusement l'Allemagne au sein de l'Europe. Ce choix de l'axe franco-allemand est, au départ, une position de repli, Londres se montrant peu désireuse d'un rapprochement avec les pays du continent. Au printemps 1950, Monnet est directement à l'origine de la proposition de « pool charbon-acier ». C'est lui qui prépare minutieusement la déclaration Schuman puis, durant l'été, dirige la délégation française pour les négociations préalables à la signature du traité CECA. Avec le soutien américain, il en profite pour donner à celles-ci une orientation fédéraliste.

Mais l'été 1950 est aussi celui de la guerre de Corée, premier conflit réel entre blocs. Dans leur volonté de renforcer l'OTAN, les États-Unis n'ont plus qu'une seule idée en tête : réarmer l'Allemagne, la faire contribuer militairement et humainement à l'effort de défense occidental. La France, comme d'autres pays victimes de la Seconde Guerre, redoute plus que tout une renaissance du militarisme allemand, un retour au premier plan de la nation ennemie, cinq ans à peine après la Victoire. Elle sait cependant que s'opposer purement et simplement aux plans américains est un piège : Washington réarmera quand même l'Allemagne, mais sans prendre l'avis de Paris. C'est de nouveau Jean Monnet qui propose une solution : créer, sur le modèle du « pool charbon-acier », un

« pool défense » dans un esprit fédératif. Idéalement, Monnet aurait voulu que l'union sur le plan militaire soit le couronnement d'un vaste édifice aux solides assises économiques mais nécessité fait loi. Il pense que cette union permettra de renforcer le troisième pilier du monde atlantique, à savoir l'Europe continentale de l'Ouest, les autres piliers étant les États-Unis et l'Empire britannique.

Jean Monnet peut compter sur le soutien du chancelier Adenauer et, en France, du président du Conseil René Pleven qui, comme Robert Schuman le 9 mai, donne son nom au plan proposé. Ce plan, présenté le 24 octobre 1950 à l'Assemblée nationale, est accepté sans enthousiasme par des députés français dont beaucoup voudraient simplement refuser le réarmement de l'Allemagne et préserver la totale souveraineté française dans le domaine militaire. Comme pour la future CECA, Français et Allemands sont rejoints par l'Italie et le Benelux, ce dernier influant sur les négociations pour limiter strictement le caractère supranational du projet. Les Américains, eux, regardent d'abord le plan Pleven comme un artifice français destiné à freiner le réarmement allemand mais, finalement, s'y rallient. Ils sont définitivement convaincus par Monnet, qui s'implique réellement dans les discussions préparatoires en juillet 1951. Sept mois plus tard, le 1er février 1952, un projet de traité est rédigé, créant la Communauté européenne de défense (CED). Il s'agit d'une armée européenne intégrée, c'est-à-dire placée sous commandement commun et reposant sur des unités de base de 12 500 hommes de même nationalité. Du 20 au 25 février, le projet de traité est discuté à Lisbonne lors de la conférence des ministres du Conseil atlantique et, le 27 mai, il est signé à Paris par les dirigeants de ce qui est déjà l'Europe des Six. La veille, à Bonn, le statut d'occupation de l'Allemagne de l'Ouest avait été aboli.

Jean Monnet, européen et atlantiste

Au mois d'avril 1952, alors que se finalise la CED, Jean Monnet effectue, comme chaque printemps, un voyage aux États-Unis, pays qu'il aime profondément et dont il recherchera toujours l'alliance même s'il déplore les dérives du maccarthysme[3]. Sur place, il est accueilli en héros, tout auréolé de sa double réussite sur le plan européen. Celle-ci est encore renforcée par sa nomination comme premier président de la Haute Autorité de la CECA, instance de gestion supranationale. L'optimisme est donc de rigueur. Au moment d'embarquer pour l'Amérique, Monnet n'a-t-il pas affirmé à un journaliste que les États-Unis d'Europe naîtraient avant la fin 1953 ? C'est dans le même esprit qu'il prononce, le 30 avril 1952, le discours ici reproduit devant le très influent et prestigieux *National Press Club* de Washington. Il y rend un vibrant hommage aux États-Unis, qui savent user de leur gigantesque puissance pour aider l'Europe à s'unir et à avancer, puis poursuit par un plaidoyer en faveur d'une fédération européenne, gage de prospérité, de sécurité et de progrès, en pleine harmonie avec les États-Unis. Monnet évoque également l'avenir de l'Allemagne et la nécessité d'aboutir un jour à sa réunification pacifique. Il promeut avant tout le volontarisme et plaide pour une accélération de l'intégration européenne, pour l'avènement des États-Unis d'Europe, dont la CECA et la CED sont les fondations.

---

3 Voir l'introduction au discours n° 47.

Aux États-Unis, les idées et les ambitions de Monnet séduisent dirigeants et médias mais, en Europe, les réticences restent nombreuses. Ainsi, la CED ne naîtra jamais, tuée par son inspiratrice. La France, en effet, enterrera l'armée européenne fin août 1954, par une étrange coalition que dominent d'une part, les communistes et, de l'autre, les gaullistes. Avec la CED meurt également son pendant politique, la Communauté politique européenne (CPE), à laquelle Jean Monnet s'était attelé dès juillet 1952, en poussant les Six à mandater une assemblée *ad hoc*, issue de l'Assemblée de la CECA. Celle-ci avait adopté, en mars 1953, un projet de Constitution fédérale et de Marché commun qui, tout en conservant un Conseil des ministres nationaux, créait un réel Exécutif européen supranational et prévoyait l'élection d'une des deux Chambres au suffrage universel. En 1954, un grand coup d'arrêt est donc porté à l'ébauche des États-Unis d'Europe. Seule la CECA résiste, avec Monnet en capitaine désabusé de la Haute Autorité.

L'éternel militant des États-Unis d'Europe

Toutefois, l'homme ne se laisse pas abattre et, dès 1955, s'investit dans la relance de la construction européenne. Son idée est de repartir de la CECA et de l'élargir aux transports et à l'énergie, particulièrement l'atome, un domaine dans lequel la France dispose d'une solide avance sur ses partenaires. L'Allemagne et le Benelux, quant à eux, souhaiteraient plutôt miser sur la naissance d'un vaste marché commun, ce qui ne favoriserait guère Paris, toujours très protectionniste. Mais pour Monnet, il est clair que la France, responsable de l'échec de la CED, n'est plus en position d'imposer sans concéder. Il faut donc jouer sur les deux tableaux, l'atome et le marché commun, tout en laissant les initiatives à d'autres, comme le Belge Spaak ou le Néerlandais Beyen, et en acceptant que les grands projets d'Europe fédérale soient mis en retrait. En 1957, les traités de Rome créant l'Euratom et la Communauté économique européenne seront l'aboutissement de ce processus.

Jean Monnet, lui, choisit désormais de combattre en deuxième ligne, par un mouvement de « lobbying ». En 1955, il ne demande pas le renouvellement – d'ailleurs compromis – de son mandat à la tête de la Haute Autorité et, le 13 octobre, crée le Comité d'action pour les États-Unis d'Europe, mouvement visant à rassembler, dans l'Europe des Six puis au-delà, des personnalités représentatives – chefs de partis, intellectuels, syndicalistes... – et désireuses de s'investir en faveur de l'idée européenne. La centaine de membres se réunit annuellement mais Monnet entretient avec eux de fréquents contacts épistolaires, téléphoniques ou directs. Ses combats seront dès lors toujours appuyés par son groupe de pression, qu'il s'agisse de militer pour l'entrée de la Grande-Bretagne dans le Marché commun, pour la transformation de l'OECE en OCDE via l'adhésion des États-Unis et du Canada, pour le partenariat euro-américain proposé par le président Kennedy ou contre l'Europe des patries défendue par le général de Gaulle. Au début des années 1970, Monnet est à l'origine d'une dernière idée clé, la réunion régulière des chefs d'États en Conseil européen, proposition qui est acceptée et concrétisée par le président Giscard d'Estaing et le chancelier Schmidt dès 1974. Toujours fédéraliste, Monnet n'en pense pas moins qu'il faut parfois être intergouvernemental si cela peut faire avancer l'Europe. Le 9 mai 1975, il décide de dissoudre le Comité d'action pour les États-Unis d'Europe, vingt-cinq ans, jour pour jour, après la déclaration Schuman. Il se retire alors pour écrire ses mémoires et décède en 1979, nonagénaire, non sans avoir eu le bonheur d'apprendre que les futures élections du Parlement européen se feraient au suffrage universel. En 1988, pour le centenaire de sa naissance, ses cendres seront transférées au Panthéon.

Une Europe fédérée

Nous nous trouvons à un moment opportun pour parler de la création de l'Europe. Nous allons sortir de la période des projets, des négociations et des textes ; dans quelques semaines, les premières institutions de l'Europe unie deviendront une réalité vivante. À ce moment décisif, comme il est naturel, nous rencontrons des difficultés : elles sont les douleurs de l'enfantement qui accompagnent la naissance des États-Unis d'Europe. [...]

Parce que les Américains en sont conscients, ils n'ont cessé de soutenir et d'encourager nos efforts pour réaliser l'unité de l'Europe. Je crois que c'est la première fois dans l'Histoire qu'un pays parvenu au degré de prépondérance qu'ont atteint les États-Unis apporte un soutien actif et essentiel à l'effort que font d'autres peuples pour se rassembler dans une communauté vigoureuse et libre.

Il est d'une importance universelle que l'Europe puisse vivre par ses propres moyens et dans la sécurité, qu'elle soit pacifique et en mesure de continuer à apporter sa grande contribution à la civilisation. Le chemin qui mène à tous ses objectifs passe par l'unification.

Une Europe fédérée est indispensable à la sécurité et à la paix du monde libre. Aussi longtemps que l'Europe restera morcelée, elle restera faible, et sera une source constante de conflits. À l'époque moderne, les conflits se généralisent inévitablement à l'ensemble du monde.

L'unification permettra à l'Europe d'intensifier le développement de ses ressources. Elle pourra ainsi, le moment venu, faire face aux besoins de ses habitants et prendre sa part dans les charges de la défense commune, sans avoir à vous demander de maintenir votre contribution.

L'unification de l'Europe a, pour la civilisation, une portée qui dépasse même la sécurité et la paix. L'Europe est à l'origine des progrès dont nous bénéficions tous et les Européens sont aujourd'hui capables d'apporter au développement de la civilisation, par leur esprit créateur, une contribution aussi grande que dans le passé. Mais pour permettre à cet esprit créateur de s'épanouir à nouveau, nous devons harmoniser nos institutions et notre économie avec l'époque moderne. C'est en unifiant l'Europe que nous y parviendrons. [...]

En même temps que nous poursuivrons ensemble notre action pour l'unification de l'Europe, nous continuerons notre effort pour réunir pacifiquement les Allemands de la République fédérale et ceux de l'Est. Il est essentiel d'effacer les frontières entre les nations européennes. [...]

L'unité qui satisfera les aspirations légitimes des Allemands sans les exposer, ainsi que le reste du monde, au recommencement d'un passé funeste, l'unité qui facilitera l'établissement d'une paix durable est l'unité au sein d'une Europe unie. [...]

Six pays européens ne se sont pas engagés dans la grande entreprise d'abattre les barrières qui les divisent pour dresser des barrières plus élevées contre le monde extérieur. Notre époque exige que nous unissions les Européens et que nous ne les maintenions pas séparés. Nous ne coalisons pas les États, nous unissons des hommes. [...]

Rien n'est plus stérile que d'anticiper, dans le contexte du présent, des questions qui se poseront seulement dans l'avenir, alors que l'objet même de notre action est de transformer le contexte actuel. Si nous attendons, pour agir, que toutes les questions aient trouvé leur réponse, nous n'agirons jamais, nous n'atteindrons jamais la certitude attendue et nous serons entraînés par les événements que nous aurons renoncé à orienter.

Nous sommes résolus à agir. Nous sommes résolus à faire l'unité de l'Europe et à la faire rapidement. Avec le plan Schuman et avec l'armée européenne, nous avons posé les fondations sur lesquelles nous pourrons construire les États-Unis d'Europe, libres, vigoureux, pacifiques et prospères.

51 – Imre Nagy
Discours devant l'Assemblée nationale hongroise

4 juillet 1953

Parce que l'événement a touché l'Union soviétique elle-même et parce que le XXe Congrès du PCUS et son fameux « rapport secret » ont connu un retentissement international intense[1], on a pris l'habitude d'associer l'année 1956 à la déstalinisation. Pourtant, dès le milieu de 1953, soit quelques mois à peine après la mort de Staline, un autre pays communiste, la Hongrie, a vécu les premières manifestations, certes timides puis contrariées, d'un mouvement de libéralisation relative par lequel le pouvoir a reconnu certaines erreurs et la nécessité de changer de cap, sur le plan politique comme sur le plan économique. Un homme, Imre Nagy, va symboliser par sa destinée tragique les espoirs et les désillusions de la déstalinisation hongroise.

Un communiste qui bouscule la discipline du parti

Né dans une famille paysanne de Hongrie occidentale, Imre Nagy (1896-1958?) est serrurier de formation et épouse, dans un premier temps, les opinions socialistes. Durant la Première Guerre, il combat dans les troupes austro-hongroises et est fait prisonnier en Russie. Après la prise du pouvoir par les bolcheviks et la paix de Brest-Litovsk, il devient communiste, s'engage dans la Brigade Rouge, constituée de prisonniers de guerre hongrois, et prend part à la guerre civile russe. Au même moment, la Hongrie, qui s'est déclarée république indépendante en novembre 1918, connaît une courte et sombre expérience gouvernementale de type soviétique : c'est la république des Conseils, instaurée par Béla Kun au printemps 1919. Celle-ci est rapidement renversée par une intervention roumaine qui ouvre la voie à l'armée contre-révolutionnaire hongroise de l'amiral Horthy. De 1920 à 1944, cet aristocrate conservateur va gouverner la Hongrie, monarchie sans roi, avec le titre de Régent en transformant progressivement le régime constitutionnel en dictature par l'obtention, en 1931, du droit de veto sur toute décision du Parlement.

Nagy, lui, passe la majeure partie de l'entre-deux-guerres en URSS, ne revenant qu'un temps en Hongrie pour tenter d'y redorer le blason du communisme auprès des masses agricoles qu'il connaît bien et de recruter ainsi de nouveaux adeptes. En Russie,

---

[1] Voir l'introduction au discours n° 53.

il travaille à l'Institut soviétique de l'Agriculture puis dirige un kolkhoze en Sibérie. Dès cette période, il suscite la méfiance des communistes les plus disciplinés par ses prises de distance avec la ligne du Komintern et doit même se prêter à l'exercice périlleux de l'autocritique. Durant la Seconde Guerre, qui voit la Hongrie se ranger du côté de l'Axe avant de déclarer la guerre à l'URSS puis d'être, en mars 1944, occupée par la *Wehrmacht*, Nagy fait œuvre de propagande à la radio Kossuth qui, depuis Moscou, émet vers la Hongrie. Fin 1944, il rentre au pays avec l'Armée rouge et entame une importante carrière politique dans des gouvernements qui sont, au départ, de larges coalitions. Il est d'abord ministre de l'Agriculture et préside à la réforme agraire et au partage des terres. Il est ensuite ministre de l'Intérieur puis, poste moins exposé, président de l'Assemblée nationale dès 1947.

Durant cette période, la Hongrie glisse peu à peu vers le statut de république populaire. Aux élections de novembre 1945, le parti des petits propriétaires a remporté 57 % des voix contre 17 % seulement au parti communiste, qui a pourtant réussi à obtenir les postes clés au gouvernement et à imposer une large part de son programme, de la réforme agraire aux nationalisations. Les communistes se sont ensuite employés à déstabiliser le parti des propriétaires, l'accusant de corruption et poussant à l'arrestation de son chef, tout en favorisant l'union de la gauche. Aux élections de 1947, le parti communiste est le premier parti du pays et, deux ans plus tard, les élections se font à liste unique. Le 20 août 1949, la république populaire de Hongrie est proclamée. Dès lors, les communistes hongrois, dirigés par Mátyás Rákosi, vont s'employer, dans l'improvisation et la précipitation la plus totale, à calquer leur politique sur le modèle soviétique : les Églises sont persécutées, les « titistes »[2] sont épurés, un régime de terreur policière, de dénonciations, de purges et de torture est mis sur pied et un large plan quinquennal est lancé en 1950, basé sur la collectivisation forcée des terres et une industrialisation massive. Si l'aristocratie et la grande bourgeoisie ont été éliminées dès 1945, ce sont maintenant les ouvriers et les paysans qui font les frais de la situation : enrégimentés dans un système où l'État est tout, ils subissent de plein fouet la hausse des prix, la pénurie de biens de consommation et la disette alimentaire. La haine du régime gronde dans les villes et les campagnes.

Conscient des souffrances de son pays, et particulièrement des milieux agricoles, Imre Nagy ne reste pas silencieux. Il fait clairement entendre son opposition à la collectivisation forcée et s'attire, de ce fait, les foudres des dirigeants de son parti. De nouveau, il doit faire son autocritique et se retrouve très vite exclu du *Politburo*, l'organe suprême du pouvoir. Il enseigne alors à l'université d'Économie, où il tisse des liens dans les milieux intellectuels. Fin 1950, il redevient ministre puis, en 1951, réintègre le *Politburo* et le secrétariat du parti. En février 1953, alors que Staline se meurt, il s'oppose une nouvelle fois aux orientations économiques de la Hongrie. Mais cette fois, le changement d'ère à Moscou va lui permettre d'arriver à ses fins.

---

2 Communistes ayant la volonté de mener, comme le Yougoslave Tito, une politique nationale en se distanciant de Moscou.

Un vent de liberté souffle sur Budapest

En URSS, c'est Malenkov et Khrouchtchev qui détiennent désormais le pouvoir. Ils sont décidés à lâcher du lest par rapport à la rigidité stalinienne, constatent l'échec des dirigeants hongrois qui ont provoqué la ruine du pays, et redoutent les risques de révolte. Le soulèvement de Berlin-Est, en juin 1953, les conforte dans l'idée qu'il faut agir. Alors que des élections ont eu lieu en Hongrie le 17 mai, Rákosi et ses seconds sont convoqués à Moscou, où ils sont véritablement tancés, non pour leurs excès eux-mêmes mais pour les conséquences de ceux-ci sur la stabilité du bloc communiste. Malenkov leur demande de dissocier, comme vient de le faire l'URSS, les postes de président du Conseil et de Premier secrétaire du parti. À la tête du gouvernement, c'est Imre Nagy qu'il recommande, pour sa popularité au sein des masses paysannes mais aussi parce qu'il partage avec lui certaines convictions économiques, dont la nécessité d'augmenter la production de biens de consommation au détriment de l'industrie lourde. De plus, la question de l'antisémitisme ne peut être écartée : les quatre principaux dirigeants hongrois honnis par leur population sont juifs mais Nagy ne l'est pas. À Budapest, le Comité central des 27 et 28 juin entérine les souhaits de Moscou et désigne Nagy comme président du Conseil. Il adopte également une résolution, le programme de juin, qui, condamnant partiellement la politique récente, induit une profonde évolution des objectifs et des pratiques du Parti. Rákosi parvient à ce qu'elle ne soit pas rendue publique mais il ne peut empêcher sa large diffusion en version atténuée par Nagy lui-même lors de son discours du 4 juillet 1953 devant l'Assemblée nationale.

Nagy sait que ce discours sera sans doute l'un des plus importants de sa vie. L'homme est davantage un professeur soucieux d'exactitude qu'un orateur flamboyant et il reste, plus que jamais, un communiste convaincu. Son ambition est d'exposer aux Hongrois les manquements et les erreurs du passé puis de leur proposer de nouvelles perspectives qui sauraient les réconcilier avec le régime. Son allocution est largement reproduite par la presse et diffusée par la radio. Annonçant une *nouvelle étape* dans le développement du pays, Nagy promet une amélioration du niveau de vie de chaque Hongrois, la révision de la politique économique – moins d'investissements dans l'industrie lourde et davantage dans l'agriculture –, la fin de la collectivisation forcée et le retour mesuré au fermage, des mesures en faveur de l'artisanat et du commerce privés, la construction de logements ou encore la revalorisation du statut des intellectuels. Par ailleurs, il annonce davantage de tolérance religieuse, la fin de l'omnipotence des bureaucrates et, surtout, la fin des internements arbitraires, conséquences d'une confusion entre police et justice. Les mots de Nagy sont sévères puisqu'il parle d'*esprit hostile au peuple*, de *méthodes arbitraires* et *d'abus* auxquels il faut mettre un terme.

Ce discours bouleverse le peuple hongrois qui, enfin, a le sentiment d'être compris et reconnu dans ses souffrances. L'homme de la rue se sent soulagé et l'espoir d'un réel changement est palpable. Mais toutes les réformes annoncées et mises en route sont immédiatement contrées par Rákosi, qui est resté Premier secrétaire du parti et bénéficie du soutien de la majorité de l'appareil. Une véritable lutte des clans est ouverte au sein même du parti communiste et bien que Nagy puisse compter sur l'appui de Moscou. Que Nagy permette à certains paysans de quitter les kolkhozes et Rákosi envoie la police en mission d'intimidation. Que le président du Conseil tente de favoriser la production de biens de consommation et il se trouve saboté par les dirigeants des industries lourdes. Le parti s'emploie également à ralentir au maximum la réhabilitation des épurés et la marche vers une certaine liberté de pensée et d'expression. À l'automne 1954, la situation semble bloquée mais Nagy parvient à obtenir un vote de soutien du Comité central et même l'octroi des pleins pouvoirs. Mais il ne s'agit là que d'un répit. Début 1955, à Moscou, Malenkov est écarté par Khrouchtchev qui ne partage pas ses priorités économiques, celles-là mêmes que défend Nagy. Dès lors, même si paradoxalement Khrouchtchev va continuer à soutenir Nagy tout en l'appelant à plus d'orthodoxie, celui-ci est déforcé, d'autant qu'une crise cardiaque l'éloigne du pouvoir. Le 9 mars, Rákosi le fait condamner par le Comité central puis, un mois plus tard, le fait révoquer de la présidence du Conseil et de ses divers postes au sein du parti pour refus d'autocritique. Le programme de juin a vécu.

Le drame de l'automne 1956

Cependant, le calcul de Rákosi n'est rentable qu'à court terme. En effet, en éliminant son principal adversaire, il a contribué à en faire un sauveur potentiel, un recours, presque un mythe. D'autre part, il n'a pu effacer ses réalisations politiques et en revenir au strict régime stalinien, d'ailleurs condamné au XXe Congrès du PCUS. Les partisans d'Imre Nagy ne restent ni inactifs ni silencieux et, emmenés par nombre d'écrivains et de journalistes, attisent un vrai mouvement de révolte au sein du monde intellectuel, mouvement renforcé par les « revenants », internés politiques libérés des prisons et des camps par le programme de juin et qui viennent témoigner de leur calvaire. L'année 1956 est troublée : discours de Khrouchtchev sur la déstalinisation, révolte des ouvriers de Poznán en Pologne, provoquant le retour au pouvoir du « titiste » réhabilité Gomulka, et limogeage par Moscou de Rákosi, remplacé à la tête du parti communiste hongrois par un autre stalinien, Ernö Gerö, plus pâle et accommodant.

Le 23 octobre 1956, Gerö ordonne aux forces de l'ordre de tirer sur une manifestation d'étudiants, ce qui entraîne l'insurrection de Budapest. Le peuple hongrois croit alors que tout est possible et, pour lui donner des gages, le parti communiste rappelle Imre Nagy au pouvoir. Or, celui-ci n'a aucune intention de mettre fin au régime communiste ou de rompre avec Moscou mais entend, au contraire, rester loyal à ses convictions et à son parti, donc réduire l'insurrection. Dans le pays, c'est la déception ; la révolte s'amplifie. L'appareil du parti communiste apparaît de plus en plus isolé. Le 27, Nagy lâche du lest, élargissant son gouvernement à des non-communistes comme l'ancien chef du parti des petits propriétaires. Dans les jours qui suivent, il change plus radicalement encore de tactique, proclamant le cessez-le-feu et annonçant le retrait des troupes soviétiques, la sortie de la Hongrie, désormais neutre, du pacte de Varsovie et le retour au multipartisme. Mais l'espoir sera de courte durée : le 4 novembre, les troupes soviétiques se lancent à l'assaut de la révolution hongroise, alors même que l'ONU discute de la crise de Suez[3]. En quelques jours, elles rétablissent l'ordre soviétique dans le sang : on compte 25 000 morts, 150 000 déportés et 160 000 réfugiés qui ont pu gagner l'Ouest.

---

3 Voir l'introduction aux discours n° 54 et 55.

Nagy, quant à lui, a le temps de se réfugier à l'ambassade yougoslave. Le 22 novembre, il obtient un sauf-conduit et l'assurance de pouvoir partir en exil mais, à sa sortie, est enlevé par la police soviétique. Durant des mois, le flou subsiste sur son sort avant que Moscou n'annonce, le 17 juin 1958, qu'il a été exécuté pour complot et haute trahison. Cette condamnation à mort sans procès public suscitera un regain de tension entre l'Est et l'Ouest. Définitivement cette fois, Nagy a perdu son pari de concilier régime communiste et liberté.

Discours devant l'Assemblée nationale hongroise

L'Assemblée Nationale élue le 17 mai dernier, reflète mieux et plus profondément le principe démocratique de la représentation populaire que l'ancien Parlement.

Nous pouvons assurer que le Parlement qui se réunit aujourd'hui marque le début d'une nouvelle étape de notre développement, au cours de laquelle la souveraineté populaire doit s'exprimer davantage. Le Parlement jouera un rôle plus important dans la direction de la vie légale de l'État, dans la définition des principes et des objectifs du gouvernement, ainsi que dans l'exercice des droits constitutionnels attribués à l'Assemblée.

Dans l'accomplissement de ses tâches, le gouvernement se propose de s'appuyer dans une mesure accrue sur l'Assemblée Nationale, car c'est grâce à la confiance de celle-ci qu'il dirige ce pays et c'est devant elle qu'il est pleinement responsable de la gestion gouvernementale, de la prospérité ou des malheurs de la patrie, et des progrès de notre peuple laborieux. En même temps, il veut assurer que le Conseil des ministres s'appuyant sur le corps législatif, devienne une institution de plein droit de la gestion des affaires de l'État, institution reposant sur la compétence élargie des différents ministères et une responsabilité accrue des ministres. Nous faisons ainsi un nouveau pas important en avant sur la voie de la démocratisation de notre État.

Dans le domaine du développement de notre économie nationale, le gouvernement tiendra absolument compte des ressources économiques du pays et ne s'assignera pas d'objectifs pour la réalisation desquels les conditions indispensables font défaut, qu'il s'agisse de l'approvisionnement en matières premières, d'investissements qui dépasseraient les possibilités et les ressources dont dispose le pays, ou les mettraient trop fortement à contribution, qu'il s'agisse enfin d'autres tâches économiques trop ambitieuses allant au détriment du niveau de vie de la population.

En matière de politique économique, le gouvernement s'en tient au dicton qui dit : il faut faire selon ses moyens. Or, nous devons constater, et nous devons le dire franchement devant le pays tout entier, que les objectifs du plan quinquennal majoré dépassent nos forces à bien des égards. Leur réalisation met trop à contribution nos ressources, entrave le développement des bases économiques du bien-être matériel, et a même provoqué ces derniers temps une baisse du niveau de vie.

Il est évident que nous devons apporter de profondes modifications à cet état de choses. Le développement de l'industrie lourde socialiste ne saurait être une fin en soi. Nous devons progresser vers le socialisme sur la voie de la démocratie populaire et de l'industrialisation socialiste de telle sorte que ces progrès entraînent sans cesse une amélioration de la situation sociale et culturelle, du niveau de vie du peuple laborieux et en premier lieu de la classe ouvrière qui constitue le gros de l'armée de l'édification socialiste. De cette considération découle nettement l'une des tâches les plus importantes de la politique économique de notre gouvernement : la diminution générale et considérable du rythme de développement de notre économie nationale et des investissements, en rapport avec le potentiel du pays.

Il faut modifier aussi l'orientation du développement de l'économie nationale. Rien ne justifie l'industrialisation exagérée et la tendance à l'autarcie industrielle, surtout si l'on ne dispose pas des matières premières indispensables.

Notre politique économique doit changer d'orientation également en ralentissant sensiblement le rythme du développement de l'industrie lourde, produisant des biens de production.

Il faut en même temps attacher une importance considérablement plus grande aux industries légères, fabriquant des articles de consommation, et aux industries alimentaires, afin de satisfaire les besoins sans cesse croissants de la population.

Il faut changer également l'orientation de la politique économique en ce qui concerne les rapports entre ses deux branches principales : l'industrie et l'agriculture.

L'industrialisation trop poussée, le développement trop rapide de l'industrie lourde et les investissements considérables qu'il imposait, ne permettaient pas, avec les ressources économiques dont dispose le pays, le développement de l'agriculture.

Le gouvernement considère comme l'une de ses tâches les plus importantes de diminuer les investissements dans l'industrie et d'augmenter, en même temps, les investissements dans l'agriculture.

Les changements radicaux qui seront opérés dans nos plans économiques – changements dont l'essentiel est le ralentissement du rythme trop rapide de l'industrialisation socialiste et le développement plus poussé de l'agriculture – définissent l'objectif de la politique économique du gouvernement : l'élévation constante du niveau de vie du peuple laborieux et, en premier lieu, de la classe ouvrière.

Le développement de la production de l'agriculture a été stoppé, et en général, au cours des dernières années, il a marqué le pas à la suite de la modicité des investissements dont il a été déjà question ; à la suite aussi du fait qu'on a négligé d'accorder du soutien aux paysans individuels ; à la suite enfin du développement trop rapide des coopératives de production qui n'était pas suffisamment justifié ni du point de vue économique, ni du point de vue politique, et qui a rendu aléatoire la gestion de l'exploitation. Au cours du remembrement des terres opéré fréquemment et sur une vaste échelle, maints abus et pressions ont heurté à bon droit le sens de la justice de notre paysannerie, et lui ont causé des dommages sérieux. C'est un fait connu que notre production agricole est essentiellement fondée sur les exploitations individuelles. Notre pays ne peut se passer de leur production ; au contraire le développement de leur production, aussi bien végétale qu'animale, est d'un intérêt national. Le gouvernement considère comme une tâche essentielle de relever la production de ces exploitations individuelles ainsi que de les aider en leur fournissant des instruments de production et de travail, de l'outillage, des engrais chimiques, des semences sélectionnées et toute l'assistance technique possible.

Le gouvernement désire renforcer par tous les moyens la sécurité de la production et de la propriété paysanne. À cet effet, il interdit, dès cette année, les remembrements qui ont lieu d'habitude en automne et qui, par l'échange arbitraire des terres, entravaient la culture soignée de celles-ci, et diminuaient l'ardeur des cultivateurs à produire.

Il est indiscutable que le mouvement coopératif trop poussé et le rythme trop rapide du développement numérique des coopératives de production ont également contribué à l'évolution défavorable de la production agricole. Tout cela a eu pour conséquence qu'une partie des coopératives de production n'a pu se renforcer ni économiquement, ni organiquement, faute des conditions indispensables. Cependant, la conséquence la plus grave du développement trop rapide du mouvement coopératif a été l'inquiétude sérieuse qu'ont causée dans la paysannerie laborieuse les abus qui se sont produits, surtout la violation du principe du libre consentement. Il en est résulté un sérieux malaise qui a entravé la bonne marche du travail productif. D'autre part, des mesures excessives et généralisées contre les koulaks ont eu également pour conséquence le fait que l'État avait tous les ans plus de difficultés à utiliser les terres dites de réserve. En effet, celles-ci restaient incultes à la suite de la situation incertaine des exploitations et des difficultés de production.

Étant donné tout ce qui précède, le gouvernement considère comme une tâche essentielle et urgente d'instaurer la sécurité dans la production agricole. Pour assurer les possibilités d'un travail tranquille à notre paysannerie laborieuse, pour dissiper l'incertitude des exploitants privés en ce qui concerne leur adhésion forcée aux coopératives de production, le gouvernement considère comme juste et nécessaire le ralentissement du mouvement coopératif. Pour assurer le respect absolu du principe du libre consentement, il autorisera les membres des coopératives, qui désireraient revenir à l'exploitation individuelle parce qu'ils estimeraient y trouver mieux leur avantage, à quitter les coopératives de production à la fin de l'exercice actuel. Allant plus loin, il autorisera la dissolution des coopératives de production dont la majorité des membres en manifesterait le désir. Par ailleurs, le gouvernement continuera à assurer aux coopératives de production un soutien considérable, contribuera à leur développement et au bien-être de leurs membres par des prêts et des investissements, étant convaincu que les coopératives représentent la voie la plus praticable vers le relèvement de la paysannerie.

Le gouvernement désire autoriser le libre fermage et l'affermage des terres.

Quant à ceux qui avaient auparavant abandonné leurs terres à l'État et qui désireraient maintenant mettre en culture ces terres, actuellement en réserve, ils pourront les reprendre et l'État leur assurera des prêts en semences ainsi que les travaux mécaniques nécessaires à l'exploitation ; ceux qui désireraient louer des terres de réserve bénéficieront de la part de l'État de baux valables pour une durée de cinq ans, au lieu d'un an auparavant, dans des conditions favorables.

La nécessité de changer la politique économique suivie jusqu'ici s'impose d'ailleurs au gouvernement dans d'autres domaines de notre vie économique. Au cours des dernières années, l'État a étendu son activité économique à certains secteurs où l'initiative et l'entreprise privées peuvent encore assumer un rôle important et contribuer ainsi à la satisfaction accrue des besoins de la population. Il s'agit du secteur du petit commerce et de l'artisanat. En dépit du développement sérieux des coopératives artisanales, celles-ci ne sont pas en mesure de combler les lacunes de la production artisanale. Ce fait incite le gouvernement à donner place à l'entreprise privée, à permettre aux ayants droit d'obtenir, conformément aux prescriptions légales, des patentes artisanales, et à assurer à ceux-ci les conditions nécessaires à l'exercice de leur profession : approvisionnement en marchandises, crédits, etc.

Le principe fondamental de notre nouvelle politique économique est l'élévation constante du niveau de vie de la population. La seule voie juste, acceptable et praticable par le peuple travailleur, de l'édification socialiste, est l'élévation du niveau de vie de la population – et en premier lieu des ouvriers de l'industrie – l'amélioration constante de sa situation matérielle, culturelle et sociale.

Le gouvernement a la ferme intention de mener à bien le combat contre la vie chère. La rentrée de la riche moisson, l'exécution complète des plans de production industrielle, l'augmentation des stocks de marchandises permettront la baisse de certaines denrées alimentaires et de certains articles industriels dont les prix sont encore élevés. Nous intensifierons la production des produits industriels et des denrées alimentaires destinés à la consommation de la population. D'ici la fin de l'année, nous augmenterons de 60 millions de forints les sommes destinées au ravitaillement des cantines d'entreprise, ainsi qu'à l'hygiène du travail. Nous soumettrons à une révision certaines dispositions du Code du Travail. Il est nécessaire de supprimer les amendes en tant que mesures disciplinaires prises à l'encontre des ouvriers et des employés.

Il nous faut absolument faire respecter les prescriptions du Code du Travail relatives à la protection du travail, aux installations de sécurité exigées par la loi, à la distribution effective et stricte des aliments et des vêtements de protection parmi les travailleurs. Il faut demander des comptes à tous ceux qui emploieraient à d'autres fins les sommes prévues pour la protection de la santé des travailleurs et les punir sévèrement. Nous réduirons le nombre des heures supplémentaires effectuées sans raison valable, ainsi que le travail du dimanche.

L'État assurera la construction de 40 000 nouveaux logements en 1954 contre 23 000 en 1953. L'État continuera d'aider à développer la construction de maisons familiales de mineurs et de logements de familles ouvrières. À Budapest et d'abord dans les quartiers ouvriers, en deux années, il faut ravaler les façades des maisons d'habitation et assurer l'entretien régulier des maisons.

Nous faciliterons considérablement aussi les conditions de vie de la population rurale. Nous allons soumettre à une révision les dettes contractées par les coopératives de production envers l'État, et nous ferons remise d'une partie importante de ces dettes ainsi que des amendes qui n'ont pas toujours été infligées avec équité aux paysans individuels et aux coopératives de production, le tout d'un montant total de quelque 600 millions de forints.

Nous allons simplifier le système des livraisons agricoles. Les prélèvements seront fixés pour plusieurs années afin que les paysans laborieux puissent gérer leurs exploitations en toute sécurité, qu'ils connaissent leurs obligations exactement et bien à l'avance et qu'ils puissent écouler librement leurs excédents.

Pour aider efficacement nos paysans individuels et nos coopératives de production, ainsi que pour surmonter avec succès les difficultés causées par la grave sécheresse de l'année dernière, le gouvernement fera supprimer les arriérés de livraison de ceux qui satisferont cette année à temps à leur imposition en céréales panifiables et fourragères.

Malheureusement, il arrive encore que le travail intellectuel, et les intellectuels en général, mais surtout les anciens, ne jouissent pas de l'estime qui leur revient. Le gouvernement a décidé de changer radicalement cet état de choses. Les intellectuels sont souvent entourés d'une atmosphère de méfiance, ce qui aboutit à la mise à l'écart de certains d'entre eux alors que dans presque tous les domaines de notre vie économique, culturelle et scientifique, nous manquons d'intellectuels disposant de l'expérience et de la formation nécessaires.

Or, au cours d'épurations injustifiées, des intellectuels honnêtes ont souvent été traités d'une façon indigne d'une démocratie populaire, privés de la possibilité de mettre leurs connaissances au service du pays. Le gouvernement agira avec la plus grande énergie pour mettre fin à ces procédés inadmissibles et remédier aux injustices. Les intellectuels ont droit à l'estime de toute la société dans notre régime de démocratie populaire, et il faut qu'ils occupent des postes dignes d'eux, à la mesure de leurs capacités, dans leur domaine propre, qu'ils soient professeurs ou ingénieurs, juristes, médecins ou agronomes. Tout le monde devra prendre bonne note qu'en régime de démocratie populaire l'instruction et le savoir sont mieux appréciés qu'à n'importe quelle époque du régime ancien des seigneurs. Ce respect devra se traduire par de vastes possibilités de travail et des avantages matériels.

Il nous faut montrer plus de patience dans les questions de religion. Il est inadmissible que dans ce domaine on ait recours à des moyens administratifs comme parfois dans le passé. Le gouvernement, dans cette question, adopte le principe de la tolérance dont les moyens sont la persuasion et l'explication. Le gouvernement condamne l'emploi des méthodes administratives ou autres moyens de coercition, et ne les tolérera pas.

Dans toute son activité, le gouvernement se base sur la légalité et le droit fixés par la Constitution. La réparation des graves fautes commises dans le passé, le renforcement du droit et la garantie de la légalité sont des tâches lourdes de responsabilité qui incombent au gouvernement.

Le grand nombre de poursuites judiciaires ou de simple police, les méthodes administratives employées sur une vaste échelle, les excès et les abus massifs commis dans le domaine des livraisons, de la perception des impôts, dans l'établissement de la liste des koulaks et les opérations de remembrement, ainsi que d'autres vexations, ont heurté le sentiment de justice de la population, ébranlé sa confiance dans la légalité, relâché les liens entre le peuple et les autorités publiques.

Des reproches graves et motivés doivent être adressés à l'attitude brutale, rigide et inhumaine de certains bureaucrates envers de simples citoyens venus pour régler leurs affaires... Ces bureaucrates exécutent même les mesures les plus justes de façon à empoisonner la vie du peuple... Ils oublient que la modestie, la courtoisie, l'humanité sont des vertus que tout citoyen est en droit d'exiger de tous les fonctionnaires de l'administration...

La consolidation de la légalité est une des tâches les plus urgentes qui incombent au gouvernement. Par des mesures rigoureuses et, si elles s'avèrent inefficaces, par de graves punitions, par la suppression des fautes et des lacunes, nous devons arriver en peu de temps à ce que nos autorités judiciaires et policières ainsi que nos conseils locaux, deviennent les fermes piliers de l'État du peuple travailleur, de la légalité et de l'ordre public, en même temps que leur garantie.

L'institution même de l'internement a contribué à porter atteinte à la légalité. Le fait que nous n'avons pas satisfait aux prescriptions de la Constitution de notre République populaire, qui instituait un Parquet Suprême, gardien de la légalité, a contribué à cet état de choses.

Dans un esprit de clémence, d'apaisement, et pour remédier radicalement aux injustices commises, le gouvernement présente à l'Assemblée un projet de loi prévoyant la libération de tous les délinquants dont la mise en liberté ne met pas en péril la sécurité de l'État ou l'ordre public. En même temps, le gouvernement supprime l'institution de l'internement et fait dissoudre les camps d'internement.

Le gouvernement veut régler également la situation des personnes éloignées de leur domicile par mesures administratives et leur donner la possibilité de choisir eux-mêmes leur lieu de résidence, compte tenu des règlements juridiques obligatoires pour tout citoyen.

La justice rendue par la police est également incompatible avec les principes juridiques de la Démocratie Populaire, car cette procédure signifie au fond que l'instance qui fait l'enquête rend elle-même la justice.

Le gouvernement supprimera ce vestige de l'ancien régime par la voie législative.

Si la confiance de la paysannerie dans l'ordre public et dans la légalité a été ébranlée, cela est dû pour une part non négligeable à ce qu'on appelle la « liste des koulaks ». Ces listes, outre qu'elles ont abouti à des mesures administratives contre les koulaks et à de graves abus, ont contribué à relâcher les liens de bonne entente et d'alliance durable entre l'État et la paysannerie laborieuse, en particulier la paysannerie moyenne. Il est évident que si nous voulons faire cesser les illégalités dans les campagnes, rétablir la sécurité publique et l'alliance avec la paysannerie moyenne – chose que nous devons absolument réaliser – il faut supprimer ces listes de koulaks.

Il faut comprendre que la meilleure garantie du succès réside dans la participation active des larges masses du peuple. Mais il faut aussi comprendre qu'il y aura des gens qui ne sauront ou ne voudront pas renoncer à l'esprit hostile au peuple, aux méthodes arbitraires et aux abus, qui ne voudront pas abandonner l'emploi des moyens administratifs, et qui essayeront d'entraver, d'une manière ou d'une autre, l'exécution rapide et heureuse des mesures prises en faveur des masses.

COMPLÉMENTS

Koulak : Ce mot, signifiant « la poigne », désignait, dans la Russie tsariste, les usuriers qui prêtaient de l'argent aux paysans. Après la révolution d'Octobre, il s'est appliqué, dans un sens péjoratif, aux paysans les plus favorisés, ceux-là même qui, après avoir été préservés par la Nouvelle Politique économique (NEP) de Lénine, ont été pourchassés et éliminés par le pouvoir stalinien qui les a expropriés et contraints à rejoindre les kolkhozes, sans hésiter à exécuter ou à déporter les récalcitrants.

52 – Nehru
Discours de la conférence de Bandoeng

24 avril 1955

Première démonstration de force du Tiers Monde sur la scène internationale, la conférence de Bandoeng est intimement liée à plusieurs concepts politiques : neutralisme, non-alignement, afro-asiatisme. Elle a également permis à l'Europe et à l'Amérique du Nord d'appréhender plus concrètement certains enjeux nés de la décolonisation. De plus en plus nombreux de conférence en conférence, les divers États se réclamant de l'esprit de Bandoeng ont autant d'affinités que de divergences, ce qui ne manque pas de les déforcer. Leurs chefs eux-mêmes ont des motifs d'action variables, déterminés par leur stratégie diplomatique personnelle. Le Premier ministre indien Nehru suit ainsi une ligne dont l'origine remonte à la fin du XIXe siècle.

Aux sources d'un coup de tonnerre[1]

Il est difficile de dater l'origine du mouvement qui allait engendrer la conférence de Bandoeng. Il est clair cependant que la Seconde Guerre mondiale a joué un rôle d'accélérateur et de révélateur. Au cours du conflit, l'« homme blanc », incarnation de l'impérialisme colonial aux yeux de nombreux autochtones, s'est retrouvé en situation de faiblesse par rapport à l'envahisseur nippon et les mouvements nationalistes ont su, un peu partout en Asie, tirer profit de la situation et affirmer avec force, au sortir de la guerre, leur volonté d'émancipation. La décolonisation du continent s'est alors opérée, plus ou moins pacifiquement selon les régions, et les différents pays devenus autonomes ont cherché à développer entre eux un mouvement de solidarité. La première conférence des nations asiatiques a lieu à New Delhi le 12 mars 1947, soit quelques semaines avant la proclamation de l'indépendance de l'Inde et du Pakistan. Elle rassemble deux cent cinquante délégués, venus de vingt-cinq pays. Deux ans plus tard, une deuxième conférence se tient dans la capitale indienne, en présence également de l'Australie et de deux pays africains, l'Égypte et l'Éthiopie. Toujours en 1949, un groupe rassemblant nations asiatiques, arabes et africaines se constitue à l'ONU, afin de mener une politique concertée, notamment sur le plan colonial, et dégagée de la logique des blocs.

Le prélude direct à Bandoeng se déroule en trois temps au cours de l'année 1954. Du 5 avril au 2 mai, les dirigeants de cinq nations asiatiques – Birmanie (Myanmar), Ceylan

---

1 L'expression est du leader sénégalais Léopold Sédar Senghor.

(Sri Lanka), Indonésie, Inde et Pakistan – se réunissent à Colombo afin d'examiner la situation indochinoise alors que s'ouvre la conférence de Genève qui va mettre fin à la guerre. À cette occasion, les Indonésiens lancent l'idée d'une conférence générale à l'échelle du continent. Au même moment, un traité sur le Tibet est signé entre l'Inde et la république populaire de Chine, traité dont l'esprit est présenté comme exemplaire par Nehru et le ministre chinois des Affaires étrangères, Chou En-lai, le 28 juin 1954, à l'issue d'un sommet bilatéral. Il énumère en effet, sous le vocable de *Panch Shila*, les principes de cohabitation harmonieuse entre deux pays qui adhèrent à des systèmes socio-économiques différents : respect de l'intégrité territoriale et de la souveraineté, interdiction de toute agression, non-ingérence dans les affaires intérieures, égalité de droits et entraide, coexistence pacifique. Les 28 et 29 décembre 1954, à Bogor, en Indonésie, les cinq puissances de Colombo se revoient et se font puissances invitantes pour une grande conférence afro-asiatique à Bandoeng au printemps 1955. Vingt-cinq pays, parmi lesquels figurent des dominions, sont invités mais sept seulement sont des États africains – la décolonisation de l'Afrique étant encore limitée. D'autres pays reçoivent le droit d'envoyer des observateurs : c'est le cas de l'URSS, du Maroc, de l'Algérie et de la Tunisie. Cette volonté de resserrer les liens entre les États d'Asie et d'Afrique et d'examiner en commun les questions de tout ordre s'inscrit dans un contexte d'extension de la logique des blocs, à laquelle les puissances de Colombo veulent échapper. En effet, c'est à ce moment que se crée l'OTASE, Organisation du traité de l'Asie du Sud-Est, sur le modèle de l'OTAN, entre les États-Unis, les puissances « impériales » que sont ou furent le Royaume-Uni et la France, l'Australie, la Nouvelle-Zélande, les Philippines, la Thaïlande et le Pakistan.

Convergences et divergences des Afro-Asiatiques

Sur les trente pays appelés à se réunir à Bandoeng, en Indonésie, du 18 au 24 avril, vingt-neuf répondent présents. Seule la Fédération d'Afrique centrale, rassemblant le Nyassaland et les deux Rhodésies[2], s'abstient de se faire représenter car elle sait qu'elle sera la cible d'attaques nourries en raison de sa politique de ségrégation raciale. L'Afrique du Sud n'a d'ailleurs pas été invitée, pas plus que les deux Corées ou Israël, stigmatisé au-delà du monde arabe. En plus des cinq puissances invitantes (Indonésie, Ceylan, Birmanie, Inde et Pakistan), la conférence accueille des délégations venues d'Égypte, d'Éthiopie, de la Côte de l'Or (futur Ghana), du Libéria, du Soudan, de Libye, de Turquie, de Jordanie, de Syrie, du Liban, d'Afghanistan, d'Arabie Saoudite, du Yémen, d'Iran, d'Irak, des Philippines, des deux Vietnams, du Siam (Thaïlande), du Laos, du Cambodge, du Népal, du Japon et de Chine populaire. Ces délégations sont dirigées par des personnalités de premier plan, princes, Premiers ministres ou ministres des Affaires étrangères, et les débats qui se tiennent en anglais concernent trois grands axes relevant de trois commissions, l'une politique, une autre culturelle et la troisième économique.

Cependant, l'ordre du jour est loin d'être précis et les pays occidentaux redoutent de voir Bandoeng servir les intérêts de l'URSS en s'apparentant à une simple tribune

2 C'est-à-dire, aujourd'hui, le Malawi, la Zambie et le Zimbabwe.

anticolonialiste et antioccidentale. En réalité, les pays présents sont loin de toujours partager les mêmes opinions sur les grands problèmes de l'heure. Un consensus est atteint en ce qui concerne le développement économique et culturel de la sphère afro-asiatique, qui doit se réaliser dans un contexte de large coopération et moyennant une aide de l'ONU, ainsi que sur l'application généralisée du droit des peuples à disposer d'eux-mêmes. Dans ce cadre, le refus de tout colonialisme et de toute ségrégation est affirmé et diverses nations sont nommément citées comme défaillantes : Israël par rapport aux Arabes palestiniens, l'Afrique du Sud au sujet de l'apartheid, les Pays-Bas, concernant la Nouvelle-Guinée occidentale réclamée par l'Indonésie, le Royaume-Uni au sujet d'Aden et du protectorat sur le Sud-Yémen et enfin la France, mise en cause pour sa politique au Maghreb. Cependant, une discussion animée a lieu concernant le terme même de colonialisme : est-il uniquement applicable aux nations occidentales ou peut-on estimer que l'URSS le pratique, elle aussi ? Les avis sont partagés et on décide, dans le communiqué final, de bannir le colonialisme *dans toutes ses manifestations* – formule suffisamment vague pour satisfaire tout le monde. Des frictions du même genre naissent sur la question de Formose, c'est-à-dire de la Chine nationaliste, jusqu'à ce que Chou En-lai, au nom de la Chine populaire, propose d'ouvrir une négociation directe sur le sujet avec les États-Unis[3].

Bref, il apparaît clairement que les contingences de la guerre froide pèsent de tout leur poids sur les rapports entre nations afro-asiatiques. On compte à Bandoeng des États communistes, comme la république populaire de Chine et le Vietnam du Nord, mais aussi plusieurs pays liés par traité au bloc occidental, comme la Turquie, les Philippines, l'Irak ou le Siam, et, enfin, des États résolument décidés au neutralisme, c'est-à-dire au refus de s'engager ou de s'aligner au côté de l'un ou l'autre camp. Ce concept dont le premier chef de file fut chronologiquement le Yougoslave Tito, est essentiellement défendu, à la conférence, par l'Égyptien Nasser qui veut en faire l'instrument d'une politique de balance entre l'Est et l'Ouest, et par l'Indien Nehru qui dans son discours devant la commission politique va le présenter comme une exigence morale et identitaire.

la voix du neutralisme indien

Né à Allahabad, au Cachemire, au sein de la caste brahmanique et fils d'un avocat nationaliste, Jawaharlal Nehru (1889-1964) a suivi de brillantes études en Inde puis en Grande-Bretagne. Diplômé de droit, il entame une carrière au Barreau de sa ville natale en 1912. Quatre ans plus tard, il rencontre Gandhi dont il devient un fidèle au sein du Congrès, le mouvement nationaliste hindou, tout en se distinguant de lui par sa conception laïque et socialiste du pouvoir. En 1926, il séjourne en URSS et, en 1938, apporte son aide aux républicains espagnols. Entre 1920 et 1945, Nehru est plusieurs fois emprisonné, tout comme Gandhi, pour ses activités antibritanniques et passe au total presque dix années derrière les barreaux. De 1924 à 1926, il officie en tant que chef de l'*Allahabad Municipal Corporation*, l'équivalent de la mairie, puis, de 1926 à 1928, prend la tête de l'*All India Congress Committee*, l'une des principales

[3] Cette proposition restera toutefois sans lendemains.

instances du Congrès. En 1929 enfin, il est élu président du parti, un poste qu'il retrouvera en 1936 et 1937. Au sein de celui-ci, il se classe parmi les plus radicaux, soucieux d'obtenir l'indépendance complète de l'Inde et non simplement le statut de dominion. Au début du second conflit cependant, et contrairement à Gandhi, il décide de soutenir l'effort de guerre de Londres, seul moyen, pense-t-il, d'obtenir gain de cause une fois la victoire britannique acquise. Mais l'intransigeance anglaise le conduit à évoluer et à soutenir la campagne de boycott *Quit India*, ce qui lui vaut de subir près de trois ans de prison. La guerre terminée et les travaillistes britanniques ayant accédé au pouvoir, la voie de l'indépendance est ouverte. Très populaire, Nehru est alors désigné comme chef du gouvernement intérimaire. Le 15 août 1947, il devient Premier ministre à part entière et le restera jusqu'à sa mort.

En politique étrangère, Nehru est profondément influencé par l'idée de neutralisme et de non-alignement qui est développée au sein du Congrès dès la fin du XIXe siècle. Sa conviction est que la création de blocs antagonistes conduit à la guerre et que la seule possibilité pour un État émergent de jouer un rôle actif sur la scène mondiale est d'affirmer son indépendance, de se poser en arbitre et de rester sur le seul terrain de la diplomatie. L'idée de Nehru est de créer une vaste zone de paix afro-asiatique capable d'exercer une forme de pression morale sur les deux blocs et de promouvoir ainsi son identité. C'est ce qu'il exprime à Bandoeng le 24 avril 1955 en renvoyant dos à dos les États-Unis et l'URSS, *tous deux basés*, dit-il, *sur de faux principes*. Partant du postulat qu'aucun des deux blocs n'est en mesure de conquérir l'Inde par la force, il affirme son intention de ne prendre part à aucun conflit, sauf en cas de légitime défense et de s'opposer à la force militaire et nucléaire par la *force morale*. Il souligne que l'arme atomique et la naissance d'un monde bipolaire ont profondément modifié le contexte des relations internationales, chaque conflit localisé pouvant désormais dégénérer en guerre mondiale aux conséquences incalculables. Dès lors, il appelle à préserver un large *espace non aligné*, gage d'*impartialité* et d'*équilibre*.

Les répercussions de Bandoeng

Le discours de Nehru est approuvé par d'autres délégués, notamment celui de la Syrie, mais un compromis est nécessaire pour concilier pays alignés et non alignés en vue du communiqué final. Les principes du *Panch Shila* y sont associés aux *Sept piliers de la paix* de Mohammed Ali Jinnah, Premier ministre du Pakistan, pays signataire de l'OTASE, pour aboutir à dix principes de coexistence pacifique, directement inspirés de la Charte de l'ONU. L'un d'entre eux évoque le *refus de recourir à des arrangements de défense collective destinés à servir les intérêts particuliers des grandes puissances, quelles qu'elles soient*, ce qui laisse la porte ouverte à des pactes régionaux. Pour le reste, le communiqué final évoque une coopération économique et culturelle et réclame l'autonomie de tous les *peuples dépendants* ainsi que la réduction des armements et l'élimination des armes nucléaires. Dans le camp occidental, la conférence de Bandoeng a suscité un vif intérêt mais également une grande inquiétude, nombre d'États supportant mal d'être mis en accusation pour « colonialisme ». C'est particulièrement le cas de la France qui a vu les nationalistes marocains, tunisiens et algériens bénéficier d'une tribune. Chacun comprend, en tout cas, que le Tiers Monde est une force en devenir, un ensemble de puissances qui, unies, peuvent peser lourd sur la scène internationale et déplacer le centre de gravité mondial. Ainsi, les conséquences immédiates de Bandoeng sont avant tout psychologiques : la conférence renforce le mouvement en faveur d'une rapide décolonisation, rend audible la voix des peuples hier sous tutelle et conduit les deux blocs à prendre en compte l'existence d'une possible « troisième force ».

Néanmoins, ni l'afro-asiatisme ni le non-alignement ne parviendront à créer une dynamique susceptible de concrétiser ces potentialités. Le premier va se structurer via des organisations non gouvernementales et des accords de coopération et de concertation, surtout après 1960 et la grande vague de décolonisation africaine. Cependant, les rythmes et les modes de développement divergeront fortement selon les régions et de nombreux pays vont conserver des liens économiques et culturels particuliers avec leur ancienne métropole. Les solidarités se construiront donc avant tout sur un plan régional. Sous l'égide de Nasser, Nehru et Tito, le non-alignement va, quant à lui, tenter d'exister par le biais de conférences régulières, dont la première se tient à Belgrade en 1961. Mais il connaîtra plusieurs crises, d'une part parce que certains pays, loin d'être réellement neutralistes, vont se faire, comme Cuba, les chevaux de Troie de la diplomatie soviétique, et, d'autre part, parce que le principe de la coexistence pacifique ne sera pas toujours respecté. Pensons, sous Nehru, à la guerre sino-indienne de 1962, provoquée par Pékin. Dans les années 1980, le mouvement des non alignés, qui avait trouvé naguère son consensus sur la question du colonialisme, forgera son unité sur la volonté de démantèlement de l'arsenal nucléaire des grandes puissances. Après 1989, la chute du bloc communiste et l'avènement d'un nouvel ordre mondial conduiront ses membres à redéfinir leur positionnement diplomatique.

Discours de la conférence de Bandoeng

Monsieur le Président, le débat a déjà pris une tournure bien plus importante que nous ne l'avions prévu. En fait, le principal chapitre[4] a été traité dans son intégralité. Nous venons juste d'avoir l'avantage d'écouter le distingué représentant de la Délégation turque qui nous a dit ce qu'il appartient à un dirigeant responsable de la nation de faire ou de ne pas faire. Il nous a présenté un judicieux exposé de ce que je pourrais appeler une représentation des vues de l'un des blocs majeurs existant actuellement dans le monde. Je ne doute pas que du côté de l'autre bloc, une disposition tout aussi judicieuse des choses pourrait être présentée. Je n'appartiens à aucun des deux et je propose de n'appartenir à aucun des deux quoi qu'il puisse advenir dans le monde. Si nous devons demeurer

4 La question de l'anticolonialisme.

seuls, nous ferons face par nous-mêmes, quoi qu'il arrive (et l'Inde a fait face seule, sans aucune aide contre un puissant empire, l'Empire britannique) et nous en assumerons toutes les conséquences [...]

Nous ne sommes pas d'accord avec les enseignements communistes, nous ne sommes pas d'accord avec les enseignements anticommunistes, car ils sont tous deux basés sur de faux principes. Je n'ai jamais remis en question le droit de mon pays à se défendre lui-même, il doit le faire. Nous nous défendrons nous-mêmes, quelles que soient les armes et la force dont nous disposons, et, si nous ne disposons pas d'armes, nous nous défendrons sans armes. Je suis absolument certain qu'aucun pays ne peut conquérir l'Inde. Même les deux grands blocs réunis ne peuvent conquérir l'Inde, pas même à l'aide de la bombe atomique ou de la bombe thermonucléaire. Je connais la valeur de mon peuple. Mais je sais aussi que si nous nous rallions à d'autres, toutes grandes puissances qu'elles soient, si nous nous en remettons à eux pour survivre, alors nous sommes effectivement faibles [...]

Mon pays a fait des erreurs. Chaque pays fait des erreurs. Je ne doute pas que nous ferons d'autres erreurs à l'avenir ; nous trébucherons, tomberons et nous relèverons. Les erreurs de mon pays et peut-être les erreurs des autres pays présents ici ne portent pas à conséquence ; mais les erreurs des grandes puissances ont, elles, des conséquences sur le monde et peuvent amener à une terrible catastrophe. Je parle avec le plus grand respect pour ces grandes puissances car elles n'excellent pas seulement en matière militaire, mais aussi en matière de développement, de culture et de civilisation. Mais ma conviction est que l'excellence conduit parfois à de fausses valeurs, de fausses références. Lorsqu'ils commencent à raisonner en terme de puissance militaire – qu'il s'agisse du Royaume-Uni, de l'Union soviétique ou des États-Unis – alors ils empruntent un chemin dangereux qui pourrait conduire à la conquête du monde par l'écrasante puissance d'un seul pays. Jusqu'à ce que le monde ait réussi à se prémunir de cela, je ne peux préjuger de l'avenir [...]

En ce qui me concerne, peu importe l'endroit où la guerre surviendra, nous n'y prendrons pas part sauf pour nous défendre nous-même. Si je me joins à l'un ou l'autre de ces grands groupes, je perds mon identité [...] Si le monde entier était divisé entre ces deux gros blocs, qu'en résulterait-il ? L'inévitable résultat serait la guerre. De plus, chaque étape qui mène à la réduction de cet espace que l'on pourrait appeler l'espace non aligné est une étape dangereuse et qui conduit à la guerre. Cela ne fait que réduire cette impartialité, cet équilibre, ce regard extérieur par lequel les autres pays démunis de puissance militaire peuvent peut-être exercer une influence.

Honorables Membres, vous avez mis l'accent avec insistance sur la force morale. C'est avec la force militaire que nous devons composer maintenant, mais je suis convaincu que la force morale a son importance et qu'en dépit des bombes atomiques et à thermonucléaires de la Russie, des États-Unis ou d'autres pays, la force morale de l'Asie et de l'Afrique doit avoir son importance [...]

Beaucoup de membres présents ici n'acceptent pas à l'évidence l'idéologie communiste, tandis que quelques-uns l'acceptent. Pour ma part, je ne l'accepte pas. Je suis une personne positive, pas une personne « anti-quelque chose ». Je ne veux que des bienfaits pour mon pays et pour le monde. De plus, sommes-nous, nous les pays d'Asie et d'Afrique, dénués de tout intérêt excepté le fait d'être pro-communistes ou anti-communistes ? En sommes-nous arrivés là, à ce que les grands penseurs qui ont donné au monde les religions et tant d'autres choses doivent maintenant coller aux talons d'un de ces groupes ou d'un autre et être les faire-valoir de cette comédie ou encore d'exécuter leurs souhaits et d'occasionnellement oser émettre une idée ? C'est ce qu'il y a de plus dégradant et de plus humiliant pour toute personne ou nation qui se respecte. Cela m'est insupportable de penser que les grands pays d'Asie et d'Afrique pourraient abandonner la liberté qui les lie pour se dégrader et s'humilier de la sorte. [...]

Je vous ferais remarquer que tous les pactes réalisés jusqu'ici n'ont fait qu'apporter l'insécurité et non la sécurité aux pays qui les ont signés. Ils n'ont fait que se rapprocher du danger représenté par les bombes atomiques et tout le reste, ce qui n'aurait pas été le cas s'ils avaient agi autrement. Ces pactes n'ont augmenté la force d'aucun pays. Ils ont produit une certaine image de la sécurité mais c'est une image fausse. C'est une mauvaise chose pour n'importe quel pays de se laisser endormir dans ce genre de sécurité [...]

Aujourd'hui, dans le monde, non seulement à cause de la présence de ces deux colosses mais aussi avec l'arrivée de l'âge atomique et thermonucléaire, je constate que tout le concept de guerre, de paix, de politique a changé. Nous pensons et agissons toujours selon l'ancienne doctrine. Peu importe ce que les généraux et les soldats ont appris dans le passé, c'est inutile à l'ère atomique. Ils ne comprennent pas ses implications et son usage. Comme l'a dit un éminent critique militaire : « La conception entière de la Guerre a changé. » Il en est ainsi. À présent, il importe peu qu'un pays soit plus puissant qu'un autre en matière atomique ou thermonucléaire. Il ne peut simplement que causer plus de ruines que l'autre. C'est ce que cela signifie lorsque l'on dit que le point de saturation a été atteint. Un pays a beau être puissant, l'autre pays est également puissant. Dites-vous bien cela, le monde ne peut qu'en souffrir ; il ne peut y avoir de victoire. On peut dire, peut-être de façon assez juste, que le fait d'être sous la menace d'un danger si terrible, va pousser les peuples à s'abstenir de partir en guerre. Je l'espère… Le problème est que, même si les gouvernements s'emploient à éviter la guerre, il peut soudainement se produire quelque chose qui entraînera le conflit et la ruine totale. Il y a un autre facteur : la configuration actuelle du monde rend possible une agression. S'il y a une agression où que ce soit dans le monde, cela peut déboucher sur une guerre mondiale. Peu importe où a lieu l'agression. Si un seul commet une agression, ce sera la guerre mondiale.

Je veux que les pays présents ici en prennent conscience et ne pensent pas en termes de limitations. Aujourd'hui, une guerre même limitée peut déboucher sur un conflit d'envergure. Même si l'on fait d'abord usage des armes atomiques tactiques, comme on les appelle, l'étape suivante sera l'usage de grosses bombes atomiques. Vous ne pouvez pas stopper ce genre de choses. Dans son combat pour la vie ou pour la mort, un pays ne s'arrêtera pas par manque de bombes, il ne s'arrêtera pas à cause de notre fermeté ou de la fermeté de qui que ce soit d'autre, il s'engagera dans la guerre, la ruine et l'annihilation des autres avant d'être lui-même annihilé complètement. L'annihilation ne résultera pas seulement des pays engagés dans le conflit, mais aussi des vagues de radioactivité qui détruiront tout sur des milliers et des milliers de miles. C'est le constat à faire. Il ne s'agit pas d'une opinion abstraite, il ne s'agit pas de débattre d'idéologie ; ni de discuter de l'Histoire passée. Il s'agit de regarder le monde tel qu'il est aujourd'hui.

53 – Nikita Khrouchtchev
Nous devons abolir le culte de l'individu

25 février 1956

Le 6 mars 1953, l'annonce de la mort de Staline inaugure une ère nouvelle dans l'histoire de l'URSS qui, depuis près de trente ans, vit sous la domination implacable d'un chef ayant profondément détourné et modifié les principes de base sur lesquels Lénine avait voulu établir la révolution soviétique : le règne de Staline rima en effet avec pouvoir personnel, purges sanglantes menées contre toute velléité d'opposition, déportation ou disparition de millions de personnes, etc. Néanmoins, pour les communistes du monde entier, incapables d'appréhender une réalité qu'ils occultent ou dans laquelle ils voient la main de la propagande ennemie, la disparition du « petit Père des peuples » est un traumatisme profond. Au sein même de l'URSS, le peuple semble surtout avoir peur du vide et des conséquences graves qui pourraient suivre la disparition de Staline, sur fond de guerre de succession.

Une longue carrière de stalinien fidèle

L'un des hommes qui briguent cette succession est Nikita Sergueievitch Khrouchtchev (1894-1971). Fils d'un paysan devenu mineur par nécessité économique, Khrouchtchev travaille lui-même très jeune dans le bassin houiller du Donetz. En 1918, il adhère au parti bolchevik, devient Garde Rouge et participe à la guerre civile qui déchire la Russie. Par la suite, alors qu'il a presque trente ans, il entame des études techniques puis supérieures et sort ingénieur de l'Académie industrielle Staline en 1931. La même année, il entame sa longue carrière de cadre au sein du parti communiste et gravit rapidement les échelons : dès 1934-1935, il est premier secrétaire pour la région de Moscou ; en 1937, il est élu au *Soviet* suprême, l'équivalent du Parlement ; de 1938 à 1949, il est Premier secrétaire pour l'Ukraine et s'y fait l'exécutant zélé des purges et de la « dékoulakisation », c'est-à-dire l'expropriation des paysans aisés. En 1939, il entre au *Politburo*, organe dirigeant réel du pays. En 1939-1940, Khrouchtchev est chargé de mettre en œuvre la politique d'annexion de la Pologne orientale à l'URSS puis, lorsque l'Allemagne envahit l'Union soviétique, il part combattre à Voronej et Stalingrad, ce qui lui vaut d'être fait lieutenant général en 1943. À l'issue du conflit, il reste en Ukraine pour mener à bien le redressement et l'épuration de la région.

C'est à la fin de l'année 1949 que Staline, vieillissant et méfiant à l'égard de Malenkov, Premier secrétaire du Comité central, rappelle Khrouchtchev dans la capitale comme Premier secrétaire du parti pour la région de Moscou et deuxième secrétaire du Comité central. En 1952, il le charge même de préparer, pour le XIXe Congrès, les nouveaux statuts du parti, qui accentuent encore son pouvoir personnel en remplaçant le *Politburo*, trop collégial, par un *Praesidium* truffé d'individus de faible envergure. L'atmosphère de fin de règne stalinien est particulièrement oppressante, comme en témoigne encore la mise au jour, en janvier 1953, d'un prétendu « complot des blouses blanches » qui conduit à l'arrestation de seize médecins de la polyclinique du Kremlin, Juifs pour la plupart, accusés d'avoir voulu tuer Staline et les principaux chefs militaires du pays. Le 28 février, Staline fait une attaque cardiaque plus grave que les alertes précédentes. Sa mort, dont on ne connaît pas la date exacte, est annoncée publiquement le 6 mars.

Débuts feutrés de la déstalinisation

Rapidement, une évolution se fait jour en URSS. On rétablit la direction collégiale, on écarte du *Praesidium* les staliniens installés après le XIXe Congrès et Malenkov, qui veut être chef du gouvernement et est sommé de choisir entre ses différentes fonctions, laisse le parti à Khrouchtchev, nommé Premier secrétaire en septembre. En avril 1953, l'État soviétique reconnaît que le « complot des blouses blanches » était une machination et que la torture a été employée contre les accusés. C'est un signe que l'on va désormais agir différemment. Par ailleurs, une première vague d'amnisties entraîne la libération d'un certain nombre de prisonniers, mais pas encore de détenus politiques. En juillet, Beria, chef de la police politique, est arrêté et exécuté[1]. On n'ose pas encore s'attaquer directement à la mémoire de Staline mais on déboulonne l'un de ses seconds, jugé responsable du système répressif mis en place par le pouvoir. Enfin, la situation du peuple, totalement négligée par Staline, retient l'attention : il s'agit de relancer l'économie et de lutter contre la misère. Pour Malenkov, soutenu par les classes les plus aisées, l'important est d'augmenter la production de biens de consommation courante. Khrouchtchev au contraire dénonce cet abandon de la priorité réservée à l'agriculture, à l'industrie lourde et aux armements. Début 1955, Malenkov est écarté de son poste de président du Conseil au profit de Boulganine, un vieil ami de Khrouchtchev. Mais signe des temps, Malenkov n'est pas éliminé physiquement : il reste ministre et continue à siéger au *Praesidium*. Boulganine et Khrouchtchev donnent alors des signes de détente sur le plan international : ils se rendent à Belgrade où ils renouent avec Tito, excommunié par Staline en 1948, et, durant l'été 1955, participent à Genève à la première conférence des quatre Grands depuis 1947 – rencontre qui sera toutefois infructueuse.

Le XXe Congrès du PCUS

Mais rien ne laisse réellement présager le séisme que va constituer le XXe Congrès du parti communiste. Celui-ci s'ouvre le 14 février 1956 et, dans toute une série de rapports officiels lus en présence de délégués venus du monde entier, une évolution

---

1 On fera croire à l'opinion soviétique et internationale à une exécution plus tardive, en décembre, après procès.

est déjà perceptible : le nom de Staline n'est guère évoqué et il est surtout question de renouer avec les préceptes léninistes et d'en revenir à une direction plus collégiale rompant avec le culte de la personne, sans plus de précision. Par ailleurs, on souligne que chaque pays est libre de ses choix et de sa voie pour atteindre le socialisme, ce qui indique théoriquement que l'URSS n'est plus le modèle à suivre en toutes circonstances. Le 24 février, le Congrès se clôt pour les délégués étrangers mais il est demandé aux Soviétiques de rester à Moscou pour une séance de nuit à huis clos au cours de laquelle un long rapport secret sur la période stalinienne va leur être lu par Nikita Khrouchtchev. Les plus hautes instances du parti étaient très divisées sur la nécessité de divulguer ce rapport explosif mais le Premier secrétaire leur a imposé sa décision.

Ce sont des extraits de ce texte, d'une durée de quatre heures *in extenso*, qui sont reproduits ci-dessous[2]. Tout ce qu'y révèle Khrouchtchev, sans aucun ménagement ni aucune retenue, suscite l'effarement voire le désespoir au sein d'un auditoire qui a toujours cru ou voulu croire en l'infaillibilité de Staline. Celui-ci est accusé d'avoir perverti les principes de la révolution en favorisant le *culte de l'individu*, en monopolisant la totalité du pouvoir, en recourant à des répressions et à des déportations massives ou encore en pratiquant la torture pour obtenir de faux aveux et se débarrasser de ses opposants. D'autre part, il lui est reproché de s'être forgé sans fondement un rôle prédominant durant la Seconde Guerre et d'avoir, par la suite, desservi l'URSS en rompant avec la Yougoslavie. Les termes employés sont sans ambiguïté : il est notamment question d'un *esprit capricieux et despotique* ayant pratiqué une politique de *terreur*. Néanmoins, Khrouchtchev comptabilise les crimes de Staline à partir des années trente, ce qui lui permet de laisser de côté les souffrances endurées par le peuple soviétique dans son ensemble du fait de la collectivisation forcée décidée à la fin des années vingt et qu'il ne souhaite pas condamner.

Diffusion et retombées du rapport Khrouchtchev

En quelques semaines, le texte de ce rapport va cesser d'être secret. En effet, il va être divulgué à tous les membres du PCUS et jusque dans les écoles. Il va également être communiqué aux responsables des partis frères. Mais via des fuites en provenance de Pologne, c'est l'opinion mondiale dans son ensemble qui va en prendre connaissance. Le 16 mars 1956, le *New York Times* en publie des extraits puis, le 4 juin, le Département d'État lui-même communique un texte que l'URSS se refuse à authentifier mais qui semble bien correspondre au rapport Khrouchtchev. Toutefois, le flou laissé par Moscou permet aux différents partis communistes de réagir comme ils l'entendent : en France, on reste prudent et ambigu en l'absence de confirmation officielle ; en Chine, on se refuse à désavouer Staline et l'on se prépare à rompre avec l'URSS ; en Italie et en Grande-Bretagne, on s'engouffre dans la brèche de la déstalinisation. Celle-ci fut en fait, pour Khrouchtchev, un moyen de gouvernement et non une fin. Elle lui a servi à déconsidérer certains de ses rivaux et à dégager sa propre responsabilité. Elle lui a permis aussi de s'appuyer davantage sur les instances locales du parti que sur la bureaucratie centrale. Elle a enfin donné l'occasion à l'URSS d'améliorer son image aux yeux

2 Dans la version communiquée par le Département d'État américain en juin 1956.

du monde. Toutefois, vu les dangers de déstabilisation et les résistances suscitées, elle n'a pas conduit à une remise en question fondamentale des structures de l'URSS que d'ailleurs Khrouchtchev ne souhaitait pas.

Le printemps 1956 a donc vu souffler un vent nouveau sur le monde soviétique mais, très vite, un reflux s'opère. Le PCUS met un bémol à ses critiques contre l'héritage stalinien et en octobre 1956 les velléités hongroises de liberté sont écrasées dans le sang[3]. En 1961, le XXIIe Congrès est l'occasion d'une seconde vague de déstalinisation plus concrète. Khrouchtchev y annonce l'érection d'un monument aux victimes du stalinisme et y décide de retirer la dépouille de Staline de son mausolée. Mais la fin du règne de Khrouchtchev s'annonce. L'opposition à son égard augmente et d'aucuns l'accusent même d'avoir rétabli à son profit le culte de la personnalité. Le 14 octobre 1964, il est destitué de toutes ses fonctions et se retire à Moscou où il écrira ses mémoires. Une autre ère, celle de Brejnev, pouvait commencer. Dès sa mort en 1971, Khrouchtchev est plongé dans l'oubli en URSS, son nom étant volontairement occulté par ses successeurs. Les Soviétiques réapprendront à le connaître à la fin des années 1980, sous l'ère Gorbatchev.

Nous devons abolir le culte de l'individu

Camarades ! Dans le rapport du Comité central du parti au XXe congrès, dans un certain nombre de discours prononcés par des délégués au congrès ainsi que lors de réunions plénières du Comité central du parti communiste de l'Union soviétique, pas mal de choses ont été dites au sujet du culte de la personnalité et de ses conséquences néfastes.

Après la mort de Staline, le Comité central du parti a commencé à appliquer une politique tendant à expliquer brièvement, mais d'une façon positive, qu'il était intolérable et étranger à l'esprit du marxisme-léninisme d'exalter une personne et d'en faire un surhomme doté de qualités surnaturelles à l'égal d'un dieu. Un tel homme est supposé tout savoir, tout voir, penser pour tout le monde, tout faire, et être infaillible.

Ce sentiment à l'égard d'un homme et, singulièrement à l'égard de Staline, a été entretenu parmi nous pendant de nombreuses années.

Le but du présent rapport n'est pas de procéder à une critique approfondie de la vie de Staline et de ses activités. Sur les mérites de Staline, suffisamment de livres, d'opuscules et d'études ont été écrits durant sa vie. Le rôle de Staline dans la préparation et l'exécution de la révolution socialiste, lors de la guerre civile, ainsi que dans la lutte pour l'édification

---

3 Voir l'introduction au discours n° 51.

du socialisme dans notre pays, est universellement connu. Chacun connaît cela parfaitement.

Ce qui nous intéresse, aujourd'hui, c'est une question qui a une immense importance pour le parti, actuellement et dans l'avenir. Ce qui nous intéresse, c'est de savoir comment le culte de la personne de Staline n'a cessé de croître, comment ce culte devint, à un moment précis, la source de toute une série de graves et sans cesse plus sérieuses perversions des principes du parti, de la démocratie du parti, de la légalité révolutionnaire.

En raison du fait que tout le monde ne semble pas encore bien comprendre les conséquences pratiques résultant du culte de l'individu, le grave préjudice causé par la violation du principe de la direction collective du parti, en raison de l'accumulation entre les mains d'une personne d'un pouvoir immense et illimité, le Comité central du parti considère qu'il est absolument nécessaire de révéler au XXe congrès du parti communiste de l'Union soviétique tout ce qui concerne cette question. [...]

Nous devons étudier sérieusement et analyser correctement cette question afin d'être à même de prévenir toute possibilité d'un retour, sous quelque forme que ce soit, de ce qui s'est produit du vivant de Staline, qui ne tolérait absolument pas la direction et le travail collectifs et qui pratiquait la violence brutale, non seulement contre tout ce qui s'opposait à lui, mais aussi contre tout ce qui paraissait, à son esprit capricieux et despotique, contraire à ses conceptions.

Staline n'agissait pas par persuasion, au moyen d'explications et de patiente collaboration avec les gens, mais en imposant ses conceptions et en exigeant une soumission absolue à son opinion. Quiconque s'opposait à sa conception, ou essayait d'expliquer son point de vue et l'exactitude de sa position, était destiné à être retranché de la collectivité dirigeante et, par la suite, à l'annihilation morale et physique. [...]

Cette terreur [...] était en fait dirigée, non pas contre les vestiges des classes exploitantes vaincues, mais contre les honnêtes travailleurs du parti et de l'État soviétique ; on portait contre eux des accusations mensongères, diffamatoires et absurdes, d'« hypocrisie », d'« espionnage », de « sabotage », de préparation de « complots » imaginaires, etc. [...]

Lénine n'eut recours aux méthodes sévères que dans les cas où cela était le plus nécessaire, lorsque les classes exploitantes existaient toujours et s'opposaient vigoureusement à la révolution, lorsque la lutte pour la survivance revêtait les formes les plus aiguës, y compris même une guerre civile.

Staline, d'autre part, eut recours aux méthodes extrêmes et aux répressions massives, alors que la révolution était déjà victorieuse, alors que l'État soviétique était consolidé, que les classes exploitantes étaient déjà liquidées, que les relations socialistes étaient solidement enracinées dans tous les secteurs de l'économie nationale, alors que notre parti était consolidé politiquement et qu'il s'était renforcé tant au point de vue numérique qu'idéologique.

Il est clair que, dans toute une série de cas, Staline démontra son intolérance, son comportement brutal et abusa de ses pouvoirs. Au lieu de prouver la justesse de sa politique et de mobiliser les masses, il choisit fréquemment la voie de la répression et de l'annihilation physique non seulement contre ses véritables ennemis mais aussi contre des individus qui n'avaient commis aucun crime contre le parti et le gouvernement soviétique. [...]

Plusieurs milliers d'honnêtes et innocents communistes sont morts par suite de cette monstrueuse falsification de ces « procès »*, en raison du fait qu'on acceptait toutes sortes de « confessions » calomnieuses, et en conséquence de la pratique consistant à forger des accusations contre soi-même et les autres. [...]

Les arrestations en masse de fonctionnaires du parti, des *Soviets*, de l'économie et de l'armée ont fait un mal énorme à notre pays et à la cause du progrès socialiste.

Les répressions de masse ont eu une influence négative sur l'état politico-moral du parti, créé une situation d'incertitude, contribué à la propagation de soupçons maladifs, et semé la méfiance parmi les communistes. Toutes sortes de diffamateurs et de carriéristes déployaient leur activité. [...]

Comment se peut-il qu'une personne confesse des crimes qu'elle n'a pas commis ? D'une seule manière : à la suite de l'application de méthodes physiques de pression, de tortures, l'amenant à un état d'inconscience, de privation de son jugement, d'abandon de sa dignité humaine. C'est ainsi que les « confessions » étaient obtenues. [...]

La puissance accumulée entre les mains d'un seul homme, Staline, entraîna de graves conséquences pendant la grande guerre patriotique.

Quand nous nous reportons à beaucoup de nos romans, films et « études scientifiques » historiques, le rôle de Staline dans la guerre patriotique apparaît comme entièrement imaginaire. Staline aurait en effet tout prévu. L'armée soviétique, sur la base d'un plan préparé de longue date par Staline, aurait employé la tactique de ce qu'on nomme la « défense active », tactique qui, dans le cas de l'armée soviétique, prétend-on, et grâce uniquement au génie de Staline, se serait transformée en offensive et aurait soumis l'ennemi. La victoire épique remportée grâce à la force des armes de la terre des *Soviets*, grâce à son peuple héroïque, est attribuée dans ce type de romans, de films et d'« études scientifiques » au seul génie stratégique de Staline. [...]

Sur ce chapitre, quels sont les faits ?

On aurait tort d'oublier qu'après les premières défaites et les premiers désastres sur le front, Staline pensa que c'était la fin.

Staline était très loin de comprendre la situation réelle qui se développait sur le front. Ce qui était naturel puisque pendant toute la guerre patriotique il n'avait jamais visité aucune partie du front ou aucune ville libérée, à l'exception d'une courte tournée sur la route de Mozhaisk[4], pendant une période de stabilisation du front. [...]

Après notre grande victoire sur l'ennemi, qui nous coûta si cher*, Staline n'hésita pas à dégrader plusieurs des commandants qui contribuèrent tellement à la victoire, car Staline ne pouvait pas admettre la possibilité que des services rendus sur le front fussent portés au crédit d'autres personnes que lui-même. [...]

Camarades, venons-en à d'autres faits. L'Union soviétique est à juste titre considérée comme un modèle d'État multinational parce que nous avons, dans la pratique, assuré l'égalité des droits et l'amitié de toutes les nations qui vivent dans notre vaste patrie.

D'autant plus monstrueux sont les actes dont l'inspirateur fut Staline, et qui constituent des violations brutales des principes fondamentaux léninistes de la politique des nationalités de l'État soviétique. Nous voulons parler des déportations de masse de peuples entiers, avec tous les communistes et komsomols* sans exception ; ces mesures de déportation n'étaient justifiées par aucune considération militaire. [...]

Pas seulement un marxiste-léniniste, mais tout homme de bon sens ne peut comprendre comment il est possible de tenir des nations entières responsables d'activités inamicales, y compris les femmes, les enfants, les vieillards, les communistes et les komsomols, de façon à user de répressions massives contre elles, et les condamner à la misère et à la souffrance en raison d'actes hostiles perpétrés par des individus ou des groupes d'individus. [...]

L'obstination de Staline se manifesta non seulement dans le domaine des décisions qui concernaient la vie intérieure du pays, mais également dans celui des relations internationales de l'Union soviétique.

Le plenum de juillet du Comité central a étudié en détail les raisons qui provoquèrent le conflit avec la Yougoslavie*. Le rôle qu'y a joué Staline a été scandaleux. Les problèmes posés par l'« affaire yougoslave » auraient pu être résolus grâce à des discussions entre partis et camarades. Il n'existait pas de fondement significatif de nature à justifier la suite prise par cette « affaire ». Il était tout à fait possible d'empêcher la rupture des relations avec ce pays. [...]

---

4 Ville au sud-ouest de Moscou, reprise aux Allemands par les Russes le 30 janvier 1942.

Du vivant de Staline, grâce aux méthodes connues dont j'ai fait mention [...], tous les événements ont été expliqués comme si Lénine n'avait joué qu'un rôle secondaire, même pendant la révolution socialiste d'octobre. [...]

En agissant comme il l'avait fait, Staline était convaincu qu'il agissait dans l'intérêt de la classe laborieuse, dans l'intérêt du peuple, pour la victoire du socialisme et du communisme. [...]

C'est là que réside la tragédie ! [...]

Aucune nouvelle à ce sujet ne devrait filtrer à l'extérieur ; la presse, spécialement, ne doit pas en être informée. C'est donc pour cette raison que nous examinons cette question ici, en session secrète du congrès. Il y a des limites à tout. Nous ne devrions pas fournir des munitions à l'ennemi ; nous ne devrions pas laver notre linge sale devant ses yeux. [...]

Camarades, nous devons abolir le culte de l'individu d'une manière décisive, une fois pour toutes. Nous devons tirer des conclusions appropriées concernant le travail idéologique, théorique et pratique.

Il est donc nécessaire, dans ce but :

Premièrement, de condamner et d'extirper [...] le culte de l'individu. [...]

Dans cet ordre d'idées, nous serons obligés d'examiner d'une façon critique, en nous plaçant sous un angle marxiste-léniniste, les idées erronées qui ont été largement répandues au sujet du culte de l'individu dans le domaine de l'histoire, de la philosophie, de l'économie et des autres sciences, ainsi que dans ceux de la littérature et des beaux-arts, et d'y apporter les corrections nécessaires. Il est indispensable qu'un nouveau manuel d'histoire de notre parti, rédigé conformément à l'objectivisme scientifique marxiste, soit publié dans l'avenir immédiat, de même qu'un manuel sur l'histoire de la société soviétique, ainsi qu'un livre sur la guerre civile et la grande guerre patriotique.

Deuxièmement, il faudra poursuivre, d'une façon systématique et conséquente, le travail accompli par le Comité central du parti durant les dernières années. Les caractéristiques de ce travail ont été les suivantes : observation minutieuse, dans toutes les organisations du parti, de la base au sommet, des principes léninistes relatifs à la direction du parti ; observation, surtout, du principe essentiel de la direction collective ; observation des normes de vie du parti, telles qu'elles sont décrites dans les statuts du parti ; et, enfin, large pratique de la critique et de l'autocritique.

Troisièmement, il faudra remettre en vigueur, d'une manière complète, les principes léninistes de la démocratie socialiste soviétique, tels qu'ils sont exprimés dans la Constitution de l'Union soviétique, et lutter contre l'entêtement des individus qui abuseraient de leur pouvoir. [...]

Camarades ! Le XXe congrès du parti communiste de l'Union soviétique a rendu manifestes, avec une force nouvelle, l'inébranlable unité de notre parti, sa cohésion autour du Comité central, sa détermination à réaliser une grande tâche : la construction du communisme. (*Applaudissements tumultueux.*)

Le fait aussi de présenter, dans toutes leurs ramifications, les problèmes soulevés par le culte de l'individu, lequel est étranger au marxisme-léninisme, ainsi que ceux relatifs à la liquidation de ses conséquences, démontre la grande force morale et politique de notre parti. (*Applaudissements prolongés.*)

Nous sommes convaincus que notre parti, armé par les résolutions historiques du XXe congrès, mènera le peuple soviétique vers de nouveaux succès, vers de nouvelles victoires, en suivant la voie tracée par Lénine. (*Applaudissements tumultueux et prolongés.*)

Vive la bannière victorieuse de notre parti, le léninisme !

(*Applaudissements tumultueux et prolongés qui s'achèvent par une ovation. Tous se lèvent.*)

Compléments

« Procès » : Il s'agit des trois procès publics tenus à Moscou en août 1936, janvier 1937 et mars 1938 et ayant conduit à l'élimination physique de nombreux bolcheviks de la première heure, accusés de haute trahison et de crimes imaginaires par le pouvoir stalinien, appuyé sur une police politique toute puissante usant de la machination et de la torture. Ces grands procès qui donnaient à voir à l'extérieur la dérive de l'URSS occultaient, dans le même temps, la mise au pas violente du peuple soviétique dans son ensemble, sur fond de misère et de déportations massives.

Notre grande victoire sur l'ennemi, qui nous coûta si cher : Il s'agit de la bataille de Stalingrad, désormais Volgograd, entre juillet 1942 et février 1943. Véritable tournant de la Seconde Guerre, cette bataille se solda, du côté soviétique, par 1 230 000 morts dont 500 000 soldats. Khrouchtchev faisait partie des combattants russes.

Komsomol : « Ligue léniniste de la jeunesse communiste de l'Union soviétique », le Komsomol est fondé en 1918 pour encadrer la jeunesse participant à la guerre civile. En 1925, la ligue passe entièrement sous le contrôle du parti. Jusqu'aux années trente, elle est davantage un mouvement d'élite que de masse puis le phénomène s'inverse. Le Komsomol fut dissous en 1991.

Conflit avec la Yougoslavie : En novembre 1945, le communiste Josip Broz, dit Tito (1892-1980), héros de la résistance yougoslave à l'envahisseur allemand, parvient à établir en Yougoslavie une république fédérale populaire, après abolition de la monarchie. Mais très vite, Tito refuse de voir son pays réduit au rôle d'État satellite de l'URSS au sein d'un Kominform de stricte obédience stalinienne. Fin juin 1948, la rupture est consommée et se déclenche alors dans le monde communiste une campagne contre le « titisme » perçu comme une dangereuse déviation nationaliste. En 1955, après la mort de Staline, les relations se normaliseront entre l'URSS et la Yougoslavie mais celle-ci restera plus proche du camp neutraliste que soviétique.

54 – Gamal A. Nasser
Annonce de la nationalisation du canal de Suez
&
55 – Lester B. Pearson
Discours à l'Assemblée générale des Nations unies

Si l'on a coutume de considérer les années 1945-1947 comme un tournant stratégique majeur, avec la mise en place de deux blocs antagonistes, la portée politique et symbolique de l'affaire de Suez est, elle aussi, cruciale. D'une part, elle permet de mesurer concrètement la montée en puissance du mouvement des non alignés et du monde arabe. D'autre part, elle réduit à néant les dernières illusions des ex-grandes puissances européennes, France et Grande-Bretagne, victorieuses militairement avec Israël, mais contraintes de s'effacer sous la pression conjuguée des deux super-Grands. Enfin, elle donne naissance à la première véritable intervention armée de maintien de la paix assumée par l'ONU et ses Casques bleus, sous l'impulsion du Canada.

L'Égypte de Nasser, porte-voix du Tiers Monde et du panarabisme

À partir de 1882, l'Égypte, ottomane depuis le XVIe siècle, devient un protectorat anglais officieux. Elle continue à faire partie de l'Empire ottoman mais est occupée par les troupes britanniques tandis qu'un résident nommé par Londres prend en charge son développement économique. D'officieux, le protectorat devient officiel en 1914 lorsque la Grande-Bretagne entre en guerre contre l'Empire ottoman. Cependant, le nationalisme égyptien, surtout le parti *Wafd*, se montre de plus en plus pressant et, en 1922, Londres reconnaît l'indépendance du pays, en gardant toutefois la mainmise sur sa défense et ses affaires étrangères. En 1936, année où le roi Farouk succède à son père Fouad Ier, les troupes britanniques évacuent l'Égypte, excepté la zone stratégique du canal de Suez. Durant la Seconde Guerre, l'Égypte se déclare d'abord non belligérante mais laisse aux Britanniques le droit de rassembler leurs troupes sur son territoire. Toutefois, début 1942, alors que l'Axe et les Alliés s'affrontent en Libye, Londres obtient du Roi et du *Wafd* un total engagement à ses côtés, ce qui fait grincer des dents chez les nationalistes égyptiens et au sein de l'armée. Sévèrement étrillé par Israël lors de la première guerre israélo-arabe de 1948-1949[1], Farouk subit les pressions conjuguées de jeunes officiers ambitieux et des islamistes Frères musulmans. À l'automne 1951, pour leur donner des gages, le pouvoir égyptien dénonce les accords pris avec Londres en 1936, réclamant le départ de toutes les

---

1 Voir l'introduction au discours n° 44.

troupes britanniques et réannexant le Soudan[2]. Mais moins d'un an plus tard, le régime est renversé par un coup d'État militaire dont le grand organisateur est le colonel Nasser.

Né en Haute-Égypte, fils d'un employé des postes, Gamal Abd el-Nasser (1918-1970) est très tôt sensibilisé par son oncle aux thèses nationalistes. Formé à l'Académie militaire du Caire, il fait partie de cette génération d'officiers qui, unis clandestinement dans un Comité d'officiers libres, cherchent à obtenir l'indépendance totale du pays tout en menant d'importantes réformes sur le plan politique, économique et social. Dans la nuit du 22 au 23 juillet 1952, à l'initiative de Nasser, le comité pousse le roi Farouk à l'abdication et impose au pouvoir le très populaire général Néguib qui n'appartient pas aux officiers libres. Toutefois, en pratique, c'est bien Nasser qui devient l'homme fort du nouveau régime, à la tête du Rassemblement de libération nationale et du Conseil de la révolution. En juin 1953, l'Égypte devient une république dont Nasser est le Premier ministre adjoint. L'année suivante il parvient à écarter Néguib et à le remplacer dans toutes ses fonctions, devenant officiellement président de la République en juin 1956. Les partis politiques sont supprimés et une forte répression s'abat sur les communistes et les islamistes, dont les chefs sont exécutés après un attentat contre Nasser.

Sur le plan international comme sur le plan économique, l'Égypte entend affirmer sa totale indépendance et devenir le point de ralliement d'un monde arabe récemment humilié par Israël. En octobre 1954, elle négocie le départ du dernier soldat anglais pour le printemps 1956. Cependant, au sein de la Ligue arabe, le neutraliste Nasser, qui se fait le chantre du non-alignement à la conférence de Bandoeng[3] mais dont la diplomatie sert davantage Moscou que Washington, se heurte aux États pro-occidentaux. Par ailleurs, il juge qu'il n'est pas d'indépendance réelle sans indépendance et développement économiques. Après avoir mené à bien une réforme agraire qui a rendu propriétaires un million de petits paysans au détriment du domaine royal et des grands féodaux fonciers, il entend s'attaquer à un autre dossier important : la construction du barrage d'Assouan qui permettrait d'augmenter la superficie cultivable et de tripler la production d'électricité mais qui nécessite des capitaux étrangers. En effet, le coût est estimé à un milliard de dollars dont quatre cents millions en devises fortes, venues de la Banque internationale de reconstruction et de développement économique, de Grande-Bretagne et des États-Unis. Washington peut donc se servir du barrage comme d'un moyen de pression et de contrôle sur la politique égyptienne.

Le canal de Suez, un enjeu politique et économique

Aux yeux des États-Unis, le non-alignement est un leurre sinon un cheval de Troie du communisme et les Américains dépensent beaucoup d'énergie afin d'empêcher le glissement vers Moscou des États émergents. Dans un premier temps, ils s'étaient donc engagés à fournir en armes le régime de Nasser, à condition de pouvoir contrôler l'emploi de celles-ci. Mais une tutelle de ce genre ne plaît guère au leader égyptien qui joue

---

2 Conquis par l'Égypte à partir de 1820, le Soudan fut placé sous condominium anglo-égyptien en 1899. Réannexé par l'Égypte en octobre 1951, il obtiendra le droit à l'autodétermination après le coup d'État égyptien de 1952 et deviendra une république indépendante en 1956.

3 Voir l'introduction au discours n° 52.

le jeu du balancier et du plus offrant. Washington hésite à armer Le Caire ? Qu'importe, Le Caire s'équipera d'armes qui, transitant par la Tchécoslovaquie, ne sont donc pas, au sens strict, soviétiques. Par ailleurs, Nasser reconnaît la république populaire de Chine et mène campagne contre le pacte de Bagdad, signé par la Turquie et l'Irak, bientôt rejointes par la Grande-Bretagne, le Pakistan et l'Iran. Le 18 juillet 1956, il s'envole pour l'île yougoslave de Brioni où il doit discuter avec Tito et Nehru, les deux autres fers de lance du neutralisme. Tout ceci irrite profondément Washington qui, le 19 juillet, décide, en rétorsion, de refuser son aide à l'Égypte pour le barrage d'Assouan. Londres et la BIRD font de même dans la foulée. Mais Nasser contre-attaque immédiatement en nationalisant le canal de Suez et en faisant ainsi un gigantesque pied de nez aux grandes puissances mondiales.

Construit de 1859 à 1869 sur l'initiative du Français Ferdinand de Lesseps, le canal est, légalement, la propriété de sa Compagnie universelle fondatrice jusqu'en 1968, compagnie dont les principaux actionnaires sont français et britanniques. Selon la convention de Constantinople, il est ouvert à tout navire en temps de paix comme en temps de guerre mais, durant les deux guerres mondiales, Londres s'arrangea pour en bloquer l'entrée tandis que, dès 1949, l'Égypte en exclut Israël. En juillet 1956, Nasser profite donc de la récente évacuation de la zone par les soldats anglais pour proclamer l'expropriation de la Compagnie du canal au profit de l'État égyptien. Il prend ainsi exemple sur la nationalisation, en 1951, de l'*Anglo-Iranian Oil Company* par l'iranien Mossadegh, toutefois bientôt destitué par un coup d'État militaire.

Le 26 juillet 1956, Nasser met véritablement en scène son discours au peuple à l'occasion du quatrième anniversaire de la révolution, un discours largement retransmis en Égypte et au-delà des frontières via la radio La Voix des Arabes. Alors qu'une foule compacte est rassemblée, en début de soirée place de la Libération à Alexandrie, il évoque les divers points sensibles de l'actualité internationale puis annonce son intention d'assurer l'indépendance économique de l'Égypte en rendant au pays ce qu'il estime être ses droits de propriété et sa souveraineté sur le canal de Suez. Ce dernier est présenté comme une *pure exploitation*, un intolérable État dans l'État. Avec les fonds ainsi obtenus, Nasser souligne qu'il financera divers projets de développement, dont le barrage d'Assouan. L'enthousiasme de son auditoire est intense, oscillant entre fierté nationale et sensation d'avoir lavé un affront occidental. Le président égyptien lui-même laisse éclater sa grande satisfaction par un fou rire que Marc Ferro qualifiera de « hoquet de joie du Tiers Monde »[4]. Alors que Moscou applaudit, l'événement est perçu avec une grande inquiétude en Occident. Au-delà de la spoliation des actionnaires de la Compagnie du canal, c'est la politique et l'attitude de Nasser qui suscitent des réactions. Va-t-on un jour devoir quémander à l'Égypte le droit d'utiliser le canal ? Le Raïs ne va-t-il pas devenir un nouvel Hitler qui, de provocations en faits accomplis, va démontrer une nouvelle fois l'impuissance des démocraties européennes à se faire respecter ? S'ajoutent à cela la question de la guerre d'Algérie et la conviction justifiée de la France selon laquelle Nasser est le principal soutien des *fellaghas*, les combattants nationalistes[5]. Toute cette atmosphère explique la volonté d'action de Paris et de Londres alors que Washington,

4 Marc Ferro, *Suez. 1956*, Bruxelles, Complexe, 2006 (1982), p. 31.

5 Voir l'introduction au discours n° 57.

qui ne veut pas s'aliéner le monde arabe, qui a son propre pétrole et aucun passé colonial, se montre plus circonspecte et tente de modérer les réactions franco-britanniques en indiquant qu'elle exclut par avance l'usage de la force.

Une démonstration de force…

D'août à octobre 1956, deux logiques se développent parallèlement : une logique officielle de diplomatie et de négociation et, en coulisse, une logique de préparation à la guerre. Sur le plan diplomatique, une conférence se réunit à Londres au mois d'août mais sa décision d'internationaliser le canal est refusée par l'Égypte qui ne s'était pas déplacée, par les autres « neutres » et par l'URSS. Un comité de cinq membres est alors désigné pour négocier, sans succès, avec Nasser. Persuadés que les Égyptiens ne parviendront pas à gérer le canal sans les pilotes occidentaux, les Européens rappellent ceux-ci mais le trafic n'en est que peu perturbé, d'autant que l'URSS fournit son aide technique. Début septembre, Washington propose de créer une association des usagers qui utiliserait ses propres pilotes et gérerait les droits de transit mais à la fin du mois le projet se retrouve totalement vidé de sa substance. Paris et Londres décident alors de saisir le Conseil de Sécurité de l'ONU qui, mi-octobre, édicte un code de bonne conduite sur la liberté de transit mais le veto soviétique exclut la gestion du canal par ses usagers.

Dans le même temps, la Grande-Bretagne et surtout la France qui est l'élément moteur préparent une intervention militaire avec le soutien d'Israël qui serait le déclencheur. En acceptant de passer à l'offensive, l'État hébreu veut riposter aux raids arabes de plus en plus fréquemment menés sur son territoire et tenir en respect l'Égypte qui a installé des dépôts d'armes dans le Sinaï. Le 23 octobre, les protocoles secrets de Sèvres fixent les modalités de l'opération : Israël attaquera l'Égypte le 29 (opération *Kadesh*), dans le but d'atteindre la zone du canal le lendemain. Le 30, Londres et Paris lanceront un ultimatum aux deux puissances en des termes inacceptables pour l'Égypte, ce qui leur permettra d'agir dès le 31 (opération *Mousquetaire*) sous prétexte de maintenir la paix et sans être accusées de collusion avec *Tsahal*, l'armée israélienne. En fait, il sera demandé un cessez-le-feu et un retrait des deux parties à une quinzaine de kilomètres du canal mais également l'acceptation par Nasser d'une occupation franco-britannique des positions clés dudit canal, soit Suez, Ismaïlia et Port-Saïd. *In fine*, Londres et Paris n'espèrent rien de moins que la chute du régime nassérien. Dans un premier temps, tout se déroule comme prévu, d'autant que les États-Unis sont en pleine campagne présidentielle et que l'attention de l'URSS est retenue par la révolution hongroise. Cependant, sur le terrain, deux éléments desservent Français, Britanniques et Israéliens. Ils sont certes supérieurs aux Égyptiens sur le plan strictement militaire mais les opérations franco-britanniques sont trop lentes – parachutistes et troupes débarquent à partir du 5 novembre, après une phase de bombardements – tandis que Nasser qui se pose en martyr et en victime de l'impérialisme judéo-occidental a bloqué le canal en y coulant plusieurs navires.

… devenue démonstration de faiblesse

Mais la défaite des puissances européennes viendra de l'ONU et de la double pression américaine et soviétique. Par deux fois, le 30 octobre et le 1er novembre, Londres et

Paris posent leur veto au Conseil de Sécurité et parviennent à empêcher des résolutions d'inspiration américaine qui condamneraient leur action et celle d'Israël. Le 2 novembre, lorsque l'Assemblée générale se réunit, le monde occidental étale plus encore ses divisions au grand jour. Par soixante-quatre voix sur soixante-quinze, l'ONU exige le cessez-le-feu et le retrait d'Israël derrière les lignes d'armistice de 1949. Seuls deux membres du Commonwealth, l'Australie et la Nouvelle-Zélande, votent contre. Six pays se sont abstenus : le Portugal de Salazar, troisième puissance « impériale » européenne, le Laos, ex-possession française, l'Afrique du Sud et le Canada, membres du Commonwealth, la Belgique et les Pays-Bas, partagés entre solidarité atlantique et européenne. La tension s'accentue encore le 5, avec le débarquement franco-britannique, mené officiellement pour séparer les belligérants alors que, nous y reviendrons, la création d'une force des Nations unies est en discussion. Au même moment et sous le même prétexte de rétablir l'ordre, Moscou lance ses troupes sur Budapest. La simultanéité des deux événements a de graves conséquences. D'une part, elle déforce la condamnation de l'attitude soviétique et, de l'autre, elle associe, aux yeux de nombreux pays, la France, la Grande-Bretagne et l'URSS sous le vocable d'agresseurs. Pour le Tiers Monde, la preuve est faite, de nouveau, que Paris et Londres agissent en impérialistes. Pour les États-Unis, furieux, il s'agit d'une rupture de l'OTAN.

L'URSS profite de l'occasion qui lui est offerte pour détourner les regards de Budapest et propose, sans succès, aux États-Unis une action militaire commune afin d'aider l'Égypte. Elle pose clairement un ultimatum et évoque la possibilité d'user de son arsenal nucléaire. Il s'agit là d'un « bluff » mais tout le monde croit ou feint de croire que l'heure est grave. La pression américaine se fait intenable pour Londres dont l'opinion publique est bien plus critique que son homologue française à l'égard de l'opération de Suez. Anthony Eden cède et, acceptant le cessez-le-feu, contraint Paris à faire de même. Israël, de son côté, admet le principe d'une force de l'ONU. Au moment où les Franco-Britanniques déposent les armes, ils n'ont pas encore atteint Port-Saïd et toute la zone du canal leur échappe. Le monde peut alors contempler le déclassement de l'Europe occidentale, son incapacité à mener à bien une politique propre, différente de celle des deux Grands. Humiliation supplémentaire : le canal étant obstrué et les oléoducs rompus, l'Europe va connaître une pénurie d'essence et les premiers jours sans voiture, avant de devoir importer de l'or noir texan. Durant l'hiver 1956-1957, Français, Britanniques et Israéliens doivent évacuer l'Égypte et la bande de Gaza, à la grande jubilation de Nasser. Malgré sa totale défaite militaire, le Raïs conserve la main : il expulse d'Égypte les ressortissants français, britanniques et israéliens, fait traîner le déblaiement du canal, maintient la nationalisation de celui-ci et perçoit un droit de passage. En décembre 1957-janvier 1958, il accueille au Caire une grande conférence afro-asiatique et, en février 1958, mène à bien une fusion, éphémère il est vrai, entre l'Égypte et la Syrie au sein de la République arabe unie. Jusqu'à la guerre des Six Jours de 1967, Nasser apparaît bien comme le leader incontesté d'un monde arabo-musulman en plein réveil.

Pearson et le Canada, entre Londres et Washington

Pour plusieurs pays occidentaux, particulièrement la Belgique et le Canada, l'affaire de Suez est un crève-cœur. Bruxelles et Ottawa comprennent l'attitude des Franco-Britanniques et les raisons qui les poussent à contrer Nasser. De plus, les deux États ont, historiquement et culturellement, des liens solides avec la France et la Grande-Bretagne. Mais dans le même temps, ils savent que le contexte international exige le maintien d'une alliance atlantique forte et qu'il importe donc aussi de ménager Washington, moteur de la défense occidentale. Enfin, ils sont attachés à l'ONU, au respect de sa Charte fondatrice et du droit international. Dans un souci de garantir la paix au Proche-Orient tout en permettant à Paris et Londres de ne pas perdre la face, le ministre des Affaires étrangères canadien Lester B. Pearson ne va rien négliger pour en arriver à la naissance de la première force armée de maintien de la paix sous l'égide des Nations unies.

Issu d'une famille d'émigrés irlandais, fils d'un ministre méthodiste, Lester Bowles Pearson (1897-1972), surnommé Mike durant la Première Guerre, est, au départ, bien davantage passionné par le sport que par les études ou la politique. Alors qu'il est étudiant à la Victoria University de Toronto, il s'engage, en 1915, au Corps de santé de l'armée canadienne mais ne deviendra jamais le héros de guerre qu'il aurait voulu être : d'abord affecté à Salonique où rien ne se passe, il est muté en Grande-Bretagne en 1917 mais un accident de la circulation l'empêchera de servir au sein du *Royal Flying Corps*. Diplômé d'histoire en 1919, il effectue divers petits boulots au Canada et aux États-Unis avant d'obtenir une bourse pour étudier à Oxford. À son retour, il devient maître de conférence à Toronto mais, en 1928, choisit d'entrer au ministère des Affaires extérieures. Gravissant les échelons, il est Premier secrétaire à Londres de 1935 à 1941. Favorable aux sanctions contre l'Italie lors de la guerre d'Éthiopie et opposé aux accords de Munich, il est clairement partisan, en 1939, d'une participation du Canada à la Seconde Guerre au côté de la Grande-Bretagne. En juin 1942, Pearson est nommé ministre conseiller à Washington. Ce libéral, partisan du *New Deal*, y acquiert rapidement une certaine popularité. En 1945, il y est nommé ambassadeur mais revient rapidement à Ottawa pour devenir sous-secrétaire (1946-1948) puis secrétaire (1948-1957) d'État aux Affaires extérieures. À ce poste, il se fait l'ardent défenseur de l'ONU, dont il préside l'Assemblée générale en 1952, et de l'OTAN dont il préside le Conseil en 1951-1952, tout en essayant de préserver un équilibre dans les relations entre les États-Unis, la Grande-Bretagne et le Canada. Lors de la guerre de Corée, il n'hésite pas à engager son pays de manière importante sur le plan militaire mais refuse tout aussi fermement le prolongement du conflit qu'aurait souhaité le général américain McArthur. À l'automne 1955, il est le premier ministre occidental à se rendre en URSS et envisage un moment de reconnaître la Chine de Mao. Bref, anticommuniste convaincu et fidèle allié des États-Unis, il se réserve néanmoins le droit de prendre ses distances avec Washington dont les excès l'effraient, notamment à l'époque du maccarthysme[6] puis, plus tard, de la guerre du Vietnam[7].

L'œuvre de paix de Lester B. Pearson

Fin octobre 1956, l'attaque israélienne contre l'Égypte puis l'intervention franco-britannique après ultimatum bouleversent Lester Pearson qui, avant même de s'envoler

---

6 Voir l'introduction au discours n° 47.

7 Le 2 avril 1965, Lester Pearson s'élèvera publiquement contre les bombardements américains au Nord-Vietnam.

pour New York le 1er novembre, réfléchit déjà à la possibilité d'une force de police internationale sous les auspices de l'ONU. Cette force se substituerait aux Franco-Britanniques et répondrait à leur but avoué le maintien de la paix. Dans la nuit du 1er au 2 novembre, alors que la résolution réclamant un cessez-le-feu est discutée à l'Assemblée générale des Nations unies, Pearson œuvre en coulisse pour obtenir le soutien nécessaire à sa proposition. Il lui faut à tout prix gagner du temps. S'étant abstenu lors du vote, il prend la parole pour justifier son attitude. Ce discours correspond au premier extrait présenté ci-dessous. Déplorant le recours à la force mais également le peu de temps passé à débattre de la résolution qui condamne celui-ci, Pearson demande que l'ONU dépasse la simple recommandation et s'engage concrètement à l'établissement et au maintien d'une paix durable en Palestine et à Suez, faute de quoi une nouvelle guerre risque d'intervenir dans les six mois. Il réclame donc la constitution d'une force internationale *de pacification et de police* et annonce d'emblée que son pays est prêt à lui fournir un contingent.

L'appel de Pearson est entendu par John Foster Dulles, le secrétaire d'État américain, qui charge le ministre canadien de formuler une proposition concrète. Dulles qui s'était montré réticent quelques heures plus tôt appuie désormais l'idée pour mieux démontrer au monde – et surtout au Tiers Monde – que les États-Unis se démarquent de Londres et Paris. Le moment est historique : en effet, en 1948, l'ONU a déjà mis sur pied une force de maintien de la paix pour surveiller la trêve durant la première guerre israélo-arabe mais ses membres n'étaient pas armés et agissaient alors en simples observateurs. Le secrétaire général de l'ONU, Hammarskjöld, doute du succès de Pearson, surtout du côté israélien mais le Canadien obtient rapidement l'appui de Paris et de Londres, à condition que les Franco-Britanniques puissent surveiller la zone du canal jusqu'à l'arrivée de l'ONU. La course contre la montre est lancée car Pearson veut avoir élaboré son plan pour une force d'intervention avant que les troupes françaises et anglaises ne débarquent sur le sol égyptien. Après un aller-retour à Ottawa, il présente un texte aux Américains qui le revoient, puis fait circuler informellement le document. Celui-ci reçoit un accueil généralement positif et Nasser lui-même n'y serait pas opposé. Dans la nuit du 3 au 4 novembre, Pearson décide de le rendre public afin de prendre de vitesse les Afro-Asiatiques qui, par la voix de l'Inde, veulent en revenir au retrait pur et simple des troupes israéliennes. C'est alors qu'il prononce un second discours, correspondant au deuxième extrait ci-dessous. Il y propose le vote d'une résolution qui chargerait le secrétaire général de l'ONU d'organiser une force internationale apte à réaliser et à surveiller la fin des hostilités à Suez puis à s'interposer entre Égyptiens et Israéliens. La proposition, qui allait consacrer Pearson comme le père du maintien de la paix onusien, est adoptée par cinquante-sept voix et dix-neuf abstentions, dont celles du bloc soviétique et des quatre parties au conflit. Dans la foulée, on adopte une résolution afro-asiatique de cessez-le-feu immédiat mais Pearson obtient que celui-ci soit repoussé au 5 novembre à 5 heures.

Il s'agit désormais de concrétiser la force internationale qui prendra le nom de FUNU pour Force d'urgence des Nations unies. D'emblée, il est décidé qu'aucun membre permanent du Conseil de Sécurité n'y prendra part. Le Canada, lui, veut être présent et c'est un Canadien, le général Burns, alors à la tête de la *Palestine Truce Supervision Organization*, qui dirigera la mission. Du 5 au 7 novembre, la préparation de celle-ci est évidemment troublée par l'annonce du débarquement franco-britannique puis par la capitulation de Londres et Paris, sous pression des deux Grands, mais le travail se poursuit, tant en coulisse qu'à l'Assemblée de l'ONU. Chacun sait que rien ne doit être laissé au hasard car cette première expérience fera jurisprudence. Tant les Israéliens que les Égyptiens tentent d'imposer leur condition : pour les premiers, c'est le refus de voir l'ONU prendre pied dans un territoire contrôlé par *Tsahal*, y compris Gaza ; pour les autres, c'est l'exclusive jetée sur tout pays lié par des accords de sécurité collective aux puissances occidentales. Au grand dam de Pearson, le Canada n'enverra donc pas de contingent mais quelques troupes spécialisées. En définitive, ce sont six mille Casques bleus environ qui se déploieront à partir du mois de mars 1957[8]. Dix ans plus tard, la FUNU devra quitter le terrain sur ordre de Nasser.

Depuis lors, l'ONU a mené soixante-trois opérations de maintien de la paix dont dix-sept, fin 2007, sont actuellement en cours.

L'action de Lester Pearson dans la crise de Suez lui vaudra de recevoir le prix Nobel de la Paix en 1957 même si, sur le plan national, il devra subir les foudres des conservateurs canadiens qui lui reprocheront d'avoir trahi Londres au profit de Washington et infligeront une défaite électorale aux libéraux sur ce thème. Devenu chef de son parti en janvier 1958 et Premier ministre en avril 1963, Pearson dotera le Canada de son drapeau et mènera une politique volontariste et réformatrice sur le plan social, en matière d'enseignement et d'immigration et en faveur des Canadiens francophones au profit desquels il contribuera à faire du pays un État bilingue. Il consacrera les dernières années de sa vie à l'enseignement et à l'administration de la Carleton University d'Ottawa ainsi qu'à la rédaction d'un rapport fondateur sur l'aide au développement. Depuis 1994, un centre indépendant d'enseignement et de recherche sur le maintien de la paix porte son nom.

Annonce de la nationalisation du canal de Suez

26 juillet 1956

Nous n'avons pas négligé l'indépendance économique : car nous étions fermement convaincus du fait que l'indépendance politique ne pouvait être réalisée que par la voie de l'indépendance économique.

C'est pourquoi, nous avons accordé toute notre attention à la production et à son développement, en comptant uniquement sur nous-mêmes et sur nos propres moyens. [...]

La pauvreté n'est pas une honte, mais c'est l'exploitation des peuples qui l'est.

Nous reprendrons tous nos droits, car tous ces fonds sont les nôtres, et ce canal est la propriété de l'Égypte. La compagnie est une société

---

8 Ils proviennent du Brésil, de Colombie, du Danemark, de Finlande, d'Inde, d'Indonésie, de Norvège, de Suède et de Yougoslavie.

anonyme égyptienne, et le canal a été creusé par 120 mille Égyptiens, qui ont trouvé la mort durant l'exécution des travaux. La Société du canal de Suez à Paris ne cache qu'une pure exploitation. [...]

Nous déclarons que l'Égypte en entier est un seul front, uni, et un bloc national inséparable. L'Égypte en entier luttera jusqu'à la dernière goutte de son sang, pour la construction du pays. Nous ne donnerons pas l'occasion aux pays d'occupation de pouvoir exécuter leurs plans, et nous construirons avec nos propres bras, nous construirons une Égypte forte et c'est pourquoi j'assigne aujourd'hui l'accord du gouvernement sur l'établissement de la Compagnie du canal.

Nous irons de l'avant pour détruire une fois pour toutes les traces de l'occupation et de l'exploitation. Après cent ans, chacun a recouvré ses droits et aujourd'hui, nous construisons notre édifice en démolissant un État qui vivait à l'intérieur de notre État ; le canal de Suez pour l'intérêt de l'Égypte et non pour l'exploitation. Nous veillerons aux droits de chacun. La nationalisation du canal de Suez est devenue un fait accompli ; [...] nous avons senti que nous sommes devenus plus forts et plus courageux. [...]

Aucune souveraineté n'existera en Égypte à part celle du peuple d'Égypte, un seul peuple qui avance dans la voie de la construction et de l'industrialisation, en un bloc contre tout agresseur et contre les complots des impérialistes. Nous réaliserons, en outre, une grande partie de nos aspirations, et construirons effectivement ce pays, car il n'existe plus pour nous quelqu'un qui se mêle de nos affaires. Nous sommes aujourd'hui libres et indépendants.

Aujourd'hui, ce seront des Égyptiens comme vous qui dirigeront la Compagnie du canal, qui prendront consignation de ses différentes installations, et dirigeront la navigation dans le canal, c'est-à-dire dans la terre d'Égypte.

Discours à l'Assemblée générale des Nations unies

2 novembre 1956

Si je me lève, ce n'est pas pour participer au débat, car le débat est clos. Le vote a été pris. Mais je tiens à expliquer l'abstention de la délégation canadienne. Il n'est jamais facile d'expliquer une abstention, et dans le cas présent c'est particulièrement difficile parce que nous approuvons certaines parties de la résolution et parce qu'elle porte sur une question très complexe.

Comme nous approuvons certaines parties de la résolution, nous ne pouvions voter négativement, vu surtout qu'à notre sens c'est une proposition modérée, conçue en termes raisonnables et objectifs, sans condamnation injuste ou pondérée ; en outre, comme elle mentionne les violations commises par les deux parties aux accords d'armistice, je crois qu'elle fait voir, à juste titre, la récente action du Royaume-Uni et de la France dans la perspective de ces violations et provocations répétées.

Nous appuyons la tentative de mettre fin au combat. Nous l'appuyons, entre autres motifs, parce que nous regrettons le recours à la force dans les circonstances auxquelles nous devons faire face. De l'avis de la délégation du Canada, toutefois, cette résolution de l'Assemblée générale a adoptée sous sa forme actuelle, – il y a eu très peu de chances d'en modifier la forme – est insuffisante pour la réalisation des fins que nous visons dans cette Assemblée. Ces fins sont énumérées dans la résolution des Nations unies en vertu de laquelle nous sommes réunis : la résolution 377 (V)[9], *Union pour le maintien de la paix*. Or la paix est beaucoup plus qu'une suspension d'armes, même si elle doit assurément comporter ce facteur essentiel. C'est la première fois qu'une telle mesure se prend en vertu de la résolution *Union pour le maintien de la paix*, et j'avoue éprouver un sentiment de tristesse, voire d'angoisse, parce que je ne puis appuyer la position prise par deux pays dont les liens avec le mien sont et resteront étroits et intimes, deux pays qui ont contribué dans une si large mesure à la liberté et au progrès de l'humanité dans le respect des lois, deux pays qui sont les mères-patries du Canada.

Je déplore le recours à la force militaire dans les circonstances que nous examinons actuellement, mais je regrette aussi que nous n'ayons pas eu plus de temps, avant le vote, pour rechercher le meilleur moyen d'obtenir une suspension d'armes propre à donner des résultats heureux et durables. Je crois que nous avions droit à plus de temps, car il s'agit non seulement d'une heure tragique pour les pays et les peuples immédiatement intéressés, mais aussi d'un moment difficile pour les Nations unies elles-mêmes. Je sais bien que la situation est d'une urgence particulière, poignante, d'une urgence d'ordre humain, et que les actes ne devaient pas être retardés par l'étirement des débats comme cela s'est fait tant de fois dans cette enceinte. Il me semble toutefois que nous aurions pu en arriver à une bien meilleure résolution si nous en avions pris le temps,

---

9 Adoptée le 3 novembre 1950 et connue aussi sous les vocables de « Résolution Dean Acheson », du nom du secrétaire d'État américain, la résolution 277 (V) stipule que l'Assemblée générale de l'ONU peut, sous certaines conditions, se saisir d'une question liée au maintien de la paix et *faire aux membres les recommandations appropriées sur les mesures collectives à adopter*.

comme nous l'avons fait par le passé, – autant que je me rappelle – même pour les résolutions les plus critiques et les plus urgentes. Il nous eût suffi d'un faible supplément de temps, ce qui n'aurait causé aucun tort, mais au contraire aurait fini par être d'un secours certain, à ceux-là qui, au Moyen-Orient, ont le plus besoin de secours à l'heure présente.

Ce que je veux dire ? Ceci d'abord, que notre résolution, même si elle a été adoptée, n'est après tout rien de plus qu'une recommandation, et qu'elle aurait eu un plus grand effet si elle avait pu rallier à l'Assemblée une plus complète unanimité – ce qui aurait été possible, qui sait ? si nous avions eu un peu plus de temps.

Ensuite, cette recommandation ne peut avoir de résultats sans le consentement de ceux auxquels elle s'adresse et qui seuls peuvent lui donner suite. J'avais espéré qu'un peu plus de temps et d'interventions personnelles nous permettraient de progresser, ou du moins d'essayer de progresser, vers l'adoption d'une attitude favorable, avant le vote, par les gouvernements et les délégations qui seront appelés à mettre en œuvre notre recommandation.

J'aperçois dans cette résolution une grave omission – laquelle a d'ailleurs été signalée par d'autres orateurs –, en particulier par le représentant de la Nouvelle-Zélande qui a parlé juste avant moi. La résolution prévoit bien une suspension d'armes, et je reconnais qu'il y a là un point de toute première importance et de toute première urgence. Mais elle n'envisage, outre la suspension d'armes et le retrait des forces, aucune mesure à prendre par les Nations unies en vue d'un règlement de paix, pourtant indispensable si l'on veut que la suspension d'armes ne soit pas simplement temporaire. Nous aurions dû, j'en suis convaincu, profiter de l'occasion pour rattacher la suspension d'armes à la nécessité absolue d'un règlement politique en Palestine et à Suez, et peut-être aurions-nous pu aussi recommander une marche à suivre afin que les négociations puissent commencer en vue de cet objectif absolument essentiel.

Nous avons conscience de nous trouver aujourd'hui dans une crise presque désespérante des Nations unies et de la paix. Ce sentiment que nous éprouvons aurait pu, il me semble, nous pousser à l'action ou du moins à la ferme résolution d'agir enfin, de faire quelque chose d'utile contre les causes profondes de cette crise qui nous a attirés jusqu'au bord même d'une tragédie, encore plus grande que la tragédie actuelle. Nous aurions dû tenir compte dans notre résolution de la nécessité d'un règlement politique, et faire quelque chose dans ce sens. Je ne crois pas du tout que cela eût retardé longtemps l'examen des autres parties de la résolution. Sans un règlement politique, que le stimulant de la peur aurait pu faire accepter, notre résolution, du moins telle que je la vois, ne pourra peut-être pas assurer une paix durable et réelle. Il nous faut des actes, et non pas seulement pour mettre fin aux combats, mais pour faire la paix.

Une autre chose manque à cette résolution que des orateurs ont également signalée avant moi. Les forces armées d'Israël et de l'Égypte vont se retirer, ou si vous voulez, vont revenir aux lignes de l'armistice; ensuite, il est probable qu'elles vont de nouveau se faire face dans une tension de peur et de haine. Et après? Où en serons-nous dans six mois? Devrons-nous revivre les mêmes événements? Reviendrons-nous au même point qu'auparavant? Ce n'est pas ainsi que nous pourrons assurer notre sécurité, ni même un état de choses tolérable; ce serait retourner à la terreur, aux effusions de sang, aux luttes, aux incidents, aux accusations et aux contre-accusations, et finalement à une nouvelle explosion que la Commission d'armistice des Nations unies se trouverait impuissante à empêcher, et sur laquelle elle ne pourrait peut-être même pas faire une enquête.

J'aurais donc aimé voir incorporer dans la présente résolution – ce qui a déjà été mentionné dans des discours précédents – une clause aux termes de laquelle le secrétaire général serait autorisé à prendre des dispositions, en consultation avec les gouvernements membres, en vue de constituer une force des Nations unies assez considérable pour sauvegarder la paix à ces frontières pendant qu'un règlement politique sera en voie de négociation. Je regrette profondément que le temps ait manqué pour donner suite à cette idée, que le représentant du Royaume-Uni a avancée également dans son premier discours, et j'espère que même à l'heure actuelle, lorsque la résolution aura été mise en œuvre complètement, il ne sera pas trop tard pour prendre cette question en considération. Mon Gouvernement serait heureux de recommander que le Canada fournisse un contingent à cette force des Nations unies, force de pacification et de police d'un caractère vraiment international.

Nous avons un devoir à accomplir dans la situation actuelle. Nous avons aussi – ou est-ce que je devrais dire plutôt: « nous avions »? – l'occasion d'agir. Notre résolution porte sans doute sur un aspect particulier de notre devoir, sur un aspect urgent, affreusement urgent. Mais telle que je la comprends, elle ne fait rien pour saisir cette occasion qui, si on l'avait saisie, aurait pu apporter une part de paix authentique et une existence acceptable, ou l'espoir d'y atteindre, aux populations de cette partie-là du monde. Le temps nous a manqué pour saisir cette occasion. Ma délégation a donc estimé qu'à cause de l'insuffisance de la résolution à cet égard, elle ne pouvait que s'abstenir de voter.

J'espère qu'en ce qui concerne ces questions essentielles nous sortirons bientôt de l'impuissance et que nous pourrons nous attaquer au fond même du problème.

SUITE DU DISCOURS À L'ASSEMBLÉE GÉNÉRALE DES NATIONS UNIES

3 novembre 1956

Le but immédiat de notre réunion, ce soir, est d'obtenir aussitôt que possible, dans la région qui nous occupe, une suspension d'armes et un retrait des forces en présence, de façon à empêcher les contacts ou les conflits. L'objectif éloigné, dont on a déjà fait mention ce soir et qui, par ce qu'il comporte, se révélera peut-être encore plus important que l'immédiat, consiste à résoudre les problèmes qui, laissés sans réponse depuis des années, ont violemment déchaîné les combats et les conflits de l'heure présente. En ce qui concerne cet objectif éloigné, d'importantes résolutions ont été présentées ce soir par la délégation des États-Unis. C'est une initiative dont nous apprécions toute la valeur et notre délégation accordera à ces résolutions toute l'attention qu'elles méritent et pourra, je l'espère, les commenter plus tard de façon détaillée.

Pour ce qui est du but premier et immédiat, l'Assemblée a adopté il y a quelques heures, à une très forte majorité, une résolution qui devient une recommandation de l'Assemblée générale des Nations unies. Nous devons maintenant nous demander comment les Nations unies pourront aider à obtenir des pays les plus immédiatement intéressés, l'acquiescement aux dispositions de la résolution, acquiescement absolument indispensable à l'application de cette même résolution. Comment pouvons-nous obtenir leur appui et leur coopération, qui nous sont nécessaires, et comment pouvons-nous y parvenir rapidement ?

Le représentant de l'Inde vient de nous lire, au nom d'un certain nombre de délégations, une très importante résolution relative à cette question. Les paragraphes 2 et 3 de la résolution renferment des propositions précises tendant à la création d'un organisme qui en facilite l'application. Je me demande si un tel organisme répond à la tâche complexe et difficile qui nous attend. Je ne m'oppose nullement à la résolution dont nous venons d'entendre la lecture. J'en mesure l'importance et je comprends l'esprit qui l'a inspirée. Je propose cependant de confier au secrétaire général une responsabilité supplémentaire, non pas contradictoire, mais supplémentaire; celle de dresser un plan de création d'une force internationale chargée de réaliser et de surveiller la suspension d'armes envisagée dans la résolution que l'Assemblée a déjà adoptée.

À cette fin, ma délégation désire soumettre à l'Assemblée un très bref projet de résolution que je me permets de vous lire :

> L'Assemblée générale, consciente de l'urgente nécessité qu'il y a de faciliter l'application de la résolution (A/3256) du 2 novembre, demande en priorité au secrétaire général de lui soumettre dans les quarante-huit heures un plan pour la création, avec l'accord des pays intéressés, d'une force internationale des Nations unies chargée de réaliser et de surveiller la cessation des hostilités conformément aux termes de la résolution mentionnée ci-dessus.

Je présume que pendant ce bref délai, le secrétaire général se mettra en communication avec les parties immédiatement intéressées, qu'il recherchera leur concours – indispensable, j'ose le répéter – pour mettre en œuvre la résolution précédente, qu'il s'efforcera d'obtenir l'aide et la collaboration de tous les autres qui, à son avis, pourraient l'appuyer dans cette tâche d'une importance capitale.

Ce projet de résolution que je viens de vous lire et qui vous sera distribué dans quelques instants vise aussi à faciliter et à rendre effectif l'acquiescement à la résolution que nous avons déjà adoptée, de la part de ceux dont l'acquiescement est indispensable. Elle vise également à soumettre cet acquiescement à une surveillance internationale par les Nations unies. Enfin, elle tend à mettre immédiatement fin au combat et aux effusions de sang, même pendant que le secrétaire examinera la question et se préparera à présenter un rapport dans les quarante-huit heures.

Si ce projet de résolution, qui ne me semble pas venir en conflit avec celui dont notre collègue indien vient de nous donner lecture, agréait à l'Assemblée générale, s'il était accepté en vitesse, le secrétaire général pourrait se mettre sans délai à la tâche importante que lui fixe le projet de résolution. Je m'excuse d'ajouter de la sorte à ses lourdes fonctions, que le projet de résolution antérieur accroît déjà. Mais ne savons-nous pas qu'il peut porter de tels fardeaux avec générosité et compétence.

Dans l'intervalle de quarante-huit heures, nous pourrons poursuivre notre étude et en venir à une décision sur le projet de résolution des États-Unis et sur les autres projets de résolutions relatifs à la grave et dangereuse situation actuelle dont est saisie l'Assemblée générale, en ce qui concerne les aspects immédiats de cette situation et ses répercussions générales et éloignées, peut-être plus importantes encore.

56 – Mao Zedong
De la juste manière de résoudre les contradictions au sein du peuple

27 février 1957

En 1956-1957, la République populaire de Chine traverse, comme tous les États communistes, une période de turbulences liée à la déstalinisation[1] et à ses retombées. À la fois chef du Parti communiste chinois (PCC) et président de la République, Mao Tsé-toung voit sa prédominance et son autorité contestées à l'intérieur de son parti et doit, dans le même temps, faire face à un malaise social évident au sein du pays. Il va dès lors tenter de reprendre la main en initiant un mouvement de libéralisation basé sur le concept de contradiction, un thème central de la pensée maoïste. Mais si le « Grand Timonier » tirera personnellement profit de cette courte période d'euphorie, le peuple chinois, lui, en sortira brisé.

Du paysan du Hunan au chef suprême de la République populaire

Issu d'une famille paysanne nantie du Hunan, au sud-est de la Chine, Mao Zedong ou Tsé-toung (1893-1976) restera, sa vie durant, très attaché à ses origines rurales. Doté d'une bonne culture de base, cet autodidacte ne sera jamais un intellectuel, ce qui ne l'empêchera pas d'être, à ses heures, poète, stratège ou philosophe. Mao est très tôt intéressé par les idées occidentales comme le libéralisme, le socialisme ou l'anarchisme. C'est en 1919, alors qu'il travaille à la bibliothèque de l'université de Pékin, qu'il rencontre les futurs fondateurs du Parti communiste chinois et adhère à leurs théories. En 1921, il assiste au congrès de Shangaï qui donne naissance au PCC et, deux ans plus tard, intègre le Comité central du parti. Depuis 1911, l'Empire du Milieu est devenu une République, suite à la révolution nationaliste menée par le Kuomintang de Sun Yat-sen. Mais à partir de 1916, le pays a sombré dans l'anarchie, le féodalisme et la désunion. Les années 1921 à 1926-1927 sont celles d'une lutte en front uni des communistes et des nationalistes pour réunifier et contrôler la Chine. Avec la bénédiction de Moscou, Mao est alors membre du PCC et du Kuomintang. Ensuite, les nationalistes du général Tchang Kaï-chek déclarent la guerre aux communistes. Mao est personnellement atteint : l'insurrection qu'il a tentée dans sa région natale est réprimée dans le sang et sa première épouse exécutée. Au sein même du PCC, il est en

---

1 Voir l'introduction au discours n° 53.

désaccord avec la ligne officielle : alors que les dirigeants du parti entendent miser sur le prolétariat ouvrier, il préconise, pour sa part, de s'appuyer sur la paysannerie qui regroupe alors plus des trois quarts de la population.

En 1931, le PCC adopte la thèse de Mao qui, par ailleurs, vient de fonder une République soviétique chinoise dans le Hunan et le Jiangxi. Son emprise sur le parti s'accentue encore au milieu des années 1930, pendant et en raison de la « Longue Marche », l'un des mythes fondateurs du maoïsme. D'octobre 1934 à novembre 1935, les communistes, encerclés par les nationalistes, vont quitter leurs bastions pour s'établir au nord, dans le Shanxi. Au terme de ces douze mille kilomètres, qui leur coûteront cent mille morts, leur prestige moral est immense. Deux ans plus tard, à la fois pour répondre à la tactique de Front populaire défendue par l'URSS et pour mieux résister à l'envahisseur nippon qui vient de déclencher une nouvelle guerre sino-japonaise, nationalistes et communistes chinois refont alliance. Celle-ci dure jusqu'en 1945 mais n'empêche pas le PCC de poursuivre intensivement sa campagne de propagande et de recrutement en vue d'une future prise de pouvoir. À Yan'an, dans le Shanxi, Mao forge, jour après jour, son image de résistant adepte de la guérilla rurale et de chef d'État. À la fin de la Seconde Guerre mondiale, les Américains, notamment George Marshall, jouent les bons offices pour tenter de maintenir au pouvoir en Chine une coalition d'union nationale mais l'heure n'est plus au consensus. Fin juin 1947, sur fond de guerre froide et de guerre civile, Mao lance son offensive décisive. Avec l'appui d'un certain nombre d'éléments non communistes et bourgeois, il l'emporte sur le Kuomintang de Tchang Kaï-chek, fort démonétisé par ses pratiques de corruption et une résistance jugée trop poussive durant la guerre contre le Japon. Le 1er octobre 1949, alors que les nationalistes s'apprêtent à embarquer pour Taïwan, Mao proclame la République populaire de Chine, dont il devient président tout en conservant la direction du PCC.

La Chine peut compter sur une coopération économique et militaire étroite avec l'URSS, sur un parti communiste fort et solidement implanté, sur sa redoutable Armée rouge et sur l'expérience du pouvoir acquise dans les « zones rouges » mais il n'en demeure pas moins que la Chine est exsangue, qu'elle survit grâce à l'artisanat et à l'agriculture alors que son économie est paralysée et son administration désorganisée. D'emblée, Mao se lance dans une série de réformes : nationalisation des entreprises étrangères ou trop proches du Kuomintang et contrôle des autres, réforme agraire amenant la distribution aux paysans pauvres de terres confisquées aux grands propriétaires. Dans un premier temps, le PCC ménage les petits partis démocratiques et la petite bourgeoisie nationale, c'est-à-dire non liée aux capitaux étrangers. C'est l'application de la nouvelle démocratie, étape devant précéder la révolution socialiste proprement dite. 1953 sonne le glas de cette tolérance. La Chine lance alors son Premier Plan quinquennal qui, suivant le modèle soviétique, est axé sur l'industrie lourde. En outre, elle étatise le commerce et l'industrie, développe les coopératives et lance une collectivisation brutale de l'agriculture. En 1954, une nouvelle Constitution amène une profonde imbrication du PCC et de l'État. Comme Staline hier, Mao semble tout maîtriser.

« Cent Fleurs », rectification et contradictions

Toutefois, l'année 1956 rime avec désillusion. Sur le plan économique, il faut bien constater l'échec du « Petit Bond en avant » : rudoyés et mécanisés, les paysans chinois ne répondent pas aux exigences du pouvoir en termes de productivité et la faiblesse de la récolte, couplée à une série de catastrophes naturelles, a des conséquences néfastes sur la situation alimentaire dans les villes et les campagnes. Une disette temporaire et limitée s'ensuit, dont les effets psychologiques sont importants. Des grèves éclatent çà et là dans le monde ouvrier, chez les étudiants et dans les coopératives. Par ailleurs, le contexte international est troublé par les retombées du XXe Congrès du PCUS. Mao s'est montré très circonspect à l'égard de la déstalinisation et du « rapport secret ». La révolte de Poznán en Pologne puis les événements de Budapest le confortent dans l'idée que Khrouchtchev a ouvert la boîte de Pandore et il redoute de voir le mouvement de contestation s'étendre à la Chine. Enfin, au sein même du PCC, Mao est contesté et le déroulement du VIIIe Congrès, en septembre 1956, le prouve. Rendu responsable des échecs récents, il est modérément applaudi après sa courte allocution et doit accepter l'élection de quatre vice-présidents et d'un secrétaire général, Deng Xiaoping.

Le « Grand Timonier » doit rebondir et il va saisir, pour ce faire, le biais d'une certaine libéralisation. Depuis mai 1956, pour canaliser les répercussions de la déstalinisation mais aussi pour rallier au pouvoir certaines classes sociales jugées trop rétives, comme les intellectuels et les techniciens, les dirigeants chinois encouragent une certaine liberté d'expression sur le plan culturel. C'est la campagne des « Cent Fleurs », inspirée du slogan *Que cent fleurs s'épanouissent, que cent écoles rivalisent*. Au lendemain du VIIIe Congrès, Mao décide d'élargir cette campagne et de permettre également une liberté d'expression sur le plan politique. Estimant que le fossé se creuse entre la population et les cadres du parti, il se range du côté de ceux qui plaident pour une réforme interne, une rectification (*zhengfeng*) du mode de fonctionnement du PCC. De la sorte, il espère canaliser voire désamorcer la fronde de certains de ses lieutenants, qui deviendraient la cible des critiques. L'idée est lancée fin 1956 mais elle est véritablement imposée par le long discours – quatre heures – sur les contradictions au sein du peuple, prononcé le 27 février 1957 lors de la 11e session élargie de la conférence suprême de l'État, devant près de deux mille personnes, parmi lesquels des scientifiques, des écrivains et des dirigeants de partis non communistes. Cette allocution considérée comme la plus importante de Mao depuis 1949 n'a pas été retranscrite immédiatement. Dans un premier temps, elle a été diffusée dans le pays sous forme d'enregistrement. Le texte proposé ci-dessous est la version officielle, publiée par Pékin le 18 juin 1957, mais il est acquis qu'elle présente des variantes par rapport au discours prononcé. En fait, Mao a remanié son allocution en gommant son trop grand optimisme, au vu de la rapide dérive de la campagne de rectification, et a ajouté certains paragraphes qui justifient la répression à venir.

Le texte qui appelle les Chinois à dénoncer librement les erreurs du parti communiste est bâti sur le concept de contradiction, cher à Mao. En effet, à l'encontre de Staline, qui estimait que les contradictions survenant dans le développement du socialisme pouvaient être résolues sans conflit, Mao juge les contradictions et les conflits inévitables et même nécessaires. Ils sont, à ses yeux, le moteur de la révolution. Il faut y voir l'influence de Hegel, mais aussi d'Engels et Lénine et, sans doute, de la tradition chinoise, le *yin* et le *yang*. De surcroît, Mao pense que continuent à exister, en régime socialiste, des contradictions à l'intérieur même du socialisme. C'est pourquoi il distingue contradictions antagonistes avec un ennemi et non antagonistes au sein du peuple. Selon sa définition, celui-ci rassemble exclusivement les groupes sociaux favorables à la construction socialiste, en ce compris les bourgeois acceptant d'être *éduqués*. Allant plus loin, Mao reconnaît l'existence de contradictions entre le peuple chinois et son gouvernement, dont il évoque l'esprit parfois trop *bureaucratique*. Il annonce ainsi la campagne de rectification qui va suivre. Le discours évoque ensuite la notion de dictature qui est justifiée par la nécessité de préserver la révolution socialiste de toute agression. La liberté et la démocratie sont présentées par Mao comme relatives et subordonnées à la *base économique*. Le « Grand Timonier » évoque ensuite les « Cent Fleurs » et la possibilité laissée au peuple – mais non aux *contre-révolutionnaires* – de critiquer le marxisme, *vérité scientifique*, afin de voir se redresser ses éventuelles idées erronées à son propos. À cet égard, et afin de distinguer les *fleurs parfumées* ayant seules le droit d'être écoutées, des *mauvaises herbes vénéneuses*, Mao établit une série de critères dont le plus important est la nécessité de rester dans le cadre de *la voie socialiste* et de *la direction du parti*. Enfin, il fait une mise au point claire concernant les troubles et les grèves et indique à partir de quel moment il faut savoir punir sévèrement les meneurs.

Ouvrir et refermer la parenthèse

Les premières réactions au discours de Mao sont mitigées car la population se montre très méfiante. Beaucoup redoutent un piège et pensent que le gouvernement lâche du lest pour mieux repérer ses potentiels adversaires et les désarmer. De fait, on sait aujourd'hui que Mao ne tenait pas le même discours en privé et en public. Par ailleurs, au sein du PCC, de nombreux dirigeants acceptent mal la possibilité d'être critiqués par la base. La résistance à la fusion « Cent Fleurs »-rectification est telle, en mars et avril 1957, que le pouvoir doit payer de sa personne et organiser des tournées explicatives dans les provinces. À partir du 27 avril, les directives de Mao sont largement diffusées dans les comités centraux des différentes villes. Les zones rurales dont la priorité est économique sont, quant à elles, exclues du débat. Après une phase de circonspection, l'explosion se produit, plus intense et plus forte que Mao n'aurait pu l'imaginer. Durant quelques jours voire quelques semaines selon les endroits, un véritable flot de critiques, venu surtout des milieux artistiques et intellectuels, assaille le pouvoir en place. On dénonce l'autoritarisme et l'incompétence du PCC qui veut tout gérer sans en avoir ni les capacités ni les moyens ; on fustige les erreurs économiques du gouvernement, les gaspillages dont il se rend coupable et le régime de favoritisme généralisé qu'il a instauré. Les réunions de discussion se multiplient dans toutes les zones urbaines et, si la plupart se déroulent dans le calme, certaines, notamment dans les écoles et les universités, menacent de dégénérer en insurrection.

Très vite, l'État prend peur et redoute d'être dépassé par une dynamique qu'il a lui-même suscitée. Il craint une radicalisation et une fusion des revendications politiques et des revendications sociales latentes. La campagne de rectification se mue alors en campagne *antidroitière* et les comités de rectification en comités de lutte antidroitière.

Ceux-là mêmes qui ont animé et suscité le débat deviennent censeurs et agents de répression. C'est en raison de ce virage subit que Mao a ajouté, dans la version publiée de son discours, l'indication selon laquelle le principe de la République populaire et la voie suivie par le PCC ne pouvaient pas être critiqués. Au début, la répression privilégie la rééducation par le travail aux décisions judiciaires. 400000 personnes, dont 10 % des étudiants de l'Université de Pékin, sont ainsi contraintes administrativement à des tâches manuelles éprouvantes loin de leur lieu de vie. À la fin du mois de juillet 1957, le mouvement se durcit et Mao se rallie à cette sévérité. La répression est désormais étendue aux vagabonds, aux délinquants, aux marginaux quand elle ne favorise pas les simples règlements de compte. On assiste également au retour des exécutions publiques. Ainsi se referme la parenthèse ouverte quelques mois plus tôt. Les Chinois devront attendre la mort de Mao en 1976, pour connaître une seconde et tout aussi courte période de liberté relative. En attendant, l'année 1958 s'ouvre sur un apparent renforcement du pouvoir maoïste qui, abandonnant la voie soviétique de développement économique, lance le « Grand Bond en avant » censé permettre à la Chine de rattraper la Grande-Bretagne en quinze ans, et promeut les « communes populaires » – cinq mille familles environ – comme la nouvelle base de la société chinoise. Les pays occidentaux eux-mêmes vantent les réussites de la RPC – « Cent Fleurs », Plan Quinquennal sans terreur à la soviétique – sans réellement s'arrêter sur leurs conséquences ou leur part d'échec. Pourtant, Mao est bien plus fragile qu'il ne paraît. Ne lui faudra-t-il pas, à la fin des années soixante, imposer la Révolution culturelle pour faire taire l'opposition interne au parti communiste et écarter des personnalités comme Deng Xiaoping ?[2]

De la juste manière de résoudre les contradictions au sein du peuple

Notre pays est uni comme il ne l'a jamais été. La victoire de la révolution démocratique bourgeoise et de la révolution socialiste, ainsi que les succès de la construction socialiste, ont rapidement changé la face de la vieille Chine. Un avenir plus beau pour notre patrie s'étend précisément devant nous. La situation de division nationale et de troubles tant détestée par le peuple est finie, et ne reviendra jamais. Sous la direction de la classe ouvrière et du Parti communiste, les 600 millions d'hommes de notre peuple, unis comme un seul homme, progressent dans leur grande entreprise de la construction du socialisme. [...] Toutefois, cela ne signifie nullement qu'il n'y ait déjà plus aucune contradiction au sein de notre société. La conception selon laquelle il n'y a point de contradictions est

2 Voir l'introduction au discours n° 83.

une conception naïve, qui n'est pas conforme à la réalité objective. Nous nous trouvons devant deux sortes de contradictions sociales : les contradictions entre nous-mêmes et l'ennemi, et les contradictions au sein du peuple. Ce sont deux sortes de contradictions de nature complètement différente. [...]

Le concept de « peuple » a des significations différentes dans des pays divers et, dans un pays donné, à des époques historiques diverses. [...] À l'étape actuelle, dans la période de la construction du socialisme, toutes les classes, couches et groupes sociaux qui approuvent et appuient la cause de la construction socialiste, et y participent, appartiennent à la sphère du peuple ; toutes les forces sociales et groupes sociaux qui s'opposent à la révolution socialiste, et qui adoptent une attitude d'hostilité et de sabotage à l'égard de la construction socialiste sont les ennemis du peuple.

Les contradictions entre nous-mêmes et l'ennemi ont un caractère antagoniste. Pour ce qui est des contradictions au sein du peuple, celles qui existent parmi le peuple laborieux sont non antagonistes ; celles entre les classes exploitées et les classes exploiteuses ont, outre leur aspect antagoniste, un aspect non antagoniste. [...] Dans les conditions qui existent chez nous à l'heure actuelle, ce que nous appelons les contradictions au sein du peuple englobent les contradictions parmi la classe ouvrière ; les contradictions parmi la paysannerie ; les contradictions parmi les intellectuels ; les contradictions entre la classe ouvrière et la paysannerie ; les contradictions entre les ouvriers et les paysans d'un côté, et les intellectuels de l'autre ; les contradictions entre la classe ouvrière et les autres éléments du peuple laborieux d'une part, et la bourgeoisie nationale d'autre part ; les contradictions parmi la bourgeoisie nationale, etc. Notre gouvernement populaire est un gouvernement qui représente véritablement les intérêts du peuple, c'est un gouvernement qui sert vraiment le peuple, et pourtant entre ce gouvernement et les masses populaires il y a certaines contradictions. Parmi elles se trouvent les contradictions entre les intérêts de l'État, les intérêts collectifs et les intérêts individuels ; entre la démocratie et le centralisme ; entre ceux qui dirigent et ceux qui sont dirigés ; entre les pratiques bureaucratiques de certains fonctionnaires de l'État et les masses. Toutes ces contradictions sont des contradictions au sein du peuple. D'une façon générale, les contradictions au sein du peuple sont sous-tendues par l'identité fondamentale des intérêts du peuple.

Dans notre pays, la contradiction entre la classe ouvrière et la bourgeoisie nationale relève des contradictions au sein du peuple. [...] Ceci parce que la bourgeoisie nationale de notre pays possède un double caractère. [...] Elle a un côté qui consiste à exploiter la classe ouvrière pour faire des bénéfices, et un autre côté qui se manifeste dans l'appui donné à la constitution, et dans sa disposition à subir une transformation socialiste. [...] La contradiction entre l'exploiteur et l'exploité, qui existe entre la classe ouvrière et la bourgeoisie nationale, est en soi antagoniste. Mais dans les conditions concrètes de notre pays, la contradiction antagoniste entre ces deux classes, si elle est traitée comme il faut, peut être transformée en une contradiction non antagoniste, et résolue de façon pacifique. Mais si nous ne nous y prenons pas comme il faut, si nous n'adoptons pas à l'égard de la bourgeoisie nationale une politique consistant à nous unir à elle, à la critiquer et à l'éduquer, ou bien si la bourgeoisie nationale n'accepte pas cette politique, alors la contradiction entre la classe ouvrière et la bourgeoisie nationale peut devenir une contradiction entre nous-mêmes et l'ennemi. [...]

Notre État est un État de dictature démocratique du peuple, dirigé par la classe ouvrière et ayant pour base l'alliance entre les ouvriers et les paysans. À quoi sert cette dictature ? Sa première fonction consiste à réprimer à l'intérieur du pays les classes et groupes réactionnaires, ainsi que les exploiteurs qui s'opposent à la révolution socialiste, à réprimer tous ceux qui sabotent la construction socialiste – c'est-à-dire, à résoudre les contradictions à l'intérieur du pays entre nous-mêmes et l'ennemi. [...] La deuxième fonction de la dictature consiste à protéger notre pays contre le travail de sape et l'agression éventuelle d'ennemis extérieurs. [...]

Notre constitution établit que les citoyens de la République populaire chinoise possèdent des libertés diverses telles que la liberté de la parole, de la presse, de réunion, d'association, de défiler et de manifester, de croyance religieuse, etc. Notre démocratie socialiste est la démocratie la plus large, telle qu'aucun État bourgeois ne saurait en avoir. [...]

Mais cette liberté est une liberté dirigée, et cette démocratie est la démocratie sous une direction centralisée, et non pas un état d'anarchie. Un état d'anarchie n'est point conforme aux intérêts ni à la volonté du peuple. Lorsque les événements de Hongrie[3] ont éclaté, certains dans notre pays étaient ravis. Ils espéraient que quelque chose d'analogue aurait lieu également en Chine, que des milliers et des dizaines de milliers de personnes descendraient dans la rue, pour manifester contre le gouvernement populaire. Cet espoir qu'ils avaient était contraire aux intérêts des masses populaires et ne pouvait bénéficier de l'appui des masses populaires. Une partie des masses hongroises, trompées par les forces contre-révolutionnaires de l'intérieur et de l'extérieur, a commis l'erreur de se livrer à des actes de violence contre le gouvernement populaire, et le peuple aussi bien que l'État ont souffert en conséquence. [...]

---

3 L'insurrection de Budapest et sa répression par les troupes soviétiques en octobre-novembre 1956. Voir l'introduction au discours n° 51.

Parfois, la démocratie semble être une fin, mais en réalité ce n'est qu'un moyen. Le marxisme nous enseigne que la démocratie appartient à la superstructure, à la catégorie de la politique. C'est-à-dire, qu'en fin de compte, elle est au service de la base économique. Il en est de même de la liberté. La démocratie et la liberté sont toutes les deux relatives, et non pas absolues. Toutes les deux naissent et se développent au cours de l'histoire. Au sein du peuple, la démocratie se définit par rapport au centralisme, tandis que la liberté se définit par rapport à la loi. Toutes ces choses sont des aspects contradictoires d'une seule entité ; elles sont à la fois contradictoires et unifiées, et nous ne devons point mettre l'accent de façon unilatérale sur un aspect et non pas sur l'autre. Au sein du peuple, on ne peut point se passer de liberté, mais on ne peut point se passer non plus de la loi ; on ne peut se passer de la démocratie, mais on ne saurait se passer non plus du centralisme. [...] Sous ce système, le peuple jouit d'une large mesure de démocratie et de liberté, mais en même temps il doit se maintenir dans les limites de la discipline socialiste. Tout cela est bien compris par les larges masses populaires.

Nous sommes des partisans de la liberté dirigée, et de la démocratie sous une conduite centralisée, mais cela ne signifie nullement qu'on puisse avoir recours à la contrainte pour résoudre les problèmes idéologiques au sein du peuple, ni les questions du vrai et du faux. Si l'on s'efforce d'appliquer la méthode des ordres administratifs ou la méthode de la contrainte à la résolution des problèmes idéologiques ou des problèmes du vrai et du faux, non seulement cela n'aura pas d'efficacité, mais ce sera même nuisible. [...] Les ordres administratifs promulgués afin de maintenir l'ordre social doivent être accompagnés de persuasion et d'éducation, car dans bien des circonstances les ordres administratifs seuls ne seront pas efficaces. [...]

Les contradictions dans une société socialiste sont fondamentalement différentes des contradictions dans les vieilles sociétés, comme par exemple celles de la société capitaliste. Les contradictions de la société capitaliste se manifestent dans des antagonismes aigus et dans des heurts, dans une lutte de classes violente ; des contradictions de cette sorte ne peuvent pas être résolues par le système capitaliste lui-même, seule la révolution socialiste peut les résoudre. Les contradictions de la société socialiste sont une autre affaire ; tout au contraire, elles sont de caractère non antagoniste, et peuvent être résolues sans cesse par le système socialiste lui-même.

Dans la société socialiste, les contradictions fondamentales continuent à être celles entre les rapports de production et les forces productives, entre la superstructure et la base économique. [...]

Que les Cent Fleurs s'épanouissent, que de multiples écoles rivalisent ; coexistence de longue durée, contrôle mutuel. Comment ces slogans ont-ils été mis en avant ?

Ils ont été mis en avant suivant les conditions objectives en Chine, sur la base de la reconnaissance du fait que toutes sortes de contradictions continuent à exister dans la société socialiste, conformément au besoin pressant de notre pays de développer rapidement son économie et sa culture. L'orientation consistant à laisser s'épanouir les Cent Fleurs, et rivaliser de multiples écoles, est une orientation destinée à favoriser le développement des arts et les progrès de la science, et à encourager la floraison d'une culture socialiste dans notre pays. [...] Les problèmes du vrai et du faux dans le domaine de l'art et de la science doivent être résolus par une libre discussion dans les cercles artistiques et scientifiques, et par la pratique artistique et scientifique. Ils ne doivent pas être résolus de façon simpliste. Afin de distinguer ce qui est vrai de ce qui est faux, il faut souvent une période d'épreuve. Au cours de l'histoire, des choses nouvelles et justes n'ont souvent pas été reconnues au début par la majorité des gens, et n'ont pu se développer qu'à travers les vicissitudes de la lutte. [...] Dans la société socialiste, les conditions pour la croissance des choses nouvelles sont fondamentalement différentes de celles du passé, et bien meilleures. Néanmoins, des forces nouvelles et des idées raisonnables continuent à être souvent entravées. [...]

Le marxisme aussi s'est développé à travers la lutte. Au départ, le marxisme a été soumis à toutes sortes d'attaques, et considéré comme une mauvaise herbe vénéneuse. Dans le monde actuel, il continue à être attaqué et considéré comme une mauvaise herbe vénéneuse en beaucoup d'endroits. Dans les pays socialistes, la situation du marxisme est différente. Mais même dans les pays socialistes, il existe encore des idéologies non marxistes et antimarxistes. [...] En Chine les restes des classes des propriétaires fonciers et des *compradores*[4], qui ont déjà été renversées, existent toujours, la bourgeoisie existe toujours, et la petite bourgeoisie est justement en train d'être transformée. La lutte des classes n'est point terminée. [...] Le prolétariat veut transformer le monde selon sa propre conception du monde, la bourgeoisie veut le transformer selon la sienne. À cet égard, la question de savoir lequel des deux vaincra, le socialisme ou le capitalisme, n'est pas encore vraiment résolue. Les marxistes continuent à n'être qu'une minorité, tant parmi l'ensemble de la population que parmi les intellectuels. Par conséquent, le marxisme doit encore se développer à travers la lutte. [...] Ce qui est juste se développe toujours à travers un processus de lutte contre ce qui est faux. [...] Au moment où telle erreur est universellement

---

4 Mot venu du portugais et servant à désigner, dans les pays en développement, les bourgeois autochtones enrichis dans le commerce avec l'étranger. Pour la Chine, l'emploi s'est généralisé à partir du cas de Macao.

rejetée par l'humanité, et telle vérité universellement acceptée, une nouvelle vérité commencera la lutte contre une nouvelle erreur. Les luttes de ce genre ne sauraient jamais prendre fin. Ceci est la loi du développement de la vérité, et naturellement c'est également la loi du développement du marxisme.

[...] La lutte idéologique est différente des autres formes de lutte. On ne peut y avoir recours aux méthodes grossières de contrainte, mais uniquement aux méthodes raffinées d'appel à la raison. [...]

Certains demandent : puisque dans notre pays le marxisme est déjà accepté par la majorité comme idéologie dirigeante, est-ce qu'on peut encore le critiquer ? Bien sûr qu'on le peut. Le marxisme constitue une vérité scientifique, et ne craint point la critique. [...] Au contraire, les marxistes doivent se tremper, se développer, étendre leurs positions, au milieu de la critique et des luttes tempétueuses. La lutte contre les idées fausses est comme la vaccination : c'est seulement lorsque le vaccin a eu son effet que le corps de l'homme accroît sa résistance à la maladie. Les plantes élevées dans des serres peuvent difficilement avoir beaucoup de vitalité. La mise en œuvre de l'orientation « Que les Cent Fleurs s'épanouissent, que de multiples écoles rivalisent » ne saurait en aucune manière affaiblir la position dirigeante du marxisme dans le domaine idéologique, mais au contraire renforcera cette position.

Quelle doit être notre politique à l'égard des idées non marxistes ? Pour ce qui est des éléments manifestement contre-révolutionnaires, pour ce qui est des saboteurs de la cause du socialisme, le problème est vite résolu : nous les privons de la liberté de la parole, et c'est tout. Mais la situation est différente en ce qui concerne les idées erronées au sein du peuple. [...] Lorsqu'il s'agit de problèmes du monde de l'esprit, l'application de méthodes simplistes est non seulement inefficace, mais excessivement nuisible. On peut interdire l'expression des idées erronées, mais le résultat sera que les idées erronées continueront à subsister. D'autre part, si les conceptions justes sont élevées dans des serres, si elles ne sont pas exposées au vent et à la pluie, si elles n'ont pas acquis de la résistance aux maladies, lorsqu'elles rencontreront des conceptions fausses, elles ne seront pas capables de les vaincre. [...]

Du point de vue des larges masses populaires, quels sont les critères qui permettent aujourd'hui de distinguer les fleurs parfumées des mauvaises herbes vénéneuses ? [...]

Conformément aux principes de notre constitution, conformément à la volonté de l'immense majorité de notre peuple et au programme politique commun maintes fois proclamé par tous les partis de notre pays, nous estimons qu'en gros on peut établir les critères suivants :

1° ce qui sert l'unité du peuple de toutes les nationalités de notre pays, et ne les divise point ;

2 ° ce qui sert la transformation et la construction socialiste, et n'est pas nuisible à la transformation socialiste et à la construction socialiste ;

3 ° ce qui sert à consolider la dictature démocratique du peuple, et ne démolit ni n'affaiblit la dictature démocratique du peuple ;

4 ° ce qui sert à consolider le système de centralisme démocratique, et ne démolit ni n'affaiblit le système de centralisme démocratique ;

5 ° ce qui sert à consolider la direction du Parti communiste, et ne rejette ni n'affaiblit la direction du Parti communiste ;

6° ce qui sert l'unité socialiste internationale et l'unité internationale des peuples épris de paix, et n'est pas nuisible à cette unité.

De ces six critères, les plus importants sont la voie socialiste et la direction du parti. [...] Ce sont des critères politiques. Pour juger du caractère juste ou faux des théories scientifiques, ou du niveau artistique des œuvres d'art, il faut naturellement aussi des critères particuliers. Mais ces six critères politiques sont également applicables à n'importe quelle activité scientifique ou artistique. Dans un pays socialiste comme le nôtre, comment pourrait-il y avoir une activité scientifique ou artistique utile quelconque qui aille à l'encontre de ces critères politiques ? [...] En 1956, une minorité des ouvriers et des étudiants dans certains endroits a fait la grève. Si ces gens ont suscité des troubles, la cause immédiate en était que certaines de leurs exigences matérielles n'avaient pas été satisfaites ; or, parmi ces exigences, il yen avait qui devaient et pouvaient être satisfaites, tandis que d'autres étaient déplacées et excessives, et ne pouvaient être satisfaites pour l'instant. Mais une cause plus importante de ces troubles, c'était l'esprit bureaucratique des dirigeants. Parmi les erreurs relevant de cet esprit bureaucratique, il y en a dont la responsabilité incombe aux instances supérieures ; on ne peut s'en prendre uniquement aux échelons subalternes. Une autre cause des troubles était le caractère défectueux de l'éducation politique et idéologique qui avait été donnée aux ouvriers et aux étudiants. En 1956, les membres des coopératives ont également suscité des troubles dans une minorité de coopératives ; dans ce cas également, les causes principales étaient l'esprit bureaucratique de la direction, et le caractère défectueux de l'éducation donnée aux masses. [...]

Nous n'approuvons pas les troubles, car les contradictions au sein du peuple peuvent être résolues selon la formule « unité – critique – unité », tandis que les troubles causent des pertes et sont nuisibles au développement de la cause du socialisme. [...] Par rapport à cette question, nous devons faire attention aux points suivants : 1° Afin d'éliminer la racine même de l'apparition de troubles, il faut surmonter résolument l'esprit bureaucratique, renforcer comme il faut l'éducation politique et idéologique, et résoudre de façon appropriée toutes les contradictions. Il suffira d'agir ainsi et alors, de façon générale, il ne pourra pas y avoir de problème de troubles. 2 ° Si, du fait que nous avons mal fait notre travail, des troubles ont lieu, il faut mener les masses responsables de ces troubles sur le droit chemin, profiter des troubles en tant que moyen exceptionnel pour améliorer notre travail et éduquer les cadres et les masses, et résoudre les questions qui ne l'avaient pas été en temps normal. [...] À l'exception de ceux qui ont commis des délits d'ordre pénal et des éléments contre-révolutionnaires flagrants, qui doivent être traités conformément à la loi, il ne faut pas écarter à la légère les meneurs de troubles de leurs postes. Dans un grand pays comme le nôtre, si un petit nombre de gens suscitent des troubles, cela ne mérite pas qu'on s'inquiète outre mesure, mais peut au contraire nous aider à vaincre l'esprit bureaucratique.

Dans notre société, il y a également un petit nombre de gens oublieux de l'intérêt général, qui refusent d'entendre raison, commettent des crimes et violent la loi. Ils peuvent exploiter et déformer notre politique, mettre délibérément en avant des demandes déraisonnables afin d'exciter les masses, ou propager délibérément de faux bruits afin de créer des incidents et troubler l'ordre social. Nous n'approuvons nullement qu'on laisse faire des gens de cette sorte. Au contraire, il faut prendre contre eux les mesures juridiques qui s'imposent. Les larges masses de la société exigent que ces gens soient punis, et s'abstenir de les punir ce serait aller à l'encontre de la volonté populaire. [...]

57 – Général de Gaulle
Discours du Forum d'Alger

4 juin 1958

Juin 1940-juin 1958: dix-huit ans après l'appel qui forgea sa légende, le général de Gaulle apparaît de nouveau à la majorité des Français comme le sauveur, l'homme providentiel susceptible de redresser un pays usé par son instabilité politique et embourbé dans un conflit – la guerre d'Algérie – qui ne veut pas encore dire son nom. Bien des choses ont été écrites sur le 13 mai 1958 et ses conséquences mais deux interrogations restent polémiques: si l'on ne peut honnêtement parler de coup d'État, quels furent exactement les liens du Général avec ceux qui, à Alger, ont créé les conditions de son retour? Faut-il penser que de Gaulle a sciemment trompé les partisans de l'Algérie française en disant les comprendre puis en acceptant l'indépendance du pays?

L'Algérie, c'est la France!

Au milieu du XXe siècle, de nombreux éléments concourent à faire de l'Algérie un territoire spécifique aux yeux de Paris. Premièrement, la présence française y est très ancienne puisque la conquête commence en 1830. Deuxièmement, il s'agit d'une colonie de peuplement et les Européens y sont plus nombreux que dans n'importe quelle autre possession française: en 1954, on en compte un million sur une population totale de neuf millions et demi. Troisièmement, l'Algérie est considérée, dès le milieu du XIXe siècle, comme partie intégrante du territoire français et divisée en trois départements semblables aux départements métropolitains. Cependant, cette égalité théorique cache une profonde inégalité de fait: pauvres et peu scolarisés, les indigènes algériens dont le poids démographique va sans cesse croissant sont tenus à l'écart des postes à responsabilité et du pouvoir sous toutes ses formes. Le moindre projet tendant à accorder le droit de vote à l'élite algérienne est battu en brèche par les Français d'Algérie qui, quel que soit leur statut social, font bloc contre la majorité arabo-musulmane dans une logique de stricte ségrégation. En 1947, un nouveau statut de l'Algérie crée une assemblée élue à parité par deux collèges, l'un représentant les 10 % de Français et l'autre, les 90 % d'Arabes. Les premiers y voient une intolérable concession tandis que les seconds, l'œil rivé sur les débuts de la décolonisation, considèrent le progrès comme insuffisant. Quatrièmement, perdre l'Algérie reviendrait à ajouter un abandon de plus à la liste des désillusions françaises de l'après-guerre. Entre 1945 et 1956, la France doit, en effet, accepter, coup sur coup, l'indépendance de la Syrie et du Liban, du Vietnam, du Laos et du Cambodge puis du Maroc et de la Tunisie, avec les conséquences politiques et psychologiques que cela entraîne.

Le nationalisme algérien prend naissance à la fin des années vingt mais il ne se structure réellement qu'à la faveur de la Seconde Guerre. Le 8 mai 1945, alors que l'Europe fête la Victoire, des manifestations autorisées de nationalistes dégénèrent à Sétif et Guelma, dans le Constantinois : une centaine d'Européens sont massacrés et des fermes pillées. Paris réplique avec tous les moyens dont elle dispose, rasant des villages et arrêtant les dirigeants nationalistes. L'historiographie algérienne parle de plus de 40 000 morts tandis que les Français évoquent actuellement un nombre oscillant entre 8 000 et 20 000 victimes. Sur le plan officiel, le gouvernement de Gaulle reconnaît, à l'époque, 1 500 victimes avant de tourner rapidement la page, sans se soucier de la mise en garde formulée par le commandantde de la région militaire du Constantinois, qui prévoit lucidement une nouvelle explosion pour 1954-1955. De fait, à la Toussaint 1954, plusieurs régions algériennes se rebellent et on assiste, au Caire, à la création du Front de libération nationale (FLN), mouvement indépendantiste. Pendant plusieurs mois, les attentats et les assassinats entretiennent un climat de guérilla en Algérie sans que la métropole ne soit réellement consciente d'une insensible dérive vers la guerre coloniale. À gauche comme à droite, les dirigeants français réaffirment que *l'Algérie, c'est la France* et refusent toute négociation avec les *terroristes*. Tout en dépêchant des troupes de plus en plus nombreuses sur place, ils se contentent de parler d'opérations de *pacification*.

Sortir la IVe République de l'impasse

Comme sur tant d'autres plans, l'année 1956 représente un tournant pour la France et l'Algérie. Le 6 février, le nouveau président du Conseil, le socialiste Guy Mollet, est physiquement pris à partie par les Français d'Algérie qui sont bien plus souvent de petits boutiquiers attachés à leur terroir africain que de riches colons importés. Ceux-ci lui reprochent sa volonté de mener une politique plus modérée et réformatrice. Très marqué par cet épisode, Mollet se rallie, officiellement, à la fermeté mais, en secret, prend contact avec le FLN auquel se sont désormais ralliés les communistes et les nationalistes modérés. Toutefois, les liens sont rompus dès l'automne, avec l'arrestation des principaux chefs du FLN par arraisonnement d'un avion marocain[1] et avec la crise de Suez[2]. La spirale de la violence et de la répression est définitivement enclenchée. La France ne veut négocier qu'après un cessez-le-feu et le FLN, devenu le seul interlocuteur représentatif, fait de la négociation le préalable au cessez-le-feu. Au fil de l'année 1957, alors que le général Massu remporte la bataille d'Alger, délogeant violemment et méthodiquement

---

1 Ceux-ci se rendaient à une conférence maghrébine à Tunis et leur avion fut contraint par l'armée française de se poser en Algérie où ils furent cueillis. L'initiative de cette opération revenait à Alger et Guy Mollet n'en fut mis au courant qu'*a posteriori*, ce qui est révélateur du rapport de forces. L'opinion française fut sur le moment très satisfaite, sans voir que cet événement allait alourdir encore le climat et susciter la réprobation internationale, à commencer par celle du monde arabe.

2 Nasser était perçu comme le principal soutien des nationalistes algériens. Voir l'introduction aux discours n° 54 et 55.

les groupes nationalistes de la capitale, l'opinion française est de plus en plus divisée sur l'opportunité même de se battre pour l'Algérie et surtout sur l'emploi de la torture par l'armée française. Les nerfs sont d'autant plus à vif que, contrairement à celle d'Indochine, cette guerre est menée par le contingent. Dans le même temps, il semble que la IVe République soit à bout de souffle. Elle n'a jamais suscité l'enthousiasme mais son instabilité et son indécision chroniques apparaissent plus inadmissibles encore au vu de la gravité des événements et l'antiparlementarisme va croissant.

Alors que les gouvernements se succèdent et que chaque crise ministérielle semble plus difficile à résoudre, un nom circule avec une insistance grandissante, celui du général de Gaulle (1890-1970)[3]. Incarnation mythique de la France victorieuse en 1944, il a dirigé le gouvernement provisoire jusqu'en janvier 1946, choisissant alors de se retirer avec fracas pour dénoncer le retour de la politique partisane. Il pensait être rapidement rappelé mais il n'en fut rien et, en 1947, c'est en chef de mouvement qu'il revient sur le devant de la scène. Son Rassemblement du peuple français (RPF) entend fédérer tous ceux qui, déçus par la IVe République à peine née, veulent lui substituer un régime plus présidentiel, appuyé sur un exécutif fort. Les premiers résultats électoraux sont très encourageants pour de Gaulle mais, en 1952, une partie de ses députés choisit de quitter l'opposition volontaire, tactique du RPF, pour faire partie d'un gouvernement de coalition. L'année suivante, le général dissout le groupe parlementaire gaulliste et entame sa réelle traversée du désert. Il publie ses mémoires, reçoit plus ou moins discrètement certains hommes de pouvoir mais n'intervient plus dans le débat politique. L'impasse algérienne va sembler à ses partisans le bon moment pour susciter son rappel. Il leur paraît possible de faire coup double : abattre la IVe République et amener au pouvoir un homme d'action, un militaire, qui, ils en sont persuadés, défendra la cause de l'Algérie française. Un petit groupe de gaullistes souvent historiques – le sénateur Michel Debré, le ministre Jacques Chaban-Delmas, l'ancien gouverneur général de l'Algérie Jacques Soustelle, le député Pascal Arrighi – savent qu'Alger bouillonne, que les candidats au complot ou au putsch sont légion et qu'il est possible de canaliser toutes ces énergies en faveur d'un sauveur. C'est à cette fin que Chaban envoie à Alger l'un de ses proches, Léon Delbecque, chargé d'y monter une antenne.

Trois semaines qui ont bouleversé la France

À partir de février 1958, les événements se précipitent. La pression internationale s'accentue sur la France qui ne pourra plus empêcher longtemps l'ONU de se saisir du dossier algérien en arguant que l'Algérie est une affaire intérieure française. Le bombardement du village tunisien de Sakhiet Sidi Youssef par l'aviation française, sous prétexte d'y anéantir les auteurs de raids en Algérie toute proche, suscite une vive émotion et Paris doit accepter les bons offices de Londres et Washington pour régler l'affaire avec Tunis. Cette intervention anglo-saxonne suscite une vive réaction du ministre résidant français en Algérie, Robert Lacoste, qui évoque un futur *Diên Biên Phu* diplomatique, en référence à la perte de l'Indochine française. Le 15 avril, le gouvernement Gaillard tombe. Les partisans de l'Algérie française échouent à former un nouveau cabinet, tandis qu'à

---

[3] Pour des éléments biographiques, voir l'introduction au discours n° 27.

Alger, les Français s'impatientent et font pression en descendant dans la rue. Le 9 mai, l'annonce d'un futur gouvernement Pflimlin coïncide avec celle de l'assassinat de trois soldats français prisonniers du FLN. C'est désormais au sein de l'armée que la révolte gronde, d'autant que le président du Conseil désigné apparaît comme un partisan de la négociation. Les appels à de Gaulle se multiplient mais le Général ne bouge pas, bien qu'il sache parfaitement qu'à Alger, ses partisans sont prêts à agir le 13 mai, jour de l'investiture du cabinet par l'Assemblée nationale. Leur but est d'imposer, sous la menace de la force s'il le faut, le retour au pouvoir de l'homme du 18 juin mais aussi de couper l'herbe sous le pied aux extrémistes, résolus, eux, à un putsch militaire.

Le 13 mai en fin d'après-midi, ce sont les extrémistes qui entraînent la foule algéroise à envahir l'immeuble du gouvernement général mais ce sont des officiers ralliés à de Gaulle, à commencer par le général Massu, qui prennent la tête du Comité de salut public (CSP). À Paris, la République se proclame en danger et investit Pflimlin. Ensuite, tout s'accélère : le général Salan, commandant en chef en Algérie, se rallie au CSP et appelle de Gaulle avant de partir pour la Corse d'où il projette, avec Arrighi, de lancer l'opération *Résurrection*, une intervention militaire en métropole. Celle-ci sera inutile. Désireux depuis longtemps de revenir au pouvoir mais également soucieux que ce retour se fasse dans la stricte légalité, le général de Gaulle s'est déclaré prêt à prendre ses responsabilités dès le 19. Dix jours plus tard, il est désigné comme chef de gouvernement par le président Coty, alors qu'une bonne partie de la gauche française crie au coup d'État. Le 1er juin, son gouvernement d'union nationale, de la droite aux socialistes tendance Mollet, est largement investi. De Gaulle reçoit les pouvoirs spéciaux en Algérie, les pleins pouvoirs pour six mois et le droit d'élaborer une nouvelle Constitution. La IVe République est morte, même si nombre de ses leaders restent au pouvoir sous le nouveau régime.

Mais la priorité, c'est évidemment l'Algérie, où de Gaulle entend se présenter comme le grand réconciliateur en jouant sur une double popularité, celle qu'il possède parmi les Français d'Algérie pour lesquels il fait figure d'allié et de soutien, et celle qu'il possède au sein d'une partie des masses arabes nationalistes déçues par le personnel politique de la IVe République. Le 4 juin, le débat parlementaire à peine achevé, il s'envole pour Alger où il est reçu en héros dans une débauche de drapeaux tricolores. Le jour a été déclaré férié et la foule est nombreuse tout au long du parcours qui va de l'aéroport au centre-ville via le monument aux morts. Après avoir rencontré les autorités locales et le CSP, le Général s'adresse à l'assistance en fin d'après-midi, sur le Forum, pour un discours qui restera l'une de ses plus célèbres harangues. L'auditoire, chauffé à blanc par Salan et Soustelle sur le thème de l'ère nouvelle est composé de Français mais aussi d'Arabes comme si, en l'espace d'un jour, la fraternisation était devenue possible. Avec une habileté consommée, de Gaulle prononce un discours que tous peuvent applaudir car il peut être interprété de manières diverses voire contradictoires. Sans que l'on sache s'il y croit réellement ou s'il est déjà converti à l'autonomie algérienne, il proclame la nécessité de l'assimilation ou intégration, c'est-à-dire de l'égalité sociale, civique et politique de tous les Algériens qui désormais éliraient leurs représentants par le biais d'un collège unique, celui-là même que le RPF a repoussé en 1947 et que l'Assemblée nationale a refusé dans la loi-cadre de 1957. En pratique, cela revient à voir une centaine de députés musulmans entrer à l'Assemblée nationale. Par ailleurs, de Gaulle s'adresse aux *fellaghas* sur un ton nouveau: leur combat est certes présenté comme *cruel et fratricide* mais également comme *courageux* et il leur accorde une place dans le processus de réconciliation. Au total, il réussit la prouesse de se faire applaudir par les Français et les Arabes. Lorsqu'il prononce son célèbre *Je vous ai compris !*, chaque communauté peut penser qu'il s'adresse à elle. Néanmoins, les premiers doutes s'insinuent car il ne prononce l'expression « Algérie française » qu'une seule fois en trois jours. Pour les artisans de son triomphe, c'est déjà la douche froide.

Pragmatisme ou trahison ?

Les mois qui suivent sont ceux de la mise en place du nouveau régime, la Ve République. Le 28 septembre 1958, sa Constitution est approuvée à 79 % par référendum et, le 21 décembre, le Général devient président. En ce qui concerne l'Algérie, il s'emploie, tout d'abord, à faire des propositions qui répondent à ses promesses d'intégration. En octobre 1958, à Constantine, il annonce le lancement d'un vaste programme de rénovation économique comprenant la construction de logements, la création d'emplois ou encore l'amélioration du taux de scolarisation, sans pour autant apporter de précisions sur la manière dont la France financera ce gigantesque effort. Il propose également une « paix des braves » au FLN, qui vient de créer le gouvernement provisoire de la République algérienne (GPRA), mais celle-ci est rejetée. L'année 1959 est celle du tournant. De Gaulle sait que les Français sont désormais 70 % à vouloir l'ouverture de négociations avec le FLN et, renonçant à une intégration coûteuse et refusée par la majorité des Algériens, il réfléchit à la manière d'associer une Algérie autonome à la Communauté française, nouveau nom de ce qui subsiste de l'« Empire » français. En outre, il est conscient qu'il lui faut faire une proposition forte pour éviter que l'ONU ne se saisisse de la question algérienne. Le 16 septembre 1959, il propose donc l'autodétermination de l'Algérie une fois la paix revenue et le choix pour elle, par référendum, entre l'indépendance appelée péjorativement *sécession*, la *francisation* ou intégration et enfin l'*autonomie dans l'association avec la France*, formule qui a sa préférence. En 1960, il franchira un pas supplémentaire en parlant de *République algérienne*. Mais pour les nationalistes algériens, ces propositions arrivent trop tard et le FLN reste arc-bouté sur son exigence d'indépendance, d'autant que toute l'Afrique noire française y accède.

De mai 1961 à mars 1962, des négociations douloureuses et difficiles se succèdent entre Français et nationalistes algériens pour aboutir, le 18 mars 1962, aux accords d'Évian, qui mettent un terme à huit ans de guerre. Approuvés en métropole en avril et en Algérie en juillet, ils reconnaissent l'indépendance de l'Algérie qui obtient en outre la souveraineté sur le Sahara et ses richesses, et assurent théoriquement aux Européens un statut particulier dans ce pays qui fut si longtemps le leur. Sur ce dernier plan, la désillusion est vite cruelle: menacés de représailles par les musulmans et pris en otage par la politique de terre brûlée qu'applique une minorité d'extrémistes français, plusieurs centaines de milliers de pieds-noirs, Européens d'Algérie, débarquent en toute improvisation en Espagne, en Israël mais surtout en France. Ils y sont très mal accueillis et leurs descendants gardent, aujourd'hui encore, une profonde amertume qu'ils partagent avec d'autres rejetés, les harkis, Algériens arabes restés au service de la France et considérés comme traîtres par leur communauté.

Chez les partisans de l'Algérie française et dans une partie de l'armée, l'issue de la guerre est ressentie comme une humiliation mais surtout comme une trahison dans le chef de ce Général qu'ils ont porté au pouvoir. Dès l'automne 1959, la colère gronde. De la part des civils, elle se matérialise à Alger, du 24 janvier au 2 février 1960, par la « semaine des barricades » et, de la part des militaires, par le putsch manqué des généraux Jouhaud, Salan, Zeller et Challe en avril 1961. À partir de ce moment, têtes brûlées et jusqu'auboutistes se rassemblent au sein de l'Organisation armée secrète (OAS) qui tente de saboter les négociations d'indépendance puis l'indépendance elle-même et la cohabitation pacifique des communautés par des actions de propagande mais surtout des attentats meurtriers, tant en Algérie qu'en métropole. À plusieurs reprises, l'OAS tentera même d'assassiner le principal objet de sa haine, de Gaulle, mais elle échouera tant à Pont-sur-Seine en septembre 1961 qu'au Petit-Clamart en août 1962. Cet acharnement aboutira à l'effet inverse de celui escompté : en octobre 1962, de Gaulle réussit à faire approuver par les Français l'élection de leur président au suffrage universel, renforçant ainsi son pouvoir personnel.

Discours du Forum d'Alger

Je vous ai compris !

Je sais ce qui s'est passé ici. Je vois ce que vous avez voulu faire. Je vois que la route que vous avez ouverte en Algérie, c'est celle de la rénovation et de la fraternité.

Je dis la rénovation à tous égards. Mais très justement vous avez voulu que celle-ci commence par le commencement, c'est-à-dire par nos institutions, et c'est pourquoi me voilà. Et je dis la fraternité parce que vous offrez ce spectacle magnifique d'hommes qui, d'un bout à l'autre, quelles que soient leurs communautés, communient dans la même ardeur et se tiennent par la main.

Eh bien ! de tout cela, je prends acte au nom de la France et je déclare, qu'à partir d'aujourd'hui, la France considère que, dans toute l'Algérie, il n'y a qu'une seule catégorie d'habitants : il n'y a que des Français à part entière, des Français à part entière, avec les mêmes droits et les mêmes devoirs.

Cela signifie qu'il faut ouvrir des voies qui, jusqu'à présent, étaient fermées devant beaucoup.

Cela signifie qu'il faut donner les moyens de vivre à ceux qui ne les avaient pas.

Cela signifie qu'il faut reconnaître la dignité de ceux à qui on la contestait.

Cela veut dire qu'il faut assurer une patrie à ceux qui pouvaient douter d'en avoir une.

L'armée, l'armée française, cohérente, ardente, disciplinée, sous les ordres de ses chefs, l'armée éprouvée en tant de circonstances et qui n'en a pas moins accompli ici une œuvre magnifique de compréhension et de pacification, l'armée française a été sur cette terre le ferment, le témoin, et elle est le garant, du mouvement qui s'y est développé. Elle a su endiguer le torrent pour en capter l'énergie, Je lui rends hommage. Je lui exprime ma confiance. Je compte sur elle pour aujourd'hui et pour demain.

Français à part entière, dans un seul et même collège ! Nous allons le montrer, pas plus tard que dans trois mois, dans l'occasion solennelle où tous les Français, y compris les 10 millions de Français d'Algérie, auront à décider de leur propre destin.

Pour ces 10 millions de Français, leurs suffrages compteront autant que les suffrages de tous les autres.

Ils auront à désigner, à élire, je le répète, en un seul collège leurs représentants pour les pouvoirs publics, comme le feront tous les autres Français.

Avec ces représentants élus, nous verrons comment faire le reste.

Ah ! Puissent-ils participer en masse à cette immense démonstration tous ceux de vos villes, de vos douars, de vos plaines, de vos djebels ! Puissent-ils même y participer ceux qui, par désespoir, ont cru devoir mener sur ce sol un combat dont je reconnais, moi, qu'il est courageux… car le courage ne manque pas sur la terre d'Algérie, qu'il est courageux mais qu'il n'en est pas moins cruel et fratricide !

Oui, moi, de Gaulle, à ceux-là, j'ouvre les portes de la réconciliation.

Jamais plus qu'ici et jamais plus que ce soir, je n'ai compris combien c'est beau, combien c'est grand, combien c'est généreux, la France !

Vive la République !

Vive la France !

58 – Baudouin Ier
L'indépendance du Congo
&
59 – Patrice Lumumba
Adresse au peuple congolais

Ces deux discours, l'un prévu et l'autre impromptu, ont profondément marqué la conscience collective, tant en Belgique qu'au Congo. Reflets d'une époque mais aussi de la personnalité et de l'histoire propre des deux orateurs, ils ont eu un impact certain sur les relations à construire entre la Belgique et son ancienne colonie. Quarante-huit ans après les faits, la blessure ne s'est pas encore refermée. Affrontement de deux logiques et de deux visions antagonistes, les discours du 30 juin 1960 témoignent d'une décolonisation rapide et improvisée, entre impatience des Congolais et conversion tardive des Belges à l'indépendance de leur colonie.

Un bijou royal devenu fierté nationale

Souverain dynamique et ambitieux, Léopold II n'entend pas être à la traîne en cette seconde moitié du XIXe siècle où l'Afrique s'explore et se conquiert au bénéfice des grandes puissances européennes. En son nom propre et sur ses fonds personnels, il finance les voyages du journaliste et aventurier Stanley. Quatre cents traités signés par celui-ci avec des chefs indigènes assurent au Roi la possession d'un vaste territoire au centre de l'Afrique. En 1885, la conférence de Berlin reconnaît Léopold II comme souverain, à titre personnel, de l'État indépendant du Congo. Ledit territoire est progressivement pacifié et ses richesses exploitées à la faveur du propriétaire, tandis que l'esclavagisme arabe y est éliminé et que de premiers efforts sont faits sur le plan sanitaire. Le Roi investit et gagne en retour des sommes importantes. Dès 1886, pour certains investissements, il fait toutefois appel au Parlement. Très vite, la colonisation du Congo suscite, notamment en Grande-Bretagne, de vives protestations quant au sort réservé aux populations locales, privées de tout droit et astreintes à de pénibles corvées. Léopold II est accusé d'avoir établi une nouvelle forme d'esclavage, quand il ne lui est pas reproché d'avoir organisé la torture sur une vaste échelle, comme le laisse entendre la polémique sur les « mains coupées ». Depuis lors, plusieurs ouvrages et films ont perpétué cette image uniformément noire de l'action royale, au point de l'assimiler, non sans arrière-pensées politiques, à un génocide. Plusieurs historiens ont démonté la part de propagande et d'exagération qui entoure cette thèse mais ont également décrit sans détours le système d'exploitation mis en place au Congo et les avantages importants qu'il a procurés au Roi des Belges et à la Belgique[1].

En 1908, peu avant son décès, Léopold II cède le Congo à la Belgique. Celle-ci va poursuivre l'entreprise et en assumer les charges aussi bien que les bénéfices. Avec le caoutchouc, ce sont les minerais, à commencer par le cuivre et les diamants, qui représentent les principales richesses, avant que l'uranium ne devienne une matière stratégique. De puissantes entreprises voient le jour, comme l'Union minière du Haut-Katanga. Dans le même temps, la Belgique se sent investie d'une mission civilisatrice à l'égard des populations congolaises. L'enseignement, essentiellement le niveau primaire, est développé par des missionnaires et de nombreux dispensaires sont construits pour lutter contre les maladies tropicales et faire diminuer la mortalité infantile. Un coup d'accélérateur est donné à partir de la Seconde Guerre. Dans le contexte de la guerre froide, le Congo connaît un essor économique important qui profite aussi à certains Congolais, dits « évolués ». C'est à ce moment que naissent deux universités, l'une catholique et l'autre officielle. Au milieu des années cinquante, le pays semble une oasis de calme et de prospérité et la Belgique ne manque pas de vanter cette réussite sur la scène internationale, d'autant que la France et la Grande-Bretagne ont subi et subissent encore de sanglantes difficultés dans leurs territoires d'outre-mer.

Deux hommes face à la décolonisation

C'est donc avec fierté que le roi Baudouin réalise, du 15 mai au 12 juin 1955, un voyage à travers la colonie. Il y est accueilli avec un respect mêlé d'affection, tant par les colons que par les Congolais, et ce périple est abondamment commenté et filmé à destination de la métropole. Les Africains surnomment désormais le Roi *Bwana Kitoko* ou « charmant seigneur ». Pour Baudouin, ce voyage demeurera capital car il lui permet d'apparaître enfin sous les traits d'un souverain épanoui. Fils du roi Léopold III et de la reine Astrid, Baudouin (1930-1993) a traversé, en un quart de siècle, de nombreuses épreuves. À cinq ans, il perd sa mère ; à dix, il voit son père devenir prisonnier de l'occupant ; à quatorze, il est déporté par les nazis puis demeure six ans en exil avec sa famille. En juillet 1950, alors que la question royale se résout dans la douleur, il reprend contact avec son pays. En quelques jours, à l'âge de vingt ans, il va passer, dans l'amertume, du statut de prince à celui de prince royal. Son père s'est effacé pour lui et il doit bien accepter, dans des circonstances qui lui pèsent, d'assumer une tâche à laquelle il n'est pas encore réellement préparé. Le 17 juillet 1951, il devient Roi. Les premières années de règne sont émaillées de mouvements d'humeur de sa part et d'articles de presse peu flatteurs. Baudouin apparaît gauche, triste, solitaire voire grinçant lorsqu'il lui faut traiter avec certains hommes politiques qu'il juge responsables de l'abdication de son *auguste père*. Il est par ailleurs établi que ce dernier continue à exercer sur lui une forte influence, d'autant que les deux hommes habitent le même palais. Tout concourt donc à ce que le voyage au Congo soit pour Baudouin une bouffée d'oxygène, un moment d'évasion et une occasion de s'affirmer. Aux habitants de la colonie,

---

[1] Sur toutes ces questions, voir les mises au point de Michel Dumoulin, *Léopold II, un roi génocidaire ?*, Bruxelles, Académie royale de Belgique, 2005.

auxquels il s'adresse en français, néerlandais et lingala, il affirme que le Congo et la Belgique ne constituent, à ses yeux, qu'une seule nation et il recommande aux Africains d'avoir confiance en leur métropole.

Mais 1955 est l'année de la conférence de Bandoeng[2] et du constat de plus en plus généralisé selon lequel la décolonisation est un mouvement inéluctable. Si beaucoup de Belges veulent croire, non sans naïveté, que le Congo échappera à la vague, certaines voix commencent à plaider pour une planification progressive de la décolonisation, de manière à préparer une élite locale et à maintenir, par la suite, des liens de coopération avec la Belgique. Jef Van Bilsen, professeur à l'institut des Territoires d'outre-mer d'Anvers, publie ainsi un *Plan de trente ans*, qui suscite des réactions très négatives en Belgique et chez les Belges du Congo. En 1956, deux documents font date : le *Manifeste de conscience africaine*, rédigé par des Congolais qui approuvent les conclusions de Van Bilsen, et le *Manifeste de l'ABAKO*, association de l'ethnie Bakongo, qui, lui, plaide pour l'autonomie immédiate. On assiste là à l'éveil d'une conscience politique congolaise active, dans un pays où, cependant, l'élite est très restreinte. En effet, la Belgique n'a jamais réellement agi comme si sa présence au Congo devait avoir un terme et n'a pas cherché à former les futurs cadres congolais. La proportion d'analphabètes avoisine encore les 70 % et, en 1960, seuls cent cinquante Congolais sont universitaires. Les « évolués » se concentrent dans les villes qui connaissent alors un développement exponentiel et où le chômage progresse dangereusement. Ils reçoivent prudemment l'*immatriculation* qui, sur papier, les assimile aux Blancs mais constituent en fait une classe à part, méprisante pour la masse des indigènes et encore méprisée par les colons. La Belgique tente le plus longtemps possible de les préserver de toute politisation mais, en 1957, elle doit lâcher du lest : des élections municipales se tiennent dans trois grandes villes et se soldent, à Léopoldville (Kinshasa), par la victoire de l'ABAKO. Les revendications nationalistes se font alors plus pressantes, d'autant qu'en août 1958, le général de Gaulle ouvre la voie à une possible indépendance des possessions françaises d'Afrique noire et qu'en décembre, une importante conférence panafricaine se tient à Accra sur le thème de la décolonisation.

Assiste à cette conférence un Congolais appelé à jouer bientôt un rôle majeur, Patrice Emery Lumumba (1925-1961), président du Mouvement national congolais (MNC), mouvement qui se veut pluraliste et pluriethnique. Né au nord du Kasaï en milieu rural, Elias Okit'Asombo, devenu Patrice Lumumba au début des années quarante, reçoit l'enseignement des missionnaires catholiques mais aussi, malgré l'opposition de sa famille, celui de pasteurs méthodistes. Toutefois, son manque d'assiduité lui vaudra divers renvois et le privera de tout diplôme. Durant la Seconde Guerre, il quitte son village et, en juillet 1944, arrive à Stanleyville (Kisangani) où il travaille comme postier tout en reprenant ses études primaires. Il gravit rapidement les échelons dans sa vie professionnelle et, parallèlement, se montre actif dans la presse et le milieu associatif, même si son caractère excessif lui vaut certaines déconvenues. Son ambition sociale est forte tout comme son refus de l'ordre colonial inégalitaire. Immatriculé en 1954, il devient un proche du ministre belge des Colonies, le libéral Auguste Buisseret, qui lui offre l'opportunité de rencontrer à deux reprises le roi Baudouin. En 1956,

2 Voir l'introduction au discours n° 52.

il fait partie de la délégation congolaise invitée à un voyage d'études en métropole mais, à son retour, est emprisonné pour détournement de fonds. Relâché à l'été 1957, il devient directeur commercial d'une grande brasserie de Léopoldville. L'année suivante, il profite de l'Exposition universelle de Bruxelles pour séjourner plusieurs semaines en Belgique et y tisser de nouveaux liens dans les milieux politiques et syndicaux. À son retour au Congo, il prend la tête du MNC dont il veut faire un instrument de lutte contre le *colonialisme impérialiste* afin d'obtenir *dans un délai raisonnable et par voie de négociations pacifiques, l'indépendance du pays*[3]. Après la conférence d'Accra, où certains discours violemment nationalistes l'ont marqué, il se radicalise davantage.

Dipenda ! Indépendance !

Peu avant cette conférence, en octobre et novembre 1958, un groupe de travail initié par le gouvernement belge a interrogé, au Congo, 462 personnes – dont 250 Européens – sur l'avenir du pays. Son rapport, remis la veille de Noël, plaide pour un État autonome mais sans échéancier précis. Les événements de Léopoldville vont néanmoins contraindre Bruxelles à en établir un. Le 4 janvier 1959, une émeute inattendue et violente éclate dans la principale ville congolaise, au cri de *Dipenda* (*Indépendance*). Partie des quartiers les plus fortement touchés par le chômage, elle s'en prend à tout ce qui symbolise la présence belge et européenne. Des heurts violents ont lieu avec les forces de l'ordre qui répriment la foule sans ménagement, faisant entre deux et trois cents victimes et emprisonnant les chefs de l'ABAKO, considérés à tort comme les meneurs. Pour la Belgique, le choc est profond. Le gouvernement qui avait prévu d'annoncer mi-janvier des réformes politiques échelonnées se divise sur l'emploi du terme « indépendance » comme objectif lointain. Les plus conservateurs ne veulent pas paraître céder aux émeutiers. Mais le roi Baudouin, avec le soutien du Premier ministre et du ministre en charge du Congo, leur force la main. Il enregistre un message qui est diffusé en Belgique et au Congo avant la réunion des Chambres, message dans lequel il dit vouloir *conduire, sans atermoiements funestes, mais sans précipitation inconsidérée, les populations congolaises à l'indépendance dans la prospérité et la paix*[4]. Désormais, le but est clair. Reste à fixer le calendrier.

Alors que les autorités belges auraient souhaité des avancées progressives en termes de transfert du pouvoir aux Congolais, depuis la base (la commune) vers le sommet (l'État central), les groupes nationalistes congolais qui se multiplient jouent la carte de la surenchère et veulent accéder le plus rapidement possible à l'indépendance totale. De plus, des tensions se font jour entre le MNC de Lumumba qui défend un Congo unitaire, seule hypothèse officiellement admise par Bruxelles, et d'autres mouvements, tels l'ABAKO de Kasa-Vubu ou la Conakat du katangais Tshombe, qui plaident pour un État fédéral auquel se rallient, courant 1959, les autorités administratives belges du Congo et, officieusement, le Premier ministre. En décembre, les élections locales sont

3 Cité dans Jean-Claude Willame, *Patrice Lumumba. La crise congolaise revisitée*, Paris, Karthala, 1990, p. 41.

4 Cité dans Stéphane de Lobkowicz, *Baudouin. Biographie*, Braine-l'Alleud, Collet, 1994, p. 165.

boycottées par les principaux partis nationalistes. Bref, en moins d'un an, la situation a évolué de telle manière qu'il faut nécessairement ouvrir de larges négociations pour éviter une explosion. Du 20 janvier au 20 février 1960, une conférence de la Table ronde se tient à Bruxelles. Contre toute attente, la plupart des partis congolais s'y présentent en front commun malgré leurs profondes divergences, afin de faire pression sur les Belges et les Congolais modérés. Ils obtiennent que la Table ronde ne soit pas consultative mais impérative puis font prévaloir leur priorité – fixer une date pour l'indépendance – sur celle des Belges – définir des structures politiques stables. L'avènement d'un État congolais indépendant est fixé au 30 juin 1960. Quatre mois cruciaux séparent la fin de la conférence de ce jour symbolique, quatre mois qui vont voir se mettre en place les futures institutions congolaises mais aussi se développer les germes d'une crise profonde.

En Belgique, l'opinion est souvent amère et reproche au gouvernement d'avoir trop cédé et trop vite. Pourtant – et c'est notamment le but d'une seconde table ronde, économique celle-là, tenue du 26 avril au 16 mai – Bruxelles a posé toute une série de garde-fous théoriquement solides : des Belges conserveront dans un premier temps la haute main sur l'administration, la magistrature et la force publique, les intérêts économiques et financiers belges seront préservés et l'armée belge pourra se maintenir sur les bases militaires de Kitona et Kamina. Aux yeux des nationalistes les plus radicaux, dont Patrice Lumumba, l'indépendance congolaise apparaît dès lors comme bridée. Arrêté après des troubles à Stanleyville à l'automne 1959, Lumumba a été condamné à six mois de servitude pénale le 21 janvier 1960. Cependant, au grand dam de la justice coloniale, il a bénéficié d'une libération conditionnelle dès le 25 pour venir participer à la Table ronde. En mai 1960, c'est son parti, le MNC, qui sort grand vainqueur des premières élections congolaises. Toutefois, même avec ses alliés, il ne semble pas disposer d'une majorité suffisante pour gouverner. Autoritaire et exalté, Lumumba est aussi extrêmement méfiant à l'égard de ses adversaires congolais mais également des Belges, qu'il s'agisse du Roi, de ses ministres ou des fonctionnaires et chefs d'entreprises présents au Congo. Il est persuadé qu'il existe un vaste complot colonial pour le tenir écarté du pouvoir et confier celui-ci à des hommes qui resteraient soumis aux intérêts de leur clan et de l'ex-métropole. Les troubles et les tendances sécessionnistes qui se manifestent dans plusieurs régions – le Kasaï, le Kivu et surtout le riche Katanga (Shaba) – le confortent dans cette idée et il est clair que certains milieux privés belges favorisent les forces centrifuges. Selon la Table ronde, c'est au Roi des Belges qu'il revient de nommer le Premier ministre congolais. Après moult hésitations et péripéties et même s'il redoute son extrémisme unitariste et son philocommunisme supposé, Baudouin se rallie au verdict des urnes et désigne Lumumba. En contrepartie, les fédéralistes voient Kasa-Vubu, de l'ABAKO, devenir président de la République. Le 29 juin, un traité général d'amitié, d'assistance et de coopération est signé entre la Belgique et le Congo. Le lendemain, une grande cérémonie est prévue à Léopoldville, en présence du roi Baudouin, pour proclamer l'indépendance.

Une cérémonie gâchée

Le roi Baudouin a longuement hésité avant d'accepter l'invitation congolaise mais, le 27 juin, il a fait savoir à Lumumba et Kasa-Vubu qu'il arriverait à Léopoldville le 29 et qu'il prononcerait une allocution le lendemain. La journée du 30, journée de liesse populaire, s'ouvre par un *Te Deum*, suivi de la cérémonie officielle, à partir de 11 heures, au palais de la Nation. Huit ministres belges sont présents, ainsi qu'un nombre important de journalistes. Baudouin est le premier à s'exprimer. Son discours est avant tout un hommage rendu à la Belgique et à l'œuvre coloniale qu'elle a accomplie depuis l'impulsion donnée par Léopold II. L'indépendance y est présentée comme un cadeau de la Belgique qui, précise le Roi, reste disposée à aider le Congo en tous domaines. Dans un second temps, l'orateur donne au nouvel État une série de conseils très paternalistes qui, là encore, laissent à penser que la Belgique a mené sur place une politique irréprochable. Pourtant le texte de ce discours a été atténué, à Bruxelles, par les corrections du Premier ministre catholique Eyskens : la première version, dont on ignore si l'auteur était le Roi ou l'un de ses conseillers, présentait Léopold II comme le *libérateur* du Congo. Dans la version finale, ce mot est remplacé par *civilisateur*. Le second et dernier discours prévu est celui du président Kasa-Vubu, non reproduit ici et qui sera, par la suite, complètement occulté dans la mémoire du 30 juin 1960. Le chef de l'État congolais y rend hommage à la *sagesse* de la Belgique qui a su accorder à sa colonie une indépendance directe. Il fixe également les priorités pour l'avenir et souligne qu'il entend conserver l'héritage positif de la colonisation, à savoir la langue, la législation et la culture, soit tout ce qui permet de rassembler en une seule nation les différentes populations congolaises.

À l'issue de cette intervention et de manière tout à fait inattendue, le président de la Chambre cède la parole au Premier ministre Lumumba. Son discours, reproduit ci-dessous, n'a été préalablement soumis ni à Kasa-Vubu ni au roi Baudouin alors que chacun des deux discours précédents avait été approuvé par l'autre orateur. Le texte, peut-être rédigé avec l'aide de conseillers belges anticolonialistes, est officiellement parvenu au palais de la Nation en cours de séance mais Lumumba a continué à le modifier jusqu'au moment de monter à la tribune. L'allocution qu'il prononce et qui est fréquemment interrompue par des applaudissements nourris, commence par un violent réquisitoire contre l'action coloniale de la Belgique. Celle-ci est accusée, en des termes très durs, d'avoir exploité sans aucune contrepartie les richesses et la population du Congo et d'avoir établi sur place un régime d'oppression féroce. Par ailleurs, l'indépendance est présentée comme un acquis difficilement arraché aux Belges au bout d'une lutte longue et ardue. La seconde partie du discours annonce des réformes sociales importantes et appelle à éviter toute violence, qu'elle soit tribale ou dirigée contre les étrangers. Elle plaide également pour une réelle coopération belgo-congolaise. Cependant, ce deuxième volet du diptyque ne peut faire oublier le premier et c'est la charge anticolonialiste que l'auditoire retient. Le roi Baudouin et ses ministres, qui ont écouté Lumumba sans pouvoir réagir, menacent de quitter immédiatement le Congo si le Premier ministre ne fait pas un geste dans leur direction. Après diverses discussions et consultations, Patrice Lumumba portera, durant le déjeuner, un toast en hommage *au Roi des Belges et au noble peuple qu'il représente pour l'action accomplie ici en trois quarts de siècle*. L'honneur est sauf mais aux yeux des dirigeants belges comme d'une bonne partie de l'opinion publique, Lumumba apparaît désormais comme un exalté indigne de confiance.

Depuis 1960, de nombreux témoins et historiens se sont interrogés sur les raisons de ce discours et ont épinglé plusieurs facteurs explicatifs. Ils ont d'abord évoqué la personnalité de Patrice Lumumba, jugé instable, tourmenté et susceptible de naviguer d'un extrême à l'autre, d'où une alternance d'allocutions mesurées et incendiaires. Ils ont ensuite souligné sa volonté de s'affirmer comme le leader du Congo face aux fédéralistes de toutes origines et face à Kasa-Vubu qui, dès le 27 juin, a prononcé un discours-programme sans le lui soumettre au préalable, en violation des règles à peine établies. Ils ont encore pointé le refus de la Belgique et de Kasa-Vubu d'amnistier un certain nombre de détenus congolais, dont des détenus politiques, mesure qui aurait pu contribuer à asseoir la popularité du gouvernement. Ils ont enfin évoqué une réaction épidermique aux autres discours dont Lumumba aurait pris connaissance la veille. Psychologiquement choqué par l'empreinte pesante de la mythologie du « bon colon », tant dans l'adresse du Roi que dans la réponse du président congolais, il aurait voulu réagir, selon le même mode idéologique, en s'appropriant une autre mythologie, celle de l'anticolonialisme et de la résistance à l'oppresseur.

Chronique d'une mort annoncée ?

Si l'on excepte cet épisode du troisième discours, la journée du 30 juin 1960, jugée à haut risque, se déroule sans accroc majeur. Toutefois, l'optimisme sera de courte durée. Le 2 juillet, de graves émeutes éclatent à Léopoldville. Dès le 4, les troupes de la Force publique se mutinent contre leurs officiers belges pour protester contre le refus annoncé d'africaniser les cadres. Un peu partout dans le pays, la situation se détériore, les affrontements s'aggravent et les Blancs sont bientôt pris pour cible. Les assassinats et les viols se multiplient et les autorités congolaises ne parviennent pas à rétablir l'ordre. La panique s'empare des anciens colons qui, dans la précipitation, tentent de quitter le pays. Le 10 juillet, officiellement pour protéger et évacuer ses ressortissants, la Belgique lance une opération armée qui prendra fin en août après plusieurs résolutions de l'ONU. En réponse, le 14 juillet, Kasa-Vubu et Lumumba rompent les relations diplomatiques avec Bruxelles. Le même jour, le Premier ministre congolais en appelle à l'ONU et parallèlement se tourne vers l'URSS qui, dit-il, pourrait être appelée à intervenir si le camp occidental ne met pas fin à l'*agression* dont le Congo est victime. Ce mot d'agression fait référence à la situation katangaise. En effet, alors que le pays sombre dans la violence, les tendances séparatistes s'accroissent dans diverses régions, soutenues par les milieux belges qui espèrent conserver, dans un Congo balkanisé, leur poids politique mais surtout économique. Le cas le plus symbolique est celui du Katanga, siège de la très puissante Union minière. Le 11 juillet 1960, Moïse Tshombe en proclame l'indépendance et, à Bruxelles, le gouverneur de la Société Générale demande au roi Baudouin de le reconnaître. La Belgique, dont le gouvernement est divisé sur la question, ne franchira pas officiellement le pas, car elle aurait trahi les engagements pris avec le pouvoir congolais. Toutefois, sur le terrain, elle ne ménagera pas son appui direct ou indirect aux sécessionnistes, par le biais de fonds secrets ou en refusant de retirer ses troupes du Katanga avant d'avoir obtenu des garanties concernant le maintien de Tshombe. Toutefois, cela ne suffit pas pour le Roi et son entourage : le Souverain tentera ainsi de contraindre son gouvernement à la démission et de nommer un cabinet d'affaires plus interventionniste, mais l'équipe Eyskens tiendra bon.

Pour la Belgique, qui a été profondément marquée par le discours du 30 juin la responsabilité du chaos congolais doit être imputée à Lumumba, et à lui seul. Le Premier ministre est d'autant plus diabolisé qu'il a eu l'impudence, en pleine guerre froide, de se tourner vers Moscou. Tous ceux qui, jusque-là, soupçonnaient déjà la décolonisation du Congo d'être le fruit d'un complot communiste croient désormais en détenir la preuve. Bouc émissaire d'une faillite collective, Patrice Lumumba est entré dans une spirale dont il ne sortira pas vivant. Le 5 septembre, il est destitué par Kasa-Vubu, avec l'appui de l'ONU, de la Belgique et des États-Unis où il avait pourtant été reçu en grande pompe quelques semaines auparavant. Mais Lumumba réagit et, avec l'appui de la Chambre, destitue à son tour Kasa-Vubu, se proclame chef de l'État et lance une offensive de reconquête nationaliste contre le Sud-Kasaï et le Katanga. Le 14 septembre, le colonel Mobutu, chef de l'armée depuis la mutinerie, s'octroie le pouvoir via un coup d'État accepté par l'ONU et, rétablissant Kasa-Vubu comme président, met sur pied un collège des commissaires. Il reste dès lors à neutraliser Lumumba. Mis aux arrêts à Léopoldville le 10 octobre 1960, celui-ci s'échappe fin novembre et tente de rejoindre ses partisans à Stanleyville. Début décembre, il est arrêté par les soldats de Mobutu et enfermé à Thysville. Dans les semaines qui suivent, ses compagnons remportent plusieurs victoires militaires, rendant possibles sa libération imminente et son retour au pouvoir. Mais le 17 janvier 1961, Lumumba est transféré au Katanga, l'ennemi juré, avec deux de ses proches. Les trois hommes y sont froidement assassinés par des militaires et des policiers katangais, avec la bénédiction de Tshombe, présent sur place. En ce jour crucial, plusieurs Européens, et surtout des Belges, sont, eux aussi, présents : pilotes d'avion, agents de renseignements, officiers de police et des forces katangaises ou encore conseillers des autorités locales. La version officielle, donnée trois semaines après les faits, expliquera que les prisonniers ont été tués par des villageois lors d'une tentative d'évasion.

Au sein du monde afro-asiatique, cette tragique destinée a grandement contribué à faire de Patrice Lumumba un martyr du néo-colonialisme. Moscou donnera d'ailleurs son nom à son centre de formation des Africains en URSS. Par ailleurs, l'histoire ultérieure très tourmentée du Congo, devenu Zaïre puis RDC, a conduit à le statufier, à tort ou à raison, comme le seul dirigeant démocratique que le pays ait connu. En 1966 et non sans habileté politique, Mobutu, devenu chef de l'État congolais, le consacrera même héros national. Les circonstances de sa disparition ont, quant à elles, suscité une longue polémique belgo-congolaise sur le rôle joué par la Belgique dans cet assassinat politique. Le sociologue flamand Ludo De Witte, se basant sur plusieurs documents troublants, accusera ainsi ouvertement le gouvernement belge et le Palais d'avoir programmé et ordonné l'élimination de Lumumba[5]. Une commission d'enquête parlementaire, éclairée par quatre historiens, conclura plus prudemment, fin 2001, à l'implication d'instances gouvernementales belges dans la déstabilisation politique du Congo et dans le transfert de Lumumba vers le Katanga mais dira n'avoir aucune preuve tangible d'une intervention officielle dans le projet d'assassinat et sa réalisation. En février 2002, le gouvernement belge prendra acte de ces éléments. Il reconnaîtra la responsabilité morale de la Belgique qui n'a rien tenté pour préserver la vie de Lumumba et a ainsi manqué gravement à ses obligations. En conséquence, il présentera ses excuses à la

---

5 Ludo De Witte, *L'assassinat de Lumumba*, Paris, Karthala, 2000. La version originale en néerlandais date de 1999.

famille de l'ex-Premier ministre et au peuple congolais et annoncera la création et le financement d'une Fondation Patrice Lumumba au bénéfice du Congo, sans que cette dernière annonce ne soit réellement suivie d'effets.

L'INDÉPENDANCE DU CONGO

30 juin 1960

Monsieur le président, messieurs,

L'indépendance du Congo constitue l'aboutissement de l'œuvre conçue par le génie du roi Léopold II, entreprise par Lui avec un courage tenace et continuée avec persévérance par la Belgique. Elle marque une heure décisive dans les destinées non seulement du Congo lui-même, mais, je n'hésite pas à l'affirmer, de l'Afrique tout entière.

Pendant 80 ans, la Belgique a envoyé sur votre sol les meilleurs de ses fils, d'abord pour délivrer le bassin du Congo de l'odieux trafic esclavagiste qui décimait ses populations ; ensuite pour rapprocher les unes des autres les ethnies qui, jadis ennemies, s'apprêtent à constituer ensemble le plus grand des États indépendants d'Afrique ; enfin, pour appeler à une vie plus heureuse les diverses régions du Congo que vous représentez ici, unies en un même Parlement.

En ce moment historique, notre pensée à tous doit se tourner vers les pionniers de l'émancipation africaine et vers ceux, qui après eux, ont fait du Congo ce qu'il est aujourd'hui. Ils méritent à la fois, NOTRE admiration et VOTRE reconnaissance, car ce sont eux qui, consacrant tous leurs efforts et même leur vie à un grand idéal, vous ont apporté la paix et ont enrichi votre patrimoine moral et matériel. Il faut que jamais ils ne soient oubliés, ni par la Belgique, ni par le Congo.

Lorsque Léopold II a entrepris la grande œuvre qui trouve aujourd'hui son couronnement, il ne s'est pas présenté à vous en conquérant mais en civilisateur.

Le Congo, dès sa fondation, a ouvert ses frontières au trafic international, sans que jamais la Belgique y ait exercé un monopole institué dans son intérêt exclusif.

Le Congo a été doté de chemins de fer, de routes, de lignes maritimes et aériennes qui, en mettant vos populations en contact les unes avec les autres, ont favorisé leur unité et ont élargi le pays aux dimensions du monde.

Un service médical, dont la mise au point a demandé plusieurs dizaines d'années, a été patiemment organisé et vous a délivré de maladies combien dévastatrices. Des hôpitaux nombreux et remarquablement outillés ont été construits. L'agriculture a été améliorée et modernisée. De grandes villes ont été édifiées et, à travers tout le pays, les conditions de l'habitation et de l'hygiène traduisent de remarquables progrès. Des entreprises industrielles ont mis en valeur les richesses naturelles du sol. L'expansion de l'activité économique a été considérable, augmentant ainsi le bien-être de vos populations et dotant le Pays de techniciens indispensables à son développement.

Grâce aux écoles des missions, comme à celles que créèrent les pouvoirs publics, l'éducation de base connaît une extension enviable; une élite intellectuelle a commencé à se constituer que vos universités vont rapidement accroître.

Le grand mouvement d'indépendance qui entraîne toute l'Afrique a trouvé, auprès des pouvoirs belges, la plus large compréhension. En face du désir unanime de vos populations, nous n'avons pas hésité à vous reconnaître, dès à présent, cette indépendance

C'est à vous, messieurs, qu'il appartient maintenant de démontrer que nous avons eu raison de vous faire confiance. Dorénavant, la Belgique et le Congo se trouvent côte à côte, comme deux États souverains mais liés par l'amitié et décidés à s'entraider. Aussi, nous remettons aujourd'hui entre vos mains tous les services administratifs, économiques, techniques et sociaux ainsi que l'organisation judiciaire, sans lesquels un État moderne n'est pas viable. Les agents belges sont prêts à vous apporter une collaboration loyale et éclairée. Votre tâche est immense et vous êtes les premiers à vous en rendre compte. Les dangers principaux qui vous menacent sont: l'inexpérience des populations à se gouverner, les luttes tribales, qui jadis ont fait tant de mal et qui, à aucun prix, ne doivent reprendre, l'attraction que peuvent exercer sur certaines régions des puissances étrangères, prêtes à profiter de la moindre défaillance.

Vos dirigeants connaîtront la tâche difficile de gouverner. Il leur faudra mettre au premier plan de leurs préoccupations, quel que soit le parti auquel ils appartiennent, les intérêts généraux du pays. Ils devront apprendre au peuple congolais que l'indépendance ne se réalise pas par la satisfaction immédiate des jouissances faciles, mais par le travail, par le respect de la liberté d'autrui et des droits de la minorité, par la tolérance et l'ordre, sans lesquels aucun régime démocratique ne peut subsister. Je tiens à rendre ici un particulier hommage à la Force publique qui a accompli sa lourde mission avec un courage et un dévouement sans défaillance. L'indépendance nécessitera de tous des efforts et des sacrifices. Il faudra adapter les institutions à vos conceptions et à vos besoins, de manière à les rendre stables et équilibrées. Il faudra aussi former des cadres administratifs expérimentés, intensifier la formation intellectuelle et morale de la population, maintenir la stabilité de la monnaie, sauvegarder et développer vos organisations économiques, sociales et financières.

Ne compromettez pas l'avenir par des réformes hâtives, et ne remplacez pas les organismes que vous remet la Belgique, tant que vous n'êtes pas certains de pouvoir faire mieux.

Entretenez avec vigilance l'activité des services médicaux dont l'interruption aurait des conséquences désastreuses et ferait réapparaître des maladies que nous avions réussi à supprimer. Veillez aussi sur l'œuvre scientifique qui constitue pour vous un patrimoine intellectuel inestimable. N'oubliez pas qu'une justice sereine et indépendante est un facteur de paix sociale ; la garantie du respect du droit de chacun confère à un État dans l'opinion internationale, une grande autorité morale.

N'ayez crainte de vous tourner vers nous. Nous sommes prêts à rester à vos côtés pour vous aider de nos conseils, pour former avec vous les techniciens et les fonctionnaires dont vous aurez besoin.

L'Afrique et l'Europe se complètent mutuellement et sont appelées en coopérant au plus brillant essor. Le Congo et la Belgique peuvent jouer un rôle de première grandeur par une collaboration constructive et féconde, dans la confiance réciproque.

Messieurs,

Le monde entier a les yeux fixés sur vous. À l'heure où le Congo choisit souverainement son style de vie, je souhaite que le peuple congolais conserve et développe le patrimoine des valeurs spirituelles, morales et religieuses qui nous est commun et qui transcende les vicissitudes politiques et les différences de race ou de frontière.

Restez unis, et vous saurez vous montrer dignes du grand rôle que vous êtes appelés à jouer dans l'histoire de l'Afrique.

Peuple congolais,

Mon pays et moi-même nous reconnaissons avec joie et émotion que le Congo accède ce 30 juin 1960, en plein accord et amitié avec la Belgique, à l'indépendance et à la souveraineté internationale.

Que Dieu protège le Congo !

Adresse au peuple congolais

30 juin 1960

Congolais et Congolaises,

Combattants de l'indépendance aujourd'hui victorieux,

Je vous salue au nom du gouvernement congolais,

À vous tous, mes amis, qui avez lutté sans relâche à nos côtés, je vous demande de faire de ce 30 juin 1960 une date illustre que vous garderez ineffaçablement gravée dans vos cœurs, une date dont vous enseignerez avec fierté la signification à vos enfants, pour que ceux-ci à leur tour fassent connaître à leur fils et à leurs petits-fils l'histoire glorieuse de notre lutte pour la liberté.

Car cette indépendance du Congo, si elle est proclamée aujourd'hui dans l'entente avec la Belgique, pays ami avec qui nous traitons d'égal à égal, nul Congolais digne de ce nom ne pourra jamais oublier cependant que c'est par la lutte qu'elle a été conquise (*Applaudissements*), une lutte de tous les jours, une lutte ardente et idéaliste, une lutte dans laquelle nous n'avons ménagé ni nos forces, ni nos privations, ni nos souffrances, ni notre sang.

Cette lutte, qui fut de larmes, de feu et de sang, nous en sommes fiers jusqu'au plus profond de nous-mêmes, car ce fut une lutte noble et juste, une lutte indispensable pour mettre fin à l'humiliant esclavage qui nous était imposé par la force.

Ce que fut notre sort en 80 ans de régime colonialiste, nos blessures sont trop fraîches et trop douloureuses encore pour que nous puissions les chasser de notre mémoire. Nous avons connu le travail harassant, exigé en échange de salaires qui ne nous permettaient ni de manger à notre faim, ni de nous vêtir ou nous loger décemment, ni d'élever nos enfants comme des êtres chers.

Nous avons connu les ironies, les insultes, les coups que nous devions subir matin, midi et soir, parce que nous étions des nègres. Qui oubliera qu'à un noir on disait « tu », non certes comme à un ami, mais parce que le « vous » honorable était réservé aux seuls blancs ?

Nous avons connu que nos terres furent spoliées au nom de textes prétendument légaux qui ne faisaient que reconnaître le droit du plus fort.

Nous avons connu que la loi n'était jamais la même selon qu'il s'agissait d'un blanc ou d'un noir : accommodante pour les uns, cruelle et inhumaine pour les autres.

Nous avons connu les souffrances atroces des relégués pour opinions politiques ou croyances religieuses ; exilés dans leur propre patrie, leur sort était vraiment pire que la mort elle-même.

Nous avons connu qu'il y avait dans les villes des maisons magnifiques pour les blancs et des paillotes croulantes pour les noirs, qu'un noir n'était admis ni dans les cinémas, ni dans les restaurants, ni dans les magasins dits européens ; qu'un noir voyageait à même la coque des péniches, aux pieds du blanc dans sa cabine de luxe.

Qui oubliera enfin les fusillades où périrent tant de nos frères, les cachots où furent brutalement jetés ceux qui ne voulaient plus se soumettre au régime d'une justice d'oppression et d'exploitation (*Applaudissements*)[6].

Tout cela, mes frères, nous en avons profondément souffert.

Mais tout cela aussi, nous que le vote de vos représentants élus a agréés pour diriger notre cher pays, nous qui avons souffert dans notre corps et dans notre cœur de l'oppression colonialiste, nous vous le disons tout haut, tout cela est désormais fini.

La République du Congo a été proclamée et notre cher pays est maintenant entre les mains de ses propres enfants.

Ensemble, mes frères, mes sœurs, nous allons commencer une nouvelle lutte, une lutte sublime qui va mener notre pays à la paix, à la prospérité et à la grandeur.

Nous allons établir ensemble la justice sociale et assurer que chacun reçoive la juste rémunération de son travail (*Applaudissements*).

Nous allons montrer au monde ce que peut faire l'homme noir quand il travaille dans la liberté, et nous allons faire du Congo le centre de rayonnement de l'Afrique tout entière.

Nous allons veiller à ce que les terres de notre patrie profitent véritablement à ses enfants. Nous allons revoir toutes les lois d'autrefois et en faire de nouvelles qui seront justes et nobles.

Nous allons mettre fin à l'oppression de la pensée libre et faire en sorte que tous les citoyens jouissent pleinement des libertés fondamentales prévues dans la déclaration des Droits de l'Homme (*Applaudissements*).

Nous allons supprimer efficacement toute discrimination quelle qu'elle soit et donner à chacun la juste place que lui vaudra sa dignité humaine, son travail et son dévouement au pays.

Nous allons faire régner non pas la paix des fusils et des baïonnettes, mais la paix des cœurs et des bonnes volontés (*Applaudissements*).

---

6 Dans le texte stencilé, la phrase était différemment libellée : « … les cachots où furent brutalement jetés ceux qui avaient échappé aux balles des soldats dont les colonialistes avaient fait l'outil de leur domination ».

Et pour tout cela, chers compatriotes, soyez sûrs que nous pourrons compter non seulement sur nos forces énormes et nos richesses immenses, mais sur l'assistance de nombreux pays étrangers dont nous accepterons la collaboration chaque fois qu'elle sera loyale et ne cherchera pas à nous imposer une politique quelle qu'elle soit (*Applaudissements*).

Dans ce domaine, la Belgique qui, comprenant enfin le sens de l'histoire, n'a pas essayé de s'opposer à notre indépendance[7], est prête à nous accorder son aide et son amitié, et un traité vient d'être signé dans ce sens entre nos deux pays égaux et indépendants. Cette coopération, j'en suis sûr, sera profitable aux deux pays. De notre côté, tout en restant vigilants, nous saurons respecter les engagements librement consentis.

Ainsi, tant à l'intérieur qu'à l'extérieur, le Congo nouveau, notre chère République que mon gouvernement va créer, sera un pays riche, libre et prospère. Mais pour que nous arrivions sans retard à ce but, vous tous, législateurs et citoyens congolais, je vous demande de m'aider de toutes vos forces.

Je vous demande à tous d'oublier les querelles tribales qui nous épuisent et risquent de nous faire mépriser à l'étranger. Je demande à la minorité parlementaire d'aider mon gouvernement par une opposition constructive et de rester strictement dans les voies légales et démocratiques[8].

Je vous demande à tous de ne reculer devant aucun sacrifice pour assurer la réussite de notre grandiose entreprise.

Je vous demande enfin de respecter inconditionnellement la vie et les biens de vos concitoyens et des étrangers établis dans notre pays. Si la conduite de ces étrangers laisse à désirer, notre justice sera prompte à les expulser du territoire de la République; si par contre leur conduite est bonne, il faut les laisser en paix, car eux aussi travaillent à la prospérité de notre pays.

L'indépendance du Congo marque un pas décisif vers la libération de tout le continent africain (*Applaudissements*)[9].

Voilà, Sire, Excellences, Mesdames, messieurs[10], mes chers compatriotes, mes frères de race, mes frères de lutte, ce que j'ai voulu vous dire au nom du gouvernement en ce jour magnifique de notre indépendance complète et souveraine (*Applaudissements*).

---

7 Dans le texte stencilé, la phrase était: «… la Belgique même qui, comprenant enfin le sens de l'histoire n'a plus essayé… ».

8 Dans le texte stencilé, figurait ici une phrase non prononcée: « Je vous demande à tous de ne pas réclamer du jour au lendemain des augmentations de salaires inconsidérées avant que je n'aie eu le temps de mettre sur pied le plan d'ensemble par lequel je vais assurer la prospérité de la nation ».

9 La phrase « L'indépendance […] africain » a été ajoutée par M. Lumumba au moment de l'allocution; elle ne figurait pas dans le texte stencilé.

10 Les mots « Sire, Excellences, mesdames, messieurs » ne figuraient pas dans le texte stencilé.

Notre gouvernement fort, national, populaire, sera le salut de ce pays. J'invite tous les citoyens congolais, hommes, femmes et enfants, de se mettre résolument au travail en vue de créer une économie nationale prospère qui consacrera notre indépendance économique.

Hommage aux combattants de la liberté nationale !

Vive l'indépendance et l'unité africaine[11] !

Vive le Congo indépendant et souverain ! (*Applaudissements prolongés*)

---

[11] « Vive l'indépendance et l'unité africaine » ne figuraient pas dans le texte stencilé.

60 – Ernesto Che Guevara
Cuba sí, Yankee no

10 juillet 1960

Archétype du révolutionnaire moderne, Ernesto Che Guevara est devenu, à titre posthume, une source inépuisable d'inspiration pour la chanson, le cinéma et les créateurs de produits dérivés en tout genre. Sa popularité, née au cœur des années 1960, ne s'est jamais démentie, particulièrement au sein de la jeunesse, mais elle connaît depuis quelques années, un évident regain avec la montée en puissance du mouvement altermondialiste, la dénonciation d'une nouvelle forme d'« impérialisme » américain et la volonté de plusieurs pays latino-américains de prendre leurs distances vis-à-vis de Washington.

Un Argentin devenu cubain

Né à Rosario, en Argentine, dans une famille bourgeoise propriétaire d'une plantation, Ernesto Guevara de la Serna, dit « le Che » (1928-1967), bénéficie d'une excellente éducation à l'école et au sein du milieu familial. En 1952, il est diplômé de médecine de l'Université de Buenos Aires. Nourri de littérature européenne et américaine, Che Guevara est très tôt séduit par les thèses marxistes et anti-impérialistes. Son tempérament de voyageur et d'aventurier, sinon de « tête brûlée », le conduit d'abord, en 1951, alors que ses études ne sont pas encore achevées, à parcourir l'Amérique latine en moto avec son ami Alberto Granado[1]. À la rencontre de populations souvent très pauvres, Che Guevara affermit son positionnement politique : son but sera l'avènement de la justice sociale par l'union de l'ensemble du continent et sa révolution contre ses exploiteurs, au premier rang desquels les *Yankees*, principaux soutiens des dictateurs locaux. À peine diplômé, il repart sur la route, décidé à propager la guérilla. Il traverse la Bolivie, le Venezuela, l'Équateur et, fin 1953, arrive au Guatemala pour soutenir la réforme agraire du colonel Arbenz. Mais six mois plus tard, une intervention militaire chapeautée par la CIA impose un retour à l'ordre antérieur. Che Guevara est douloureusement marqué par cet échec qui renforce son antiaméricanisme. Exilé au Mexique, il y rencontre des réfugiés cubains, dont les frères Raúl et Fidel Castro qui projettent de renverser le régime dictatorial de La Havane.

Ancienne colonie espagnole, Cuba a obtenu son indépendance en 1901, après la guerre hispano-américaine de 1898 et trois ans de gouvernement militaire américain.

---

1 Le film *Carnets de voyage* (2004) de Walter Salles retrace ce périple.

Toutefois, il s'agit d'une indépendance formelle car les États-Unis ambitionnent clairement de maintenir cette île très stratégique dans leur zone d'influence. Par l'amendement Platt, ils s'octroient le droit d'intervention en cas de troubles. Sur le plan politique, ils soutiennent les dictateurs qui se succèdent au pouvoir et notamment Fulgencio Batista, homme fort dès les années trente et de nouveau président à partir de 1952. Par ailleurs, l'économie cubaine axée sur la monoculture de la canne à sucre se développe dans une stricte dépendance à l'égard des États-Unis qui importent 90 % de la production. Les Américains possèdent, en outre, de vastes propriétés foncières à Cuba, détiennent la majorité des actions au sein des plus grandes entreprises et ont transformé La Havane en royaume des jeux de hasard et du tourisme sexuel, avec la complaisance de Batista. Au sein du peuple cubain, l'opposition au régime va croissant. Le 26 juillet 1953, un jeune avocat de vingt-sept ans, Fidel Castro, monte une expédition pour s'emparer de la caserne Moncada à Santiago-de-Cuba mais il échoue et la moitié de ses compagnons perdent la vie. Condamné, comme son frère, à une lourde peine de prison, il est cependant amnistié en 1954 et s'exile au Mexique d'où il prépare un nouvel assaut contre Batista, à la tête du Mouvement du 26 juillet.

La rencontre avec les Castro est cruciale pour Ernesto Guevara qui se propose comme médecin de la future expédition. Les hommes se sentent galvanisés par l'atmosphère mondiale qui semble alors démontrer la possibilité pour les petits de bousculer les grands : en 1955, à Bandoeng, les jeunes États afro-asiatiques discutent de neutralisme et de non-alignement[2] ; en 1956, l'Égyptien Nasser nationalise le canal de Suez et, jouant habilement de la guerre froide, dame le pion aux puissances européennes[3]. Le 26 novembre 1956, quatre-vingt-deux guérilleros, dits *barbudos* (barbus), entreprennent la traversée du Mexique vers Cuba sur le yacht *Granma*. Ils débarquent en lisière de la Sierra Maestra le 2 décembre et, trois jours plus tard, subissent une lourde défaite face à l'armée cubaine. Seuls douze d'entre eux survivent et prennent le maquis, dont les Castro et Che Guevara. Selon ce dernier, c'est de ce jour que date son engagement définitif de révolutionnaire : devant choisir entre un sac de médicaments et un sac de munitions, il prend le second[4]. Pendant deux ans, les guérilleros vont résister puis conquérir le pouvoir, avec le soutien de l'opposition cubaine : syndicats ouvriers, jeunes, classes moyennes et paysans. Par des grèves, des attentats, des sabotages, chacun, à sa manière, tente d'aider le Mouvement du 26 juillet. En mars 1958, les États-Unis arrêtent de livrer des armes à Batista. À Cuba cependant, l'ambassadeur américain continue à soutenir le pouvoir. La bataille décisive a lieu le 29 décembre 1958 avec la prise de la ville de Santa Clara par le *comandante* Che Guevara. Rapidement, celui-ci fait figure de héros bien au-delà des frontières cubaines et est proclamé citoyen cubain de naissance. Le 31 décembre 1958, Batista s'enfuit à Saint-Domingue ; le 3 janvier 1959, « le Che » entre à La Havane ; le 4, l'ancien juge Manuel Urrutia devient président tandis que Fidel Castro, bientôt Premier ministre, parcourt Cuba afin d'y rallier l'armée aux révolutionnaires ; le 7, Washington reconnaît le nouveau régime.

---

2 Voir l'introduction au discours n° 52.

3 Voir les introductions aux discours n° 54 et 55.

4 Ricardo Rojo, *Che Guevara. Vie et mort d'un ami*, Paris, Seuil, 1968, p. 76.

La Havane-Washington : une rupture progressive

Dans un premier temps, les États-Unis misent sur la capacité de Castro à stabiliser un pays miné par une corruption généralisée, d'autant que les modérés semblent d'abord avoir l'avantage au sein du gouvernement. Cependant, la présence dans l'entourage immédiat de Castro d'hommes qui, comme Che Guevara, s'affirment nettement marxistes les inquiète. D'autre part, ils sont choqués par l'autorisation du parti communiste et par l'épuration sévère des anciens partisans de Batista, dont deux cents sont exécutés en quelques jours après des procès sommaires. Le 2 mai 1959, à Buenos Aires, Fidel Castro lance une proposition aux États-Unis : initier, au profit de l'Amérique latine, un nouveau Plan Marshall. Cependant, Eisenhower refuse de s'engager en ce sens, estimant que le danger communiste, imminent dans l'Europe de 1947, n'est pas suffisant dans la région. Le 17 mai, Castro annonce le début d'une grande réforme agraire pour un meilleur partage des terres et un démantèlement des *latifundia*. Ce faisant, il heurte de plein fouet de puissants intérêts américains, dont ceux de la *United Fruit Company*. Au sein même du gouvernement cubain, le raidissement de la politique castriste provoque des remous et cinq ministres modérés démissionnent. Dans le même temps, la force et l'influence du parti communiste s'accroissent et Castro lui-même se radicalise en ce sens. À la mi-juillet 1959, il profite de la découverte d'un complot de droite pour accuser le président Urrutia de saboter la révolution et mettre sa propre démission dans la balance. Une grève générale se déclenche pour le soutenir, aboutissant au remplacement d'Urrutia par un ancien du Mouvement du 26 juillet.

Durant l'automne 1959, les tensions s'accroissent. Des raids contre Cuba sont organisés depuis la Floride par des réfugiés cubains et l'un d'entre eux fait plusieurs morts dans la capitale fin octobre. La Havane, de son côté, durcit sa politique intérieure, créant une milice, rétablissant les tribunaux révolutionnaires et refusant désormais le principe même d'élections libres. Par ailleurs, des contacts sont noués avec l'URSS, à laquelle Cuba commence à vendre du sucre, tandis que l'antiaméricanisme devient un argument de rhétorique récurrent. Le 13 février 1960, un accord commercial et financier est signé entre La Havane et Moscou, à l'occasion de la visite du ministre Mikoyan. Dans la foulée, Cuba confisque trois sucreries américaines ainsi qu'une compagnie minière. Pour les États-Unis, la limite de l'acceptable est franchie. Washington menace clairement de réduire le fameux quota sucrier qui permet à Cuba de vendre au-dessus du cours mondial réel mais l'oblige, en contrepartie, à importer certains produits américains. Par ailleurs, toujours en mars 1960, Eisenhower autorise l'entraînement d'exilés cubains aux États-Unis en vue d'une prochaine invasion de l'île. Le 19 avril, Cuba reçoit sa première livraison de pétrole brut soviétique et, le lendemain, le Congrès américain supprime toute aide financière à La Havane. Le 8 mai, les relations diplomatiques sont rétablies entre Cuba et l'URSS. Un mois et demi plus tard, le régime castriste confisque deux raffineries de pétrole américaines qui refusaient de raffiner le pétrole soviétique au prix imposé. À Washington, le Congrès, hésitant depuis plusieurs mois, autorise alors le Président à suspendre le quota sucrier mais cette décision n'a pour effet que d'accélérer le rythme des nationalisations cubaines : le 6 juillet 1960, une loi exproprie tous les biens américains. Par ailleurs, les dirigeants cubains usent de la décision américaine comme d'un argument psychologique pour galvaniser la fierté nationale et l'ardeur révolutionnaire des Cubains tout en les préparant à l'alignement sur Moscou.

Un discours de guerre froide

C'est dans ce contexte qu'intervient le discours de Che Guevara reproduit ci-dessous. Depuis janvier 1959, le médecin révolutionnaire est devenu un personnage incontournable à Cuba. De juin à septembre 1959, il a parcouru l'Afrique et l'Asie comme ambassadeur extraordinaire et témoigné de l'expérience cubaine au Caire devant Nasser, Nehru et Tito, les trois leaders du non-alignement. À son retour, l'extrême-gauche cubaine à laquelle il appartient, a réussi à prendre le dessus sur les modérés. Le 7 octobre, il est nommé chef du département industriel de l'Institut national de réforme agraire puis, le 26 novembre, président de la Banque nationale. Le message est clair : l'économie cubaine se « marxise ». Anti-impérialiste et antiaméricain de longue date, Guevara multiplie les déclarations à l'encontre de Washington et joue ainsi un rôle important dans le processus de rupture entre Cuba et les États-Unis mais surtout dans le rapprochement avec l'URSS. En mars 1960, il assimile ouvertement le système de quotas sucriers à un esclavage économique imposé aux Cubains et déclare la guerre à *la grande puissance du Nord* et aux *monopoles nord-américains*[5]. Dans le même temps, il multiplie les signaux positifs en direction de Moscou. Le 9 juillet, alors que les États-Unis viennent de suspendre le quota sucrier, le gouvernement soviétique, par la voie de Nikita Khrouchtchev, assure Cuba de sa totale solidarité et ajoute une phrase qui fera frémir le monde : « En cas de nécessité, les artilleurs soviétiques pourraient aider le peuple cubain du feu de leurs fusées si les forces agressives du Pentagone osaient prendre l'initiative d'une intervention contre Cuba. »[6]

Le lendemain, devant le palais présidentiel de La Havane, Che Guevara s'appuie sur le soutien soviétique et prononce un discours très ferme. Il y stigmatise les interventions réelles ou supposées des États-Unis pour entraver la marche de la révolution cubaine : pressions médiatiques et politiques contre la *justice révolutionnaire*, soutien logistique aux opposants réfugiés dans leurs actions contre-révolutionnaires, représailles économiques. Mais il entend surtout affirmer devant l'opinion mondiale que ces efforts seront vains parce que Cuba est devenu un enjeu de la guerre froide, l'*arbitre de la paix du monde* et le porte-drapeau des exploités dans la mesure même où l'un des deux Grands est prêt, pour sa défense, à prendre le risque d'une escalade nucléaire. Au cri de *Cuba sí, Yankee no !* il proclame implicitement la fin de la doctrine Monroe qui, depuis 1823, bannit toute intervention non américaine sur le continent américain. Quelques jours plus tard, Khrouchtchev déclare, explicitement cette fois, que ladite doctrine est devenue caduque. Il répond ainsi au président Eisenhower qui venait d'affirmer le refus américain de compter, dans l'hémisphère occidental, un régime dominé par le communisme. Le 30 juillet 1960, Che Guevara annonce officiellement que Cuba s'est rangée au côté de l'Union soviétique

---

5 Cité dans Manuela Semidei, *Les États-Unis et la révolution cubaine 1959-1964*, Paris, Armand Colin, 1968, p. 70.

6 Cité dans André Fontaine, *Histoire de la guerre froide*, t. II. : *De la guerre de Corée à la crise des alliances 1950-1971*, Paris, Seuil, 1983, p. 488. Le 18 octobre 1960, Khrouchtchev calmera le jeu en disant qu'il s'agit d'une menace à prendre au sens figuré.

et des autres États socialistes. En octobre, il part en voyage politique et commercial en Tchécoslovaquie, en URSS et en Chine populaire. Désormais, la rupture est totale avec Washington dont toute la politique va consister à isoler strictement Cuba, notamment par le biais d'un embargo économique, et à tenter d'obtenir la chute du régime castriste. En 1962, l'île sera au cœur de la « crise des missiles » qui, à chaud comme *a posteriori*, peut être considérée comme l'un des moments les plus critiques de la guerre froide[7]. Cette crise, résolue par les deux Grands dans le dos de La Havane, conduira toutefois certains révolutionnaires cubains, dont Che Guevara, à s'éloigner de Moscou.

Un destin de guérillero

Nommé ministre de l'Industrie en février 1961, « le Che » prend en charge le développement économique de Cuba mais n'entend pas s'inspirer aveuglément des pratiques en vigueur dans le monde communiste. Constatant les faiblesses voire les échecs qu'enregistre Moscou, il plaide pour une voie cubaine vers le socialisme. Son désir de mener une politique subordonnée aux stricts intérêts nationaux s'accroît encore après la « crise des missiles ». Plus que jamais, Guevara demeure le meilleur ambassadeur et le meilleur propagandiste de la révolution cubaine à travers le monde. Au printemps 1964, il participe à la Conférence mondiale pour le commerce et le développement à Genève et tente d'y sensibiliser les autres délégations aux dangers de voir l'économie des différents États dirigée, en coulisse, par des investisseurs étrangers. Fin 1964-début 1965, il accomplit un nouveau périple à travers le monde. Celui-ci achève de le persuader que Moscou n'appuiera pas le plan de développement cubain mais préférera privilégier la coexistence pacifique entre les blocs. À Alger, où il est l'hôte de Ben Bella, Che Guevara réclame, en février 1965, l'appui d'une nouvelle Internationale en faveur de pays qui, comme le Congo ou le Vietnam, luttent contre l'impérialisme. Il semble prêt à reprendre lui-même le chemin de l'action révolutionnaire directe.

Lorsqu'il revient à Cuba le 14 mars 1965, il s'entretient durant de longues heures avec Fidel Castro qui, de toute évidence, supporte mal son indépendance d'esprit à l'égard de Moscou et, partant, du régime cubain. Pendant plusieurs semaines, « le Che » disparaît de la scène publique, sans doute poussé à effectuer une retraite de réflexion. À l'issue de celle-ci, il décide de quitter Cuba après avoir renoncé à son grade de commandant, à son poste ministériel et à sa nationalité cubaine. Cette triple décision sera annoncée officiellement par Castro le 3 octobre 1965. À ce moment, Che Guevara et d'autres Cubains sont déjà en pleine guérilla au Congo, dans la région de Stanleyville, où les partisans de feu Lumumba[8] ont proclamé la République populaire durant l'été 1964. Cependant, l'échec de son action est rapidement consommé : fin novembre 1965, un coup d'État militaire porte au pouvoir le colonel Mobutu et, en mars 1966, « le Che » quitte l'Afrique. Son objectif reste de diffuser mondialement l'idéal révolutionnaire mais en commençant par l'Amérique du Sud. Il passe par La Havane sous le nom de Ramon Benitez, homme d'affaires uruguayen, puis, avec l'aval de Castro, rejoint la Bolivie pour y organiser une guérilla contre la dictature du général Barrientos. Mais sur place, les révolutionnaires cubains sont traqués et isolés :

---

7 Voir l'introduction au discours n° 64.
8 Voir l'introduction au discours n° 59.

l'opposition bolivienne est faible, les communistes orthodoxes se méfient de Che Guevara et ne le soutiennent pas, les paysans indiens, dont les Cubains ne parlent pas la langue, leur sont hostiles et finissent par les dénoncer. Le 8 octobre 1967, « le Che » est fait prisonnier par les forces boliviennes et emmené dans une école à Higueras où il est exécuté froidement le lendemain, sur ordre de la CIA. Cette fin tragique a grandement contribué à faire de Che Guevara un héros, sinon un mythe, d'autant que, durant trente ans, la Bolivie refusera de livrer sa dépouille ou de révéler son lieu d'inhumation. Il faudra attendre 1997 pour voir les cendres du célèbre révolutionnaire rapatriées à Cuba. Il repose aujourd'hui, symboliquement, dans la ville de Santa Clara.

Cuba sí, Yankee no

Camarades,

Nous sommes encore une fois tous réunis dans ce lieu [le palais présidentiel], sur cette tribune qui, de toutes les tribunes révolutionnaires de Cuba, est celle qui symbolise le mieux la dignité de son peuple, la dignité et l'ardeur militante de son peuple.

À l'aube de cette Révolution, quand le peuple qui venait à peine de conquérir sa liberté exerçait la justice révolutionnaire, des pressions de la presse étrangère eurent lieu pour freiner cette justice et en limiter les conséquences, et pour la première fois, le peuple ici réuni a dit NON à l'intrusion étrangère, et la justice révolutionnaire a poursuivi son cours inexorable. Le cours de la Révolution continua aussi, et les mesures devinrent de plus en plus profondes, jusqu'à faire de Cuba l'avant-garde de l'Amérique.

Et à ce moment-là, l'Amérique lâcha ses fauves qui étaient, malheureusement, les fils de ce même peuple et qui, de Floride, se jetèrent sur une Havane sans défense. [...]

Mais cette Révolution continue d'aller toujours plus en profondeur ; alors, on a eu recours aux mesures économiques chaque fois plus violentes, et malgré cela elle poursuit sa route. [...]

Aujourd'hui Cuba n'est plus seulement, comme il y a peu de jours encore, l'avant-garde d'Amérique ; aujourd'hui, nous occupons une place encore plus dangereuse et plus glorieuse : aujourd'hui, comme le veulent les circonstances, nous sommes pratiquement les arbitres de la paix du monde. [...] (*Applaudissements.*)

Tandis que nous pensions à nous réunir ici, pour crier encore une fois que nous ne fléchirions pas, qu'attaquer Cuba signifierait envoyer un torrent de blonds envahisseurs trouver la mort dans chaque maison et chaque champ de cette île privilégiée (*applaudissements*), nous nous sommes trouvés en présence de l'avertissement du Premier ministre de l'URSS [Khrouchtchev][9] (*applaudissements*) qui bouleverse le caractère de notre propre avertissement. Envahir Cuba maintenant ne signifierait nullement la destruction de tous ses édifices par les bombes ennemies, cela ne signifierait pas seulement le massacre sans pitié de nos fils, de nos femmes, et de tout notre peuple par les forces aériennes et par l'énorme supériorité de l'ennemi, cela signifierait quelque chose de plus qui doit faire réfléchir les hiérarques du Nord : l'invasion signifierait que les missiles atomiques peuvent effacer une fois pour toutes la nation qui incarne aujourd'hui la misère du colonialisme. (*Applaudissements.*)

Ces fils du Pentagone et des monopoles nord-américains, qui ont promené jusqu'à présent, sur les champs d'Amérique, leur arrogance, doivent prendre garde et bien penser à cela : Cuba n'est plus l'île solitaire au milieu de l'océan, ayant pour seule défense les poitrines de ses fils, et les poitrines généreuses de tous les déshérités du monde. Cuba est aujourd'hui une île glorieuse au centre des Caraïbes, défendue par les missiles de la plus grande puissance militaire de l'Histoire. (*Applaudissements.*)

L'avertissement soviétique ne leur a pas suffi : ils y ont répondu par de nouvelles bravades. Le président des États-Unis a dit [...] que de toute façon, malgré les avertissements soviétiques, les États-Unis feraient leur devoir envers Cuba. (*Cris.*) [...]

Aujourd'hui, cependant, ils se trouvent face à une situation mondiale extraordinairement neuve. La balance du pouvoir s'est inclinée définitivement dans le monde et les forces partisanes de la paix et de la coexistence pacifique ont triomphé et ces forces augmentent de jour en jour, et leur pouvoir de représailles devient de plus en plus redoutable. [...]

Et si, passant outre à tous les avertissements, ils veulent venir fouler le territoire cubain, au risque de voir le monde entier se transformer en un immense four atomique, nous devons être prêts pour ce jour-là, si d'autres plus puissants se chargent de détruire les grandes concentrations de troupes, nous devons toujours être prêts et vigilants afin de détruire tout type d'agression physique contre notre pays. [...]

Et aujourd'hui, comme preuve supplémentaire, comme message à tous, et comme message à notre chef suprême qui n'est pas parmi nous en cette occasion (*applaudissements*), comme expression globale de la volonté d'un peuple, je vous demande de faire vibrer dans l'appareil récepteur de Fidel un seul cri lancé par toutes les bouches cubaines, « Cuba sí, Yankee no ! » (*La foule reprend le cri.*)

---

9 Allusion au discours prononcé la veille par Khrouchtchev (voir introduction).

61 – John F. Kennedy
La Nouvelle Frontière

15 juillet 1960

Un héros tragique et fascinant

Trente-cinquième président des États-Unis, John Fitzgerald Kennedy (1917-1963) est aujourd'hui devenu une figure mythique dans l'imaginaire mondial, en raison de sa vie sentimentale sulfureuse, entre Jackie Bouvier et Marilyn Monroe, du mystère qui entoure toujours son assassinat à Dallas, mais aussi de sa personnalité hors du commun et du vent de renouveau qu'il a fait souffler sur une Amérique passablement assoupie à la fin des années cinquante.

Issu d'une riche famille démocrate d'origine irlandaise, fils d'un diplomate qui fut en place à Londres et soutint le *New Deal* de Roosevelt, John Kennedy est diplômé de sciences politiques à Harvard en 1940. Durant la Seconde Guerre, il sert dans la marine et combat avec courage dans le Pacifique où il est blessé. Il se lance ensuite dans le journalisme et dans la politique : de 1946 à 1953, il représente le Massachusetts à la *House* puis, de 1953 à 1960, au Sénat. En 1957, il remporte le prestigieux prix Pulitzer pour son ouvrage de philosophie politique, *Profiles in Courage*, rédigé durant une longue convalescence consécutive à une double opération périlleuse au cours de laquelle les derniers sacrements lui furent administrés. Rien ne semble donc lui résister, même s'il échoue à s'imposer comme candidat vice-président du parti démocrate en 1956. Mais ce n'est somme toute que partie remise puisqu'en 1960, il est investi pour la course à la présidence et l'emporte d'extrême justesse sur son rival républicain Richard Nixon : à peine cent vingt mille voix d'avance sur près de soixante-dix millions de suffrages exprimés. C'est le retour au pouvoir du parti démocrate, qui a dominé la vie américaine de 1932 à 1953 et qui, sous le très populaire président républicain Dwight Eisenhower, a néanmoins réussi à obtenir la majorité au Congrès dès 1954.

La fin de mandat laborieuse d'Eisenhower

Les années cinquante ont constitué, pour les États-Unis, une ère de stabilité, d'abondance et de forte croissance, bref une sorte d'âge d'or de l'*American way of life*. Pourtant, la dernière année de la présidence Eisenhower est plus terne et laisse apparaître les faiblesses et les contradictions de la société américaine. Alors que le dialogue semblait possible avec l'URSS de Khrouchtchev, un avion espion américain U-2 est pris à survoler le territoire soviétique, ce qui fait capoter la conférence prévue à Paris. Dans le même temps, Cuba poursuit sa mutation communiste sous l'égide de Fidel Castro et Eisenhower doit renoncer à un voyage au Japon où les manifestations antiaméricaines se multiplient.

Sur le plan intérieur, l'économie américaine se grippe : en avril 1960, le pays entre dans une phase de récession, le chômage augmente, le déficit de la balance des paiements se creuse et les inégalités sociales s'avèrent plus criantes que jamais. Les Amérindiens, les immigrés mexicains, les habitants des centres-villes, les petits fermiers mais surtout les Noirs sont les oubliés de la prospérité. Près d'un quart des Américains vit sous le seuil de pauvreté. Dans le cas des Noirs qui représentent 10 % de la population totale et dont 75 % vivent dans la région « sudiste », la question de la ségrégation vient s'ajouter à celle du niveau socio-économique. Les diverses décisions de déségrégation prises par la Cour suprême, notamment en ce qui concerne l'éducation, les transports publics ou la protection du droit de vote des Noirs, sont mal appliquées et déchaînent les passions.

La campagne de 1960 et le programme du candidat Kennedy

Durant sa campagne présidentielle, John Fitzgerald Kennedy va user de ce climat de malaise pour en appeler à une rénovation profonde au sein de la société américaine. Et, de fait, il incarne un changement formel : il est le premier président catholique, il est jeune, beau, dynamique, bien entouré et extrêmement télégénique. La télévision joue, en effet, un rôle certain dans son élection. Lors de quatre débats, la population peut se rendre compte *de visu* de l'allant du candidat démocrate qui maîtrise l'outil médiatique alors que son rival semble embarrassé. Mais sur le fond, les réalisations du court mandat de Kennedy en politique intérieure apparaissent aujourd'hui sinon mineures, du moins sans commune mesure avec les intentions de départ et avec l'image mythique qui s'est forgée autour de son personnage.

Il développe son programme à la Convention du parti démocrate, qui se tient au Coliseum de Los Angeles le 15 juillet 1960 devant quatre-vingt mille personnes enthousiastes. Son discours, commencé de façon très traditionnelle par un hommage à ses adversaires malheureux et par une série de références historiques, devient ensuite plus intense. Il s'articule autour du concept vague mais séduisant de *New Frontier*, *Nouvelle Frontière*, qui serait un défi à relever par une nouvelle génération mais aussi un instrument censé dynamiser les États-Unis et donner à chaque citoyen le goût de se battre, d'entreprendre et de repousser plus loin les limites du bien-être américain, dans la lignée du *New Deal* de Roosevelt ou du *Fair Deal* tenté par Truman. En effet, Kennedy a constaté un *dérapage de la force morale et intellectuelle* des Américains, persuadés que tous les *horizons* ont été atteints. Le candidat démocrate s'inscrit en faux contre cette assertion et dégage cinq révolutions récentes ayant amené de nouveaux défis à relever : une révolution technologique, cause d'une surproduction agricole sauvage ; une révolution urbaine aux conséquences néfastes en terme de logement, de cadre de vie et d'éducation ; une révolution du rapport à l'autre pourtant impuissante à abolir la ségrégation ; une révolution médicale qui augmente l'espérance de vie mais exige, dès lors, une prise en charge efficace des vieillards ; et enfin une révolution de l'automation conduisant à la disparition de métiers peu qualifiés et précarisant les travailleurs les plus aisément remplaçables par la machine.

Ayant épinglé les maux dont souffre l'Amérique, Kennedy indique les principaux points sur lesquels porteront ses efforts s'il est élu : une série de lois sociales, notamment en ce qui concerne les subventions aux écoles et l'assistance aux personnes âgées, l'intégration raciale, le soutien aux recherches scientifiques et particulièrement à la conquête de l'espace, l'aide économique aux pays sous-développés et l'augmentation des dépenses militaires pour résorber le *missile gap*, c'est-à-dire le prétendu déficit américain en la matière par rapport à l'URSS, dont on saura bientôt qu'il relève de la mythologie.

Limites et échecs de la Nouvelle Frontière

Très vite pourtant, il lui faut déchanter. Il a été élu par une coalition hétérogène composée de catholiques, de Noirs mais surtout de démocrates de deux types très distincts, progressistes dans les villes du Nord, conservateurs et ségrégationnistes au Sud. De ce fait, il lui est difficile, sur de nombreux sujets, d'obtenir le soutien de l'ensemble de son électorat. Par ailleurs, au Congrès, il n'a qu'une faible majorité qui, très vite, va rejeter ses lois économiques et sociales les plus généreuses, comme l'aide médicale gratuite pour les plus de soixante-cinq ans ou certains crédits d'éducation. Si la situation économique du pays reste bonne et s'améliore même, les inégalités sociales ne se réduisent pas et le chômage se maintient au-delà des 5 %. Sur le plan des discriminations raciales, il peine également à obtenir des changements et reste d'abord en retrait alors que le mouvement pour les droits civiques se radicalise. Finalement, il propose un projet de loi qui garantit l'égalité à l'embauche, au logement, dans les transports et sur le plan des droits électoraux, mais celui-ci n'aura pas le temps d'être présenté avant son assassinat. C'est donc son successeur, Lyndon B. Johnson qui, se revendiquant de lui, obtiendra les succès les plus éclatants avec la loi sur la réduction fiscale et celle concernant les droits civiques.

En fait, voyant qu'il n'arrive pas à imposer la partie nationale de son programme de *Nouvelle Frontière*, le président Kennedy privilégie l'autre versant, alternant succès et échecs. Il va tenter d'imposer un nouveau *Trade Expansion Act* par le biais du Kennedy Round au sein du GATT *(General Agreement on Tariffs and Trade)*, de façon à libéraliser les échanges commerciaux à travers le monde ; il va amplifier les dépenses militaires, ce qui renforcera le poids du complexe militaro-industriel[1] ; il va inaugurer une politique d'aide massive et coordonnée aux pays en développement, surtout en Amérique latine (l'Alliance pour le progrès) afin de contrer leur possible évolution vers le communisme et il va provoquer au Vietnam l'escalade qui entraînera ses successeurs dans une guerre d'usure en renforçant la présence sur place de « conseillers militaires américains »[2]. Sur le plan de la guerre froide, la présidence Kennedy est d'abord une ère de tensions : c'est l'époque où Washington théorise la « riposte nucléaire graduée » qui, succédant aux « représailles massives », semble plus crédible et donc plus menaçante ; c'est l'époque aussi où la CIA fait envahir la baie des Cochons (avril 1961) par des anticastristes pour

---

1 Sur ce thème, voir l'introduction au discours n° 62.

2 Voir l'introduction au discours n° 68.

faire vaciller Cuba, avec l'accord de Kennedy mais sans l'appui logistique nécessaire ; c'est l'époque enfin où Khrouchtchev, croyant dès lors avoir affaire à un président américain déficient, va faire construire le mur de Berlin (août 1961) puis tenter d'imposer des missiles soviétiques à Cuba (août-octobre 1962). Cependant, sur l'Allemagne comme sur Cuba, le président américain ne lâchera rien et fera clairement comprendre aux Soviétiques sa détermination[3] ce qui, dans un second temps, permettra une période de détente entre les deux Grands. C'est sans doute de la sorte que « JFK » a le mieux réussi à approcher la *Nouvelle Frontière*.

Depuis 2002, la John F. Kennedy Library Foundation et la Kennedy School de Harvard décernent annuellement les *New Frontiers Awards*. Ils récompensent des Américains de moins de quarante ans qui s'emploient à changer leur communauté ou leur pays par leur engagement au sein des services publics.

La nouvelle frontière

[...] Le peuple américain attend de nous plus que des cris d'indignation et des attaques. [...] Car le monde est en train de changer. L'ère ancienne se termine. Les vieilles méthodes sont périmées.

Au-delà des mers, l'équilibre des forces est menacé. Des armes nouvelles et plus terrifiantes sont apparues, des nations nouvelles et indécises, des pressions nouvelles dues à la surpopulation et à la pénurie. Le réveil de ces nouvelles nations dégage plus d'énergie que la fission de l'atome. [...]

Le monde a déjà été près de la guerre, mais aujourd'hui l'homme, qui a survécu à toutes les menaces précédentes, tient dans ses mains fragiles le pouvoir d'exterminer plus de sept fois l'espèce humaine.

Ici, chez nous, le visage changeant de l'avenir est tout aussi révolutionnaire. Le *New Deal* et le *Fair Deal* étaient des mesures audacieuses pour leur époque, mais notre génération est une génération nouvelle.

Une révolution technologique de l'agriculture a conduit à une explosion du rendement, mais nous n'avons pas encore appris à maîtriser utilement cette explosion, tout en protégeant le droit de nos agriculteurs à une pleine égalité de revenus.

Une explosion de la population urbaine a entraîné une surpopulation scolaire, un engorgement de nos banlieues et une augmentation de l'insalubrité dans les quartiers les plus pauvres.

Une révolution pacifique en faveur des droits de l'homme, réclamant la fin de la discrimination raciale dans tous les secteurs de notre société, a

3 Voir les introductions aux discours n° 64 et 65.

tendu au maximum les liens imposés par une direction gouvernementale trop timide.

Une révolution médicale a augmenté l'espérance de vie de nos concitoyens les plus âgés sans leur fournir la dignité et la sécurité qu'ils méritent dans leurs dernières années.

Et une révolution par l'automation trouve des machines pour remplacer les hommes dans les mines et les moulins d'Amérique, sans remplacer leurs revenus ou leur instruction ou ce dont ils ont besoin pour payer le médecin de famille, l'épicier ou le propriétaire.

Il y a eu aussi un changement, un glissement, dans notre force intellectuelle et morale. Sept années maigres de sécheresse et de famine ont stérilisé le champ des idées. La rouille et les parasites se sont abattus sur nos organismes gouvernementaux et une pourriture sèche, commençant à Washington, est en train de s'infiltrer dans chaque coin d'Amérique, par la mentalité du pot-de-vin, l'habitude des notes de frais professionnels, la confusion entre ce qui est légal et ce qui est juste. Trop d'Américains se sont égarés, ont perdu leur volonté et leur sens de l'Histoire.

En bref, il est temps que vienne une nouvelle génération de dirigeants, des hommes nouveaux pour s'attaquer aux problèmes nouveaux et aux chances nouvelles. À travers le monde, et en particulier dans les jeunes nations, des hommes jeunes arrivent au pouvoir, des hommes qui ne sont pas liés par les traditions du passé, des hommes qui ne sont pas aveuglés par les craintes, les haines et les rivalités anciennes ; des hommes jeunes qui peuvent rejeter les vieux slogans, les vieilles illusions et les vieilles méfiances [...].

Car je me tiens debout ce soir face à l'Ouest sur ce qui fut autrefois la dernière frontière. De tous ces pays qui s'étendent sur cinq mille kilomètres derrière moi, les pionniers jadis abandonnèrent leur sécurité, leur confort et parfois leur vie et vinrent ici dans l'Ouest y bâtir un nouveau monde. Ils n'étaient pas captifs de leurs propres doutes, prisonniers de leurs propres étiquettes. Leur devise n'était pas *Chacun pour soi* mais *Tous pour la cause commune*. Ils étaient déterminés à rendre ce nouveau monde fort et libre, à surpasser ses dangers et ses épreuves, à l'emporter sur les ennemis qui les menaçaient du dehors et du dedans.

Aujourd'hui, certains diraient que tous ces combats sont terminés, que tous les horizons ont été explorés, que toutes les batailles ont été gagnées, qu'il n'y a plus de frontière américaine. Mais je pense bien que personne, dans cette vaste assemblée, ne sera d'accord avec ces opinions. Car les problèmes ne sont pas tous résolus, les batailles ne sont pas toutes gagnées et nous nous tenons aujourd'hui sur le bord d'une *Nouvelle Frontière*, la frontière des années 1960, une frontière de chances et de dangers inconnus, une frontière d'espoirs inassouvis et de menaces [...]

Cependant, cette *Nouvelle Frontière* dont je vous parle n'est pas un ensemble de promesses mais de défis. Elle ne résume pas ce que j'ai l'intention d'offrir au peuple américain mais ce que j'ai l'intention de lui demander. Elle fait appel à leur fierté et non à leur portefeuille ; elle offre la promesse non d'une plus grande sécurité mais de plus de sacrifices.

Mais je vous le dis, la *Nouvelle Frontière* est ici, que nous la cherchions ou pas. Au-delà de cette frontière s'étendent des zones inexplorées de la science et de l'espace, des problèmes non résolus de paix et de guerre, des poches d'ignorance et de préjugés qu'il faudra réduire, des problèmes de pauvreté et de surplus qui attendent encore leur solution. Il serait plus facile de reculer devant cette frontière, de se retourner vers la confortable médiocrité du passé, de se bercer de bonnes intentions et de haute rhétorique et ceux qui préfèrent cette attitude ne devraient pas voter pour moi, quel que soit leur parti. Mais je crois que l'époque actuelle réclame invention, innovation, imagination et décision. Je demande à chacun d'entre Vous d'être des pionniers sur cette *Nouvelle Frontière*. […]

62 – Dwight D. Eisenhower
Discours de fin de mandat : le complexe militaro-industriel

17 janvier 1961

Parmi les phénomèness, réels ou mythifiés, qui font toujours débat en ce début de siècle, la collusion entre la politique, l'armée et l'industrie, connue sous le nom de complexe militaro-industriel (MIC), figure en bonne place. Le phénomène, plus ancien qu'on ne le pense, n'est pas l'apanage exclusif des États-Unis, mais il reste, dans la conscience collective, intimement et prioritairement lié à l'Amérique, sans doute parce que ses dangers ont été ouvertement soulignés, un jour de 1961, par un président américain sortant, par ailleurs militaire d'origine.

Guerre froide et course aux armements

Fidèles à leur tradition isolationniste, les États-Unis ont veillé, à l'issue de la Première Guerre et dans les années trente, à ne pas se laisser entraîner dans les conflits européens. Entrés dans la Seconde Guerre en raison de l'attaque japonaise sur leur base de Pearl Harbor[1], ils semblent d'abord décidés à ne pas maintenir de troupes en Europe à long terme après la fin des hostilités. Mais la chute du rideau de fer et la matérialisation de la guerre froide vont faire des États-Unis un chef de bloc, un « gendarme », une superpuissance résolue à endiguer l'expansion du communisme en y mettant les moyens économiques, techniques et militaires. Malgré la définition de la doctrine Truman[2], le budget de la Défense ne va pourtant pas s'emballer avant le début des années cinquante, les Américains étant habitués à une rapide démobilisation après chaque conflit. Cependant, 1950 est un tournant : la guerre de Corée, premier conflit réel de la période de la guerre froide, démontre la puissance d'action du bloc adverse, au sein duquel l'URSS peut compter sur la République populaire de Chine. De plus, on sait désormais que les États-Unis ne sont plus les seuls à disposer de l'arme nucléaire[3], instrument de puissance et de terreur par excellence : en 1949, Moscou a fait exploser sa première bombe à plutonium. En 1952, Washington réplique avec la bombe à hydrogène mais Moscou la possède dès 1953. La course aux armements est lancée dans une atmosphère d'angoisse réelle mais aussi de dramatisation.

---

[1] Voir l'introduction au discours n° 31.

[2] Voir l'introduction au discours n° 42.

[3] Voir l'introduction au discours n° 37.

1953 est justement l'année au cours de laquelle entre en fonction un nouveau président américain, le général Dwight David Eisenhower (1890-1969), un républicain qui met fin à vingt ans de règne démocrate et s'assurera, en 1956, une large réélection. Formé à West Point, cet officier voit sa carrière militaire décoller avec l'entrée des États-Unis dans la Seconde guerre. Des responsabilités de plus en plus élevées lui sont alors confiées, tant à l'état-major que sur le terrain, en Afrique du Nord puis en Italie. Devenu commandant en chef des forces expéditionnaires alliées en Europe, il dirige le débarquement en Normandie[4], clé de voûte de la victoire finale. Successivement gouverneur militaire en Allemagne, chef d'état-major de l'armée américaine puis commandant suprême des forces de l'OTAN, il jouit d'une forte popularité aux États-Unis, ce qui lui permet d'accéder à la Maison-Blanche. L'idée d'Eisenhower est d'assurer, en temps de paix, une force militaire suffisante aux États-Unis pour dissuader les agresseurs potentiels. Il s'agit donc de ne pas brutalement baisser la garde sous prétexte que la guerre de Corée s'est achevée mais plutôt de définir une nouvelle stratégie militaire susceptible de garantir une sécurité maximale avec un minimum de dépenses. Ce sera le *New Look*, c'est-à-dire la priorité aux forces aériennes de dissuasion nucléaire, forces qui seraient utilisées même en cas de guerre limitée, selon la tactique des « représailles massives ». Dans le même temps, les États-Unis concluent ou font conclure toute une série de pactes régionaux à travers le monde et, sur fond de crise de Suez[5], élaborent la doctrine Eisenhower sur le Proche-Orient, selon laquelle tout État de la région menacé par le communisme peut compter sur l'aide des forces américaines.

Une spirale à contrôler

La situation internationale et les options prises par la Maison-Blanche et le Pentagone vont rapidement entraîner le développement d'une sorte de spirale, d'un système fonctionnant en circuit fermé et dans lequel toutes les composantes sont intimement liées par des intérêts réciproques et concomitants. Cette bulle sera appelée *military-industrial complex* (MIC) ou complexe militaro-industriel. Le mot désigne l'imbrication de cinq acteurs : l'armée désireuse de posséder les armements les plus perfectionnés, l'industrie qui cherche à réaliser des bénéfices et à accroître ses parts de marché, les députés et les sénateurs qui veulent attirer des entreprises et des bases dans leurs circonscriptions, les scientifiques qui trouvent de nouvelles et puissantes sources de financement et l'Américain moyen qui pense que sa sécurité dépend de la puissance militaire du pays, qui, peut-être, travaille dans ce secteur ou qui, en termes de pouvoir d'achat, bénéficie partiellement des profits ainsi générés. On observe alors un phénomène de surenchère. Les entreprises liées au secteur constituent un lobby de plus en plus puissant, capable de peser réellement sur la politique américaine tandis que le Pentagone se bureaucratise et consacre une part croissante de son activité à la gestion des commandes d'armement et à la conclusion de contrats. Par ailleurs, dans les laboratoires de recherche et dans les universités les plus prestigieuses, un nombre exponentiel de

---

4 Voir l'introduction au discours n° 35 qui fournit également des éléments biographiques complémentaires.

5 Voir l'introduction aux discours n° 54 et 55.

chercheurs, d'ingénieurs, de scientifiques sont – priorité nucléaire oblige – rémunérés par le Pentagone, au détriment de la recherche civile. Enfin, presque tous les États américains bénéficient de cet emballement et se battent donc pour maintenir l'emploi et la croissance dans ce secteur. La pression s'accentue encore durant le second mandat d'Eisenhower. En octobre 1957 en effet, l'URSS lance le premier satellite artificiel, le *Spoutnik*, ce qui pétrifie des Américains pris de cours et réalisant soudain que leur propre territoire n'est plus à l'abri d'une attaque nucléaire. On est entré, à ce moment, dans une nouvelle course, la course à l'espace.

Bien qu'il ait fait toute sa carrière à l'armée et bien qu'il soit un fervent défenseur de la puissance militaire américaine, Eisenhower est de plus en plus préoccupé, à la fin de son second mandat, par les dangers et les dérives de ce que l'on n'appelle pas encore couramment le complexe militaro-industriel. C'est d'ailleurs lui qui va populariser l'expression dans son dernier discours présidentiel, sa *Farewell address* télévisée du 17 janvier 1961. Nul doute que le déroulement de la récente campagne présidentielle ait joué un rôle dans sa décision d'évoquer largement la question avant de tirer sa révérence. Les élections de 1960 ont vu la victoire du jeune et fringant démocrate John F. Kennedy sur le vice-président républicain d'Eisenhower, Richard Nixon. Or, parmi les arguments de campagne de Kennedy, organisés autour du concept de *New Frontier*[6], figure l'idée de combler un supposé *missile gap* entre les États-Unis sous-armés et l'URSS surarmée par une forte augmentation des dépenses militaires. En 1956, Eisenhower avait lui-même été accusé par les démocrates conservateurs d'avoir laissé se créer un *bomber gap* en ayant refusé de lancer un nouveau type de bombardier. En réalité, et pour plusieurs années, ce sont les États-Unis qui possèdent l'avantage en termes de missiles – en 1962, il sera établi qu'ils ont quatre à cinq fois plus de fusées que les Soviétiques – mais le fait que Kennedy affirme le contraire peut laisser penser, *a posteriori*, à une manœuvre d'intoxication par ou au profit du MIC.

À l'heure de prononcer son allocution d'adieu, Eisenhower et les habituels rédacteurs de ses discours, Ralph Williams et Malcolm Moos, choisissent de mettre l'Amérique en garde contre les effets pervers pour la démocratie d'une collusion incontrôlée entre armée, politique, science et industrie. La personnalité du président sortant est, à elle seule, le gage d'une intervention non partisane. L'expression *Military-industrial complex* a été employée pour la première fois à l'aube de la Première Guerre en Grande-Bretagne mais, par la suite, plusieurs spécialistes ont estimé qu'elle pouvait également s'appliquer à la France et à l'Allemagne de l'époque ainsi qu'au Japon expansionniste. Néanmoins, c'est le cas américain qui, sur la durée, va devenir le plus exemplatif. Eisenhower commence sa *Farewell address* en indiquant que la puissance matérielle et militaire n'est pas une fin en soi, mais qu'il importe de l'employer en faveur de la paix et de l'humanité en général. Il souligne également que la victoire contre le communisme ne s'obtiendra pas simplement en augmentant en permanence les moyens militaires, scientifiques et financiers. Le Président décrit ensuite l'omniprésence du complexe militaro-industriel dans la vie de chaque Américain, depuis la création d'une industrie d'armement permanente après la Seconde Guerre, mais appelle à ce qu'au plus haut niveau de l'État, les dirigeants puissent se prémunir contre les pressions indues que ce

---

6 Voir l'introduction au discours n° 61.

complexe pourrait exercer sur les décisions politiques. Un équilibre, dit-il, doit être conservé entre les exigences de la sécurité et celles de la liberté, par l'exercice d'une citoyenneté engagée. Par ailleurs, il formule une autre mise en garde : éviter la toute-puissance d'une élite technico-scientifique qui, elle aussi, tenterait d'influer sur l'État à son avantage ou monopoliserait le champ du savoir et aboutirait ainsi à la mort de toute recherche désintéressée. Enfin, dans une dernière partie de son discours, Eisenhower effleure deux thèmes qui, aujourd'hui encore, sont cruciaux : l'utilisation raisonnable et rationnelle des ressources naturelles, donc l'idée de développement durable, et la recherche d'une paix réelle passant par le respect de chaque partenaire, qu'il soit une grande ou une petite puissance, et par un désarmement général et progressif.

Une question toujours d'actualité

Ce discours, basé sur l'expérience personnelle d'Eisenhower et sur son intime conviction, surprend la presse et l'opinion publique, qui ne pensaient pas voir le Général-président s'attaquer au lobby militaro-industriel. Dans l'immédiat, les répercussions de la *Farewell address* sont néanmoins limitées. Il faut attendre la guerre du Vietnam et l'émergence d'un vaste mouvement pacifiste et citoyen pour voir le MIC au centre d'un débat public. Les militants anti-Vietnam se réfèrent fréquemment au concept pour dénoncer le poids d'intérêts privés sur la politique américaine. Au milieu des années 1970, la défaite des États-Unis au Vietnam porte un coup sérieux au complexe militaro-industriel et la tendance est à une diminution des budgets. Ceux-ci repartiront à la hausse au début des années 1980, sous le président Reagan, en raison du réarmement manifeste de l'URSS et de l'invasion de l'Afghanistan. Les États-Unis lancent alors l'Initiative de défense stratégique (IDS) ou « guerre des Étoiles », soit un bouclier spatial censé protéger le sol américain des attaques de missiles russes. Malgré les protestations des régions et des populations les plus dépendantes du complexe, la fin de la guerre froide, couplée à la révélation de scandales financiers au Pentagone, va amener une nouvelle ère de décroissance : Washington coupe dans les budgets, ferme des bases, rapatrie des troupes afin de s'adapter à la nouvelle donne mondiale. Les polémiques sur le complexe militaro-industriel s'en trouvent, de la sorte, réduites.

Aujourd'hui cependant, elles ont retrouvé toute leur acuité. Depuis le 11 septembre 2001, la guerre contre le terrorisme et la focalisation sur un nouvel ennemi ont conduit les États-Unis à renforcer leur potentiel défensif et offensif. En chiffres absolus, le budget de la Défense est passé, en cinq ans, de 270 à 465 milliards de dollars, c'est-à-dire de 3 à 4 % du PIB, alors que le budget de l'Éducation a, dans le même temps, stagné sinon diminué. Trois questions sont, désormais, au cœur des discussions. La première tient au rôle croissant du Congrès et des intérêts locaux défendus par chaque élu. Eisenhower avait déjà voulu, en 1961, parler de *Military-industrial-congressional complex* mais il y avait renoncé par crainte de voir la portée de son message diminuée par de vaines répliques. Aujourd'hui, les analystes évoquent ouvertement le MICE pour *Military-industrial-congressional empire* : les industries décentralisent au maximum la fabrication de chaque type d'arme, de manière à multiplier les régions et donc les élus concernés ; par ailleurs, les entreprises liées au Pentagone financent largement les campagnes électorales. La deuxième question concerne l'emploi de plus en plus fréquent de militaires retraités dans l'industrie de la défense : sans craindre la confusion des rôles, ceux-ci font jouer leur réseau de relations au sein de l'armée pour influencer les commandes. Mais au-delà, une troisième interrogation taraude ceux qui, dans l'Amérique de G.W. Bush, réfléchissent aux questions de démocratie et d'indépendance entre intérêts publics et privés : dans quelle mesure le complexe militaro-industriel peut-il non seulement influencer les choix de l'Exécutif mais aussi entretenir un climat propice au maintien d'un état d'alerte ?

DISCOURS DE FIN DE MANDAT : LE COMPLEXE MILITARO-INDUSTRIEL

Chers concitoyens Américains,

Dans trois jours, après un demi-siècle au service de notre pays, je quitterai mes responsabilités avec la cérémonie traditionnelle et solennelle qui investira à la présidence mon successeur.

Ce soir je viens à vous avec un message de départ et d'adieu, et je voudrais partager, chers compatriotes, quelques pensées finales avec vous. Comme tout autre citoyen, je souhaite le meilleur au nouveau président, ainsi qu'à tous ceux qui travailleront avec lui. Je prie pour que les prochaines années soient celles de la paix et de la prospérité pour tous. Notre peuple désire que son président et le Congrès s'entendent pour des accords essentiels sur les questions importantes, accords dont la sage résolution améliorera le futur de la nation.

Mes propres relations avec le Congrès, qui commencèrent à distance et sur une base ténue quand, il y a bien longtemps, un membre du Sénat me nomma à West Point[7], sont devenues encore plus intimement liées avec la guerre et l'après-guerre et, finalement, dans l'interdépendance mutuelle de ces huit dernières années. Dans cette dernière relation le Congrès et l'Administration ont plutôt bien coopéré sur la plupart des questions essentielles afin de servir le bien de la Nation, plutôt que le pur esprit partisan. Ils ont fait en sorte que les affaires de la Nation puissent aller de l'avant. Aussi, mes rapports officiels avec le Congrès finissent avec un sentiment de gratitude de ma part, le sentiment que nous avons pu faire beaucoup ensemble.

II – Nous vivons aujourd'hui dix ans après le milieu d'un siècle qui fut le témoin de quatre guerres majeures[8] entre grandes nations. Trois de ces

---

7 Il s'agit du sénateur républicain du Kansas Joseph Bristow qui coopta Eisenhower en 1911 à l'Académie militaire de West Point.

8 Les deux guerres mondiales, la guerre de Corée et la guerre russo-japonaise de 1904-1905.

dernières impliquèrent notre propre pays. En dépit de ces holocaustes, l'Amérique est aujourd'hui la nation la plus forte, la plus influente et la plus productive du monde. Tout naturellement fiers de cette prééminence, nous nous rendons pourtant compte que le leadership et le prestige des États-Unis ne dépendent pas simplement de notre progrès matériel inégalé, de notre richesse et de notre force militaire, mais aussi de la façon dont nous employons notre puissance dans l'intérêt de la paix du monde et d'une plus-value pour l'homme.

III – Au travers de l'aventure d'une Amérique gouvernée librement, nos buts premiers ont été de préserver la paix, de stimuler le progrès humain et d'augmenter la liberté, la dignité et l'intégrité des personnes et des nations. Se battre pour moins [que cela] serait indigne d'un peuple libre et religieux. N'importe quel échec dû à l'arrogance, à notre manque de compréhension ou de promptitude au sacrifice nous infligerait d'ailleurs de graves dommages moraux ici et à l'étranger. Le progrès vers ces buts nobles est constamment menacé par le conflit qui existe actuellement dans le monde. Il commande notre attention entière et doit absorber nos êtres mêmes. Nous faisons face à une idéologie globale hostile, athée de caractère, impitoyable dans ses buts et insidieuse par ses méthodes. Malheureusement, le danger qu'elle pose promet de durer longtemps. Pour y faire face avec succès, il nous est demandé le sacrifice et le fardeau d'une lutte prolongée et complexe, qui nous permettront d'aller de l'avant solidement et sûrement, plutôt que des sacrifices émotifs et transitoires. La liberté est en jeu. C'est seulement ainsi, en dépit des provocations, que nous resterons sur le chemin d'une paix permanente et d'une amélioration des hommes.

Les crises continueront. En les rencontrant, qu'elles soient domestiques ou étrangères, grandes ou petites, il y aura une tentation répétée de penser que telle ou telle action spectaculaire et coûteuse pourrait devenir la solution miraculeuse : augmentation énorme d'éléments nouveaux pour notre défense ; développement de programmes irréalistes pour traiter telle ou telle défectuosité dans l'agriculture ; expansion dramatique de la recherche de base et appliquée, etc. chaque promesse en soi pourrait être considérée comme le seul chemin vers la voie que nous souhaitons.

Cependant, chaque proposition doit être pesée à la lumière d'une considération plus large : la nécessité de maintenir l'équilibre entre économie publique et économie privée dans les programmes nationaux, l'importance de garder l'équilibre entre le clairement nécessaire et le confortablement souhaitable ; il faut garder l'équilibre entre nos exigences essentielles comme nation et les devoirs imposés par la nation à l'individu, équilibrer l'action du moment et le bien-être national futur.

Le bon sens cherche toujours équilibre et progrès ; son manque amènera déséquilibre et frustration.

Le souvenir de nombreuses décennies démontre que notre peuple et son gouvernement ont vraiment compris ces vérités et ont répondu en fonction, face à la tension et à la menace. Mais des menaces, nouvelles par nature ou par degré, surgissent constamment. J'en mentionne deux seulement ici.

IV – Un élément essentiel pour maintenir la paix est notre système militaire. Nous devons être puissants, prêts pour une action instantanée, de sorte qu'aucun agresseur potentiel ne puisse être tenté de risquer sa propre destruction.

Notre organisation militaire n'a qu'un rapport lointain aujourd'hui avec ce que connurent mes prédécesseurs en temps de paix, ou même pendant les combats de la Deuxième Guerre mondiale ou de Corée. Jusqu'au dernier conflit mondial, les États-Unis n'avaient pas d'industrie d'armement. Auparavant, les fabricants américains de socs pouvaient, avec du temps bien sûr, faire des épées. Maintenant que nous ne pouvons plus risquer l'improvisation pour notre défense nationale nous avons été obligés de créer une industrie d'armement permanente et de grande ampleur. Trois millions et demi d'hommes et de femmes sont directement engagés au service de la défense. Nous dépensons annuellement pour la sécurité militaire plus que le revenu net de toutes les sociétés américaines.

Cette conjonction d'un immense secteur militaire et d'une grande industrie est nouvelle dans l'expérience américaine. Son influence totale, économique, politique et même spirituelle, est sentie dans chaque ville, dans chaque législature d'État, dans chaque bureau du gouvernement fédéral. Nous reconnaissons le besoin impératif de ce développement mais nous ne devons pas manquer de prendre en compte ses graves implications. Notre travail laborieux, nos ressources, nos vies… tous sont concernés ; ainsi en est-il de la structure de notre société.

Dans les conseils du gouvernement, nous devons donc nous garder de toute influence sans garantie, voulue ou pas, du complexe militaro-industriel. Le risque potentiel d'une augmentation désastreuse d'un pouvoir mal placé existe et persistera.

Nous ne devrons jamais laisser le poids de cette combinaison mettre en danger nos libertés et processus démocratiques. Nous ne devons jamais rien prendre pour acquis et seuls des citoyens vigilants et bien informés pourront faire fonctionner cette énorme machine industrielle et militaire de défense en fonction de nos méthodes et de nos buts pacifiques, de sorte que la sécurité et la liberté puissent prospérer ensemble.

De même, la révolution technologique des décennies récentes fut en grande partie responsable des changements radicaux de notre posture militaro-industrielle. Dans cette révolution, la recherche est devenue centrale ; elle est également plus formalisée, plus complexe et coûteuse. Une part toujours croissante y est conduite pour, par, ou sous la direction du gouvernement fédéral. Aujourd'hui, l'inventeur solitaire, bricolant dans son magasin a été dépassé par des groupes de scientifiques dans les laboratoires ou des zones d'essai. De même, l'université libre, historiquement fontaine des idées et de la découverte scientifique, a vécu une révolution dans la conduite de la recherche. Pour partie en raison des coûts énormes impliqués, un contrat de gouvernement devient littéralement un produit de substitution à la curiosité intellectuelle. Pour chaque vieux tableau noir, il y a maintenant des centaines d'ordinateurs. La perspective de voir le monde scientifique obsédé par l'octroi d'emplois fédéraux, les attributions de projets et la puissance de l'argent est présente et doit être sérieusement considérée. Cependant, tout en respectant, comme nous le devons, la recherche et les découvertes scientifiques, nous devons également être alertés à l'identique du potentiel danger opposé, c'est-à-dire que les politiques publiques puissent devenir captives d'une élite scientifique et technologique. C'est le rôle d'un homme d'État de modeler, équilibrer et s'arranger pour intégrer tout ceci, ainsi que d'autres forces, vieilles et nouvelles, avec les principes de notre système démocratique, tout en conservant à l'esprit les buts suprêmes de notre société libre.

V – Un autre facteur de maintien de l'équilibre implique l'élément de temps. Alors que nous envisageons la société future, vous, nous, moi et notre gouvernement devons éviter cette pulsion de vivre seulement au jour le jour, pillant pour nos propres convenances les ressources précieuses de demain. Nous ne pouvons pas hypothéquer les biens matériels utiles à nos petits-enfants sans risquer de perdre également notre héritage politique et spirituel. Nous voulons que la démocratie survive pour les générations qui viennent, non pour devenir le fantôme insolvable de demain.

VI – Au bout de cette longue avenue de l'Histoire qui reste à être écrite, l'Amérique sait que notre monde, toujours plus petit, doit éviter de devenir une communauté de crainte et de haine terrible, il doit être, au lieu de cela, une confédération fière de confiance et de respect mutuels. Une telle confédération doit être celle d'égaux. Le plus faible doit pouvoir venir à la table de conférence avec la même confiance que nous, protégés comme nous le sommes par notre force morale, économique, et militaire. Cette table, marquée par beaucoup de frustrations passées, ne peut pas être abandonnée pour l'agonie certaine du champ de bataille.

Le désarmement, avec honneur et confiance mutuels, reste impératif. Ensemble nous devons apprendre comment composer avec nos différences, pas avec des armes mais avec l'intellect et un objectif convenable.

Puisque ce besoin est si aigu et évident, je confesse que j'abandonne mes responsabilités officielles avec certain sentiment de déception dans ce domaine. En tant que témoin de l'horreur et de la tristesse prolongée de la guerre, sachant qu'une autre guerre pourrait totalement détruire une civilisation qui a été lentement et péniblement établie durant des milliers d'années, j'aurais voulu pouvoir dire ce soir qu'une paix durable est en vue.

Heureusement, je peux quand même dire que la guerre a été évitée. Quant à une paix véritable, un progrès régulier vers ce but semble s'accomplir. Mais il reste tellement à faire. En tant que simple citoyen, je ne cesserai jamais de tout faire, aussi minime que cela soit, pour aider le monde à avancer le long de cette route.

VII – Ainsi, en vous disant une dernière fois au revoir en tant que Président, je vous remercie des nombreuses occasions de servir que vous m'aurez données, aussi bien dans la guerre que dans la paix. J'espère que vous aurez trouvé quelque chose de digne dans ce service ; quant au reste, je sais que vous trouverez vous-mêmes les moyens pour améliorer le futur.

Vous et moi, chers concitoyens, avons besoin d'être forts dans notre croyance que toutes les nations, inféodées à Dieu, atteindront ce but de paix et de justice. Puissions-nous être toujours plus fermes dans la dévotion à ces principes, confiants mais humbles avec la puissance, diligents dans la poursuite des grands buts de la nation.

À tous les peuples du monde, je veux une fois de plus exprimer l'aspiration perpétuelle et la prière de l'Amérique : nous prions pour que les peuples de toutes les fois, de toutes les races, de toutes les nations, puissent satisfaire leurs besoins humains essentiels ; pour que ceux qui actuellement n'ont pas cette occasion puissent, un jour, l'apprécier pleinement ; que tous ceux qui aspirent à la liberté puissent en éprouver les bénédictions spirituelles ; que ceux qui ont la liberté comprennent ses lourdes responsabilités ; que tous ceux qui sont peu sensibles aux besoins des autres apprennent la charité ; que les fléaux de la pauvreté, de la maladie et de l'ignorance soient faits pour disparaître de la Terre, et que, par la grâce du temps, tous les peuples vivent ensemble dans une paix garantie par la force irrévocable du respect et de l'amour mutuels.

63 – Jean XXIII
Ouverture du concile Vatican II

11 octobre 1962

En janvier 1959, lorsque le pape Jean XXIII annonce la convocation d'un concile œcuménique, la surprise est grande. Depuis neuf décennies en effet, les évêques du monde entier n'ont plus eu l'opportunité de se réunir pour discuter et réfléchir sur l'Église catholique, son fonctionnement, son rapport au monde et aux autres religions. Or, ces décennies ont été cruciales dans l'histoire de l'humanité : progrès technique et scientifique, guerres mondiales, affrontement des blocs, décolonisation, évolution des mœurs, essor du communisme et de l'athéisme, relations constructives ou conflictuelles avec les croyants non catholiques sont quelques-uns des enjeux de la seconde moitié du XXe siècle. Soucieux d'amener non une révolution mais une actualisation, un *aggiornamento*, Jean XXIII va initier un processus dont il ne connaîtra pas l'issue et dont les conséquences marquent, aujourd'hui encore, l'ensemble du monde catholique.

Un homme d'Église ouvert au monde

Né Angelo Giuseppe Roncalli, Jean XXIII (1881-1963) est originaire de Sotto il Monte, près de Bergame. Il est issu d'une modeste famille paysanne et, comme ses nombreux frères et sœurs, se retrouve confronté très jeune à la question sociale. Ce quotidien difficile joue un rôle important dans sa décision de suivre la voie ecclésiastique. Dès 1892, il est séminariste et, douze ans plus tard, est ordonné prêtre, au sortir d'une courte formation théologique à Rome. De 1904 à 1914, il retourne dans sa région d'origine comme secrétaire de l'évêque de Bergame et entre alors en contact avec divers mouvements liturgiques et œcuméniques tout en acquérant la conviction de sa vocation pastorale. Durant la Première Guerre, il est en poste dans l'armée, au service de santé puis comme aumônier militaire. Après la fin du conflit, il fonde une Maison de l'étudiant à Bergame et assure, pendant deux ans, la direction spirituelle du séminaire.

L'année 1921 constitue un tournant important dans sa carrière car il est appelé au Vatican, à la Congrégation pour la propagation de la foi. Devenu évêque, il est ensuite envoyé comme visiteur puis délégué apostolique en Bulgarie (1925-1934) et à Istanbul, pour la Turquie et la Grèce (1935-1944), se retrouvant ainsi confronté aux mondes orthodoxe et musulman au cœur d'une période particulièrement délicate. En janvier 1945, Pie XII envoie Mgr Roncalli comme nonce à Paris, un poste qui est loin d'être une sinécure. L'Église de France est en effet très divisée sur son passé récent, à savoir la période vichyste, mais également décontenancée par la déchristianisation du pays, les rapports à entretenir avec le marxisme et le communisme, la question des prêtres-ouvriers et celle des guerres coloniales. En 1953, Mgr Roncalli est fait cardinal et quitte Paris pour Venise où il est nommé patriarche. Il peut ainsi en revenir à ses premières amours pastorales. Mais en octobre 1958, la mort de Pie XII, pape autoritaire et conservateur laissant son Église en proie au malaise sinon à la division, va bouleverser la fin de vie du cardinal. Le conclave entendant privilégier un pontificat de transition et de détente, le choix se porte sur un homme que l'on sait mesuré et que l'on pense trop âgé pour lancer des chantiers de longue haleine.

Gaudet mater Ecclesia

Mais à peine élu, Roncalli se montre désireux d'agir. Il choisit de s'appeler Jean XXIII, ce qui indique sa volonté de ne privilégier aucune filiation puisque ce prénom n'a plus été porté depuis un antipape brigand du XVe siècle. Ensuite, il nomme un secrétaire d'État, poste vacant depuis 1944, ainsi qu'une série de nouveaux cardinaux et prend symboliquement possession de la basilique Saint-Jean du Latran, église cathédrale de Rome, pour rappeler qu'il est aussi et d'abord l'évêque de la ville. Cependant, l'acte qui va réellement le faire entrer dans l'histoire est posé trois mois environ après son élection. Le 25 janvier 1959, jour anniversaire de la conversion de saint Paul et jour de clôture de la Semaine de prière pour l'unité des chrétiens, le Pape célèbre une messe en la basilique Saint-Paul-hors-les-murs. À l'issue de celle-ci, il annonce au Sacré Collège des cardinaux une triple intention : réunir un synode romain, réformer le Code de droit canonique et convoquer un concile œcuménique, le premier depuis 1870. Alors qu'au-dehors, la presse est déjà au courant et diffuse la nouvelle, les cardinaux réagissent peu et sans réel enthousiasme car ils savent qu'une telle réunion est source de dangers, de difficultés et de possibles divisions. D'autres, ecclésiastiques ou non, sont dubitatifs en raison de l'âge avancé du Pape, bientôt octogénaire. Néanmoins, Jean XXIII est décidé à mener à bien son projet et, en juin 1959, entame une large consultation des cardinaux, archevêques, évêques et supérieurs d'ordres religieux. Il reçoit 80 % de réponses positives, ce qui représente un franc succès, malgré le relatif silence de l'Asie et de l'Europe de l'Est, sous pression communiste. En juin 1960, le concile entre réellement dans sa phase préparatoire et sa date d'ouverture est fixée au 11 octobre 1962.

Ce jeudi d'automne est un jour capital dans l'histoire du catholicisme contemporain. Plus de deux mille cinq cents Pères conciliaires à voix délibérative sont présents à Rome, en provenance de plus de cent trente pays. L'Europe compte 38 % des votants, contre 31 aux Amériques, 10 à l'Afrique et 21 à l'Asie-Océanie, une répartition qui ne coïncide que partiellement avec celle des fidèles, dont 3 % seulement vivent en Afrique et 7 % en Asie-Océanie. Par rapport à la phase préparatoire, au cours de laquelle l'Europe a disposé de 71 % des effectifs dans les différentes commissions, on constate un profond rééquilibrage, en phase avec l'évolution du monde. Le 11 septembre 1962, dans une allocution radiodiffusée, le Pape a d'ailleurs clairement souligné que l'Église catholique est et veut être *l'Église de tous et particulièrement l'Église des pauvres*. Toutefois, les élections postérieures pour les commissions de travail verront encore l'Europe surreprésentée par rapport aux Amériques. Le 11 octobre 1962, à côté des Pères conciliaires, on note la présence de quarante observateurs venus d'autres Églises et de plus de sept cents journalistes, ce qui n'est pas anodin. En effet, si Vatican II a la particularité d'être le premier concile réellement mondial, il est également le premier à se dérouler sous l'œil des médias modernes. Quand Jean XXIII pénètre dans la basilique Saint-Pierre pour ouvrir le concile, son image et sa voix sont retransmis dans le monde entier par le biais de la télévision. Sa journée, commencée dès six heures du matin, se poursuit alors par une cérémonie liturgique très traditionnelle – trop même, aux yeux des novateurs – dans un lieu de culte bondé. C'est vers treize heures qu'il entame son allocution d'ouverture, prononcée en latin. D'une durée d'environ trente-sept minutes, le texte est connu, selon la tradition, par ses premiers mots: *Gaudet mater Ecclesia* (« La mère Église est dans la joie » ou « se réjouit »). Le Pape l'a entièrement rédigé lui-même, comme en témoignent les brouillons, et ne cessera d'en revendiquer la paternité. Tout le concile, de son vivant comme après sa mort, n'aura de cesse de s'y référer.

Ce discours, truffé de références bibliques, de citations et d'allusions historiques, commence par réaffirmer le caractère central de Jésus-Christ auquel tout revient toujours en application d'une alternative simple: *Qui n'est pas avec moi est contre moi.* Le Pape évoque sa décision de réunir un concile et rappelle le travail déjà accompli dans la phase préparatoire: étudier la situation présente de la foi et de la pratique catholiques. Répudiant les pessimistes, les *prophètes de malheur*, Jean XXIII salue le *véritable progrès* et ne considère pas l'évolution du monde et de l'Église comme allant dans le sens d'une décadence. Il souligne d'ailleurs que jamais concile n'a pu se tenir dans un tel climat de liberté, sans pression des pouvoirs civils, mais déplore vigoureusement le sort fait aux ecclésiastiques dans diverses régions du monde, ce qui vise au premier chef les pays communistes. Est ensuite énoncé le but primordial du concile Vatican II: faire en sorte que *le dépôt sacré de la doctrine chrétienne soit gardé et enseigné d'une manière plus efficace.* Ainsi, il n'est pas question de discuter ladite doctrine, *patrimoine commun de l'humanité*, mais bien d'adapter sa diffusion, sa propagation aux conditions du monde moderne afin qu'elle soit mieux connue et vécue. C'est dans ce domaine-là que doit s'opérer l'actualisation, l'*aggiornamento*, selon le mot italien qui passera à la postérité. Le Pape souligne ensuite l'importance de tendre vers l'unité du monde catholique, vers celle des chrétiens en général et, au-delà, vers une unité *d'estime et d'égards* envers les croyants non chrétiens, majoritaires. L'allocution s'achève par des vœux de pleine réussite pour les travaux du concile, placés sous la protection de Dieu, de Marie et de Jésus-Christ.

Au-delà du concile

Au moment où il prononce ces paroles – dont la portée échappe d'ailleurs, dans l'immédiat, à l'opinion publique et même à la foule d'un demi-million de personnes qui l'acclame le soir même, place Saint-Pierre – Jean XXIII sait déjà qu'il est condamné. Le 23 septembre 1962, les médecins ont diagnostiqué chez lui un cancer de l'estomac et lui ont laissé entre six et douze mois à vivre. Le Pape décide néanmoins de ne pas révéler son état de santé afin de ne pas hypothéquer ce concile auquel il tient tant. Il profite également de sa dernière année pour améliorer ses relations avec le monde communiste et faire en sorte que le Vatican apparaisse moins comme un soutien aveugle de la politique américaine que comme un possible médiateur. Avec Khrouchtchev et Kennedy, Jean XXIII semble alors le troisième homme susceptible d'exercer une influence positive sur la situation internationale. À l'occasion de la crise de Cuba[1], il adresse un message à tous les chefs d'État sans exception. À Noël 1962, il échange pour la première fois des vœux avec le Kremlin qui, quelques semaines plus tard, fait libérer l'évêque des Ukrainiens. Enfin, en mars 1963, il reçoit la fille et le gendre de Khrouchtchev, non sans susciter d'ailleurs la colère d'une partie de son entourage. Le 11 avril 1963, il promulgue sa dernière encyclique, *Pacem in terris*, « adressée à tous les *hommes de bonne volonté*, catholiques ou non. Condamnant toute idée de guerre juste » à l'ère atomique, le texte plaide, en conséquence, pour un désarmement généralisé.

Pendant ce temps, le concile vit sa première session, close le 8 décembre 1962, et connaît déjà une opposition entre les conservateurs, c'est-à-dire les cardinaux et la plupart des évêques italiens et espagnols, et les progressistes, à savoir les évêques français, belges, allemands et du Tiers Monde. Jean XXIII meurt le 3 juin 1963 mais son successeur, Giovanni Battista Montini ou Paul VI, décide immédiatement de reprendre le concile. Celui-ci comptera encore trois sessions et s'achèvera dans l'enthousiasme le 8 décembre 1965. Il aura promulgué, au total, seize constitutions et décrets mais deux textes concentrent l'essentiel de son enseignement. *Lumen gentium* recentre l'Église autour du Christ et, ce faisant, atténue le juridisme qui prévalait depuis plusieurs siècles pour insister sur l'aspect vécu de la foi. Par ailleurs, Rome et le pape restent au cœur du monde catholique mais les Églises locales et leurs évêques voient leur poids augmenter selon le principe de la collégialité épiscopale. De son côté, la constitution *Gaudium et spes*, dont les effets sont plus directement visibles, réforme la liturgie, rendant les fidèles davantage acteurs et proclamant la différenciation des langues liturgiques, c'est-à-dire l'abandon de la messe en latin comme cérémonie ordinaire au profit de la messe en langue vernaculaire.

Cependant, rien n'est dit sur l'évolution des mœurs et de la société. Le mode d'élection du pape, le célibat des prêtres, le rôle de la femme dans l'Église, le contrôle des naissances, le divorce ou le mariage mixte restent autant de sujets sur lesquels le concile ne s'est délibérément pas penché car tel n'était pas son objectif. Dès lors, beaucoup de catholiques novateurs ou progressistes regrettent ce qu'ils considèrent comme une excessive timidité. Par ailleurs, d'autres parmi eux vont interpréter Vatican II comme le signe d'une libéralisation bien plus vaste que ce que permettent les textes produits à cette occasion et comme une invitation à contester l'autorité et le principe d'obéissance. À l'inverse, les plus conservateurs, traditionalistes ou intégristes, vont percevoir Vatican II et ses suites de manière très négative, parlant de laxisme ou de reniement et cristallisant leur opposition autour de la messe en latin et du port de la soutane. En France, une mouvance extrémiste proche de l'ex-Action française, la Fraternité Saint-Pie-X, en référence au pape antimoderniste du début du XXe siècle, ira jusqu'au schisme : en 1988, Jean-Paul II, pourtant soucieux de consensus, excommuniera Mgr Lefebvre. Vingt ans plus tard, il semble que Benoît XVI, par souci d'unité et par sensibilité personnelle, cherche à donner des gages aux traditionalistes : après

1 Voir l'introduction au discours n° 64.

avoir réintroduit les chœurs grégoriens dans la liturgie, il a précisé par un *motu proprio* de juillet 2007 que, si la messe en langue vernaculaire devait rester la célébration ordinaire, il était permis aux prêtres d'officier en latin sur demande des fidèles. Ce faisant, Benoît XVI banalise une pratique que Jean-Paul II avait tolérée moyennant dérogation épiscopale. De nombreux évêques, notamment français, redoutent les conséquences politiques de ce geste, traditionalisme, intégrisme et extrême-droite entretenant des liens intimes.

Ouverture du concile Vatican II

Vénérables Frères,

Notre Mère la Sainte Église se réjouit de ce que, par un don singulier de la divine Providence, luit ce jour tant désiré de l'ouverture solennelle, auprès de la tombe de saint Pierre, du deuxième congrès œcuménique du Vatican, placé sous la protection maternelle de la Vierge Mère de Dieu dont la liturgie célèbre aujourd'hui la maternité divine.

Tous les conciles – aussi bien les vingt conciles œcuméniques que les très nombreux et importants conciles provinciaux et régionaux – qui se sont déroulés au cours de l'histoire, manifestent la vigueur de l'Église catholique et constituent comme des points de lumière dans ses annales.

L'humble et dernier Successeur du Prince des Apôtres[2] qui vous parle, en convoquant cette très vaste assemblée, a eu en vue une affirmation du Magistère de l'Église, qui ne manque jamais à sa tâche et durera jusqu'à la fin des temps. Ce Magistère, tenant compte des erreurs, des besoins, des opportunités de notre temps, se manifeste d'une façon extraordinaire par ce Concile, à tous les hommes du monde entier.

Le Vicaire du Christ qui vous parle, en ouvrant cette assemblée universelle, considère le passé pour en recueillir les échos encourageants. Il se souvient des Pontifes, les anciens et les modernes, ces voix solennelles et vénérables qui nous apportent à travers l'Orient et l'Occident les témoignages de ces conciles, du IVe siècle au Moyen Âge et jusqu'à nos jours. Elles acclament sans cesse le triomphe d'une Société divine et humaine, l'Église du Christ qui reçoit du Divin Rédempteur son nom, les dons de la grâce et toute sa force.

---

2 Référence au premier pape, l'apôtre saint Pierre.

Mais à côté des motifs de joie pour l'esprit, il est vrai, cependant, que sur cette histoire s'étend depuis plus de dix-neuf siècles un nuage de tristesses et d'épreuves. Elle fut et demeure vraie la prophétie que le vieillard Siméon dit à Marie, mère de Jésus : « Vois ! cet enfant doit amener la chute et le relèvement d'un grand nombre en Israël ; il sera un signe en butte à la contradiction » (Luc 2, 34[3]).

Et Jésus lui-même, devenu adulte, montra clairement comment les hommes, à travers les siècles, se dresseraient contre lui, par ces mystérieuses paroles : « Qui vous écoute, m'écoute » (Luc 10, 16) et ces autres que nous rapporte encore le même saint Luc : « Qui n'est pas avec moi est contre moi, et qui n'amasse pas avec moi dissipe » (Luc 9, 23).

Le grand problème que l'homme doit résoudre, après vingt siècles environ, reste toujours le même : le Christ Jésus est toujours au centre de l'histoire et de la vie. Les hommes sont avec lui et avec son Église et, dès lors, jouissent des biens que constituent la lumière, la douceur, l'ordre et la paix. Ou bien ils vivent sans lui ou agissent contre lui et délibérément demeurent hors de l'Église : il en résulte la confusion, l'âpreté des relations humaines et un péril de guerres meurtrières.

L'union avec le Christ et avec son Église, les conciles œcuméniques, chaque fois qu'un d'eux est célébré, la proclament de façon solennelle et irradient partout la lumière de la vérité. Ils orientent dans la voie droite la vie personnelle des hommes, celle de la famille et de la société, ils éveillent et affermissent les forces spirituelles et soulèvent toujours les âmes vers les biens véritables et éternels.

Les témoignages de ce Magistère extraordinaire de l'Église que sont les conciles universels sont là sous nos yeux, tandis que nous embrassons du regard les différentes époques de l'humanité à travers vingt siècles de l'histoire chrétienne. Ces documents sont renfermés en de nombreux et imposants volumes, et il faut les estimer comme un trésor sacré conservé dans les archives de Rome et les plus célèbres bibliothèques du monde entier.

Pour ce qui est de l'origine et de l'initiative de cet important événement qui nous réunit ici, il suffit de donner une fois encore, à titre de simple rappel historique, notre humble témoignage personnel. Vous savez comment ce projet naquit d'abord et de manière imprévue dans Notre esprit et comment Nous Nous en ouvrîmes en quelques simples mots au Sacré Collège des Cardinaux en ce jour béni du 25 janvier 1959, fête de la conversion de l'Apôtre saint Paul, dans la basilique patriarcale qui porte son nom. Ce fut une nouvelle inattendue, un rayon de la lumière

---

3 Évangile selon saint Luc, chapitre II, verset 34 (Nouveau Testament)

d'en Haut, une douce et grande surprise dans les yeux et les cœurs. Mais aussi quelle grande ferveur se fit jour dans le monde entier, dans l'attente de la célébration du Concile.

Les trois années de laborieuse préparation, destinées à rechercher d'une manière plus complète et plus profonde la situation actuelle de la foi et de la pratique religieuse, de la vitalité du christianisme et particulièrement de la religion catholique, Nous sont apparues comme le premier signe et le premier don de la grâce céleste.

Éclairée de la lumière de ce Concile, l'Église – tel est Notre ferme espoir – connaîtra un accroissement de richesses spirituelles et, y puisant de nouvelles énergies, regardera l'avenir avec sérénité. De fait, l'Église – une fois accomplies les corrections opportunes et mise sagement en place une collaboration réciproque – fera en sorte que les hommes, les familles et les peuples tournent vraiment leur esprit vers les biens d'en haut.

Ainsi, la célébration du Concile nous oblige en conscience à rendre grâce au Suprême Dispensateur de tout bien, et à célébrer avec un cantique de joie la gloire du Christ Seigneur, roi glorieux et immortel des siècles et des peuples.

Il y a un autre point, Vénérables Frères, qu'il est bon de soumettre à votre considération. Oui, pour rendre plus complète la sainte joie qui pénètre nos âmes en cette heure solennelle, laissez-Nous déclarer ouvertement en cette vaste assemblée que le Concile œcuménique commence en des circonstances favorables.

Dans l'exercice quotidien de Notre ministère apostolique, il arrive souvent que des voix Nous parviennent, non sans blesser Notre oreille. Il s'agit de certaines âmes, zélées pour la religion, mais qui ne pèsent pas les choses avec assez de mesure et de prudence. Car ces gens ne retiennent que les ruines et les calamités quand ils regardent les conditions précaires de l'humanité. Ils déclarent que notre temps, en comparaison du passé, a sombré de mal en pire ; et ils se comportent comme s'ils n'avaient rien appris de cette maîtresse de vie qu'est cependant l'histoire, et comme si, au temps des conciles œcuméniques précédents, tout s'était développé de façon prospère et juste quant à la pensée et à la vie chrétiennes, quant à la juste liberté de l'Église.

Mais il Nous semble nécessaire de Nous séparer du jugement de ces prophètes de malheurs qui annoncent des événements toujours plus funestes, comme si la fin du monde était proche.

Dans le cours actuel des choses humaines qui semblent acheminer la société humaine vers un nouvel ordre, il faut bien plutôt reconnaître les desseins mystérieux de la Providence Divine qui, dans la succession des temps, à travers l'activité des hommes et bien souvent au-delà de leur attente, atteignent leur but.

Il est facile de s'en rendre compte si l'on considère avec attention les plus graves questions et problèmes politiques et économiques d'aujourd'hui. Les hommes en sont à ce point préoccupés qu'ils perdent tout souci et toute pensée des choses qui relèvent du Magistère sacré de l'Église. Une telle manière d'agir est certainement mauvaise et doit être désapprouvée. Mais on ne peut pas nier que ces nouvelles conditions de vie ont au moins l'avantage d'avoir écarté de nombreux obstacles par lesquels, autrefois, les fils du siècle avaient coutume d'empêcher la libre activité de l'Église. Il suffit, en effet, de parcourir rapidement l'histoire de l'Église pour qu'apparaisse immédiatement comment les conciles œcuméniques eux-mêmes, dont le déroulement est inscrit en lettres d'or aux fastes de l'Église, furent célébrés souvent au milieu des plus graves difficultés et des tristesses douloureuses par le fait de l'ingérence indue des autorités civiles. En effet, les Princes de ce monde se proposaient bien, parfois, très sincèrement de protéger le patrimoine de l'Église. Mais cela n'allait pas souvent sans quelque dommage spirituel, car ces Princes étaient le plus souvent conduits par des raisons de politique et visaient beaucoup trop à leurs propres intérêts. Nous le disons aujourd'hui, certes. Nous sommes profondément affligé de l'absence parmi vous de très nombreux Pasteurs de l'Église, qui Nous sont les plus chers ; pour la foi du Christ ils sont retenus en prison ou entravés par d'autres empêchements. Leur souvenir Nous engage à adresser à Dieu en leur faveur les plus ferventes prières. Cependant ce n'est pas sans l'espérance, pensons-Nous, que l'Église d'aujourd'hui débarrassée de tant d'entraves profanes d'une époque révolue, puisse de cette Basilique Vaticane, comme d'un autre Cénacle des Apôtres, par vous, élever sa voix pleine de majesté et de grandeur.

Ce qui importe le plus au Concile œcuménique, c'est que le dépôt sacré de la doctrine chrétienne soit gardé et enseigné d'une manière plus efficace.

Cette doctrine embrasse l'homme tout entier, l'homme composé de l'âme et du corps et cette même doctrine ordonne que nous, qui sommes sur cette terre, aspirions en pèlerins à la patrie céleste.

Or cela montre comment doit s'ordonner cette vie mortelle, afin que, remplissant les obligations envers la cité terrestre et envers la cité céleste, nous puissions atteindre la fin que Dieu nous a assignée. Cela veut dire que tous les hommes, soit pris individuellement, soit réunis en société, ont le devoir de tendre sans trêve aux biens célestes, tant que la vie leur est donnée, et pour atteindre un tel résultat, le devoir d'user des choses de la terre de manière que l'usage des biens temporels ne mette pas en péril leur béatitude éternelle.

En vérité le Christ Seigneur a prononcé cette sentence : « Cherchez d'abord le Royaume de Dieu » (Matt. 6, 33[4]). Ce mot *d'abord* exprime en quel sens doivent être principalement orientées nos forces et nos pensées ; il n'y a pas à négliger le moins du monde les autres mots du précepte du Seigneur, celles [*sic*] qui suivent immédiatement : « et tout cela vous sera donné par surcroît » (Matt., ibid.). En réalité, il y en eut toujours dans l'Église, et il y en a encore qui, cherchant de toutes leurs forces à pratiquer la perfection évangélique, font en même temps une œuvre propice à la société civile : l'exemple de leur vie disciplinée et leurs entreprises salutaires de charité fournissent aux valeurs les plus hautes et les plus nobles de la vie sociale une grande vigueur et un accroissement qui n'est [*sic*] pas négligeable.

Mais pour que cette doctrine atteigne les multiples champs de l'activité humaine, celui de la vie individuelle, celui de la communauté familiale, celui de la vie sociale enfin, il est nécessaire, avant tout, que l'Église ne perde jamais de vue le patrimoine sacré de la vérité, reçu des anciens. Mais elle doit, en même temps, regarder le présent, les conditions et les formes de vie qu'il a introduites et les nouveaux chemins qu'il a ouverts à l'apostolat catholique.

Pour cette raison l'Église n'a pas assisté, inerte, à l'admirable progrès des découvertes du génie humain ; elle n'a pas manqué de les juger correctement. Mais tout en suivant avec vigilance tous ces développements, elle ne cesse pas d'avertir les hommes qu'ils ont à vouloir tourner leurs regards plus haut que les choses sensibles vers Dieu, source de toute connaissance et de toute beauté, qu'ils ne doivent jamais oublier, eux à qui il a été dit : « Soumettez la terre et dominez » (Gen. 1, 28[5]), ce précepte très grave : « Tu adoreras le Seigneur ton Dieu et tu le serviras, lui seul » (Matt. 4, 10 ; Luc 4, 8), afin que l'attrait fugitif des choses n'empêche pas le véritable progrès.

Après cet exposé apparaît clairement, Vénérables Frères, ce qu'on attend du Concile œcuménique en matière de doctrine.

Le XXIe Concile œcuménique – qui pourra utiliser les ressources efficaces et combien appréciables d'experts des sciences sacrées, de la pastorale et de l'administration – veut transmettre, pure et intègre, la doctrine catholique sans la minimiser ni la travestir. Cette doctrine est devenue, en dépit des difficultés et des oppositions, un patrimoine

---

4 Évangile selon saint Matthieu, chapitre VI, verset 33 (Nouveau Testament).

5 Genèse (Ancien Testament).

commun de l'humanité. Il est vrai que tous ne l'ont pas accepté, mais à tous les hommes de bonne volonté il s'offre comme un immense trésor accessible.

Notre devoir n'est pas seulement de garder ce précieux trésor, comme si nous n'avions d'autre préoccupation que celle du passé, mais de nous consacrer d'une âme ardente, sans aucune crainte, à l'œuvre qu'exige notre temps, et de continuer ainsi la route que l'Église suit depuis près de vingt siècles.

Notre tâche n'a pas pour but premier de discuter de quelques articles fondamentaux de la doctrine de l'Église pour répéter plus abondamment l'enseignement que les pères et les théologiens, anciens et modernes, nous ont légué et dont Nous supposons qu'il vous est toujours bien présent à l'esprit.

Pour de telles discussions, en effet, un Concile œcuménique n'était pas nécessaire. Mais au contraire, ce qui est nécessaire actuellement, c'est d'offrir la totalité de la doctrine chrétienne, sans la trahir en rien, aux hommes de notre temps, aux âmes sereines et paisibles pour qu'ils la reçoivent avec une nouvelle attention, de la livrer avec cette précision des concepts et des termes qui brille particulièrement dans les Actes des conciles de Trente* et du Vatican I*. Il faut, comme tous les hommes sincèrement épris de la vie chrétienne, catholique, apostolique le souhaitent ardemment, que la doctrine soit plus largement et plus profondément connue, qu'elle anime et forme plus pleinement les esprits ; il faut que cette doctrine certaine et immuable qui a droit au plus fidèle respect, soit étudiée et exposée selon une méthode que demande notre temps. Autre est en effet le dépôt de la foi, c'est-à-dire les vérités que renferme notre véritable doctrine et autre est la manière de les énoncer. C'est donc à ce mode d'expression qu'il faudra s'attacher et travailler avec patience, si c'est nécessaire : il faudra élaborer les méthodes d'exposition qui s'accordent le mieux avec un magistère dont le caractère est, avant tout, pastoral.

Au début du concile œcuménique Vatican II, il est plus que jamais manifeste que la vérité du Seigneur demeure éternellement. Nous voyons en effet que, dans la suite des âges, les opinions incertaines des hommes s'excluent l'une l'autre, et que les erreurs s'évanouissent, à peine nées, comme une brume chassée par le soleil.

À ces erreurs l'Église n'a pas cessé de s'opposer, souvent même elle les a condamnées, et de la manière la plus sévère. Aujourd'hui cependant, l'Épouse du Christ préfère user du remède de la miséricorde que de brandir les armes de la sévérité. Plutôt que de condamner, elle pense qu'il faut répondre aux nécessités actuelles en mettant davantage en valeur les richesses de sa doctrine. Ce n'est pas qu'il n'y ait des doctrines trompeuses, des opinions et des concepts dangereux dont il faille se prémunir ou qu'il faille dissiper. Mais tout cela est si évidemment opposé aux principes de l'honnêteté, tout cela a donné des fruits si délétères que, désormais, les hommes semblent commencer à en porter condamnation et, en particulier, à réprouver les manières de vivre qui méprisent Dieu et ses lois, la confiance exagérée qu'on avait placée dans les progrès techniques, une prospérité liée uniquement au confort de l'existence. Ils se convainquent toujours davantage que la dignité de la personne humaine et son perfectionnement convenable sont une valeur importante et qui réclame un rude effort. Ce qui compte le plus, c'est que l'expérience leur a appris que la violence extérieure infligée à autrui, la puissance des armes, la domination politique ne suffiront pas le moins du monde à résoudre heureusement les très lourds problèmes qui les étreignent.

C'est en cette situation que l'Église catholique élève le flambeau de la vérité religieuse grâce à ce Concile œcuménique et veut ainsi se présenter comme la mère de tous, mère pleine d'amour, bonne, patiente, toute indulgence et bénignité à l'égard de ses fils égarés. Au genre humain souffrant de tant de difficultés, elle-même, comme le fit autrefois Pierre en faveur du malheureux qui lui demandait l'aumône, elle aussi dit : « De l'or ou de l'argent, je n'en ai point ; mais ce que j'ai, je te le donne : au nom de Jésus-Christ de Nazareth, lève-toi et marche » (Act. 3, 6[6]). Oui, ce que l'Église offre aux hommes de notre temps, ce ne sont pas des richesses périssables. Elle ne promet pas une félicité seulement terrestre. Elle leur communique les biens de la grâce, et ceux-ci, en élevant les hommes à la dignité de fils de Dieu, sont une sauvegarde et une aide très solides pour rendre leur vie plus humaine. Elle ouvre les sources de sa doctrine si riche, et ainsi les hommes éclairés de la lumière du Christ sont capables de comprendre ce qu'ils sont vraiment, de quelle dignité ils sont revêtus et quelle destinée ils doivent poursuivre. Par l'activité de ses enfants, aussi, elle déploie partout l'ampleur de la charité chrétienne. Et rien n'est plus apte à extirper les semences de discorde, rien n'est plus efficace pour susciter la bonne entente, la paix juste et la fraternelle unité de tous.

Une telle sollicitude de l'Église appliquée à promouvoir et à défendre la vérité découle du fait que, suivant le dessein de Dieu « qui veut le salut de tous les hommes, et qu'ils parviennent à la connaissance de la vérité » (1 Tim. 2, 4[7]), les hommes ne peuvent, sans le secours de toute la doctrine révélée, parvenir à une solide et complète unité des esprits, unité à laquelle sont liés la vraie paix et le salut éternel.

---

[6] Actes des Apôtres (Nouveau Testament).

[7] 1er épître de saint Paul à Timothée (saint Timothée, mort en 97 ?, 1er évêque d'Éphèse), authenticité mise en doute (Nouveau Testament).

La famille entière des chrétiens n'a pas encore, hélas, atteint pleinement et parfaitement cette unité visible dans la vérité.

L'Église catholique pense donc devoir déployer ses efforts pour que s'accomplisse le grand mystère de l'unité que le Christ Jésus, à l'approche de son sacrifice, demanda au Père Céleste avec les prières les plus instantes.

Or cette prière du Rédempteur fut certainement accueillie et exaucée comme elle le devait, et elle obtint son accomplissement dans l'Église catholique ; bien plus, elle multiplie des fruits bien riches de salut même parmi ceux qui vivent hors des limites de l'Église. Et cette unité même que Jésus-Christ demanda pour son Église semble briller d'un triple rayon de lumière céleste et salutaire auquel correspondent : l'unité des catholiques entre eux, unité qu'ils doivent maintenir très ferme et capable de briller comme un exemple ; unité, aussi, des prières et des vœux les plus ardents par laquelle les chrétiens séparés de ce Siège Apostolique demandent d'être réunis avec nous ; unité, enfin, d'estime et d'égards envers l'Église catholique de la part de ceux qui professent diverses formes de religion non chrétiennes, qui constituent la plus grande partie du genre humain et ont été rachetés eux aussi par le Sang du Christ, même s'ils ne participent pas encore à ces sources de la grâce divine qui se trouvent en l'Église catholique. Il en découle que l'Église catholique et la force de son unité surnaturelle qui déborde jusqu'à promouvoir le progrès de toute la famille humaine peuvent se voir appliquées les paroles éclatantes de saint Cyprien : « L'Église entourée de la lumière du Seigneur étend ses rayons à travers tout l'univers : unique est, cependant, la lumière qui se répand universellement et l'unité du corps n'est pas divisée. La richesse de sa fécondité lui fait étendre des rameaux sur la terre entière. Elle répand toujours plus largement et plus loin ses ruisseaux abondants. Et cependant unique est le chef, unique l'origine et unique la mère si riche d'une telle fécondité : de son sein nous naissons, de son lait nous sommes nourris, de son esprit nous vivons » (*De Catholicae Ecclesiae Unitate*, 5[8]).

Vénérables Frères,

Voilà ce que se propose le concile œcuménique Vatican II. Tandis qu'il rassemble en un les forces majeures de l'Église et tandis qu'il étudie la manière d'annoncer le salut pour que celui-ci soit accueilli plus volontiers par les hommes, il prépare et consolide, pour ainsi dire, la voie qui

---

8 *De l'unité de l'Église catholique*, œuvre de saint Cyprien de Carthage (né v. 200 – converti en 245 – martyr en 258), apologie pour l'unité de l'Église et la cohésion des fidèles autour de leurs pasteurs.

conduira à l'unité du genre humain, l'unité qui donnera à la Cité terrestre de pouvoir être établie à la ressemblance de la Cité céleste « dont le roi est la vérité, dont la loi est la charité, dont la mesure est l'éternité » (Epist. Sancti Augustini, 138, 3[9]).

Ainsi « notre voix se tourne vers vous » (2 Cor. 6, 11[10]), Vénérables Frères en Épiscopat. Nous voici désormais réunis en cette basilique Vaticane où est implanté le pivot de l'histoire de l'Église, où le Ciel et la Terre sont actuellement unis étroitement, ici près du tombeau de Pierre, près des tombes de tant de nos Saints Prédécesseurs, dont les cendres, à cette heure solennelle, semblent frémir d'une allégresse mystérieuse.

Le Concile qui commence se lève dans l'Église comme un jour annonciateur de lumière toute resplendissante. C'est à peine l'aurore, en ce moment, et déjà cette annonce du jour qui se lève remplit notre cœur d'une telle suavité ! Tout ici respire la sainteté, tout suscite l'allégresse. Nous contemplons de fait les étoiles qui accroissent de leur clarté la majesté de ce temple. Ces étoiles, selon le témoignage de l'Apôtre Jean (Apoc. 1, 20[11]), c'est vous. Et avec vous Nous voyons resplendir les candélabres d'or qui entourent le tombeau du Prince des Apôtres, c'est-à-dire les Églises qui vous sont confiées (ibid.).

Nous voyons en vous les personnalités les plus dignes, présentes ici dans l'attitude d'un grand respect et d'une attente cordiale, venues à Rome des cinq continents pour représenter les Nations du monde.

On peut bien dire que le Ciel et la Terre s'unissent pour célébrer le Concile : les Saints du Ciel, pour protéger notre travail ; les fidèles de la terre qui continuent à prier le Seigneur ; et vous, secondant les aspirations du Saint-Esprit pour faire correspondre le travail commun à l'attente et aux nécessités actuelles des divers peuples. Tout cela requiert de vous la sérénité de l'esprit, la concorde fraternelle, la modération dans les projets, la dignité des discussions et la sagesse des délibérations.

Veuille le Ciel que vos fatigues et votre travail sur lequel se concentrent les regards de tous les peuples, et aussi, les espérances du monde entier, satisfassent abondamment les aspirations communes.

Dieu Tout-Puissant, en Toi nous plaçons toute notre confiance, sans la mettre en nos propres forces. Regarde avec bonté ces Pasteurs de ton Église. Que la lumière de Ta grâce céleste nous aide quand nous prendrons les décisions et quand nous établirons les lois ; et veuille exaucer

---

9 Lettres de saint Augustin (354-430), Romain d'Afrique, évêque d'Hippone, Père de l'Église latine.

10 2e épître de saint Paul aux Corinthiens, rédigée en Macédoine vers 55 (Nouveau Testament).

11 Apocalypse de saint Jean, rédigée vers 95 (Nouveau Testament).

pleinement les prières que nous Te présentons dans l'unanimité de la Foi, de la parole et de l'esprit.

Ô Marie, Secours des chrétiens, Secours des Évêques, de ton amour Nous avons eu récemment une preuve particulière en ton temple de Lorette* où il Nous a plu de vénérer le mystère de l'Incarnation, dispose toutes choses en vue d'un résultat heureux et propice, et, avec ton époux saint Joseph, avec les saints Apôtres Pierre et Paul, avec saint Jean-Baptiste et saint Jean l'Évangéliste, intercède pour nous auprès de Dieu.

À Jésus-Christ, notre tout aimable Rédempteur, Roi immortel des peuples et des temps que soient l'amour, la puissance et la gloire dans les siècles des siècles. Ainsi soit-il.

COMPLÉMENTS

Concile de Trente: Dix-neuvième concile œcuménique convoqué par Paul III en 1542, il s'ouvrit en 1545 et se poursuivit, avec de multiples interruptions, jusqu'en 1563, sous Jules III et Pie IV. Décidé pour réagir à la Réforme protestante, il engagea la Contre-Réforme ou Réforme catholique par laquelle l'Église romaine révisa ses pratiques et réaffirma ses dogmes.

Concile Vatican I: Vingtième concile œcuménique convoqué par Pie IX en 1869, il proclama l'infaillibilité pontificale et fut ajourné *sine die* le 20 octobre 1870, après l'occupation de Rome par les troupes italiennes et le déclenchement de la guerre franco-prussienne.

… En ton temple de Lorette… : Jean XXIII fait ici référence à un pèlerinage accompli à Lorette et Assise le 4 octobre 1962, soit entre le diagnostic de son cancer et l'ouverture du concile. Le Pape accomplit ainsi de nouveau un voyage qu'il a déjà fait en septembre 1900. Il quitte le Vatican à bord d'un train dans lequel le Premier ministre italien Fanfani le rejoint en gare du Trastevere puis est accueilli à Lorette par le président de la République Segni. Selon la légende, la maison de la Vierge à Nazareth aurait été transportée par des anges à Lorette, près d'Ancône, à la fin du XIIIe siècle, ce qui explique que la ville soit devenue un haut lieu de dévotion mariale. En octobre 1962, on a beaucoup glosé sur cette visite de Jean XXIII, considérée par certains comme une maladresse: pourquoi insister sur le culte de la Vierge à la veille d'un concile visant à l'œcuménisme ? À Lorette toutefois, Jean XXIII a davantage parlé de l'Incarnation, de la famille et du travail que de sainte Marie. Il a ensuite poursuivi son chemin vers Assise, la ville de saint François, ce qui s'inscrit dans la foulée de son allocution radiodiffusée du 11 septembre sur « l'Église des pauvres ».

64 – John F. Kennedy
Une menace sournoise pour la paix du monde

22 octobre 1962

Protectorat américain de fait durant près de six décennies, la très stratégique île de Cuba donne bien du fil à retordre à Washington au début des années soixante. En quelques mois, les relations se dégradent entre les États-Unis et le régime cubain né de la révolution castriste de janvier 1959[1]. Si Cuba se dit d'abord non alignée, elle proclame bientôt son ralliement au camp socialiste, bouleversant l'équilibre de la guerre froide et posant une question claire : les États-Unis peuvent-ils tolérer un État communiste dans l'hémisphère occidental et, qui plus est, à leurs portes ? L'administration Eisenhower commence par prendre des mesures économiques. Elle suspend ses importations de sucre cubain puis décrète un embargo total de l'île, à l'exception des produits alimentaires et des médicaments. Le 3 janvier 1961, le Président rompt les relations diplomatiques entre Washington et La Havane avant de transmettre le dossier à son successeur, le jeune démocrate John F. Kennedy.

Une campagne musclée et une opération manquée

Dès 1958, soit bien avant d'être désigné comme candidat à l'élection présidentielle, John Fitzgerald Kennedy (1917-1963)[2], alors sénateur du Massachusetts, s'intéresse à la question cubaine en tant que membre du sous-comité Amérique latine de la commission des Affaires étrangères. Alors que la chute du régime dictatorial de Batista apparaît de plus en plus probable, il propose à l'administration républicaine une série de mesures destinées à soutenir l'Amérique latine dans son ensemble et à redresser ainsi l'image des États-Unis dans la région, sous peine de voir Cuba puis d'autres pays prendre le chemin d'un antiaméricanisme amer sinon se rapprocher de l'autre bloc. Mais le gouvernement américain fait la sourde oreille. Deux ans plus tard, en février 1960 et tandis que Fidel Castro s'apprête à signer un accord commercial avec l'URSS, Kennedy développe un programme en dix points dans lequel des idées novatrices (le soutien à des réformes démocratiques en Amérique latine ou un plan de développement de la région en partenariat avec le Japon et l'Europe occidentale) voisinent avec des propositions plus traditionnelles et à double tranchant, comme l'encouragement fiscal aux

---

1 Voir l'introduction au discours n° 60.

2 Pour des éléments biographiques, voir l'introduction au discours n° 61.

investissements américains dans les services publics latino-américains. De nouveau, il se heurte à un mur même si, au second semestre 1960, Eisenhower doit promettre une aide de 500 millions de dollars à l'Amérique latine pour mieux y combattre la popularité croissante d'un Castro désormais ouvertement pro-soviétique. Au même moment, la campagne présidentielle est lancée entre le vice-président républicain sortant Richard Nixon et John Kennedy qui va pouvoir se servir de Cuba pour dénoncer les erreurs et l'inaction du camp adverse. Sans renier ses propositions d'inspiration libérale, il joue la surenchère dans la fermeté en direction du régime castriste. Il présente Castro comme un danger grave et immédiat, flatte les interventionnistes comme les réfugiés cubains et plaide pour une politique plus offensive, jugeant insuffisant l'embargo décrété le 19 octobre. Bref, « JFK » laisse penser qu'il ne serait pas hostile à une invasion de Cuba ou à une aide aux forces rebelles, à tel point que certains journaux en font leurs grands titres et le forcent à battre en retraite. Élu président en novembre 1960, Kennedy reste une énigme pour les Cubains pro- et anticastristes qui ne savent pas clairement quelle direction il va donner à sa politique.

Lorsqu'il entre à la Maison-Blanche en janvier 1961, il est, en fait et avant tout, un héritier. Nombre de décisions importantes ont été prises sous Eisenhower et plusieurs projets sont en cours. Depuis mars 1960, les États-Unis ont autorisé l'entraînement sur leur sol de réfugiés cubains prêts à l'action et, depuis plusieurs mois, la CIA et le FBI préparent avec eux une invasion de l'île, opération en partie financée par des compagnies américaines. Mis au courant, John Kennedy hésite à poursuivre cette préparation mais se laissera persuader, les services secrets lui affirmant que les masses paysannes cubaines soutiendront les rebelles. Le 5 avril 1961, il donne son accord pour l'exécution du projet mais fixe ses conditions : il refuse la présence d'anciens partisans de Batista dans le futur gouvernement cubain qui devra être libéral modéré, et prévient que l'armée américaine n'interviendra pas dans l'invasion. Dix jours plus tard, ce sont pourtant des bombardiers américains, mais pilotés par des Cubains et camouflés en avions cubains, qui bombardent l'île. Le 17 avril, les réfugiés débarquent dans la baie des Cochons mais, contrairement à leur attente, y rencontrent une résistance farouche des paysans et se trouvent pris au piège. Le 19 avril, ils demandent en urgence une intervention américaine mais se heurtent, comme annoncé, à un refus de Kennedy qui accepte simplement un sauvetage des survivants. Alors que Castro triomphe et renforce sa popularité à Cuba et dans toute l'Amérique latine, l'échec est cuisant pour les États-Unis dont l'image sort très écornée de cet épisode : Washington est accusée par les uns d'impérialisme et par les autres de lâchage et de trahison. Kennedy profite de la situation pour écarter Allen Dulles, le puissant chef de la CIA, ce qui lui vaudra certaines haines tenaces, et ne semble pas personnellement affaibli sur le plan intérieur : plus de huit Américains sur dix lui conservent en effet leur confiance. Il sait néanmoins à quel point Cuba est et sera un terrain glissant.

Une partie de poker au risque atomique

À partir du printemps 1961, la politique cubaine du Président devient plus prudente. Cherchant à renforcer l'isolement de Fidel Castro, il profite de la conférence interaméricaine de Punta del Este, en août, pour confirmer et préciser la promesse d'une aide collective et massive à l'Amérique latine. Celle-ci prendra le nom très symbolique d'Alliance pour le progrès. Par ailleurs, en janvier 1962, les États-Unis obtiennent que Cuba soit exclue de l'Organisation des États américains. Cette exclusion intervient alors que Castro rencontre de plus en plus de difficultés : l'industrialisation forcée fait chuter la production de sucre, principale richesse de Cuba, et l'opposition au régime socialiste semble grandir dans les villes comme dans les campagnes, ce qui provoque en retour une véritable terreur policière. Les dirigeants cubains restent, par ailleurs, convaincus que Washington se prépare à une invasion. Plusieurs indices leur semblent probants : le durcissement de l'embargo, la surveillance accrue du territoire cubain par des avions espions U-2 ou encore l'autorisation donnée aux réfugiés cubains de s'engager dans l'armée américaine. Une véritable fièvre obsidionale s'empare de La Havane qui entend obtenir de Moscou un soutien plus concret et plus effectif. De son côté, l'URSS traverse alors une période de stagnation : en Afrique et en Amérique latine, elle ne parvient pas à tirer le parti escompté de la décolonisation ou de la montée de l'antiaméricanisme ; la question allemande, un an après la construction du mur de Berlin, reste pendante[3] ; les négociations de désarmement sont au point mort ; les États-Unis ont publiquement affirmé que le *missile gap*, c'est-à-dire la supériorité de l'URSS en termes d'armement nucléaire, était un leurre ; enfin, les relations avec Pékin ne cessent de se dégrader, les communistes chinois accusant les Soviétiques de pactiser avec l'impérialisme en se montrant trop peu offensifs. Bref, la demande cubaine d'appui militaire arrive à point pour redorer le blason de Moscou tout en permettant aux Russes de tester la détermination des Américains et de leur président. En juillet 1962, Che Guevara et Raúl Castro, frère de Fidel et ministre des Forces armées, se rendent au Kremlin, officiellement pour négocier l'envoi de techniciens et de matériel à Cuba dans un but exclusivement défensif. Mais en coulisse, c'est une opération bien plus risquée qui se prépare : l'installation sur l'île de missiles nucléaires soviétiques à portée du territoire américain.

Dans un premier temps, à partir de la fin du mois de juillet, l'URSS fait parvenir des missiles antiaériens et des chasseurs Mig-21, afin de protéger les futures bases d'engins offensifs et de pouvoir détecter les avions américains de reconnaissance. Fin août-début septembre, les services secrets américains rapportent une activité anormale sur l'île, évoquant la présence de cinq mille spécialistes russes et l'augmentation fulgurante des installations de type défensif. Khrouchtchev, mis en garde par Washington, assure personnellement Kennedy qu'aucun incident n'aura lieu avant les élections américaines de novembre. Cependant, début septembre, il passe à la seconde partie du plan : moyennant un camouflage minutieux, ce sont des missiles balistiques et des avions Iliouchine-28 qui arrivent désormais à Cuba, au moment où la saison des ouragans oblige les États-Unis à diminuer la fréquence de leurs U-2. Le 14 octobre 1962, l'un d'entre eux prend des clichés qui, agrandis le 15, fournissent la preuve irréfutable que l'URSS a commencé à installer des missiles nucléaires à Cuba. Au matin du 16, John Kennedy est informé de la situation. Dès lors, chaque minute compte mais il importe de conserver le secret le plus absolu afin que Washington, quelle que soit sa réaction, puisse jouer sur l'effet de surprise. Le Président qui, du reste, ne change rien à son agenda, réunit autour de lui un comité exécutif du Conseil national de Sécurité. Une semaine durant,

---

3 Voir l'introduction au discours n° 65.

celui-ci va tenter de décrypter les raisons qui ont poussé Moscou à tant d'audace et va envisager toutes les possibilités d'action, leurs avantages et leurs inconvénients : faut-il débarquer à Cuba au risque de faire figure d'agresseurs et de provoquer le pire ? Faut-il bombarder sans sommation les sites incriminés et être accusés d'un nouveau Pearl Harbor ? Faut-il imposer un blocus maritime à Cuba et y interdire toute nouvelle arrivée de matériel ? C'est finalement à cette dernière solution, la plus modérée, que se rallient le Président et son comité qui, avant toute annonce publique, avertissent Londres et Paris de la situation.

À partir du vendredi 19 octobre, des rumeurs de crise commencent à se répandre dans la presse mais les autorités parviennent à éviter les fuites durant le week-end. Le lundi 22, les Américains apprennent que leur Président prononcera un discours télévisé en début de soirée. Jusque tard dans la nuit précédente, il en a revu et modifié le texte, rédigé par son principal conseiller, Theodore Sorensen. À dix-neuf heures, après avoir informé les principaux ténors du Congrès, John Kennedy s'adresse au peuple américain mais également à l'URSS. Dénonçant l'installation de missiles à Cuba comme une *provocation délibérée* et préméditée mais surtout comme une menace pour les États-Unis et la paix, le Président annonce une série de mesures qui, précise-t-il, ne sont peut-être que le *début d'une phase d'action*. Son objectif est clair : ne pas rééditer les erreurs commises naguère par laxisme avec Hitler. Kennedy décrète un *système de quarantaine extrêmement strict* envers Cuba mais insiste sur le fait qu'il n'entend pas acculer l'île à la famine, se démarquant ainsi du comportement des Russes lors du blocus de Berlin. Il souligne ensuite que toute attaque venue de Cuba sera considérée comme une attaque soviétique directe et lance un ultimatum à Khrouchtchev pour qu'il retire ses missiles et s'engage à arrêter la course aux armements. Traduit en trente-huit langues, le discours de Kennedy sera diffusé dans le monde entier, y compris à Cuba, où la « Voix de l'Amérique » le relaiera plusieurs nuits d'affilée afin de faire connaître la version américaine de la crise. Partout, il fait l'effet d'un coup de massue car la possibilité d'une guerre atomique n'a jamais semblé si proche. En effet, en 1961, Kennedy a substitué à la doctrine nucléaire des « représailles massives » celle de la « riposte graduée », rendant ainsi possible un emploi ciblé de la bombe comme réponse à une menace elle aussi ciblée. Or, beaucoup pensent que Cuba pourrait être l'occasion de concrétiser cette nouvelle donne.

Sortie de crise à l'amiable

Au lendemain du discours de Kennedy, Moscou accuse Washington de mensonge et d'agression délibérée. Le Kremlin continue à affirmer, au mépris de la vérité, que les armes envoyées aux Cubains sont strictement défensives, ce qu'il maintient encore le 25 octobre à l'ONU. Pendant ce temps, les livraisons et les installations en cours se poursuivent. Mais les États-Unis rendent effective la quarantaine annoncée dès le mercredi 24 octobre, à 10 heures du matin, à l'expiration de l'ultimatum. Quatre-vingt-dix vaisseaux, soixante-huit groupes aériens et huit porte-avions se mettent en place, établissant une zone de contrôle de huit cents kilomètres de rayon autour de l'extrémité est de Cuba. Sur le plan moral également, la position américaine est excellente : les photos prises par les U-2 sont publiées comme preuves, Kennedy a le soutien de tous ses alliés, de plusieurs pays afro-asiatiques et de 84 % des Américains. Moscou est entrée dans une impasse dont elle va devoir sortir par la négociation, d'autant que les États-Unis menacent maintenant Cuba d'un bombardement imminent. Alors que le secrétaire général de l'ONU, U Thant, se propose comme « Monsieur bons offices », Khrouchtchev propose lui-même une sortie de crise : le retrait, sous contrôle de l'ONU, des missiles soviétiques, dont il reconnaît maintenant l'existence, contre la promesse américaine de ne jamais envahir Cuba. Au dernier moment, il tente encore un baroud d'honneur, réclamant en sus le retrait des missiles Jupiter américains présents en Turquie mais Washington ne cède pas au chantage. Le 28 octobre, Moscou annonce que, pour protéger la paix, les armes considérées par les États-Unis comme offensives seront démontées et quitteront Cuba puisque les États-Unis s'engagent à respecter la souveraineté de l'île. Chacun peut ainsi avoir l'impression de sortir de la crise la tête haute même si, dans les faits, ce sont bien les Américains qui ont gagné la bataille. Cependant, les plus grands perdants ne sont pas les Soviétiques mais les Cubains : à aucun moment Fidel Castro n'est intervenu dans la négociation. Considérant la décision russe comme une insulte, il décide de ne pas se plier aux conditions d'un accord qui lui est imposé et fixe plusieurs préalables : la levée de l'embargo économique, l'arrêt des attaques de réfugiés cubains au départ des États-Unis et des vols d'espionnage au-dessus de Cuba ainsi que le retrait des Américains de leur base de Guantanamo, en territoire cubain. En position de force, Washington oppose une fin de non-recevoir et laisse à Moscou le soin de négocier avec son allié. Le 19 novembre, après de longues discussions, Castro accepte le démantèlement des rampes de lancement et le départ des bombardiers soviétiques mais son refus de laisser contrôler l'arsenal militaire cubain par l'ONU conduira les États-Unis à retirer leur promesse de non-invasion.

À moyen terme, la crise des missiles va, paradoxalement, permettre une certaine « détente » dans les relations entre les deux Grands qui, tous deux, ont démontré leur souci d'éviter une escalade. Fin décembre 1962, à la conférence du Désarmement, la délégation américaine propose ainsi d'améliorer l'échange d'informations entre les blocs et la communication en cas de tension mais également de généraliser le principe des inspections. Si, sur ce dernier point, les Russes se montrent réticents, ils vont accepter, en juin 1963, la création du « télétype rouge » direct entre Moscou et Washington puis, en août, l'interdiction des essais nucléaires détectables, c'est-à-dire non souterrains, et, en octobre, l'interdiction du stockage d'armes atomiques dans l'espace. L'année 1963 semble porteuse d'espoir, mais le 22 novembre, à Dallas, l'assassinat du président Kennedy démontre, une fois de plus, que toute embellie est fragile. L'année suivante, l'autre protagoniste principal de la crise des missiles, Nikita Khrouchtchev est, à son tour mais moins brutalement, écarté du devant de la scène. Seul demeure – et pour longtemps encore – Fidel Castro, malmené, isolé mais fermement cramponné au pouvoir[4].

---

4 Voir l'introduction au discours n° 99.

UNE MENACE SOURNOISE POUR LA PAIX DU MONDE

Le Gouvernement, fidèle à sa promesse, n'a pas cessé de surveiller l'implantation du dispositif militaire soviétique de l'île de Cuba. Depuis la semaine dernière nous avons recueilli des preuves suffisantes pour pouvoir affirmer que plusieurs bases de lancement pour missiles sont en voie d'installation dans cette île opprimée. La présence de ces armes ne peut avoir d'autre but que celui de procurer à l'URSS une force atomique offensive dirigée contre l'hémisphère occidental. [...]

Cette transformation soudaine de Cuba en une base stratégique importante, la présence de ces armes offensives et destructrices à longue portée constituent une menace évidente pour la paix et la sécurité de l'Amérique entière. [...]

L'ampleur de cette entreprise prouve qu'elle a été préparée de longue date. [...]

Les armes atomiques ont une telle force destructive et les missiles sont si rapides que toute augmentation substantielle dans leurs possibilités d'emploi ou tout changement dans leur déploiement peuvent aussi bien être considérés comme une menace pour la paix. [...]

L'installation secrète et rapide de ces missiles communistes dans une région qui, depuis toujours, a entretenu des relations étroites avec les États-Unis et les autres pays de l'hémisphère occidental, installation faite en violation des engagements des dirigeants soviétiques, est rigoureusement contraire à la politique des États-Unis et des autres pays de cet hémisphère. Cette décision soudaine et clandestine d'entreposer, pour la première fois, des engins en dehors des frontières soviétiques constitue une provocation délibérée et une modification injustifiée du *statu quo*, que nous ne saurions accepter si nous voulons que nos ennemis et nos alliés continuent à croire en notre courage et à la valeur de nos engagements.

Les années 1930 nous ont donné une leçon ; un comportement agressif, s'il n'est ni refréné ni contesté, mène inévitablement à la guerre. Notre objectif immédiat doit donc être d'empêcher que ces missiles soient utilisés contre les États-Unis ou tout autre pays, et de veiller à ce qu'ils soient retirés de l'hémisphère occidental.

Notre politique a été faite de patience et de modération comme il convient à une nation puissante et pacifique à la tête d'une alliance mondiale. Nous avons toujours veillé à ne pas nous laisser détourner de la voie que nous nous étions tracée par quelque fanatique ou exalté. Mais il est temps d'agir et nous agissons ; peut-être d'ailleurs sommes-nous seulement au début d'une phase d'action. Nous ne voulons pas prendre le risque prématuré et inutile d'une guerre atomique mondiale dans laquelle même la victoire aurait un goût de cendres, mais nous ne nous déroberons pas devant ce même risque s'il se présente.

Agissant pour la défense de notre sécurité et pour celle de l'hémisphère occidental dans son ensemble, usant de l'autorité que m'a conférée la Constitution [...], j'ai décidé que les premières mesures suivantes seraient prises d'urgence :

[...] Afin de mettre un terme à l'implantation de ce dispositif d'agression, nous allons établir, autour de Cuba, un système de quarantaine extrêmement strict destiné à intercepter tout bâtiment, de toute provenance, se dirigeant vers Cuba et transportant une cargaison d'armes offensives. Si besoin est, cette quarantaine sera également appliquée à d'autres types de cargaisons. Cependant nous n'irons pas jusqu'à provoquer un risque de famine, comme l'ont fait les *Soviets* lors du blocus à Berlin en 1948.

[...] Notre politique nous obligera à considérer toute attaque atomique venant de Cuba et dirigée contre l'un des pays de l'hémisphère occidental comme une attaque directe de l'URSS contre les États-Unis et appellera, de ce fait, des mesures de représailles dirigées contre l'URSS [...]

[...] J'adresse un appel au président Khrouchtchev pour lui demander de mettre fin à cette menace sournoise, téméraire et intolérable pour la paix du monde et pour les relations entre nos deux pays. Je voudrais également l'inciter à renoncer à cette politique de domination mondiale, à abandonner cette dangereuse course aux armes destructrices, enfin à participer, dans un effort commun, à transformer le sort de l'homme. Le président soviétique a aujourd'hui l'occasion de délivrer les peuples de la terreur qui plane sur le monde, en s'inspirant des propres déclarations de son gouvernement suivant lesquelles l'URSS n'a nul besoin de stations de missiles en dehors de son propre territoire, et en retirant ces engins de Cuba – en évitant toute action de nature à étendre ou à approfondir la présente crise – et en participant alors à une recherche de solutions pacifiques et durables. [...]

65 – John F. Kennedy
Ich bin ein Berliner

26 juin 1963

Ce texte qui figure parmi les discours les plus célèbres et les plus percutants du président Kennedy (1917-1963)[1] reste, aujourd'hui encore, très symbolique : prononcé deux ans après la construction du mur dit « de la honte », il est à la fois destiné aux habitants de Berlin-Ouest qui ont toujours besoin d'être soutenus et rassurés, aux Occidentaux en général, auxquels il rappelle leurs valeurs communes, et au bloc adverse dont les dirigeants oscillent en permanence entre menaces et promesses d'apaisement. Cinq mois plus tard, la disparition tragique de l'orateur donnera même à cette allocution des allures de testament politique.

Un coin d'Occident en Europe de l'Est

Capitale de la Prusse puis, dès 1871, de l'Empire allemand, Berlin demeure le centre névralgique du pouvoir en Allemagne sous la République de Weimar comme sous le IIIe Reich. En 1939, la ville et son agglomération, soit le grand Berlin, comptent près de quatre millions et demi d'habitants. Bien avant la fin de la Seconde Guerre, dès le mois de janvier 1944, les Alliés, à l'initiative de la Grande-Bretagne, mènent des discussions sur la division de l'Allemagne en plusieurs zones d'occupation. Le grand Berlin inclus dans la zone soviétique serait, lui aussi, divisé en secteurs, chacun occupé militairement par une grande puissance. Toutefois, selon le protocole du 14 novembre 1944, l'administration de l'ensemble de la ville serait exercée par la *Kommandatura*, une autorité interalliée ayant la haute main sur les différentes zones. Du 22 avril au 2 mai 1945, la féroce bataille de Berlin menant à la libération de la ville décime les troupes allemandes et soviétiques mais laisse l'URSS temporairement seule maître des lieux. En effet, c'est en juillet 1945 seulement que les Alliés occidentaux, Américains, Britanniques mais aussi Français, prennent possession de leurs secteurs et que la *Kommandatura* entre en fonction. Dans l'intervalle, en mai et juin 1945, les communistes berlinois ont pris toute une série de décisions politiques, économiques et administratives. Ils ont ainsi jeté les bases d'une gestion municipale pro-soviétique que, dans un premier temps, les Occidentaux ne vont pas heurter de front. Cependant, entre 1946 et 1948, les tensions s'accentuent et Berlin devient l'un des principaux théâtres de la guerre froide, Moscou

---

[1] Pour des éléments biographiques, voir l'introduction au discours n° 61.

imposant des restrictions de plus en plus drastiques à la liberté de circulation dans la ville même et vers l'extérieur.

En 1948, un accord sur un traité de paix et sur le devenir de l'Allemagne semble devenu impossible entre les deux blocs. Le représentant soviétique quitte le Conseil de contrôle interallié, qui faisait office jusque-là de gouvernement allemand, marquant bien la volonté de l'URSS d'imposer sa souveraineté à long terme au sein de sa zone, future République démocratique allemande (RDA). En juin 1948, les trois puissances occidentales fusionnent leurs zones[2], prélude à la naissance de la République fédérale d'Allemagne (RFA) qui va bénéficier du Plan Marshall pour son redressement. La naissance progressive de deux États allemands distincts[3] rend plus aigu encore le problème de Berlin, dont les Soviétiques voudraient expulser les occupants occidentaux. De juin 1948 à mai 1949, Moscou impose aux secteurs Ouest de la ville un blocus économique total mais celui-ci est immédiatement contourné par un pont aérien américain qui permet de ravitailler les habitants. Capitale de la RDA dès octobre 1949, Berlin est un enjeu stratégique pour le « monde libre » car elle est une véritable vitrine de la prospérité occidentale au cœur du bloc communiste.

La crise de Berlin et la construction du mur

À Moscou, Berlin est considérée comme une *tumeur cancéreuse*, un *os fiché dans la gorge*, ce qui, dans les deux cas, nécessite une réduction ou une ablation. En effet, dès 1949, les Allemands de l'Est sont chaque année plus nombreux à quitter la RDA pour passer à l'Ouest via Berlin et son statut particulier. En douze ans, ce ne sont pas moins de 2,7 millions de réfugiés, souvent très qualifiés, qui vont chercher de l'autre côté du rideau de fer de meilleures conditions de vie et de travail. La RDA risque donc, à court terme, de manquer de bras et surtout de cerveaux. Il semble cependant très difficile de modifier la situation sans en passer par une épreuve de force avec l'Ouest. Toute négociation tourne court : en 1952, Staline propose ainsi une réunification allemande, assortie d'une neutralisation du pays, mais les Occidentaux répliquent en exigeant au préalable des élections libres en RFA et en RDA puis la possibilité pour les Allemands de décider de leur statut international. En juin 1953, des grèves et des émeutes ouvrières éclatent dans les grandes villes de RDA pour réclamer des réformes politiques et économiques. Les Berlinois de l'Est sont matés par leurs forces de l'ordre, avec l'aide des Soviétiques. À l'Ouest, les occupants n'ont volontairement pas bougé, désireux de ne pas provoquer une crise qui risquerait de modifier la situation de la ville en leur défaveur.

Cinq ans plus tard cependant, l'Est-Allemand Walter Ulbricht et le Soviétique Khrouchtchev vont à l'affrontement : en novembre 1958, Moscou annonce que l'heure est venue de mettre fin à l'occupation de Berlin et que l'URSS va, pour sa part, transférer ses dernières prérogatives sur la cité à la RDA. On ajoute que les secteurs occidentaux doivent être transformés, d'ici six mois, en ville libre et neutre sous contrôle de l'ONU,

---

2 En réalité, les zones anglaise et américaine étaient déjà fusionnées en une « bizone » économique depuis janvier 1947.

3 Bien que la RDA ne soit reconnue ni par les grandes puissances occidentales ni par la RFA.

sinon Moscou signera un traité de paix séparé avec la RDA. Cela impliquerait, pour les Alliés, la nécessité de négocier l'accès à Berlin avec la RDA, donc de reconnaître celle-ci, ou de passer en force, au risque d'une riposte atomique soviétique. L'heure est grave : les Occidentaux, et singulièrement les Américains, vont-ils sacrifier les Berlinois de l'Ouest sur l'autel de la paix mondiale et céder à l'intimidation ou prendre le risque d'une guerre pour préserver la liberté de deux millions et demi d'Allemands ? Dans les mois qui suivent, les deux camps calment le jeu mais, dès l'été 1960, Khrouchtchev qui avait espéré en vain un geste d'Eisenhower, repart à l'offensive : c'est à ce moment que se situent les épisodes célèbres de l'avion espion U-2 américain abattu au-dessus de l'URSS, de la promesse théorique d'une aide nucléaire soviétique à Cuba[4] et du soulier de Khrouchtchev frappant son pupitre à l'ONU en signe de protestation.

L'arrivée aux commandes d'un nouveau président américain, John F. Kennedy, qu'il pense trop jeune et inexpérimenté, incite le leader soviétique à plus d'audace encore, sous couvert d'apaisement. Les deux hommes se rencontrent à Vienne le 3 juin 1961 mais leurs discussions achoppent sur tous les points cruciaux : désarmement, droit du communisme à aider les mouvements de libération où qu'ils se manifestent et, bien sûr, question allemande. Khrouchtchev fixe un nouvel ultimatum concernant Berlin et annonce un traité avec la RDA pour la fin de l'année. Kennedy riposte par la fermeté et réaffirme les exigences occidentales : viabilité et sécurité de Berlin-Ouest, garantie du libre accès à la ville pour les Alliés et maintien de la présence alliée. Il modère cependant son entourage qui évoque déjà un nouveau pont aérien ou l'envoi d'une division pour assurer une voie d'accès à travers la RDA. De nouveau, on semble dans l'impasse mais il apparaît bientôt que le bloc soviétique cherche surtout le moyen d'assurer la survie du régime est-allemand, de plus en plus contesté, et d'empêcher le départ de nouveaux réfugiés vers l'Ouest.

Dans la nuit du 13 août 1961, en plein long week-end, ordre est donné aux *Vopos*, les policiers est-allemands, de poser chevaux de frise et barbelés à travers Berlin, le long de la frontière entre les blocs. Bientôt, c'est un véritable mur de briques qui est érigé. Les autorités annoncent que la frontière sera fermée jusqu'à la signature du traité de paix. Le 22 août, il ne subsiste qu'un seul point de passage entre l'Est et l'Ouest ouvert aux Allemands et il est strictement contrôlé par les forces de l'ordre de la RDA. Le 29, Khrouchtchev ajoute à la tension internationale en annonçant la reprise des essais nucléaires, suspendus en 1958. Kennedy annonce que les États-Unis feront de même. En ce qui concerne Berlin, le président américain envoie sur place son vice-président Lyndon Johnson mais également le général Lucius Clay qui fut gouverneur américain en Allemagne à l'époque du blocus de 1948. Par ailleurs, 1500 GI's sont dépêchés en renfort. Clay est partisan de la solution de force et veut s'attaquer au mur mais Kennedy s'y oppose et appelle au calme, tout comme le font le chancelier de la RFA, Konrad Adenauer, et le bourgmestre de Berlin-Ouest, Willy Brandt. Le président américain n'entend pas répondre à la provocation de l'URSS et tomber ainsi dans un bourbier, alors même que la construction du mur est un aveu de faiblesse de la part de Moscou puisqu'elle pérennise l'existence de Berlin-Ouest. Cependant, Kennedy ne transige pas avec Khrouchtchev et, le 8 septembre, affirme son refus de soumettre les vols occiden-

[4] Voir l'introduction au discours n° 60.

taux vers Berlin au contrôle soviétique. L'intimidation n'a pas fonctionné. Dès lors, la tension retombe, sans pour autant que la question allemande soit réglée et, dans les mois qui suivent, Moscou laisse clairement entendre que la paix séparée et le traité de paix avec la RDA ne sont pas ou plus des priorités. La crise des missiles de Cuba[5] n'entraîne pas un regain de tension et sa résolution contribue à apaiser encore les esprits. Les grands perdants restent néanmoins les Berlinois de l'Est, désormais séparés de leurs amis et de leurs parents par ce que les uns appellent un « rempart antifasciste » et les autres, un « mur de la honte ».

Le droit à la liberté

En juin 1963, à l'occasion de son grand voyage à travers l'Europe, le président Kennedy ne peut donc manquer de faire escale à Berlin qui quotidiennement se heurte aux conséquences de la guerre froide et lui fournit l'occasion d'exalter l'union et la solidarité au sein du bloc occidental. En effet, les années cinquante ont vu se développer, dans divers pays d'Europe de l'Ouest et pas uniquement sous l'effet de la propagande communiste, une forme d'antiaméricanisme, de défiance à l'égard des États-Unis, née du maccarthysme[6] ou encore d'un sentiment d'abandon durant la crise de Suez[7]. La personnalité séduisante de Kennedy mais aussi sa politique conduisent à redorer le blason des États-Unis, particulièrement au sein des partis sociaux-démocrates européens. Ceux-ci apprécient la fermeté et le sang-froid du Président face à Moscou, sa politique sociale et antiségrégationniste et sa volonté de construire un partenariat plus égalitaire avec l'Europe. Kennedy entend profiter de ce climat très positif durant son voyage et s'adresser directement aux Européens, spécialement aux jeunes, en misant sur sa propre jeunesse et sa volonté d'agir différemment de ses prédécesseurs. Les discours qu'il doit prononcer à chaque étape sont, dans un premier temps, préparés par le Département d'État mais l'entourage de Kennedy les repousse, les jugeant trop fades et conventionnels. Comme pour le discours d'octobre 1962, au moment de la crise des missiles, Kennedy fait donc appel au jeune Ted Sorensen, son conseiller depuis 1953. Le 23 juin 1963, le Président quitte Washington pour l'Allemagne et, le 25, discourt sur l'Europe à Francfort.

Le lendemain, il arrive à Berlin-Ouest où l'accueil qui lui est réservé dépasse toutes les espérances. Plus de la moitié des habitants sont descendus dans la rue pour l'acclamer et nombre d'entre eux se massent pour l'écouter place Rudolf Wilde, devant l'hôtel de ville. Avant de s'adresser à la foule, John Kennedy a tenu à se rendre au « mur de la honte » pour en apprécier personnellement les effets et c'est à la fois sous le coup de l'émotion et de la colère qu'il prononce l'allocution reproduite ci-dessous. Rendant hommage au social-démocrate Willy Brandt, bourgmestre de la ville depuis 1957, au chancelier Adenauer et au général Clay, le président américain lance que Berlin est la meilleure preuve de la faillite mais aussi du danger communistes, la preuve qu'il est impossible pour le « monde libre » de transiger avec l'URSS. Sous les vivats de la

---

5 Voir l'introduction au discours n° 64.

6 Voir l'introduction au discours n° 47.

7 Voir l'introduction aux discours n° 54 et 55.

foule, il insiste sur le droit de tous les Allemands à l'autodétermination et sur le droit du pays à sa réunification. Le Président achève son discours par une formule qui fera date. Insistant sur le caractère indivisible de la liberté, il s'exclame que tous les hommes libres sont citoyens de Berlin-Ouest et conclut, en allemand : *Ich bin ein Berliner.* À ce moment, comme le souligne Arthur Schlesinger, l'assistance l'aurait suivi s'il avait appelé à détruire le mur sur l'heure[8]. John Kennedy quitte l'Allemagne le lendemain pour l'Irlande, la Grande-Bretagne puis l'Italie, où vient de disparaître un autre personnage crucial du début des années soixante, le pape Jean XXIII[9]. Partout, le président américain est chaudement accueilli mais nulle part il ne rencontrera un triomphe comparable à celui de Berlin. Aujourd'hui encore, les habitants de la capitale allemande le considèrent comme l'une des personnalités les plus importantes dans l'histoire de leur ville. Un musée Kennedy a d'ailleurs ouvert ses portes le 11 novembre 2006, pour exposer un millier de photos du Président et près de dix mille documents et objets évoquant sa carrière.

Ich bin ein Berliner

Je suis fier d'être venu dans votre ville, invité par votre distingué Bourgmestre [W. Brandt], qui a symbolisé aux yeux du monde entier l'esprit combatif de Berlin-Ouest. Et je suis fier de visiter la République fédérale avec votre distingué Chancelier [K. Adenauer] qui, depuis de si longues années, a voué l'Allemagne à la démocratie, à la liberté et au progrès. Je suis fier enfin d'être ici avec mon compatriote américain, le général Clay, qui était dans cette ville aux plus grands moments de crise et qui reviendra auprès de vous sitôt qu'il sera nécessaire.

Il y a deux mille ans, l'assertion la plus orgueilleuse était « Civis Romanus sum ». Aujourd'hui, au sein du monde libre, l'assertion la plus orgueilleuse est « Ich bin ein Berliner ».

Merci à mon traducteur de traduire mon allemand !

Il existe de nombreuses personnes à travers le monde qui ne comprennent réellement pas, ou qui prétendent ne pas comprendre, quel est le litige entre le monde communiste et le monde libre. Qu'elles viennent à Berlin. D'autres prétendent que le communisme est la vague de l'avenir. Qu'ils viennent à Berlin. Certains, en Europe et ailleurs, prétendent qu'on peut travailler avec les communistes. Qu'ils viennent à Berlin. Et il y en a même quelques-uns qui disent que le communisme est un mauvais sys-

8 Arthur M. Jr. Schlesinger, *Les 1000 jours de Kennedy*, Paris, Denoël, 1966, p. 790.

9 Voir l'introduction au discours n° 63.

tème, mais qu'il nous permet de faire des progrès sur le plan économique. « Lass'sie nach Berlin kommen ». Qu'ils viennent à Berlin.

Notre liberté éprouve certes beaucoup de difficultés et notre démocratie n'est pas parfaite. Cependant, nous n'avons jamais eu besoin, nous, d'ériger un mur pour empêcher notre peuple de s'enfuir. Je veux dire, au nom de mes concitoyens, qui vivent à des milliers de kilomètres, de l'autre côté de l'Atlantique, qui sont si loin de vous, qu'ils sont extrêmement fiers d'avoir pu partager avec vous, même à distance, l'histoire de ces dix-huit dernières années. Je ne connais aucune ville assiégée durant dix-huit ans qui ait conservé autant de vitalité, de force, d'espoir et de détermination que Berlin-Ouest.

Le mur fournit la démonstration la plus éclatante de la faillite du système communiste et cette faillite est visible aux yeux du monde entier. Mais nous n'éprouvons aucune satisfaction en voyant ce mur, car il constitue, comme l'a dit votre Bourgmestre, une offense non seulement à l'histoire mais aussi à l'humanité, séparant les familles, les maris de leurs femmes et les frères de leurs sœurs, et divisant un peuple qui voudrait vivre uni.

Ce qui est vrai pour cette ville l'est pour toute l'Allemagne. Une paix réelle et durable en Europe ne pourra jamais être assurée tant qu'un Allemand sur quatre sera privé du droit élémentaire des hommes libres à l'autodétermination. Après dix-huit ans de paix et de confiance, la présente génération allemande a mérité le droit d'être libre, ainsi que le droit à la réunification de ses familles et de sa nation, pacifiquement et durablement. Vous vivez sur un îlot bien défendu de liberté mais votre vie est liée au sort du continent. En conclusion, je vous demande donc de regarder au-delà des dangers d'aujourd'hui vers les espoirs de demain, au-delà de la seule liberté de cette ville de Berlin ou de votre pays, l'Allemagne, vers le progrès de la liberté partout dans le monde, au-delà de vous-mêmes et de nous-mêmes vers l'humanité tout entière.

La liberté est indivisible et tant qu'un seul homme se trouve en esclavage, tous les autres ne peuvent se considérer comme libres. Mais quand tous les hommes seront libres, nous pourrons attendre avec impatience le jour où cette ville sera réunifiée, de même que ce pays et ce grand continent qu'est l'Europe dans un monde de paix et d'espoir. Quand ce jour arrivera finalement, et il arrivera, les habitants de Berlin-Ouest pourront tirer une sobre satisfaction du fait qu'ils ont été sur la ligne de front pendant deux décennies.

Tous les hommes libres, où qu'ils vivent, sont citoyens de Berlin, et pour cette raison, en ma qualité d'homme libre, j'ai fierté à dire : « Ich bin ein Berliner. »

66 – Martin Luther King
I have a dream

28 août 1963

Qui, au détour d'une chanson, d'un livre, d'un film ou d'une photo, n'a pas croisé le regard ou entendu la voix de Martin Luther King, pasteur et militant de la cause noire, dont le rêve pacifique d'égalité raciale a sensibilisé la société américaine puis, au-delà, l'opinion mondiale ? Le discours présenté ci-dessous est d'autant plus symbolique qu'il laisse, aujourd'hui, un goût amer d'occasion manquée : que serait l'Amérique du XXIe siècle si, au cœur des années 1960, les aspirations de Martin Luther King n'avaient pas été balayées par les extrémistes des deux camps ?

D'une inégalité de droit à une inégalité de fait

L'histoire des Noirs américains est aussi ancienne que celle des futurs États-Unis. Dès le début du XVIIe siècle, des Africains sont vendus aux colons européens venus peupler la Virginie et l'esclavage s'institutionnalise rapidement sur le sol américain. D'emblée, le phénomène se développe essentiellement au Sud où le besoin de main-d'œuvre se fait puissamment sentir pour la culture du coton, du tabac et du riz. En 1808, en application d'un compromis datant de l'Indépendance, on met fin à la traite, c'est-à-dire à l'arrivée de nouveaux esclaves, mais sans abolir l'esclavage lui-même. Tout est fait pour maintenir un équilibre entre États esclavagistes et non esclavagistes, les Blancs du Sud redoutant de voir l'économie de la région désorganisée et craignant d'être, à terme, minorisés. En effet, les Noirs, au nombre de sept cent mille en 1790, sont quatre millions en 1860. Considérés comme de précieux « outils de travail », ils ne sont pas systématiquement maltraités mais ne jouissent d'aucun des droits essentiels reconnus par la Constitution et n'ont, en fait, aucune existence légale. Au cours de la première moitié du XIXe siècle, un mouvement abolitionniste prend de l'ampleur au Nord, renforcé après 1852 par la parution du roman *La Case de l'oncle Tom*. En 1861, l'accession à la présidence d'Abraham Lincoln, un républicain antiesclavagiste, déclenche la sécession des États du Sud qui se confédèrent. La guerre civile ou guerre de Sécession va durer quatre ans et se solder par la victoire du Nord.

Dès 1863, en plein conflit, Lincoln proclame l'émancipation de tous les esclaves, décision ratifiée en décembre 1865 sous la forme d'un 13e amendement à la Constitution. En 1868-1870, les 14e et 15e amendements reconnaissent aux Noirs des droits civiques égaux à ceux des Blancs. Pendant une dizaine d'années, soit la période dite de reconstruction, le Sud sécessionniste tenu en respect par les vainqueurs connaît un nouvel ordre, supposant un partage du pouvoir entre Noirs et Blancs. Mais les seconds, se sentant humiliés par des politiciens blancs venus du Nord et exploitant le suffrage noir, préparent les moyens de contourner les récents amendements. Les plus extrémistes groupés dans le Ku Klux Klan pratiquent une politique de terreur et d'intimidation, multipliant les lynchages de Noirs. Plusieurs États ajoutent à leur Constitution des clauses qui aboutissent, *de facto*, à exclure les Noirs du droit de vote durant des décennies[1]. En outre, une ségrégation totale se met en place : Noirs et Blancs ont leurs écoles, leurs restaurants, leurs places dans les bus, leurs églises… En 1896, la Cour suprême entérine le principe « égaux mais séparés ». Au Nord, en revanche, nulle discrimination officielle n'existe mais l'arrivée de plus en plus massive de Noirs venus du Sud crée des tensions : des émeutes anti-Noirs éclatent et, progressivement, la classe moyenne blanche préfère émigrer dans la périphérie des villes que cohabiter avec les nouveaux venus souvent très pauvres, ce qui donne naissance à des ghettos urbains. Bref, à des degrés divers selon les régions, l'inégalité de droit entre Blancs et Noirs a cédé la place à une inégalité de fait. Celle-ci est socio-économique au Nord, socio-économique et politique au Sud. Durant la première moitié du XXe siècle, rien n'est fait au niveau fédéral pour réduire le fossé entre les communautés ou pour contrer la ségrégation, si l'on excepte la volonté symbolique du président Roosevelt de nommer un certain nombre de Noirs à des postes à responsabilité. Il faudra attendre l'après-Seconde Guerre pour voir la situation évoluer.

Le combat d'une communauté et d'un leader charismatique

Collectivement infériorisés au sein de leur propre pays, les Noirs américains vont mettre un certain temps à organiser un mouvement de protestation structuré. Le premier leader à se faire entendre, Booker T. Washington, fait de l'intégration par le travail et la formation sa priorité et, dans un discours de 1895, repousse à plus tard l'égalité raciale. Vers 1909-1910, un professeur de l'Université d'Atlanta, William Du Bois, se positionne, lui, sur le terrain politique et lance la *National Association for the Advancement of Colored People* (NAACP). Enfin, après la Première Guerre et dans la foulée de la rébellion des ghettos de 1919, un troisième homme s'élève, non sans violence cette fois : Marcus Garvey, future icône du mouvement rasta. Durant la Seconde Guerre, une association non violente d'envergure nationale voit le jour, le *Congress of Racial Equality* (CORE). En 1947, c'est lui qui lance le premier mouvement symbolique d'opposition à la ségrégation des transports en commun, dit « voyage de la liberté », mais sans résultats concrets. Cependant, la dynamique est lancée et les années 1950 vont être celles du combat pour la conquête effective des droits civiques. En 1954 et 1955, deux décisions de la Cour suprême ordonnent la déségrégation scolaire mais se heurtent à la violente opposition des États du Sud. L'attention se focalise sur Little Rock, dans l'Arkansas, où le gouverneur veut empêcher par la force des élèves noirs d'intégrer les mêmes écoles que les Blancs. Il plie en 1957, lorsque le président Eisenhower envoie

---

[1] La plus célèbre clause est celle du grand-père qui pose comme préalable à l'inscription sur les listes électorales le fait d'avoir eu un grand-père électeur en 1867, soit avant le vote des 14e et 15e amendements.

les troupes fédérales. Au même moment, soit en décembre 1955, à Montgomery, dans l'Alabama, une femme noire, Rosa Parks, refuse de céder son siège dans un bus à un Blanc, ce qui lui vaut d'être arrêtée. L'événement entraîne un long boycott des transports en commun par la communauté noire. Un an plus tard, en décembre 1956, la Cour suprême lui donne raison, en déclarant ce type de ségrégation inconstitutionnel. La victoire est d'autant plus appréciée qu'elle a été obtenue pacifiquement, sous la conduite d'un meneur charismatique, Martin Luther King.

Né à Atlanta, en Georgie, un État du Sud, Martin Luther King (1929-1968) est le fils d'un pasteur baptiste. Il a eu l'occasion de mener des études supérieures au Nord et d'y connaître l'autre Amérique, sur laquelle ne pèsent pas les contraintes de la ségrégation. Après avoir obtenu, moyennant plagiat, un titre de docteur à l'Université de Boston, il est désigné comme pasteur dans une paroisse noire de Montgomery et gagne rapidement l'estime des fidèles qui le suivent dans son combat pour les droits civiques. Dans l'esprit de King, cette lutte n'a de sens que si elle conduit à une société plus harmonieuse et plus fraternelle entre Blancs et Noirs. En outre, elle ne se conçoit que dans un esprit d'amour, de foi, de réconciliation et suivant une non-violence inspirée de Gandhi. Pour King, rien ne sert de détruire puisque, nécessairement et au final, la justice vaincra. Ceci explique qu'il supportera sans se rebeller plus de cent vingt arrestations au cours de sa vie militante. Une fois remportée sa première grande bataille contre les transports publics de Montgomery, King fonde, en 1957, la *Southern Christian Leadership Confederation* (SCLC) qui va organiser force boycotts, marches de la liberté et sit-in. Il se rend partout où les Noirs cherchent à se faire entendre et à plaider la déségrégation malgré une violente et permanente répression. Face aux États néanmoins, le Congrès commence à réagir: en 1957, une loi institue une commission des droits civiques pour mettre fin aux manœuvres visant à interdire l'inscription des Noirs sur les listes électorales. En 1960, l'élection à la présidence de John Fitzgerald Kennedy à laquelle le vote noir a amplement contribué apparaît comme un espoir de changement radical. Pourtant, l'évolution va rester lente et douloureuse, notamment parce que plusieurs gouverneurs du Sud sont des démocrates, comme John Kennedy, et parce que Hoover, le chef du FBI, est persuadé que le mouvement noir est manipulé par Moscou. L'année 1963 est cependant cruciale, notamment en raison des événements de Birmingham, en Alabama, fief du gouverneur démocrate Wallace. Au printemps, les Noirs y lancent une vaste campagne en faveur des droits civiques et sont épaulés par King. Très vite, la tension monte dans la ville et une explosion de violence interraciale s'y déclenche, faisant plusieurs morts. Pour l'Amérique, le choc est réel et le président Kennedy peut désormais se permettre de frapper fort et de proposer une loi historique en faveur de l'égalité civique.

Un rêve brisé

Bien décidé à soutenir, par tous les moyens non violents, le vote prochain de cette loi, Martin Luther King repart en tournée et participe à l'apothéose de celle-ci, une gigantesque marche pacifique jusqu'au Lincoln Memorial de Washington, pour laquelle les organisateurs ont obtenu l'accord du président Kennedy. La journée promet d'être d'autant plus symbolique pour King qu'il vient de perdre l'un de ses amis, Medgar

Evers, de la NAACP, impunément assassiné dans le Mississipi. Le 28 août 1963, plus de 250 000 personnes, dont 60 000 Blancs et des vedettes comme Burt Lancaster, Marlon Brando ou Joan Baez, se rassemblent dans la capitale fédérale. Ils viennent de tout le pays, appartiennent à toutes les communautés religieuses, à toutes les classes sociales et protestent contre les discriminations quotidiennes, la pauvreté et la violence policière faite aux Noirs. Le discours lyrique, poétique et passionné que Martin Luther King prononce à cette occasion est d'emblée ressenti comme historique. Rendant hommage à l'action d'Abraham Lincoln, King démontre de manière concrète que, cent ans après leur affranchissement, les Noirs restent prisonniers au sein d'une société américaine qui leur refuse la place à laquelle ils ont droit. Il insiste également sur le fait que le combat est à peine entamé et qu'il appartient maintenant aux autorités de prendre les mesures radicales qui s'imposent. Néanmoins, il demande instamment à ce que les revendications noires continuent à s'exprimer sans *agissements répréhensibles* et réaffirme la fraternité qui doit unir Blancs et Noirs américains. De fait, le rêve qu'il exprime ensuite – *I have a dream* [*Je fais un rêve*] – est, selon ses propres termes, *profondément ancré dans le rêve américain*. Il s'agit d'un rêve d'unité, d'égalité, de liberté et de justice, le rêve d'une société ouverte à tous sans distinction, et où tous pourraient s'épanouir sans pour autant léser les autres. Les paroles de Martin Luther King résonnent dans le cœur des milliers d'Américains présents, Blancs ou Noirs, par le message qu'elles recèlent mais également par la constante référence à un patrimoine culturel commun. L'orateur évoque la Déclaration d'indépendance des États-Unis, la Constitution mais également la Bible, en citant les prophètes Amos et Isaïe. Il utilise le folklore américain, en citant longuement le chant *My Country, 'Tis of Thee* et, enfin, termine par l'extrait d'un *Negro spiritual*.

En quelques semaines et partout dans le monde, ce discours va acquérir une immense popularité et va indéniablement contribuer au vote, sous Johnson, du *Civil Rights Act*, loi capitale de juillet 1964 interdisant toute discrimination entre Blancs et Noirs dans tous les domaines de la vie socio-économique. En termes d'embauche, de salaire ou de logement, l'égalité est désormais garantie par une loi fédérale. En 1965, sous la pression de militants noirs, les « marcheurs de Selma » dans l'Alabama, le président Johnson fait passer une nouvelle loi, le *Voting Rights Act*, qui introduit des registres de vote fédéraux, ce qui permet aux Noirs du Sud de ne plus dépendre d'extrémistes blancs pour s'inscrire sur les listes électorales. Cependant, l'amélioration de la situation des Noirs, ou d'une certaine frange de la communauté, est lente et chaotique. Les militants non violents sont de plus en plus dépassés par des mouvements radicaux qui en appellent à la destruction systématique, à la « terre brûlée », sinon au meurtre pour obtenir plus et plus vite ou qui, adoptant le même schéma de pensée que les Blancs ségrégationnistes, pressent les Noirs de refuser l'intégration dans la société américaine et de cultiver leur identité et leur différence dans le rejet de l'autre. Un peu partout et particulièrement l'été, les ghettos s'embrasent, suscitant de violentes répliques de la part des forces de l'ordre. Dans le Sud, la tension est plus que jamais palpable entre deux camps qui se replient sur eux-mêmes. Homme de l'année 1963 pour *Time*, prix Nobel de la Paix 1964 puis docteur *honoris causa* de Yale, Martin Luther King reste écouté et apprécié, même si ses nouveaux engagements, en faveur des Palestiniens ou contre la guerre du Vietnam, lui aliènent certaines sympathies, dans les sphères dirigeantes comme au sein de sa communauté. Mais les leaders noirs les plus populaires sont désormais les adeptes du « Black is beautiful » ou du « Black Power », bref de l'africanité revendiquée agressivement comme une supériorité.

L'assassinat politique devient monnaie courante : le président Kennedy en fait les frais en octobre 1963 tout comme le chef très controversé des Black Muslims, Malcolm X, en février 1965. Martin Luther King qui venait de tenter un rapprochement avec ce dernier est de plus en plus persuadé qu'il sera, lui aussi, physiquement éliminé dans un avenir proche. Au printemps 1968, il est sollicité pour venir soutenir l'égalité dans le travail entre Noirs et Blancs à Memphis, dans le Tennessee. Le 4 avril, alors qu'il se trouve sur le balcon de l'hôtel Lorraine, il est froidement abattu par un dénommé James Earl Ray qui sera par la suite arrêté à Londres mais qui n'expliquera jamais son geste puis se rétractera. Actuellement, le doute subsiste encore sur l'identité du meurtrier, l'existence de commanditaires et le rôle joué par le FBI de Hoover. La mort de Martin Luther King bouleverse l'Amérique qui décrète un jour de deuil national. Elle déchaîne aussi les passions et la rage car des émeutes éclatent dans plus de cent villes. Le pari de la non-violence semble définitivement perdu, comme le confirme, deux mois plus tard, un autre assassinat politique, celui du progressiste Robert Kennedy, frère de John et candidat à l'investiture pour la présidentielle. Aujourd'hui, quarante ans après cette tragique année 1968, le jour anniversaire de la naissance de Martin Luther King est devenu un jour férié fédéral et l'hôtel Lorraine a été transformé en Musée national des droits civiques et en Mémorial Martin Luther King. Mais en marge de ce double symbole, une majorité de Noirs américains restent toujours confrontés à la réalité du ghetto, de la drogue et des gangs. Ils représentent 13 % de la population totale mais 36 % des chômeurs, 45 % des prisonniers et 50 % des victimes d'homicide. Si, aujourd'hui, certains remportent des Oscars ou atteignent les plus hautes fonctions de l'État, il s'agit là de quelques arbres venus cacher une bien dense forêt. Le rêve généreux du pasteur King est loin de s'être réalisé.

I HAVE A DREAM

Je suis heureux de participer avec vous aujourd'hui à ce rassemblement qui restera dans l'Histoire comme la plus grande manifestation que notre pays ait connue en faveur de la liberté.

Il y a un siècle de cela, un grand Américain[2] qui nous couvre aujourd'hui de son ombre symbolique signait notre acte d'émancipation[3]. Cette proclamation historique faisait, comme un grand phare, briller la lumière de l'espérance aux yeux de millions d'esclaves noirs marqués au feu

2 Abraham Lincoln (1809-1865).

3 La proclamation d'émancipation (1862).

d'une brûlante injustice. Ce fut comme l'aube joyeuse qui mettrait fin à la longue nuit de leur captivité.

Mais cent ans ont passé et le Noir n'est pas encore libre. Cent ans ont passé et l'existence du Noir est toujours tristement entravée par les liens de la ségrégation, les chaînes de la discrimination ; cent ans ont passé et le Noir vit encore sur l'île solitaire de la pauvreté, au milieu d'un vaste océan de prospérité matérielle ; cent ans ont passé et le Noir languit toujours dans les marches de la société américaine et se trouve en exil dans son propre pays.

C'est pourquoi nous sommes accourus aujourd'hui en ce lieu pour rendre manifeste cette honteuse situation. En ce sens, nous sommes montés à la capitale de notre pays pour toucher un chèque. En traçant les mots magnifiques qui forment notre constitution et notre Déclaration d'indépendance, les architectes de notre république signaient une promesse dont héritait chaque Américain. Aux termes de cet engagement, tous les hommes, les Noirs, oui, aussi bien que les Blancs, se verraient garantir leurs droits inaliénables à la vie, à la liberté et à la recherche du bonheur.

Il est aujourd'hui évident que l'Amérique a failli à sa promesse en ce qui concerne ses citoyens de couleur. Au lieu d'honorer son obligation sacrée, l'Amérique a délivré au peuple noir un chèque sans valeur ; un chèque qui est revenu avec la mention « Provisions insuffisantes ». Mais nous refusons de croire que la banque de la justice ait fait faillite. Nous ne pouvons croire qu'il n'y ait pas de quoi honorer ce chèque dans les vastes coffres de la chance en notre pays. Aussi sommes-nous venus encaisser ce chèque, un chèque qui nous fournira sur simple présentation les richesses de la liberté et la sécurité de la justice.

Nous sommes également venus en ce lieu sanctifié pour rappeler à l'Amérique les exigeantes urgences de l'heure présente. Il n'est plus temps de se laisser aller au luxe d'attendre ni de prendre les tranquillisants des demi-mesures. Le moment est maintenant venu de réaliser les promesses de la démocratie ; le moment est venu d'émerger des vallées obscures et désolées de la ségrégation pour fouler le sentier ensoleillé de la justice raciale ; le moment est venu de tirer notre nation des sables mouvants de l'injustice raciale pour la hisser sur le roc solide de la fraternité ; le moment est venu de réaliser la justice pour tous les enfants de Dieu. Il serait fatal à notre nation d'ignorer qu'il y a péril en la demeure. Cet étouffant été du légitime mécontentement des Noirs ne se terminera pas sans qu'advienne un automne vivifiant de liberté et d'égalité.

1963 n'est pas une fin mais un commencement. Ceux qui espèrent que le Noir avait seulement besoin de laisser fuser la vapeur et se montrera désormais satisfait se préparent à un rude réveil si le pays retourne à ses affaires comme avant. Il n'y aura plus ni repos ni tranquillité en Amérique tant que le Noir n'aura pas obtenu ses droits de citoyen. Les tourbillons de la révolte continueront d'ébranler les fondations de notre nation jusqu'au jour où naîtra l'aube brillante de la justice.

Mais il est une chose que je dois dire à mon peuple, debout sur le seuil accueillant qui mène au palais de la justice : en nous assurant notre juste place, ne nous rendons pas coupables d'agissements répréhensibles.

Ne cherchons pas à étancher notre soif de liberté en buvant à la coupe de l'amertume et de la haine. Livrons toujours notre bataille sur les hauts plateaux de la dignité et de la discipline. Il ne faut pas que notre revendication créatrice dégénère en violence physique. Encore et encore, il faut nous dresser sur les hauteurs majestueuses où nous opposerons les forces de l'âme à la force matérielle.

Le merveilleux militantisme qui s'est nouvellement emparé de la communauté noire ne doit pas nous conduire à nous méfier de tous les Blancs. Comme l'atteste leur présence aujourd'hui en ce lieu, nombre de nos frères de race blanche ont compris que leur destinée est liée à notre destinée. Ils ont compris que leur liberté est inextricablement liée à notre liberté. Nous ne pouvons marcher tout seuls au combat. Et au cours de notre progression, il faut nous engager à continuer d'aller de l'avant ensemble. Nous ne pouvons pas revenir en arrière. Il en est qui demandent aux tenants des droits civiques : « Quand serez-vous enfin satisfaits ? »[4] Nous ne pourrons jamais être satisfaits tant que le Noir sera victime des indicibles horreurs de la brutalité policière.

Nous ne pourrons jamais être satisfaits tant que nos corps recrus de la fatigue du voyage ne trouveront pas un abri dans les motels des grand-routes ou les hôtels des villes. Nous ne pourrons jamais être satisfaits tant que la liberté de mouvement du Noir ne lui permettra guère que d'aller d'un petit ghetto à un ghetto plus grand. Nous ne pourrons jamais être satisfaits tant que nos enfants seront dépouillés de leur identité et privés de leur dignité par des pancartes qui indiquent : « Seuls les Blancs sont admis ». Nous ne pourrons être satisfaits tant qu'un Noir du Mississippi ne pourra pas voter et qu'un Noir de New York croira qu'il n'a aucune raison de voter. Non, nous ne sommes pas satisfaits, et nous ne serons pas satisfaits tant que le droit ne jaillira pas comme les eaux et la justice comme un torrent intarissable.

Je n'ignore pas que certains d'entre vous ont été conduits ici par un excès d'épreuves et de tribulations. D'aucuns sortent à peine de l'étroite cellule d'une prison. D'autres viennent de régions où leur quête de liberté leur a valu d'être battus par les tempêtes de la persécution, secoués par

---

4 Amos, 5 : 24.

les vents de la brutalité policière. Vous êtes les pionniers de la souffrance créatrice. Poursuivez votre tâche, convaincus que cette souffrance imméritée vous sera rédemption.

Retournez au Mississippi ; retournez en Alabama ; retournez en Caroline du Sud ; retournez en Georgie ; retournez en Louisiane, retournez à vos taudis et à vos ghettos dans les villes du Nord, en sachant que, d'une façon ou d'une autre, cette situation peut changer et changera. Ne nous vautrons pas dans les vallées du désespoir.

Je vous le dis ici et maintenant, mes amis : même si nous devons affronter des difficultés aujourd'hui et demain, je fais pourtant un rêve. C'est un rêve profondément ancré dans le rêve américain. Je rêve que, un jour, notre pays se lèvera et vivra pleinement la véritable réalité de son credo : « Nous tenons ces vérités pour évidentes par elles-mêmes que tous les hommes sont créés égaux ».

Je rêve que, un jour, sur les rouges collines de Georgie, les fils des anciens esclaves et les fils des anciens propriétaires d'esclaves pourront s'asseoir ensemble à la table de la fraternité.

Je rêve que, un jour, l'État du Mississippi lui-même, tout brûlant des feux de l'injustice, tout brûlant des feux de l'oppression, se transformera en oasis de liberté et de justice

Je rêve que mes quatre petits enfants vivront un jour dans un pays où on ne les jugera pas à la couleur de leur peau mais à la nature de leur caractère. Je fais aujourd'hui un rêve !

Je rêve que, un jour, même en Alabama où le racisme est vicieux, où le gouverneur a la bouche pleine des mots « interposition » et « nullification », un jour, justement en Alabama, les petites filles et petits garçons noirs, les petites filles et petits garçons blancs, pourront tous se prendre par la main comme frères et sœurs. Je fais aujourd'hui un rêve !

Je rêve que, un jour, tout vallon[5] sera relevé, toute montagne et toute colline seront rabaissées, tout éperon deviendra une plaine, tout mamelon une trouée, et la gloire du Seigneur sera révélée à tous les êtres faits de chair tout à la fois.

Telle est mon espérance. Telle est la foi que je remporterai dans le Sud.

Avec une telle foi nous serons capables de distinguer, dans les montagnes de désespoir, un caillou d'espérance. Avec une telle foi nous serons capables de transformer la cacophonie de notre nation discordante en une merveilleuse symphonie de fraternité.

Avec une telle foi, nous serons capables de travailler ensemble, de prier ensemble, de lutter ensemble, d'aller en prison ensemble, de nous

---

[5] Isaïe 40 : 4-5.

dresser ensemble pour la liberté, en sachant que nous serons libres un jour. Ce sera le jour où les enfants de Dieu pourront chanter ensemble cet hymne auquel ils donneront une signification nouvelle : « Mon pays c'est toi, douce terre de liberté, c'est toi que je chante. Pays où sont morts nos pères, pays qui fit la fierté des Pèlerins, du flanc de chaque montagne, que résonne la liberté. »[6] Et si l'Amérique doit être une grande nation, cela doit devenir vrai.

Aussi, que résonne la liberté depuis les prodigieux sommets du New Hampshire.

Qu'elle résonne depuis les puissantes montagnes de l'État de New York.

Qu'elle résonne depuis les hautes Alleghany de Pennsylvanie.

Qu'elle résonne depuis les sommets neigeux des Rocheuses du Colorado.

Qu'elle résonne depuis les pentes capricieuses de la Californie.

Mais cela ne suffit pas.

Qu'elle résonne depuis la Stone Mountain de Georgie.

Qu'elle résonne depuis la Lookout Mountain du Tennessee.

Qu'elle résonne depuis chaque colline et chaque butte du Mississippi, qu'elle résonne du flanc de chaque montagne.

Quand nous ferons en sorte que la liberté puisse sonner, quand nous la laisserons carillonner depuis chaque village et chaque hameau, depuis chaque État et chaque cité, nous pourrons hâter la venue du jour où tous les enfants de Dieu, les Noirs et les Blancs, les Juifs et les Gentils[7], les catholiques et les protestants, pourront se tenir par la main et chanter les paroles du vieux negro spiritual : « Libres enfin. Libres enfin. Merci Dieu tout-puissant, nous voilà libres enfin ».

---

6 Chanson patriotique américaine *My country, 'Tis of Thee*, connue également sous le titre *America*.

7 Les « Gentils » au sens de « non Juifs ».

67 – Léopold Sédar Senghor
Fonction et signification
du premier festival mondial des arts nègres

30 mars 1966

Premier président du Sénégal indépendant, poète et érudit tiraillé entre une formation française classique et un attachement viscéral à ses racines africaines, Léopold Sédar Senghor reste dans la mémoire collective comme l'un des chantres de la francophonie mais surtout comme le fer de lance du concept de « négritude » qui sut mobiliser les intellectuels africains non sans créer la polémique.

Entre assimilation et africanité

Né à Joal, au sud de Dakar, dans la colonie française du Sénégal, Léopold Sédar Senghor (1906-2001) appartient à une famille catholique aisée de l'ethnie sérère, bien ancrée dans la société traditionnelle. Après avoir passé ses sept premières années dans son village natal, il est confié à l'école des Pères afin d'entamer un cursus classique à la française, l'idée de Paris étant d'« assimiler » les Africains les plus méritants et de créer une élite « européanisée » ou « francisée ». À l'âge de treize ans, il choisit de se destiner à la prêtrise et, en 1922, intègre le séminaire de Dakar. Il en est exclu quatre ans plus tard pour indiscipline, ayant protesté contre le racisme du Frère supérieur. Il rejoint alors le collège de Dakar, où il obtient brillamment son baccalauréat en 1928. Ses professeurs insistent pour qu'on lui accorde – faveur inédite pour un Africain – le droit de poursuivre des études supérieures à Paris. Il intègre la khâgne du prestigieux lycée Louis-le-Grand puis la Sorbonne et est reçu à l'agrégation de grammaire, nouant, au fil de ce parcours, une amitié durable avec un autre futur président, Georges Pompidou. Professeur à Tours puis Saint-Maur, Senghor est mobilisé dans l'armée française en 1940, subit deux ans de captivité et, à la Libération, occupe une chaire d'africanisme à l'école de la France d'outre-mer.

Cependant, c'est surtout sa carrière politique et littéraire qui va asseoir sa popularité. Parfait « assimilé », il traverse, depuis les années trente, une crise identitaire profonde qui le conduit à redécouvrir son africanité et à s'engager en faveur de réformes au Sénégal. Dès 1945, il est élu député socialiste aux Constituantes puis à l'Assemblée nationale. En 1948, il fonde son propre parti, le Bloc démocratique (puis populaire) sénégalais, et combat alors non pour l'indépendance de son pays mais pour la réalisation effective de l'Union française, officiellement basée sur l'égalité entre le peuple français et les peuples colonisés. Alors que d'autres leaders africains, comme l'Ivoirien Houphouët-Boigny, sont beaucoup plus radicaux et réclament une autonomie très large, puis l'indépendance à l'échelle de chaque territoire, Senghor défend le maintien de grandes fédérations, en coopération étroite avec la France. Il échoue cependant à imposer ses vues : en 1956, la loi-cadre Defferre sur l'Afrique noire privilégie l'optique « nationaliste » au détriment du panafricanisme. Senghor est alors secrétaire d'État à la présidence du Conseil. En 1958, il devient ministre du général de Gaulle et se prononce pour le « oui » au référendum constitutionnel de septembre créant la Communauté française. Il refuse ainsi pour son pays une indépendance qu'il juge précipitée et dangereuse, préférant la négocier à moyen terme dans un esprit de coopération. En dix ans, Senghor s'est imposé comme le chef naturel du peuple sénégalais mais également comme le porte-parole, avec le Martiniquais Aimé Césaire, de la littérature négro-africaine de langue française : il publie son premier recueil de poèmes en 1945, participe en 1947 à la fondation de la revue parisienne *Présence africaine*, multiplie les conférences à travers le monde et voit son premier ouvrage de critique littéraire gratifié d'une longue préface de Jean-Paul Sartre.

Au printemps 1960, le Sénégal, comme le reste de l'Afrique noire française, obtient son indépendance totale, en plein accord avec Paris. Senghor croit un temps à son rêve de dépasser les nationalismes, avec la fédération du Mali qui, de janvier 1959 à août 1960, réunit le Sénégal et le Soudan français. Mais les deux entités se séparent et Léopold Sédar Senghor devient le premier président du Sénégal. Il va diriger le pays jusqu'en 1981, sur base d'un certain paternalisme, d'un régime présidentiel fort et d'un projet économique de type socialiste. Lorsqu'il passera le témoin à Abdou Diouf, il lui confiera un pays stable et pacifié mais avec un bilan socio-économique en demi-teinte. Durant sa présidence, Senghor va continuer à miser sur le maintien de liens forts entre Paris et Dakar et sur le développement d'une communauté francophone à l'image du Commonwealth, en proposant diverses structures et en lançant l'idée, concrétisée après son retrait de la vie politique, de sommets réguliers entre chefs d'États francophones. Écrivain et intellectuel de talent, perpétuel défenseur de la langue française et de l'échange culturel entre l'Europe et l'Afrique, Senghor sera, en 1984, le premier Africain élu à l'Académie française. Il s'éteindra nonagénaire, en France où il était revenu s'installer.

Conscience et affirmation de la négritude

C'est dans les années 1930, au cours de ses études supérieures parisiennes, que Léopold Sédar Senghor prend conscience de l'inanité de l'« assimilation » telle que la République française entend la promouvoir. Lui qui a tout entrepris, depuis l'école des Pères jusqu'à la Sorbonne, pour devenir un Français à part entière réalise soudain qu'il ne peut ni ne veut renier les racines africaines dont il est fier et dont il entend revendiquer pleinement l'héritage. Il se plonge dans les études anthropologiques consacrées à l'Afrique, prend contact avec des Afro-Américains, cherche à s'imprégner de cette culture africaine millénaire à laquelle il était devenu presque étranger. L'époque se prête à ce travail d'introspection : l'« art nègre » est en plein essor, la « négro-Renaissance » nord-américaine se fait connaître en Europe, les surréalistes s'engouent de la créativité africaine et les mouvements anticolonialistes affûtent leurs premières armes. Léopold Sédar Senghor devient, dès 1936, le principal théoricien de la négritude, concept à la fois complexe et mouvant dont le nom est né, deux ans plus tôt, sous la plume d'Aimé Césaire. Il la définit comme l'ensemble des valeurs culturelles ou comme la personnalité collective de l'Afrique noire et appelle les Négro-Africains à remonter aux origines de leur singularité pour mieux se connaître, affirmer fièrement leur identité et refuser une assimilation stérilisante. Cependant, Senghor ne prône ni le repli sur soi ni la rupture avec la civilisation européenne. Il juge simplement qu'une africanité assumée est le moyen pour les Africains d'accéder à l'universalité, d'apporter leur pierre à l'édification d'une civilisation universelle. Il rêve en fait d'une reconnaissance de dette réciproque pour un métissage réussi, à commencer par le sien : si l'Europe reconnaissait ce qu'elle doit à la sculpture et à la musique africaines, l'Afrique pourrait, sans se sentir infériorisée ou infantilisée, utiliser à son profit les fruits du progrès technologique européen. Après la Seconde Guerre, grâce à *Présence Africaine*, à Sartre et à divers autres intellectuels français, la négritude va devenir un sujet de discussions philosophiques tant en Europe qu'au sein des élites africaines.

Une fois président du Sénégal et bien qu'ayant échoué dans ses ambitions panafricaines, Senghor va continuer son œuvre politico-culturelle de promotion de la négritude et de l'art nègre sous toutes ses formes. Le couronnement est prévu pour l'année 1966, avec la tenue à Dakar du Festival mondial des arts nègres, sous la direction d'Alioune Diop, directeur de *Présence Africaine* et président de la Société africaine de culture. Fin 1965, Léopold Senghor a scellé la réconciliation définitive avec le Mali et peut donc finaliser un projet qui lui tient particulièrement à cœur car il y va, pense-t-il, de l'honneur de l'Afrique. Le président sénégalais ne ménage pas ses efforts et s'implique dans les moindres détails : programme, invitations, hébergement des invités. Le pays le mieux représenté, outre la nation hôte, est le Nigéria mais tous les pays d'Afrique noire et du Nord ainsi que les Antilles, le Brésil et les Afro-Américains sont présents par l'intermédiaire de leurs artistes ou ensembles folkloriques. Du 1er au 24 avril 1966, le Festival mondial des arts nègres fait la part belle au théâtre et à l'art plastique. L'exposition d'art traditionnel qui se veut l'élément central de l'événement, se déroule parallèlement à une exposition d'art contemporain intitulée *Tendances et confrontations*. Quelques jours avant le début du festival, Senghor a proposé à son peuple d'épouser un destin historique : être la nouvelle Grèce, la Grèce noire, c'est-à-dire un pays pauvre sur le plan matériel mais davantage soucieux de qualité que de quantité et désireux d'exceller dans tous les secteurs de la vie artistique, littéraire, scientifique et sportive.

À la veille de l'ouverture, un colloque consacré à « L'Art nègre dans la vie du peuple » rassemble de nombreux artistes et écrivains noirs ainsi que des écrivains et des ethnologues du monde entier. Tenu sous l'égide de l'Unesco et de la Société africaine de culture, il formulera des recommandations concernant la conservation et le développement du patrimoine africain. C'est à l'occasion de ce colloque et en prélude à l'inauguration du Festival que Léopold Sédar Senghor prononce le discours reproduit ci-dessous. Il y souligne son désir de voir naître une civilisation de l'universel, à laquelle l'Afrique contribuerait par l'art nègre. Sans lui, ajoute-t-il, les Africains ne seraient que *de mauvaises copies des autres*, comme au temps de l'esclavage et de la colonisation. Rejetant toute haine raciale et appelant chaque humaniste à considérer le Sénégal comme sa seconde patrie, Senghor réaffirme sa volonté de dialogue et d'échange avec les peuples européens et nord-américains. Cette allocution du Président, le colloque lui-même et le Festival mondial des arts nègres se veulent donc autant de gestes politiques forts en direction du continent africain et, au-delà, de l'Europe et de l'Amérique, souvent enclines à regarder l'Afrique à travers le seul prisme de ses échecs ou de ses difficultés.

L'héritage de Senghor

Respecté et admiré, Léopold Sédar Senghor n'a pas manqué cependant d'être critiqué, de son vivant comme après sa mort, particulièrement sur le concept de négritude. D'emblée – et cela fait pendant à ses combats politiques –, nombre d'Africains ont mis en doute l'existence ou la possibilité d'un panafricanisme qui, niant la diversité des peuples et des ethnies, imposerait une appartenance artificielle. Le même type de débat existe, aujourd'hui encore, en ce qui concerne l'Europe. Par ailleurs, les nationalistes africains les plus pointus ont reproché à la négritude de conserver une trop grande dévotion à l'égard du modèle européen, de demeurer, en quelque sorte, trop « assimilationniste » ou trop « européocentrée » dans son choix d'apports bénéfiques. Les marxistes, de leur côté, ont présenté la négritude comme une manœuvre de diversion censée détourner les masses africaines de leur but réel : la lutte des classes et la libération révolutionnaire. Enfin, plusieurs intellectuels africains nourris de Senghor ont, dès les années soixante-dix, reproché à celui-ci d'avoir perpétué les préjugés racistes en obligeant les Africains à se recentrer sur leur patrimoine ancestral. En d'autres termes, la négritude aurait simplement transformé un complexe d'infériorité en fierté, sans rien changer aux conditions réelles des Africains et en les cantonnant dans une bulle culturelle plus ou moins hermétique. Il reste que la négritude fut une étape fertile sinon l'impulsion décisive donnée au cheminement de la conscience africaine. Récemment encore, l'inauguration à Paris du musée des Arts premiers a démontré que l'idée senghorienne d'une reconnaissance de dette mutuelle pouvait être partiellement rencontrée.

FONCTION ET SIGNIFICATION DU PREMIER FESTIVAL MONDIAL DES ARTS NÈGRES

[...]

En aidant à la défense et illustration de l'Art nègre, le Sénégal a conscience d'aider à la construction de la civilisation de l'Universel.

En effet, avant même notre indépendance nationale, depuis quelque vingt ans, nous n'avons jamais cessé de bâtir notre politique sur le *dialogue*. Dans tous les domaines, mais fondamentalement, dans celui de la culture ; car la culture est la condition première et le but ultime de tout développement. Mais pour dialoguer avec les autres, pour participer à l'œuvre commune des hommes de conscience et de volonté qui se lèvent de partout dans le monde, pour apporter des valeurs nouvelles à la symbiose des valeurs complémentaires, par quoi se définit la *civilisation de l'Universel*, il nous faut, nous Nègres, être enfin, nous-mêmes dans notre dignité : dans notre identité recouvrée.

Être nous-mêmes, en cultivant nos valeurs propres telles que nous les avons retrouvées aux sources de l'Art nègre : celles-là qui, par-delà l'unité profonde du genre humain, parce que nées de données biologiques, géographiques, historiques, sont la marque de notre originalité dans la pensée, dans le sentiment, dans l'action. Être nous-mêmes, non pas sans emprunts, mais pas par procuration, je dis : par notre effort personnel – collectif en même temps – et pour nous-mêmes. Sans quoi, nous ne serions que de mauvaises copies des autres au *Musée vivant*, comme l'ont été les Nègres d'Amérique sous l'esclavage, jusqu'à la fin du XIXe siècle, comme nous l'avons été, Nègres d'Afrique, sous la colonisation jusqu'à la veille de la Deuxième Guerre mondiale.

Ce que voulaient, entre les deux Guerres, les jeunes hommes noirs et les jeunes filles de ma génération, c'était, abandonnant l'esprit d'imitation de l'ancien régime, recouvrer l'esprit de création qui avait été, pendant des millénaires, le sceau de la Négritude, comme le témoigne l'art pariétal du continent africain. Nous entendions redevenir, comme nos ancêtres, des *producteurs de civilisation*. Car, nous en avions conscience, l'humanisme du XXe siècle, qui ne peut être que civilisation de l'Universel, s'appauvrirait s'il y manquait une seule valeur d'un seul peuple, d'une seule race, d'un seul continent. Bref, le problème se pose en termes de complémentarité : de dialogue et d'échange, non d'opposition ni de haine raciale. Comment, au demeurant, pourrions-nous, nous Nègres, rejeter les découvertes scientifiques et techniques des peuples européens et nord-américains, grâce auxquelles l'Homme se voit transformant l'homme lui-même, avec la nature ?

Vous êtes chercheurs et professeurs, artistes et écrivains, les vrais humanistes des temps contemporains. Parce que le Sénégal a choisi d'être la patrie du dialogue et de l'échange, le Sénégal veut être votre seconde patrie. Il souhaite, en tout cas, que le grand dialogue qui s'instaure, ici, aujourd'hui, serve à la construction de la Terre : à l'accomplissement de l'*Homme*.

68 – Hô Chi Minh
Appel à la nation

17 juillet 1966

Fondateur, en 1930, du Parti communiste indochinois, Hô Chi Minh (1890-1969) prend, à l'issue de la Seconde Guerre, la direction de la lutte contre l'envahisseur japonais puis contre la présence française. Pendant près d'une décennie, il mène un combat déterminé à la tête du *Vietminh* et obtient satisfaction à la plupart de ses revendications par les accords de Genève de juillet 1954, qui mettent fin à la guerre d'Indochine[1]. On n'imagine pas alors qu'un nouveau conflit, plus meurtrier encore, se déclenchera bientôt, avec la participation massive des États-Unis. On n'imagine pas non plus que cette guerre du Vietnam se soldera par un total succès communiste et par un traumatisme profond et durable au sein de la société américaine.

L'engrenage (1954-1964)

En juillet 1954 à Genève, les Français acceptent une partition du Vietnam, avec comme frontière le 17e parallèle, mais aussi le principe d'élections dans les deux ans pour permettre une réunification. Cependant, l'évolution des deux Vietnams va être fondamentalement différente. Au Nord, le *Vietminh*, dominé par les communistes, constitue une République démocratique sous la présidence d'Hô Chi Minh et initie, non sans violence, une « communisation » rapide de la région sur base d'une grande réforme agraire. Au Sud, le Premier ministre catholique et pro-américain Ngo Dinh Diem renverse l'empereur fantoche Bao Daï jusque-là soutenu par Paris, et crée une République sud-vietnamienne tournée vers Washington. Les États-Unis qui n'ont pas signé les accords de Genève, n'entendent nullement favoriser la réunification. Ils apportent leur aide militaire à Diem dans la formation de son armée, incluent le Sud-Vietnam dans la zone couverte par les dispositions de l'OTASE[2] et soutiennent le refus de Diem de voir organiser des élections en 1956, au grand dam du Nord-Vietnam. Celui-ci, considérant que les accords de 1954 ont été bafoués, décide dès 1957 d'activer la subversion au Sud et, à partir de 1959, fournit des hommes et du matériel en ce sens.

---

1 Pour plus de renseignements et des éléments biographiques, voir les introductions aux discours n° 39 et n° 49.

2 Organisation du traité de l'Asie du Sud-Est, sur le modèle de l'OTAN, entre les États-Unis, le Royaume-Uni, la France, l'Australie, la Nouvelle-Zélande, les Philippines, la Thaïlande et le Pakistan.

Les rebelles que les Sud-Vietnamiens et les Américains appellent bientôt *Viêt-Congs*, se constituent, en décembre 1960, en Front national de libération (FNL) qui, dans un premier temps, n'est pas exclusivement communiste. Leur pénétration au Sud est facilitée par l'impopularité croissante de Diem : la population lui reproche d'avoir saboté une possible réunification mais surtout d'être népotique, corrompu et totalitaire. Libéraux et bouddhistes se sentent opprimés par un régime conservateur, totalement inféodé aux États-Unis et qui favorise les plus riches et la minorité catholique[3].

Face aux *Viêt-Congs*, le gouvernement sud-vietnamien reçoit d'abord un soutien inconditionnel de Washington. Selon la théorie des dominos, John F. Kennedy est persuadé que, si le Vietnam bascule, toute la région passera sous contrôle communiste. Il décide donc d'augmenter de façon exponentielle le nombre de conseillers militaires américains sur place – de sept cents au printemps 1961 à douze mille fin 1963 –, et d'envoyer sur place plusieurs centaines de « bérets verts » ou forces antiguérilla spéciales. Par ailleurs, il pratique, dès 1962, la stratégie du *Military Assistance Command Vietnam*, soit le regroupement forcé des populations rurales au sein de hameaux fortifiés. Cependant, le rejet du régime Diem par la population ne le laisse pas indifférent, d'autant qu'il se manifeste désormais par de spectaculaires immolations de bonzes. Le 1er novembre 1963, la Maison-Blanche laisse se dérouler un coup d'État à Saïgon. Il se soldera par l'assassinat de Diem et de son frère et par l'arrivée au pouvoir d'une junte militaire qui, jusqu'en juin 1965, aura bien du mal à assurer la stabilité politique du pays. Kennedy, qui disparaît peu après Diem, laisse à son successeur Lyndon Johnson un héritage explosif au Vietnam : les États-Unis y sont, certes, déjà trop impliqués pour pouvoir reculer mais ils paieront le prix fort à aller de l'avant.

Hô Chi Minh, un héros pour son peuple

Candidat démocrate à la présidentielle de 1964 afin d'obtenir un premier mandat sous son nom, Johnson se présente comme un partisan de la paix, alors que tout indique sa volonté d'en découdre au Vietnam pour empêcher une extension du communisme. En août, un incident provoqué – l'attaque du destroyer américain *Maddox* dans le golfe du Tonkin – offre au Président un blanc-seing du Congrès pour toute action, même militaire, en Asie du Sud-Est, sur simple demande d'un État concerné par l'OTASE. Les États-Unis pratiquent alors le premier bombardement aérien d'une guerre qui va durer près de dix ans. À la fin de l'année 1964, il y a, au Sud-Vietnam, plus de 23 000 soldats américains. À partir de février 1965 et suite à un nouvel incident – l'attaque d'une base américaine par les *Viêt-Congs* –, les Américains entament l'opération *Rolling Thunder*, une vaste et longue campagne de bombardements du Nord-Vietnam, visant à détruire les villes, les routes et les usines et à provoquer ainsi l'effondrement du régime communiste. Les sommes investies et le nombre d'hommes envoyés ne laissent aucun doute sur la détermination de Washington : des millions de dollars sont déversés au Vietnam et, fin 1966, les troupes terrestres américaines sur place sont fortes de plus de 385 000 unités.

---

3 Minorité renforcée par l'arrivée, depuis 1954, de dizaines de milliers de catholiques fuyant le Nord.

Or, cette action décidée des Américains aura exactement l'effet inverse à celui escompté. Au Nord-Vietnam, où la volonté de parvenir à une réunification du pays a toujours été le but du régime, Hô Chi Minh parvient à galvaniser la résistance et la fierté nationale de son peuple en dénonçant avec vigueur l'agression américaine et la dictature militaire sud-vietnamienne. Il martèle la bonne foi du Nord-Vietnam et du FNL qui, dès le printemps 1965, ont fixé leurs conditions de paix : indépendance, unité et neutralité du Vietnam. Loin d'être démoralisés ou anéantis, les Vietnamiens du Nord font cause commune avec leur Président autour de l'identité culturelle vietnamienne, jugée pervertie au Sud par l'américanisation, et autour d'un « idéal de pauvreté » qui se combine avec l'idéologie marxiste[4]. Héros de la première guerre d'Indochine et de l'indépendance, Hô Chi Minh avait perdu de sa popularité au début des années 1960 en raison de la rigide dictature communiste qu'il avait imposée au pays. Le déclenchement d'une seconde guerre sert la cause d'« oncle Hô » qui, désormais septuagénaire, fait l'objet d'un véritable culte de la personnalité. De plus, le conflit permet un rapprochement entre le Nord-Vietnam et les deux grandes nations communistes, l'URSS et la Chine populaire, qui, malgré leur brouille, décident toutes deux d'apporter une aide militaire et matérielle à Hô Chi Minh. Cet appui logistique permet notamment au Nord-Vietnam de faire passer davantage de combattants au Sud pour y épauler les *Viêt-Congs*. Ils sont bientôt 200 000.

Le discours d'Hô Chi Minh reproduit ci-dessous intervient dans un contexte d'aggravation de la situation militaire. En juillet 1966, l'opération américaine *Rolling Thunder* est étendue à la zone démilitarisée entre le Nord et le Sud. Par ailleurs, au même moment, elle frappe plus au nord que jamais, atteignant les villes de Hanoï et de Haïphong, sans hésiter à employer le napalm et d'autres substances toxiques pour la population civile. Au Sud, il semble que le régime des généraux soit en butte à une contestation croissante : l'agitation de la majorité bouddhiste s'accroît et des bonzes s'immolent pour la paix. Le 17 juillet, sur les ondes de Radio Hanoï et alors que la ville subit le feu des bombardements, Hô Chi Minh adresse à son peuple un appel à l'héroïsme et à la mobilisation. Cette allocution marquera les esprits et sera véritablement considérée comme le vade-mecum de la résistance nord-vietnamienne. Fustigeant la *barbare guerre d'agression* déclenchée par les *impérialistes américains*, il exalte la détermination du Sud à se battre pour s'unir au Nord et promet que rien ne le fera plier, ni une intensification des combats ni une prolongation indéfinie du conflit. Accusant Washington de vouloir berner le Nord-Vietnam en proposant des négociations, il souligne que les accords de Genève n'ont pas été rompus par Hanoï et qu'il faudra en passer par ses conditions de paix et celles du FNL. Pour raviver la ferveur populaire, il présente la guerre en cours comme la continuation de la lutte contre les Japonais puis les Français et remercie les pays socialistes et les *peuples progressistes*, dont le peuple américain, de leur soutien à sa cause, ce qui lui permet d'insister sur les divisions internes croissantes des États-Unis face à la guerre. Cette guerre, Hô Chi Minh n'en verra pas la fin puisqu'il mourra le 2 septembre 1969, sans que sa disparition ait d'influence marquante sur le cours du conflit ou sur la politique du Nord-Vietnam. Son décès sera toutefois officiellement daté du 3, afin de ne pas

---

4 Pierre-Richard Feray, *Le Vietnam*, Paris, PUF, 1992, p. 86.

interférer avec la fête nationale. Hô Chi Minh avait demandé à être incinéré et à ce que ses cendres soient dispersées sur trois sommets du pays, au nord, au centre et au sud. Ce vœu étant impossible à exaucer en temps de guerre, il a été embaumé et placé dans un mausolée en granit, imité de la tombe de Lénine, sur la place Ba Dinh de Hanoï. Il y repose toujours aujourd'hui.

Une « sale guerre » de plus en plus controversée

De juillet 1966 à la fin de l'année 1967, la guerre du Vietnam s'intensifie, chacune des deux parties redoublant d'efforts. Les Américains qui comptent désormais près de 500 000 hommes sur place multiplient les attaques frontales et visent la destruction massive des forêts et des récoltes par l'utilisation renforcée de bombes au napalm et d'agents chimiques défoliants, avec d'évidentes conséquences sur la santé et la situation alimentaire des populations vietnamiennes. Au sol, les soldats américains se heurtent à une résistance efficace et meurtrière des *Viêt-Congs* qui, profitant de leur parfaite connaissance du terrain, mènent une imparable guérilla. Cependant, Washington reste persuadée d'une victoire possible jusqu'à l'offensive du Têt (Nouvel An vietnamien), le 31 janvier 1968. Une centaine de villes et de bases sont alors attaquées simultanément au mortier, dont Hué et Saïgon, prouvant ainsi que le FNL est en mesure d'agir également en milieu urbain. Pour les Américains, la désillusion est cruelle et l'humiliation totale. La situation est d'autant plus détestable que la contestation de la guerre du Vietnam a pris, aux États-Unis, une ampleur nationale.

Né avant même les événements de 1964, ce mouvement d'opposition est d'abord sporadique et rassemble des Américains que les autorités peuvent aisément qualifier de marginaux : *hippies*, *quakers* ou militants pacifistes de longue date. Mais dès 1964-1965, la contestation gagne de nombreux campus universitaires et se répand dans une jeunesse qui redoute la conscription et l'envoi au Vietnam. Des considérations sociales sont également présentes puisque être Blanc ou riche donne plus de chances d'être exempté de service, ce qui explique la conjonction entre les anti-Vietnam et les défenseurs des droits civiques, comme Martin Luther King[5]. En avril puis en novembre 1965, 25 000 marcheurs se rassemblent à Washington pour réclamer la fin de la guerre mais la Maison-Blanche reste sourde et décide au contraire d'augmenter puissamment le nombre de soldats américains au Vietnam. En 1966-1967, la contestation gagne quotidiennement du terrain dans l'opinion et y devient peu à peu majoritaire, les manifestations et sit-in rassemblent des dizaines de milliers de personnes prônant le *Flower power* les désertions et les refus d'incorporation se multiplient et l'on voit naître une association de vétérans opposés à une guerre dont ils rapportent d'atroces récits. Les Américains grondent contre les pertes chaque jour croissantes – déjà vingt-cinq mille *boys* disparus en 1968 – mais également contre les méthodes inhumaines employées par l'armée américaine : en mars 1968, la révélation d'un massacre déjà ancien de paysans désarmés – hommes, femmes et enfants – suscite une profonde réprobation tandis que les images des ravages causés par le napalm hantent les esprits. C'est au même moment que Lyndon Johnson, devenu très impopulaire, annonce qu'il ne se représentera pas et

---

[5] Voir l'introduction au discours n° 66.

ordonne l'arrêt des bombardements au nord du 20e parallèle. Fin octobre, à la veille des élections, cet arrêt est étendu à l'ensemble du Vietnam.

Il faut désormais trouver comment assurer une *paix dans l'honneur*, selon le slogan du républicain Richard Nixon, nouveau président américain. Depuis mai 1968, à Paris, des négociations laborieuses sont en cours entre les États-Unis et le Nord-Vietnam. Finalement, en janvier 1969, une véritable conférence de Paris peut s'ouvrir entre les États-Unis, les gouvernements nord- et sud-vietnamiens et le FNL. Elle durera quatre ans. Sur le terrain, la volonté de Nixon est de prouver l'inanité du slogan nord-vietnamien, selon lequel la population du Sud, si elle était libre de choisir, s'unirait à la République démocratique voisine. Le président américain entend « vietnamiser » la guerre et, partant, les forces combattantes. Dès juillet 1969, il entame un retrait des troupes américaines. Deux ans plus tard, celles-ci sont passées de 550 000 à 325 000 hommes et, en 1972, à moins de 70 000. Cependant, la contestation continue à enfler aux États-Unis parce que le retrait est jugé trop lent et qu'il s'accompagne, dès 1970, d'une extension de la présence militaire américaine dans la région, pour déstabiliser les régimes cambodgien et laotien, jugés trop favorables au FNL. Le 15 octobre 1969, un jour chômé ou *Moratorium*, est décrété comme démonstration de force : des millions d'Américains, dont 500 000 à Washington, boudent l'école ou le travail pour participer à des manifestations pacifistes. Les années 1972-1973 sont celles d'un dénouement qui, toutefois, ne sera que provisoire. Les voyages de Nixon à Pékin[6] puis Moscou détendent le climat international et, en marge de la conférence de Paris, des négociations privées entre Kissinger, conseiller de Nixon, et Lê Duc Thô, conseiller nord-vietnamien, permettent la signature d'un accord en janvier 1973 et sa ratification par la conférence en mars. Le texte prévoit la création d'un conseil de réconciliation nationale et d'une commission internationale de contrôle et de surveillance. Cependant, le cessez-le-feu ne sera jamais réellement respecté et, dès 1974, profitant d'une conjoncture difficile aux États-Unis – le scandale présidentiel du Watergate et la démission de Nixon[7] – les communistes vietnamiens décident de repartir à l'attaque. En janvier 1975, ils s'emparent de la province de Phuoc-Long puis, en mars, lancent l'offensive généralisée « du printemps » et la « campagne Hô Chi Minh » qui les conduisent à une victoire totale. Symboliquement, Saïgon est rebaptisée Hô Chi Minh-Ville. Parallèlement, les communistes triomphent aussi au Laos et au Cambodge, avec les Khmers rouges.

Dans la conscience collective américaine, la guerre du Vietnam, au vu de son déroulement et de ses conséquences, est rapidement devenue synonyme d'humiliation, de honte et de gâchis. Elle a profondément marqué, dans leur chair et dans leur âme, les soldats qui ont eu la chance d'en revenir et touché, de près ou de loin, chaque famille américaine ; elle a dévoilé à la face du monde le visage d'une Amérique divisée et en proie au doute ; elle a montré aux pays membres du bloc occidental que leur garant n'était pas invincible. Mais au-delà, elle a surtout bouleversé la conscience morale du « monde libre » car c'est au nom de la liberté et de sa sauvegarde que les pires armes ont été employées contre des civils et que tout l'écosystème d'une région a été détruit. Au nord du Vietnam, en effet, 30 % des terres sont devenues désertiques. Les effets

---

6 Voir l'introduction au discours n° 72.
7 Voir l'introduction au discours n° 74.

psychologiques de cette guerre qui a coûté aux États-Unis 150 milliards de dollars en douze ans, restent aujourd'hui encore extrêmement présents et sont ravivés par la dramatique évolution du conflit irakien. De nombreux analystes, stratèges et historiens osaient, depuis de longs mois, un douloureux parallèle, que le président Bush lui-même a bien dû admettre en octobre 2006.

Appel à la nation

Compatriotes et combattants dans tout le pays,

Les impérialistes américains ont déclenché de façon la plus barbare une guerre d'agression pour conquérir notre pays, mais ils sont en train de subir de grandes défaites.

Ils ont envoyé massivement un corps expéditionnaire de près de 300 000 hommes dans le Sud de notre pays. Ils entretiennent une administration et une armée fantoches, instruments de leur politique d'agression. Ils font usage de moyens de guerre extrêmement sauvages, produits chimiques toxiques, bombes au napalm, etc. Leur politique consiste à tout incendier, tout massacrer, tout détruire. Par ces crimes, ils espèrent dompter nos compatriotes du Sud.

Mais sous la ferme et habile direction du Front national de libération, l'armée et la population du Sud, étroitement unies et combattant avec héroïsme, ont remporté des victoires glorieuses et sont déterminées à se battre jusqu'à la victoire totale pour libérer le Sud, défendre le Nord et progresser vers la réunification du pays.

Les agresseurs américains ont impudemment lancé des attaques aériennes contre le Nord de notre pays dans l'espoir de sortir de leur situation désastreuse au Sud et nous imposer des « négociations » à leurs conditions.

Mais le Nord reste inébranlable. Notre armée et notre peuple ont redoublé d'ardeur pour produire et combattre avec héroïsme. À ce jour, nous avons abattu plus de 1 200 avions ennemis. Nous sommes déterminés à faire échec à la guerre de destruction de l'ennemi et à soutenir de toutes nos forces nos frères du Sud.

Dernièrement, les agresseurs américains ont franchi un nouvel échelon très grave de leur escalade. Ils ont attaqué la périphérie de Hanoï et de Haïphong. C'est un acte de désespoir, le soubresaut d'un fauve mortellement blessé.

Que Johnson et ses acolytes se le disent : ils peuvent faire venir 500 000 hommes, un million, ou même davantage pour intensifier la guerre d'agression au Sud-Vietnam ; ils peuvent utiliser des milliers d'avions pour multiplier les attaques contre le Nord, jamais ils ne pourront ébranler notre volonté de fer de combattre l'agression américaine, pour le salut national. Plus ils se montrent agressifs, plus ils aggravent leur crime. La guerre pourra encore durer cinq ans, dix ans, vingt ans ou davantage, Hanoï, Haïphong ainsi qu'un certain nombre d'autres villes et d'entreprises pourront être détruites, le peuple vietnamien ne se laissera pas intimider. Il n'est rien de plus précieux que l'indépendance et la liberté. Après la victoire, notre peuple reconstruira le pays en mieux, en plus grand et plus beau.

Il est notoire que chaque fois qu'ils se préparent à intensifier leur guerre criminelle, les agresseurs américains recourent toujours à la supercherie des « négociations de paix » dans l'espoir de tromper l'opinion mondiale et d'accuser le Vietnam de ne pas vouloir de « négociations de paix ».

Qui a saboté les accords de Genève garantissant la souveraineté, l'indépendance, l'unité et l'intégrité territoriales du Vietnam ? Les troupes vietnamiennes sont-elles allées envahir les États-Unis et massacrer des Américains ? N'est-ce pas le gouvernement des États-Unis qui a envoyé des troupes américaines envahir le Vietnam et massacrer des Vietnamiens ? Répondez, président Johnson, à ces questions, publiquement devant le peuple des États-Unis et les peuples du monde !

Que les États-Unis cessent leur guerre d'agression au Vietnam et en retirent toutes leurs troupes et celles des pays satellites, la paix reviendra immédiatement. La position du Vietnam est claire : ce sont les quatre points du gouvernement de la République démocratique du Vietnam et les cinq points du Front national de libération du Sud-Vietnam. Il n'y a pas d'autre voie !

Le peuple vietnamien est profondément attaché à la paix, à une paix véritable, la paix dans l'indépendance et la liberté et non pas à une fausse paix, une « paix américaine ».

Pour l'indépendance de la patrie, pour accomplir notre devoir vis-à-vis des peuples en lutte contre l'impérialisme américain, notre peuple et notre armée, unis comme un seul homme, combattront résolument jusqu'à la victoire finale, quels que puissent être les sacrifices et les privations. Naguère, dans des conditions beaucoup plus difficiles, nous avons vaincu les fascistes japonais et les colonialistes français. Aujourd'hui les conditions nationales et internationales sont plus favorables, la lutte de notre peuple contre l'agression américaine pour le salut national sera certainement victorieuse.

Chers compatriotes et combattants,

Nous sommes forts de notre juste cause, de notre union nationale du Nord au Sud, de notre tradition de lutte indomptable, de la sympathie et du large soutien des pays socialistes frères et des peuples progressistes du monde entier. Nous vaincrons.

Devant la situation qui vient de se créer, nous sommes unanimement déterminés à endurer toutes les privations et consentir tous les sacrifices pour mener à bien la glorieuse tâche historique dévolue à notre peuple : vaincre les agresseurs américains !

Au nom du peuple vietnamien, je saisis cette occasion pour remercier chaleureusement les peuples des pays socialistes et les peuples progressistes du monde, dont le peuple américain, pour leur soutien et leur aide dévoués. Devant les nouvelles menées et les nouveaux crimes des impérialistes américains, je suis convaincu que les peuples et les gouvernements des pays socialistes frères, des pays épris de paix et de justice dans le monde soutiendront et aideront le peuple vietnamien plus vigoureusement encore dans sa lutte patriotique contre l'agression américaine jusqu'à la victoire totale.

Le peuple vietnamien vaincra !

Les agresseurs américains seront vaincus !

Vive le Vietnam pacifique, réunifié, indépendant, démocratique et prospère !

Compatriotes et combattants dans tout le pays, allez vaillamment de l'avant !

Compléments

Quatre points du gouvernement de la République démocratique du Vietnam : 8 avril 1965.

1) indépendance et unité du Vietnam, assorties du départ des Américains ;
2) abstention du Vietnam du Nord et du Sud de participer à une alliance militaire avec un pays étranger ;
3) règlement des affaires du Sud-Vietnam par son propre peuple ;
4) réunification pacifique par la population des deux zones et sans ingérence étrangère.

69 – Charles de Gaulle
Vive le Québec ! Vive le Québec libre !

24 juillet 1967

Vive le Québec libre ! Cette exclamation inattendue et impromptue figure toujours parmi les formules les plus célèbres du général de Gaulle, peu avare en la matière. Au-delà de la polémique qu'elle a suscitée, cette phrase a joué un rôle de catalyseur pour le peuple québécois, en pleine réflexion identitaire. Par ailleurs, elle a permis au président français d'affirmer une fois de plus, au travers de la cause francophone, l'indépendance de son pays sur la scène mondiale, une indépendance qui passe nécessairement par la résistance au monde anglo-saxon.

De Gaulle et la politique française de « grandeur »

Officier de carrière peu connu avant 1940, Charles de Gaulle (1890-1970) a toujours eu « une certaine idée de la France », comme il l'écrira plus tard dans ses *Mémoires de guerre*[1]. Toute son action politique, au sens large, a été commandée par le souci de voir son pays affirmer, maintenir ou reconquérir une place de grande puissance sur la scène mondiale. C'est dans ce but qu'il lance, le 18 juin 1940, l'appel qui le fera sortir de l'anonymat et qu'il n'hésite pas, tout au long de la guerre et à la Libération, à poser de claires exigences à ses alliés anglo-américains. En 1944-1945, ceux-ci tardent à le reconnaître comme chef légitime de la France libérée et ne l'invitent pas aux grandes conférences de Yalta et Potsdam mais, qu'importe, de Gaulle prend sa revanche sur d'autres terrains. Ainsi, grâce à l'appui de Churchill, il reçoit une zone d'occupation en Allemagne, responsabilité que voulaient lui dénier les États-Unis et l'URSS. Par ailleurs, il arrache le maintien du français comme langue officielle au sein de la future ONU et y obtient un siège permanent au Conseil de Sécurité. Bref, lorsqu'il quitte le pouvoir en 1946 pour protester contre le retour du régime des partis, Charles de Gaulle peut se targuer d'avoir rendu à la France, anéantie en juin 1940, une place incontournable sur l'échiquier diplomatique. En droit, sinon en fait, la France est l'un des quatre Grands[2]. De 1946 à 1958, le Général se met en réserve du pouvoir : à la tête d'un mouvement d'opposition, le Rassemblement du peuple français, puis durant ce que l'on

---

1 Charles de Gaulle, *Mémoires de guerre*, t. I. : *L'appel 1940-1942*, Paris, Plon, 1954, p. 5.

2 Sur cette période et pour des éléments biographiques, voir les introductions aux discours n° 27 et 35.

appelle sa « traversée du désert », il attend l'effondrement de la IVe République pour mieux revenir au premier plan et imposer ses idées constitutionnelles, basées sur un exécutif fort et sur l'accroissement des pouvoirs présidentiels. En mai-juin 1958, alors que la guerre d'Algérie s'enlise, la fronde des partisans de l'Algérie française, attisée par certains milieux gaullistes, conduit au suicide d'une IVe République déjà moribonde. Nommé président du Conseil, de Gaulle reçoit alors les pleins pouvoirs pour six mois. Il fait rédiger une nouvelle Constitution et, en décembre, devient le premier président de la Ve République[3].

Doté de peu de pouvoir sous les précédents régimes, le président est désormais le personnage clé de l'État. C'est lui, notamment, qui définit les grands axes de la politique étrangère, réduisant ainsi l'influence du Quai d'Orsay. Par ailleurs, si de Gaulle est servi par une Constitution « sur mesure », il l'est aussi par sa forte personnalité, son éloquence et l'héritage presque mythique de 1940. Plus que jamais, l'obsession gaullienne est d'assurer l'indépendance politique et militaire de la France, ce qui implique une contestation des rapports internes au bloc occidental, perçus, non sans raison, comme des rapports de subordination à la superpuissance américaine. Mais en 1958, la demande de voir l'OTAN contrôlée par un directoire anglo-américano-français plutôt que par les seuls États-Unis se heurte à une fin de non-recevoir. Jusqu'en 1962, l'attention de la France est largement monopolisée par la guerre d'Algérie mais, une fois celle-ci achevée, Paris se lance dans une offensive diplomatique de grande envergure qui, de nouveau, conduit Washington et Londres à percevoir le Général comme un allié bien encombrant. D'une part, la France se rapproche du bloc communiste. En 1964, elle est le premier grand pays occidental à reconnaître la Chine populaire et, entre 1966 et 1968, de Gaulle se rend en voyage officiel en URSS, en Pologne et en Roumanie. Dès 1965, il entreprend de déstabiliser le dollar, dans le but de le remplacer par l'or comme étalon du Système monétaire international. Cette résistance à l'omnipotence américaine se marque également sur le plan militaire : en 1963, la France, puissance atomique depuis peu, refuse de ratifier le traité sur l'interdiction des essais nucléaires détectables pour préserver son indépendance dans ce domaine ; en 1966, à la grande fureur de Washington, elle décide de sortir du commandement intégré de l'OTAN et demande le départ de toutes les troupes étrangères stationnées sur son sol. Par ailleurs, toujours en 1966, dans son discours de Phnom Penh, le Général condamne fermement le rôle des États-Unis dans le déclenchement et la poursuite la guerre du Vietnam et plaide pour une neutralisation du Sud-Vietnam. En ce qui concerne le Proche-Orient, il rompt, en 1967, avec la politique très pro-israélienne menée jusque là par Paris[4] : il condamne la guerre préventive des Six Jours et fustige un *peuple d'élite, sûr de lui-même et dominateur*. L'idée de de Gaulle est de se rapprocher du monde arabe, échaudé par la douloureuse décolonisation du Maghreb, et d'éviter que les États-Unis n'y prennent ancrage. Au-delà de l'Afrique du Nord et du Proche-Orient, cette volonté de contenir les ambitions américaines guide toute sa politique étrangère : en 1964, il plaide le rejet de tout hégémonisme lors de deux voyages en Amérique latine et, dès 1962, soutient fermement les différentes initiatives qui, donnant naissance à l'idée de francophonie,

---

3 Voir l'introduction au discours n° 57.

4 Voir notamment l'introduction aux discours n° 54 et 55 sur les événements de Suez.

permettent de tisser des liens entre les continents européen, américain, africain et asiatique autour de la langue et de la culture françaises. C'est dans ce contexte qu'il faut replacer son voyage au Québec de 1967.

Le Québec et la France jusqu'en 1967

Explorée par le Français Jacques Cartier au XVIe siècle, la « Nouvelle-France », à l'origine de l'actuel Québec, voit son peuplement s'accroître lentement au fil du XVIIe avec la fondation de plusieurs villes, dont Québec et Ville-Marie, la future Montréal. Cependant, la cohabitation est difficile avec les Anglais présents dans les territoires voisins dits « de la baie d'Hudson » et les tribus indiennes qu'ils se sont ralliées. Démographiquement et économiquement, la Nouvelle-France peine à décoller et, au XVIIIe, subit la propagation des guerres européennes. En 1713, au traité d'Utrecht, la France perd l'Acadie, rebaptisée Nouvelle-Écosse, au profit de la Grande-Bretagne. Après la guerre de Sept Ans, cette dernière, par le traité de Paris (1763), reçoit le Canada français. Louis XV abandonne ainsi sans état d'âme près de 55 000 colons qui, désormais, pourront s'en prendre à loisir aux « maudits Français ». Les Anglais laissent subsister sur place la religion catholique et les lois françaises. Ils ne vont nullement imposer une quelconque assimilation mais au contraire cultiver le particularisme de la « belle province », surtout lorsqu'ils devront affronter leurs propres colons des treize colonies nord-américaines. Ce sont en effet ces colons américains plus que les Britanniques qui sont haïs par les Québécois depuis les interminables « guerres franco-indiennes » du XVIIIe siècle. Les Québécois restent donc fidèles à la Couronne pendant la guerre d'indépendance américaine. Après celle-ci, la balance des forces change au Canada avec l'arrivée massive de loyalistes anglophones proscrits par les États-Unis. En 1791, le *Quebec Act* partage le territoire en deux entités distinctes, le Haut-Canada ou Ontario anglophone et le Bas-Canada ou Québec francophone. Après la rébellion Papineau-Mackenzie de 1837-38, le gouvernement de Londres accorde au Canada une très large autonomie, allant vers le statut futur de *dominion* mais reposant sur la réunification administrative (*Union Act* de 1840). Cependant, en 1867, les menaces d'absorption par les États-Unis à l'issue de la guerre de Sécession font créer la Confédération canadienne, dans laquelle le Québec n'est plus qu'une composante à côté de trois puis – colonisation de l'Ouest oblige – huit autres provinces presque totalement anglophones. Les Québécois ressentent dès lors un sentiment croissant de minorisation, tant culturelle qu'économique, encore accru par l'afflux de nouveaux immigrants après les guerres européennes. À la veille de la Seconde Guerre, les Québécois, à 80 % francophones et qui sont souvent ruraux, catholiques et conservateurs, cohabitent au sein du Canada, dont la seule langue officielle est l'anglais, avec une immense majorité d'anglophones protestants qui contrôlent l'essentiel des rouages socio-économiques du pays. Au Québec même, les principales banques et le grand commerce échappent aux Canadiens français.

Pétri d'histoire et nostalgique de la puissance française telle qu'elle pouvait s'exprimer au XVIIIe siècle, le général de Gaulle est persuadé qu'il faut réduire la fracture entre la France et ce *rameau de vieille souche française* perdu sous Louis XV, ces Canadiens français qu'il considère comme des frères arrachés à la mère patrie et vivant loin d'elle dans des conditions pénibles. Dès le début de la Seconde Guerre, il tente de nouer le contact en leur adressant, le 1er août 1940, un appel spécifique depuis Londres. Cependant, il lui faut bien constater qu'au Canada, les meilleurs soutiens de la France libre sont les anglophones qui, détenant les rênes du pouvoir, ont fermement engagé le pays au côté de la Grande-Bretagne. Les francophones, eux, sont beaucoup plus rétifs et, en ce qui concerne la France, semblent majoritairement accorder leur confiance au régime de Vichy qui promet la restauration de valeurs pieuses et conservatrices. Il faut attendre les bouleversements de 1942 pour voir les Québécois évoluer et se tourner davantage vers de Gaulle qui, par ailleurs, a bien choisi son agent de propagande sur place en la personne de Thierry d'Argenlieu, héros naval et membre du clergé régulier. En juillet 1944, soit avant la Libération de Paris, de Gaulle effectue un premier voyage au Québec où il reçoit un accueil très chaleureux. Il n'y reviendra toutefois qu'en 1960 et sans que s'exprime alors une ardeur particulière de la population à l'égard de la France ou de sa personne.

Pourtant, la décennie qui s'ouvre sera cruciale pour Montréal comme pour Paris. De Gaulle, on l'a dit, entend faire feu de tout bois pour s'affirmer politiquement et culturellement face à Washington. Dans ce cadre, disposer d'un relais en Amérique du Nord est un précieux atout. L'évolution progressive du Québec, qui affirme de plus en plus fort son identité, achève de le convaincre qu'à terme, le Canada français constituera un État à part entière. En juillet 1960, les libéraux de Jean Lesage renversent les conservateurs québécois et, selon le slogan *Maîtres chez nous*, lancent la *Révolution tranquille*, soit une série de réformes qui, sans remettre en cause le fédéralisme, modernisent et sécularisent la société. Dans le même temps, des groupuscules indépendantistes apparaissent, comme le Rassemblement pour l'indépendance nationale (RIN) mais aussi le Front de libération du Québec (FLQ), lié à l'extrême-gauche et ne répugnant pas à la violence. Dès 1961, les rapports s'intensifient entre la France et le gouvernement québécois. On voit même naître à Paris, dans l'entourage du général de Gaulle et en marge du Quai d'Orsay, bien plus soucieux de ménager Ottawa, un lobby québécois, appuyé sur des militants décidés de la francophonie. En 1961, une délégation générale du Québec s'ouvre à Paris et, en 1965, une Entente sur la coopération culturelle est signée entre les gouvernements français et québécois. L'inquiétude et l'irritation d'Ottawa grandissent, d'autant que les discours du Général sont de plus en plus fermes, soulignant que les Québécois sont français en tout sauf dans le domaine de la souveraineté.

Un discours impromptu lors d'un voyage bien préparé

En 1966, les Québécois renvoient les libéraux dans l'opposition au profit de la conservatrice Union nationale. Son leader, Daniel Johnson, est cependant tout aussi décidé à faire valoir les droits de son peuple, comme l'indique le titre de son ouvrage *Égalité ou Indépendance*. L'année 1967 est symbolique pour le Canada qui fête le centenaire de la Confédération et présente à Montréal une Exposition universelle. À l'automne 1966, le général de Gaulle reçoit deux invitations, l'une canadienne et l'autre québécoise, pour le mois de juillet suivant. Il hésite à les accepter et voudrait idéalement honorer la seconde mais pas la première, ce qui, diplomatiquement, est inconcevable. Il lui faut, de plus, prendre en compte une demande d'Ottawa : que chaque invité débarque dans l'aéroport de la capitale fédérale et se rende ensuite dans les provinces mais non l'inverse. Or, pour le Général, le voyage n'a de sens que s'il lui permet de faire avancer la cause québécoise. Daniel Johnson ne lui a-t-il pas demandé un appui pour obtenir d'Ottawa l'égalité entre francophones et anglophones ? C'est le journaliste Pierre-Louis Mallen, membre du lobby québécois et correspondant sur place de la radio-télévision française depuis 1963, qui imagine une solution : jumeler la visite de de Gaulle avec une escale à Saint-Pierre-et-Miquelon, archipel français de l'Atlantique Nord qui, fin 1941, s'était rallié à la France libre à la barbe de Washington. Cette escale implique un voyage en bateau et non en avion, donc une arrivée par le Québec.

Le 15 juillet 1967, le Général prend la mer à Brest, à bord du *Colbert* et, d'emblée, prévient ses proches collaborateurs de son envie d'accomplir un geste fort de l'autre côté de l'Atlantique, même s'il ne sait pas encore quelle forme il prendra. Sur place, le gouvernement québécois n'a rien laissé au hasard. Les 270 kilomètres entre Québec et Ottawa, que le Général parcourra en faisant de multiples arrêts, ont été savamment décorés : des arcs de triomphe marquent l'entrée de chaque bourgade, des drapeaux français et québécois sont partout visibles et on a donné congé aux enfants et aux fonctionnaires pour qu'ils se massent le long des routes. Quant aux indépendantistes, qui représentent alors 8 % environ de la population, ils ont tout mis en œuvre pour noyauter les foules, huer le *God save the Queen* ou le couvrir par la *Marseillaise* et brandir bien haut des pancartes proclamant *Vive le Québec libre !* Le *Colbert* arrive à quai le matin du 23 juillet. En soirée, lors du dîner officiel, Charles de Gaulle répond à Daniel Johnson qui a réclamé le soutien de la France, en soulignant que les Québécois se veulent à juste titre *maîtres d'eux-mêmes* en gardant leur *substance* et leur *indépendance* au contact du *colossal voisin*. Ceci revient à jeter une pierre dans le jardin d'Ottawa mais aussi de Washington sinon à dépasser le diplomatiquement correct.

Le 24 juillet, de Gaulle emprunte « le chemin du Roy », multipliant les bains de foule et les références à l'autodétermination. C'est avec un certain retard qu'il arrive à Montréal en fin de journée. Une foule joyeuse l'y attend depuis plusieurs heures sur la place Jacques Cartier, au pied de l'hôtel de ville, mais aucune allocution n'est prévue. De Gaulle, reçu par le maire Jean Drapeau, est simplement censé s'entretenir avec les notables locaux. Cependant, parce que la foule scande son nom et parce qu'un micro a été opportunément placé sur le balcon, il décide de s'adresser à la population. Son intervention improvisée est très courte mais percutante. Le Général dit vouloir *confier un secret* aux Montréalais et leur révèle qu'il ressent chez eux une atmosphère qui lui rappelle celle de la Libération. Il poursuit en assurant les Québécois d'une aide durable et concrète de la part de la France afin que *les Français de part et d'autre de l'Atlantique travaillent ensemble à une même œuvre française*. Il conclut par plusieurs exclamations, dont un retentissant *Vive le Québec !* Sur la place, les indépendantistes en attendent davantage et, saisissant l'opportunité, le Général les satisfait. Il lance *Vive le Québec* puis, après un silence, ajoute *libre !* puis regagne l'intérieur de l'hôtel de ville, pendant que la foule exulte. Les officiels font grise mine : du côté français comme du côté québécois, on sait que de Gaulle est allé trop loin et que les répercussions de ce discours seront nombreuses. Il y a, bien sûr, l'appropriation par le président français du slogan indépendantiste mais il y a aussi la comparaison douteuse entre la situation du Québec et celle de la France sous l'occupation nazie, même si l'entourage du Général soulignera qu'il s'agissait seulement de comparer la chaleur de deux foules et non les circonstances historiques. Dès le lendemain, en tout cas, le Premier ministre canadien, le libéral anglophone Lester B. Pearson, connu pour sa modération et son ouverture aux revendications des francophones, réunit en urgence son gouvernement à Ottawa, où de Gaulle est prochainement attendu. Les ministres fédéraux francophones sont parmi les plus critiques à l'égard du Général, accusé d'ingérence, d'inconscience, sinon de sénilité. Le 25 en fin d'après-midi, Pearson intervient, en français, à la télévision, et qualifie d'*inacceptables* certains propos tenus la veille par le président français. Le mot est fort et s'apparente à un blâme. Le but du gouvernement canadien est d'inciter de Gaulle à rentrer en France sans passer par la capitale, ce qui était d'ailleurs le souhait premier du président français. Celui-ci reprend donc l'avion, non sans avoir visité l'Exposition, le métro et l'université de Montréal. Ses ministres ont été réquisitionnés pour l'accueillir à l'aube à Orly en guise de soutien.

Prêcher le plus pour avoir le moins ?

Bien que présents à l'aéroport, la plupart de ces ministres sont intimement persuadés, comme leurs homologues canadiens et comme la plupart des organes de presse français et internationaux, que le général de Gaulle a commis une lourde bévue. Les Français eux-mêmes, sondés durant l'été, vont faire connaître leur désapprobation à plus de 55 %. 1967 est d'ailleurs l'année au cours de laquelle le Général commence à voir s'éroder lentement mais sûrement sa cote de popularité. Pour autant, il ne semblera jamais réellement regretter son enthousiasme montréalais. Les membres du « lobby québécois » laisseront entendre que le but était de racheter la faute de Louis XV et de se montrer suffisamment percutant, quelle que soit la manière, pour attirer l'attention du monde sur le Québec. De fait, nul ne saura jamais évaluer la part d'émotivité ou de relâchement qui est intervenue dans l'allocution gaullienne du 24 juillet 1967. Nul non plus ne saura jamais avec certitude si de Gaulle était conscient de véhiculer, ce jour-là, une formule partisane. Cependant, force est bien de constater que son intervention controversée a médiatiquement servi la cause du gouvernement québécois, comme l'indiquera, à mots couverts, le communiqué publié le 31 juillet par Daniel Johnson pour remercier le Président de sa venue. Pour lui, l'essentiel est qu'on reconnaisse désormais internationalement l'identité particulière des Québécois. Interrogés, ceux-ci affirmeront n'avoir vu dans les propos gaulliens aucune incitation au radicalisme indépendantiste, alors majoritairement désapprouvé, mais simplement un soutien longtemps réclamé. Néanmoins, ils souhaitent que ce soutien se concrétise. La France va dès lors s'investir dans une logique de partenariat avec le Québec sur le plan de la culture, des médias et surtout de l'éducation. Même si les successeurs du Général se montreront bien plus prudents que lui, l'objectif restera de nouer des liens bilatéraux étroits en considérant, autant que faire se peut, le Québec comme un État semi-souverain. Par ailleurs, Paris va aussi s'efforcer de prendre en compte, mais avec moins de volontarisme, les autres Canadiens francophones, particulièrement les Acadiens qui se sentent exclus par le rapprochement particulier entre la France et le Québec.

Sans que l'on puisse affirmer que le voyage du Général y ait contribué, les Canadiens francophones vont finalement obtenir, en 1969, la proclamation officielle du bilinguisme à l'échelle de la Confédération, ce qui va accroître l'apprentissage du français par les anglophones désireux de devenir fonctionnaires fédéraux. Au Québec même, la loi 101 de 1977, dite « charte du français », voudra faire de celui-ci la langue prédominante dans l'espace public mais le « rapatriement de l'Acte de Constitution » par Ottawa, au début des années 1980, permettra, via plusieurs décisions juridiques, de détricoter ces garanties, notamment en matière d'enseignement et d'affichage commercial. Le débat constitutionnel reste toujours pendant entre le Québec et les autorités canadiennes : les Québécois n'ont pas ratifié la Constitution de 1982 mais celle-ci leur est néanmoins imposée. Depuis les années 1970, le courant indépendantiste a progressé dans l'opinion mais sans parvenir à ses fins. En 1980, le parti québécois de René Lévesque a soumis à référendum le principe de *souveraineté-association* mais n'a recueilli que 40 % des voix. En 1995, un nouveau référendum a donné 49,4 % des suffrages aux souverainistes, soit presque la majorité, sur fond de tensions entre anglophones et francophones. À cette occasion, plusieurs témoins ont dénoncé l'utilisation massive de caisses noires par les unitaristes et la naturalisation accélérée d'immigrants anti-indépendantistes. Face aux revendications sécessionnistes, la tactique des autorités fédérales canadiennes reste de calmer le jeu en donnant certaines satisfactions de principe aux Québécois. Ainsi, fin 2006, le Premier ministre canadien a fait voter une motion sans valeur juridique stipulant que les Québécois forment une nation au sein d'un Canada uni. Cette motion a suscité une vive controverse, tant du côté des Canadiens anglophones que des indépendantistes, ces derniers y voyant une manœuvre destinée à les affaiblir. De fait, le scrutin provincial de mars 2007 s'est soldé par un recul du parti québécois, comme si les électeurs avaient voulu faire entendre à la classe politique que les questions économiques et sociales devaient être leurs priorités.

Vive le Québec ! Vive le Québec libre !

C'est une immense émotion qui remplit mon cœur en voyant devant moi la ville française de Montréal. Au nom du vieux pays, au nom de la France, je vous salue de tout mon cœur. Je vais vous confier un secret que vous ne répéterez pas. Ce soir ici, et tout le long de ma route, je me trouvais dans une atmosphère du même genre que celle de la Libération. Outre cela, j'ai constaté quel immense effort de progrès, de développement, et par conséquent d'affranchissement vous accomplissez ici et c'est à Montréal qu'il faut que je le dise, parce que, s'il y a au monde une ville exemplaire par ses réussites modernes, c'est la vôtre. Je dis c'est la vôtre et je me permets d'ajouter c'est la nôtre.

Si vous saviez quelle confiance la France, réveillée après d'immenses épreuves, porte vers vous, si vous saviez quelle affection elle recommence à ressentir pour les Français du Canada et si vous saviez à quel point elle se sent obligée à concourir à votre marche en avant, à votre progrès ! C'est pourquoi elle a conclu avec le Gouvernement du Québec, avec celui de mon ami Johnson, des accords, pour que les Français de part et d'autre de l'Atlantique travaillent ensemble à une même œuvre française. Et, d'ailleurs, le concours que la France va, tous les jours un peu plus, prêter ici, elle sait bien que vous le lui rendrez, parce que vous êtes en train de vous constituer des élites, des usines, des entreprises, des laboratoires, qui feront l'étonnement de tous et qui, un jour, j'en suis sûr, vous permettront d'aider la France.

Voilà ce que je suis venu vous dire ce soir en ajoutant que j'emporte de cette réunion inouïe de Montréal un souvenir inoubliable. La France entière sait, voit, entend, ce qui se passe ici et je puis vous dire qu'elle en vaudra mieux.

Vive Montréal ! Vive le Québec ! Vive le Québec libre !

Vive le Canada français et vive la France !

70 – René Cassin
Discours d'acceptation du prix Nobel

10 décembre 1968

Dernier prix Nobel de la Paix français, René Cassin fut une personnalité à la fois fascinante et influente même s'il semble, aujourd'hui, injustement méconnu du grand public. Certes, ses cendres ont été transférées au Panthéon en 1987, pour le centenaire de sa naissance, et la promotion 2002 de l'École nationale d'administration a choisi de porter son nom mais il n'en reste pas moins que l'éternel militant des droits de l'homme continue à jouer, à titre posthume, la carte d'une modestie assumée durant toute son existence.

Une carrière au service de la liberté et du droit

Né à Bayonne mais élevé à Nice, issu d'une famille juive peu pratiquante, René Cassin (1887-1976) est licencié en histoire en 1908, docteur en sciences juridiques, politiques et économiques en 1914 et agrégé de droit en 1920. Professeur d'université à Lille (1920-1929) puis à Paris (1929-1960), il enseignera également dans diverses autres facultés d'Europe, d'Afrique et d'Asie. Blessé durant la Première Guerre, il fonde, après 1918, l'Union fédérale des anciens combattants (UFAC) et oriente son action dans deux directions principales : l'obtention d'une loi de réparations personnelles de l'État aux anciens combattants et orphelins et le soutien à la politique de réconciliation et de paix menée par Aristide Briand[1] et l'Association française pour la Société des Nations. Cassin est lui-même délégué à la SDN de 1924 à 1938 et y contribue à la création de l'Institut international de coopération intellectuelle, ancêtre de l'Unesco. Cependant, l'arrivée de Hitler au pouvoir, la « montée des périls » et la crise de Munich[2] le conduisent à prendre ses distances avec le pacifisme et à constater avec déchirement l'échec de la sécurité collective.

Membre du Haut Commissariat de l'information en 1939, Cassin rallie de Gaulle à Londres dès juin 1940 et devient le juriste par excellence de la France libre, préparant les textes qui établiront le Comité français de libération nationale puis le gouvernement provisoire. Successivement secrétaire permanent du Conseil de défense de l'Empire, commissaire national à la Justice et à l'Éducation et président de la Commission de

---

1 Voir l'introduction aux discours n° 14 et 15.

2 Voir l'introduction au discours n° 24.

législation à l'Assemblée consultative d'Alger, il est également le délégué de la France aux diverses conférences élaborant l'Unesco et à la Commission d'enquête des Nations unies pour les crimes de guerre. De 1945 à 1960, il cumule les fonctions de vice-président du Conseil d'État, président de l'École nationale d'administration et président de la Cour supérieure d'arbitrage puis, de 1960 à 1971, siège au Conseil constitutionnel, après avoir, en 1958, présidé le comité consultatif chargé de surveiller l'élaboration de la Constitution de la Ve République. À l'instar de la période de guerre, René Cassin a, de la sorte, épaulé le général de Gaulle et garanti l'équilibre des textes. Gaulliste, ce juriste proche des radicaux, c'est-à-dire du centre-gauche, l'est resté jusqu'en 1967, malgré une hostilité déclarée à l'élection du président de la République au suffrage universel (1962). La rupture est venue de la situation au Proche-Orient et de la condamnation par le Général de la conduite d'Israël durant la guerre des Six Jours. René Cassin, longtemps président de l'Alliance israélite universelle, n'a pas admis ce qu'il considérait comme un gage donné aux ennemis du peuple juif. Mais en marge de cette riche carrière nationale, Cassin, dont les cendres furent transférées au Panthéon en 1987, fut surtout et avant tout le maître d'œuvre de la Déclaration universelle des Droits de l'Homme.

Tous les êtres humains naissent libres et égaux en dignité et en droits

D'abord désignés sous le vocable de droits naturels car émanant de la nature humaine, les droits de l'homme sont un concept lié à celui de modernité. La première théorie globale sur le sujet remonte certes à la fin du XIVe siècle mais la véritable floraison philosophique relative aux droits naturels peut être datée du XVIIe siècle, avec les travaux de Grotius puis ceux de Hobbes et de Locke. Cependant, les conceptions de ces deux derniers penseurs diffèrent sensiblement. Selon Thomas Hobbes, théoricien de l'absolutisme, les droits naturels perdent leur prépondérance lorsque l'homme vit en société et renonce ainsi à la violence primitive. De ce fait, l'être humain accorde volontairement une autorité supérieure et absolue à une instance de gouvernement censée faire respecter l'ordre et édicter les lois. D'après John Locke, en revanche, l'état de nature n'était pas violent et le contrat passé entre l'homme et l'État a justement pour but de préserver les droits naturels et d'assurer leur prééminence sur ceux du gouvernement. En ressort le droit à l'insurrection si le pouvoir bafoue les droits fondamentaux. C'est cette seconde théorie, celle de Locke, qui fonde la conception moderne des droits de l'homme, basée sur l'idée que chacun a le droit d'exister, d'être libre et de posséder des biens mais à condition de respecter la vie, la liberté et la propriété d'autrui. À la fin du XVIIIe siècle, la Déclaration d'indépendance américaine (1776) et la Déclaration française des Droits de l'Homme et du Citoyen (1789) s'inspirent de ces principes.

Après la Seconde Guerre mondiale et en fonction de l'expérience à tirer du conflit et de ses atrocités, les Nations unies ont souhaité que les droits de l'homme soient proclamés dorénavant de façon universelle mais également que leur champ d'application soit élargi pour y inclure l'idée, promue par la Charte des Nations unies, de progrès social et d'amélioration des conditions de vie. Une Commission des Droits de l'Homme est ainsi créée en janvier 1947, à charge pour elle de proposer dans les meilleurs délais un texte à soumettre aux différents États puis à l'Assemblée générale de l'ONU. La rédaction de la déclaration est confiée à un comité de huit membres, présidé par Eleanor Roosevelt, veuve du président américain, sur base de documents rassemblés par l'avocat québécois John Peters Humphrey. Mais le principal auteur du texte est René Cassin, vice-président de la Commission des Droits de l'Homme de l'ONU, où il avait été délégué par son gouvernement eu égard à ses compétences juridiques et à son appartenance, depuis 1921, à la Ligue française des Droits de l'Homme. On doit notamment à Cassin le choix de l'adjectif « universelle » et non « internationale » pour qualifier la déclaration, ce qui donne une existence réelle à l'individu, au-delà des rapports interétatiques.

Le texte, inspiré de la Déclaration française de 1789, compte un préambule, inamovible et rédigé officiellement en français, suivi de trente articles. Ceux-ci définissent d'abord une série de droits civils et politiques : liberté et égalité originelles dans un esprit de fraternité, égalité devant la loi et les tribunaux, présomption d'innocence, droit à la sûreté, condamnation de l'esclavage, de la torture, de l'arrestation et de la détention arbitraires mais aussi droit de réunion et d'association, droit de libre circulation et d'asile, droit de participer aux affaires publiques, directement ou par l'intermédiaire de représentants élus au suffrage universel, ou encore égalité de droits entre l'homme et la femme, notamment dans le mariage qui doit être libre, reconnaissance de la famille comme fondement de la société, droit à la propriété, liberté de pensée, de religion et d'expression. Certains de ces principes, comme la possibilité de se convertir à une autre religion ou l'égalité des conjoints, ne vont pas sans heurter un certain nombre de pays, notamment les pays musulmans. En revanche, les réticences occidentales sont davantage venues de l'inclusion dans la Déclaration de droits sociaux et économiques, parfois perçus comme bridant les libertés individuelles : droit à la sécurité sociale et aux congés payés, droit à un travail, à un salaire juste et au chômage, droit de se syndiquer, droit à l'éducation et notamment à l'enseignement élémentaire obligatoire et gratuit, droit à la culture et à l'accès aux biens culturels. Le 10 décembre 1948, au palais de Chaillot à Paris, après plus de 1400 votes, la Déclaration est adoptée à l'unanimité par l'Assemblée générale des Nations unies mais avec l'abstention de plusieurs pays du bloc de l'Est dont l'URSS, de l'Afrique du Sud en raison de l'apartheid, et de l'Arabie Saoudite qui ne reconnaît pas l'égalité des sexes.

Une lente et difficile concrétisation

Reste à mettre la Déclaration en pratique pour qu'elle ne se résume pas à une simple proclamation de bonnes intentions. En effet, le texte brut n'a aucune portée juridique puisqu'il n'existe pas d'instance permettant de sanctionner les éventuels manquements et que, de toute façon, l'adhésion à la Déclaration n'implique aucune obligation particulière. Pendant de longues années, le contexte international va rendre toute avancée difficile. La guerre froide et ses tensions mais aussi la décolonisation et l'arrivée massive de nouveaux États au sein des Nations unies compliquent la tâche de la Commission des Droits de l'Homme. En 1954, deux pactes d'application sont rédigés mais il faut attendre le 16 décembre 1966 pour qu'ils soient adoptés par l'Assemblée générale. Avec la Déclaration et un protocole facultatif, ils constituent la Charte des Droits de l'Homme. Le premier pacte concerne les droits civils et politiques, l'autre, les droits économiques, sociaux et culturels. L'adoption de ces deux textes résulte d'une sorte de donnant-donnant entre le bloc occidental, surtout attaché au versant politique, et le bloc de l'Est, désireux de voir d'abord garanti le versant socio-économique. Certains droits cités dans la Déclaration n'apparaissent pas dans les pactes, faute d'accord : le droit de propriété, le droit d'asile mais aussi celui de ne pas pouvoir être privé de sa nationalité. Le premier pacte prévoit, en outre, la création d'un Comité des Droits de l'Homme, composé de dix-huit experts indépendants et qui sera saisi des plaintes déposées par un État contre un autre ou par un individu contre l'État. Le mécanisme permettant la plainte d'un particulier fait l'objet du protocole facultatif. Il est alors prévu que les pactes entreront en vigueur une fois que 35 pays au moins les auront ratifiés. Il faudra, pour cela, attendre les années 1975-1976. Aujourd'hui, 144 pays ont adhéré au premier pacte, 141 au second mais 45 seulement acceptent les articles relatifs à la procédure de plainte. On notera que les États-Unis n'ont encore signé aucun des deux pactes.

S'il s'est écoulé dix-huit ans entre le vote de la Déclaration et celui des pactes généraux d'application, nombre de textes de portée nationale ou internationale ont, entretemps, fait référence aux Droits de l'Homme. Ainsi, une convention est rapidement élaborée sous l'égide du Conseil de l'Europe. Le 4 novembre 1950, elle est ratifiée à Rome par quinze États sous le nom de Convention européenne de sauvegarde des Droits de l'Homme et des libertés fondamentales et entre en vigueur en septembre 1953. Le texte est assorti de mécanismes de contrôle et de sanction, ce qui le rend juridiquement contraignant, mais il prend en considération les seuls droits civils et politiques, même si le droit au respect des biens est inclus dans l'article premier d'un protocole additionnel de mai 1954. Le contrôle est assumé par la Commission européenne des Droits de l'Homme qui statue sur la recevabilité de la plainte émanant d'un État ou d'un individu, par le Comité des ministres du Conseil de l'Europe, qui tranche si une solution amiable n'est pas trouvée, et par la Cour européenne des Droits de l'Homme, établie à Strasbourg depuis 1959 et qui peut être saisie comme recours[3]. Personnalité incontournable, René Cassin se montre tout aussi présent et actif dans le cadre européen qu'à l'ONU. De 1959 à 1976, il siège comme juge près la Cour de Strasbourg, dont il est vice-président de 1959 à 1965 et président de 1965 à 1968. L'année suivante, il fonde dans cette même ville l'Institut international des Droits de l'Homme.

Un bilan en forme d'invitation à poursuivre

C'est en signe d'hommage à cette débordante activité que le prix Nobel de la Paix est attribué à René Cassin en décembre 1968. Le discours d'acceptation et de remerciement qu'il prononce à Oslo est l'occasion pour ce *combattant des deux guerres* de saluer l'attitude du peuple norvégien durant le dernier conflit, d'évoquer la mémoire d'Alfred Nobel mais surtout de rappeler les mérites des autres lauréats couronnés pour leur combat en faveur des droits de l'homme et du droit international. Il évoque d'abord

---

3 Pendant longtemps, seuls les États ont pu saisir la Cour mais ce droit a été étendu aux individus. En outre, tout État pouvait refuser le droit de recours individuel et ne pas accepter la juridiction obligatoire de la Cour, ce qui fut le cas de la France. Depuis 1998, la reconnaissance est généralisée et le filtre de la Commission, aboli. Toutes les plaintes aboutissent devant la Cour de Strasbourg, devenue permanente, mais qui s'en trouve débordée.

le français Léon Bourgeois (1851-1925), prix Nobel en 1920, militant de l'arbitrage international et grand promoteur de la Société des Nations, dont il fut le premier président. Cassin s'arrête ensuite sur Aristide Briand (1862-1932), prix Nobel en 1926. Plusieurs fois président du Conseil et ministre des Affaires étrangères français, il symbolise l'idéal de sécurité collective et son rôle fut crucial dans la signature des accords de Locarno (1925) et dans celle du pacte général de renonciation à la guerre (1928)[4]. Le britannique Lord Robert Cecil (1864-1958), prix Nobel 1937, est également salué pour son dévouement sans faille à la SDN, depuis le mémorandum préparatoire qu'il rédigea en 1916 jusqu'à la session finale de la Société en 1946, et pour son implication au sein du Rassemblement universel pour la paix. Parmi les lauréats de l'après Seconde Guerre, Cassin épingle le syndicaliste français Léon Jouhaux (1879-1954), prix Nobel en 1951, qui fut délégué à la SDN de 1925 à 1928 et à l'ONU de 1946 à 1951. Chef de la CGT puis de la CGT-FO, résistant et déporté, il fut l'un des fondateurs de la Confédération internationale des syndicats libres et milita pour les droits de l'homme et le dépassement des blocs. En 1952, le prix Nobel de la Paix revient au docteur Albert Schweitzer (1875-1965), pasteur et médecin alsacien, fondateur de l'hôpital de Lambaréné en Afrique équatoriale française, qui utilisa les 33 000 dollars du prix pour ouvrir une léproserie. Cassin l'associe à deux autres figures religieuses qui se mirent concrètement au service des plus faibles : le pasteur Martin Luther King (1929-1968)[5], prix Nobel 1964, militant non violent en faveur du droit des Noirs américains, et le Père Pire (1910-1969), prix Nobel 1958, un dominicain belge qui consacra sa vie à la lutte contre la pauvreté, à l'aide aux réfugiés et à l'entente entre les peuples et dont le nom reste associé aux îles de Paix et à l'Université de la Paix de Huy. Enfin, René Cassin se place dans la lignée de Louis Renault (1843-1918), prix Nobel 1907, artisan des Conventions de La Haye qui, en 1899 et 1907, codifièrent le droit de la guerre et aboutirent à la création de la Cour permanente d'arbitrage. Mais au-delà de ces figures marquantes, Cassin rend aussi hommage à toutes les victimes des guerres, aux militants anonymes de la paix, aux magistrats et aux délégués des Nations unies qui forgent le droit international. Il leur dédie, en quelque sorte, son prix Nobel. Il souligne enfin l'étendue du chemin qui reste à parcourir pour voir la Charte des Droits de l'Homme entrer réellement et universellement en application. Et de préciser que l'on couronne à travers lui non un *résultat atteint* mais *l'effort vers une paix difficile à acquérir*.

De fait, près de cinquante ans après ce discours, force est de constater les violations permanentes et continuelles des droits de l'homme à travers le monde, y compris dans les pays qui se sont engagés à les respecter. Force est aussi de constater que les Nations unies restent bien impuissantes dans ce domaine. Si, en 2006, on a vu se créer à l'ONU un Conseil des Droits de l'Homme, organe intergouvernemental dont le siège a été fixé à Genève, la déception domine à l'issue de ses premières sessions : les États-Unis se sont d'emblée refusés à y siéger, officiellement pour ne pas y fréquenter des pays violant ouvertement les droits de l'homme, et le conflit israélo-palestinien y a monopolisé l'attention, au détriment d'autres guerres, moins médiatisées mais tout aussi pressantes à prendre en considération. Enfin, plus que jamais, la polémique fait rage

---

4 Voir les introductions aux discours n° 13 à 15.

5 Voir l'introduction au discours n° 66.

autour du concept même de droits de l'homme et autour de l'adjectif « universel »: en Afrique comme en Asie, de nombreuses voix s'élèvent, au nom du relativisme culturel, pour affirmer que les droits de l'homme, idée née en Europe et étendue au monde entier, s'apparentent à une nouvelle forme de colonialisme occidental sous couvert du droit d'ingérence, autre concept controversé. À l'heure où le dialogue des cultures et des civilisations semble se figer en raison d'un contexte politico-stratégique tendu, les militants des Droits de l'Homme apparaissent, plus que jamais, comme de courageux utopistes.

Discours d'acceptation du prix Nobel

Majesté[6], Son Altesse Royale le Prince héritier[7], Madame la Princesse Royale, Madame la Présidente[8],

C'est avec une émotion bien compréhensible que je reçois en présence de Votre Majesté, et d'une assistance chaleureuse, le prix Nobel de la Paix que le Comité norvégien du *Storting*[9] a bien voulu me décerner pour 1968, après deux ans de silence[10] et que Madame Aase Lionaes me remet, en accompagnant ce geste de paroles trop élogieuses.

Mon émotion vient d'abord de ce que je me trouve pour la première fois dans la capitale de la Norvège redevenue libre, en face de son Roi, et qu'irrésistiblement j'évoque les épreuves subies par votre pays en 1940, lorsque brutalement envahi en violation de tout droit, son peuple a résisté, tout entier, à l'envahisseur sous la haute inspiration de son souverain légitime Haakon VII. J'ai eu le privilège d'approcher celui-ci à Londres, lorsque avec une poignée de Français répondant à l'appel d'un jeune général, nous avons lutté aussi, dans l'honneur et la dignité, pour la libération de la France et des autres pays occupés. C'est donc un combattant de deux guerres qui se trouve aujourd'hui proclamé lauréat de prix Nobel de la Paix, dans un pays éminemment pacifique qui, lui-même, a dû faire face à l'agression.

Je ressens également une admiration émue, en prononçant le nom d'Alfred Nobel, ce généreux savant et industriel qui a voulu terminer

6 Olaf V (1903-1991), devenu roi de Norvège en 1957.

7 Harald, devenu Harald V depuis 1991.

8 Aase Lionaes (1907-1999) : députée travailliste au *Storting*, présidente du *Norwegian Nobel Committee*.

9 Parlement norvégien.

10 Le prix Nobel de la Paix n'a pas été décerné en 1966 et 1967.

une vie difficile mais féconde, en marquant sa foi doublée d'espérance en l'avenir de l'humanité. Il a manifesté notamment sa confiance, lui Suédois, envers le *Storting* norvégien, en le chargeant par testament de distribuer chaque année un prix « à ceux qui auront fait le plus ou le mieux pour l'œuvre de fraternité des peuples, pour la suppression ou la réduction des armées permanentes, ainsi que pour la formation et la propagation des congrès de la paix ». Comment pourrait-on s'abstenir de confronter les desseins philanthropiques ainsi exprimés avec les réalités ? De son vivant, la dynamite et les produits analogues, qu'il avait inventés ou perfectionnés en vue de travaux pacifiques, étaient déjà des armes de guerre redoutables. Que dire alors de la puissance formidable de destruction que ceux qui ont libéré l'énergie prodigieuse enfermée dans l'atome ont livrée à tous, aux hommes sages, mais aussi aux imprudents et aux belliqueux ?

En face de si graves dangers, ce n'est plus seulement l'émotion, mais un sentiment d'humilité et une volonté déterminée qui étreignent l'homme jugé digne cette année de recevoir le prix Nobel de la Paix. Certes ce qui a pu être fait n'est pas négligeable : la Charte des Droits de l'Homme promise aux peuples au lendemain de la seconde guerre mondiale a pu être menée à son achèvement dix-huit ans après la Déclaration universelle dont Madame Eleanor Roosevelt a présidé l'élaboration. Mais sauf en Europe où une Convention régionale est appliquée effectivement depuis quinze ans, cette Charte n'est pas encore entrée dans la vie. Trop d'événements récents soulignent les liens entre le respect des Droits de l'Homme et la paix internationale.

Devant l'immensité de la tâche qui reste à accomplir, un lauréat du prix Nobel ne peut que chercher des nouvelles sources de courage dans l'exemple de ses prédécesseurs illustres de nationalités diverses qui ont oeuvré pour la fraternité des peuples : hommes d'État, penseurs, conducteurs de masses, religieux. Pour ne parler que de ceux que j'ai connus personnellement, notamment parmi les Français, je veux rappeler ici les noms de Léon Bourgeois qui a demandé à Herriot[11] de me désigner en 1924, parmi ses suppléants dans la Délégation française à la Société des Nations ; celui d'Aristide Briand qui, dans ses tentatives de réconciliation et de paix a eu constamment le soutien de la majorité des anciens combattants européens des deux camps groupés dans la CIAMAC[12] ; celui de Lord Robert Cecil qui, le premier, à la fin de 1933 a discerné la nécessité et les moyens d'une action mondiale propre à prévenir les

11 Édouard Herriot (1872-1957), alors président du Conseil sous l'égide du cartel des gauches.

12 Confédération Internationale des Associations des Mutilés et Anciens Combattants de la guerre.

menaces pesant sur la Paix ; celui de Léon Jouhaux qui a mené les syndicats ouvriers aux postes de responsabilité les plus élevés, au sein de l'Organisation internationale du Travail. J'évoquerai enfin le nom du Docteur Albert Schweitzer, mon collègue à l'Institut de France qui a formé, comme médecin des corps et des armes avec le Révérend Martin Luther King et le Père Pire, une trinité exceptionnelle, dont seul le dernier survit. Comment un juriste, un homme de Droit ne ressentirait-il pas une certaine fierté de se sentir, à plus d'un demi-siècle de distance, le continuateur d'un Louis Renault, professeur à Paris, qui fut, à la fin du XIXe siècle, l'artisan principal des Conventions de La Haye sur le droit de la guerre ? Comment enfin n'exprimerait-il pas son admiration pour Martin Luther King tombé martyr au service de ses idées ?

Mais l'homme doit mesurer qu'il ne peut pas agir efficacement seul. Il doit se sentir soutenu par la compréhension et la volonté de tous les autres.

Aussi permettez-moi de penser ici tout haut aux victimes innocentes des guerres comme à ceux qui ont défendu les droits, la liberté et la dignité de l'homme. Je pense également à tous ces magistrats silencieux qui appliquent avec justice et courage civique les règles protectrices des droits des individus dans la société. J'envoie enfin un souvenir à ces délégués de toutes les Nations unies qui travaillent et dont beaucoup ont hélas ! disparu depuis que nous avons en commun bâti la Déclaration universelle, au sortir d'une guerre sans exemple.

Ce sont tous ceux-là, les morts et les vivants, hommes de bonne volonté, artisans d'une condition humaine moins injuste, fervents « accoucheurs » de règles, anciennes dans leur essence, mais exprimées sous des modalités convenant mieux à notre monde moderne, qui sont, sous le nom d'un des leurs, les vrais lauréats du prix Nobel de la Paix.

Ainsi celui-ci prend-il toute sa signification – et la voix populaire comme les conducteurs des foules ne s'y trompent pas – ce prix ne couronne pas un résultat atteint, il ne consacre pas une paix acquise, mais il glorifie l'effort vers une paix difficile à acquérir. Ce qu'il symbolise, sous une forme différente à la vérité du Mythe de Prométhée, c'est la volonté inlassable, ardente de l'Homme de s'élever vers un idéal fraternel pour lequel il est capable de donner sa vie, même s'il ne l'atteint pas, pour le salut des autres hommes vivants et celui des générations à venir.

71 – Willy Brandt
L'Ostpolitik

28 octobre 1969

Rendue possible par une certaine « détente » dans les relations entre blocs, l'*Ostpolitik* ou politique orientale du chancelier ouest-allemand Willy Brandt a, en retour, contribué à conforter cette détente. Elle a permis à la RFA de signer plusieurs accords fondamentaux avec l'URSS, la Pologne, la Tchécoslovaquie et la RDA ; elle a facilité un accord quadripartite sur Berlin et elle a conduit à proclamer, au moins jusqu'à la signature d'un traité de paix, l'intangibilité des frontières européennes issues de la Seconde Guerre.

Itinéraire d'un socialiste allemand

Enfant naturel né à Lübeck, grand port de la Baltique, à la veille de la Première Guerre mondiale, Karl Herbert Frahm Brandt, dit Willy Brandt (1913-1992) n'a pas connu son père et fut élevé par sa mère, une employée. Il devient très tôt militant socialiste et, en 1933, lorsque le pouvoir échoit à Hitler, décide de quitter l'Allemagne et de s'installer en Norvège, un pays auquel il demande la naturalisation. En 1940, c'est en tant que citoyen norvégien qu'il fuit l'invasion nazie et se réfugie en Suède, pays neutre. À l'issue de la Seconde Guerre, Brandt revient en Allemagne, d'abord comme correspondant d'un journal norvégien aux procès de Nuremberg puis comme attaché de presse de la mission norvégienne près le Conseil de contrôle allié à Berlin. En 1947, il choisit de reprendre la nationalité allemande et va gravir un à un les échelons politiques en s'appuyant sur le parti social-démocrate ouest-allemand, le SPD. En 1955, il préside le Parlement de Berlin-Ouest puis, en 1957, conquiert la mairie. Quatre ans plus tard, la crise de Berlin et la construction du mur le rendent mondialement célèbre[1].

En 1964, Willy Brandt accède à la présidence du SPD, un parti qui jouit d'une force électorale certaine mais qui n'a encore jamais participé au gouvernement depuis la naissance de la RFA. En effet, de 1949 à 1966, la vie politique ouest-allemande est dominée par les chrétiens-démocrates (CDU) de Konrad Adenauer, chancelier jusqu'en 1963, puis de Ludwig Ehrard, en poste de 1963 à 1966. Les deux hommes gouvernent avec l'appui de petits partis libéraux et conservateurs. Cependant, en 1966, les libéraux font chuter le cabinet et la CDU, emmenée par le chancelier Kurt Georg Kiesinger, n'a

---

[1] Voir l'introduction au discours n° 65.

pas d'autre choix que de mettre sur pied une « grande coalition » associant le SPD au pouvoir. Willy Brandt obtient ainsi le poste de vice-chancelier et de ministre des Affaires étrangères. D'emblée, il fait connaître son ambition de mener une politique nouvelle vis-à-vis de l'Est et, plus particulièrement, de la RDA. Jusque-là, la situation était simple : aux yeux de la CDU, il existe une seule nation allemande, la RFA ,qui est le seul État fondé sur l'autodétermination et donc le seul représentant légitime du peuple allemand. Il en découle que la RDA n'a pas d'existence légale. Depuis 1955 et selon la doctrine Hallstein, du nom du secrétaire d'État ouest-allemand aux Affaires étrangères entre 1951 et 1958, il est établi que la RFA rompra ses relations diplomatiques avec tout État qui reconnaîtrait la RDA. En 1966, Willy Brandt, européen et atlantiste affirmé, décide néanmoins de mettre cette doctrine en sommeil. Parallèlement, il ouvre un dialogue entre son parti, le SPD, et la SED, parti unique est-allemand né de la fusion des socialistes et des communistes, et propose d'établir des contacts avec le gouvernement est-allemand, sans que cela n'implique une reconnaissance de la RDA. Une main est tendue ; l'*Ostpolitik* est lancée.

Une nation, deux États

En mars 1969, le socialiste Heinemann accède à la présidence de la République ouest-allemande grâce à un appoint de voix libérales. Le 28 septembre, lors des élections législatives, la même combinaison va permettre – tournant capital – de rejeter la CDU dans l'opposition. Les chrétiens-démocrates restent le premier parti en voix avec 46,1 % contre 42,7 % au SPD mais les libéraux du FDP s'allient aux sociaux-démocrates et, le 21 octobre 1969, Willy Brandt devient chancelier, un poste qu'il occupera jusqu'en 1974. Le choix d'une telle coalition indique la volonté d'accorder la priorité à la politique étrangère sur la politique économique et sociale, FDP et SPD ayant des programmes peu compatibles sur le plan de la politique intérieure. Le 28 octobre 1969, devant le *Bundestag*, la Chambre basse du Parlement ouest-allemand, le nouveau chancelier livre son discours-programme, dont la partie relative à l'*Ostpolitik* est reproduite ci-dessous. Brandt souligne son désir de *continuité* et de *renouveau*. Rendant hommage à la politique menée depuis 1949, il dit vouloir *maintenir l'unité de la nation* mais tout en aplanissant les relations entre *les deux parties de l'Allemagne* via des *négociations bilatérales*, ce qui revient à reconnaître *de facto* la RDA, à défaut de le faire *de jure*. Le Chancelier évoque dans la foulée la nécessité d'un accord des quatre puissances ex-occupantes sur Berlin et rappelle son attachement à l'autodétermination de chaque peuple, à commencer par le peuple allemand dans son ensemble. Il souligne enfin être prêt à s'entendre avec tous les peuples d'Europe de l'Est, y compris les Soviétiques et les Tchécoslovaques, et être disposé à signer avec eux des accords portant sur le refus de la violence, le respect des frontières mais également des questions de coopération commerciale et culturelle.

Au grand dam de la CDU, Willy Brandt choisit donc la voie de la « détente » et reconnaît que toute réunification de l'Allemagne serait illusoire à brève échéance. Dans cette voie, il a la bénédiction des deux Grands. L'URSS cherche l'apaisement à l'Ouest en raison des difficultés aiguës qu'elle rencontre dans ses rapports avec la Chine et, en novembre 1969, entame avec les États-Unis des négociations dites SALT sur la limitation des armes stratégiques. Washington, quant à elle, appuie la RFA mais entend garder la main et fixer elle-même, en vrai chef de bloc, l'ampleur et les modalités de la « détente ». Dès le 15 novembre 1969, un accord se fait entre Bonn et Moscou pour planifier des pourparlers sur le renoncement à la force. Une semaine plus tard, on prévoit de prochaines discussions entre RFA et RDA et, le 28 novembre, Bonn adhère au traité de non-prolifération nucléaire, marquant par là qu'elle renonce à posséder un jour la bombe, donc qu'elle n'est nullement « revancharde », comme l'en accuse le bloc communiste. Enfin, le 16 décembre, les trois Grands occidentaux proposent à l'URSS d'ouvrir des discussions sur le statut de Berlin et les voies d'accès à la ville à travers la RDA. Ainsi, lorsque se clôt l'année 1969, plusieurs portes sont ouvertes ou entrouvertes.

Aplanir, pacifier, reconnaître

Le 19 mars 1970 est un jour historique : à Erfurt, en RDA, le chancelier ouest-allemand Willy Brandt rencontre son homologue est-allemand Willi Stoph auquel il serre la main, et reçoit un très chaleureux accueil de la population est-allemande. Deux mois plus tard, à Kassel, en RFA, une deuxième rencontre a lieu entre les deux hommes. Brandt y produit un programme en vingt points pour régler par traité les relations *entre les deux États d'Allemagne*. La principale difficulté vient de la volonté est-allemande de voir la RDA reconnue comme un État à part entière, ce que refusent les Allemands de l'Ouest, qu'ils soient dans la majorité ou dans l'opposition. Par ailleurs, Bonn conditionne toute avancée à la conclusion d'un accord sur Berlin. Des résultats concrets sont obtenus plus rapidement en ce qui concerne les relations germano-soviétiques et germano-polonaises. Le 12 août 1970, par le traité de Moscou, la RFA reconnaît l'inviolabilité des frontières allemandes existantes, y compris la ligne Oder-Neisse, que la RDA a reconnue depuis 1950. Cela implique la perte de vieux territoires allemands : la Silésie, la Poméranie et la Prusse orientale. De son côté, l'URSS s'engage à ne pas toucher aux droits des puissances ex-occupantes à Berlin. Le 7 décembre 1970, à Varsovie, Willy Brandt confirme par traité la ligne Oder-Neisse comme frontière germano-polonaise. Cependant, l'entrée en vigueur des deux traités est, elle aussi, subordonnée à un accord sur Berlin. À ce propos, les discussions commencent fin mars 1970 et aboutissent le 3 septembre 1971. Les Occidentaux obtiennent que la libre circulation soit garantie entre la RFA et Berlin-Ouest et que les visites à l'Est des Ouest-Berlinois soient facilitées mais ils reconnaissent que Berlin-Ouest n'est pas constitutif de la RFA, c'est-à-dire qu'ils renoncent à y manifester symboliquement des signes de souveraineté, comme la réunion du *Bundestag*, par exemple.

Il s'agit maintenant, pour Bonn, de procéder à la ratification des traités du 12 août et du 7 décembre 1970, pour pouvoir, dans la foulée, poursuivre les discussions avec la RDA. Mais le vote parlementaire s'annonce très serré car les Allemands de l'Ouest sont, plus que jamais, divisés face à l'*Ostpolitik* de leur gouvernement. Selon les sondages, on estime les opposants déclarés entre 25 et 35 %, soit une forte minorité, bien relayée au Parlement par la puissante CDU. La reconnaissance de la ligne Oder-Neisse mais également plusieurs gestes symboliques posés par Willy Brandt sont perçus comme d'excessives autoflagellations, même s'ils valent à leur auteur de recevoir, fin 1971, le prix Nobel de la Paix. Certains rappellent que le Chancelier qui s'est agenouillé sur les ruines du ghetto de Varsovie et qui a récité un psaume de pénitence à Jérusalem pour les victimes des camps n'a jamais vécu en Allemagne nazie et peut donc plus aisément prendre du recul. Alors que majorité et opposition disposent pratiquement du même nombre de sièges au *Bundestag* et alors que certains libéraux semblent faire défection, les traités de Moscou et de Varsovie vont-ils être avalisés ? La solution viendra d'une résolution explicative ou interprétative de la politique étrangère allemande, co-rédigée par l'ambassadeur soviétique, son principal destinataire. Il y est stipulé que les traités cherchent simplement à établir un *modus vivendi* et qu'ils ne pourront en rien influer sur les négociations du futur traité de paix, y compris en ce qui concerne les frontières. On rappelle en outre les droits des quatre Grands en Allemagne et à Berlin ainsi que l'appartenance de la RFA à l'OTAN et sa participation à l'intégration européenne. L'existence de cette résolution conduit la CDU à s'abstenir sur le vote des deux traités les 17 et 19 mai 1972 et permet donc leur vote. Les textes entrent en vigueur le 3 juin 1972, le jour même où, à Berlin-Ouest, Américains, Britanniques, Français et Soviétiques signent le protocole final de l'accord sur Berlin.

L'heure est venue de reprendre les négociations pour un traité de normalisation entre la RFA et la RDA. Willy Brandt s'assoit à la table en position de force : les élections anticipées du 19 novembre 1972 ont fait du SPD le premier parti, avec 230 sièges contre 225 à la CDU, et la coalition avec le FDP est reconduite. Le 21 décembre 1972, les deux Allemagnes parviennent à un *compromis honorable* : elles échangeront des représentants – et non des ambassadeurs, ce qui signifierait une pleine reconnaissance – et admettent que leurs souverainetés respectives soient limitées à leur propre territoire. Chacun peut ainsi conserver sa perception personnelle : la RDA continuera à considérer la division de l'Allemagne comme définitive et s'emploiera à gommer toute référence à une nation allemande unique ; la RFA, pour sa part, continuera à évoquer l'existence d'une seule nation, divisée temporairement en deux États jusqu'à une réunification après des élections libres. Mais quoi qu'il en soit, l'accord du 21 décembre permet à nombre d'États occidentaux d'établir, eux aussi, des relations de type diplomatique avec l'Allemagne de l'Est, ce qui leur était interdit par la doctrine Hallstein. Un an plus tard, en décembre 1973, un dernier traité oriental est signé par la RFA, cette fois avec la Tchécoslovaquie. Ce texte abroge les tristement célèbres accords de Munich de 1938 et officialise la perte des Sudètes par l'Allemagne[2].

Conséquences à moyen terme

Désormais, plus rien ne s'oppose à une manifestation de « détente » à l'échelle du continent. En discussion dès 1973, la Conférence pour la sécurité et la coopération en Europe (CSCE) voulue par l'URSS, se tient à Helsinki en 1975, non sans qu'ait été satisfaite au préalable la revendication européenne concernant l'ouverture d'une conférence sur la réduction mutuelle et équilibrée des forces conventionnelles en Europe. Au terme de cette première CSCE, les pays européens – sauf l'Albanie –, l'URSS, les États-Unis et le Canada reconnaissent tous les frontières existantes et s'engagent à développer

---

2 Voir l'introduction au discours n° 24.

entre eux la coopération culturelle, scientifique et économique. À la demande de la CEE, l'acte final, simple engagement sans portée juridique, fait référence au respect des droits de l'homme et des libertés fondamentales mais, par la suite, les pays de l'Est refuseront toujours de répondre aux attaques sur ce point en condamnant toute ingérence dans leurs affaires intérieures et en accusant les Occidentaux de bafouer, eux, les droits économiques et sociaux.

Sur le plan de la politique extérieure, le bilan du chancelier Brandt est incontestablement positif. Cependant, les années 1973-1974 sont celles d'une certaine désillusion en RFA : l'absence de profondes et indispensables réformes sociales pèse sur la société, l'aile gauche du SPD rue dans les brancards et s'anarchise à l'heure des sanglants exploits de la bande Baader-Meinhof, et la situation économique du pays se détériore sous l'effet du premier choc pétrolier. En mai 1974, un scandale éclate et touche directement Willy Brandt : l'un de ses principaux conseillers est, en fait, un espion est-allemand. Le Chancelier est poussé à la démission et remplacé par Helmut Schmidt, membre de l'aile droite du parti social-démocrate. Brandt n'en restera pas moins le chef du SPD jusqu'en 1987. Il profitera en outre de sa grande popularité pour être élu président de l'Internationale socialiste de 1976 à sa mort, en 1992.

L'Ostpolitik

Monsieur le Président, mesdames et messieurs,

Nous avons la ferme résolution de préserver la sécurité de la République fédérale et la cohésion de la nation allemande, de préserver la paix, de collaborer à une politique de la paix en Europe, d'élargir les libertés et le bien-être de notre peuple et de développer notre pays de telle manière que son rang dans le monde de demain soit reconnu et assuré. La politique de ce gouvernement sera placée sous le signe de la continuité et du renouveau.

Nous devons rencontrer avec respect tout ce qui a été réalisé ces dernières années – non seulement par l'État fédéral, les régions et les communes, mais aussi par toutes les couches de notre société. Je cite les noms de Konrad Adenauer, Théodore Heuss[3] et de Kurt Schumacher[4] représentatifs de tous ceux avec qui la République fédérale a fait un pas en avant et dont elle peut être fière. Personne ne peut nier, mettre en

---

3 Théodore Heuss (1884-1963) : libéral, président de la RFA de 1949 à 1959.

4 Kurt Schumacher (1895-1952) : social-démocrate, président du SPD de 1946 à sa mort. Anticommuniste déclaré, il souhaitait toutefois préserver toutes les chances de réunifier l'Allemagne et s'opposa, en conséquence, à la politique d'Adenauer, qui intégra la RFA dans l'OTAN et dans la CECA.

doute, voire minimiser les réalisations de ces vingt dernières années. Elles font désormais partie de l'histoire.

La continuité de notre Constitution libérale a une nouvelle fois été confirmée ce 28 septembre. Je remercie les électeurs d'avoir rejeté clairement l'extrémisme qu'il s'agit de combattre sans relâche. [...]

Le présent gouvernement part du principe que les questions qui se posent au peuple allemand à la suite de la Deuxième Guerre mondiale et de la trahison nationale perpétrée par le régime hitlérien ne peuvent trouver de réponse définitive que par une politique européenne de la paix. Personne ne pourra nier que les Allemands possèdent le droit à l'autodétermination, comme tous les autres peuples.

Le but pratique de la politique des prochaines années est de maintenir l'unité de la nation en nous dégageant des contraintes actuelles qui pèsent sur les relations entre les deux parties de l'Allemagne.

Les Allemands ne sont pas seulement unis par leur langue et leur histoire commune – avec ses splendeurs et ses malheurs. Nous sommes tous chez nous en Allemagne. Et nous avons des obligations et une responsabilité commune : maintenir la paix entre nous et en Europe.

Vingt ans après la fondation de la République fédérale et de la RDA, nous devons empêcher la nation de se démembrer petit à petit, nous devons aussi chercher à passer d'un face à face imposé à une collaboration.

Il n'y va pas uniquement de l'intérêt de l'Allemagne, car c'est aussi important pour la paix en Europe et pour les relations Est-Ouest. Notre propre attitude, et celle de nos amis, au sujet des relations internationales de la RDA est finalement tributaire de l'attitude de Berlin-Est. De plus, nous ne voulons pas être un frein, pour nos compatriotes, au développement du commerce international et des échanges culturels.

Le gouvernement fédéral poursuivra la politique entreprise en décembre 1966 par le gouvernement du chancelier Kiesinger et demande à nouveau au Conseil des ministres de la RDA d'entamer des négociations bilatérales, sans discrimination, au niveau des gouvernements, qui devraient aboutir à une coopération contractuelle. La reconnaissance, en droit international, de la RDA par le gouvernement fédéral ne peut être envisagée. Même si deux États existent en Allemagne, ils ne sont pas pour autant étrangers l'un à l'autre ; leurs rapports mutuels sont nécessairement de nature particulière.

Dans le prolongement de la politique de ses prédécesseurs, le gouvernement fédéral déclare que sa volonté à rechercher des accords portant sur la renonciation mutuelle à toute menace et à tout recours à la force s'applique également à la RDA.

Le gouvernement fédéral invitera les États-Unis, la Grande-Bretagne et la France à poursuivre vigoureusement les discussions entamées avec l'Union soviétique, au sujet de l'allègement et de l'amélioration de la situation de Berlin. Le statut de la ville de Berlin, placée sous la responsabilité particulière des quatre grandes puissances, doit rester intact. Ceci ne doit pas empêcher de rechercher un moyen de simplifier la circulation dans et vers Berlin.

Nous continuerons à assurer la viabilité de Berlin. Berlin-Ouest doit avoir la possibilité de contribuer à l'amélioration des relations politiques, économiques et culturelles entre les deux parties de l'Allemagne.

Nous nous réjouissons de voir l'essor du commerce interallemand reprendre de plus belle. Les allégements introduits par l'accord du 6 décembre 1968 y ont contribué pour une large part. Le gouvernement fédéral considère le développement de relations commerciales entre voisins comme étant souhaitable.

Nous avons changé le nom du département qui jusqu'ici portait le nom de ministère des Questions interallemandes en ministère des Relations interallemandes, conformément aux objectifs de celui-ci. La politique allemande dans son ensemble ne peut pas se cantonner à un département. Elle constitue une tâche permanente du gouvernement tout entier et comprend des aspects tels que la politique extérieure, la politique européenne et de sécurité, ainsi que les efforts pour maintenir la cohésion de notre peuple et pour améliorer les relations dans l'Allemagne divisée. [...]

Dans ces circonstances, je le dis avec force, le peuple allemand a besoin de paix dans le sens le plus strict du terme, y compris avec les peuples de l'Union soviétique et avec tous les peuples de l'Europe de l'Est. Nous sommes prêts à travailler sérieusement à ce rapprochement afin de surmonter les conséquences du désastre qu'une clique criminelle a répandu sur l'Europe.

Nous sommes exempts de faux espoirs à ce sujet, les intérêts, les rapports de force, les différences sociales ne peuvent pas être résolus par la dialectique et en aucun cas être occultés. Mais nos interlocuteurs doivent également savoir ceci : le droit des peuples à disposer d'eux-mêmes, tel qu'il est inscrit dans la Charte des Nations unies, s'applique également au peuple allemand. Ce droit et cette volonté de le revendiquer ne peuvent pas faire l'objet de négociations.

Nous n'entretenons pas l'illusion d'une œuvre de réconciliation facile ou rapidement réalisée. Il s'agit d'un processus, mais il est temps de faire progresser celui-ci.

Dans la lignée de la politique menée par nos prédécesseurs, le gouvernement fédéral recherche un accord équitable sur le refus mutuel du recours à la violence, en tant que moyen de pression ou de menace. Cette volonté s'applique – et je voudrais insister – également à la RDA. Je voudrais déclarer sans équivoque que nous sommes prêts à conduire avec nos voisins de Tchécoslovaquie les accords qui permettent de triompher du passé.

La politique du refus de la violence qui respecte l'intégrité territoriale du partenaire contribue – selon la conviction intime du gouvernement fédéral – de manière décisive à la détente en Europe. Le refus de la violence pourrait favoriser une atmosphère propice à de nouveaux progrès.

Dans ces efforts communs viennent s'inscrire le soutien des relations commerciales, la coopération technique et les échanges culturels.

Le gouvernement fédéral renonce, en toute conscience, à prendre des décisions dépassant le cadre strict de cette déclaration et à adopter des formules qui pourraient compliquer les futures négociations. Le gouvernement est conscient qu'il ne peut y avoir de progrès qu'à la seule condition que les gouvernements des États du pacte de Varsovie adoptent une attitude coopérative. [...]

72 – Richard Nixon
Un voyage pour la paix

15 juillet 1971

Le début des années 1970 correspond à une période de « détente » entre l'Est et l'Ouest[1], malgré la poursuite de la guerre du Vietnam[2]. Cependant, à l'intérieur même du monde communiste, le fossé se creuse de plus en plus profondément entre l'URSS et la Chine populaire qui, toutes deux, aspirent à l'hégémonie. Le président américain Richard Nixon y voit l'occasion de renforcer la position diplomatique de son pays en se posant en arbitre sinon en meneur de jeu. Mais il lui faut, au préalable, nouer des relations avec le régime maoïste que Washington n'a jamais reconnu.

Moscou-Pékin : de l'alliance à la guerre larvée

Le 1er octobre 1949 et à l'issue d'une longue guerre civile, les communistes chinois emmenés par Mao Tsé-toung, l'emportent sur le régime nationaliste de Tchang Kaï-chek soutenu par les États-Unis, et proclament l'avènement de la République populaire de Chine. Pour l'URSS, il s'agit d'une grande victoire car elle signe l'emprise du communisme sur le Sud-Est asiatique. Les conséquences de cet événement sur le déclenchement de la guerre de Corée et le cours de la guerre d'Indochine sont patentes[3]. Le 14 février 1950, à l'issue d'un voyage de Mao à Moscou, trois accords sont conclus entre l'URSS et la Chine. Le plus important est un traité d'amitié, d'alliance et d'assistance mutuelle pour une durée de trente ans. Dans un premier temps, mais sans que l'on puisse jamais parler de rapports de subordination, une coopération économique et militaire étroite se noue entre Moscou et Pékin, les Chinois imitant les Soviétiques par l'adoption, en 1953, d'un plan quinquennal basé sur l'industrie lourde. Mais c'est faire fi de la structure agricole du pays et la réussite n'est pas au rendez-vous. Par ailleurs, la déstalinisation voulue par Khrouchtchev dès 1956 effraie Mao qui y voit un signe de faiblesse et une incitation à la révolte[4]. Enfin, il apparaît clairement, depuis la mort de Staline en 1953, que Mao entend se présenter comme le chef spirituel et idéologique du communisme mondial. En Asie, la propagande communiste passe désormais bien

---

1 Voir l'introduction au discours n° 71.
2 Voir l'introduction au discours n° 68.
3 Voir l'introduction au discours n° 49.
4 Voir l'introduction au discours n° 56.

davantage par le canal chinois que par le canal russe. Cette montée en puissance de la Chine par rapport à l'URSS est sanctionnée, dès 1954, par la signature d'accords économiques et stratégiques sino-soviétiques très favorables à Pékin.

À la fin des années cinquante, tous les ingrédients sont réunis pour voir les deux grandes puissances communistes basculer ouvertement de l'entente à la mésentente : une lutte d'influence politique et culturelle, une divergence de conceptions économiques – Mao misant désormais sur le développement rural[5] –, une divergence de vues sur l'attitude à adopter face au monde capitaliste – l'URSS cherchant la détente – et des contentieux territoriaux et frontaliers. L'année 1959 marque un tournant. Puisque la Chine annonce son intention de suivre sa propre voie pour parvenir à la victoire totale du socialisme différemment et plus vite que l'URSS, celle-ci en tire les conséquences en arrêtant de soutenir la recherche chinoise, particulièrement dans le domaine nucléaire. L'année suivante, elle rappelle ses très nombreux experts présents dans le secteur industriel chinois. Au fil des années soixante, le climat ne cesse de s'envenimer. Mao tempête contre Khrouchtchev accusé de céder aux Américains dans les crises de Cuba et de Berlin (1961-1962)[6] et il supporte mal le déroulement du XXIIe Congrès du PCUS tenu en octobre 1961, au cours duquel Khrouchtchev multiplie les attaques publiques envers le stalinisme et condamne l'Albanie qui n'a pas supporté le rapprochement de l'URSS et de la Yougoslavie titiste. En outre, sur le plan militaire, des escarmouches se produisent à la frontière sino-soviétique et Moscou soutient l'Inde dans le conflit récurrent qui l'oppose à la Chine. À partir de 1962-1963, l'antagonisme sino-soviétique est avéré et public. Le monde communiste est amené à se diviser entre pro-Soviétiques et pro-Chinois, chaque camp accusant l'autre d'avoir trahi l'idéal hier commun. En 1966, Mao qui se veut le représentant du marxisme-léninisme originel, affirme que l'URSS est le principal ennemi de la Chine, ce qui, en creux, ouvre une porte à un rapprochement avec l'Occident.

Washington s'engouffre dans la brèche

Les États-Unis observent avec attention la dégradation des rapports entre la Chine et l'URSS, évaluant le profit qu'ils sont susceptibles d'en tirer. Depuis 1949, leur politique à l'égard de Pékin est figée : Washington n'a pas reconnu la République populaire et, à ses yeux, la seule Chine légitime reste la Chine nationaliste de Tchang Kaï-chek, soit deux millions de personnes réfugiées sur la petite île de Taïwan / Formose dont les États-Unis assurent la défense et avec laquelle ils signent, fin 1954, un traité de sécurité mutuelle. Il résulte de ce positionnement de plus en plus surréaliste que le siège permanent de la Chine au Conseil de Sécurité de l'ONU est occupé par le délégué d'un régime en exil. Par ailleurs, les États-Unis et leurs alliés font peser sur Pékin un embargo sévère sur une très large gamme de produits dits « stratégiques ». Les communistes comme les nationalistes chinois estiment que Formose fait partie intégrante de la Chine mais chacun revendique son autorité sur le territoire d'en face. Alors qu'en 1964, Washington a durement condamné la décision de la France gaullienne de reconnaître

---

5 C'est le « Grand Bond en avant » de 1958 et la création des « communes populaires ».

6 Voir les introductions aux discours n° 64 et 65.

Pékin, les États-Unis vont, sous l'égide du président Nixon, suivre à leur tour le chemin du pragmatisme, fût-ce au détriment de leurs alliés taïwanais.

Issu d'une modeste famille californienne, Richard Milhous Nixon (1913-1994) obtient, grâce à une bourse, un doctorat en droit en 1937 et devient avocat fiscaliste. Officier de marine durant la Seconde Guerre, il entame sa carrière politique en 1947 en se faisant élire député puis, en 1951, sénateur républicain de son État natal. Au Congrès, Nixon se fait remarquer par son anticommunisme virulent : c'est lui qui obtient l'inculpation de l'ancien diplomate Alger Hiss, accusé d'avoir transmis, avant guerre, des documents aux Soviétiques. De 1953 à 1961, il est le vice-président d'Eisenhower mais, aux élections de novembre 1960, le jeune démocrate John Fitzgerald Kennedy donne un coup d'arrêt temporaire à son ascension. Huit ans plus tard, Nixon fait campagne en défendant la loi et l'ordre moral, en tentant de séduire et de rassurer par priorité l'Amérique moyenne, blanche et bourgeoise, et en promettant de sortir le pays du bourbier vietnamien. Il est élu avec 43,4 % des suffrages et l'un des plus faibles scores recueillis par un président. De plus, durant toute sa présidence, de 1968 à 1974, il devra compter avec une Chambre et un Sénat en majorité démocrates.

Nixon entend diriger personnellement la politique étrangère américaine et réduit ainsi l'influence du Département d'État au profit, notamment, de son conseiller spécial pour la sécurité, Henry Kissinger. Dès le début de son premier mandat, par le discours de Guam du 25 juillet 1969, le Président énonce sa « doctrine » : substituer l'assistance indirecte à la présence directe. Or, justement, l'année 1969 est celle d'une aggravation des tensions sino-soviétiques : depuis que la Chine a rejoint le club des puissances atomiques, l'URSS envisage de l'attaquer et de bombarder ses centrales nucléaires. Dans ce contexte, un rapprochement entre Pékin et Washington servirait les deux pays. Pékin pourrait obtenir un appui face à Moscou qui ne se risquerait plus à la provoquer, mais également arriver à un accord sur le Vietnam qui lui permettrait de ramener certaines unités sur la frontière sino-soviétique. Quant à Washington, elle escompte d'un *modus vivendi* la possibilité de se poser en arbitre entre la Chine et l'URSS, de développer ses relations commerciales avec un pays de 750 millions d'habitants et de forcer l'URSS à résoudre la question vietnamienne. Toutefois, si les États-Unis sont demandeurs dès fin 1969, le dégel sino-américain ne se profile qu'en 1971, lorsque Mao a réussi à écarter plusieurs opposants et que le Premier ministre modéré Chou En-lai voit son pouvoir mieux assuré. En avril 1971, Pékin tend la main aux États-Unis en invitant l'équipe de ping-pong américaine à venir affronter les pongistes chinois, d'où l'expression de « diplomatie du ping-pong ». En réponse, Richard Nixon assouplit l'embargo frappant la République populaire et les conditions d'obtention des visas pour les Chinois souhaitant se rendre aux États-Unis. Début juillet 1971, son conseiller Kissinger accomplit un voyage secret en Chine, en passant par le Pakistan. Il rencontre Chou En-lai et s'accorde avec lui sur la réduction prochaine des effectifs américains à Taïwan et sur l'action positive de la Chine dans les discussions de paix sur le Vietnam. Il donne en outre à Pékin des indications sur les concentrations de troupes soviétiques à la frontière chinoise et promet d'informer la Chine en cas de négociations américano-soviétiques. Enfin, Kissinger et Chou En-lai planifient un voyage du président Nixon en République populaire au printemps 1972.

Une annonce et un voyage révolutionnaires

Il reste à annoncer cette nouvelle inattendue et lourde de conséquences à la classe politique et au peuple américains. Pour ce faire, Nixon ne faillit pas à sa réputation de rigidité voire d'autoritarisme. Il ne convoque pas de conférence de presse mais choisit de s'adresser directement au pays et, simultanément, à la Chine, par le canal de la télévision. Le 15 juillet 1971, depuis la Californie, il donne lecture de ce qui ressemble davantage à un communiqué qu'à un discours. Il y déclare que, dans le but de *construire une paix durable*, il a décidé de se rendre prochainement en République populaire de Chine afin de normaliser les rapports sino-américains sans, dit-il, que cela implique un abandon des alliances traditionnelles ou une volonté de nuire à une quelconque nation. Le but est, évidemment, de rassurer Taïwan mais aussi l'URSS. Nixon a occupé l'antenne durant deux minutes seulement alors que l'annonce est véritablement révolutionnaire. En Chine, Mao justifie son attitude à l'égard des États-Unis en parlant de nécessaire flexibilité diplomatique à l'égard de l'adversaire et de l'opportunité de tirer avantage de la conjoncture présente. Aux États-Unis, les réactions de l'opinion sont globalement positives car beaucoup espéraient depuis longtemps que les dirigeants prendraient acte de la réalité chinoise. Cependant, le lobby pro-taïwanais n'est pas loin de crier à la trahison. Et, de fait, la suite des événements est peu favorable aux nationalistes chinois.

Prenant acte du discours de Nixon, l'ONU entend discuter de l'admission de la Chine populaire. Depuis 1949, le sujet est plusieurs fois venu à l'ordre du jour mais l'attitude américaine empêchait toute avancée. Désormais, Washington est prête à accepter l'adhésion de Pékin mais refuse qu'elle s'accompagne d'une exclusion de Formose. Cependant, en octobre 1971, l'Assemblée de l'ONU désavoue cette proposition de résolution et adopte celle de l'Albanie qui substitue la République populaire à la Chine nationaliste au sein du Conseil de Sécurité et lui octroie ainsi le droit de veto. Il s'agit d'un coup dur pour Formose mais également pour les États-Unis, alors même que Kissinger est de nouveau en mission à Pékin. Néanmoins, les préparatifs du voyage présidentiel se poursuivent, preuve que Washington tient à tout prix à s'entendre avec la Chine populaire. Le 29 novembre, on annonce que le voyage aura lieu à partir du 21 février 1972. À la veille de cette visite cruciale, Nixon annonce la levée de certaines restrictions aux exportations américaines, ce qui donne à la Chine le même statut commercial que l'URSS et ses satellites d'Europe de l'Est. Sur place, Nixon et son épouse reçoivent un accueil cordial et les images sont retransmises par la télévision. Le président américain rencontre longuement Chou En-lai mais aussi, brièvement, Mao, ce qui n'était pas prévu. Le communiqué final fait état d'accords et de désaccords. Les deux pays s'entendent pour accroître leurs contacts politiques et commerciaux mais n'établissent pas d'emblée de relations diplomatiques classiques. Nixon, sans contester que Formose fasse partie de la Chine, remet la question entre les mains des Chinois des deux camps et indique que son objectif à long terme est d'arriver à un retrait total des troupes américaines. Il se garde toutefois de fixer un calendrier. Enfin, Pékin et Washington, tout en constatant leurs profondes différences, promettent de ne pas rechercher l'hégémonie en Asie ni de permettre à une tierce puissance de le faire. Le 28 février, à l'issue de son voyage, Nixon peut déclarer que la semaine écoulée a changé le monde. Elle a, en tout cas, profondément modifié l'échiquier diplomatico-stratégique et renforcé les États-Unis et la Chine au détriment de l'URSS.

UN VOYAGE POUR LA PAIX

Bonsoir,

J'ai demandé du temps d'antenne à la télévision pour vous annoncer un progrès important dans nos efforts pour construire une paix durable dans le monde.

Comme je l'ai souligné à diverses occasions ces trois dernières années, il ne peut y avoir de paix stable et persistante sans la participation de la République populaire de Chine et de ses 750 millions d'habitants. C'est la raison pour laquelle j'ai pris diverses initiatives pour ouvrir les portes à une plus grande normalisation des rapports entre nos pays.

Dans la poursuite de cet objectif, j'ai envoyé M. Kissinger, mon conseiller pour les affaires de sécurité, à Pékin durant son dernier périple, afin qu'il prépare des pourparlers avec le Premier ministre Chou En-lai. L'annonce que je vais vous lire à présent sera diffusée simultanément à Pékin et aux États-Unis.

« Messieurs Chou En-lai et Henry Kissinger, conseiller du président Nixon pour les affaires de sécurité, ont entretenu des pourparlers du 9 au 11 juillet 1971 à Pékin. Ayant appris la volonté du président Nixon de se rendre en République populaire de Chine, le Premier ministre Chou En-lai, au nom du gouvernement de la République populaire de Chine, a lancé une invitation au président Nixon à venir en Chine à la date qui lui convient avant le mois de mai 1972. Le président Nixon a accepté cette invitation avec plaisir. »

La rencontre entre les chefs d'État de la Chine et des États-Unis aura pour but de rechercher une normalisation des rapports entre les deux pays et de permettre un échange de vues sur des questions intéressant chacune des parties. Par anticipation des spéculations inévitables qui feront suite à cette annonce, j'aimerais placer notre politique dans le contexte le plus transparent possible.

Notre initiative visant à rechercher de nouveaux rapports avec la République populaire de Chine ne se fera pas aux dépens de nos amis de longue date. Cette démarche n'est dirigée contre aucune autre nation. Nous voulons entretenir des relations amicales avec toutes les nations.

Toute nation peut être notre amie, sans être l'ennemie d'une tierce nation.

J'ai pris cette initiative en raison de ma profonde conviction que toutes les nations y gagnent si les tensions sont réduites et si les États-Unis et la République populaire de Chine entretiennent de meilleures relations.

C'est dans cet esprit que j'entreprends ce voyage qui, j'espère, deviendra un voyage pour la paix, la paix non seulement pour notre génération, mais une paix que nous partagerons avec les générations à venir.

Merci et bonsoir.

73 – Salvador Allende
Mon sacrifice ne sera pas vain

11 septembre 1973

Devenu président sans réelle majorité mais avec l'ambition de faire du Chili un État socialiste, Salvador Allende a payé de sa vie, un autre 11 septembre, son audace politique, sa faiblesse à l'égard de l'extrême-gauche mais aussi le lâchage des centristes, le conservatisme forcené de l'armée et la volonté américaine de garder en main le Chili, au prix de toutes les manœuvres et d'une liberté d'action totale pour la CIA.

Le Chili avant 1970

Indépendant dès 1818, le Chili va alterner, durant plus d'un siècle, les périodes de pouvoir fort ou dictatorial et les périodes de démocratie parlementaire. Parallèlement, le pays connaît un grand essor industriel et commercial mais il est durement touché par la crise économique de 1929 qui fait chuter, faute de demande, son importante production de cuivre et met les deux tiers des mineurs au chômage. La droite, alors au pouvoir, ne parvient pas à redresser la situation et, de 1938 à 1952, la majorité parlementaire revient à un Front populaire rassemblant radicaux, socialistes et communistes. Très rapidement, une sorte de *New Deal* est initié pour relancer la production et soutenir les services publics d'éducation et de santé. De 1946 à 1948, le président radical Gabriel González Videla privilégie même l'extrême-gauche de la coalition en nommant trois ministres communistes à l'heure où la guerre froide se dessine. Mais les États-Unis jettent tout leur poids politique et économique dans la balance pour faire évoluer le Chili vers la droite. Ces pressions extérieures et l'agitation sociale incessante conduisent Videla à changer de tactique et à interdire le parti communiste. Au début des années cinquante, le pays entre en crise, ce qui favorise le retour au pouvoir du général Carlos Ibáñez qui avait déjà imposé au pays sa dictature militaire de 1927 à 1931. Dans sa lutte contre l'inflation, celui-ci réprime vigoureusement, état de siège à l'appui, la Centrale unique des travailleurs, syndicat unissant socialistes et communistes. Mais en fin de mandat, Ibáñez change de cap et prend une série de lois destinées à établir ou rétablir au Chili une démocratie efficace.

Son successeur est un homme de droite, Jorge Alessandri, leader du parti national, qui, élu avec 31,6 % des voix, laisse loin derrière les démocrates-chrétiens (15,6 %) mais ne devance la gauche, unie dans le Front d'action populaire (FRAP), que de 2,7 %. Jusqu'en 1964, il mène une politique qui, creusant la dette extérieure et laissant filer l'inflation, accentue les inégalités entre les classes moyennes et supérieures d'une part, le prolétariat urbain et les petits agriculteurs de l'autre. Consciente d'un inévitable échec aux présidentielles de 1964, la droite choisit d'appuyer le démocrate-chrétien réformiste Eduardo Frei pour barrer la route à la gauche. Le nouveau président, qui mise à la fois sur la doctrine sociale de l'Église et sur l'Alliance pour le progrès initiée par John F. Kennedy au bénéfice de l'Amérique latine[1], veut améliorer les conditions de vie des plus défavorisés. Mais les réformes entreprises sont partielles et leurs résultats s'avèrent peu probants. En définitive, Frei déçoit autant la droite que la gauche. Pour la première, il est trop progressiste et pour la seconde pas assez. Lors de l'élection présidentielle du 4 septembre 1970, le parti national, la Démocratie chrétienne (DC) et l'Unité populaire (UP), coalition des gauches, se présentent tous les trois sous leurs propres couleurs.

La politique socialiste du président Allende

À l'issue de ce scrutin, le médecin socialiste Salvador Allende Gossens (1908-1973), candidat de l'UP, arrive en tête. Issu de la bourgeoisie aisée de Valparaiso, il est converti au marxisme depuis ses études à l'Université de Santiago, au cours desquelles il intègre également la franc-maçonnerie. Président du Cercle des étudiants en 1927, vice-président de la Fédération nationale des étudiants en 1930, il est en pointe dans le combat contre la dictature du général Ibáñez et subit les foudres de la répression. En 1933, il joue un rôle crucial dans la fondation du parti socialiste chilien et, élu député en 1937 à l'époque du Front populaire, entame une brève expérience ministérielle aux Affaires sociales et à la Santé publique. Après 1945, alors qu'il a pris la direction de son parti, il occupe un siège de sénateur et même, dès 1966, le poste de président du Sénat, tout en accomplissant de nombreux voyages à travers le monde, notamment en France, en Italie, en Chine populaire et en URSS. Mais c'est en vain qu'il est candidat aux présidentielles de 1952, 1958 et 1964. En 1970, sa quatrième tentative sera la bonne, bien qu'il ait moins d'un point et demi d'avance sur Jorge Alessandri et qu'il rassemble à peine 35 % des voix.

Pour obtenir l'investiture et lancer sa politique de réformes socialistes dans un pays politiquement fiévreux et économiquement fragile, il lui faut le soutien de la Démocratie chrétienne, qu'il obtient moyennant des assurances sur le mode démocratique de sa gestion future. Mais très vite, étant donné l'absence de majorité parlementaire, les mesures fortes sont prises par décret : réforme agraire basée sur l'expropriation des grands propriétaires et la redistribution des terres, réquisition ou nationalisation des principales entreprises du pays, à commencer par les banques et les cruciales mines de cuivre, et développement de l'État Providence en matière de services publics. Le but est de parvenir progressivement au socialisme de manière légale et pacifique, en commençant par restreindre l'emprise du capital étranger, surtout nord-américain, au Chili. En effet, celui-ci contrôle alors à 24 % les services, à 35 % l'agriculture et le commerce, à 40 % l'industrie, à 47 % les transports et la communication et à 73 % les mines.

---

1 Voir l'introduction au discours n° 64.

Échecs, sabotages et interventions étrangères

Si les résultats semblent d'abord positifs, la mécanique s'enraye dès la fin de l'année 1971. À ce moment, l'aile droite de la DC s'empare des rênes du parti et lâche Allende pour s'allier à la droite. L'inflation, l'endettement et l'accroissement du déficit budgétaire sont autant de facteurs qui enveniment un climat déjà tendu par les heurts entre des milices ouvrières favorables au régime et des groupes paramilitaires de droite ou d'extrême-droite. Alors que de nombreux chefs d'entreprise sabotent volontairement la production pour conduire l'État à la banqueroute, les petits et moyens propriétaires acceptent mal la socialisation de leurs avoirs et la rue, plus ou moins instrumentalisée par l'opposition, se met à gronder : à la « marche des casseroles vides » succède une série de grèves et de manifestations dans les divers secteurs de l'économie, mouvement qui culmine avec la longue grève des transporteurs de l'automne 1972, largement financée par la CIA mais contrée par une mobilisation générale des travailleurs fidèles à l'UP.

Cette fois pourtant, les États-Unis de Nixon et Kissinger qui, malgré tous leurs efforts, n'avaient réussi à empêcher ni l'élection ni l'investiture d'Allende puis avaient été les principales victimes de l'étatisation des mines de cuivre, n'avaient rien laissé au hasard. Le rétablissement des relations diplomatiques entre le Chili et Cuba et le soutien de plus en plus clair du bloc soviétique à Allende jouent bien sûr un rôle majeur dans cette escalade. Depuis 1999, de très nombreux documents déclassifiés concernant la politique chilienne des États-Unis ont montré à quel point Washington s'est investie dans un sabotage en règle d'Allende, usant, ouvertement et en coulisse, de mesures politiques, financières et économiques et envisageant même des actions de type terroriste pour provoquer la guerre civile. Il apparaît que cinq millions de dollars ont été versés par an aux adversaires de l'Unité populaire, que des pressions ont été faites auprès de plusieurs banques, dont la Banque mondiale, pour qu'elles refusent d'aider l'État chilien et que la CIA a bénéficié, dans son œuvre de subversion, du soutien actif des plus grandes entreprises américaines présentes au Chili, à commencer par l'*International Telephone and Telegraph* (ITT).

Fin 1972, pour calmer le jeu, Allende remanie son gouvernement et y introduit plusieurs généraux. Sur le plan politique, la Démocratie chrétienne et les conservateurs s'allient pour les élections législatives de mars 1973 et remportent ensemble près de 55 % des suffrages. Néanmoins, ils n'atteignent pas les deux tiers des voix nécessaires pour renverser l'Unité populaire qui, en fait, sort victorieuse du scrutin, avec 43,4 % des voix, soit 8 % de plus qu'aux présidentielles de 1970. Au fil des semaines, la tension monte, les désordres se multiplient et le spectre de la guerre civile se rapproche. En mai et juin 1973, deux tentatives de *pronunciamiento* échouent grâce au loyalisme du général Prats, commandant en chef de l'armée, mais la colère des classes aisées va croissant. Fin août, la Chambre des députés déclare le gouvernement illégitime et Allende est contraint de constituer un ministère dit de Sécurité nationale, comprenant les principaux chefs de l'armée. Cependant, le Président conserve de nombreux soutiens au sein du peuple : début septembre, huit cent mille personnes défilent à Santiago. Mais le 11, le coup d'État fatal éclate, sous la direction d'Augusto Pinochet, tout juste nommé commandant en chef des armées.

Du coup d'État de 1973 au retour de la démocratie

Vers 9 heures, Salvador Allende qui s'est retranché avec sa famille dans le palais présidentiel de la Moneda, soumis au feu des blindés et de l'aviation, s'adresse une dernière fois à son peuple, par un message radiodiffusé. Dans ce dernier discours, l'homme d'État dénonce les militaires félons qui ont trahi leur patrie et accuse *le capital étranger, l'impérialisme lié à la réaction*, entendez les États-Unis, dont le rôle fut en réalité bien plus important dans la préparation du putsch que dans sa réalisation. Il rend, par ailleurs, hommage à son peuple qu'il exhorte au courage et auquel il promet son soutien posthume. Son objectif est double : réaffirmer, une dernière fois, le bien-fondé de son action, la fierté de l'œuvre accomplie et, d'autre part, annoncer, avec le plus de force et de sérénité possible, l'échec final et inévitable de ses opposants. *L'Histoire nous appartient et ce sont les peuples qui la font*, lance le marxiste Allende, décidé à ne pas fuir son pays. En début d'après-midi, il comprend que tout est perdu et choisit de se donner la mort. Les putschistes ont gagné et, dans les premiers jours qui suivent leur victoire, assassinent, torturent et contraignent à l'exil des milliers de partisans de l'UP.

Le général Pinochet ne se contentera pas de renverser le régime en place. Pendant dix-sept ans, il imposera au Chili un pouvoir dictatorial et militaire, basé sur l'emprisonnement, l'exil ou l'élimination des opposants, l'application d'une politique néolibérale soutenue par Washington et l'absence de toute liberté d'expression en dehors de quelques référendums-plébiscites. En 1988, l'un d'entre eux le conduit pourtant à passer la main et à accepter, deux ans plus tard, l'élection démocratique de son successeur, un démocrate-chrétien, à la tête de la *Concertación*, coalition du centre et de gauche englobant les socialistes. En 1999, un pas supplémentaire est franchi : ce sont les socialistes qui accèdent à la présidence avec Ricardo Lagos puis, dès janvier 2006, Michelle Bachelet, fille d'un général « allendiste » victime de la dictature et elle-même torturée sous Pinochet. Alors que la réconciliation nationale se confirme, encouragée par la disparition du vieux dictateur impuni en décembre 2006, Salvador Allende, lui, est bien devenu pour la gauche, et au-delà du Chili, un martyr sinon une figure mythique, comme l'annonçait son dernier discours.

Mon sacrifice ne sera pas vain

[…] Compatriotes, il est possible que les radios se taisent et je vous dis au revoir. Des avions passent en ce moment et nous tirent dessus. Que l'on sache au moins que nous sommes ici pour l'exemple, pour témoigner que dans ce pays il y a des hommes qui savent remplir les charges qu'ils ont reçues. Je le ferai avec le mandat du peuple et la volonté d'un président qui a conscience de la dignité de sa fonction. […]

C'est sans doute la dernière fois que j'ai l'occasion de m'adresser à vous. Les forces aériennes ont bombardé les tours de Radio-Portales et de Radio-Corporación. Mes paroles sont sans amertume, mais non sans déception ; elles seront le châtiment moral de ceux qui ont trahi leur serment des soldats du Chili, des commandants en chef titulaires, l'amiral Merino[2], qui s'est lui-même désigné commandant de la Marine, plus encore le sieur Mendoza[3], ce général rampant qui, hier encore, manifestait sa fidélité et sa loyauté au gouvernement et qui s'est également proclamé directeur général des carabiniers.

Devant ces faits, il ne me reste plus qu'à dire aux travailleurs : Je ne renoncerai pas ! À ce tournant historique, je paierai de ma vie la loyauté du peuple. Et je vous dis ma certitude que la semence que nous avons déposée en la conscience digne de milliers de Chiliens ne pourra être définitivement détruite. Ils ont la force, ils pourront nous asservir, mais on ne retient les mouvements sociaux ni par le crime, ni par la force. L'Histoire nous appartient et ce sont les peuples qui la font.

Travailleurs de ma patrie : je tiens à vous remercier de la loyauté que vous m'avez toujours manifestée, de la confiance que vous avez accordée à un homme qui n'a été que l'interprète d'une grande soif de justice, qui avait donné sa parole de respecter la Constitution et la Loi, et qui l'a fait.

En cet ultime moment, le dernier où je peux m'adresser à vous, je voudrais que vous en tiriez la leçon : le capital étranger, l'impérialisme lié à la réaction ont créé le climat pour que les forces armées rompent leur tradition – celle du général Schneider[4] – et qu'avait réaffirmée le commandant Araya[5], victime lui aussi de la même classe sociale qui, aujourd'hui, dans ses foyers, espère reconquérir le pouvoir par l'intermédiaire de mercenaires, pour continuer de défendre ses prérogatives et ses privilèges.

Je m'adresse surtout à la modeste femme de mon pays, à la paysanne qui a cru en nous, à l'ouvrière qui a travaillé davantage, à la mère qui a compris notre préoccupation pour les enfants. Je m'adresse à tous les professionnels, aux patriotes qui ont œuvré contre la sédition fomentée par les associations professionnelles, associations de classes qui défendent elles aussi les avantages que leur accorde la société capitaliste.

---

2 Vice-amiral Torribo Merino, commandant de la flotte à Valparaiso, co-signataire, avec les généraux Pinochet et Leigh, de l'ordre de déclenchement du coup d'État.

3 Général Cesar Mendoza, chef des carabiniers, la gendarmerie nationale.

4 Commandant en chef de l'armée assassiné le 22 octobre 1970 par l'extrême-droite, deux jours avant que le Congrès ne ratifie l'élection d'Allende. Les États-Unis avaient projeté de le faire enlever parce que, loyal au président élu, il constituait un obstacle à leur projet de provoquer un coup d'État militaire au Chili. Il n'existe, cependant, aucune preuve formelle d'une implication de Washington dans son assassinat.

5 Attaché naval de la présidence, assassiné le 26 juillet 1973.

Je m'adresse à la jeunesse, à ceux qui ont chanté, qui ont offert leur joie et leur esprit de lutte. Je m'adresse au Chilien : à l'ouvrier, au paysan, à l'intellectuel, à ceux qui seront persécutés, car dans notre pays le fascisme était déjà présent – dans les attentats qui faisaient sauter les ponts, qui coupaient les voies ferrées, qui détruisaient les oléoducs et les gazoducs – face au silence de ceux qui avaient l'obligation d'intervenir. Ils se sont compromis. L'Histoire les jugera.

Radio-Magallanés sera sans doute réduite au silence et ma voix tranquille n'arrivera pas jusqu'à vous : peu importe. Vous continuerez à m'entendre, je serai toujours à vos côtés, ou, du moins, mon souvenir sera celui d'un homme digne, d'un homme qui fut loyal à la patrie.

Le peuple doit se défendre, mais non se sacrifier, le peuple ne doit pas se laisser faire ni se laisser piétiner, pas plus qu'il ne doit se laisser humilier.

Travailleurs de mon pays : j'ai foi dans le Chili et en son destin. D'autres hommes viendront, qui surmonteront ces instants sombres et amers où la trahison prétend s'imposer. Sachez que bien plus tôt que prévu s'ouvriront de nouveau les larges avenues où passera l'homme libre pour bâtir une société meilleure.

Vive le Chili ! Vive le peuple ! Vive les travailleurs !

Ce sont mes dernières paroles. J'ai la certitude que mon sacrifice ne sera pas vain ; j'ai la certitude qu'il sera au moins une leçon morale qui châtiera la félonie, la couardise et la trahison.

74 – Richard Nixon
Démission de la présidence

8 août 1974

Seul président américain à avoir été contraint de démissionner en cours de mandat, Richard Nixon a conduit, de 1968 à 1974, une politique pour le moins contrastée. Pragmatique sinon cynique, il a fait sien l'adage selon lequel la fin, c'est-à-dire les intérêts strictement nationaux et les siens propres, justifie les moyens, si peu reluisants fussent-ils. Rattrapé par le scandale du *Watergate*, il a cependant dû s'incliner face aux mécanismes de contrôle démocratique américains et devant la puissance de la presse, quatrième pouvoir. Mais son départ forcé a ouvert, aux États-Unis, une véritable crise de confiance à l'égard des milieux dirigeants.

Des pratiques douteuses, un scandale retentissant

Élu de justesse en 1968 mais triomphalement réélu en 1972 avec 60 % des voix, le président républicain Richard Milhous Nixon (1913-1994)[1] doit composer, tout au long de ses mandats, avec un Congrès en majorité démocrate, ce qui induit nécessairement un climat de méfiance. Autoritaire voire autoritariste, Nixon aime le pouvoir et les avantages qu'il procure. Conservateur et profondément anticommuniste, il considère le monde intellectuel et les sphères libérales comme un vivier de recrutement possible pour ses ennemis et s'en tient à distance. Il entretient également des relations agitées avec la presse, très critique à son égard. Vivant dans une atmosphère presque paranoïaque, Nixon sort peu, consulte peu ses collaborateurs et, en outre, les choisit parfois de manière peu judicieuse. Certains de ses proches, en effet, prennent de grandes libertés avec le respect des lois. Nixon lui-même recourt très régulièrement aux écoutes téléphoniques et aux services de renseignements pour espionner ses adversaires – hommes politiques, militants d'opposition ou journalistes –, sans qu'il y ait nécessairement de risques pour la sécurité nationale. Des « listes noires » sont dressées, comme aux plus beaux jours de la « chasse aux sorcières » et les agents spéciaux, dits « plombiers » se multiplient.

Au printemps 1972, des membres du comité pour la réélection du Président, par ailleurs anciens agents de la CIA, s'introduisent par effraction dans la résidence du *Watergate*, un quartier d'affaires de Washington, résidence qui abrite le quartier général

---

1 Pour des indications biographiques, voir l'introduction au discours n° 72.

de campagne du parti démocrate. Les téléphones sont mis sur écoute et des micros sont posés. Lors d'une nouvelle visite, dans la nuit du 17 juin, les cinq hommes sont remarqués par un garde qui avertit la police. Il semble difficile de croire à un banal cambriolage car les « voleurs » transportent du matériel d'écoute. De plus, un lien est établi avec un conseiller de la Maison-Blanche. Nixon réfute toute implication et tente d'étouffer l'affaire mais la presse, et particulièrement deux journalistes du *Washington Post*, Carl Bernstein et Bob Woodward, vont consacrer toute leur énergie à faire éclater l'affaire au grand jour et à remonter jusqu'au Président. Ils bénéficient, pour ce faire, d'un témoignage crucial, celui d'un homme qu'ils appelleront *Deep Throat* (Gorge Profonde), pour préserver son anonymat[2]. Au printemps 1973, une commission d'enquête sénatoriale est constituée, sous la présidence de Sam Ervin. Nixon change alors de tactique : reconnaissant qu'il a pu être trompé, il écarte deux de ses assistants, Haldeman et Ehrlichman, plus tard inculpés, l'*Attorney general* Kleindienst et le conseiller John Dean qui sera un témoin clé pour la commission. Il fait également nommer un procureur spécial pour l'affaire, Archibald Cox. Dès le 17 mai 1973, les audiences de la commission sénatoriale sont retransmises par les télévisions américaines et on estime que 85 % des Américains les ont suivies, en tout ou en partie, ce qui ternit l'image du Président et, plus largement, des institutions fédérales.

Il apparaît rapidement que Nixon avait l'habitude de faire enregistrer sur cassette les discussions tenues à la Maison-Blanche mais quand le procureur Cox réclame ces bandes, il se voit proposer uniquement les comptes-rendus des conversations. Comme il refuse, il est révoqué en octobre 1973 lors de ce qu'on appellera le « massacre du samedi soir ». Ce désaveu provoque la démission du ministre de la Justice, qui condamne ainsi l'attitude du Président. L'idée naît alors, dans le camp démocrate du Congrès, d'entamer une procédure d'*impeachment* devant mener à la destitution de Nixon tandis que plusieurs journaux réclament la démission du Président et que l'opinion publique commence à gronder. Le 17 novembre 1973, lors d'une grande conférence de presse, Nixon lance : *Je ne suis pas un escroc*. La tension monte encore, au début de l'année 1974, lorsque Nixon est accusé de fraude fiscale, tout comme l'avait été, quelques mois plus tôt, son vice-président Spiro Agnew, contraint, lui, à la démission. En avril 1974, alors que cinq commissions parlementaires sont désormais à l'œuvre, le Président dont la cote de popularité est tombée à 24 % accepte de livrer un certain nombre de cassettes. Leur contenu est rendu public et même diffusé sous forme de livre, ce qui décrédibilise plus encore Nixon et son entourage, dont le ton et le vocabulaire apparaissent singulièrement grossiers. Cependant, la Maison-Blanche n'a pas livré tous les enregistrements et, pire encore, il s'avère que 18 minutes et 30 secondes d'une des conversations communiquées ont été volontairement effacées. Cette fois, il semble clair que Nixon n'échappera pas à l'*impeachment*. En mai 1974, la procédure est ouverte et, fin juillet, une majorité existe pour voter la destitution sur base de trois chefs d'accusation : obstruction à la justice, abus de pouvoir et outrage au Congrès. Les derniers soutiens du Président le lâchent début août, lorsque de nouvelles cassettes, réclamées à l'unanimité par la Cour suprême,

---

2 D'aucuns diront qu'il s'agissait de Henry Kissinger, d'autres, de George Bush père mais, en 2005, à 91 ans, le témoin, W. Mark Felt, sortira de sa réserve et se présentera formellement comme *Deep Throat*. Au moment des faits, il était directeur adjoint du FBI.

révèlent que, dès juin 1972, Nixon a fait pression sur le FBI pour entraver l'enquête de la CIA. Le 7 août 1974, deux sénateurs et un représentant républicains, Barry Goldwater, Hugh Scott et John Rhodes, certifient au Président qu'il va être contraint de quitter son poste. Nixon décide alors de prendre ses responsabilités et de démissionner.

Le bilan d'une présidence

Le lendemain, 8 août 1974, le président des États-Unis se consacre à la rédaction de son discours de démission. Celui-ci est prononcé à la télévision le soir même entre 21 h 45 et 22 h. Nixon y explique qu'il ne jouit plus d'un soutien suffisamment solide au Congrès en raison de l'affaire du *Watergate*. Il annonce dès lors qu'à compter du 9 août à midi, il renonce à ses fonctions au profit du vice-président Gerald Ford, espérant ainsi précipiter un *processus de guérison*. Il réaffirme par ailleurs que son action a été guidée, en permanence, par *l'intérêt suprême de la nation*. Dans un second temps, Richard Nixon fait le bilan de son action à la Maison-Blanche. Il rappelle qu'il a mis fin à la guerre du Vietnam, mais ne sait pas encore que les communistes vont bientôt remporter la victoire finale[3]. Il met également en exergue le rapprochement avec la Chine[4], la signature avec l'URSS des accords SALT de limitation des armes stratégiques[5] et l'amélioration des relations entre les États-Unis et les pays arabes du Moyen-Orient[6]. Concernant ce dernier point, il s'agit surtout d'un rapprochement avec l'Égypte : liée à l'URSS sous Nasser qui meurt en 1970, celle-ci se tourne plutôt vers le bloc occidental sous Sadate, son successeur. En novembre 1973, sur fond de choc pétrolier et à l'issue de la quatrième guerre israélo-arabe, dite du Kippour, le conseiller américain Kissinger se rend à Rabat, Tunis, Le Caire et Amman et rétablit les relations diplomatiques américano-égyptiennes, rompues en 1967. Sur le plan de la politique internationale, Nixon s'attribue donc un bulletin de notes très positif. Il occulte cependant les échecs et les risques de sa doctrine de désengagement militaire et d'assistance indirecte subordonnée aux seuls intérêts américains : un regain d'isolationnisme dans l'opinion américaine, le soutien à des régimes peu recommandables, comme la Grèce des Colonels, par seul souci d'anticommunisme et l'aide à la déstabilisation de certains pays jugés trop à gauche, comme le Chili d'Allende[7].

Sur le plan intérieur également, le Président s'accorde un rapide satisfecit, même si l'évocation du taux de chômage et de la *prospérité sans inflation* indique bien que de réels problèmes existent. En effet, en cinq ans et demi, le fossé entre riches et pauvres s'est creusé, les expériences de lutte contre les inégalités sociales et raciales ont été freinées, les grands programmes sociaux ont été sous-financés par rapport aux promesses électorales et alors même que des sommes croissantes étaient consacrées aux dépenses militaires ; bref la société américaine apparaît embourbée et en pleine crise de confiance. Sur le plan économique, le pays ruiné par la guerre du Vietnam doit faire

---

3 Voir l'introduction au discours n° 68.
4 Voir l'introduction au discours n° 72.
5 Voir l'introduction au discours n° 71.
6 Voir les introductions aux discours n° 75 et 76.
7 Voir l'introduction au discours n° 73.

face à la stagflation, c'est-à-dire la conjonction entre une stagnation de la croissance et une forte inflation, ce qui creuse les déficits, notamment celui de la balance commerciale. En 1971, pour la première fois depuis la fin du XIXe siècle, celle-ci est dans le rouge. Nixon prend alors la décision de rompre l'équilibre monétaire acquis en 1944 aux accords de Bretton Woods[8] : il laisse flotter le dollar, suspendant sa convertibilité en or, impose une surtaxe de 10 % aux importations et bloque prix et salaires. En décembre, l'Europe obtient une dévaluation de 12 % du dollar et l'abolition de la surtaxe mais le dollar reste inconvertible. Il sera encore dévalué de 10 % en février 1973. Effets conjugués du hasard et d'un certain cynisme, la situation des États-Unis se redresse temporairement grâce à l'exportation mais aussi au choc pétrolier de l'automne 1973 qui frappe davantage l'Europe et la fait entrer, à son tour, dans la spirale de l'inflation. Mais le bilan laissé par Nixon à Ford puis Carter est plus que contrasté car les États-Unis vont bientôt connaître, eux aussi, les affres de la récession.

Dès le 9 août 1974, Nixon et sa famille quittent Washington pour leur propriété de Californie. Rien, cependant, ne met l'ex-président à l'abri de poursuites judiciaires, jusqu'à ce que Gerald Ford, le 8 septembre, lui accorde le pardon présidentiel qui l'immunise définitivement. Sur le plan politique, les élections de l'automne 1974 se soldent par une grande victoire démocrate. Mais au-delà, le scandale du *Watergate*, qui a profondément marqué l'Amérique, induit plusieurs évolutions importantes : la fin de la pratique des enregistrements sauvages, un meilleur contrôle du financement des partis politiques, un renforcement moral du Congrès au détriment de la Maison-Blanche mais également un rôle et un poids accrus pour le journalisme d'investigation, avec les dérives que l'on connaîtra plus tard, sous Clinton, lorsqu'une nouvelle procédure d'*impeachment* sera évitée de justesse au départ d'une affaire qui, elle, relevait avant tout de la vie privée.

Démission de la présidence

Bonsoir,

C'est la 37e fois que je vous parle de ce bureau, où tant de décisions qui ont façonné l'histoire de cette nation ont été prises. Chaque fois, je me suis adressé à vous pour discuter de l'une ou l'autre affaire qui, je pense, concernait l'intérêt national.

Dans toutes les décisions que j'ai prises au cours de ma vie politique, j'ai toujours essayé de faire ce qui était le mieux pour la Nation. Durant la longue et difficile période du Watergate, j'ai ressenti qu'il était de mon devoir de persévérer, d'accomplir tout effort possible pour achever le terme du mandat pour lequel vous m'avez élu.

---

[8] Voir l'introduction au discours n° 36.

Au cours de ces derniers jours, cependant, j'ai dû me rendre à l'évidence que je ne bénéficiais plus, au Congrès, d'un appui politique suffisamment solide pour justifier la continuation de cet effort. Tant que je disposais d'un tel appui, je ressentais vivement qu'il était nécessaire de mener le processus constitutionnel à terme, qu'agir autrement aurait été déloyal envers l'esprit de ce processus délibérément difficile et aurait créé un précédent sérieusement déstabilisant pour l'avenir.

Mais en raison de la disparition de cet appui, je crois désormais que la cause constitutionnelle a été servie et que le processus ne doit plus être prolongé.

J'aurais préféré continuer jusqu'au bout, quelle que soit l'agonie personnelle que cela aurait impliqué, et ma famille m'a poussé unanimement à le faire. Cependant, l'intérêt de la Nation doit toujours passer avant toute considération personnelle.

Des discussions que j'ai eues avec les dirigeants du Congrès et d'autres dirigeants, j'ai conclu qu'en raison de l'affaire Watergate, je ne bénéficierais peut-être pas du soutien du Congrès, soutien que je juge nécessaire pour appuyer les décisions difficiles et m'acquitter des fonctions de ce mandat de la manière requise par les intérêts de la Nation.

Je n'ai jamais été un lâcheur. Quitter mes fonctions avant la fin de mon mandat est détestable pour chaque instinct de mon corps. Mais en tant que président, je dois faire passer l'intérêt des États-Unis avant toute autre chose. Les États-Unis ont besoin d'un président à plein temps et d'un Congrès à plein temps, particulièrement en ce moment avec les problèmes que nous rencontrons dans notre pays et à l'étranger.

Continuer à me battre pendant les mois à venir pour ma défense personnelle monopoliserait presque entièrement le temps et l'attention du président et du Congrès à une période où nous devrions concentrer toute notre attention sur ces grands problèmes concernant la paix à l'étranger et sur la prospérité, chez nous, sans l'inflation.

En conséquence, je démissionne de la présidence. Cette démission prendra effet demain à midi. Le vice-président Ford sera assermenté en tant que président au même moment dans ce bureau.

Lorsque je me rappelle les grands espoirs pour les États-Unis avec lesquels nous avons entamé ce second mandat, je ressens une grande tristesse en pensant que je ne serai pas ici dans ce bureau à travailler en votre nom pour réaliser ces espoirs dans les deux prochaines années et demie. Mais en léguant l'administration du gouvernement au vice-président Ford, je sais, comme je l'ai dit à la Nation lorsque je l'ai nommé à ce poste il y a dix mois, que la direction des États-Unis sera en de bonnes mains.

Lorsque je cède ce poste au vice-président, je le fais en toute bonne connaissance du poids de la responsabilité qui reposera sur ses épaules demain et dès lors de la compréhension, de la patience, de la coopération dont il aura besoin de la part de tous les Américains.

En endossant cette responsabilité, il méritera l'aide et le soutien de nous tous. Puisque nous sommes tournés vers l'avenir, la première qualité indispensable est de commencer à soigner les blessures de cette Nation, de laisser derrière nous l'amertume et les divisions de ces dernières années, et de redécouvrir ces idéaux partagés qui résident au cœur de notre force et de notre unité en tant que peuple éminent et libre.

En agissant de la sorte, j'espère que j'aurai précipité le début de ce processus de guérison dont les États-Unis ont si désespérément besoin.

Je regrette profondément toutes les blessures qui ont pu être infligées au cours des événements ayant mené à cette décision. Je tiens seulement à vous dire que si j'ai pu commettre des erreurs de jugement, et j'en ai commis, elles ne trouvaient leur source que dans ce que je pensais, à cette époque, être l'intérêt suprême de la Nation.

À vous qui m'avez soutenu pendant ces derniers mois difficiles, à ma famille, mes amis et beaucoup d'autres qui se sont unis pour supporter ma cause parce qu'ils la croyaient juste, je vous serai éternellement reconnaissant pour votre soutien.

Et à vous, qui ne vous êtes pas sentis capables de m'accorder votre soutien, laissez-moi vous dire que je m'en vais sans aucune amertume envers ceux qui se sont opposés à moi, parce que nous tous, finalement, avons été et sommes toujours préoccupés par l'intérêt de ce pays même s'il se peut que nos jugements diffèrent.

C'est pourquoi, unissons-nous tous maintenant pour affirmer cet engagement commun et aider notre nouveau président à prendre le relais dans l'intérêt de tous les Américains.

Je quitterai le bureau en regrettant de ne pas achever mon mandat, mais avec la reconnaissance du privilège de vous avoir servis, en tant que président, pendant les cinq dernières années et demie. Ces années furent une période capitale de l'histoire de notre Nation et du monde. Ces années ont vu des réalisations dont nous pouvons tous être fiers, des réalisations qui représentent les efforts partagés de l'Administration, du Congrès et du peuple.

Mais les défis à venir sont tout aussi grands et eux aussi nécessiteront le soutien et les efforts du Congrès et des personnes travaillant en coopération avec la nouvelle Administration.

Nous avons mis fin à la guerre la plus longue des États-Unis, mais en ce qui concerne la tâche d'assurer une paix durable dans le monde, les objectifs à venir sont plus complexes et d'une portée encore plus considérable. Nous devons achever une structure de paix afin que les citoyens de toutes nations confondues disent de cette génération, de notre génération d'Américains, non seulement que nous avons mis fin à une guerre mais que nous avons empêché des guerres futures.

Nous avons ouvert les portes qui, pendant un quart de siècle, ont séparé les États-Unis de la République populaire de Chine.

Nous devons maintenant nous assurer que le quart de la population mondiale qui vit en République populaire de Chine devienne et reste non pas notre ennemie mais notre amie.

Au Moyen-Orient, cent millions de personnes vivant dans les pays arabes, dont beaucoup nous ont considérés comme leur ennemi pendant presque vingt ans, nous considèrent maintenant comme des amis. Nous devons continuer à construire cette amitié afin que la paix puisse s'installer enfin au Moyen-Orient et que le berceau de la civilisation n'en devienne pas la tombe.

Avec l'Union soviétique, nous avons accompli les percées décisives qui ont permis d'entamer le processus de limitation des armes nucléaires. Mais nous devons avoir pour objectif non seulement de limiter, mais aussi de réduire et finalement de supprimer ces armes terribles, de telle sorte qu'elles ne puissent pas détruire la civilisation et que la menace d'une guerre nucléaire ne pèse plus sur le monde et les gens.

Nous avons engagé une nouvelle relation avec l'Union soviétique. Nous devons continuer à développer et étendre cette nouvelle relation, afin que les deux nations les plus puissantes du monde vivent ensemble dans un esprit de coopération plutôt que de confrontation.

Dans le monde entier, en Asie, en Afrique, en Amérique latine, au Moyen-Orient, des millions de personnes vivent dans un état de pauvreté épouvantable, même dans la famine. Nous devons garder pour objectif le fait de nous détourner de la production pour la guerre et d'accroître la production pour la paix, afin que les gens partout sur cette terre puissent enfin se réjouir, du temps de leurs enfants, sinon de leur propre époque, de posséder les choses essentielles à une vie décente.

Ici, aux États-Unis, nous avons la chance que la plupart de nos concitoyens ne bénéficient pas seulement des avantages que leur procure la liberté mais aussi des moyens de bien vivre et, selon les niveaux mondiaux, de vivre même dans l'abondance. Nous devons cependant continuer résolument à viser l'objectif consistant non seulement en l'augmentation et l'amélioration des emplois, mais aussi en la pleine égalité des chances pour chaque Américain et en l'objectif de la prospérité sans l'inflation, ce que nous nous efforçons sans répit d'obtenir pour l'instant.

Pendant plus d'un quart de siècle dans les affaires publiques j'ai pris part à l'histoire agitée de cette époque. Je me suis battu pour ce en quoi je croyais. J'ai essayé de mon mieux de m'acquitter de mes fonctions et de faire face aux responsabilités qui m'ont été confiées.

Parfois, j'ai connu le succès et d'autres fois j'ai échoué, mais je me suis toujours senti encouragé par ce que Théodore Roosevelt[9] a dit un jour au sujet de l'homme dans l'arène, « dont le visage est gâté par la poussière, la sueur et le sang, qui se bat vaillamment, qui commet une faute et se trompe encore et encore parce qu'il n'y a pas d'effort sans erreurs et défauts, mais qui se bat vraiment pour y arriver, qui connaît les grands enthousiasmes, les grands dévouements, qui se consacre à une noble cause, qui au mieux connaît en fin de compte les triomphes de grandes réussites et qui au pire, s'il échoue, au moins échoue en faisant preuve d'une grande audace ».

Je vous promets ce soir que, tant que j'aurai un soupçon de vie dans le corps, je continuerai dans cet esprit. Je continuerai à travailler pour ces grandes causes auxquelles je me suis consacré tout au long de mes années en tant que député, sénateur, vice-président et président, la cause de la paix non seulement pour les États-Unis mais au sein de toutes les nations, la prospérité, la justice et l'égalité des chances pour tous les citoyens de ce pays.

Il existe une cause par-dessus toutes les autres à laquelle je suis dévoué et à laquelle je me consacrerai toujours, ma vie entière.

Lorsque j'ai prêté serment à ce poste comme président, il y a cinq ans et demi, j'ai pris cet engagement sacré de « consacrer mon mandat, mon énergie et toute la sagesse que je peux rassembler, à la cause de la paix parmi les nations ».

J'ai fait de mon mieux chaque jour depuis lors afin d'être fidèle à cette promesse. À la suite de ces efforts, je suis persuadé que le monde est plus sûr aujourd'hui, non seulement pour les Américains mais aussi pour les citoyens de toutes les nations, et que tous nos enfants ont de meilleures chances qu'avant de vivre en paix plutôt que de périr dans la guerre.

C'est cela, plus que toute autre chose, que j'espérais accomplir lorsque j'ai brigué la présidence. C'est cela, plus que toute autre chose, qui, j'espère, sera mon héritage pour vous, pour notre pays, en ce jour où je quitte la présidence.

Avoir occupé ce poste, c'est avoir éprouvé un sentiment d'attachement très personnel avec chaque Américain. Je le quitte avec une prière : puisse la grâce de Dieu être avec vous pour tous les jours à venir.

---

[9] Président des États-Unis de 1901 à 1909.

75 – Yasser Arafat
Discours devant l'Assemblée générale de l'ONU

13 novembre 1974

Aux yeux des Palestiniens, pour la plupart réfugiés depuis les guerres israélo-arabes de 1948-1949 et 1967, l'année 1974 marque un tournant important : le monde arabe puis, dans la foulée, les Nations unies, reconnaissent l'Organisation de libération de la Palestine et font de son chef, Yasser Arafat, le seul leader palestinien habilité à parler au nom de son peuple. Désormais, il ne pourra plus être fait abstraction de l'OLP dans le règlement du conflit qui déchire le Proche-Orient.

Un peuple à la recherche d'une légitimité

Au début des années 1970, on estime que, sur trois millions de Palestiniens, la moitié environ vit en territoire israélien ou occupé par Israël[1] et l'autre moitié sont des réfugiés. Parmi ceux-ci, cinq cent mille s'entassent dans des camps de l'UNRWA, l'agence des Nations unies créée pour les secourir, tandis qu'un million environ vit dans les pays arabes frontaliers d'Israël, c'est-à-dire le Liban, la Syrie mais surtout la Jordanie, où ils constituent une masse importante que le Royaume hachémite n'envisage pas réellement d'intégrer. Peuple sans terre et sans État, les Palestiniens vont, dès les années cinquante, tenter de faire entendre leur voix et de peser sur la géopolitique de la région. Différents mouvements voient le jour, dont le plus important est le *Fatah* ou Mouvement de libération de la Palestine, créé au Koweït en 1959. Cinq ans plus tard, à l'issue d'un sommet de la Ligue arabe tenu au Caire, la décision est prise de rassembler tous les groupes agissant en ordre dispersé dans l'Organisation de libération de la Palestine (OLP), créée fin mai 1964 à Jérusalem. En 1965, une Armée de libération de la Palestine est mise sur pied. Elle fournira des régiments qui seront intégrés au sein de l'armée égyptienne, irakienne et syrienne. Au même moment commence l'action directe de militants palestiniens, les *feddayin*, en territoire israélien. Le climat se dégrade encore après la guerre des Six Jours. Désormais, les Palestiniens ont décidé de mener combat au-delà du Proche-Orient et de faire entendre leur voix par le biais du terrorisme : celui-ci se matérialise par des attaques aériennes ou des détournements d'avions israéliens ou européens, par

---

1 Sur les conquêtes israéliennes de 1948-1949, voir l'introduction au discours n° 44. En 1967, à l'issue de la guerre préventive des Six Jours, l'État hébreu a conquis, en outre, le Sinaï jusqu'aux rives du canal de Suez, Gaza, la Cisjordanie avec la ville arabe de Jérusalem ainsi que le plateau du Golan.

des attentats contre les communautés juives, contre des diplomates ou même contre des athlètes. Le 5 septembre 1972, l'assassinat de onze athlètes israéliens participant aux Jeux olympiques de Munich par le groupe palestinien Septembre noir bouleverse la planète. Condamnés par les États-Unis et leurs alliés, les activistes palestiniens connaissent également des difficultés en Syrie, au Liban et surtout en Jordanie : dès 1970-1971, le roi Hussein, inquiet de voir son pays déstabilisé par des réfugiés en armes et soucieux de se présenter comme le représentant légitime du peuple palestinien, a chassé militairement les *feddayin* de Jordanie[2]. La plupart d'entre eux, à commencer par les dirigeants de l'OLP, se réfugient dès lors au Liban.

Derrière l'opposition entre Palestiniens et Jordaniens se cache, plus globalement, une divergence fondamentale sur l'avenir du Proche-Orient. En 1967, l'ONU a adopté la résolution 242, ordonnant à Israël d'évacuer les territoires occupés depuis la guerre des Six Jours[3] et, fin 1969, le secrétaire d'État américain Rogers a proposé un plan pour la région sur base de la négociation, sous l'égide de l'ONU, d'accords séparés entre les divers pays arabes et Israël. Si la Jordanie, comme la Libye et l'Égypte, s'est montrée favorable au plan Rogers, les Palestiniens, eux, s'y opposent totalement. En effet, le plan ne leur accorde aucun rôle et les considère simplement comme des réfugiés dont le cas doit être traité par d'autres. Par ailleurs, la résolution 242 ne peut les satisfaire, dans la mesure où elle prend en compte les seuls territoires conquis par Israël en 1967 et non les agrandissements opérés en 1948-1949. La situation apparaît donc bloquée jusqu'à la guerre du Kippour, déclenchée par les pays arabes en octobre 1973 dans le Sinaï (troupes égyptiennes) et le Golan (troupes syriennes), dans l'espoir, notamment, d'obtenir une implication américaine dans la région. Très vite, Israël l'emporte sur le plan strictement militaire mais, à l'ONU, les deux Grands se mettent d'accord pour imposer une solution qui tienne compte de la situation globale : le 22 octobre 1973, la résolution 338 du Conseil de Sécurité impose un cessez-le-feu, l'application de la résolution 242 et l'ouverture de négociations pour une paix juste et durable. Par ailleurs, la résolution 340 envoie 800 Casques bleus dans la région. En novembre 1973, le secrétaire d'État américain Kissinger fait la tournée des capitales arabes et obtient « l'accord du kilomètre 101 » sur les conditions du cessez-le-feu ainsi que le principe d'une grande conférence sur le Proche-Orient à Genève. Une question se pose : qui doit y représenter les Palestiniens ?

La cause palestinienne a un visage

L'Égypte et l'URSS poussent vivement l'OLP à se faire entendre et ses leaders sont d'ailleurs convoqués au Caire dès octobre 1973 dans ce but. Pour l'OLP, demander à participer à la conférence de Genève revient à accepter comme base de négociation la résolution 242 jusque-là repoussée. Mais refuser, c'est s'isoler délibérément, perdre

---

2 Cette opération, appelée par les Palestiniens *Septembre noir*, est à l'origine du nom du groupe terroriste.

3 Il existe en fait une ambiguïté, en raison du manque de précision de la langue anglaise : Israéliens et Américains comprennent qu'il s'agit d'évacuer certains territoires, tandis que l'URSS, la France et les pays arabes parlent de tous les territoires occupés.

une chance unique de s'imposer comme un interlocuteur crédible et laisser le champ libre au Roi de Jordanie. Au sommet d'Alger de novembre 1973, les chefs d'État arabes reconnaissent l'OLP comme le seul représentant légitime du peuple palestinien, même si Hussein de Jordanie s'y oppose vigoureusement et menace de boycotter Genève. Un an plus tard, cependant, en octobre 1974, le sommet de Rabat confirme cette orientation. On y affirme aussi que toute partie de la Cisjordanie qui serait évacuée par Israël serait administrée par l'OLP et non par la Jordanie. Devenue incontournable dans le monde arabe, l'organisation palestinienne est également en train de s'imposer aux Nations unies, où les pays des blocs communiste et afro-asiatique sont désormais majoritaires. L'Europe occidentale, elle aussi, évolue : les effets économiques du choc pétrolier, manifestation de puissance de l'Organisation des pays exportateurs de pétrole, lui ont fait comprendre qu'il fallait lâcher du lest. Elle va donc saisir l'opportunité que constitue l'assouplissement relatif de l'OLP. En juin 1974, au prix de dissidences, le Conseil national palestinien adopte un nouveau programme politique qui, sans reconnaître Israël ni accepter la résolution 242, admet le principe d'une étape intermédiaire avant la création d'un État palestinien sur l'ensemble de la Palestine. Bref, l'OLP est sortie de la logique du « tout ou rien ». En mai 1974, à une très large majorité, l'ONU reconnaît l'OLP comme représentante du peuple palestinien. En octobre, Jean Sauvagnargues, le ministre français des Affaires étrangères, est le premier membre d'un gouvernement occidental à rencontrer officiellement le chef de l'OLP, Yasser Arafat. Un mois plus tard, le 13 novembre 1974, celui-ci est invité à s'exprimer devant l'Assemblée générale des Nations unies.

Issu d'un puissant clan arabe de Jérusalem, les Husseini, Mohammed Abdel Rahman Abdel Raouf Arafat, dit Yasser Arafat (1929-2004), est né, selon ses dires, dans la Ville Sainte mais plus probablement au Caire où il passe la majeure partie de sa jeunesse. En 1948, il participe à la première guerre israélo-arabe puis, l'année suivante, rentre en Égypte pour y suivre des études d'ingénieur. Président de l'Union des étudiants palestiniens de 1952 à 1956, il s'engage en politique au côté de ceux qu'il estime capables de défendre et de promouvoir la cause palestinienne, qu'il s'agisse des très radicaux Frères musulmans ou des « Officiers libres » qui placeront Néguib puis Nasser au pouvoir. En 1956, durant la crise de Suez, Arafat est sous-lieutenant de l'armée égyptienne. Mais le temps passe et la situation des Palestiniens ne s'améliore guère. Arafat va s'installer au Koweït pour affaires et, en 1959, y fonde avec quelques amis le mouvement *al-Fatah*, c'est-à-dire « la conquête » qui, prônant la libération de la Palestine par les Palestiniens eux-mêmes, s'éloigne de la perception panarabe du conflit proche-oriental. En 1964, lorsque se crée l'OLP, le *Fatah* en est désigné branche politique et, en 1968, il gagne des galons en résistant à une attaque israélienne sur le village de Karameh. Pour les Palestiniens, Yasser Arafat, de son nom de guerre Abou Ammar, est un héros, qui, en février 1969, prend la présidence de l'OLP installée en Jordanie puis, après son expulsion, au Liban. Pour nombre d'Occidentaux en revanche, il personnifie, au tournant des années 1960-1970, le terrorisme aveugle dont il ne se distanciera qu'après l'attentat des JO de Munich, condamnant désormais les attaques menées hors des territoires sous contrôle israélien. Cependant, nul n'imagine encore qu'en 1974, il sera reçu par l'ONU, sous la pression des événements et grâce à un relatif infléchissement des positions dans les deux camps.

Ne laissez pas le rameau d'olivier tomber de ma main…

Invité à la tribune de l'Assemblée générale par 105 voix contre 4, dont les États-Unis et Israël, et 20 abstentions, Yasser Arafat est reçu selon le protocole réservé aux chefs d'État et chaleureusement accueilli par la plupart des délégués présents et par le président de séance, Abdelaziz Bouteflika, le ministre algérien des Affaires étrangères. Il s'exprime longuement devant l'ONU, avec un pistolet dépassant ostensiblement de sa poche. La première partie de son discours, en forme d'exposé historique à sens unique, est une longue dénonciation du sionisme, assimilé au colonialisme. Arafat accuse les sionistes d'avoir usurpé la terre des Palestiniens, d'avoir contraint ceux-ci à l'exil et de s'être comportés comme les impérialistes européens en prétendant venir civiliser et développer un territoire étranger. Le chef de l'OLP épingle des similitudes entre l'exil imposé aux Arabes de Palestine et les persécutions que les Juifs eurent à connaître au cours de leur histoire. Il fustige le racisme sioniste et son exigence d'un État juif, évoque les villages palestiniens détruits, les bombardements, les expulsions et les massacres perpétrés par l'armée israélienne ainsi que les conflits à répétition depuis 1948, imputant l'exclusive responsabilité du désastre aux dirigeants israéliens et qualifiant les combattants palestiniens de martyrs. Dans un second temps et au nom de l'OLP, seule représentante légitime des Palestiniens, Yasser Arafat présente ses plans pour l'avenir. Distinguant juifs et sionistes, il en appelle à la création d'un seul État palestinien souverain et démocratique, rassemblant juifs, chrétiens et musulmans, ce qui exclut toute reconnaissance d'Israël en tant que tel. En ce jour, il se dit porteur à la fois du *rameau d'olivier* et du *fusil de révolutionnaire* et demande à ce qu'on ne laisse pas l'olivier tomber de sa main.

Le lendemain de ce discours, l'Assemblée de l'ONU, dominée par les pro-Palestiniens, vote par 89 voix contre 8 et 37 abstentions, dont les pays de la Communauté européenne, une résolution qui, sans faire référence à Israël, déjà outré par l'invitation d'Arafat à la tribune, souligne l'importance d'associer les Palestiniens à toute négociation de paix au Proche-Orient. L'isolement international d'Israël s'accentue la semaine suivante avec sa condamnation à l'Unesco[4]. L'OLP gagne donc de nombreux points. Au cours de l'année 1976, l'ONU va plus loin encore et accepte, par vote, le principe d'un futur État palestinien. Il s'agit d'une nouvelle couleuvre pour Israël qui, en 1977, voit l'allié américain évoluer à son tour. Certes, Washington continue à subordonner la reconnaissance de l'OLP à l'abandon de l'objectif de destruction de l'État hébreu mais le président Carter parle désormais de *droits légitimes du peuple palestinien* et accepte que l'OLP puisse, à l'avenir, être présente à la conférence de Genève. Pourtant, tout n'est pas rose pour Arafat : la présence au Liban de l'OLP et de ses *feddayin*, qui constituent un véritable État dans l'État, finit par y déclencher une guerre civile en 1975, fournissant le prétexte à une intervention syrienne qui internationalise le conflit. Damas prétend se poser en arbitre et se refuse donc à prendre parti pour les Palestiniens mais son but est clairement de constituer une « grande Syrie » par l'annexion du Liban. Par ailleurs, en 1977, l'Égypte de Sadate, répondant

---

4 Essentiellement financé par les pays occidentaux, l'organisme devra pourtant, par la suite, modérer sa position.

au vœu des États-Unis, entreprend un rapprochement avec Israël et paraît désormais ouverte à une paix séparée impliquant, au grand dam de l'OLP, la reconnaissance de l'État hébreu[5].

Discours devant l'Assemblée générale de l'ONU

[…] À l'instar du colonialisme et de ses démagogues, qui ont essayé d'ennoblir leurs conquêtes, leurs pillages et leurs attaques perpétuelles à l'encontre des peuples africains, en prétendant qu'ils accomplissaient une mission "de civilisation et de modernisation", les dirigeants sionistes ont dissimulé leurs objectifs pour conquérir la Palestine, comme le colonialisme en tant que système et les colonialistes en tant qu'instruments ont utilisé la religion, la couleur, la race et la langue pour justifier l'exploitation des Africains et leur assujettissement cruel par la terreur et la discrimination. Les mêmes méthodes ont été employées en Palestine pour usurper notre terre et chasser notre peuple de son Foyer national.

À l'instar du colonialisme qui a utilisé les pauvres, les déshérités et les exploités pour mener ses agressions et installer des colonies, l'impérialisme mondial et les dirigeants sionistes se sont servis des Juifs européens qui étaient opprimés et déshérités. Les Juifs européens ont servi comme instrument d'agression, ils ont servi à l'installation de colonies et ont été victimes de la discrimination raciale.

L'idéologie sioniste a été employée contre le peuple palestinien. Il ne s'agissait pas seulement d'installer des colonies à la mode occidentale. Mais également de déraciner les Juifs de leurs différents pays et de les séparer des autres nations. Le sionisme est une idéologie impérialiste, colonialiste et raciste, elle est profondément réactionnaire et discriminatoire, elle peut être comparée à l'antisémitisme par ses aspects les plus rétrogrades et, partant, elle en constitue l'autre volet. Lorsque l'on propose que les Juifs, quels que soient leurs foyers nationaux, ne portent pas allégeance à leur pays et ne vivent pas sur un pied d'égalité avec les citoyens non juifs, cela va dans le sens de l'antisémitisme. Lorsque l'on dit que la seule solution au problème juif serait que les Juifs abandonnent des communautés ou des nations auxquelles ils ont appartenu pendant des centaines d'années et lorsque l'on dit que les Juifs devraient régler le problème juif en émigrant par la force sur le territoire d'un autre peuple,

5 Voir l'introduction au discours n° 76.

on adopte, ce faisant, la même position qu'adoptent les antisémites à l'égard des Juifs.

C'est pour cela que nous voyons un lien étroit entre Rhodes*, qui a encouragé le colonialisme en Afrique du Sud, et Théodore Herzl*, qui a établi des plans pour installer des colonies en Palestine. Ayant reçu un certificat de bonne conduite colonialiste de la part de Rhodes, Herzl s'en est allé présenter ce certificat au gouvernement britannique, en espérant le celui-ci appuierait sa politique sioniste. En échange, les sionistes ont promis aux Britanniques une base impérialiste sur le sol de Palestine afin que les intérêts impérialistes puissent être sauvegardés sur l'un des principaux points stratégiques [...].

L'invasion de la Palestine par les Juifs a commencé en 1881. Avant le déferlement des premiers immigrants, la Palestine avait une population d'un demi-million d'habitants, la plupart étaient musulmans ou chrétiens et il n'y avait que 20 000 Juifs. Chaque segment de la population jouissait de la liberté de religion, ce qui caractérise notre civilisation.

La Palestine était une terre verdoyante, habitée principalement par la population arabe, qui y édifiait sa vie et bénéficiait d'une culture prospère.

Entre 1882 et 1917, le mouvement sioniste a attiré dans notre territoire environ 50 000 Juifs européens. Pour ce faire, ce mouvement a dû recourir à la supercherie, le fait qu'il ait réussi à obtenir du gouvernement britannique la déclaration Balfour[6] prouve, une fois de plus, l'alliance entre le sionisme et l'impérialisme. En outre, en promettant au mouvement sioniste quelque chose que l'on ne pouvait donner, les Britanniques ont démontré l'oppression de la règle impérialiste. Les Britanniques n'avaient pas le droit d'autoriser le mouvement sioniste à installer un foyer national. C'est ainsi que la Société des Nations a abandonné le peuple arabe, et les principes et les promesses du président Wilson sont devenus inopérants. Et l'impérialisme britannique, sous forme de mandat, nous a été imposé cruellement et directement. Ce mandat proclamé par la Société des Nations permettait aux conquérants sionistes de consolider leur position sur notre territoire.

Peu après la déclaration Balfour et pendant trente ans, le mouvement sioniste a réussi, en collaboration avec son allié impérialiste, à installer d'autres Juifs européens sur notre territoire, usurpant ainsi les biens des Arabes de Palestine.

En 1947, les Juifs étaient au nombre de 600 000[7], ils possédaient environ 6 % de la terre palestinienne arable. Ce chiffre devrait être comparé

---

[6] Voir l'introduction au discours n° 44.

[7] Vois l'introduction au discours n° 4.

avec celui de la population de Palestine qui, à cette époque, s'élevait à 1 250 000 habitants.

Le résultat de cette collusion entre la puissance mandataire et le mouvement sioniste, grâce aussi à l'appui de quelques pays, a été que l'Assemblée générale, dès le début de l'Organisation, a approuvé une recommandation visant à partager la Palestine. Cela a eu lieu dans une atmosphère envenimée par des actes contestables et des pressions importantes. L'Assemblée générale a divisé ce qu'elle n'avait pas le droit de diviser : un territoire indivisible. Lorsque nous avons rejeté cette décision, notre attitude a été celle de la mère naturelle qui avait refusé au roi Salomon de couper son fils en deux alors que l'autre femme qui le réclamait aussi était disposée à accepter cette solution. En outre, malgré la résolution du partage qui accordait aux colonialistes 54 % de la terre de Palestine, ceux-ci ont été mécontents de cette décision et ont commencé une guerre terroriste contre la population civile arabe. Ils ont occupé 81 % de l'ensemble de la terre de Palestine, déracinant ainsi un million d'Arabes. Ensuite, ils ont occupé 524 villes et villages arabes, en en détruisant 385 au cours de cette invasion. Cela fait, ils ont installé leurs propres colonies sur les ruines de nos terres et de nos fermes. Ils ont cultivé nos vergers et nos champs. C'est ici que le problème de Palestine a son origine. Il ne s'agit donc pas d'un conflit religieux ou nationaliste entre deux religions ou deux nationalismes. Il ne s'agit pas d'une lutte à propos de frontières entre deux pays voisins. Il s'agit plutôt de la cause d'un peuple qui a été chassé de sa terre, déraciné et condamné à vivre, dans sa grande majorité, dans des camps de réfugiés. [...]

Non content de tout cela, le sionisme raciste a voulu se transformer en base impérialiste, et cela conformément à un concept impérialiste colonialiste, et se constituer un arsenal d'armes, ce qui a permis d'assumer son rôle qui consiste à asservir la population arabe et à l'attaquer afin de satisfaire ses ambitions expansionnistes, en annexant des terres palestiniennes et d'autres terres arabes. C'est ainsi que deux grandes guerres ont été déclenchées, en 1956 et en 1967, ce qui a mis en danger la paix mondiale et la sécurité internationale.

Comme résultat de l'agression sioniste de juin 1967, l'ennemi a occupé le Sinaï égyptien jusqu'au canal de Suez, il a également occupé les hauteurs du Golan syrien, en plus de toute la rive occidentale du Jourdain. Ceci a créé une nouvelle situation dans notre terre amenant au problème du Moyen-Orient. La situation s'est encore aggravée du fait de la persistance de l'ennemi dans sa politique d'occupation illégale de ces terres arabes, devenant ainsi une tête de pont de l'impérialisme mondial dirigé contre la Nation arabe. Le sionisme n'a pas respecté les décisions et les appels lancés par le Conseil de Sécurité, ni l'opinion qui l'invitait à se retirer des terres occupées en juin 1967 ; tous les efforts pacifiques déployés à l'échelle internationale n'ont pas empêché l'ennemi de poursuivre sa politique d'expansion. La seule alternative qui s'offrait aux nations arabes, notamment à l'Égypte et à la Syrie, était de déployer tous leurs efforts pour se préparer à lutter contre cette invasion armée barbare afin de libérer les terres arabes et de rétablir les droits des Palestiniens. C'est ce qu'ils ont fait après que tous les moyens pacifiques se furent révélés inefficaces.

C'est dans ce contexte que la quatrième guerre, celle d'octobre 1973, a été déclenchée, ce qui a prouvé la faillite de la politique d'expansion et de la loi de la force militaire. Malgré tout cela, les dirigeants de l'entité sioniste sont loin d'avoir tiré une leçon de cette expérience. Ils se préparent à déclencher une cinquième guerre afin de revenir au langage de la supériorité militaire, de l'agression, du terrorisme, de l'asservissement, enfin, de la guerre avec les Arabes.

C'est avec beaucoup de peine que notre peuple entend la propagande selon laquelle notre ennemi a mis en valeur nos terres qui étaient désertiques et qui n'étaient même pas habitées, et que cette colonisation n'a porté aucune atteinte aux intérêts de la population. Non, de tels mensonges ne peuvent pas être prononcés du haut de cette tribune. Il faut que tout le monde sache que la Palestine a été le berceau des cultures et des civilisations les plus anciennes. Son peuple arabe a continué à semer sur toutes ses terres au cours de milliers d'années, à donner l'exemple de la liberté religieuse, à garder avec respect les Lieux saints qui se trouvent sur son sol. En tant que fils de Jérusalem, je garde pour moi et pour mon peuple les souvenirs les plus beaux et les images les plus vives de la fraternité religieuse qui existait dans notre ville Sainte avant la catastrophe. Notre peuple n'a cessé de pratiquer cette politique que lorsqu'il a été dispersé par Israël et que ce dernier a été créé. Néanmoins, nous sommes déterminés à poursuivre notre rôle humanitaire en Palestine et nous n'accepterons jamais que cette terre devienne un tremplin pour l'agression ni un camp raciste voué à la destruction de la civilisation, des cultures, du progrès et de la paix. Notre peuple ne peut qu'aller dans le sillage de ses ancêtres en résistant aux envahisseurs et en assumant la tâche de défendre sa terre natale, sa Nation arabe, sa culture et sa civilisation, et en sauvegardant le berceau des religions monothéistes.

À ce sujet, je voudrais parler des positions israéliennes qui sont à l'opposé des nôtres : son appui à l'Organisation de l'Armée secrète [OAS[8]]

---

8 Fondée en 1961 par des partisans acharnés de l'Algérie française, l'OAS tenta, par des actions terroristes en France et en Algérie, de saboter les négociations de paix, puis d'empêcher la cohabitation entre communautés après l'indépendance de l'Algérie. Elle s'éteint en 1962.

en Algérie, ainsi qu'aux colons installés en Afrique, que ce soit au Congo, en Angola, au Mozambique, au Zimbabwe, ou en Afrique du Sud, et son appui au Vietnam du Sud contre la révolution vietnamienne. Ajoutons à cela qu'Israël donne son appui partout aux impérialistes et aux racistes, et son obstructionnisme au comité des vingt-quatre*, son refus de voter en faveur de l'indépendance des pays africains et son opposition aux revendications de nombre de pays d'Asie, d'Afrique et d'Amérique latine, et de plusieurs autres États dans les conférences sur les matières premières, la population, le droit de la mer et l'alimentation, sont une preuve du caractère de l'ennemi qui a usurpé notre terre. Tous ces faits justifient la lutte honorable que nous menons contre lui. Alors que nous défendons l'avenir, Israël défend les mythes du passé.

L'ennemi mortel auquel nous faisons face a commis beaucoup de crimes contre les Juifs eux-mêmes, car, au sein de l'entité sioniste, il y a un racisme pratiqué à l'encontre des Juifs orientaux. Alors que nous condamnons avec force les massacres des Juifs par les nazis, les dirigeants sionistes semblaient plus intéressés, à l'époque, de les exploiter afin de réaliser leur objectif d'immigration en Palestine. [...]

Le terrorisme sioniste qui a été exercé contre le peuple palestinien a été enregistré dans des documents officiels distribués ici même, aux Nations unies. En effet, des milliers de Palestiniens ont été assassinés dans les villages et les villes, des dizaines de milliers ont été contraints à la pointe de la baïonnette, à quitter leurs terres menacées par les bombardements israéliens. Ils ont abandonné leurs foyers. Que d'hommes, de femmes, d'enfants et de vieillards ont été évacués et obligés d'aller dans le désert, d'escalader des montagnes, sans eau ni nourriture. Ceux qui ont vu les catastrophes de 1948 s'abattre sur les habitants de centaines de villes et villages, Jérusalem, Jaffa, Lydda, Ramlé et Galilée, ne pourront jamais oublier ces expériences, même si un silence de plomb a réussi à masquer ces crimes horribles. De même, on a caché les vestiges de 385 villes et villages palestiniens détruits à l'époque et effacés de la carte du pays. On a détruit 19 000 maisons au cours des sept dernières années, ce qui équivaut à la destruction de 200 autres villages palestiniens. Ceci a provoqué beaucoup de dégâts, des centaines de personnes ont été mutilées et ont subi des sévices dans les prisons israéliennes. Les prisons israéliennes existent partout, nul silence ne peut les cacher. Le terrorisme sioniste se nourrit de haine. Cette haine a même été dirigée contre l'olivier, qui est le symbole de notre pays, la Palestine. [...]

Pendant des dizaines d'années, les sionistes ont tourmenté les dirigeants culturels, politiques, sociaux et artistiques de notre pays en pratiquant la terreur et en les assassinant. En expulsant ces dirigeants, ils ont volé notre patrimoine culturel, notre folklore populaire en prétendant que cela leur appartenait. Leur terrorisme s'est même étendu jusqu'aux lieux sacrés de Jérusalem, ville de la paix, que nous chérissons tant. Ils ont voulu changer le caractère de cette ville pour qu'elle perde sa qualité arabe, musulmane et chrétienne en évinçant la population arabe et en l'annexant. Il faudrait parler de l'incendie de la mosquée Al-Aqsa* et de la défiguration de nombreux monuments historiques et religieux [...].

Le petit nombre d'Arabes palestiniens qui n'ont pas été expulsés par les sionistes en 1948 sont présentement des réfugiés sur leur propre terre. La loi israélienne les traite comme des citoyens de deuxième classe, et même de troisième classe*, étant donné que les Juifs orientaux sont des citoyens de deuxième classe. Ils ont été, en outre, soumis à toutes formes de discrimination raciale et de terrorisme après qu'on leur a confisqué leurs terres et leurs propriétés. Ils ont été victimes de massacres sanguinaires comme celui de Kfar Kassim*, ils ont été forcés d'évacuer leurs villages et ils se sont vu dénier le droit de retourner chez eux, comme ce fut le cas du village de Ikrit et Kfar-Birim*. Pendant vingt-six ans, notre population a vécu sous la loi martiale [...]

Le registre des dirigeants israéliens est rempli d'actes de terreur perpétrés contre ceux de notre peuple qui sont restés au Sinaï ou sur les hauts du Golan pendant l'occupation. Le bombardement de l'école de Bahr Al-Bahar et celui de l'usine d'Abou Za'bal* sont des actes de terrorisme que nous ne pourrons jamais oublier. La destruction totale de la ville syrienne de Kuneitra* est encore un exemple éloquent du terrorisme systématique et des crimes qui ont lieu dans notre pays [...]. Si l'on devait dresser le bilan des crimes perpétrés jusqu'à nos jours par les sionistes dans le Sud du Liban, comme la piraterie, les bombardements, la politique de terre brûlée, la destruction de centaines de maisons, l'expulsion de civils et l'enlèvement de citoyens libanais, leur énormité bouleverserait même les plus insensibles. Ce sont des violations flagrantes de la souveraineté du Liban et ce, en vue de préparer le détournement des eaux de la rivière Litani [...].

Au cours des dix dernières années de notre lutte, des milliers de Palestiniens sont devenus martyrs, d'autres ont été blessés, mutilés et emprisonnés ; ils se sont sacrifiés pour résister à la menace de disparition, pour regagner notre droit à l'autodétermination et retourner sur nos terres.

Les Palestiniens qui vivent sous l'occupation sioniste résistent à l'arrogance et luttent contre l'oppression, la tyrannie et le terrorisme. Ceux qui sont en prison ou qui vivent dans la grande prison qu'est devenue la terre occupée luttent pour que leur patrie reste arabe. Ils luttent pour leur existence même et pour préserver le caractère arabe de leurs terres. Ils résistent à l'oppression, à la tyrannie et au terrorisme sous toutes leurs formes.

C'est dans le cadre de notre lutte populaire armée que notre politique et nos institutions nationales se sont cristallisées et un mouvement de libération nationale, comprenant tous les groupes palestiniens, les organisations et toutes leurs capacités du peuple [*sic*], s'est concrétisé dans l'Organisation de libération de la Palestine [...].

L'Organisation de libération de la Palestine est le seul représentant légitime du peuple palestinien : c'est pour cela qu'elle exprime les aspirations et les désirs de son peuple. C'est également pour cela qu'elle vous transmet les désirs et les espoirs du peuple palestinien et vous invite à assumer votre responsabilité historique à l'égard de notre juste cause. [...]

Je vous invite à permettre à notre peuple de revenir de son exil forcé afin qu'il puisse vivre dans sa patrie, dans ses foyers et à l'ombre de ses arbres, libre et souverain, jouissant de tous ses droits nationaux afin qu'il puisse participer à la marche de la civilisation humaine. [...]

Je vous invite à permettre à notre peuple d'établir sa souveraineté nationale indépendante sur sa propre terre. [...]

Je suis venu ici tenant d'une main le rameau d'olivier et de l'autre mon fusil de révolutionnaire. Ne laissez pas le rameau vert tomber de ma main.

La guerre embrase la Palestine et, pourtant, la paix naîtra de la Palestine. [...]

En ma qualité officielle de président de l'OLP et de chef de la révolution palestinienne, je proclame que, lorsque nous parlons de nos espoirs communs pour la Palestine de demain, nos perspectives englobent tous les Juifs vivant actuellement en Palestine qui acceptent de coexister avec nous de manière pacifique et sans discrimination.

En ma qualité officielle de président de l'OLP et de chef de la révolution palestinienne, j'invite les Juifs, tous les Juifs, à se détourner des promesses fallacieuses de l'idéologie sioniste et des dirigeants israéliens, car ces promesses ne conduisent qu'à la guerre sans fin, à de perpétuelles effusions de sang et à de continuelles angoisses.

Nous les invitons à quitter l'isolement moral dans lequel ils se trouvent pour un royaume plus ouvert, un royaume de libre choix, et à écarter le complexe de Massada* dans lequel leurs dirigeants actuels s'efforcent de les enfermer.

Nous leur offrons la solution la plus généreuse, qui nous permettrait de vivre ensemble, dans le cadre d'une paix juste, dans notre Palestine démocratique.

Compléments

Rhodes: Cecil John Rhodes (1853-1902) était un homme d'affaires britannique désireux d'étendre la domination anglaise sur toute l'Afrique australe. Enrichi par les diamants d'Afrique du Sud, il s'employa à placer sous protectorat anglais le Bechuanaland (aujourd'hui Botswana) puis à coloniser les territoires qui devinrent les Rhodésies (aujourd'hui Zambie et Zimbabwe) mais échoua, dans un premier temps, à y annexer les Boers du Transvaal, ce qui lui coûta son poste de Premier ministre de la colonie du Cap en 1896. Cependant, avant de mourir, il put participer activement à la guerre des Boers (1899-1902) et assister ainsi à l'élimination du dernier obstacle à l'hégémonie britannique sur la région (voir l'introduction au discours n° 34).

Théodore Herzl (1860-1904): Figure marquante du mouvement sioniste, Théodore Herzl a entrepris, à partir de 1897, de sensibiliser à sa cause nombre de personnalités, de ministres et de chefs d'État, dont Rhodes.

Comité des 24: Comité spécial des Nations unies chargé d'étudier la situation en ce qui concerne l'application de la « Déclaration sur l'octroi de l'indépendance aux pays et aux peuples coloniaux ».

Incendie de la mosquée d'Al-Aqsa: Située sur l'Esplanade des mosquées à Jérusalem, Al-Aqsa est passée sous contrôle israélien après la guerre des Six Jours. Le 21 août 1969, c'est un extrémiste chrétien australien qui y a bouté le feu mais le monde arabe y a vu la main des sionistes ou a, à tout le moins, accusé les pompiers israéliens de s'être montrés très lents à intervenir.

Citoyens de troisième classe: Les Arabes israéliens ne jouissent pas, en effet, d'une égalité de droits avec les Juifs. Ils sont ainsi, par exemple, exclus de l'armée et des hautes fonctions publiques. Israël pense qu'il y va de sa sécurité mais argue également de son souci de protéger les Arabes israéliens d'éventuels chantages ou de la schizophrénie : à des postes clés, ne seraient-ils pas tentés de servir la cause palestinienne contre celle de leur pays ? En outre, jusqu'en 1966, les Arabes israéliens ont été soumis à une législation d'exception, impliquant un contrôle policier permanent.

Kfar Kassim: village dont tous les habitants, hommes, femmes et enfants, furent massacrés par *Tsahal* en octobre 1956, au moment de la crise de Suez, pour non-respect d'un couvre-feu qu'ils ignoraient. Israël présenta ses excuses, vota une indemnisation des familles et condamna les militaires fautifs en 1958.

Ikrit et Kfar Birim: deux villages palestiniens, en partie peuplés de chrétiens maronites, occupés par l'armée israélienne dès 1948. Leurs habitants, contraints au départ théoriquement pour une durée de deux semaines, furent en fait définitivement chassés de chez eux. Le village de Kfar Birim fut dynamité en 1953 et il n'en subsista que l'église.

Bombardement de l'école de Bahr Al-bahar et de l'usine d'Abou Za'bal: Ces deux cibles égyptiennes ont effectivement été frappées par l'armée israélienne au début de l'année 1970, faisant de très nombreuses victimes civiles. Il s'agissait de représailles pour les attaques incessantes dont l'État hébreu faisait l'objet mais le but était également de miner le moral des Égyptiens.

Destruction de Kuneitra: Ville syrienne, Kuneitra a été prise par l'armée israélienne en 1967, lors de la guerre des Six Jours et finalement récupérée par Damas, en 1974, à l'issue de la guerre du Kippour et des négociations qui l'ont suivie. Cependant, durant la guerre de 1973, elle a subi près de trois mois d'intenses combats d'artillerie entre Israéliens et Syriens. Ses habitants l'avaient depuis longtemps désertée.

Complexe de Massada: Massada est une place-forte de Palestine, haut lieu de la résistance juive aux Romains de 66 à 73 PCN. Assiégés pendant de longs mois, ses occupants préférèrent se suicider que de se rendre.

76 – Anouar el-Sadate
Discours devant la Knesset

20 novembre 1977

Tournant crucial dans l'histoire tourmentée du Proche-Orient, la visite à Jérusalem du président égyptien Anouar el-Sadate a stupéfié la planète, enflammé le monde arabe et préludé aux accords de Camp David qui allaient garantir la paix entre Israël et l'Égypte. Convaincu de la nécessité de poser un geste fort et symbolique, Sadate a su, au moment opportun, quitter une intransigeance peu rentable pour un pragmatisme qui lui valut le prix Nobel puis une fin tragique.

Un homme et un pays face à Israël

À l'instar des autres pays arabes, l'Égypte a vécu l'avènement de l'État d'Israël comme une provocation, une déclaration de guerre. Aux avant-postes lors du premier conflit israélo-arabe, déclenché le 15 mai 1948[1], elle se heurte de nouveau à l'État hébreu en 1956, lors de la crise de Suez. Son président, Gamal Abd el-Nasser, en sort diplomatiquement vainqueur grâce à l'entente très stratégique et conjoncturelle des deux Grands sur le dos des Franco-Britanniques[2]. Héros aux yeux du monde arabe, Nasser se veut l'un des fers de lance des États neutres ou non alignés[3] même s'il se montre bien plus proche de Moscou que de Washington : l'URSS lui fournit une aide militaire afin de reconstituer ses forces, très affaiblies par les événements de l'automne 1956, tout en l'aidant à financer la construction du barrage d'Assouan et en favorisant les échanges commerciaux entre l'Égypte et les pays de l'Est. En coulisse, Nasser n'en néglige pas pour autant les Occidentaux, renforçant ses liens avec l'Allemagne et les États-Unis et aplanissant son différend avec la France et la Grande-Bretagne. Au milieu des années soixante, il provoque un regain de tension au Proche-Orient en exigeant le retrait des Casques bleus de l'ONU, présents depuis dix ans dans la zone du Canal, et en multipliant les provocations à l'égard d'Israël : adoption du principe d'un détournement des eaux du Jourdain, création d'un commandement unifié des armées arabes, rapprochement avec la Jordanie, blocus du golfe d'Akaba. Ce dernier élément met le feu aux poudres et, le 5 juin 1967, Israël se lance dans une guerre préventive contre les pays arabes, dite guerre

---

1 Voir l'introduction au discours n° 44.
2 Voir l'introduction aux discours n° 54 et 55.
3 Voir l'introduction au discours n° 52.

des Six Jours. Il la remporte aisément, occupant le Sinaï, Gaza, la Cisjordanie et le Golan mais provoquant une sensible évolution dans l'opinion publique occidentale, jusque-là très pro-israélienne et plus critique, désormais, à l'égard de l'État hébreu. Jusqu'à la mort de Nasser, la dépendance de l'Égypte par rapport à l'URSS s'accroît encore. En ce qui concerne le conflit israélo-arabe, on est dans l'impasse, tant sur la fin de l'état de belligérance et la liberté de navigation sur le canal de Suez et dans le golfe d'Akaba que sur la question palestinienne ou sur le retrait d'Israël de tout ou partie des territoires occupés, retrait exigé par l'ONU dans sa résolution 242.

Le 28 septembre 1970, Gamal Abd el-Nasser meurt inopinément à l'âge de cinquante-deux ans. L'homme qui lui succède, Anouar el-Sadate est son plus proche collaborateur, ce qui ne va pas l'empêcher de faire évoluer considérablement la politique égyptienne sur le plan national et international. Né à Mit Abu Al-Kum dans le delta du Nil au sein d'une famille modeste, fils d'un Égyptien et d'une Soudanaise, Sadate (1918-1981) est un officier de carrière, sorti de l'Académie militaire du Caire en 1938, comme Nasser. Tous deux appartiennent au groupe des « officiers libres », résolument nationalistes. Durant la Seconde Guerre, ce groupe prend le parti de l'Axe contre la Grande-Bretagne à laquelle le gouvernement égyptien apporte, lui, son aide active. Sadate est arrêté et emprisonné en 1942 mais s'évade deux ans plus tard et poursuit son engagement dans l'opposition au parti Wafd et au roi Farouk. En 1950, il peut réintégrer l'armée et contribue à renverser la monarchie en 1952 avec les autres « officiers libres ». Membre du Conseil de la révolution, il est successivement directeur politique d'un quotidien (1956-1957), secrétaire général de l'Union nationale, parti unique (1957-1961), et président de l'Assemblée nationale (1961-1969). Il est, en outre, de 1964 à 1966, vice-président de la République, un poste qu'il retrouve en 1969. Lorsque Nasser disparaît, c'est en toute logique qu'il se voit confier le pouvoir suprême. En politique intérieure, Sadate décide d'assouplir le très strict régime socialiste qu'avait édifié Nasser et d'y introduire une certaine dose de libéralisme. Par ailleurs, il renforce les prérogatives du pouvoir judiciaire, diminue celles de l'armée et amnistie un certain nombre de prisonniers politiques. Sur le plan diplomatique, il s'éloigne progressivement de l'URSS pour mieux tenter de se rapprocher des États-Unis avec lesquels les relations sont rompues depuis 1967. On ne peut parler de renversement puisqu'un traité d'amitié est signé entre Le Caire et Moscou en mai 1971 mais, en juillet 1972, les vingt mille techniciens et militaires soviétiques présents en Égypte sont renvoyés. De plus, après avoir vainement tenté de fusionner avec la Libye du colonel Khadafi, l'Égypte se tourne vers l'Arabie Saoudite du roi Fayçal, très proche de Washington. Début octobre 1973, alors qu'Israël apparaît de plus en plus isolé, le monde arabe semble plus stable et plus uni et l'Égypte semble avoir retrouvé un rôle de meneur. Anouar el-Sadate décide alors d'attaquer l'État hébreu par surprise, avec l'aide de la Syrie et de l'Irak, en pleine fête juive du Kippour.

Oser sortir de l'impasse

À l'issue de cette quatrième guerre israélo-arabe[4], fin octobre 1973, les territoires occupés depuis 1967 n'ont pas été repris mais la résolution 338 de l'ONU confirme

---

4 Voir l'introduction au discours n° 75.

bien que le monde exige toujours d'Israël un retrait. Elle prône en outre l'ouverture de négociations globales, initiées le 21 décembre 1973 par la conférence de Genève, coprésidée par Kissinger, le secrétaire d'État américain, et Gromyko, son homologue soviétique. On y décide la réouverture du canal de Suez à tous les navires, y compris israéliens, et la création d'une zone tampon de dix kilomètres entre armées égyptienne et israélienne, zone garantie par des Casques bleus. Le même principe est acquis en mai 1974 dans le Golan syrien où les Israéliens acceptent de reculer. Les relations diplomatiques sont renouées entre les États-Unis et l'Égypte. Cependant, aucun pays arabe n'accepte pour autant de reconnaître Israël et de sortir de l'état de belligérance avant un retrait de tous les territoires occupés, à commencer par Jérusalem-Est, et une solution au problème palestinien. Il en résulte une nouvelle situation d'impasse. En 1977, Anouar el-Sadate estime l'heure venue de changer de tactique. Il décide de faire un pas en direction d'Israël, d'autant que les États-Unis, demandeurs d'une telle avancée, semblent en train d'évoluer sur la question palestinienne. La victoire historique remportée par la droite israélienne, le *Likoud* du très radical Menahem Begin[5], qui met fin à trente ans de domination travailliste, n'entame pas sa détermination.

Les premiers contacts sont noués durant l'été 1977. Sadate fait connaître au président américain Carter son désir de rencontrer Begin tandis que celui-ci, en voyage en Roumanie fin août, semble avoir demandé à Ceausescu de jouer les bons offices. En septembre, le ministre israélien des Affaires étrangères, Moshe Dayan, se rend discrètement au Maroc où il rencontre le vice-Premier ministre égyptien Hassan Tuhami. Celui-ci souligne que Sadate pose comme préalable à une rencontre avec Begin l'évacuation de tous les territoires occupés mais Dayan réplique qu'à son sens, un tel retrait doit justement être discuté entre les deux hommes d'État. Il semble en revanche que Dayan ait jugé possible un retrait du Sinaï en échange d'un traité de paix. C'est dans ce contexte qu'intervient, le 1er octobre 1977, une déclaration américano-soviétique faisant référence aux « droits légitimes du peuple palestinien ». Évaluant la situation, Sadate en arrive à la conclusion que, malgré l'absence de réelles concessions israéliennes, l'Égypte, très appauvrie et militairement déforcée, a tout intérêt à briser la barrière psychologique qui empêche le dialogue direct entre Juifs et Arabes. À Carter qui lui écrit, le 21 octobre, qu'il a besoin de son aide pour sortir de l'impasse, le président égyptien promet un « geste audacieux ». Le 28, il annonce à son ministre des Affaires étrangères, Ismail Fahmy, son intention de se rendre à Jérusalem. Fahmy est scandalisé par cette idée qui, selon lui, marquerait une défaite arabe, aurait de graves conséquences sur l'opinion publique et signifierait, de fait, la reconnaissance de l'État hébreu. Le 5 novembre, Sadate confirme pourtant son projet devant le Conseil de Sécurité nationale et, le 9, devant l'Assemblée nationale qui, n'y voyant qu'un vœu pieux, l'applaudit. Le leader palestinien Yasser Arafat, présent à la séance comme invité, l'acclame également. Le lendemain, si la presse égyptienne élude ce passage du discours de Sadate, les journaux étrangers, eux, le relaient. La surprise est totale dans le monde : les États-Unis

---

5 Begin fut le principal chef de l'*Irgoun*, organisation militaire clandestine qui, durant la Seconde Guerre et jusqu'en 1948, combattit les Britanniques, les Arabes et les Juifs modérés en Palestine. Militant pour un État juif sur l'ensemble de la Terre sainte, Begin fut mêlé à plusieurs massacres et attentats sanglants, ce qui fit longtemps de lui un paria, y compris au sein de sa communauté.

sont pris de vitesse et se retrouvent hors jeu tandis que les Israéliens ne savent s'ils doivent prendre au sérieux celui que Begin appelle « le dingue », l'homme qui, quatre ans plus tôt, les a attaqués par surprise. Cependant, le Premier ministre israélien choisit de relever ce qui ressemble à un défi. Le 15 novembre, il invite officiellement Sadate à Jérusalem et l'annonce à son peuple par un discours à la Knesset, le Parlement. En Égypte, le ministre Fahmy démissionne en signe d'opposition tandis que l'Organisation de libération de la Palestine (OLP) crie à la trahison, que la foule irakienne conspue le président égyptien et que la Syrie décrète un jour de deuil national.

Un voyage symbolique aux conséquences contrastées

Le samedi 19 novembre 1977 en fin de journée, sous l'œil de centaines de journalistes et devant les caméras de télévision du monde entier, le président égyptien foule le sol de l'aéroport Ben Gourion. Chacun a conscience de vivre un moment historique. Sadate rencontre Begin à l'hôtel King David. Le Premier ministre israélien affirme qu'il est prêt à se retirer du Sinaï pour obtenir la paix mais l'Égyptien lui répond qu'il n'est pas venu signer un traité de paix mais bien plaider la cause palestinienne. Le dimanche 20, jour de la fête musulmane du Sacrifice, Anouar el-Sadate va prier à la mosquée Al-Aqsa où six mille Palestiniens ont reçu l'autorisation de l'accueillir. Il se rend ensuite à l'église du Saint-Sépulcre puis, avec Menahem Begin, au mémorial de la Shoah à Yad Vashem. C'est l'après-midi qu'il s'exprime longuement en arabe devant la Knesset. En cinquante-cinq minutes d'un discours fourmillant de références au judaïsme et à l'islam, il livre sa conception de la paix au Proche-Orient, non une paix partielle ou résultant d'un accord séparé, mais une *paix permanente et juste*. Soulignant qu'il est venu en Israël sans en référer à aucun autre chef d'État arabe et en toute conscience du risque pris, il dit vouloir *regarder au-delà du passé* pour épargner d'autres vies innocentes. Il rappelle à Israël les diverses occasions manquées depuis son arrivée au pouvoir et lui demande de jouer cartes sur table. Lui-même entend donner l'exemple en reconnaissant l'existence de l'État hébreu et son droit à vivre dans la sécurité au sein de frontières garanties, ce qui revient à poser un geste lourd de sens pour le monde arabe. Cependant, Sadate réaffirme que la paix ne pourra naître tant qu'Israël n'aura pas évacué les territoires occupés, tant que Jérusalem ne sera pas une *ville libre, ouverte à tous les fidèles* et tant que les Palestiniens n'auront pas le droit d'établir leur propre État. Dans ses conclusions, le président égyptien insiste longuement sur le fait qu'il a, le premier, tendu la main, en acceptant de se rendre en Israël sans attendre l'exécution de la résolution 242 de l'ONU. Il revient donc aux Israéliens de faire preuve, à leur tour, de bonne volonté. Dans sa réponse, cependant, Menahem Begin se montre inflexible et ne paraît pas disposé à la moindre concession. C'est que le discours de Sadate, bien que témoignant d'une grande élévation intellectuelle et d'une réelle ouverture d'esprit, lui a paru menaçant. Le banquet du soir se déroule dans une atmosphère tendue et la conférence de presse commune qui clôture le voyage ne donne lieu à aucun engagement formel.

Néanmoins, sur le plan psychologique, la visite de Sadate à Jérusalem est une réussite. L'image du président égyptien s'est considérablement améliorée en Israël où il a été cordialement accueilli. Les Israéliens semblent désormais disposés à lui faire confiance. En Égypte, l'État hébreu n'apparaît plus comme le diable, l'ennemi dont on refuse jusqu'à l'existence. Il est donc possible de négocier sans que l'une ou l'autre partie ait l'impression de vendre son âme. Les premiers pourparlers bilatéraux officiels ont lieu au Caire à la mi-décembre 1977. Le 25 décembre, Menahem Begin se rend en Égypte, sur le canal de Suez, à Ismaïlia. Mais concrètement, rien n'avance, malgré les pressions américaines sur Israël : Begin admet à peine une autonomie administrative de la Cisjordanie et de Gaza, maintenues sous occupation militaire israélienne, mais écarte le retour des réfugiés et entend poursuivre la colonisation juive dans les territoires occupés. Par ailleurs, le monde arabe est en ébullition et l'Égypte perd plusieurs de ses soutiens : alors que l'Arabie Saoudite et la Jordanie, deux États modérés, s'abstiennent de l'appuyer fermement, une conférence du refus se tient à Tripoli, en Libye, du 2 au 5 décembre 1977. La Libye, la Syrie, l'Irak, l'Algérie, le Yémen du Sud et l'OLP y condamnent fermement le président égyptien. Désormais, l'Égypte va défendre son seul intérêt national et accepter d'envisager une paix séparée avec Israël sans forcément lier ses revendications propres à des questions globales, comme celle des Palestiniens. Du 5 au 17 septembre 1978, le président Carter organise une rencontre Sadate-Begin à Camp David, aux États-Unis, au terme de laquelle Israël accepte d'évacuer progressivement le Sinaï, ce qui sera définitivement réalisé en 1982, moyennant une normalisation totale de ses rapports avec l'Égypte. Alors que les deux signataires reçoivent le prix Nobel de la Paix, des négociations longues et ardues se poursuivent afin d'aboutir à un traité de paix israélo-égyptien, ou Camp David II, signé le 26 mars 1979 à Washington. Ce traité est accompagné d'un projet d'autonomie pour les Palestiniens de Gaza et de Cisjordanie, projet qui ne sera jamais appliqué mais sera repris au début des années 1990, dans le cadre du processus de paix. Par ailleurs, le traité fait de l'Égypte un pays choyé par les États-Unis qui lui apporteront une aide civile et militaire.

Cependant, ce texte isole Le Caire au sein du monde arabe qui menace d'exclure l'Égypte de la Ligue arabe et de la boycotter économiquement. En Égypte même, si Sadate fait approuver sa politique par référendum en avril 1979, les 99 % de bulletins « oui » cachent mal la fronde des intégristes musulmans et des nostalgiques du « nassérisme ». Au début des années 1980, le président lancera une sévère répression contre ses opposants mais également contre les chrétiens coptes et les laïques. Le 10 septembre 1981, un nouveau référendum lui accordera la confiance à 99,5 % mais, le 6 octobre, durant un défilé militaire, il sera abattu par des officiers musulmans radicaux. Son successeur, Hosni Moubarak, poursuivra son œuvre mais devra néanmoins ménager davantage le peuple égyptien et les autres pays arabes.

Discours devant la Knesset

Monsieur le Président, mesdames, messieurs,

Paix à tous sur la terre arabe, en Israël et partout dans ce vaste monde, un monde tourmenté par ses conflits sanglants, foisonnant de contradictions aiguës, menacé périodiquement par des guerres dévastatrices menées par l'homme pour détruire l'homme, son compagnon. À la fin de ces affrontements, parmi les ruines de ce qui avait été édifié par l'homme, et parmi les cadavres, il ne peut y avoir ni vainqueur ni vaincu. L'éternel vaincu est l'homme, la suprême création de Dieu – l'être humain créé par Dieu, comme l'a dit Gandhi, l'apôtre de la paix, « pour marcher sur ses pieds, construire la vie, et adorer Dieu ».

Je suis venu à vous aujourd'hui d'un pas ferme afin que nous puissions construire une vie nouvelle, afin que nous puissions établir la paix pour nous tous sur cette terre, la terre de Dieu – nous tous, musulmans, chrétiens et juifs, de la même façon – et afin que nous puissions adorer Dieu, un Dieu dont les enseignements et les commandements sont l'amour, la rectitude, la pureté et la paix.

Je peux trouver une excuse à quiconque a accueilli ma décision avec surprise et saisissement, quand je l'ai annoncée au monde entier de la tribune de l'Assemblée du Peuple égyptien. Certains de ceux chez qui a prévalu la surprise ont imaginé que la décision n'était rien de plus qu'une manœuvre verbale destinée à l'opinion publique mondiale.

D'autres y ont vu une tactique visant à camoufler mon intention de déclencher une nouvelle guerre.

Je peux même vous dire que l'un de mes adjoints dans les services de la présidence m'a appelé à une heure tardive, après mon retour de l'Assemblée du Peuple, pour me demander avec anxiété : « Et que feriez-vous, Monsieur le Président, si Israël vous lançait effectivement une invitation ? »

J'ai répondu calmement : « Je l'accepterais sur-le-champ »… J'ai déclaré que j'irai jusqu'au bout de la Terre, que j'irai en Israël, parce que je veux exposer tous les faits devant le peuple d'Israël. Je veux trouver une excuse à tous ceux qui ont été choqués par cette décision ou qui ont nourri des doutes sur mes bonnes intentions. Personne n'imaginait que le chef d'État du plus grand pays arabe, sur les épaules de qui reposent la plus grande partie du fardeau et la responsabilité principale dans le problème de la guerre et de la paix au Proche-Orient, pourrait se déclarer disposé à aller sur la terre de l'adversaire et alors que nous étions encore en train de souffrir des effets de quatre guerres en trente ans.

Les familles des victimes d'octobre 1973 continuent à vivre les tragédies du veuvage et des deuils provoqués par la perte de fils, de pères et de frères.

Comme je l'ai déjà dit précédemment, je n'ai consulté au sujet de cette décision aucun de mes collègues et frères, les chefs des pays arabes ou des États de la confrontation. Ceux qui ont pris contact avec moi après l'annonce de ma décision y ont fait objection parce qu'une profonde suspicion et un manque total de confiance entre les États arabes et le peuple palestinien d'une part, et Israël d'autre part, continuent à exister dans tous les esprits. Il est déjà suffisant que de nombreux mois au cours desquels la paix aurait pu être établie, aient été perdus dans des disputes et des discussions inutiles au sujet des procédures pour la réunion de la conférence de Genève – tout cela reflétant une profonde suspicion et une absence totale de confiance.

Mais je dois vous dire en toute franchise que j'ai pris cette décision après y avoir réfléchi pendant longtemps et en sachant que c'est un gros risque. Si Dieu m'a donné comme destin d'assumer la responsabilité du peuple d'Égypte et de participer à la responsabilité de l'avenir du peuple arabe et du peuple de Palestine, mon premier devoir, dans le cadre de cette responsabilité, est d'épuiser tous les moyens possibles pour épargner à mon peuple arabe d'Égypte, tout aussi bien qu'à tous les peuples arabes, les maux d'une autre guerre tragique et destructrice dont les conséquences ne sont connues que de Dieu.

Après y avoir mûrement réfléchi, je suis arrivé à la conviction que ma responsabilité devant Dieu et devant le peuple exigeait que j'aille jusqu'au bout de la Terre, que j'aille même à Jérusalem pour m'adresser aux membres de la Knesset, représentants du peuple israélien, afin de leur exposer tous les faits qui me sont présents à l'esprit. Je vous laisserai décider par vous-mêmes, et que la volonté de Dieu soit faite. [...]

Je me suis acquitté et je continue à m'acquitter des responsabilités historiques. Cela m'a incité à déclarer il y a quelques années, plus précisément le 4 février 1971, que j'étais prêt à signer un accord de paix avec Israël*, c'était la première déclaration de ce genre d'un dirigeant arabe depuis le début du conflit israélo-arabe. Poussé par tous les motifs qui tiennent à la responsabilité d'un chef, j'ai fait le 16 octobre 1973, devant l'Assemblée du Peuple égyptien, une déclaration dans laquelle je demandais une conférence internationale pour établir une paix juste et permanente. À cette époque, je n'étais pas dans la position de quelqu'un qui mendiait la paix ou demandait un cessez-le-feu.

Poussés également par tous les motifs que nous donnaient les devoirs imposés par l'Histoire et notre rôle dirigeant, nous avons signé le premier accord sur le désengagement dans le Sinaï, puis le second. Nous sommes allés de l'avant, nous avons frappé à toutes les portes, ouvertes et fermées, pour rechercher un chemin approprié vers une paix permanente et juste. Nous avons ouvert nos cœurs aux peuples du monde entier afin qu'ils puissent comprendre nos motifs et nos objectifs, et qu'ainsi ils puissent se convaincre que nous sommes les avocats de la justice et les constructeurs de la paix.

Poussé à agir par tous ces motifs, j'ai décidé de venir vers vous, l'esprit ouvert, le cœur ouvert, avec détermination, afin que nous puissions établir une paix permanente fondée sur la justice.

Le destin a voulu que mon voyage – une mission de paix – coïncide avec la fête musulmane d'Al-Adha[6], la fête du sacrifice consenti quand Abraham – l'ancêtre des Arabes et des Juifs – obéit aux commandements de Dieu et se remit à lui, non par faiblesse, mais par force spirituelle, et dans une totale liberté, acceptant de sacrifier son fils avec une foi inébranlable, établissant ainsi pour nous des idéaux qui donnent à la vie une profonde signification. Peut-être cette coïncidence apporte-t-elle un sens nouveau à nos esprits. Peut-être sera-t-elle à l'origine d'un espoir authentique pour les premiers pas de la sécurité, de la sûreté et de la paix.

Mesdames et messieurs,

Parlons franchement, sans tromperie, en utilisant des mots directs et des concepts clairs. Parlons franchement aujourd'hui, alors que le monde entier, l'Ouest et l'Est, observe ces moments uniques qui peuvent devenir un tournant crucial dans la marche de l'Histoire dans cette partie du monde, si ce n'est dans le monde entier.

Parlons franchement au moment où nous tentons de répondre à la grande question : comment peut-on arriver à une paix permanente et juste ?

Je suis venu à vous porteur de ma réponse, franche et claire, à cette grande question, afin que les gens en Israël et dans le monde entier puissent l'entendre, et qu'elle soit entendue par tous ceux dont les appels sincères me sont parvenus. Nous espérons qu'en fin de compte nous arriverons à un résultat désiré par des millions de personnes qui observent cette réunion historique.

Avant que j'expose ma réponse, je voudrais vous donner l'assurance que je me fonde sur un certain nombre de faits auxquels personne ne peut échapper.

Le premier fait est qu'il ne peut y avoir de bonheur pour quiconque au prix du malheur d'autrui.

Le deuxième est que je n'ai jamais parlé et ne parlerai jamais un double langage. Je n'ai jamais traité et ne traiterai jamais sur la base de deux politiques. Je parle un seul langage, j'ai une seule politique, je ne suis pas un homme à double face.

Le troisième fait est que la confrontation directe, la ligne droite sont les méthodes les meilleures et les plus fructueuses pour atteindre un objectif clair.

---

6 Ou Aïd el-Kebir : fête musulmane du Sacrifice, qui met fin au mois du Pèlerinage à La Mecque.

Le quatrième fait est que l'appel à une paix permanente et juste, fondée sur le respect des résolutions des Nations unies est aujourd'hui devenu l'expression non équivoque de la volonté de la communauté internationale, que ce soit dans les capitales officielles qui font la politique et prennent les décisions, ou au niveau de l'opinion publique mondiale – qui influe sur l'élaboration de la politique et sur la prise des décisions.

Le cinquième fait, et peut-être le plus important, est que la nation arabe ne part pas, dans la recherche d'une paix permanente et juste, d'une position de faiblesse ou d'hésitation.

Au contraire, elle bénéficie des atouts de la force et de la stabilité et, dans ces conditions, sa politique découle d'un désir authentique de paix, fondé sur la compréhension du fait que, pour éviter une véritable catastrophe pour nous, et pour vous, et pour le monde entier, il n'y a pas d'alternative à l'établissement d'une paix permanente et juste, inébranlable, quels que soient les tempêtes, les doutes, les arrière-pensées et les mauvaises intentions.

Sur la base de ces faits, tels que je les vois, et dont je voulais que vous preniez connaissance, j'ai aussi l'honneur d'adresser en toute franchise une mise en garde contre certaines idées qui pourraient vous venir à l'esprit. Le devoir de franchise me fait obligation de vous dire ce qui suit :

Premièrement : Je ne suis pas venu chez vous pour conduire un accord séparé entre l'Égypte et Israël. Cela n'entre pas dans la politique de l'Égypte. Le problème n'est pas entre l'Égypte et Israël, et une paix séparée entre l'Égypte et Israël ou entre un quelconque des États de la confrontation et Israël n'apporterait pas une paix juste dans la région tout entière. De plus, si la paix était établie entre tous les États de la confrontation et Israël, sans qu'intervienne une juste solution du problème palestinien, cela ne conduirait jamais à la paix permanente et juste sur laquelle le monde entier insiste aujourd'hui.

Deuxièmement : Je ne suis pas venu chez vous pour rechercher une paix partielle qui consisterait à mettre fin à l'état de belligérance à cette étape et repousser à une étape ultérieure le règlement de l'ensemble du problème. Cela n'est pas la solution de fond qui conduirait à une paix permanente.

En conséquence, je ne suis pas venu chez vous pour conclure un troisième accord de désengagement dans le Sinaï, ou dans le Sinaï et les hauteurs du Golan et sur la rive occidentale du Jourdain. Cela signifierait simplement que nous reporterions la mise à feu de la fusée à une date ultérieure. Cela signifierait que nous n'aurions pas le courage de faire face à la paix, et que nous serions trop faibles pour porter le poids et la responsabilité d'une paix permanente et juste.

Je suis venu chez vous pour qu'ensemble, nous puissions construire une paix permanente et juste et éviter que soit versée une seule goutte de sang d'un seul Israélien.

C'est pour cette raison que j'ai déclaré que j'étais disposé à me rendre au bout de la Terre. Je reviens à ma réponse et à la grande question : « Comment pouvons-nous arriver à une paix permanente et juste ? »

À mon avis, et je le déclare de cette tribune au monde entier, la réponse n'est pas impossible. Elle n'est pas non plus difficile, en dépit des nombreuses années qui ont vu des effusions de sang, de l'amertume, de la haine, et des générations élevées sur la base d'un boycottage complet et de l'hostilité. La réponse n'est ni difficile ni impossible si nous prenons la ligne droite, avec sincérité et confiance.

Vous voulez vivre avec nous dans cette partie du monde, et je vous le dis en toute sincérité : nous vous accueillerons avec plaisir parmi nous, en sûreté et en sécurité. Ce point en lui-même constitue un tournant historique et décisif, nous avons coutume de vous rejeter, et nous avons nos raisons. Oui, nous avons coutume de refuser de vous rencontrer, où que ce soit, oui, nous avons eu coutume de vous décrire comme le « soi-disant » Israël. Oui, nous avons coutume d'être ensemble à des conférences ou des réunions d'organisations internationales, et les représentants des deux côtés n'échangeaient pas de souhaits de bienvenue, et ils ne le font toujours pas. Oui, tout cela est arrivé dans le passé et continue encore. Nous avons coutume de demander, comme condition pour toute négociation, qu'il y ait un médiateur qui rencontrerait chaque partie séparément. Oui, c'est de cette manière que les premières conversations sur le désengagement se sont tenues. Cela a été vrai aussi des conversations sur le second accord de désengagement.

De plus, nos représentants se sont rencontrés à la première phase de la conférence de Genève, sans échanger un mot directement. Oui, cela aussi est arrivé. Mais je vous dis aujourd'hui et je déclare au monde entier que nous sommes d'accord pour vivre avec vous dans une paix permanente et juste. Nous ne voulons pas vous assiéger avec des fusées prêtes à la destruction, et nous ne voulons pas que vous nous assiégiez de la même façon. Nous ne voulons pas de fusées, de haine et d'amertume.

J'ai déclaré plus d'une fois qu'Israël est devenu un fait que le monde a reconnu, et dont la sécurité et l'existence ont été garanties par les deux superpuissances.

Étant donné que nous voulons authentiquement et sincèrement la paix, nous sommes heureux que vous viviez au milieu de nous en sûreté et en sécurité. Il y avait une haute et massive barrière entre nous, que vous avez tenté d'édifier pendant un quart de siècle. Mais elle s'est effondrée en 1973. C'était une barrière de guerre psychologique d'intimidation par une force brute, dont on disait qu'elle était capable de rallier d'un bout à l'autre la nation arabe toute entière. On assurait qu'en tant que nation, nous étions devenus un cadavre. Certains d'entre vous ont même déclaré que pendant les cinquante prochaines années, les Arabes ne seraient pas capables de bouger de nouveau. C'était une barrière qui présentait toujours la menace d'une arme capable d'atteindre n'importe où n'importe quel objectif. C'était une barrière qui nous prévenait que nous serions exterminés si nous tentions d'exercer notre droit légitime de libérer notre terre occupée.

Nous devons admettre ensemble que cette barrière s'est effondrée en 1973. Mais il reste une autre barrière. Cette autre barrière entre nous est une barrière psychologique complexe. C'est une barrière de doute, de dégoût, de crainte et de tromperie. C'est une barrière de doute au sujet de toute action ou de toute initiative, ou de toute décision. C'est une barrière d'interprétations erronées de tout événement et de toute déclaration.

Dans des déclarations officielles, j'ai dit que cette barrière constitue 70 % du problème.

Au moment où je vous rends visite, je vous demande : pourquoi ne nous tendrons-nous pas les mains, dans la droiture, la confiance et la sincérité, pour faire tomber ensemble cette barrière, pourquoi ne nous accordons-nous pas, dans la droiture, la confiance et la sincérité, pour éliminer ensemble tous les doutes, la peur, la traîtrise, les visées tortueuses de la dissimulation des véritables intentions ? Pourquoi n'agissons-nous pas ensemble avec le courage des hommes et la fermeté des héros qui vouent leur vie à atteindre un noble objectif ? Pourquoi n'agissons-nous pas ensemble avec courage et fermeté pour construire un imposant édifice de paix ? Pour construire, et non pas pour détruire un édifice qui, pour le bénéfice des générations à venir, diffusera le message humain de bonheur, de développement et de progrès de l'homme.

Pourquoi laisserions-nous aux générations futures un héritage de sang et de mort, des orphelins, des veuves, des familles brisées et les gémissements des victimes ? Pourquoi n'imiterions-nous pas la sagesse de Salomon : « La trahison est dans le cœur de ceux qui pensent au mal. Un morceau de pain sec avec la paix est meilleur qu'une maison pleine de vivres, mais avec des querelles. »

Pourquoi ne répéterions-nous pas ensemble le psaume de David : « Mon cri monte vers toi, ô Dieu ! Écoute ma prière quand je fais appel à toi, en demandant ton aide et quand je lève la main vers toi. Ne me confonds pas avec les hommes d'iniquité, ceux qui parlent de paix à leurs compagnons alors que le mal est dans leur cœur. Donne à ceux-là ce que méritent leur action et leurs méfaits. Je demande et je recherche la sécurité. »

Je vous dis, en vérité, que la paix ne sera réelle que si elle est fondée sur la justice et non sur l'occupation des terres d'autrui. Il n'est pas admissible que vous demandiez pour vous-mêmes ce que vous refusez aux autres. Franchement, dans l'esprit qui m'a poussé à venir aujourd'hui chez vous, je vous dis : vous devez abandonner aussi la croyance que la force est la meilleure façon de traiter avec les Arabes. Vous devez comprendre les leçons de l'affrontement entre vous et nous. L'expansion ne vous apportera aucun bénéfice.

Pour parler clairement, notre terre n'est pas objet de compromis ou de marchandage. Notre sol national est, pour nous, aussi sacré que la vallée dans laquelle Dieu a parlé à Moïse. Aucun d'entre nous n'a le droit, et aucun d'entre nous n'acceptera, de céder un pouce de notre sol. Aucun d'entre nous n'acceptera le principe d'un marchandage ou d'un compromis sur ce point.

Je vous le dis, en vérité : nous avons devant nous aujourd'hui une occasion de paix qui ne se représentera jamais, et nous devons la saisir si nous sommes sérieux dans notre lutte pour la paix. Si nous amenuisons ou réduisons à néant cette occasion, celui qui aura conspiré pour qu'elle soit perdue attirera sur sa tête la malédiction de l'humanité et de l'Histoire.

Qu'est-ce que la paix pour Israël ? Vivre dans la région avec ses voisins arabes en sûreté et en sécurité. À cela, je dis oui. Vivre à l'intérieur de ses frontières, à l'abri de toute agression. À cela, je dis oui. Obtenir toutes sortes de garanties qui sauvegarderaient ces deux points. À cette demande, je dis oui.

Nous déclarons même que nous accepterons toutes les garanties internationales que vous pourriez imaginer, d'où qu'elles viennent. [...]

Nous déclarons que nous accepterons toutes les garanties que vous voulez – des deux superpuissances ou de l'une d'elles, de tous ou de certains des Cinq Grands.

Je déclare de nouveau très clairement que nous accepterons toutes les garanties acceptables pour vous, parce qu'en retour nous obtiendrons les mêmes garanties.

Permettez-moi de résumer la réponse à la question : qu'est-ce que la paix pour Israël ?

La réponse est qu'Israël devrait vivre à l'intérieur de ses frontières, à côté de ses voisins arabes, en sécurité et en paix, dans le cadre de garanties acceptables que l'autre côté obtiendra également.

Comment cela peut-il être réalisé ? Comment pouvons-nous arriver à ce résultat pour obtenir une paix avec courage et clarté ?

Il y a de la terre arabe qu'Israël a occupée et qu'il continue à occuper par la force des armes. Nous insistons sur un retrait complet de ce territoire arabe, y compris Jérusalem arabe, Jérusalem où je suis venu comme dans une cité de paix, la cité qui a été et qui sera toujours l'incarnation vivante de la coexistence entre les fidèles des trois religions.

Il est inacceptable que quiconque puisse penser à la position spéciale de Jérusalem en termes d'annexion ou d'expansion. Jérusalem doit être une ville libre, ouverte à tous les fidèles.

Plus important que tout cela, la ville ne doit pas être coupée de ceux qui s'y sont rendus durant des siècles.

Plutôt que de réveiller des haines du type des Croisades, nous devrions ressusciter l'esprit d'Omar el-Khattab* et de Saladin*, en d'autres termes l'esprit de tolérance et de respect du droit.

Les édifices du culte, islamiques et chrétiens, ne sont pas seulement les lieux où l'on accomplit des rites religieux. Ils portent témoignage de notre présence ininterrompue en cet endroit, politiquement, spirituellement et intellectuellement. Nul ne doit se tromper sur l'importance que nous, chrétiens et musulmans, attachons à Jérusalem, et la vénération que nous lui portons.

Laissez-moi vous dire sans la moindre hésitation que je ne suis pas venu chez vous, sous cette coupole, pour présenter un plaidoyer en faveur du retrait de vos forces des territoires occupés. Le retrait total de la terre occupée après 1967 est élémentaire, non négociable, et ne peut faire l'objet d'un plaidoyer de la part de quiconque. Toute conversation au sujet d'une paix permanente et juste sera sans signification, toute mesure visant à garantir notre vie dans cette partie du monde en sûreté et en sécurité sera sans signification, aussi longtemps que vous occuperez le sol par la force des armes. La paix ne peut être valide et ne peut être construite pendant qu'existe une occupation de la terre d'un autre peuple.

Oui, cela est une chose élémentaire, qui ne peut faire l'objet de controverses si les intentions sont bonnes et si l'effort pour arriver à une paix permanente et juste est authentique, pour le bénéfice de notre génération et de toutes les générations à venir.

En ce qui concerne le problème palestinien, personne ne nie qu'il est au cœur de toute l'affaire. Personne au monde aujourd'hui n'acceptera les slogans de ceux qui, ici en Israël, ignorent l'existence du peuple palestinien et même se demandent où se trouve un tel peuple. Le problème du peuple palestinien et de ses droits légitimes n'est plus nié ni dédaigné par qui que ce soit aujourd'hui. Il est inconcevable qu'il soit ignoré ou nié. C'est une réalité à laquelle la communauté internationale, à l'Ouest comme à l'Est, a répondu par le soutien et la reconnaissance dans des documents internationaux et des déclarations officielles.

Il serait futile de faire la sourde oreille à une question dont on entend parler jour et nuit ou de fermer les yeux devant une réalité historique. Même les États-Unis, votre premier allié, qui sont les premiers à s'engager à protéger l'existence et la sécurité d'Israël et qui lui ont accordé et continuent à lui accorder tout le soutien moral, matériel et militaire, je dis que même les États-Unis d'Amérique ont choisi de faire face à la réalité et de reconnaître que le peuple palestinien a des droits légitimes, que la question palestinienne est le cœur et le fond du problème, et que, aussi longtemps qu'elle restera sans solution, le conflit continuera à franchir des degrés dans l'escalade.

En toute honnêteté, je vous dis que la paix ne peut être obtenue sans les Palestiniens. Ce serait une grossière erreur, dont les conséquences seraient imprévisibles, que de détourner nos yeux du problème ou de le laisser de côté.

Je ne me lancerai pas dans une digression en passant en revue les événements du passé depuis la déclaration Balfour il y a soixante ans. Vous connaissez très bien les faits.

Si vous avez trouvé la justification légale et morale de l'établissement d'une patrie nationale sur un territoire qui n'était pas le vôtre, alors il vaut mieux que vous compreniez la détermination du peuple palestinien à établir son propre État, une fois de plus, dans sa patrie. Quand quelques extrémistes demandent que les Palestiniens abandonnent cet objectif suprême, cela signifie en réalité qu'on leur demande d'abandonner leur identité et tous leurs espoirs pour l'avenir.

Je me félicite que des voix israéliennes aient lancé un appel en faveur de la reconnaissance des droits du peuple palestinien.

En conséquence, je vous dis, mesdames et messieurs, qu'il serait illusoire de ne pas reconnaître le peuple palestinien en son droit à l'établissement de son propre État et son droit au retour.

Nous, Arabes, nous avons déjà vécu précédemment cette expérience avec vous, du fait de l'existence d'Israël. Le conflit nous a entraînés d'une guerre à l'autre avec, pour résultat, que vous et nous aujourd'hui sommes sur le bord d'un abîme effrayant, et menacés d'une catastrophe horrible qui ne pourra être évitée si nous ne saisissons pas ensemble l'occasion qui se présente aujourd'hui d'une paix permanente et juste.

Vous devez faire face courageusement aux faits, exactement comme je leur ai fait face. Aucun problème ne pourra jamais être résolu en s'en détournant ou en s'en désintéressant. Aucune paix ne peut être établie tant que l'on tente d'imposer certaines conditions illusoires auxquelles le monde a tourné le dos, demandant de façon unanime le respect des droits.

Il n'est pas besoin d'entrer dans un cercle vicieux à propos des droits des Palestiniens. Il n'y a pas de raison de créer des obstacles qui retarderont la marche de la paix ou l'excluront totalement.

Comme je vous l'ai dit, il ne peut y avoir de bonheur pour quiconque aux dépens de la misère d'autrui. La confrontation directe et la ligne droite sont les moyens les meilleurs et les plus fructueux d'atteindre un objectif clairement défini.

L'établissement d'un État palestinien ne peut intervenir qu'en traitant directement du problème palestinien et en n'utilisant qu'un seul langage pour remédier à la situation, afin d'obtenir une paix permanente et juste.

Avec toutes les garanties internationales que vous demandez, un État nouveau, qui aura besoin de l'aide de tous les pays du monde pour tenir debout, ne devrait guère inspirer de craintes.

Quand les cloches de la paix sonneront, il n'y aura personne pour battre les tambours de la guerre. Si l'un d'eux battait, il ne serait pas entendu. Et vous pouvez imaginer avec moi un accord de paix conclu à Genève que nous annoncerions dans la joie à un monde affamé de paix.

Un tel accord serait fondé sur les points suivants :

Premièrement, la fin de l'occupation par Israël des terres arabes saisies en 1967 ;

Deuxièmement, la réalisation des droits fondamentaux du peuple palestinien et de son droit à l'autodétermination, y compris le droit à l'établissement de son propre État ;

Troisièmement, le droit pour tous les pays de la région de vivre en paix à l'intérieur de frontières sûres et garanties du fait de mesures concertées sauvegardant les frontières internationales, en plus d'autres garanties internationales appropriées ;

Quatrièmement, tous les pays de la région s'engagent à aménager les relations entre eux, en accord avec les objectifs et les principes de la Charte des Nations unies, particulièrement en ce qui concerne le non recours à la force et le règlement de leurs conflits par des moyens pacifiques ;

Cinquièmement, fin de l'état de belligérance existant dans la région.

Mesdames et messieurs,

La paix n'est pas seulement une signature apposée sous un texte. C'est une nouvelle écriture de l'Histoire.

La paix n'est pas une manipulation de slogans qui la réclament afin de défendre des convoitises ou de dissimuler des ambitions. La paix, dans son essence, est opposée à toutes les convoitises et toutes les ambitions.

L'expérience de l'Histoire nous enseignera peut-être, à nous tous, que les fusées, les navires de guerre et les armes nucléaires ne peuvent établir la sécurité, mais, au contraire, détruisent tout ce qu'elle bâtit.

Nous devons, pour le bien de nos peuples et de la civilisation, protéger l'homme partout de la domination des armes. Nous devons accroître le pouvoir de l'humanité avec les valeurs et les principes qui rehaussent le prestige de l'homme.

Si vous me le permettez, j'adresse l'appel suivant, de cette tribune, à chaque homme, à chaque femme et à chaque enfant en Israël. Je vous apporte un appel du peuple d'Égypte, qui bénit ce message sacré de paix. Je vous apporte le message de paix du peuple égyptien, qui ignore le fanatisme, et dont les fils – musulmans, chrétiens et juifs – vivent ensemble dans la cordialité, l'amour et la tolérance. De cette Égypte dont le peuple m'a confié un message sacré de sécurité, de sûreté et de paix.

À chaque homme, à chaque femme et à chaque enfant d'Israël, je dis : encouragez vos dirigeants à lutter pour la paix. Faisons en sorte que tous les efforts soient canalisés vers la construction d'un édifice de paix, plutôt que vers celle des forteresses et des abris protégés par des fusées.

Présentons au monde entier l'image de l'homme nouveau de cette région de façon que nous puissions offrir un exemple pour l'homme contemporain, un homme de paix. Soyez des héros pour vos fils. Dites-leur que nous sommes prêts à un nouveau départ, au début d'une vie nouvelle d'amour, de justice, de liberté et de paix.

Vous, mères qui pleurez ; vous, femmes qui avez perdu votre mari ; vous, qui avez perdu un frère ou un père, remplissez vos cœurs des espérances de la paix, faites que l'espoir devienne une réalité qui vive et s'épanouisse ; faites de l'espoir un code de conduite, car la volonté des peuples est issue de la volonté de Dieu.

Mesdames et messieurs,

Avant de venir ici, et avec chaque battement de mon cœur et chaque phrase, j'ai prié le Dieu tout-puissant, en récitant la prière de la fête à la mosquée El-Aqsa et en visitant l'église du Saint-Sépulcre, de me donner la force de me confirmer dans ma confiance que cette visite atteindra ses objectifs, tels que je les ai envisagés en vue d'un présent heureux et d'un avenir encore plus heureux.

J'ai choisi de rompre avec tous les précédents et toutes les traditions des pays en guerre, en dépit du fait que l'occupation des territoires arabes se poursuit. La déclaration dans laquelle je me suis dit prêt à venir en Israël a été une grande surprise qui a soulevé beaucoup d'émotion, a choqué de nombreux esprits, et qui a amené certaines personnes à avoir des doutes sur les intentions de cette visite.

En dépit de tout cela, ma décision a été inspirée par la lumière et la pureté de la foi, et par l'expression authentique de la volonté et des intentions de mon peuple. J'ai choisi de donner cette impulsion à tous les efforts internationaux actuellement faits pour la paix.

J'ai choisi de vous présenter, dans votre propre maison, la réalité toute nue. Je suis venu non pas pour manœuvrer, non pas pour gagner une manche, mais pour que nous gagnions ensemble la manche la plus importante, la bataille la plus importante de l'histoire contemporaine – la bataille d'une paix juste et permanente.

Ce n'est pas ma bataille, à moi seul, et ce n'est pas non plus la bataille des dirigeants israéliens. C'est la bataille de chaque citoyen dans tous nos pays, qui ont le droit de vivre en paix. C'est un engagement de conscience et de responsabilité dans les cœurs de millions de personnes.

Quand j'ai proposé cette initiative, beaucoup ont posé des questions sur la façon dont je voyais ce qui pourrait se produire et sur ce que j'en attendais. De même que je l'ai dit, en réponse aux questions, je déclare devant vous que je n'ai pas pensé à cette initiative en me plaçant du point de vue des résultats qu'elle pourrait obtenir. Je suis venu ici pour transmettre un message. Et, Dieu m'en est témoin, j'ai transmis le message.

Je répète, avec Zacharie : « Amour, droit et paix. »

Du Coran sacré, je tire le verset suivant : « Nous croyons en Dieu, en ce qui nous a été révélé, et en ce qui a été révélé à Abraham, à Ismaël, à Isaac, à Jacob et aux tribus, et dans les Livres donnés à Moïse, à Jésus et au Prophète par le Seigneur. Nous ne faisons aucune distinction entre eux et nous nous soumettons à la volonté de Dieu. »

Que la paix soit avec vous !

Compléments

Prêt à signer un accord de paix le 4 février 1971 : Ce jour-là, au Parlement égyptien, Sadate avait déclaré prendre une initiative de paix : une prolongation du cessez-le-feu obtenu en août 1970 contre un retrait israélien de la région du Canal, qui serait rouvert. Comme précisé dans une interview à peine antérieure, la paix totale dépendrait du retrait de tous les territoires occupés. Mais ces diverses propositions se heurtèrent à l'intransigeance israélienne.

Omar ibn el-Khattab (589-644) : deuxième Calife qui, à la mort du Prophète, sut empêcher la division des musulmans. Il assura l'expansion de l'Islam en Syrie, dans l'Empire perse sassanide, à Mossoul, en Égypte, en Cyrénaïque et en Tripolitaine.

Saladin (1137-1193) : Sultan d'Égypte et de Syrie au temps des croisades, Saladin mit fin au schisme entre chiites et sunnites d'Égypte. Il était considéré en Europe chrétienne comme l'incarnation de l'« ennemi fiable », du musulman qui, ayant signé une trêve avec Richard Cœur de Lion dont il était devenu l'ami, honorait ses engagements, veillant à ce que ses prisonniers chrétiens soient bien traités et empêchant que le Saint-Sépulcre ne soit rasé.

77 – Khomeiny
Discours à des étudiants iraniens
&
78 – Khomeiny
La dynastie régnante est illégale ! Discours au cimetière des Martyrs

L'Iran, anciennement la Perse, est l'héritier d'une longue histoire impériale qui prend fin en 1979 avec la révolution islamique guidée par l'ayatollah Khomeiny. Celui-ci entend contrer l'occidentalisation et la modernisation voulues par le Shâh et imposer un régime théocratique qui s'appuie sur les valeurs traditionnelles du pays et sur les enseignements de sa religion officielle, l'islam chiite. Près de trente ans plus tard, ce régime constitue un pôle d'attraction pour certains mouvements islamiques radicaux et une menace aux yeux de la communauté internationale.

Des derniers Qâjârs aux Pahlavi

C'est au début du XIXe siècle que l'Empire perse séfévide, riche et bien situé, devient l'objet de nombreuses convoitises européennes : la Russie tsariste lui arrache plusieurs provinces caucasiennes tandis que la Grande-Bretagne l'empêche de s'étendre en direction de l'Afghanistan. Cette pression extérieure et les rapports entretenus par le Shâh avec l'étranger alimentent, dès la fin du XIXe siècle, une opposition qui se recrute à la fois dans les milieux libéraux, nationalistes, religieux et chez les plus défavorisés. Nâser od-Din Shâh Qâjâr, soucieux de développer le pays à l'européenne, doit ainsi renoncer à céder aux Britanniques le monopole des tabacs. Confronté à de grandes manifestations à Qom et Téhéran en 1905, sous l'influence de la première révolution russe, son successeur accorde au pays une Constitution et un Parlement, dit *Majles* ou *Majlis*. Alors que le pouvoir peut compter sur l'appui d'une « brigade de Cosaques » sous commandement russe, les libéraux croient disposer du soutien de la Grande-Bretagne mais, en 1907, Londres et Moscou concluent un accord pour se répartir les zones d'influence en Perse. Le Shâh régnant, se sentant conforté, veut alors dissoudre le Parlement mais l'opposition le dépose, le remplaçant par son fils encore mineur, qui sera le dernier souverain Qâjâr. En 1919, au lendemain du premier conflit mondial, durant lequel la Perse est restée neutre, Londres cherche à imposer au pays un traité de protectorat. Néanmoins, il ne sera pas ratifié par le Parlement. En 1921, les nationalistes prennent le pouvoir, appuyés par la « brigade cosaque ». L'un des chefs de celle-ci, Rezâ Khân, devient rapidement l'homme fort du pays, comme ministre de la

Guerre puis Premier ministre. En décembre 1925, il se proclame Shâh et fonde bientôt la dynastie des Pahlavi.

À l'instar de Kemal en Turquie[1], Rezâ Shâh ambitionne de moderniser, d'industrialiser et d'occidentaliser son pays, avec l'aide d'Européens et d'Américains. Il développe l'instruction pour les garçons et les filles, réforme l'État, restreint les prérogatives du clergé chiite jugé obscurantiste, cherche à imposer la mode vestimentaire européenne et à interdire le port du voile. Cependant, il reste attaché à l'indépendance économique de la Perse : en 1928, il met fin aux capitulations dont bénéficiaient les étrangers et, en 1932, révoque la concession pétrolière dont jouissait l'*Anglo-Persian Oil Company* au profit d'un nouvel accord, plus favorable à son pays. Quand éclate la Seconde Guerre, Rezâ Shâh, personnellement germanophile, entend maintenir la neutralité de l'Iran, nom officiel de la Perse depuis 1935. En août 1941, le droit de passage est refusé aux Russo-Britanniques qui envahissent l'Iran et déportent Rezâ Shâh. Son fils, Mohammad-Rezâ, lui succède. Dès la fin du conflit, il est aux prises avec les exigences de Moscou qui, en 1945-1946, provoque la sécession de l'Azerbaïdjan iranien. La lutte entre souveraineté nationale et ouverture aux capitaux étrangers est de nouveau relancée en 1951, lorsque le Premier ministre Mossadegh nationalise les pétroles iraniens, au grand dam de Londres et des Occidentaux en général, qui prennent des mesures de rétorsion. En 1953, avec l'appui de la CIA et sous prétexte de danger communiste, le Shâh, un temps contraint à l'exil, laisse un coup d'État militaire renverser Mossadegh, pourtant très populaire. Cela permet la signature d'un accord pétrolier 50-50 entre Téhéran et un ensemble de sociétés privées dominées à 40 % par les Anglais, hier hégémoniques, et à 40 % par les Américains, de plus en plus présents sur le terrain iranien. En ces temps de guerre froide, le Shâh a choisi son camp, ce qu'il confirme en signant, en 1955, le pacte de Bagdad avec la Turquie, l'Irak, le Pakistan et la Grande-Bretagne.

L'islam comme arme anti-impérialiste et antimoderniste

À partir de 1963, Mohammad-Rezâ Shâh initie la « révolution blanche », censée poursuivre l'œuvre paternelle de modernisation et de laïcisation. Réduisant le pouvoir et la puissance économique des grands propriétaires terriens via une réforme agraire, il atteint aussi le clergé, dont la richesse foncière était très importante. L'accent est mis, par ailleurs, sur l'éducation populaire, la promotion du rôle social et politique de la femme, l'amélioration de l'hygiène, la modernisation des infrastructures et l'industrialisation. Cependant, ce réformisme va de pair avec l'accroissement du fossé entre pauvres et nantis, très visible en 1971, lors des fastueuses célébrations du 2 500 € anniversaire de l'Empire perse à Persépolis auxquelles participent les seuls fortunés. On assiste à l'apparition d'une bourgeoisie d'affaires enrichie et occidentalisée et, en parallèle, à celle d'une nouvelle classe de défavorisés, souvent victimes de l'exode rural, de plus en plus hostiles au régime et attachés aux traditions nationales qu'ils jugent menacées. Comme en 1905, leur colère rejoint celle de certains intellectuels nationalistes, exaspérés par l'autoritarisme du Shâh qui, épaulé par la SAVAK, sa police politique, tient tout critique en respect et verrouille la vie démocratique. Les nationalistes réprouvent, par ailleurs,

---

1 Voir l'introduction au discours n° 12.

la dépendance croissante de l'Iran par rapport aux États-Unis qui arment ce pays clé de l'OPEP et en font l'un de leurs principaux relais au Moyen-Orient. Mais c'est le clergé chiite, lui aussi victime de la répression, qui prend la tête de l'opposition au Shâh. Son refus de l'évolution des mœurs et de l'occidentalisation s'accompagne d'une dénonciation féroce de l'impérialisme américain, relayée dans les 80 000 mosquées du pays par plus 180 000 *mollahs* ou religieux.

La principale figure de ce mouvement chiite est Ruhollâh Musawi, dit Khomeiny du nom de sa ville d'origine (1902-1989). Issu d'une famille de dignitaires religieux, il est orphelin très jeune et s'engage, lui aussi, dans une carrière religieuse. Professeur de théologie à Qom dès la fin des années vingt, il s'élève jusqu'au titre d'ayatollah ou « signe miraculeux de Dieu », ce qui le fait entrer dans le cercle fermé des dignitaires chiites de haut rang. Dès janvier 1963, il est en pointe dans la condamnation de la « révolution blanche » par le biais de discours et de prêches virulents. Ceux-ci dénoncent les réformes envisagées comme néfastes, contraires à l'islam et dictées par Israël et les États-Unis. Ils lui permettent d'être reconnu comme le guide suprême par la communauté chiite. Ayant évoqué, deux jours plus tôt, la chute prochaine du régime, Khomeiny est arrêté par les forces de l'ordre le 5 juin 1963 ou Khurdad 15, ce qui provoque six jours d'émeutes durement réprimées dans de nombreuses villes. *A posteriori*, on y verra les prémices de la révolution islamique. Cependant, le but du pouvoir n'est pas de faire de l'ayatollah un martyr mais bien de l'éloigner de ses fidèles. En novembre 1964, Khomeiny est libéré et contraint à l'exil, d'abord en Turquie puis, dès septembre 1965, à Najaf, ville chiite d'Irak, d'où il continue à exercer une influence certaine sur l'opposition iranienne, notamment par des cassettes qu'il fait parvenir à ses élèves. La conception politique de Khomeiny est tout entière subordonnée à sa volonté d'instaurer en Iran un régime islamique, fondé sur la *shari'a*, loi canonique musulmane, et répondant au principe du *velâyat-e faqih* selon lequel le pouvoir réel doit être détenu, jusqu'au retour de l'Imam caché[2], par les *ulémas* ou clercs, et leur chef, le *faqih*.

Au fil des années soixante et soixante-dix, l'opposition au Shâh gagne progressivement en intensité pour éclater véritablement en 1978. Au cours de l'année précédente, le régime iranien, jusque-là soutenu inconditionnellement par Washington, qui fermait les yeux sur les violations des droits de l'homme, avait dû assouplir un certain nombre de ses pratiques sous la pression du nouveau président américain, le démocrate Jimmy Carter. Ainsi débute la première phase du « printemps de Téhéran ». La censure devient moins tatillonne et la répression officielle, moins systématique. Libéraux, marxistes et religieux s'engouffrent dans la brèche, fondant ou relançant des associations d'opposition et faisant entendre leurs critiques, en Iran comme à l'étranger. Lors d'une visite aux États-Unis, en novembre 1977, le Shâh doit ainsi affronter des manifestations hostiles. Mais s'ils ne sont plus nécessairement arrêtés, les contempteurs du régime sont soumis, en Iran, aux représailles officieuses de la SAVAK, ce qui ne fait qu'attiser les haines. Début janvier 1978, un article incendiaire contre l'ayatollah Khomeiny met le feu aux poudres. À Qom, les étudiants en théologie descendent dans la rue mais sont

---

2 Le chiisme duodécimain, qui reconnaît Ali, gendre du Prophète, et ses descendants comme sucesseurs légitimes de Mahomet, pense que le douzième de ces successeurs ou Imams a disparu en 878 et qu'il vit caché en attendant de revenir à la fin des temps.

violemment réprimés puisqu'on compte plus de soixante morts. Dès lors, les manifestations s'enchaînent et le nombre des victimes s'emballe. À la mi-février, lors de la célébration du deuil des victimes de Qom, libéraux, marxistes et religieux, dont les buts finaux divergent, unissent cependant et pour la première fois leurs efforts. Ils s'en prennent violemment aux symboles du régime impérial mais également à ceux de la société occidentale. L'armée est appelée en renfort et plus de cent manifestants perdent la vie. À partir de ce moment, les troubles et les émeutes ne cesseront plus, contraignant le Shâh à décréter la loi martiale en plusieurs lieux. De son exil irakien, Khomeiny fait entendre une voix qui, de jour en jour, gagne en intensité. Il en appelle à la désertion, à la rébellion et, dès le 18 juin 1978, à la déposition du Shâh. Dépassé, le régime tente de donner des gages de bonne volonté : plusieurs personnalités controversées sont écartées, le parti unique *Rastakhiz* est dissous, un nouveau Premier ministre est nommé et certaines mesures perçues comme anti-islamiques sont rapportées. Mais rien n'y fait. Mi-août, l'incendie d'un cinéma à Abâdân cause quatre cents morts. Les islamistes et le gouvernement s'accusent mutuellement du désastre mais il semble bien qu'il faille y voir un changement de tactique du régime qui, dès lors, s'arrange pour provoquer l'escalade afin de se rallier la bourgeoisie par la peur. Le 7 septembre, à Téhéran, une foule pacifique appelle au départ du Shâh et au retour de Khomeiny. Le lendemain, « vendredi noir », l'armée charge les manifestants sans ménagements, faisant plus de sept cents victimes. L'Iran sombre dans le chaos et son voisin, l'Irak, est de plus en plus embarrassé par la présence sur son sol du principal meneur de la révolution. Début octobre 1978, Bagdad arrête Khomeiny et lui signifie son expulsion.

Khomeiny, de l'exil en France à l'établissement de la République islamique

Désireux de trouver un nouveau lieu de résidence, Khomeiny sollicite l'asile en France, qui accepte. Le 6 octobre 1978, l'ayatollah arrive par avion à Paris. Il lui est explicitement demandé de s'abstenir de toute action politique mais, très vite, il reprend sa liberté de parole. Il passe la première nuit chez un opposant résidant dans la capitale puis le Comité des étudiants iraniens de Paris l'installe à Neauphle-le-Château, localité des Yvelines située à une quarantaine de kilomètres de Paris. Durant quatre mois, au su du gouvernement français, Khomeiny va transformer son refuge en centre névralgique de la révolution islamique, gardé par des hommes en armes. Dans la propriété, il organise un lieu de réunion pour tous ceux – étudiants, journalistes, opposants de tous bords, délégués de gouvernements étrangers – qui souhaitent le rencontrer. Les interviews se succèdent au rythme de trois ou quatre par jour et transforment l'ayatollah en phénomène médiatique. Régulièrement, Khomeiny vient s'adresser à ses fidèles après les prières du soir. Le discours du 9 octobre reproduit ci-dessous est le premier qu'il prononce en France à l'intention d'étudiants iraniens, alors qu'il est en train d'emménager à Neauphle. Justifiant la révolution en marche, qu'il décrit comme nationale, par la situation catastrophique de l'Iran, il en rend responsables les Pahlavi, accusés de trahir l'islam et les intérêts de la population pour leur bénéfice personnel et celui des puissances impérialistes, c'est-à-dire les États-Unis mais également la Grande-Bretagne et l'URSS, attirées par le pétrole et le gaz naturel iraniens. Insistant sur le *devoir religieux* que chacun doit remplir en faveur de la nation, Khomeiny appelle tous les opposants au Shâh à faire taire leurs divisions et à s'unir *contre l'ennemi commun*, présenté comme corrompu et indûment enrichi.

Les propos de l'ayatollah qui parviennent aisément en Iran, y galvanisent les artisans de la révolution. Alors que la production de pétrole est touchée, les rebelles occupent le centre de Téhéran dès le début du mois de novembre 1978. En décembre, grèves et manifestations se multiplient et les combats font rage entre les troupes d'élite impériales et les militants khomeinistes. Le 1er janvier 1979, le général Azari, Premier ministre, démissionne et Chapour Bakhtiar, membre du Front national[3] pressenti pour lui succéder, n'accepte de former un gouvernement qu'après l'exil du Shâh. Le 16 janvier, celui-ci, malade depuis plusieurs années, se résout à quitter le pays. Il mourra l'année suivante en Égypte. Mais le 13 janvier, depuis Neauphle, l'ayatollah Khomeiny, décidé à contrer Bakhtiar, a annoncé la formation d'un Conseil islamique révolutionnaire pour prendre, dès que possible, la direction du pays. Le 1er février, il rentre en Iran, à bord d'un avion *Air France*.

Sur place, plusieurs millions de personnes l'attendent dans une atmosphère de ferveur et célèbrent l'*Emâm âmad*, c'est-à-dire « l'arrivée de l'Imam » sur fond de revendications politiques mais également de profonde piété. Une véritable marée humaine se met en branle vers le « cimetière des martyrs » de Beheshte Zahra, où se dresse aujourd'hui son mausolée, tant pour le voir que pour l'entendre. À mi-parcours entre l'aéroport et le cimetière, Khomeiny doit délaisser la voiture pour l'hélicoptère car les routes sont saturées. Arrivé à destination, il s'installe sur une estrade, entouré de ses proches. Des versets du Coran sont lus et psalmodiés puis le chant des martyrs retentit. Enfin, Khomeiny prononce le second discours reproduit ci-dessous, un violent réquisitoire contre le régime du Shâh, présenté comme illégal mais surtout accusé d'avoir ruiné moralement et économiquement l'Iran et d'avoir placé le pays sous domination étrangère. Implacable, l'ayatollah annonce : *Je ferai passer tous ces gens en justice et les traduirai devant des tribunaux que je formerai.* Une nouvelle ère commence.

Le 2 avril 1979, la République islamique est proclamée en Iran après un référendum favorable à 98 %. Dès lors, un autre totalitarisme, plus sanglant encore, succède à celui du Shâh. Chef spirituel suprême, l'ayatollah a tôt fait d'imposer une stricte théocratie qu'il contrôle, ignorant les droits de l'homme et, plus encore, ceux de la femme. Avec l'aide de ses gardiens de la révolution, les *Pâsdârân*, il s'empare en quelques mois de l'ensemble des pouvoirs, réduisant au silence ou éliminant physiquement les partisans de l'ancien régime comme ceux des autres tendances de l'ex-opposition. Néanmoins, sa popularité reste longtemps très forte car il sait s'appuyer sur les couches populaires, conservatrices par tradition et séduites par sa politique de nationalisation et d'aide sociale.

Pour les États-Unis, le basculement de l'Iran est un coup dur, d'autant qu'il s'accompagne, dès le 4 novembre 1979 et pendant près d'un an et demi, d'un véritable bras de fer avec Téhéran pour faire libérer cinquante otages américains, détenus dans leur ambassade en vue d'obtenir, notamment, l'extradition du Shâh. Hier allié fidèle, l'Iran devient, dès 1979, une menace, même s'il ne se rapproche pas de Moscou. Dès septembre 1980, une guerre l'oppose pour huit ans à l'Irak. D'autre part, la volonté iranienne

---

[3] Mouvement d'opposition et parti de l'ancien Premier ministre Mossadegh.

est clairement d'exporter le principe de sa révolution dans d'autres pays musulmans et de constituer ainsi un pôle d'attraction antioccidental et antiaméricain. Sa réussite la plus évidente est à chercher au Liban, où le *Hezbollah* pro-iranien est une source majeure d'instabilité, comme l'a récemment encore démontré la guerre de représailles menée contre lui par Israël durant l'été 2006 à la suite d'enlèvements et de tirs de roquettes. La mort, en 1989, de l'ayatollah Khomeiny n'a pas profondément modifié la situation de l'Iran. Si, de 1997 à 2005, le pays a pu sembler, sous le président Khatami, suivre une ligne plus « progressiste », le clergé chiite et le Conseil des gardiens de la révolution ont toujours freiné les réformes. En 2005, l'élection à la présidence du maire conservateur de Téhéran, Mahmoud Ahmadinejad, a provoqué un nouveau coup de barre vers le radicalisme. L'Iran est, aujourd'hui plus que jamais, au cœur des préoccupations de la communauté internationale avec, en toile de fond, une question angoissante : Téhéran veut-elle se doter de l'arme nucléaire ?

DISCOURS À DES ÉTUDIANTS IRANIENS

9 octobre 1978

[...] L'Iran est dans un état désastreux. Le pays souffre d'une situation telle qu'il n'a probablement jamais connue auparavant, tout au long de son Histoire. Si vous observez l'Histoire, vous vous rendrez compte qu'il y a eu des révolutions et d'autres phénomènes de ce type par le passé, mais qu'il n'y a jamais eu de situation telle que des soldats mal intentionnés ont attaqué sauvagement les gens d'un côté, alors que de l'autre, les gens donnent leur vie et celle de leurs enfants et organisent la résistance. L'état actuel de l'Iran est tel que, où que l'on regarde, on voit une révolution se dérouler : une révolution iranienne. D'après ce que j'ai entendu, c'est comme si partout en Iran chacun faisait partie de ce que l'on peut appeler un plan divin : chacun, depuis l'enfant qui peut à peine parler, jusqu'aux adultes, jeunes et vieux, depuis les jeunes garçons et les filles jusqu'aux femmes et aux hommes d'âge mûr. L'humanité n'a pas la puissance d'inciter les gens de cette manière, de telle sorte que toutes les classes sociales et tous les groupes d'âge se trouvent réunis dans un seul but. Il s'agit ici d'un phénomène extraordinaire, comme inspiré par une force divine. C'est la volonté de Dieu que la nation iranienne résiste et c'est en effet ce qu'elle fait, par la volonté de Dieu, par ce mouvement dans lequel ils se sont engagés et par le but commun qui les réunit.

Quant à la décadence qui se manifeste en Iran, il faut en rendre responsable le régime impérialiste. À tout moment de son Histoire, depuis la naissance de la royauté iranienne jusqu'au temps présent, toute corruption est à mettre sur le compte du régime impérialiste. Cela a toujours été le cas, même si en fonction de l'époque, le phénomène a pris différentes tournures. Chaque époque doit être vue sous un angle différent. La période que j'ai vécue moi-même, mais qu'aucun d'entre vous, je pense, n'a connue, est la période hantée par le Rezâ Khan. À cette époque, les Britanniques ont mis en scène un coup d'État* et ont imposé Rezâ Khan au peuple iranien en tant que souverain. Il fut désigné pour accomplir la volonté de ses maîtres, mais il comprit qu'il devait réduire au silence les classes de la société comprenant les intellectuels, les *ulama* et les fervents religieux. De plus, sa capacité d'engranger des profits ne dépendait que de lui, c'est pourquoi il s'est attelé à la tâche pour remplir les poches de ses maîtres. Dieu seul connaît les misères que nous avons subies à l'époque du père du Shâh, ainsi que les misères que nous endurons actuellement sous le règne de son fils, un fils véritablement digne de son père. Car c'est bien le fils de Rezâ Khan, possédant tous les traits indésirables que l'on trouvait chez le père, avec l'hypocrisie en plus.

Rezâ Khan était à un tyran qui malmenait le peuple. Le pays fit très peu pour lui résister. Il y eut bien sûr une forme de résistance à l'époque, mais celle-ci ne représentait rien en comparaison avec ce que nous vivons aujourd'hui. Le père, du moins, ne prétendait pas adhérer à l'Islam, au Coran et aux vraies lois de l'Islam. Du moins, il ne faisait pas l'hypocrite. C'était un fer de lance qui attaquait et se retirait. On peut dire en sa faveur que bien qu'il menât le peuple à la baïonnette, il n'était pas un assassin comparable à son fils. Rezâ Khan était responsable du massacre de la mosquée de Gauhar Shad*, un massacre perpétré par un groupe d'individus malfaisants. Ce monsieur-ci[4] s'est rendu responsable de toute une série de massacres par le passé et s'il devait obtenir le pardon de Dieu, il se rendrait responsable d'autres massacres dans le futur.

Il a ruiné notre jeunesse en la condamnant à la corruption. Et en même temps, à chaque fois qu'il a l'occasion de parler en public, comme il y a deux ou trois jours lorsqu'il s'était adressé aux *Majlis*[5], il déclare haut et fort que les lois de l'Islam doivent être protégées et ainsi de suite. Mais pauvre fou, ne vois-tu pas que c'est toi et personne d'autre qui a changé récemment le calendrier officiel en supprimant le calendrier issu de l'Histoire de l'Islam*, une Histoire qui témoigne de la grandeur de la nation, en le remplaçant par un calendrier inspiré par une autre forme

---

4 Le Shâh actuel.

5 Parlement.

d'Histoire ? Il t'a fallu essuyer un camouflet avant que tu ne retires le calendrier qui venait d'être décrété.

Liberté ! L'homme n'a que ce mot en bouche. Pour ce qui est du parti *Rastakhiz**, dans tes discours, tu répètes que chacun devrait y adhérer, et que si un esprit malin n'y adhérait pas, tu t'en prendrais à lui, tu lui infligerais une correction et ainsi de suite, et si cela ne suffisait pas, tu lui donnerais un passeport avec lequel il pourrait quitter le pays, car tu le ferais expulser. Liberté ! Où dans ce pays peut-on dire qu'elle existe ? Le peuple jouit-il de la liberté d'écrire, de la liberté de parole ? Quelle liberté a-t-il pour que soit proclamée haut et fort la liberté du peuple ? A-t-il la liberté d'observer les lois de l'Islam, la vraie religion de l'Islam et ses lois ? Qu'est-ce qui te donne le droit de parler de l'Islam ? Qu'est-ce qui te donne le droit de clamer continuellement la vraie religion de l'Islam ? En vérité, c'est toi qui es la cause de sa destruction.

Telle est la situation à laquelle nous devons tous faire face actuellement en Iran. Les jeunes du pays souffrent sous le joug de ce régime corrompu ; leur sang est versé et leurs vies sont sacrifiées. Il y a quelques jours seulement un grand nombre de jeunes ont été tués à Kermânchâh, également au Kurdistan, et on dit qu'il en fut de même dans d'autres parties du Kurdistan. Vous avez pu voir de vos propres yeux ce qu'ils ont fait il y a peu à Téhéran ; ce qu'ils ont fait à Tabriz et à Mashhad. Les villes où ils ont commis des massacres de grande envergure sont trop nombreuses pour être énumérées. À présent, il [*le Shâh*] s'accroche au pouvoir par la force militaire. Si les militaires, si ces damnés Américains lui retiraient ne fût-ce que pour dix jours leur protection, sa garde impériale n'en ferait qu'une bouchée. Le peuple n'aurait pas à le faire lui-même. Si l'Amérique lui retirait son soutien, les serviteurs de sa cour royale, ceux-là même qui veillent actuellement sur lui en finiraient avec lui. Sa vie n'est nullement en sécurité.

Croyez-moi, vous et moi sommes plus à notre aise que lui. Il est dans l'embarras jusqu'au cou. Il a plongé son peuple dans le malheur, c'est lui maintenant qui est dans un tel embarras qu'il ne distingue plus le jour de la nuit. Il ne peut probablement plus dormir. À chaque fois qu'il fait un discours, il tremble. Il n'est plus capable d'aligner trois mots. C'est dans cet état qu'il est maintenant, mais à la fin de la journée, par la volonté de Dieu, il sera dans un état bien pire. Quant à l'au-delà, il y trouvera des choses bien pires encore.

Autant pour la situation en Iran. Nous qui sommes ici et tous les autres qui sont à l'étranger, nous avons notre devoir à accomplir. Ce n'est pas parce que nous avons quitté l'Iran que nous n'aurions plus d'obligations à son égard. Nous avons tous un devoir à remplir. C'est-à-dire la raison, la conscience, la loi religieuse, tout nous rappelle que nous avons des responsabilités à assumer. Où que nous soyons, nous avons le devoir de soutenir ce mouvement sacré, à la fois collectivement et individuellement, à la fois en tant que personne et en tant que membre d'un groupe. Il ne suffit pas de dire que, alors que des hommes laissent leur vie au champ de bataille, nous sommes à l'étranger et nous ne pouvons par conséquent pas être à leurs côtés. Non, nous aussi devons participer au combat… à l'étranger. Nous devons remplir cette tâche au mieux de nos possibilités, chacun, comme il le peut, par la parole, par les écrits ou par les manifestations.

Nous avons un devoir religieux à remplir envers la nation de l'Iran. Nous sommes tenus par une obligation religieuse à assister notre peuple. Nous avons une dette envers le peuple, car il se sacrifie pour l'Islam et pour le pays. Nous aussi, nous faisons partie de la nation, nous aussi appartenons à la nation de l'Iran. En fait, il s'est sacrifié pour nous en donnant sa vie et en souffrant l'emprisonnement. Songez un instant au nombre de nos *ulama* qui sont actuellement en prison, nos intellectuels, nos médecins, nos ingénieurs, nos étudiants, nos commerçants, des personnes de toutes les couches de la société, sont actuellement en prison. Bon nombre d'entre eux ont été tués, d'autres sont prisonniers. Ces sacrifices ont été accomplis pour le bien de la nation, pour l'Islam, et nous qui sommes des musulmans et les compatriotes de ceux qui se sont sacrifiés, nous qui faisons partie de la nation, nous avons un devoir religieux à remplir envers ces personnes. Nous devons faire ce que notre religion nous demande de faire. En tant que taliban, étudiant en théologie, je remplis mon devoir religieux par mes écrits, par mes entretiens, comme celui que je vous tiens actuellement, enfin par mes déclarations et mes discours. En tant qu'étudiants, vous-mêmes, quelle que soit la matière de vos études, devez remplir un devoir religieux envers le peuple de l'Iran, un peuple qui vit sous la botte de ce régime. Je prie pour que Dieu les écrase, et il le fera, par la volonté de Dieu. Il nous incombe dès lors de nous montrer soucieux de la destinée de cette nation et de faire tout ce qui est en notre pouvoir. Il y a bien sûr une limite à ce que nous pouvons, mais nous devons accomplir notre devoir religieux et servir cette nation, son peuple le mieux que nous pouvons.

En effet, en plus de cette obligation religieuse, nous faisons partie également de la nation de l'Iran et nous voyons comment nos ressources nationales sont remises aux Américains et à leurs pareils. Si Mohammad-Rezâ Shâh ne dilapidait pas notre pétrole aussi généreusement, les réserves ne s'envoleraient pas aussi rapidement. Mais ils ont bradé notre pétrole et le vendent pour trois fois rien. Ils prennent ce qui leur passe par les mains et empochent tout au passage – les Anglais, de leur côté, et tous les autres. Quant aux Américains, ils sont les pires de tous. Les Russes aussi en profitent bien. Ils se sont tous jetés sur ce pays et se sont entendus pour maintenir au pouvoir ce bon à rien pour piller le pays à leur aise.

Vous avez tous vu le Premier ministre chinois[6], à la tête d'un milliard de personnes, visiter l'Iran pour parler du peuple chinois, du communisme et de la nation iranienne. Ce vaurien s'est rendu en Iran et a rencontré l'auteur de plusieurs massacres monstrueux. Il a survolé nos morts en hélicoptère. Ils n'ont pas pu le laisser parcourir les rues, car sa présence aurait provoqué des émeutes, c'eût été l'enfer. Ce vaurien en était tout à fait conscient, il ne l'ignorait pas du tout. Il fallait voir la troupe des gardes du corps qui l'accompagnaient. Ils lui ont fait survoler nos morts et l'ont conduit au palais où il a serré la main du Shâh et poursuivi son programme d'entretiens dans l'esprit le plus serein qui soit. Lui et d'autres de son espèce ne font que duper le peuple. En même temps nous avons vu tant d'Iraniens perdre la vie (en Khurdad 15[7]) et nous avons pu lire dans la presse russe que l'Union soviétique exprimait son soutien au régime iranien en déclarant que ceux qui avaient été tués n'étaient qu'une bande de réactionnaires qui nourrissaient de sinistres desseins. Et à présent, les Russes réaffirment leur soutien au Shâh, comme ils l'ont fait auparavant. Quant aux Américains, leur position va sans dire.

Les impérialistes veulent accaparer nos ressources nationales. Et que fera ce pauvre pays une fois que son pétrole se sera envolé et que ses atouts seront anéantis ? Dieu seul le sait. Ce monsieur[8] prétend que nous devons retirer de l'énergie du soleil. Comment retirer de l'énergie du soleil, si l'on n'est même pas capable d'allumer un quinquet à kérosène ? De quoi parle-t-on ? On parle de cela uniquement pour tromper les gens. Ce scénario n'est mis en place que pour maintenir au pouvoir ce dépravé.

Dans le pays lui-même, tous ceux qui déclarent qu'il faut garder le Shâh ou encore qu'il vaut mieux qu'il reste au pouvoir ne sont que des traîtres. Car tout le monde au pays a vu ce que ce personnage fait et ce qu'il inflige à son peuple, ce qu'il a fait de nos ressources et de nos richesses. Dieu seul sait quelles sommes les membres de sa famille se sont appropriées, pour acheter à l'étranger des villas et des propriétés. Tout ceci a été payé avec les richesses du pays.

En fait, j'étais là lorsque Rezâ Khan est venu au pouvoir : en simple soldat, il est entré en scène et les choses se sont enchaînées de telle sorte que maintenant les membres de sa famille sont tous milliardaires. Tout cet

---

6 Hua Guofeng est en visite en Iran du 29 août au 1er septembre 1978.

7 Allusion aux émeutes réprimées de juin 1963, suite à l'arrestation de Khomeiny.

8 Le Shâh.

argent appartient à la nation. La famille détient des actions dans toutes les compagnies, elle possède une part de toutes les sociétés installées en Iran. Quant au pétrole, le Shâh le donne à volonté aux impérialistes et n'en garde qu'une petite partie pour échanger celle-ci contre des armes, qui ne nous servent à rien. Ces armes ne nous sont d'aucune utilité, par contre, elles le sont pour lui, car il peut ainsi battre et tuer son peuple. Notre nation se passerait bien de telles choses.

Une partie des richesses de la nation va au Shâh lui-même et aux membres de sa famille pour payer leur propagande à l'étranger. Qui sait quelles sommes sont effectivement dépensées de cette manière ! On dit que cent millions de dollars sont consacrés à l'étranger à la propagande en faveur du régime. Et quelles vérités sont propagées ? Qu'il est vital pour l'Iran que ce personnage reste, que s'il partait, l'Iran sombrerait dans le communisme ? L'Iran est une nation islamique. Le cri de ralliement du peuple iranien est l'Islam, le peuple exige la religion. Pourquoi deviendrait-il communiste si le Shâh devait partir ? Leur campagne permanente de propagande est absolument inutile. On dit maintenant que le régime va faire scander par un groupe de personnes des slogans communistes à la réouverture de l'université, dans le but de faire croire qu'il y a des communistes qui menacent le régime. Mais il n'en est rien. Il s'agit de membres de la SAVAK[9] et non de communistes. Les impérialistes veulent le maintenir au pouvoir en usant de toutes les ficelles imaginables. En fait, il leur est plus utile qu'aucun autre.

[…]

Si vous unissez vos forces comme vous l'avez fait jusqu'ici, en écartant les différences et en vous entendant, si vous restez unis, je peux vous annoncer la bonne nouvelle que, si Dieu le veut, vous réussirez, vous vous débarrasserez de ce régime et des étrangers, et le pays sera vôtre.

Il y a juste une chose dont je voudrais vous parler, à vous les Iraniens qui êtes hors de l'Iran. C'est-à-dire que j'entends parfois parler de différences futiles, de petites doléances entre vous. J'en ai entendu parler lorsque j'étais en Iran et je pourrais bien en avoir entendu parler ici. Si tel est le cas, il y a quelque chose qui ne va pas. Nous sommes tous frères. Pourquoi et à quel sujet sommes-nous en désaccord ? Nous devons unir nos forces pour anéantir notre ennemi commun. Si nous continuons à être en désaccord entre nous, il restera confortablement installé sur son trône et nos efforts auront été vains. C'est là une autre ficelle que les impérialistes ont souvent utilisée contre nous, et qui consiste à créer

---

9 La police politique iranienne.

des divisions entre les différents segments de la société. Ils créent deux partis portant des noms différents, jettent la discorde parmi eux et condamnent le peuple à l'immobilisme ; ou encore, ils placent quelqu'un au centre de l'intérêt de telle sorte que le débat ne porte plus que sur la personne de ce dernier. Ainsi, les énergies s'épuisent tandis que les impérialistes se croisent les bras et profitent de la situation.

Vous messieurs qui êtes à l'étranger devez être des frères, l'un pour l'autre. Apaisez vos différends. Si vous avez vu un de vos frères accomplir une chose qui ne vous plaisait pas, adressez-vous à lui poliment et dites-lui qu'il a fait une chose qui vous a choqués. Restez-en là. [...]

LA DYNASTIE RÉGNANTE EST ILLÉGALE !
DISCOURS AU CIMETIÈRE DES MARTYRS

1er février 1979

[...] La dynastie des Pahlavi, dès le début, était irrégulière, illégale. L'assemblée constituante de la dynastie Pahlavi a été créée à la pointe des baïonnettes. [...]

J'ai enduré beaucoup de peines, j'ai vu beaucoup de mal, je ne sais comment remercier ce peuple noble qui a tout sacrifié pour sa révolution. [...] Qu'a fait ce peuple pour endurer tant de peines, tant de sacrifices ? Le règne de Mohammad-Rezâ[10] était doublement illégal, puisque le règne de son père était illégal. [...] Qui a donné le droit à cette dynastie de prendre en main le sort de l'Iran ? [...] Le peuple a donné son avis sur ce roi. Il a dit son mot. Il est simple : « Nous ne voulons pas de toi ». [...]

Aviez-vous sincèrement voté pour ces députés qui sont au Parlement en votre nom, en tant que vos représentants, ou est-il vrai que vous ne les connaissiez même pas quand ils étaient élus ? [...] Un tel Parlement n'est-il pas illégal ? Le Sénat est illégal. Le shâh est illégal. Le Parlement est illégal. [...]

Le Shâh s'est enfui après avoir fait faillite dans tous les domaines. Il a ruiné l'économie, l'industrie et l'agriculture du pays pour enrichir l'Amérique. Il nous faudra vingt ans pour redresser ces secteurs. Et ce gouvernement qui se dit légal est, lui aussi, illégal. Il a ruiné l'homme iranien. [...]

10 Le Shâh.

Il y a plus de bars et de débits de boissons à Téhéran que de librairies. Nous ne sommes pas contre le cinéma, mais contre la pornographie. Nous ne sommes pas contre le modernisme, mais nous combattons ses aspects sauvages et immoraux. Nous ne sommes pas contre la télévision, le cinéma et la modernisation, mais nous sommes contre l'impérialisme. Nous ne sommes pas contre la liberté des femmes, mais nous sommes contre la prostitution. Nous ne sommes pas contre la coopération avec l'étranger, mais nous voulons être maîtres chez nous. [...]

Pendant plus de cinquante ans, le pays était étouffé. Personne n'avait le droit de parler contre le régime.

C'est moi qui vais désormais nommer un gouvernement. Je frapperai à la figure du gouvernement actuel. Je ferai passer tous ces gens en justice et les traduirai devant des tribunaux que je formerai. Ce monsieur[11] n'est accepté ni par ses anciens camarades [*du Front national*] ni par l'armée. Les militaires le soutiennent seulement sur l'ordre des États-Unis et de la Grande-Bretagne. Ce monsieur a dit qu'il ne peut y avoir deux gouvernements dans un pays. Eh bien ! à lui de partir, et d'aller s'asseoir à sa place. [...]

Ce gouvernement, ce Parlement sont aussi illégaux. Tous ces gens doivent être jugés. Tant que nous existerons, nous ne laisserons pas faire le régime actuel. Mohammad-Rezâ ne reviendra jamais. Puisque le peuple m'accepte, je désignerai un gouvernement. Puis le peuple élira une Assemblée constituante. [...]

Que voulons-nous ? Une armée libre, fière, solide. Est-ce une raison pour tuer ceux qui demandent l'indépendance et la fierté de l'armée ?

Nous voulons que vous soyez indépendants, monsieur le général. Monsieur le colonel, ne voulez-vous pas être indépendant ? Ou préférez-vous être un valet ? Nous avons dit à votre place que nous ne voulions pas que l'armée soit dominée par les Américains, que nous voulions que vous soyez maîtres chez vous et vous nous avez remerciés en faisant couler le sang. C'est pourquoi nous respectons et remercions les militaires qui ont rejoint les rangs du peuple et appelons ceux qui ne l'ont pas encore fait à les imiter. Qui a dit que nous allions vous supprimer ? Nous voulons garder l'armée, mais une armée qui soit au service du peuple, pas des autres. Le pétrole iranien est exporté pour construire des bases qu'utilise M. Carter et pour acheter des armes. Puis on nous dit que nos militaires ne sont pas capables de les utiliser et on nous impose des conseillers américains ! [...]

---

[11] Le Premier ministre Bakhtiar, qu'il n'a nommé à aucun moment.

COMPLÉMENTS

Les Britanniques ont mis en scène un coup d'État: dès 1921, les opposants au régime de Rezâ Shâh ont voulu présenter celui-ci comme une marionnette de Londres, qui aurait imposé le coup d'État. De fait, la légation britannique en Perse a sans doute financé la propagande des « rebelles » et il semble que l'armée anglaise casernée à Qazvin ait avancé à Rezâ la solde de ses soldats. Mais Londres elle-même n'a ni contrôlé, ni aiguillonné le mouvement, qui n'a d'ailleurs pas imposé, par la suite, l'application de l'accord de protectorat de 1919.

Massacre de la mosquée de Gauhar Shad: mosquée située à Mashhad dans laquelle, en 1935, les forces de l'ordre de Rezâ Shâh chargèrent des manifestants opposés à la politique de dévoilement de femmes et d'européanisation du vêtement masculin. Mashhad est la ville du sanctuaire de l'Imam Rezâ, huitième imam de la tradition du chiisme duodécimain. Elle est le principal lieu de pèlerinage chiite.

Supprimant le calendrier issu de l'histoire de l'islam: le régime impérial avait décidé qu'à partir du 21 mars 1976, l'origine du décompte des ans ne devrait plus être l'Hégire, comme le veut la tradition musulmane, mais la fondation de l'Empire perse par Cyrus le Grand, ce qui menait les Iraniens en l'an 2535 au lieu de 1354. La mesure fut rapportée en 1978.

Parti Rastakhiz: parti unique du Renouveau de l'Iran, imposé par le Shâh après la dissolution de tous les autres partis en mars 1975.

79 – Jean-Paul II
Discours aux autorités civiles polonaises

2 juin 1979

Lorsque le pape Jean-Paul II s'est éteint en 2005, au terme de l'un des plus longs pontificats de l'histoire, les fidèles rassemblés place Saint-Pierre pour lui rendre hommage ont choisi comme mot d'ordre *Santo subito !*, *Saint tout de suite !* Ils entendaient ainsi témoigner de leur profonde admiration envers son pacifisme, sa volonté de rapprochement avec les autres religions, son intérêt pour la jeunesse et son courage personnel face à la maladie. Mais sans doute ses compatriotes, les Polonais, pensaient-ils aussi au rôle qu'il a joué dans l'effondrement du bloc communiste.

La Pologne : un satellite rebelle

Au début de l'année 1945, la Pologne, démembrée depuis 1939 et partagée entre l'Allemagne et l'URSS, compte deux gouvernements potentiels concurrents : le premier, hérité de l'avant-guerre, attend à Londres de pouvoir rentrer au pays tandis que le second, dit Comité de Lublin, est reconnu par l'URSS alors en passe de libérer le territoire. À la conférence de Yalta, en février 1945, les Alliés se mettent d'accord sur un élargissement du Comité de Lublin aux « hommes de Londres » mais, néanmoins, ce sont toujours les communistes qui mènent le jeu et qui, alliés aux autres partis de gauche et du centre au sein d'un bloc, remportent 80 % des voix aux élections de janvier 1947. Sous l'égide de Ladislas Gomulka, ils instaurent en Pologne un régime socialiste qui, bien que lié à Moscou, entend préserver une certaine indépendance. Varsovie manifeste ainsi ses réticences en ce qui concerne la condamnation de la Yougoslavie titiste et l'application du modèle soviétique de collectivisation agricole forcée. Fin 1948, elle est cependant contrainte de s'aligner. Gomulka est révoqué de son poste de secrétaire général du parti, avant d'être arrêté et jugé en 1951. Il est remplacé par Boleslaw Bierut, déjà président de la République, qui prend ainsi la tête du Parti ouvrier unifié polonais (POUP), fusion des partis socialiste et communiste. De 1949 à 1956, la Pologne est matée, satellisée mais sa situation sociale et économique devient de plus en plus précaire et le fossé se creuse d'année en année entre l'appareil du parti unique et la population ouvrière et paysanne. En 1956, la déstalinisation[1] fait souffler un vent d'espoir : alors que Gomulka est réhabilité en mars, cinquante mille travailleurs

[1] Voir l'introduction au discours n° 53.

manifestent à Poznàn le 28 juin pour réclamer de meilleures conditions de vie, des élections libres et le départ des troupes soviétiques. Pour se maintenir, le POUP, divisé entre « libéraux » et « staliniens », doit lâcher davantage de lest: en octobre, avec la bénédiction de Khrouchtchev, venu sur place, les « libéraux » s'imposent au sein du parti et Gomulka en reprend la tête.

Dans un premier temps, Gomulka assouplit le régime et obtient de Moscou une plus grande liberté d'action qui lui permet même d'accepter une aide financière américaine. Cependant, dès 1958, un raidissement s'opère car le pouvoir craint d'être dépassé par les exigences réformatrices des Polonais. Ce raidissement s'accentue encore en 1968, après le « printemps de Prague » dont Varsovie contribue à briser l'élan en envoyant des troupes. En Pologne, une épuration est menée dans les milieux politiques et intellectuels et des manifestations d'étudiants sont réprimées. L'année 1970 marque le début d'un vaste mouvement d'opposition qui conduira, en deux décennies, à la chute du régime communiste. Lassés du rationnement, de l'austérité permanente, de l'inflation galopante et de la corruption profonde d'un État au sein duquel tout profite à la « bourgeoisie rouge », les travailleurs de Gdansk, Szczecin et Gdynia mènent, du 14 au 18 décembre, une révolte de la faim. Le pouvoir envoie les chars et fait tirer l'armée, causant de nombreuses victimes[2] mais provoquant aussi le remplacement de Gomulka par Edvard Gierek, un mineur de Silésie élevé en Belgique et plus ouvert au dialogue. Celui-ci consacre son énergie à calmer la colère populaire: il bloque les prix, diminue le temps de travail, construit des logements, donne davantage d'autonomie aux industriels, tend la main aux intellectuels et développe les échanges commerciaux avec l'Ouest. Cependant, les avancées qu'il obtient dans la première moitié des années 1970 sont anéanties par la crise mondiale liée au choc pétrolier: la croissance s'effondre, la dette grimpe et l'inflation redevient ingérable, particulièrement en ce qui concerne la viande. De nouvelles grèves et émeutes éclatent en 1976, durant lesquelles la population s'en prend au parti et à ses édiles, accusés de confisquer à leur seul profit les richesses du pays. Les associations, comités de grèves et groupes « antisocialistes » se multiplient plus ou moins clandestinement, le plus important étant le KOR, comité de défense des travailleurs. À la fin de la décennie, un rapport signé par *Expérience et Avenir*, un groupe d'intellectuels membres ou non du POUP, soulignera à quel point le consensus social est devenu inexistant en Pologne et critiquera implicitement mais puissamment le régime. Le même constat pouvait sans doute être posé dans d'autres pays d'Europe de l'Est mais la situation y était moins inquiétante pour les dirigeants en raison de l'inexistence d'une structure susceptible de jouer le rôle de contrepoids. En Pologne, cette structure existe et s'appelle l'Église.

La religion catholique romaine est profondément ancrée dans l'histoire du pays et, malgré une politique souvent très dure à l'égard de l'Église[3], le régime communiste ne parviendra pas à affaiblir la foi des Polonais, dont 90 % peuvent être considérés comme

---

2 Voir l'introduction au discours n° 80.

3 Le régime et sa police politique parvinrent aussi à infiltrer des agents au sein du clergé. Les historiens polonais estiment à 10 % environ les prêtres qui collaborèrent de la sorte, comme le rappelle la vigoureuse polémique autour de l'archevêque de Varsovie, Mgr Wielgus, contraint à la démission début janvier 2007.

croyants. Dès 1949, le pouvoir, conscient de cette réalité, fait arrêter un certain nombre de prêtres pour museler une éventuelle subversion et, de 1953 à 1956, le Primat de Pologne, le cardinal Wyszynski, est lui-même interné. Après une période de répit, le régime polonais s'en prend de nouveau à l'Église en interdisant l'enseignement religieux dans les écoles publiques dès 1959 puis en refusant la venue du pape Paul VI pour célébrer, en 1966, le millénaire du pays. À partir de 1970, les relations entre l'Église et l'État s'améliorent – Gierek rencontre le cardinal Wyszynski et Paul VI – mais on assiste également à un rapprochement entre le clergé catholique et l'intelligentsia opposée au POUP. Au sein des masses, la popularité du Primat de Pologne est réelle et la confiance placée en l'Église s'est encore accrue après le concile Vatican II, lorsque celle-ci a semblé prendre davantage conscience de sa mission sociale. Les ecclésiastiques polonais s'engagent de plus en plus fermement au côté des travailleurs, dont ils soutiennent les actions à condition que celles-ci restent pacifiques et légales. Parmi ces ecclésiastiques figure l'archevêque de Cracovie Karol Wojtyla.

De Wadowice au Vatican

Né à Wadowice, dans le sud de la Pologne, au sein d'une famille modeste, Karol Jozef Wojtyla (1920-2005) est orphelin de mère à l'âge de neuf ans et perd son frère, médecin, trois ans plus tard. Son père assume donc seul son éducation et ses frais de scolarité. En 1938, Wojtyla, féru de sport et de théâtre, intègre l'Université Jagellon de Cracovie pour y poursuivre des études de philologie polonaise. L'année suivante, l'occupant allemand ordonne la fermeture de l'université et le futur pape est contraint de travailler en usine pour éviter la déportation. À l'insu des Allemands, il participe à la création d'une troupe de théâtre et, dès 1942, s'inscrit au séminaire clandestin de Cracovie. Une fois la guerre terminée, il poursuit sa formation sacerdotale au Grand Séminaire et à la Faculté de théologie, ce qui le conduit à être ordonné prêtre le 1er novembre 1946. Il part alors préparer un doctorat en théologie à Rome, à l'Université pontificale Saint-Thomas d'Aquin, dite l'Angelicum, dirigée par des Dominicains. Ce séjour en Europe occidentale lui donne l'occasion de prêcher auprès des communautés polonaises émigrées en France, en Belgique et aux Pays-Bas. De retour en Pologne dès 1948, au cœur de la guerre froide, il est d'abord vicaire et aumônier des étudiants puis prépare un second doctorat, cette fois en philosophie, qu'il obtient à l'Université catholique de Lublin, malgré l'obstruction des autorités communistes. Ayant embrassé la carrière professorale, il enseigne la théologie morale et l'éthique sociale au Grand Séminaire de Cracovie puis l'éthique à Lublin, ville dans laquelle il fonde un Institut de morale. Très actif et populaire tant en Pologne qu'à Rome, où sa contribution au concile Vatican II[4] est remarquée, Karol Wojtyla est nommé évêque titulaire d'Ombi et évêque auxiliaire de Cracovie en 1958, archevêque de Cracovie en 1964 et cardinal en 1967. Mais les événements polonais des années 1970 vont le conduire plus haut encore dans la hiérarchie de l'Église catholique romaine.

---

4 En 1962, il participe aux travaux préparatoires des constitutions cruciales que sont *Lumen Gentium* qui recentre l'Église autour du Christ et *Gaudium et spes* qui réforme la liturgie. Voir l'introduction au discours n° 63.

Le 6 août 1978, le pape Paul VI meurt d'une crise cardiaque, après un pontificat de quinze ans. Cent onze cardinaux, dont cinquante-cinq issus du Tiers Monde, se réunissent à Rome pour désigner son successeur et, le 26 août, s'accordent sur Albino Luciani, Patriarche de Venise, qui témoigne de son attachement à l'œuvre de ses deux prédécesseurs en choisissant le nom de Jean-Paul. L'homme est âgé de soixante-cinq ans, ce qui ne laisse pas particulièrement présager un court pontificat. Cependant, à la stupeur générale, le nouveau pape décède dans son sommeil un mois à peine après son élection, le 28 septembre 1978. Un nouveau conclave est donc appelé à se réunir. Selon des indiscrétions, le jeu aurait d'abord été serré entre Giuseppe Siri, archevêque de Gênes, et Giovanni Benelli, archevêque de Florence et proche du pape défunt. Certains prélats, dont König, l'archevêque de Vienne, auraient alors plaidé pour un candidat de compromis, symbole du renouveau de l'Église et susceptible de jouer un rôle fort sur le plan diplomatique et stratégique. Au huitième tour de scrutin, l'élection de Karol Wojtyla est acquise et suscite un profond étonnement à travers le monde. Il s'agit du pape le plus jeune – 58 ans – depuis le milieu du XIXe siècle et d'un sportif plein d'allant mais il s'agit surtout du premier pape non italien depuis Adrien VI en 1522 et, de surcroît, d'un prélat venu de l'autre côté du rideau de fer. En ce 16 octobre 1978, rares sont ceux qui connaissent Karol Wojtyla et le cardinal protodiacre, chargé d'annoncer la nouvelle à la foule réunie place Saint-Pierre, trébuche lui-même en prononçant son nom. Très vite pourtant, le monde va découvrir en lui un mélange de continuité et de rupture. Wojtyla choisit le nom de Jean-Paul II, s'inscrivant ainsi dans la droite ligne des trois papes précédents, mais introduit au Vatican des pratiques nouvelles ou différentes : une dévotion particulière à la Vierge et aux saints Cyrille et Méthode, évangélisateurs des pays slaves, une volonté de parcourir le monde et de rencontrer les fidèles, une maîtrise de très nombreuses langues vivantes et une activité sportive quotidienne, entre nage et jogging. Un vent nouveau souffle sur le Vatican.

Un pape slave face au bloc communiste

Mais un vent nouveau va également souffler sur l'Europe de l'Est. Dès son premier prêche dominical, Jean-Paul II annonce, sans plus de précision, « un long pèlerinage pour la liberté et clame : N'ayez pas peur ! Ouvrez toutes grandes les portes du Christ ! À sa puissance salvatrice, ouvrez les frontières des États, des systèmes politiques et économiques. »[5] Pour les catholiques vivant sous un régime communiste, le message est très symbolique et porteur d'espoir. Si le Pape consacre son premier grand voyage, du 25 janvier au 7 février 1979, à la République dominicaine, au Mexique et aux Bahamas, il ne tarde pas à visiter son pays natal, du 2 au 10 juin de la même année. Le déplacement a été préparé, à Varsovie, par deux rencontres entre le Premier secrétaire du POUP, Edvard Gierek, et le cardinal Wyszynski. Au cours de son voyage, Jean-Paul II rencontre ces deux hommes mais également le président Jablonski et la conférence épiscopale. Il visite Gniezno, source de la chrétienté polonaise, Czestochowa, ville de la Vierge noire, les camps nazis d'Auschwitz et Birkenau, Lublin et la cité industrielle

---

5 Constance Colonna-Cesari, *« Urbi et Orbi ». Enquête sur la géopolitique vaticane*, Paris, La Découverte, 1992, p. 120.

de Nowa Huta avant de célébrer une messe en plein air à Cracovie. Pendant les neuf jours de ce véritable pèlerinage, dont l'Église mais également les autorités communistes reconnaîtront le caractère historique, des foules immenses, évaluées au total à treize millions de personnes soit plus du tiers de la population, se rassemblent ou se mettent en marche pour voir, suivre et écouter Jean-Paul II, élevé au rang de héros. Profitant de l'occasion qui leur est offerte, les Polonais affirment avec force leur foi intense et, implicitement, leur volonté de réformes. Le Pape, de son côté, se présente comme « leur » pape, insistant sur ses origines slaves. En dépit des efforts déployés par les médias officiels pour minimiser leur impact, les paroles de Jean-Paul II sont largement relayées dans le pays et au-delà des frontières.

Le discours reproduit ci-dessous est prononcé le 2 juin au palais du Belvédère, siège du Conseil d'État et palais présidentiel, en réponse à l'allocution de Gierek et permet au Pape de rappeler courtoisement mais clairement aux autorités civiles polonaises le rôle de l'Église et de la religion catholique dans l'identité nationale et l'attachement des croyants au respect des droits de l'homme. Remerciant les autorités de la République démocratique de Pologne pour leur accueil et rappelant à plusieurs reprises la rencontre intervenue en 1977 entre Paul VI et Gierek, il insiste sur l'histoire douloureuse du pays depuis les partages de la fin du XVIIIe siècle et souligne à quel point cette histoire a rendu crucial le concept de patrie. Il évoque ensuite les idées de paix et de coexistence, inévitablement subordonnées au respect d'un certain nombre de droits essentiels – droits de l'homme et des nations – parmi lesquels figure la liberté religieuse. Jean-Paul II décrit longuement la mission assumée par l'Église tout au long de l'histoire de Pologne: former de *bons citoyens* et des *travailleurs utiles et créateurs*. Il explique que, loin de réclamer des *privilèges*, l'épiscopat polonais souhaite simplement que l'État lui offre la possibilité de continuer à mener à bien cette mission. Dans ses conclusions et après ce qui ressemble bien à une leçon de démocratie, le Pape prévient qu'il sera toujours attentif aux événements qui surviendront dans son pays natal, une manière d'avertir Varsovie qu'il saura user de son statut unique comme d'un atout.

Dès l'année suivante, le grand mouvement de grève qui conduit à la reconnaissance du syndicat libre *Solidarnosc*, soutenu par l'Église, lui permettra de concrétiser sa promesse[6]. Lorsque les travailleurs des chantiers navals de Gdansk veulent faire entendre leur voix, c'est sous un immense portrait de Jean-Paul II, « leur » pape, qu'ils se réunissent. Celui-ci est tenu au courant de la situation par le Primat de Pologne. Il exprime à plusieurs reprises ses inquiétudes et rappelle le droit de tout pays à l'indépendance et à la souveraineté. Si l'année 1980 est celle d'un compromis historique entre l'Église et l'État polonais, celui-ci sera de courte durée: fin 1981, la proclamation de l'état de guerre par le nouvel homme fort du régime, le général Jaruzelski, est le signe d'un raidissement et, en 1984, le monde apprend avec horreur l'enlèvement puis l'assassinat d'un prêtre engagé, proche de *Solidarnosc*, le Père Jerzy Popieluzko. Jean-Paul II ne reviendra que deux fois en Pologne avant la chute du régime communiste, en 1983 et 1987, mais de Rome ou d'ailleurs, au fil de ses déplacements et de ses interventions, il aura multiplié à l'envie les coups de boutoir symboliques contre une idéologie et un système par ailleurs en voie de délitement. En juillet 1989, le Vatican peut rétablir ses

---

6 Voir l'introduction au discours n° 80.

relations diplomatiques avec la Pologne puis, à la fin de l'année, avec l'URSS elle-même, après une rencontre historique entre le Pape et Gorbatchev. Le débat reste ouvert sur le rôle précis joué par le Souverain pontife dans la fin de la guerre froide mais nul ne nie que sa personnalité et son action aient contribué à la hâter. À l'Est, l'empressement des nouveaux dirigeants à lui rendre hommage et la ferveur religieuse des masses en témoignent. Tout l'enjeu, aujourd'hui, est de voir dans quelle mesure l'Église catholique tirera politiquement profit de cette nouvelle donne. Le souhait formulé par la Pologne, fraîchement entrée dans l'Union, de voir l'héritage chrétien mentionné dans la Constitution européenne et le positionnement très conservateur de Varsovie sur les questions morales ont déjà fourni d'intéressantes pistes de réflexion.

DISCOURS AUX AUTORITÉS CIVILES POLONAISES

Messieurs, Monsieur le Premier secrétaire,

1. « Une Pologne prospère et pacifique s'inscrit également dans l'intérêt de la tranquillité et de la concorde entre les peuples d'Europe ». Je me permets de commencer avec cette phrase que l'inoubliable Paul VI a prononcée le 1er décembre 1977 en réponse à votre allocution, Monsieur le Premier secrétaire, lors de votre rencontre au Vatican. Je suis convaincu que ces mots sont les mieux appropriés pour répondre à votre discours d'aujourd'hui, que tous nous avons suivi avec la plus grande attention. Toutefois, dans ma réponse, je voudrais avant toute chose vous remercier pour les paroles bienveillantes que vous avez eues aussi bien à l'égard du Siège Apostolique qu'envers moi; je voudrais également remercier les Autorités de l'État de la République Démocratique de Pologne pour l'attitude bienveillante qu'elles ont eue pour l'Épiscopat polonais qui m'a invité, exprimant ainsi la volonté de la société catholique de notre mère patrie et pour m'avoir, à travers eux, ouvert les portes de ma terre natale. Ces remerciements, je les étends aux différents organes des Autorités centrales et locales, car je leur suis désormais débiteur, étant donné la contribution qu'ils ont apportée à la préparation et au bon déroulement de cette visite.

2. En me promenant dans les rues de Varsovie, si chère au cœur de chaque Polonais, je me suis laissé envahir par l'émotion en pensant au grand mais ô combien douloureux parcours historique que cette ville a connu au service et pour l'Histoire de notre nation. Et cette route est jonchée de joyaux particuliers comme le Palais du Belvédère et surtout le Château Royal actuellement en reconstruction. Ce dernier monument

est particulièrement éloquent. Dans ses pierres, ce sont des siècles de l'Histoire de notre patrie qui parlent, depuis le moment où la capitale a été transférée de Cracovie à Varsovie[7]. Des siècles particulièrement difficiles et particulièrement responsables. Je voudrais exprimer ma joie, ou plutôt je voudrais remercier pour tout ce que ce château représente ; il a été – comme pratiquement Varsovie toute entière – réduit à l'état de ruines pendant l'insurrection* et aujourd'hui il se reconstruit rapidement comme le symbole de l'État et de la souveraineté de la patrie.

Que la raison d'être de l'État est dans la souveraineté de la société, de la nation, de la patrie, c'est une notion que nous autres Polonais nous ressentons de façon très profonde. Nous l'avons apprise tout au long de notre Histoire et surtout à travers les dures épreuves historiques que nous avons traversées au cours des derniers siècles. Nous ne pouvons pas oublier cette terrible leçon d'Histoire qu'a été la perte de l'indépendance de la Pologne depuis la fin du XVIIIe siècle jusqu'au début de ce siècle[8]. Cette expérience douloureuse et négative par essence est devenue le creuset du patriotisme polonais. Le mot « patrie » a pour nous une signification, tant au niveau du concept que de l'affect, que les autres nations d'Europe et du monde semblent ignorer, surtout celles qui n'ont pas connu – contrairement à notre nation – des dommages historiques, des injustices et des menaces. Et c'est pourquoi la dernière guerre mondiale et l'occupation qu'a vécue la Pologne ont été pour notre génération un choc aussi grand. Voilà trente-cinq ans que cette guerre s'est achevée sur tous les fronts et qu'une nouvelle ère s'est ouverte dans l'Histoire de notre patrie. Nous ne pouvons cependant pas oublier tout ce qui a influé sur les expériences de la guerre et de l'occupation, nous ne pouvons pas oublier le sacrifice de tant d'hommes et de femmes de Pologne qui ont donné leur vie. Nous ne pouvons pas non plus oublier l'héroïsme des soldats polonais qui ont combattu sur tous les fronts du monde pour « notre liberté et pour la vôtre ».

3. Dans les télégrammes et les écrits que les plus hauts Représentants des Autorités de l'État polonais ont daigné m'envoyer, que ce soit à l'occasion de l'inauguration de mon Pontificat ou à l'occasion de cette invitation, revenait l'idée de la paix, de la cohabitation, du rapprochement entre les nations du monde contemporain. Bien entendu, le désir exprimé dans cette conception a un sens éthique profond derrière lequel on trouve également l'histoire de la science polonaise à commencer par Paul Wlodkowic*. La paix et le rapprochement des peuples ne pourront

---

[7] C'est en mars 1596 qu'un décret de Sigismond III transfère la capitale de Cracovie à Varsovie, alors capitale du duché de Mazovie.

[8] Partagée en trois étapes, à la fin du XVIIIe siècle, entre la Russie, l'Autriche et la Prusse, la Pologne ne renaîtra comme État indépendant qu'après la Première Guerre mondiale.

se construire que sur base du respect des droits objectifs de la nation, à savoir : le droit à l'existence, à la liberté, le droit d'être un sujet sociopolitique et à former sa propre culture, sa propre civilisation.

Je me permets encore une fois de reprendre les mots de Paul VI qui lors de votre inoubliable rencontre du 1er décembre 1977, s'est exprimé en ces termes : «... jamais nous ne nous lasserons d'œuvrer encore et toujours, dans la mesure de nos possibilités, afin que les conflits soient évités ou résolus de façon équitable et afin que soient assurées et renforcées les bases indispensables à la co-existence pacifique entre les pays et les continents. Sans oublier un ordre économique mondial plus juste, l'abandon de la course aux armements toujours plus menaçants également dans le domaine nucléaire comme base à un désarmement progressif et équilibré, le développement de meilleurs rapports économiques, culturels et humains entre les peuples, les hommes et les groupements associatifs ».

Dans ces mots s'exprime la doctrine sociale de l'Église qui soutient toujours le progrès authentique et le développement pacifique de l'humanité ; c'est pourquoi – alors que toutes les formes du colonialisme politique, économique ou culturel continuent à être en contradiction avec les besoins de l'ordre international – il faut apprécier toutes les alliances, tous les pactes qui se fondent sur le respect réciproque et sur la reconnaissance du bien de chaque nation et de chaque État dans ce système de relations réciproques. Il est essentiel que les nations et les États, en s'unissant dans une collaboration volontaire et conforme aux objectifs, trouvent également dans cette collaboration l'accroissement de leur propre bien-être et de leur propre prospérité. C'est précisément ce système de relations internationales et ces résolutions entre les différents États que souhaite le Siège Apostolique au nom des principes fondamentaux de la justice et de la paix dans le monde contemporain.

4. L'Église souhaite servir les hommes y compris dans la dimension temporelle de leur vie et de leur existence. Étant donné que cette dimension se réalise à travers l'appartenance de l'homme aux diverses communautés – nationales et étatiques et donc, sociales, politiques, économiques et culturelles – l'Église redécouvre continuellement sa propre mission dans ces secteurs de la vie et de l'action de l'homme. On en veut pour preuve la doctrine du concile Vatican II et des derniers Pontifes.

En établissant un contact religieux avec l'homme, l'Église le fortifie dans ses liens sociaux naturels. L'Histoire de la Pologne a confirmé d'une manière éminente que, dans notre patrie, l'Église a toujours recherché, par diverses voies, à former des fils et des filles de valeur pour la nation, de bons citoyens et des travailleurs utiles et créateurs dans les divers domaines de la vie sociale, professionnelle, culturelle. Et cela découle de la mission fondamentale de l'Église qui a toujours et partout l'ambition de rendre l'homme meilleur, plus conscient de sa dignité, plus dévoué à ses engagements familiaux, sociaux, professionnels, patriotiques. De rendre l'homme plus confiant, plus courageux, conscient de ses droits et de ses devoirs, socialement responsable, créateur et utile.

Pour cette activité, l'Église ne désire pas de privilèges, mais seulement et exclusivement ce qui est indispensable à l'accomplissement de sa mission. Et c'est dans cette direction qu'est orientée l'activité de l'Épiscopat, conduit depuis déjà plus de trente années par un homme d'une intelligence inhabituelle, le Cardinal Stefan Wyszynski, primat de Pologne. Si le Siège Apostolique cherche un accord en ce domaine avec les autorités de l'État, il a bien conscience que, outre les motifs concernant la mise en place des conditions d'une activité intégrale de l'Église, un tel accord correspond aux raisons historiques de la nation dont les fils et les filles, dans leur très grande majorité, sont les fils et les filles de l'Église catholique. À la lumière de ces prémisses indubitables, nous voyons un tel accord comme un des éléments de l'ordre éthique et international dans l'Europe et le monde contemporain, ordre qui provient du respect des nations et des droits de l'homme. Je me permets donc d'exprimer l'opinion qu'on ne peut pas abandonner les efforts et les recherches dans cette direction.

5. Je me permets également d'exprimer la joie pour tout le bien dont sont partie intégrante mes compatriotes, qui vivent dans la Patrie, quelle que soit la nature de ce bien et quelle que soit l'inspiration dont il provient. La pensée que crée le bien véritable doit porter en elle la marque de la vérité.

C'est ce bien, et le succès qui en découle dans la plus grande abondance et dans tous les secteurs de la vie, que je désire souhaiter à la Pologne. Permettez-moi, messieurs, de continuer à considérer ce bien comme le mien et à envisager ma participation à ce bien avec la même profondeur que si j'habitais encore cette terre et que j'étais encore citoyen de cet État.

C'est avec la même intensité, peut-être encore accrue par l'éloignement, que je continuerai à ressentir en mon cœur tout ce qui pourrait menacer la Pologne, tout ce qui pourrait lui nuire ou lui porter préjudice, tout ce qui pourrait signifier pour elle stagnation ou crise.

Permettez-moi de continuer à penser, à sentir et à espérer cela ; permettez-moi de prier pour cela.

C'est un Fils de cette même Patrie qui s'adresse à vous.

Et particulièrement proche de mon cœur est tout ce qui exprime l'empressement à faire le bien et à consolider la famille et à protéger la santé morale de la jeune génération.

Messieurs,

Monsieur le Premier secrétaire,

Je désire renouveler une fois encore mes remerciements les plus cordiaux à vous et exprimer ma reconnaissance pour toutes vos sollicitudes, qui ont pour but de contribuer au bien commun de nos concitoyens et de redonner à la Pologne la place qu'elle mérite sur la scène internationale. J'ajoute l'expression de ma considération envers vous tous, Représentants des Autorités et à chacun d'entre vous en particulier, selon la fonction que vous exercez et selon la dignité dont vous êtes revêtu, ainsi qu'en fonction des responsabilités qui pèsent sur les épaules de chacun d'entre vous face à l'Histoire et à votre conscience.

COMPLÉMENTS

Pendant l'insurrection : Il s'agit de l'insurrection de la résistance intérieure polonaise, l'*Armia Krajowa* du général Bor-Komorowski, entre le 1er août et le 2 octobre 1944. Celle-ci fut écrasée par les nazis et leurs alliés. L'Armée rouge resta de l'autre côté de la Vistule, peu soucieuse d'aider une force susceptible de disputer aux communistes la direction du pays libéré. On notera que la ville de Varsovie avait déjà subi, au printemps 1943, une autre insurrection tragique, celle du ghetto juif.

Paul Wlodkowic ou Paulus Vladimiri (v. 1370-1435 : juriste polonais diplômé des universités de Prague et Padoue puis docteur en droit canon de l'université de Cracovie où il enseigna et dont il fut recteur en 1414-1415. Émissaire royal, précurseur des droits de l'homme et du concept de coexistence pacifique entre les nations, il fut le défenseur acharné de la Pologne mais également des peuples non chrétiens face à l'expansionnisme de l'Ordre teutonique. Représentant la Pologne au concile de Constance, en 1414, il y produisit un *Tractatus de potestate papae et imperatoris respectu infidelium* dans lequel il prônait le respect des droits et de la liberté de pensée de chaque homme pacifique, qu'il soit croyant ou païen, et condamnait les conversions et les conquêtes territoriales opérées par la force.

80 – Lech Walesa
Inauguration du Monument aux Martyrs de 1970

Gdansk, 16 décembre 1980

Engagé dans la lutte contre le totalitarisme communiste dès 1970, Lech Walesa, petit électricien catholique de Gdansk, est devenu, dix ans plus tard, un héros aux yeux de son peuple et du « monde libre ». Celui-ci découvre, après Jean-Paul II, un second opposant polonais capable de faire entendre sa voix par-delà la censure. Le chemin vers la liberté sera long encore pour l'Europe de l'Est mais l'espoir a un visage.

L'électricien de Gdansk

Né à Popowo, en Poméranie, en 1943, Lech Walesa est le fils d'un charpentier déporté par les Allemands peu avant sa naissance et qui ne survécut que quelques semaines à sa libération. Il fut élevé dans une atmosphère chrétienne par son oncle paternel, avec lequel sa mère s'était remariée. Après des études primaires et professionnelles, il poursuit sa formation en mécanisation de l'agriculture à Lipno, chef-lieu de la région. En 1961, il obtient son premier emploi d'électricien au sein du Parc national des machines, à Lochocino puis, après son service militaire, à Lenie, non loin de son village natal. À vingt-quatre ans, il décide de rompre les amarres, prenant la direction de Gdansk et de ses grands chantiers navals. Il y devient électricien de marine et épouse en 1969 une jeune fleuriste, elle aussi fraîchement débarquée dans la ville portuaire. Son intérêt pour la politique s'éveille en mars 1968 avec la révolte, sur fond de « printemps de Prague », des étudiants et des intellectuels polonais. Toutefois, celle-ci est rapidement étouffée par le pouvoir communiste qui, habilement, s'emploie à dresser les travailleurs manuels contre les trublions.

Mais c'est en 1970 que le destin de Lech Walesa bascule réellement. Cette année-là, peu avant Noël, les autorités décident d'une nouvelle et forte augmentation des prix, alors même que les travailleurs ont déjà bien du mal à nourrir leur famille. Le lundi 14 décembre, une grève se déclenche aux chantiers navals. Les manifestants chantent *L'Internationale* mais aussi *Dieu protège la Pologne*, témoignage de la profonde ferveur catholique des Polonais. Le Parti ouvrier unifié polonais (POUP) est pris pour cible et des affrontements se déclenchent avec la milice et l'armée. Dans les jours qui suivent, le mouvement s'étend aux autres villes industrielles du pays. À Gdansk, Walesa participe activement au comité de grève clandestin et est un temps arrêté. Fait historique : le mouvement de contestation provoque le remplacement du Premier secrétaire du parti, Gomulka, par un dirigeant plus souple, Gierek, et, pour la première fois, les autorités négocient avec des représentants des travailleurs et leur accordent certaines concessions. Mais le prix à payer est très cher pour les grévistes qui, partout, sont chargés par l'armée et la milice : on compte plusieurs dizaines de morts et plusieurs centaines de blessés. À Gdansk, vingt-huit travailleurs sont abattus le 16 décembre 1970. Pour Walesa, rien ne sera plus jamais pareil. Néanmoins, il rentre dans le rang, tout en continuant à s'impliquer au sein du mouvement syndical officiel. Mais en 1976, alors que la crise économique mondiale se répercute sur le pouvoir d'achat des Polonais et que de nouvelles grèves éclatent, il profite d'une élection de délégués pour hausser le ton. Il est alors licencié et quitte les chantiers de Gdansk.

Des premiers syndicats libres à Solidarnosc

En peu de temps, la contestation va trouver de nombreux moyens de s'exprimer en Pologne. Un peu partout, des associations et des comités d'opposition au régime voient le jour, comme le Mouvement pour la défense des Droits de l'Homme et du Citoyen ou le Comité de défense des travailleurs (KOR). Par ailleurs, les Polonais avides de réformes peuvent compter sur l'Église catholique et, dès 1978, sur le premier pape polonais, Jean-Paul II, accueilli triomphalement sur sa terre natale en juin 1979[1]. C'est également à la fin des années 1970 que naissent les premiers syndicats libres, timides et mal organisés. Walesa, qui travaille alors dans le secteur de la réparation mécanique, les rejoint en 1978, avec une soudeuse des chantiers navals, Anna Walentynowicza. Soucieux de l'avenir, l'électricien ne souhaite pas pour autant oublier le passé et, chaque année, rend hommage aux martyrs de 1970. En décembre 1978, alors qu'il s'apprête à déposer une gerbe avec quelques camarades, il est arrêté et passe plusieurs jours en prison. L'année suivante, il parvient à faire entendre sa voix lors d'une petite cérémonie du souvenir qui, cette fois, n'est pas troublée par la milice car elle se déroule en présence de prêtres. Il appelle tous les Polonais présents à ériger un monument pour le prochain anniversaire. Il pense alors à un tertre auquel chacun contribuerait par une poignée de cailloux. En fait de tertre, c'est un réel mémorial que les victimes de 1970 obtiendront grâce aux grévistes de 1980.

Le 1er juillet de cette année-là, une hausse fulgurante du prix de la viande est l'élément déclencheur d'un vaste mouvement de protestation qui, de Lublin, s'étend en quelques semaines à plus de six cents entreprises et sept cent mille travailleurs dans tout le pays. Aux chantiers navals de Gdansk, la grève démarre le 14 août, une semaine après le licenciement de la syndicaliste libre Anna Walentynowicza. Bien qu'il n'appartienne plus aux chantiers, Lech Walesa, de nouveau sans travail depuis février 1980, figure parmi les meneurs du mouvement. Au bout de trois jours et au terme de négociations, les revendications des travailleurs sont satisfaites mais la base refuse de reprendre le travail et scande le slogan *Solidarnosc !* (*Solidarité !*), appelant à poursuivre une grève de soutien aux secteurs encore en lutte. Dans la nuit du 16 au 17 août, un comité de grève interentreprises, le MKS, se crée. Lech Walesa en prend la tête, porté par la

---

1 Voir l'introduction au discours n° 79.

confiance des travailleurs et l'expérience acquise depuis 1970. Très vite, il reçoit l'appui de l'Église et des milieux intellectuels. À ce moment, le monde a les yeux rivés sur Gdansk et Walesa acquiert, en quelques jours, une immense popularité.

Sous la pression des événements, le pouvoir délègue le vice-Premier ministre pour négocier avec le MKS. Le 30 août, il accepte les vingt et une revendications des travailleurs, dont la reconnaissance des syndicats libres et du droit de grève, la liberté d'expression, la retransmission de la messe par les médias mais aussi l'amélioration des salaires et des conditions d'approvisionnement. D'autres accords du même type sont signés à Szczecin, à Lodz ou encore en Silésie. Le 7 septembre, Lech Walesa, dont le profond patriotisme se confond avec une tout aussi profonde piété religieuse, est reçu par le Primat de Pologne, le cardinal Wyszynski, qui entend jouer le rôle de garde-fou. En effet, tout s'emballe. Le gouvernement accepte l'avènement d'un grand syndicat libre dirigé par Walesa, syndicat qui, symboliquement, prend le nom de *Solidarnosc*, mais le régime, à la tête duquel Stanislaw Kania a remplacé Gierek, tarde à appliquer les autres dispositions des accords et s'efforce d'en travestir certaines clauses. Durant l'automne, le climat s'assombrit : le gouvernement veut revenir sur le droit de grève et imposer à *Solidarnosc* de reconnaître la suprématie du POUP, ce qui provoque de nouvelles grèves, tandis qu'en URSS et dans les autres pays satellites, les médias officiels accusent Walesa de haute trahison. On pense un temps que Varsovie va connaître le sort de Budapest en 1956 et Prague en 1968 mais, en décembre, la tempête se calme. Alors que l'Église joue l'apaisement du côté de *Solidarnosc*, on arrive à un compromis qui satisfait les deux parties.

Une promesse tenue puis un retour au combat

C'est dans ce contexte de fragile apaisement que se déroule, le 16 décembre 1980, l'inauguration du Monument aux martyrs de 1970, promis douze mois plus tôt par Walesa et dont l'édification a été acceptée par le pouvoir à l'issue des événements d'août. En une nuit, l'un des ingénieurs des chantiers de Gdansk en a dessiné le plan, finalement avalisé au prix d'âpres discussions avec le vice-ministre de la Culture, soucieux de réduire au maximum l'impact du projet. Les ouvriers ont construit eux-mêmes les trois croix géantes en béton et en acier et les trois ancres qui soudent le sommet. Ils ont aussi gravé quelques vers du poète polonais Czeslaw Milosz qui, depuis son exil américain, les a assurés de son appui : « Toi qui as meurtri un homme humble en éclatant de rire sur son malheur, NE TE SENS PAS TRANQUILLE, le poète n'oublie pas. Tu peux le tuer, un nouveau naîtra. Les faits resteront. La parole vivra. » Pour l'inauguration, plusieurs centaines de milliers de Polonais ont convergé de toutes les régions du pays, heureux et tristes à la fois de pouvoir enfin commémorer leurs morts au grand jour. L'Église et *Solidarnosc* sont représentés, mais également le POUP dont les membres sont accueillis froidement. Le président de la République, lui aussi, est présent. Mais le héros du jour, l'orateur attendu n'est autre que Lech Walesa, à l'origine de l'événement. Il intervient après une courte cérémonie au cours de laquelle on entend les sirènes des chantiers, les cloches des églises, des chants traditionnels et de circonstance puis l'appel aux morts. Peu avant 17 h 30, Walesa s'avance pour allumer plusieurs flammes au pied du Monument et prononcer le discours reproduit ci-dessous. Relayant les messages de soutien de Milosz et du pape Jean-Paul II, il souligne que le Monument doit à la fois *témoigner du passé et être indicateur pour l'avenir* en magnifiant le *respect de la dignité humaine* et *le droit à l'ordre social et à la justice*. Suivant les conseils de l'épiscopat, Walesa promet de ne pas se lancer dans des actions radicales et génératrices de tensions mais de rechercher, pour le bien de la nation, un accord avec le gouvernement, pour autant que le *renouveau* se poursuive. Il appelle d'ailleurs l'ensemble des Polonais à s'investir, par patriotisme, dans ce processus réformateur en respectant les règles du jeu puis conclut en fixant rendez-vous à ses auditeurs le 16 décembre 1981, pour évaluer la situation. La cérémonie se poursuit ensuite par une brève allocution du Premier secrétaire régional du POUP et par un dépôt de fleurs avant une messe de bénédiction.

1980 a donc vu Lech Walesa remporter une double victoire : il a fondé et fait légitimer *Solidarnosc* et a obtenu qu'un hommage national et officiel soit rendu aux travailleurs abattus pour faits de grève. Toutefois, cette victoire est de courte durée. En janvier 1981, *Solidarnosc* obtient un meilleur accès aux médias et trois samedis chômés par mois pour les travailleurs. En mai et de dure lutte, son pendant paysan est reconnu par le pouvoir. Cependant, la reprise en main s'annonce. Dès février, le ministre de la Défense, le général Jaruzelski, cumule ce poste avec celui de Premier ministre puis, en octobre, avec celui de Premier secrétaire du parti. C'est donc un dirigeant aux pouvoirs immenses qui, le 4 novembre 1981, rencontre Lech Walesa et le cardinal Glemp, nouveau Primat de Pologne, pour mieux les endormir. En effet, dans la nuit du 13 au 14 décembre, et sous la pression de Moscou, la loi martiale est proclamée et un Conseil militaire de salut national, présidé par Jaruzelski, prend le pouvoir. Tous les droits civils étant suspendus, Lech Walesa est arrêté et interné, comme près de dix mille Polonais. Le 8 octobre 1982, *Solidarnosc* est dissous. Cependant, la situation économique de la Pologne ne cesse de se dégrader, en raison d'un embargo occidental et de la résistance passive de la population. Jaruzelski doit donc lâcher du lest : en novembre 1982, il libère Walesa puis, en janvier 1983, suspend l'état de guerre, qui est définitivement levé en juillet. Cette même année, le fondateur de *Solidarnosc* est réembauché aux chantiers navals de Gdansk puis obtient le prix Nobel de la Paix, qu'il n'ira toutefois pas recevoir en personne.

Il lui faudra encore patienter cinq ans avant qu'un nouveau mouvement social ne mène, cette fois, à une victoire durable : en 1988, le gouvernement négocie personnellement avec lui une reprise du travail à Gdansk et, en 1989, reconnaît de nouveau *Solidarnosc*. Plus encore, le régime doit accorder aux Polonais des élections partiellement libres qui permettent au syndicat, devenu parti politique, de remporter les 35 % de sièges non réservés au POUP et 99 des 100 mandats sénatoriaux. Le 18 août 1989, la majorité bascule à la Diète et permet au catholique Tadeusz Mazowiecki d'être désigné Premier ministre. Pour la première fois dans un pays du bloc oriental, le chef du gouvernement n'est pas communiste. La consécration pour Lech Walesa viendra l'année suivante : le 9 décembre 1990, les Polonais l'élisent président de la République, au cours d'un scrutin totalement libre. Cependant, l'unité de l'ex-opposition au sein de *Solidarnosc* ne survit pas à l'avènement de la démocratie et aux difficultés inhérentes à la période de transition vers l'économie de marché. Au sommet de l'État, Walesa use rapidement plusieurs Premiers ministres et des voix s'élèvent pour critiquer son populisme, son autoritarisme et sa tendance à mêler trop intimement politique et religion. En 1995, il ne récolte qu'un pourcent des voix à la présidentielle. Ironie du sort, son successeur est un ex-communiste, converti à la social-démocratie. L'heure de la retraite politique semble avoir sonné pour Lech Walesa qui, reconverti en conférencier, peut se contenter de jouir de son image et de son passé glorieux. En 2006, il a tourné une nouvelle page de sa vie en refusant de renouveler son adhésion à *Solidarnosc*, devenu trop proche, à ses yeux, des jumeaux populistes Kaczynski, alors président et Premier ministre.

Inauguration du Monument aux martyrs de 1970

Mesdames et messieurs,

C'est la première fois que j'utilise le papier pour parler, parce que, avec ce Monument, je me sens très lié, comme vous le savez. Je ne pourrais pas, comme je le fais toujours, parler par cœur. Je vous en demande pardon. Ce jour doit être un jour de silence et de méditation. Ce Monument contient la question et la réponse. À côté de lui, on a exprimé beaucoup de pensées que nous allons retenir.

Le plus grand des Polonais, – le pape Jean-Paul II – veut exprimer ses sentiments profonds de solidarité, liés à la situation dans laquelle se trouve notre patrie, en souhaitant la paix aux gens de bonne volonté. Avec ce Monument, vont se lier aussi les vœux d'un autre Polonais, qui a reçu le prix Nobel de Littérature, Czeslaw Milosz*. Il nous a envoyé ces mots : « Seigneur, donne la force à son peuple, Seigneur donne à son peuple la bénédiction de paix ». Retenons les mots qui sont écrits aussi dans l'acte de construction du Monument aux martyrs : « On a construit ce Monument pour garder en mémoire les morts, pour donner un avertissement aux dirigeants qu'aucun conflit social dans la patrie ne peut être réglé par la force. Pour nos concitoyens, cela veut être un signe d'espoir. Et la preuve que l'on peut vaincre le mal ».

[...] La construction de ce monument, c'était le devoir de ceux qui sont restés pour ceux qui vont venir. Il doit témoigner du passé et être indicateur pour l'avenir. Il incarne le droit au respect de la dignité humaine. Le droit à l'ordre social et à la justice. Il faut transmettre dans l'avenir aussi, le sens du sacrifice de ceux que l'on honore aujourd'hui [...]

Il y a un an, comme vous vous en souvenez, ici même, j'ai dit que pour le dixième anniversaire des martyrs de 1970, on allait construire un monument, ici. j'ai ajouté que, s'il n'y avait pas d'autres moyens, on apporterait des pierres tous ensemble et qu'on le construirait nous-mêmes [...]

Aujourd'hui, je remercie pour les mains qui ont mis en marche les grues, les becs-brûleurs, et toutes les techniques. Pour ces mains qui ont fait cet effort de construire aussi vite notre Monument. Merci pour les cœurs, les esprits et les talents qui ont créé cette œuvre. Surtout, je suis heureux qu'avec ce Monument s'unisse la solidarité de pensée et de sentiments de toute notre patrie. Je me permets de citer les mots de l'épiscopat polonais qui exprime son souci profond pour l'avenir de notre patrie : « Il ne faut pas entreprendre des actions qui pourraient exposer notre patrie à un danger, à une menace sur la liberté et sur la nation. Les efforts de tous les Polonais doivent aller vers un renforcement du processus de renouveau et créer les conditions favorables pour réaliser l'accord social entre le Gouvernement et la population ». [...]

Nous devons vivre avec l'espoir que tout cela a du sens, avec l'espoir d'entreprendre des efforts pour un avenir meilleur dans une patrie libre. Il faut être décidé à s'opposer à toutes les tentatives de stopper ce processus du renouveau national, à toutes tentatives de mettre en conflit la population et de profiter des difficultés pour des buts contraires au bien de la nation et du pays. Notre pays a besoin surtout d'une paix intérieure, pour remettre en ordre la vie sociale, la reconstruction d'une confiance. C'est pour cela que, de ce lieu, au nom du patriotisme et de la justice, je vous appelle tous, les Polonais de bonne volonté, à prendre en charge le sort de notre patrie. Je vous appelle à garder votre sang-froid, à garder l'ordre social et le respect de tous les droits et de la dignité dans toutes vos actions pour le bien de notre patrie. Je vous appelle à rester vigilants pour défendre la sécurité et la sauvegarde de notre patrie. Je vous appelle à ne pas oublier que cette maison familiale, notre patrie, s'appelle la Pologne. Je vous appelle pour que la Pologne devienne de plus en plus la maison du peuple pour que la justice, la liberté, la paix, l'amour et la solidarité y règnent. Nous ne nous pouvons garantir cela et c'est ce que nous allons faire. Et le 16 décembre 1981, nous nous rencontrerons à nouveau ici. Pour faire le point. Et même peut-être, s'il le faut, pour régler nos comptes.

COMPLÉMENTS

Czeslaw Milosz (1911-2004) : Homme de lettres polonais, prix Nobel de Littérature en 1980, Milosz fit ses études à Vilnius avant de vivre à Varsovie durant l'occupation allemande. Après la Seconde Guerre et jusqu'en 1951, il fut diplomate puis demanda l'asile politique à la France. Professeur à l'Université de Berkeley dès 1960, il fut naturalisé américain et, après 1989, se partagea entre Berkeley et Cracovie.

81 – Ronald Reagan
Discours inaugural présidentiel

20 janvier 1981

Acteur de cinéma reconverti en homme politique, Ronald Reagan reste, aux yeux des Américains, un président aimé et respecté parce que ses deux mandats ont correspondu à une ère de paix et à un apparent redressement des États-Unis, embourbés, depuis la guerre du Vietnam, dans les difficultés extérieures, les scandales et la crise économique. Il n'en demeure pas moins que l'ère « reaganienne » du néo-libéralisme triomphant s'est aussi soldée par une aggravation des inégalités sociales et du déficit budgétaire.

Les seventies *: un déclin américain ?*

Au début des années 1970, sous la présidence de Richard Nixon, l'économie américaine s'enlise dans les déficits, l'inflation et la stagnation, sous l'effet de la guerre du Vietnam. Il est alors décidé d'abandonner la convertibilité du dollar en or, qui prévalait depuis les accords de Bretton Woods de 1944[1], puis de dévaluer à plusieurs reprises, ce qui, malgré un redressement économique temporaire, représente un choc psychologique certain pour la société américaine. L'impression que l'Amérique décline, qu'elle traverse une crise de puissance et de confiance en elle-même est encore renforcée par une succession de scandales politico-financiers : à la démission du vice-président Spiro Agnew pour fraude fiscale succède celle du président Nixon lui-même, contraint de se retirer pour ne pas faire l'objet d'une procédure d'*impeachment* liée à la sordide affaire du *Watergate*[2]. La courte présidence de Gerald Ford (1974-1976) ne peut empêcher que s'accentuent la défiance et le mépris des Américains pour le parti républicain : le Président semble bafouer l'éthique en absolvant son prédécesseur et en lui épargnant ainsi les poursuites judiciaires, la récession économique s'aggrave et, au Vietnam, les communistes finissent par s'imposer[3]. L'heure est à la déprime pour la nation qui se veut le phare du « monde libre ».

En 1976, c'est donc un démocrate peu connu, Jimmy Carter, propriétaire aisé venu de Georgie, qui entre à la Maison-Blanche pour un mandat sans réel relief. Il ne parviendra

---

1 Voir l'introduction au discours n° 36.
2 Voir l'introduction au discours n° 74.
3 Voir l'introduction au discours n° 68.

à redresser ni le pays ni le moral de ses compatriotes qui, sans nuances, garderont de sa présidence le goût amer des échecs et des humiliations. Carter peut s'enorgueillir des accords de Camp David entre Égyptiens et Israéliens[4] puis d'un accord SALT II de limitation des armes stratégiques avec l'URSS mais, dans le premier cas, l'isolement du président Sadate et, dans le second, l'invasion de l'Afghanistan par les Soviétiques réduisent à peu de choses les bénéfices escomptés. De plus, en Iran, le renversement du Shâh, allié de Washington, par la révolution islamique de l'ayatollah Khomeiny et la longue prise en otage du personnel de l'ambassade américaine à Téhéran sonnent comme de graves revers[5]. Sur le plan intérieur, les États-Unis, moins frappés que l'Europe par le choc pétrolier, subissent une crise économique moins grave, car le produit national et les revenus ont continué à augmenter. Cependant, le sentiment qui domine est celui du marasme : le secteur secondaire s'effondre, le chômage, jugulé en milieu de mandat, explose ensuite, le déficit budgétaire se creuse et, surtout, l'inflation atteint un niveau record, au-delà de 10 %. C'est cette dernière donnée du problème qui choque le plus les Américains, tous touchés par la hausse fulgurante du coût de la vie. Jimmy Carter essaie de relancer le pays et de répondre aux attentes de la population par les méthodes keynésiennes appliquées depuis l'époque du *New Deal*[6] et basées sur l'intervention accrue de l'État fédéral dans l'économie par des mesures sociales, des créations d'emplois et un système fiscal progressif sollicitant davantage les revenus élevés. Mais les résultats sont minces et, à la veille des élections de novembre 1980, la majorité de la nation semble aspirer à un réel renouveau.

Le réveil de l'« Amérique profonde »

Ce renouveau, c'est une personnalité atypique qui va l'incarner. Né dans une famille modeste de l'Illinois, Ronald Wilson Reagan (1911-2004) obtient, en 1932, un diplôme de *Bachelor of Arts* (premier cycle) en économie et sociologie après des études peu brillantes qu'il a payées en travaillant dans une cafétéria. Il obtient rapidement un emploi de commentateur sportif à la radio puis, en 1937, entame une carrière d'acteur à Hollywood, tournant une cinquantaine de films de qualité inégale, dont beaucoup de westerns dans lesquels il semble confiné aux seconds rôles. Durant la guerre, il est affecté aux services photographiques de l'armée car des problèmes de vue ne lui permettent pas d'intégrer une unité combattante. À partir des années 1950, il se tourne davantage vers la télévision et y officie en tant qu'acteur, présentateur et producteur jusqu'en 1964. Par ailleurs, il est un temps responsable de la propagande interne chez General Electric. Servi par un physique agréable et de réels talents de communicateur, Ronald Reagan est très tôt intéressé par la politique. Sous l'influence de son père, il est d'abord démocrate et compte parmi les partisans du président Roosevelt. Après la Seconde Guerre, il reste officiellement démocrate jusqu'en 1962 mais évolue vers le parti républicain et même vers son aile droite dès 1950, sur fond de guerre froide et

---

4 Voir l'introduction au discours n° 76.
5 Voir l'introduction au discours n° 77.
6 Voir l'introduction au discours n° 17.

de maccarthysme[7]. Comme président du syndicat des acteurs, la *Screen Actors Guild*, Reagan, anticommuniste résolu, est appelé à témoigner au *House Un-American Activities Committee* (HUAC) et ne s'y montre guère solidaire avec certains de ses collègues, soupçonnés de proximité avec l'ennemi. Son évolution vers la droite peut aussi être rapprochée de son remariage, en 1952, avec une actrice, Nancy Davis, fille d'un homme d'affaires républicain. Après avoir soutenu en tant que démocrate deux candidats républicains à la présidence, Eisenhower puis Nixon, il appuie, cette fois au sein du parti, le très conservateur Barry Goldwater, battu par Johnson en 1964. En 1966, il est lui-même élu gouverneur de Californie et se sent des ambitions présidentielles. Il brigue sans succès l'investiture en 1968 et 1976 avant de l'obtenir en 1980.

Menant une campagne efficace contre Jimmy Carter, président sortant démonétisé, il développe un programme qui semble répondre aux aspirations de l'« Amérique profonde », c'est-à-dire l'Amérique moyenne, blanche et bourgeoise, autoproclamée « majorité morale », sur laquelle Richard Nixon s'était déjà appuyé en 1968. L'électorat a vieilli et son centre de gravité s'est déplacé vers le Sud et l'Ouest, plus traditionalistes, profondément chrétiens et très méfiants à l'égard du Nord et de l'Est, plus urbains et intellectuels. Or justement, Reagan a soixante-dix ans – ce qui fera de lui le président élu le plus âgé – et a connu la fortune politique en Californie. Il véhicule une image d'homme simple, de *cow boy* plein de bon sens, à mille lieues des technocrates de Washington, et privilégie, dans ses discours, les thèmes fédérateurs que sont le patriotisme, les valeurs morales, religieuses et familiales ou encore un anticommunisme sans nuances qui le fera bientôt qualifier l'URSS d'« Empire du Mal ». Reagan veut imposer le retour d'une Amérique décomplexée, fière d'elle-même et de ses valeurs. C'est le sens de son slogan : *America is back*. Mais c'est avant tout sur le redressement économique qu'il va insister en choisissant de rompre avec la stratégie adoptée depuis près d'un demi-siècle. Pour ce faire, il s'appuie sur les théories néo-libérales et monétaristes de Milton Friedman, prix Nobel d'Économie 1976, et sur l'idée d'économie de l'offre prônée par le Californien Arthur Laffer, selon laquelle l'argent non imposé est forcément investi et donc créateur d'emplois pour tous, riches comme pauvres. La volonté affirmée de Reagan est donc de réduire au maximum les compétences et les dépenses du gouvernement fédéral mais également les impôts et les taxes qui lui sont dus.

L'Amérique est séduite par ce mélange de libéralisme, de populisme et de puritanisme. Elle élit Ronald Reagan président avec neuf millions de voix d'avance mais également un taux d'abstention record de 47 %. Le 20 janvier 1981, son discours inaugural est l'occasion d'indiquer avec force quelles seront les priorités de son mandat. L'allocution de Reagan est d'abord un hymne à l'Amérique face à ses ennemis liberticides, à son peuple face à des élites déconnectées, à son histoire glorieuse, *sous la garde de Dieu*, et à sa supposée supériorité : les États-Unis ont, selon lui, garanti *la prospérité*, *la liberté* et *la dignité de l'individu* mieux que toute autre nation. Le Président y insiste : chaque Américain qui travaille est un *héros* par sa contribution à la réussite nationale. Il lui revient donc de croire en lui-même et en sa capacité à relever, seul ou collectivement, les défis qui s'annoncent. Refusant l'idée de déclin, Reagan fournit ses recettes pour sortir de l'inflation. Deux formules frappent les esprits : *Le gouvernement n'est pas*

---

7 Voir l'introduction au discours n° 47.

la solution à nos problèmes ; le gouvernement est le problème et *Remettre l'Amérique au travail.* Le Président s'engage à décentraliser davantage le pouvoir en confiant plus de compétences aux États, à limiter le rôle de la structure fédérale, à réduire les dépenses publiques et la charge fiscale pour mieux permettre une *renaissance nationale.*

Ombres et lumières de l'ère Reagan

La mise en application de ces propositions ultra-libérales va permettre à l'Amérique de remporter un certain nombre de succès et de connaître un indéniable redressement économique, à tel point que le modèle dit *Reaganomics* va faire des émules en Europe, notamment dans la Grande-Bretagne thatchérienne. En 1982, l'*Economic Recovery Tax Act* réforme le système fiscal en le rendant moins progressif et redistributif et, quatre ans plus tard, un autre texte révolutionne la perception des impôts en ne conservant que deux barèmes sur quatorze, en supprimant de nombreuses exemptions et en réduisant l'imposition des plus riches comme des plus pauvres. Par ailleurs, Ronald Reagan va tenir ses promesses en termes de décentralisation mais aussi de coupes dans les dépenses du niveau fédéral, coupes qui affecteront surtout les programmes sociaux, la rénovation urbaine, l'environnement et l'éducation. En ce qui concerne l'emploi, dix-sept millions de postes sont créés durant ses deux mandats et, en 1989, le chômage est descendu à 5,2 % de la population active. L'inflation, elle aussi, est jugulée, passant, en huit ans, de 13 à 4 %. Le dollar et les valeurs boursières sont repartis à la hausse et le PIB connaît, dès 1983, une hausse de 3,5 % alors qu'il baissait encore l'année précédente.

Cependant, contrairement à ses promesses et à l'orthodoxie libérale, Reagan laisse se creuser gravement les déficits publics. Ceux-ci représentent 1 % du PNB en 1980 et 3,5 % en 1986, ce qui conduit à une explosion de la dette. Ces mauvais résultats proviennent essentiellement d'une augmentation fulgurante des dépenses militaires. Lancé dans une croisade contre l'URSS et désireux également de créer de l'emploi dans l'industrie d'armement, Reagan remobilise le complexe militaro-industriel et lance l'Initiative de défense stratégique (IDS) ou « guerre des Étoiles », un bouclier spatial antiatomique. Par ailleurs, il fait installer en Europe des missiles Pershing. Toutefois, l'atmosphère se détendra sous Gorbatchev et permettra aux deux Grands de signer, en 1987, le premier accord de désarmement nucléaire. En ce qui concerne l'Amérique Latine et les Antilles, il entend empêcher tout mouvement de subversion ou tout gouvernement potentiellement influencé par Moscou, ce qui, à ses yeux, justifie une intervention armée à la grenade en octobre 1983, face à un coup d'État pro-castriste, une aide aux *contras* nicaraguayens en lutte contre la révolution sandiniste et un appui aux régimes forts sinon dictatoriaux du Salvador et du Guatémala. Ailleurs dans le monde, Reagan mène aussi une politique interventionniste tous azimuts, de manière parfois maladroite. Sa décision d'envoyer des *marines* au Liban de 1982 à 1984 se solde par un échec et ses relations avec le monde arabe sont difficiles. Elles le conduiront même, en 1986, à un raid de représailles, efficace cette fois, contre la Libye, accusée d'être impliquée dans plusieurs actes terroristes.

À l'énorme extension du budget de l'armée répond une continence dans le domaine social, avec des conséquences douloureuses pour la partie la plus fragile de la population. En effet, celle-ci perd un certain nombre de garanties que lui assurait l'État Providence. Les inégalités s'accroissent incontestablement, créant une société de plus en plus duale. On compte désormais trois millions de sans-logis et plus de trente-trois millions de personnes vivant sous le seuil de pauvreté. Le niveau général des salaires américains a baissé et un grand nombre d'emplois créés sont précaires. Les oubliés de la prospérité sont déboussolés et l'on voit s'accroître les tensions raciales, les problèmes de drogue, les violences urbaines et la délinquance en général. S'attaquant davantage aux conséquences qu'aux causes, l'administration Reagan répond par un arsenal répressif plus sévère. Toutefois, ce bilan très contrasté n'empêchera pas la majorité des Américains de considérer que, globalement, l'ère Reagan leur a été favorable. En 1984, ils reconduiront leur président par 59 % des voix et, en 1988, éliront un autre républicain, le vice-président sortant George Bush. Ronald Reagan, lui, connaîtra une difficile fin de vie : atteint, dès 1992, par la maladie d'Alzheimer, il en avertira officiellement les Américains en 1994 et mourra, dix ans plus tard, dans sa propriété de Los Angeles.

Discours inaugural présidentiel

Sénateur Hatfield[8], Monsieur le Président de la Cour suprême[9], Monsieur le Président[10], Monsieur le vice-président Bush[11], Monsieur le vice-président Mondale[12], Sénateur Baker[13], *Speaker* O'Neill[14], Révérend Moomaw[15], mes chers compatriotes :

Pour beaucoup d'entre nous, ce jour est un jour solennel très important, et pour notre pays, c'est un fait habituel. Le transfert des pouvoirs selon l'autorité de notre Constitution est devenu une routine depuis presque deux cents ans, et nous sommes nombreux à oublier à quel point nous sommes privilégiés en réalité. À travers le monde, cette cérémonie qui vient tous les quatre ans, et que nous tenons pour un fait normal, n'est rien moins qu'un miracle.

---

8 Sans doute Mark O. Hatfield, sénateur de l'Oregon, président du Comité sénatorial des Appropriations, qui contrôle les dépenses publiques.

9 Alors Warren E. Burger, nommé sous Nixon.

10 Il s'agit du président sortant, Jimmy Carter.

11 Il s'agit de George Bush, futur vice-président de Reagan.

12 Il s'agit de Walter Mondale, vice-président sortant.

13 Sans doute Henry Baker JR., sénateur du Tennessee, chef du groupe républicain au Sénat.

14 Il s'agit du *Speaker of the House* ou président de la Chambre des Représentants, deuxième dans l'ordre de succession au président, après le vice-président.

15 Donn D. Moomaw, pasteur principal de l'Église presbytérienne de Bel Air, Los Angeles (Californie).

Monsieur le Président, je souhaite que nos compatriotes sachent à quel point vous avez porté cette tradition. Par votre généreuse coopération dans ce processus de transition, vous avez montré au monde qui nous regarde que nous sommes une nation unie et engagée pour le maintien d'un système politique garantissant la liberté individuelle à un plus haut degré que partout ailleurs, et je vous remercie, vous et vos équipes, pour toute votre aide afin de maintenir cette continuité qui est le fondement de notre république.

Les affaires de notre nation continuent. Ces États-Unis sont confrontés à des difficultés économiques de grande ampleur. Nous souffrons de la plus longue et de la plus grande inflation de toute notre histoire nationale. Elle déforme les décisions économiques, pénalise l'effort et détruit le courage des jeunes ainsi que les revenus fixes des retraités. Elle menace de bouleverser la vie de millions de personnes.

Les industries déclinent et plongent les travailleurs dans le chômage, la misère humaine et l'indignité. Ceux qui travaillent n'ont pas un juste retour de leurs efforts à cause d'une fiscalité qui pénalise la réussite et qui nous empêche de maintenir une pleine productivité.

Mais aussi lourde que soit la charge fiscale, elle ne parvient pas à suivre les dépenses publiques. Depuis des décennies nous avons accumulé les déficits, hypothéquant notre futur, le futur de nos enfants, pour satisfaire les besoins temporaires du présent. Poursuivre dans cette direction, c'est se garantir une crise sociale, culturelle, politique et aussi économique encore plus grande.

Vous et moi, en tant que personnes, pouvons, en empruntant, vivre au-dessus de nos moyens, mais seulement pour une période de temps limitée. Pourquoi alors penserions-nous que, collectivement, en tant que nation, nous ne sommes pas liés par la même limitation ? Nous devons commencer à agir, et commencer aujourd'hui.

Les maladies de l'économie dont nous souffrons sont nées il y a plusieurs décennies. Elles ne partiront pas aujourd'hui, ni ces prochaines semaines, ni dans les prochains mois, mais elles partiront. Elles partiront parce que nous, les Américains, nous sommes capables aujourd'hui, et nous l'avons prouvé dans le passé, de faire ce qu'il est besoin de faire pour protéger ce dernier et grand bastion de la liberté.

Dans la crise actuelle, le gouvernement n'est pas la solution à nos problèmes ; le gouvernement est le problème. De plus en plus, nous avons été tentés de croire que la société est devenue trop complexe pour se gouverner elle-même, que le gouvernement d'un groupe d'élite est supérieur à un gouvernement du peuple, par le peuple, pour le peuple. Et bien, si personne parmi nous n'est capable de se gouverner par lui-même, qui parmi nous a la capacité de gouverner les autres ? Tous ensemble, dans et en dehors du gouvernement, nous devons supporter cette charge. Les solutions que nous recherchons doivent être équitables, et aucun groupe ne doit être voué à payer un prix plus élevé. Nous entendons beaucoup de catégories défendant des intérêts particuliers. Et bien, notre but va être de porter notre attention sur un groupe qui a été trop longtemps négligé. Il ne connaît ni frontières locales, ni divisions ethniques et raciales, et transcende les clivages politiques. Il s'agit des hommes et des femmes qui produisent notre nourriture, assurent la sécurité de nos rues, travaillent dans les mines et les usines, enseignent à nos enfants, gardent nos maisons, et nous soignent lorsque nous sommes malades, les indépendants, les industriels, les commerçants, les employés, les chauffeurs de taxis et les conducteurs de camions. Ils sont, pour résumer, « Nous le peuple » et on les appelle les Américains.

L'objectif de cette Administration sera d'atteindre une économie saine, vigoureuse et croissante, qui donnera d'égales opportunités à tous les Américains sans aucune discrimination ni barrière religieuse. Remettre l'Amérique au travail signifie remettre les Américains au travail. En finir avec l'inflation signifie libérer les Américains de la terreur de la hausse du coût de la vie. Tous doivent profiter du travail productif de ce « nouveau commencement » et tous doivent partager les bienfaits d'une économie ressuscitée.

Avec l'idéalisme et la loyauté qui sont le socle de notre système et de notre force, nous pouvons vivre dans une Amérique forte et prospère, en paix avec elle-même et le monde.

Puisque nous avons commencé, faisons la liste. Nous sommes une nation qui a un Gouvernement, et non le contraire. Et cela fait de nous une nation spéciale parmi les nations de la Terre. Notre gouvernement n'a pas d'autre pouvoir que celui que lui donne le peuple. Il est temps de contrôler et de faire reculer la croissance de l'État, lequel semble avoir enflé au-delà du consentement des gouvernés.

Il est dans mes intentions de réduire la taille et l'influence de la structure fédérale et de demander à ce que soient distinguées les compétences du Gouvernement fédéral et celles des États ou des personnes. Nous avons tous besoin de nous rappeler que le gouvernement fédéral n'a pas créé les États, mais que ce sont les États qui ont créé le gouvernement fédéral.

Maintenant, afin qu'il n'y ait pas de malentendus, il n'est pas dans mon intention de supprimer le gouvernement. Il s'agit plutôt de le faire fonctionner – avec nous, non au-dessus de nous – pour qu'il soit à nos côtés et non sur notre dos. Le gouvernement peut et doit fournir des opportunités, non les étouffer, renforcer la productivité, et non l'amoindrir.

Si nous cherchons la réponse pour savoir pourquoi pendant des années nous avons prospéré plus que les autres peuples de la Terre, c'est parce, ici, dans ce pays, nous avons utilisé l'énergie et mis en valeur le génie humain mieux que nul ne l'avait jamais fait auparavant. La liberté et la dignité de l'individu ont été plus libres et mieux assurées ici que partout ailleurs dans le monde. Le prix pour cette liberté a parfois été élevé, mais nous n'avons jamais rechigné à payer ce prix.

Ce n'est pas une coïncidence si nos difficultés présentes sont parallèles et proportionnelles à l'intervention et à l'intrusion dans nos vies d'une excessive et inutile croissance de l'État. Il est temps pour nous de comprendre que nous sommes une trop grande nation pour nous limiter à de petits rêves. Nous ne sommes pas, comme certains aimeraient le faire croire, promis à un déclin inévitable. Je ne crois pas en une fatalité qui nous frapperait, quoi que nous fassions. Je crois, en fait, que cette fatalité nous frappera si nous ne faisons rien. Aussi, avec toute l'énergie créative dont nous disposons, commençons une ère de la renaissance nationale. Laissons renaître notre détermination, notre courage, notre force. Et laissons renaître notre foi et notre espérance.

Nous avons parfaitement le droit d'avoir des rêves héroïques. Ceux qui disent que nous sommes à une époque où il n'y a pas de héros, ne savent pas où regarder. Vous pouvez voir des héros chaque jour, entrant et sortant des usines. D'autres, très nombreux, produisent suffisamment de nourriture pour nous nourrir tous et aussi le monde entier. Vous pouvez voir des héros derrière un comptoir et il y en a des deux côtés de ce comptoir. Il y a les entrepreneurs qui croient en eux et en une idée, créatrice de nouveaux emplois, d'une nouvelle richesse et de nouvelles opportunités. Il y a les particuliers et les familles qui paient les taxes du gouvernement et qui font des dons volontaires pour soutenir les églises, la charité, la culture, l'art et l'éducation. Leur patriotisme est discret, mais profond. Leurs valeurs soutiennent notre vie nationale.

J'ai utilisé les mots « ils » et « leur » en parlant de ces héros. J'aurais pu dire « vous » et « votre » parce que les héros dont je parle, c'est vous, les citoyens de cette terre bénie. Vos rêves, vos espérances, vos buts vont devenir les rêves, les espérances et les buts de cette Administration, avec l'aide de Dieu.

Nous devons refléter la compassion qui fait partie intégrante de notre caractère. Comment aimer notre pays sans aimer ses habitants ; et, en les aimant, leur tendre la main quand ils tombent, les soigner quand ils sont malades et leur offrir des opportunités pour les rendre autosuffisants afin qu'ils deviennent égaux dans les faits et pas seulement dans la théorie ? Pouvons-nous résoudre les problèmes auxquels nous sommes confrontés ? La réponse est sans équivoque, c'est « oui ». Pour paraphraser Winston Churchill, je n'ai pas prêté le serment que je viens de prêter avec l'intention de présider à la dissolution de la plus forte économie du monde.

Dans les jours à venir, je ferai barrage à ce qui a ralenti notre économie et réduit sa productivité. Les étapes que nous ferons auront pour objectif de restaurer l'équilibre entre les différents niveaux de gouvernement. La progression peut être lente, se mesurer en millimètres et en centimètres, pas en kilomètres, mais nous progresserons. Il est temps de réveiller ce géant industriel, de remettre le gouvernement dans ses limites et d'alléger un système fiscal punitif. Et ce sera nos premières priorités, et nous ne ferons aucun compromis sur ces principes.

Au commencement de la lutte pour notre indépendance, un homme qui fut sans doute un des plus grands parmi les Pères Fondateurs, le Docteur Joseph Warren[16], président du congrès du Massachusets, dit à ses concitoyens américains : « Notre pays est en danger, mais ne désespérez pas... De vous dépend la fortune de l'Amérique. Vous devez décider quelles sont les questions importantes sur lesquelles reposent le bonheur et la liberté de millions d'hommes à naître. Agissez en étant dignes de vous ».

Je pense que nous, les Américains d'aujourd'hui, sommes prêts à agir en étant dignes de nous, prêts à faire ce qui doit être fait pour assurer notre bonheur et notre liberté, ceux de nos enfants et des enfants de nos enfants. Et si nous renaissons nous-mêmes aujourd'hui dans notre propre pays, nous serons perçus comme plus forts à travers le monde. Nous serons à nouveau l'exemple de la liberté et le phare de l'espérance pour ceux qui ne l'ont pas encore.

Avec les voisins et les alliés qui partagent notre liberté, nous renforcerons nos liens et les assurerons de notre soutien et de notre ferme engagement. Nous serons loyaux les uns envers les autres. Nous entretiendrons des relations bénéfiques pour chacun. Nous ne marchanderons pas notre amitié en vue de réduire leur souveraineté parce que notre propre souveraineté n'est pas à vendre.

Quant aux ennemis de la liberté, nos adversaires potentiels, ils devront se souvenir que la paix est la plus grande aspiration du peuple américain. Nous négocierons pour cela, nous ferons des sacrifices pour cela mais nous ne nous rendrons pas, ni aujourd'hui, ni jamais.

Notre indulgence ne devra jamais être mal interprétée. Notre répugnance pour la guerre ne doit pas être méjugée comme une faillite de notre volonté. S'il faut agir pour préserver la sécurité nationale, nous agirons. Nous maintiendrons une force suffisante pour la garantir en

---

[16] 1741-1775. Mort à la bataille de Bunker Hill, durant le siège de Boston, au cours de la guerre d'Indépendance.

cas de besoin, car nous savons que c'est en agissant de la sorte que nous avons les meilleures chances de ne jamais avoir à nous en servir. Par-dessus tout, nous devons comprendre qu'aucun arsenal ni aucune arme dans les arsenaux du monde n'est plus redoutable que la volonté et le courage des hommes et des femmes libres. C'est une arme que nos adversaires aujourd'hui dans le monde ne possèdent pas. C'est une arme que les Américains possèdent. Il faut que ce soit compris par ceux qui pratiquent le terrorisme et considèrent leurs voisins comme des proies.

On m'a parlé des dizaines de milliers de réunions de prière qui se tiennent aujourd'hui, et j'en suis profondément heureux. Nous sommes un pays sous la garde de Dieu et je crois que Dieu nous a destinés à être libres. Je pense qu'il serait bien que chaque Jour Inaugural soit, dans les années futures, déclaré jour de prière.

C'est la première fois dans notre histoire que cette cérémonie se tient, comme on vous l'a dit, du côté ouest du Capitole. D'ici, on a une vue magnifique sur l'histoire et la beauté particulière de cette ville. Au bout de cette vaste esplanade, il y a ces sanctuaires dédiés aux géants sur les épaules desquels nous nous tenons.

En face de moi, il y a le monument d'un homme monumental, George Washington, le père de notre pays. Un homme humble qui est devenu grand à contrecœur. Il a conduit l'Amérique d'une victoire révolutionnaire jusqu'à l'enfance d'une nationalité. Sur une rive, le majestueux mémorial à Thomas Jefferson. La Déclaration d'indépendance brille de son éloquence. Et ensuite, au-delà du *Reflecting Pool*[17], les colonnes pleines de dignité du Mémorial de Lincoln. Quiconque voudrait comprendre du fond du cœur le sens de l'Amérique le trouvera dans la vie d'Abraham Lincoln.

Au-delà de ces monuments dédiés à l'héroïsme se trouve la rivière Potomac et, de l'autre côté de celle-ci, les collines en pente douce du Cimetière National d'Arlington avec ses multiples rangées de simples stèles blanches, portant des croix ou des Étoiles de David. Celles-ci ne représentent qu'une toute petite partie du prix qu'il a fallu payer pour notre liberté. Chacune de ces stèles est un monument à la gloire du genre de héros dont je parlais tout à l'heure. Leurs vies se sont terminées là dans des endroits appelés le Bois Belleau*, l'Argonne*, Omaha Beach*, Salerne*, et ailleurs autour du monde à Guadalcanal*, Tarawa*, Pork Chop Hill*, Chosin Reservoir* et dans une centaine de rizières et de jungles d'un endroit appelé le Vietnam.

Sous l'une de ces stèles repose un jeune homme, Martin Treptow, qui a quitté son emploi de barbier d'une petite ville en 1917 pour aller en

---

17 Vaste étendue d'eau dans laquelle se reflètent les Monuments.

France dans la fameuse *Rainbow Division*[18]. Là, sur le front occidental, il fut tué en essayant de porter un message entre les bataillons sous un feu nourri d'une terrible artillerie. On nous a dit qu'un journal intime fut trouvé sur son corps. Sur la page de garde, sous le titre « Mon engagement », il avait écrit ces mots : « L'Amérique doit gagner cette guerre. J'y travaillerai, je m'y efforcerai, je me sacrifierai et je supporterai ses rigueurs, je lutterai durement et je ferai de mon mieux comme si l'issue de tout ce combat ne dépendait que de moi ».

La crise à laquelle nous faisons face ne demande pas le genre de sacrifice que Martin Treptow et des milliers d'autres ont fait. Cependant, elle réclame notre plus grand effort et notre volonté de croire en nous-mêmes et de croire en notre capacité à remporter de grands défis, de croire qu'ensemble avec l'aide de Dieu nous pouvons résoudre les problèmes auxquels nous sommes confrontés. Et après tout, pourquoi ne devrions-nous pas y croire ? Nous sommes des Américains.

Dieu vous bénisse. Merci.

Compléments

Bois Belleau : bois situé près de Château-Thierry (Aisne) dans lequel les Américains stoppèrent l'avance allemande durant l'été 1918. Il abrite aujourd'hui un mémorial à tous les Américains tombés durant la Première Guerre.

Argonne : région de collines à l'est du bassin parisien, entre Champagne et Lorraine, où se déroulèrent de violents combats durant toute la Première Guerre. Le cimetière et le mémorial américain de Meuse-Argonne sont situés à Romagne-sous-Montfaucon. Plus de 14 000 soldats y sont enterrés.

Omaha Beach : l'une des plages du Débarquement du 6 juin 1944, où périrent 2 400 soldats alliés. Elle s'étend devant les communes de Vierville-, Saint-Laurent- et Colleville-sur-Mer (Calvados). C'est à Colleville que se situe aujourd'hui le cimetière américain.

Salerne : ville de Campanie, au sud-est de Naples, lieu du débarquement anglo-américain dans la péninsule italienne le 9 septembre 1943, sous le nom-code *Opération avalanche*. Les Alliés comptèrent environ 2 000 morts et 7 000 blessés.

Guadalcanal : île volcanique de l'archipel des Salomon prise par les Japonais en juillet 1942 et reprise par les Américains en février 1943, après huit mois de combats acharnés qui causèrent la mort de 1 600 GI's et de 24 000 Japonais. Il s'agit de la première victoire alliée dans le Pacifique.

---

[18] 42e Division de l'Armée américaine, qui combattit en France à partir de février 1918, particulièrement en Champagne, à Verdun et dans l'Argonne.

Tarawa : série d'îlots au sud-ouest de Hawaï où les Américains remportèrent une victoire décisive contre les Japonais en novembre 1943, au prix de 1000 morts et de 2100 blessés dans leur camp et de l'élimination de presque tous leurs ennemis.

Pork Chop Hill: bataille en deux temps de la guerre de Corée. Le premier assaut eut lieu du 16 au 18 avril 1953 et le second du 6 au 11 juillet de la même année. Le second affrontement se solda par un retrait de l'armée américaine, trois semaines avant l'armistice. Au total, les Américains ont compté environ 300 morts et 1300 blessés.

Chosin Reservoir: bataille de la guerre de Corée opposant, du 26 novembre au 13 décembre 1950, 30000 soldats des Nations unies sous commandement américain à 70000 volontaires chinois. Elle se solda par un retrait forcé des troupes de l'ONU, essentiellement composées d'Américains. On dénombra environ 2500 morts et 5000 blessés du côté des Nations unies, 25000 morts et 12500 blessés dans le camp chinois.

82 – Roi Juan Carlos
Message durant la tentative de putsch

24 février 1981

Fin 1975, à la mort de Franco, l'Espagne entre dans une périlleuse période de transition vers la démocratie. Alors que le pays est en butte à d'importantes difficultés économiques mais également au terrorisme basque, le gouvernement peine à imposer son autorité. Quelques officiers de l'armée nostalgiques d'un pouvoir fort en profitent pour tenter un coup d'État militaire dans la nuit du 23 au 24 février 1981. Leur échec naîtra de la fermeté manifestée à leur égard par un homme que tous peuvent reconnaître comme légitime : le roi Juan Carlos de Bourbon.

Un dictateur qui a prévu sa succession

En mars 1939, à l'issue de la guerre civile, Francisco Franco Bahamonde devient maître incontesté sur l'ensemble du territoire national[1]. Il impose alors une dictature de type corporatiste dans laquelle l'influence du catholicisme – religion d'État – et de son Église est prépondérante. Le seul parti reconnu est la Phalange, d'inspiration fasciste, qui étend son contrôle à tous les secteurs de la vie publique, tandis que les adversaires vaincus sont réduits au silence et emprisonnés en masse. Durant la Seconde Guerre mondiale, Franco a l'habileté de ménager l'Axe qui a, idéologiquement, ses sympathies, tout en se déclarant neutre ou non belligérant. Dès que le vent semble tourner en faveur des Alliés, il leur donne des gages en assouplissant timidement le régime. Cependant, en 1945, l'Espagne est diplomatiquement isolée, l'ONU se refusant à l'admettre en son sein. La guerre froide va modifier cet état de fait : les États-Unis ont besoin du soutien et de la fidélité de l'Espagne franquiste, qu'ils intègrent au Plan Marshall en 1950, avec laquelle ils signent un accord militaire en 1953 et dont ils obtiennent l'entrée à l'ONU fin 1955. Pour l'Espagne, les années 1960 correspondent à une profonde mutation économique : elle s'industrialise, favorise l'implantation sur son sol de grandes entreprises étrangères et s'ouvre au tourisme. Les résultats en termes de croissance et de hausse du PNB sont impressionnants. Mais sur le plan politique, l'évolution est plus lente. Au sein de l'État, l'emprise du fascisme recule au profit d'un cléricalisme proche de l'Opus Dei. Une certaine démocratisation est opérée en deux temps, en 1962 puis en 1974 : l'État accepte davantage de liberté d'expression, laisse plus de latitude aux associations ouvrières en marge du syndicat vertical

---

1 Voir l'introduction aux discours n° 22 et 23.

unique et permet l'élection d'une partie des *Cortes*, le Parlement, au suffrage universel tempéré. Mais entre ces deux phases de décrispation, le pays traverse, au tournant des années 1960-1970 et comme plusieurs autres pays d'Europe, une période de troubles : grèves, revendications étudiantes, explosion du terrorisme autonomiste basque.

Au milieu de l'année 1974, l'état de santé de Franco, alors âgé de quatre-vingt-deux ans, nécessite un abandon temporaire de ses fonctions. Le vieux dictateur est en bout de course mais il a, depuis longtemps, préparé l'avenir. Le 1er avril 1947, une loi de succession a proclamé l'Espagne État catholique, social et représentatif, affirmant son caractère monarchique à l'issue d'une Régence à vie de Franco. Le respect de l'ordre dynastique voudrait que l'héritier du trône soit Don Juan, le fils du dernier roi Alphonse XIII, en exil depuis 1931. Mais en avril 1945, Don Juan a officiellement appelé Franco à se retirer, ce qui lui a peu plu. En avril 1954, le *Caudillo* décide donc de choisir comme successeur le fils de Don Juan, Juan Carlos de Bourbon (1938), qui avait été autorisé à rentrer en Espagne pour y suivre sa scolarité dès 1948, d'abord à San Sebastian puis à Madrid. C'est à l'issue de sa formation initiale que Juan Carlos, âgé de seize ans, endosse le statut de futur Roi d'Espagne. Il s'initie alors aux trois armes en intégrant l'Académie militaire de Saragosse, l'école navale de Pontevedra et l'école de l'air de Murcie, avant de suivre des cours de droit, de politique internationale et d'administration publique à l'Université Complutense de Madrid. En 1962, il épouse la princesse Sophie de Grèce, fille du roi Paul, et s'installe avec elle au palais de la Zarzuela, près de Madrid. Au fil des ans, l'héritier du trône se voit confier de plus en plus de responsabilités officielles et protocolaires. En juillet 1969, il est officiellement désigné successeur et prend le titre de prince d'Espagne. De juillet à septembre 1974, c'est lui qui assure la continuité du pouvoir durant la maladie de Franco. Le 22 novembre 1975, deux jours après la mort de ce dernier, il est proclamé Roi par les *Cortes* et, le 27, monte sur le trône au terme d'une cérémonie essentiellement religieuse. Une ère nouvelle commence.

Les aléas de la « transition »

Franco a laissé en héritage à Juan Carlos et à l'Espagne un système lourd et contraignant qu'il importe de rénover sans risquer de tomber dans la spirale des révolutions et contre-révolutions. Nombre de partisans du *Caudillo* occupent des postes clés dans les rouages de l'État et dans l'armée qui fut le pilier du régime parce qu'elle l'a engendré. Le rôle du Roi est donc capital puisque, adoubé par Franco, il apparaît légitime aux partisans de ce dernier tout en offrant aux opposants, désormais libres de s'exprimer, des gages de démocratie. De plus, sa formation militaire intensive lui vaut respect et fidélité dans l'armée dont il connaît personnellement de nombreux officiers supérieurs. Enfin, dans l'attente d'une Constitution, il dispose de pouvoirs très étendus. Les débuts de la « transition » se déroulent en douceur : Juan Carlos maintient le dernier gouvernement franquiste, celui du réformateur Navarro, qui assouplit la législation antiterroriste et instaure des lois mesurées sur le droit de réunion et les associations politiques. En juillet 1976, il appelle au pouvoir un autre ex-phalangiste, Adolfo Suarez, qui, avec l'aide du président des *Cortes* sortantes, fait voter, le 17 novembre, le principe d'élections multipartites au suffrage universel. Le 15 décembre, le peuple espagnol avalise cette décision par référendum. En un an, des dizaines de partis, groupes voire groupuscules naissent en

Espagne, dont plusieurs mouvements autonomistes, mais le parti communiste (PCE) est toujours interdit. Suarez comprend toutefois qu'un réel consensus démocratique ne sera acquis que moyennant l'autorisation de tous les partis, ce qui le pousse à négocier avec le leader communiste Santiago Carrillo et à légaliser le PCE en mars 1977, à la fureur d'une partie de l'armée et de la droite. Cette décision achève de rallier au régime les socialistes du PSOE, qui supportaient mal une « démocratie octroyée ». En juin 1977, les premières élections libres en Espagne depuis 1936 donnent une majorité relative au parti de Suarez, l'*Unión del Centro Democrático* (UCD), vaste regroupement de centre-droit. Elles font du PSOE le premier parti d'opposition avec 118 sièges sur 348 et révèlent une poussée des autonomistes basques et catalans. Toutefois, les *Cortes* restant régies par leur statut franquiste, Suarez peut constituer une nouvelle équipe, composée de techniciens et d'UCD, sans risquer d'être renversé.

Dès l'été 1977, le gouvernement s'emploie à lutter contre l'inflation, le chômage et les déficits qui accablent l'Espagne, parvenant à élaborer un plan de redressement approuvé par les syndicats. Durant l'automne, il rétablit le statut particulier de la Généralité de Catalogne, supprimé par Franco. L'année 1978 est d'abord celle de la Constitution, qui pérennise la monarchie comme garante de l'unité nationale et affirme le droit de toutes les provinces espagnoles à l'autonomie. Adopté par les *Cortes* en juillet et octobre, le texte est approuvé par référendum le 6 décembre 1978, par 87,7 %. La même année, le Pays basque obtient, comme la Catalogne, davantage d'autonomie, la peine de mort est supprimée et le principe de laïcité de l'État, proclamé. Toutes ces mesures irritent profondément la frange conservatrice de la société espagnole. Le scrutin de mars 1979 révèle une forme de lassitude chez les électeurs, dont beaucoup se sont abstenus, tandis que les partis autonomistes ont encore progressé. L'UCD manque de nouveau la majorité de peu et doit compter sur les huit sièges de l'*Alianza popular*, située sur sa droite. Le mois suivant, les élections municipales se soldent, elles, par une victoire de la gauche qui, par le biais d'une alliance PSOE-PCE, s'empare de nombreuses villes. Pour la droite, c'est le spectre du *Frente popular* qui refait surface. Autre spectre menaçant, celui du terrorisme basque : plusieurs dizaines d'Espagnols dont un gouverneur militaire périssent dans des attentats au cours de l'année 1979, alors que les *Cortes* adoptent un nouveau statut pour la région, plus décentralisateur encore. Aux élections locales de mars 1980, les Basques élisent plusieurs candidats ouvertement adeptes de l'action directe. Enfin, le camp conservateur est choqué par un projet de loi facilitant le divorce, ce qui, de nouveau, marque un recul de l'emprise catholique.

Une tentative de putsch qui fait long feu

Les causes de mécontentement sont donc légion à droite et à l'extrême-droite et certains, dans l'armée, estiment que l'Espagne va à vau-l'eau et qu'il s'agit de la reprendre en main. En novembre 1978, plusieurs officiers, dont le colonel de la *Guardia Civil*, Antonio Tejero, ont déjà tenté le coup de force, via l'opération *Galaxia*, afin de marquer leur opposition à la Constitution mais ils ont été découverts et condamnés à quelques mois de prison en mai 1980. Au début de l'année 1981, une deuxième opération est montée, facilitée par de nouveaux coups durs pour l'armée : une loi avance l'âge de la retraite obligatoire pour les officiers, de manière, pense-t-on, à écarter les plus réactionnaires et à favoriser l'essor d'une nouvelle génération, tandis que le Pays basque retrouve d'anciens privilèges fiscaux et obtient davantage de contrôle sur la police locale, ce qui apparaît comme un pas supplémentaire vers la désagrégation nationale. Le 10 janvier, le général Alfonso Armada y Comyn, en passe de devenir le numéro 2 de l'armée espagnole, rencontre le chef de la région militaire de Valence, le général Milans del Bosch afin de mettre au point une réaction musclée. Une crise gouvernementale va leur fournir l'occasion. Fin janvier, le Premier ministre Suarez, constatant la division profonde au sein de l'UCD, démissionne. Le 10 février, une nouvelle équipe est formée, sous la direction de Leopoldo Calvo Sotelo, un autre UCD qui doit obtenir l'investiture des *Cortes*. Or, le 18 février, celles-ci ne lui accordent pas une majorité suffisante et un second vote est programmé pour le 23. La tension est alors très forte dans le pays : le Roi, en visite au Pays basque, a vu son discours au Parlement local perturbé par les élus de la branche politique de l'ETA ; la branche militaire, elle, a enlevé et assassiné un jeune ingénieur tandis qu'à Madrid, un militant basque est mort au cours d'un interrogatoire de police. Dans la rue, les réactions sont nombreuses.

Le 23 février, vers 18h30, alors que le second vote des *Cortes* concernant le gouvernement Calvo Sotelo vient de commencer, le colonel Tejero et un petit groupe de gardes civils font irruption dans l'assemblée, ouvrent le feu sans faire de victimes et imposent aux députés de se coucher. Trois d'entre eux seulement – Suarez, Santiago Carrillo et le général Gutierrez Mellado, ministre de l'Armée – refusent d'obtempérer. Tejero demande que l'on attende l'arrivée de l'autorité militaire compétente. À minuit, le général Armada se présentera dans ce but comme futur chef de gouvernement mais Tejero refusera de le reconnaître. Plus tôt dans la soirée, un détachement de l'armée de terre a pris position non loin du palais royal tandis qu'un autre s'est assuré le contrôle de la radio et de la télévision. La marine et l'armée de l'air, elles, ne sont pas mêlées à l'opération. À Valence, le général Milans del Bosch proclame l'état d'urgence, fait sortir ses chars et, affirmant relayer des ordres royaux, commence à contacter les autres chefs de régions militaires afin de leur annoncer un « vide du pouvoir » à Madrid. Mais en réalité, ce « vide du pouvoir » n'existe pas. Dès le début de la soirée, le roi Juan Carlos a clairement pris parti contre les putschistes et s'est fermement engagé à défendre la démocratie espagnole. En tant que capitaine général des armées, il réunit rapidement le comité conjoint des chefs d'état-major et lui ordonne de maintenir l'ordre constitutionnel. Il avertit ensuite personnellement les chefs de régions militaires pour contester le message de Milans del Bosch et exiger l'obéissance au comité conjoint des chefs d'état-major. Par ailleurs, il pallie l'absence du gouvernement, retenu en otage, en confiant provisoirement les pouvoirs civils aux secrétaires d'État. Enfin, à 1 heure du matin, le 24 février, vêtu de son uniforme de capitaine général, il délivre un court message télévisé à la nation. Il y précise les ordres qu'il a donnés afin de contrer le coup d'État et affirme, sans aucune ambiguïté, l'attachement de la Couronne au processus démocratique fixé par la Constitution.

La victoire de la démocratie

L'allocution royale sonne le glas de la tentative de putsch dite « 23-F » : les factieux qui se présentaient comme fidèles voire mandatés par Juan Carlos sont désavoués. Il faudra cependant attendre quatre heures encore avant que Milans del Bosch n'ordonne le retrait de ses chars et près de douze heures pour que Tejero et ses gardes civils se rendent. Dans la foulée, le Roi reçoit les dirigeants des quatre principaux partis espagnols, UCD, PSOE, PCE et *Alianza popular* pour les appeler à plus d'unité afin de garantir la fragile démocratie. Le message est passé : le 25 février, les *Cortes* investissent Calvo Sotelo et la gauche s'engage à une opposition constructive tandis que les syndicats signent un accord avec le gouvernement et le patronat sur la politique de l'emploi. Deux lois viennent préciser et durcir l'arsenal législatif en ce qui concerne les rébellions, insurrections et situations d'exception. Cependant, notamment sous la pression du Roi, les poursuites contre les responsables de la tentative de putsch se limiteront aux hommes indéniablement et visiblement impliqués, afin d'éviter une récidive. Trente-deux militaires et un civil, ancien dirigeant du Syndicat vertical franquiste, passeront en jugement. Les trois principaux meneurs, Tejero, Milans del Bosch et Armada, seront condamnés à trente ans de réclusion[2].

En une nuit, l'Espagne aurait pu basculer mais elle a conservé le cap grâce au sang-froid de son Souverain et à la fidélité que lui a témoignée la plus grande partie de l'armée. La « transition », en bonne voie, peut se poursuivre et s'achever. À la fin de l'année 1981, l'Espagne, liée depuis 1976 aux États-Unis par un traité d'amitié et de coopération, demande son intégration au sein de l'Alliance atlantique, intégration qui sera effective en juin 1982. Quatre ans plus tard, le 12 mars 1986, le peuple espagnol validera par référendum son adhésion définitive à l'OTAN. La même année et après de longs mois d'attente, l'Espagne intégrera également, comme le Portugal, la Communauté économique européenne. Sur le plan intérieur, une nouvelle page importante de l'histoire espagnole se tourne en 1982. Paralysées par les divisions internes de l'UCD, les *Cortes* sont dissoutes le 28 août et des élections anticipées se tiennent le 28 octobre, non sans qu'intervienne, le 2, une dernière tentative de putsch vite maîtrisée. Le centre-droit et le parti communiste se présentent en position de faiblesse tandis que les socialistes du PSOE font une campagne efficace, sous la direction de leur chef Felipe Gonzalez, et bénéficient des retombées de la victoire historique de la gauche française, emmenée par François Mitterrand. Avec 202 sièges sur 350, le PSOE empoche la majorité absolue. L'Espagne va vivre, sans soubresauts, l'alternance et le retour au pouvoir de la gauche pour quatorze ans.

Message durant la tentative de putsch

Au moment de m'adresser à tous les Espagnols, avec brièveté et concision étant donné les circonstances extraordinaires que nous sommes en train de vivre, je demande à tous la plus grande sérénité et la confiance, et leur fais savoir que j'ai communiqué aux capitaines généraux des régions militaires, des zones maritimes et aériennes, l'ordre suivant :

2 Tejero fut libéré sous conditions en 1996, Milans del Bosch en 1991 et Armada en 1988.

« Face à la situation provoquée par les événements qui se sont déroulés au palais du Congrès, et pour éviter toute confusion, je confirme que j'ai ordonné aux autorités civiles et au comité des chefs d'état-major de prendre toutes les mesures qui s'imposent pour maintenir l'ordre constitutionnel dans le cadre légal actuel ».

Toute mesure de caractère militaire qui, le cas échéant, pourrait devoir être adoptée devra recevoir l'approbation du comité et des chefs d'état-major.

La Couronne, symbole de la permanence et de l'unité de la patrie, ne saurait tolérer, en aucune façon, des actions ou des attitudes de personnes qui prétendraient interrompre par la force le processus démocratique que la Constitution votée par le peuple espagnol a fixé en son temps au moyen d'un référendum.

83 – Deng Xiaoping
Allocution d'ouverture du XIIe Congrès

1er septembre 1982

Si 1956 reste gravée dans les mémoires comme l'année de la déstalinisation[1], on peut considérer que le début des années 1980, marque, en Chine, la véritable affirmation de la démaoïsation. L'âme de ce processus est Deng Xiaoping, qui s'impose alors comme l'homme fort de la République populaire de Chine. Proche de Mao puis victime de ses purges, il saura, lui aussi, écarter certains proches et souffler le chaud et le froid sur un peuple qu'il conduira progressivement vers l'économie de marché sans rien concéder sur le plan politique.

Un communiste militant et combattant

Né dans un village du Sichuan, Deng Xixian, dit Xiaoping (1904-1997), est le fils d'un propriétaire terrien aisé. En 1919, au terme de sa scolarité, il accepte la proposition faite à de nombreux jeunes nationalistes chinois de partir étudier en France les techniques industrielles à appliquer ensuite au pays. Après un an de préparation, il s'embarque pour Marseille mais, une fois sur place, estime l'expérience décevante et préfère vivre de petits boulots. En 1922, il rencontre d'autres Chinois de France, dont Chou En-lai, qui le convertissent au marxisme-léninisme et font de lui un militant actif du Parti communiste chinois (PCC) en Europe. En 1926, Deng quitte la France, où il est surveillé par la police, pour un an de formation doctrinale en URSS avant de regagner la Chine où il se voit confier une mission de propagande au sein de l'Académie Sun Yat-sen. À ce moment, communistes et nationalistes du Kuomintang sont encore alliés pour contrôler la Chine mais, dès 1927, les seconds, se sentant assez forts, décident de se débarrasser des premiers qu'ils voient comme un danger. C'est à ce moment que Deng Xixian, devenu secrétaire du Comité central du PCC à Hankou, prend le nom de Deng Xiaoping.

À partir de 1929, il détient des responsabilités de plus en plus importantes comme commissaire politique sur le terrain ou au sein des instances du PCC qui essaie alors, un peu partout dans le pays, de susciter des insurrections et des *soviets*. Deng alterne victoires et défaites et se trouve même un temps privé de sa liberté pour avoir soutenu la vision maoïste de la révolution, alors minoritaire. En 1934-1935, il accompagne

1 Voir l'introduction au discours n° 53.

Mao dans sa « Longue Marche » vers le nord pour briser l'encerclement des forces communistes par celles du Kuomintang. Viennent ensuite la guerre sino-japonaise, déclenchée en 1937, qui ressoude l'union nationale et, de 1945 à 1949, la lutte décisive entre communistes et nationalistes, qui se soldera par la proclamation de la République populaire de Chine. Durant douze ans, Deng est donc plongé au cœur de l'action militaire. Il y reste encore de 1949 à 1952 puisqu'il est envoyé donner le coup de grâce au Kuomintang et rallier au nouveau régime le sud-ouest de la Chine et le Tibet. Revenu à Pékin, il gravite dans l'entourage de son ami Chou En-lai, devenu Premier ministre, et obtient le ministère des Finances. En 1954, il est nommé secrétaire général du Comité central et, en 1956, le Congrès du parti fait de lui le secrétaire général du PCC, ce qui lui permet de placer ses proches aux postes clés et d'asseoir son pouvoir.

Une carrière en dents de scie

C'est ce VIIIe Congrès qu'il évoquera, un quart de siècle plus tard, dans le discours présenté ci-dessous, comme un point d'ancrage, une sorte de point de départ à retrouver en veillant à ne plus commettre, par la suite, les mêmes erreurs. Entre 1956 et 1958, le VIIIe Congrès dresse le bilan de la collectivisation de l'industrie et de l'agriculture, constatant la disparition presque totale du secteur privé. D'autre part, il initie le « Grand Bond en avant » qui fixe comme défi à la Chine de surpasser la Grande-Bretagne en quinze ans. Dans le même temps, il réaffirme avec force la toute-puissance et l'infaillibilité du PCC, c'est-à-dire le refus de toute évolution du régime politique. Cependant, le « Grand Bond » ne produit pas les effets escomptés, d'autant que la rupture entre la Chine et l'URSS prive Pékin d'une aide importante. Une faille s'insinue alors au sommet du parti entre les orthodoxes qui comme Mao défendent la primauté de l'idéologie communiste et les « modérés » décidés à plus de souplesse pour dynamiser l'économie chinoise. Taxés de « révisionnisme », ces derniers font les frais, dès 1966, de la révolution culturelle par laquelle Mao lance la jeunesse chinoise à l'assaut de ses opposants.

Partisan d'une politique réaliste et pragmatique, Deng Xiaoping fait partie des victimes de la répression. Les Gardes rouges voient en lui un compagnon de route du capitalisme et s'en prennent à toute sa famille qui est dispersée. L'un de ses fils, torturé, en restera paralysé à vie. Durant six ans, Deng disparaît de la scène politique, travaillant comme simple ouvrier dans une usine de tracteurs. En 1973, il est toutefois rappelé, dans une atmosphère de fin de règne, et retrouve une place de choix au sein des sphères dirigeantes comme vice-Premier ministre puis chef d'état-major. De nouveau temporairement écarté par les « durs » en 1976-1977, alors que Chou En-lai et Mao disparaissent successivement, il est réintégré en juillet 1977, après l'arrestation de la « bande des quatre », et va parvenir, en cinq ans, à imposer son programme et ses hommes, sans toutefois obtenir une nette majorité dans les instances dirigeantes. Mais qu'importe, au-delà des postes et des titres, Deng Xiaoping, vice-président du PCC, peut être considéré comme le véritable chef du régime dès la fin de l'année 1978.

Les « quatre modernisations » de la Chine

Sa volonté première est d'entamer, à l'échelle du pays, une profonde modernisation qui est toujours en cours. Il commence par lancer un processus de démaoïsation, en encourageant la remise en cause du Grand Timonier et la dénonciation de ses erreurs. Plus de trois millions de cadres du parti, exclus lors de la révolution culturelle, sont réhabilités et 500 000 environ, réintégrés. Mais c'est sur le plan économique que les changements sont les plus nets. La Chine entre dans ce que l'on va appeler l'ère de la « porte ouverte » et des « quatre modernisations », celles de l'industrie, de l'agriculture, de la défense nationale et des sciences et techniques. Des accords de commerce ou de coopération technique sont signés avec le Japon et les États-Unis et une série de dispositions sont prises pour s'ouvrir, certes timidement, au monde capitaliste, comme la création de sociétés mixtes ou la définition de « zones économiques spéciales ». Sur le plan intérieur, on réhabilite partiellement les concepts de rentabilité et de bénéfices en accordant davantage d'autonomie aux entreprises. Par ailleurs, on amorce une décollectivisation du secteur agricole. Enfin, en 1979, on lance la très sévère « politique de l'enfant unique », aujourd'hui assouplie, afin de réguler la croissance démographique.

Le discours prononcé par Deng Xiaoping le 1er septembre 1982, dont des extraits sont reproduits ici, dresse un premier bilan de cette politique à l'occasion du XIIe Congrès du PCC. Deng y fixe trois priorités pour la Chine : *la sauvegarde de la paix* face à *l'hégémonisme*, c'est-à-dire une politique étrangère active, notamment face à Moscou, la *réunification*, c'est-à-dire l'absorption de Taïwan / Formose, refuge des nationalistes depuis 1949, mais surtout et avant tout la poursuite de la *modernisation socialiste* qui doit, dit-il, avoir *la réalité chinoise pour point de départ.* Il ne s'agit pas de nier la pertinence universelle du marxisme mais d'appliquer celui-ci en fonction de caractéristiques nationales. Deng précise que la modernisation doit, d'ici la fin du XXe siècle, se concentrer sur les points suivants : la réforme de l'économie, celle du parti, une meilleure formation des *cadres révolutionnaires* et la répression du crime organisé. Le XIIe Congrès va avaliser cette ligne politique mais en rappelant qu'elle doit rester fidèle aux quatre principes fondamentaux du régime : voie socialiste, dictature du prolétariat, direction du PCC et marxisme-léninisme, dans sa version maoïste. En décembre 1982, une nouvelle Constitution est adoptée, qui renforce l'État face au PCC et réintroduit un président de la République. Parallèlement, une « rectification » est lancée pour éliminer les derniers partisans de la révolution culturelle tandis qu'une vaste entreprise de rajeunissement des cadres est menée, non sans que triomphe surtout le népotisme. En 1983, une campagne de lutte contre la criminalité se solde par dix mille exécutions. Si elle est initiée en application des priorités fixées par Deng, elle est surtout dirigée par les plus conservateurs et leur permet de procéder à certains règlements de compte antiréformistes. Mais c'est Deng qui, finalement, a le dernier mot et, dès 1984, donne un nouvel élan à la modernisation, cette fois dans les secteurs industriels et urbains. Il en résultera une augmentation de la productivité et du niveau de vie moyen, une croissance annuelle supérieure à 10 % mais également une inflation galopante et une nette aggravation des inégalités sociales et régionales. La médaille a son revers.

Le refus d'une « cinquième modernisation »

Cependant, aux yeux de Deng lui-même, l'évolution de la République populaire a ses limites. Celles-ci sont d'ailleurs fixées dans le discours de 1982 lorsque l'orateur affirme sa fermeté face aux *idées décadentes* et au *mode de vie bourgeois*. Toute la politique de Deng est marquée par cette dualité, ce paradoxe : ouverture économique mais, dans le même temps, refus d'une « cinquième modernisation », c'est-à-dire maintien d'une stricte emprise du parti et de l'idéologie communistes au plan intérieur. Au printemps 1986, sous la pression des milieux étudiants et intellectuels, on évoque bien un programme à long terme de réforme des structures politiques mais le PCC est très divisé sur la question et rien de concret n'est décidé. De 1986 à 1989, la contestation enfle, surtout à Shangaï et Pékin, accentuée par certaines difficultés économiques et par l'arrivée du conservateur Li Peng à la tête du gouvernement. Au printemps 1989, deux événements font office d'étincelles : la mort controversée, le 15 avril, du réformateur Hu Yaobang, ex-secrétaire général du PCC écarté au début de l'année 1987, et la visite symbolique, au mois de mai, d'un autre réformiste, Mikhaïl Gorbatchev, secrétaire général du parti communiste de l'Union soviétique. À Pékin, les étudiants descendent alors dans la rue ou font la grève de la faim pour réclamer davantage de démocratie. Le 17 mai 1989, un million de personnes sont rassemblées place Tien Anmen. Très vite, le mouvement s'étend à d'autres villes et d'autres catégories sociales. Le pouvoir est d'abord hésitant, divisé entre partisans du dialogue et de la répression. Mais Deng Xiaoping appartient au second courant et, le 20 mai, fait proclamer la loi martiale pour sauver le régime et éviter que ses réformes économiques ne soient emportées par une tempête politique. Dans la nuit du 3 au 4 juin 1989, l'armée intervient sur la place Tien Anmen et le monde en garde l'image d'un homme seul face aux chars. La répression fait plusieurs milliers de morts dans le pays, dont mille au moins à Pékin, et l'ONU vote des sanctions financières. La tension retombera rapidement – la loi martiale est levée le 10 janvier 1990 – mais la voix des dissidents continuera, elle, à être étouffée.

Quoique maté, le « printemps de Pékin » a affaibli Deng Xiaoping. Dès 1989, celui-ci abandonne ses différentes fonctions à la tête de l'État et, en 1992, se retire totalement de la scène politique. Cependant, il continue à dicter, en coulisse, de nombreuses décisions et reste, aux yeux des Chinois, le principal chef du pays. Au printemps 1992, il accomplit encore un long voyage dans le Sud de la Chine pour y promouvoir les idées de modernisation et de réformes économiques et y critiquer ceux qui, dans les allées du pouvoir, y sont toujours hostiles. Il faudra plusieurs mois aux médias nationaux pour évoquer ce déplacement, en raison de la censure imposée par les opposants à la ligne politique de Deng mais, de nouveau, celui-ci remportera la victoire finale en imposant dans la Constitution le concept d'« économie socialiste de marché » qui indique sa volonté d'intégrer la Chine à l'économie mondiale. Par la suite, la maladie de Parkinson conduit à une rapide détérioration de son état de santé. En 1994, il fait sa dernière apparition publique lors des fêtes du Nouvel An. Il meurt d'une infection pulmonaire en 1997 et bénéficie de funérailles d'État comparables à celles de Mao. Deux ans après sa disparition, son pays intégrera l'Organisation mondiale du commerce, aboutissement symbolique de la politique économique qu'il a menée durant deux décennies.

Allocution d'ouverture du XIIe Congrès

[...] Le VIIIe Congrès du Parti, convoqué en 1956, fit une analyse de la situation du pays alors que la transformation socialiste de la propriété privée des moyens de production était achevée pour l'essentiel, et il fixa la tâche d'édifier le socialisme dans tous les domaines. La ligne du VIIIe Congrès était juste. Mais comme le Parti n'était pas suffisamment préparé, sur le plan idéologique, à l'exécution de cette tâche, la ligne et de nombreuses conceptions justes qui avaient été formulées à ce congrès n'ont pu être suivies de façon conséquente dans la pratique. Et après ce congrès, nous avons enregistré de nombreux succès dans l'édification socialiste, mais nous avons aussi essuyé de graves revers.

Le présent congrès se tient dans une situation très différente de celle qui prévalait à l'époque du VIIIe Congrès. [...]

Notre Parti a remis en application une politique correcte dans le travail économique, politique et culturel, ainsi que dans d'autres domaines, et élaboré un grand nombre de mesures politiques justes, sur la base d'un examen de la situation nouvelle et des nouvelles expériences. À comparer avec l'époque du VIIIe Congrès, notre Parti a beaucoup approfondi sa connaissance des lois de l'édification socialiste en Chine et enrichi considérablement son expérience en la matière. C'est avec une conviction et une fermeté beaucoup plus grandes qu'il suit la juste orientation. [...]

Notre modernisation doit avoir la réalité chinoise pour point de départ. Dans la révolution comme dans l'édification, nous devons nous attacher à étudier l'expérience étrangère et en tirer les enseignements qui s'imposent. [...]

En même temps, nous devons rester lucides et résister fermement à l'action corrosive des idées décadentes émanant de l'extérieur, et nous ne permettrons en aucun cas que le mode de vie bourgeois envahisse la Chine. [...]

Les années 1980 sont une période importante dans l'histoire de notre Parti et de notre pays. Poursuivre activement la modernisation socialiste, lutter pour la réunification de la patrie par le retour de Taïwan en son sein, combattre l'hégémonisme et contribuer à la sauvegarde de la paix mondiale, telles sont les trois grandes tâches de notre peuple au cours de cette décennie. Et la principale, c'est l'édification économique, car elle constitue la base pour la solution des problèmes dans nos rapports avec l'étranger ainsi que des problèmes intérieurs. Pendant une longue période à venir, tout au moins dans les années qui nous séparent de la fin du siècle, nous devrons travailler activement dans les quatre domaines suivants : la réforme des structures et du système économique, et la création d'un contingent de cadres révolutionnaires, plus jeunes, plus cultivés et plus spécialisés ; l'édification de la culture et de la morale socialistes ; la lutte pour porter des coups aux activités criminelles qui sapent le socialisme dans le secteur économique et dans d'autres secteurs ; la rectification du style de travail et la consolidation des organisations du Parti. [...]

84 – Margaret Thatcher
Discours de rentrée au Collège d'Europe
&
85 – Jacques Delors
Réconcilier l'idéal et la nécessité

Margaret Thatcher et Jacques Delors : deux personnalités fortes, deux parcours hors du commun et surtout deux visions profondément contradictoires de la construction européenne, de ses objectifs, de sa philosophie et de sa méthode. À la fin des années 1980, tandis que l'Europe des Douze s'apprête à devenir un grand marché intérieur, le président français de la Commission européenne multiplie les plans et les propositions pour aller de l'avant dans la logique supranationale. C'est alors qu'il se heurte le plus durement au Premier ministre britannique, atlantiste et souverainiste convaincue. Les deux discours ci-dessous, prononcés dans des circonstances semblables, se répondent à un an d'intervalle et mettent clairement en évidence le fossé qui sépare les deux orateurs sur l'un des thèmes majeurs du « second XXe siècle ».

La Grande-Bretagne et l'Europe : une relation difficile

Déjà discutée avant la Seconde Guerre[1], la question de l'unification européenne acquiert une réelle acuité au sortir du conflit. C'est un Britannique, Winston Churchill, qui, le premier, semble trouver les mots justes pour inciter les Européens à agir en faveur d'une meilleure intégration du continent. Dans son célèbre discours de Zurich, prononcé en septembre 1946[2], il plaide pour la naissance des « États-Unis d'Europe » sur un mode fédératif. Cependant, non sans entretenir d'abord une certaine ambiguïté, il en exclut la Grande-Bretagne qui, forte de son Commonwealth, constitue, à ses yeux, une entité particulière ayant, certes, des liens forts avec l'Europe continentale mais surtout une relation spéciale avec les États-Unis. Soixante ans plus tard, ce raisonnement guide toujours Londres, qui se veut à la fois dans et hors de l'Europe, s'efforçant de saisir les avantages de la construction européenne en évitant ses inconvénients ou ses difficultés, en gardant avant tout le regard tourné vers l'Atlantique et en préservant jalousement son indépendance. Dès 1949, le Conseil de l'Europe porte la marque des réticences britanniques à toute délégation de pouvoir : son Assemblée est purement consultative et ses membres, désignés par les États, tandis que les décisions se prennent

---

1 Voir l'introduction aux discours n° 14 et 15.

2 Voir l'introduction au discours n° 41.

au Comité des ministres. En 1950, lorsque Robert Schuman propose la création d'un « pool charbon-acier », future CECA, chapeauté par une Haute Autorité supranationale[3], Londres fait connaître son refus d'y participer, tout comme elle décline l'offre d'intégrer une Communauté européenne de défense. Elle accepte, en revanche, de faire partie de l'Union de l'Europe occidentale (UEO) car celle-ci reste strictement dans le cadre de l'Alliance atlantique. À la fin des années 1950, lorsque les Six créent le Marché commun (Communauté économique européenne – CEE), parallèlement à l'Euratom, Londres tente de les court-circuiter en proposant une simple Association européenne de libre-échange (AELE) qui n'implique aucune intégration des économies. Elle échouera et devra se contenter de rallier à son projet le Portugal, l'Autriche, la Suisse, le Danemark, la Norvège et la Suède.

Pour ne pas se retrouver hors jeu, Londres va, dès 1961, solliciter une adhésion aux Communautés européennes mais le purgatoire qui lui sera imposé durera plus d'une décennie. Persuadé que la Grande-Bretagne n'est rien d'autre qu'un cheval de Troie américain, le général de Gaulle va poser deux fois son veto, en 1963 et 1967, au grand dam de ses partenaires, surtout les petits pays du Benelux qui se sentent minorisés face à l'axe franco-allemand. En 1969, la démission du président français et l'arrivée à l'Élysée de Georges Pompidou, plus souple, débloquent la situation. Moyennant le renforcement de politiques communes dans divers secteurs – monnaie, industrie, agriculture… – Paris accepte que la Grande-Bretagne mais aussi la République d'Irlande et le Danemark intègrent l'Europe des Six, qui devient celle des Neuf le 1er janvier 1973. La Grande-Bretagne est alors dirigée par les conservateurs qui se présentent comme pro-européens, à l'inverse des travaillistes. Or, en 1974, les élections ramènent ceux-ci au pouvoir. D'emblée, Londres menace de se retirer de la Communauté si les conditions de son adhésion ne sont pas revues. La contestation porte essentiellement sur la Politique agricole commune (PAC), si chère à la France mais dont Londres conteste le prix et le protectionnisme, ainsi que sur le calcul de la contribution britannique au budget communautaire, calcul jugé injuste. Certaines concessions sont faites et, en 1975, par référendum, les Britanniques votent pour le maintien au sein de la Communauté. Le climat s'apaise alors entre les Neuf, même si Londres ne semble toujours pas satisfaite. En 1979, le retour des conservateurs au pouvoir laisse penser à ses partenaires que l'ère des turbulences est révolue. Mais c'est sans compter avec la personnalité du leader des *Tories* et nouveau Premier ministre, Margaret Thatcher.

Une négociatrice implacable

Née en 1925 à Grantham, dans les Midlands de l'Est, Margaret Hilda Roberts, épouse Thatcher, est la fille d'un épicier et prédicateur méthodiste, futur maire conservateur de la ville. En 1943, en pleine Seconde Guerre, ses excellents résultats scolaires lui permettent d'obtenir une bourse pour étudier la chimie à Oxford. Parallèlement à ses études, la jeune femme s'engage au sein de l'association conservatrice de son université, dont elle finit par être élue présidente. Tout en travaillant comme chimiste, elle se présente vainement, en 1950 et 1951, à deux élections générales dans une circonscription

---

3 Voir l'introduction au discours n° 48.

populaire difficile. Mariée à Denis Thatcher, un homme d'affaires, elle cesse son activité professionnelle dès 1951 et reprend des études de droit qu'elle achève peu après la naissance de ses jumeaux. En 1955, elle est engagée par un cabinet spécialisé en droit fiscal. Mais elle n'en oublie pas la politique et, en 1959, remporte les élections à Finchley, au nord de Londres, une circonscription qu'elle représentera jusqu'en 1992. De 1961 à 1964, elle est secrétaire parlementaire privé du ministre des Pensions et Assurances sociales puis, de 1964 à 1970, membre du « cabinet fantôme », ce qui lui permet d'acquérir une popularité croissante au sein d'un parti dont elle appartient incontestablement à l'aile droite. En 1970, lorsque les *Tories* reviennent au pouvoir, elle est nommée ministre de l'Éducation. Au fil des mois, elle apprécie de moins en moins la stratégie de son Premier ministre Edward Heath, coupable, à ses yeux, de modifier trop régulièrement ses orientations politiques. En 1975, un an après une nouvelle défaite électorale des conservateurs, Margaret Thatcher est la première femme élue présidente d'un grand parti politique d'Europe occidentale. Par voie de conséquence, elle est aussi, en 1979, la première femme Premier ministre de la « Vieille Europe ». Pendant plus d'une décennie, celle que l'on va surnommer la « Dame de fer » va diriger le pays avec une implacable fermeté, appliquant une politique néo-libérale efficace en termes économiques mais très douloureuse sur le plan social puisqu'elle détricote l'État Providence hérité de l'après-1945. Fin 1990, elle devra s'effacer mais, deux ans plus tard, intégrera la Chambre des Lords en tant que baronne Thatcher de Kesteven. En 2002, elle annoncera son retrait définitif de la vie politique.

Ironie du sort : Margaret Thatcher a dû quitter *Downing Street* pour cause de dissensions internes à son parti sur sa politique européenne, celle-là même qui, depuis 1979, avait contribué à asseoir sa réputation de négociatrice tenace et efficace. En effet, son arrivée au pouvoir conduit à une évolution de la politique conservatrice, plutôt europhile jusque-là. Thatcher reprend à son compte les exigences développées par les travaillistes depuis 1974. Sa politique européenne connaît trois phases principales[4]. Dans un premier temps, de 1979 à 1984, le Premier ministre britannique se fait surtout remarquer par la formule cinglante *I want my money back*, un militantisme de chaque instant pour que son pays, grand contributeur du budget commun mais peu favorisé dans la redistribution de celui-ci, bénéficie d'un mécanisme de remboursement partiel, qualifié par Londres de « juste retour ». Elle obtient partiellement gain de cause, via un mode de calcul spécifique et le règlement d'un « chèque » annuel. Dans un second temps, de 1984 à 1988, elle laisse retomber la pression : elle signe l'Acte unique de 1986, qui prévoit un grand marché intérieur unifié à l'horizon 1992-1993, et lance, avec François Mitterrand, la construction du tunnel sous la Manche. Mais elle est absolument hostile aux projets d'Union économique et monétaire (UEM) et de nouveau traité défendus par Jacques Delors, le président français de la Commission européenne, une Commission qu'elle méprise parce qu'elle la perçoit comme un monstre technocratique destiné à briser la souveraineté nationale. En outre, elle a très mal supporté que le même Delors ait eu droit à une *standing ovation* au congrès national des *Trade unions*, le 7 septembre 1988, en plaidant l'avènement d'une politique sociale harmonisée au niveau européen, notamment par la négociation de conventions collectives à l'échelle

---

4 Jacques Leruez, *Le phénomène Thatcher*, Bruxelles, Complexe, 1991, p. 247-290.

de la Communauté. Cette intervention a incontestablement joué un rôle majeur dans la « conversion » à l'Europe des *Trade unions* et du parti travailliste.

C'est dans ce contexte électrique que Margaret Thatcher prononce le discours présenté ci-dessous, lors de la séance de rentrée du Collège d'Europe à Bruges le 20 septembre 1988. Le texte a été préparé par un membre de son bureau privé, Charles Powell, sans consultation du *Foreign Office*. Elle y affirme que le destin de la Grande-Bretagne est en Europe mais, d'emblée, précise que *la Communauté n'est pas une fin en soi*. Plaidant pour une *coopération volontaire entre États souverains*, elle récuse la *bureaucratie* et le centralisme « bruxellois » tout en se félicitant que le dernier Conseil européen ait réduit les dépenses agricoles, bête noire des Britanniques. Elle présente ensuite son Europe, une Europe *ouverte à l'entreprise*, un vaste marché où hommes, biens et capitaux pourraient circuler librement – même s'il lui semble exclu de supprimer les contrôles physiques aux frontières comme le prévoient les accords de Schengen. Il n'est nul besoin, selon elle, d'établir pour ce faire une monnaie unique ou une banque centrale, synonymes de contraintes, mais simplement d'assurer le maximum de liberté au marché en dérégulant et en garantissant une totale libre concurrence. Alors qu'aucune allusion n'est faite aux questions sociales et à l'harmonisation des législations dans ce domaine, Thatcher conclut en évoquant les problèmes de défense. Elle y récuse de nouveau toute politique européenne pour mieux réaffirmer la prédominance de l'OTAN et, en son sein, de l'UEO qui devrait être renforcée pour que les charges inhérentes à la défense commune soient mieux réparties entre les États-Unis et leurs partenaires européens. Aux yeux de la Grande-Bretagne et de toute l'Europe, ce discours sonne comme l'une des plus claires déclarations de guerre des « eurosceptiques » à l'idée même d'intégration européenne. Il marque l'entrée de Londres dans une nouvelle phase de résistance active, dont elle n'est d'ailleurs toujours pas sortie, même si les travaillistes, convertis à un certain européisme, ont accepté, depuis dix ans, quelques concessions. Mais cette déclaration de guerre n'est pas restée sans réponse. À la rentrée 1989 du Collège d'Europe, Jacques Delors en personne est venu porter la contradiction à Margaret Thatcher en développant, à son tour, son idéal et ses ambitions pour l'Europe.

L'irrésistible ascension d'un humaniste chrétien

Né, lui aussi, en 1925, Jacques Delors est le fils d'un fonctionnaire à la Banque de France qui a passé sa jeunesse dans le populaire XIe arrondissement de Paris. Ses premiers engagements sont chrétiens puisqu'il milite à la Jeunesse ouvrière chrétienne et à la Jeunesse étudiante chrétienne. Inscrit, durant la guerre, à la faculté de droit de Strasbourg repliée à Clermont-Ferrand, il doit arrêter ses études et se cacher pour éviter le travail obligatoire. En 1944, soucieux d'aider financièrement ses parents, il entre comme rédacteur à la Banque de France. Il n'en poursuit pas moins son action militante, d'abord au Mouvement républicain populaire, parti démocrate-chrétien qu'il quitte rapidement, mais surtout au sein de la Confédération française des travailleurs chrétiens (CFTC) qu'il veut contribuer à laïciser au sein du groupe « Reconstruction » et dont il devient l'expert économique. À partir de 1952, tout en enseignant aux Écoles normales ouvrières de son syndicat et en se formant lui-même à l'École supérieure de banque, il devient l'une des chevilles ouvrières du mouvement chrétien de gauche

« Vie nouvelle ». Sur le plan politique, il se sent proche de Pierre Mendès France, radical de gauche atypique, mais, en 1958, n'adhère pas à son antigaullisme décidé. Delors reste un homme de terrain et de clubs : il fonde « Citoyen 60 », un groupe personnaliste et réformiste, représente la CFTC au sein du Conseil économique et social puis, en 1961, contribue à préparer le IVe Plan économique français. Cette dernière expérience sera capitale puisque, de 1962 à 1968, Jacques Delors intègre le commissariat au Plan avant de devenir, en 1969 et de 1971 à 1972, le secrétaire général du Comité interministériel pour la formation professionnelle. Entre ces deux dates, il entre au cabinet du Premier ministre Jacques Chaban-Delmas, gaulliste mais partisan d'une nouvelle société qui séduit Delors.

L'année 1972 marque un nouveau tournant important. Se sentant sous tutelle au Comité interministériel, Delors démissionne pour retrouver sa liberté, celle d'enseigner à l'Université de Paris-Dauphine et celle de créer un nouveau club, « Échange et Projets », désireux d'ouvrir un meilleur dialogue social entre ouvriers et patrons. C'est alors qu'il entre réellement en politique, adhérant, en 1974, au parti socialiste dominé par François Mitterrand. Il y gagne en aura et en popularité, même s'il ne parviendra jamais à se faire élire député. Qu'à cela ne tienne : en juin 1979, pour les premières élections du Parlement européen au suffrage universel, il est en bonne place sur la liste socialiste et se retrouve élu à Strasbourg. Il siège deux ans avant d'être appelé par François Mitterrand comme ministre de l'Économie et des Finances, un poste où il lui est d'abord laissé peu de réelle influence. Celle-ci sera plus nette après 1983 lorsque le courant modéré et pro-européen l'emportera, au sein du gouvernement Mauroy, face au courant marxiste et protectionniste. Delors, qui hérite en plus du budget, doit alors gérer une politique d'austérité pour faire face à la crise économique et à l'inflation : il dévalue, décide du contrôle des changes et bloque prix et salaires. En 1983, il obtient son seul mandat, celui de maire de Clichy, mais doit y renoncer l'année suivante, quand, après la chute du gouvernement Mauroy, François Mitterrand propose son nom aux autres chefs d'État et de gouvernement européens pour diriger la Commission européenne à compter du 1er janvier 1985. Margaret Thatcher elle-même ne s'y oppose pas mais elle va vite constater que Jacques Delors est bien plus un politique qu'un haut fonctionnaire.

D'emblée, le président de la Commission se prononce pour une relance de la construction européenne. Sous la forme d'un *Livre blanc* sur l'achèvement du marché intérieur, il énumère trois cents mesures à prendre pour assurer une réelle liberté de circulation des biens, des services, des capitaux et des personnes. Face à cette volonté d'approfondissement de l'intégration européenne, il reçoit le soutien des six pays fondateurs et de l'Irlande mais se heurte à la Grèce, au Danemark et, bien sûr, à la Grande-Bretagne. Les réticences de ceux-ci sont vaincues par la fixation d'une date précise – le 1er janvier 1993 – pour l'ouverture du grand marché intérieur et, en février 1986, l'Acte unique européen est signé à Luxembourg. En 1988, il est assorti du « paquet Delors I » qui dépoussière le fonctionnement budgétaire de la Communauté. L'Acte unique étend les possibilités de vote à la majorité qualifiée et, timidement, les compétences du Parlement européen mais il donne surtout la possibilité à la CEE d'élargir son champ d'action à de nouveaux secteurs : l'Union économique et monétaire, l'environnement, la recherche, la cohésion sociale. Aucune décision n'est prise et aucun calendrier n'est même fixé mais, en théorie, la CEE est autorisée à progresser dans ces divers domaines. Pour Margaret Thatcher, c'est déjà trop. Sa colère redouble, on l'a dit, lorsque Jacques Delors propose de s'attaquer concrètement à l'UEM. Elle décuple, on l'a dit également, lorsqu'il vient, sur ses terres, prêcher l'Europe sociale aux *Trade Unions*. Mais un comité d'experts, présidé par Delors qui vient d'être reconduit président de la Commission pour quatre ans, rend public un rapport circonstancié en avril 1989 sur la question de la monnaie unique et celle de l'inévitable harmonisation des politiques monétaires, fiscales et budgétaires des États membres. Le rapport est avalisé par le Conseil européen de Madrid, en juin, même si le Premier ministre britannique réaffirme qu'elle ne veut pas d'un nouveau traité. Au même moment, les élections européennes donnent un coup de barre à gauche.

De l'Europe rêvée aux réalités

Jacques Delors a donc le vent en poupe lorsqu'il se présente devant son auditoire lors de la séance de rentrée du Collège d'Europe pour y décrire son Europe rêvée, celle-là même que les « eurosceptiques » britanniques qualifient plutôt d'« Europe des rêves ». Il est également porté par les événements historiques qui sont en train de se dérouler à l'Est : le bloc communiste prend l'eau de toutes parts et le rideau de fer est en passe de disparaître. S'adressant à ceux qui voient *loin et large*, Delors appelle à *faire renaître l'Europe de l'idéal*, celle qui, au-delà de *la nécessité* – le simple marché unique –, se préoccupera d'éthique, de préservation de l'environnement, de progrès social, de culture et d'humanisme. Il souligne la *force des institutions* existantes et insiste sur la nécessité de s'unir, au niveau européen mais également mondial, pour faire face à des défis communs. Le président de la Commission dénonce avec force *la fiction – délibérément entretenue – de la pleine souveraineté* en rappelant deux règles essentielles à ses yeux : l'*autonomie* qui permet à chacun de conserver son identité et la *participation* qui permet une coopération réglementée. Il n'est pas question, ajoute-t-il, de nier le concept de nation mais de prendre conscience qu'en cette fin de XXe siècle où *l'Histoire s'accélère*, chaque nation d'Europe occidentale, prise isolément, sera incapable de gérer les défis à venir, à commencer par ceux de l'intégration de l'Est et de la solidarité avec le monde en développement. Et Jacques Delors d'achever son discours par un appel aux jeunes, futurs acteurs d'une *aventure collective unique*.

Ce discours vibrant et exaltant va toutefois se heurter aux dures réalités de la politique européenne et la Grande-Bretagne conservatrice, qu'elle soit dirigée par Margaret Thatcher ou, à partir de novembre 1990, par John Major, sera l'une des principales forces de résistance aux idées de Jacques Delors. Certes, l'UEM est irréversiblement décidée fin 1990, notamment parce que les partenaires de l'Allemagne, tout juste réunifiée, veulent s'assurer ainsi de bien l'arrimer à la Communauté[5], certes le marché intérieur unique devient réalité au 1er janvier 1993 mais l'avènement d'une Europe politique est beaucoup plus laborieux. Un traité capital est finalement signé, début 1992, à Maastricht. Il crée une Union européenne, reposant sur trois piliers dont le premier, le pilier communautaire, complète les acquis antérieurs en créant notamment une citoyenneté

---

5 Voir l'introduction aux discours n° 88 et 89.

européenne et en élargissant les prérogatives du Parlement, tandis que les deux autres – la politique étrangère et de sécurité, d'une part, la police et la justice, de l'autre – restent profondément intergouvernementaux. Même si l'on a souvent dit que ce traité de Maastricht représentait l'apogée de la période Delors, force est de constater que le président de la Commission n'en a pas caché les faiblesses : l'absence d'une réelle politique sociale et d'une référence au fédéralisme européen, les faibles moyens accordés à la Politique étrangère et de sécurité commune (PESC), la priorité donnée à l'élargissement à Quinze au détriment d'un approfondissement à Douze et la liberté laissée à certains États, comme la Grande-Bretagne, de refuser (clause d'*opting out*) la monnaie unique et la timide Charte sociale européenne (qu'elle n'adoptera que sous Tony Blair, en 1997). Cela n'empêchera évidemment pas Jacques Delors de faire campagne en faveur du traité lorsque la France le soumettra à référendum (le 20 septembre 1992) mais la courte victoire du « oui » est à mettre davantage à l'actif de François Mitterrand qu'au sien[6].

Prolongé dans ses fonctions jusqu'à la fin de l'année 1994, Delors repartira à l'attaque avec la publication, en 1993, d'un *Livre blanc sur la croissance, la compétitivité et l'emploi* qui sera adopté par le Conseil européen mais jamais réellement appliqué. Le président de la Commission quittera Bruxelles sans parvenir à ses fins sur ce volet si important pour le social-démocrate qu'il n'a pas cessé d'être. À ce moment, on pense qu'il va tenter de faire valoir ses idées en se présentant comme candidat socialiste aux élections présidentielles françaises de 1995 mais il décline la proposition et choisit d'entrer en semi-retraite politique, se consacrant à l'association « Notre Europe » et présidant, au plan national ou européen, divers conseils et commissions sur les questions économiques, sociales et de formation qui ont constitué, pendant un demi-siècle, son quotidien d'homme engagé.

Discours de rentrée au Collège d'Europe

Bruges, 20 septembre 1988

[…]

Monsieur le président,

Vous m'avez invitée à parler de la Grande-Bretagne et de l'Europe. Je devrais peut-être vous féliciter de votre courage. Si vous croyez certaines choses qu'on raconte ou qu'on écrit au sujet de mon opinion sur l'Europe, c'est presque inviter Genghis Khan à parler des vertus de la coexistence pacifique ! […]

La Communauté européenne appartient à tous ses membres, et doit pleinement refléter les traditions et aspirations de chacun.

---

6 Voir l'introduction au discours n° 96.

Je tiens à préciser que la Grande-Bretagne ne songe nullement à une autre formule que la Communauté européenne, à une existence douillette et isolée, en marge. Notre destin est en Europe, car nous sommes membres de la Communauté. Cela ne signifie pas qu'il se limite à l'Europe, pas plus que celui de la France, de l'Espagne ou de tout autre État membre.

La Communauté n'est pas une fin en soi. Ce n'est pas un gadget institutionnel, destiné à être constamment remanié selon les préceptes d'une quelconque théorie abstraite. Il ne faut pas non plus qu'elle soit pétrifiée par des règlements infinis.

Elle est l'outil qui permettra à l'Europe d'assurer la prospérité future et la sécurité de son peuple, dans un monde comprenant d'autres nations ou groupes puissants.

Nous, Européens, ne pouvons pas nous permettre de gaspiller notre énergie dans des querelles internes ou dans d'obscurs débats institutionnels. Rien ne peut remplacer l'action concrète.

L'Europe doit être prête, non seulement à contribuer pleinement à sa propre sécurité, mais aussi à rivaliser ; à rivaliser dans un monde où réussissent les pays qui encouragent l'initiative individuelle et l'entreprise, et non ceux qui cherchent à les entraver.

Ce soir, je voudrais énoncer quelques idées-forces pour l'avenir qui, je le pense, garantiront le succès de l'Europe, non seulement en matière d'économie et de défense, mais aussi en termes de qualité de vie et d'influence dans le monde.

Ma première idée-force est celle-ci : une coopération volontaire et active entre États souverains indépendants est le meilleur moyen de construire une Communauté européenne réussie. Il serait hautement préjudiciable de tenter de supprimer la nationalité et de concentrer le pouvoir au centre d'un conglomérat européen ; en outre, cela compromettrait les objectifs que nous poursuivons. L'Europe sera plus forte si elle compte précisément en son sein la France en tant que France, l'Espagne en tant qu'Espagne, la Grande-Bretagne en tant que Grande-Bretagne, chacune avec ses coutumes, ses traditions et son identité. Ce serait de la folie que d'essayer de les faire entrer dans une sorte de portrait-robot européen.

Certains des pères fondateurs pensaient que les États-Unis d'Amérique pourraient servir de modèle. Mais toute l'histoire de l'Amérique est très différente de celle de l'Europe. Les gens y sont allés pour échapper à l'intolérance et aux rigueurs de l'existence dans les pays européens. Ils recherchaient la liberté et la chance ; et leur forte détermination les a aidés pendant deux siècles à créer une unité nouvelle, la fierté d'être américain, comme on est fier d'être britannique, belge, néerlandais ou allemand.

Je suis la première à dire que les pays d'Europe devraient parler d'une seule voix sur de nombreuses grandes questions. Je voudrais nous voir coopérer plus étroitement dans les domaines où nous pouvons faire mieux ensemble que seuls. L'Europe est alors plus forte, qu'il s'agisse de commerce, de défense ou de nos relations avec le reste du monde. Mais coopérer plus étroitement n'exige pas que le pouvoir soit centralisé à Bruxelles, ni que les décisions soient prises par une bureaucratie en place par voie de nomination.

Au moment précis où des pays comme l'Union soviétique, qui ont essayé de tout diriger de manière centralisatrice, prennent conscience que le succès provient de la dispersion du pouvoir et de la décentralisation des décisions, il est paradoxal que certains pays de la Communauté semblent vouloir aller dans le sens opposé.

Si nous avons réussi à faire reculer chez nous les frontières de l'État, ce n'est pas pour les voir réimposées au niveau européen, avec un super-État européen exerçant à partir de Bruxelles une domination nouvelle. Nous voulons assurément voir une Europe plus unie, avec une plus grande détermination. Mais il faut que ce nouvel état de choses se fasse en préservant les différentes traditions, les pouvoirs parlementaires et les sentiments de fierté nationale, car tel a été, au cours des siècles, la source de la vitalité européenne.

Ma deuxième idée-force est la suivante : les politiques communautaires doivent s'attaquer aux problèmes actuels d'une manière pratique, aussi difficile que cela puisse être.

Si nous ne parvenons pas à réformer les politiques communes qui sont manifestement mauvaises ou inefficaces et qui inquiètent à juste titre l'opinion, nous n'obtiendrons pas son soutien pour le développement futur de la Communauté.

C'est pour cela que les réalisations du Conseil européen, en février dernier, à Bruxelles, sont tellement importantes.

Il n'était pas juste que plus de la moitié du budget communautaire soit consacrée à stocker des excédents alimentaires et à les écouler. Aujourd'hui, une forte réduction de ces stocks est en cours.

Il était tout à fait justifié de décider que la part du budget consacrée à l'agriculture soit réduite afin de libérer des ressources, en faveur d'autres politiques, en aidant par exemple les régions défavorisées à améliorer la formation professionnelle. On a également eu raison d'introduire une discipline budgétaire plus stricte afin de mettre ces décisions en application et de mieux contrôler les dépenses. Ceux qui se plaignaient de ce que la Communauté consacrait autant de temps aux détails financiers étaient à côté de la question. On ne peut pas construire sur de mauvaises fondations, et ce sont les réformes fondamentales, adoptées l'hiver dernier, qui ont ouvert la voie aux progrès remarquables qui ont été réalisés, depuis, au sujet du Marché unique.

Nous ne pouvons pas nous contenter de ce que nous avons réalisé jusqu'à présent. Par exemple, la réforme de la politique agricole commune est une tâche qui est loin d'être terminée. L'Europe a assurément besoin d'une industrie agricole stable et efficace. Mais la PAC est devenue lourde, inefficace et extrêmement coûteuse. Et la production d'excédents ne garantit ni les revenus, ni l'avenir des agriculteurs eux-mêmes.

Nous devons continuer à poursuivre des politiques établissant un rapport étroit entre l'offre et la demande du marché, pour réduire la surproduction et limiter les frais. Il faut naturellement que nous protégions les villages et les zones rurales qui occupent une place si importante dans notre vie nationale, mais cela ne doit pas se faire par l'intermédiaire des prix agricoles. Il faut du courage politique pour s'attaquer à ces problèmes. Si ce courage fait défaut, cela ne peut que faire du tort à la Communauté, aux yeux de ses propres habitants et du monde extérieur.

Ma troisième idée-force est la nécessité d'avoir des politiques communes qui encouragent l'entreprise, si l'Europe veut prospérer et créer les emplois de l'avenir. Les éléments de base existent : le traité de Rome était conçu comme une charte de la liberté économique. Mais ce n'est pas toujours ainsi qu'il a été interprété et encore moins mis en pratique.

La leçon de l'histoire économique de l'Europe des années 1970 et 1980 est que la planification centrale et le contrôle tatillon ne marchent pas contrairement à l'effort et à l'initiative personnelle, qu'une économie dirigée par l'État est une recette de croissance lente, et que la libre entreprise dans le cadre du droit donne de meilleurs résultats.

L'objectif d'une Europe ouverte à l'entreprise est la force motrice de la création du Marché unique européen d'ici à 1992. C'est en nous débarrassant des barrières et en donnant aux entreprises la possibilité d'opérer à l'échelle européenne que nous pourrons le mieux concurrencer les États-Unis, le Japon et les autres puissances économiques qui naissent en Asie et ailleurs.

Cela signifie agir pour libérer les marchés, élargir les choix, réduire l'intervention gouvernementale et donc entraîner une plus grande convergence économique.

Notre objectif ne doit pas être de fabriquer à partir du centre des règlements toujours plus nombreux et détaillés ; il doit être de déréglementer, d'éliminer les contraintes commerciales, de nous ouvrir.

La Grande-Bretagne a montré l'exemple en ouvrant ses marchés aux autres.

La City de Londres accueille depuis longtemps les institutions financières du monde entier. Voilà pourquoi c'est le plus grand centre financier d'Europe, et celui qui a le mieux réussi.

Nous avons ouvert notre marché des télécommunications, introduit la concurrence entre les services et jusque dans le réseau lui-même ; ce sont des mesures que les autres pays d'Europe commencent seulement à envisager.

En matière de transports aériens, nous avons montré l'exemple avec la libéralisation, et nous avons pu en voir les avantages avec des tarifs moins élevés et un choix élargi.

Notre navigation commerciale côtière est ouverte aux marines marchandes européennes. J'aimerais bien pouvoir en dire autant de certains autres pays membres.

Prenons les questions monétaires. La question clé n'est pas de savoir s'il doit y avoir une Banque centrale européenne. Les conditions requises immédiates et pratiques sont :

- appliquer l'engagement de la Communauté envers la libre circulation des capitaux – nous le faisons – et envers l'abolition du contrôle des changes – c'est fait en Grande-Bretagne depuis 1979 – afin que chacun puisse investir où cela lui convient ;
- établir un marché réellement libre des services financiers en matière de banque, d'assurance et d'investissement ;
- faire un usage plus répandu de l'Écu. La Grande-Bretagne va émettre cet automne des bons du Trésor en Écus, et elle espère voir d'autres gouvernements de la Communauté faire de même.

Il s'agit de véritables conditions requises, car c'est ce dont les milieux d'affaires de la Communauté ont besoin pour pouvoir effectivement concurrencer le reste du monde. Et c'est ce que le consommateur européen veut, car cela lui permettra d'étendre son choix et de vivre à moindre coût.

C'est sur de telles mesures concrètes fondamentales que la Communauté doit porter son attention.

Lorsqu'elles auront été réalisées et maintenues pendant une certaine période, nous serons en meilleure position pour juger de la marche à suivre ensuite.

Il en va de même avec les frontières entre nos pays. Il est évident que nous devons faciliter le passage des marchandises aux frontières. Il est évident aussi que nous devons faciliter les déplacements de nos ressortissants à l'intérieur de la Communauté. Mais nous ne pouvons pas totalement abolir les contrôles aux frontières si nous voulons protéger nos citoyens contre la criminalité et empêcher la circulation de la drogue, des terroristes et des immigrants clandestins. C'est une simple question de bon sens. On l'a vu clairement, il y a trois semaines seulement, quand un seul et courageux douanier allemand, faisant son devoir à la frontière entre la Hollande et l'Allemagne, a porté un sérieux coup aux terroristes de l'IRA.

Avant de quitter le sujet du Marché unique, je voudrais souligner que nous n'avons pas besoin de nouveaux règlements qui augmentent le coût de la main-d'œuvre et qui rendent le marché européen du travail moins souple et moins concurrentiel face aux fournisseurs étrangers.

Si nous voulons avoir un statut européen des sociétés, il faut qu'il comporte un minimum de règlements. En Grande-Bretagne, nous nous opposerons assurément à toute tentative d'introduction du corporatisme au niveau européen – quoique ce que chacun veut faire dans son propre pays ne concerne que lui.

Ma quatrième idée-force est que l'Europe ne doit pas être protectionniste.

L'expansion de l'économie mondiale exige que nous poursuivions le processus d'élimination des barrières commerciales, et ceci dans le cadre des négociations multilatérales du GATT. Ce serait une trahison si, tout en réduisant les contraintes commerciales en vue du Marché unique, la Communauté érigeait une plus grande protection externe. Nous devons tout faire pour que notre approche du commerce mondial soit compatible avec la libéralisation que nous préconisons chez nous. Nous avons la responsabilité de montrer le chemin en ce domaine, responsabilité qui est tout particulièrement dirigée vers les pays les moins développés. Ceux-ci n'ont pas seulement besoin d'aide. Il leur faut surtout de meilleures perspectives commerciales pour accéder à la dignité de l'indépendance économique et de la puissance.

Ma dernière idée-force porte sur la question la plus fondamentale : le rôle des pays européens en matière de défense. L'Europe doit continuer de maintenir une défense sûre par l'intermédiaire de l'OTAN. Il ne peut être question de relâcher son effort, même si cela implique des décisions difficiles et un coût élevé.

Nous sommes reconnaissants à l'OTAN d'avoir maintenu la paix depuis quarante ans.

Le fait est que les choses vont bien dans le sens que nous voulions : le modèle démocratique d'une société de libre entreprise a fait la preuve de sa supériorité ; la liberté a pris l'offensive, une offensive pacifique, dans le monde entier pour la première fois de mon existence.

Nous devons faire notre possible pour maintenir l'engagement des États-Unis envers la défense de l'Europe. Cela signifie reconnaître la charge que représente pour eux le rôle mondial qu'ils assument, de même que leur point de vue sur le rôle des Alliés dans la défense de la liberté, particulièrement au moment où l'Europe devient plus riche.

Ils se tournent de plus en plus vers l'Europe pour qu'elle ait sa part dans la défense des régions hors zone, ainsi que nous l'avons fait récemment dans le Golfe*.

L'OTAN et l'UEO* savent depuis longtemps où se trouvent les problèmes sur cette question et ont défini des solutions. Le moment est venu de prouver le bien-fondé de nos déclarations sur la nécessité de faire un effort en matière de défense et de mieux utiliser nos moyens.

Ce n'est pas un problème institutionnel. Il ne s'agit pas de rédiger des rapports, mais de quelque chose de beaucoup plus simple et plus profond. C'est une question de volonté et de courage politique, de conviction aussi : nous ne pouvons pas compter éternellement sur les autres pour notre défense, et chaque membre de l'Alliance doit assumer une part équitable de la charge.

Nous devons conserver le soutien du public pour la dissuasion nucléaire en nous rappelant que des armes désuètes ne dissuadent pas, d'où la nécessité de moderniser.

Nous devons satisfaire aux exigences d'une défense conventionnelle, efficace, en Europe, face aux forces soviétiques qui sont continuellement modernisées.

Nous devons développer l'UEO, non pas comme solution de rechange à l'OTAN, mais comme moyen de renforcer la contribution de l'Europe à la défense commune de l'Ouest.

À un moment de changement et d'incertitude en Union soviétique et en Europe de l'Est, il est surtout indispensable de préserver l'unité et la résolution européenne, afin que notre défense soit assurée quoi qu'il arrive. Nous devons entreprendre en même temps des négociations sur le contrôle des armements et maintenir la porte de la coopération grande ouverte sur toutes les autres questions couvertes par les accords d'Helsinki*.

Mais notre mode de vie, nos conceptions de l'avenir et tout ce que nous espérons réaliser sont assurés non pas par la justesse de notre cause mais par la force de notre armée. Sur ce plan, nous ne pouvons jamais faiblir ni faillir. [...]

COMPLÉMENTS

UEO : Alliance militaire créée en 1954 après l'échec du projet de Communauté européenne de défense, l'Union de l'Europe occidentale (UEO) rassemblait, à l'origine, les Six (France, Benelux, Italie, RFA) et la Grande-Bretagne et s'est progressivement élargie au fil des adhésions à la Communauté puis à l'Union européenne. Partie intégrante de l'Alliance atlantique, elle n'a jamais constitué une force militaire européenne au sens strict au cours de ses quatre premières décennies, nombre de ses membres, à commencer par la Grande-Bretagne, ne souhaitant contester en rien la prédominance américaine dans ce domaine. Depuis l'adoption du traité de Maastricht, au début des années 1990, l'UEO a été confirmée comme le bras armé de l'Europe et tente de se positionner en acteur crédible sur la scène internationale.

Récemment dans le Golfe : allusion à l'envoi, par des pays de l'UEO, de dragueurs de mines dans le Golfe en 1987-1988, pendant la guerre Iran-Irak, pour garantir la libre circulation dans les eaux internationales et, notamment, l'acheminement du pétrole. L'opération *Cleansweep* permit de déminer un couloir à partir du détroit d'Ormuz et fut la première opération concertée au sein de l'UEO.

Accords d'Helsinki : accords signés le 1er août 1975 dans le cadre de la Conférence pour la sécurité et la coopération en Europe (CSCE), ouverte deux ans plus tôt sur proposition soviétique et rassemblant tous les pays européens, sauf l'Albanie, ainsi que l'URSS, les États-Unis et le Canada. Concrétisant une ère de « détente » dans les relations entre blocs, ces accords furent le fruit du travail de trois commissions ou corbeilles : la première était liée aux questions de sécurité, la deuxième à la coopération culturelle, scientifique et technique et la troisième, née d'une demande occidentale, aux droits de l'homme et aux libertés fondamentales (voir l'introduction au discours n° 71).

RÉCONCILIER L'IDÉAL ET LA NÉCESSITÉ

17 octobre 1989

[...] Je vous pose la question, où mènerait la pression de la nécessité sans une vision de ce que l'on veut accomplir ? Et, à l'inverse, quelle portée aurait un idéal sans la volonté et les moyens d'agir ? Le moment est venu, me semble-t-il, de réconcilier explicitement la nécessité avec l'idéal.

Pour ce faire, nous pouvons puiser dans nos expériences et dans nos patrimoines historiques, mais aussi dans la force de nos institutions. [...]

Il y a urgence. L'Histoire n'attend pas. Face aux bouleversements de grande ampleur qui secouent le monde, et plus particulièrement des autres « Europe », il est essentiel que la Communauté, forte d'un dynamisme retrouvé, renforce sa cohésion et se fixe des objectifs à la dimension des défis que l'Histoire nous a récemment lancés.

Il n'y a de place dans l'Histoire que pour ceux qui voient loin et large. [...] Voir large, c'est prendre en compte les évolutions du monde, autant géopolitiques qu'économiques, et aussi le mouvement des idées, l'évolution des valeurs essentielles qui animent nos contemporains. [...]

Voir loin, c'est tout à la fois puiser dans notre patrimoine historique et se projeter en avant. La prospective y a sa part, mais aussi une éthique de la personne, de la société et de l'aventure humaine. [...]

Oui, il est temps, chers amis, de faire renaître l'Europe de l'idéal !

Mais il fallait passer par la nécessité. Alors que la Communauté à Douze est courtisée par les uns, menacée par les autres. Alors que, négligeant le ciment qui nous unit déjà, certains nous proposent une fuite en avant, au nom de la grande Europe, ou bien ne nous offrent comme référence ultime que les lois du marché. À ceux-là nous devons rappeler que notre Communauté est non seulement le fruit de l'Histoire et de la nécessité, mais aussi de la volonté. [...]

Avec les bouleversements en cours en Europe de l'Est, la problématique change. Il ne peut être seulement question de savoir quand et comment tous les pays européens pourront bénéficier de l'effet stimulant et des avantages d'un grand marché. Notre époque est par trop dominée par un nouveau mercantilisme et les jeunesses européennes attendent plus de nous. Allons-nous nous dérober ?

Ne nous y trompons pas. Au-delà d'un nationalisme triomphant et d'un individualisme exacerbé, l'éthique revient en force. Les progrès de la science nous y obligent. Jusqu'où, par exemple, acceptons-nous les manipulations génétiques ? Il nous faut une éthique du vivant, donc promouvoir notre conception de la personne humaine et de son intégrité.

La nature, pillée ou délaissée selon les cas, nous revient comme un boomerang sous forme de dérèglements et de troubles inquiétants. Il nous faut aussi une éthique des relations entre l'homme et la nature. Lorsque des millions de jeunes frappent en vain à la porte de la société des adultes, notamment pour avoir leur place dans la vie professionnelle, lorsque des millions de retraités – encore dans la force de l'âge – sont mis à l'écart de toute réelle participation sociale, la question se pose : quelle société bâtissons-nous ? Une société de l'exclusion ?

L'Europe a toujours été le continent de l'inquiétude et donc de l'interrogation, à la recherche d'un humanisme accordé à son temps, à l'origine des idées qui font le tour du monde.

Oui, il est temps de revenir à l'idéal, d'en être pénétrés, au travers de chacune de nos actions dans le champ du politique, de l'économique, du social et de la culture. Continuons à nous interroger sur ce qui peut permettre à chaque homme, à chaque femme de s'épanouir, dans une conscience non seulement de ses droits, mais aussi de ses devoirs vis-à-vis de l'autre et de la société. Efforçons-nous de recréer constamment des collectivités humaines où la personne peut vivre et rayonner, se construire par l'échange et la coopération avec les autres.

Bien sûr, dès que nous aborderons franchement les rivages de l'humanisme, il y aura débat entre les Européens. Des conceptions s'opposeront, mais des synthèses surgiront pour le plus grand bien de la démocratie et de l'Europe. Car la Communauté, je le répète, est un concept chargé de sens. [...]

Nous bâtissons, certes en nous référant à des principes hérités de l'expérience historique, mais dans des conditions si particulières que le modèle, lui aussi, sera unique, sans précédent historique.

Nous devons beaucoup à la force de nos institutions, car nous sommes une communauté de droit. Nous ne réussissons que par l'exercice mené lucidement, en commun, de la souveraineté. [...]

La réussite de cette communauté de droit n'a cependant pas, pour autant, fait cesser les querelles sur la souveraineté. Il faut donc s'en expliquer franchement.

Une approche purement dogmatique ne mènerait à rien. [...]

Les faits sont là, qui doivent amener chaque nation à s'interroger sur ce que sont concrètement ses marges de manœuvre et d'autonomie dans le monde actuel, qu'il s'agisse de l'interdépendance croissante des économies, de la mondialisation de la sphère financière, du poids existant ou grandissant des principaux acteurs de la scène mondiale, tout concourt à une double exigence.

En premier lieu, les nations doivent s'unir lorsqu'elles se sentent proches les unes des autres, par la géographie, l'histoire, les finalités essentielles... et aussi la nécessité.

En second lieu, ou mieux parallèlement, la coopération doit se développer de plus en plus au niveau mondial pour traiter notamment du commerce international, du système monétaire, du sous-développement, et aussi de l'environnement ou de la lutte contre la drogue.

Les deux voies ne sont pas concurrentes, mais complémentaires. Car pour exister au niveau mondial, pour peser sur les évolutions, encore faut-il avoir les atouts – et pas seulement les atours – de la puissance, c'est-à-dire les moyens de la générosité, sans laquelle il n'est pas de grande politique.

Or, l'Europe ne pèse pas encore beaucoup [...]. L'origine de nos carences est claire. Elle réside dans la fiction – délibérément entretenue – de la pleine souveraineté, et par conséquent de l'efficacité absolue des politiques nationales.

On connaît la réponse rassemblée dans une formule lapidaire : parler d'une seule voix. C'est en réalité plus qu'une formule, c'est une manière d'être que confortent nos institutions et que justifient les résultats obtenus, là où nous avons accepté l'exercice en commun de la souveraineté. [...]

Deux règles essentielles doivent être rappelées ici :

– la règle d'autonomie qui maintient la personnalité distincte de chaque État membre et écarte toute tentation d'unification rampante.

– la règle de participation qui refuse la subordination d'une entité à une autre, mais qui favorise au contraire la coopération et les synergies, selon des dispositions claires, précises et garanties par le traité.

À partir de là se développe une expérience originale qui récuse toute analogie avec d'autres modèles, comme par exemple la création des États-Unis d'Amérique. J'ai toujours rejeté, pour ma part, un tel parallélisme, car je sais que nous devons unir entre elles des vieilles nations, fortes de leurs traditions et de leur personnalité. Il n'y a donc pas de complot contre la nation, il n'est demandé à personne de renoncer à un patriotisme légitime. Pour ma part, je veux non seulement unir des peuples, comme le souhaitait Jean Monnet, mais aussi associer des nations. Au fur et à mesure que la Communauté se développe, alors que nos gouvernements mettent l'accent sur la nécessité de bâtir aussi l'Europe des citoyens, est-ce sacrilège de souhaiter que chaque Européen ait le sentiment d'appartenir à une Communauté qui serait, en quelque sorte, sa seconde patrie ? Si l'on refuse cela, alors la construction européenne échouera, les monstres froids reprendront le dessus parce que notre Communauté n'aura pas conquis ce supplément d'âme et cet enracinement populaire sans lesquels toute aventure collective est condamnée à l'échec.

La Communauté, de par son succès, est sollicitée de toutes parts. Elle ne peut rester sourde à tous ses appels sans renier sa vocation à l'universel. Mais là encore, le que faire est inséparable du comment faire. [...]

Là encore, que peut isolément chaque nation européenne ? Cultiver la nostalgie de ses grandeurs passées ? Sans doute, mais ce n'est qu'une illustration supplémentaire des embarras d'une souveraineté nationale mal comprise. Alors que la Communauté européenne peut, parce qu'elle est une référence, parce qu'elle appelle une présence, répondre à l'attente des autres peuples. À une condition cependant, qu'elle s'approfondisse et qu'elle se dote des moyens de ses ambitions. [...]

L'Histoire s'accélère. Nous aussi devons accélérer [...]. J'ai toujours été un adepte de la politique des petits pas [...] mais je m'en éloigne un peu aujourd'hui, parce que le temps nous est compté. Un saut qualitatif est nécessaire tant en ce qui concerne notre conception de la Communauté qu'en ce qui concerne nos modes d'action extérieure. [...]

Je souhaite, pour l'honneur de nos générations, que nous puissions reprendre, dans les deux années qui viennent, les paroles mêmes que prononçait un autre grand Européen, Paul-Henri Spaak, lors de la signature du traité de Rome : « Cette fois les hommes d'Occident n'ont pas manqué d'audace et n'ont pas agi trop tard. » Un nouveau choc politique s'impose donc. [...]

Vraiment, nous vivons une période enthousiasmante, mais aussi pleine de risques. La Communauté européenne est mise au défi d'apporter une contribution décisive à l'avancée de notre histoire.

Devant une audience composée en grande partie d'étudiants, je me prends à rêver d'une Europe débarrassée des chaînes de Yalta, d'une Europe faisant fructifier son immense patrimoine culturel, d'une Europe imprimant la marque de la solidarité à un monde par trop dur et par trop oublieux de la partie de lui-même qui souffre de sous-développement.

Je dis à ces jeunes : vous pourrez, si nous réussissons notre Europe, aller jusqu'au bout de vous-mêmes et disposer d'espaces pour votre épanouissement. Car vous êtes conviés à participer à une aventure collective unique, associant des peuples et des nations, pour le meilleur, et non pour le pire. Vous y retrouverez vos racines philosophiques et culturelles, celles de l'Europe de toujours. Mais pour cela, vous devez vous engager personnellement et exiger de ceux qui vous gouvernent une audace calculée, une imagination fertile, un engagement clair à faire de la Communauté une nécessité pour exister et un idéal pour entreprendre.

86 – Yasser Arafat
Proclamation d'un État palestinien

15 novembre 1988

En 1974, l'Organisation de libération de la Palestine (OLP) a été reconnue comme la seule représentante légitime du peuple palestinien par le monde arabe et par l'Assemblée générale de l'ONU à la tribune de laquelle son chef, Yasser Arafat (1929-2004), a été invité à s'exprimer[1]. Mais ni les États-Unis ni Israël n'admettent sa légitimité. À la fin des années 1970, on est donc loin encore d'une solution au conflit israélo-arabe et le choix égyptien de mener des négociations bilatérales avec Israël semble déforcer la cause palestinienne[2].

Une OLP malmenée et divisée

La visite à Jérusalem du président égyptien Anouar el-Sadate déstabilise l'OLP qui y voit une trahison du combat commun. Du Liban où l'organisation est installée et où la guerre civile fait rage depuis 1975, des actes terroristes sont menés contre Israël. Ainsi, le 11 mars 1978, un bus est attaqué par un commando du *Fatah*, le mouvement d'Arafat, composante de l'OLP. En réplique, dans la nuit du 14 au 15 mars, l'armée israélienne pénètre temporairement au Sud-Liban afin de s'assurer une zone de sécurité et de permettre aux milices chrétiennes de s'y imposer après son départ. Par la suite, de 1979 à 1981, Israël mène de nombreux raids et bombardements dans la région. Tenus en respect par *Tsahal*, les Palestiniens sont par ailleurs confrontés à l'hostilité croissante des Libanais chiites qui acceptent mal d'être pris pour cible dans leur propre pays, pour des actions menées par des réfugiés. Sur le plan politique, les différentes tendances de l'OLP s'entendent, en 1979, pour défendre le principe pragmatique d'un État palestinien dans les territoires occupés et non plus sur l'ensemble de la Palestine. Un plan proposé en 1981 par le prince héritier saoudien Fahd – et sans doute co-rédigé par Arafat – manque d'être accepté mais l'on achoppe sur le droit de *tous les États de la région* à vivre en paix: les plus radicaux au sein de l'OLP refusent ce qu'ils considèrent comme une reconnaissance d'Israël et la Syrie s'oppose à un règlement réalisé en dehors d'elle. Au même moment, un peu partout dans le monde, des militants palestiniens modérés et des civils innocents font les frais du groupe terroriste Abou Nidal.

---

1 Voir l'introduction au discours n° 75.

2 Voir l'introduction au discours n° 76.

La période 1981-1983 est une nouvelle période noire pour les Palestiniens. À l'été 1981, Israël se dote d'un nouveau gouvernement dominé par les conservateurs du *Likoud*. Celui-ci décide d'annexer le plateau du Golan, conquis en 1967 sur les Syriens. Dans les territoires occupés, il s'attaque aux structures municipales palestiniennes, les privant notamment de toute aide extérieure. Au printemps 1982, il leur impose une administration civile en lieu et place de l'administration militaire, ce qui apparaît comme un nouveau signe de pérennisation de l'occupation. Au Liban, les attaques israéliennes contre les bastions palestiniens deviennent un mode opératoire classique. Le 17 juillet 1981, l'une d'elle fait deux cents morts et des centaines de blessés. Israël attend, en fait, le bon moment pour intervenir plus largement. Un attentat de plus lui fournit le prétexte pour déclencher, le 6 juin 1982, l'opération *Paix en Galilée* et occuper, en trois jours, un quart du Liban selon un plan préparé avec les chrétiens. Mais la ligne dure qui prévaut au sein du gouvernement israélien pousse ensuite *Tsahal* à assiéger durant tout l'été le camp retranché de l'OLP à Beyrouth-Ouest, privé d'eau, de nourriture et d'électricité. Finalement, Arafat doit accepter, sous protection occidentale, l'expulsion de ses troupes du Sud-Liban, en direction de l'Algérie, de la Tunisie, du Yémen ou de la Bekaa, au Nord-Liban. Alors que l'opération a déjà causé vingt mille morts et trente mille blessés, l'assassinat du président chrétien libanais Gemayel provoque, mi-septembre, une nouvelle flambée de violence : soldats israéliens et milices chrétiennes s'en prennent sans distinction aux Palestiniens et aux Libanais chiites de Beyrouth-Ouest, faisant des milliers de victimes. Des massacres sont alors perpétrés par les chrétiens dans les camps de réfugiés de Sabra et Chatila, avec le blanc-seing d'Israël et singulièrement du général Ariel Sharon, alors ministre de la Défense. À Tel-Aviv, la population horrifiée par cette tactique de la terreur, manifeste en masse, signe d'une évolution. Mais la principale conséquence de *Paix en Galilée* est bien la mise hors jeu et le démembrement institutionnel de l'OLP qui va devoir se reconstruire.

L'année 1983 est celle d'une crise interne au *Fatah* : une mouvance radicale appuyée par la Syrie s'y oppose à Yasser Arafat qui est expulsé de Damas fin juin puis, en décembre, du Nord-Liban où il était allé soutenir ses fidèles. S'ensuit une nouvelle fuite sous protection occidentale : Arafat et quatre mille Palestiniens se dirigent par bateau vers Tunis via Le Caire où les liens avec l'Égypte sont officiellement renoués. Ils se normalisent aussi avec la Jordanie. Des négociations sont menées de 1982 à 1985. Elles aboutissent à un accord le 11 février 1985 sur le principe d'une confédération jordano-palestinienne mais Arafat pose une condition préalable : la naissance d'un réel État palestinien au nom duquel l'OLP serait seule à pouvoir parler. De toute façon, l'accord fait long feu car Américains et Israéliens s'y opposent et Amman le dénonce dès 1986 pour en revenir à sa politique traditionnelle : se poser en représentante légitime des Palestiniens. Le terrorisme, qui reste bien présent malgré une condamnation d'Arafat[3] et qui se nourrit des dissidences palestiniennes, explique partiellement la rigidité des États-Unis. En 1985, ceux-ci multiplient les actes de fermeté en bombardant le QG de l'OLP près de Tunis et en s'emparant d'activistes palestiniens durant leur transfert vers la Tunisie. La cause palestinienne semble dans l'impasse.

---

3 Le 7 novembre 1985 au Caire.

*L'*Intifada *et ses conséquences politiques*

À partir de 1986, c'est dans les territoires occupés qu'une évolution importante intervient. Les violences s'y multiplient sous l'effet d'une certaine radicalisation islamiste, notamment au sein de la jeunesse étudiante, et en raison d'une intensification de la colonisation israélienne et d'un accroissement de la dépendance économique des territoires. Néanmoins, la majorité de la population reste relativement passive face à cette mise sous tutelle forcée jusqu'en décembre 1987, lorsque des manifestations tournent à l'émeute dans et autour de Jérusalem et que plusieurs groupes palestiniens appellent à généraliser ce mouvement. C'est le début de l'*Intifada* ou « guerre des pierres », une résistance active des occupés face aux occupants avec les moyens du bord. Née des milieux populaires, l'*Intifada* va toucher également les milieux bourgeois et commerçants par le biais de grèves, de boycotts – la « guerre des boutiques » –, de démissions collectives et autres actes de désobéissance civile. La direction du mouvement est assurée par un Commandement national unifié (CNU) *pour l'intensification du soulèvement sur la terre occupée.* Celui-ci fédère nombre de mouvements palestiniens, parfois ennemis la veille, et se présente bientôt comme le bras agissant de l'OLP. La répression menée par Israël est sans pitié : tirs meurtriers et passages à tabac contre les jeteurs de pierres, souvent très jeunes, établissement du couvre-feu, destruction d'habitations, mises en détention voire déportations de civils... En retour, certains vont jouer la radicalisation en déclenchant une « guerre des couteaux », en menant des raids contre les soldats israéliens et en fomentant des attentats contre des civils. À l'été 1988, l'*Intifada* paraît chercher un second souffle, d'autant que plusieurs mouvements ne se reconnaissent pas dans le CNU. C'est le cas du Front populaire de libération de la Palestine de Georges Habache mais aussi d'un nouveau mouvement islamiste, né dans la mouvance des Frères musulmans, le *Hamas*.

Arafat sait donc qu'il lui appartient d'utiliser rapidement l'*Intifada* sur le plan politique pour ne pas être dépassé. Il sait aussi qu'il peut compter sur le soutien de l'Assemblée générale de l'ONU et de plusieurs pays européens, lassés de l'intransigeance israélienne, ainsi que sur la force croissante du mouvement « La Paix Maintenant » en Israël. Pour autant, rien ne se fera sans les États-Unis qui refusent toujours de reconnaître l'OLP tant que cette dernière n'a pas accepté l'existence d'Israël et définitivement renoncé au terrorisme. Aux yeux de Washington, Amman reste seule habilitée à représenter les Palestiniens. Or, justement, le roi Hussein de Jordanie entend abandonner ce rôle : craignant une extension de l'*Intifada* et une déstabilisation de son pays, il prend acte, fin juillet 1988, du souhait de l'OLP d'édifier un État palestinien indépendant et décide de rompre les liens administratifs et légaux avec la Cisjordanie, annexée en 1950 et occupée par Israël depuis 1967. Ce contexte modifié amène l'OLP à évoluer également, sur base d'une résolution prise par le sommet arabe de Fès en 1982 et réaffirmée par celui d'Alger, début juin 1988 : retrait d'Israël des territoires occupés, établissement, en lieu et place, d'un État palestinien et paix pour tous les États de la région, ce qui entraîne implicitement la reconnaissance de l'État hébreu. Mi-juin, un proche conseiller d'Arafat tâte le terrain en faisant paraître, dans le *Washington Post*, un article plaidant pour des négociations directes entre l'OLP et Israël dans le cadre d'une conférence internationale. Le 13 septembre 1988, Yasser Arafat est invité par le groupe socialiste du Parlement européen et, dans son discours, cite Israël comme partie à une future conférence internationale tout en condamnant de nouveau le recours au terrorisme. Deux mois plus tard, ce cap est confirmé à Alger lors de la 19e session du Conseil national palestinien.

Deux États en Palestine ?

Le 15 novembre 1988, par le discours reproduit ci-dessous et malgré l'opposition d'environ un cinquième des délégués présents, Yasser Arafat proclame l'indépendance palestinienne et l'avènement d'un *État de Palestine* dont la capitale doit être Jérusalem et dont les rapports ultérieurs avec la Jordanie pourront s'établir sur *des bases confédérales*. Citant les résolutions 181 (1947), 242 (1967) et 338 (1973) de l'ONU[4], jusque-là contestées, mais les subordonnant à la reconnaissance du droit palestinien à l'autodétermination, le chef de l'OLP dit vouloir se placer dans le cadre de la légalité internationale et des Nations unies. Il fixe ensuite un certain nombre de conditions pour parvenir à une *solution politique globale du conflit israélo-arabe* : réunion d'une conférence internationale où l'OLP serait présente à égalité avec les autres participants, retrait israélien de tous les territoires occupés ou colonisés depuis 1967 et supervision temporaire de ceux-ci par l'ONU jusqu'au règlement global, résolution de la question des réfugiés, garantie de la liberté de culte pour tous dans les Lieux saints, responsabilité de la paix et de la sécurité dans la région confiée au Conseil de Sécurité de l'ONU. Enfin, réaffirmant son rejet du terrorisme, y compris le terrorisme d'État, Arafat recense les pays amis des Palestiniens et ceux qui, comme les États européens et le Japon, évoluent positivement. Il conclut en appelant le peuple américain à faire pression sur ses dirigeants pour qu'ils cessent de *nier les droits nationaux du peuple palestinien*.

De fait, si cinquante-cinq États, musulmans, communistes ou non alignés, reconnaissent l'*État de Palestine*, les États-Unis – tout comme Israël – ne modifient pas leur position : ils notent l'évolution de l'OLP mais la jugent insuffisante et, par ailleurs, refusent à Yasser Arafat le visa qui lui permettrait de venir s'exprimer à New York, à la tribune de l'ONU. Pour entendre le leader palestinien s'adresser directement à Israël afin de *sceller la paix*, l'Assemblée générale des Nations unies doit donc se réunir à Genève le 13 décembre 1988. Deux jours plus tard, lors d'une conférence de presse, Yasser Arafat va plus loin encore et accepte de faire aux Américains les concessions qu'ils réclament : il ne se contente plus de condamner le terrorisme mais dit explicitement y *renoncer*, il accepte sans condition les résolutions 242 et 338 et il cite nommément Israël parmi les pays ayant droit à la paix et à la sécurité. Le lendemain, Washington prend acte de cette avancée et, malgré la colère israélienne, accepte d'ouvrir un dialogue avec l'OLP à Tunis. Une nouvelle ère semble s'ouvrir, d'autant qu'en mai 1989, lors d'une visite en France, Arafat qualifie de *caduque* la Charte nationale palestinienne de 1968 qui en appelait notamment à *liquider la présence sioniste en Palestine*. Cependant, le chemin vers un premier accord israélo-palestinien sera encore bien long. De 1989 à l'accord d'Oslo de 1993[5], les obstacles vont en effet se multiplier : poursuite de l'*Intifada* et d'actions terroristes insuffisamment dénoncées par Arafat aux yeux de Washington, volonté manifeste des Israéliens et des Américains de freiner

---

[4] Voir l'introduction aux discours n° 44 et 75.

[5] Voir l'introduction au discours n° 97.

ou de retarder la mise en route d'un processus de paix et, enfin, déclenchement de la guerre du Golfe (1990-1991)[6], au cours de laquelle les Palestiniens, à bout de patience, prendront le parti de Saddam Hussein en croyant – ou en feignant de croire – que celui-ci cherche sincèrement à lier son retrait du Koweït à un retrait israélien des territoires occupés.

PROCLAMATION D'UN ÉTAT PALESTINIEN

En dépit de l'injustice historique imposée au peuple arabe palestinien qui a abouti à sa dispersion et l'a privé de son droit à l'autodétermination, au lendemain de la résolution 181[7] (1947) de l'Assemblée générale des Nations unies recommandant le partage de la Palestine en deux États, l'un arabe et l'autre juif, il n'en demeure pas moins que c'est cette résolution qui assure, aujourd'hui encore, les conditions de la légitimité internationale qui garantissent également le droit du peuple arabe palestinien à la souveraineté et à l'indépendance. [...]

Avec l'*Intifada* et l'expérience révolutionnaire accumulée, le peuple palestinien est parvenu au seuil d'un tournant historique décisif. Le peuple arabe palestinien réaffirme aujourd'hui ses droits inaliénables et leur exercice sur le sol palestinien :

Conformément aux droits naturels, historiques et légaux du peuple arabe palestinien à sa patrie, la Palestine, et fort des sacrifices des générations successives de Palestiniens pour la défense de la liberté et de l'indépendance de leur patrie,

Sur la base des résolutions des Sommets arabes,

En vertu de la primauté du droit et de la légalité internationale incarnée par les résolutions de l'Organisation des Nations unies depuis 1947,

Exerçant le droit du peuple arabe palestinien à l'autodétermination, à l'indépendance politique et à la souveraineté sur son sol,

Le Conseil national palestinien, au nom de Dieu et du peuple arabe palestinien, proclame l'établissement de l'État arabe de Palestine sur notre terre palestinienne, avec pour capitale Jérusalem Al-Qods Al-Sharif[8].

L'État de Palestine est l'État des Palestiniens où qu'ils soient. C'est dans ce cadre qu'ils pourront développer leur identité nationale et culturelle,

---

6 Voir l'introduction aux discours n° 91 et 92.

7 Voir l'introduction au discours n° 44.

8 Nom donné à la Jérusalem « sainte » par les musulmans.

jouir de la pleine égalité des droits, pratiquer librement leurs religions et exprimer sans entraves leurs convictions politiques.

Là sera respectée leur dignité humaine dans un régime parlementaire démocratique fondé sur la liberté de pensée, la liberté de constituer des partis, le respect par la majorité des droits de la minorité, et le respect par la minorité des décisions de la majorité. Ce régime sera fondé sur la justice sociale, l'égalité et l'absence de toute forme de discrimination sur la base de la race, de la religion, de la couleur ou du sexe, dans le cadre d'une constitution qui garantit la primauté de la loi et l'indépendance de la justice, et en totale fidélité à l'égard des traditions spirituelles palestiniennes, traditions de tolérance et de cohabitation généreuse entre les communautés religieuses à travers les siècles. [...]

[...] De par sa responsabilité à l'égard de son peuple, de ses droits nationaux et de son désir de paix fondé sur la Déclaration d'indépendance du 15 novembre 1988, et en accord avec la volonté de l'humanité de renforcer la détente internationale et le désarmement nucléaire et de régler les conflits régionaux par des moyens pacifiques, le Conseil national palestinien affirme la détermination de l'OLP de parvenir à une solution politique globale du conflit israélo-arabe, dont l'essence est la question palestinienne, dans le cadre de la Charte des Nations unies, des dispositions de la légalité internationale, des principes et des règles de droit international, des résolutions des Nations unies dont les dernières en date sont les résolutions du Conseil de Sécurité n° 605*, 607* et 608*, et des résolutions des Sommets arabes, de façon à garantir les droits du peuple arabe de Palestine au retour, à l'autodétermination et à l'édification de son État indépendant sur sa terre nationale, ainsi qu'à mettre en place les dispositifs de paix et de sécurité pour tous les États de la région.

Pour la réalisation de cet objectif, le Conseil national palestinien affirme la nécessité de:

1. Réunir une conférence internationale dotée de pouvoirs et consacrée à la question du Moyen-Orient, dont l'essence est la question palestinienne, sous la supervision des Nations unies, et avec la participation des membres permanents du Conseil de Sécurité et de la totalité des parties en conflit dans la région, y compris l'OLP, représentant unique et légitime du peuple palestinien, sur un pied d'égalité avec les autres participants étant entendu que la conférence internationale se tiendra sur la base des résolutions 242* et 338* du Conseil de Sécurité et de la garantie des droits nationaux légitimes du peuple palestinien, en particulier son droit à l'autodétermination, conformément aux principes et aux dispositions de la Charte des Nations unies à propos du droit des peuples à disposer

d'eux-mêmes et de l'inadmissibilité de l'acquisition de territoires d'autrui par la force ou l'invasion militaire et sur la base des résolutions Nations unies relatives à la question palestinienne.

2. Assurer le retrait d'Israël de tous les Territoires arabes occupés en 1967, y compris la Jérusalem arabe.

3. Annuler toutes les mesures de rattachement et d'annexion et démanteler les colonies établies par Israël dans les Territoires palestiniens et arabes depuis 1967.

4. Agir pour mettre les Territoires palestiniens occupés, y compris la Jérusalem arabe, sous la supervision des Nations unies durant une période limitée, en vue d'assurer la protection de notre peuple et de créer un climat favorable au succès des travaux de la conférence internationale, pour parvenir à un règlement politique global, garantir la sécurité et la paix pour tous, fondée sur l'acceptation et la satisfaction réciproques, et permettre à l'État palestinien d'exercer son pouvoir effectif sur ces territoires.

5. Résoudre la question des réfugiés palestiniens conformément aux résolutions des Nations unies relatives à cette question.

6. Garantir la liberté de culte dans les Lieux saints de Palestine aux fidèles de toutes les religions.

7. Faire établir par le Conseil de Sécurité, et sous sa garantie, les dispositifs de sécurité et de paix pour tous les États concernés de la région, y compris l'État de Palestine.

Le Conseil national palestinien réaffirme ses résolutions antérieures concernant la relation privilégiée qui lie les peuples frères jordanien et palestinien. Les rapports ultérieurs entre les États de Jordanie et de Palestine seront fondés sur des bases confédérales et sur la base de l'adhésion libre et volontaire des deux peuples frères en vue de renforcer leurs liens historiques et leurs intérêts communs vitaux.

Le Conseil national palestinien renouvelle son adhésion aux résolutions des Nations unies sur le droit des peuples à résister à l'occupation étrangère, au colonialisme, à la discrimination raciale et à lutter pour leur indépendance. De même, le Conseil national palestinien proclame, encore une fois, son rejet du terrorisme sous toutes ses formes, y compris le terrorisme d'État*, conformément à ses résolutions antérieures à ce sujet à la résolution du Sommet arabe d'Alger de 1988, aux résolutions des Nations unies n° 421159 de 1987 et n° 61140 de 1985, à la déclaration du Caire du 7 novembre 1985. [...] Le Conseil national palestinien adresse son profond remerciement à tous les États, forces et organisations internationales qui soutiennent les droits nationaux palestiniens. Il réaffirme sa volonté de renforcer les liens d'amitié et de coopération avec l'Union soviétique amie, avec la Chine populaire amie, les autres États socialistes, les États non alignés, les États musulmans, les États d'Asie, d'Afrique et d'Amérique latine ainsi que tous les autres pays amis.

Le Conseil national palestinien observe avec satisfaction les signes d'une évolution positive dans l'attitude de certains États européens et du Japon, sur la voie d'un plus grand soutien aux droits du peuple palestinien. Il salue cette évolution et appelle à redoubler les efforts pour l'approfondir. [...]

Au moment où le Conseil national palestinien observe avec une préoccupation profonde la montée des forces du fascisme et de l'extrémisme israélien, et la recrudescence de campagnes déclarées pour appliquer une politique d'extermination et d'expulsion, individuelle ou collective, à l'égard de notre peuple, il appelle à renforcer l'action et les efforts à tous les niveaux pour s'opposer à ce danger fasciste. Simultanément le Conseil exprime son appréciation pour le rôle et le courage des forces de paix israéliennes dans leur détermination à s'opposer et à dénoncer les forces fascistes, racistes et agressives, et dans leur appui à la lutte de notre peuple palestinien, à son soulèvement, à son droit à l'autodétermination et à l'édification de son État indépendant. Le Conseil réaffirme ses résolutions antérieures pour renforcer et développer les relations avec ces formes démocratiques.

Le Conseil national palestinien s'adresse à tous les milieux du peuple américain pour leur demander d'œuvrer en vue de mettre un terme à la politique de l'administration américaine qui continue de nier les droits nationaux du peuple palestinien, y compris son droit sacré à l'autodétermination. Il exhorte le peuple américain à œuvrer pour l'adoption de politiques qui soient conformes aux droits de l'homme, aux chartes et résolutions internationales et qui servent les efforts pour l'instauration de la paix au Moyen-Orient et la sécurité pour tous les peuples, y compris le peuple palestinien [...].

COMPLÉMENTS

Résolution du Conseil de Sécurité n° 605 : adoptée le 22 décembre 1987 par quatorze voix et une abstention, celle des États-Unis, cette résolution condamne la politique israélienne dans les territoires occupés au nom de la convention de Genève sur la protection des civils en temps de guerre en visant spécialement les actions de soldats israéliens tuant et blessant des civils palestiniens sans défense. Elle plaide pour la conclusion urgente d'un accord de paix juste et durable au conflit israélo-arabe et demande un rapport au secrétaire général pour le 20 janvier 1988 sur les moyens d'assurer la sécurité et la protection des civils palestiniens.

Résolution du Conseil de Sécurité n° 607 : Adoptée à l'unanimité – donc également par les États-Unis – le 5 janvier 1988, cette résolution condamne, en vertu de la convention de Genève sur la protection des civils en temps de guerre, la déportation de civils palestiniens par Israël.

Résolution du Conseil de Sécurité n° 608 : Adoptée le 14 janvier 1988 par quatorze voix et une abstention celle des États-Unis cette résolution constate que malgré la résolution précédente, Israël a poursuivi sa politique de déportation. Elle lui demande d'y renoncer et d'assurer le retour et la sécurité des Palestiniens déportés.

Résolution n° 242 : Adoptée le 22 novembre 1967, au lendemain de la guerre des Six Jours, cette résolution ordonne à Israël d'évacuer les territoires occupés à cette occasion – « les » ou « des » territoires selon les interprétations (voir introduction au discours n° 75) –, à savoir le Sinaï jusqu'aux rives du canal de Suez, Gaza, la Cisjordanie avec la ville arabe de Jérusalem ainsi que le plateau du Golan.

Résolution du Conseil de Sécurité n° 338 : Adoptée le 22 octobre 1973, au lendemain de la guerre du Kippour, cette résolution impose un cessez-le-feu, l'application de la résolution 242 et l'ouverture de négociations pour une paix juste et durable.

Contre le terrorisme d'État :

* *Sommet arabe d'Alger de 1988* : sommet extraordinaire des rois et chefs d'État de la Ligue arabe réuni à Alger du 7 au 9 juin 1988, en l'absence notamment de l'Égypte et de l'Irak, pour soutenir le soulèvement palestinien et demander la réunion d'une conférence internationale à laquelle l'OLP participerait pleinement.

* *Résolutions des Nations unies (Assemblée générale) n° 421159 de 1987 et 61 140 de 1985* : allusion aux résolutions du 9 décembre 1985 et du 7 décembre 1987 sur les mesures visant à prévenir le terrorisme international.

* *Déclaration du Caire du 7 novembre 1985* : condamnation par Yasser Arafat de toutes les formes de terrorisme mais réaffirmation du droit des Palestiniens à résister à l'occupation israélienne dans les territoires.

87 – Slobodan Milošević
600e anniversaire de la bataille de Kosovo

28 juin 1989

Prononcé à l'aube du sanglant conflit qui déchira les Balkans dans les années 1990, ce discours renvoie à deux thèmes de réflexion toujours cruciaux : le retour en puissance du nationalisme, qu'il s'appuie sur des critères ethniques ou religieux, mais aussi le poids de l'histoire et son instrumentalisation pour justifier un choix politique et galvaniser des foules souvent en manque de repères.

La Serbie, d'Étienne Dušan à Tito

Peuple slave venu de Galicie orientale, les Serbes s'installent sur le territoire de l'actuelle Serbie au VIIe siècle. Convertis au christianisme byzantin à la fin du IXe siècle, ils sont vassaux de Constantinople mais obtiennent leur indépendance à la fin du XIIe siècle. Le royaume de Serbie connaît alors une période d'expansion culminant dans la première moitié du XIVe siècle sous Étienne IX Dušan, qui contrôle la Bulgarie, l'Albanie, la Thessalie, l'Épire et la majeure partie de la Macédoine. En 1346, celui-ci se fait couronner Empereur autocrate des Serbes et des Romains (d'Orient). Toutefois, après sa mort, cette « Grande Serbie » bientôt mythique se heurte à un nouvel ennemi, les Ottomans, désireux de la conquérir. Le 28 juin 1389, lors de la bataille de Kosovo Polje ou du « champ des Merles », les Serbes et les Bulgares, emmenés par le prince Lazar Hrebljanović sont vaincus par le sultan Murad Ier. Les deux chefs d'armée trouvent la mort durant le combat, Murad étant assassiné par le chevalier serbe Miloš Obilić, élevé ensuite au rang de héros semi-légendaire par la poésie épique. Dans la conscience nationale serbe, la bataille de Kosovo marque une date cruciale et symbolique parce qu'elle représente la fin d'un certain âge d'or. En outre, comme des détachements venus de Croatie et de Bosnie ont participé aux combats, c'est un des rares épisodes de l'histoire à être commémoré avec ferveur par les trois peuples.

En 1459, les Turcs dominent l'ensemble de la Serbie et, en 1521, s'emparent de Belgrade. L'éclipse serbe va durer jusqu'au début du XIXe. Un mouvement nationaliste de plus en plus actif se développe alors en Serbie, profitant de l'irrémédiable déclin ottoman. Sous l'égide de deux clans rivaux, les Karageorgević et les Obrenović, et avec l'appui de plusieurs nations européennes, les Serbes se démènent pour obtenir le droit à l'autodétermination. Bientôt, le traité d'Andrinople (1829) et le *hatti-chérif* de 1830 en font une principauté autonome mais dépendant toujours des Ottomans.

En 1867, ceux-ci sont toutefois contraints d'évacuer le territoire et, onze ans plus tard, le congrès de Berlin reconnaît la totale indépendance de la Serbie. Mais le nouvel État, nostalgique de sa grandeur médiévale, ambitionne d'emblée de s'étendre et recherche, dans ce but, le soutien de grandes puissances, l'Autriche puis, au nom de la solidarité slave et orthodoxe, la Russie. Ayant échoué à s'agrandir aux dépens de la Bulgarie en 1885, les Serbes sont plus chanceux lors des guerres balkaniques de 1912-1913 qui leur permettent d'annexer la majeure partie de la Macédoine mais sans avoir le temps désiré pour obtenir un accès à l'Adriatique dont les séparent Monténégro et Albanie. L'année suivante, l'assassinat de l'archiduc héritier François-Ferdinand par un nationaliste serbe de la « Main noire » sera l'étincelle qui déclenchera la Première Guerre mondiale.

À l'issue du conflit, la Serbie se trouve dans le camp des vainqueurs, obtient un vote de réunion du Monténégro et profite de la disparition de l'Autriche-Hongrie pour réaliser l'union des Slaves du sud au sein d'un royaume des Serbes, Croates et Slovènes à dominante serbe, qui, en 1929, prend le nom de Yougoslavie. Cependant, la politique très centralisatrice de Belgrade crée des tensions, surtout du côté croate où se développe le mouvement nationaliste des Oustachi. En 1934, un militant macédonien complice des Oustachi assassine le roi Alexandre Ier de Yougoslavie à Marseille. D'abord alliée de la Tchécoslovaquie et de la Roumanie au sein d'une Petite Entente liée à la France, la Yougoslavie se rapproche de Rome et de Berlin dès 1937. En août 1939, le démembrement commence : Belgrade doit accepter l'autonomie croate. Au début de la Seconde Guerre, elle croit pouvoir demeurer neutre et se préserver ainsi de l'expansionnisme hitlérien. En mars 1941, son gouvernement choisit de s'aligner sur l'Axe, provoquant une tentative de coup d'État militaire anti-hitlérien et, dans la foulée, une invasion du pays par les troupes nazies. La Yougoslavie est alors dépecée au profit de l'Allemagne, de l'Italie, de la Hongrie, de la Bulgarie et de la Croatie devenue indépendante. En Serbie, la population est soumise à un sévère régime d'occupation allemande tandis qu'en Bosnie sous occupation croate, la minorité serbe est victime de massacres. Mais la résistance existe dans les Balkans et s'incarne dans deux mouvements idéologiquement antagonistes : les Tchetniks du colonel royaliste serbe Draža Mihailović et les partisans communistes emmenés par le Croate Josip Broz dit Tito. Cependant, les premiers, virulemment anticommunistes et nationalistes, adoptent une attitude ambiguë à l'égard de l'ennemi, auquel il leur arrive de s'allier pour mieux s'en prendre aux partisans, aux Croates et aux Musulmans. C'est ce qui explique le soutien accordé à Tito par les Anglo-Américains. En 1944, c'est lui qui libère la région.

La Yougoslavie communiste qu'il va diriger jusqu'à sa mort en 1980 se veut indépendante de Moscou dès 1948, affiche ensuite son neutralisme et s'appuie sur un système économique d'autogestion qui, permettant une certaine souplesse à la base, n'atteint guère le sommet de l'État où le pouvoir est concentré entre les mains d'un petit nombre d'*apparatchiks*. Soucieux de ne pas rééditer les erreurs du passé, Tito entend assurer une Yougoslavie forte par le maintien d'une Serbie faible, même si les Serbes sont majoritaires au sein de l'armée et des structures administratives. Selon la Constitution de 1946, le pays est une fédération de six républiques (Serbie – à laquelle sont rattachées les deux régions autonomes du Kosovo et de Voïvodine –,

Monténégro, Macédoine, Slovénie, Croatie et Bosnie-Herzégovine) disposant d'une certaine autonomie interne mais dépendant d'un gouvernement central fort. Cependant, cette volonté centralisatrice rencontre une opposition croissante dans le pays. En 1963, une nouvelle Constitution tente de prendre davantage en compte les diverses nationalités en élargissant les prérogatives des républiques mais sur les différences ethniques, religieuses et linguistiques se greffent des disparités économiques de plus en plus affirmées. En 1968 et en 1981, des émeutes ont lieu au Kosovo qui s'« albanise » de plus en plus et, en 1971, le « printemps croate » est sévèrement réprimé par le régime. En 1974, une nouvelle réforme constitutionnelle conduit la Yougoslavie aux portes d'un statut confédéral. Les Serbes, tenus en respect depuis 1945 et démographiquement en perte de vitesse, particulièrement au Kosovo, une région historiquement capitale à leurs yeux, vivent difficilement cette évolution centrifuge que la mort de Tito ne peut que précipiter. En 1986, l'Académie des sciences et des arts de Serbie dénonce comme antiserbe le découpage territorial du pays et exprime ouvertement ses craintes quant au devenir des minorités serbes présentes dans les autres républiques et régions autonomes. Le message est bien reçu en Serbie, notamment au sein de la Ligue des communistes, dont le nouveau chef est Slobodan Milošević.

Milošević ou la marche vers l'embrasement

Né à Požarevac au début de la Seconde Guerre dans une famille d'origine monténégrine, Milošević (1941-2006) est le fils d'un diacre et théologien orthodoxe qui abandonna sa famille à la fin du conflit et d'une institutrice communiste. Ses deux parents et son oncle se suicident à quelques années d'intervalle. Dès le lycée, il milite au sein de la Ligue des communistes et se lie à deux familles très puissantes au sein du parti, les Marković, dont il épouse une fille, et les Stambolić. Ces relations privilégiées contribueront largement à sa propre ascension politique. Après des études de droit à l'Université de Belgrade, Slobodan Milošević devient conseiller économique du maire de la capitale puis dirige l'entreprise Technogas, en remplacement de son ami Ivan Stambolić. En 1978, lorsque ce dernier devient chef du gouvernement serbe, Milošević obtient la présidence de la banque Beobanka. Dans les années 1980, l'amitié entre les deux hommes conduit Milošević à gravir les échelons au sein de la Ligue des communistes (LC). En 1986, grâce à l'appui des conservateurs, il est élu président du Comité central de la LC de Serbie. Jusque-là, il n'a jamais témoigné d'un intérêt particulier pour l'idée de « Grande Serbie » ou pour la question du Kosovo mais, très marqué par le *Mémorandum* de l'Académie des sciences et des arts et attentif au déclin du parti, il va œuvrer à la conversion nationaliste de la LC. Dans ce cadre, il obtient le soutien des Serbes et Monténégrins du Kosovo, tombés, en vingt ans, de 23 à 13 % de la population, mais aussi, de manière un peu paradoxale, celui de l'armée et de la LC yougoslaves, pourtant acquises au centralisme. Milošević écarte Stambolić et ses proches dès 1987 et se lance dans la « révolution antibureaucratique », une campagne très populiste jouant sur les sentiments d'inquiétude et de frustration de ses concitoyens serbes, peu appréciés des autres peuples yougoslaves. Cette campagne pousse à la démission les principaux dirigeants du Monténégro, de la Voïvodine et du Kosovo au second semestre 1988. En mars 1989, alors que la tension monte dans tout le pays sur fond de grèves et de manifestations, la Constitution est modifiée : la Voïvodine et le Kosovo voient leur autonomie fortement restreinte. En mai, Milošević est élu président de la République de Serbie.

C'est dans ce contexte qu'intervient, de juin à août 1989, la commémoration du 600e anniversaire de la bataille de Kosovo Polje. Un peu partout en Yougoslavie, les communautés serbes se remémorent avec une ferveur particulière le souvenir de la défaite, du sacrifice du prince Lazar et du geste de Miloš Obilić, entre histoire et légende. Le 28 juin, sur le lieu même de la bataille, c'est-à-dire en territoire kosovar, peuplé à près de 90 % d'Albanais, Slobodan Milošević prononce un vibrant discours exaltant le nationalisme serbe tout en se présentant en défenseur d'une Yougoslavie socialiste plurinationale et pluriethnique au sein de laquelle serait assurée *l'égalité totale de toutes les nations*. Il présente la défaite de Kosovo comme la résultante d'un manque d'unité au sein de l'État serbe médiéval et établit un parallèle avec la situation présente de la Yougoslavie. *L'unité fait renaître la dignité*, lance-t-il en soulignant que, comme en 1389, les Serbes, partie intégrante de l'Europe, se trouvent dans la nécessité *d'aller au combat*. Et l'orateur de préciser : *il ne s'agit pas de bataille armée, bien qu'il ne faille pas exclure son éventualité*. Sous couvert de tolérance, le discours de Milošević annonce en réalité la tragique dérive que vont connaître les Balkans dans la décennie suivante : selon sa logique d'égalité des *nations* dans un cadre fédéral, le président serbe va s'opposer vainement aux volontés indépendantistes des différentes républiques et provinces puis, constatant son échec, favoriser, au sein de chaque territoire, l'émergence de régions autonomes serbes, ce qui conduira, *in fine*, à la sanglante tactique de « purification ethnique ».

Le fil des événements est bien connu. En 1990, alors que le bloc de l'Est s'est effondré et que la Slovénie et la Croatie, les deux républiques les plus riches, revendiquent leur indépendance, Milošević transforme la LC en parti socialiste et se fait réélire président. Sa politique consiste à montrer aux Serbes qu'ils sont entourés d'ennemis à l'extérieur (« séparatistes » croates, slovènes, bosniaques, « autonomistes » de Voïvodine et du Kosovo) mais aussi à l'intérieur, les « opportunistes » au sein de son propre parti. Un nationalisme grand-serbe lui sert à renforcer son pouvoir et à « relégitimer » son parti dont l'objectif majeur est désormais une centralisation accrue de la fédération au bénéfice des Serbes. C'est dans ce contexte qu'il va encourager l'organisation de milices et la contestation armée des minorités serbes de Croatie et de Bosnie-Herzégovine pour obtenir l'autonomie de la Krajina et de la Slavonie. Dès le printemps 1991, les incidents se multiplient puis débouchent rapidement sur la guerre. Les forces armées régulières serbes, appuyées par des milices locales, prennent le contrôle d'un bon tiers de la Croatie, faisant dix mille morts et chassant de leurs foyers, au nom de la « purification ethnique », cinq cent mille non-Serbes. En Bosnie-Herzégovine, Belgrade encourage, dès octobre 1991, la formation d'un Parlement de la nation serbe, puis en avril 1992 la proclamation de la république serbe de Bosnie-Herzégovine, sécessionniste du reste du pays qui vient d'être reconnu comme indépendant au plan international. Le « nettoyage », avec camps de détention et massacres pour inspirer la terreur aux non-Serbes, est dirigé par Radovan Karadzić mais les unités paramilitaires opèrent sous la direction du ministère de l'Intérieur de Belgrade. En 1993, Serbie et Monténégro étant durement touchées par les sanctions économiques internationales votées en juin 1992, Milošević accepte le plan de paix Vance-Owen qui repose sur le découpage de la Bosnie-Herzégovine en dix provinces, puis le plan de 1994 attribuant 49 % du territoire bosniaque aux Serbes. En 1995, intervient une série d'autres revers quand la Slavonie et la Krajina sont reprises par une offensive fulgurante des Croates. Milošević n'a d'autre échappatoire que d'accepter le plan de paix de Dayton (novembre 1995) et la paix signée à Paris le 14 décembre, laissant tomber les dirigeants serbes de Bosnie et entraînant un nouvel exode, de Serbes cette fois.

La paix sera de courte durée. Milošević va recourir aux vieilles recettes nationalistes pour lutter en Serbie même contre l'opposition qui a remporté les élections locales de novembre 1996 et pour pratiquer une politique de répression au Kosovo où les Albanophones s'agitent depuis que leur autonomie a été supprimée en 1989. L'armée de libération du Kosovo (UCK) multiplie les attaques contre les forces de police serbes qui vont riposter avec usure, provoquant l'exode de deux cents à trois cent mille civils. Un accord signé entre Milošević et Richard Holbrooke, émissaire de Bill Clinton, déçoit les Occidentaux par sa non-application. Après la découverte de charniers, l'ambassadeur américain Christopher Hill mettra en œuvre, outre une *non-flying zone*, la gestion provisoire du Kosovo par une mission de l'OSCE et la garantie de sa sécurité par des forces de l'OTAN mais placées sous la bannière de l'ONU. Après l'échec d'une nouvelle mission Holbrooke, Javier Solana, secrétaire général de l'OTAN, ordonne, le 23 mars 1999, des frappes aériennes sur le territoire de la République fédérale de Yougoslavie tandis que Milošević est inculpé de crimes contre l'humanité. On estime en effet à sept cent mille exilés le bilan du « nettoyage ethnique » du Kosovo et le TPIY (Tribunal pénal international pour la Yougoslavie) évalue à dix mille le nombre des victimes de la politique de terreur. Après onze semaines de guerre (dix mille frappes aériennes), la Yougoslavie plie et accepte les conditions du G8, plus modérées que celles de l'OTAN. Le 9 juin 1999, un accord prévoit l'occupation du Kosovo par une force internationale de cinquante mille hommes baptisée KFOR et son administration par l'ONU.

En juillet 2000, Milošević modifie encore la Constitution pour briguer un nouveau mandat présidentiel, cette fois au suffrage direct. L'opposition rassemble, le 5 octobre 2000, un demi-million de manifestants à Belgrade, investissant le Parlement, la télévision et provoquant la défection de la police. Le 6 octobre, Milošević annonce son retrait de la vie politique. Pour satisfaire les exigences des Occidentaux et pouvoir réintégrer tant bien que mal la communauté internationale, les nouveaux gouvernants de la Fédération yougoslave arrêtent Milošević le 1er avril 2001, puis le livrent au TPIY le 28 juin, veille d'une conférence qui doit attribuer des crédits à la reconstruction de leur pays. On sait qu'après des apparitions arrogantes devant ses juges, Milošević sera trouvé mort dans sa cellule le 11 mars 2006, sans que son procès ait pu être terminé. Deux mois plus tard, le Monténégro décidera, par référendum, de son indépendance, enterrant définitivement le concept de Yougoslavie. Le Kosovo, quant à lui, s'apprête à suivre la même voie, à la grande inquiétude de la minorité serbe.

600e anniversaire de la bataille de Kosovo

Par un concours de circonstances sociales et politiques, cette grande célébration du 600e anniversaire de la bataille de Kosovo s'inscrit dans une année durant laquelle, après bien des décennies, la Serbie a retrouvé son intégrité politique, nationale et spirituelle. Dès lors, il ne nous est pas difficile de répondre à la question éternelle. Qu'avons-nous à présenter à Miloš[1] ? À travers le jeu de l'histoire et de la vie, il semble que la Serbie ait retrouvé, précisément en cette année 1989, son statut et sa dignité, ce qui lui permet de commémorer un événement de son passé lointain qui possède une signification symbolique et historique déterminante pour son futur.

Aujourd'hui, il est difficile de départager la vérité historique et la légende qui entourent la bataille de Kosovo. Cela n'a plus aucune importance aujourd'hui. Le peuple avait l'habitude de se souvenir et d'oublier, oppressé par la douleur et rempli d'espoir, tout comme le font d'autres peuples après tout, et il était honteux de la trahison et glorifiait l'héroïsme. En conséquence, il n'est pas aisé de dire aujourd'hui si la bataille de Kosovo fut pour le peuple serbe une défaite ou une victoire, si elle a plongé notre peuple dans l'esclavage ou si elle a permis aux peuples de survivre à la soumission. Les historiens et le peuple rechercheront encore longtemps une réponse à ces questions. Une seule certitude demeure qui a traversé les siècles jusqu'à notre époque : c'est la discorde qui a frappé le Kosovo il y a 600 ans. Si nous avons perdu la bataille, ce n'est pas uniquement à cause de la supériorité sociale et de la puissance militaire de l'Empire ottoman, mais aussi à cause de la tragique discorde qui régnait à la tête de l'État serbe. En cette année reculée de 1389, l'Empire ottoman n'était pas seulement plus fort que l'État serbe, mais il était aussi plus chanceux que le royaume des Serbes.

Le manque d'unité et la trahison qui se sont manifestés au Kosovo vont suivre à la trace le peuple serbe comme un mauvais sort à travers toute l'Histoire. Même lors de la dernière Guerre, ce manque d'unité et la trahison ont plongé le peuple serbe et la Serbie tout entière dans l'agonie, à ce point que les conséquences historiques et morales de cette situation dépassèrent celles de l'agression fasciste elle-même.

Dans la Yougoslavie socialiste, dans cet État nouveau, le pouvoir serbe est resté divisé, enclin au compromis au détriment de son propre peuple.

---

1 Miloš Obilić, le héros légendaire de la bataille de Kosovo.

Les concessions faites par les chefs serbes au détriment de leur peuple ne pouvaient être acceptées ni historiquement ni moralement par aucune nation au monde, d'autant plus que les Serbes n'ont jamais, au courant de leur Histoire, conquis ou exploité d'autres peuples. Leur nature nationale et historique a, de tout temps, et même au cours de deux guerres mondiales, été facteur de liberté, et l'est encore aujourd'hui. Le peuple s'est libéré lui-même et lorsqu'il le lui était possible, il a aidé les autres à se libérer. Et le fait que les Serbes soient une grande nation dans cette région n'est ni une faute, ni une honte. C'est un avantage dont ils n'ont jamais usé contre leurs voisins. Mais je dois constater, aujourd'hui, sur ce champ légendaire de Kosovo, que les Serbes n'ont pas mis à profit la grandeur de leur nation pour leur propre bien.

À cause de leurs leaders et de leurs politiciens, à cause de leur attitude vassale, ils se sont sentis coupables à leurs yeux et aux yeux des autres. Cette situation a perduré des décennies, des années, et nous sommes réunis aujourd'hui sur le champ de Kosovo pour déclarer que ceci n'est plus le cas.

La discorde entre les chefs serbes a longtemps été la cause d'un retard par rapport aux autres et cette infériorité a humilié la Serbie. En conséquence, nul autre endroit en Serbie n'est plus approprié que le champ de bataille de Kosovo pour déclarer que l'unité de la Serbie apportera la prospérité au peuple serbe, en Serbie, et à chacun de ses citoyens, en particulier, quelle que soit son appartenance nationale ou religieuse.

La Serbie est aujourd'hui unie, égale aux autres républiques, et prête à tout faire pour améliorer les conditions d'existence matérielle et sociale de ses citoyens. Moyennant l'esprit de concorde, de coopération et du sérieux, elle y parviendra. C'est pourquoi, l'optimisme qui règne à présent dans une large mesure en Serbie concernant les jours à venir est tout à fait réaliste. Cet optimisme est basé sur la liberté et permet à chacun d'exprimer ses capacités créatrices et humaines, visant au développement social et personnel.

Jamais la Serbie n'a été habitée que de seuls Serbes. Il y vit aujourd'hui, plus qu'auparavant, beaucoup de citoyens d'autres nations, d'autres ethnies. Cela ne représente pas un handicap pour le pays. Je suis même sincèrement convaincu que c'est un avantage. C'est dans ce sens-là qu'est en train de se réorganiser la composition nationale de presque tous les États du monde moderne, surtout des plus développés. La cohabitation de citoyens de nationalités, de confessions et de races différentes devient de plus en plus fréquente, de plus en plus réussie.

Le socialisme en tant que forme de société démocratique progressiste et équitable, ne devrait surtout pas permettre que des hommes se partagent suivant les nations ou les confessions. Les seules différences que le socialisme puisse et doive reconnaître sont celles qui distinguent les travailleurs des paresseux, les gens honnêtes des gens malhonnêtes. C'est pourquoi tous les gens qui vivent en Serbie de leur travail, honnêtement, en respectant les autres individus et les autres nations, y vivent dans leur république.

En tout état de cause, notre pays entier devrait être construit sur ces principes. La Yougoslavie est une communauté plurinationale et elle ne peut subsister que moyennant une égalité totale de toutes les nations qui y cohabitent.

La crise qui a frappé la Yougoslavie a conduit à des divisions de caractère nationaliste, mais aussi social, culturel et confessionnel, et d'autres de moindre importance. Entre toutes, les divisions de caractère nationaliste se sont avérées les plus dramatiques. Leur élimination facilitera l'aplanissement des autres dissensions et atténuera les conséquences de celles-ci.

Depuis qu'il existe des communautés plurinationales, les relations qui s'établissent entre les différentes nations ont toujours été leur point faible. Comme par une épée suspendue au-dessus de leurs têtes, elles sont sans cesse menacées par la question de l'oppression mutuelle des nations, question qui, lorsqu'elle se déclenche, entraîne derrière elle une vague de soupçons, d'accusations et d'intolérance qui ne peut qu'enfler, et qu'on n'arrête qu'à grand-peine. Les ennemis des communautés plurinationales, qu'ils soient intérieurs ou extérieurs, le savent bien, et ils axent en général toute leur activité sur l'approfondissement des conflits interethniques. Actuellement, nous nous comportons en Yougoslavie comme si nous n'avions jamais vécu une telle expérience et comme si notre peuple n'avait jamais connu, de par son passé proche ou lointain, la plus grande tragédie des conflits nationaux qu'une société puisse endurer et à laquelle elle doit néanmoins survivre.

Des rapports d'égalité et de concorde entre les peuples yougoslaves représentent une condition indispensable pour la survie de la Yougoslavie, pour une issue victorieuse de la crise, et surtout pour la prospérité économique et sociale du pays. De ce point de vue, la Yougoslavie ne se distingue pas de la moyenne des sociétés contemporaines, particulièrement celles du monde développé. Ce monde est de plus en plus marqué par la tolérance et la coopération ethniques, voire l'égalité ethnique. Le développement moderne d'ordre économique et technologique, ainsi que politique et culturel, a rapproché les peuples les uns des autres, les a rendus interdépendants et égaux les uns par rapport aux autres. Des peuples égaux et unis peuvent par-dessus tout devenir une partie intégrante de la civilisation vers laquelle évolue l'humanité. Même si nous ne pouvons pas être à la tête de la file qui s'avance vers une telle civilisation, nous ne devrons pas non plus en être les lanternes rouges.

À l'époque où s'est déroulée cette grande bataille historique de Kosovo, les gens scrutaient les étoiles et en attendaient de l'aide. Maintenant, six siècles plus tard, ils scrutent encore les étoiles en attendant de les conquérir. Au temps de Kosovo, ils pouvaient se permettre de vivre dans la discorde, la haine et la trahison parce qu'ils vivaient dans des mondes plus petits, moins dépendants les uns des autres. Mais aujourd'hui, ils ne peuvent conquérir ne fût-ce que leur propre planète s'ils ne sont pas unis, sans parler des autres planètes, s'ils ne vivent pas dans l'harmonie et la solidarité mutuelle.

En conséquence, nulle part dans notre patrie les mots d'unité, de solidarité et de coopération entre les gens n'ont une plus grande signification qu'ici, sur le champ de Kosovo, qui est un symbole de la discorde et de la trahison.

Dans la mémoire du peuple serbe, cette discorde a été décisive, pour avoir causé la perte de cette bataille et marqué le destin de la Serbie dont elle a souffert pendant six siècles.

Même s'il en fut autrement, d'un point de vue historique, le fait demeure que le peuple a toujours considéré la discorde comme sa plus grande défaite. Il lui faut dès lors anéantir la discorde pour qu'il puisse se prémunir contre les défaites, les échecs et l'immobilisme dans le futur.

Cette année, le peuple serbe a pris conscience de la nécessité de l'harmonie mutuelle comme condition indispensable de sa vie présente et de son développement futur.

Je suis persuadé que, grâce à la prise de conscience de l'harmonie et de l'unité, le peuple serbe sera non seulement capable de fonctionner en tant qu'État, mais aussi de fonctionner comme un État efficace. Je pense que le lieu est bien choisi pour déclarer ceci au Kosovo où la discorde a jadis plongé la Serbie dans un gouffre pour plusieurs siècles et l'a mise en péril et où l'unité retrouvée peut la faire progresser et lui faire retrouver sa dignité. Une telle prise de conscience des relations mutuelles représente une nécessité élémentaire pour la Yougoslavie aussi, car son destin est dans les mains de tous ses peuples réunis. L'héroïsme du Kosovo a inspiré notre créativité pendant six siècles et a nourri notre fierté. Il nous est interdit d'oublier que jadis nous étions une grande armée, courageuse et fière, l'une des rares qui demeure invaincue même quand elle perd.

Six siècles plus tard, nous nous trouvons à nouveau dans la tourmente et devons aller au combat. Mais il ne s'agit pas de bataille armée, bien qu'il ne faille pas exclure son éventualité. Néanmoins, quelles qu'elles soient, ces batailles ne peuvent pas être remportées sans détermination, courage et sacrifice, sans les nobles qualités qui étaient présentes à cet endroit même, sur le champ de Kosovo, par le passé. Notre grand combat consiste actuellement à mettre en place la prospérité économique, politique, culturelle et générale de notre société, à trouver une approche plus rapide et plus réussie d'une civilisation dans laquelle vivra notre peuple au XXIe siècle. Pour gagner cette bataille, il nous faudra certes de l'héroïsme, mais d'une autre nature. Notre courage, cependant, sans lequel rien de sérieux ni de grand ne peut être réalisé, reste inchangé et reste une nécessité à tout moment.

Il y a six siècles, la Serbie s'est défendue sur le champ de Kosovo, mais elle a défendu également l'Europe. La Serbie était à l'époque le bastion qui défendait la culture, la religion et la société de l'Europe dans son ensemble. C'est pourquoi il semble complètement absurde, anti- et a-historique de mettre en doute l'appartenance de la Serbie à l'Europe. La Serbie a toujours fait partie de l'Europe, maintenant tout autant que par le passé, à sa propre manière, bien sûr, mais d'une manière qui, dans un sens historique, ne l'a jamais privée de sa dignité. C'est dans cet esprit que nous entreprenons de construire une société riche et démocratique et que nous voulons contribuer à la prospérité de ce magnifique pays, ce pays souffrant injustement, mais aussi contribuer aux efforts de tous les peuples modernes de notre époque, réunis pour faire un monde meilleur, un monde plus heureux.

Que la mémoire de l'héroïsme de Kosovo vive à jamais !

Longue vie à la Serbie !

Longue vie à la Yougoslavie !

Longue vie à la paix et à la fraternité entre les peuples !

88 – Helmut Kohl
Le vent de la liberté
&
89 – Helmut Kohl
Message adressé par le Chancelier fédéral aux gouvernements du monde

Les années 1989-1990 sont particulièrement exemplatives d'une accélération, d'un emballement de l'histoire. En moins de douze mois, le monde a vu s'effondrer l'un des deux grands blocs hérités de la Seconde Guerre et a assisté, dans un mélange de joie et de crainte, à l'inévitable réunification de l'Allemagne. Dans ce processus fulgurant, un homme, le chancelier ouest-allemand Helmut Kohl, a joué un rôle majeur. Balayant un à un tous les obstacles, acceptant les concessions nécessaires tout en gardant l'œil rivé sur son objectif, il a changé le cours de l'histoire, sans nécessairement réaliser l'ampleur des difficultés que son pays devrait, par la suite, affronter.

Le dernier anniversaire de la RDA

Divisée en quatre zones d'occupation à l'issue de la Seconde Guerre, l'Allemagne s'est retrouvée coupée en deux après l'échec de plusieurs conférences entre Grands – URSS, États-Unis, Grande-Bretagne et France – en 1947 et 1948 et l'impossibilité de signer un traité de paix. Les trois zones d'occupation occidentales ont fusionné pour donner naissance, en 1949, à la république fédérale d'Allemagne (RFA) tandis que, la même année, les Soviétiques ont fait de leur zone une République démocratique allemande (RDA). Celle-ci est considérée comme inexistante par la RFA qui se dit seule habilitée à représenter l'ensemble du peuple allemand. Dans les faits pourtant, on a affaire à deux États distincts qui appartiennent chacun à l'un des deux blocs et deviennent l'enjeu de rapports de force au niveau mondial, comme le prouve la construction, en 1961, du tristement célèbre mur de Berlin[1]. Les années 1969-1972 permettent cependant une certaine détente, à la faveur de l'*Ostpolitik* menée par le chancelier social-démocrate ouest-allemand Willy Brandt qui, pragmatique, signe une série de traités avec la RDA, la Pologne, la Tchécoslovaquie et l'URSS, valables jusqu'à un réel traité de paix et une réunification[2]. Pour l'Allemagne de l'Est, en revanche, cette réunification n'a pas lieu d'être : niant le concept d'une nation

---

1 Voir l'introduction au discours n° 65.

2 Voir l'introduction au discours n° 71.

allemande unique et temporairement divisée, la RDA estime que les deux États sont appelés à perdurer.

C'est à partir du milieu des années 1980,que l'opposition au régime communiste commence à prendre de l'ampleur en RDA, sous l'effet conjugué d'une crise économique chaque année plus évidente, d'une implication croissante des Églises luthériennes et des signaux libéraux donnés par l'URSS de Mikhaïl Gorbatchev et sa *perestroïka.* L'homme fort de la RDA, Erich Honecker, tente de résister en durcissant sa politique de répression et de censure et en prenant de plus en plus clairement ses distances avec Moscou. Mais il ne peut empêcher un nombre croissant de ses concitoyens d'émigrer vers l'Ouest, ce qui ne fait qu'accroître la pénurie de main-d'œuvre que connaît déjà le pays. En 1987, pour freiner le déficit du commerce extérieur, Honecker décide de réduire drastiquement les importations de biens de consommation. Confrontés à des magasins vides, les Est-Allemands, conscients du niveau de vie à l'Ouest, se montrent de plus en plus impatients de faire basculer le régime. À l'automne 1989, alors que celui-ci s'apprête à fêter en grande pompe le quarantième anniversaire de la RDA, le vent de l'histoire va transformer la commémoration en enterrement.

En septembre 1989, ce sont des milliers d'Allemands de l'Est qui, profitant de la démocratisation en cours dans d'autres pays du bloc communiste, tentent de quitter le pays pour atteindre Budapest, Prague ou Varsovie et, de là, demander l'asile à la RFA. Le 10, la Hongrie prend la décision d'ouvrir la frontière austro-hongroise et de laisser les réfugiés gagner l'Ouest, ce qui ne fait qu'accélérer le rythme des départs – près de deux cent mille en deux mois. En RDA, l'opposition, jusque-là dispersée, s'unit autour du *Neues Forum* et commence à organiser des manifestations de masse, particulièrement à Leipzig, où les protestataires sont, chaque lundi, plus nombreux. Au sein même du parti unique est-allemand, la SED, un courant réformateur emmené par Hans Modrow se fait entendre. Honecker tente désespérément de répondre par la force à cette vague de fond mais, le 7 octobre, il est définitivement lâché par Gorbatchev, venu célébrer les quarante ans du pays. Le leader soviétique, vivement applaudi par la foule, lance : « Celui qui vient trop tard est puni par la vie. » La SED a compris le message et, le 18 octobre, écarte Erich Honecker en espérant ainsi calmer la population. Mais celle-ci en veut beaucoup plus et le fait savoir dans la rue. Elle ne se satisfait pas des promesses du nouveau chef du parti, Egon Krenz, à savoir le remplacement du gouvernement, l'épuration de la SED et la tenue d'élections libres. Le 7 novembre, le gouvernement est-allemand est contraint à la démission en bloc et, le 8, c'est le Bureau politique du parti qui s'efface. Mais l'événement le plus symbolique a lieu le 9 novembre 1989 : à Berlin, le « mur de la honte » est pris d'assaut à coups de pioches. Krenz n'a pas d'autre choix que d'autoriser l'ouverture de la frontière interallemande et des milliers d'Allemands de l'Est déferlent à l'Ouest. Les yeux du monde se tournent dès lors vers la RFA et son chancelier, Helmut Kohl : comment va réagir la République fédérale à ce jour qu'elle attend depuis quatre décennies ?

Helmut Kohl face à la chute du mur

Né en 1930 à Ludwigshafen sur le Rhin, dans le Palatinat, Helmut Kohl est le fils d'un fonctionnaire catholique, conservateur et antinazi. Comme son frère qui trouva la mort au combat, le futur chancelier fut incorporé mais la guerre s'acheva sans qu'il eût à y participer. Dès 1946, il s'engage au sein de la CDU, le parti chrétien-démocrate, et, en 1950, entame des études universitaires en droit, histoire et sciences politiques qui, de Francfort à Heidelberg, le conduisent à l'obtention d'un doctorat. Dès 1958, il commence une carrière de dirigeant dans l'industrie. Son premier mandat électoral prend cours en 1960 lorsqu'il entre au conseil municipal de Ludwigshafen. Trois ans plus tard, il est député au *Landtag* de Rhénanie-Palatinat, un *Land* dont il devient le ministre-président en 1969. La même année, il est élu vice-président fédéral de la CDU, avant, quatre ans plus tard, de prendre la présidence du parti et de la conserver pendant un quart de siècle. En 1976, il mène le combat pour la chancellerie mais, défait, doit se contenter de devenir chef de groupe au *Bundestag*, un poste qu'il occupe jusqu'en 1982. Cette année-là, il profite de la décomposition de l'alliance entre sociaux-démocrates (SPD) et libéraux (FDP) : ces derniers épaulent la CDU/CSU[3] pour voter la défiance envers le gouvernement et propulser Helmut Kohl au poste de chancelier fédéral. En mars 1983, des élections anticipées accordent une importante victoire aux chrétiens-démocrates et leur permettent d'avoir les coudées franches pour mener une politique très libérale sur le plan économique et très atlantiste et européenne sur le plan diplomatique. Reconduit en 1987 mais avec une majorité réduite, Kohl paraît en perte de vitesse et de crédibilité : les affaires politico-financières, le virage à droite de la CSU, la crise économique, la hausse du chômage, les problèmes liés à une forte immigration et les débats virulents sur le passé de l'Allemagne sont autant de facteurs qui assombrissent le climat. C'est à ce moment, et alors que tout le monde lui prédit sous peu un échec électoral cuisant, qu'interviennent la chute du mur de Berlin et l'ouverture de la frontière interallemande.

En ces jours historiques, Helmut Kohl est en visite officielle en Pologne, le premier pays d'Europe de l'Est à s'être doté d'un Premier ministre non communiste[4]. Face à l'ampleur des événements en cours en RDA, il interrompt son déplacement et rentre à Bonn, où, devant l'Assemblée plénière du *Bundestag*, il prononce, le 16 novembre 1989, une déclaration gouvernementale dont le premier texte reproduit ci-dessous reprend les extraits les plus significatifs. Le Chancelier y annonce que la RFA entend prendre, avec ou sans l'appui de la RDA, une série de mesures d'urgence destinées à faciliter la liberté de circulation entre l'Est et l'Ouest. Il précise aussi qu'il souhaite intensifier la coopération avec le gouvernement est-allemand sur la question des devises, de la protection de l'environnement – particulièrement négligée en RDA –, des communications et de l'harmonisation économique. Mais l'allocution de Kohl est surtout et avant tout un appel à *une mutation profonde du système politique et économique de la RDA*. Si celle-ci est *irréversible*, la RFA fournira une aide au pays voisin. Et Kohl de préciser ses exigences : liberté d'opinion et d'information, liberté syndicale, liberté de créer des partis politiques indépendants et amnistie de tous ceux qui ont fui ou tenté de fuir à l'Ouest. En position de force, le Chancelier dicte donc ses conditions car il s'agit, dit-il, d'*une question de responsabilité nationale*. En filigrane, l'idée de réunification est bien

---

3 La CSU (*Christlich-Soziale Union*) est un parti essentiellement bavarois, tout aussi catholique mais souvent plus conservateur que la CDU, sa perpétuelle alliée.

4 Voir l'introduction au discours n° 80.

présente. Mais conscient des inquiétudes que cette montée en puissance de l'Allemagne peut susciter à l'étranger, il réaffirme avec force sa volonté d'agir dans le cadre de la Communauté européenne et en toute fidélité à l'OTAN. L'objectif majeur de la RFA est d'arriver à l'Union européenne, conclut-il en approuvant la volonté de la Commission de Bruxelles de négocier un futur accord commercial entre les Douze et la RDA.

Une réunification au pas de charge

Cependant, quelques jours plus tard, le 28 novembre 1989, c'est sans réelle consultation de ses partenaires libéraux et de ses alliés européens qu'il présente un programme en dix points en vue de parvenir rapidement à une réunification négociée de l'Allemagne. La veille, à l'Est, deux cent cinquante mille personnes se sont déjà réunies à Leipzig pour la revendiquer. Kohl est persuadé qu'il s'agit d'une course contre la montre : il faut profiter de l'enthousiasme généralisé et de la présence au Kremlin de Mikhaïl Gorbatchev. À l'Est, où Egon Krenz a démissionné, le nouveau chef du gouvernement, le réformiste Hans Modrow espère encore sauver la RDA : il autorise le multipartisme, entame des discussions avec l'opposition en vue d'un futur scrutin, préside à la transformation de la SED en Parti du socialisme démocratique (PSD) et dissout la *Stasi*, la tant redoutée police politique. Mais en visite à Dresde les 19 et 20 décembre 1989, Helmut Kohl parvient à lui imposer le principe d'une « communauté contractuelle » tandis que, la veille de Noël, le change obligatoire et les visas sont supprimés entre les deux Allemagnes. La RDA, moribonde sous perfusion, ne résistera pas à ses premières élections libres, tenues le 18 mars 1990 et pour lesquelles les chefs de parti ouest-allemands, à commencer par Kohl, sont venus soutenir leurs partis frères. L'Alliance pour l'Allemagne, une coalition favorable à la réunification et emmenée par la CDU, remporte 48 % des suffrages. Avec 16 %, les anciens communistes ne sont pas laminés mais ils sont exclus du nouveau gouvernement qui, sous la direction du chrétien-démocrate Lothar de Maizière, unit l'Alliance, le SPD et le FDP.

Néanmoins, il reste une lourde tâche : faire accepter cette réunification par les quatre Grands de 1945, garants du statut de l'Allemagne. En effet, le président français, François Mitterrand, et le Premier ministre britannique, Margaret Thatcher, ne regardent pas sans appréhension cette fulgurante reconstitution de l'ancien ennemi. En janvier 1990, Gorbatchev admet le principe de la réunification mais défend l'idée d'une Allemagne neutre, entre l'OTAN et le pacte de Varsovie, ce que les Occidentaux ne peuvent admettre. Autre pierre d'achoppement : la reconnaissance définitive de la frontière germano-polonaise, la fameuse ligne Oder-Neisse, qui laisse à la Pologne des territoires historiquement allemands mais perdus lors de la défaite de 1945. Le 8 mars 1990, le *Bundestag* entérine, en signe de bonne volonté, l'intangibilité de cette frontière. Dans le même temps, Helmut Kohl reconnaît la nécessité d'intégrer les Alliés au processus de réunification allemande pour ce qui concerne ses conséquences internationales. Des négociations dites « 2 + 4 » s'ouvrent donc à Bonn le 5 mai mais, très vite, la question de la neutralité ou non de l'Allemagne unie fait monter la tension. Mi-juillet, Kohl se rend à Moscou. Il y obtient difficilement de Gorbatchev la possibilité pour l'Allemagne unie d'intégrer l'OTAN moyennant une limitation des effectifs de l'armée allemande et une aide financière au retrait des quatre cent mille soldats soviétiques présents en RDA.

Désormais, le dernier obstacle extérieur est levé et, le 12 septembre, la conférence « 2 + 4 » se sépare en rendant à l'Allemagne, par un traité de paix, cette pleine et entière souveraineté dont la folie de Hitler l'avait privée.

Une victoire, des défis

Sur le plan interallemand, la même rapidité a prévalu. Le 1er juillet 1990, l'union économique et monétaire est entrée en application sur base d'une parité symbolique mais artificielle entre les marks est- et ouest-allemands et, le 19 août, la RDA a accepté la Constitution de la RFA. Un à un, les cinq *Länder* est-allemands ont alors demandé leur adhésion au sein de la République fédérale, en vertu de l'article 23 de la loi fondamentale. Le 31 août, le traité d'unification est paraphé à Berlin-Est par Helmut Kohl et Lothar de Maizière. Il est ensuite ratifié par les deux Parlements le 20 septembre. C'est quinze jours plus tard, le 3 octobre 1990, qu'a lieu la Journée de l'unité allemande, au cours de laquelle la réunification est officiellement proclamée. À cette occasion, le Chancelier fédéral adresse *aux gouvernements du monde* le message dont le texte est reproduit ci-dessous. Remerciant tous ceux qui ont contribué à faire (re)naître l'Allemagne unie, il insiste sur la nécessité pour celle-ci de ne jamais oublier son passé. Ce disant, il fait à la fois référence aux heures sombres et à la « rédemption » obtenue par l'Europe, dont il lie l'indispensable unification à celle de l'Allemagne. *À l'avenir, seule la paix partira du sol allemand*, lance le Chancelier, conscient qu'il lui faut avant tout rassurer. Il promet de respecter les frontières orientales de l'Allemagne, de maintenir celle-ci au sein de l'OTAN et de défendre le désarmement et le contrôle des armements. Enfin, il réaffirme la renonciation de l'Allemagne aux armes nucléaires, biologiques et chimiques. L'heure est, dit-il, à d'autres priorités : l'aide au développement, la préservation de l'environnement, la lutte contre la drogue et le terrorisme et la promotion des droits de l'homme dans le cadre des Nations unies. L'Allemagne peut pleinement s'y consacrer dès lors qu'elle n'a plus à porter *le fardeau de la division*.

Cependant, un autre fardeau va se substituer à celui-ci. En effet, l'Allemagne se trouve confrontée au coût économique et social de sa réunification, un coût qu'Helmut Kohl a sous-estimé. En décembre 1990, les premières élections en Allemagne réunifiée sont un triomphe pour sa personne et pour son parti, qui remporte près de 55 % des suffrages. Mais très vite, les difficultés apparaissent. Trompés par les statistiques embellies de l'ancien régime est-allemand, les experts constatent avec effarement l'état de délabrement économique et matériel de l'ex-RDA. Les transferts d'Ouest en Est atteignent des sommes très importantes et les citoyens de l'Ouest rechignent à ce principe de solidarité dès lors que le chômage augmente dans tout le pays et que la récession s'installe. Parallèlement, ils grognent face à l'accroissement des dépenses en faveur de la construction européenne. L'Est, de son côté, se sent méprisé et humilié. Une majorité d'*Ossis* ne voient pas leur qualité de vie s'améliorer. Ils en rendent responsables leurs concitoyens de l'Ouest mais surtout les immigrés, attirés en nombre par la perspective d'une vie meilleure en Allemagne. On craint que les vieux démons ne ressurgissent : les néo-nazis défilent, les violences racistes se multiplient et les nostalgiques du communisme restent nombreux. La période la plus noire est celle des années 1992-1994. En janvier 1994, il y a quatre millions de chômeurs contre un million – seulement ou déjà – à l'été 1991, mais ceux-ci représentent 8,3 % de la population active à l'Ouest et 15,8 % à l'Est. Un certain redressement s'opère en 1994, année où Helmut Kohl est, de justesse, reconduit pour un quatrième mandat. Si l'Est est en train de rattraper son retard, le chômage reste élevé et la croissance, faible. L'Allemagne est, en fait, confrontée, comme la France d'ailleurs, à une crise économique structurelle mais celle-ci est aggravée par les effets de la réunification. Kohl joue la carte de la rigueur mais pas celle des grandes réformes. En 1998, usé, il est battu par les sociaux-démocrates emmenés par Gerhard Schröder, mais reste néanmoins député au *Bundestag* jusqu'en 2002. En 1999, il doit affronter de graves accusations concernant un financement douteux de la CDU mais peut cependant se consoler avec le titre de Citoyen d'honneur de l'Europe que lui décernent les chefs d'État et de gouvernement européens et qu'il est le second seulement à recevoir après Jean Monnet. Depuis 2005 et le retour de la CDU à la Chancellerie, il sait aussi que la page de la réunification est tournée: avec Angela Merkel, n'est-ce pas une *Ossie* qui dirige le pays ?

Le vent de la liberté

16 novembre 1989

[…] Les hommes et les femmes qui vivent en RDA ont besoin de notre soutien. Nous pouvons et nous devons prendre immédiatement – et même unilatéralement, là où cela est nécessaire – toute une série de mesures. Dans beaucoup d'autres domaines, cependant, une participation de la RDA jouera un rôle déterminant :

– Premièrement : La vague d'émigration des dernières semaines a entraîné la formation en RDA d'un certain nombre de graves goulots d'étranglement. Je pense ici, en particulier, à l'assistance médicale de la population. […] Naturellement, nous aiderons dans ce domaine par solidarité humanitaire chaque fois que nous le pourrons.

Il en est de même pour les domaines où nous pouvons fournir une contribution pratique afin que nos compatriotes puissent jouir réellement de leur nouvelle liberté de voyager.

Les jumelages de villes prennent ainsi une dimension toute nouvelle. Ils peuvent et doivent être utilisés non seulement pour faire se rencontrer les édiles, mais aussi des hommes et des femmes de toutes les couches de la population. Un exemple à suivre est, dans ce domaine, l'initiative prise par quelques villes de notre pays, qui sont allées à la frontière interallemande avec des autobus spéciaux pour accueillir nos compatriotes et leur donner l'hospitalité.

Le fait que le Mur et les fils de fer barbelés soient maintenant réellement devenus perméables nous emplit tous d'une grande joie. La possibilité de voyager et de se rendre visite d'Est en Ouest et d'Ouest en Est est ainsi considérablement facilitée. Il s'agira maintenant de préparer pour une ouverture durable les nombreux points de passage de la frontière qui viennent d'être créés.

– Deuxièmement : Nous sommes disposés – comme nous l'étions auparavant – à coopérer avec la RDA. Nous savons tous, par exemple, que les 100 Deutsche Mark de bienvenue[5], à eux seuls, ne peuvent être une solution durable au problème des devises qui résulte de cette nouvelle liberté de circuler, ainsi que de la nouvelle dimension du volume de voyages.

Cette affaire concerne nos deux pays. Nous allons nous entretenir incessamment avec la RDA à ce sujet. Mon intention est de trouver le plus vite possible une solution pour un proche avenir. Je pars ici de la supposition que les dirigeants de la RDA nous feront connaître leurs propositions dans des entretiens qui sont imminents.

La RDA elle-même devra cependant apporter une contribution considérable à la solution de ces problèmes. Les voyages interallemands sont pour elle une source de devises non négligeable et elle devra dépenser une bonne partie de ces recettes -cela vaut en particulier pour les sommes provenant du change obligatoire[6] – pour le bénéfice direct de ses ressortissants, afin de les doter de devises de voyage en quantité appropriée.

Nous voulons d'une manière générale intensifier la coopération déjà existante avec la RDA en particulier sur le plan de la protection de l'environnement. Nous allons naturellement poursuivre les projets déjà en voie de réalisation ou en préparation. C'est ainsi qu'onze projets relevant de la protection de l'environnement font actuellement l'objet d'un examen final. Nous les considérons comme particulièrement importants parce qu'ils seront bénéfiques pour l'environnement des deux côtés.

Dans d'autres domaines, également, nous souhaitons des améliorations qui soient directement bénéfiques aux hommes et aux femmes, ici comme de l'autre côté. Je citerai comme exemple les liaisons téléphoniques interallemandes.

Je pars du principe que, une fois qu'aura été mis en place le nouveau gouvernement de la RDA, des contacts ne tarderont pas à être noués à l'échelon des ressorts ministériels dont relèvent ces divers domaines. En outre, les dirigeants de la RDA doivent maintenant aplanir la voie pour

---

[5] 100 DM accordés aux citoyens de RDA visitant pour la première fois la RFA.

[6] La RDA imposait à tout visiteur venant de RFA ou de Berlin-Ouest un échange obligatoire de 25 DM au taux forcé de 1 à 1, alors que le rapport au change libre est de 1 à 20 à l'ouverture du Mur.

que la Commission économique commune, dont la création avait été décidée lors de la visite à Bonn du secrétaire général Erich Honecker[7], puisse enfin entamer ses travaux.

Cela a jusqu'ici achoppé sur le fait que, condition pour nous incontournable, la RDA ait refusé l'insertion de Berlin-Ouest dans cet accord. J'espère que la RDA modifiera bientôt son attitude dans cette question clé. Berlin, tout particulièrement, ne doit pas être exclue de l'évolution nouvelle de nos rapports.

– Troisièmement : Une mutation profonde du système politique et économique de la RDA est et reste pour nous d'une importance déterminante. Je réitère ainsi mon opinion : si une telle mutation commence maintenant, et si elle prend un caractère obligatoire et irréversible, alors nous serons disposés à donner une dimension tout à fait nouvelle à notre aide et notre coopération.

Nous ne voulons imposer nos conceptions à personne. Mais nul ne peut contester sérieusement que le socialisme s'est soldé par un échec cinglant : partout dans le monde – et non seulement en RDA –, il a débouché sur l'échec.

Je répète ce que j'ai déclaré ici même il y a huit jours : « Nous ne voulons pas stabiliser une situation qui est devenue intenable. Sans réforme en profondeur du système économique, sans abolition de l'économie planifiée bureaucratique et sans mise en place d'un régime d'économie de marché en RDA, l'aide économique à ce pays restera en dernier ressort inutile ».

Les hommes et les femmes qui vivent en RDA ont droit à un régime économique et social qui leur garantisse une part équitable des fruits de leur travail. L'économie planifiée est synonyme de mise sous tutelle. L'économie de marché, par contre, est synonyme de liberté de décision, d'autodétermination personnelle et de bien-être largement réparti. Dans sa séance extraordinaire du 11 novembre, le Cabinet fédéral a exhorté les dirigeants de la RDA à ouvrir enfin toutes grandes les portes à des mutations en profondeur dans l'État, dans l'économie et dans la société.

La liberté de circuler est un premier pas et un pas très important. Mais il faudra aller plus loin si les vœux et les attentes justifiées des hommes et des femmes qui vivent en RDA doivent enfin être exaucés. Ils veulent la démocratie et l'État de droit, ils veulent *toute* la liberté :

– Il y va de la liberté d'opinion et d'information. Celui qui est autorisé à voyager à l'Ouest doit aussi pouvoir lire chez lui des journaux occidentaux.

---

[7] En 1987.

– Il y va d'une presse libre, qui puisse faire des reportages et des commentaires sans interventions de l'État et du Parti et sous la responsabilité exclusive des journalistes.

– Il y va de syndicats libres, qui puissent défendre les intérêts des salariés, à l'abri des instructions de l'État et des injonctions du Parti.

– Et il y va, en particulier, de la création libre de partis politiques indépendants, qui se soumettent à la décision souveraine des électeurs dans le cadre d'élections libres, égales et secrètes et qui acceptent sans réserve cette décision.

Tout cela signifie que l'exigence exclusive de leadership et que le monopole hégémonique d'un seul et unique parti doivent définitivement appartenir au passé. Et cela signifie aussi qu'il faut en finir en RDA avec le funeste passé de poursuites pénales politiques. Ceci ne sera possible, en dernier ressort, que par une révision profonde du droit pénal de la RDA. C'est pourquoi l'amnistie du 27 octobre 1989, qui ne concerne que ceux qui ont fui le pays, ne doit être qu'un premier pas. Pour des raisons d'équité, elle doit être étendue très vite également aux personnes qui ont été poursuivies ou incarcérées antérieurement pour tentative de fuite ou pour avoir fait le projet d'émigrer.

Les dirigeants de la RDA doivent maintenant faciliter aussi, rapidement et en profondeur, les possibilités de rencontre entre les habitants des deux pays dans *les deux* directions. Les visites venant de République fédérale d'Allemagne en direction de la RDA doivent devenir possibles librement et sans être soumises aux mesures bureaucratiques actuelles. L'objectif doit être une entrée sans visa en RDA. [...]

C'est pour nous une question de responsabilité nationale que d'encourager les mutations en RDA. Mais c'est aussi une question qui revêt une dimension intéressant l'Europe tout entière. De même que les mutations en Pologne, en Hongrie et en Union soviétique ont eu des répercussions en RDA, le succès ou l'échec des réformes en RDA aura aussi des conséquences dans les autres États membres du pacte de Varsovie. Tous les Européens ont un rôle à jouer sur ce plan, et cela vaut tout particulièrement pour nos partenaires au sein de la Communauté européenne.

C'est pourquoi j'ai proposé au Président de la République française François Mitterrand, qui est aussi en ce moment le président du Conseil européen, de faire de cette question un thème clé du Sommet des chefs d'État et de gouvernement de la Communauté européenne, en décembre prochain, à Strasbourg. Et je me félicite grandement que nous puissions déjà, lors du sommet informel du week-end prochain, à Paris, nous entretenir de conséquences des derniers événements qui nous concernent tous.

Je considère comme une mesure positive la décision prise par la Commission de la Communauté européenne de définir incessamment les termes d'un mandat pour des négociations en vue d'un accord commercial entre la Communauté européenne et la RDA.

Le Premier ministre Margaret Thatcher, le président George Bush et le président de la République française François Mitterrand m'ont fait part de leur grande joie à la vue des derniers événements survenus en Allemagne, et de leur admiration pour la pondération et l'esprit pacifique avec lesquels les hommes et les femmes qui vivent en RDA ont su arracher leur liberté.

Ils m'ont adressé leurs vœux personnels pour ce succès de notre politique et m'ont promis leur appui pour l'avenir.

Je suis reconnaissant à nos alliés au sein de l'Alliance atlantique et à nos partenaires au sein de la Communauté européenne de l'appui qu'ils nous donnent aussi. Nous savons que nous continuerons d'avoir besoin de leur approbation. Je le dis et je le répète à cette occasion : nous sommes et nous restons partie intégrante de la communauté de valeurs occidentale. Et nous savons que la solution de la question allemande et la suppression de la division de l'Europe sont inséparablement liées l'une à l'autre.

C'est pourquoi ce serait une erreur fatale que de ralentir l'intégration de l'Europe occidentale à la vue des événements qui surviennent en Europe centrale, et dans l'Europe de l'Est et du Sud-Est. Nous voulons que la Communauté européenne demeure ouverte à tous les États démocratiques d'Europe. Mais cela ne doit pas nous faire oublier que notre objectif reste l'Union européenne, une union qui garantisse à ses membres un maximum de paix, de liberté et de bien-être.

Message adressé par le Chancelier fédéral aux gouvernements du monde

3 octobre 1990

La journée d'aujourd'hui consacre la réunification du peuple allemand dans la paix et la liberté. Quarante-cinq ans après la fin de la Seconde Guerre mondiale, qui est partie du sol allemand et qui a infligé d'immenses souffrances en Europe et dans le monde, la séparation douloureuse des Allemands prend fin.

Dans l'exercice de leur droit à l'autodétermination, en accord avec leurs voisins et sur la base du Traité portant règlement définitif concernant l'Allemagne[8], les Allemands se sont unis aujourd'hui pour former un État – la République fédérale d'Allemagne – qui jouira de sa pleine souveraineté pour le règlement de ses affaires intérieures et extérieures.

Au nom du peuple allemand, je voudrais remercier tous ceux qui ont défendu le droit des Allemands à l'autodétermination et facilité notre marche vers l'unité. Ayant présent à l'esprit la continuité de l'histoire allemande, nous savons tout particulièrement rendre hommage à cet engagement.

Avec le recouvrement de son unité nationale, notre pays entend contribuer à la paix dans le monde et accélérer l'unification de l'Europe : c'est la mission que lui assigne la Loi fondamentale, notre Constitution éprouvée, qui sera également valable pour l'Allemagne unie.

En même temps, nous assumerons les obligations morales et juridiques qui découlent de l'histoire allemande.

Nous savons que l'unification nous fera aussi exercer une plus grande responsabilité au sein de la communauté des peuples dans son ensemble. C'est pourquoi notre politique étrangère reste axée sur un partenariat mondial, sur une étroite coopération et sur une conciliation pacifique des intérêts.

À l'avenir, seule la paix partira du sol allemand. Nous sommes conscients que l'inviolabilité des frontières et le respect de l'intégrité territoriale et de la souveraineté de tous les États en Europe sont des conditions fondamentales pour la sauvegarde de la paix. C'est pourquoi nous avons confirmé le caractère définitif des frontières de l'Allemagne unie, dont la frontière avec la République de Pologne, et nous n'élèverons aucune revendication territoriale envers qui que ce soit à l'avenir.

Les traités internationaux conclus par la République démocratique allemande seront examinés, dans le cadre de l'établissement de l'unité allemande, avec les cocontractants de la République démocratique allemande en fonction des critères de la protection de la confiance légitime, des intérêts des États concernés et des engagements contractuels de la République fédérale d'Allemagne, ainsi qu'en fonction des principes d'un ordre fondamental libéral, démocratique et d'État de droit, et compte tenu des compétences des Communautés européennes, afin de prendre les dispositions nécessaires en vue du maintien en vigueur ou de l'adaptation desdits traités ou de constater qu'ils cessent de produire leurs effets.

L'unification de l'Allemagne est indissolublement liée à celle de l'Europe. Nous continuerons de nous engager résolument pour l'unification

---

[8] Traité « 4+2 » du 12 septembre 1990.

européenne, et ce avec la même persévérance que pour la réalisation de notre unité.

Nous sommes appelés à franchir sans délai des étapes importantes. Nous voulons, conjointement avec nos partenaires de la Communauté européenne, parachever le marché intérieur d'ici 1992. Nous allons résolument au-devant de l'union économique et monétaire. L'Allemagne unie participera énergiquement à la construction de l'union politique[9].

La Communauté européenne sera ouverte à une coopération étroite avec les autres États d'Europe. Nous voulons en particulier contribuer à développer des liens plus étroits entre la Communauté européenne et les pays de l'Europe centrale, orientale et de l'Europe du Sud-Est qui se sont libérés et engagés sur la voie des réformes politiques, économiques et sociales.

Nous sommes convaincus que c'est en s'unissant que l'Europe saura le mieux préserver et renforcer son indépendance, les droits de l'homme et les libertés publiques de ses citoyens.

C'est pourquoi le Conseil de l'Europe est et restera un forum important de notre coopération.

Nous sommes attachés au processus de sécurité et de coopération en Europe[10] qui incarne l'espoir des peuples d'Europe et qui pose les jalons de l'unité future de l'Europe. Nous plaidons donc expressément pour son intensification et son institutionnalisation.

La communauté de valeurs des démocraties libérales occidentales et l'Alliance de défense de l'Atlantique Nord ont su, pendant des décennies difficiles, maintenir la paix et la liberté sur notre continent. La place de l'Allemagne unie sera donc, comme par le passé, dans cette Alliance.

En même temps, nous voulons de concert avec nos alliés développer cette Alliance performante en fonction des progrès accomplis dans les relations Est-Ouest et de la mutation des exigences actuelles, et la conserver en tant que pilier de base pour une nouvelle architecture de sécurité englobant toute l'Europe.

Nous nous emploierons à faire adopter aux membres des deux Alliances en Europe[11] une déclaration de principe dans laquelle ils réaffirment leur engagement à ne pas recourir à l'emploi de la force et à fonder un nouveau partenariat voué à la construction d'un ordre de paix européen durable et juste.

---

[9] Voir l'introduction au discours n° 85.

[10] La Conférence pour la sécurité et la coopération en Europe, tenue à Helsinki en 1975, a instauré une coopération entre tous les pays d'Europe, sauf l'Albanie, l'URSS, les États-Unis et le Canada.

[11] OTAN et pacte de Varsovie.

Le désarmement et le contrôle des armements restent les éléments essentiels de notre politique de sécurité.

En liaison avec l'établissement de l'unité allemande, nous avons réaffirmé notre renonciation à la production, à la détention et au contrôle d'armes nucléaires biologiques et chimiques. L'Allemagne unie continuera de souscrire au traité sur la non-prolifération[12].

En étant prêts à réduire les forces armées de l'Allemagne unie à 370 000 soldats, nous contribuons en même temps à faire aboutir les négociations sur la réduction des forces conventionnelles en Europe. Nous partons du principe que les autres participants aux négociations apporteront également, au cours des prochaines négociations, leur contribution à la consolidation de la sécurité et de la stabilité en Europe, y compris en prenant des mesures visant à limiter leurs effectifs.

De même, nous nous engagerons à promouvoir dans le monde entier des accords de désarmement qui contribueront à augmenter la stabilité et la sécurité. Il faut que le principe selon lequel l'importance des forces armées ne doit répondre qu'aux stricts besoins d'autodéfense, soit appliqué dans le monde entier.

Un accord sur la réduction des armes nucléaires stratégiques des États-Unis et de l'Union soviétique, des négociations sur la diminution des missiles nucléaires à courte portée américains et soviétiques et notamment l'interdiction mondiale des armes chimiques n'ont en rien perdu de leur urgence.

Les pays d'Afrique, d'Asie et d'Amérique pourront à l'avenir également compter sur la solidarité de l'Allemagne unie. Nos investissements dans l'unité allemande ne se feront pas aux dépens de ces pays.

Au contraire, la fin de cet affrontement qui a divisé l'Europe libère des forces intellectuelles et des ressources matérielles pour l'accomplissement des tâches essentielles de paix de notre époque, à savoir la lutte contre la pauvreté et le sous-développement ainsi que la préservation de notre environnement naturel.

Le terrorisme et l'abus des drogues sont des défis que les États du monde entier doivent relever et qui appellent à des actions communes. À cet égard, nous assumerons notre part de responsabilité.

La fin de l'affrontement Est-Ouest a également ouvert de nouvelles voies qui permettront de réaliser pleinement les nobles buts de la Charte des Nations unies. Les événements des dernières semaines ont par ailleurs montré combien la paix reste menacée dans le monde quand les principes de la Charte des Nations unies ne sont pas respectés.

---

12 Traité pour la non-prolifération (TNP) signé en 1968 à l'instigation des deux Grands. La RFA y avait adhéré en 1969 dans le cadre de l'*Ostpolitik* de Willy Brandt (voir l'introduction au discours n° 71). La RDA l'avait déjà ratifié, à la demande de Moscou.

La République fédérale d'Allemagne entend aider les Nations unies à remplir le rôle indispensable qu'elles assument dans l'édification d'un monde pacifique et dans la solution des défis globaux.

Après le recouvrement de l'unité allemande dans la pleine souveraineté, la République fédérale d'Allemagne est désormais prête à participer aux mesures que les Nations unies adopteront pour préserver et rétablir la paix en faisant également entrer en action ses forces armées. À cette fin, nous créerons sur le plan interne les conditions nécessaires.

En ce début de la dernière décennie de ce siècle, nous voyons que de nouvelles possibilités s'ouvrent à un monde qui sait résoudre ses problèmes par la voie de la conciliation et du dialogue et qui reste attaché aux principes du droit international. Notre pays se range aux côtés de tous ceux qui s'engagent en faveur de la paix, du respect des droits de l'homme et des libertés publiques et du bien-être de tous les individus.

N'ayant plus à porter le fardeau de la division, nous autres Allemands sommes prêts à construire un avenir commun pacifique en mobilisant de nouvelles forces et en pratiquant une coopération empreinte de confiance avec tous les pays et les peuples qui poursuivent ces nobles buts.

90 – Vaclav Havel
La souffrance crée l'obligation d'être juste

15 mars 1990

L'expression de « court vingtième siècle » trouve une résonance particulière lorsque l'on évoque l'histoire de la Tchécoslovaquie, née au lendemain de la Première Guerre, démembrée à l'aube de la Seconde, ressuscitée en 1945 mais vite placée sous le joug soviétique jusqu'aux bouleversements de 1989 puis scindée en République tchèque et Slovaquie. D'autres moments forts jalonnent ces décennies troublées, comme le « printemps de Prague » de 1968 et, de 1945 à 1947, l'ère des déportations et expulsions, par laquelle les Tchécoslovaques libérés ont fait payer le prix de leurs récentes souffrances aux minorités allemande et hongroise. En 1990, à l'heure de solder les comptes du passé, Vaclav Havel, le dissident devenu président, va sceller la réconciliation entre son peuple et le peuple allemand en voie de réunification.

De la crise des Sudètes aux décrets Beneš

Au cours des années 1930, la Tchécoslovaquie, petit pays démocratique au centre d'une Europe de plus en plus totalitaire, se pense protégée par les multiples alliances et pactes qu'elle a noués avec la Yougoslavie, la Roumanie, la Pologne, la France et l'URSS. Mais les années passant, elle s'aperçoit que les promesses d'assistance pèsent peu lorsqu'il s'agit de risquer réellement la guerre. Alors que les accords internationaux s'effritent, la pression exercée par l'Allemagne nazie s'accentue dangereusement, relayée au sein du pays par la forte minorité allemande (23 % de la population), essentiellement concentrée dans la riche région des Sudètes, capitale sur le plan géostratégique. La crise éclate en 1938 lorsque le leader sudète pro-nazi Conrad Henlein, appuyé par l'immense majorité des Allemands de Tchécoslovaquie, réclame l'autonomie. Face au refus de Prague, Hitler intervient sous prétexte de défendre une minorité opprimée et menace d'employer la force. Français et Britanniques hésitent et tergiversent, redoutant plus que tout d'être entraînés dans un conflit auquel ils ne sont prêts ni matériellement ni psychologiquement. Fin septembre 1938, la tristement célèbre conférence de Munich voit Londres et Paris s'incliner devant le Führer, qui annexe tous les territoires à majorité allemande. Au printemps 1939, il place sous protectorats séparés la Slovaquie qui s'était déclarée indépendante, puis la Bohême-Moravie. La Tchécoslovaquie a disparu, Polonais et Hongrois grappillant le reste[1].

---

1 Voir l'introduction au discours n° 24.

Humilié à Munich, tant par ses ennemis que par ses alliés supposés, le président tchécoslovaque Edvard Beneš a démissionné dès octobre 1938 et pris le chemin de l'étranger. Durant la Seconde Guerre, il dirige, depuis Londres, un gouvernement en exil, qui entretient des liens avec la résistance tchèque, et attend la libération du pays pour en reprendre la direction. En prévision de la paix, un traité est signé fin 1943 avec l'URSS et, en mai 1945, avec la bénédiction des Américains, c'est l'Armée rouge qui libère Prague. Lorsque le président Beneš rentre au pays, le poids de Moscou et des communistes locaux est déjà très fort, sinon prépondérant. Cependant, c'est un gouvernement de Front national qui est formé, sous la direction d'un socialiste de gauche[2]. La politique qui va être menée par le pouvoir tchécoslovaque sera très radicale sur le plan économique, avec la nationalisation de nombreuses industries et du secteur bancaire, mais surtout dans les pratiques d'épuration : les poursuites et les confiscations visent non seulement les coupables de collusion avec l'occupant mais également, en bloc, les minorités ethniques issues des pays de l'Axe, soit essentiellement Allemands et Hongrois que l'on décide purement et simplement d'expulser du territoire.

Cette décision de sanction collective n'est pas propre à la Tchécoslovaquie mais elle y a pris une ampleur toute particulière en raison de la structure de la population et de la haine développée par les nationalistes tchèques envers tout ce qui leur rappelle le féroce occupant allemand. Chacun garde en mémoire le sort tragique du village de Lidice dont la population masculine a été exterminée et la population féminine, déportée en camp de concentration après l'assassinat, fin mai 1942, du *Reichsprotektor* Heydrich. Dès le lendemain de la Libération et jusqu'à l'été 1945, les Tchèques vont laisser libre cours à leur désir de vengeance et traquer la minorité allemande de façon spontanée. Dans cette première phase, on estime les civils expulsés à cinq cent mille, auxquels s'ajouteraient plus de soixante mille disparus et environ vingt-quatre mille morts du fait de violences volontaires ou de maladie. Au début du mois d'août 1945, la conférence interalliée de Potsdam cautionne l'idée du transfert de populations « ennemies » en Europe centrale et orientale. Dans la foulée sont pris les décrets Beneš qui seront ratifiés rétroactivement le 5 mars 1946. Ces textes n'évoquent pas ouvertement l'organisation de déportations massives mais légitiment les expropriations et les dénationalisations. Jusqu'en 1947, ce sont 75 000 Hongrois et 2,25 millions d'Allemands supplémentaires, hommes, femmes et enfants, qui sont ainsi chassés du territoire tchécoslovaque et contraints à tout abandonner derrière eux. Seuls ceux qui pouvaient prouver leur antinazisme – 225 000 personnes environ – ont été admis à demeurer sur le sol national mais le temps n'était pas toujours laissé pour apporter les preuves réclamées. Par la suite et pour échapper au régime communiste, la moitié de ces antinazis prendront le chemin de la RFA.

Un dissident : Vaclav Havel

Cette politique de terreur et de déportations contribue à déstabiliser et à fragiliser plus encore la Tchécoslovaquie qui glisse alors de la démocratie théorique au statut d'État satellite. Le communisme renforce mois après mois son emprise sur le pays : en 1946, le PC devient le premier parti tchécoslovaque ; en 1947, Moscou impose à

---

2 Voir l'introduction au discours n° 33.

Beneš de refuser l'offre de Plan Marshall ; en 1948 enfin, le « coup de Prague » fait du pays une démocratie populaire. Malade, le président tchécoslovaque a cédé devant la menace de guerre civile en février puis s'est retiré en juin, trois mois avant de mourir. Durant vingt ans, la Tchécoslovaquie va se comporter en État communiste modèle, même si des conflits existent au sein des classes dirigeantes. Cependant, dès le milieu des années soixante, son horizon économique s'assombrit et elle doit accepter certaines concessions au libéralisme, dont une plus large ouverture aux marchés occidentaux. À l'intérieur même du parti communiste, un courant réformateur cherche à s'engouffrer dans cette brèche pour obtenir une évolution sur le plan politique. Au début de l'année 1968, il arrive à ses fins avec la nomination d'Alexandre Dubˇcek comme secrétaire du PC. Celui-ci décide une série de réformes visant à démocratiser le régime et à assurer l'exercice des droits fondamentaux mais ce « printemps de Prague » est brisé dans la nuit du 20 au 21 août par une invasion de l'Armée rouge et des troupes du pacte de Varsovie. Après plusieurs mois de confusion et de palinodies, les réformateurs sont finalement écartés du pouvoir en janvier 1969 et l'on assiste à une « normalisation », à savoir une reprise en main sévère par les « durs » du parti, malgré les protestations de la population, la plus tragique d'entre elles étant l'immolation par le feu du jeune Jan Palach. Cette vague de protestations rebondit en 1977 avec la publication de la *Charte 77*, un manifeste signé par près de deux cent cinquante Tchécoslovaques qui osent réclamer ouvertement le respect des droits de l'homme et un meilleur dialogue entre le peuple et les autorités. Parmi les signataires figure Vaclav Havel.

Né à Prague en 1936, Havel est issu d'une famille ayant joué un rôle culturel et économique important dans la Tchécoslovaquie de l'entre-deux-guerres. Très surveillé par le régime communiste, il n'est pas autorisé à achever ses humanités au terme de la scolarité obligatoire mais se voit contraint de suivre une formation professionnelle d'assistant de laboratoire, ce qui ne l'empêche pas de mener à bien une formation générale en cours du soir. De 1954 à 1956, Vaclav Havel, contraint et forcé, étudie l'économie puis renonce aux études et, après son service militaire, se lance dans le milieu théâtral. Il devient une figure incontournable du Théâtre de la Balustrade, haut lieu de l'avant-garde tchécoslovaque, et travaille pour se payer des cours universitaires d'art dramatique par correspondance. Dès les années soixante, ses pièces lui attirent une reconnaissance internationale. Mais la répression qui suit le « printemps de Prague » le met à l'index comme subversif. Loin de se ranger, Havel s'engage au contraire plus encore sur le terrain politique, comme le prouve sa contribution au mouvement de la « Charte 77 ». Ces activités d'opposition lui valent plusieurs séjours en prison, dont une condamnation à quatre ans, et font de lui l'un des hommes les plus surveillés du pays. L'heure de sa victoire sonne en 1989. En janvier, il est de nouveau arrêté après la manifestation en hommage à Jan Palach mais sa popularité est telle que les pressions internationales sur le gouvernement tchécoslovaque deviennent bientôt difficiles à ignorer. Relâché en mai, Havel s'affirme plus encore comme le véritable chef de l'opposition, du moins du côté tchèque, à la tête du Forum civique. En novembre 1989, le régime communiste s'effondre. Le Forum civique et son *alter ego* slovaque, Public contre la Violence (VPN), s'entendent pour gérer le pays jusqu'à des élections libres qui, en juin 1990, signeront leur victoire. La « révolution de velours » a fait son œuvre. Alors qu'Alexandre Dubček prend la présidence de l'Assemblée, Vaclav Havel est élu président de la République le 29 décembre 1989 puis réélu pour deux ans en juillet 1990, à charge pour lui et son gouvernement de mener le pays vers la démocratie et l'économie de marché en vue d'une future intégration au sein de l'Europe. Son mandat sera marqué par la disparition en deux temps de la Tchécoslovaquie à laquelle il était personnellement attaché. En mars 1990, celle-ci devient la République fédérative tchèque et slovaque mais cette solution n'apparaît pas suffisante aux yeux des Slovaques qui réclament leur indépendance totale et l'obtiennent au 1er janvier 1993. Havel, qui a marqué son opposition à la scission en démissionnant à l'été 1992, est élu président de la République tchèque en janvier 1993 puis réélu en 1998. Depuis sa sortie de charge en 2003, il se consacre avant tout à la lutte contre le terrorisme.

Comprendre l'histoire pour aller de l'avant

En 1990, alors que le mur de Berlin vient de s'effondrer et que l'Allemagne franchit un à un les obstacles menant à sa réunification, Vaclav Havel sait qu'il lui faut panser les plaies du passé avant d'écrire une nouvelle page de l'histoire nationale. Or, pour la Tchécoslovaquie, la question des rapports avec l'Allemagne est loin d'être anodine. Au sein du bloc communiste, la RDA avait, dès 1950, accepté l'intangibilité des frontières issues de la guerre. En décembre 1973, dans le cadre de son *Ostpolitik*, le chancelier ouest-allemand Willy Brandt abroge à son tour les accords de Munich de 1938, ce qui revient à accepter comme définitive la perte des Sudètes même si tout reste théoriquement subordonné à la signature d'un traité de paix en bonne et due forme[3]. Au cours de l'année 1990, le chancelier Kohl et le *Bundestag* assurent que l'Allemagne réunifiée respectera bien l'ensemble des frontières issues de 1945[4]. C'est désormais aux Tchécoslovaques de poser un geste de réconciliation, en lien aux événements douloureux de 1945-1947. Vaclav Havel n'envisage pas d'abroger les décrets Beneš mais entend reconnaître publiquement les erreurs commises par son pays.

Le 15 mars 1990, il prononce un discours en ce sens à l'occasion de la visite du président allemand Richard Von Weizsäcker qui, lui-même, s'exprime sur les lourdes responsabilités historiques du nazisme. Havel explique que la *rage nazie* a inoculé le *germe du mal* en Tchécoslovaquie et que c'est ce germe qui, au sortir de la guerre, a conduit Tchèques et Slovaques à imposer à tous leurs concitoyens d'origine allemande une punition collective injustifiée et à substituer ainsi la vengeance à la justice. Or, ajoute-t-il, cautionner l'idée de responsabilité collective revient à affaiblir dangereusement la responsabilité individuelle. Tous les Allemands ne furent pas nazis et il y eut aussi de mauvais Tchèques et de mauvais Slovaques. Plus encore, Havel affirme que le traumatisme né des expulsions massives a empêché son pays de résister à un *nouveau totalitarisme*, à savoir le communisme. Le reste de son discours est consacré au présent et au rôle que l'Allemagne réunifiée doit désormais tenir sur la scène européenne. Havel lui dit sa reconnaissance pour la chute du mur et lui demande de *balayer les peurs* qu'elle pourrait encore susciter en Europe en œuvrant chaque jour davantage

---

3 Voir l'introduction au discours n° 71.

4 Voir l'introduction aux discours n° 88 et 89.

à l'unification démocratique du continent dans *le respect des droits de l'homme* et en s'affirmant comme un pôle de résistance aux excès du matérialisme et du consumérisme.

Le 27 février 1992, deux ans après cet aplanissement de leurs relations, les deux pays signent un « traité de bon voisinage et de coopération amicale », dans lequel sont pris en compte le sort de la minorité allemande en République tchèque et celui des descendants d'expulsés vivant en Allemagne. En janvier 1997, une déclaration germano-tchèque sur les « relations mutuelles et leur développement futur » est signée à Prague. L'Allemagne y déclare militer fermement pour l'entrée de la République tchèque dans l'Union européenne et dans l'OTAN. Par ailleurs, elle y reconnaît une nouvelle fois sa responsabilité dans les accords de Munich et les déplacements de populations qui s'en sont suivis ainsi que dans la tyrannie nazie et reconnaît que la politique de violence du IIIe Reich a contribué à créer un climat propice aux excès de l'après-guerre. En contrepartie, la République tchèque regrette les expulsions et expropriations collectives ainsi que l'adoption de lois rétroactives empêchant la poursuite des responsables. Néanmoins, pour beaucoup de descendants d'expulsés, qu'ils vivent en Allemagne, en Autriche ou en Hongrie, ces déclarations en forme d'excuses ne sont pas suffisantes. Ainsi, certains hommes politiques ou groupes de pression, notamment la *Sudetendeutsche Landsmannschaft* très active en Bavière et au Palatinat, ont longtemps essayé de subordonner l'entrée de la République tchèque dans l'UE à l'abrogation des décrets Beneš et au paiement d'une indemnisation substantielle aux centaines de milliers de personnes lésées. Cependant, ni Prague ni Bruxelles ne les ont suivis, conscientes des difficultés sans fin qui surgiraient d'une telle mesure mais attentives aussi aux écueils d'une relecture de l'histoire en fonction de critères actuels.

La souffrance crée l'obligation d'être juste

Au nom de sa nation [l'Allemagne], notre hôte [le président R. Von Weizsäcker] a déjà évoqué la dure vérité des souffrances que de nombreux Allemands ont infligées au monde et à nous en particulier. Ou, pour être plus précis, de nombreux prédécesseurs des Allemands d'aujourd'hui.

Avons-nous de notre côté trouvé le courage de dire tout ce qu'il fallait dire ? Je n'en suis pas sûr.

Six ans de rage nazie ont suffi pour que nous nous laissions infecter par le germe du mal, au point de nous dénoncer les uns les autres pendant et après la guerre, au point d'accepter – dans un emportement juste, mais aussi excessif – le principe de culpabilité collective. Au lieu de juger ceux qui s'étaient rendus coupables de trahison envers leur État, nous les avons expulsés du pays, usant ainsi d'une punition inconnue de notre système juridique. Ce n'était pas une punition, c'était une vengeance. Nous les avons exclus, non sur la base d'une culpabilité individuelle établie mais simplement parce qu'ils appartenaient à une nation particulière. Ainsi sous le prétexte d'exercer une justice « historique », nous avons condamné de nombreux innocents, particulièrement des femmes et des enfants.

Comme cela arrive souvent dans l'histoire, en agissant ainsi nous nous sommes blessés nous-mêmes : nous avons ouvert la voie au totalitarisme et nous avons laissé l'infection contaminer nos actions et nos âmes, et cela s'est retourné contre nous en nous empêchant de faire face à un nouveau totalitarisme, importé d'ailleurs. Mais le pire est que certains d'entre nous ont activement aidé à l'arrivée de ce totalitarisme.

Cela nous a desservis encore d'une autre façon : en dévastant soudain une part importante de notre territoire, nous avons permis, sans nous en rendre compte, que la dévastation atteigne toute notre patrie. Les sacrifices exigés pour remettre en ordre les choses sont en même temps le prix à payer pour les fautes et les péchés de nos pères.

Nous ne pouvons pas inverser le cours de l'histoire, aussi, avec le libre examen de la vérité, le seul choix qui nous reste est de saluer avec amitié ceux qui viennent visiter, la paix dans l'âme, les tombes de leurs ancêtres, ou voir ce qui reste des villages où ils sont nés.

Les relations réciproques entre l'Allemagne et la famille des nations européennes sont traditionnellement – en raison de la grandeur, de la force et de la position centrale de l'Allemagne – l'élément le plus important de la stabilité européenne. Toute l'Europe devrait être reconnaissante envers les Allemands qui ont démantelé le mur qui les divisait, parce qu'ils ont ainsi commencé de détruire le mur qui divisait l'Europe. Pourtant, de nombreux Européens ont encore peur d'une Allemagne unifiée. Les Allemands ont une grande chance historique : c'est à eux de balayer les peurs des Européens. S'ils sont capables, par exemple, de confirmer sans équivoque la validité des frontières existantes, y compris celle de la Pologne, s'ils sont capables de réagir face à l'audace de ceux qui continuent aujourd'hui encore à flirter avec l'idéologie nazie, alors ils auront contribué à former une Europe qui n'aura plus peur d'eux. Que l'unification allemande devienne une force agissant pour l'unification de toute l'Europe ou une force qui la ralentisse, cela dépend des Allemands. Leur amour bien connu de l'ordre devrait, dans leur propre intérêt, servir ce processus : s'il devait être conduit de manière précipitée ou chaotique, ou même advenir comme le seul résultat de spéculations électorales, la confiance en l'Allemagne n'en serait pas renforcée.

Si tout avance de façon raisonnable, on peut considérer comme proche le jour que toute l'Europe attend depuis si longtemps : le jour où un trait pourra être tiré sur la Seconde Guerre mondiale et sur ses conséquences, notamment la division de l'Europe en deux et sa transformation en deux immenses pyramides d'armes. Si tout avance raisonnablement, dans une atmosphère de compréhension mutuelle, dès l'année prochaine on pourra tirer un trait mieux tracé que celui de Versailles. Enfin l'Europe rentrera dans le chemin de son vieux rêve : être une union amicale de peuples libres et d'États démocratiques, fondée sur le respect des droits de l'homme. Les quarante-cinq années qui se sont écoulées depuis la fin de la guerre ont constitué un intervalle assez long pour conclure un traité en toute sagesse, un traité qui ne soit plus affecté par la rancune, même si la rancune est compréhensible. Il est évident que notre avenir à tous dépend aujourd'hui encore, avant tout, de l'évolution allemande.

Nous avons parlé de la mission historique confiée aujourd'hui aux Allemands. Je dois maintenant évoquer ce que nous devons faire. Nous avons encore peur des Allemands et d'une grande Allemagne. Il reste des survivants de la guerre qui y ont perdu leurs proches, qui ont souffert dans les camps de concentration ou qui ont dû fuir la Gestapo. Leur méfiance est compréhensible et il est naturel qu'elle soit contagieuse. Notre tâche est donc de surmonter cette peur. Nous devons comprendre que nous n'avons pas souffert à cause de la nation allemande mais à cause d'individus concrets. La volonté de nuire, la soumission aveugle, l'indifférence aux êtres humains caractérisent non pas les nations, mais des individus déterminés.

À moins que nous ne connaissions pas de mauvais Tchèques et de mauvais Slovaques ? N'avons-nous pas encore parmi nous des informateurs qui ont travaillé pour la Gestapo puis pour la Sécurité d'État ? N'y a-t-il pas beaucoup d'indifférence et d'égoïsme parmi nous pour que pendant des années nous ayons accepté que notre pays soit dévasté et pour que nous soyons restés silencieux pour ne pas mettre en danger nos petits avantages et nos soirées tranquilles devant la télévision ? Et pourtant notre peuple n'était pas, du moins dans les années récentes, menacé de peine de mort ni même parfois de prison. En fin de compte, n'étions-nous pas nous-mêmes ceux qui ont poursuivi ces mauvaises activités ?

En outre, ce sont les nazis qui ont traîtreusement identifié leur cause à celle de la nation allemande. Nous ne devons pas suivre leurs pas. Parfois les gens condamnent les gens qui n'utilisent pas la même langue qu'eux, surtout s'ils parlent la langue d'un tyran. Mais la langue n'est pas responsable du tyran qui l'emploie. Juger un individu d'après sa langue, la couleur de sa peau, ses origines ou la forme de son nez, c'est être raciste, qu'on s'en rende compte ou non. Condamner les Allemands en tant que peuple, les condamner uniquement parce qu'ils sont Allemands ou avoir peur d'eux pour cette raison, revient au même que d'être antisémite.

En d'autres mots, accepter l'idée de culpabilité ou de responsabilité collective, c'est affaiblir, qu'on le veuille ou non, la culpabilité ou la responsabilité individuelle. C'est très dangereux. Pensez un instant à la façon dont certains d'entre nous, jusqu'à très récemment, éliminaient la responsabilité individuelle en disant que les Tchèques étaient ce qu'ils étaient et ne seraient jamais différents. Cette façon de penser est le germe insoupçonné du nihilisme moral.

Il y a certes des qualités qui nous sont propres en tant que Tchèques ou Slovaques. Nous avons des goûts, des rêves, des expériences et des souvenirs différents. Mais nous ne sommes pas bons ou mauvais parce que nous sommes Tchèques, Slovaques, Allemands, Vietnamiens ou Juifs. Rendre l'Allemagne coupable de crimes commis par quelques Allemands, ce serait acquitter ces Allemands-là de leur faute et les noyer dans un anonymat où plus personne n'est responsable.

Ce serait également nous priver d'espoir. Cela reviendrait au même si l'on nous traitait de pays de staliniens. La souffrance crée l'obligation d'être juste, et non d'agir de façon injuste. Ceux qui ont souffert vraiment le savent bien. En dernière analyse, ce n'est que dans la justice que le pardon peut s'épanouir et que la liberté peut dépasser la haine.

Je ne sais pas si, dans le monde multipolaire à venir, une Allemagne unie sera une grande puissance. Quoi qu'il en soit, il est indubitable qu'elle est déjà depuis longtemps une grande puissance, en un sens : elle est l'un des piliers d'une spiritualité européenne qui pourrait nous aider à résister aux pressions sournoises de la civilisation technicienne qui s'accompagne de la dictature de la consommation et du commercialisme pernicieux, toutes ces pressions qui mènent à l'aliénation que les philosophes allemands ont si bien analysée.

Quand l'Allemagne aura édifié et affermi la souveraineté de son État, à laquelle elle a toujours aspiré par son esprit systématique et hiérarchisant, alors elle sera capable de retourner son potentiel créatif au service du renouvellement de la responsabilité humaine globale qui est le seul salut possible pour notre monde contemporain. Voilà une tâche à laquelle la tradition intellectuelle allemande est prédisposée. Si notre rencontre d'aujourd'hui représente une nouvelle avancée vers la compréhension mutuelle en Europe centrale, espérons qu'elle soit en même temps une avancée vers notre réveil de l'anesthésie dans laquelle nous plonge sans scrupules le matérialisme moral dont la conséquence la plus directe est de créer le sentiment qu'après nous vient le déluge.

91 – Saddam Hussein
Appel au peuple irakien
&
92 – George Bush
Adresse à la nation. La libération du Koweït

Premier conflit de l'après-guerre froide, la guerre du Golfe de janvier-février 1991 a conduit une vaste coalition internationale dominée par les États-Unis à vaincre, avec la bénédiction de l'ONU, un État arabe, l'Irak, ayant envahi et annexé un autre État arabe, le Koweït. Restés sourds au nationalisme panarabe et aux appels à la solidarité islamique lancés par le dictateur irakien Saddam Hussein, de nombreux pays de la région ont appuyé l'action des Alliés ou y ont participé. C'est d'ailleurs notamment pour conserver leur soutien que le président George H. Bush n'a pas poursuivi son action militaire jusqu'à Bagdad, se gardant de déstabiliser plus encore le fragile équilibre ethnico-politico-religieux sur lequel repose l'Irak.

De l'orphelin de Tikrit au « maître de Bagdad »

Perdu par l'Empire ottoman, devenu Turquie, au lendemain de la Première Guerre, le territoire irakien est placé, en 1920, sous mandat britannique par la SDN. On trace alors, souvent maladroitement, ses frontières actuelles, sources de tant de difficultés. En 1921, par référendum, Londres fait installer la dynastie hachémite sur le trône irakien, en la personne de l'émir Fayçal, le fils du chérif Hussein de La Mecque qui venait d'être chassé du trône de Syrie par les Français. Bientôt, du pétrole est découvert près de Kirkouk et l'Irak devient un enjeu économique majeur. La Grande-Bretagne, qui contrôle le pays via une concession exclusive accordée par Fayçal Ier à l'*Iraq Petroleum Company*, lâche symboliquement du lest sur le plan politique et le pays devient officiellement indépendant en 1932. L'armée est, dès ce moment, l'un des principaux facteurs de déstabilisation : elle tente un coup d'État en 1936 et un autre, pro-allemand, en 1941. Mais avec l'aide de Londres, le régime monarchique est maintenu et, par le pacte de Bagdad de 1955, l'Irak s'arrime au bloc occidental. En 1958 cependant, des officiers nationalistes emmenés par le général Kassem proclament la République après avoir physiquement éliminé le jeune roi Fayçal II et son entourage. Mais ces militaires sont eux-mêmes contestés, au sein du camp républicain, par le parti *Baas* ou Parti de la renaissance socialiste arabe, un mouvement panarabiste né en Syrie en 1943 et qui a essaimé en Jordanie, au Liban et en Irak. C'est dans ce contexte qu'apparaît Saddam Hussein.

Né près de Tikrit, au nord de Bagdad, dans une modeste famille paysanne, Saddam Hussein Abd al-Majid al-Tikriti (1937-2006) n'a pas connu son père et les mauvaises relations qu'il entretient avec son beau-père conduisent à confier son éducation à un oncle, officier de carrière. Il s'engage très tôt contre le régime monarchique et, en 1957, adhère au parti *Baas*. Tout aussi opposé à Kassem qu'au Roi, il participe, en 1959, à un attentat contre le Général et fuit en Syrie puis en Égypte où il achève ses études secondaires avant de commencer un cursus universitaire en droit. En 1963, un nouveau coup d'État militaire porte au pouvoir le colonel Aref. Le parti *Baas* pense son heure venue et Saddam Hussein rentre en Irak mais Aref écarte le *Baas*. Arrêté, Saddam Hussein passe plusieurs mois en prison et devient, à sa sortie, le second personnage du parti. En 1968, le *Baas* parvient enfin à s'imposer – par la force – au sommet de l'État et la présidence échoit à un proche parent de Saddam, le général Ahmad Hasan al-Bakr qui établit une démocratie populaire laïque, proche de Moscou, et fait de Saddam Hussein le vice-président du Conseil de commandement de la révolution. Dirigeant le pays d'une main de fer et muselant leurs opposants, les deux hommes vont s'employer à moderniser l'Irak en usant des revenus importants fournis par le pétrole, dont l'exploitation est nationalisée : le secteur industriel se développe, le pays assure son autosuffisance sur le plan alimentaire et la population bénéficie du meilleur système éducatif et de soins de santé de la région.

En 1979, Saddam Hussein parvient à écarter al-Bakr – officiellement pour raison de santé – et à s'emparer du pouvoir. Dès lors, la modernisation du pays va passer au second plan. Le nouveau président n'y renonce pas mais son souci de renforcer son emprise sur le régime, l'emprise du régime sur le pays et l'emprise de l'Irak dans la région, le mène à détourner du bien commun une part croissante de richesses nationales. Il favorise et entretient autour de lui un véritable culte de la personnalité qui se matérialise par d'innombrables fresques et sculptures à son effigie et entend se présenter comme le Nabuchodonosor d'une Babylone moderne. D'autre part, en tant qu'Arabe et sunnite, chef d'un parti laïc, il s'emploie à tenir en respect une population qui compte 20 % de Kurdes autonomistes et surtout 60 % de chiites parmi lesquels les partisans d'une République islamique à l'iranienne[1] gagnent en importance. Il n'hésite pas à employer les grands moyens : exécutions sommaires d'opposants, emploi d'armes chimiques contre les populations civiles, expulsions massives. Enfin, il mène, de 1980 à 1988, une guerre acharnée à l'Iran. Son but est de s'assurer le contrôle du Chatt al-Arab, confluent du Tigre et de l'Euphrate long de 200 kilomètres et se jetant dans le golfe Persique. En 1975, un accord entre les deux pays avait abouti à un partage des eaux mais, désormais, Saddam Hussein revendique un contrôle total sur cet accès au Golfe et veut s'emparer de la région pétrolifère iranienne du Khouzistan. En réalité, il entend surtout empêcher l'Iran d'exporter le régime des *mollahs* dans le sud de l'Irak, fief chiite. C'est d'ailleurs cette donnée du problème qui assure à l'Irak le soutien actif de nombreux pays arabes mais aussi de l'URSS et de la France qui, toutes deux, arment Saddam Hussein, tandis que les États-Unis tentent de jouer sur les deux tableaux. En août 1988, lorsque les deux pays acceptent enfin le cessez-le-feu voté par l'ONU, l'Irak est, comme l'Iran, en grande difficulté : le coût financier, militaire et humain de la guerre pèse très lourd sur l'économie du pays et sa dette extérieure est considérable.

---

[1] Sur la révolution islamique en Iran, voir l'introduction au discours n° 77 et 78.

Chronique d'une guerre annoncée

Saddam Hussein, qui continue à bénéficier de nombreux appuis en Occident, parvient à reconstituer partiellement son arsenal militaire entre 1988 et 1990 mais, sur le plan financier, il est acculé et il en rend responsables les pays arabes voisins, particulièrement les Émirats arabes unis et le Koweït, deux de ses anciens soutiens, auxquels il reproche de ne pas vouloir annuler, au nom de la solidarité arabe, la dette contractée par l'Irak envers eux mais également de se livrer à une surproduction volontaire de pétrole pour mieux en faire chuter le cours et, ainsi, étrangler Bagdad. À ces arguments économiques, Saddam va tenter de joindre des arguments de type politique et religieux : dénonçant la volonté d'hégémonie américaine sur le Golfe, via ses alliés, et fustigeant le sionisme militant, le *Raïs*, jusque-là peu religieux, brandit de plus en plus haut la bannière d'un panarabisme à connotation panislamiste. Son attention se focalise sur le Koweït, un petit Émirat riche en pétrole et en gaz naturel dont l'Irak n'a jamais réellement accepté l'indépendance, rappelant qu'à l'époque ottomane, il s'agissait d'une dépendance du vilayet de Bassorah, avant le protectorat britannique de 1899. Bagdad le considère donc toujours comme un État fantoche manipulé par les Occidentaux. Au retrait des Britanniques, en 1961, le général Kassem avait déjà voulu l'annexer et, en 1989, Saddam commence par revendiquer la possession de deux petites îles, Warba et Boubiyane. La tension monte tout au long du premier semestre 1990, Bagdad exigeant des concessions financières de la part de l'émir Jaber et accusant le Koweït de « voler » du pétrole irakien en puisant dans des nappes frontalières. Alors que toutes les tentatives de médiation échouent, des troupes irakiennes se massent à la frontière. Fin juillet 1990, Saddam Hussein teste la potentielle réaction américaine à une attaque sur le Koweït en laissant entendre à l'ambassadrice américaine April Glaspie que les armes pourraient parler. Celle-ci formule une réponse ambiguë mais sous-entendant une volonté américaine de neutralité. Le 1er août, des pourparlers de la dernière chance se tiennent à Djeddah en Arabie Saoudite mais les deux parties campent sur leurs positions. Dans la nuit du 1er au 2, prétextant un appel d'un gouvernement provisoire libre koweïtien, l'armée irakienne envahit l'Émirat et prend le contrôle du pays, tandis que Jaber fuit en Arabie Saoudite. Le 8 août, Saddam annonce la fusion totale du Koweït et de l'Irak, sa « mère-patrie ». À la fin du mois, il prend diverses mesures d'« irakisation du pays ».

Le jour même de l'invasion, la résolution 660 du Conseil de Sécurité de l'ONU exige un retrait immédiat et sans conditions de l'Irak. Le 6 août, la résolution 661 établit un embargo total à l'égard de Bagdad. Seuls le Yémen et Cuba se sont abstenus mais les cinq Grands sont sur la même longueur d'onde. Dès le 8 août, les Américains lancent l'opération *Bouclier du désert* en envoyant des troupes en Arabie Saoudite. Ils cherchent à mettre sur pied la plus vaste coalition anti-irakienne possible et à constituer une force multinationale. Sur ce point, la Ligue arabe est divisée : si l'Arabie Saoudite, les Émirats et l'Égypte sont en pointe contre Bagdad, d'autres pays, comme la Libye, la Jordanie, la Tunisie et l'Algérie ne prennent pas part à la coalition. Au sein des populations arabes, le soutien à Saddam Hussein est important : de grandes manifestations ont lieu dans divers pays, membres ou non de la coalition, particulièrement dans les territoires occupés où l'OLP de Yasser Arafat se solidarise avec le *Raïs*. Celui-ci tente d'exploiter au maximum la carte de la solidarité arabe et islamique : le 10 août, il en appelle à une « guerre sainte » pour libérer La Mecque et Médine de leurs occupants étrangers tandis que, deux jours plus tard, il réclame une solution globale aux problèmes du Moyen-Orient, acceptant un retrait du Koweït si, simultanément, Israël se retire des territoires palestiniens, la Syrie du Liban et les États-Unis d'Arabie Saoudite. Parallèlement, il signe la paix avec l'Iran en échange de sa neutralité, paix qui ramène les deux pays aux conditions de leur accord de 1975.

D'août à novembre 1990, la crise semble s'enliser. Les rencontres et les négociations en tout genre se succèdent, divers chefs d'État, ministres et personnalités jouent les bons offices entre les deux camps et le secrétaire général de l'ONU, Javier Perez de Cuellar se démène. Saddam Hussein, lui, tente de soigner son image en se faisant filmer avec les enfants de ressortissants étrangers dont il se servira comme boucliers humains et en relâchant ses otages au compte-goutte. Les semaines passant, le mouvement pacifiste gagne de l'ampleur en Occident, d'autant que la politique de fermeté des Alliés ne semble pas porter ses fruits. Finalement, le 29 novembre 1990, une résolution de l'ONU autorise, pour la première fois depuis la guerre de Corée, le recours à la force en cas de non retrait des troupes irakiennes du Koweït en date du 15 janvier 1991. On a affaire à un ultimatum, voté par douze pays sur quinze au Conseil de Sécurité, dont quatre des cinq Grands, la Chine s'étant abstenue. Mais Saddam Hussein ne change pas de tactique, misant peut-être sur un manque de pugnacité de la coalition. Il prédit la défaite aux Américains, annonce qu'il attaquera Israël, menace d'user d'armes non conventionnelles et refuse toute concession. Le 9 janvier 1991, le secrétaire d'État américain James Baker rencontre en vain son homologue irakien, Tarek Aziz, à Genève. Le 14, Perez de Cuellar n'obtient rien non plus de Bagdad.

Le 15, l'ultimatum expire mais George Bush attend encore quelques heures : dans la nuit du 16 au 17 janvier 1991, il donne l'ordre aux forces de la coalition de bombarder les sites stratégiques irakiens. Vingt-neuf pays participent aux opérations, sous le haut commandement du général américain Schwarzkopf, mais l'immense majorité des forces déployées sont américaines. Le 17, Saddam Hussein adresse à son peuple et, au-delà, aux musulmans du monde entier, l'appel reproduit ci-dessous, précédé d'un verset du Coran. Insistant à d'innombrables reprises sur l'aspect religieux de la guerre, il s'en prend avec virulence aux Américains – *le Satan Bush* –, aux Israéliens – *le sionisme criminel* – et au roi Fahd d'Arabie Saoudite – *le traître des Lieux saints* – qui accueille sur son sol les troupes engagées contre le *grand peuple irakien*. Il lie son combat à ceux des Palestiniens, opprimés par Israël, et des Libanais, sous contrôle syrien depuis 1975 et évoque enfin la question du Golan, territoire syrien occupé par Israël depuis la guerre des Six Jours de 1967 et annexé en 1981.

George Bush et la victoire du droit

Lorsque l'opération *Tempête du désert* se déclenche, la coalition et l'armée irakienne alignent des forces sensiblement comparables mais c'est sur le plan technique que l'armement irakien, essentiellement soviétique, va donner des signes de faiblesses. En quelques heures, les bombardements alliés clouent au sol l'aviation irakienne et détruisent les principaux moyens de communication du pays. Recherchant une extension régionale du conflit, les Irakiens lancent des missiles *Scud* sur Israël qui, comprenant la manœuvre, ne riposte pas contre la promesse américaine de voir les rampes ennemies détruites et de recevoir des missiles antimissiles *Patriot*. Saddam Hussein, qui se sait en passe de perdre la guerre, se lance alors dans une politique de destruction tous azimuts : il organise une gigantesque marée noire dans le Golfe et met le feu au pétrole ainsi déversé. Les raids aériens alliés se poursuivent et s'intensifient en février, de telle sorte qu'il sera bientôt possible à la coalition de lancer, sans trop de risques, son offensive terrestre. Le 22, George Bush donne une journée à Saddam pour commencer à évacuer ses troupes du Koweït. À l'expiration de l'ultimatum, dans la nuit du 23 au 24 février, l'opération est lancée sans que l'armée irakienne n'offre de réelle résistance. Par milliers, les soldats irakiens se rendent sans combattre. Trois jours plus tard, la capitale du Koweït est libérée et Bagdad annonce qu'elle accepte de se plier à toutes les résolutions de l'ONU. Le président Bush suspend les combats au matin du 28 février 1991. Les pertes alliées se chiffrent à deux cents morts environ, celles des Irakiens restent difficilement vérifiables, sans doute plusieurs dizaines de milliers.

L'homme qui s'adresse à la nation américaine le 28 février 1991 a une expérience personnelle du combat. Né dans le Massachusetts en 1924, George Herbert Walker Bush a été enrôlé dans la marine en 1942 et a effectué cinquante-huit missions de combat durant la Seconde Guerre. Il était alors le plus jeune pilote de l'*US Navy*. Une fois la guerre terminée, il s'est marié et a entamé des études d'économie à Yale avant de faire carrière dans l'industrie pétrolière texane. Fils de sénateur, il n'est jamais parvenu à se faire élire au Sénat mais a assumé deux mandats à la *House* à partir de 1966. Il fut également ambassadeur aux Nations unies, envoyé diplomatique en Chine puis directeur de la CIA. En 1980, il a tenté d'être investi par le parti républicain pour la présidentielle mais a dû se contenter de la vice-présidence, sous les deux mandats de Ronald Reagan. En 1988, son heure est venue : il est élu président avec 53,4 % des suffrages. Son action durant la guerre du Golfe lui vaudra une forte popularité mais les effets de celle-ci seront limités dans le temps : accusé de négliger les problèmes économiques et sociaux des Américains au profit de la seule politique étrangère, dominée, il est vrai, par les conséquences de la disparition du bloc communiste, il ne sera pas réélu en 1992.

Dans son message du 28 février 1991, George H. Bush explique aux Américains et au monde que les objectifs militaires de la coalition – libérer le Koweït – sont atteints et qu'il ne compte donc pas poursuivre le combat plus avant. Affirmant sa fierté à l'égard de l'ensemble de la coalition, il souligne que *l'Amérique et le monde ont tenu leur parole* et que la victoire remportée collectivement est celle des *Nations unies*, de *la loi* et du *bien*. Il expose les conditions auxquelles l'Irak pourra prétendre à un cessez-le-feu et se montre très ferme : si Bagdad ne les respectait pas, la guerre pourrait reprendre. Ces conditions feront l'objet, le 2 mars, de la résolution 686 de l'ONU, et conduiront à un cessez-le-feu le lendemain. La dernière partie du message est adressée au peuple irakien, dont Bush affirme ne pas être l'ennemi. Elle envisage les modalités de la paix, une paix qui devra être *potentiellement historique* pour *la région* mais ne sera pas uniquement américaine, ce qui laisse présager la tenue d'une consultation large sur les problèmes du Moyen-Orient. C'est l'annonce de la future conférence de Madrid, ouverte en octobre[2].

---

2 Voir l'introduction au discours n° 97.

Quinze ans de sursis

Au lendemain de la guerre du Golfe, une polémique s'engage sur le point de savoir s'il fallait ou non poursuivre l'opération entreprise jusque Bagdad et mettre fin à la dictature de Saddam Hussein. Il semble que les Américains aient préféré ne pas risquer une rupture de la coalition : une intervention en Irak aurait, sans nul doute, provoqué le retrait des pays arabes engagés et, du côté européen, des États comme la France et l'URSS auraient sans doute pris également leurs distances. En outre, Washington est consciente que la stabilité irakienne conditionne celle de toute la région. Or, faire chuter le régime du *Raïs*, c'est donner une forme de blanc-seing aux forces centrifuges : les Kurdes, par ailleurs présents en Iran, en Turquie et en Syrie, et désireux de se rassembler, mais aussi les chiites, majoritaires en Irak. Néanmoins, les États-Unis ne se privent pas d'encourager moralement la révolte de ces deux communautés contre le pouvoir central tout en refusant d'intervenir militairement au printemps 1991, lorsque Saddam Hussein les réprime dans le sang et renforce ainsi sa domination sur l'ensemble du pays. L'amertume des Kurdes et des chiites est profonde. Tout au plus les forces alliées acceptent-elles de sécuriser certaines zones kurdes au nord et d'en interdire le survol par l'armée irakienne mais les derniers soldats de la coalition quittent le terrain à la mi-juillet 1991 et sont relayés par l'ONU. L'aide fournie est essentiellement humanitaire, avec l'opération *Provide comfort* et ses parachutages de vivres. En août 1992, une nouvelle zone d'exclusion aérienne est délimitée au sud de l'Irak pour protéger les chiites.

Mais l'opposition entre Saddam Hussein et la communauté internationale va surtout se cristalliser autour de la destruction des armes non conventionnelles et des fusées à moyenne et longue portée. Cette obligation fait partie des conditions fixées par l'ONU le 3 avril 1991 (résolution 687) pour un cessez-le-feu définitif. En avril, les Nations unies créent d'ailleurs l'UNSCOM, commission chargée de contrôler le désarmement. Dès lors, l'ONU et l'Irak vont en permanence jouer au chat et à la souris, Saddam faisant souffler le chaud et le froid, en paraissant résolu à accepter les inspections et les destructions puis en se raidissant et en donnant l'impression de reconstituer secrètement son arsenal. En 1996, une période d'accalmie et d'apparente bonne volonté irakienne se solde par un relâchement partiel de l'embargo frappant le pétrole irakien, ce qui est censé également adoucir le sort des populations civiles, premières victimes de ces mesures de rétorsion. C'est l'opération *Pétrole contre nourriture*. Mais en 1997, Saddam Hussein qui dirige toujours le pays d'une main de fer change à nouveau de tactique : il interdit l'accès de soixante-trois sites aux inspecteurs de l'UNSCOM, ce qui lui vaut une condamnation de l'ONU. Le même scénario se reproduit début 1998 avec, cette fois, des opérations militaires de représailles, *Tonnerre du désert* et *Renard du désert*. Des frappes alliées sont menées en Irak de 1998 à 2001, sous la présidence de Bill Clinton puis de George W. Bush, le fils de l'ancien président.

Les attentats du 11 septembre 2001 provoquent une tension supplémentaire. En janvier 2002, le président George W. Bush range l'Irak parmi les pays faisant partie de l'*axe du mal*. Il adhère à la théorie des « faucons », ceux qui, dans son entourage civil et militaire, sont ou se disent persuadés que l'Irak possède des armes de destruction massive et a partie liée avec le réseau Al-Qaïda. L'option militaire se rapproche de semaine en semaine, même après que Saddam Hussein a accepté le retour des inspecteurs de l'ONU et de l'Agence internationale de l'énergie atomique et a fourni un volumineux dossier afin de prouver sa bonne foi. Une nouvelle guerre du Golfe est déclenchée par Londres et Washington le 20 mars 2003, sans l'aval de l'ONU. Le but est de détruire l'arsenal supposé de Saddam – qui ne sera jamais trouvé – mais également de « libérer » l'Irak, ce qui passe par la chute du régime. Sur le plan strictement militaire, l'opération est un succès mais, depuis près de quatre ans, la coalition peine à gagner la paix : l'Irak a sombré dans la guerre civile et religieuse et les États-Unis, empêtrés sur le terrain, ont le regard tourné vers l'Iran du radical Ahmadinejad, accusé de manipuler la majorité chiite irakienne. Saddam Hussein, quant à lui, a été arrêté fin décembre 2003 par l'armée américaine dans une ferme proche de Tikrit. Jugé devant le tribunal spécial irakien à partir de juillet 2004, il devait répondre de plusieurs chefs d'accusation, notamment du gazage massif de populations kurdes. Mais au terme d'un premier procès concernant le massacre des villageois chiites de Doujaïl, il a été condamné à mort et pendu le 30 décembre 2006, dans des conditions qui ont conduit la minorité sunnite à fustiger une simple vengeance communautaire.

APPEL AU PEUPLE IRAKIEN

17 janvier 1991

Ô grand peuple irakien,

Ô fils de notre glorieuse nation,

Ô membres courageux de nos forces armées glorieuses,

Ô gens, où que vous soyez, dans votre détermination à affronter le mal et ses auteurs, les mécréants, leurs serviteurs et leurs alliés,

À 02 h 30 de la nuit du 16 au 17 janvier, les lâches ont attaqué par traîtrise, et le Satan Bush a commis son crime, lui et le sionisme criminel, et la grande confrontation, avec la mère de toutes les batailles, a commencé entre le droit qui vaincra avec l'aide de Dieu et le mal qui reculera si Dieu le veut.

Vos fils et vos frères vaillants, descendants de Mahomet et des prophètes, descendants des croyants qui ont porté le flambeau de l'Islam, celui qui a illuminé et guidé l'humanité, les attendaient de pied ferme, et Dieu les a aidés.

Les criminels ont échoué. Fahd[3], le traître des Lieux saints, traître de la nation arabe et de la nation islamique, qui sera perdant aussi bien

[3] Le roi Fahd d'Arabie Saoudite.

ici-bas qu'au jour du jugement dernier, n'est hélas qu'un criminel, un traître perfide. Dieu est avec nous, mes frères, car il est avec les croyants et les mènera inéluctablement à la victoire.

Avec le début de la confrontation et la résistance des croyants, le jour du salut de la nation se rapproche, celui où les trônes des traîtres fondés sur la corruption tomberont quand la volonté du Satan de la Maison-Blanche et celle du nid de guêpes des criminels de Tel-Aviv sera brisée.

La chère Palestine et ses fils combattants et patients seront libérés, le Golan et le Liban seront libérés, les Arabes seront libres sur leur terre et les peuples seront libres partout où ils ont été opprimés[4].

Adresse à la nation. La libération du Koweït

28 février 1991

Le Koweït est libéré. L'armée irakienne est défaite. Nos objectifs militaires sont atteints. Le Koweït est à nouveau dans les mains des Koweïtiens, qui contrôlent maintenant leur propre destin.

Nous partageons leur joie, qui est uniquement tempérée par notre compassion pour l'épreuve qu'ils ont subie. Ce soir, le drapeau koweïtien flotte de nouveau au-dessus de la capitale d'une nation libre et souveraine et le drapeau américain flotte au-dessus de notre ambassade.

Il y a sept mois, l'Amérique et le monde avaient tracé une ligne dans le sable, en déclarant que l'agression contre le Koweït ne serait pas tolérée. Et, ce soir, l'Amérique et le monde ont tenu leur parole.

Ce n'est pas le moment de l'euphorie et certainement pas celui de se vanter. Mais c'est le moment d'être fiers – fiers de nos soldats, fiers de nos amis qui ont été à nos côtés durant la crise, fiers de notre nation et de son peuple dont la force et la détermination ont rendu la victoire rapide, décisive et juste.

Et bientôt nous ouvrirons largement nos bras pour accueillir en Amérique nos magnifiques forces armées.

Aucun pays ne peut proclamer cette victoire comme la sienne car ce n'est pas seulement une victoire pour le Koweït mais pour tous les partenaires de la coalition.

---

4 L'appel du président irakien commence par un verset du Coran et se termine par l'invocation « Allah Akbar » répétée trois fois.

C'est une victoire pour les Nations unies, pour toute l'espèce humaine, pour le règne de la loi et pour le bien.

Après avoir consulté le secrétaire à la Défense Cheney, le chef d'état-major inter-armes, le général Powell[5], je suis heureux d'annoncer qu'à minuit (jeudi 5 h 00 amt), exactement 100 heures après le début des opérations terrestres et six semaines après celui de l'opération *Tempête du désert*, toutes les forces des États-Unis et de la coalition suspendront toutes les opérations de combat offensives.

C'est à l'Irak de faire en sorte que cette suspension de la part de la coalition se transforme en un cessez-le-feu permanent.

Les conditions politiques et militaires de la coalition pour un cessez-le-feu formel comprennent les exigences suivantes :

- l'Irak doit libérer immédiatement tous les prisonniers de guerre de la coalition, les ressortissants des pays tiers et rendre les dépouilles de tous ceux qui sont tombés ;
- l'Irak doit libérer tous les détenus koweïtiens ;
- l'Irak doit aussi informer les autorités koweïtiennes de la localisation et de la nature de toutes les mines terrestres et maritimes ;
- l'Irak doit respecter pleinement toutes les résolutions du Conseil de Sécurité des Nations unies. Ceci comprend une annulation de la décision prise par l'Irak en août d'annexer le Koweït et l'acceptation de principe de la responsabilité de l'Irak dans le paiement de compensations pour les pertes, les dommages et les blessures que son agression a causés.

La coalition demande au gouvernement irakien de désigner des commandants militaires pour qu'ils rencontrent d'ici 48 heures leurs homologues de la coalition à un endroit du théâtre d'opérations restant à déterminer pour régler les aspects militaires du cessez-le-feu.

En outre, j'ai demandé au secrétaire d'État Baker de demander que le Conseil de Sécurité des Nations unies se réunisse pour formuler les arrangements nécessaires pour mettre fin à cette guerre.

Cette suspension des opérations offensives de combat est soumise à la condition que l'Irak ne tire sur aucune force de la coalition et ne lance de missiles SCUD contre aucun pays.

Si l'Irak viole ces conditions, les forces de la coalition seront libres de reprendre les opérations militaires.

À chaque occasion, j'ai dit au peuple d'Irak que nous n'avions pas de querelle avec lui, mais plutôt avec ses dirigeants, et surtout avec Saddam Hussein. Cela reste le cas. Vous, peuple d'Irak, n'êtes pas notre ennemi. Nous ne recherchons pas votre destruction. Nous avons traité vos prisonniers de guerre avec bienveillance. Les forces de la coalition ont mené

---

[5] Colin Powell était alors chef d'état-major de l'armée américaine.

cette guerre en dernier recours et attendent avec impatience le jour où l'Irak sera dirigé par des gens prêts à vivre en paix avec leurs voisins.

Nous devons maintenant commencer à regarder au-delà d'une victoire militaire. Nous devons relever le défi d'assurer la paix. Dans le futur, comme auparavant, nous consulterons nos partenaires de la coalition. Nous avons déjà fait pas mal de réflexions et de plans pour la période de l'après-guerre et le secrétaire d'État Baker a déjà commencé à consulter nos partenaires de la coalition au sujet des défis de la région. Il ne peut y avoir et il n'y aura pas de réponse uniquement américaine à tous ces défis. Mais nous pouvons aider et soutenir les pays de la région et servir de catalyseur à la paix. Dans cet esprit, le secrétaire d'État Baker se rendra dans la région la semaine prochaine pour commencer une nouvelle série de consultations.

Cette guerre est maintenant derrière nous. Devant nous, il y a la tâche difficile d'assurer une paix potentiellement historique.

Ce soir, nous pouvons être fiers de ce que nous avons accompli. Remercions ceux qui ont risqué leur vie. N'oublions jamais ceux qui ont donné la leur. Que Dieu bénisse nos braves militaires et leurs familles et gardons-les en mémoire dans nos prières.

Bonne nuit et que Dieu bénisse les États-Unis d'Amérique.

93 – Mikhaïl Gorbatchev
Je mets fin à mes fonctions de président

25 décembre 1991

Dernier dirigeant de l'URSS, Mikhaïl Gorbatchev a bénéficié, au pouvoir comme après son retrait politique, d'une très forte popularité en Occident, où lui fut donné le surnom affectueux de « Gorby ». Son peuple, en revanche, semble avoir davantage retenu ses échecs en matière socio-économique et, pour les Russes, c'est Boris Eltsine qui incarnera le mieux la rupture avec le communisme. Pourtant, sans Gorbatchev, sa *glasnost* et sa *perestroïka*, l'URSS et ses satellites auraient-ils pu trouver la voie d'un changement de régime rapide et souvent pacifique ?

De Khrouchtchev à Gorbatchev

Figée sous Staline, l'URSS a connu, par la suite, un dégel politique limité : le XXe Congrès du PCUS, tenu en janvier 1956, est l'occasion pour Nikita Khrouchtchev de lancer ce que l'on appellera la déstalinisation, c'est-à-dire la critique des excès du stalinisme, depuis les déportations de masse jusqu'aux purges en passant par le culte de la personnalité[1]. Mais le processus crée des remous dans le monde communiste et les opposants à la politique de Khrouchtchev finissent par obtenir sa mise à l'écart en 1964. Le nouvel homme fort du Kremlin, Leonid Brejnev, va, quant à lui, rester au pouvoir jusqu'à sa mort, en 1982. Sous sa direction, l'Union soviétique, qui ne cesse de s'urbaniser et de s'industrialiser, connaît une accentuation de ses tendances bureaucratiques mais également une meilleure prise en compte des organisations sociales (clubs, associations, comités divers) sur le plan politique et une certaine modernisation économique. Cependant, le pays est en crise : la croissance, la productivité et les investissements sont en chute libre et la pénurie de main-d'œuvre, due à une démographie déficiente, devient réellement criante. S'il est impensable de voir s'exprimer publiquement une opposition organisée, il n'en est pas moins vrai que le régime a définitivement perdu le soutien de la jeunesse mais aussi des milieux intellectuels et religieux. Les noms de dissidents comme Alexandre Soljenitsyne et Andreï Sakharov sont désormais connus du monde entier. À la mort de Brejnev, ce sont deux septuagénaires qui se succèdent brièvement au poste de secrétaire général du PCUS : Youri Andropov qui décède en février 1984, puis Constantin Tchernenko qui meurt en mars 1985. Habitués aux dirigeants âgés, les

---

[1] Voir l'introduction au discours n° 53.

Soviétiques s'étonnent donc, le 11 mars 1985, de voir accéder au pouvoir un homme de cinquante-quatre ans, Mikhaïl Gorbatchev.

Né en 1931 à Privolnoïe, un petit village près de Stavropol[2], Mikhaïl Sergueïevitch Gorbatchev est issu d'une famille d'agriculteurs. Il montre très tôt de l'intérêt pour les travaux de la terre tout en poursuivant, de 1950 à 1955, des études de droit à l'Université de Moscou, où il fait partie du bureau des Jeunesses communistes. De 1955 à 1958, il dirige le *komsomol* ou Ligue de la jeunesse puis le comité du parti à Stavropol. Il exerce ensuite des fonctions sur le plan régional, dans le secteur des *komsomols* et de l'agriculture. En 1966, il obtient d'ailleurs un diplôme d'agronomie. Quatre ans plus tard, il est nommé Premier secrétaire du PCUS pour la région de Stavropol et intègre rapidement le *Soviet* suprême et le Comité central. En 1978, il devient secrétaire du Comité central pour l'agriculture. Membre suppléant (1979) puis effectif (1980) du *Politburo*, il est le protégé d'Andropov, alors chef du KGB et futur secrétaire général du parti. Dès la disparition de Brejnev, il fait donc figure de successeur possible mais attendra patiemment que la « vieille garde » ait physiquement cédé la place pour s'imposer.

De grandes réformes aux conséquences mondiales

Conscient des difficultés économiques de l'URSS, Gorbatchev annonce d'emblée son souci d'imposer une restructuration ou *perestroïka* qui s'appuierait sur une diminution des dépenses militaires, une relance de la production et une nouvelle conception des rapports sociaux, basée sur davantage d'égalité et sur la *glasnost*, c'est-à-dire la transparence ou liberté de parole. Dès 1985, Gorbatchev concrétise ses promesses de réformes en remplaçant l'indéboulonnable ministre des Affaires étrangères, Andreï Gromyko, célèbre pour son intransigeance, par un homme neuf, Édouard Chevardnadze, acquis à ses objectifs. En trois ans, ce sont 85 % des membres du Comité central qui seront renouvelés. L'année 1986 offre au secrétaire général du parti deux occasions importantes de prouver son souci d'ouverture : au printemps, loin de cacher la catastrophe nucléaire de Tchernobyl, il en avertit rapidement le reste monde et, en décembre, il tend la main au savant dissident Sakharov.

Sur le plan économique, Gorbatchev va tenter de relancer la croissance et la productivité en jouant sur divers facteurs : la lutte contre la corruption et contre l'alcoolisme au travail, la réintroduction partielle du secteur privé dans l'artisanat, le commerce et les services, la possibilité de créer des sociétés mixtes avec des partenaires étrangers mais aussi une plus grande autonomie accordée aux entreprises dans leur gestion et la négociation de leurs contrats et la réintroduction, certes timide, des concepts de rentabilité et de concurrence. Cependant, toutes ces réformes se heurtent à la pesanteur et aux résistances de la bureaucratie soviétique qui freine leur application. La *glasnost*, elle, va toucher et concerner l'ensemble de la population : il est désormais permis d'évoquer les grands problèmes de société que sont l'écologie ou le sida, de critiquer le parti puis, à partir de 1989, d'évoquer les pages les plus sombres de l'histoire soviétique. Le Kremlin lui-même encourage une seconde vague de dénonciation du stalinisme et réhabilite la personnalité de Khrouchtchev, rangée aux oubliettes depuis vingt-cinq ans.

2 Territoire russe situé au nord de la Géorgie, entre les mers Noire et Caspienne.

Par ailleurs, Gorbatchev soigne les symboles en autorisant les ressortissants soviétiques à voyager à l'étranger, en relâchant le contrôle exercé sur la presse et en libérant de nombreux prisonniers politiques. La réforme de l'économie et la libération de la parole s'accompagnent de profondes modifications du système politique. Au sein du PCUS, Gorbatchev s'efforce d'imposer, sans réel succès, les scrutins à candidats multiples et à bulletin secret. Il y réussit, en revanche, au plan national via une réforme constitutionnelle votée en 1988. En mars 1989, les citoyens sont appelés à élire sur ce modèle deux tiers du tout nouveau Congrès des députés du peuple, le tiers restant étant coopté par le parti, les syndicats ou les *komsomols*. C'est à ce congrès qu'il appartient ensuite d'élire le *Soviet* suprême. Enfin, une fonction inédite, celle de président de l'URSS, fait son apparition: le 14 mars 1990, Mikhaïl Gorbatchev est élu à ce poste pour cinq ans par les parlementaires.

À l'étranger, ces bouleversements rapides suscitent d'abord l'incrédulité puis, très vite, une profonde satisfaction, d'autant qu'ils s'accompagnent d'une volonté manifeste de détente. Gorbatchev, dont le style et la personnalité séduisent les chefs d'État et les opinions publiques du bloc occidental, veut réduire les dépenses militaires et, en conséquence, propose le dialogue au président américain Reagan pour cesser la course infernale aux armements, annonce son retrait d'Afghanistan, achevé en 1989, et promet une réduction de ses forces armées. En 1987, au terme de deux sommets américano-soviétiques, un traité de démantèlement des forces nucléaires intermédiaires est signé. D'autre part, au sein du bloc oriental, la politique de Gorbatchev va encourager les courants réformateurs et amener la grande vague de 1989. L'année précédente, le chef du Kremlin avait clairement affirmé sa volonté de laisser chaque État déterminer librement sa politique intérieure, ce qui revenait à renoncer au droit de regard de Moscou, prépondérant depuis la fin de la Seconde Guerre. De fait, « Gorby » assistera sans réagir à la disparition successive des divers régimes communistes est-européens et, en 1990, acceptera la réunification de l'Allemagne et son maintien dans l'OTAN[3]. Il en sera récompensé du prix Nobel de la Paix. Mais bientôt, l'effondrement généralisé du bloc de l'Est va se répercuter sur l'URSS elle-même.

La disparition d'une superpuissance

Très populaire sur la scène mondiale, Mikhaïl Gorbatchev est beaucoup plus contesté dans son propre pays. Représentant la voie médiane, il est pris pour cible à la fois par les communistes conservateurs et par le courant ultra-réformiste que domine la personnalité de Boris Eltsine. Par ailleurs, la population lui reproche l'absence de résultats de ses réformes économiques et le rend responsable de l'inflation, de la chute du rouble, de la hausse du chômage et du retour, en 1989, du rationnement de diverses denrées. Couplée à la blessure d'amour-propre que constitue la chute du mur de Berlin, cette déchéance socio-économique annonce d'importantes difficultés politiques pour le Kremlin. Ces difficultés se concrétisent par des grèves, des manifestations mais surtout des revendications nationalistes de la part de la Russie, de l'Ukraine, des Républiques baltes et caucasiennes. En 1990, la Lituanie, la Lettonie et l'Estonie proclament leur

---

3 Voir l'introduction aux discours n° 88 et 89.

indépendance. Dépassé, Gorbatchev tente de préserver l'unité en se faisant octroyer des pouvoirs supplémentaires et en se rapprochant des conservateurs – ce qui provoque d'ailleurs la démission de Chevardnadze – puis en posant un ultimatum aux Baltes en janvier 1991 et en faisant appel à l'Armée rouge pour les mater. Mais il est trop tard pour s'imposer de force, d'autant que les pays occidentaux ont apporté leur soutien aux Républiques dissidentes. Bientôt, c'est la Géorgie qui s'affirme indépendante.

Que peut encore faire Gorbatchev face à cette hémorragie? Fin 1990, il propose une union de républiques souveraines pour succéder à l'URSS et parvient à faire entériner ce projet par référendum en mars 1991. Mais ce scrutin, d'ailleurs ignoré par plusieurs républiques, révèle également le désir d'indépendance des grandes villes. En juin, comme un défi supplémentaire, la République de Russie élit Boris Eltsine président face au candidat du Kremlin. Les derniers mois de 1991 sont cruels pour Gorbatchev. En août, il subit une tentative de putsch conservateur: enfermé dans sa *datcha*, il assiste au triomphe de Eltsine qui, depuis la « Maison-Blanche », le Parlement russe, résiste aux réactionnaires et se forge une stature internationale tout en procédant à la liquidation du PCUS. Gorbatchev prend acte: il quitte le secrétariat général du parti le 24 août et réclame l'autodissolution du Comité central. En quelques jours, toutes les républiques rompent leurs liens avec l'URSS et l'on peut dire que « Gorby » est devenu, dès lors, le président d'un État virtuel. Toutefois, l'acte final se joue le 8 décembre: ce jour-là, les présidents russe, ukrainien et biélorusse fondent, près de Minsk, la Communauté des États Indépendants (CEI), à laquelle se joignent, par la déclaration d'Alma-Ata du 21 décembre, les républiques d'Asie centrale[4], l'Azerbaïdjan, l'Arménie et la Moldavie.

Placé devant le fait accompli, Mikhaïl Gorbatchev est contraint de reconnaître sa défaite. Le 25 décembre 1991, il s'exprime à la télévision pour annoncer aux populations de l'ex-URSS et au monde qu'il *met fin à ses fonctions de président* parce qu'il ne peut cautionner le *démembrement du pays* et la *dislocation de l'État*. Le dirigeant déchu entame alors un plaidoyer pour l'action qu'il a menée depuis 1985, jugeant que celle-ci a conduit à une profonde rénovation politique et économique en abrogeant le *système totalitaire*, la *course aux armements* et la *guerre froide*. Présentant l'URSS défunte comme *un des piliers principaux de la réorganisation de la civilisation contemporaine sur des principes pacifiques et démocratiques*, il attribue l'échec indéniable de son projet au *temps perdu* à lutter contre les résistances du passé: *l'ancien système s'est écroulé avant que le nouveau ait pu se mettre en marche*, dit-il, en soulignant qu'une évolution aussi radicale ne pouvait se dérouler sans difficultés. Remerciant ceux qui l'ont aidé dans son entreprise, Gorbatchev affirme quitter son poste avec un mélange d'*inquiétude* et d'*espoir* concernant le devenir des récentes avancées démocratiques et de la civilisation dont l'URSS assumait l'héritage.

Sur ce dernier plan, l'avenir a montré que la puissante Russie avait repris à son compte les prérogatives essentielles de l'État central, à commencer par son siège au Conseil de Sécurité de l'ONU. Gorbatchev, quant à lui, se consacre depuis quinze ans à diverses associations et fondations, n'hésitant pas, pour récolter des fonds, à se prêter au jeu de la publicité commerciale. Docteur *honoris causa* de nombreuses universités

---

4 À savoir: Kazakhstan, Khirgizistan, Ouzbékistan, Turkménistan et Tadjikistan. En 1993, la Géorgie rejoint la CEI dont seules les Républiques baltes restent dès lors à l'écart.

et conférencier très demandé, il n'a toutefois pas totalement renoncé à ses ambitions politiques mais les résultats n'ont pas été à la hauteur de ses espérances : en 1996, il n'a récolté que 0,5 % des voix aux présidentielles russes et, en 2004, a quitté le parti social-démocrate qu'il avait fondé trois ans auparavant. Aujourd'hui largement septuagénaire, il semble décidé à profiter exclusivement des avantages que lui offre, hors de Russie, sa réputation.

JE METS FIN À MES FONCTIONS DE PRÉSIDENT

Chers compatriotes, concitoyens,

En raison de la situation qui s'est créée avec la formation de la Communauté des États indépendants, je mets fin à mes fonctions de président de l'URSS.

J'ai défendu fermement l'autonomie, l'indépendance des peuples, la souveraineté des républiques. Mais je défendais aussi la préservation d'un État de l'Union, l'intégrité du pays.

Les événements ont pris une tournure différente. La ligne du démembrement du pays et de la dislocation de l'État a gagné, ce que je ne peux pas accepter.

Et après la rencontre d'Alma-Ata[5], ma position à ce sujet n'a pas changé. Outre cela, je suis convaincu que des décisions d'une telle envergure auraient dû être prises sur la base de l'expression de la volonté du peuple. Néanmoins, je ferai tout mon possible pour que les accords qui y ont été signés conduisent à une entente réelle dans la société, facilitent la sortie de la crise et le processus des réformes.

M'adressant à vous pour la dernière fois en qualité de président de l'URSS, j'estime indispensable d'exprimer mon évaluation du chemin parcouru depuis 1985. D'autant plus qu'il existe sur cette question beaucoup d'opinions contradictoires, superficielles et non objectives.

Le destin a voulu qu'au moment où j'accédais aux plus hautes fonctions de l'État il était déjà clair que le pays allait mal. Tout ici est en abondance : la terre, le pétrole, le gaz, le charbon, les métaux précieux, d'autres richesses naturelles, sans compter l'intelligence et les talents que Dieu ne nous a pas comptés. Et pourtant nous vivons bien plus mal que dans les pays développés, nous prenons toujours plus de retard par rapport à eux.

---

5 Élargissement de la CEI de trois à onze (voir l'introduction).

La raison en était déjà claire – la société étouffait dans le carcan du système de commandement administratif, condamné à servir l'idéologie et à porter le terrible fardeau de la militarisation à outrance. Elle était à la limite du supportable. Toutes les tentatives de réformes partielles – et nous en avons eu beaucoup – ont échoué l'une après l'autre. Le pays perdait ses objectifs. Il n'était plus possible de vivre ainsi. Il fallait tout changer radicalement.

C'est pourquoi je n'ai pas regretté une seule fois de ne pas m'être servi du poste de secrétaire général uniquement pour « régner » quelques années. J'aurais jugé cela irresponsable et amoral.

Je comprenais qu'entamer des réformes d'une telle envergure et dans une société comme la nôtre était une œuvre de la plus haute difficulté et, dans une certaine mesure, risquée. Mais il n'y avait pas d'autre choix. Aujourd'hui encore, je suis persuadé de la justesse historique des réformes démocratiques entamées au printemps 1985.

Le processus de rénovation du pays et de changements radicaux dans la communauté mondiale s'est révélé beaucoup plus ardu qu'on aurait pu le supposer. Néanmoins, ce qui a été fait doit être apprécié à sa juste valeur.

La société a obtenu la liberté, s'est affranchie politiquement et spirituellement. Et cela constitue la conquête principale, encore insuffisamment appréciée, sans doute parce que nous n'avons pas encore appris à nous en servir.

Néanmoins, une œuvre d'une importance historique a été accomplie :

– Le système totalitaire, qui a privé le pays de la possibilité qu'il aurait eue depuis longtemps de devenir heureux et prospère, a été liquidé.

– Une percée a été effectuée sur la voie des transformations démocratiques. Les élections libres, la liberté de la presse, les libertés religieuses, des organes de pouvoir représentatifs et le multipartisme sont devenus une réalité. Les droits de l'homme sont reconnus comme le principe suprême.

– La marche vers une économie multiforme a commencé, l'égalité de toutes les formes de propriété s'établit. Dans le cadre de la réforme agraire, la paysannerie a commencé à renaître, le fermage est apparu, des millions d'hectares sont distribués aux habitants des villages et des villes. La liberté économique du producteur est entrée dans la loi, la liberté d'entreprendre, la privatisation et la constitution de sociétés par actions ont commencé à prendre force.

En dirigeant l'économie vers le marché, il est important de rappeler que ce pas est franchi pour le bien de l'individu. Dans cette époque difficile, tout doit être fait pour sa protection sociale, surtout en ce qui concerne les vieillards et les enfants.

Nous vivons dans un nouveau monde :

– La guerre froide est finie, la menace d'une guerre mondiale est écartée, la course aux armements et la militarisation insensée qui a dénaturé notre économie, notre conscience sociale et notre morale sont stoppées.

Je veux encore une fois souligner que, durant la période de transition, j'ai tout fait de mon côté pour préserver un contrôle sûr des armes nucléaires.

– Nous nous sommes ouverts au monde, nous avons renoncé à l'ingérence dans les affaires d'autrui, à l'utilisation des forces armées en dehors du pays. En réponse, nous avons obtenu la confiance, la solidarité et le respect.

– Nous sommes devenus un des piliers principaux de la réorganisation de la civilisation contemporaine sur des principes pacifiques et démocratiques.

Les peuples, les nations ont obtenu une liberté réelle pour choisir la voie de leur autodétermination. Les efforts pour réformer démocratiquement l'État multinational nous ont conduits tout près de la conclusion d'un nouvel accord de l'Union.

Tous ces changements ont provoqué une énorme tension. Ils se sont produits dans des conditions de lutte féroce, sur un fond d'opposition croissante des forces du passé moribond et réactionnaire, des anciennes structures du parti, et d'État et de l'appareil économique, ainsi que de nos habitudes, de nos préjugés idéologiques, de notre psychologie de nivellement et parasitaire.

Ils se sont heurtés à notre intolérance, au faible niveau de culture politique et à la crainte des changements.

Voilà pourquoi nous avons perdu beaucoup de temps. L'ancien système s'est écroulé avant que le nouveau ait pu se mettre en marche. Et la crise de la société s'est encore aggravée.

Je connais le mécontentement qu'engendre l'actuelle situation difficile, les critiques aiguës exprimées à l'encontre des autorités à tous les niveaux et à l'égard de mon action. Mais je voudrais souligner encore une fois : des changements radicaux, dans un pays si grand et avec un tel héritage, ne peuvent se dérouler sans douleur, sans difficultés et sans secousses.

Le putsch d'août a poussé la crise générale jusqu'à ses limites extrêmes. Le pire dans cette crise est l'effondrement de l'État.

Je suis inquiet de la perte pour nos compatriotes de la citoyenneté d'un grand pays, un fait dont les conséquences peuvent se révéler très graves pour tous.

Conserver les conquêtes démocratiques de ces dernières années est pour moi d'une importance vitale. Elles sont le fruit douloureux de notre histoire, de notre expérience tragique. On ne peut y renoncer sous aucun prétexte. Dans le cas contraire, tous les espoirs d'un avenir meilleur seront enterrés.

Je parle de tout cela avec honnêteté et franchise. C'est mon devoir moral.

Je veux exprimer ma reconnaissance à tous les citoyens qui ont soutenu la politique de renouvellement du pays, qui se sont impliqués dans la mise en œuvre des réformes démocratiques.

Je suis reconnaissant aux hommes d'État, personnalités de la vie politique et sociale, aux millions d'hommes à l'étranger – à ceux qui ont compris nos desseins, les ont soutenus, sont venus à notre rencontre, pour une coopération sincère avec nous.

Je quitte mon poste avec inquiétude. Mais aussi avec espoir, avec la foi en vous, en votre sagesse et en votre force d'esprit. Nous sommes les héritiers d'une grande civilisation, et, à présent, il dépend de tous et de chacun qu'elle renaisse pour une nouvelle vie moderne et digne.

Je veux de toute mon âme remercier ceux qui, durant toutes ces années, ont défendu à mes côtés une cause juste et bonne. Sans doute certaines erreurs auraient pu être évitées et beaucoup de choses auraient pu être mieux faites.

Je suis persuadé que, tôt ou tard, nos efforts communs porteront des fruits, et que nos peuples vivront dans une société démocratique et prospère.

Je vous souhaite à tous tout le bien possible.

94 – Willy Claes
Le retrait des Casques bleus belges du Rwanda

27 avril 1994

Le monde fut profondément marqué, en 1945, par la découverte de la Shoah dans toute son ampleur et par le caractère froidement méthodique de l'extermination des Juifs. La communauté internationale pensait ne plus jamais assister, impuissante ou feignant de l'être, à un autre génocide. Moins de cinquante ans plus tard, les événements du Rwanda allaient pourtant démontrer à nouveau toute l'étendue de la haine, du cynisme et de l'indifférence dont l'être humain, quel qu'il soit, est capable. Et pourtant, cette fois, il y eut d'emblée des caméras et des micros.

Les origines d'un affrontement interethnique

Fondés aux XIVe-XVe siècles, les territoires appelés à devenir le Rwanda et le Burundi sont, dès cette époque, peuplés de Tutsis et de Hutus, sans pour autant que cette division ethnique constitue alors un facteur primordial sur le plan identitaire. Cependant et jusqu'à l'indépendance, ce sont bien les Tutsis, nilotes d'origine, qui imposent leur domination aux Hutus. Les puissances européennes qui vont administrer successivement le territoire, l'Allemagne jusqu'à la Première Guerre puis, par la suite, la Belgique, sous le nom de Rwanda-Urundi et sous couvert d'un mandat de la SDN / ONU, vont perpétuer cet état de fait et accentuer la subdivision ethnique de la société locale. Ce sont les Tutsis et eux seuls que l'on prépare à gérer le pays. Mais les années cinquante entraînent une certaine évolution, notamment sous la pression des missionnaires catholiques, très présents dans les deux territoires sous mandat belge. On semble désormais redouter que les Tutsis ne se montrent trop indépendants et trop sensibles à des croyances ou des idéologies jugées néfastes, que l'on songe pêle-mêle au protestantisme ou au communisme. Il paraît dès lors prudent de promouvoir une élite hutue fidèle qui, très vite, se persuade – et les Belges ne la détrompent pas – de subir une oppression d'autant plus injuste qu'elle est le fait d'« étrangers », de non-Bantous. En 1957, au Rwanda, Grégoire Kayibanda, ancien séminariste, publie le *Manifeste des Hutus* et, deux ans plus tard, fonde le Parti du mouvement de l'émancipation hutu ou *Parmehutu*. En janvier 1961, à l'issue d'une véritable « révolution sociale », il déclenche un coup d'État qui renverse le *Mwami*, souverain tutsi. Cependant, l'Urundi, où la société est moins cloisonnée, ne semble pas suivre le mouvement. C'est alors que la Belgique se désengage, deux ans après avoir douloureusement accordé l'indépendance au Congo. Elle organise toutefois des élections en septembre 1961, qui se soldent par une victoire des Hutus au Rwanda et des Tutsis en Urundi. Le 1er juillet 1962, les deux territoires obtiennent séparément leur indépendance et le Rwanda devient une République, sous la présidence de Kayibanda. Ses relations avec l'ancienne puissance mandataire, la Belgique, mais également avec d'autres pays européens, dont la France, seront intimes.

Très vite, les rivalités ethniques, matérialisées par l'indication « Hutu » ou « Tutsi » sur la carte d'identité de chaque Rwandais, dégénèrent en affrontements et en véritable entreprise d'« épuration ». Le génocide massif de 1994 est, en fait, loin d'être le premier. En 1963, les autorités font massacrer plus de dix mille Tutsis, ce qui provoque l'exil de nombreux survivants vers les pays voisins, particulièrement l'Ouganda. Ils vont y attendre une génération, dans l'amertume et la rancœur, l'occasion de rentrer chez eux, non sans subir l'imprégnation de leur pays d'accueil, qui appartient à la sphère d'influence anglo-saxonne. Au Burundi, c'est un drame inverse qui se produit dix ans plus tard. L'armée, à dominante tutsie, s'est emparée du pouvoir en 1966 mais la pression de la majorité hutue s'accroît sans cesse. Prétextant un putsch hutu local, assorti du massacre de deux à trois mille Tutsis, le pouvoir déclenche une répression implacable dont plus de cent mille Hutus feront impunément les frais. Deux cent mille autres gagneront l'étranger, notamment le Rwanda, où ils viendront renforcer, par leurs récits, la haine envers les Tutsis. À ce moment déjà, la communauté internationale se montre passive : la Belgique menace de suspendre son aide économique mais ni la France ni les États-Unis ni l'Organisation de l'unité africaine ne veulent, pour des raisons économiques ou stratégiques, déstabiliser le pouvoir en place à Bujumbura. Pour les Hutus burundais, la situation évolue à la fin des années 1980 : la discrimination et les violences à l'encontre des Hutus ne cessent pas mais le président Buyoya tente un rééquilibrage et un meilleur partage des responsabilités entre Tutsis et Hutus. Au Rwanda où les Hutus dominent, la démocratisation viendra plus tard et sous la contrainte. En 1973, le président Kayibanda est renversé par le commandant de la Garde nationale, Juvénal Habyarimana, qui va fermement diriger le pays durant deux décennies au bénéfice de son ethnie. Mais en 1990, l'heure de la revanche a sonné pour les réfugiés tutsis.

1990-1994 : de l'espoir à l'enfer

Le 1er octobre 1990, les forces du Front patriotique rwandais (FPR), formées et soutenues par l'Ouganda, tentent d'envahir le Rwanda par la force. Le régime hutu leur résiste, aidé par Kinshasa mais aussi par Paris qui redoute qu'une victoire tutsie n'accroisse l'influence des Anglo-Saxons en Afrique centrale. Les Hutus, francophones, sont ses protégés et les liens entre l'armée rwandaise et l'armée française sont étroits. La France continuera à fournir des armes à Kigali et maintiendra ses troupes sur place tandis que la Belgique, elle, établira un embargo et rappellera ses hommes. Alors que la guerre fait rage jusqu'en 1993 et conduit les rebelles tutsis à contrôler une zone croissante au nord du pays, le régime Habyarimana est contraint de s'assouplir et de promouvoir, dès juin 1991, le multipartisme. En avril 1992, un gouvernement de transition dirigé par un membre de l'opposition arrive au pouvoir mais les partisans du Président redoutent de le voir s'allier, dans un avenir proche, au FPR. Car, dans le même temps, des négociations sont menées, sous pression internationale, dont celle de la Belgique, entre Hutus et Tutsis à Arusha, en Tanzanie. L'accord du 4 août 1993 qui ne sera jamais réellement respecté prévoit le partage du pouvoir, le retour des réfugiés et la fusion de l'armée rwandaise (les FAR) et du FPR. Le 5 octobre, une résolution du Conseil de Sécurité décide de l'envoi d'une mission de maintien de la paix d'environ 2550 Casques bleus, la MINUAR, censée contrôler le bon déroulement des opérations. La Belgique y contribue par un détachement de 370 hommes, qui pourrait, en cas de besoin, être porté à 450. On pense alors que cette mission comportera peu de risques et les Belges espèrent que l'ONU tiendra compte de leur présence au Rwanda pour réduire leur contribution en ex-Yougoslavie.

En réalité, le pouvoir rwandais, influencé par les Hutus du nord du pays, n'acceptera jamais réellement les accords d'Arusha. Des proches du Président encouragent ainsi une radio libre, la radio des Mille Collines, dont la propagande antitutsie, anti-MINUAR et particulièrement antibelge fait des ravages au sein de la population hutue, qui croit les soldats de l'ONU acquis à la cause du FPR. Dans l'entourage d'Habyarimana et de son épouse, des milices d'*Interhamwe* dites « Réseau Zéro » pour « zéro Tutsi » sont mises sur pied et entraînées à manier les armes à feu et les machettes tandis que les crédits de la Banque mondiale servent à acheter de nouvelles armes. La France qui continue à encadrer et à armer les militaires rwandais ne voit pas – ou refuse d'admettre – la dérive en cours. En revanche, c'est dès novembre 1993 que l'ambassadeur belge au Rwanda fait part de ses inquiétudes à ce propos au gouvernement et, en janvier 1994, la MINUAR elle-même en est avisée par un informateur, « Jean-Pierre », qui prouve l'existence de caches d'armes au siège du parti d'Habyarimana et qui insiste sur la campagne de dénigrement en cours contre les paras-commandos belges. Convaincu du danger, le commandant en chef de la MINUAR, le général canadien Roméo Dallaire, tente d'obtenir de l'ONU un renforcement de ses effectifs et un mandat élargi. Mais aucune grande puissance ne veut bouger, par indifférence, par soutien aux Hutus ou par souci d'éviter un nouvel échec en Afrique, après celui que viennent de subir les Américains en Somalie. Par ailleurs, les informations de Dallaire semblent avoir été systématiquement minimisées par le responsable civil de la MINUAR, l'ancien ministre des Affaires étrangères camerounais Jacques-Roger Booh-Booh, ami personnel du secrétaire général de l'ONU, Boutros Boutros-Ghali. Dans un ouvrage très sévère, Dallaire accusera par la suite Booh-Booh d'avoir volontairement travesti la vérité pour servir la cause hutue. Quoi qu'il en soit, au début de l'année 1994, la tension est à son comble au Rwanda, d'autant qu'au Burundi, le premier président hutu, Melchior Ndadaye, a été assassiné en octobre, provoquant le massacre de près de cent mille personnes. Quelques mois plus tard, le même phénomène, mais décuplé, allait se produire au Rwanda.

La Belgique dans la tourmente rwandaise

Ancienne puissance mandataire, active dans la négociation des accords d'Arusha, dans l'aide économique apportée au Rwanda et au sein de la MINUAR, la Belgique joue un rôle central dans le dossier, même si Jean-Luc Dehaene, son Premier ministre catholique flamand, en poste depuis 1992, n'est pas partisan d'une politique étrangère ou africaine particulièrement active. L'homme clé est plutôt le ministre des Affaires étrangères, le socialiste flamand Willy Claes. Né en 1938, licencié en sciences politiques et diplomatiques mais aussi féru de musique et chef d'orchestre à ses heures, ce qui fera une part de sa popularité, Claes a milité très tôt au sein d'associations socialistes : en 1955, il entre chez les Jeunes Socialistes, dont il sera le vice-président en 1964, et, dès 1962, s'engage dans le secteur mutualiste lié au PSB. Il en deviendra le plus haut responsable en 1985. Élu conseiller communal à Hasselt en 1964 et conseiller provincial du Limbourg l'année suivante, il se hisse à la présidence de la Fédération provinciale du PSB et intègre le Bureau national à vingt-sept ans. Le Limbourg est loin d'être une terre socialiste et sa mission est d'œuvrer à ce qu'elle le devienne davantage. En 1968, il remporte un défi important en se faisant élire député. C'est désormais une carrière ministérielle qui s'ouvre à lui : ministre de l'Éducation nationale en 1972, il est ensuite ministre des Affaires économiques de 1973 à 1974 et de 1977 à 1981 mais également vice-Premier ministre à plusieurs reprises. Dans le même temps, de 1975 à 1978, il est co-président national du parti. Nommé ministre d'État en 1983, Willy Claes revient au gouvernement en 1988 comme vice-Premier ministre et ministre des Affaires économiques. En 1992, il quitte son portefeuille de prédilection, que le chef du gouvernement réserve à un membre de sa famille politique, et entame sa première expérience aux Affaires étrangères sans savoir à quel point celle-ci aura un goût amer. Il sera par la suite, en 1994-1995, secrétaire général de l'OTAN mais cette seconde mission internationale s'achèvera par un retrait forcé : mêlé à un scandale de corruption lié à l'achat d'hélicoptères par l'armée belge, il sera condamné en 1998 à trois ans de prison avec sursis et cinq ans d'inéligibilité.

Du 19 au 22 février 1994, Willy Claes se rend à Kigali avec la ferme intention de mettre le pouvoir hutu et le FPR en face de leurs responsabilités : le processus de démocratisation patine et le pays est au bord du gouffre financier. Durant son séjour, le ministre rwandais des Travaux publics, Félicien Gatabazi, est assassiné et, en représailles, Martin Bucyana, chef d'un parti extrémiste hutu, est lynché. Conscient de la gravité de la situation, Claes demande au secrétaire général de l'ONU un renforcement de la MINUAR mais, une fois de plus, il apparaît que le Rwanda n'est pas une priorité du Conseil de Sécurité et que nul n'est désireux de s'y investir davantage, financièrement ou militairement. Claes repart en outre sur une note qu'il croit positive : les Casques bleus belges qu'il a rencontrés ne lui ont fait part d'aucun sentiment d'insécurité ou d'aucune hostilité particulière à leur égard. Le drame éclate pourtant le 6 avril. Ce jour-là, l'avion qui transporte les présidents rwandais et burundais est la cible de tirs de roquettes non identifiées et s'écrase près de Kigali. Les deux hommes d'État périssent dans un attentat que personne ne revendiquera mais dans lequel la majorité des Hutus verra l'œuvre des Tutsis, alors que l'on pense plutôt aujourd'hui à une opération de Hutus jugeant Habyarimana trop faible à l'égard de l'« ennemi ». Immédiatement, les massacres de Tutsis et de Hutus modérés se déclenchent partout dans le pays : en quelques semaines huit cent mille d'entre eux périront, victimes de miliciens ou de simples citoyens. Des villages entiers seront décimés, les passagers des bus seront assassinés ou épargnés selon la simple mention ethnique figurant sur leur carte d'identité ou en fonction de leur apparence physique et ce génocide brutal se déroulera sans que la communauté internationale, d'abord interloquée puis volontairement passive, ne prenne les mesures qui s'imposent pour faire cesser la boucherie.

La Belgique, parce qu'elle fut personnellement meurtrie, a joué un rôle de renforcement dans cette tactique de l'indifférence alors qu'elle avait tenté, jusque-là, d'obtenir une implication internationale plus forte. Le 7 avril en effet, dix paras-commandos belges de la MINUAR, chargés de protéger le Premier ministre hutu modéré Agathe Uwilingiyimana, sont massacrés, sans avoir pu se défendre, par des soldats rwandais. Fanatisés par la radio des Mille Collines, ceux-ci étaient persuadés que les forces belges étaient responsables de l'assassinat de leur Président. En Belgique, l'événement est vécu comme un traumatisme et des responsables sont cherchés partout : on accuse l'ONU d'imprévoyance ; on reproche au général Dallaire et à son adjoint belge, le colonel Marchal, de ne pas être venus secourir leurs hommes qu'ils savaient encerclés ; on dénonce l'erreur de jugement de Claes qui, ce jour-là, est en déplacement en Roumanie. Le gouvernement, redoutant une flambée de colère dans l'opinion, décide le retrait de ses Casques bleus, non sans prévoir toutefois, comme les Français, une opération d'urgence, *Silver Back*, pour rapatrier les ressortissants belges, et eux seuls. Pour le reste, Bruxelles entend laisser les Rwandais s'expliquer entre eux. Malgré les avertissements répétés en ce sens, les sphères officielles ne perçoivent pas encore avec netteté l'ampleur du drame qui a commencé à se produire. Le 17 avril, le retrait des Casques bleus belges est effectif mais, deux jours plus tôt, la Belgique est allée plus loin dans le désengagement : Claes a écrit au Conseil de Sécurité de l'ONU pour expliquer que la MINUAR, mission de maintien de la paix, était devenue inutile dans les circonstances présentes et qu'il s'agissait d'y mettre fin ou de créer une réelle force d'interposition, à laquelle, en tout état de cause, la Belgique ne participerait pas. Bruxelles avait prêché un convaincu. Le 21 avril, le Conseil de Sécurité décide de laisser sur place un contingent symbolique de 270 hommes dont 120 civils. Les génocidaires ont désormais totalement les mains libres. Six jours plus tard, le 27 avril, Willy Claes est appelé à s'expliquer (voir le texte ci-dessous) en séance publique devant la commission des relations extérieures de la Chambre belge des représentants, plus soucieuse d'ailleurs de l'entendre sur la mort des dix paras que sur les massacres en cours. Pris à partie par l'opposition, Claes défend la politique qu'il a menée, sans nier certaines erreurs d'appréciation, et revient point par point sur les informations et indices dont il disposait, jour après jour, pour évaluer la situation. Il explique également de manière très détaillée les raisons pour lesquelles la Belgique a tenu à assumer un rôle limité au Rwanda et pourquoi elle a décidé d'y mettre un terme, avant de conclure son intervention en français sur une réflexion plus générale sur le destin maudit de l'Afrique.

Honte et mea culpa *des Occidentaux*

Il faudra plusieurs semaines à la communauté internationale pour réaliser l'étendue du désastre rwandais et l'immense responsabilité collective qui pèse sur ses épaules. Sous la pression américaine, le mot « génocide », qui aurait créé des obligations nouvelles, a été banni du vocabulaire diplomatique. Le 17 mai 1994, alors qu'il est déjà trop tard, l'ONU change de tactique et élargit le mandat de la MINUAR pour créer des zones sécurisées qui permettent de protéger les centaines de milliers de réfugiés des deux camps, ballottés sur les routes du Rwanda ou sur le chemin de l'exil. Fin juin, la France décide de mener l'opération *Turquoise*, pour laquelle l'ONU lui donne mandat pendant deux mois, avec possibilité de recours à la force. Mais marquée pro-hutu, Paris n'a pas les faveurs du FPR qui, en quelques mois, est parvenu, malgré le génocide, à s'emparer du pouvoir au Rwanda. Le nouveau régime, qui fonctionne sur base d'un président tutsi et d'un Premier ministre hutu modéré, exige le départ des Français et leur remplacement par une MINUAR II. Néanmoins, la haine n'a pas fini de parler : alors que cinquante à soixante mille Hutus ont fait les frais d'un contre-génocide, la présence d'un million à un million et demi de réfugiés hutus au Zaïre, parmi lesquels se sont cachés des meneurs du génocide, crée un puissant foyer de déstabilisation. Les réfugiés tentent des raids au Rwanda et celui-ci lance des représailles dans les camps, faisant de nombreuses victimes – entre cinquante mille et cent mille en 1996-1997 – mais provoquant également le retour au pays de centaines de milliers de Hutus. Au Zaïre, le maréchal Mobutu, déjà affaibli par la maladie, ne résiste pas et cède la place à Laurent-Désiré Kabila, soutenu par le Rwanda et l'Ouganda. La guerre s'est déplacée et fera près de trois millions de victimes au Zaïre, devenu république démocratique du Congo.

Plusieurs acteurs du génocide de 1994 seront appelés à répondre de leurs actes devant le Tribunal pénal international qui, par ailleurs, entendra comme témoins un certain nombre de responsables civils et militaires internationaux. En Europe occidentale, l'heure des bilans et des examens de conscience a également sonné. Alors que la France mènera une timide mission d'information au début de l'année 1998, non sans apporter des éclaircissements importants, la Belgique établira, dès 1997, une commission d'enquête sénatoriale qui consacrera plus de sept cents heures de travail à l'examen du dossier rwandais, suite à une pétition initiée par les familles des dix paras, mécontentes de l'inertie de la justice militaire et du refus de l'armée de reconnaître ses fautes. Jean-Luc Dehaene, Willy Claes et Léo Delcroix, ministre de la Défense en 1994, comparaîtront notamment devant cette commission parlementaire. Les deux derniers seront, par ailleurs, attraits en justice par une association de victimes rwandaises. Au-delà des questions de désinformation des autorités belges, au-delà de la détermination des responsabilités nationales et internationales et au-delà d'une certitude, celle que les soldats belges ont été envoyés au feu mal préparés et mal équipés, il en ressortira surtout une impression de malaise : la Belgique peut-elle prétendre défendre les droits de l'homme et opérer un retrait immédiat de ses troupes dès que celles-ci paient un tribut, certes toujours trop lourd, au cours d'une mission ? Plus dérangeant encore : pourquoi les pertes subies en ex-Yougoslavie n'ont-elles pas provoqué la même réaction épidermique ? Est-ce uniquement parce qu'on se trouvait ici dans une optique, bafouée, de maintien de la paix ou doit-on penser que les soldats belges peuvent mourir pour l'Europe mais pas pour l'Afrique ?

Quoi qu'il en soit, la Belgique a repris, dès juin 1996, le chemin de l'aide au Rwanda. Lors de la table ronde de Genève sur la reconstruction, elle a choisi de s'investir prioritairement dans le domaine de la justice, mais aussi dans les soins de santé ou le logement. Sur le plan diplomatique, elle a aussi contribué à rendre Washington plus attentive aux agissements douteux du Rwanda au Congo. De nouvelles pages se sont tournées lorsque le Premier ministre Verhofstadt est venu, en 2000, demander pardon, au nom de la Belgique, aux paras assassinés sur le lieu même de leur martyr, puis en 2004, avec l'importante participation belge aux commémorations du génocide. Mais tout n'est pas encore dit et on semble s'acheminer, à la demande du pouvoir politique, vers la création d'une commission d'historiens chargée de se pencher sur les causes et les conséquences du génocide rwandais.

Le retrait des Casques bleus belges du Rwanda

– Réponse au député libéral francophone Willem Draps –

[...] Quoi qu'on dise sur la politique menée par la Belgique au Rwanda, elle ne fut pas responsable du fait qu'en 1990, des forces armées, agissant pour le Front patriotique rwandais, ont provoqué une guerre civile en franchissant la frontière ougandaise.

Je conteste l'affirmation selon laquelle l'envoi des troupes belges visait uniquement le maintien du régime Habyarimana. Si tel avait été le cas, nous aurions répondu positivement à la demande du président de maintenir nos troupes en place.

Or, après avoir reçu des assurances quant au sort de nos compatriotes, nous avons décidé de retirer nos troupes. Les Français ne l'ont pas fait et je n'émets aucun jugement à ce sujet. Mais cela démontre bien que nous avons voulu rester neutres dans ce conflit interne.

Il est vrai cependant que nous avons entamé, avec les Américains, les Français, l'ONU et la Tanzanie, une tentative de pacification qui a pris beaucoup de temps.

– Intervention de Willem Draps : « Tout en continuant de livrer des armes et des munitions ! » –

Non ! Je vous rappelle que l'embargo sur les armes a été décidé par le gouvernement belge en 1990. Ceux qui pensent que le fait d'avoir décidé en Belgique l'embargo sur les armes suffisait à contrôler le commerce international des armes se font beaucoup d'illusions !

Il est certain qu'aucun reproche ne peut nous être fait en la matière.

À ceux qui critiquent le maintien de la coopération militaire, je précise que le groupe des quinze militaires présents est composé en majeure partie d'une équipe médicale, responsable de la gestion de plusieurs hôpitaux.

Il faut souligner le fait qu'après trois ans de discussions menées en collaboration avec les alliés, nous avons pu aboutir à l'accord d'Arusha.

Certains partis estiment que cet accord était trop « occidental » et ne tenait pas suffisamment compte des réalités africaines. C'est possible, mais ce sont pourtant ces partis qui ont négocié l'accord en présence des observateurs et l'ont signé après avoir rencontré maintes difficultés.

Pendant toute cette période, nous avons veillé à rester d'une objectivité scrupuleuse tout comme pendant ce qui aurait dû être la période d'application des accords d'Arusha. Lors de ma dernière visite au Rwanda, j'ai tenu à écouter d'abord le représentant personnel de M. Boutros-Ghali, M. Booh-Booh, le conciliateur tanzanien qui était sur place, ainsi que le représentant de l'Organisation de l'Unité Africaine. Ils m'ont tous trois confirmé les informations contenues dans les différents rapports diplomatiques que j'avais reçus : plus nous perdions du temps, plus l'instabilité devenait dangereuse.

Ils m'ont donc demandé de ne pas mettre de gants lorsque je m'expliquerais devant les différents partis politiques et devant les deux mouvances : d'un côté, le gouvernement, déjà composé de cinq partis divisés à ce moment-là, et de l'autre, le Front patriotique.

C'est ce que j'ai fait. Chaque fois, j'ai expliqué que je ne venais ni en juge ni en arbitre, mais en ami. J'ai insisté pour que l'on commence immédiatement à appliquer les accords d'Arusha.

J'ai rappelé que nous étions au courant du fait que des armes circulaient parmi la population civile et que les deux mouvances portaient probablement leur part de responsabilité dans cet état de choses. J'ai insisté sur le fait que du point de vue budgétaire, le pays était au bord de la crise totale, que quatre ou cinq semaines plus tard, le gouvernement ne serait plus capable de payer ses fonctionnaires ni ses militaires, avec toutes les conséquences que cette situation pourrait entraîner.

J'ai donc insisté pour qu'aussi bien le FPR que le gouvernement en place entament la première phase des accords d'Arusha par la constitution du nouveau parlement et du nouveau gouvernement en laissant provisoirement de côté les partis qui, par leur division, provoquaient des difficultés.

Dans mon analyse, j'ai donc été assez dur, mais je l'ai été aussi bien à l'égard du Front patriotique qu'à l'égard de la mouvance présidentielle.

Il est vrai que j'ai vécu là des moments dramatiques car quelques heures après avoir rencontré tous les partis à l'ambassade belge, un ministre a été tué[1], suivi, quelques heures plus tard, par un président de parti[2].

Mais tous ces événements pouvaient-ils nous amener à conclure à cette explosion tragique que nous connaissons depuis quelques semaines ? La réponse est négative. On ne pouvait pas le prévoir.

Certes, il existait un climat d'instabilité créé principalement par les éléments suivants. On ne parvenait pas à faire démarrer les accords d'Arusha ; la production industrielle était en chute libre ; le pays connaissait une sécheresse ayant pour conséquence une production agricole inférieure

---

1 Félicien Gatabazi, voir l'introduction.

2 Martin Bucyana, voir l'introduction.

aux prévisions ; il fallait tenir compte de la présence de dizaines de milliers de réfugiés burundais sur le territoire rwandais.

Mais je répète que cette explosion n'avait pu être prévue, que ce soit par M. Booh-Booh, le conciliateur tanzanien, le représentant de l'OUA, le général Dallaire ou les militaires belges sur place.

Tous ceux qui ont vécu dans le pays durant des décennies expriment aujourd'hui leur étonnement et leur manque total d'explication du phénomène d'explosion ethnique qui caractérise l'actuelle tragédie.

– Intervention du député libéral francophone Jacques Simonet : « Pourtant, Monsieur le ministre, c'est à ce moment-là, en février 1994, que vous avez accompli la première démarche ! » –

En effet, après avoir assisté à ce double assassinat politique et après maintes hésitations quant à mon éventuel départ de l'hôtel où j'étais logé et à 50 mètres duquel avait lieu une confrontation militaire, j'ai contacté, par téléphone, le secrétaire général, non sans m'être auparavant entretenu avec M. Booh-Booh. J'ai signalé à M. Boutros-Ghali qu'il faudrait renforcer les efforts pour mettre en œuvre les accords d'Arusha afin d'éviter que la situation ne dégénère et je lui ai conseillé de tenter d'obtenir du Conseil de Sécurité un renforcement du mandat.

J'ai confirmé tout cela par écrit dès mon retour. Je dois préciser qu'après avoir été au Rwanda, je me suis également rendu au Burundi et en Ouganda où j'ai rencontré des délégués du FPR qui venaient m'annoncer leur refus de participation à une nouvelle tentative de démarrage du processus, ce que je leur ai d'ailleurs très durement reproché.

Cela étant dit, il est vrai que, même sans prévoir cette explosion, je craignais un accroissement de l'instabilité sur place, ce qui explique ma démarche auprès du secrétaire général de l'ONU.

En ce qui concerne la radio libre dont vous avez parlé[3], mon collègue[4] vous a déjà donné toutes les explications quant à nos différentes interventions tant au plus haut niveau, lors de nos visites là-bas auprès du président et des responsables gouvernementaux, qu'au niveau de l'ambassadeur du Rwanda à Bruxelles.

Prétendre que la présence des Casques bleus belges était considérée comme un défi par la population me semble largement exagéré. Lors de mon séjour, j'ai eu l'occasion de m'entretenir avec les militaires belges qui, à ce moment-là, se « plaignaient » du manque d'activité. Ils ne m'ont, à aucun moment, fait part d'attitudes négatives de la population vis-à-vis des Casques bleus. Bien sûr, il y avait cette radio, mais on ne m'a rien

---

3 Radio des Mille Collines, voir l'introduction.

4 Léon Delcroix, ministre de la Défense nationale.

dit quant à l'existence de listes comprenant les noms de personnes à poursuivre et à assassiner.

Une fois encore, je dois vous confirmer que c'est à la demande expresse du secrétaire général de l'ONU et de tous les acteurs du processus de paix d'Arusha, à savoir le président Habyarimana, les différents partis composant le gouvernement et le FPR, que nous avons envoyé des Casques bleus au Rwanda.

M. Boutros-Ghali voulait aller plus loin ! En effet, il nous avait proposé de prendre la direction militaire des opérations et d'envoyer là-bas plus du double de l'effectif que nous avons décidé d'envoyer.

Nous ne l'avons pas fait, pour plusieurs raisons. Tout d'abord, nous estimions qu'il fallait garder une certaine prudence dans une région où nous avons joué un rôle pendant plusieurs décennies.

Deuxièmement, conformément à une règle de l'ONU, il faut éviter, tant que faire se peut, d'intégrer des troupes des pays donateurs qui ont joué un rôle historique ou qui sont considérés comme voisins. Vous avez constaté comme moi que, depuis quatre ou cinq ans, l'ONU ne parvient plus à respecter cette règle à cause du manque de candidats prêts à fournir les troupes.

C'est pourquoi nous avons accepté nos obligations vis-à-vis de ce pays, nous avons accepté le rôle que nous avions à jouer dans le processus de paix et nous avons manifesté notre volonté d'aider l'ONU et le Rwanda dans la mise en œuvre de ce processus.

Nous avons toutefois exprimé le souhait de ne jouer qu'un rôle secondaire dans un mandat très simple de *peace keeping*. Il ne s'agit pas ici de *peace making*.

J'ouvre une petite parenthèse pour répondre à ce qui semblait être une suggestion de votre part, à savoir l'éventualité de renationaliser nos Casques bleus. Dès le début, pour moi, c'était exclu. Il ne fallait surtout pas créer ce précédent, déconseillé formellement d'ailleurs par tous nos amis. Pour me faire comprendre, je prendrai un exemple qui n'est sans doute pas neutre. Si les Casques bleus russes, sous le commandement de l'ONU en Yougoslavie, décidaient demain d'enlever leurs Casques bleus et de n'être plus dans ce pays que les représentants de leur patrie russe, que se passerait-il ? Je vous l'ai dit, mon exemple n'est pas neutre et je vous demande de l'oublier... Il ne faut toutefois pas oublier qu'une fois les troupes mises à la disposition de l'ONU, nous n'en avons plus le commandement. Elles sont sous la responsabilité politique et militaire de l'ONU. Je reviendrai dans un instant sur ce sujet, pour émettre quelques considérations en ce qui concerne le fonctionnement de l'ONU. Tout ceci pour vous expliquer que la renationalisation n'était pas possible.

D'où la décision du gouvernement d'envoyer *the metropolitans*[5], des para-commandos, dans le but d'évacuer les gens en difficultés.

Nous avons décidé de retirer nos Casques bleus, sans même attendre une décision du Conseil de Sécurité. Ce n'est pas avec fierté que je le dis car j'aurais de loin préféré que le Conseil ait pris une attitude claire dès le début. C'est la raison pour laquelle j'ai rencontré M. Boutros-Ghali, lors de son passage à Bonn, en lui décrivant clairement la situation, d'après nos informations. Notre description n'était pas tout à fait compatible avec celle faite par le général canadien responsable des opérations sur place, M. Dallaire. Je parle ici sans la moindre prétention.

La description que nous avons faite au secrétaire général a été confirmée par les faits. [...]

– *Intervention de Jacques Simonet : « Le général Dallaire n'était sans doute pas la personne la plus appropriée par sa grande expérience de l'Afrique pour gérer ce type de situation ! »* –

Lui[6], il était sur place et il détenait le commandement. Le secrétaire général de l'ONU devait, je le comprends, tenir compte de ce que son commandant sur place lui rapportait.

En tout cas, nous n'avons pas maintenu nos Casques bleus parce que, et on le constate encore aujourd'hui, le fondement du mandat donné par le Conseil de Sécurité n'existait plus. Le mandat des Casques bleus visait à accompagner le processus de paix. Or, tous les éléments nécessaires pour le démarrage de celui-ci avaient disparu. C'est ce que j'ai tenté d'expliquer pendant des heures à tous mes collègues membres permanents ou non du Conseil de Sécurité. [...]

Vous m'invitez[7] à prendre l'avion pour New York et à rencontrer à nouveau le secrétaire général en vue de plaider pour un autre mandat. Connaissant la réponse non pas du secrétaire général qui ne prend pas de décision, mais du Conseil de Sécurité, je vais vous décevoir.

À l'initiative des pays africains, un projet de résolution des pays non-alignés prévoyait le renforcement du mandat, avec accroissement des troupes, de l'armement, etc. Ils n'ont pas insisté, les membres permanents du Conseil de Sécurité ayant fait savoir qu'il n'était pas question d'appliquer le chapitre VII et de passer du *peace keeping* au *peace making reinforcement*.

---

5 Les forces métropolitaines.

6 Le général Dallaire.

7 Réponse à une question du député Xavier Winkel, député Écolo de Bruxelles.

Je suis allé à New York, j'ai pris contact aussi bien avec M. Kosirev[8] qu'avec le *State Department*, Londres et Paris et, à Pékin, notre ambassadeur s'est rendu au département des Affaires étrangères.

Les pays membres permanents, estimant qu'à l'heure actuelle, l'ONU est confrontée à trop de problèmes qui risquent de devenir incontrôlables, se sont carrément opposés à tout renforcement ou changement de mandat. Conclusion logique, la Belgique a décidé qu'il ne fallait plus compter sur elle, qu'elle allait retirer ses troupes vu que la base même d'une *peace keeping mission* n'existait plus. [...]

M. Simonet[9] a parlé de l'absence de cohérence, même de l'absence de politique africaine en me rappelant des paroles historiques de Churchill. Ces paroles, cette fois, ne s'adressent pas spécifiquement aux travaillistes mais à toutes les instances internationales et tous les gouvernements qui ont essayé de développer une politique africaine.

J'ai parfois le sentiment que ce continent est damné. Le Nord est sous la pression du fondamentalisme. Ensuite le Soudan, l'Éthiopie, l'Érythrée, la Somalie, le Togo, le Congo, le Rwanda, le Burundi, l'Angola... – voulez-vous que je continue ? –, ce sont tous des pays où nous n'avons jamais mis le pied sauf pour la réalisation de certains projets de développement. Il y a probablement des erreurs d'approche fondamentales, mais pas uniquement dans le chef d'un quelconque gouvernement belge. M. Kempinaire[10] a été suffisamment objectif pour le confirmer, mais dans celui de tous les pays, de toutes les institutions internationales, de la Banque mondiale au Fonds monétaire, l'ONU, toutes les agences de l'ONU jusqu'aux gouvernements qui ont essayé et essaient encore de développer des politiques bilatérales.

Je peux admettre qu'on est parti sans savoir exactement vers où on allait et qu'aujourd'hui, on est revenu sans savoir exactement ce qu'on a fait. Si cette critique doit être acceptée par le gouvernement belge – mais cela se discute –, elle vaut également pour la communauté internationale tout entière. Je le dis avec un sentiment amer parce que je ne peux pas m'imaginer que l'on décide de tourner le dos à un continent tout entier alors qu'il a, des potentialités fantastiques[11]. [...]

---

8 Andreï Kosirev, ministre des Affaires étrangères russe de 1990 à 1996.

9 Réponse à une question du député libéral francophone Jacques Simonet.

10 Réponse à une question du député libéral flamand, André Kempinaire.

11 Le ministre W. Claes continue, ensuite, à répondre aux questions parlementaires en flamand.

95 – Nelson Mandela
Déclaration d'investiture

10 mai 1994

Victime la plus symbolique de l'*apartheid*, Nelson Mandela fut privé de sa liberté durant vingt-sept ans pour avoir défendu le droit des Noirs sud-africains à l'égalité au sein de leur propre pays. Sa libération ne met pas fin à l'exemplarité de sa destinée : premier président d'une Afrique du Sud assumant sa diversité, il alternera, au fil de son mandat, les succès et les échecs mais saura, à l'issue de celui-ci, ne pas s'accrocher au pouvoir et céder la main, donnant ainsi un dernier exemple à d'autres leaders du continent.

Du militant au prisonnier

Né en 1918 à Mvezo, un village situé au sud-est de l'Union sud-africaine, Nelson Mandela, par la suite surnommé *Rolihlahla*, « fauteur de troubles », est orphelin très jeune et élevé par un chef de tribu xhosa. Régent des Tembus, celui-ci destine son fils adoptif à une carrière de conseiller royal et lui permet de suivre une scolarité poussée, jusqu'à l'université de Fort Hare. Mais en 1941, le jeune Mandela, presque diplômé de droit, en est renvoyé et il part s'installer à Johannesburg pour mieux échapper à un mariage arrangé. Sur place, il vit dans un *township* et a tout le loisir d'expérimenter les effets de la ségrégation raciale. D'abord gardien de nuit, il est ensuite employé dans un cabinet d'avocats avant d'achever ses études. Il doit cette place de choix à un ami, Walter Sisulu, membre de l'*African National Congress* (ANC), le principal mouvement de défense des Noirs. En 1944, Mandela adhère à la Ligue de la jeunesse (*Youth League*) de l'ANC qui, avec l'établissement de l'*apartheid* en 1948, gagne en importance. Il y retrouve un ancien condisciple de Fort Hare, Oliver Tambo. D'abord opposé, par nationalisme, à toute entente avec les communistes, Mandela évolue et, en 1951, admet une alliance avec eux. L'année suivante, alors qu'il fonde avec Tambo l'un des premiers cabinets d'avocats noirs du pays, il est également très impliqué dans une campagne de désobéissance civile, la *Defiance Campaign*, ce qui lui vaut sa première condamnation.

Désormais, le militantisme politique va constituer l'essentiel de sa vie. Durant les années cinquante, il asseoit sa réputation par les procès qui lui sont intentés, notamment pour trahison, les discours qu'il prononce et les écrits qu'il publie. Dans son combat, il peut compter, dès 1958, sur sa seconde épouse, Winnie Nomzamo Madikizela. Deux ans plus tard, en mars 1960, une manifestation noire à Sharpeville, près de

Johannesburg, dégénère en émeute puis en bain de sang lorsque les forces de l'ordre font feu. L'ANC est alors interdit par les autorités et Nelson Mandela décide d'entrer dans la clandestinité et de troquer sa foi non violente pour une action directe à la tête de l'*Umkhonto we Sizwe*, la branche armée de l'ANC. Il a le temps de parcourir l'Afrique et de séjourner un moment à Londres à la recherche de soutiens avant d'être arrêté au Natal en 1962 et d'être condamné, en octobre, à cinq ans de prison. Mais en 1964, de nouvelles charges sont retenues contre lui à l'issue du procès d'un autre chef des forces armées de l'ANC et Mandela est alors condamné à perpétuité. À la prison de Robben Island, il devient le meneur incontesté des prisonniers politiques qui, jusqu'au milieu des années 1970, sont soumis à un régime de travail forcé. Par la suite, leurs conditions de détention s'améliorent car, à l'extérieur, la pression interne et externe sur le régime sud-africain s'accentue.

Un système fondé sur l'injustice

Si l'Afrique du Sud – Gandhi en a notamment témoigné au début du siècle[1] – a toujours pratiqué une politique de ségrégation raciale, celle-ci ne devient réellement le fondement crucial de la société qu'après la Seconde Guerre, avec l'arrivée au pouvoir, en 1948, des ultranationalistes du Dr Malan. Durant le conflit, ceux-ci s'étaient opposés à l'engagement total du maréchal Smuts au côté de Churchill et contre le nazisme, pour lequel ils avaient personnellement des sympathies[2]. Le gouvernement Malan prend une série de mesures qui, sous prétexte de préserver les particularités des Blancs et de chacun des peuples africains présents sur le territoire, vont conduire Noirs et Blancs à vivre dans le même pays sans jamais s'y rencontrer. Dès 1949, les mariages et les relations sexuelles entre Noirs et Blancs sont interdits et, en 1951, une loi détermine des quartiers réservés aux uns et aux autres. L'arsenal légal permet en outre de museler les mouvements d'opposition, d'établir la ségrégation scolaire, de cantonner les Noirs dans les emplois les moins gratifiants et d'ôter aux métis le droit de vote, désormais réservé aux Blancs. Toujours dans le but de pérenniser la prédominance blanche malgré la loi du nombre, les gouvernements successifs vont créer, à partir de 1960, huit régions noires ou « bantoustans », censées devenir autonomes. Entre 1976 et 1981, quatre d'entre eux – Transkei, Bophuthatswana, Venda, Ciskei – deviennent ainsi indépendants. Libre dans l'espace clos du « bantoustan » ou *homeland*, le Noir sud-africain n'en est pas moins un étranger très surveillé dès qu'il souhaite franchir la frontière.

L'*apartheid* a, très tôt, suscité une opposition active au sein de la population noire : l'ANC mais aussi, dès 1959, une branche dissidente, le *Panafrican Congress*, multiplient les actions violentes et non violentes mais la répression est sans pitié. Chez les Blancs, une résistance existe également, particulièrement au sein des Sud-Africains d'origine britannique, des anglicans et des catholiques. Mais les citoyens d'origine boer, soutenus par leur Église réformée, appuient majoritairement le système. Sur le plan diplomatique, l'ONU comme le Commonwealth ont très tôt fait connaître leur désapprobation à l'égard de l'*apartheid* mais, en 1960-1961, le Premier ministre

---

1 Voir l'introduction au discours n° 9.

2 Voir l'introduction au discours n° 34.

Verwoerd fait approuver par référendum le principe d'une République sud-africaine indépendante qui se retire du Commonwealth. L'année suivante, alors que Mandela entre en prison, l'ONU décide de sanctions économiques qui, en pratique, vont peu gêner un pays aux riches ressources naturelles. Pourtant, les années 1970 sont synonymes d'évolution : le gouvernement accepte, dans un but de développement économique et face à la pénurie de main-d'œuvre blanche, d'autoriser les Noirs à exercer des emplois qualifiés. Dans le même temps, entre 1967 et 1975, Pretoria se rapproche de plusieurs États africains, avant que son intervention en Angola puis sa répression sanglante des émeutes de Soweto et Johannesburg n'assombrissent de nouveau le climat. Ce soulèvement des Noirs inquiète d'ailleurs le gouvernement qui, à partir de 1978, sous l'égide de Pieter Botha, décide d'adapter l'*apartheid* pour le rendre moins vexatoire mais tout aussi opérant : on tolère les mariages mixtes mais, dans le même temps, on cherche à multiplier les minuscules États noirs (*homelands*) pour mieux empêcher une opposition structurée. Le but est de créer une confédération qui associe les communautés blanche (4 millions de personnes), indienne (850 000) et métisse (2,6 millions) tout en continuant à exclure les Noirs (25 millions), de plus en plus majoritaires. En 1984, Botha arrive à ses fins et se fait personnellement élire président tout en restant Premier ministre.

Mais nier les réalités ne les fait pas disparaître. Au sein de la société sud-africaine, l'opposition à l'*apartheid* se renforce, portée par une réprobation internationale de plus en plus affirmée. À partir de 1978, année de son soixantième anniversaire, les campagnes en faveur de la libération de Mandela, hissé au rang de héros et martyr, se multiplient à travers le monde. En 1982, le vieux militant est transféré de la prison de Robben Island à celle de Pollsmoor puis, en 1988, change de nouveau d'établissement, signe d'une évolution manifeste dans le chef du gouvernement. En fait, dès le milieu de la décennie, celui-ci a entamé avec lui certains pourparlers car tout indique que le système raciste est en train de s'effondrer : les grèves de travailleurs noirs se multiplient, l'évêque anglican Desmond Tutu reçoit le prix Nobel de la Paix – camouflet pour Pretoria –, les émeutes s'intensifient dans les *townships*, provoquant l'instauration de l'état d'urgence, et, en 1985-1986, les États-Unis et la Communauté européenne[3] décrètent un embargo à l'encontre de l'Afrique du Sud. Dans le même temps, les rivalités ethniques dégénèrent en affrontements entre les milices zouloues, poussées par le pouvoir, et la branche armée de l'ANC, à dominante xhosa.

Une ère nouvelle, des défis nouveaux

En 1989, Pieter Botha cède le pouvoir à Frederik De Klerk. Plus libéral et plus proche des milieux d'affaires anglo-saxons, celui-ci s'assure une majorité parlementaire et entame un processus de réformes. En février 1990, il prend les mesures que le monde attendait en libérant Nelson Mandela, en levant l'interdiction de l'ANC puis, en juin 1991, en proclamant officiellement l'abolition de l'*apartheid*. Consultée par référendum en mars 1992, la population blanche approuve cette dernière décision. S'ouvre alors une période de transition sous l'égide de la *Conference of Democratic*

3 À l'exception notable de la Grande-Bretagne thatchérienne.

South Africa (CODESA), initiée en décembre 1991, qui doit permettre l'avènement d'un État multiracial respectueux de chaque communauté. Se posant en sage, Nelson Mandela participe au débat mais n'y intervient pas comme négociateur au quotidien. Il consacre son énergie à voyager à travers le monde pour témoigner et récolter des fonds pour l'ANC. Mois après mois, il acquiert la stature d'un potentiel chef d'État, d'autant qu'en 1993, il partage, sur un pied d'égalité, le prix Nobel de la Paix avec le président De Klerk. En février 1993, un accord de gouvernement est signé entre le parti national de De Klerk et l'ANC et, le 22 décembre, une Constitution provisoire pour cinq ans est adoptée. Celle-ci garantit les droits de la minorité blanche, le principe du libéralisme économique, l'abolition des « bantoustans » et la tenue d'élections libres et multiraciales en avril 1994. La période pré-électorale est entachée de graves violences, le processus démocratique étant dénoncé par une alliance hétéroclite des Zoulous de l'*Inkhata* et d'extrémistes blancs mais, au dernier moment et grâce à des médiations internationales, les uns et les autres acceptent de se soumettre au verdict des urnes.

L'heure est historique pour l'Afrique du Sud et pour les Noirs jusque-là exclus de la vie politique. Les opérations de vote qui devaient se dérouler les 26 et 27 avril 1994, sont prolongées de deux jours tant les électeurs se pressent pour accomplir leur devoir civique. Certains attendront patiemment leur tour plus de dix heures. Les résultats marquent une grande victoire pour l'ANC, avec 62,6 % des voix et la majorité dans sept provinces sur neuf. Le parti national, vainqueur au Cap-Ouest, récolte au total 20,4 % tandis que l'*Inkhata*, victorieuse au KwaZulu-Natal, comptabilise 10,5 %. L'Afrique du Sud compte désormais deux vice-présidents, Frederik De Klerk et l'ANC Thabo Mbeki, la présidence revenant, de manière à la fois logique et symbolique, au chef historique de l'ANC, Nelson Mandela, officiellement investi le 10 mai 1994 en présence de 180 délégations étrangères et de personnalités comme Hillary Clinton, le prince Philip au nom d'Elizabeth II, Yasser Arafat ou encore Fidel Castro. Soixante mille personnes sont présentes pour l'entendre prononcer son discours inaugural qui marque le retour de l'Afrique du Sud dans le concert des nations. Évoquant le *désastre humain inouï* que fut la période de l'*apartheid*, le nouveau président promet d'assurer une *société dont toute l'humanité sera fière*, une société de paix, de démocratie et de prospérité, débarrassée du racisme et du sexisme. Rendant hommage à Frederik De Klerk et aux forces de sécurité qui ont permis le bon déroulement des élections et remerciant ses invités pour leur présence et leur aide future, Mandela s'engage à faire naître *une nation arc-en-ciel en paix avec elle-même et avec le monde*, ce qui passe par l'amnistie des prisonniers politiques et par la garantie des droits de tous les Sud-Africains, quelle que soit leur couleur.

Cependant, comme il l'indique en conclusion, *il n'y a pas de voie facile vers la liberté* et l'Afrique du Sud en fait l'expérience depuis quatorze ans. D'immenses progrès ont été accomplis sous la présidence de Nelson Mandela puis, dès 1999, sous celle de Thabo Mbeki, pour conforter la démocratie et assurer une meilleure répartition des richesses et des avantages sociaux entre les Sud-Africains mais les inégalités restent criantes, aujourd'hui encore, entre Blancs et Noirs. Par ailleurs, la *Truth and Reconciliation Commission* (TRC), dirigée par Desmond Tutu, a permis aux victimes du régime défunt d'être réhabilitées et aux anciens « bourreaux » d'obtenir le pardon de leurs compatriotes mais nombre de Blancs estiment que la hausse importante de la violence constatée depuis 1994 n'est pas dénuée de racisme, de la part des Noirs cette fois. Deux cent cinquante mille Blancs ont dès lors préféré s'exiler. La *nation arc-en-ciel* a donc encore de nombreux défis à relever, dont le moindre n'est pas la progression galopante du sida, longtemps niée par les dirigeants sud-africains.

DÉCLARATION D'INVESTITURE

Majestés, Altesses, invités distingués, camarades et amis,

Aujourd'hui, nous tous, par notre présence ici et par nos célébrations dans d'autres régions de notre pays et du monde, nous conférons gloire et espoir à une liberté tout juste née.

De l'expérience d'un désastre humain inouï qui a duré beaucoup trop longtemps, doit naître une société dont toute l'humanité sera fière.

Nos actions quotidiennes, en tant que simples Sud-Africains, doivent susciter une réalité sud-africaine concrète qui renforcera la foi de l'humanité en la justice, confirmera sa confiance en la noblesse de l'âme humaine et maintiendra tous nos espoirs envers une vie glorieuse pour tous.

Tout ceci, nous le devons tant à nous-mêmes qu'aux peuples du monde qui sont si bien représentés ici, aujourd'hui.

Je n'hésite pas à dire à mes compatriotes que chacun d'entre nous est aussi intimement attaché à la terre de ce beau pays que le sont les célèbres jacarandas[4] de Pretoria et les mimosas du *bushveld*[5].

Chaque fois que l'un d'entre nous touche le sol de ce pays, nous ressentons un sentiment de renouveau personnel. L'humeur nationale change avec les saisons.

Nous sommes mus par un sentiment de joie et d'euphorie lorsque l'herbe verdit et que les fleurs s'épanouissent.

Cette unité spirituelle et physique que nous partageons tous avec cette patrie commune explique l'intensité de la douleur que nous avons tous portée dans nos cœurs lorsque nous avons vu notre pays se déchirer dans un conflit terrible, et lorsque nous l'avons vu rejeté, proscrit et isolé par les peuples du monde, précisément parce qu'il était devenu la base universelle de l'idéologie et de la pratique pernicieuse du racisme et de l'oppression raciale.

---

4 Arbres dont les fleurs mauves sont écloses du printemps à l'automne, les innombrables jaracandas de Pretoria constituent, depuis la fin du XIXe siècle, l'une des particularités de la ville.

5 Savane sud-africaine.

Nous, le peuple d'Afrique du Sud, nous sentons profondément satisfaits que l'humanité nous ait repris en son sein, et que le privilège rare d'être l'hôte des nations du monde sur notre propre terre nous ait été accordé, à nous qui étions hors-la-loi il n'y a pas si longtemps.

Nous remercions tous nos distingués invités internationaux d'être venus prendre possession avec le peuple de notre pays de ce qui est, après tout, une victoire commune pour la justice, la paix, la dignité humaine.

Nous sommes sûrs que vous continuerez à être à nos côtés lorsque nous aborderons les défis de la construction de la paix, de la prospérité, de la démocratie, et que nous nous attaquerons au sexisme et au racisme.

Nous apprécions infiniment le rôle qu'ont joué les masses de nos concitoyens et leurs dirigeants politiques, démocratiques, religieux, féminins, jeunes, économiques, traditionnels et autres pour parvenir à cette conclusion. Et parmi eux se trouve notamment mon second vice-président, l'honorable Frederik Willem De Klerk.

Nous aimerions également rendre hommage à nos forces de sécurité, tous grades confondus, pour le rôle distingué qu'elles ont joué en protégeant nos premières élections démocratiques et la transition vers la démocratie des forces sanguinaires qui refusent toujours de voir la lumière.

Le temps est venu de panser nos blessures.

Le moment est venu de réduire les abîmes qui nous séparent.

Le temps de la construction approche.

Nous avons enfin accompli notre émancipation politique. Nous nous engageons à libérer tout notre peuple de l'état permanent d'esclavage à la pauvreté, à la privation, à la souffrance, à la discrimination liée au sexe ou à toute autre discrimination.

Nous avons réussi à franchir le dernier pas vers la liberté dans des conditions de paix relative. Nous nous engageons à construire une paix durable, juste et totale.

Nous avons triomphé dans notre effort pour insuffler l'espoir dans le cœur de millions de nos concitoyens. Nous prenons l'engagement de bâtir une société dans laquelle tous les Sud-Africains, blancs ou noirs, pourront marcher la tête haute sans aucune crainte au fond de leur cœur, assurés de leur droit inaliénable à la dignité humaine – une nation arc-en-ciel en paix avec elle-même et avec le monde.

Comme gage de son engagement dans le renouveau de notre pays, le nouveau gouvernement transitoire d'unité nationale examinera, comme cas d'urgence, la question de l'amnistie pour plusieurs catégories de concitoyens qui purgent actuellement des peines d'emprisonnement.

Nous dédions ce jour à tous les héros, hommes et femmes, de ce pays et du reste du monde qui ont sacrifié, de diverses manières, et mis en jeu leur vie afin que nous puissions être libres. Leurs rêves sont devenus réalité. La liberté est leur récompense.

Nous sommes à la fois rendus modestes et exaltés par l'honneur et le privilège que vous, citoyens d'Afrique du Sud, nous avez conféré, en tant que premier président d'un gouvernement uni, démocratique, non-racial et non-sexiste, de conduire notre pays hors de la vallée des ténèbres.

Nous comprenons bien qu'il n'y a pas de voie facile vers la liberté. Nous savons bien que nul d'entre nous agissant seul ne peut obtenir la réussite. Nous devons donc agir ensemble en tant que peuple uni, pour la réconciliation nationale, pour la construction de la nation, pour la naissance d'un nouveau monde.

Que la justice soit présente pour tous !

Que la paix soit là pour tous !

Que le travail, le pain, l'eau et le sel soient à la disposition de tous !

Que chacun sache cela, car tant le corps que l'esprit et l'âme ont été libérés pour leur plein épanouissement !

Que jamais, au grand jamais ce beau pays ne subisse l'oppression de l'un par l'autre et ne souffre l'indignité d'être le pestiféré du monde.

Que règne la liberté !

Le soleil ne se couchera jamais sur une réussite humaine si glorieuse.

Dieu bénisse l'Afrique.

Merci.

96 – François Mitterrand
Présentation devant le Parlement européen du programme de la présidence française de l'Union européenne

17 janvier 1995

Tout a déjà été dit, de son vivant et à titre posthume, sur la personnalité complexe mais incontournable de François Mitterrand, ce qui n'empêche pas la bibliographie le concernant de s'enrichir, chaque année, de nouveaux ouvrages. Homme d'État aux facettes multiples, il a navigué entre ombre et lumière au cours d'un demi-siècle de vie politique mais nul ne conteste son engagement européen profond et efficace, nourri par le dépassement de l'antagonisme franco-allemand et la recherche perpétuelle d'une Europe plus sociale et citoyenne.

De Jarnac à l'Élysée

Né à Jarnac, en Charente, dans une famille de la petite bourgeoisie appartenant à la droite catholique, François Mitterrand (1916-1996) reçoit une éducation marquée par l'empreinte de la religion. En 1934, lorsqu'il monte à Paris pour y faire des études de droit et de science politique, il est logé dans une maison d'étudiants tenue par des Frères maristes. Le jeune François est alors bien loin d'être un homme de gauche et, conformément à son éducation, gravite plutôt à l'autre extrémité de l'éventail politique. Il est un temps proche des Volontaires nationaux, la section jeunesse des Croix-de-Feu, une ligue d'anciens combattants très conservatrice et dotée, comme le veut l'époque, de formations paramilitaires. En 1939, lorsque la Seconde Guerre éclate, il est en train d'accomplir son service militaire. Blessé et capturé en juin 1940, il est transféré en Allemagne dont il parvient à s'évader fin 1941 après deux tentatives infructueuses. De retour en France, il gagne Vichy et intègre le commissariat aux Prisonniers de guerre. L'idéologie de la révolution nationale ne heurte pas le conservateur qu'il est encore et, jusqu'en 1943, François Mitterrand sera, comme de très nombreux Français, germanophobe mais fidèle au maréchal Pétain. Celui-ci le décorera de la francisque, un épisode dont on reparlera beaucoup à la fin du second septennat. L'année 1943 est celle de l'entrée en Résistance via le Rassemblement national des prisonniers de guerre mais aussi celle de la première passe d'armes avec le général de Gaulle. Mitterrand le rencontre à Alger mais refuse de lui abandonner son mouvement par fusion au sein d'un ensemble gaulliste. En février 1944, c'est lui qui ralliera au RNPG les autres mouvements de prisonniers et qui, avec la bénédiction de de Gaulle, occupera, de la Libération de Paris au retour du gouvernement provisoire, le poste de secrétaire général aux anciens combattants.

La guerre terminée, François Mitterrand, jeune marié et président du Mouvement national des prisonniers de guerre et Déportés, rêve d'une carrière politique. En novembre 1946, il est élu pour la première fois député de la Nièvre, sur une liste de centre-droit, et s'apparente à l'Union démocratique et socialiste de la résistance (UDSR), un petit parti centriste qu'il présidera de 1953 à 1958. Sa carrière ministérielle débute dès janvier 1947, avec le maroquin des anciens combattants, et sera presque ininterrompue jusqu'en 1952. Durant cette période, c'est particulièrement au ministère de la France d'outre-mer qu'il est remarqué. Amorçant son virage à gauche, il y est perçu comme progressiste. En 1953, il n'hésite pas à quitter le gouvernement pour protester contre la déposition par la France du sultan du Maroc. Ministre de l'Intérieur (1954-1955), ministre de la Justice (1956-1957), il se voit confier des postes de plus en plus prestigieux mais son évolution sur la question algérienne, de la fermeté au libéralisme, l'éloigne des allées du pouvoir. En 1958, il figure parmi les opposants résolus au retour du général de Gaulle et perd un temps son siège de député. Mais il refait surface. Élu maire de Château-Chinon (1959), il redevient parlementaire (1962), prend la présidence du Conseil général de la Nièvre (1964) et, en 1965, atteint le second tour de la présidentielle face au Général en personne, qui le bat de dix points. Il s'emploie alors à rassembler autour de lui la gauche non communiste au sein de la Fédération de la gauche démocratique et socialiste (FGDS) dont il veut faire une machine à gagner les élections moyennant des accords de désistement avec le PCF. Un mauvais positionnement en mai 1968 lui fait traverser un court purgatoire : la FGDS est dissoute et il ne se présente pas aux présidentielles de 1969. Cependant, dès 1971, il s'assure le contrôle du parti socialiste nouvellement créé en devenant son Premier secrétaire le jour même de son adhésion. L'année suivante, il signe le Programme Commun avec les communistes mais, en 1974, est battu d'un fil par le centriste Giscard d'Estaing au second tour des présidentielles. Tout reste à faire ou à refaire : alors que le PCF brise l'union de la gauche et qu'au sein du PS un courant contestataire se fait bruyamment entendre, il parvient à contourner l'obstacle et à s'imposer aux élections présidentielles de 1981, suscitant une alternance historique. L'Europe sera l'un des grands enjeux de ses deux septennats.

L'Europe comme toile de fond

Moteur de l'Europe au début des années cinquante avec le plan Schuman qui lance la Communauté européenne de charbon et de l'acier (CECA)[1], puis le plan Pleven, instigateur de la Communauté européenne de défense (CED), la France va ensuite faire davantage figure de frein. En août 1954, c'est un vote de son Assemblée nationale qui enterre la CED. Dans la seconde moitié des années 1950, elle semble tergiverser et hésiter lorsqu'il s'agit de mettre en œuvre un Marché commun qui va à l'encontre de son traditionnel protectionnisme. Vient ensuite l'époque gaullienne et l'affirmation d'une « Europe européenne » ou « Europe des Patries », hostile à toute supranationalité et

[1] Voir l'introduction au discours n° 48.

fermement opposée à un élargissement de la Communauté économique européenne à la Grande-Bretagne. Le climat s'apaise sous les successeurs du Général. Pragmatique et réaliste, Georges Pompidou, guère plus convaincu que lui par l'idée d'Europe politique et de transferts de souveraineté, comprend néanmoins qu'il faut lâcher du lest si la France ne veut pas être mise hors jeu : il accepte l'entrée de la Grande-Bretagne, de la République d'Irlande et du Danemark dans la CEE[2] et se montre plus souple dans les négociations sur les politiques communautaires. Confédéraliste lui aussi, Valéry Giscard d'Estaing n'en est pas moins partisan d'une forte intégration européenne dans tous les secteurs où l'interdépendance est manifeste. Il promeut l'idée de conseils européens réguliers, défend l'adhésion de la Grèce à la CEE (effective en 1981) et l'élection du Parlement européen au suffrage universel (1979) et joue un rôle majeur dans la création du Système monétaire européen (SME). Néanmoins, sa vision pour l'Europe reste essentiellement économique.

Membre de l'UDSR, parti pro-européen, François Mitterrand a toujours été partisan de l'intégration européenne même si, profondément français et attaché à son terroir, qu'il soit de Charente ou du Morvan, il ne fut jamais un fédéraliste, un adepte des États-Unis d'Europe voulus par Jean Monnet[3]. En 1948, il adhère au Mouvement européen, né du congrès de La Haye, dans la foulée du discours prononcé par Churchill à Zurich en septembre 1946[4]. De juin à septembre 1953, il est brièvement ministre d'État chargé du Conseil de l'Europe. Favorable à la CECA ainsi qu'au projet de CED et à son pendant politique, la Communauté politique européenne (CPE), il s'abstient cependant lors du vote crucial à l'Assemblée sur la Communauté européenne de défense, en tant que ministre de Pierre Mendès France, plutôt tiède à titre personnel. En tant que député, Mitterrand vote en faveur des traités de Rome (1957) qui instituent l'Euratom et la CEE, mais, jusqu'à la grande vague de décolonisation de 1960, ne cache pas que sa priorité va à la défense des intérêts de la France en Afrique. Il est ainsi l'un des grands défenseurs de l'idée d'« Eurafrique », vite dépassée par les faits. Du milieu des années 1950 au milieu des années 1960, il n'apparaît donc pas aux Européens convaincus comme un soutien efficace. Mais en 1965, lorsque le second tour des présidentielles l'oppose à de Gaulle le « souverainiste », il reçoit logiquement l'appui de Jean Monnet. Par la suite, il est clair que les mouvements dont il prend la tête, FGDS puis parti socialiste, sont pro-européens.

Le président le plus européen de la Ve République

Durant les deux premières années de sa présidence, entre 1981 et 1983, les profondes réformes économiques qu'il lance, notamment en terme de nationalisations, se conçoivent dans le seul cadre français et il hésite même, un moment, à quitter le SME avant d'opérer, en 1983, un changement de cap social-démocrate et européen, d'ailleurs défendu par Jacques Delors, ministre des Finances et futur président de la Commission. Indépendamment de la France, la construction européenne est en phase

---

2 Voir l'introduction aux discours n° 84 et 85.

3 Voir l'introduction au discours n° 50.

4 Voir l'introduction au discours n° 41.

de stagnation au début des années 1980, avec le frein majeur que représente la Grande-Bretagne thatchérienne[5]. Mitterrand, lui, n'est pas muet pour autant : dès le sommet de Luxembourg, en juin 1981, il réclame une relance sociale de l'Europe, qui sera son éternel cheval de bataille, et, deux ans plus tard, suggère un plan industriel et une réduction du temps de travail à l'échelle européenne. Cette idée d'Espace social européen ne trouvera cependant à se concrétiser que dans le secteur de la formation professionnelle. Il faudra attendre les années 1984-1985 pour voir s'amorcer une réelle relance de la construction européenne, dans laquelle la France mitterrandienne joue un rôle majeur, en partenariat avec la RFA d'Helmut Kohl. L'entente est excellente entre les deux hommes d'État qui pourtant n'appartiennent pas à la même famille politique, et elle se matérialise par des actes à la portée symbolique très forte telle la commémoration, main dans la main, des victimes de Verdun. Les deux hommes ont de grandes ambitions pour l'Europe et Jacques Delors, à la tête de la Commission européenne de 1985 à 1995, peut compter sur leur appui.

Les bases de la relance sont posées au conseil de Fontainebleau, en juin 1984, où les Britanniques obtiennent des satisfactions financières mais doivent accepter un approfondissement futur de la Communauté sur le plan politique. L'année 1985 est celle de l'accord de Schengen sur la suppression des contrôles frontaliers, celle de l'adhésion de l'Espagne et du Portugal (effective en 1986), que Mitterrand a défendue, et celle du conseil de Milan au cours duquel, sous la pression de Mitterrand, Kohl et Delors, le principe d'une Conférence intergouvernementale de révision des traités est adopté. On est loin des ambitieux projets d'Europe politique appuyés par le Parlement européen mais on s'oriente vers un renforcement des acquis et une meilleure intégration économique. Mitterrand a de grandes ambitions concernant le marché intérieur, la monnaie, la citoyenneté européenne, l'Europe économique et sociale et la technologie. Le président français sera l'un des moteurs d'*Eurêka*, programme intergouvernemental d'impulsion à la recherche et des programmes européens en matière d'espace et d'armement. Il sera également à l'origine d'un projet *Eurêka* pour l'audiovisuel et se battra activement, sur le plan européen et dans les négociations mondiales du GATT[6], pour préserver, dans ce domaine, la notion de spécificité culturelle.

Parmi les grands traités qui jalonnent la construction européenne, le nom de Mitterrand reste lié à l'Acte unique de 1986, qui fixe l'ouverture du marché intérieur au 1er janvier 1993, et, bien sûr, au traité de Maastricht (1992) créant l'Union européenne même si, comme Jacques Delors, il regrette amèrement l'absence d'un réel volet social. Entre ces deux traités s'est déroulé un événement majeur, l'effondrement du bloc communiste, qui oblige à repenser l'Europe sur de nouvelles bases. Conscient du déficit de visibilité de cette Europe auprès des citoyens et de la nécessité de conférer une légitimité incontestable au traité de Maastricht, Mitterrand décide de soumettre celui-ci à référendum en France, alors même que l'impopularité croissante de son gouvernement et la sienne propre risquent de provoquer un vote sanction. Au prix d'un intense effort de pédagogie et d'une implication personnelle dans la bataille, le pari est réussi de peu

---

[5] Sur ce contexte, voir l'introduction aux discours n° 84 et 85.

[6] *General Agreement on Tariffs and Trade* – Accord général sur les tarifs douaniers et le commerce.

avec 51,05 % de « oui ». La même année, Kohl et Mitterrand annoncent, dans le cadre de la Politique étrangère et de sécurité commune (PESC), la création d'un « Eurocorps », embryon d'armée européenne, à partir de la brigade franco-allemande née en 1988. C'est dans ce contexte que, le 14 juillet 1994, cinquante ans après la Libération, des soldats allemands défileront sur les Champs-Élysées, non sans susciter une certaine polémique.

Un bilan et des projets

Le 17 janvier 1995, lorsqu'il prend la parole devant le Parlement européen de Strasbourg pour ouvrir la présidence française de l'Union, François Mitterrand sait qu'il s'agit d'un de ses derniers discours majeurs sur l'Europe. Il sait qu'en mai, il quittera l'Élysée. Il sait aussi que le cancer qui le ronge depuis 1981 aura bientôt raison de sa résistance. C'est donc un testament politique qu'il délivre aux députés européens, un long exposé sur ce que l'Europe a déjà réalisé et sur ce qui lui reste à accomplir pour répondre aux missions qu'il défend depuis près de quinze ans. Le terme de testament est d'autant plus approprié qu'avec François Mitterrand s'efface aussi l'esprit d'une génération particulière qui a grandi dans les troubles de l'entre-deux-guerres, vécu le traumatisme du second conflit mondial et pour laquelle la construction européenne reste avant tout un miracle, le miracle de la paix en Europe occidentale et de la réconciliation franco-allemande.

Affirmant ou réaffirmant une *spécificité française*, François Mitterrand rappelle ses priorités pour l'Europe : la croissance et l'emploi, l'identité culturelle dans la diversité et la sécurité des Européens. Il souligne aussi que ces priorités sont subordonnées à un *double impératif :* l'application du traité de Maastricht et la préparation de l'élargissement à l'Est, moyennant un renforcement de l'Union à quinze. Le Président s'attarde d'abord sur la question de l'emploi et sur la nécessité de relancer la croissance économique en usant des atouts que sont la maîtrise technologique, le marché unique et, bientôt, la monnaie unique, sans laquelle, dit-il, le marché sera *le lieu des concurrences les plus illicites*. Il réaffirme son attachement au respect de l'environnement, à la protection des consommateurs et à la notion de service public tout en déplorant le manque de volontarisme de l'Union sur le plan social : l'Europe sociale a *un contour*, dit-il, mais pas de *contenu*. Il évoque ensuite – second axe – la méconnaissance de l'Europe au sein des peuples et appelle à mieux lutter contre la xénophobie et le nationalisme en assurant la sécurité des citoyens de l'UE via une harmonisation en matière de police, de justice et de droit d'asile.

Dans un troisième temps, le président français épingle l'importance de donner *une âme* à l'Europe, héritière d'un riche passé. Cela implique, à ses yeux, une *exception culturelle* pour les *œuvres de l'esprit* dans le cadre de la mondialisation du commerce, un respect de la diversité des langues – combat éternel de la France contre l'anglicisation –, une promotion des œuvres audiovisuelles européennes via des aides matérielles et des quotas de diffusion et une meilleure appréhension du patrimoine européen commun. C'est d'ailleurs par un rapprochement culturel que devrait, selon lui, se préparer l'élargissement. Quatrième aspect du discours : la PESC. Le Président passe en revue les diverses missions de l'Europe, qu'il s'agisse du maintien de la paix, de l'aide au développement, des négociations en vue de futures adhésions ou du renforcement de l'UEO et de l'Eurocorps. Enfin, cinquième et dernier temps fort : le renforcement des institutions de l'UE. Devant les députés européens, Mitterrand plaide pour un accroissement des pouvoirs du Parlement, gage de démocratie, mais sans *fuite en avant* et en préservant *les grands équilibres institutionnels*. Et de conclure par une exclamation que n'aurait pas reniée Jean Jaurès[7] : *le nationalisme, c'est la guerre !*, rappelant bien qu'à ses yeux, l'Europe est avant tout synonyme de paix.

Néanmoins, François Mitterrand n'aura guère l'opportunité de voir se succéder les réussites mais aussi les échecs de cette Union européenne qu'il a contribué à bâtir puisqu'il s'éteindra en janvier 1996. Jacques Chirac, longtemps « eurosceptique » mais converti – foi ou résignation ? – à l'Europe, s'efforcera de poursuivre, avec sa sensibilité gaulliste, le chemin tracé par son prédécesseur. Il présidera ainsi au passage à la monnaie unique et à ce rapide élargissement à l'Est dont Mitterrand n'avait pas dissimulé les risques. Mais il ne parviendra pas, pour sa part, à convaincre son peuple lors d'un autre référendum européen, celui portant, en 2005, sur la Constitution de l'Union. Si, comme en 1992, des mécontentements d'ordre intérieur sont venus parasiter la campagne, il semble surtout que les Français aient, cette fois, décidé de sanctionner une Europe toujours trop frileuse à leurs yeux sur le plan social.

Présentation devant le Parlement européen du programme de la présidence française de l'Union européenne

Monsieur le Président[8], mesdames et messieurs,

Comme vous le savez, depuis le 1er janvier de cette année, la France préside l'Union européenne. Aussi ai-je tenu, une fois encore, à me rendre devant votre Assemblée et à exposer le programme que la présidence française s'est fixé. J'ai considéré que c'était un devoir à votre égard, c'est-à-dire à l'égard de la représentation populaire. Et après tout, n'était-ce pas la meilleure façon de souligner tout à la fois l'importance que la France attache à la construction de l'Europe, d'une Europe toujours plus unie, et la place éminente qui revient au Parlement européen dans cette grande entreprise ? C'est un sujet dont on discute souvent. Quant à moi, je suis guidé par une idée simple : les compétences et les droits du Parlement doivent accompagner le renforcement des structures de l'Europe. Plus il y aura d'Europe, plus cette Europe doit être démocratique, plus elle

7 Voir l'introduction au discours n° 1.

8 Il s'agit de Klaus Hänsch, un social-démocrate allemand, président du Parlement européen.

doit être parlementaire. Alors, travaillons-y.

Ce n'est pas simplement pour obéir aux usages que je rendrai d'abord hommage à Jacques Delors et à la Commission précédente, dont l'action tout au long de ces années a été si déterminante. Je suis convaincu que Jacques Santer[9] – je n'interviens pas dans vos débats, mais je le connais bien et je l'apprécie – saura poursuivre dans cette voie. Je veux saluer également l'action de la présidence allemande qui nous a précédés.

Enfin, je veux souhaiter aux trois nouveaux États membres[10] une chaleureuse bienvenue parmi vous et parmi nous. Avec eux, l'Union européenne se sent plus forte, plus représentative et donc plus légitime encore, au regard du grand dessein historique qu'elle incarne. Car, Monsieur le Président, mesdames et messieurs, ce dont il s'agit, ce dont nous avons à parler, c'est bien d'assurer à l'Europe la place et le rôle qui lui reviennent dans un monde à construire : une Europe puissante économiquement et commercialement, unie monétairement, active sur le plan international, capable d'assurer sa propre défense, féconde et diverse dans sa culture. Cette Europe-là sera d'autant plus attentive aux autres peuples qu'elle sera plus sûre d'elle-même.

Nos priorités vous paraîtront banales – et j'espère qu'elles le sont –, parce que cela marquera tout simplement la continuité des présidences qui ont pour mission de contribuer, autant que possible, à la réussite de notre entreprise : l'Allemagne hier, l'Espagne demain, et les autres. Mais enfin, ces priorités, je vais les préciser : il y a peut-être une spécificité française. Ce sera à vous de l'estimer.

Nos priorités visent à favoriser la croissance et à développer l'emploi, à affirmer dans sa diversité l'identité culturelle de l'Europe, à assurer la sécurité des Européens sur le plan externe comme sur le plan interne, à engager dans les meilleures conditions possibles la préparation de la conférence intergouvernementale de 1996*. Ces priorités ont été définies en ayant à l'esprit le double impératif auquel l'Union devra faire face dans les années qui viennent.

Premier impératif : il faut mettre en application le traité sur l'Union européenne, que nos parlements et nos peuples ont solennellement ratifié. J'avais obtenu, quant à moi, que le peuple français fût lui-même acteur dans cet événement majeur de notre Histoire.

Ne sous-estimons pas l'importance de l'instrument dont nous nous sommes dotés, même si l'on peut en critiquer bien des aspects, ainsi que le langage un peu compliqué, un peu administratif, un peu technocratique

---

[9] Ex-Premier ministre luxembourgeois, président de la Commission européenne de 1995 à 1999.

[10] Autriche, Suède et Finlande, qui entrent dans l'UE au 1er janvier 1995.

qui a été utilisé. Mettre au point un texte aussi long et aussi compliqué, avec des participants aussi divers et des langues aussi changeantes, n'est pas non plus la meilleure manière de bâtir un chef-d'œuvre littéraire ; mais enfin, c'est un traité qui vaut la peine d'être étudié. Il existe, il a été adopté, il est important qu'on l'applique. Je ne dis pas qu'il ne faille pas le changer, mais je souhaite qu'on l'applique d'abord. D'ailleurs, nous y avons souscrit : qu'il s'agisse de l'institution d'une monnaie unique, de la mise en œuvre d'une politique étrangère commune, de la construction progressive d'une défense indépendante, qui ne soit pas pour autant déliée de ses engagements à l'égard de ses alliés. L'Europe que nous avons constituée a ses préférences et elle entend y rester fidèle, qu'il s'agisse de la libre circulation des hommes ou de l'affirmation de la citoyenneté européenne.

Deuxième impératif : il faut se préparer aux élargissements ultérieurs de l'Union. Il y a entre ces deux impératifs un lien logique : plus l'Europe s'affirme sur le plan interne, plus sa force d'attraction s'exerce sur les autres pays démocratiques d'Europe. Encore faut-il que ces deux objectifs ne se contredisent pas. Et c'est là la difficulté : car il faut élargir, mais il faut renforcer l'Union existante. Il ne faut pas que l'élargissement affaiblisse ce qui existe ; et il ne faut pas que ce qui existe empêche l'élargissement de l'Union aux limites de l'Europe démocratique. C'est un problème difficile à régler. Mais je vous demande d'y prendre garde : c'est peut-être la question la plus difficile que vous aurez à résoudre au cours des années prochaines.

Le premier domaine d'action vise l'économie et l'emploi. Nos pays viennent de vivre une crise économique sans précédent par son ampleur dans notre histoire récente. Je suis persuadé que si la Communauté européenne n'avait pas existé, l'intensité du phénomène aurait été beaucoup plus forte et ses effets sur la cohésion interne de nos sociétés beaucoup plus graves. Elle nous a préservés, en effet, des politiques aventureuses du chacun pour soi et de l'isolationnisme. Où en serions-nous, mesdames et messieurs, si nous avions dû traverser cette crise sans pouvoir nous appuyer les uns sur les autres ? L'objectif est d'accompagner par une démarche volontaire la reprise de l'activité et d'améliorer l'emploi. C'est en agissant de manière coordonnée que nous serons le plus efficaces. La présidence française veillera à favoriser cette cohérence, à laquelle nous nous sommes collectivement engagés à Essen*, à la lumière des conclusions du *Livre blanc sur la croissance et l'emploi**.

Mais au-delà de cette coordination nécessaire de nos politiques, il faut aussi préparer sur un plus long terme les fondements en Europe d'une nouvelle expansion économique, forte, saine et, je l'espère, durable. C'est possible, si nous savons utiliser pleinement trois de nos atouts majeurs.

Quel est le premier de ces atouts ? C'est la dimension de notre marché. Nous avons jusqu'à présent réussi, pour l'essentiel, à éliminer les barrières administratives, douanières, normatives qui morcelaient ce vaste espace : œuvre accomplie grâce à l'Acte unique. Il nous reste à éliminer ou à réduire les autres obstacles, qui ne sont pas minces : y compris les barrières physiques* qui freinent encore la fluidité de la circulation des hommes, des marchandises et des idées. C'est à cette vaste entreprise qu'est destiné, par exemple, le programme des réseaux transeuropéens. Que du nord au sud, que de l'est à l'ouest, les Européens soient reliés entre eux par des moyens modernes, rapides et sûrs, par le rail, la route ou l'avion ! Que les énergies irriguent nos régions, que les informations s'échangent grâce aux techniques et aux infrastructures les plus avancées ! Quel progrès, mesdames et messieurs ! Et comme nous serons plus forts et plus fiers de nous, si nous y parvenons, plutôt que de segmenter à la limite de nos frontières nos moyens de communication !

Le deuxième atout est, bien sûr, l'Union économique et monétaire : à mes yeux le complément naturel et indispensable du marché unique, sans quoi le marché unique deviendrait une charte de l'anarchie et le lieu des concurrences les plus illicites. Les tensions monétaires que nous avons connues et que nous connaissons aujourd'hui, en tout cas depuis quelques semaines, montrent la nécessité de progresser le plus rapidement possible vers la monnaie unique. Je sais qu'on en discute toujours et qu'on n'en est pas convaincu ; en tout cas, je vous communique ma conviction personnelle, que je crois partager avec la plupart des responsables français. C'est la seule façon de faire de l'Europe une grande puissance économique et le meilleur moyen d'assurer à nos économies une croissance soutenue.

Il est donc impératif – je sais que d'autres que nous parleraient différemment, mais je suis là pour exprimer ma pensée et celle de la France – de respecter le calendrier que nous nous sommes fixé, et de faire en sorte de parvenir à la monnaie unique dès 1997[11]. Naturellement, comme nous nous sommes donné du champ entre 1997 et 1999, dans les conversations particulières on dit : « pourquoi ne pas attendre le début du siècle prochain ? » Naturellement, on est tenté de se tourner vers une solution apparemment facile ; mais cette solution ne ferait que compliquer les choses. Notre présidence française fera le maximum pour préparer l'échéance de 1997. Dans cette perspective, on utilisera au mieux toutes les procédures de coordination de nos politiques économiques et, d'ici l'an prochain, nous les renforcerons encore. J'espère que cette déclaration de principe se traduira dans les faits. Notre diplomatie y

---

11 En définitive, la monnaie unique, l'euro naîtra le 1er janvier 1999, avec la mise en circulation des pièces et billets au 1er janvier 2002.

travaille activement.

Il faudra également régler les problèmes liés à l'introduction de l'Écu*. C'est tout à fait essentiel, ou bien nous parlons pour ne rien dire. Enfin, nous souhaitons que l'Institut monétaire européen*, qui préfigure ce que sera la Banque centrale européenne, puisse jouer pleinement son rôle. Notre vœu est évidemment que tous les États qui ont souscrit à ces mêmes objectifs puissent si possible, dans les délais prévus, franchir le cap de la troisième phase de l'union monétaire. La porte restera, bien sûr, ouverte aux États qui ont estimé ne pas pouvoir s'engager encore sur la monnaie unique. Je comprends leurs difficultés ; nous nous sommes posé les mêmes questions. Ne croyez pas que cela doive être facile pour la France : les conditions sont sévères. Le problème est celui de la volonté politique. Eh bien, je suis sûr que ceux qui ne sont pas encore parmi nous nous rejoindront, à la condition que nous-mêmes ne fléchissions pas en cours de route.

Enfin, le troisième atout dont nous disposons est notre excellence technologique. Innombrables sont les inventions nées de l'esprit de nos chercheurs : ce capital ne demande qu'à fructifier, si nous savons l'exploiter comme il convient et à la dimension de notre continent. Je n'en dirai pas plus, mais dans votre esprit s'impose, sans aucun doute, l'extraordinaire série des réussites technologiques et scientifiques obtenues, depuis la moitié du XIXe siècle, en Europe et par l'Europe – sans naturellement exclure ceux qui, ailleurs, ont contribué au progrès général. Je sais, mesdames et messieurs les parlementaires, combien vous êtes attentifs à cette question ; je sais l'importance que vous attachez au Programme-cadre de recherche et développement[12] ; et vous avez raison. Il faut donc convaincre tous les gouvernements. Je vous donne l'assurance qu'en liaison avec la Commission, la présidence française veillera à la mise en œuvre de ce programme et à son articulation avec les besoins du marché.

À côté de ces vastes objectifs, nous aurons soin de ne pas négliger d'autres tâches : le progrès du marché intérieur, la conduite des politiques communes, le respect des engagements pris en matière d'environnement (je songe, en particulier, à la lutte contre l'augmentation de l'effet de serre) ou de protection des consommateurs. Les exemples pourraient être multipliés. Un sujet devrait aussi, à notre avis, faire l'objet de propositions concrètes : celui du service public, ou du service d'utilité publique. De tels services, dès lors qu'ils seraient encadrés dans une règle du jeu commune, édictée par exemple sous la forme d'une charte européenne, contribueraient utilement aux objectifs que nous nous sommes fixés.

Une Europe économique et monétaire forte, voilà la condition du

---

12 Lancé en 1984.

bien-être des Européens. Mais est-il nécessaire de le soutenir devant vous ? Non, je le fais par souci de logique dans mon exposé : vous qui êtes les élus des peuples européens, vous savez que la construction de cette Europe-là ne sera possible que par l'adhésion réelle des citoyens eux-mêmes.

L'une des difficultés principales que nous avons rencontrées pour obtenir l'accord de nos concitoyens, lors de la ratification du traité de Maastricht, était due à l'effet de surprise. Un certain nombre de gens informés, qui voyagent, qui ont des contacts avec l'étranger, ou bien la partie du public qui lit, qui s'informe, qui étudie, était acquise à l'Europe. On s'était peut-être un peu trop reposé là-dessus ; le peuple, dans ses profondeurs, « était pour », mais ignorait les conditions nécessaires, qui pouvaient paraître contraignantes.

Depuis l'origine de la Communauté, j'ai défendu, comme beaucoup d'entre vous, l'idée que nous devions construire une Europe sociale : le Fonds social européen[13], l'Espace social européen[14], la Charte sociale*, l'accord sur la politique sociale annexé au traité de l'Union européenne, la prise en compte des normes sociales dans la préférence européenne sont autant d'avancées, même si je ne cacherai pas qu'à Maastricht j'aurais préféré qu'on allât plus loin et que l'on reprît, dans le traité, la totalité de la Charte sociale. Ne nous y trompons pas. Les marchés ne sont que des moyens, des mécanismes dominés, trop souvent, par la loi du plus fort ; des mécanismes qui peuvent engendrer l'injustice, l'exclusion, la dépendance si des contrepoids nécessaires n'y sont pas apportés par ceux qui peuvent s'appuyer sur la légitimité démocratique. À côté des marchés, il y a place pour les activités économiques et sociales fondées sur la solidarité, la coopération, l'association, la mutualité, l'intérêt général, bref, le service public. Or, aujourd'hui, si nous avons tracé le contour de l'Europe sociale, il n'y a pas de contenu. N'est-ce pas une œuvre exaltante, passionnante que de donner un contenu social à l'Europe ? N'est-ce pas le travail des mois et des années prochains ? Je regarderai – de l'extérieur, à ce moment-là – les avancées sociales et je me réjouirai chaque fois que je verrai des représentants européens s'associer, au-delà de leurs divisions naturelles et de leurs opinions diverses, pour que l'Europe à construire ne soit pas qu'un jeu de mécano, mais soit l'œuvre puissante d'hommes qui construisent leur histoire.

Or, aujourd'hui, c'est un peu difficile. Et je souhaite qu'en liaison avec les partenaires sociaux, nous prenions des initiatives dans les domaines de la formation, de l'éducation, de l'organisation du travail, de la lutte

---

13 Prévu, dès 1957, par les traités de Rome.

14 Voir l'introduction.

contre les exclusions. Rien ne se fera vraiment si les partenaires sociaux ne trouvent pas la place qui doit être la leur dans la construction de l'Europe. Dans cet esprit, la présidence française prépare, en concertation avec les États membres et les organisations syndicales et professionnelles, une conférence en vue de rénover le dialogue social. L'accord sur la politique sociale, annexé au traité de Maastricht, prévoyait que le dialogue entre partenaires sociaux pourrait déboucher sur des accords européens : je pense que le temps est venu, pour les uns et pour les autres, d'envisager la négociation de contrats sociaux européens qui préfigureront un nouveau droit social. Le travail effectué par le président Delors et par la Commission avec les organisations sociales et professionnelles sera à cet égard fort utile. L'un des premiers thèmes de négociation pourrait être l'exploration des propositions du *Livre blanc* – c'est déjà un document connu –, tendant à l'organisation de la formation tout au long de la vie.

Qu'il me soit également permis, mesdames et messieurs, de mettre l'accent sur la dimension sociale des échanges, afin de rappeler la nécessité de bâtir les relations économiques internationales sur le respect des droits fondamentaux des travailleurs, dans certaines sociétés des femmes, presque partout des enfants, des organisations sociales, professionnelles, des prisonniers. Nous avons progressé sur cette voie au sein de l'Europe et, grâce au président Clinton, avec les États-Unis d'Amérique. Mon souhait est que tous les pays européens puissent parler d'une seule voix, notamment au sein de l'Organisation internationale du travail ou de la nouvelle Organisation mondiale du commerce, en s'inspirant des textes qui existent et en particulier du rapport que vous avez adopté. Voilà une base de travail et de réflexion. Ce n'est pas la peine de l'inventer, c'est fait ; ce travail, vous l'avez accompli ; eh bien avançons, maintenant ! En tout cas, la France proposera un mémorandum en ce sens.

Enfin, il me semble indispensable que le monde social apporte sa contribution aux réflexions en cours sur le fonctionnement de l'Union. J'envisage donc, après m'être entretenu à diverses reprises avec les représentants des forces sociales européennes, de proposer qu'un petit groupe de personnalités sociales indépendantes soit chargé d'établir un rapport sur les moyens de faire progresser cette Europe-là. Ce rapport viendrait s'ajouter, pour les compléter, à ceux qui ont été ou seront établis par vous-mêmes, par le Conseil, par la Commission, pour l'exécution du traité existant. Et vous comprenez à quel point il est indispensable que les négociateurs puissent disposer, lorsque s'ouvrira la conférence intergouvernementale de 1996, du point de vue et des suggestions des acteurs sociaux sur l'évolution souhaitable de l'Union.

L'Europe, ai-je dit, doit rencontrer l'adhésion des citoyens. Les grands espaces ouverts peuvent engendrer un sentiment d'angoisse ; et il faut prendre garde à ne pas laisser s'installer chez nos concitoyens une sorte de refus de l'autre, de refus de l'étranger, ou bien une sorte d'agoraphobie européenne. Elle existe. Pour l'éviter, donnons plein effet aux dispositions prévues dans le traité sur l'Union européenne. Il nous faut bien le constater, tel n'est pas encore le cas ! Je ne méconnais pas le caractère délicat des problèmes traités, des précautions à prendre pour s'assurer qu'une action européenne ne soit pas moins efficace que les actions nationales ; mais le soin avec lequel on se doit de préserver les libertés de l'individu et les règles protectrices de droit ne doivent pas être un frein pour la création de l'Europe.

Nos concitoyens attendent beaucoup de nous, croyez-moi, dans tous ces domaines, même s'ils sont souvent en état de crainte ou de méfiance. C'est pourquoi il convient de veiller – nous le ferons, nous, avec le Premier ministre de la République française et les ministres français chargés de ces affaires* – à ce que notre présidence fasse avancer plusieurs dossiers importants. Je pense d'abord – mais je n'insisterai pas, puisque la France était un acteur du débat – à la convention créant Europol* ; il faut qu'elle soit conclue rapidement et que soit mis en place l'organisme prévu. Ainsi l'avons-nous décidé à Essen ; on ne peut pas retarder éternellement les décisions pour des raisons de bon sens, mais qui tendraient à se substituer à la règle générale qui veut que nous avancions en commun, en particulier pour la sécurité.

Pour le droit d'asile et l'immigration, il reste beaucoup à faire en commun ; il faut harmoniser des réglementations. Je pense, en particulier, à l'entrée en vigueur de la convention de Dublin* sur la détermination de l'État responsable d'une demande d'asile et à l'adoption du règlement établissant la liste commune des pays dont les ressortissants sont soumis à visa. Je suis mêlé aux affaires publiques depuis trop longtemps pour ignorer la difficulté de ce débat ; je sais qu'il faut un très grand sens civique et une puissante conviction européenne pour passer par-dessus un certain nombre de préférences nationales. Mais vraiment, je vous en prie, faites-le comprendre à vos dirigeants ! L'Europe sera celle des citoyens, si les citoyens se sentent en sécurité en Europe et grâce à l'Europe.

On pourrait en dire autant de la coopération judiciaire, de l'action coordonnée contre le trafic de drogue, le terrorisme international, le crime organisé. Lequel d'entre nos pays pourrait prétendre traiter et régler isolément l'un de ces fléaux ? Qui en aurait la force ? Enfin, je ne verrais qu'avantage à ce que fussent comparées et confrontées nos expériences nationales en matière de politique d'immigration et d'intégration, et à ce que fût poursuivie et complétée la lutte contre le racisme et la xénophobie.

Cette Europe a besoin de s'incarner dans autre chose que des bilans économiques et des tonnages de fret. Dirai-je, mais je ne veux pas enfler mon langage, qu'elle a besoin d'une âme ? Qu'elle exprime sa culture, sa façon de penser, les structures de nos cerveaux, le fruit des siècles de civilisation dont nous sommes les héritiers. Elles sont riches et diverses, les expressions de notre génie protéiforme ; nous pouvons faire partager au monde tout entier (comme par le passé), mais sans vouloir les imposer (ce qui changerait un peu du passé), nos idées, nos rêves et, dans ce qu'elles ont de bon, nos passions.

Les négociations du GATT, il y a un an, avaient fait prévaloir le principe de « l'exception culturelle* ». C'était l'idée que les œuvres de l'esprit ne sont pas des marchandises comme les autres ; c'était la conviction que l'identité culturelle de nos nations et le droit pour chaque peuple au développement de sa propre culture étaient en jeu ; c'était la volonté de défendre le pluralisme et la liberté, pour chaque pays, de ne pas abandonner à d'autres ses moyens de représentation, c'est-à-dire les moyens de se rendre présent à lui-même. Depuis lors, on n'a guère progressé et il devient nécessaire, je vous l'assure, de donner à la dimension culturelle de la construction européenne le rang qui lui revient. Je suis de ceux qui en sont résolument partisans.

Je représente la France, qui connaît les menaces qui l'entourent sur ce plan et sait très bien la rivalité des langages. Mais je pense à quelques autres pays, tout aussi respectables, dont les langues n'ont pas la dimension géographique de celle de la France, qui elle-même n'a pas la dimension géographique de quelques autres. Que deviendra l'âme de l'expression gaélique, du flamand, du néerlandais ? Je ne veux pas sembler isoler les plus petits ou les plus faibles parce qu'ils sont moins nombreux : en réalité l'Italie, l'Allemagne, la France sont aussi menacées. Il n'y a guère aujourd'hui que la culture anglaise et américaine, la culture espagnole qui soient en mesure d'affronter ces défis ; mais quelle que soit l'amitié que j'ai pour ces pays, j'aime bien parler ma langue plutôt que la leur !

D'abord, pensons au domaine audiovisuel. Nous savons bien que la conscience, l'imaginaire, le savoir sont de plus en plus formés par l'image et qu'il n'y aura pas d'Europe sans images européennes. Alors que nous célébrons le centenaire du cinéma, l'art le plus populaire du siècle n'a jamais été si menacé dans chacun de nos pays ; il n'a d'ailleurs plus besoin d'être menacé dans un certain nombre d'entre eux, car il a déjà disparu. Les aides communautaires n'ont pas permis d'enrayer le déclin ; elles n'ont pas pu susciter la naissance d'un véritable espace audiovisuel européen, ni donner aux entreprises de nos pays, dans ce secteur, une dimension internationale. Il est urgent d'accroître l'attrait et la circulation des œuvres réalisées au sein de l'Union. Je ne demande pas de mesures protectrices ; je ne veux pas refuser l'apport considérable, et souvent remarquable, des cultures venues d'ailleurs ; mais le public européen a le droit de voir les œuvres de ses propres créateurs. Il ne peut pas en être privé par des décisions arbitraires, prises ailleurs, ou par la logique aveugle d'un marché, ou par la logique d'un marché aveugle (soit dit sans vouloir mécontenter personne !).

Cet objectif exige une réforme ambitieuse, rendue inévitable par le nouveau contexte technologique et économique. Mettons fin à la dispersion des efforts ; concentrons les aides sur quelques priorités, notamment sur la distribution ; adaptons la nature et le volume des moyens à l'ampleur de la tâche. Sait-on que les 200 millions d'Écus alloués au programme « MÉDIA* » ne représentent qu'une journée de dépenses communautaires ? La présidence française tentera de réaliser une partie de cette ambition (mais six mois, qu'est-ce que c'est ? Il faudrait réfléchir sur la durée des mandats consentis aux diverses présidences. Rassurez-vous, je ne demande aucun prolongement de la mienne !). La présidence française soutiendra la refonte du cadre juridique de la diffusion audiovisuelle ; elle favorisera le développement des nouvelles technologies et leurs applications à la culture et à l'éducation ; elle s'attachera à réorganiser en profondeur le système d'aide aux industries de programmes. J'insiste : cela nous tient à cœur, on ne peut se satisfaire des moyens qui existent ; a fortiori, on ne peut revenir en arrière par rapport à ce qui a été réalisé en 1989 (avec la directive « Télévision sans frontière ») et en 1993 (avec les résolutions du GATT). J'entends dire, ici ou là, qu'il faudrait renoncer à tout au nom de je ne sais quel libéralisme, abandonner les quotas de diffusion, ne rien changer à MÉDIA, bref laisser faire : ce n'est pas l'avis de la France.

Mais l'image n'est pas le seul terrain de construction de l'Europe des cultures. L'Europe a besoin d'être mieux connue des Européens, et j'ose dire mieux aimée d'eux. Je rejoins par là une partie de mon exposé de tout à l'heure : il faut que les Européens aiment l'Europe. Pourquoi aiment-ils leur patrie ? Parce qu'elle est leur foyer, leur horizon, leur paysage, leurs amis ; elle est leur identité. Si tout cela devait manquer à l'Europe, eh bien, il n'y aurait pas d'Europe. Or nous sentons bien qu'elle est au bout de notre main, si nous savons l'avancer avec assez d'audace, mais parfois aussi de prudence. Je le répète : l'image n'est pas naturellement le seul terrain de construction de l'Europe des cultures. Afin de fortifier notre approche, redécouvrons les lieux et les objets de nos mémoires communes. Je souhaite que soit conçu et mis en œuvre un vaste projet de développement de ces « lieux de mémoire » européens.

Enseignons également l'Europe : apprenons-la à nos enfants. Que l'école les prépare à devenir des citoyens, qu'elle développe l'enseignement de l'histoire, de la géographie et des cultures du Continent. Mettons l'accent sur les jumelages scolaires, universitaires, sur les échanges d'élèves et d'étudiants ; insistons sur le plurilinguisme. La France présentera à cet effet le projet d'une convention intergouvernementale sur l'apprentissage de deux langues étrangères. De même, développons nos efforts en faveur de la traduction des œuvres : j'ai toujours remarqué que les Français, mes compatriotes, se plaignaient que leurs grands auteurs fussent si peu traduits dans les pays de l'Europe centrale et orientale, alors qu'en réalité, c'était nous, Français, qui ne traduisions pas leurs œuvres, et que nous nous plaignions d'un mal dont nous étions nous-mêmes responsables.

Car l'Europe des cultures, c'est l'Europe tout entière ; et s'il est un domaine où la distinction entre l'Europe de l'Union et l'Europe de l'Est n'a aucun sens, c'est bien celui-là. C'est pourquoi je me permets de faire devant vous deux propositions. La première, modeste mais concrète, peut être appliquée sans délai. Élargissons à l'ensemble des pays européens les manifestations européennes emblématiques de l'Europe des Quinze : prix littéraires, prix de traduction, orchestres de jeunes, capitales européennes de la culture – la liste peut s'allonger. Ma seconde proposition est plus ambitieuse : l'Union devrait, selon moi, prendre une grande initiative pour aider nos voisins de l'Est à réparer, dans le domaine de la culture notamment, les effets de l'isolement dans lequel ils ont vécu pendant un demi-siècle. Une fondation ou une agence européenne de la culture pourrait concevoir, avec des moyens significatifs, un programme original de coopération avec ces pays pour la sauvegarde de leur patrimoine, la rénovation de leurs bibliothèques et de leurs musées, la reconstitution de leur capacité de production et de diffusion audiovisuelles, l'essor de la création et le spectacle vivant. Ils sont riches de créateurs ; l'instrument s'est brisé dans leurs mains, mais pas par leur faute, simplement par la domination de plus puissants qui ne se sont pas intéressés à ces choses. À nous de leur venir en aide, le temps qu'il faudra. Ensuite, faites-leur confiance, ils se développeront très bien eux-mêmes ; nous n'avons aucune leçon à leur donner, mais nous avons à en prendre. C'est par là que nous démontrerons que, loin d'effacer l'identité culturelle des nations, la construction européenne cherche à les affirmer. L'Europe des cultures, mesdames et messieurs, c'est l'Europe des nations contre celle des nationalismes.

Le traité sur l'Union européenne a prévu une politique étrangère et de sécurité commune. C'est une grande ambition, un objectif qui peut paraître à certains irréalisable, en tout cas de très longue haleine ; il exigera un persévérant effort, mais après tout il nous a fallu une génération pour que soit réalisé le grand marché des biens, des services et des capitaux. Il ne sera peut-être pas plus aisé d'harmoniser des intérêts politiques qui ont été fabriqués par des siècles et des siècles de combats militaires, d'influences diplomatiques, culturelles, d'inimitiés, parfois de haines entre nos peuples ; et pourtant, il faudra bien le faire. Avons-nous décidé, oui ou non, de franchir une étape en franchissant le siècle ? De fait, plusieurs actions communes ont déjà été définies – je sais bien qu'il faut en parler avec modestie –, parmi lesquelles un projet de règlement en Bosnie, ou bien le lancement du pacte de stabilité*. Voilà un premier résultat ; c'est une tentative qui restera utile. En outre, la présidence française n'a pas ménagé ses efforts pour que l'Union soutienne comme il convient les efforts de l'OSCE* face à la crise tchétchène : c'est un sujet très difficile, à propos d'un territoire, d'un pays souverain, et cependant se posent des problèmes humains et ethniques d'une très grande gravité. L'OSCE était vraiment faite pour intervenir aussi utilement que possible, et je dois dire que notre diplomatie s'est engagée dans cette direction sans perdre un instant. S'agissant du pacte de stabilité, la présidence française espère que la conférence de clôture – qu'elle accueillera les 20 et 21 mars prochain, à Paris – permettra d'enregistrer les résultats positifs d'une année de concertations particulièrement actives entre les participants. C'est ce même souci de stabilité que traduit le réseau très dense d'accords de coopération, de partenariats et d'associations que l'Union européenne a su tisser avec les pays qui constituent son environnement international.

Attachons-nous à compléter et à achever les négociations là où c'est possible, à les lancer là où c'est nécessaire ; je pense, en particulier, aux accords d'association en cours de négociation avec la Tunisie, le Maroc, Israël ; à l'accord d'union douanière avec la Turquie ; à la poursuite des discussions avec Malte et Chypre, en vue de leur future adhésion ; aux accords à passer avec l'Égypte et la Jordanie ; à la préparation de la grande conférence euroméditerranéenne*, si difficile à mettre en place, qui se tiendra (je l'espère) sous la présidence de l'Espagne ; à la négociation du huitième Fonds européen de développement en faveur des ACP*, que la France est déterminée à conclure sous sa présidence. Une stratégie a été définie à Essen pour les pays d'Europe centrale et orientale ; nous devons continuer d'apporter notre soutien également au processus de paix au Proche-Orient. Vous voyez qu'il y a bien des points sur lesquels, en dépit de l'histoire qui nous a si souvent divisés, nous pouvons employer un langage commun et préparer des solutions communes. Je pense au Proche-Orient, au sujet duquel je souhaite que l'Union européenne prenne les initiatives nécessaires pour faire face aux difficultés que rencontrent les pays de cette région dans les domaines de l'éducation et de la formation aux techniques informatiques, en concertation avec les responsables politiques, universitaires et financiers et les représentants des entreprises. Je ne veux pas omettre de mentionner l'Organisation mondiale du commerce[15] : elle sera le cadre qui nous permettra de défendre les intérêts de l'Europe, en particulier dans les négociations à poursuivre dans les secteurs spécifiques que sont l'aéronautique, l'acier et les services. L'Union est donc active sur la scène diplomatique mondiale ; il s'agit maintenant de poser les bases d'une véritable politique étrangère commune. Je n'en dissimule pas les difficultés, mais il faut les surmonter.

Vous en sentez bien l'impérieuse nécessité. Voyez toutes ces crises qui éclatent autour de nous, dramatiques, meurtrières : l'Algérie, la Bosnie, le Caucase – vous pouvez vous dire, comme je le fais cet après-midi : et la suite, si vous voulez bien vous remémorer l'histoire de l'Europe, de son environnement immédiat. Et la suite qui nous attend nous commande de mettre en commun nos analyses et nos informations, de confronter nos prévisions, de définir nos objectifs et nos formes d'action. Bref, je souhaite que la présidence française, mais aussi les présidences successives – car c'est un programme que les mois prochains ne permettraient pas de remplir – soient particulièrement vigilantes sur le respect des obligations auxquelles nous avons souscrit. L'autre volet sur lequel il faut aussi avancer est celui de la politique de sécurité : forger des analyses communes, renforcer le rôle de l'UEO et notamment ses capacités opérationnelles, donner une ampleur croissante au Corps européen [*Eurocorps*] ainsi qu'aux autres forces plurinationales européennes, favoriser sans tarder la constitution d'une véritable industrie moderne d'armement, mettre sur pied l'agence prévue en ce domaine, pousser la coopération dans le domaine de l'observation par satellites, telles sont les tâches auxquelles la France invite ses partenaires à se joindre. Je comprends bien que cela puisse heurter des pays qui ont tenu à préserver intégralement tous les aspects de leur neutralité ; je demande simplement à chacun de ceux-là, sans vouloir en quoi que ce soit empiéter sur leur droit souverain, de bien comprendre que notre tâche commune est assez exaltante et que les progrès de l'un seront aussi les progrès de l'autre. Un jour viendra où ces efforts, quelque peu dispersés aujourd'hui, s'ordonneront au sein d'une défense européenne commune dont l'évidente nécessité, dans la loyauté des alliances s'imposera à tous.

Je vais dire un mot, avant de terminer, des institutions. Nous aurons, en tant que présidence, à veiller à l'établissement du rapport du Conseil sur l'exécution du traité sur l'Union européenne. Ensuite, les représentants des États membres se réuniront, à partir de juin prochain, pour préparer la conférence intergouvernementale de 1996. Je ne veux pas anticiper sur un rendez-vous de cette importance, mais puisque je n'en serai plus un acteur direct, je souhaite vous faire part de deux idées simples : la première

---

15 L'OMC a succédé au GATT en 1995.

est qu'il faut se garder de la fuite en avant. Les potentialités du traité sur l'Union européenne sont considérables ; son équilibre est raisonnable. J'aurais certes voulu faire évoluer la construction, en améliorer le fonctionnement pour permettre les futurs élargissements, la compléter pour continuer de renforcer la légitimité démocratique de son processus de décision. J'insiste sur ce point : faisons avancer l'Europe pour faire avancer la démocratie. C'est une maxime aussi forte que celle qui consiste à dire que « sans démocratie, il n'y aura pas d'Europe ! » Tout cela s'impose ; et je sais que vous serez très vigilants sur ce point, car je suis vos débats avec assez d'attention pour connaître les prises de positions de la grande majorité d'entre vous. Après tout, une démocratie suppose un Parlement ; plus elle sera complète, plus les droits du Parlement doivent être eux-mêmes complets. On ne peut pas cantonner un Parlement dans un domaine réservé, selon le goût du moment et les idées des exécutifs, qui choisiront toujours la commodité. La commodité, je pourrais la résumer en une phrase qui pourra paraître iconoclaste, mais qui n'exprime pas ma pensée : comme ce serait agréable, une démocratie sans Parlement ! Mieux encore, sans élections ! Mais malgré tout, il ne serait pas sage que le sceau des ratifications, qui est encore humide, soit aussitôt réformé. Il faut préserver les grands équilibres institutionnels. Réfléchissez, puisque c'est vous qui le ferez, réfléchissez bien avant d'agir ! L'Europe s'est faite pas à pas ; on peut élargir les enjambées, mais l'on ne peut pas prendre une allure qui ne serait pas conforme à notre nature.

La seconde remarque, c'est que nos futurs négociateurs commettraient une erreur, à mon sens, si par impatience ou lassitude ils laissaient les élargissements s'effectuer dans des conditions susceptibles d'affaiblir la cohésion et les disciplines de l'Union. J'insiste sur ce point : je suis tout à fait partisan de l'élargissement à toute l'Europe démocratique, mais je ne voudrais pas qu'au moment où le dernier adhérent arrivera, il adhère à quelque chose qui n'existe déjà plus, parce que ruiné de l'intérieur. C'est une immense ambition politique qui vous appartient : réussir ce qui est beaucoup plus qu'un pari, être à la hauteur de cet enjeu historique. Eh bien, à vous de démontrer que vous en êtes capables ! Je tiendrai le même discours aux gouvernements européens.

Monsieur le Président, mesdames et messieurs les députés, est-il nécessaire de vous assurer une fois encore de la volonté qu'a la présidence française de coopérer pleinement avec votre institution, pour le succès de notre entreprise commune : l'édification d'une Europe toujours plus unie et plus proche des citoyens ? Je forme vraiment des vœux pour la réussite de vos travaux ; je vous remercie pour la patience et l'attention avec lesquelles vous avez bien voulu m'écouter. Et je terminerai par quelques mots qui seront plus personnels.

Il se trouve que les hasards de la vie ont voulu que je naisse pendant la première guerre mondiale et que je fasse la seconde. J'ai donc vécu mon enfance dans l'ambiance de familles déchirées, qui toutes pleuraient des morts et qui entretenaient une rancune, parfois une haine, contre l'ennemi de la veille. L'ennemi traditionnel ! Mais mesdames et messieurs, nous en avons changé de siècle en siècle ! Les traditions ont toujours changé. J'ai déjà eu l'occasion de vous dire que la France avait combattu tous les pays d'Europe – à l'exception du Danemark, on se demande pourquoi ! Mais ma génération achève son cours ; ce sont ses derniers actes, c'est l'un de mes derniers actes publics. Il faut donc absolument transmettre. Vous êtes vous-mêmes nombreux à garder l'enseignement de vos pères, à avoir éprouvé les blessures de vos pays, à avoir connu le chagrin, la douleur des séparations, la présence de la mort, à cause tout simplement de l'inimitié des hommes d'Europe entre eux. Il faut transmettre, non pas cette haine, mais au contraire la chance des réconciliations – que nous devons, il faut le dire, à ceux qui dès 1944-1945, eux-mêmes ensanglantés, déchirés dans leur vie personnelle le plus souvent, ont eu l'audace de concevoir ce que pourrait être un avenir plus radieux, fondé sur la réconciliation et sur la paix. C'est ce que nous avons fait.

Je n'ai pas acquis ma propre conviction comme cela, par hasard. Je ne l'ai pas acquise dans les camps allemands où j'étais prisonnier, ni dans un pays qui était lui-même occupé, comme beaucoup ; je me souviens que dans une famille où l'on pratiquait des vertus d'humanité et de bienveillance, tout de même, lorsque l'on parlait des Allemands, c'était avec animosité. Je m'en suis rendu compte lorsque j'étais prisonnier, en cours d'évasion : j'ai rencontré des Allemands, puis j'ai vécu quelque temps en Bade-Würtemberg, dans une prison ; et les gens qui étaient là, les Allemands avec lesquels je parlais, je me suis aperçu qu'ils aimaient mieux la France que nous n'aimions l'Allemagne. Je dis cela sans vouloir accabler mon pays, qui n'est pas le plus nationaliste – loin de là –, mais pour faire comprendre que chacun a vu le monde de l'endroit où il se trouvait, et ce point de vue était généralement déformant. Il faut vaincre ses préjugés.

Ce que je vous demande là est presque impossible, car il faut vaincre notre histoire. Et pourtant, si on ne la vainc pas, il faut savoir qu'une règle s'imposera, mesdames et messieurs : le nationalisme, c'est la guerre ! La guerre n'est pas seulement le passé, elle peut être notre avenir ; et c'est vous, mesdames et messieurs les députés, qui êtes désormais les gardiens de notre paix, de notre sécurité et de notre avenir.

Compléments

Conférence intergouvernementale de 1996: CIG. Censée faire le bilan du traité de Maastricht, elle aboutira au traité d'Amsterdam (1997), jugé unanimement décevant.

Essen: ville où se tint le Conseil européen de décembre 1994, sous présidence allemande. Cinq domaines prioritaires concernant l'emploi y ont été déterminés: le renforcement des investissements dans la formation professionnelle; l'augmentation de l'intensité de la croissance en emploi; la réduction des coûts indirects du travail; l'accroissement de l'efficacité de la politique du marché du travail; les mesures en faveur des groupes menacés d'exclusion du marché du travail.

Livre blanc sur la croissance et l'emploi: Il s'agit du *Livre blanc sur la croissance, la compétitivité et l'emploi* publié par Jacques Delors en 1993 mais dont les propositions, bien qu'acceptées à Essen, ne seront jamais réellement mises en pratique.

Barrières physiques: La convention de Schengen est en application dès mars 1995. D'abord signée par la Belgique, les Pays-Bas, le Luxembourg, l'Allemagne et la France, elle s'étend désormais à 22 des 27 membres de l'UE (le Royaume-Uni et la république d'Irlande s'en tiennent volontairement à l'écart tandis que Chypre, la Roumanie et la Bulgarie doivent encore remplir uen série de conditions), mais également à deux pays hors UE, l'Islande et la Norvège qui seront sans doute bientôt rejointes par la Suisse.

Écu: *European Currency Unit*, nom donné à la monnaie de compte européenne de 1978 (lancement du SME) jusqu'à l'adoption du nom d'euro par le Conseil européen de Madrid, en décembre 1995.

Institut monétaire européen (IME): Institut créé le 1er janvier 1994, lors du passage à la deuxième phase de l'UEM. Il sera transformé en Banque centrale européenne (BCE) le 1er juin 1998.

Charte sociale: Adoptée en décembre 1989 au Conseil européen de Strasbourg (mais pas par le Royaume-Uni), elle est partiellement reprise dans le chapitre social du traité de Maastricht, lui aussi refusé par Londres (clause d'*opting out*).

Premier ministre de la République française et ministres chargés de ces affaires: Il s'agit d'Édouard Balladur (Premier ministre), d'Alain Juppé (ministre des Affaires étrangères) et d'Alain Lamassoure (ministre délégué aux Affaires européennes). La France connaît alors sa seconde cohabitation, le président socialiste ne disposant plus de la majorité à l'Assemblée nationale et devant cohabiter avec un gouvernement de droite et de centre-droit.

Europol: Prévu par le traité de Maastricht, l'office Europol, situé à La Haye, fonctionne depuis janvier 1994 mais, dans un premier temps, ses investigations sont limitées aux questions de drogue. Elles sont ensuite étendues à d'autres types de criminalité internationale grâce à l'entrée en vigueur de la convention Europol, le 1er octobre 1998.

Convention de Dublin: Adoptée en 1990 et entrée en vigueur en 1997, cette convention fixe au niveau européen les critères d'examen d'une demande d'asile. La décision prise par l'un des États à l'égard d'un demandeur vaudra pour l'ensemble des pays signataires.

Exception culturelle: En 1994, dans les accords de Marrakech qui clôturent l'*Uruguay Round* du GATT, une « spécificité culturelle » (et non une exception) est reconnue pour l'audiovisuel européen.

MÉDIA: programme lancé sous la responsabilité de la Commission européenne, dès 1991.

OSCE: Organisation pour la sécurité et la coopération en Europe, née en 1994 d'une mutation de la CSCE, Conférence pour la sécurité et la coopération en Europe. Celle-ci rassemblait, depuis 1973, tous les pays européens, sauf l'Albanie, ainsi que l'URSS, les États-Unis et le Canada.

Pacte de stabilité: Signé en mars 1995, ce pacte, appuyé sur des dispositions prises dans le cadre de l'ONU, de l'OSCE et du Conseil de l'Europe, vise à encourager la reconnaissance mutuelle des frontières existantes, la coopération entre pays voisins et le règlement pacifique des différends. Il accorde en outre une attention particulière aux problèmes des minorités. Sa mise en œuvre relève de l'OSCE, avec le soutien de l'UE.

Conférence euroméditerranéenne: La première d'entre elles aura lieu à Barcelone en 1995. Elle donnera naissance au partenariat euroméditerranéen, dit processus de Barcelone, qui encadre les relations politiques, économiques, sociales et de coopération entre l'UE et les pays méditerranéens, dont la Turquie, Israël et l'Autorité palestinienne.

Pays ACP (Pays Afrique-Caraïbes-Pacifique): pays avec lesquels l'Europe communautaire a signé, en 1975, les accords de Lomé qui prévoient certaines dispositions en matière de préférence tarifaire et de fonds spéciaux.

97 – Yitzhak Rabin
Le peuple israélien aspire à la paix

4 novembre 1995

La vie de Yitzhak Rabin, soldat, diplomate puis homme d'État travailliste israélien, a, durant plus de cinquante ans, accompagné l'histoire de l'État d'Israël, depuis sa lente gestation jusqu'à l'espoir d'une paix stable avec ses principaux voisins. Malheureusement, sa disparition tragique a porté un coup très rude au processus initié en 1993 à Oslo et qui semble toujours bien loin d'aboutir.

Du soldat au Premier ministre, du « faucon » à l'homme de la paix

Né à Jérusalem mais élevé à Tel Aviv où ses parents se sont installés alors qu'il avait un an à peine, Yitzhak Rabin (1922-1995) se destine d'abord à devenir ingénieur agricole mais c'est la carrière militaire qu'il embrasse en intégrant, dès 1941, la milice de défense juive *Haganah*, embryon de *Tsahal*, l'armée israélienne. Cette milice soutint l'effort allié pendant la Deuxième Guerre puis, dans la période charnière 1945-1948, s'opposa aux Britanniques désireux d'éviter une explosion de l'immigration juive en Palestine. Durant la première guerre israélo-arabe, déclenchée par la Ligue arabe au lendemain de la proclamation de l'État d'Israël[1], Yitzhak Rabin est en première ligne à Jérusalem et dans le Néguev. Chef d'état-major de *Tsahal* de 1964 à 1968, il est le principal artisan de la victoire lors de la guerre des Six Jours de 1967[2].

Sa seconde carrière, civile celle-là, peut commencer. D'abord ambassadeur à Washington (1968-1973), il est élu député travailliste en décembre 1973, au lendemain de la guerre du Kippour, au cours de laquelle Israël s'est, pour la première fois, laissé surprendre par les forces arabes. Il entre comme ministre du Travail dans un cabinet Golda Meir de minorité, qui compte notamment sur sa popularité et sa réputation de fermeté. En 1974, il accède à la présidence de son parti et prend la direction d'un gouvernement de coalition. À ce poste, il n'hésite pas à monter le *Raid sur Entebbe*, par lequel un corps expéditionnaire est envoyé en Ouganda secourir une centaine de passagers israéliens d'un avion pris en otage par des militants du Front populaire de libération de la Palestine et de la fraction Armée rouge allemande. Rabin a joué à quitte ou double et a gagné : l'opération se solde par de faibles pertes parmi les otages et les

---

1 Voir l'introduction au discours n° 44.

2 Voir les introductions aux discours n° 75 et 76.

militaires israéliens et par un succès psychologique majeur sur le terrorisme. Le premier passage au pouvoir de Rabin s'achève néanmoins dans un parfum de scandale : il est contraint à la démission en raison de la possession illégale par son épouse d'un compte aux États-Unis et c'est le *Likoud*, le parti conservateur, qui remporte les élections de 1977. Rabin reste cependant un personnage de premier plan au sein de son parti. Député à la *Knesset*, le Parlement israélien, il fait partie des commissions des Affaires étrangères et de la Défense.

C'est justement comme ministre de la Défense qu'il revient au gouvernement, dans plusieurs cabinets d'union nationale entre 1984 et 1990. C'est l'époque de la première *Intifada* palestinienne mais aussi de la fameuse déclaration de Yasser Arafat, le leader de l'OLP, selon laquelle une reconnaissance de l'État d'Israël par les Palestiniens n'est plus impossible[3]. Si Arafat évolue vers plus de souplesse, Rabin, hier « faucon », est désormais prêt, lui aussi, à jouer la carte diplomatique. Après deux ans d'opposition, de 1990 à 1992, au cours desquelles il ravit à Shimon Peres la direction du parti travailliste, il remporte les élections législatives et devient Premier ministre et ministre de la Défense. Aux Affaires étrangères, il est contraint de désigner Peres, son « meilleur ennemi ». S'appuyant sur une coalition constituée avec un autre parti de gauche, cinq députés arabes et un parti séfarade ultra-orthodoxe, Rabin accepte de négocier avec l'ennemi d'hier, estimant, comme il l'explique dans le discours présenté ci-dessous, avoir combattu *tant qu'aucune chance ne semblait réservée à la paix* mais être désormais persuadé de son possible avènement.

De la conférence de Madrid au processus de paix d'Oslo

Au début des années 1990 en effet, c'est tout le contexte géopolitique et géostratégique qui est bouleversé. La guerre froide a pris fin et le soutien apporté par Yasser Arafat à Saddam Hussein pendant la guerre du Golfe (1990-1991) a isolé l'OLP qui a perdu le soutien financier de l'Arabie Saoudite et qui a vu s'écorner la confiance des autres pays arabes modérés et des Européens. À la conférence de Madrid, où les États-Unis ont réuni autour d'une table Israël et les États arabes dès octobre 1991, Yasser Arafat est absent. Les délégués palestiniens sont des membres de l'élite nationaliste des territoires occupés, proches de l'OLP, mais les membres de l'OLP ne résidant pas dans les territoires et ceux de Jérusalem doivent se contenter d'une action en coulisse. Peu à peu se dessine l'idée d'un État palestinien limité à une portion de l'ancienne Palestine sous mandat mais le gouvernement israélien, alors dominé par le *Likoud* de Yitzhak Shamir, s'efforce de ralentir au maximum les travaux tout en accélérant la colonisation israélienne dans les territoires occupés, ce qui provoque des flambées de violence de la part des Palestiniens. Les premiers mois qui suivent le retour au pouvoir des travaillistes, de juillet à octobre 1992, sont peu productifs mais Yitzhak Rabin, voyant que la situation devient intenable, décide d'agir en dehors de la conférence de Madrid.

Il donne le feu vert pour des négociations secrètes entre Israéliens et Palestiniens par l'intermédiaire de Johan Jorden Holst, le ministre norvégien des Affaires étrangères,

---

3 Voir l'introduction au discours n° 86.

et d'un sociologue, Terje Rod Larsen. Bien que tenus à l'écart de ces pourparlers, les États-Unis entrent dans le jeu *in extremis* et c'est en présence du président Clinton que, le 13 septembre 1993, Yitzhak Rabin et Yasser Arafat signent, à Oslo, une Déclaration de principe sur l'autonomie palestinienne. Par cette déclaration, Israël et l'OLP se reconnaissent comme les représentants légitimes de deux peuples décidés à s'entendre. Le 4 mai 1994, l'accord Oslo I, dit aussi « Gaza-Jéricho d'abord », est signé au Caire pour fixer les modalités de l'autonomie palestinienne sur ces territoires, au terme d'une période intérimaire de cinq ans. Cette autonomie est toutefois strictement limitée, Israël conservant d'importantes prérogatives en termes de contrôle des frontières, de politique extérieure et de défense. Le 28 septembre 1995, un nouvel accord, dit « de Taba » ou Oslo II, prévoira l'extension de l'autonomie à certaines zones de Cisjordanie. Par ailleurs, un accord de paix est signé entre Israël et la Jordanie en octobre 1994. L'heure est historique, comme en témoigne la remise du prix Nobel de la Paix 1994 à Yasser Arafat, Yitzhak Rabin et Shimon Peres, lui aussi négociateur à Oslo en tant que ministre des Affaires étrangères.

Le dernier discours de Rabin et sa postérité

C'est donc avec une réelle fierté que Yitzhak Rabin s'adresse à son peuple et au monde le samedi 4 novembre 1995, à Tel Aviv, dans le Jardin des Rois d'Israël, au cours d'une manifestation de foule organisée pour soutenir le processus de paix. Son discours évoque le profond désir de paix des Israéliens, prêts à *prendre des risques* en ce sens, salue les États arabes qui se sont fait représenter mais aussi les Palestiniens de l'OLP, qualifiés de *partenaires*, et affirme sa conviction qu'avec la Syrie même, un accord sera possible. Mais il insiste également sur les obstacles à surmonter et sur l'existence de détracteurs décidés à faire échouer une solution pacifique et diplomatique au conflit. Quelques minutes après avoir prononcé ces paroles et avoir chanté avec la foule *A Song for Peace*, Rabin s'écroule, abattu par Yigal Amir, un jeune extrémiste juif religieux. Il meurt à l'hôpital, où il a été transporté d'urgence. L'émotion est immense : des centaines de milliers d'Israéliens défilent devant sa dépouille et se réunissent spontanément sur le lieu de son assassinat. Quelques jours plus tard, les funérailles de Rabin se déroulent en présence de nombreux chefs d'État, dont le président égyptien Hosni Moubarak et le roi Hussein de Jordanie. Le Jardin des Rois d'Israël est devenu, depuis lors, le Jardin Yitzhak Rabin.

La mort de Rabin a signifié la fin d'une époque mais aussi la fin d'une paix fragile et précaire mais prometteuse. La spirale de la violence a rapidement été relancée dans les deux camps. La seconde *Intifada*, déclenchée en septembre 2000, a entraîné la décision israélienne de construire un mur de protection tandis que le processus de paix s'est enlisé avec le retour au pouvoir du *Likoud* (1996-1999 et 2001-2006) et les conséquences des attentats du 11 septembre 2001. En 2005, après la mort de Yasser Arafat, le Premier ministre conservateur Ariel Sharon a semblé vouloir relancer timidement la machine en démantelant plusieurs colonies juives et en retirant ses troupes de Gaza et d'une partie de la Cisjordanie, mais il a, dans le même temps, renforcé la barrière anti-terroriste et donc l'isolement du peuple palestinien. Une attaque cérébrale l'a plongé dans un profond coma à la veille d'élections capitales, remportées fin mars 2006 par son nouveau parti, *Kadima*, qui a fait éclater le bipartisme et s'est allié aux travaillistes pour gouverner. Mais l'année 2006 a surtout été celle de la victoire aux élections palestiniennes du *Hamas*, mouvement terroriste toujours résolu à la destruction d'Israël, et celle de la guerre déclenchée par Israël contre le *Hezbollah* libanais, guerre meurtrière qui a pris en otage l'ensemble du Liban et laissé la milice chiite matériellement déforcée mais moralement victorieuse aux yeux des populations arabes. En 2007, c'est une véritable guerre civile interpalestinienne qui est venue compliquer encore un peu plus la situation du Proche-Orient. En juin, le *Hamas* a pris le contrôle de Gaza et y a instauré un pouvoir qualifié de rebelle par le chef de l'Autorité palestinienne, Mahmoud Abbas, issu du *Fatah*. Celui-ci a exclu le *Hamas* du gouvernement et constitué une équipe minoritaire mais, *de facto*, son contrôle se limite à la Cisjordanie. C'est pourtant au nom de tous les Palestiniens qu'il entend désormais reprendre les négociations avec Israël qui le reconnaît comme son seul interlocuteur. Dans cette atmosphère d'incertitude, Yitzhak Rabin fait, plus que jamais, figure de symbole. Le 4 novembre 2007, cent cinquante mille Israéliens se sont rassemblés à Tel Aviv pour commémorer les douze ans de sa disparition.

Le peuple israélien aspire à la paix

Permettez-moi tout d'abord, de vous dire quelle émotion m'étreint en cet instant. Je souhaite remercier chacun d'entre vous, qui êtes venus ici manifester contre la violence, et pour la paix. Ce gouvernement, dont j'ai l'honneur et le privilège d'être le Premier ministre, au côté de mon ami Shimon Peres, a décidé de donner sa chance à la paix – une paix qui résoudra l'essentiel des problèmes de l'État d'Israël.

J'ai servi dans l'armée pendant 27 ans. J'ai combattu tant qu'aucune chance ne semblait réservée à la paix. J'ai la conviction aujourd'hui que la paix a ses chances, de grandes chances. Il nous faut tirer parti de cette chance unique, pour la sauvegarde de ceux qui sont ici présents, et pour la sauvegarde de ceux qui sont absents – et ils sont très nombreux.

J'ai toujours eu la conviction que la majorité de la population aspirait à la paix, était prête à prendre des risques pour voir son avènement. En venant ici aujourd'hui, vous démontrez, tout comme beaucoup d'autres qui ne sont pas venus, que le peuple aspire réellement à la paix, et s'oppose à la violence. La violence mine les fondements de la démocratie israélienne. Elle doit être condamnée, rejetée, mise au ban. L'État d'Israël ne saurait s'engager sur cette voie. Dans toute démocratie, il peut y avoir des divergences mais la décision finale ne saurait être prise que dans le cadre d'élections démocratiques – telles que l'ont été celles de 1992 qui nous ont mandaté pour mettre en œuvre ce qu'aujourd'hui nous réalisons et pour poursuivre sur cette voie.

Permettez-moi de vous dire combien je suis fier de pouvoir voir réunis ici aujourd'hui, et demain encore, les représentants des pays avec lesquels nous vivons aujourd'hui en paix : l'Égypte, la Jordanie, le Maroc – qui nous ont permis d'évoluer sur la voie de la paix. Je souhaite remercier le président de l'État égyptien, le roi de Jordanie et le roi du Maroc – de s'être fait représenter ici, en ce jour, et de contribuer à la paix à nos côtés.

Permettez-moi surtout de dire que, depuis plus de trois ans que l'actuel gouvernement est en place, le peuple israélien a prouvé qu'il est possible de déboucher sur la paix, que la paix est la clé d'une économie et d'une société meilleures, que la paix n'est pas simplement une prière. La paix apparaît avant tout dans nos prières, mais elle est aussi l'aspiration du peuple juif, une authentique aspiration à la paix.

La paix a ses ennemis, qui tentent de porter leurs coups contre nous dans l'espoir de faire avorter le processus de paix. Je vous le dis, en vérité, nous avons trouvé des partenaires prêts à la paix, également parmi les Palestiniens : l'OLP, qui jadis était notre ennemi, et a cessé de recourir au terrorisme. Sans partenaire prêt à la paix, il n'y aurait pas de paix. Nous leur demanderons de remplir la tâche qui leur est impartie pour la paix, comme nous remplirons la nôtre, et ce afin de résoudre l'aspect le plus complexe, le plus ancien et le plus sensible du conflit israélo-arabe : le conflit israélo-palestinien.

Nous sommes engagés sur un chemin douloureux et semé d'embûches. Israël ne connaît aucun chemin qui ne soit pas douloureux. Mais mieux vaut s'engager sur le chemin de la paix que sur celui de la guerre. Je vous le dis en tant qu'ancien militaire et en tant qu'actuel ministre de la Défense, amené à voir la douleur frapper les familles des soldats des Forces de défense israéliennes. Pour eux, pour nos enfants et, dans mon cas, pour nos petits-enfants, je souhaite voir ce gouvernement déployer tous les efforts possibles pour promouvoir et conclure enfin une paix globale. Avec la Syrie même, nous parviendrons à conclure la paix.

Ce rassemblement doit envoyer un message au peuple israélien, au peuple juif à travers le monde, aux nombreux peuples du monde arabe, et au monde entier : le peuple israélien aspire à la paix, affirme sa volonté de paix. Et pour tout cela, un immense merci à tous.

98 – Boris Eltsine
Nous sommes tous coupables

17 juillet 1998

La fin du XXe siècle peut, à bien des égards et en bien des lieux, être considérée comme une période d'introspection et d'autocritique. Le débat est aujourd'hui intense sur la thématique de la repentance et sur la manière dont chaque nation, chaque institution doit concevoir son rapport aux pages troubles de son histoire, que l'on pense aux excuses de Jean-Paul II à Yad Vashem[1], à celles du président Chirac pour les errements de Vichy ou aux travaux, en Belgique, de la commission Lumumba[2]. Sommes-nous responsables des actes posés par ceux qui nous ont précédés ? Faut-il implorer le pardon des victimes et confesser une faute collective pour assumer le passé – tout le passé – et mieux regarder vers l'avenir ? C'est ce qu'a estimé Boris Eltsine en procédant à l'inhumation solennelle de la famille impériale.

La destinée funeste des derniers Romanov

Monté sur le trône en 1894, Nicolas II Romanov pensait pouvoir poursuivre la politique autocratique de ses ancêtres mais la Russie n'échappe pas aux conséquences de l'expansion économique et industrielle : le prolétariat urbain, limité mais influencé par les théories marxistes, se montre de moins en moins docile et la bourgeoisie entend bien obtenir, comme ailleurs en Europe, un rôle politique accru. Par ailleurs, les puissantes masses paysannes se soulèvent à chaque maigre récolte. En 1905, alors que la guerre russo-japonaise s'est soldée par une défaite et que la famine guette les populations, une vague révolutionnaire surgit, qui conduit le Tsar à accepter un régime constitutionnel. Mais durant plus de dix ans, le pouvoir impérial va chercher comment limiter les conséquences de cette inévitable concession : nomination de ministres autoritaires, dissolutions successives de plusieurs assemblées élues (*Douma*), répression sanglante des grèves et manifestations. En 1914, la Russie se lance dans une guerre dont sa politique aventureuse a contribué à hâter le déclenchement. Au fil des mois et des défaites militaires, le régime tsariste devient plus impopulaire que jamais : on reproche ses origines allemandes à l'impératrice Alexandra Feodorovna née Alice de Hesse-Darmstadt, on accuse l'influent moine-conseiller Raspoutine, assassiné en 1916, d'être un agent allemand et

---

1 Voir l'introduction au discours n° 100.

2 Voir l'introduction aux discours n° 58 et 59.

on rend le Tsar responsable des deux millions et demi de morts que comptera la Russie en trois ans de conflit. Début 1917, la révolution de Février conduit au pouvoir un comité provisoire, dominé par la bourgeoisie de centre-droit[3]. Retranché dans son quartier général, Nicolas II ne réalise pas la gravité de la situation et s'accroche au pouvoir. Le 15 mars 1917[4], il reçoit en gare de Pskov, où son train est bloqué, la visite de deux envoyés de la *Douma*, Goutchkov et Choulguine, qui lui présentent l'abdication comme la seule solution possible, ce que confirment les chefs de l'armée. Le Tsar accepte donc de s'effacer au profit de son frère Michel, puisque son fils aîné n'a que treize ans et est hémophile, mais le souverain pressenti décline l'offre. L'Empire a vécu.

Nicolas II et son épouse, leur fils Alexis et leurs quatre filles Olga, Tatiana, Maria et Anastasia, sont alors placés en résidence surveillée dans leur palais d'été de Tsarkoïe Selo, près de Saint-Pétersbourg. Au mois d'août 1917, le gouvernement provisoire décide de les transférer à Tobolsk, en Sibérie occidentale, pour les protéger de l'instabilité politique croissante dans la capitale. De fait, la révolution d'Octobre se solde par la victoire des bolcheviks emmenés par Lénine. En mars 1918, ceux-ci signent une paix séparée avec les Centraux à Brest-Litovsk[5] mais la Russie n'en a pas pour autant fini avec les conflits puisqu'elle va subir trois ans de guerre civile entre Rouges et Blancs, ces derniers étant militairement aidés par plusieurs pays européens. Dans ce contexte, la famille impériale est un fardeau encombrant pour le pouvoir bolchevik. Dès septembre 1917, les conditions de détention des Romanov s'étaient dégradées. En avril 1918, un nouveau commissaire bolchevik, Vassili Yakovlev est envoyé à Tobolsk afin d'assurer un second transfert de la famille, cette fois vers Iekaterinbourg. Sur place, les Romanov et plusieurs de leurs proches ou domestiques sont logés dans la maison d'un riche marchand, Nicolas Ipatiev, exproprié pour l'occasion. Ils sont gardés par des soldats bolcheviks dirigés, jusqu'en juillet 1918, par le commandant Avdief puis, ensuite, par le commandant Yakov Yurovsky, représentant de la *Tchéka*, la police politique. Mais les Rouges sont en mauvaise posture dans la région : les Blancs ont réussi à faire jonction avec la Légion tchécoslovaque constituée de cinquante mille prisonniers austro-hongrois de 1916-1917, autorisés à rentrer chez eux mais poussés par leurs chefs à combattre les bolcheviks. Mi-juillet, Iekaterinbourg est sur le point de tomber. Le *Soviet* de l'Oural prend alors la décision d'éliminer la famille impériale. Il semble qu'au plus haut niveau, le Conseil des commissaires du peuple ait été informé de la décision et l'ait approuvée. Dans la nuit du 17 au 18 juillet 1918, les prisonniers sont réveillés et conduits à la cave par Yurovsky, sous prétexte de les préparer à un nouveau départ. Ils sont onze : le couple impérial et leurs cinq enfants, leur médecin, une dame d'honneur, un valet de pied et un cuisinier. Peu de temps après, en présence du commissaire militaire spécial Piotr Ermakov, un peloton de Lettons en armes les abat froidement, achevant le travail à coups de crosses et de baïonnettes. Il s'agit maintenant de faire disparaître les corps. On les transporte d'abord par tracteur en pleine forêt vers un puits de mine désaffecté et inondé. Les cadavres sont jetés dans l'eau et recouverts de branchages. Mais très vite, il apparaît que le lieu n'est pas idéal et que les corps sont

3 Voir l'introduction au discours n° 3.
4 Date du calendrier grégorien.
5 Voir l'introduction au discours n° 5.

mal dissimulés. À défaut de pouvoir les brûler complètement, on tente de les transférer vers un puits de mine plus profond mais le temps presse et, finalement, il est décidé de les enterrer à la va-vite en attendant mieux. La chute de Iekaterinbourg le 25 juillet perturbe une nouvelle fois ces plans.

Quatre-vingts ans de brouillard

Les Blancs vont contrôler la région jusqu'en 1919 et ils ouvrent rapidement une enquête sur le meurtre des Romanov et la disparition de leurs dépouilles. Trois juges mènent successivement des investigations. Le dernier, Nicolas Sokolov, se livre à des recherches minutieuses, essayant de reconstituer précisément le parcours du fameux tracteur, interrogeant les Gardes rouges en poste à la maison Ipatiev au moment du drame et pour l'heure prisonniers, inspectant enfin les puits de mine. Mais Sokolov n'ira pas au bout de la vérité : d'une part, il finit par se persuader que les corps ont été brûlés et qu'il n'en reste rien et, d'autre part, la victoire finale des bolcheviks le contraint à l'exil en France où il meurt en 1924, non sans avoir publié un ouvrage relatant ses découvertes. De 1927 à 1932, le pouvoir soviétique fait de la maison Ipatiev un musée consacré à la révolution et à l'assassinat du Tsar mais, par la suite, et afin d'éviter toute forme de pèlerinage ou de nostalgie, il rend au lieu un but plus fonctionnel en le transformant en dépôt d'archives ou en salle de réunion. Néanmoins, il est difficile d'annihiler tout souvenir des Romanov, d'autant qu'en Europe occidentale, certains prétendent être Anastasia ou Alexis et avoir échappé au massacre grâce à des complicités chez les Rouges. Quoi qu'il en soit, après avoir été classée monument historique en 1974, la maison Ipatiev subit, l'année suivante, d'importants dommages. En 1977, le *Politburo* décide de mettre fin aux tergiversations et, prétextant des travaux routiers, ordonne sa destruction, qui a lieu dans la nuit du 27 au 28 juillet. Anonymement et secrètement, de nombreux Russes continueront néanmoins à fleurir l'endroit.

Peu de temps avant cette destruction, la recherche des corps des Romanov a été relancée. De passage sur les lieux où se trouvait la maison Ipatiev, Gueli Riabov, un écrivain moscovite, est marqué par le drame qui s'y est noué en juillet 1918 et décide de reprendre l'enquête de Sokolov avec l'aide d'un historien amateur, Alexander Avdonin, qui avait eu l'occasion de discuter, durant sa jeunesse, avec Piotr Ermakov et d'autres témoins des derniers moments du Tsar. Les deux hommes multiplient les démarches, sans que les autorités soviétiques ne s'y opposent réellement, Riabov étant membre du parti communiste. Ils finissent par retrouver le fils de Yurovsky qui leur confie un document rédigé par son père en 1934. Celui-ci décrit avec précision les événements de juillet 1918. Le 30 mai 1979, Riabov et Avdonin trouvent le lieu de sépulture de la famille impériale. En raison du contexte politique, ils décident de prendre quelques photos des ossements mais de laisser le site en l'état et d'attendre le moment opportun pour rendre leur découverte publique. Riabov patientera dix ans mais, confiant en Gorbatchev, révélera son secret à la presse en avril 1989, en prenant toutefois la précaution de donner un lieu de sépulture distant de cinq cents mètres du lieu réel. Les pelleteuses envoyées sur place en catastrophe avant la parution de l'article ne causèrent ainsi aucun dégât... Avdonin, qui était adversaire de la révélation, décide de rompre sa collaboration avec Riabov et c'est séparément qu'après la disparition de l'URSS, les deux hommes vont tenter d'obtenir du pouvoir l'exhumation et l'enterrement solennel des Romanov. Ironie du sort : l'appui souhaité leur est donné par le destructeur de la maison Ipatiev, Boris Eltsine, ancien Premier secrétaire du PCUS dans la région de Iekaterinbourg (alors Sverdlovsk) et désormais président de la République de Russie.

Boris Eltsine et la réconciliation nationale

Né près de Sverdlovsk, Boris Nicolaïevitch Eltsine (1931-2007), fils d'un opposant un temps condamné au goulag, suit des études mouvementées et obtient finalement, en 1955, un diplôme de l'Institut polytechnique de l'Oural. Il entame alors une carrière dans la construction et y gagne ses galons de chef en une décennie. Membre du PCUS dès 1961, il devient, en 1968, le responsable régional du parti dans le secteur de la construction. En 1975, il est nommé secrétaire du Comité régional pour le développement industriel avant de devenir le premier responsable du PCUS dans la région. En avril 1985, il prend la tête du secteur de la construction à Moscou, en tant que secrétaire du Comité central. Désigné chef du parti pour la région moscovite en décembre de la même année, il intègre le *Politburo*. Cependant, ses relations avec Gorbatchev se détériorent rapidement, Eltsine se montrant partisan de réformes beaucoup plus profondes du système soviétique que celles proposées par la *Perestroïka*[6]. En 1987, il est placé sur une voie de garage, ce qui l'affecte profondément, mais il refait surface en 1989 en se faisant élire représentant de Moscou au Congrès des députés et en obtenant un siège au *Soviet* suprême. En 1990, il est élu à la tête du *Præsidium* du *Soviet* suprême de Russie et, en juillet, quitte le PCUS, alors même que la Russie proclame sa souveraineté. En juin 1991, il est élu président de la nouvelle République avec 57 % des voix et contre le candidat de Gorbatchev. Aux yeux de l'Occident, il devient le nouvel homme fort en août lorsqu'il tient tête, depuis la « Maison-Blanche », c'est-à-dire le Parlement russe, à la tentative de coup d'État menée par les conservateurs communistes contre Gorbatchev. Quatre mois plus tard, l'URSS disparaît, remplacée par la CEI (Communauté des États indépendants), Gorbatchev se retire et Eltsine récupère pour la Russie le poste de membre permanent du Conseil de Sécurité de l'ONU. On sait comment, l'alcool et l'autoritarisme aidant, il perdra rapidement sa crédibilité, tant en Russie qu'à l'étranger. Il n'en restera pas moins président jusqu'au 31 décembre 1999 puis, usé, cédera la place à son Premier ministre Vladimir Poutine.

En 1991, c'est un homme très respecté qui autorise l'exhumation des restes de la famille Romanov. En juillet, le site est investi par des juristes et des scientifiques qui ne retrouvent que neuf squelettes sur onze. D'après le témoignage de Yurovsky, les deux corps restants auraient été enterrés ailleurs mais ils n'ont pas encore été retrouvés. Des analyses ont permis d'affirmer que les deux dépouilles introuvables sont celles d'Alexis et d'une de ses sœurs, sans que l'on puisse dire avec certitude s'il s'agit de Maria ou d'Anastasia. Les conclusions des experts russes, américains et britanniques ont, en tout cas, relancé les interrogations autour des enfants impériaux prétendument épargnés. Elles ont aussi jeté le trouble concernant le Tsar lui-même : le squelette que l'on suppose être le sien n'est pas identifié avec 100 % de certitude. Pour les autorités

---

[6] Voir l'introduction au discours n° 93.

russes, le doute est infime et ne doit pas être pris en compte mais l'Église orthodoxe, elle, se refuse à reconnaître l'authenticité des ossements. Au bout de plusieurs années d'enquête, il faut pourtant trancher et procéder à l'inhumation des dépouilles. En 1997, Boris Eltsine confie au vice-Premier ministre Boris Nemtsov le soin d'organiser la cérémonie officielle. Celle-ci est programmée symboliquement le 17 juillet 1998, quatre-vingts ans après le drame, mais se déroule dans une certaine confusion. Moscou et Iekaterinbourg ont fait valoir leurs droits historiques mais c'est l'ancienne capitale des Tsars, Saint-Pétersbourg, qui a été choisie. La population russe est partagée sur l'opportunité de funérailles solennelles : elle a tourné la page du communisme mais n'est pas pour autant nostalgique du régime impérial. Plus de la moitié des Russes sondés en 1998 pensent que l'exécution des Romanov répondait à une nécessité militaire et politique. Par ailleurs, la cérémonie s'est préparée et déroulée sans qu'un réel débat national ne soit mené sur l'histoire de la période révolutionnaire, comme s'il s'agissait d'en finir au plus vite mais à grand bruit avec le passé. Enfin, jusqu'au dernier moment, on a pensé qu'Eltsine s'abstiendrait de participer à l'hommage, notamment en raison de la polémique qui l'a opposé au Patriarche de l'Église orthodoxe : refusant toujours de reconnaître l'authenticité des ossements et ne souhaitant pas apporter sa caution à une opération avant tout politique, ce dernier a décidé de dire une messe parallèle et de déléguer à Saint-Pétersbourg des prêtres chargés de rendre hommage, sans précision, aux victimes des années de répression.

Mais finalement, le 17 juillet 1998, Boris Eltsine est bien présent dans la cathédrale Pierre-et-Paul, où sont exposés neuf petits cercueils renfermant les restes des corps exhumés en 1991. L'assistance se compose à la fois de descendants des Romanov, venus du monde entier, et de dignitaires russes, parmi lesquels beaucoup d'ex-communistes. La population n'a pas été conviée pour l'occasion car on redoute des manifestations en sens divers et des heurts entre pro- et anti-Tsar. Eltsine a décidé de faire de la cérémonie une heure de gloire personnelle : il se tient debout et serre ostensiblement la main du prince Nikolaï Romanovitch. Il prend ensuite la parole pour une courte allocution qui lui permet de mettre en exergue sa volonté de réconciliation et d'expiation nationales. Stigmatisant l'*une des pages les plus honteuses* de l'histoire russe, il condamne les coupables de l'assassinat, sans toutefois préciser clairement leur appartenance au parti bolchevik, puis lance brusquement : *nous sommes tous coupables*, ce qui oblige chaque Russe à un examen de conscience. Rappelant les *nombreuses pages de gloire* liées aux Romanov, l'ancien chef communiste appelle à tirer les leçons du passé et à réaliser l'inefficacité de la violence comme moyen politique.

Toutefois, reconnaître les torts de la nation ne signifie pas qu'il faille délier les cordons de la bourse : afin de ne pas devoir indemniser les descendants, la Russie se refuse à réhabiliter le Tsar considéré par la justice comme victime d'un meurtre de droit commun. Tout comme Eltsine, Poutine semble surtout désireux de miser sur la repentance symbolique : en 2004, il a autorisé le retour en Russie de la dépouille de Maria Feodorovna, épouse du tsar Alexandre III et mère de Nicolas II. Depuis octobre 2006, elle repose, elle aussi, dans la forteresse Pierre-et-Paul.

Nous sommes tous coupables

C'est une journée historique pour la Russie. Quatre-vingts années se sont écoulées depuis le massacre du dernier tsar russe et de sa famille. Longtemps nous avons gardé le silence sur cet odieux crime. Nous devons dire la vérité : le massacre d'Ekaterinbourg est devenu l'une des pages les plus honteuses de notre histoire.

En rendant à la terre les corps des innocents tués, nous voulons expier les péchés de nos ancêtres. Ceux qui ont commis cet acte barbare, et ceux qui l'ont approuvé pendant des décennies, sont coupables. Mais nous sommes tous coupables.

Nous ne pouvons pas nous mentir à nous-mêmes, en donnant une explication politique à cette cruauté insensée. L'exécution des Romanov fut le résultat d'une division irrémédiable dans la société russe. Ces effets se font ressentir jusqu'à nos jours. L'inhumation des corps des victimes est un acte de justice humaine, une expiation de notre culpabilité commune.

Nous portons tous notre part de responsabilité dans la mémoire historique de notre nation ; et c'est pourquoi je ne pouvais manquer d'être ici aujourd'hui. Je suis ici aujourd'hui à la fois comme individu et comme président.

Je m'incline devant les victimes de ce massacre impitoyable. Dans notre construction d'une Russie nouvelle, nous devons tabler sur l'expérience de notre histoire. De nombreuses pages de gloire sont liées aux Romanov. Mais leur nom est également associé à l'une des leçons les plus amères qui soient : celle que toute tentative de changer la vie par la violence est vouée à l'échec.

Nous devons terminer ce siècle, qui a été celui du sang et de l'illégalité pour la Russie, par le repentir et la réconciliation, quelles que soient les convictions politiques et religieuses ou encore l'origine ethnique. C'est une chance historique qui nous est donnée. À la veille du troisième millénaire, nous devons le faire au nom des générations actuelles et à venir. Souvenons-nous de ces victimes innocentes de la haine et de la violence. Qu'elles reposent en paix !

99 – Fidel Castro
Quarantième anniversaire de la révolution

1er janvier 1999

À l'aube du XXIe siècle et dix ans après la chute du mur de Berlin, les régimes pouvant être qualifiés de communistes se comptent sur les doigts d'une main. Au premier rang figure Cuba, toujours solidement dirigée par Fidel Castro, convaincu de la victoire finale du socialisme. Face à l'embargo et aux difficultés croissantes de son pays, celui-ci s'affirme décidé à maintenir le cap et profite du quarantième anniversaire de sa révolution pour rompre une nouvelle lance contre la mondialisation et l'hypercapitalisme.

Du libérateur acclamé à l'autocrate isolé

Né en 1926 près de Mayari, dans l'ancienne province cubaine d'Oriente, Fidel Castro est le fils d'un immigrant espagnol devenu un planteur aisé sur l'île. Il accomplit ses études dans des institutions religieuses puis s'inscrit à l'Université de La Havane, dont il sort docteur en droit en 1950. Dès ses années d'études, il milite dans les rangs de l'extrême-gauche et participe à la lutte contre les régimes en place à Cuba mais aussi en Colombie et en République dominicaine. Le 26 juillet 1953, avec quelques amis, il monte un coup d'État à Santiago-de-Cuba mais sa tentative pour s'emparer de la caserne Moncada échoue dans le sang. Condamné à quinze ans de prison, il est amnistié, comme son frère, en 1954 et se réfugie au Mexique où il rencontre « Che » Guevara[1]. En novembre 1956, à la tête du Mouvement du 26 juillet, un groupe de quatre-vingt-deux guérilleros, il repart à l'assaut de la dictature de Fulgencio Batista, très démonétisée. Durant plus de deux ans et malgré de lourdes pertes lors du débarquement, il va mener un combat de chaque instant contre les forces armées du régime et l'emporter grâce à l'appui de l'opposition, de plus en plus nombreuse, et grâce au lâchage de Batista par les États-Unis. La victoire est acquise le 1er janvier 1959, lorsque ce dernier part en exil. Quelques jours plus tard, Castro entre à La Havane et devient Premier ministre. Dans le discours fleuve présenté ci-dessous, il revient longuement sur la chronologie de cette période glorieuse. Mais des années qui l'ont suivie, il parle peu, si ce n'est pour évoquer les progrès – bien réels – enregistrés sur le plan de l'alphabétisation (96 % de la population), des soins de santé et de l'éducation sportive. Il évite

---

[1] Voir l'introduction au discours n° 60.

ainsi de s'appesantir sur la situation socio-économique désastreuse du pays et sur le régime dictatorial qu'il lui a très tôt imposé.

D'abord perçu comme démocrate, Fidel Castro, subissant l'influence de marxistes comme Guevara, a en effet rapidement glissé vers un alignement doctrinal et politique sur Moscou. Il se lance dans des nationalisations et collectivisations de grande ampleur, réprime ses opposants comme les partisans de l'ancien régime et, en 1961, affirme le caractère socialiste de sa révolution. La tension devient vite intense avec Washington, qui se refuse à voir le communisme s'installer dans sa sphère d'influence directe, qui voit ses intérêts économiques menacés par le nouveau régime et qui accueille sur son sol les réfugiés cubains désireux de renverser Castro. Les années 1961-1962 sont celles du débarquement manqué d'anticastristes dans la baie des Cochons et de la crise des missiles par laquelle Moscou a testé le sang-froid de Kennedy en installant des fusées sur le sol cubain[2]. Par la suite, le climat s'apaise mais Cuba est durablement placée sous embargo par les États-Unis. Si un certain relâchement intervient à la fin des années 1970, l'arrivée au pouvoir de Ronald Reagan y met un terme. Par voie de conséquence, l'île se retrouve soumise à une étroite dépendance financière, économique et militaire par rapport à l'URSS et à ses satellites. Dans son zèle, Fidel Castro tente d'ailleurs d'imiter les Soviétiques en prônant d'abord l'industrialisation à outrance, au détriment de l'agriculture, la principale activité de l'île. Dès juillet 1970, dans un célèbre discours, il reconnaît son erreur et s'emploie à corriger le tir mais la situation demeure périlleuse : sans l'aide extérieure, l'économie cubaine n'est pas viable. Cependant, l'isolement de Castro sur la scène internationale[3] et sa perte progressive de popularité dans le pays tiennent aussi à son mode de gouvernement : il a établi, en effet, une véritable autocratie, assurée par l'élimination de toute opposition – via l'emprisonnement ou, plus rarement, la liquidation physique – et par l'instauration du parti unique. Formellement créé en 1965, le Parti communiste cubain (PCC) absorbe ainsi les autres mouvements et voit son statut monopolistique définitivement consacré par la Constitution de février 1976. Dans le même temps, l'émigration se poursuit à un rythme soutenu : par centaines de milliers, des Cubains se réfugient aux États-Unis qui facilitent leur arrivée, et la diaspora est aujourd'hui évaluée à un million et demi de personnes.

Castro piégé par l'effondrement du bloc communiste

En dépit de tous les efforts entrepris par le régime, l'embargo, la bureaucratie galopante et le dogmatisme socialiste se conjuguent pour entraver le développement de l'économie cubaine qui, bien que connaissant, de 1970 à 1985, une croissance forte, reste celle d'un pays sous-développé. Dans la seconde moitié des années 1980, le contexte politique international est bouleversé par l'arrivée au pouvoir de Mikhaïl Gorbatchev en URSS[4]. Castro est opposé aux réformes politiques et économiques prônées par le Kremlin et réaffirme son attachement au socialisme pur et dur et à une stricte planification. Avec la disparition du bloc communiste, Cuba voit s'effondrer

2 Voir l'introduction au discours n° 64.

3 Isolement à relativiser puisque les liens sont maintenus avec plusieurs pays latino-américains.

4 Voir l'introduction au discours n° 93.

son partenariat privilégié et s'engage dans une période de turbulences. Fidel Castro prévient son peuple que ses difficultés vont s'accroître et suscite ainsi une nouvelle émigration de *balseros* ou *boat people*. En 1994, Castro les encourage même au départ, afin de noyer les États-Unis et de les obliger à conclure un accord avec Cuba sur ce plan. Pour ceux qui restent, les conditions de vie se détériorent, en termes de salaires, de transport ou de logement, ce qui provoque une explosion du marché noir, de la délinquance et de la prostitution. Cette dernière est d'ailleurs liée aux concessions que Castro doit finalement faire au libéralisme : il tente de développer le tourisme sur l'île – tourisme qui est parfois uniquement sexuel –, encourage la naissance d'entreprises mixtes, admet la privatisation d'une série de professions, favorise les investissements étrangers et autorise les exilés à envoyer des dollars à leurs familles restées sur l'île.

Malgré une relative amélioration en 1995 et 1996, Cuba reste, à la fin du siècle, dans une situation précaire, d'autant que les États-Unis de Bill Clinton, influencés par le lobby des réfugiés, cherchent à renforcer encore l'embargo en votant, en 1992, la loi Torricelli, bientôt condamnée implicitement par l'ONU, puis, en 1996, la loi Helms-Burton. Celle-ci vise à réduire les investissements étrangers à Cuba en permettant aux tribunaux américains de poursuivre les personnes ou les sociétés qui traiteraient avec des détenteurs de biens ayant anciennement appartenu à des Américains ou à des Cubains installés aux États-Unis. De nombreux pays, dont ceux de l'Union européenne, se sont élevés contre cette législation mais l'idée de conditionner l'aide à Cuba à une démocratisation du régime s'est néanmoins imposée au sein de la communauté internationale. Pris à la gorge, Castro paie alors de sa personne : après avoir longtemps essayé de réduire au silence l'Église catholique, forte de quatre millions de fidèles sur onze millions d'habitants, il comprend l'intérêt qu'il a à la ménager et, dès le milieu des années 1980, se rapproche du Vatican. Dix ans plus tard, il s'y rend personnellement pour négocier une visite de Jean-Paul II à Cuba, qui connaît alors un regain de ferveur religieuse toléré par le pouvoir. Le voyage pontifical a lieu en janvier 1998 et le Pape, s'il réaffirme son souhait de voir Cuba évoluer vers plus de liberté, notamment en matière de foi, s'emploie aussi à dénoncer fermement l'embargo. Interpellés, les Américains autorisent bientôt la reprise de certains vols humanitaires, sous l'impulsion inattendue de Torricelli et Helms. Castro, lui, remercie Jean-Paul II en rétablissant la fête de Noël comme un jour férié.

La cinquième décennie du régime castriste

Le 1er janvier 1999, c'est un Fidel Castro très combatif qui, sur la place Céspedes de Santiago s'adresse à son peuple pour commémorer le quarantième anniversaire de la révolution. Puisque les trois-quarts des Cubains de 1999 ne sont pas en âge d'avoir vécu les événements de 1959, il décide de consacrer le corps de son discours au présent et plus particulièrement aux risques que font courir au monde le capitalisme débridé et la mondialisation, dont les États-Unis sont présentés comme les principaux acteurs. Castro estime que *l'ordre économique* actuel *s'effondrera inexorablement* parce qu'il est *insoutenable*, basé sur des *lois aveugles, chaotiques, qui ruinent et détruisent la société et la nature*. Décrivant, non sans réalisme, les conséquences perverses d'une entière subordination *à la théologie du marché*, il dresse un tableau apocalyptique des misères inhumaines engendrées par la recherche insatiable du profit. Passant du général au particulier, Castro évoque des exemples précis de dysfonctionnement et d'instabilité du système financier international, montrant comment les néo-libéraux, si opposés à tout interventionnisme, sont paradoxalement contraints d'intervenir pour éviter qu'une simple faillite locale n'entraîne un éclatement de la bulle financière. Or, poursuit-il, l'intervention des États doit, au contraire, s'exercer pour donner au monde *un peu de direction* face aux grands défis du futur: la santé, à commencer par le sida, l'inflation démographique, la surconsommation ou encore la protection de l'environnement. Castro en appelle donc à investir l'ONU de nouvelles missions et, s'en prenant une nouvelle fois à l'omnipotence américaine, salue la naissance de l'euro, capable de rivaliser avec le dollar. Concluant comme il avait commencé, par un retour sur les événements de 1956-1959, le chef d'État cubain appelle ses auditeurs à continuer leur résistance pour les quarante années à venir qu'il voit comme décisives, et lance son slogan historique: *Le socialisme ou la mort! La patrie ou la mort! Nous vaincrons!*

Depuis cette longue péroraison, neuf ans se sont écoulés, au cours desquels plusieurs inquiétudes exprimées par Fidel Castro se sont effectivement avérées cruciales, comme les questions environnementales, mais neuf ans qui, à Cuba, n'ont guère amené d'évolution sur le plan de la démocratie. Moins isolé que naguère vu le succès, dans plusieurs pays latino-américains, de leaders de gauche désireux de s'affranchir de la tutelle américaine, Castro n'en est pas moins en bout de course, physiquement plus encore que politiquement. Depuis juillet 2006, il a cédé les rênes du pouvoir à son frère Raùl, par ailleurs chef des armées, et les nouvelles concernant sa santé vont des plus alarmistes aux plus rassurantes. La question de l'après-Castro est, dès à présent, posée et c'est l'incertitude qui prévaut: le régime va-t-il survivre à son créateur? va-t-il se réformer progressivement ou être renversé brutalement? Dans ce dernier cas, le renversement viendra-t-il de la timide et disparate opposition interne ou d'un retour des exilés, souvent mal perçus par la population de l'île parce que très américanisés, très radicaux et coupés des réalités de leur pays d'origine?

Quarantième anniversaire de la Révolution

Santiagais,

Compatriotes de tout le pays,

Je m'efforce de me rappeler cette nuit-là du 1er janvier 1959; j'en vis et perçois les impressions et les détails comme si c'était aujourd'hui même. Il me semble irréel que le destin m'ait offert le rare privilège de parler de nouveau à la population de Santiago de Cuba du même endroit, quarante ans après.

Ce jour-là, un peu avant le petit matin, en apprenant que le tyran et les principaux chefs de son régime ignominieux avaient fui devant l'avancée irrésistible de nos forces, j'avais ressenti pendant quelques secondes une sensation de vide étrange. Comment avions-nous pu remporter cette victoire incroyable en à peine un peu plus de vingt-quatre mois à partir du moment où nous étions parvenus, après avoir essuyé le très dur revers qui avait pratiquement annihilé notre détachement, à réunir sept fusils, le 18 décembre 1956, et à reprendre la lutte contre des forces militaires qui comptaient quatre-vingt mille hommes sous les armes, des milliers de cadres ayant reçu une formation militaire dans des écoles, ayant un moral élevé, jouissant de privilèges attrayants, bénéficiant d'un mythe d'invincibilité jamais remis en cause, des conseils infaillibles et des livraisons sûres des États-Unis ? Ce sont des idées justes qu'un peuple vaillant avait faites siennes qui avaient opéré ce miracle militaire et politique. Et, en vingt-quatre heures, l'Armée rebelle, les travailleurs et le reste de peuple balayaient les dernières tentatives, vaines et ridicules, de sauver ce qu'il restait de ce régime d'exploitation et d'oppression.

Notre tristesse passagère au moment de la victoire n'était que la nostalgie de l'expérience vécue, le souvenir encore frais des compagnons tombés au long de la lutte, la conscience claire que ces années si extraordinairement difficiles et défavorables nous avaient obligés à être meilleurs que ce que nous étions et à en faire les plus fructueuses et les plus créatrices de nos vies. Il nous fallait abandonner nos montagnes, nos campagnes, nos coutumes obligatoires d'austérité absolue, notre vie éprouvante de vigilance permanente face à un ennemi qui pouvait surgir, sur terre ou dans les airs, à tout moment des sept cent soixante et un jours qu'avait duré la guerre, la vie saine, dure, pure, faite de grands sacrifices et de dangers partagés, qui rend les hommes frères et fait fleurir leurs meilleures vertus, ainsi que la capacité infinie de don de soi, de désintéressement et d'altruisme que chaque être humain peut porter en soi.

[*Castro revient alors longuement sur les événements de janvier 1959.*]

[...] L'année qui vient de s'écouler nous a permis de commémorer les faits que je n'ai évoqués ce soir qu'en partie.

Honneur et gloire éternels, respect infini et affection pour ceux qui sont tombés à l'époque pour assurer l'indépendance définitive de la patrie ; pour tous ceux qui ont écrit cette épopée dans les montagnes, les campagnes et les villes, guérilleros ou militants clandestins ; pour ceux qui, après la victoire de la Révolution, sont morts dans d'autres missions glorieuses ou ont consacré loyalement leur jeunesse et leurs énergies à la cause de la justice, de la souveraineté et de la rédemption de leur peuple ; pour ceux qui sont déjà décédés et pour ceux qui vivent encore, car, si on pouvait parler en ce 1er janvier-là d'une victoire remportée en cinq ans, cinq mois et cinq jours après le 26 juillet 1953, il faut parler à cet anniversaire-ci, en prenant le même point de référence, d'une lutte héroïque et admirable de quarante-cinq ans, cinq mois et cinq jours.

Aujourd'hui encore, la Révolution commence à peine pour les générations les plus nouvelles. Un jour comme celui-ci n'aurait pas de sens si on ne parlait pour elles.

Qui sont donc présents ici ? Ce ne sont pas, dans leur immense majorité, les hommes, les femmes et les jeunes de ce jour-là. Le peuple auquel je m'adresse n'est pas le peuple de ce 1er janvier-là. Ce ne sont pas les mêmes hommes ni les mêmes femmes. C'est un autre peuple différent, et, pourtant, le même peuple éternel.

Celui qui vous parle de cette tribune n'est pas non plus exactement le même homme que ce jour-là. C'est seulement quelqu'un de bien moins jeune, mais qui s'appelle pareil, qui s'habille pareil, qui pense pareil, qui rêve pareil.

Des 11 142 700 habitants qui constituent la population actuelle du pays, 7 190 400 n'étaient pas encore nés, 1 359 698 avaient moins de dix ans ; l'immense majorité de ceux qui avaient alors cinquante ans et en auraient maintenant au minimum quatre-vingt-dix – bien que ceux qui dépassent cet âge soient toujours plus nombreux – sont décédés.

Au moins 30 % de ces compatriotes-là ne savaient pas lire ni écrire ; peut-être 60 % n'avaient même pas le certificat d'études. Il n'existait que quelques dizaines d'écoles techniques, de lycées, pas tous à la portée du peuple, et d'écoles normales, trois universités publiques et une privée. Des professeurs et des instituteurs, 22 000. Dans de telles conditions, combien d'adultes pouvaient-ils avoir un niveau scolaire au-delà du primaire ? Guère plus de 5 %, soit en gros 250 000 personnes.

Je me souviens de certains chiffres.

Nous comptons aujourd'hui plus de 250 000 enseignants actifs, de bien meilleur niveau ; 64 000 médecins ; 600 000 diplômés universitaires. Il n'existe pas d'analphabète, et il est rarissime que quelqu'un n'ait pas conclu les études primaires. L'enseignement est obligatoire jusqu'à la fin du premier cycle du second degré ; tous ceux qui l'atteignent sans exception peuvent poursuivre gratuitement le deuxième cycle. Il est inutile de recourir à des données absolument précises et exactes. Il est des faits que personne n'ose nier : nous sommes aujourd'hui, et nous en sommes fiers, le pays possédant le meilleur taux d'éducateurs, de médecins et de professeurs d'éducation physique et de sport par habitant au monde, ainsi que le taux de mortalité infantile et maternelle le plus bas de tous les pays du Tiers Monde.

Je ne me propose pourtant pas de parler de ces avancées sociales et de bien d'autres. Il est des choses bien plus importantes que cela. Ce qui est absolument vrai, c'est qu'il n'existe aucune commune mesure entre le peuple d'hier et celui d'aujourd'hui.

Le peuple d'hier, analphabète et semi-analphabète, sans même un minimum de vraie culture politique, a pourtant été capable de faire la révolution, de défendre la patrie, d'atteindre ensuite une conscience politique extraordinaire et de s'engager dans un processus politique sans pareil sur ce continent-ci et dans le monde. Je ne le dis pas imbu d'un esprit chauviniste ridicule ou avec la prétention ridicule de croire que nous sommes meilleurs que d'autres ; je le dis parce que la Révolution qui a vu le jour ce 1er janvier-là, le hasard ou le destin a voulu qu'elle ait été soumise à plus rude épreuve qu'aucune autre révolution au monde.

Notre peuple héroïque d'hier et d'aujourd'hui, notre peuple a, avec la participation de trois générations déjà, résisté à quarante ans d'agressions, de blocus, de guerre économique, politique et idéologique de la part de la puissance impérialiste la plus forte et la plus riche qui ait jamais existé dans les annales de l'histoire. Et elle a écrit sa page la plus extraordinaire de gloire et de fermeté patriotiques et révolutionnaires en ces années-ci de période spéciale, alors que nous sommes restés absolument seuls en plein Occident, à cent cinquante kilomètres des États-Unis, et que nous avons décidé d'aller de l'avant.

Notre peuple n'est pas meilleur que d'autres ; son immense grandeur découle d'une singularité : avoir été soumis à cette épreuve et avoir été capable d'y résister. Il ne s'agit pas d'un grand peuple en soi, mais d'un peuple agrandi par lui-même, et sa capacité à le faire naît de la grandeur des idées et de la justesse des causes qu'il défend. Il n'en existe pas d'autres égales, et il n'en a jamais existé. Il ne s'agit pas aujourd'hui de défendre égoïstement une cause nationale, car une cause exclusivement nationale en notre monde actuel ne peut être grande en soi. Notre monde, du fait même de son développement et de son évolution historique, se mondialise à toute allure, d'une façon inéluctable et irréversible. Sans laisser de côté pour autant les identités nationales et culturelles, voire les intérêts légitimes des peuples de chaque pays, aucune cause n'est plus importante que les causes mondiales, autrement dit que la cause de l'humanité elle-même.

Ce n'est pas non plus notre faute ou notre mérite que la lutte engagée le 1er janvier doive se convertir inexorablement, pour le peuple d'aujourd'hui et de demain, en une lutte qu'il faudra livrer aux côtés de tous les autres peuples dans l'intérêt de l'humanité toute entière. Aucun peuple, aussi grand et aussi riche qu'il soit – à plus forte raison un pays petit ou moyen – ne peut à lui seul et par lui-même résoudre ses problèmes. Seul quelqu'un aux vues bornées, atteint de myopie ou de cécité politique, ou totalement insensible au sort de l'humanité, pourrait nier cette réalité.

Mais les solutions que requiert l'humanité ne viendront pas non plus de la bonne volonté de ceux qui veulent devenir aujourd'hui les maîtres du monde et qui l'exploitent, même s'ils ne peuvent rêver ou concevoir autre chose que la pérennité de ce qui constitue un ciel pour eux, mais un enfer pour le reste de l'humanité, un enfer réel et sans échappatoire.

L'ordre économique qui prévaut aujourd'hui sur notre planète s'effondrera inexorablement. Jusqu'à un écolier qui saurait assez bien additionner, soustraire, multiplier et diviser pour réussir son examen d'arithmétique pourrait le comprendre.

Beaucoup ont une réaction d'infantilisme : taxer de sceptiques ceux qui parlent de ces thèmes-ci. Certains rêvent même d'établir des colonies sur la Lune ou sur Mars. Je ne les critique pas de rêver. S'ils y parviennent, ce serait peut-être le refuge idéal pour certains si on ne met pas un frein à l'agression brutale dont la planète que nous habitons est de plus en plus victime.

Le système actuel est insoutenable, parce qu'il repose sur des lois aveugles, chaotiques, qui ruinent et détruisent la société et la nature.

Les théoriciens de la mondialisation néolibérale, ses meilleurs universitaires, les tenants les plus farouches du système, se montrent maintenant incertains, hésitants, contradictoires. Ils ne peuvent répondre à des milliers de points d'interrogation. C'est une hypocrisie d'affirmer que la liberté de l'homme et la liberté de marché absolue sont des concepts inséparables, comme si les lois de celui-ci, qui ont engendré les systèmes sociaux les plus égoïstes, les plus inégaux et les plus impitoyables que l'humanité ait jamais connus, étaient compatibles avec la liberté de l'être humain que ce système convertit en simple marchandise.

Il serait bien plus exact de dire que sans égalité ni fraternité, ces thèmes sacro-saints de la révolution bourgeoise, on ne pourra jamais parler de liberté, et que l'égalité et la fraternité sont absolument incompatibles avec les lois du marché.

Les dizaines de millions d'enfants contraints de travailler dans le monde, de se prostituer, de fournir des organes, de vendre des drogues pour survivre ; les centaines de millions de personnes sans emploi ; la pauvreté critique ; le trafic de drogues, d'immigrants, d'organes humains ; le colonialisme, hier, et ses séquelles dramatiques d'aujourd'hui, le sous-développement, et tout ce que notre monde compte de calamités sociales, ont pris leur source dans des systèmes qui se fondaient sur des lois de ce genre. On ne saurait oublier que la lutte pour des marchés a provoqué en ce siècle-ci deux épouvantables boucheries, deux guerres mondiales.

On ne saurait ignorer non plus, me rétorquera-t-on, que les principes du marché font partie intégrante du devenir historique de l'humanité. Soit, mais tout homme rationnel a le droit de refuser la prétendue pérennité de ces principes de nature sociale comme base du développement ultérieur de l'espèce humaine.

Les défenseurs les plus fanatiques du marché, de vrais croyants, ont fini par le convertir en une nouvelle religion. Et surgit ainsi la théologie du marché. Ses tenants, plutôt que des scientifiques, sont des théologiens : il s'agit pour eux d'une question de foi. Par respect pour les vraies religions pratiquées honnêtement par des milliards de personnes dans le monde et pour les vrais théologiens, je dirai tout simplement que la théologie du marché est sectaire, fondamentaliste et antiœcuménique.

Mais l'ordre mondial actuel est insoutenable pour bien d'autres raisons. Un biotechnicien dirait que sa carte génétique contient de nombreux gènes qui le conduisent à sa propre destruction.

On voit apparaître de nouveaux phénomènes, des phénomènes insoupçonnés qui échappent à tout contrôle de gouvernements et d'institutions financières internationales. Il ne s'agit plus seulement de la création artificielle de richesses fabuleuses n'ayant pas le moindre rapport avec l'économie réelle. Tel est le cas des centaines de nouveaux multimillionnaires qui ont surgi ces dernières années à mesure que se sont multipliés les cours des actions boursières nord-américaines, à l'instar d'une baudruche gigantesque qui s'enfle à des extrêmes absurdes et qui risque d'éclater un jour ou l'autre, ce qui serait grave. Cela s'était déjà passé en 1929, provoquant une profonde dépression qui avait duré une décennie.

En août dernier, la simple crise financière de la Russie, qui ne représente pourtant que 2 % du Produit intérieur brut du monde, a fait descendre le Dow Jones, l'index-amiral de la bourse de New York, de 512 points en un jour. La panique s'est répandue, menaçant de provoquer un Sud-Est asiatique en Amérique latine et, donc, un grand risque pour l'économie nord-américaine. Et l'on a eu du mal à freiner la catastrophe à ce jour. La moitié des Nord-Américains ont placé leur épargne et leurs pensions dans ces actions boursières ; ils n'étaient que 5 % au moment de la crise de 1929, et les suicides ont pourtant été nombreux.

Dans notre monde globalisé, ce qui se passe quelque part se répercute aussitôt dans le reste de la planète. Et le monde vient d'avoir très peur. Les pays les plus riches du monde, convoqués par les États-Unis, ont joint leurs ressources pour circonscrire ou atténuer l'incendie. On veut toutefois maintenir la Russie au bord de l'abîme et on exige du Brésil des conditions injustement dures. Le Fonds monétaire international ne s'écarte pas d'un iota de ses principes fondamentalistes, tandis que la

Banque mondiale s'insurge et dénonce.

Tout le monde parle d'une crise financière internationale. Les seuls à ne pas être au courant, ce sont les citoyens nord-américains, qui ont dépensé plus que jamais et dont les épargnes sont à plat. Peu importe, puisque leurs transnationales investissent l'argent des autres. Peu importe aussi le déficit commercial croissant du pays, qui atteint d'ores et déjà 240 milliards de dollars. Ce sont là des privilèges de l'empire qui bat la monnaie de réserve du monde. Et, en cas de crise, c'est dans ses bons du trésor que se réfugient en masse les spéculateurs. Et comme le marché interne est de taille et qu'on dépense plus, l'économie reste en bonne forme, apparemment, bien que les profits des sociétés se soient réduits. Mégafusions, euphorie, et les cours des actions de repartir à la hausse, et tout le monde de rejouer de nouveau à la roulette russe. Tout sera éternellement bien. Les théoriciens du système ont découvert la pierre philosophale. Toutes les issues sont bouchées pour empêcher l'entrée de revenants qui les empêcheraient de dormir. La quadrature du cercle n'est plus un impossible. Il n'y aura jamais de crise.

Mais la baudruche qui enfle serait-elle par hasard la seule menace et le seul jeu spéculatif ? Il est un autre phénomène qui prend de jour en jour des dimensions fabuleuses et incontrôlables : les opérations spéculatives contre les monnaies. Qui se montent au bas mot à un billion de dollars par jour. Voire à un billion et demi, selon certains. Voilà à peine quatorze ans, elles ne se chiffraient qu'à 150 milliards par an. Peut-être y a-t-il confusion dans les chiffres. On a de la peine à les exprimer, à plus forte raison à les traduire de l'anglais à l'espagnol. Ce qu'on appelle *billón* en espagnol, autrement dit un million de millions, se dit *trillion* en américain, tandis que le *billion* américain veut dire un milliard. On vient d'introduire le *millardo*, qui veut dire un milliard, en espagnol et en anglais. Ces difficultés de langage disent bien à quel point il est malaisé de suivre et de comprendre les chiffres qui reflètent la spéculation fabuleuse en marche dans l'ordre économique mondial. Et ceci, l'immense majorité des peuples du monde risque constamment de le payer de leur ruine. Au premier instant d'inattention, les spéculateurs montent à l'assaut de n'importe quelle monnaie et liquident en quelques jours les réserves en devises accumulées pendant, allez savoir, des dizaines d'années. L'ordre mondial a jeté les conditions propices à cela. Absolument personne n'est à l'abri ni ne peut l'être. Les loups, groupés en meutes et soutenus par des logiciels, savent où attaquer, quand attaquer et pourquoi attaquer.

Un prix Nobel d'Économie a proposé voilà quatorze ans*, alors que ces spéculations étaient deux mille fois inférieures, de lever un impôt de 1 % sur chaque opération spéculative de ce genre. Ce pourcentage suffirait aujourd'hui à développer tous les pays du Tiers Monde. Ce serait là une forme de réguler et de freiner une spéculation aussi nocive. Oui, mais réguler ! Vous vous heurtez à la plus pure doctrine fondamentaliste. Il est des mots que vous ne pouvez prononcer dans le temple des fanatiques de l'ordre mondial qu'ils imposent. Ainsi : régulation, société publique, programme de développement économique, toute forme de planification, même la plus minime, participation ou influence de l'État en matière économique... tout ceci trouble le rêve idyllique et paradisiaque du libre marché et de l'entreprise privée. Il faut tout déréglementer, même le marché de la force de travail. Il faut réduire au minimum indispensable l'aide au chômage pour ne pas maintenir des « fainéants » et des « parasites ». Il faut restructurer et privatiser le système de pensions. L'État ne doit s'occuper que de la police et de l'armée pour garantir l'ordre, réprimer les protestations et faire la guerre. Il n'est pas même admissible qu'il participe en quoi que ce soit aux politiques monétaires de la banque centrale, qui doit être absolument indépendante. Louis XIV souffrirait beaucoup de nos jours, assurément, avec son « L'État, c'est moi », parce qu'il lui faudrait ajouter : « Oui, mais je ne suis absolument rien » !

En sus de cette spéculation étonnante avec les monnaies, on voit croître de façon incroyable et accélérée ce qu'on appelle les fonds de couverture et le marché des dérivés, une autre expression relativement nouvelle. Je ne tenterai pas de vous l'expliquer. C'est compliqué. Cela prend du temps. Je me bornerai à vous dire qu'il s'agit d'un système qui vient s'ajouter aux jeux spéculatifs, un autre casino énorme où l'on mise sur tout et de tout, en se basant sur des calculs de risques sophistiqués réalisés à l'aide d'ordinateurs, de programmateurs de haut niveau et de sommités économiques, et les gens qui misent exploitent l'insécurité, emploient l'argent que les épargnants placent dans les banques, ne se heurtent à pratiquement aucune restriction, obtiennent des profits énormes et peuvent provoquer des catastrophes.

Que l'ordre économique actuel soit insoutenable, nous en avons la preuve dans la vulnérabilité et la fragilité mêmes du système, qui a converti la planète en un casino gigantesque, des millions de citoyens et, parfois, des sociétés entières en parieurs, dénaturant la fonction de l'argent et des investissements, car ce que ces gens-là cherchent à tout prix, ce n'est pas à augmenter la production ou les richesses du monde, mais tout simplement à gagner de l'argent par de l'argent. Cette déformation conduira inévitablement l'économie mondiale au désastre.

Un fait, survenu aux États-Unis, vient de susciter le scandale et une préoccupation profonde. L'un de ces fonds de couverture dont j'ai parlé et dont j'ai tenté d'expliquer l'essence, justement le plus fameux des États-

Unis, dont le nom [*traduit en espagnol*] signifie Gestion de capitaux à long terme*, et qui compte parmi son personnel deux prix Nobel d'économie et plusieurs des meilleurs programmateurs du monde, et qui fait des bénéfices annuels supérieurs à 30 %, a failli capoter, et les conséquences de cette banqueroute auraient été, semble-t-il, incalculables.

Se basant sur le prestige déjà acquis, faisant aveuglément confiance à l'infaillibilité de ses fameux programmateurs et de ses prix Nobel d'économie, ce fonds, qui ne disposait que de 4,5 milliards de dollars, a mobilisé les fonds des soixante-quinze banques différentes pour un total de 120 milliards afin de pouvoir spéculer, obtenant ainsi plus de vingt-cinq dollars de prêt par dollar de son propre fonds. Cette procédure contrevenait à tous les paramètres et à toutes les pratiques financières supposées. Or, les calculs et les programmes s'étaient trompés. Les pertes ont été considérables ; la banqueroute, un mot dramatique dans ces milieux-là, était inévitable. Ce n'était plus qu'une question de jours. La réserve fédérale des États-Unis a alors volé au secours du fonds de couverture, ce qui est contraire à tout ce que prêchent les États-Unis et à ce que soutient la philosophie néolibérale, compte tenu de la conduite irresponsable d'une institution de ce genre. Selon les principes établis, le fonds en question devait aller à la ruine, la loi du marché devait lui donner une leçon en imposant les corrections pertinentes. Ce fut le scandale. Le Sénat a fait comparaître Greenspan[5], le directeur de la Réserve fédérale, qui a dû déposer. Ce haut fonctionnaire, formé dans le sérail de Wall Street, est considéré comme l'un des responsables les plus experts et les plus éminents de l'économie nord-américaine, on lui attribue le mérite principal dans les succès économiques de l'administration Clinton, et il est en train de recevoir l'hommage spécial des milieux financiers et de la presse comme l'homme qui a freiné la crise boursière aux États-Unis en baissant trois fois d'affilée le taux d'intérêt. On le considère comme le personnage le plus important du pays, après le président. Eh bien, ce fameux directeur, ce directeur reconnu a déclaré au Sénat que, s'il n'avait pas sauvé le fonds, il se serait produit une catastrophe économique qui aurait touché les États-Unis et le monde entier.

Quelle est donc la solidité d'un ordre économique au sein duquel l'action, qualifiée d'aventuriste et d'irresponsable, d'une institution spéculative qui ne possédait que 4,5 milliards de dollars peut conduire les États-Unis et le monde à un désastre économique ?

Quand on constate cette fragilité et cette déficience immunologique du système, on peut diagnostiquer un mal très semblable au sida.

Je n'utiliserai pas d'autres arguments pour l'instant. L'économie

---

[5] Alan Greenspan, né en 1926, président de la Réserve fédérale de 1987 à 2006.

mondiale connaît bien d'autres problèmes. L'ordre en place se débat au milieu de l'inflation, de la récession, de la déflation, des crises de surproduction éventuelles, des baisses soutenues des cours des produits de base. Un pays aussi immensément riche que l'Arabie Saoudite enregistre d'ores et déjà des déficits budgétaires et commerciaux, bien qu'elle exporte huit millions de barils de pétrole par jour. Les pronostics de croissance optimistes s'envolent en fumée. Personne n'a la moindre idée de la façon dont on réglera les problèmes des pays du Tiers Monde. Sur quels biens d'équipement, sur quelles technologies, sur quels réseaux de distribution, sur quels crédits à l'exportation peut-on compter pour chercher des marchés, concurrencer et exporter ? Où sont les consommateurs de ces produits ? Comment cherchera-t-on des ressources pour la santé en Afrique, où vingt-deux millions de personnes atteintes du sida exigeraient, aux prix actuels, deux cents milliards de dollars par an rien que pour contrôler cette maladie ? Combien mourront avant que n'apparaisse un vaccin protecteur ou un médicament qui permette d'éradiquer le virus ?

Le monde a besoin d'un peu de direction pour faire face à ces réalités-là. Nous sommes déjà six milliards sur cette planète. Et nous serons, presque à coup sûr, neuf milliards et demi dans cinquante ans. Garantir des aliments, la santé, l'éducation, un emploi, des chaussures, des vêtements, un toit, de l'eau potable, l'électricité et des transports à une quantité aussi extraordinaire de personnes qui vivront précisément dans les pays les plus pauvres, sera un défi colossal. Il faudra définir d'abord des modèles de consommation. On ne saurait continuer d'imposer les goûts et les modes de vie des sociétés industrielles, fondées sur le gaspillage, car ce serait, non seulement suicidaire, mais tout bonnement impossible.

Il faut programmer le développement du monde. On ne saurait laisser cette tâche au libre arbitre des transnationales et aux lois aveugles et chaotiques du marché. L'Organisation des Nations unies constitue un bon point de départ, car elle réunit une grande quantité d'informations et d'expériences, mais il faut tout simplement se battre pour la démocratiser, pour mettre fin à la dictature du Conseil de Sécurité et à la dictature au sein même de celui-ci, ne serait-ce qu'en y admettant de nouveaux membres permanents qui, outre une représentation adéquate du Tiers Monde, disposeraient de toutes les prérogatives dont jouissent les membres permanents actuels, et en modifiant les règles relatives à la prise de décision. Il faut de plus élargir les fonctions et renforcer l'autorité de l'Assemblée générale.

Plût au ciel que ce ne soit pas par des crises économiques catastrophiques qu'apparaissent des solutions ! Les plus touchés seraient des milliards de personnes du Tiers Monde. Une connaissance élémentaire des réalités technologiques et du pouvoir destructeur des armes modernes nous contraint de penser qu'il est de notre devoir d'empêcher que les conflits d'intérêt qui éclateront inévitablement ne conduisent à des guerres sanglantes.

L'existence d'une seule superpuissance, une mondialisation économique asphyxiante rendraient difficile, voire impossible, la survie d'une révolution comme la nôtre, si jamais elle avait triomphé aujourd'hui et non quand elle pouvait compter sur un point d'appui dans un monde alors bipolaire. Heureusement, notre pays a eu le temps de se doter d'une capacité de résistance extraordinaire et de répandre en même temps dans l'arène internationale la forte influence de son exemple et de son héroïsme, ce qui lui permet de livrer de toutes les tribunes une grande bataille d'idées.

Les peuples se battront, les masses joueront un rôle important et décisif dans ces batailles qui ne seront, en fin de compte, que leur réponse à la pauvreté et aux souffrances qu'on leur a imposées, et l'on verra surgir des milliers de formes de pression et d'action politiques créatrices et ingénieuses. De nombreux gouvernements seront déstabilisés par des crises économiques et par la carence d'issues au sein du système économique international en place.

Nous vivons une étape où les événements vont plus vite que la conscience des réalités dont nous souffrons. Il faut semer des idées, démasquer les leurres, les sophismes et les hypocrisies, en utilisant des méthodes et des moyens à même de contrecarrer la désinformation et les mensonges institutionnels. L'expérience de quarante ans de calomnies déversées sur Cuba comme des pluies torrentielles nous a appris à faire confiance dans l'instinct et dans l'intelligence des peuples.

Les pays européens ont donné au monde un bon exemple de ce que peuvent l'exercice de la raison et l'emploi de l'intelligence. Après avoir guerroyé entre eux pendant des siècles, ils ont fini par comprendre que, bien que pays industriels et riches, ils ne pouvaient survivre isolément. Soros*, un fameux personnage du monde financier, et son groupe ont, à la suite d'un assaut spéculatif, fait trembler la Grande-Bretagne, autrefois maîtresse d'un grand empire, reine incontestée des finances et détentrice de la monnaie de réserve – un rôle que jouent maintenant le dollar et les États-Unis.

Le franc, la peseta, la lire ont aussi souffert des assauts de la spéculation. Le dollar et l'euro se surveillent mutuellement. Un adversaire plein de perspectives vient de surgir face à la monnaie nord-américaine et à ses privilèges. Les États-Unis misent anxieusement sur ses difficultés et son échec. Suivons de près les événements.

Certains, en proie à l'angoisse, à l'incertitude et au doute, cherchent des solutions de substitution éclectiques. Or, face à une mondialisation néolibérale, déshumanisée, moralement et socialement indéfendable, écologiquement et économiquement intenable, le monde n'a pas d'autre choix qu'une distribution juste des richesses que les êtres humains créent de leurs mains laborieuses et de leur intelligence féconde. Faisons cesser la tyrannie d'un ordre qui impose des principes aveugles, anarchiques et chaotiques, conduisant l'espèce humaine à l'abîme. Sauvons la nature. Préservons les identités nationales. Protégeons les cultures de chaque pays. Faisons régner l'égalité, la fraternité et, partant, la vraie liberté. Les clivages insondables entre riches et pauvres au sein de chaque nation et entre les pays ne peuvent continuer de se creuser ; ils doivent au contraire diminuer progressivement pour disparaître un jour. Que ce soit le mérite, la capacité, l'esprit créateur et la contribution réelle au bien-être de l'humanité, et non le vol, la spéculation ou l'exploitation des plus faibles, qui fixent les bornes de ces clivages. Que l'on pratique vraiment l'humanisme, dans les faits, et non dans des slogans hypocrites.

Chers compatriotes,

Le peuple qui livre la lutte héroïque de la période spéciale pour sauver la patrie, la Révolution et les conquêtes du socialisme avance irrésistiblement vers ses objectifs, de même que les combattants de Camilo et de Che progressaient de la Sierra Maestra vers l'Escambray. Comme l'a dit Mella, toute époque future doit être meilleure. Constatons-le dans les objectifs que nous nous sommes fixé pour 1999. Consolidons, approfondissons, travaillons, luttons, combattons avec l'esprit dont ont fait preuve nos combattants héroïques à l'Uvero, au cours des journées glorieuses de la grande offensive ennemie, au cours des batailles et dans les faits que j'ai rappelés ce soir. Nous nous sommes remis du revers d'Alegría de Pío, nous sommes passés par Cinco Palmas, nous avons réuni des forces, nous sommes dorénavant capables de vaincre, tout comme trois cents en ont vaincu dix mille. Nous sommes bien plus forts, nous sommes sûrs désormais de la victoire.

Je peux assurer à tous les compatriotes, surtout aux jeunes, que les quarante prochaines années seront décisives pour le monde. Des tâches incommensurablement plus complexes et plus difficiles les attendent. De nouveaux objectifs glorieux leur font face, l'immense honneur d'être des révolutionnaires cubains l'exige d'eux. Nous lutterons pour notre peuple et pour l'humanité. Et notre voix peut porter et portera très loin.

La bataille d'aujourd'hui est dure et difficile. La guerre idéologique, tout comme les conflits militaires, cause des pertes. Les époques dures et les conditions difficiles, tout le monde n'a pas la trempe nécessaire pour y résister.

Je vous rappelais ce soir qu'en pleine guerre, seul un jeune révolutionnaire entré à l'école sur dix supportait les bombardements et les privations. Mais celui-là valait pour dix, pour cent, pour mille. Conscientiser toujours plus profond, tremper le caractère, éduquer à la dure école de la vie contemporaine, semer des idées solides, employer des arguments irréfutables, prêcher d'exemple et faire confiance en l'honneur de l'homme, voilà ce qui peut faire que neuf sur dix restent à leur poste de combat, aux côtés du drapeau, au côté de la Révolution, au côté de la patrie.

Le socialisme ou la mort !

La patrie ou la mort !

Nous vaincrons !

Compléments

Un prix Nobel d'Économie a proposé il y a 14 ans: référence à l'économiste américain James Tobin (1918-2002) qui, dès 1972, a proposé d'instaurer une taxe limitée (0,05 à 1 %) sur les transactions monétaires afin de contrer la spéculation. Il suggérait que les fonds récoltés soient gérés par le FMI, la Banque mondiale ou un organisme indépendant sous tutelle onusienne et redistribués en priorité aux pays en voie de développement. L'idée, dont l'efficacité supposée fait l'objet de débats, est aujourd'hui le cheval de bataille des altermondialistes, bien que son auteur se soit toujours déclaré favorable au libéralisme et à la mondialisation. Plusieurs pays européens ont marqué leur accord sur la taxe Tobin qui ne pourrait toutefois être appliquée avant son adoption par tous les pays de la zone Euro. Par ailleurs, certains hommes d'État, comme le Brésilien Lula et le Français Jacques Chirac, penchent davantage en faveur d'une taxe sur les billets d'avion.

Gestion de capitaux à long terme: référence au *Long Term Capital Management* (LTCM), fonds d'investissement alternatif ou spéculatif fondé en 1994 par John Meriwether et dont faisaient partie les prix Nobel Myron Scholes et Robert Merton. Profondément déstabilisé par la crise asiatique dès 1997, le fonds dut être sauvé de la faillite le 23 septembre 1998 par la Réserve fédérale pour éviter une catastrophe financière de grande ampleur.

Soros: allusion au riche financier américain d'origine hongroise, George Soros, né en 1930. Sa réputation sulfureuse repose sur des entreprises de spéculation, contre certaines devises (en 1992, il contribua ainsi au retrait de la livre sterling du Système monétaire européen), spéculations qui peuvent interférer sur la politique des États attaqués et dont les bénéfices plantureux sont ensuite partiellement utilisés pour des œuvres philanthropiques.

100 – Jean-Paul II
Construisons un avenir nouveau

23 mars 2000

Premier pape polonais, Karol Jozef Wojtyla, dit Jean-Paul II (1920-2005), a contribué à hâter l'effondrement du bloc communiste, dont son pays natal n'avait jamais été le membre le plus discipliné[1]. Mais il s'est aussi efforcé de porter un regard critique sur les erreurs commises par l'Église et par certains catholiques. Comme pour tourner la page au moment de changer de siècle, il va, au fil des années 1990 et 2000, présenter ses excuses aux descendants de peuples ou de communautés qui ont eu à souffrir du fait de chrétiens ou d'hommes se réclamant du christianisme. Parmi ces groupes reconnus comme victimes, les juifs figurent en bonne place.

Juifs et chrétiens, les frères ennemis

L'antijudaïsme chrétien naît dès le IVe siècle avec l'avènement d'empereurs romains convertis au christianisme. D'emblée, les juifs, perçus comme le peuple déicide, sont dans l'œil du cyclone. Il ne s'agit pas de les éliminer ou de les bannir mais d'instituer une série de barrières de façon à les maintenir à distance au sein même de la société : au début du Ve siècle, ils se retrouvent ainsi exclus de l'armée et, indirectement, de la vie économique, puisqu'il leur est interdit de posséder des esclaves chrétiens. Selon une théorie élaborée par saint Augustin, les juifs doivent en fait subsister en terre chrétienne, mais dans une situation d'infériorité pour que leur présence témoigne de leurs erreurs et, en miroir, de la vérité du christianisme. Au début du Moyen Âge, la situation des juifs est variable selon les lieux et les siècles : en Espagne, ils sont contraints à la conversion mais néanmoins relégués en marge tandis que, plus au nord, les Francs alternent tolérance et craintes de subversion. Dans le contexte des croisades, les juifs finissent par être assimilés à l'ennemi dans l'esprit des masses chrétiennes et des massacres sont perpétrés du XIe au XIIIe siècle. Les États pontificaux constituent alors un refuge. Mais si l'Église entend protéger la vie des juifs, elle ne veut pas pour autant favoriser leur intégration et préconise, elle aussi, l'existence de quartiers spécifiques ou ghettos. En 1215, le IVe Concile du Latran en fait une règle, tout comme il réclame des juifs le port d'un signe distinctif.

Objets de méfiance pour des raisons religieuses, les juifs le deviennent aussi par l'une de leurs fonctions de prédilection forcée : l'activité bancaire, tâche réprouvée par

---

[1] Pour des éléments biographiques, voir l'introduction au discours n° 79.

l'Église. Une nouvelle forme d'antisémitisme ou d'antijudaïsme est née. Trésoriers des souverains européens, les juifs sont expulsés par leurs mauvais payeurs aux XIIIe-XIVe siècles et refluent de France, d'Angleterre et d'Allemagne vers l'Europe orientale et particulièrement la Pologne. Là aussi, leur activité professionnelle contribue à leurs difficultés : chargés de régir les domaines paysans, ils suscitent la haine des agriculteurs et sont victimes de nombreux pogroms au travers des décennies. Lorsqu'à la fin du XVe siècle, l'Espagne est reconquise par le christianisme, les juifs, ménagés sous la domination arabe, y sont de nouveau pris pour cible. Il leur faut se convertir ou partir vers l'Orient, l'Afrique du Nord ou, plus tard, les États réformés. Lors du concile de Trente, l'Église catholique décide bien d'abandonner le concept de peuple déicide mais la situation des juifs ne s'améliore pas, d'autant que le pape Paul IV renforce la législation antijuive dans ses États. Il faudra attendre la fin du XVIIIe siècle pour que, sous l'effet des Lumières et de la vague révolutionnaire, les juifs obtiennent, presque partout en Europe, l'émancipation, c'est-à-dire l'égalité de droits. Mais au quotidien, l'antisémitisme ne recule pas : le juif est stigmatisé comme traître, comme révolutionnaire et comme pervertisseur de la race. Dans ce débat, l'Église catholique n'a jamais réellement lancé d'appel au calme. Nombre d'antisémites peuvent dès lors se définir comme tels en raison même de leur foi chrétienne.

La papauté et les juifs au XXe siècle

Le début du XXe siècle est marqué par un activisme sioniste en pleine expansion. Pour le Saint-Siège, la question de l'avenir des Lieux saints se pose, à commencer par le cas épineux de Jérusalem, ville sainte pour les trois grandes religions monothéistes. L'Église n'est pas favorable à la création d'un État hébreu en Palestine et Pie X le fait savoir avec netteté à Théodore Herzl en 1903. *Les juifs n'ont pas reconnu notre Seigneur*, dit-il, *c'est pourquoi nous ne pouvons pas reconnaître le peuple juif*[2]. En 1917, c'est un tout autre langage que tient son successeur, Benoît XV, à Nahoum Sokolov, représentant à Londres de l'organisation sioniste mondiale. Le Pape semble approuver la colonisation juive en Palestine, à condition qu'un accord clair soit signé concernant les Lieux saints. Mais très vite, le Saint-Siège en revient à sa position primitive, sans que l'on puisse connaître exactement les tenants et aboutissants de cette évolution en dents de scie. Il semble en fait que, jusqu'à la déclaration Balfour sur le futur « foyer national juif », le Pape n'ait pas réellement cru à la possibilité de voir naître un jour un État hébreu. Durant tout l'entre-deux-guerres, c'est donc avec une grande méfiance que le Saint-Siège assiste aux progrès des colons. Dans le même temps, la question du sort des juifs en Allemagne et en Europe centrale se pose avec une acuité croissante. Pas plus que Pie XI, Pie XII n'est un adepte du nazisme, dont tous deux réprouvent le racisme et les persécutions, à commencer par celles qui atteignent les chrétiens. Pourtant, le second devra faire face, à titre posthume, à de sévères accusations concernant son silence à l'égard de la solution finale. Estimant que davantage de juifs seraient sauvés si l'Église ne heurtait pas le Reich de front, il s'est contenté d'adresser des messages de compassion à tous les peuples persécutés, sans dénoncer réellement les rafles et les

---

2

mesures antijuives. Régulièrement condamnée depuis les années soixante, cette attitude lui valut, de son vivant, les remerciements de nombreuses sommités juives.

Quoi qu'il en soit, après la Seconde Guerre, si la Shoah modifie le regard des chrétiens sur les juifs, le Vatican se montre opposé au partage de la Palestine et à la naissance de l'État d'Israël, qu'il ne reconnaîtra pas. Pie XII redoute l'influence communiste potentielle sur l'État hébreu et cherche à ménager les pays arabes, dans lesquels vivent des communautés chrétiennes plus ou moins importantes. De manière officielle, l'encyclique *In multiplicibus* du 24 octobre 1948 exige un *corpus separatum* ou statut international pour Jérusalem et les Lieux saints. Sur un plan plus spirituel et théologique, le successeur de Pie XII, Jean XXIII entend profiter du concile Vatican II d'*aggiornamento* pour évacuer du catholicisme certains éléments susceptibles d'inciter à la haine des juifs : dès 1960, il demande au cardinal Bea d'élaborer un texte en ce sens mais celui-ci se heurte à de nombreuses pressions politiques, notamment de la part des délégués issus de pays arabes, qui n'entendent pas favoriser ainsi une future reconnaissance d'Israël. Après de nombreuses modifications et édulcorations, le texte sur les rapports judéo-chrétiens est intégré dans le document *Nostra Aetate*, concernant l'ensemble des religions non chrétiennes. Proclamé sous Paul VI, le 28 octobre 1965, celui-ci condamne l'antisémitisme, comme toute autre forme de persécution et, sans abolir formellement le lien entre les juifs et la mort du Christ, souligne qu'on ne peut en imputer la responsabilité ni aux juifs d'alors dans leur ensemble, ni à aucun de leurs descendants. À l'issue du Concile, et de manière paradoxale, le dialogue entre juifs et chrétiens est pris en charge par le secrétariat pour l'Union des chrétiens puis, très vite, par un Comité de liaison judéo-catholique qui lui est subordonné. En 1975, *Nostra Aetate* est complété, pour ses dix ans, par des *Orientations et suggestions* censées l'inscrire davantage dans la pratique par le biais, notamment, d'une recherche doctrinale commune. Mais cette évolution sur le plan religieux ne bouleverse pas les rapports entre le Vatican et Israël : la guerre des Six Jours de 1967 place toute la ville de Jérusalem sous administration israélienne et conduit le Saint-Siège à réaffirmer son souhait sinon d'un statut international, du moins d'un statut internationalement garanti pour les Lieux saints. Par ailleurs, en 1975, l'État hébreu tentera vainement d'obtenir du Vatican une condamnation ferme de la résolution de l'ONU assimilant sionisme et racisme. Le Pape fera un pas en s'étonnant d'une assimilation abusive et rapide et en soulignant que ce type de résolution ne sert pas la paix mais il restera résolument neutre dans son appréciation du sionisme.

L'ACTION DE JEAN-PAUL II

À la mort de Paul VI et de l'éphémère Jean-Paul Ier, les juifs sont dans l'expectative : leur successeur va-t-il poursuivre sur la voie du dialogue, l'approfondir peut-être, ou, au contraire, prendre le chemin inverse ? Polonais d'origine, Jean-Paul II a grandi dans un pays où l'antisémitisme était monnaie courante et où fut implantée, durant la Seconde Guerre, une grande partie des camps d'extermination nazis. Sur le plan politique, il va se montrer sensible, comme ses prédécesseurs, à la question palestinienne, liée au sort des chrétiens arabes. En 1982, il reçoit Yasser Arafat pour lui signifier qu'il défend les droits des Palestiniens à une patrie. En parallèle, il amorce également, au début des années 1990, un réel rapprochement avec Israël. Fin 1993, un accord est signé entre le Saint-Siège et l'État hébreu concernant la liberté religieuse et le statut des institutions catholiques en Israël et dans les territoires sous administration israélienne, ce qui conduit à l'établissement de relations diplomatiques, alors même que la question de Jérusalem n'est pas résolue. Dans la foulée, en 1997, les églises catholiques israéliennes sont dotées de leur premier statut juridique. Cependant, c'est bien sûr le plan spirituel et symbolique que se situe l'apport le plus significatif de Jean-Paul II. En mars 1979, il rencontre les représentants du judaïsme et leur confirme qu'il s'inscrit dans la lignée de Jean XXIII et Paul VI. Condamnant d'emblée l'antisémitisme, il défend la mémoire de Pie XII, de plus en plus étrillée. Deux mois plus tard, lors de son premier voyage en Pologne en tant que Souverain Pontife, il se recueille à Auschwitz, devant le mémorial des victimes de la Shoah. En 1984, il crée pourtant la polémique en voulant réimplanter un couvent de carmélites dans le voisinage immédiat du camp. Il acceptera finalement de le déplacer de sept cents mètres. En avril 1986, il est le premier pape à entrer dans la Grande Synagogue de Rome et y parle des juifs comme de *frères bien-aimés* et de *frères aînés* pour les chrétiens. Soucieux du dialogue entre les religions, il convoque à Assise, le 27 octobre 1986, une *journée mondiale de la prière pour la paix*, en présence de nombreux chefs religieux et, l'année suivante, se rend à la mosquée de Damas.

Il en vient ensuite aux demandes de pardon. Sur ce plan, les excuses formulées envers les juifs s'inscrivent dans une longue série : Jean-Paul II a, entre autres, reconnu les fautes des chrétiens – mais plus rarement de l'Église – dans les Croisades, l'exécution de Jean Hus, la persécution de Galilée, l'esclavage, les guerres de religion, les discriminations envers les femmes, les violations des droits des peuples à travers les âges et les massacres commis au nom de l'Église. En mars 1998, dans *Une réflexion sur la Shoah : Souvenons-nous*, le Vatican exprime ses regrets face au génocide et dénonce le silence de certains catholiques. Cependant, il n'est pas question de condamner l'Église ou le Saint-Siège, ceux-ci étant jugés totalement étrangers au régime nazi néo-païen. Du 20 au 26 mars 2000, lors d'une visite en Terre sainte, Jean-Paul II précise encore sa pensée. Le discours qu'il délivre le 23 à la Tente du souvenir à Yad Vashem, le musée de l'Holocauste, est, en ce sens, historique. Il est prononcé devant un auditoire d'environ deux cents personnes, dont beaucoup de rescapés des camps. Parmi eux se trouve Édith Tzirer qui, libérée à quatorze ans, avait alors croisé la route de Karol Wojtyla et reçu de lui les premiers soins. L'émotion est palpable. Déplorant la Shoah et évoquant les souvenirs qu'il en garde personnellement, le Pape prône la vertu du souvenir qui, espère-t-il, empêchera toute récidive et souligne que *seule une idéologie sans Dieu* pouvait en arriver un tel mépris pour l'homme. Jean-Paul II insiste ensuite sur *l'immense patrimoine spirituel* que partagent chrétiens et juifs qui, tous, croient à *l'autorévélation de Dieu*. Il condamne enfin avec fermeté toute forme d'antisémitisme et en appelle à construire *un avenir nouveau*, un *nouveau rapport* entre les chrétiens et les juifs dans le *respect réciproque*. Trois jours plus tard, avant de quitter Jérusalem, il accomplit un nouveau geste symbolique en déposant une prière dans un interstice du Mur des Lamentations.

Ayant condamné l'antisémitisme et les antisémites, le Pape n'a pas pour autant reconnu une responsabilité de l'Église en tant qu'institution dans ce phénomène ou dans la Shoah, pas plus qu'il n'a évoqué le sujet sensible du « silence » de Pie XII. Sur ce dernier point, l'embarras du Vatican se mesure d'ailleurs au refus d'ouvrir la totalité des archives aux chercheurs : en 1999, Jean-Paul II a autorisé la consultation de nouveaux dossiers mais non de l'ensemble des fonds. Au lendemain du discours de Yad Vashem, certains juifs, comme le grand rabbin d'Israël, Polonais d'origine lui aussi et rescapé des camps, font entendre leur mécontentement à l'égard de Jean-Paul II, jugé trop tiède. Mais cette réaction est extrêmement minoritaire : dans leur ensemble, les juifs, à commencer par la classe politique israélienne, se montrent très satisfaits du discours pontifical et y voient l'occasion d'ouvrir un nouveau chapitre de l'histoire commune aux juifs et aux chrétiens, même sans repentance (*techouva* en hébreu) formelle de la part du Vatican. En 2005, à la mort de Jean-Paul II, l'*Anti Diffamation League*, association juive liée aux loges *B'nai B'rith*, rendra hommage au Pape en soulignant que ce dernier a révolutionné les relations entre juifs et chrétiens et apporté, en vingt-sept ans, une amélioration plus significative que ses prédécesseurs en deux mille ans. Sous la formule choc se cache une certaine vérité.

CONSTRUISONS UN AVENIR NOUVEAU

Les paroles de l'antique psaume jaillissent de notre cœur : « Je suis devenu comme un objet de rebut. J'entends les calomnies des gens, terreur de tous les côtés ! Ils se groupent à l'envi contre moi, complotant de m'ôter la vie. Et moi je m'assure en toi, Yahvé, je dis : C'est toi mon Dieu ! » (Ps 31, 13-15).

Dans ce lieu de la mémoire, l'esprit, le cœur et l'âme ressentent un extrême besoin de silence. Un silence qui invite au souvenir. Un silence dans lequel chercher à donner un sens aux souvenirs qui reviennent de façon impétueuse. Un silence car il n'existe pas de paroles assez fortes pour déplorer la tragédie terrible de la Shoah. J'ai moi-même des souvenirs personnels de tout ce qui se produisit lorsque les nazis occupèrent la Pologne au cours de la guerre. Je me rappelle mes amis et mes voisins juifs, dont certains sont morts, alors que d'autres ont survécu.

Je suis venu à Yad Vashem pour rendre hommage aux millions de juifs qui, privés de tout, en particulier de leur dignité humaine, furent tués au cours de l'Holocauste. Plus d'un demi-siècle s'est écoulé, mais les souvenirs demeurent.

Ici, comme à Auschwitz et dans de nombreux autres lieux en Europe, nous sommes écrasés par l'écho des gémissements déchirants de tant de personnes. Des hommes et des femmes nous expriment en criant de l'abîme l'horreur qu'ils ont connue. Comment pouvons-nous ne pas prêter attention à leur cri ? Personne ne peut oublier ou ignorer ce qui se passa. Personne ne peut diminuer son importance.

Nous voulons nous souvenir. Cependant, nous voulons le rappeler dans un but, c'est-à-dire pour s'assurer que jamais plus le mal ne prévaudra, comme ce fut le cas pour des millions de victimes innocentes du nazisme.

Comment l'homme put-il éprouver un tel mépris pour l'homme ? Parce qu'il était arrivé au point de mépriser Dieu. Seule une idéologie sans Dieu pouvait programmer et mener à bien l'extermination de tout un peuple.

L'hommage rendu aux « gentils justes » par l'État d'Israël à Yad Vashem pour avoir agi héroïquement afin de sauver des juifs, parfois en allant jusqu'à offrir leur propre vie, est la démonstration que, même à l'heure la plus sombre, toutes les lumières ne se sont pas éteintes. C'est pourquoi les Psaumes, et toute la Bible, bien qu'ils soient conscients de la capacité humaine d'accomplir le mal, proclament que ce ne sera pas le mal qui aura le dernier mot. Des abîmes de la souffrance et de la douleur, le cœur des croyants s'écrie : « Et moi, je m'assure en toi, Yavhé, je dis : c'est toi mon Dieu » (Ps 31, 14).

Les juifs et les chrétiens partagent un immense patrimoine spirituel, qui découle de l'autorévélation de Dieu. Nos enseignements religieux et nos expériences spirituelles exigent de nous que nous vainquions le mal par le bien. Nous nous rappelons, mais sans aucun désir de vengeance, ni comme une incitation à la haine. Pour nous, nous souvenir signifie prier pour la paix et la justice et nous engager pour leur cause. Seul un monde en paix, où règne la justice pour tous, pourra éviter la répétition des horreurs et des terribles crimes du passé.

En tant qu'Évêque de Rome et Successeur de l'Apôtre Pierre, j'assure le peuple juif que l'Église catholique, motivée par la loi évangélique de la vérité et de l'amour, et non par des considérations politiques, est profondément attristée par la haine, les actes de persécution et les manifestations d'antisémitisme exprimées contre les juifs par des chrétiens en tous temps et en tous lieux. L'Église refuse toute forme de racisme comme une négation de l'image du Créateur intrinsèque à tout être humain (Gn 1, 26).

En ce lieu de mémoire solennelle, je prie avec ferveur que notre douleur pour la tragédie qu'a souffert le peuple juif au XXe siècle conduise à un nouveau rapport entre les chrétiens et les juifs. Construisons un avenir nouveau dans lequel il n'y ait plus de sentiments antijuifs parmi les chrétiens ou de sentiments antichrétiens parmi les juifs, mais plutôt le respect réciproque demandé à ceux qui adorent l'unique Créateur et Seigneur et qui considèrent Abraham comme notre Père commun dans la foi.

Le monde doit prêter attention à l'avertissement qui provient des victimes de l'Holocauste et du témoignage des survivants. Ici, à Yad Vashem, la mémoire est vivante et vit dans notre âme. Elle nous fait nous écrier : « J'entends les calomnies des gens, terreur de tous les côtés ! [...] Et moi, je m'assure en toi, Yahvé, je dis : C'est toi mon Dieu » (Ps 31, 13-15).

Bibliographie indicative

Nous mentionnons pour chaque ouvrage l'édition la plus récente.

BERSTEIN (Serge) et MILZA (Pierre), *Histoire du XXe siècle*, Paris, Hatier, 2005, 3 vol.

BEST (Anthony), HANHIMAKI (Jussi M.), MAIOLO (Joseph A.), SCHULZE (Kirsten E.), *International History of the Twentieth Century*, Londres-New York, Routledge, 2003.

CARRÉ (Frédéric) et LOISEAU (Florent) [dir.], *Dictionnaire d'histoire contemporaine 1870-2001 : pour comprendre le siècle des masses*, Paris, Ellipses, 2006.

CORDELLIER (Serge) [dir.], *Le Dictionnaire historique et géopolitique du XXe siècle*, Paris, La Découverte, 2007.

DUROSELLE (Jean-Baptiste) et KASPI (André), *Histoire des relations internationales,* t. 1 : *De 1919 à 1942* et t. 2 : *De 1945 à nos jours*, Paris, Armand Colin, 2001 et 2004.

HOBSBAWM (Eric John), *L'Âge des extrêmes. Histoire du court XXe siècle, 1914-1991*, Bruxelles, Complexe, 2003.

MOURRE (Michel) [*e.a.*], *Dictionnaire encyclopédique d'Histoire*, 3e édition, Paris, Bordas, 1996.

RÉMOND (René), *Introduction à l'histoire de notre temps*, t. 3 : *Le XXe siècle, de 1914 à nos jours*, Paris, Le Seuil, 2002.

ZORGBIBE (Charles), *Dictionnaire de politique internationale*, Paris, PUF, 1988.

INDEX PAR PAYS

Le lecteur trouvera ici une présentation des discours en fonction de leur origine. La nomenclature tient compte du nom actuel des différentes entités politiques auxquelles se rattachent les intervenants.

• Afrique du Sud
Smuts, 25 novembre 1943, 250
Mandela, 10 mai 1994, 746

• Allemagne
Luxemburg, 31 décembre 1918, 68
Stresemann, 9 septembre 1929, 128
Hitler, 3 février 1933, 136
Hitler, 21 mai 1935, 148
Brandt, 28 octobre 1969, 544
Kohl, 16 novembre 1989, 694
Kohl, 3 octobre 1990, 694

• Argentine
Perón, 20 août 1948, 330

• Belgique
Spaak, 28 septembre 1948, 336
Baudouin Ier, 30 juin 1960, 442
Claes, 27 avril 1994, 734

• Canada
Pearson, 2 et 3 novembre 1956, 409

• Chine
Mao, 27 février 1957, 423
Deng Xiaoping, 1er septembre 1982, 651

• Chili
Allende, 11 septembre 1973, 558

• Congo (République démocratique du)
Lumumba, 30 juin 1960, 442

• Cuba
Castro, 1er janvier 1999, 786
Guevara (dit Che), 10 juillet 1960, 457

• Égypte
Nasser, 26 juillet 1956, 409
Sadate, 20 novembre 1977, 585

• Espagne
Franco, 18 juillet 1936, 175
Ibárruri, 18 juillet 1936, 175
Juan Carlos de Bourbon, 24 février 1981, 645

• États-Unis
Wilson, 8 janvier 1918, 45
Roosevelt, 4 mars 1933, 140
Roosevelt, 8 décembre 1941, 223
Eisenhower, 6 juin 1944, 261
Morgenthau, 22 juillet 1944, 267
Truman, 6 août 1945, 275
Truman, 12 mars 1947, 310
Marshall, 5 juin 1947, 316
McCarthy, 9 février 1950, 345
Kennedy, 15 juillet 1960, 464
Eisenhower, 17 janvier 1961, 470
Kennedy, 22 octobre 1962, 493
Kennedy, 26 juin 1963, 500
King, 28 août 1963, 506
Nixon, 15 juillet 1971, 552
Nixon, 8 août 1974, 564
Reagan, 20 janvier 1981, 633
Bush, 28 février 1991, 716

• Éthiopie
Hailé Sélassié, 30 juin 1936, 164

• France
Jaurès, 29 juillet 1914, 29
Brizon, 24 juin 1916, 35
Clemenceau, 5 novembre 1918, 64
Blum, 27 décembre 1920, 73
de Coubertin, 28 mai 1925, 103
Briand, 27 août 1928, 122
Briand, 5 septembre 1929, 128
Blum, 6 juin 1936, 157
Daladier, 4 octobre 1938, 184
de Gaulle, 18 juin 1940, 197
Pétain, 11 octobre 1940, 202
Pétain, 30 octobre 1940, 202
Schuman, 9 mai 1950, 354
Mendès France, 19 octobre 1950, 361
Monnet, 30 avril 1952, 373
de Gaulle, 4 juin 1958, 435
de Gaulle, 24 juillet 1967, 528
Cassin, 10 décembre 1968, 536
Delors, 17 octobre 1989, 657
Mitterrand, 17 janvier 1995, 753

• Hongrie
Nagy, 4 juillet 1953, 379

• Inde
Gandhi, 23 mars 1922, 80
Nehru, 24 avril 1955, 391

• Irak
Hussein, 17 janvier 1991, 716

• Iran
Khomeiny, 9 octobre 1978, 603
Khomeiny, 1er février 1979, 603

• Israël
Ben Gourion, 14 mai 1948, 323
Rabin, 4 novembre 1995, 775

• Italie
Mussolini, 20 septembre 1922, 88
Mussolini, 2 octobre 1935, 152

• Japon
Hirohito, 15 août 1945, 283

• Palestine (Autorité palestinienne)
Arafat, 13 novembre 1974, 572
Arafat, 15 novembre 1988, 675

• Pologne
Walesa, 16 décembre 1980, 627

• Royaume-Uni
Churchill, 13 mai 1940, 191
Churchill, 18 juin 1940, 191
Churchill, 5 mars 1946, 295
Churchill, 19 septembre 1946, 302
Thatcher, 20 septembre 1988, 657

• Russie
Soviet de Petrograd (appel), 14 mars 1917, 39
Lénine, 21 janvier 1918, 53
Staline, 3 juillet 1941, 213
Khrouchtchev, 25 février 1956, 399
Gorbatchev, 25 décembre 1991, 726
Eltsine, 17 juillet 1998, 780

• Sénégal
Senghor, 30 mars 1966, 515

• Tchèque (République)
Beneš, 19 mai 1943, 234
Havel, 15 mars 1990, 708

• Turquie
Kemal, 15 au 20 octobre 1927, 111

• Vatican
Pie XII, 24 décembre 1942, 229
Jean XXIII, 11 octobre 1962, 479
Jean-Paul II, 2 juin 1979, 617
Jean-Paul II, 23 mars 2000, 802

• Vietnam
Hô Chi Minh, 2 septembre 1945, 288
Hô Chi Minh, 17 juillet 1966, 520

• Yougoslavie (République fédérale de)
Milošević, 28 juin 1989, 684

Index par locuteur

Allende, 19, 558-562, 567
Arafat, 572, 574, 575, 587, 675-678, 683, 718, 749, 776, 777, 804
Baudouin Ier, 442-447, 449
Ben Gourion, 323, 325-327
Beneš, 129, 185, 186, 234-238, 302, 303
Blum, 73-75, 129, 157-160, 184, 187, 188, 303, 361, 363, 374
Brandt, 502-504, 544-548, 694, 706, 711
Briand, 19, 66, 122-125, 128-131, 152, 174, 302, 303, 306, 354, 356
Brizon, 35-37
Bush, 475, 525, 565, 637, 703, 716, 719-722
Cassin, 536-540
Castro, 457-459, 461, 465, 493-495, 497, 749, 786-790
Churchill, 18, 64, 185, 191-195, 197-200, 213, 216, 221, 222, 244, 249, 250, 263, 264, 268, 270, 280, 294-299, 302-305, 310, 337, 354, 355, 370, 528, 641, 657, 745, 747, 755
Claes, 734-739, 745
Clemenceau, 64-66, 96, 122, 123
Daladier, 160, 184-188, 198, 372
de Coubertin, 103-106
de Gaulle, 19, 64, 194, 195, 197-201, 203, 237, 253, 261, 263, 264, 290, 291, 299, 355, 363, 371, 373, 374, 376, 435-441, 444, 516, 528-533, 536, 537, 658, 753-755
Delors, 657, 659-663, 755, 756, 759, 764, 773
Deng Xiaoping, 425, 427, 651-654
Eisenhower, 261-265, 297, 349, 459, 460, 464, 465, 470-474, 493, 494, 502, 507, 555, 635
Eltsine, 726, 728, 729, 780, 783, 784
Franco, 175, 177-179, 203, 204, 332, 413, 659-661
Gandhi, 80-82, 85-87, 393, 394, 517, 601, 763
Gorbatchev, 402, 633, 649, 668, 709, 711, 712, 741-744, 799, 800, 804
Guevara (dit Che), 461-466, 502, 803, 804
Hailé Sélassié, 152, 154, 164-166, 174
Havel, 722-726
Hirohito, 283-285
Hitler, 17, 96, 136-138, 148-150, 153, 165, 178, 184-187, 192, 194, 195, 205, 206, 213-218, 220, 222, 226, 229, 235, 236, 238, 241, 243, 244, 247, 324, 411, 503, 546, 555, 712, 722
Hô Chi Minh, 288-293, 361-364, 531-534
Hussein, 87, 584, 585, 691, 693, 731-737, 739, 793, 794
Ibárruri, 175, 178, 179
Jaurès, 19, 29-31, 34, 74, 75, 157, 774
Jean XXIII, 485-488, 498, 499, 512, 821
Jean-Paul II, 231, 628, 631, 632, 639, 642, 797, 805, 819

Juan Carlos de Bourbon, 659, 660
Kemal, 111, 114, 115
Kennedy, 376, 469-472, 477, 488, 500-504, 508, 510-512, 517, 519, 531, 565, 570, 804
Khomeiny, 614, 616-619, 623, 647
Khrouchtchev, 426, 464, 467, 469, 472, 488, 502-505, 507, 509-511, 563, 564, 629, 741, 742
King, 515, 517-519, 533, 550, 553
Kohl, 708-713, 725, 772, 773
Lénine, 35, 37, 40, 41, 53-55, 63, 76, 213, 215, 219, 221, 244, 351, 352, 390, 399, 403, 406, 407, 427, 533, 799
Lumumba, 444, 446-452, 459, 465, 797
Luxemburg, 36, 68-70
Mandela, 762-765
Mao, 316, 347, 370, 414, 423, 424, 426-428, 563-567, 665, 666, 668
Marshall, 237, 270, 304, 313, 316, 319, 336, 338, 339, 342, 343, 348, 355, 425, 463, 509, 659, 725
McCarthy, 17, 345, 347-349
Mendès France, 199, 361-364, 371, 372, 675, 771
Milošević, 698, 700-702
Mitterrand, 157, 663, 673, 675, 677, 711, 716, 717, 769-774
Monnet, 194, 198, 355-357, 373-377, 687, 713, 771
Morgenthau, 267, 269, 270
Mussolini, 88, 91, 101, 102, 138, 150, 152-154, 164, 165, 178, 186, 192, 226, 244
Nagy, 379-383
Nasser, 393, 395, 409, 410-413, 415, 416, 438, 462, 464, 577, 585, 596, 597
Nehru, 82, 391-395, 411, 465
Nixon, 19, 348, 469, 477, 501, 534, 563, 565-567, 571, 575-578, 646, 648, 650
Pearson, 409, 413-416, 543
Perón, 330-334
Pétain, 160, 179, 188, 193, 194, 197, 200, 202-205, 243, 290, 356, 373, 769
Pie XII, 229-231, 333, 485, 486
Rabin, 792-794
Reagan, 478, 646-650, 735, 743, 804
Roosevelt, 45, 46, 140-142, 186, 193, 216, 223, 225, 226, 239, 244, 248, 249, 263, 264, 268-270, 276, 277, 280, 282, 290, 291, 295-297, 309-312, 317, 333, 343, 375, 469, 470, 516, 548, 552, 582, 647
Sadate, 577, 587, 596-600, 613, 647, 689
Schuman, 19, 128, 199, 305, 354, 361, 373-375, 377, 378, 672, 770
Senghor, 391, 524-527
Smuts, 250-253, 303, 763
Soviet de Petrograd (appel), 39-42, 44, 53-55
Spaak, 19, 303, 304, 336-340, 345, 376, 674
Staline, 19, 186, 187, 213-216, 221, 237, 244, 277, 294-299, 310, 318, 338, 340, 345, 349, 351, 352, 379, 380, 399-406, 408, 424, 425, 501, 552, 726
Stresemann, 123, 128-131, 303
Thatcher, 657-662, 697, 703
Truman, 262, 275, 277, 278, 291, 297, 299, 306, 310-317, 336-338, 345-348, 465, 470
Walesa, 627-631
Wilson, 45-48, 66, 123, 141, 267, 289, 343, 577, 634

Index thématique

Nous présentons ici quelques-unes des grandes thématiques qui ont forgé le XXe siècle.

• 1re Guerre Mondiale
Brizon, 35
Clemenceau, 64
Jaurès, 29
Lénine, 53
Soviet de Petrograd, 39
Wilson, 45

• 2e Guerre Mondiale et ses causes lointaines
Beneš, 234
Churchill, 191
Daladier, 184
de Gaulle, 197
Eisenhower, 261
Franco, 175
Hailé Sélassié, 164
Hirohito, 283
Hitler, 136, 148
Ibárruri, 175
Morgenthau, 267
Mussolini, 152
Pétain, 202
Pie XII, 229
Roosevelt, 223
Smuts, 250
Staline, 213
Truman, 275

• Conflit israélo-arabe
Arafat, 572, 675
Ben Gourion, 323
Rabin, 775
Sadate, 585

• Construction européenne
Briand, 128
Churchill, 302
Delors, 657
Mitterrand, 753

Monnet, 373
Schuman, 354
Stresemann, 128
Thatcher, 657

• Décolonisation
Baudouin Ier, 442
Gandhi, 80
Hô Chi Minh, 288
Lumumba, 442
Nasser, 409
Nehru, 391
Senghor, 515

• Mouvements nationaux
Kemal, 111
Mao, 423
Milošević, 684

• Rapports Est-Ouest
Brandt, 544
Churchill, 295
Eltsine, 780
Gorbatchev, 726
Jean-Paul II, 617
Kennedy, 493, 500
Khrouchtchev, 399
Kohl, 694
Marshall, 316
McCarthy, 345
Nagy, 379
Reagan, 633
Smuts, 250
Spaak, 336
Truman, 310
Walesa, 627

• Amérique latine
Allende, 558
Castro, 786
Guevara, 457
Perón, 330

CRÉDITS

Malgré les démarches entreprises, tous les ayants-droits des discours n'ont pas pu être contactés. Les personnes en disposant peuvent prendre contact avec l'éditeur.

Images de couverture : *Le général Charles de Gaulle lance l'appel aux Francais à la radio BBC à Londres le 18 juin 1940* (© Rue des Archives/Tal) – *John F. Kennedy lors de son intervention devant le congrès américain le 25 mai 1961 : il annonce son désir d'envoyer un homme sur la lune d'ici la fin de la décennie* (© Rue des Archives/RDA/NASA) – *Mikhaïl Gorbatchev en juillet 1989* (© Rue des Archives/ AGIP)

Achevé
d'imprimer en
avril 2010 sur les
presses de l'imprimerie
Jouve en France (UE)
pour le compte de © André
Versaille Éditeur, 2010
– Centre Dansaert –
7, rue d'Alost – 1000
Bruxelles –
Belgique

www.andreversailleediteur.com

N°3